U0878659

中 国 口 岸 年 鉴

（2020 年版）

国家口岸管理办公室指导
中 国 口 岸 协 会 主 编

中国海关出版社有限公司 · 北京

图书在版编目（CIP）数据

中国口岸年鉴：2020 年版 / 中国口岸协会主编．—北京：中国海关出版社有限公司，2021.5
ISBN 978－7－5175－0499－3

Ⅰ.①中…　Ⅱ.①中…　Ⅲ.①通商口岸—中国—2020—年鉴　Ⅳ.①F752.5－54

中国版本图书馆 CIP 数据核字（2021）第 091517 号

中国口岸年鉴（2020 年版）
ZHONGGUO KOU'AN NIANJIAN（2020 NIAN BAN）

作　　者：中国口岸协会
责任编辑：左桂月　李　多
助理编辑：杨　升　叶　芳
出版发行：中国海关出版社有限公司
社　　址：北京市朝阳区东四环南路甲 1 号　　邮政编码：100023
网　　址：www.hgcbs.com.cn
编 辑 部：01065194242－7530（电话）
发 行 部：01065194238/4246/5616（电话）
社办书店：01065195616（电话）
https://weidian.com/?userid=319526934
印　　刷：北京新华印刷有限公司　　经销：新华书店
开　　本：889mm×1194mm　1/16
印　　张：58.125　　字数：1750 千字
版　　次：2021 年 5 月第 1 版
印　　次：2021 年 5 月第 1 次印刷
书　　号：ISBN 978－7－5175－0499－3
地图审图号：GS（2021）894 号　　地图编制：中国地图出版社有限公司
定　　价：300.00 元

海关版图书，版权所有，侵权必究
海关版图书，印装错误可随时退换

《中国口岸年鉴》（2020 年版）编辑委员会

顾　　问： 黄胜强　叶　剑

主　　任： 黄冠胜　海关总署党委委员、办公厅主任，国家口岸管理办公室主任

许立荣　中国远洋海运集团有限公司董事长、党组书记，中国口岸协会会长

副 主 任： 党英杰　　国家口岸管理办公室副主任、一级巡视员

王　可　　国家口岸管理办公室副主任

林海波　　国家口岸管理办公室副主任

德吉措姆　国家口岸管理办公室副主任

委　　员：（按姓氏笔画排序）

甘相田　湖北机场集团有限公司副总经理

冯旭斌　义乌市天盟实业投资有限公司董事长

刘军辉　东方物通科技（北京）有限公司总经理

刘秉镰　南开大学经济与社会发展研究院院长

孙家康　中国口岸协会副会长

严　俊　上海国际港务（集团）股份有限公司党委副书记、董事、总裁

李奉利　山东省港口集团有限公司党委副书记、董事、总经理

吴云天　中铁集装箱运输有限责任公司董事长

张煊楠　友和道通航空有限公司董事长

陈志林　东方口岸科技有限公司总经理

邰祥梅　百事（中国）有限公司副总裁

苗齐田　同方威视技术股份有限公司高级副总裁

罗开全　中国北方工业有限公司副总裁

金甲祚　中国口岸协会常务副会长

孟凡义　北京福田国际贸易有限公司副总经理

闻学祥　中国口岸协会副会长

姚　军　北京口岸协会会长

曹增东　中国口岸协会常务副秘书长

崔瑞杰　内蒙古电子口岸股份有限公司首席执行官

蔡申康　宁波舟山港集团有限公司总经理

指导单位： 国家口岸管理办公室

支持单位： 国家移民管理局边防检查管理司

交通运输部海事局

海关总署办公厅、统计分析司

主　　编： 曹增东

执行主编： 马　骏

编　　委：（按姓氏笔画排序）

王守睿　王　荆　王景明　方向军　邓文娟　孔国华　厉兆平　申卫华　史子旭
宁　波　边　巴　朱　振　仲伟玲　华正红　刘武锋　刘　倩　杨　阳　杨明凤
杨　斌　杨新宅　李大泽　李欣平　李　恒　李恒青　吴　舸　吴　霞　汪世福
汪岸天　宋永强　张　俊　张　洁　陈　剑　陈　涛　林玉妙　罗　专　金伟程
庞宏图　胡春晓　殷鸿滨　高玉庆　陶绍卿　黄文华　崔秀良　符永革　寇　杰
宿金鼎　斯　庆　蒋乐超　强　培　靳小青　窦玉硕

统　　稿：马　骏

组 稿 人：（按姓氏笔画排序）

于　洋　马　静　王　凡　王永忠　王宝玉　王　海　王智轩　文　凡　方　圆
邓　诗　石祝康　朱晓祥　刘小萃　刘金成　刘雅佳　刘慧茹　杨雯菲　杨镇宇
李　卫　李　英　吴丽蕾　吴玲军　宋东舢　宋转霞　张东升　张禾良　张曼琳
陈伏豪　陈晓朋　陈　彬　武晓冬　幸　福　范会卿　周　江　周妍君　周金萍
周海波　周　斌　郑晓方　郑　涛　赵　群　段　凌　施能艺　骆伟雄　贾庭一
高晓桑　郭　瑞　唐照瑞　常　彧　崔振杰　程　栩

编　　务：马　佳　高文元　马　骏　王鑫丽　陈景宜

编辑说明

一、《中国口岸年鉴》（2020 年版）是由国家口岸管理办公室指导，由中国口岸协会主编的一部融政策性、指导性、实用性和史料性于一体的大型资料工具书。本书收录了 2019 年度国家口岸管理工作概要、查验管理工作概要、全国口岸运行情况；全国 31 个省级行政区（除港澳台地区）及 5 个计划单列市对外开放口岸建设发展情况和主要数据；全国 31 个省级行政区（除港澳台地区）口岸分布示意图；同时，还收录了全国口岸重要贸易统计数据等内容。

二、本版年鉴资料内容主要由国家口岸管理办公室，国家移民管理局边防检查管理司，交通运输部海事局，海关总署办公厅、统计分析司等相关部门及各省、自治区、直辖市、计划单列市口岸办公室提供。序由国务院原副总理吴仪于 2002 年为中国口岸年鉴所写。

三、本版年鉴共分七个篇章，即口岸综合、口岸查验监管、全国口岸运行情况、各地口岸运行管理、口岸相关法规、全国口岸运行主要数据及附录。本版年鉴按类目、分目、条目三个层次进行阶梯设置，内容尽可能条目化。本版年鉴收录的史实内容上限自 2019 年 1 月 1 日，下限至 2019 年 12 月 31 日。

四、本版年鉴与上年相比，变化内容如下：

（一）未收录港澳台地区相关文字及数据；

（二）各省级行政区指定口岸统计表变更为各省级行政区指定监管场地统计表。

五、本版年鉴在编辑过程中，力求精选材料，宏观与微观相结合，做到用事实和数据说话，对各部门、各单位提供的稿件只做技术上的修改，不做史实上的修改。由于各部门、各单位统计口径、范围和方法不同，所以本书中有些同类数据不尽一致，敬请谅解。

六、本版年鉴在编辑过程中得到了各相关部门、查验单位、专家及广大读者的大力支持，年鉴编辑出版工作才得以顺利进行，在此表示衷心的感谢。并恳请各界人士和读者对于年鉴的不足之处批评指正，以便进一步改进和完善，提高年鉴的编辑水平。

《中国口岸年鉴》（2020 年版）编辑委员会

2020 年 9 月

序

口岸是国家的门户。党中央、国务院历来十分重视口岸工作。改革开放以来，为满足日益增长的对外经贸、人员往来的需要，国家投入了大量人力、物力进行口岸建设，已经形成沿海沿江水运、航空和内陆边境立体化的开放口岸体系。口岸开放与全方位、宽领域、多层次的对外开放格局基本相适应，为促进对外经济贸易和国际交往的发展起到了重要的保障作用。

当前，进一步提高口岸工作效率的要求更为紧迫。经济全球化对口岸工作必然会提出更多、更高的新要求，为适应参与国际竞争的需要，我国口岸工作要全面贯彻“三个代表”重要思想，落实十六大提出的“发展要有新思路，改革要有新突破，开放要有新局面，各项工作要有新举措”的要求，结合我国口岸工作的实际，紧紧围绕提高口岸工作效率，加快通关速度，处理好把关与服务的关系，为促进对外经济贸易和国际交往发展作出新贡献。为提高口岸工作效率，国务院曾在深圳进行口岸管理体制改革试点。1998年政府机构改革，对口岸管理体制作了重大调整。2001年，国务院办公厅为推广口岸电子执法系统和提高口岸工作效率相继发出了两个文件。2002年5月，国务院批准海关总署等8部门在上海召开了提高口岸工作效率现场会。我国口岸要通过建立“大通关”机制，提高工作效率，改变传统管理模式，整顿和规范进出口秩序，促进口岸管理各部门转变职能、改进服务、提高管理水平，形成适应我国社会主义市场经济发展需要的新的口岸管理和运行机制，提供与发达国家相类似的口岸通关服务。

中国口岸协会从新世纪开始组织编撰《中国口岸年鉴》，是一件很有意义的工作。它不仅直接记录口岸管理运行的资料和数据，而且是在我国加入WTO以后，书写中国口岸深化体制改革、努力提高工作效率、为“大通关”服务的历史。

二〇〇二年十二月

COSCO SHIPPING
中国远洋海运集团有限公司
CHINA COSCO SHIPPING CORPORATION LIMITED
打造全球优质的
综合性物流供应链服务集团
BUILD A WORLD EXCELLENT BUSINESS ENTITY
THAT PROVIDES INTEGRATED LOGISTICS AND SUPPLY CHAIN SERVICES
COSCO SHIPPING
中国远洋海运集团有限公司是由中国远洋运输（集团）总公司与中国海运（集团）总公司重组而成的、总部设在上海的世界综合运力较大的航运公司，是以航运、物流、装备制造以及相关金融服务为支柱、多产业集群的、以提供全球优质的综合性物流供应链服务为宗旨的跨国企业。公司经营船队运力10 875万载重吨／1 362艘，员工13万人。
We are ready
中国远洋海运集团有限公司
China COSCO SHIPPING Corporation Limited
电话/TEL: +86-21-65966666 传真/FAX: +86-21-65966146
地址/ADD: 上海市浦东新区滨江大道5299号 200127
5299 Binjiang Dadao, Pudong New District, Shanghai, CHINA
http://www.coscoshipping.com

中国远洋海运集团着力布局航运、物流、金融、装备制造、航运服务、社会化产业和基于商业模式创新的“互联网+”相关业务。

6+1产业集群

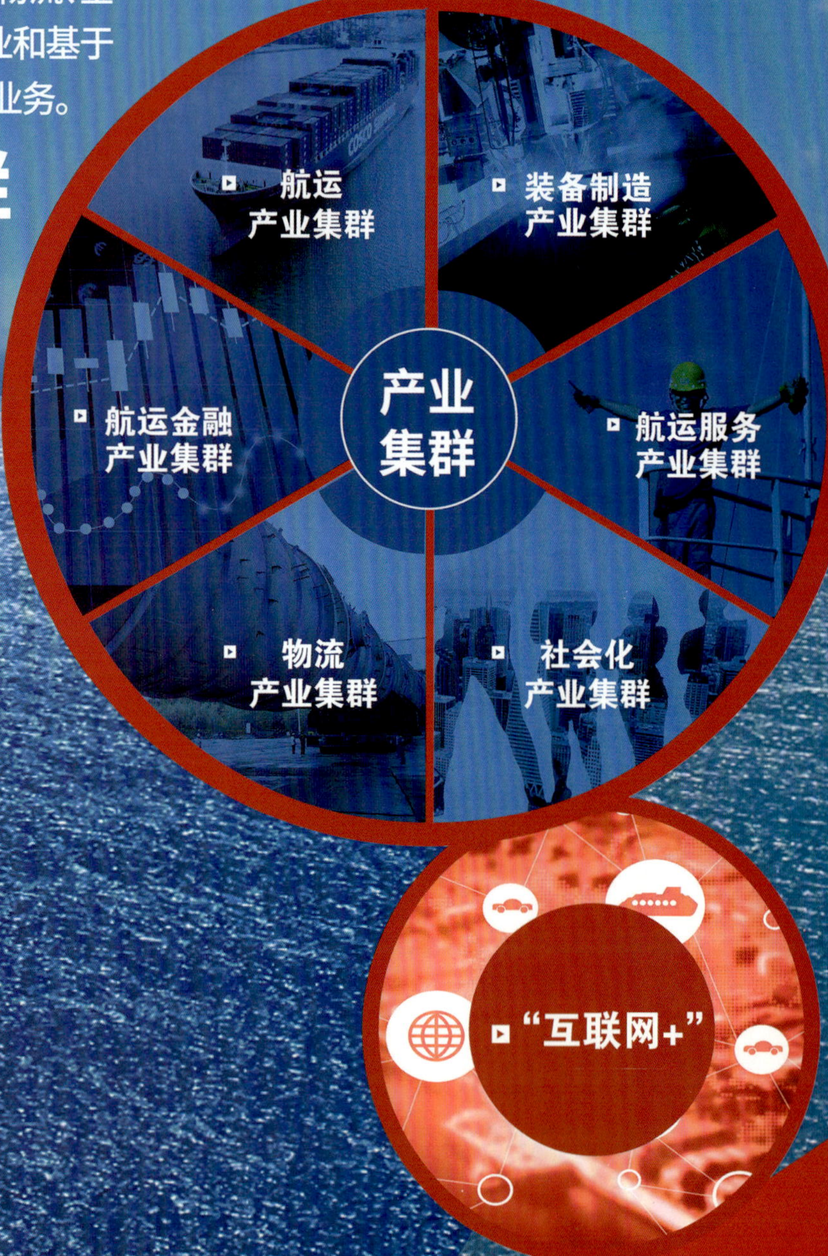

经营船队综合运力

10 875 万载重吨 1 362艘船

集装箱船队规模

310 万标准箱/523艘

干散货船队运力

4 318 万载重吨/449艘

油轮船队运力

2 617 万载重吨/208艘

杂货特种船队运力

427 万载重吨/147艘

集装箱码头年吞吐能力

12 675 万标准箱

59 个 全球投资码头 集装箱码头超51个

中国远洋海运集团完善的全球化服务铸就了网络服务优势与品牌优势。航运、码头、物流、航运金融、修造船等上下游产业链形成了较为完整的产业结构体系。全球船舶燃料销量超过2 770万吨，居世界前列。集装箱租赁业务保有量规模达370万标准箱，居世界前列。海洋工程装备制造接单规模以及船舶代理业务也稳居世界前列。

※ 数据统计截至2020年7月31日

境外资产占总资产的比重达到 **57%**

境外利润占比年均达到 **58%**

境外收入占比年均达到 **58%**

已成为具有全球竞争力的综合性航运企业

全球公司

远洋航线覆盖
全球 **160** 多个国家和地区的
1500 多个港口

境外法人单位 **1040** 家

集团的海外资产和
海外收入超过一半以上

以码头为点

突出支点作用
强化“一带一路”沿线港口布局

以航线为线

突出纽带连接，优化“海上丝路”航线网络架构

以物流为面

突出全程物流
夯实“陆上丝路”物流服务基础

Maxvision®
盛 视

热烈庆祝盛视科技股份有限公司深市A股成功上市

股票简称：盛视科技　　股票代码：002990

智慧口岸整体解决方案

智慧边检整体解决方案

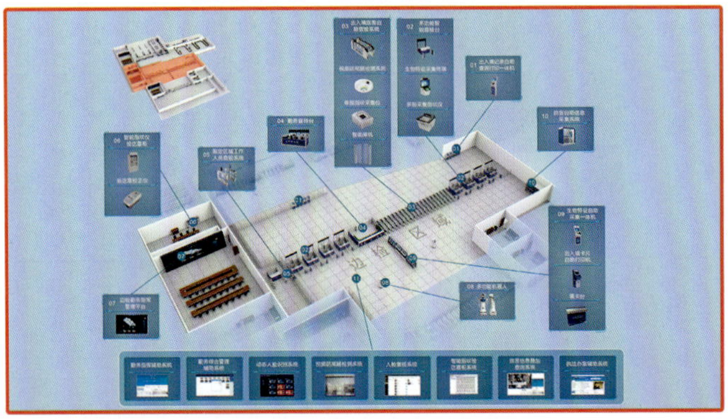

智慧机场解决方案

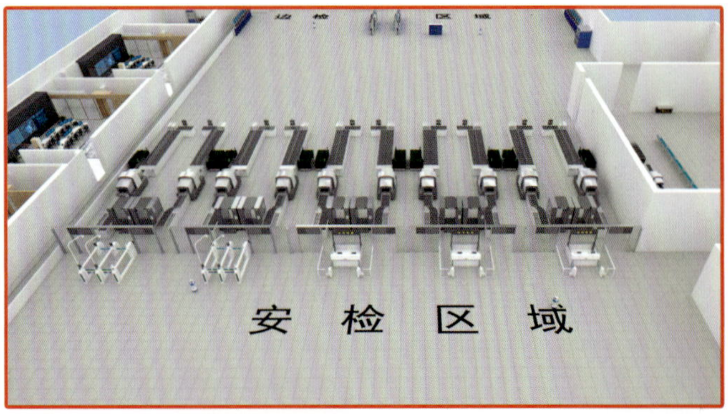

盛视科技股份有限公司

总部地址：深圳市福田区天安创新科技广场二期东座十六楼
深圳研发中心：深圳市福田区天安数码城天发大厦B座二楼
武汉研发中心：武汉市洪山区珞喻路876号华工科技产业大厦六层
深圳产品中心：深圳市龙华区龙观西路39号龙城工业区御祥厂区3号楼

电话:0755-83849888
传真:0755-83849210
服务热线: 4001-800-969
网址:www.maxvision.com.cn

盛视科技微信公众号

阿里云

阿里云是阿里巴巴集团旗下的公司，目前是中国较大较先进且全球位居前列的云计算技术和服务提供商。阿里云不仅对阿里巴巴集团内部的电商、金融、物流等业务提供云计算服务，同时2010年阿里云开始正式对外提供公有云服务，2013年阿里云单集群规模5 000台服务器的飞天集群正式开始投入生产，这标志着阿里云从此成为世界上独立拥有相关技术能力的屈指可数的公司之一，2014年起阿里云陆续为多个大型政府机构和大型企业提供云计算和大数据服务。

2017年，阿里巴巴正式成立阿里巴巴达摩院，并形成了以达摩院为核心的科研体系，在人工智能、芯片、量子计算、区块链、自动驾驶等领域全面布局。达摩院设有14个实验室，在全球8个地区设立研究中心，同时孵化了平头哥半导体公司和小蛮驴智能科技有限公司两家高科技企业。2020年，阿里巴巴整体技术和研发投入已经超过1 000亿元人民币，全公司技术人员占比超过60%。

http://www.aliyun.com

中国建设银行
China Construction Bank

中国建设银行股份有限公司简介

中国建设银行股份有限公司是一家中国优质的大型商业银行，总部设在北京，其前身中国建设银行成立于1954年10月。本行于2005年10月在香港联合交易所挂牌上市（股票代码939），于2007年9月在上海证券交易所挂牌上市（股票代码601939）。本行2019年年末市值约为2 176.86亿美元。按一级资本排序，本集团在全球银行中位居前列。

本行为客户提供个人银行业务、公司银行业务、投资理财等全面的金融服务，截至2019年年末，设有14 912个分支机构，拥有347 156位员工，服务亿万个人和公司客户。在基金、租赁、信托、保险、期货、养老金、投行等多个行业拥有子公司，境外机构覆盖30个国家和地区，拥有各级境外机构200余家。本行秉承“以市场为导向、以客户为中心”的经营理念，致力于成为较具价值创造力的银行集团，达到短期效益与长期效益的统一、经营目标与社会责任目标的统一。

国际业务概况

建设银行坚持创新引领，助力外贸稳增长。2020年上半年，建设银行扎实推进国际业务发展，克服疫情对全球贸易带来的不利影响，实现国际业务规模稳步发展、客户数量与日俱增，多策并举助力外贸企业复工复产，风险防控与合规管理成效明显，参与国际竞争的能力不断增强。

（一）国际业务规模稳步发展

2020年，建设银行积极落实党中央国务院六稳、六保、抗击疫情等重大政策部署，克服疫情对全球贸易带来的不利影响，提出包括加大信贷投入，实施差别化管理等多项措施，全力支持稳住外贸基本盘，实现国际业务规模保持稳步发展。截至2020年6月，国际结算量超5 000亿美元，跨境人民币结算量超1万亿元。

（二）客户线上化覆盖度与日俱增

2020年上半年，建设银行的国际业务客户基础维持稳定，国际收支客户和跨境人民币客户数保持正态增幅，平台批量获客效应加快显现，客户结构发生转变，客户线上化覆盖度与日俱增。建设银行通过“跨境e+”综合金融服务平台等电子渠道，为进出口贸易客户提供集国际结算、贸易融资、跨境汇款等于一体的线上化、定制化的综合化金融服务，在疫情期间为外贸企业提供金融服务便利。

（三）精准施策纾困助力疫情防控

新冠疫情期间，建设银行多策并举助力外贸企业复工复产。“跨境快贷”系列产品在抗疫期间提供针对性服务，通过下调“跨境快贷”系列产品贷款利率，进一步降低企业融资成本；开发“防疫延期”功能，为暂时经营困难的企业办理贷款展期服务，助力外贸企业渡过难关；创新推出“舟济相助”防疫物资出口融资业务，依托撮合平台为客户提供信贷支持，支持国内实体企业生产出口抗疫物资，为全球联合抗疫贡献力量。

境外疫情爆发后，建设银行“全球撮合家”平台迅速开设“医疗防疫专区”，除支持中英文境内外医疗防疫物资供需信息集中发布与撮合对接外，提供13个语种的访问界面切换，拉近国内供应商与全球采购方的距离。通过建行线上线下跨境撮合渠道，助力境内企业拓宽国际订单来源、开拓多元化国际市场，深化抗疫国际合作与全球产业链的跨境交流融合。截至2020年6月，已收集境外抗疫物资需求超10亿件，梳理联络国内防疫物资生产和出口企业千余家，在平台发布防疫物资供给信息2 800余条，短时间内为28个国家和地区的医疗机构、政府部门、民生企业、教育机构等成功撮合重症呼吸机、防护口罩、额温仪、手术服等各类医疗防疫物资出口近1.6亿件，交易金额累计约10亿元人民币，在疫情防控工作中发挥重要作用。

（四）参与国际竞争能力不断增强

2020年上半年，建设银行扎实服务“一带一路”建设，“三建客”系列产品投放量近8亿元，服务境内客户“走出去”及境外客户“引进来”数量创历史新高。建行不断完善海外机构网络布局，境外机构网络覆盖6大洲30个国家和地区，哈萨克斯坦阿斯塔纳分行和马来西亚纳闽分行分别于2019年9月和10月开业。英国、瑞士、智利人民币清算行运行稳定，截至2020年9月底，英国人民币清算行累计清算量突破50万亿元人民币，保持亚洲以外规模较大的人民币清算行地位。

2019年年底，建设银行荣获《环球金融》“全球贸易金融较具创新力银行”等多项大奖。

国际业务数字化转型

建设银行积极贯彻数字化经营理念，发挥金融科技专业优势，将技术与业务深度结合，通过“建生态、搭场景、扩用户”，大力推进国际业务数字化转型。

（一）推出“全球撮合家”，打造跨境生态圈

为减少跨境交易场景下的信息不对称，降低跨境交易成本，建设银行发挥金融科技优势，于2019年年末创新推出“全球撮合家”开放式跨境智能撮合综合服务平台，针对跨境交易场景数据，从供给和需求的角度进行精准匹配和智能推送，为具有跨境贸易、投资、合作诉求的境内外企业提供信息发布、需求撮合、商机推荐等服务，并配套提供全方位金融解决方案。

跨境撮合平台以“科技密集型、智能密集型”为发展思路，紧跟疫情需求与国家战略，不断创新功能版块，除开设“医疗防疫专区”支持全球抗“疫”跨境合作、助力境内企业复工复产、拓展国际供应链外，快速创新“数字会展”实现“互联网+会展+金融”跨界融合、打造“中欧班列专区”促进班列沿线资源优化配置，为线下跨境撮合场景开通线上精准对接渠道，加快打造全球化、智能化、综合化的跨境生态圈。

（二）依托BCTrade区块链贸易金融平台，拓展同业朋友圈

中国建设银行BCTrade区块链贸易金融平台，是建设银行将区块链、人工智能、物联网等新技术与贸易金融相结合推出的贸易金融服务平台。自2018年4月上线以来，BCTrade先后部署了国内信用证、福费廷、国际保理、再保理、物流金融等功能，满足了交易撮合、报文收发、单据传递等贸易金融全流程线上信息交互的需求，有效解决贸易金融参与方众多、业务单据资料繁杂、线下转发操作风险高、易伪造等难点、痛点问题，大大提高了业务办理效率、降低了操作风险。

平台自正式上线运行以来，在境内外机构上链交易基础上，已签约同业70家，已上链交易13家，覆盖国有大型银行、全国性股

份制银行、城商行、农商行、外资银行等各类群体，平台累计交易额超过6 700亿元人民币，初步形成了业界交易量较大、参与方较多、较具影响力的同业贸易金融生态圈。2020年以来，建设银行成功与邮储银行、交通银行、广发银行开展区块链跨链福费廷交易，实现了不同区块链平台之间的跨链互通，同业合作不断向纵深发展。

三）提供数字会展综合金融服务，助力广交会

第127届中国进出口商品交易会（广交会）于2020年6月15日至24日在线上举行。建设银行作为首家揭晓的战略合作伙伴和金融服务单位，着力打造与广交会深度融合的数字银行，围绕“智能化、线上化、数字化”的核心理念，为“网上广交会”提供数字会展综合金融服务方案，为广交会客商订制专属金融服务产品，包括广交结算通、广交融资通等，并发挥全集团境内外全球一体化优势，为广交会客商提供全方位、全渠道、全链条的数字会展综合金融服务。

建设银行为网上广交会专属打造“3D数字银行展馆”，全方位展示建行智慧银行、结算、融资、跨境撮合平台、金融直播间等综合服务实力。广交会期间，3D数字银行访问人次超4万。建设银行发挥境外机构布局优势，向30余个国家和地区的上千家境外采购商发出邀请，协助300多家新境外采购商完成注册。

展望未来

未来，建设银行将充分把握全球产业链供应链调整机遇，持续深化加大金融服务创新力度，从服务客户角度出发，积极践行金融科技和普惠金融战略，持续推进国际业务的数字化转型，以科技赋能金融，以合作促进发展，以共享构建生态，扎实提升建设银行参与国际竞争能力和服务实体经济能力。

中国建设银行
China Construction Bank

TD Tech

A Nokia and Huawei Company

鼎桥通信技术有限公司

鼎桥通信技术有限公司

2005年，鼎桥通信技术有限公司在北京成立。专注于行业无线通信技术与产品的创新，技术积累超过10年，是中国行业无线专网平台领域中实力较强的企业，在北京、上海和成都三地设立研发机构，员工1200人，年均销售额超过60亿元人民币。

鼎桥产品和解决方案已全面应用于中国移动3G、4G商用网络，市场份额超过60%；产品经过大规模商用网络验证，累计发货量超过300万载频。鼎桥无线宽带集群解决方案，开创了从语音集群到多媒体集群行业专网解决方案的先河。目前，鼎桥行业无线解决方案已在海关、智能交通、机场、港口、智能电网、公共安全及无线政务网等领域成功应用。鼎桥还致力于从芯片到终端到操作系统的自主化，行业定制终端累计发货超过120万台。同时，鼎桥较早推出TDD eMTC 1.4G/1.8G 模组，系列化NB-IoT、LTE及5G模组，并为垂直行业打造系列化5G产品和解决方案，为行业发展赋能增智。

2005年成立，国家高新
北京、上海、成都三地布局

自主研发及产业链推动投入占年收入**20%**，累计投入**100+**亿元（创新研究占30%）

员工超过1200名，平均年龄33岁，
56%员工拥有博士或硕士学位

鼎桥公网解决方案应用于中国移动3G、4G商用网络市场份额超过**60%**

核心专利合计**1700+**件、发明专利占比**95%**
（截至2019年10月）

鼎桥行业无线解决方案，服务于150+个国家，成功建设500+张行业专网

全球较好的行业无线解决方案

- 行业无线应用的较佳技术选择
- 方便、灵活的组网
- 多种频段部署能力，灵活高效
- 强大的业务支撑和广泛的行业应用

海关

公共安全

政务

机场

轨道

港口

煤矿

电力

应急通信

鼎橋

指引行业的创新终端，专业设计，权威可靠

公专网融合设计，可靠防护等级，广泛应用于海关、公共安全、交通、能源等行业

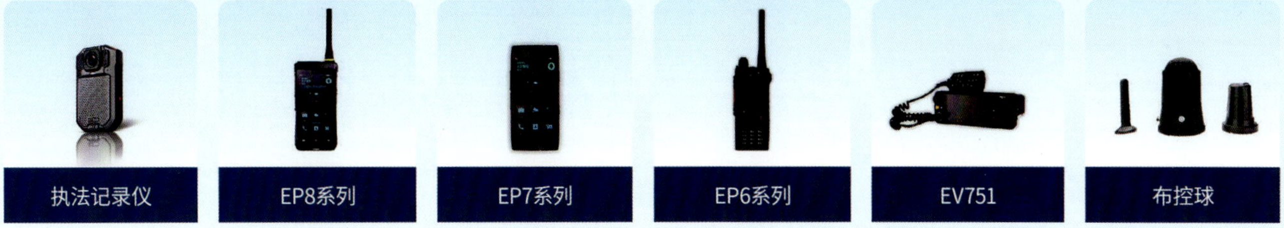

便携式融合指挥系统，智慧可视，机动通信

快速部署机动通信网络覆盖，实现语音、视频、GIS、数据多业务融合的可视指挥系统

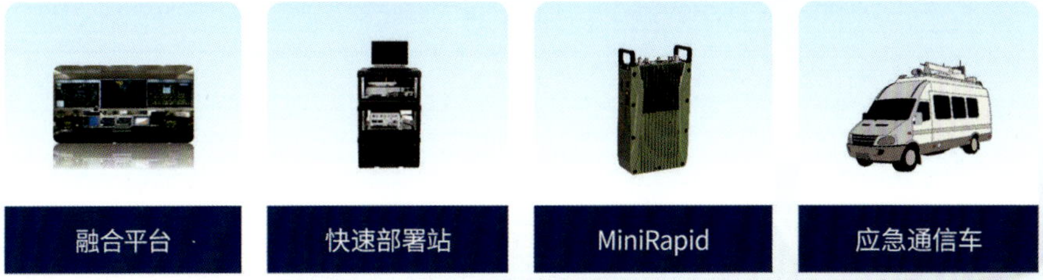

行业定制终端，鼎力相助，移动安全

以华为旗舰机为原型，从芯片到终端到操作系统，安全防护

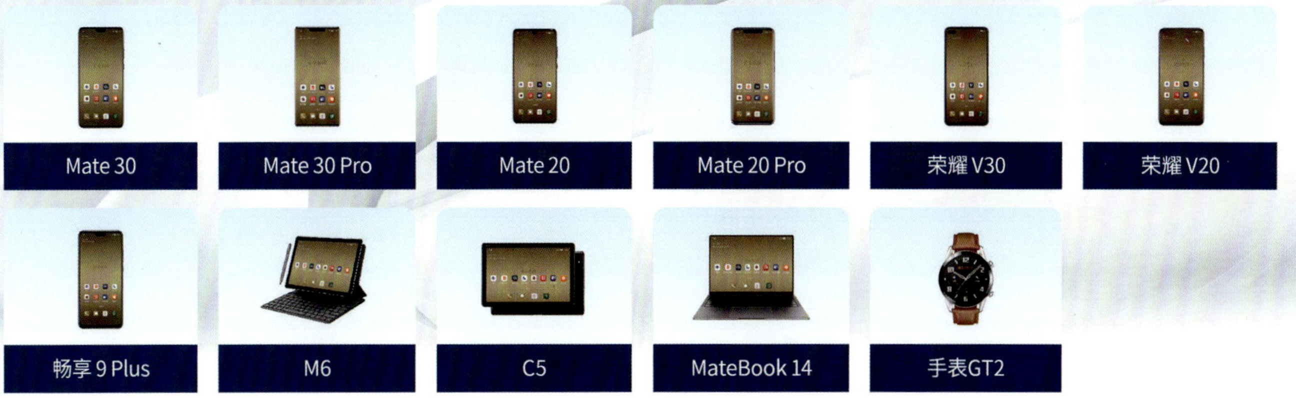

关注鼎桥通信，了解更多信息

鼎桥通信技术有限公司

北京公司
北京市朝阳区望京北路9号
叶青大厦D座14-15层
电话：+86 10 58223366
传真：+86 10 58223266

上海公司
上海市浦东新区新金桥路1888号
金领之都8号楼1-3层
电话：+86 21 60612008
传真：+86 21 60612009

成都公司
四川省成都市高新区天华二路219号
天府软件园C区3栋
电话：+86 28 63906008
传真：+86 28 63906007

中国出口信用保险公司
CHINA EXPORT & CREDIT INSURANCE CORPORATION
SINO SURE
履行政策性职能
FULFILLING POLICY FUNCTIONS
服务高水平开放
SERVING A HIGH-LEVEL OPENING-UP
电话：010-66582288
www.sinosure.com.cn
欢迎关注·扫一扫

中国免税品（集团）有限责任公司

CHINA DUTY FREE GROUP

三亚国际免税城

中国免税品（集团）有限责任公司（简称中免集团）于1984年正式成立，是经相关部门授权，在全国范围内开展免税业务的国有专营公司，按照国家赋予的“四统一”管理政策（统一经营、统一进货、统一制定零售价格、统一制定管理规定），对全国免税行业实施统一管理。

经过30多年的快速发展，中免集团先后与全球近1 000家世界知名品牌建立了长期稳定的合作关系，在全国30多个省、市、自治区（包括香港、澳门、台湾地区），以及柬埔寨等设立了涵盖机场、机上、边境、客运站、火车站、外轮供应、外交人员、邮轮和市内九大类型240多家免税店，在大连、青岛、上海、深圳、三亚、香港和北京建有覆盖全国的七大海关监管物流中心。销售渠道覆盖北京机场、上海机场、广州机场、杭州机场、香港机场、澳门机场等国内大型枢纽机场，以及三亚国际免税城，每年为近2亿人次的国内外游客提供免税商品服务，已发展成为世界上免税店类型较全、单一国家零售网点较多的免税运营商。

北京大兴机场免税店

为了实现企业的跨越式发展，中免集团确定了依托免税资源优势实施多元化发展的战略，成为北京奥组委奥运特许产品零售商，自主创立并在多家机场开设了经营奢侈品和中国特色精品的俪乐廊等自有品牌商店，并成功开拓了国际精品品牌的有税及免税商业集成。中免集团不断在旅游零售领域取得新突破，现已进军发展迅速、前景广阔的高铁旅游零售商业，打造“中免高铁零售”品牌。

2004年，相关部门批准中免集团与中国国际旅行社总社实施战略重组，共同组建中国国旅集团有限公司，成为一家以旅游及免税为主业的中央企业。2016年，中国港中旅集团公司与中国国旅集团有限公司重组成立中国旅游集团公司，为中免集团带来了更大的发展机遇和平台。

中免集团遵照国有企业“走出去”战略方针，借鉴国际惯例，致力于开放经营，拓展海外业务。中免集团先后在香港、澳门和台湾地区成立子公司，成功开设金门离岛免税店、外轮供应业务，设立邮轮免税店，成立柬埔寨中免公司，作为海外业务的拓展平台，指引中免集团免税业务国际化和多样化经营。

香港机场免税店

2011年，中免集团海南离岛免税业务成功运营，开启了中国免税业的新篇章。中免集团三亚市内免税店是中国头家离岛免税店，营业后取得了良好的社会效应和经济效应，迅速成为三亚旅游的新名片。

2014年9月，总投资超过50亿元的全球较大的免税商业综合体——三亚国际免税城建成开业，成为中国免税发展史上的又一座里程碑。三亚国际免税城的开业，标志着中国离岛免税政策正焕发出更为强大的生命力，标志着中免集团在大规模品牌招商引进、大型零售平台运营管理等方面的能力得到了极大的提升，也让中国免税行业的发展提高到一个新的高度。同年12月，柬埔寨国内头家市内免税店——吴哥免税店正式开业，这也是中免集团在大中华以外地区开设的头家市内免税店。2015年12月，中免集团在柬埔寨成功新增一家市内免税店——西哈努克港免税店正式对外营业。2016年8月，中免集团在柬埔寨开设了第三家市内免税店——金边免税店，完成了在柬埔寨旅游零售市场的全面布局，进一步推进了公司国际化进程。

作为承载着中国免税行业做大做强使命的排头兵，近年来，中免集团积极参与国际竞争，业务发展不断取得新突破。2017年，中免集团先后成功中标香港国际机场烟酒标段和首都机场国际区免税经营权，以及广州、昆明、青岛、南京、成都、乌鲁木齐6家机场进境免税店。2018年，中免集团收购日上免税行（上海）有限公司，取得上海浦东、虹桥机场国际区和澳门国际机场的免税经营权。 2019年，中免集团中标北京大兴国际机场免税经营权，中免集团大兴国际机场免税店也于11月闪耀亮相。在离岛免税方面，形成了三亚、海口、博鳌三个城市四店齐发的布局，进一步促进中免集团市场份额的持续扩大和国际竞争力的不断提升。在市内免税店方面，中免集团选择中国游客热门的旅游出境城市和目的地，除柬埔寨市内店之外，2019年还在香港、北京、上海、青岛、厦门等地开设市内店，未来还将在澳门加快布局。在邮轮免税店方面，中免集团在2018年获得歌诗达大西洋号邮轮免税经营权后，2019年又开设了“鼓浪屿”号免税店。2020年，三亚国际免税城二期正式开业，再为美丽的国际旅游城市三亚献上新地标。

未来，依托母公司中国旅游集团强大的旅游产业链资源，中免集团将继续全力落实重点项目，加大并购整合力度，稳步推进国际化发展战略，将自身建设成为具有全球竞争力的旅游零售运营商。

威视
NUCTECH

货物及车辆成像检查

MT系列车载移动式集装箱 / 车辆检查系统

FS系列集装箱 / 车辆快速检查系统

行李及包裹成像检查

CT型行李物品检查系统

高速CT型行李物品检查系统

行李及货物X射线检查系统

手提行李X射线检查系统

威视® 让世界更安全!

同方威视是全球先进的安检产品和安全检查解决方案供应商。公司成立于1997年，源于清华大学。同方威视立足于自主创新，紧贴客户需求，为全球170多个国家和地区的客户提供安检领域先进的创新技术、品质超卓的产品以及综合的安检解决方案和服务。

同方威视紧跟国际先进技术发展前沿，利用信息通信技术及互联网平台将人工智能、云计算、大数据、物联网与安检技术和产品深度融合，为客户提供智能查验、互联互通的新一代高科技安全检查解决方案。

根据国际研究机构IHS报道显示，同方威视在EWC探测设备全球市场份额位居前列，其中货物及车辆安全检查系统全球市场份额连续8年位居前列。

同方威视系列安检产品及服务已进入民航、海关、铁路、城市轨道交通、邮政物流、公安司法、环保、大型活动赛事等众多领域，助力客户保护国境安全和人民生命财产安全，得到世界各国用户的广泛认可。“同方威视”已成为国际业界的知名品牌。

同方威视立足安全领域，致力于成为安检行业的全球市场指引者，以持续的创新科技提升客户价值，努力创造出更多先进的安检产品、解决方案和服务回馈社会，让国家更安全！让世界更安全！

同方威视技术股份有限公司
NUCTECH COMPANY LIMITED

地址：北京市海淀区双清路同方大厦A座　　电话：13581696241
http://www.nuctech.com

核生化爆检查（CBRNe）

① RM2000通道式放射性物质监测系统
② RT3000拉曼检查仪
③ EM1000辐射环境自动监测系统

①

②

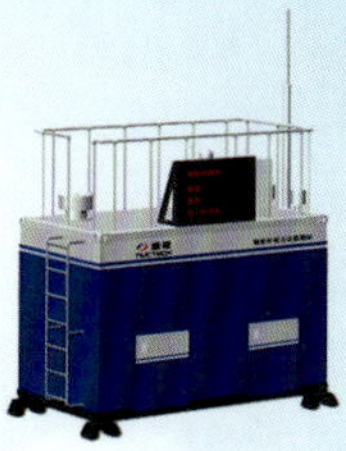

③

④ RT6000C手持式化学物质识别仪
⑤ TR1000DB-A便携式爆炸物违禁品探测仪
⑥ RM0100NA/NH便携式核素识别仪
⑦ TR2000DB台式爆炸物违禁品探测仪

④

⑤

⑥

⑦

系统解决方案

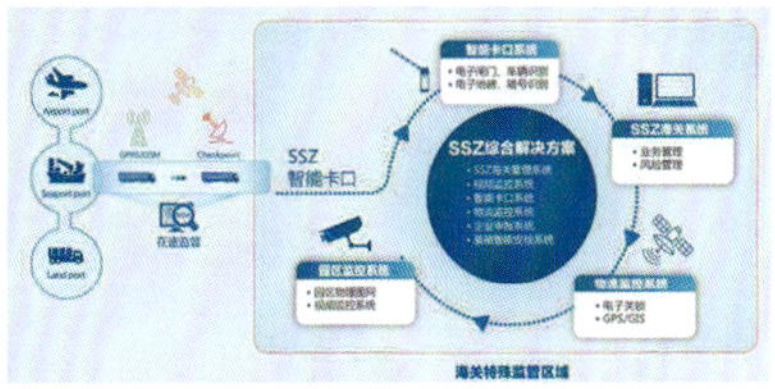

海关特殊监管区域
综合解决方案

VISIGHT™海关现代化
通关解决方案

海关物流监管解决方案

口岸现代化解决方案

兴业银行
INDUSTRIAL BANK CO.,LTD.

兴业银行是国内较早开展国际业务的股份制商业银行之一。经过多年持续发展，兴业银行国际业务在市场上形成了较强的竞争优势，市场份额及交易规模始终在同类型股份制银行中名列前茅。兴业银行与全球97个国家和地区的1231家银行建立了代理行合作关系，形成了覆盖全球主要经济区域的服务网络体系。近年来，兴业银行充分发挥多牌照综合化经营优势，不断加大跨境金融产品和服务创新力度，依托境内分行、境外分行和自贸试验区分行，不断完善跨境结算、跨境融资、跨境投资、资金交易等在内的国际业务产品体系，围绕“本币+外币”“商行+投行”的金融服务理念，为客户提供一站式、全方位的跨境金融服务。

在线银行服务
ON-LINE BANKING SERVICE

在线国际业务服务

兴业单证通系统（Easy Trade）是兴业银行秉承“真诚服务，相伴成长”的经营理念，为客户精心打造的在线国际业务服务平台，面向所有有跨境业务需求的企业，方便企业随时随地享受安全、方便、快捷、全方位的国际业务服务，包括跨境结算、资金交易、贸易融资、全球资金管理、增值服务等。

跨境贸易及供应链金融服务
GLOBAL TRADE AND SUPPLY CHAIN FINANCING SERVICE

贸易金融服务

兴业银行拥有完善的跨境贸易金融产品体系，在专业能力、资金价格、在线服务等方面独具竞争优势，致力于为进出口企业提供快捷、高效的全流程跨境贸易金融服务，在提高业务办理效率的同时降低企业交易成本。近年来，兴业银行国际业务稳步发展，支持、服务了一批进出口企业，涉及能源、通信、粮油、装备制造、高新科技等行业。

基础结算服务 BASIC SETTLEMENT SERVICE

国际结算 INTERNATIONAL SETTLEMENT

国内结算 DOMESTIC SETTLEMENT

票据业务 BILL BUSINESS

兴业银行依托交易银行高度融合的流程再造、一体化的全流程服务理念，为企业提供境内外、本外币基础结算综合服务。

BASED ON HIGHLY INTEGRATED PROCESSING PROCEDURE AND SERVICE CONCEPT OF TRANSACTION BANKING,CIB IS TO PROVIDE ENTERPRISES WITH SETTLEMENT SERVICES COVERING CROSS-BORDER AND DOMESTIC SETTLEMENT.

贸易融资服务 TRADE FINANCING SERVICE

国际贸易融资 INTERNATIONAL TRADE FINANCE

国内供应链融资 DOMESTIC SUPPLY CHAIN FINANCE

兴业银行依托良好的产品创新能力、丰富的贸易融资经验，为企业全球化经营及成本控制提供专业解决方案。

BY VIRTUE OF CAPABILITY IN INNOVATION AND RICH EXPERIENCES IN TRADE FINANCING, CIB IS CAPABLE OF PROVIDING MULTINATIONALS WITH PROFESSIONAL SOLUTIONS IN GLOBAL OPERATION AND COST CONTROL.

跨境融资服务

近年来，随着全口径跨境融资宏观审慎管理体系的逐步完善，境内企业跨境融资需求快速增长。为支持境内“走出去”企业到海外开疆拓土，并为境内企业跨境获取低成本资金，兴业银行充分发挥海外分行、自贸试验区分行、境内外代理行等方面的平台优势，以内保外贷、内保F贷、内保直贷、国际银团等各类产品支持企业跨境融资，同时，为企业提供包括在线融资、账户管理、避险增值等在内的融资配套服务。

跨境融资服务 CROSS-BORDERARY FINANCING SERVICE

走出去 OUTFLOW

- 内保外贷 FINANCING FROM OVERSEAS PLATFORMS BASED ON LETTER OF GUARANTEE
- 内存区贷 FINANCING FROM FREE TRADE ZONE BASED ON DEPOSIT

引进来 INFLOW

- 外保内贷 FINANCING FROM DOMESTIC BRANCHES BASED ON LETTER OF GUARANTEE
- 内保直贷 FINANCING FROM OVERSEAS PLATFORMS BASED ON LETTER OF GUARANTEE

全球资金管理服务
GLOBAL TREASURY MANAGEMENT SERVICE

全球资金管理

兴业银行共享直连全球资金管理服务平台，支持跨国企业集团一点接入兴业银行，联通全球账户银行，为企业提供包括全球账户可视、本外币支付结算、财务视图分析、全球资金归集等功能在内的全球资金一体化服务。该平台支持多币种、多语言、跨时区业务处理，助力跨国企业集团实现全球资金可视、可控、可用管理，以及共享财务中心、海外财资中心低成本、数字化建设运营。

代客资金业务
VALET FUNDS BUSINESS

代客资金业务

兴业银行充分发挥银行间外汇市场做市商优势，并通过香港分行、自贸试验区分行连接境外汇率、利率市场，提供境外汇率、利率产品，利用境内外差异化的汇率、利率环境，将代客资金业务由境内外单边业务向境内外综合化、跨境联动化发展，为跨国企业集团提供涵盖境内、境外的综合代客资金业务服务，包括但不限于汇率远期、掉期、期权及利率掉期、货币掉期等代客资金业务。

货币兑换服务
FOREIGN EXCHANGE TRADING SERVICE

兴业银行为客户提供高效的兑换体验，满足客户多币种经营的需求。

CIB PROVIDES EFFICIENT FOREIGN EXCHANGE EXPERIENCE, IN ORDER TO SATISFY DEMANDS OF MULTIPLE CURRENCIES EXCHANGE.

汇率避险服务
FOREIGN EXCHANGE RATE HEDGING SERVICE

兴业银行作为外汇市场的主要做市商，全面参与全球主要交易市场，为企业定制个性化的汇率避险方案。

AS THE MAIN MARKET-MAKERS OF FOREIGN EXCHANGE MARKET,CIB IS CAPABLE OF PARTICIPATING IN THE TRADING OF MAJOR FINANCIAL MARKETS, SO WE CAN CUSTOMIZE FOREIGN EXCHANGE RATE SOLUTIONS FOR ENTERPRISES.

远期结售汇/外汇买卖
FORWARD

外汇掉期
FX SWAP

外汇期权
FX OPTION

货币掉期
CURRENCY SWAP

利率避险服务
INTEREST RATE HEDGING SERVICE

作为利率市场的主要参与者，为客户定制本外币利率避险方案。

AS THE MAIN PARTICIPANT OF INTEREST RATE MARKET, CIB PROVIDES DIFFERENTIATED FINANCIAL SOLUTIONS FOR THE ENTERPRISES TO MANAGE INTEREST RATE RISK.

支持“一带一路”建设
SUPPORT “THE BELT AND ROAD” INITIATIVES

支持“一带一路”建设

自2013年国家提出“一带一路”倡议以来，兴业银行紧紧把握总部福建省“海上丝绸之路”核心区域优势，结合自身集团化经营优势、业务特色及创新服务模式，以差异化金融服务，促进“一带一路”建设资金融通。兴业银行积极参与“一带一路”沿线项目建设，延伸在绿色金融、投资银行等业务领域的服务触角，为沿线项目建设提供综合化融资方案，为“一带一路”建设提供长效资金支持。

兴业银行具备完善的国际业务服务体系，拥有丰富的跨境金融服务经验，未来在中国对外开放及国际经贸合作中，将一如既往地为企业提供优质、便捷的金融服务。

兴业银行
INDUSTRIAL BANK CO.,LTD.

HTTP://WWW.CIB.COM.CN

福建榕基软件股份有限公司

FUJIAN RONGJI SOFTWARE CO., LTD

软件拓展时空　信息文明中国

榕基软件成立于1993年，2010年在深交所挂牌上市（股票代码：002474），专注于行业应用软件研发、系统集成和运维服务，为党政、海关、能源、司法、环保等行业提供信息系统全生命周期、全方位的专业服务。

公司是海西软件产业的龙头企业，国内电子政务和协同管理细分领域的优质服务厂商，国内通用电子政务和协同管理细分领域较具竞争力、拥有较多实用化客户的厂商之一。

公司总部设在福州，在北京、上海、深圳、杭州和郑州设立了5个区域分部，在全国设立了20多家分、子公司，拥有自主知识产权300多项。

公司是“数字福建”建设较早参与者之一，承建了“数字福建”较早的重要示范工程、“数字福建”电子政务移动办公云服务平台、福建省党员教育管理综合服务平台等一大批重点项目，继而对接河南、浙江等地一系列项目建设，全面服务“数字中国”建设。

榕基订阅号

榕基软件 RONGJI

行业化 · 产品化 · 服务化

公司实施安全可靠、自主可控业务战略，研发出了一系列具有自主知识产权的安全可靠软件产品，建立了一支从事自主可控、安全可靠业务的专业团队，并入选安全可靠系统集成服务厂商目录，可提供从咨询设计到研发运维的全链条、全流程、全覆盖的安全可靠业务相关技术服务。

公司是“金关工程”重要服务商，持续20年服务国家检验检疫事业。公司自主研发的检验检疫电子监管企业端软件，于2000年获行政许可在全国进出口企业中推广使用，进而公司又获批成为检验检疫电子监管企业端软件运维商。目前，该产品在全国拥有6万家外贸进出口企业用户，市场占有率全国排名靠前。此外，公司建立了“1+1+1”服务体系，包括客服中心800、400免费电话，一站式服务网站，在全国120多个城市建立了本地化服务网点，为用户提供及时、可靠、优质的服务。

在检验检疫信息技术研究领域，公司还自主研发了检验检疫数据可视化分析系统、检验检疫移动执法平台、检验检疫国有资产管理系统等一系列解决方案，相关产品获评福建省名牌产品、用户满意产品。2016年，基于承担中国电子检验检疫主干系统建设，公司获得该系统建设工作突出贡献集体荣誉称号。

2018年起，公司配合相关部门推进关检融合改革，参与新一代海关信息化系统（H2018系统）研发，提供检验检疫信息化相关解决方案，创新面向一线执法人员的运维保障体系，并推动实施，全面服务中国特色社会主义新海关及智慧海关建设。

榕基软件同时是国家天平、金环、金旅、金宏工程的重要服务商。公司作为“天平工程”全国七家服务商之一，提供全业务网上办理、全流程依法公开、全方位智能服务智慧法院解决方案及司法行政信息化核心软件；在“金环工程”方面为全国各级环保部门治理沙尘暴、空气质量、核与辐射等环境问题提供专业化智慧解决方案。

榕基软件响应国家大数据发展战略，探索大数据技术在社会治理、公共服务、国民经济等领域的应用，研发出海关、环保、司法等领域一系列集聚海量数据，支持实时化、可视化展示，多元检索、挖掘、分析，高效利用的大数据应用解决方案；承建的公共信用信息平台与中小企业公共服务平台成功对接，实现了数据多跑路、企业少跑腿。

公司深入探索社会生活领域物联网应用，提供教育、安防等行业物联网技术支撑与服务，并在电力、水务等行业物联网应用研发上取得重要进展。

榕基软件将进一步推进软件“行业化、产品化、服务化”经营战略，积极进行技术创新和商业模式创新，深入培育和拓展安全可靠、自主可控、大数据、物联网等新技术、新业务，进一步提升公司的核心竞争力，促进公司经营业绩稳健增长。

招商银行
CHINA MERCHANTS BANK

招商银行跨境金融

招商银行跨境金融，全球化布局突破时空限制，为中资企业全球化经营和跨国企业扎根中国，提供跟随式金融服务，以前瞻式思维进行国际化布局。依托强大的运营能力和资源整合能力，嵌入企业日常经营场景，回归服务本质。

招商银行全球化布局

1842 家分支机构

包括 **6** 家境外分行

子行：招商永隆银行有限公司

子公司：招银国际金融控股有限公司

“朋友圈”资源遍布全球

105 个国家及地区

拥有 **1798** 家代理行

135 家保函合作银行

140 家合作保理商

118 家合作福费廷包买商

75 家代付合作银行

数据截至2019年年末

招商银行跨境金融线上服务覆盖结算、交易、融资等日常经营场景，企业可以通过企业网银或手机APP，全流程在线完成汇出、汇入业务办理 ，并实时查看线上业务办理进度。招商银行专业团队保障汇款高效直通，让企业真正做到足不出户，随心所汇。指尖一点，轻松完成线上全流程贸易融资。

跨境金融产品体系

跨境结算

为企业提供专业跨境结算产品和服务，常见国际结算场景均可线上办理，收付币种超120个，支持网上企业银行、企业APP、短信实时查询，应用区块链直联技术让跨境收支更加高效。

跨境避险交易

为企业提供市场风险管理、债务成本管理、资金保值增值服务，覆盖企业日常经营涉及的主要金融场景，涵盖金融市场所有汇率、利率风险类型，为企业发展保驾护航。

跨境贸易金融

从业务场景出发，充分利用境内外市场优势资源服务企业用户。丰富的国际贸易融资体系为企业在现金流管理、成本控制、报表优化、效率提升等方面排忧解难。

跨境投融资

为企业提供一站式、综合化的跨境投融资服务，通过全球联动，针对企业境外上市、退市、并购、投资等不同场景，提供跨境融资、境外银团融资、境外上市等综合服务方案。

跨境资金管理

为企业提供本外币、境内外、一体化的资金管理服务，通过网上企业银行、银企直联、SWIFT直联等方式实现集团企业账户统一管理、资金高效划转、快速对账。

扫描小程序码
了解更多

KERING

开云·中国

开云集团成立于1963年，总部位于法国巴黎。作为全球大型精品集团，开云汇聚了一系列知名的时装、皮具、珠宝以及制表品牌。旗下品牌包括古驰（Gucci）、圣罗兰（Saint Laurent）、葆蝶家（Bottega Veneta）、巴黎世家（Balenciaga）、亚历山大·麦昆（Alexander McQueen）、布里奥尼（Brioni）、宝诗龙（Boucheron）、宝曼兰朵（Pomellato）、都都（Dodo）、Qeelin、雅典表（Ulysse Nardin）、GP芝柏表（Girard-Perregaux）、开云眼镜。

古驰于1921年成立于意大利的佛罗伦萨，近年在创作总监亚力山卓·米开理全新视角的指引下，不断追求革新，以独特的现代视野重新演绎与影响时尚演进，重新阐述21世纪精品，巩固其全球精品品牌的地位。古驰创作同时代表了意大利手工艺对细节、品质的重视，呈现浪漫、当代与令人激动的美学理念。

YSL（Saint Laurent的简称），中文译名圣罗兰，为法国著名奢侈品牌，由1936年8月1日出生于法属北非阿尔及利亚的伊夫圣罗兰先生创立，主要产品有时装、箱包、眼镜、配饰等。

巴黎世家（Balenciaga）是时尚界较有影响力的品牌之一。1919年，克里斯托巴尔·巴伦西亚加(Cristóbal Balenciaga)成立，1936年落户巴黎，他指引了1930年到1968年之间很多重要的时尚运动。有代表性的成衣系列体现了品牌的身份，皮具、鞋和饰品也取得了全球性的成绩。

葆蝶家（Bottega Veneta），意大利品牌。产品均采用传统意大利皮革工艺制造。目前经营范围由最初的皮包扩展至服装、高级珠宝、眼镜、香水、家具及家居用品等不同领域。

https://www.kering.com

主要品牌备案商标

古驰主要的注册商标

GUCCI

常见被仿冒的古驰产品

葆蝶家主要注册商标

BOTTEGA VENETA

常见被仿冒的葆蝶家产品

圣罗兰主要注册商标

YVES SAINT LAURENT

SAINT LAURENT

SAINT LAURENT
PARIS

常见被仿冒的圣罗兰产品

巴黎世家主要注册商标

BALENCIAGA

巴黎世家

FLORABOTANICA
BALENCIAGA

ROSABOTANICA

常见被仿冒的巴黎世家产品

KONICA MINOLTA
柯尼卡美能达

柯尼卡美能达
办公系统（中国）有限公司

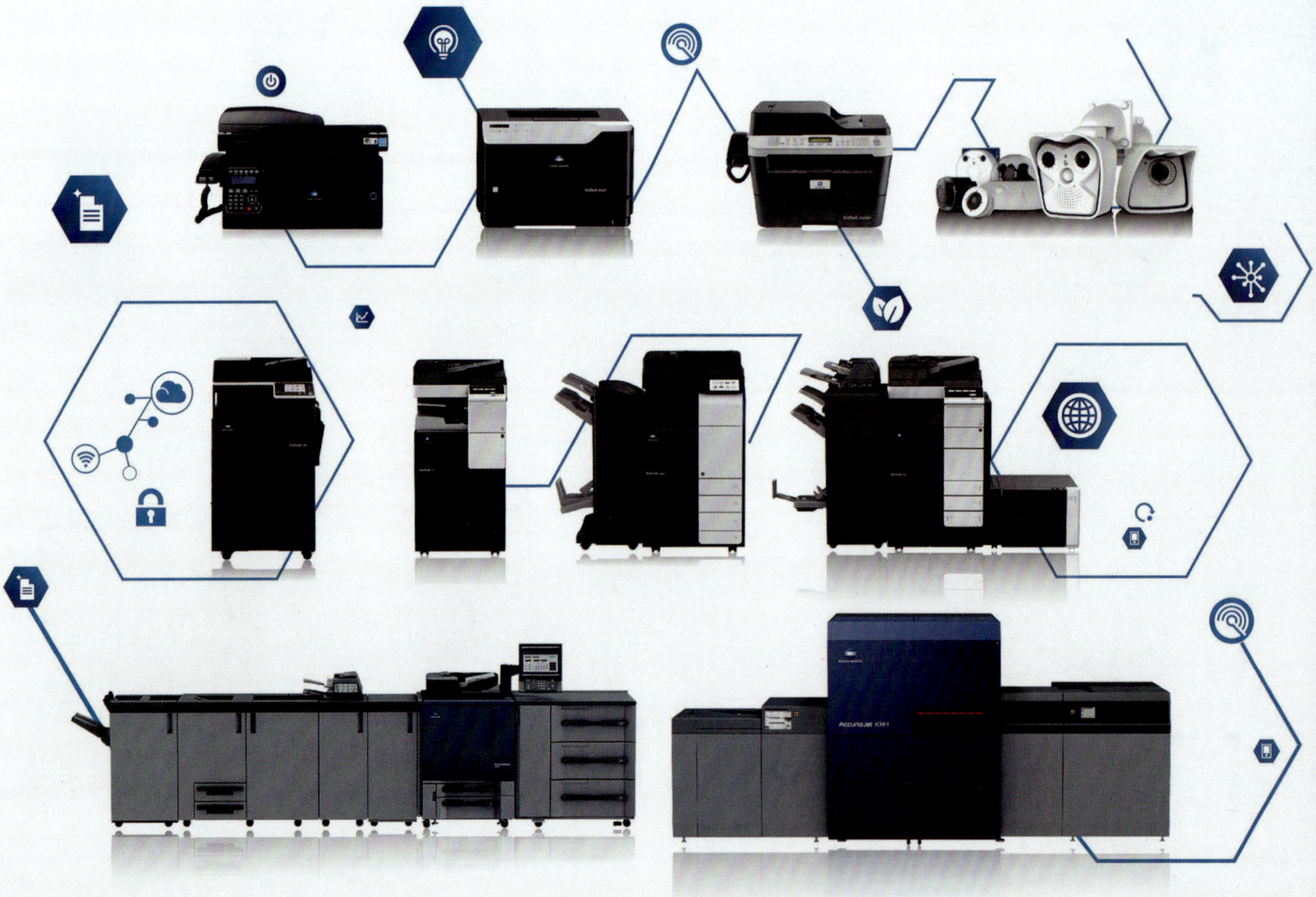

bizhub
彩色多功能数码复合机

DEVELOP™ 德凡™
一体化商务解决方案专家

AccurioPress
生产型数字印刷系统

AccurioJet KM-1
29英寸单纸张UV喷墨印刷机

MOBOTIX
智能视频监控系统

咨询热线：800-820-2526
http://www.konicaminolta.com.cn
地址：上海市浦东新区海阳西路399号前滩时代广场3楼

革新

创变时代

- 我们匠心倾注 从未止步
- 开启智能未来
- 研发前端科技

竭诚

Customer-centric

优化求解

- 我们全心全意 应变转型
- 聚焦客户需求
- 融合先进技术

专注

Technology

研发技术

- 我们锐意进取 全力以赴
- 追求先进技术
- 坚持精益求精

责任

Responsibility

构筑美好

- 我们持之以恒 传递爱与温暖
- 构筑美好社会
- 投身社会公益

融合

Cooperation

创享未来

- 我们蓄势待发 创领变革
- 拓展业务形态
- 汇聚全球优势

Giving Shape to Ideas

创意改变世界

柯尼卡美能达办公系统（中国）有限公司（以下简称“柯尼卡美能达”）成立于2005年，是日本柯尼卡美能达株式会社在中国的全资子公司，总部设在上海，目前在北京、广州、深圳、成都、无锡等地共设有10家直属分支机构，渠道服务网络覆盖全国。

秉持“一切以客户为中心”的企业理念，柯尼卡美能达积极践行“创意改变世界”的企业口号，坚持以创新驱动革新，凭借独具匠心的创新产品、个性化的数字化解决方案以及优质的售后服务为各行业用户带来了全新的价值体验，成就了数字化办公时代的商务新典范。凭借先进的创新理念与强大的解决方案实力，柯尼卡美能达现已为制造、医疗、金融保险、物流、教育等多个行业用户提供了专业、高效的数字化整合增值服务。2017年，柯尼卡美能达实现了积极的成长态势，在实现20%的高速增长的同时，连续12年在A3幅面彩色复合机市场取得佳绩，数字印刷业务销售业绩成功翻倍。

在产品品质、服务质量、管理体系及环保等诸方面柯尼卡美能达均达到了国际标准，通过了ISO9001质量管理体系认证、ISO14001环境管理体系认证及ISO27001信息安全管理体系认证等多项国际权威认证。同时，柯尼卡美能达始终将企业社会责任视作经营本身，积极履行“企业公民”的义务与职责，在教育和环保等诸多社会公益领域做出了积极的表率，源源不断地向社会传递正能量，为创建可持续发展的社会做出了突出的贡献。

作为全球先进的数字化整合增值服务商，柯尼卡美能达将顺应当下物联网、大数据、云计算等新兴技术给互联网时代带来的新一轮裂变式变革，以“客户的数字工作流为中心”通过融合产品、技术与服务，集结集团资源，全面打造解决客户所有课题的“整体价值运营商”，倾力为用户、合作伙伴及社会缔造更多新价值！

Z 58mm 1:0.95 S Noct ø82
58/0.95 S
24/1.8 S
DX 50-250/4.5-6.3
24-70/4 S
24-70/2.8 S
Nikon
尼康 Z 系列微单数码相机
NIKKOR Z 尼克尔 Z 卡口镜头
· Z 7 · Z 6 · Z 50
· NIKKOR Z DX 16-50mm f/3.5-6.3 VR
· NIKKOR Z 24-200mm f/4-6.3 VR
· NIKKOR Z 20mm f/1.8 S
· NIKKOR Z 50mm f/1.8 S

CAPTURE TOMORROW | 新“视”纪

/0.95 S Noct
m f/2.8 S
50mm f/4.5-6.3 VR
/1.8 S
/1.8 S

· NIKKOR Z 14-30mm f/4 S
· NIKKOR Z 24-70mm f/4 S
· NIKKOR Z 70-200mm f/2.8 VR S
· NIKKOR Z 35mm f/1.8 S
· 卡口适配器 FTZ

尼康
Nikon

REACT 值得信赖的全球打假合作伙伴

React是一家全球性的打假组织，在打击假冒贸易方面拥有超过30年的经验，并且拥有超过300名覆盖全行业的品牌会员。React总部设在荷兰阿姆斯特丹，拥有覆盖90多个国家和地区的办事处，合作伙伴遍及全球。React利用法律和程序方面的知识，为React会员提供“一站式服务”的知识产权保护。

React

The Anti-Counterfeiting Network

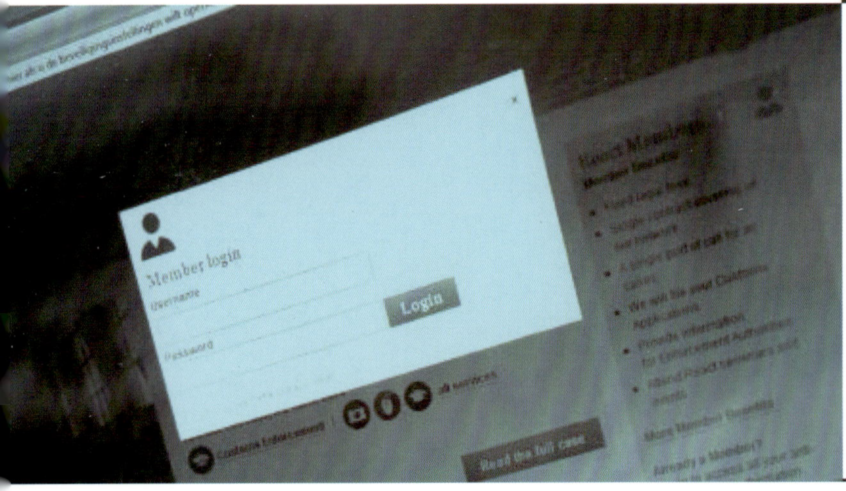

REACT 主要业务:

在线维权（EP）

海关维权（CP）

调查打假（IU）

培训和研讨会

REACT 会员

React会员众多，涵盖全行业的知名公司和品牌，包括日用百货、奢侈品、烟草、电子产品、药物、玩具等行业公司和协会。

业务咨询：china@react.org

HDMI®的背景

HDMI ® (High-Definition Multimedia Interface) 是指高清多媒体接口，是当下电子业界先进的高清（HD）设备连接技术及标准，各种消费类电子产品如高清电视、个人电脑、相机、摄像机、平板电脑、蓝光播放器、游戏机、智能手机等，都能够发送或接收高清信号。

在2002年，7家消费类电子产品制造商莱迪思半导体（Lattice Semiconductor）、麦克赛尔（Maxell）、松下电器（Panasonic）、飞利浦（Philips）、索尼（Sony）、特艺（Technicolor）和东芝（Toshiba）开发并推出一个新的多媒体介面——HDMI® 高清多媒体介面。

HDMI® 协会同年成立，该协会代表以上7家投资公司提供相关授权给有意采用该商标的企业及组织，以及授权HDMI® 技术规格，促进及宣传HDMI® 技术，提供教育及培训，支持HDMI® 采纳，保护HDMI® 技术及版权。

此外，HDMI® 还支持主要电影制片商和系统运营商，主要电影制片商包括福克斯（Fox）、环球（Universal）、华纳兄弟（Warner Bros）和迪士尼（Disney），系统运营商包括DirecTV公司、EchoStar的Dish网络和CableLabs。

HDMI®的注册商标

商标	标志	USPTO注册编号	USPTO 国际分类号	国家工商行政管理总局商标注册编号
HDMI®图像商标（® 或 TM）	HDMI	3445135	09	10251088
		2898044	35	
HDMI®文字商标（® 或 TM）	HDMI®	3268924	09	10251085
		2900587	35	

采用 HDMI®界面的产品

- 传输线
- 电子配件
- 转接盒、分配器、加强器
- 高画质电视
- 桌面电脑、平板电脑、笔记型电脑
- DVD 及蓝光播放器
- 机顶盒
- 游戏机
- 影音接收器、放大器
- 照相机及摄影机
- 行动影音装置
- 卫星信号接收器
- 投影机
- 显示器

确定未授权HDMI®产品的步骤

第一步：中国海关备案系统

第二步：HDMI®网上授权名单（http://www.hdmi.org/learningcenter/adopters_founders.aspx）

第三步：提供查扣货品资料给REACT CHINA及HDMI®协会（customs@HDMI.org）以进行确认

在2019年，中国海关致力于保护HDMI® 协会的权利，多次查获未经授权的HDMI®产品，在此衷心感谢中国海关的支持及努力。

锐正股份

发展历程

2000年

锐正成立，是中国较早从事商业调查及知识产权维权的公司之一。

2015年

锐正股份挂牌上市，是业内较早成功上市的公司。

锐正愿景

成为中国商业调查优质品牌。

锐正优势

经验丰富、信誉度高

- 成立于2000年，20年的行业经验，口碑好；
- 服务过数百家世界500强企业，囊括手表、汽配、奢侈品多个行业，每年执行上千个调查维权案件，拥有丰富的实战经验；
- 2015年12月挂牌新三板，股票代码为834578，是国内较早主营维权调查业务的公众公司，经营规范，信誉度高。

大数据信息收集分析系统

- 线上覆盖全网舆情信息（搜索引擎、社交平台、电子商务平台）；
- 利用大数据信息系统，结合智能搜索+专业人工搜索，全面抓取和分析信息关键点；
- 精准处理海量信息源。

遍及全国的信息员网络

- 线下覆盖超过800名信息员网络，覆盖全国重点区域，涉及各个行业的信息人员，及时高效反馈信息；
- 自有专业的调查员团队，实地调查经验丰富，擅长通过表层信息挖掘深层核心信息。

行业资源丰富

- 团队资源丰富，核心人员从业经验丰富，分析团队均来自各领域专家团队，包括舆情信息监控专家团队、律师顾问、专业数据分析师等。

锐正荣誉

获得由相关部门颁发的“涉外调查许可证”
第三届会员代表大会广东知识产权保护协会副会长
2018年度岭南知识产权诉讼优秀法律服务团队
INTA（国际商标组织）会员
AIPPI（国际保护知识产权协会）会员

业务体系

商业调查服务	维权调查	诉讼管理
商业尽职调查	调查行动	知识产权诉讼
诉前财产调查	侵权取证	知识产权规划
职务侵占调查	网络维权	知识产权代理
定制商业调查	海关保护	知识产权管理

广州市越秀区东风中路418号华以泰国际大厦2702室　邮 510030　020-83652612　020-83652632　info@regentel.co

http://www.regentel.co

普通型

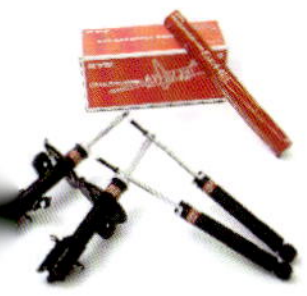

Excel-G
- 稳定的双筒充气结构
- 良好的操控性及路面响应
- 改进操控及驾驶性能

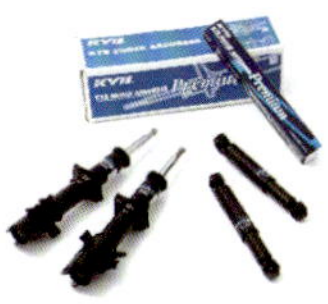

Premium
- 适用于乘用车、商用车辆
- 高于纯真减震器的阻尼力
- 改进舒适与安全性

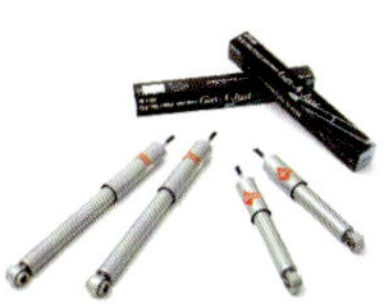

Gas-a-just
- 适用于皮卡、越野及乘用车
- 优异的路面控制性能
- 单筒充气结构

运动型

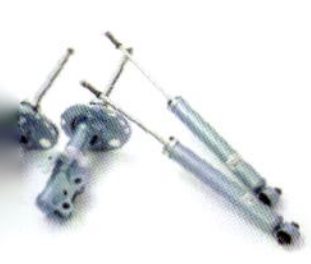

NEW SR SPECIAL
- 适用于追求运动驾驶风格的车主
- 相对原厂更适合的阻尼力设定
- 设计时考虑到原车特性

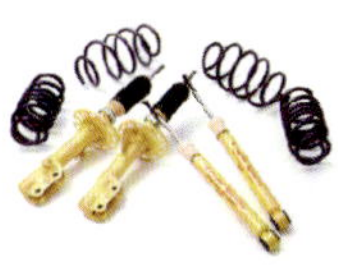

Lowfer Sports
Suspension Kit system.
- 适用于喜欢低底盘的车主
- 降低车身同时提升操控且不损失舒适性
- 套装设计，安装完成就可以实现车身高度的降低

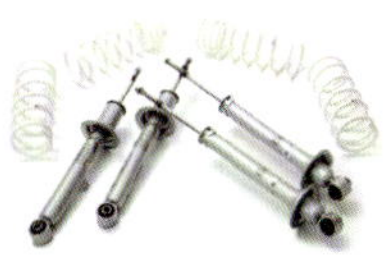

Extage
- 32段或8段阻尼可调
- 根据车辆的特点进行设计开发
- 可根据不同驾驶情境调整适合的阻尼

锡凯迩必拓普减震器有限公司　无锡新区新加坡工业园锡坤北路2号
yright Wuxi KYB TOP Absorber Co., Ltd.　邮编：214028　Tel：0510-852820067 / 85280268　www.kyb-china.com

KEIHIN 株式会社京滨

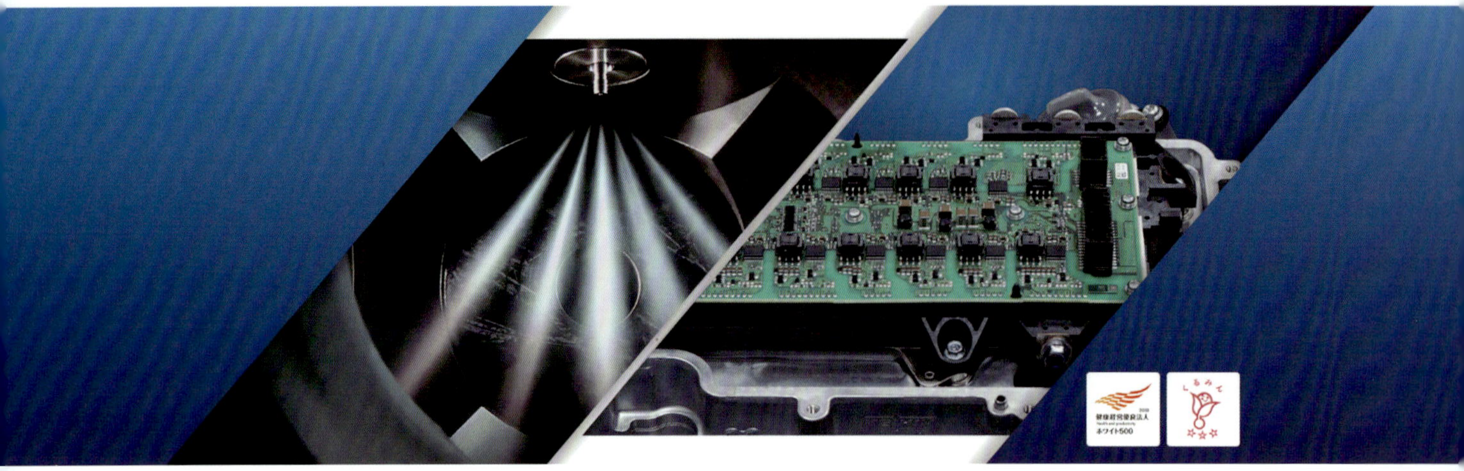

Keihin Corporation

株式会社京滨成立于1956年，总部位于日本东京，是全球性的功能部件生产制造商。京滨不断提高制造技术、专门技能和开发能力，在燃油供给系统及发动机其他功能部件、汽车空调、工业控制阀乃至先进的电子控制装置的广泛领域中开发具有功能的系统技术。

其研发生产的化油器被本田（HONDA）、哈雷（Harley）、雅马哈（YAMAHA）、凯旋（Triumph）等世界知名品牌采用，受到消费者的广泛喜爱。

KEIHIN 注册号：1910782

KEIHIN 注册号：18251806

KEIHIN 注册号：1910794

K 注册号：1482709

南京京滨化油器有限公司
江苏省南京市六合区龙池街道龙华路1号
025-57139039

东莞京滨汽车电喷装置有限公司
广东省东莞市莞城区莞龙路段狮龙路莞城科技园
0769-22658260

京滨（武汉）汽车零部件有限公司
湖北省仙桃市中加科技城中加大道8-3号
0728-3256586

京滨大洋冷暖工业（大连）有限公司
大连市经济技术开发区31号区辽河西二路28号
0411-87301071

京滨电子装置研究开发（上海）有限公司
上海市闵行区紫星路451号
021-34290090

* 2021年1月起，“株式会社京滨”商号改为“日立安斯泰莫株式会社”。

株式会社京滨非常重视知识产权保护
积极参加知识产权保护培训
积极配合相关部门打击一系列侵犯知识产权的行为

京滨关注的被假冒商品

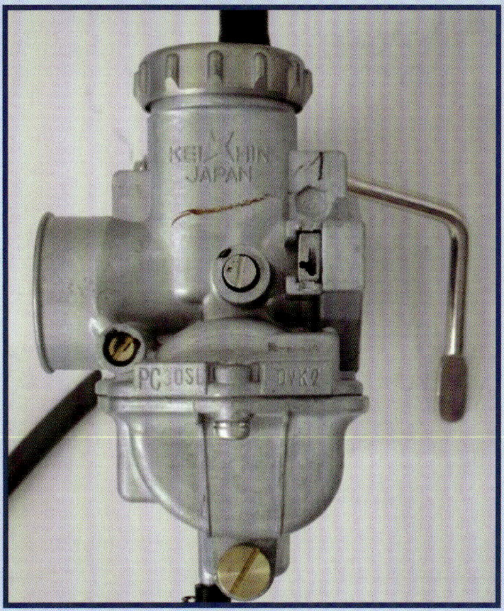

代理律师事务所：怡丰律师事务所（联系人：于春生）

地址：北京市朝阳区曙光西里甲5号凤凰置地广场写字楼H座903室

电话：010-84554108

侵权打击

- 2015年3月
  相关部门成功查扣假冒京滨化油机2 000个。
- 2015年7月
  相关部门成功查扣假冒京滨化油机120个。
- 2019年11月
  相关部门成功查扣出口假冒京滨化油器300个。

GS Yuasa Corporation

株式会社杰士汤浅

旗下商标： GS（杰士）、YUASA（汤浅）

商标权利人： 株式会社杰士汤浅（GS YUASA CORPORATION）

商标标识：	GS	杰士	YUASA	汤浅 YUASA
注册号：	507630	9218078	816685	8065306

商标使用的主要商品范围： 电池、充电器

株式会社杰士汤浅简介：

株式会社杰士汤浅（GS YUASA CORPORATION）是原名为日本电池株式会社和原名为汤浅株式会社于2004年合并而成的。本公司至今有100余年的历史，专业长期地从事蓄电池的研究、开发与生产，指引蓄电池的发展，其“GS（杰士）”和“YUASA（汤浅）”蓄电池享誉全球。

杰士汤浅在全球19个国家共有37家子公司从事生产和销售活动，产品覆盖海、陆、空等领域。主要产品有阀控密封铅酸蓄电池、汽车启动性蓄电池、摩托车用蓄电池及锂电池等，产品畅销全球，并在日本国内以及海外都获得了一致好评。

受保护的部分产品及包装（包括但不限于）

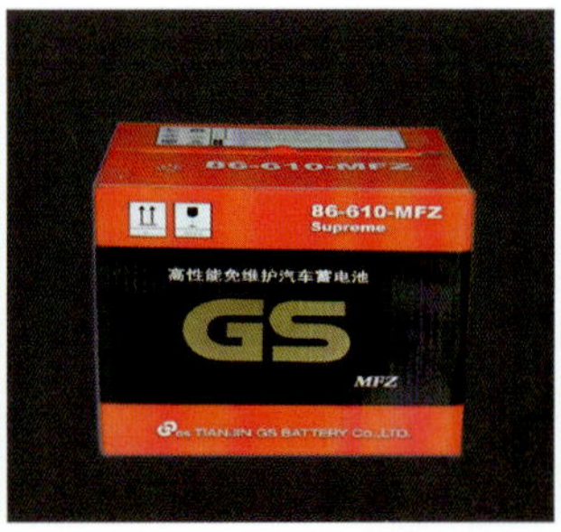

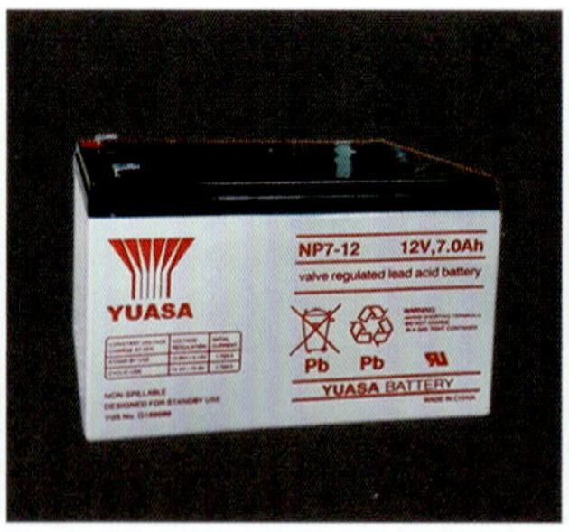

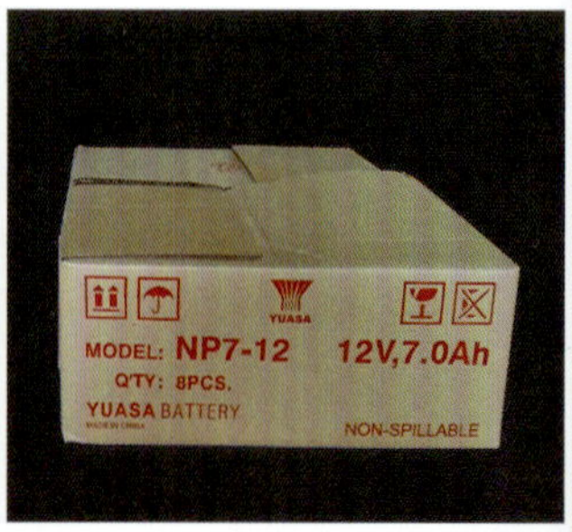

维权联络：

关于“GS”商标

天津杰士电池有限公司

部门：营销企划课 联系人：刘文芳经理、谢富金课长

地址：中国天津市经济技术开发区黄海路189号

邮编：300457

电话：022-25325688 转 629

传真：022-25328527 转 11

邮箱：liuwf@gs-battery.com.cn fujin@gs-battery.com.cn

关于“YUASA”商标

广东汤浅蓄电池有限公司

部门：营销企划课

地址：中国广东省佛山市顺德区大良飞鹅岗

邮编：528300

电话：0757-22611440（大代表）

三星·中国

三星电子 致力于为世界各地消费者创造更多全新可能，通过持续不断的创新和探索，公司凭借在电视、智能手机、笔记本电脑、家电、医疗设备等领域的深厚积累，正在指引各地的智能化发展。三星横跨79个国家，雇员30.87万人。

三星（中国）投资有限公司是由韩国三星电子株式会社于1996年3月18日在中国北京注册成立的外商独资公司，业务涉及多个领域，主要包括移动通信、电视、冰箱、显示器、笔记本电脑、IT产品、半导体等。公司作为进出口货物收发货人于2005年11月4日在北京注册登记，取得了进出口货物收发货人报关注册登记证书。2013年7月5日，经相关部门审批批准，取得了可以适用AA类管理的资格证书。2015年4月15日，公司自动从AA类企业变更为AEO企业，取得了AEO高级认证企业证书。2016年11月29日，经相关部门重新认证，继续适用相关部门高级认证管理。2019年9月27日，再次重新认证适用相关部门高级认证管理。

三星（中国）投资有限公司由无线事业部、家电事业部、法律事务部、经营支援部、人力资源部等组成，业务涵盖研发、生产、销售等领域。三星电子在中国包括2家生产企业和10家研究院，销售业务覆盖华北、华东、华南、西部四大区域及中国香港地区、台湾地区。

手机产品

显示产品

储存产品

数字家电

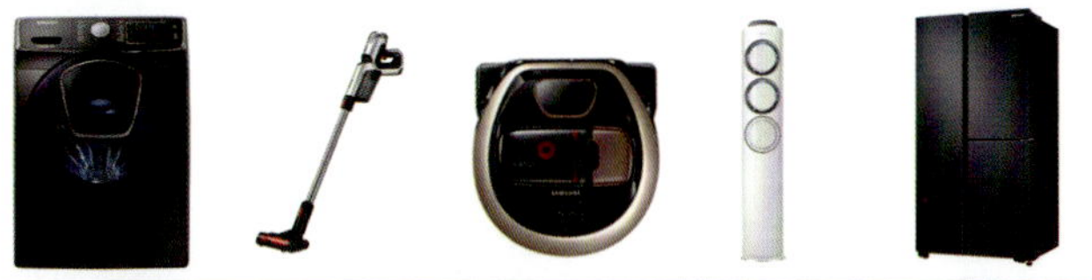

三星的经营理念

以人才和技术为基础，创造出优质产品和服务，贡献于人类社会。

三星的发展目标

做中国人民喜爱的企业，贡献于中国社会的企业。

三星的核心价值

人才优先，远大志向，指引变革，正道经营，追求共赢。

三星的经营原则

★ 遵守法律和伦理。

★ 保持组织的清廉。

★ 尊重客户、股东和员工。

★ 重视环境、安全、健康。

★ 履行全球企业公民的社会责任。

https://www.samsung.com/cn/

SPH 上海医药·科园贸易
SHANGHAI PHARMA KEYUAN TRADE

科园信海（北京）医疗用品贸易有限公司

企业使命

始终致力于医药供应链的整合和服务创新，不断提升医药产品流通和使用的高效率，努力实现保障人类生命与健康的崇高目标。

核心价值

诚信、责任、创新、共赢

质量方针

质量优良、服务至上、全员参与、持续改进

感恩同行，携手共赢

科园贸易愿成为您最忠实的合作伙伴

地址：北京市顺义区保汇一街 8幢 3层 办公室02、03、04（北京天竺综合保税区） 邮编：101312

电话：010-83253666 010-83253777

企业简介

http://www.kybeijing.com

科园信海（北京）医疗用品贸易有限公司（简称“科园贸易”）成立于2009年，是较早入驻北京顺义空港保税物流中心的专业医药企业，并于同年入驻北京天竺综合保税区。“科园贸易”已发展成为集进口保税、医药流通、疫苗服务、跨境电商、供应链延伸服务、市场准入等多元化的大型综合服务型医药企业，业务区域覆盖全国。

“科园贸易”始终坚持将高品质的服务和产品质量作为首要生命线。2014年，公司被相关部门授予AEO高级认证企业，2017年再次通过相关部门的AEO高级认证，享有相关部门较高信誉评级和多项通关便利政策。

此外，随着对外电商的兴起，“科园贸易”作为医药产品进口企业，依托北京区域及政策优势、结合优良的客户及产品资源，积极尝试开展大健康产品的跨境电商业务。2020年，公司更专注于进口业务，拓展进口产品线，为跨国医药企业提供更具价值的进口供应链一体化解决方案。

发展愿景

未来，公司将牢记健康中国的使命，主动把握改革机遇，保持高端药品、疫苗、医疗器械等在全国的优势地位，提升专业化、差异化、增值供应链解决方案核心竞争力，致力于成为医疗健康领域产品经销、供应商合作及客户服务较优质的商业企业；行业效率较佳和创新的指引者。

同时，将以丰富的资源为全球客户提供专业服务，愿与全球客户一起，为成就中国医药健康产业、出色的国际保税物流平台而共同努力。

SENTURY 森麒麟轮胎

森麒麟

新起点 新征程

森麒麟深交所A股上市

2020年9月11日，青岛森麒麟轮胎股份有限公司在深交所A股正式挂牌上市，股票简称为森麒麟，股票代码为002984，本次公开发行股票数量为6 900万股，募集资金净额约12.09亿元。自此，森麒麟成为中国第十家轮胎上市企业，此次发行上市，森麒麟将迎来新一轮的跨越式发展，森麒麟将继续秉承“创世界优质轮胎品牌”的战略目标，在轮胎行业持续做优做强，成为具有长期投资价值的上市公司。

轮胎智能制造的开启者

森麒麟迎挑战、抓机遇，集成互联网、物联网、大数据、云端、智能化等先进技术，较早实现轮胎行业转型升级，打造了全球轮胎智能工厂，开启了技术模式创新、管理模式创新、组织模式创新三位一体的轮胎智能制造新模式。公司连续入选相关部门“2016年智能制造综合标准化与新模式应用”“2017年智能制造试点示范项目”“2018年制造业与互联网融合发展试点示范项目”，成为连续三年入选相关部门智能制造示范类项目的轮胎企业，进一步夯实轮胎智能制造开启者地位。

助力中国航空工业的先行者

在“一带一路”建设大格局中，中国在互联互通基础设施建设方面不断加强国际合作，而中国航空工业亦迎来崭新的春天。国产大飞机C919的首飞，标志着中国具备了自主设计、制造、维护大型客机的能力；2016年，森麒麟取得相关部门颁发的重要改装设计批准书（MDA证书），标志着公司具备了航空轮胎设计、生产、销售资质，成为国际少数航空轮胎制造企业之一，为民用航空轮胎领域同时具备产品设计、研发、制造及销售能力的中国民营企业。2020年，森麒麟航空轮胎工程研究中心，被认定为山东省工程研究中心，这是森麒麟继获得国家认可实验室、山东省企业技术中心、青岛市航空轮胎工程实验室、青岛市技术创新中心、青岛市工业设计中心等认定后，被认定的又一个研发创新平台。该平台也是国内航空轮胎领域较早获批的省级研发创新平台。

中国轮胎世界品牌的塑造者

森麒麟坚持“自主研发、持续创新、着眼未来”的研发理念，陆续推出具有自主知识产权的舒适型防爆轮胎、自修复轮胎、石墨烯轮胎、吸音棉轮胎（超静音）、超低滚阻轮胎以及国际各大赛事专用赛车胎等产品，多项研发成果处于世界较高水平；公司旗下拥有森麒麟（SENTURY）、路航（LANDSAIL）、德林特（DELINTE）、吉翔速（GROUND SPEED）四大轮胎品牌，秉承“创世界优质轮胎品牌”的战略目标，客户网络遍布全球150多个国家和地区，助力中国轮胎产品跻身世界较好产品之列，积极打造中国轮胎世界品牌塑造者形象。

青岛森麒麟轮胎股份有限公司　网址：www.senturytire.com.cn　地址：青岛市即墨区天山三路5号　电话：0532-68968816

固邦（东莞）电器有限公司

KUPOINT (DONG GUAN) ELECTRIC CO.,LTD.

公司位于东莞虎门镇怀德工业区，交通方便，环境优雅，是一家独资企业和海关高级认证企业。主要生产和销售圣诞节日灯饰、灯饰配件、塑胶制品。占地面积20万平方米，拥有员工2 500余人，公司本着“以质量求生存，以效益求发展，以品种求繁荣”的宗旨，自1970年成立至今已取得了飞速的发展，成为灯饰行业中一颗灿烂的明珠。公司已通过ISO及CQC等认证，产品远销欧洲、美国、加拿大等国家和地区。

执行副总经理 吴忠志

为了寻求更大的发展，1991年投资100万人民币建立了固邦电器厂，短短的十年时间，固邦电器厂以82%的年增长率飞越式发展，从建厂时一个不到300名职工，占地面积8 000平方米，年营业额200万美元的小厂，到今天拥有近3 000名职工，占地5万平方米，建筑面积达23万平方米，年营业额超过4 400万美元的大型企业，一举成为虎门屈指可数的明星企业。

公司投资建设有配套完善的生产生活设施、园林化的厂区、生活区及多种体育活动场地，极大地丰富了员工的业余生活，并吸引了大批企业管理、产品开发及生产技术人才。

办公大厅

办公室

公司产品

居安思危，才能立于不败之地，时代在前进，企业要创新，公司领导层高瞻远瞩，在“团结、务实、开拓、创新”的质量方针前提下，极其注重新产品的开发工作，现已拥有比较庞大的专业研发队伍，在现有的UL、GS、CSA、JAPAN等多种规格产品的基础上，公司及时顺应现代产品的多元化及采取复合材料设计产品。强大的研发实力，成为该公司快捷持续发展的强大引擎，保证了产品技术含量在世界上的靠前地位。至目前为止，除了圣诞灯饰，还包括LED灯饰产品、仿真圣诞树（PE、PVC），超过上万种产品。极大地丰富了国际灯饰产品的市场，同时也实现了公司可持续发展的战略目标。

新的世纪，新的目标，公司同仁以满腔的热情，继往开来，为力争创造优良企业效益而努力奋斗，拥抱明天那轮火热的太阳。

北京中海通科技有限公司
CHINA CUSLINK CO.,LTD

公司概况 INTRODUCTION

北京中海通科技有限公司（以下简称“中海通”）成立于1998年，是高新技术企业，以促进跨境贸易智能、安全、高效为使命，为国际贸易参与方及监管者提供通关信息化解决方案和贸易大数据服务。

秉承“科技指引发展、数据创造价值”的理念，中海通在信息化建设及贸易大数据服务领域积淀了丰富经验，参与了“金关工程”“金宏工程”等国家重要信息系统建设，研制出智慧通关、智能风控、特殊监管区域等信息化平台，形成了涵盖物流、金融、制造等十余个行业的贸易大数据应用解决方案。

未来，中海通将继续响应国家发展战略，激活国际贸易数据价值，构建全球贸易大数据生态，持续探索“互联网+”、物联网、人工智能等技术的应用，为客户提供智能、高效的信息化建设服务和贸易大数据服务。

公司资质 QUALIFICATION

- ★ 高新技术企业认证
- ★ CMMI（软件能力成熟度模型）三级认证
- ★ ISO 9001:2015质量管理体系认证
- ★ ISO 27001:2013信息安全管理体系认证
- ★ 软件企业评估
- ★ 软件产品评估
- ★ 软件著作权
- ★ 注册商标
- ★ ITSS全权成员单位
- ★ ITSS研制和应用单位

产品体系 PRODUCTS

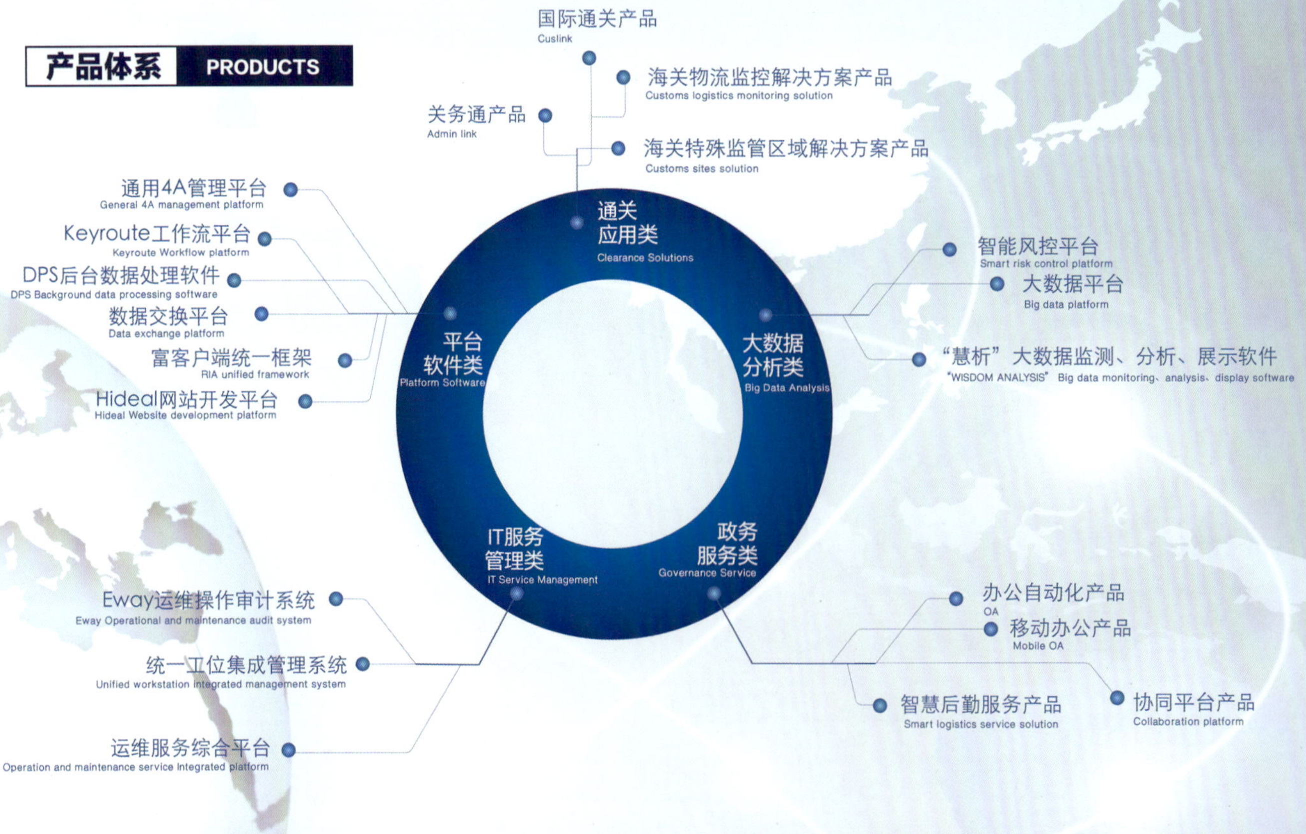

服务及解决方案 SERVICES & SOLUTIONS

■ 进出口贸易信息服务

根据客户需求，设计相应的个性化大数据解决方案，包括大数据分析（运行监测）平台、指数产品及其相关衍生品、信用评级产品及其衍生品、课题研究及分析报告等大数据分析方向业务及项目承接。

· 大数据分析（运行监测）平台建设
· 指数产品及相关衍生品设计研究
· 信用评级产品及其衍生品行业应用
· 进出口贸易相关课题研究

典型案例 富国基金、宁波航运交易所、嘉里大通、华夏银行

■ 特殊监管区域政务信息化解决方案

中海通凭借多年的实践经验，逐步形成了一套以区域为整体、以企业为单元、以货物流向为主线的一体化、一站式特殊监管区域信息化解决方案。

通过构建监管辅助管理系统、配套硬件系统、智能卡口系统、视频监控系统、机房装修、综合布线等软件系统，硬件系统及工程施工建设，整合物流监控指挥、加工贸易综合管理、统计查询与风险预警等功能，实现了国际贸易监管者“简政集约、通关便利、安全高效”的改革目标，为国际贸易参与方提供“高效、优质、便捷”的通关环境。

典型案例 福建平潭综合试验区信息化建设、福建自贸试验区信息化平台建设

■ 国际通关信息化解决方案

秉承通关管理理念和智慧，中海通继承和总结一系列标准、 技术、服务经验，形成了通关全领域解决方案，可有效提升税收征管、风险防控、经济调控、决策支撑水平。

国际通关信息化解决方案适用于跨境电子商务、自贸园区等当前各种新兴经贸形式、覆盖通关工作全流程，可以满足不同业务及技术需求，助力国际用户创建本国通关生态系统，营造安全、便利的营商环境，提升国际贸易发展质量。

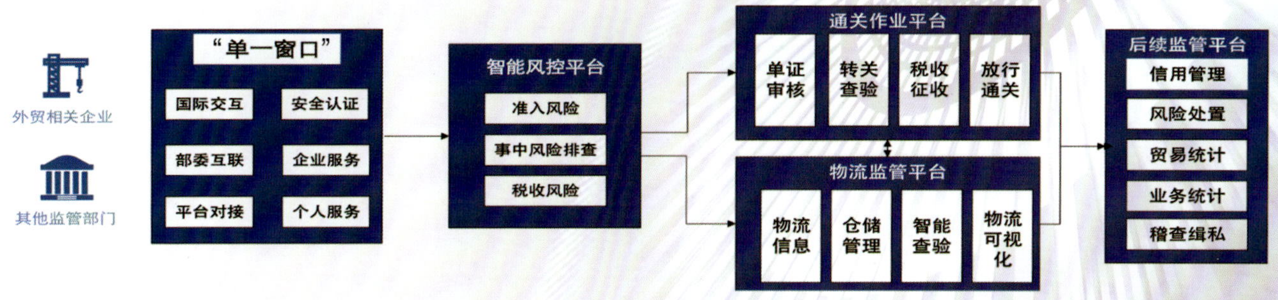

■ 政务信息化服务

中海通专注客户需求，利用20余年的信息化建设经验，搭建起以软件开发、集成实施及运维服务为主体的政务信息化业务架构，为相关单位提供全面的信息化服务，提高工作效率。

· 智能办公平台　· 信息安全系统　· 网站门户集群　· 大数据分析展示平台　· IT运维管理系统

典型案例 金关工程、相关部门的门户网站体系

东方口岸科技有限公司成立于2002年3月，注册资金7 142万元，是中国电子口岸数据中心、中国电信集团和阿里健康（香港）科技有限公司共同出资成立的高新科技企业。目前是中国口岸协会副会长单位、中国物联网应用与推进联盟副理事长单位、中国轨道交通卫星应用产业联盟常务理事单位。根据国内外物流发展的趋势和特点，结合社会、市场、企业的实际需求，拓展服务社会、服务物流职能，依托中国电子口岸事业发展，为政府行政管理部门、金融机构、物流行业、信息安全行业及全国进出口企业用户提供信息化服务和解决方案（产品），构建与中国电子口岸政务信息化平台配套的物流信息平台，建立规范化数据标准，健全物流商务运作机制，成为新一代电子政务与电子商务结合的物流信息化服务提供商，提升进出口企业跨境贸易实力，提高企业国际竞争力，为推进全球贸易便利化提供技术支持。

产品架构 Product Architecture

东方口岸科技有限公司
East Port Technology Co., Ltd

产品介绍 Product introduction

（一）企业服务产品

国家“单一窗口”解决了全国范围内执法申报的共性化问题，个性化需求需要各地方、企业根据各地实际情况进行定制化服务研发工作。

口岸公司依据10多年行业经验，针对各地建设地方“单一窗口”及企业服务的需求，研发推出了“单一窗口”SAAS模式集成、智能关务等系列企业服务产品。

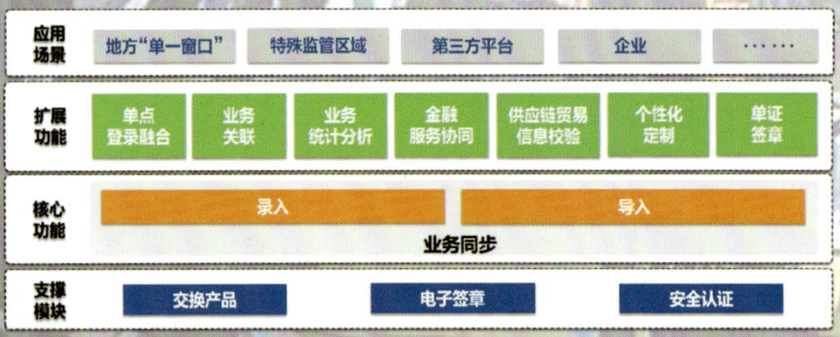

企业服务主要是为了满足企业或地方“单一窗口”的个性化服务需求，依托企业的“单一窗口”业务，通过企业服务产品为企业或地方提供定制化技术服务和增值服务，为物流贸易领域以及供应链业务协同领域提供整合产品解决方案。以交换产品、电子签章、安全认证等作为支撑，以业务同步为核心，在此基础上进行功能的拓展，实现单点登录融合、业务关联、业务统计分析、金融服务协同、供应链贸易信息校验、个性化定制、单证签章等功能。

智能关务系统是专业处理企业内部业务系统和海关业务申报要求及申报系统之间断层问题的系统。产品通过智能数据转换功能，实现企业内部业务数据向海关申报数据转化，解决企业元数据重复录入的问题；通过数据交换功能，打通内部业务系统与海关业务申报系统间的通道，解决企业申报的业务数据和企业内部ERP系统数据不一致的问题。

智能关务系统产品架构图

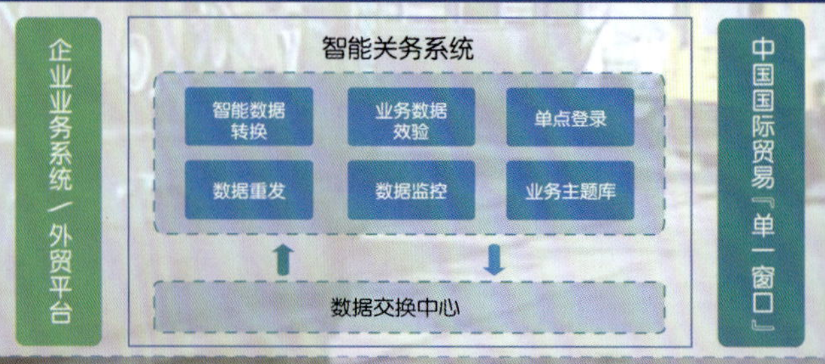

（二）数据交换产品

数据交换产品通过制定统一传输标准和统一业务标准，实现跨业务系统间数据交换功能。

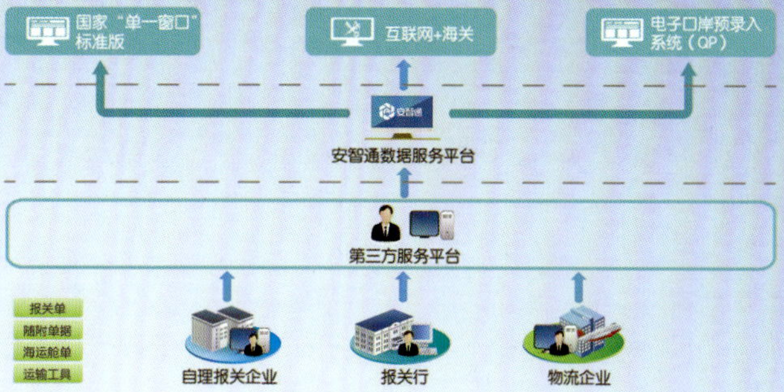

（三）安全产品

基于PKI/CA机制，研发了一系列软硬件安全产品：电子签章系统、手机盾签名认证系统等软件安全产品；USBKEY、IC卡等硬件安全产品；关锁芯片、北斗安全模块等安全模块。主要用于解决电子政务和商务系统中的身份认证和数字签名问题，避免系统在网络交易过程中的数据篡改、身份抵赖、信息窃取等恶意攻击。

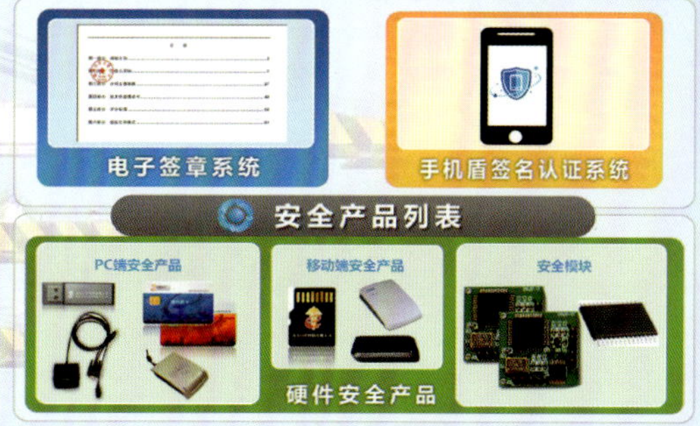

（四）保税物流产品

• 特殊监管区域服务系统

特殊监管区域服务系统是东方口岸科技有限公司基于多年特殊监管区域（场所）的建设经验，实现地方信息平台业务改革创新需求，并整合企业服务与金关工程二期（简称“金二”）统一版无缝对接而重新设计开发的新系统。

企业服务	金二申报业务个性化录入服务、金二申报业务个性化计算服务
金二对接	金二申报数据导入、金二数据预定、金二数据同步、卡口验放服务对接
业务创新改革个性化	一般纳税人、分类监管、检测维修、外发加工、委托加工、保税展示、工单核销、跨境电商、卡口登记

• 物流平台

物流平台分内网平台和外网平台，内网平台是海关的执法作业平台，外网平台是服务于企业的查询申报平台。物流平台从H2010预定报关数据，结合外网平台申报及卡口进场信息，控制监管货物的物流，实现对货物从进入监管场所到离境的全流程物流控制。

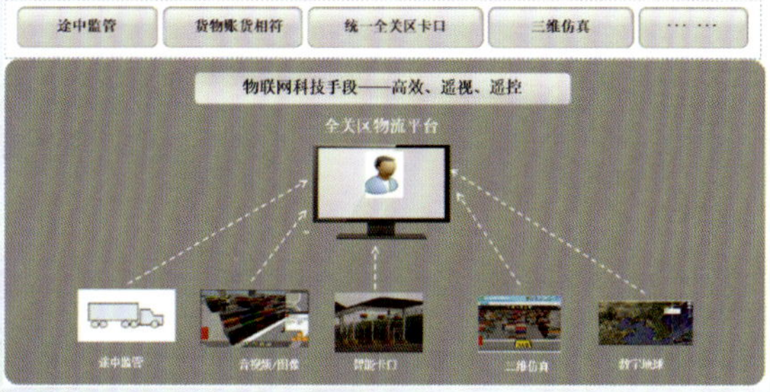

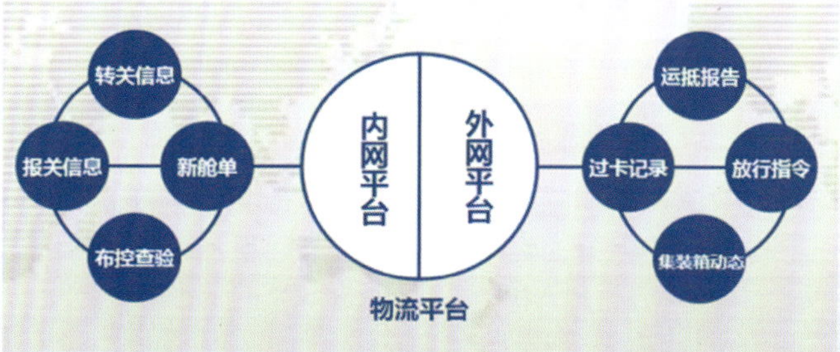

基于东方口岸科技有限公司产品，还可以为业主方提供企业服务解决方案、地方“单一窗口”解决方案、海关特殊监管区域解决方案、物联网产品解决方案、通关物流全程评估解决方案等。在项目前期，东方口岸可为业主方提供免费、专业的项目论证、可行性研究、工程和信息系统咨询、政策法规咨询。在项目建设中，东方口岸按照业主方建设要求，提供高效的信息化建设服务、提供通过国家级验收的专业建议；在项目建设后，东方口岸为业主提供本地化运维服务，确保项目运行稳定、保障有力。

感谢您选择使用东方口岸产品，期待为您提供更好的服务。

100020　010-65194718
010-65195500　www.east-port.cn
北京市朝阳区三丰北里1号悠唐国际A座15层

加快推进国际贸易“单一窗口”建设
助力口岸疫情防控 促进外贸稳增长

为落实国务院关于2017年年底前在全国口岸基本建成国际贸易“单一窗口”的要求，中国电子口岸数据中心（以下简称“数据中心”）于2016年年底成立工程组，开展国际贸易“单一窗口”标准版系统（以下简称“单一窗口”系统）建设。2017年年底实现货物申报、舱单及运输工具申报等三大功能在全国34个地区全覆盖；2018年年底完成九大口岸执法功能建设；2019年实现与7家银行及保险机构对接，面向企业提供国际结算、融资贷款、关税保证金保险及出口信用保险等服务，“单一窗口”进一步向“一站式”贸易服务平台拓展。截至2020年9月底，“单一窗口”系统已上线16大类基本服务功能，提供服务事项708项，累计注册用户356万、业务量41亿票，其中货物、舱单和船舶申报等主要申报业务应用率已经达到100%。

经过三年多的建设，“单一窗口”系统在优化口岸营商环境、促进跨境贸易便利化方面取得了明显成效，使进出口贸易通关各环节有关单证更简、流程更优、效率更高、成本更低，将改革红利切实释放到企业，切实减轻了企业负担，提高了企业获得感，促进了贸易便利。2018年，“单一窗口”系统发挥数据协调、功能整合和流程对接的建设优势，提前一个月完成关检融合整合申报界面供企业试用，并提前完成企业资质整合和面向企业的宣传，为关检融合后企业平稳过渡、顺利申报奠定了良好基础，有力地支持了关检融合整合申报业务改革。2019年4月，“单一窗口”系统的金融服务功能上线，充分发挥“单一窗口”系统整合汇聚国际贸易全链条数据资源的独特优势，为企业提供全线上、全流程、一站式的金融保险办理服务，有效破解了金融机构获取中小微企业信息难、信息不对称，以及中小微企业融资难、融资贵等问题，很好地落实了国家普惠金融政策，提升了金融服务质效。2019年10月世界银行发布《全球营商环境报告2020》指出，中国建立了具备“通关＋物流”功能的国际贸易“单一窗口”，跨境贸易指标在上年度提升3位的基础上，再次上升9位，位列全球第56位。

中国电子口岸数据中心

新冠肺炎疫情发生以来，“单一窗口”快速响应，紧急研发防疫应用20余项，平均研发上线时间不超过12小时，为筑牢国门检疫防线，促进口岸营商环境优化，支持稳外贸稳外资工作发挥了积极作用。

一方面，发挥科技指引支撑作用，为口岸疫情防控提供信息化支持。研发报关单自主打印、抗疫物资申报后提醒、申报情况实时查询、货物运抵信息订阅推送、旅客舱单查询、免于到场查询申请、查验信息推送等功能，保障防疫物资及人员“零延迟”快速通关；研发防护服等防疫物资详细申报提示、进口肉类/水产品商品效验等功能，确保海关防疫监管措施落地落实；研发口岸综合管理信息平台，通过信息化手段采集口岸数据，为口岸管理部门掌握口岸运行情况提供有效手段；组织编写系统使用指南，指导红十字会、慈善会等社会团体快速办理通关手续，累计完成国际贸易“单一窗口”注册企业186家、海关临时企业备案253家。

另一方面，创新服务模式，积极助力企业复工复产。研发跨境电商退货及B2B出口功能，将跨境电商出口监管创新举措落地落实；完善融资贷款功能，协助企业方便快捷解决融资难题，疫情以来办理融资贷款业务2 000多笔，融资合同金额超212亿人民币；研发关税保证保险企业信息共享项目，实现外贸企业与保险机构数据互联互通，外贸企业关税保证保险办理效率提高40%，200多家企业进行投保回签，为外贸企业复工复产提供金融支持；配合中信保推广在线投保业务，提供小微企业投保情况便捷查询功能，助力地方商务部门落实小微企业扶持政策；依托“单一窗口”系统实现的18种监管证件的网上无纸化申领功能，使得药品、药材、农药进出口企业在防疫期间足不出户、“零接触”即可办理进口备案、监管证件申领等手续，为保障抗疫期间医疗物资的供应和农业生产不误农时、进口复工复产提供有力保障，受到相关部门的肯定。

Care·way LOGISTICS

上海开尔唯国际物流有限公司

上海开尔唯国际物流有限公司，立足中国市场，围绕泛半导体行业、电子制造装备和高端医疗设备等高科技新兴产业，为高科技企业客户提供专业的第三方综合物流服务。公司总部设在上海自贸试验区，现有员工200余人，其中中高层管理人员20余人。在北京、天津、重庆、深圳、合肥设有分、子公司；在日本、韩国、中国台湾设有分支机构并在全球30多个国家和地区有长期稳定的合作伙伴。

公司在上海自贸试验区拥有5 000平方米保税仓库、进口精密运输车队（含普通和大件运输）和物流基地，目前已拥有各种型号的进口气垫车40余辆、气垫车板60余架、恒温恒湿集装箱50个，先后完成西安三星半导体、上海华力微、上海华力集成、无锡华宏半导体、上海积塔半导体、大连英特尔等大规模集成电路精密设备的运输，以及厦门天马6代线、武汉天马6代线、重庆惠科8.5代线、滁州惠科8.5代线、绵阳惠科8.5代线等液晶生产线进口设备的运输任务。

自成立初期，公司就按照专业国际物流公司的标准建立和制定了50多项业务管理制度并在实践中不断完善，于2015年按照ISO 9001质量管理体系的要求重新制定了质量手册和21项质量控制程序。在当今复杂多变的国际物流背景下，公司管理层通过细分市场已对公司的发展战略有了清晰的定位，即以传统国际货运代理为基础，以超精密设备运输为核心，专注于服务高科技企业，满足高科技企业的物流需求，以精细化、差异化的服务来不断满足货主的诉求。

Caring more along the way

http://www.care-way.com.cn

梅特勒-托利多新一代数字式汽车衡

高准确度、高可靠性为物流提供可靠的称重解决方案

VTS/VTC系列电子汽车衡是梅特勒一托利多在多年生产正交各向异性闭口肋U形钢汽车衡的基础上全新开发的第三代多个系列产品，可以广泛应用于港口、物流等各类称重场合。

灵活的产品组合，选型丰富

创新的限位方式，维护方便

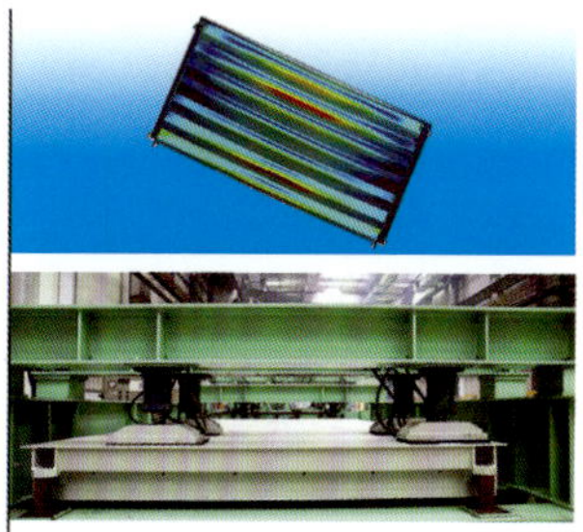

优化的秤台设计，坚固耐用

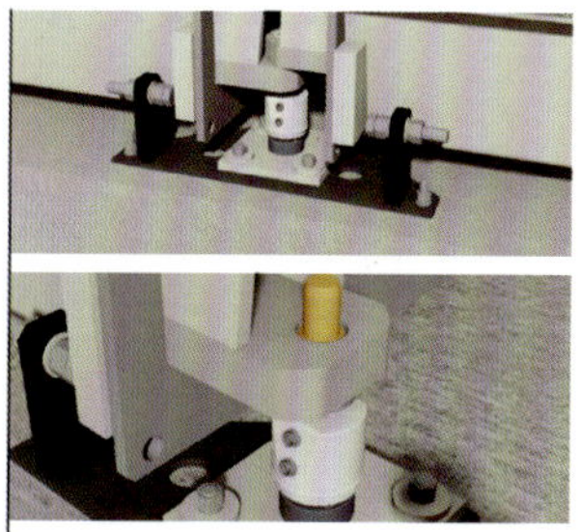

可靠的链接结构，安装快速

扫描二维码
免费设备体验

车辆衡业主需要较大限度地缩短停机时间，以确保业务正常运营。这就是我们为所有结构和型号的车辆衡提供新的健康检查服务的初衷。

简单填写杂志广告问卷调查，前100名反馈者即有机会获得精美礼品一份！

扫码赢大礼

访问网站或拨打服务热线，了解更多信息。

www.mt.com/cn-Magazine

4008-878-788

MT-IND

METTLER TOLEDO

宁波梅山综合保税区

2020年4月27日，国务院批准宁波梅山保税港区整合优化为综合保税区。宁波梅山综合保税区（以下简称“梅山综保区”）批复面积5.69平方千米，按照海关要求建设了卡口、围网、巡逻通道、监管系统、查验场地、检验检疫设施及场地、办公及监管配套用房等设施。2020年10月23日，梅山综保区通过了现场封关验收。

凭借宁波北仑梅山岛得天独厚的港口区位优势和开放创新的功能政策优势，梅山综保区在原来保税港区发展的基础上，开放层级进一步提升，口岸贸易便利化水平再上新台阶。十余年来，梅山综保区落地汽车整车进口口岸、罗汉松进口特定口岸、进口肉类指定查验平台、国际供应链创新试验区等一批先行先试的开放创新平台和载体，国际中转集拼、国际采购配送、出口前置仓等多种保税物流业态不断创新发展，大大提升了梅山综保区国内外市场的资源配置能力。产业基础雄厚扎实，截至2020年9月底，区域累计引进企业近3万家，注册资金超2.3万亿元。已落地马士基国际物流中心、亚马逊全国跨境出口前置仓、吉利汽车梅山基地项目、康达健康产业园、宁大海洋科教园、北航宁波创新研究院、北大宁波海洋药物研究院、宁波国际赛车场等一批功能性项目和科研机构，初步形成了以国际贸易与物流、类金融创新服务、海洋科技与智能装备、滨海生态体育休闲旅游等主导产业为核心的“港、产、城、人”和谐发展的良好态势。

下一步，梅山综保区将继续按照“浙江对外开放的桥头堡，指引区域创新发展的新引擎，宁波经济发展新的增长极”发展目标，持续改革创新、攻坚突破，干在实处、走在前列、勇立潮头，奋发有为当好浙江建设新时代全面展示中国特色社会主义制度优越性重要窗口的模范生。

杭州综合保税区

HANGZHOU COMPREHENSIVE BONDED ZONE

2000年4月，相关部门批准设立杭州出口加工区，规划面积2.92平方千米，2001年5月封关验收，一期封关面积2.007平方千米。2014年5月7日，下沙跨境电子商务产业园开园启动，2015年3月7日，中国（杭州）跨境电子商务综试区获相关部门批准。2016年2月19日，获相关部门批准建设杭州进口肉类指定查验场。2018年2月13日，浙江杭州出口加工区升级杭州综合保税区获批。2019年6月正式封关运行，规划面积2.007平方千米，10月杭州进口肉类指定查验场获得验收通过。2019年实现规模以上工业总产值108.5亿元人民币，同比增长17.1%，增速创历年新高，实现规模以上工业企业累计利润总额3亿元人民币，同比增长25.3%，实现税收总额21.3亿元人民币，同比增长34%。全年跨境零售进口额19.6亿美元，同比增长9.88%，占全市总额的90%，交易单量全市靠前；跨境出口额9.46亿美元，同比增长16.36%。

目前，杭州综合保税区聚集了147家中外企业，其中工业企业17家、物流企业5家、跨境电商企业125家，目前已形成以笔记本电脑、汽车配件、家用电器为主导,保税加工、加工制造、保税物流、跨境电商为依托的全产业链格局。截至2019年年末，建区累计实现工业总产值1 892亿元人民币、税收108亿元人民币、进出口总值412亿美元、跨境进口交易额402亿元人民币。

2019年6月11日，杭州综合保税区通过相关部门授权省联合验收组的验收。联合验收组听取杭州综合保税区建设情况汇报，实地踏勘查验、监管设施建设情况以及查阅相关文件资料，认为园区建设标准高、设施设备完备，达到《海关特殊监管区域基础和监管设施验收标准》的验收标准，并签署《验收纪要》，正式通过验收。

验收通过后，杭州综合保税区积极推动相关部门促进综合保税区高质量发展的21条新政落地，21条新政中适用杭州综合保税区的10条新政基本落地实施；赋予综合保税区口岸作业功能，创新开展杭州综合保税区、萧山国际机场“区港联动”业务模式，实现两地快速分拨，扩大口岸辐射范围。

2019年2月，相关部门批准杭州综合保税区试点“增值税一般纳税人”政策，拓展区内企业国内市场。2019年6月27日，浙江工商大学与杭州钱塘新区举行战略合作签约仪式，成立中国（杭州）跨境电商学院，这标志着全国首个“政企校研创”为一体的高端跨境电商新机制学院正式落地杭州钱塘新区。2019年8月1日，杭州综合保税区与网易考拉平台开展创新试点合作，在杭州综合保税区开通全国首个保税仓直播间。2019年11月20日，位于杭州综合保税区的杭州进口肉类指定查验场通过相关部门专家组现场验收，12月24日，该查验场被相关部门列为全国进口肉类指定监管场地。查验场总用地面积31 600平方米，总投资3.5亿元人民币，拥有约1 440平方米查验平台，11个卸货平台，3个独立冷间的冷库，采用全自动智能立体仓储设备，可满足年进口20万吨肉类的业务需求。2019年12月27日，位于杭州综合保税区内的世界电子贸易平台（eWTP）公共服务平台正式上线，为全球中小企业提供“全球买、全球卖”服务的数字化基础设施，并提供通关、结汇、退税等一系列贸易便利化解决方案。通过该平台申报的首批39件包裹在得到海关特殊监管区域现场放行指令后，经邮路正式发往俄罗斯、乌克兰、英国等国家，标志着杭州跨境电子商务“1210”邮路保税出口模式正式启动。

杭州综合保税区坚持以智慧通关为目标，以“数字”加持推动通关效能提升。联动海关完成“五位一体”智能卡口改造，建成集车辆信息采集、视频音频监控等五大功能为一体的全自动智能卡口。全面建成智慧化通关，实现企业自助通关，大幅提升通关效率，每年可节省企业的卡口带车约16万人次；平均进口通关时长由40小时缩减至25小时，平均出口通关时长0.5小时；货车卡口平均通行时间由15分钟压缩至10秒钟；针对跨境重点企业提供定制服务，跨境进口货物通关时长由80小时降至30小时。

东方物通科技（北京）有限公司

① 公司介绍

东方物通科技（北京）有限公司于2011年成立，是中国电子口岸数据中心全资子公司。

公司秉承科技创新的宗旨，以口岸信息化服务为基础，以跨境电子商务服务为核心，并承建国际贸易“单一窗口”平台、海关特殊监管区域（场所）系统，数据安全与交换系统，移动应用系统。致力于为政府部门、管委会园区、外贸进出口企业、跨境电子商务有关企业提供咨询规划设计和信息化解决方案。在口岸大通关信息化有关电子政务和电子商务方面，具备丰富的系统规划、建设实施、运营维护等经验。

公司以中国电子口岸物流商务基地为依托，与全国各地42个中国电子口岸数据分中心形成战略联盟，共同服务企业。

② 资质证书

● **软件产品登记证书**

① 东方物通集成通数据交换软件V2.0
② 东方物通智能视频安全分析系统应用软件V1.0
③ 东方物通智能视频监控管理应用软件V1.0
④ 东方物通智能指挥中心指挥管理应用软件V1.0
⑤ 东方物通区港联动国际物流信息系统应用软件V2.0
⑥ 东方物通智能单兵管理应用软件V1.0
⑦ 东方物通智能移动视频管理应用软件V1.0
⑧ 东方物通智能指挥中心职能管理应用软件V1.0
⑨ 东方物通指挥中心基础管理平台应用软件V1.0
⑩ 东方物通安速通传输软件V1.0
⑪ 东方物通跨境贸易电子商务服务平台V1.0

● **计算机软件著作权登记证书**

① 集成通数据交换软件V2.0
② 区港联动国际物流信息系统应用软件V2.0
③ 智能指挥中心职能管理应用软件V1.0
④ 智能视频安全分析系统应用软件V1.0
⑤ 智能移动视频管理应用软件V1.0
⑥ 智能指挥中心指挥管理应用软件V1.0
⑦ 智能单兵管理应用软件V1.0
⑧ 指挥中心基础管理平台应用软件V1.0
⑨ 智能视频监控管理应用软件V1.0
⑩ 海关特殊监管区域信息化辅助管理系统V2.0
⑪ 安速通传输软件V1.0
⑫ 跨境贸易电子商务服务平台V1.0
⑬ 跨境电子商务安全管理系统V1.0
⑭ 跨境电子商务物流监控辅助系统V1.0
⑮ 跨境电子商务海关监管系统V1.0
⑯ 跨境电子商务综合服务平台V1.0
⑰ 跨境电子商务通关服务系统V1.0
⑱ 跨境电子商务保税展示展销平台V1.0
⑲ 跨境电子商务数据交换平台V1.0
⑳ “单一窗口”系统V1.0

③ 发展大事记

2011年7月 承担《跨境电子商务推进策略和政策研究》项目课题，获得相关部门专家一致好评。
2012年5月 相关部门联合授予“国家跨境贸易电子商务服务试点指定咨询单位”。
2013年8月 协助为郑州、杭州、上海、重庆、宁波5个试点城市编写试点申报方案，并获得相关部门正式批复。
2013年9月 完成郑州跨境电子商务服务试点平台（E贸易项目）建设并上线试运行，作为试点城市中标杆性跨境电子商务试点平台。
2014年7月 承建金关工程二期重点应用软件项目，即全国海关跨境电子商务通关服务平台（一期）系统，率先在广东东莞地区上线。
2014年11月 承建平潭跨境电子商务服务平台项目。
2014年12月 承建吉林电子口岸上线运行并完成验收。
2015年11月 承建福州跨境电子商务公共服务平台项目。

2016年 承建太原跨境贸易电子商务海关监管系统和公共服务平台。

2017年 承建珠海电子口岸跨境电子商务通关服务平台。

2018年 承建兰州新区作业区海关监管场所跨境电商监管中心项目；承建平潭跨境电子商务线上线下融合项目。

4 产品介绍

（1）跨境电子商务通关辅助管理平台

跨境电子商务通关辅助管理平台满足跨境贸易电子商务业务中的保税进口、保税出口、一般出口、直购进口四种模式需求，为四种模式通关提供保障，提供灵活的参数设置，实现相关部门的有效监管。

（2）跨境电子商务公共服务平台

跨境电子商务公共服务平台与跨境电子商务参与企业的联网对接，将企业交易、支付、物流等数据向管理部门传输，实现信息流、资金流、物流三流信息合一，保障交易的真实性。提供企业及商品备案、四种业务模式通关申报及管理、账册管理等业务功能。为地方政府部门提供资讯门户、业务统计等管理功能。

（3）国际贸易“单一窗口”平台

基于“单一窗口”标准版实现口岸政务服务基本功能，并结合本地口岸通关业务特色需求，建设和集成本地口岸政务服务项目。提供口岸物流服务功能，促进各方物流信息共享和业务协同。整合通关物流状态和物流作业信息，形成通关物流状态综合信息库，为企业提供数据服务。以信息和用户集聚优势，在金融、保险、信息技术等方面为国际贸易供应链各参与方提供特色服务，有效支持地方口岸新型贸易业态发展。

（4）数据安全与交换系统

数据安全与交换系统遵循相关部门业务技术规范和数据标准格式。实现企业之间、企业与管理部门的数据安全交换、业务对接协同，实现系统互联互通、安全认证、数据共享整合等服务。

（5）海关特殊监管区域（场所）系统

按照相关部门发布的《海关特殊监管区域辅助管理信息系统基本配置》及金关工程二期特殊区域系统的业务和技术规范。实现保税加工、保税物流、服务贸易、新兴业务（检测、维修、研发等生产性服务业）的辅助管理。实现与金关工程二期特殊区域全国统一版系统无缝对接，为企业及相关单位提供全方位、智能化服务的辅助管理系统。

5 主要客户

☆ 福建省国际电子商务中心	☆ 深圳市南方电子口岸有限公司
☆ 平潭综合试验区岚台物流有限公司	☆ 西安国际陆港保税物流投资建设有限公司
☆ 兰州新区众聚电子商务有限公司	☆ 河南省进口物资公共保税中心集团有限公司
☆ 河南电子口岸有限公司	☆ 厦门自贸试验区电子口岸有限公司
☆ 河北省电子口岸发展股份有限公司	☆ 珠海快通达电子商务服务有限公司
☆ 平潭综合实验区港务发展有限公司	☆ 博大世通国际物流（北京）有限公司
☆ 长春兴隆综合保税区投资建设有限公司	☆ 重庆龙工场跨境电子商务投资有限公司
☆ 太原武宿综合保税区投资开发有限公司	☆ 中远渔业推广示范中心

中国石油工程建设有限公司
CHINA PETROLEUM ENGINEERING & CONSTRUCTION CORP

中国石油工程建设有限公司(CPECC)是以原工程建设公司（CPECC）和工程设计有限责任公司（CPE）为基础，重组整合的油气田地面工程专业化公司。公司大力实施专业化、市场化、国际化、一体化、高端化、精细化、创新化发展战略，在国际、国内石油工程建设市场业绩突出，声誉卓著。

公司的业务定位以油气田地面工程、天然气液化工程和海上石油平台工程（海上油气田工程）为主，以油气储运工程和炼油化工施工、检维修工程为辅，拥有全业务链、全生命周期服务能力，积极发展非常规油气工程技术，适度开发非油气及非能源领域的工程能力。

自1994年以来，公司连续23年被美国《工程新闻记录》（ENR）评选为全球较大的250家国际工程承包商之一，成为连续入围次数较多的中国承包商。公司总部设有15个职能部门、10个直属机构、下属设计单位8家、施工制造单位3家、海外分（子）公司24家，另外设有海外区域公司2家，海外支持中心2家、海外合资公司3家，建造了功能完善的石油工程建设业务链，建立了遍布全球的服务网络，企业核心竞争力持续获得提高。

公司大力实施“稳定非洲、巩固中亚、突出中东、拓展美洲、布局亚太、进军俄罗斯”的市场战略，业务辐射24个国家，逐步形成了海外五大区域性规模市场和国内以八大炼化基地、主要油气田为主的市场格局。2016年，海外执行项目290项；国内执行项目3461项。非洲，重点分布在苏丹、乍得、阿尔及利亚等国家。中亚，重点分布在土库曼斯坦、乌兹别克斯坦、哈萨克斯坦等国家，目前正在建设的有哈萨克斯坦PKOP炼油厂改造工程。中东，重点分布在阿布扎比、伊拉克、伊朗等国家。美洲，重点分布在厄瓜多尔、加拿大、委内瑞拉等国家。亚太，重点分布在新加坡、澳大利亚等国家。目前，公司正在力争进入俄罗斯市场。

公司拥有专利312项，技术秘密101项，工法72项，形成10大优势设计技术、8项集团公司技术利器、5大系列62种科技产业化产品，目前企业核心技术已经达到国内同行业较高水平，部分达到国际先进水平。

公司获省部级以上奖励592项，其中国家科技进步奖6 项、省部级科技进步奖55项，其中典型代表作为加氢反应器制造等；中国建设工程鲁班奖 6 项代表作有苏丹喀土穆炼厂改扩建工程等；国家“百项工程暨精品工程”3项、优质工程奖119项，其中代表作有独山子石化公司千万吨炼油、百万吨乙烯工程；勘察设计奖379项；国内EPC代表作有宁夏石化500万吨年炼油开扩建工程等；国际EPC代表作有哈萨克斯坦扎纳若尔油气田处理厂等。

在国际市场经过数年不懈努力公司成功进入埃克森·美孚、道达尔等世界石油公司市场，成为中国头家进入埃克森·美孚市场的工程承包商，开辟了阿联酋、伊拉克等外部市场，与Petrofac、Worleyparsons等国际一流工程公司形成了稳定的合资、合作关系，结成了战略同盟或联合体，共同开发市场。

目　　录

内蒙古自治区

辽宁省

吉林省

黑龙江省

上海市

山东省

河南省

湖北省

湖南省

广东省

第六篇 全国口岸运行主要数据

第七篇 附 录

各地区开放口岸索引

北京市开放口岸

天津市开放口岸

河北省开放口岸

山西省开放口岸

内蒙古自治区开放口岸

辽宁省开放口岸

吉林省开放口岸

黑龙江省开放口岸

上海市开放口岸

江苏省开放口岸

浙江省开放口岸

安徽省开放口岸

福建省开放口岸

江西省开放口岸

山东省开放口岸

河南省开放口岸

湖北省开放口岸

湖南省开放口岸

广东省开放口岸

广西壮族自治区开放口岸

海南省开放口岸

重庆市开放口岸

四川省开放口岸

贵州省开放口岸

云南省开放口岸

西藏自治区开放口岸

陕西省开放口岸

甘肃省开放口岸

青海省开放口岸

宁夏回族自治区开放口岸

新疆维吾尔自治区开放口岸

第一篇

口岸综合

第二段

[illegible]

打开国门，助力开放
中华人民共和国70年口岸全方位蓬勃发展

国家口岸管理办公室

口岸是国家对外开放的门户，是对外开放必不可少的重要基础设施。中华人民共和国成立70年来，尤其是改革开放40年来，口岸的发展壮大极大地促进了我国和世界各国的国际合作、经贸发展、人员往来、对外交流，在中国改革开放进程中发挥着重要作用。

1978年，我国仅有对外开放口岸51个（其中水运口岸18个、空运口岸8个、铁路口岸9个、公路口岸16个）。其时，水运口岸多限于沿海地区，航空口岸多限于区域中心城市，铁路口岸、公路口岸仅限于部分沿边地区。1978年，中国共产党第十一届中央委员会第三次全体会议吹响改革开放的号角之后，我国对外贸易迅猛发展，进出口货物量急剧增长，国家适时在沿海地区和长江、珠江水系增开一批水运口岸；为支持沿边地区边贸、易货贸易和跨境旅游发展，在边境沿线增开一批陆路口岸；随着我国对外开放由沿海、沿边地区向内地推进，在内地又相继开放了一批航空口岸。1992年邓小平同志南方谈话后，各地口岸开放积极性空前高涨，“八五”期间每年平均开放口岸在15个以上。从“九五”时期开始，我国新开放口岸和扩大开放口岸按照“布局合理、效益优先”原则，纳入国民经济和社会发展整体规划，实行规划管理，从口岸开放管理转向开放管理与布局调整并重。

截至2019年年底，我国对外开放口岸已达308个（其中水运口岸128个、空运口岸78个、铁路口岸22个、公路口岸80个），与1978年相比增长超6倍，基本形成了沿海沿江水运口岸密集分布，陆路（铁路、公路）口岸与毗邻国家沿边境线多点设置，各省（区、市）省会城市、重点开放城市和旅游城市航空口岸基本覆盖的全方位、立体化口岸开放格局，基本满足了大进大出、快进快出的外贸发展需要。

口岸伴随着对外开放的进程而发展，同时也有力地促进了对外开放。1949年，我国进出口贸易总额仅有11.35亿美元（其中出口5.52亿美元，进口5.83亿美元）；1978年，我国进出口贸易总额206.40亿美元，进出口货运量7 033万吨，出入境人员566万人次；1979年，我国进出口贸易总额293.33亿美元（其中出口136.58亿美元，进口156.75亿美元），进出口货运量8 389多万吨，出入境人员大约827万多人次；而到2019年，我国进出口贸易总额达4.58万亿美元（其中出口2.50万亿美元，进口2.08万亿美元），进出口货运量457 833万吨（其中进口301 084万吨，出口157 750万吨），出入境人员达6.70亿人次，均呈几何数字增长，口岸开放为我国成为世界货物贸易第一大国做出了应有的贡献。

2019年国家口岸管理工作概要

国家口岸管理办公室

2019年，在海关总署党委的领导下，国家口岸管理办公室（以下简称“国家口岸办”）扎实落实党中央、国务院决策部署，坚持马上就办、真抓实干，在优化口岸营商环境、深化国际贸易“单一窗口”（以下简称“单一窗口”）建设、强化口岸开放管理效能、固化口岸国际合作机制等方面取得积极成效。

一、部署开展跨境贸易便利化专项行动

对标日本、韩国等先进国家，国家口岸办提出进一步简化单证、压缩整体通关时间、降低合规成本、加强政策宣传和服务保障四方面27项改革措施，召开促进跨境贸易便利化专项行动专题推进会，协调北京、天津、上海三地口岸办开展为期3个月的专项行动；做好世界银行《营商环境报告》评估应对，指导京津沪三地口岸办和直属海关开展评估预演，开展面向企业的政策措施培训、宣传，以及世界银行问卷研究等工作；积极回应和采纳世界银行提出的政策建议，赴世界银行总部及驻中国代表处介绍我国跨境贸易改革政策及成效，参与世界银行评估团队来华政策磋商和实地验核。2019年10月世界银行发布的《2020年营商环境报告》显示，我国跨境贸易便利化指标得分从82.59分提高到86.5分，在全球190个经济体中排名从第65位提升至第56位，首次超过日本，在运输方式同为海运的经济体中位居全球第7位。

同时，2019年7月初启动世界银行新一轮营商环境参评城市扩围准备工作。海关总署署长倪岳峰主持召开促进跨境贸易便利化专项行动部署会，部署从12月起在北京、天津、上海、重庆、广州、深圳等城市开展新一轮为期4个月的专项行动；海关总署副署长胡伟亲自到重庆推动迎接世界银行评估工作。国家口岸管理办公室会同相关部门深入开展调研，认真查找问题短板，及时出台针对性措施，指导评估城市加快提升跨境贸易便利化水平。

二、筹备召开国务院口岸工作部际联席会议第五次全体会议

2019年12月3日，国务院口岸工作部际联席会议第五次全体会议在北京召开，国务院副总理胡春华主持会议并讲话，充分肯定一年来口岸工作成效，要求各成员单位认真学习贯彻习近平总书记重要指示批示精神，进一步在降低口岸费用、压缩通关时间、简化监管证件、延伸便利化措施、拓展国际贸易“单一窗口”功能、保持打击走私高压态势、严防重大疫病疫情传入等方面加大工作力度，确保党中央、国务院各项决策部署落到实处。会议审议了促进航空口岸通关便利化相关措施、边民通道管理办法两个文件。

三、落实国务院第52次常务会议精神，全面优化口岸营商环境

海关总署会同10个部门联合印发了《关于加快提升通关便利化水平的通知》，提出年底前完成的10项工作任务。国家口岸办召开了全国口岸办主任会议，将京津沪三地口岸办促进跨境贸易便利化专项行动经验向内地和沿边地区复制推广和延伸；根据不同的口岸类型和地区特点，先后召开沿海地区、东北地区优化口岸营商环境工作专题座谈会，分片区指导开展工作；对各直属海关参加国家发展和改革委员会（以下简称

“国家发展改革委”）组织的40个城市营商环境评价工作情况进行书面调研，并提出相关建议。

在压缩整体通关时间方面，建立每季度通报制度，定期通报进出口整体通关时间情况，引导各地、各直属海关比对分析可能影响的因素，及时采取措施防止反弹，巩固压缩整体通关时间工作成效。

在降低合规成本方面，指导各地完善口岸收费目录清单，依托“单一窗口”研发口岸收费手机查询移动App，引导口岸经营服务企业合理定价、诚信经营；配合国家发展改革委做好海运口岸的收费调研和清理整顿；会同清理口岸收费工作领导小组成员单位印发《关于整治口岸乱收费问题的通知》。

在简化单证方面，推动涉食品类的2种进口环节监管证件退出口岸验核，监管证件由86种精简到44种；协调10个部门18种监管证件通过“单一窗口”实现网上申报、网上办理；全面梳理监管证件联网核查存在的问题，除4种因安全保密需要外，其余40种全部实现联网核查、自动比对。

2019年12月，全国进口整体通关时间为36.7小时，较2018年12月压缩5.8小时，较2017年12月压缩62.3%；出口整体通关时间为2.6小时，较2018年12月压缩2.2小时，较2017年12月压缩78.6%。根据世界银行《2020年营商环境报告》，我国跨境贸易出口合规总成本从2017年的568.7美元降至330美元，两年下降42%；进口合规总成本从2017年的915.9美元降至318美元，两年下降65.3%。

四、国际贸易“单一窗口”建设不断深化

“单一窗口”基本功能进一步拓展。新增快件、国际通用的海关文件（ATA）单证册、展览品、减免税申报等基本功能，原快速报关/通关（QP）系统船舶吨税等功能全部移植至“单一窗口”；国家口岸办会同交通运输部等部门共同完成危险货物申报、邮轮旅客信息申报等功能实施工作。

全面提升“单一窗口”应用率。建立“单一窗口”日报、月报及季报制度，加大推广应用力度；中国（上海）国际贸易“单一窗口”实现了向标准版全面切换。除应急保障等特殊情况外，“单一窗口”主要业务应用率达到100%，其他业务应用率全面提升。

持续推进数据协调简化和单证无纸化。国际贸易涉及的11 500个数据元合并简化到4 401个，简化率达61.7%；推进“单一窗口”船舶运输工具“一单多报”，实现除护照以外的全部业务办理无纸化；推广新一代税费电子支付和税单版式打印功能，实现税单流转全程无纸化。

建设跨境贸易大数据服务功能。通过了《国际贸易“单一窗口”跨境贸易大数据平台三年建设规划方案（2020～2022）》，构建基于大数据的开放式创新服务平台；开展国际贸易金融保险试点，4.9万余家小微企业参与，办理国际结算等业务2.5万余笔，涉及金额253亿元人民币；持续推进“单一窗口”与港口、民航、铁路等相关行业对接，开展监管、查验指令信息与港口作业双向交互试点；会同民航局共同建设“单一窗口”航空物流综合服务公共信息平台。

五、口岸布局不断优化

国家口岸办实施2019年度口岸开放审理计划。全年国务院批准对外开放（含扩大开放）口岸18个。发挥樟木口岸协调小组作用，如期恢复开通樟木口岸货运功能。配合新横琴口岸建设，推进港珠澳大桥珠海口岸珠澳通道和珠澳跨境工业区专用口岸增加功能、扩大开放。全年审批临时开放项目近100个。

做好口岸开放验收工作。指导地方政府加快口岸建设，推动北京大兴国际机场、大连长兴岛港口岸等重大项目尽早通过国家验收，年内共完成验收口岸10个。

稳步推进口岸退出工作。年内报经国务院批准，关闭黑龙江桦川港、绥滨港和广东梅沙港、西冲港等4个口岸；将广西防城港口岸、企沙港口岸和江山港口岸整合为防城港口岸，将山东石

臼港口岸和岚山港口岸整合为日照港口岸。2019年年底，全国共有国家批准开放口岸308个，其中，水运口岸128个、空运口岸78个、铁路口岸22个、公路口岸80个。

推进口岸运行规范管理和制度创新。探索推进“一地两检”模式在中老铁路口岸落地；强化大湾区口岸发展顶层设计和前期规划；研究实施澳门莲花口岸搬迁至横琴口岸的建设改造货运分流方案，推动落实“一地两检”和“合作查验、一次放行”通关制度创新；深入中欧班列铁路集装箱场站调研，妥善解决内陆地区口岸开放需求；研究制定全国正式开放口岸运量统计和通报制度以及口岸运行评估指标体系试点评估方案。

六、巩固我国与周边国家口岸国际合作机制

国家口岸办筹备召开中俄、中蒙、中越双边口岸机制性合作会议。推动修订边境口岸协定、调整口岸开放时间、完善口岸设施建设、提高口岸通行效率，对俄罗斯、蒙古和越南的合作进一步加强。尤其是对蒙古，经多方面做工作把对方重新拉回会谈桌前并建立合作共识。

大力推进边境口岸开通农副产品快速通关“绿色通道”。召开边境省区“绿色通道”建设工作座谈会，研究制定《边境口岸开通农副产品快速通关“绿色通道”工作指引》；全年与哈萨克斯坦、蒙古、越南新开通3条“绿色通道”，并与巴基斯坦就红其拉甫—苏斯特口岸建设“绿色通道”达成初步共识。

积极开展“单一窗口”国际交流合作。举办亚欧会议“单一窗口”国际合作研讨会，召开中新（中国—新加坡）“单一窗口”联合工作组第三次、第四次会议和“单一窗口”联盟区块链专题会议，推动实现贸易通关和相关物流数据的多方共享和验证；参与《关于简化和协调海关制度的国际公约》（简称《京都公约》）等重要国际公约修订工作，利用联合国等各种国际组织和国际合作平台，输出中国海关在“单一窗口”领域的先进做法与操作标准，扩大影响力。

2019 年国际贸易“单一窗口”建设工作概要

国家口岸管理办公室

2019 年，在国务院口岸工作部际联席会议统筹推进下，国家口岸管理办公室会同“单一窗口”建设工作组成员、中国电子口岸数据中心及各地方口岸办，认真落实党中央、国务院的决策部署，不断深化“单一窗口”建设，持续推出有利于改善营商环境的新应用，提供全流程、“一站式”业务办理，实现了年底前主要业务应用率100%的目标。

一年来，国际贸易“单一窗口”标准版功能更全，运行更稳，服务企业更多，用户体验更好，使进出口贸易通关各环节有关单证更简、流程更优、效率更高、成本更低，切实减轻了企业负担，促进了贸易便利，优化口岸营商环境，取得了明显成效。世界贸易组织（WTO）正式公布中国“单一窗口”措施已于 2019 年 7 月 19 日提前实施，贸易便利化措施实施比例从 94.5% 提高到 96.2%。世界银行《2020 年营商环境报告》显示，2019 年我国跨境贸易指标排名再次提升 9 位至全球第 56 位，营商环境总体排名已跃居全球第 31 位，连续两年被世界银行评选为全球营商环境改善幅度大的经济体之一。10 月底，在中国杭州召开亚欧会议“单一窗口”国际合作研讨会，我国“单一窗口”建设经验与成效获得了与会各国代表的广泛赞许和积极回应。

一、深化拓展“单一窗口”功能，全面提升应用率

新增快件、ATA 单证册、展览品、减免税申报等基本功能；原 QP 系统船舶吨税、集中申报等 15 项功能全部移植至“单一窗口”；配合海关“两步申报”改革试点，同步完成“单一窗口”配套系统建设升级工作；会同中国国家铁路集团有限公司共同推动铁路舱单系统建设；海关总署、交通运输部、国家移民管理局等部门共同推进危险货物申报、船舶登临检查、邮轮旅客信息申报等功能建设；推进“单一窗口”与港口、民航等相关行业对接，在天津、上海、宁波、广州等地开展监管、查验指令信息与港口作业双向交互试点，提高进口货物提离速度；会同税务总局在全国推广“单一窗口”出口退税功能，累计完成退税 2 394 笔，退税额 8.94 亿元人民币；与银行保险等机构合作对接，将金融保险服务功能试点范围扩展到全国，超过 5 万家企业参与试点，办理国际结算、融资投保等业务 2.5 万余笔，涉及金额 253 亿元人民币。“单一窗口”基本功能由 12 类扩大到 16 类 598 项，累计注册用户 298 万余家，日申报业务量 800 万票，主要业务应用率达到 100%，其他业务应用率实现全面提升。

二、大力推进“单一窗口”业务协同和流程优化，促进跨境贸易便利和口岸营商环境优化

开展进出口环节监管证件联网核查系统优化和完善开发，协调推动涉及 10 家部委的 18 种证件依托“单一窗口”实现网上申报、网上办理。新增上线“进口药品通关单”“药品进口准许证”“药品出口准许证”“合法捕捞产品通关证明”“黄金及黄金制品进出口准许证”“银行调运人民币现钞进出境证明”“民用爆炸物品进口审批单”“民用爆炸物品出口审批单”“中华人民共和国出口许可证”等 9 项许可证件申领功能。海关总

署、人民银行推广新一代税费电子支付和税单版式打印功能，企业可足不出户实时完成税费支付，并可自行打印“海关专用缴款书”，实现税单流转全程无纸化；海关总署、贸促会推动实现出口原产地证书网上申报和自助打印；海关总署、国家外汇管理局6月1日起全面取消报关单收、付汇证明联和办理加工贸易核销的海关核销联，减少纸质单证流转。

三、加强“单一窗口”国际交流与合作力度，扩大影响力

举办亚欧会议“单一窗口”国际合作研讨会，来自30多个国家和地区的海关、政府部门及国际组织共计120余位代表围绕“单一窗口”建设与发展、新技术应用、“单一窗口”互操作性与互联互通、政企对话会等议题展开深入讨论，形成会议成果文件。召开中新（中国—新加坡）海关“单一窗口”联合工作组第三次、第四次会议和“单一窗口”联盟区块链专题会议，启动货物申报数据交换、海运集装箱通关物流信息交换和“单一窗口”联盟区块链等3个试点项目，推动实现贸易通关和相关物流数据的多方共享和验证。开展与俄罗斯、哈萨克斯坦、印度尼西亚等“一带一路”沿线国家“单一窗口”交流合作。参与《经修订的京都公约》的修订工作，提出“单一窗口”议案并受世界海关组织（WCO）高度认可，被列入A类提案。充分利用联合国、世界贸易组织、世界海关组织、亚太经合组织、国际道路运输联盟、国际航空运输协会等国际合作平台输出我国“单一窗口”建设的先进做法与经验，并获国际积极赞许。

四、进一步强化“单一窗口”运行安全管理和服务保障

落实“单一窗口”运行及数据安全管理办法，做好配套业务系统的技术支持和运维保障。统一全国“单一窗口”热线服务受理，各地方95198服务热线全部完成开通并实现与中央层面服务对接；组织各地方加快推进本地“单一窗口”运行服务实体网络安全保护等级确定、备案、安全建设整改和等级测评等工作，全国26个地方运营实体中有18个全面完成网络安全保护等级备案及整改测评工作。

五、积极做好“单一窗口”宣传培训工作

通过全覆盖宣传培训、“一对一”现场指导等措施，引导企业应用“单一窗口”标准版新上线功能，不断推动“单一窗口”标准版业务量提升。截至2019年年底，全国各地累计开展各类免费培训1 600多场次，参加培训企业代表10万人以上。通过“中国国际贸易单一窗口”门户网站、官方微博和微信公众号等，多渠道、多形式加强“单一窗口”宣传，提升企业认知，扩大社会影响。

2019年国家口岸工作大事记

国家口岸管理办公室

1月16日

黑龙江绥滨港口岸、桦川港口岸经国务院批准正式关闭。

1月23日

全国口岸办主任会议在北京召开，时任海关总署党委委员、国家口岸办主任张广志出席会议并就推广京津沪专项行动经验，进一步优化口岸营商环境、持续提升跨境贸易便利化水平工作进行部署。北京、天津、上海市口岸办分别介绍促进跨境贸易便利化专项行动工作经验，31个省（区、市）和5个计划单列市的口岸管理部门负责人参加会议。

2月2日

甘肃敦煌机场对外开放通过海关总署会同国家移民管理局、民航局等单位组成的验收组验收。

2月19日

时任海关总署党委委员、国家口岸办主任张广志在海关总署主持召开促进跨境贸易便利化专项行动中期推进会，听取北京、天津、上海市口岸办关于跨境贸易便利化专项行动推进情况的汇报，对下一阶段工作重点做出部署。

3月11日

广西防城港水运口岸扩大开放通过国家验收。海关总署会同交通运输部、国家移民管理局等单位组成的联合验收组，对广西防城港水运口岸企沙港区第一作业区云约江码头1号泊位和电厂一期煤码头1号、2号泊位对外开放进行验收。

3月18日

乌鲁木齐海关扎实推进中哈（中国—哈萨克斯坦）霍尔果斯—努尔饶尔口岸农副产品快速通关“绿色通道”试运行。与哈萨克斯坦边境海关确认“绿色通道”标识和试运行农副产品清单目录，定期开展信息交换，互相通报“绿色通道”口岸设施建设情况；建立定期会晤机制，充分发挥口岸联络官、联络员作用，及时协调解决通关中存在的问题。3月18日“绿色通道”运行首日，共计验放农副产品16票，重量393吨，货值429.90万元。

3月22日

福建平潭港口岸金井港区对外开放通过海关总署会同交通运输部、国家移民管理局等单位组成的验收组验收。

4月1日

中国（上海）国际贸易“单一窗口”全面完成向标准版（SAAS）切换工作。

4月17日

海关总署副署长、政治部主任胡伟，海关总署党委委员、广东分署主任张广志在广州出席优化口岸营商环境专题座谈会。胡伟要求充分认识跨境贸易便利化的重要意义，认真总结促进跨境贸易便利化的经验做法，推动口岸营商环境持续改善。其间，胡伟还听取了黄埔海关海运口岸24小时智能通关改革工作情况汇报。

4月23日~24日

中新（中国—新加坡）海关“单一窗口”联合工作组第三次会议在重庆召开。双方重点围绕两国“单一窗口”互联互通和数据交换等议题坦诚、深入交换意见，就推动货物申报数据交换项目试点、集装箱通关物流全流程状态信息共享项目试点、共建国际贸易“单一窗口”互联互通联盟区块链项目、继续研究检验检疫证书信息交换事宜达成具体共识。

5月13日

海关总署副署长、政治部主任胡伟在北京开

展优化口岸营商环境专题调研。

5 月 27 日

海关总署会同国家移民管理局组成的联合验收组对樟木口岸恢复开通货运功能进行验收并同意通过。

5 月 29 日

中国樟木—尼泊尔科达里口岸恢复开通货运功能。海关总署副署长张际文在樟木出席中国樟木—尼泊尔科达里口岸恢复开通货运功能仪式。张际文与西藏自治区党委副书记、区政府主席齐扎拉，尼泊尔工业商业和供应部部长马特里加·普拉萨德·亚达夫共同主持仪式并致辞，见证首批货物出口至尼泊尔。外交部、自然资源部、交通运输部、水利部、国家移民管理局，驻尼泊尔使馆及尼泊尔工业商业和供应部、外交部、海关局、国家移民管理局、部分议员代表参加仪式。

6 月 26 日

海关总署联合财政部、自然资源部、交通运输部、农业农村部、商务部等 10 个部门印发《关于加快提升通关便利化水平的通知》（署岸发〔2019〕165 号）。

7 月 4 日

内蒙古额布都格、阿日哈沙特公路口岸扩大开放为常年开放口岸通过国家验收。受国家口岸办委托，内蒙古口岸办组织驻地查验单位等部门进行验收。

7 月 24 日

中俄总理定期会晤委员会运输合作分委会口岸工作组第 22 次会议在广州召开，会议由海关总署副署长、政治部主任胡伟与俄罗斯交通运输部副部长扎赫里亚兵共同主持。双方围绕修订《中俄边境口岸协定》、推动口岸建设开放、推进开通边境口岸农副产品快速通关“绿色通道”等议题深入磋商，达成广泛共识，并签署会议纪要。

9 月 10 日 ~11 日

中蒙边境口岸管理合作委员会第 3 次会议在乌兰巴托召开，会议由海关总署副署长、政治部主任胡伟与蒙古国海关总局局长阿斯日勒图共同主持。双方围绕修订《中蒙边境口岸及其管理制度协定》、加强口岸相关部门间合作、深化边境口岸农副产品快速通关“绿色通道”建设等议题深入磋商，达成广泛共识，并签署会议纪要。

10 月 9 日

大连长兴岛港口岸对外开放通过海关总署会同交通运输部、国家移民管理局等单位组成的验收组验收。

10 月 16 日

北京大兴国际机场对外开放顺利通过海关总署会同国家移民管理局、民航局等单位组成的验收组验收。

10 月 17 日

海关总署副署长、政治部主任胡伟在重庆向中共中央政治局委员、重庆市委书记陈敏尔介绍重庆口岸营商环境迎接世界银行评估有关情况。陈敏尔就海关总署长期以来对重庆开放发展给予的支持表示充分肯定，就做好下一步工作提出要求。在渝期间，胡伟分别与重庆市委副书记任学锋、副市长李波进行了工作交流。

10 月 29 日

亚欧会议“单一窗口”国际合作研讨会在杭州举办，海关总署副署长王令浚出席开幕式并致辞。王令浚在致辞中介绍了中国国际贸易“单一窗口”建设成效，积极评价亚欧地区“单一窗口”领域合作进展，并围绕“开放合作、平等合作、创新合作、持续合作”对“单一窗口”未来发展提出中国倡议。会议期间，王令浚还会见了部分参会嘉宾。本次研讨会由中国海关主办，为期 3 天，是落实第十二届亚欧首脑会议共识的一项重要活动。

11 月 8 日

福建宁德港口岸扩大开放三沙港区通过海关总署会同交通运输部、国家移民管理局等单位组成的验收组验收。

11 月 20 日

中越陆地边境口岸管理合作委员会第 7 次会议暨落实《中华人民共和国海关总署和越南社会主义共和国国防部关于中越陆地边境口岸合作的

框架协定》第1次会议在昆明召开，海关总署副署长、政治部主任胡伟出席。会议充分肯定中越两国口岸合作成果，就进一步加强中越陆地边境口岸开放，同步推进口岸查验基础设施建设，共同打击走私违法行为，促进两国人员往来和经贸发展达成共识。

12月3日

国务院口岸工作部际联席会议第五次全体会议在北京召开，中共中央政治局委员、国务院副总理、部际联席会议召集人胡春华主持会议并做讲话。胡春华充分肯定一年来口岸工作成效，要求各成员单位认真学习贯彻习近平总书记重要指示批示精神，进一步在降低口岸费用、压缩通关时间、简化监管证件、延伸便利化措施、拓展国际贸易“单一窗口”功能、保持打击走私高压态势、严防重大疫病疫情传入等方面加大工作力度，确保党中央、国务院各项决策部署落到实处。

海关总署署长倪岳峰代表各成员单位汇报口岸一年来主要工作和下一步工作打算，并对提请会议审议的关于促进航空口岸通关便利化的措施、边民通道管理办法两个文件进行说明，各成员单位分别发表意见。国务院副秘书长高雨及国务院口岸工作部际联席会议25个成员单位负责同志出席会议。

12月3日

湖北黄石港口岸扩大开放通过海关总署会同交通运输部、国家移民管理局等单位组成的验收组验收。

12月3日~4日

中新海关“单一窗口”联合工作组第4次会议在新加坡召开。会议就“单一窗口”互联互通合作试点项目进展以及联盟区块链建设等议题做了进一步交流磋商，研究确认了“单一窗口”联盟区块链技术标准、技术方案、治理结构方案，共同起草了合作备忘录草案，拟订了下一阶段工作计划。

12月4日

海关总署署长倪岳峰在海关总署主持召开促进跨境贸易便利化专项行动部署会。研究2020年优化口岸营商环境工作，部署在北京、天津、上海、重庆、广州、深圳等城市口岸开展为期4个月的促进跨境贸易便利化专项行动。倪岳峰要求提高政治站位，充分认识优化口岸营商环境的重要性；认真落实国务院口岸工作部际联席会议第五次全体会议部署，抓好跨境贸易便利化各项措施的实施；密切协作配合，扎实开展好跨境贸易便利化专项行动。北京市、天津市、上海市、广东省、重庆市以及杭州市、广州市、深圳市政府负责同志，国家发展改革委、财政部、交通运输部、商务部、市场监管总局有关司局负责同志，北京、天津、上海、广州、深圳、黄埔、重庆海关主要负责同志先后发言，部分省、市口岸管理部门和海关总署有关司局、杭州海关主要负责同志参加会议。

12月9日~12日

中巴口岸和海关合作会谈在巴基斯坦伊斯兰堡举行。双方充分肯定了加强口岸和海关合作对促进中巴传统友谊的积极作用，围绕推动开通红其拉甫—苏斯特口岸农副产品快速通关“绿色通道”、加强国家和地方层面口岸合作、改善口岸设施条件、促进跨境贸易和继续加强两国海关行政互助合作、边境海关建立健全联络协调机制等议题深入磋商，达成广泛共识。

12月20日

广东西冲港口岸、梅沙港口岸经国务院批准正式关闭。

12月24日

山东烟台港口岸扩大开放西港区和海阳港区通过国家验收。受国家口岸办委托，山东口岸办组织驻地查验单位等部门进行验收。

12月26日

印发实施《国际贸易“单一窗口”跨境贸易大数据平台三年建设规划方案（2020~2022)》。

12月31日

江苏连云港口岸扩大开放赣榆港区、徐圩港区和灌河港区通过国家验收。受国家口岸办委托，江苏口岸办组织驻地查验单位等部门进行验收。

第二篇

口岸查验监管

第二篇

[illegible]

2019年出入境边防检查工作概要

国家移民管理局边防检查管理司

2019年是我国移民管理发展历史上具有里程碑意义的一年。面对新形势、新任务、新挑战，国家移民管理局在以习近平同志为核心的党中央坚强领导下，在公安部党委具体指挥下，紧紧围绕中华人民共和国成立70周年大庆安保维稳工作主线，强化管控措施，创新管理服务，夯实工作基础，确保了口岸通关高效顺畅，维护了国门边境安全无虞。2019年，全国边检机关检查出入境人员6.7亿人次，同比增长3.8%，较2009年翻一番，增加近3.3亿人次，检查出入境交通运输工具3 623.5万辆（架、列、艘）次，同比增长3.4%。

一、注重政策制度创新，全力促进服务经济社会发展

始终坚持以经济建设为中心不动摇，大力推进政策制度创新，深化移民管理领域“放管服”改革，积极推动移民管理服务提档升级，全力促进经济社会发展。

一是服务国家重大发展战略。主动对接国家重点发展战略，出台支持海南、粤港澳大湾区、上海及自贸区临港新片区建设等移民管理措施30余项，与上海市政府建立协作机制，向全国复制推广12项支持国家自贸区建设发展政策措施。紧密围绕推进“一带一路”倡议，积极服务“一带一路”建设，根据参与“一带一路”建设企业和中外人员普遍性需要，部署实施“一带一路”沿线国家（地区）人员出入境便利安排，在18个航空口岸、陆地口岸设置“一带一路”通道，为相关人员提供相应的出入境和停、居留便利。

二是支持地方经济社会发展。推动大兴国际机场对外开放并简化过境旅客和往返机组边检手续，研究支持首都机场T3D航站楼改造规划工作意见，服务北京国际航空枢纽港建设。实施琼港澳游艇自由行，推进海南三亚等邮轮港口海上游试点工作。优化全国边防检查力量布局，审批支持7个口岸对外开放、95个口岸临时对外开放。

三是深化移民管理服务改革。联合海关总署、交通运输部对外公告实施国际贸易“单一窗口”，部署启用港口边检综合管理信息系统和边检行政许可网上窗口，实现人员登轮证、船舶搭靠证网上申请审批签发。规范港澳流动渔船渔民、台湾渔船停泊点、边境特别管理区管理工作，做好取消出海船舶户口簿核发等4项行政许可衔接工作。取消办理边境管理区通行证有关证明材料，加快推进边民证网上申领。

二、深入贯彻以人民为中心的发展思想，移民服务管理水平明显提升

始终坚持以人民为中心，创新边检业务工作，优化通关环境，增强中外出入境人员的获得感、幸福感、安全感。

一是持续优化通关环境。科学预测节假日客流高峰，持续开展“两公布一提示”，提高节假日客流高峰期勤务组织科学化、规范化水平，圆满完成元旦、春节、清明节、“五一”国际劳动节、端午节、中秋节、国庆节等节假日高峰边检服务保障工作。2019年，中国公民出入境5.8亿人次，出入境人次超过千万的口岸达12个，创历史新高。

二是创新边检查验模式。与香港、澳门合作成立口岸通关专责小组，推动在青茂、横琴、莲

塘等口岸实施“合作查验、一次放行”“一站式”等新型查验模式，便利粤港澳大湾区人员往来。优化北京、广东、重庆、陕西、浙江、四川等地144小时过境免签政策，提高口岸通关效率，96.3万人次外国人享受政策便利，为经济社会发展注入新活力、新动能。

三是积极回应群众关切。主动顺应信息化条件下人员大流动、大量异地办事办证新需求，4月1日起实施出入境证件“全国通办”新政，建成启用国家移民管理局政务服务平台，审批签发异地办证2 021万本次。会同教育部等15个部委推进出入境证件便利化应用，启用出入境证件身份认证服务平台，10月起港澳居民、海外华侨持出入境证件享受交通、教育、医疗等9个领域35项公共民生服务便利，增强对国家、民族、制度的认同感、自豪感、荣誉感。

三、坚决贯彻总体国家安全观，全力维护国门边境安全稳定

全面落实管控措施，增强国门边境安全管控能力，有力维护国家安全和口岸边境稳定。

一是坚决打赢安保维稳硬仗。把统筹推进重大安保工作作为体现国家移民管理体制改革成效，检验新机构新编成战斗力的试金石，先后完成了中华人民共和国成立70周年大庆、“一带一路”高峰论坛、上海进口博览会、澳门回归20周年庆典等系列重大安保任务，全国2.2万千米边境线、310个开放口岸保持安全稳定。

二是净化口岸边境治安环境。深入开展专案侦办打击，严打贩枪、贩毒、走私、非法出入境等跨境违法犯罪，加强堵源截流，形成严打严防严控高压态势，有力遏制了跨境违法犯罪高发势头，2019年度缴获毒品和制毒物品量均创历史新高，“三非”人员（指非法入境、非法居留、非法就业的外国人）增量、存量显著降低。

三是加强应急处置力量建设。组织编撰口岸突发事件应急处置预案和应急处置要点，指导各地开展实战演练，强化应急处突装备体系建设，优化力量布局，发挥扁平化指挥体系优势，进一步提高发现处置能力。

四、完善执法合作机制，增强国际执法合作实效

围绕服务国家外交大局，积极开展移民领域对外务实合作。

一是完善周边执法合作机制。积极接续、完善与毗邻国家建立的边境执法合作机制，通过会谈会晤、遇事相约、热线联络、信息通报及开展联合执法行动等方式，妥善处理边境事务，合力打击各类跨国犯罪活动，努力推动形成互动共管、合作共赢的口岸边境管控格局。结合区域内违法犯罪形势，加强在业务培训、执法能力建设等方面的交流合作，适时开展信息交流，共同分享工作经验，不断提高联合打击水平。

二是加强对外交流合作。举办国家移民管理局成立一周年招待会，向42个国家驻华使节系统宣传新时代移民管理政策主张，搭建移民合作良好工作关系。加强与东南亚、东北亚、欧洲、非洲和“一带一路”国家移民管理部门合作交流，推动解决彼此关切，提升合作水平。

三是深化移民务实合作。与英国、澳大利亚等国开展打击跨境有组织偷渡执法合作，与德国、韩国推进互派一线边检人员随勤交流机制，积极介绍中国在移民领域的理念、经验和做法。大力加强与国际移民组织、APEC贸易投资委员会、国际民航组织等务实友好合作，持续跟进TRIP通关便利化项目，主动推介我国出入境通关便利化工作经验，增强国际合作的有效性。

2019年海事工作概要

中华人民共和国交通运输部海事局

2019年，全国海事系统坚持创新、协调、绿色、开放、共享发展理念，以海事革命化、正规化、现代化建设为统领，全面履行保障水上交通安全、保护海洋环境清洁、保障船员整体权益、维护国家海洋主权的使命，砥砺奋进，全面履职，圆满完成全年工作目标任务。

一、坚持综合治理，监管更加高效

全年，共安全保障国内航行船舶进出港2 558.4万艘次、国际航行船舶进出口岸48.6万艘次、水上货物运输188亿吨、水上客运8.8亿人次的安全畅通，全国水上交通安全形势总体趋稳。《中华人民共和国海上交通安全法》修订取得重大进展，内河船涉海运输专项治理成效显著，船舶污染防治共管共治格局基本形成，水上交通安全治理迈上新台阶。实施长三角海事一体化融合发展，海事监管与航海保障一体化融合发展格局基本构建，推动出台国际航线船员个人所得税优惠政策，服务国家战略和行业发展彰显新作为。扎实开展“不忘初心、牢记使命”主题教育，队伍担当作为焕发新活力。

二、聚焦重点难点，水上交通安全保障有力

一是重点领域治理卓有成效。强化重点船舶和重点水域监管，加强涉客类运输船舶和危险品运输船舶的安全监督检查，利用水上巡航、电子巡航、船舶交通服务系统（VTS）和航空器等手段，加强重点水域管控。多部门协同作战，结合专项工作深入开展内河船涉海运输专项治理，探索形成执法新模式。

二是重点时段、重要活动、重大工程安全保障扎实有力。持续完善专项保障方案和应急预案，精准实施现场布控，有效保障庆祝中华人民共和国成立70周年、北戴河暑期、春运、“两会”等重点时段，第七届世界军人运动会、第二届中国国际进口博览会、庆祝澳门回归祖国20周年等重要活动，以及中俄黑河公路大桥、深中通道等重大工程水上交通安全。

三是应急处置工作高效有序。优化港口救援力量布局，加强搜救队伍建设。成功应对“利奇马”“白鹿”“韦帕”等强台风和寒潮、大雾、汛期等极端恶劣天气影响；有效处置突发险情和事故。

三、立足发展大局，服务国家战略担当有为

一是交通强国海事建设扬帆启航。深入学习宣传贯彻《交通强国建设纲要》，主动对接纲要目标，提出总体发展目标和具体举措，起草交通强国海事建设纲要，加快交通强国建设在海事落地生根。启动“十三五”规划总结评估和“十四五”规划编制工作。

二是服务国家区域协调发展战略成果丰硕。开展适应区域协调发展战略的海事政策研究。有力推进京津冀协同发展，科学合理规划津冀沿海锚地布局方案，协调解决雄安新区船舶检验及船舶清洁能源改造问题。多措并举服务长江经济带发展；长江口深水航道利用边坡交会实现常态化运行，通航效率大幅提升；长江干线2 700千米水域全部实施船舶定线措施；宁波舟山港核心港区实现船舶交通组织一体化。助推粤港澳大湾区

建设，内地与港澳海事主管机关达成大湾区海事交流合作意向。出台海事支持深圳建设中国特色社会主义先行示范区意见。服务自贸区建设取得突破性进展，开放自贸区国际登记船舶入级检验。顺利推动境外游艇临时开放水域审批权下放海南，实施琼港澳游艇自由行。

三是污染防治攻坚战步伐坚实。拓展船舶大气污染物排放控制区实施范围至长江、西江干线和沿海水域，在深圳建立排放控制监测监管试验区。发布 2020 年全球船用燃油限硫令实施方案和配套海事监管指南。推动出台低硫燃油出口退税及配套政策，保障燃油供应。落实船舶水污染物转移处置联合监管意见，推动多部门联合建立全链条闭环管理机制。

四是精准脱贫攻坚战多点开花。大力推进以西部海员培养为代表的海员职业技能培训，帮扶全国集中连片特困地区和老区等地区开展船员培养精准脱贫，逐渐形成“校企结合定向培养船员”精准扶贫模式。

四、关注社会民生，助推航运发展成效凸显

一是“放管服”改革加快推进。取消船员服务簿签发行政审批，调整下放水上无线电行政许可受理审批权限，简政放权力度持续加大。海事“一网通办”平台上线试运行，对接全国一体化在线政务服务平台，实现部分行政许可一次认证、全网通办。

二是跨境海运贸易便利化水平持续提升。持续开展国际贸易“单一窗口”功能调整和系统升级，船舶通关申报审批环节单证数量减少 73%、时间缩短 85%，营商环境进一步优化。进一步完善国际航行船舶联合登临检查机制，提升船舶通关效率。与新加坡签署船舶电子证书谅解备忘录，促进通关效率和口岸执法效能提升。

三是行业发展环境稳步改善。推动船员个人所得税优惠政策出台，促成英国政府认可我国海员健康证明，极大便利远洋船员上船工作。联合印发智能航运发展指导意见，加快培育和发展智能航运新业态。举办中国航海日、世界海员日、世界航标日、寻找最美海员和最美验船师等活动，弘扬航海文化，提升行业关注度。

四是航海保障服务能力不断提升。出台海事监管与航海保障一体化融合发展意见，相融相长格局逐步成形。推进“一张图”电子海图服务平台建设，完善导助航综合应用系统、船舶自动识别系统（AIS）公众服务平台，服务海事监管和航运安全。接收沿海专用航标 1 337 座，管理维护航标 17 262 座，航标维护正常率 100%，完成全国沿海 3 803 座航标北斗遥测遥控终端改造。完成江苏沿海航路、厦门水域、琼州海峡水域船舶定线制等水域测绘 3.3 万换算平方千米，出版发行 23 万幅纸海图和 80 万幅次以上电子海图。开展北极东北航线极地通信测试。为“雪龙 2 号”国家重大科考项目提供有力服务保障。

五、放眼全球治理，国际合作持续深化

一是国际海事制度性话语权明显提升。第十六次连任国际海事组织（IMO）A 类理事国。向 IMO 提交提案 43 份。牵头制定《国际海运固体散装货物规则》全套示范课程。编写并推动 IMO 大会发布《成员国信息通报指南》决议。向联合国危险货物专家委员会提交首份提案并审议通过。成功推动“非公约客船安全”议题在 IMO 海上安全委员会立项。组织开展搭载搜救载荷的北斗卫星国内与国际测试。北斗加入国际搜救卫星系统和全球海上遇险与安全系统取得新进展。

二是“一带一路”沿线海事合作持续深化。与国际劳工组织签署在“21 世纪海上丝绸之路”倡议下履约合作谅解备忘录，列入第二届“一带一路”高峰论坛成果。与希腊、新加坡、丹麦等多国海事主管机关开展广泛交流合作，举办面向东盟国家的渡运安全研讨会及海事劳工履约、VTS 操作、航标管理、澜沧江—湄公河海事安全监管等培训，分享海事管理经验和成果。

三是中国籍船舶船员境外权益保障有力。及时通报并提醒我国国际航行船舶遵守安理会有关决议。修订国际船舶保安规则，制定国际航行船舶保安等级调整和应急响应办法。妥善安排、认真指导中国籍国际航行船舶根据航行区域安保形势采取安保措施，保障中国籍船舶船员安全。妥善处理船员投诉等事件，有效维护船员权益。

六、狠抓“强基层、重基础、苦练基本功”建设，海事发展根基日益稳固

一是革命化、正规化、现代化建设不断深入。对标交通强国建设战略，不断丰富精神内涵。深化基层海事机构建设，规范化水平明显提升。

二是内部管理不断加强。贯彻落实中央八项规定精神。落实基层减负要求，大力精简会议文件，统筹督查督办。规范内部管理，实施政府会计制度，深化内控建设，强化审计监督。

三是队伍和机构建设不断提升。优化系统结构和队伍建设，深化航海保障管理体制改革，扎实推进公务员分类套转，激发干部职工干事创业激情。

四是装备和科技信息化建设不断强化。船舶建设全面提速，重点项目建设工作取得重大进展。积极开发救援气垫船、新型铝合金巡逻船、高速巡逻船等新项目。落实南海海上搜救和航海保障规划，推进海岸电台改造、遥感溢油监测处理系统等工程建设。加强 E 航海建设。信息化建设提质增效，落实海事信息化一体化发展总体方案，组织开展网络安全保障，网络安全“零事故”。

2019年海关工作概要

中华人民共和国海关总署办公厅

2019年，在以习近平同志为核心的党中央坚强领导下，全国海关认真落实党中央、国务院决策部署，不忘初心、牢记使命，稳中求进、攻坚克难，全面推进政治建关、改革强关、依法把关、科技兴关、从严治关，各项工作取得新成绩。

一、坚持政治建关，发挥政治建设统领作用，增强“四个意识”、坚定“四个自信”、做到“两个维护”

学习贯彻习近平新时代中国特色社会主义思想不断往深里走、往心里走、往实里走。坚持全面系统学、联系实际学、及时跟进学，坚持用党的创新理论指导实践。海关各级党委把学习习近平新时代中国特色社会主义思想摆在突出位置，通过中心组学习、专题培训、网络平台等方式，推动全系统在学懂弄通做实上下功夫，提高真信笃行、知行合一能力。

落实习近平总书记重要指示批示坚决有效。坚持第一时间传达学习、研究贯彻，持之以恒抓好落实，不断扩大成效。积极服务元首外交贡献务实成果，在习近平主席亲自见证下签署40份合作文件。切实把禁止“洋垃圾”入境作为生态文明建设标志性举措，组织开展3轮“蓝天2019”专项行动和2轮全覆盖专项稽查，加强风险防控，强化装运前检验和口岸查验监管，深化跨部门协作和综合治理，完成滞港固体废物清理退运，推动开展“大地女神”第五期国际联合执法行动，“洋垃圾”走私得到有效遏制，国际社会广泛认可。严厉打击象牙等濒危物种及其制品走私，实施全方位、多渠道、立体化监管打击和综合治理，积极参加“雷电”等国际联合执法行动，取得历史最佳成果，中国海关第4次获得克拉克·巴文野生物种执法奖，充分展现我国负责任大国形象。积极应对中美经贸摩擦，精准实施反制措施，开展专题分析研究，有力维护国家利益，服务中央决策。大力开展精准扶贫工作，政策支持、产业扶持、支教帮扶多措并举、精准发力，海关扶贫干部扎根一线、实干奉献，海关总署扶贫工作再次被国务院评定等级为“好”。

“不忘初心、牢记使命”主题教育成效显著。把“守初心、担使命，找差距、抓落实”总要求贯穿始终，两批主题教育前后衔接、一体推进。始终聚焦主题主线，抓实个人自学、深化集中研讨，提升学习质量，打牢思想根基。始终围绕党和国家工作全局，在维护国门安全、优化口岸营商环境、促进“六稳”等工作中出实招、做贡献。始终坚持问题导向，深入开展调研，广泛征求意见，全面剖析检视问题，高质量开展“两会一评议”。始终突出为民服务解难题，聚焦中央部署的专项整治，确定海关总署专项整治任务，建立“一账一表一清单”，解决了一批群众关切的难点、痛点、堵点问题。

中央巡视整改成果持续巩固拓展。把巡视整改作为一项长期政治任务，每季度召开推进会，定期向中央巡视办报告工作，抓好重点调研课题成果转化，推进重点整改任务。建立持续关注问题清单，与主题教育、政治督查整改相结合，逐项抓好落实。建立长效机制，健全完善制度。

二、坚持改革强关，创新理念模式，全面深化改革不断向纵深推进

“放管服”改革持续深化。按照能简则简的原则，精简行政审批，清理取消证明事项。对于保留的行政审批，实现审批全流程网上办理。完成涉企经营许可事项“证照分离”改革全覆盖试点任务。压减法定检验商品目录，对进口大宗资源性商品实行“先放后检”、将重量鉴定改为依企业申请实施。规范检验鉴定机构管理。健全“双随机、一公开”监管机制。统一社会信用代码和“多证合一”“多报合一”“注销便利化”改革取得新进展。“互联网＋海关”平台、行政相对人统一管理平台建设稳步推进。

重点改革取得新突破。坚决贯彻落实党中央决策部署，深化自贸试验区监管制度创新。积极支持上海自贸试验区临港新片区建设，出台洋山特殊综合保税区海关监管、统计办法和支持措施。积极支持海南自由贸易港建设，从全国海关选调专家参与总体方案设计，研究制定海关监管方案。“海关改革2020”方案实施超过预定进度。“两步申报”改革全面推广，以“两轮驱动”为核心的风险统一防控机制初步建立，“两段准入”监管作业改革启动试点，“两类通关”模式逐步形成，“两区优化”改革取得新成效。风险防控局、税收征管局运转高效顺畅，提前申报、关税保证保险、自报自缴等企业普遍认可的改革举措成效显著。

做好机构改革“后半篇文章”。13个新设立的隶属海关正式开关，积极稳妥推进缉私部门管理体制调整，有序开展事业单位改革。建立全国海关业务执行岗位设置规范和职责清单，持续深化检疫、查验、检验等作业优化整合，统一检验检疫行政处罚案件办理，广泛开展大培训、大比武、大练兵，在更深层次上推进关检融合。

三、坚持依法把关，强化监管优化服务，有力维护国门安全促进对外开放

以“一带一路”为重点服务全面开放新格局。服务国家区域发展战略，出台支持粤港澳大湾区、雄安新区建设措施。积极扩大国际合作，签署合作文件198份，参与政府间高层对话机制15个。完成与12个国家（地区）AEO互认安排磋商或签署工作，互认国家（地区）累计42个，数量居世界第一位。扩大“关铁通”合作范围，促进中欧班列发展。“一带一路”海关信息交换共享平台联网运行。积极参与自由贸易协定等优惠贸易安排谈判，认真做好实施工作。主动参与WTO、WCO有关规则制定，大力推介机构改革、智能审图方面经验，中国海关国际影响力进一步提升。

口岸营商环境进一步优化。认真落实党中央、国务院关于打造市场化、法治化、国际化营商环境部署，充分发挥国务院口岸工作部际联席会议机制作用，大力推进进出口环节提效降费。进口、出口货物整体通关时间较2017年分别压缩62.3%和78.6%。2个进出口食品安全证件退出口岸验核，推动取消118项机电产品自动进口许可证。国际贸易“单一窗口”基本服务功能拓展至598个，主要申报业务应用率100%。进出口环节经营服务性收费明显降低。根据世界银行《2020年营商环境报告》，2019年我国跨境贸易便利化全球排名第56位，提升9位。

促进外贸稳中提质。认真贯彻落实中央“六稳”工作部署，出台支持外贸外资发展21项措施。大力落实国务院关于促进综合保税区（以下简称“综保区”）高水平开放高质量发展若干意见。支持边民互市贸易发展。优化口岸布局，开通中哈（中国—哈萨克斯坦）、中越（中国—越南）等农副产品快速通关“绿色通道”。建立跨境电商统计体系和退货监管模式。加强市场对等准入谈判磋商，多措并举扩大粮食、肉类产品、

种质资源等进口，有力支持市场保供稳价。积极开展《贸易技术壁垒协议》（WTO/TBT 协议）和《实施卫生与植物卫生措施协议》（WTO/SPS 协议）预警和通报评议。圆满完成第二届进口博览会等重要活动通关服务工作。推进海关数据分析展示平台建设，健全宏观经济分析研究和全球贸易监测分析中心工作机制，加强进出口监测预警。

检验检疫防线更加牢固。新建 3 个境外传染病监测哨点。加强口岸卫生检疫，严防埃博拉、霍乱等重大传染病传入。首次引进科研用高致病性病原体。推动成立全国卫生检疫标准化技术委员会。入境后监测体检、传染病联防联控、国际旅行健康保障持续强化。严把国门生物安全关，坚决打好非洲猪瘟等口岸阻击战，全力做好活猪安全稳定供港澳监管工作。加强动植物及其产品检疫，健全农产品检疫准入体系。完善进出口食品安全监管模式，加强源头治理，强化口岸把关，压紧压实责任，推进境内外协同共治。完善进出口商品质量安全风险预警和快速反应监管体系，安全监管能力有效提升，旧机电、危险货物等重点敏感商品检验监管稳步加强。

监管税收打私效能不断提升。新一代风险作业系统、查验管理系统推广应用，人工分析布控查获率稳步提高。监管作业场所建设管理更加规范。进出境邮递物品监管改革稳步推进，旅检“无感通关”模式推广到 21 个航空口岸。完善应急预案体系，口岸反恐维稳和应急处置能力有效提升，为中华人民共和国成立 70 周年等重大活动提供有力保障。知识产权海关保护成效明显。加大反宣品查缉力度，做好劣质煤等重点商品管控。优化加工贸易监管，完善信用管理体系，深化“多查合一”，稽查作业更加有效。坚决落实国家降税政策，减税 3 635 亿元。加强综合治税，科学征管，提升税收质效，征收税款 18 701 亿元，完成调整后税收预算目标。深入开展“国门利剑 2019”联合专项行动，加强“智慧缉私”建设，大力推进反走私综合治理，打击走私主要指标再创历史新高。特别是全国海关缉私部门在缉私体制调整期间，思想不乱、工作不断、干劲不减，全年立案侦办走私犯罪案件 4 198 起，增长 16.8%，其中涉税案件案值、偷逃税额分别增长 74.3% 和 88%。

四、坚持科技兴关，突出管用好用实用并重，智慧海关建设取得新进展

重点信息化项目建设实现突破。H2018 主体工程完成建设。海关“互联网＋监管”率先与国家系统对接。信息系统整合稳步推进。大数据应用百日攻关取得实质性成果，通用分析平台和企业多维度综合画像模型在全国推广应用。推进装备设备信息化、智能化建设，智能审图识别商品种类、准确率“双提升”，成为中国海关一张闪亮的新名片。

重点科研项目和实验室建设取得新进展。积极参与国家重点科研计划，科技冬奥、生物安全、食品安全、公共安全 4 个项目获得立项。加强海关实验室体系规划建设，大幅提升对固体废物、象牙、非洲猪瘟等实验室检测和风险评价能力，为监管执法提供有力支撑。

海关科技体系更加完善。出台全面推进科技兴关指导意见。建立三级科技决策机制，成立院士专家咨询委员会。完善业务科技一体化推进机制。加强统筹管理，各类科技资源效用充分发挥。

五、坚持从严治关，认真落实全面从严治党要求，着力锻造忠诚干净担当的准军事化纪律部队

党建工作全面加强。三级党组改设党委工作顺利完成，这是海关改革发展历程中一个重要的里程碑，从根本上解决了长期以来制约海关党的建设的体制机制问题，党的领导体制更加顺畅、党的领导机制更加健全完善。加强党委自身建设，严格落实党委议事、决策程序。出台加强各级机关党的建设意见。大力实施“强基提质工

程”，“支部建在科上”实现基层一线全覆盖，合格支部达标考核工作基本完成，培树一批基层党建品牌，基层党建全面夯实。

干部队伍建设迈上新台阶。完善干部任用条例实施细则，选优配强各级领导班子。职务与职级并行制度落地实施。扩大“边关22条”适用范围，出台执法一线科长队伍建设22条措施。加大表彰奖励力度，授予一等功、二等功数量超过前3年总和。全面应用队伍建设综合管理平台，发挥“三位一体”考核作用。开展全员准军事化集训，修改完善内务规范，强化作风养成，准军事化纪律部队建设得到加强。

清廉海关建设扎实推进。严格落实中央八项规定精神，着力解决形式主义突出问题为基层减负，海关总署机关发文、会议数量分别压减35.1%、40.9%，全年只开展1次综合性海关督查。组织开展不担当不作为、酒驾醉驾等专项整治。强化“制度+科技”预防腐败。深化打私反腐“一案双查”。用好监督执纪“四种形态”。严厉惩治腐败，持续开展巡视巡察，派驻纪检力量得到全面加强。

大力加强法治建设，推动关税法、生物安全法立法取得重大进展，完成12部行政法规修改，普法讲师团成效明显，“企业问题清零”入选全国十佳普法案例，建成1家全国法治宣传教育基地。办公综合工作进一步加强，政务运行效能有效提升，政务公开、信息报送、新闻宣传成效明显。中国海关传媒中心获批成立，博物馆影响力扩大。督察审计监督作用有效发挥，专项审计工作稳步开展，内控机制不断健全。财务保障更加有力，预算管理、绩效管理、政府采购、涉案财物管理等工作水平进一步提高。

第三篇

全国口岸运行情况[1]

① 各统计表中：
货运量：指经该口岸直接出入国（关、边）境并引起国内实际物质存量变化且凭进出口货物报关单办结海关手续的货物运输总量。
客运量：指经该口岸直接出入国（关、边）境人员总量。
运输工具运量：指经该口岸直接出入国（关、边）境的运输工具总量。

2019 年全国空运口岸运行情况统计表

序号	省级行政区	区域	口岸名称	进出口货运量（吨）	排名	运输工具（架次）	排名	出入境人员（人次）	排名
1	上海	沿海	上海	4 554 168	1	254 412	1	42 630 712	1
2	广东	沿海	广州	2 205 419	2	118 533	3	18 057 052	3
3	北京	沿海	北京	1 807 420	3	145 630	2	26 675 492	2
4	云南	沿边	西双版纳	1 076 284	4	1 086	52	100 472	53
5	河南	内陆	郑州	336 593	5	15 308	17	1 904 336	19
6	四川	内陆	成都	211 865	6	39 816	5	7 045 485	4
7	重庆	内陆	重庆	169 239	7	23 219	11	3 423 969	12
8	浙江	沿海	杭州	162 538	8	35 477	7	5 844 541	6
9	天津	沿海	天津	140 856	9	21 622	13	3 516 880	11
10	福建	沿海	厦门	140 787	10	25 709	10	3 863 124	10
11	湖南	内陆	长沙	110 191	11	17 779	16	2 896 046	15
12	湖北	内陆	武汉	94 880	12	20 052	14	3 335 443	13
13	山东	沿海	青岛	68 933	13	28 279	9	4 501 268	8
14	云南	沿边	芒市	65 953	14	327	68	36 657	68
15	广东	沿海	深圳	46 295	15	47 667	4	6 308 239	5
16	云南	沿边	昆明	41 824	16	36 025	6	4 563 450	7
17	陕西	内陆	西安	36 984	17	19 059	15	3 053 138	14
18	辽宁	沿海	大连	31 195	18	14 905	18	2 054 960	17
19	江苏	沿海	无锡	29 823	19	8 501	25	1 109 884	25
20	山东	沿海	济南	22 013	20	9 655	24	1 415 103	23
21	海南	沿海	海口	21 172	21	10 381	23	1 480 814	22
22	福建	沿海	福州	16 914	22	14 900	19	2 334 232	16
23	安徽	内陆	合肥	15 281	23	5 428	33	766 727	31
24	江苏	沿海	南京	15 240	24	22 667	12	3 885 806	9
25	江西	内陆	南昌	15 075	25	6 046	32	936 154	28
26	浙江	沿海	宁波	13 761	26	11 804	20	1 626 826	20
27	辽宁	沿海	沈阳	12 691	27	10 900	22	1 940 727	18
28	山东	沿海	烟台	9 565	28	8 196	26	969 834	27
29	新疆	沿边	乌鲁木齐	9 391	29	6 609	30	753 861	33
30	山东	沿海	威海	3 854	30	4 512	35	666 331	34
31	广西	沿边	南宁	1 720	31	10 903	21	1 572 803	21

续表 1

序号	省级行政区	区域	口岸名称	进出口货运量（吨）	排名	运输工具（架次）	排名	出入境人员（人次）	排名
32	广东	沿海	揭阳	1 559	32	4 462	36	619 079	36
33	江苏	沿海	盐城	1 314	33	1 327	49	125 624	51
34	广西	沿边	桂林	1 120	34	2 602	41	341 250	41
35	黑龙江	沿边	哈尔滨	419	35	6 829	29	903 737	29
36	甘肃	沿边	兰州	361	36	1 521	46	257 229	45
37	吉林	沿边	长春	339	37	3 798	38	555 222	37
38	浙江	沿海	温州	315	38	3 981	37	493 669	38
39	宁夏	内陆	银川	276	39	825	55	135 735	49
40	福建	沿海	泉州	212	40	7 767	28	1 044 922	26
41	河北	沿海	石家庄	196	41	1 929	44	340 015	42
42	海南	沿海	三亚	141	42	8 066	27	1 247 906	24
43	山西	内陆	太原	123	43	2 822	40	414 166	39
44	江苏	沿海	徐州	105	44	1 414	47	209 554	46
45	江苏	沿海	南通	82	45	1 841	45	288 360	44
46	吉林	沿边	延吉	69	46	5 123	34	757 965	32
47	新疆	沿边	喀什	57	47	210	71	8 847	71
48	内蒙古	沿边	满洲里	33	48	601	58	32 624	69
49	云南	沿边	丽江	18	49	795	56	87 565	57
50	江苏	沿海	常州	15	50	3 721	39	634 046	35
51	青海	内陆	西宁	11	51	279	69	29 930	70
52	安徽	内陆	黄山	3	52	892	54	102 814	52
53	西藏	沿边	拉萨	2	53	490	64	55 867	63
54	广东	沿海	湛江	1	54	1 326	50	91 008	55
55	江苏	沿海	淮安	0	—	660	57	91 216	54
56	福建	沿海	武夷山	0	—	579	59	71 836	61
57	湖北	内河	宜昌	0	—	524	61	84 557	58
58	广东	沿海	梅州	0	—	507	62	43 673	64
59	内蒙古	沿边	鄂尔多斯	0	—	500	63	70 023	62
60	山西	内陆	大同	0	—	—	—	—	—
61	新疆	沿边	伊宁	0	—	—	—	—	—
62	内蒙古	沿边	包头	—	—	34 020	8	88 496	56
63	贵州	内陆	贵阳	—	—	6 140	31	894 356	30
64	湖南	内陆	张家界	—	—	2 462	42	355 331	40

续表 2

序号	省级行政区	区域	口岸名称	进出口货运量（吨）	排名	运输工具（架次）	排名	出入境人员（人次）	排名
65	江苏	沿海	扬泰	—	—	1 979	43	305 989	43
66	浙江	沿海	义乌	—	—	1 332	48	190 040	47
67	内蒙古	沿边	呼和浩特	—	—	1 168	51	157 329	48
68	黑龙江	沿边	牡丹江	—	—	1 047	53	126 186	50
69	广西	沿边	北海	—	—	529	60	83 728	59
70	内蒙古	沿边	海拉尔	—	—	472	65	37 306	67
71	江苏	沿海	连云港	—	—	424	66	76 349	60
72	黑龙江	沿边	佳木斯	—	—	384	67	39 144	65
73	河南	内陆	洛阳	—	—	278	70	37 839	66
74	浙江	沿海	舟山	—	—	6	72	—	—
75	甘肃	沿边	敦煌	—	—	2	73	181	72
76	黑龙江	沿边	齐齐哈尔	—	—	2	74	14	73
77	山东	沿海	临沂	—	—	0	—	—	—
78	贵州	内陆	遵义	—	—	—	—	—	—

2019 年全国海运口岸运行情况统计表

序号	省级行政区	区域	口岸名称	进出口货运量（吨）	排名	运输工具（艘次）	排名	出入境人员（人次）	排名
1	上海	沿海	上海	396 592 413	1	23 459	3	3 060 182	2
2	山东	沿海	日照	355 324 073	2	6 566	15	331 350	15
3	山东	沿海	青岛	334 284 151	3	11 949	8	525 571	9
4	河北	沿海	唐山	272 365 708	4	4 114	20	87 966	25
5	天津	沿海	天津	246 676 851	5	9 014	12	1 236 055	5
6	浙江	沿海	宁波	207 806 211	6	11 144	11	224 844	18
7	浙江	沿海	舟山	150 376 836	7	11 530	9	272 264	17
8	辽宁	沿海	大连	101 995 298	8	8 751	13	347 178	13
9	广东	沿海	湛江	99 158 802	9	2 390	27	45 638	32
10	山东	沿海	烟台	82 471 069	10	3 429	23	371 518	12
11	辽宁	沿海	营口	79 317 399	11	2 442	26	97 197	24
12	广西	沿边	防城港	70 357 153	12	2 163	29	44 719	33
13	广东	沿海	广州	59 182 624	13	28 431	2	313 501	16
14	福建	沿海	厦门	58 037 080	14	22 159	4	2 722 810	3
15	河北	沿海	黄骅	51 444 562	15	792	47	17 420	44
16	江苏	沿海	连云港	48 371 455	16	5 701	16	333 143	14
17	福建	沿海	福州	43 005 351	17	11 275	10	2 494 319	4
18	福建	沿海	泉州	41 336 111	18	5 494	17	210 182	21
19	广东	沿海	盐田	40 623 689	19	21 436	5	190 564	22
20	山东	沿海	龙口	39 451 588	20	1 382	35	26 056	38
21	广东	沿海	南沙	36 327 421	21	4 373	19	846 264	7
22	广西	沿边	钦州	30 939 305	22	3 607	22	67 649	27
23	广东	沿海	蛇口	29 537 270	23	122 811	1	4 302 855	1
24	海南	沿海	洋浦	25 738 535	24	3 329	24	51 636	30
25	广东	沿海	珠海	25 344 803	25	4 660	18	59 559	28
26	福建	沿海	莆田	24 888 426	26	920	44	17 182	45
27	广东	沿海	湾仔	19 842 866	27	15 337	7	431 052	10
28	辽宁	沿海	锦州	18 949 484	28	592	51	12 334	53
29	辽宁	沿海	长兴岛	16 766 711	29	—	—	—	—
30	福建	沿海	宁德	16 594 380	30	1 353	37	21 896	40
31	辽宁	沿海	丹东	16 447 915	31	1 113	40	144 827	23

续表 1

序号	省级行政区	区域	口岸名称	进出口货运量（吨）	排名	运输工具（艘次）	排名	出入境人员（人次）	排名
32	广东	沿海	阳江	14 472 615	32	669	49	13 221	51
33	广西	沿边	北海	14 140 967	33	947	43	17 596	43
34	山东	沿海	莱州	13 695 418	34	469	53	9 087	56
35	福建	沿海	漳州	9 165 133	35	1 754	30	18 270	42
36	江苏	沿海	大丰	8 904 284	36	—	—	—	—
37	广东	沿海	潮州	8 239 774	37	364	57	7 319	58
38	浙江	沿海	嘉兴	8 094 832	38	1 632	32	30 201	36
39	广东	沿海	惠州	7 544 279	39	2 660	25	38 900	34
40	广东	沿海	潮阳	6 841 060	40	909	46	16 271	48
41	辽宁	沿海	盘锦	6 300 496	41	244	60	5 127	61
42	山东	沿海	威海	5 688 927	42	1 587	33	386 629	11
43	江苏	沿海	如东	5 266 001	43	220	62	5 568	59
44	山东	沿海	东营	5 115 766	44	911	45	16 261	49
45	广东	沿海	赤湾	5 113 688	45	—	—	—	—
46	河北	沿海	秦皇岛	4 535 718	46	1 014	41	50 243	31
47	广东	沿海	汕头	4 451 361	47	1 722	31	22 499	39
48	浙江	沿海	台州	3 903 921	48	422	54	29 346	37
49	山东	沿海	蓬莱	3 875 332	49	413	55	7 583	57
50	山东	沿海	潍坊	3 804 007	50	695	48	11 647	55
51	江苏	沿海	启东	3 634 587	51	231	61	5 174	60
52	江苏	沿海	盐城	3 586 955	52	652	50	12 433	52
53	广东	沿海	汕尾	3 314 574	53	325	59	3 414	63
54	广东	沿海	莲花山	2 234 515	54	6 608	14	212 194	20
55	浙江	沿海	温州	1 751 677	55	329	58	57 603	29
56	辽宁	沿海	旅顺新港	1 069 614	56	—	—	—	—
57	山东	沿海	石岛	1 054 231	57	2 221	28	627 486	8
58	广东	沿海	揭阳	1 034 600	58	41	66	1 032	64
59	海南	沿海	海口	930 087	59	545	52	12 322	54
60	辽宁	沿海	葫芦岛	842 893	60	49	65	999	65
61	山东	沿海	龙眼	732 004	61	995	42	72 739	26
62	海南	沿海	八所	500 478	62	183	63	3 752	62
63	广东	沿海	深圳大铲	494 984	63	1 502	34	16 716	46
64	广东	沿海	广海	344 220	64	3 915	21	37 947	35

续表 2

序号	省级行政区	区域	口岸名称	进出口货运量（吨）	排名	运输工具（艘次）	排名	出入境人员（人次）	排名
65	福建	沿海	平潭	193 988	65	1 271	38	216 086	19
66	海南	沿海	清澜	87 670	66	88	64	863	66
67	广东	沿海	万山	47 165	67	1 369	36	16 716	47
68	海南	沿海	三亚	242	68	379	56	13 398	50
69	辽宁	沿海	庄河	56	69	—	—	—	—
70	广东	沿海	九洲	—	—	16 230	6	1 120 756	6
71	广东	沿海	茂名	—	—	1 124	39	19 913	41
72	山东	沿海	滨州	—	—	—	—	—	—
73	天津	沿海	渤中	—	—	—	—	—	—
74	广东	沿海	大亚湾	—	—	—	—	—	—
75	山东	沿海	董家口	—	—	—	—	—	—
76	广东	沿海	妈湾	—	—	—	—	—	—

2019 年全国河运口岸运行情况统计表

序号	省级行政区	区域	口岸名称	进出口货运量（吨）	排名	运输工具（艘次）	排名	出入境人员（人次）	排名
1	江苏	沿海	太仓	53 568 393	1	3 811	12	73 820	7
2	江苏	沿海	江阴	51 536 319	2	2 825	14	53 924	10
3	江苏	沿海	张家港	48 371 414	3	4 439	10	82 488	5
4	江苏	沿海	南通	46 831 625	4	2 500	15	47 946	11
5	广东	沿海	虎门	30 959 781	5	16 765	3	404 869	3
6	江苏	沿海	南京	23 478 520	6	1 731	20	35 280	17
7	江苏	沿海	镇江	22 031 258	7	2 382	16	45 008	13
8	江苏	沿海	靖江	14 227 075	8	798	25	16 946	23
9	江苏	沿海	泰州	13 943 204	9	1 656	22	30 115	19
10	江苏	沿海	扬州	11 079 718	10	733	28	14 403	24
11	江苏	沿海	常熟	10 658 048	11	1 570	23	26 187	21
12	江苏	沿海	如皋	8 926 826	12	602	30	11 578	28
13	广东	沿海	南海	5 645 272	13	7 093	5	47 611	12
14	广东	沿海	肇庆	3 689 638	14	3 612	13	27 037	20
15	广东	沿海	中山	2 346 889	15	17 324	2	1 130 365	1
16	广东	沿海	新会	1 174 512	16	1 720	21	12 196	27
17	黑龙江	沿边	黑河	742 663	17	45 245	1	1 023 832	2
18	广西	沿边	梧州	587 643	18	781	27	5 947	30
19	广东	沿海	三埠	493 095	19	794	26	5 680	31
20	江苏	沿海	常州	478 654	20	461	31	8 866	29
21	广东	沿海	鹤山	310 315	21	1 770	19	40 515	15
22	安徽	内陆	马鞍山	289 989	22	63	34	898	35
23	黑龙江	沿边	同江	208 762	23	1 182	24	41 990	14
24	广东	沿海	斗门	151 253	24	680	29	13 760	25
25	黑龙江	沿边	抚远	119 554	25	1 907	17	71 712	9
26	安徽	内陆	芜湖	90 207	26	36	35	586	37
27	广西	沿边	贵港	81 812	27	157	33	976	34
28	广东	沿海	高明	70 712	28	1 843	18	34 907	18
29	安徽	内陆	铜陵	68 161	29	18	36	265	38
30	广东	沿海	新塘	38 163	30	277	32	1781	32
31	湖北	内陆	武汉	33 845	31	13	38	190	39

续表

序号	省级行政区	区域	口岸名称	进出口货运量（吨）	排名	运输工具（艘次）	排名	出入境人员（人次）	排名
32	黑龙江	沿边	萝北	8 365	32	5 567	7	17 224	22
33	黑龙江	沿边	富锦	5 840	33	—	—	—	—
34	安徽	内陆	池州	4 034	34	2	42	33	41
35	湖南	内陆	城陵矶	1 348	35	8	39	1 005	33
36	江西	内陆	九江	1 102	36	2	43	21	43
37	安徽	内陆	安庆	884	37	3	41	38	40
38	重庆	内陆	重庆	4	38	—	—	—	—
39	广东	沿海	容奇	—	—	8 055	4	345 343	4
40	云南	沿边	景洪	—	—	6 702	6	74 171	6
41	广东	沿海	江门	—	—	5 178	8	73 671	8
42	黑龙江	沿边	饶河	—	—	4 385	11	37 189	16
43	黑龙江	沿边	逊克	—	—	4 746	9	12 793	26
44	广西	沿边	柳州	—	—	14	37	610	36
45	黑龙江	沿边	漠河	—	—	6	40	26	42
46	湖北	内陆	黄石	—	—	—	—	—	—
47	云南	沿边	思茅	—	—	—	—	—	—
48	黑龙江	沿边	佳木斯	—	—	—	—	—	—
49	黑龙江	沿边	呼玛	—	—	—	—	—	—
50	黑龙江	沿边	嘉荫	—	—	—	—	—	—
51	黑龙江	沿边	孙吴	—	—	—	—	—	—
52	黑龙江	沿边	哈尔滨	—	—	—	—	—	—

2019 年全国公路口岸运行情况统计表

序号	省级行政区	区域	口岸名称	进出口货运量（吨）	排名	运输工具（辆次）	排名	出入境人员（人次）	排名
1	内蒙古	沿边	甘其毛都	21 434 780	1	520 268	11	716 202	24
2	内蒙古	沿边	策克	12 272 958	2	269 898	16	346 126	31
3	广东	沿海	皇岗	10 033 011	3	7 227 510	1	31 945 089	4
4	广东	沿海	文锦渡	4 560 589	4	1 545 915	5	5 127 123	10
5	云南	沿边	河口	4 120 434	5	435 384	13	6 553 856	9
6	广东	沿海	深圳湾	3 895 298	6	4 594 002	2	43 399 485	3
7	云南	沿边	磨憨	3 462 346	7	465 606	12	1 725 924	17
8	云南	沿边	腾冲	3 355 688	8	217 191	17	671 076	25
9	云南	沿边	瑞丽	3 198 198	9	3 681 938	3	16 912 301	5
10	广西	沿边	友谊关	2 916 813	10	356 529	15	2 555 853	13
11	云南	沿边	孟定	1 590 339	11	359 706	14	1 425 393	18
12	内蒙古	沿边	二连浩特	1 552 423	12	599 811	10	2 233 964	14
13	新疆	沿边	塔克什肯	1 308 127	13	41 547	30	69 486	46
14	新疆	沿边	老爷庙	1 177 136	14	27 248	38	27 689	57
15	广东	沿海	横琴	1 176 157	15	1 001 739	6	9 160 617	8
16	广西	沿边	东兴	1 044 085	16	154 396	21	12 344 530	7
17	内蒙古	沿边	满洲里	925 539	17	192 502	20	1 869 783	15
18	内蒙古	沿边	满都拉	876 365	18	—	—	—	—
19	黑龙江	沿边	绥芬河	661 120	19	69 805	25	1 052 843	21
20	黑龙江	沿边	东宁	636 430	20	57 513	27	331 465	32
21	内蒙古	沿边	珠恩嘎达布其	607 624	21	48 081	28	101 049	44
22	内蒙古	沿边	额布都格	549 404	22	39 815	32	61 085	47
23	新疆	沿边	伊尔克什坦	542 694	23	31 868	35	36 897	53
24	云南	沿边	打洛	536 546	24	783 538	8	1 761 260	16
25	广东	沿海	沙头角	503 400	25	779 628	9	4 307 695	11
26	新疆	沿边	吐尔尕特	461 020	26	40 351	31	43 835	51
27	广东	沿海	福田	397 659	27	214 443	18	230 504	35
28	新疆	沿边	都拉塔	368 356	28	27 526	37	33 340	55
29	新疆	沿边	吉木乃	345 079	29	5 046	49	22 939	58
30	云南	沿边	天保	301 282	30	82 862	24	722 780	23
31	广东	沿海	港珠澳大桥	261 603	31	835 046	7	13 100 231	6

续表 1

序号	省级行政区	区域	口岸名称	进出口货运量（吨）	排名	运输工具（辆次）	排名	出入境人员（人次）	排名
32	新疆	沿边	巴克图	199 522	32	17 892	40	47 723	50
33	新疆	沿边	卡拉苏	192 881	33	12 349	41	15 527	59
34	云南	沿边	畹町	177 038	34	196 496	19	1 369 236	19
35	吉林	沿边	圈河	170 860	35	61 915	26	476 856	28
36	广东	沿海	拱北	166 156	36	3 160 145	4	144 987 534	1
37	西藏	沿边	吉隆	127 773	37	29 836	36	162 884	38
38	广西	沿边	水口	123 218	38	7 829	45	628 744	26
39	吉林	沿边	三合	105 611	39	8 345	44	50 974	48
40	云南	沿边	勐康	99 876	40	44 471	29	131 887	41
41	吉林	沿边	长白	95 883	41	7 586	47	107 354	43
42	吉林	沿边	珲春	72 128	42	1 429	54	473 884	29
43	新疆	沿边	红其拉甫	70 946	43	7 606	46	30 247	56
44	内蒙古	沿边	黑山头	70 312	44	—	—	—	—
45	广东	沿海	珠澳工业区	68 620	45	36 512	34	2 568 798	12
46	辽宁	沿海	丹东	58 301	46	1417	55	762 202	22
47	新疆	沿边	霍尔果斯	52 366	47	84 894	23	242 096	34
48	黑龙江	沿边	虎林	48 277	48	5 519	48	42 105	52
49	黑龙江	沿边	密山	43 393	49	9 753	43	178 406	37
50	西藏	沿边	樟木	31 016	50	—	—	—	—
51	吉林	沿边	沙坨子	28 478	51	2 050	51	6 868	61
52	广西	沿边	爱店	15 721	52	9 892	42	189 066	36
53	内蒙古	沿边	阿日哈沙特	15 603	53	19661	39	123 570	42
54	内蒙古	沿边	阿尔山	12 957	54	1 328	56	2 927	64
55	内蒙古	沿边	室韦	12 751	55	1 079	57	1 122	66
56	吉林	沿边	开山屯	12 107	56	1 752	52	6 259	63
57	吉林	沿边	古城里	11 391	57	718	58	6 541	62
58	云南	沿边	金水河	9 475	58	88 617	22	528 618	27
59	吉林	沿边	临江	8 606	59	2 822	50	15 128	60
60	吉林	沿边	南坪	5 497	60	648	59	49 789	49
61	吉林	沿边	集安	2 035	61	1 602	53	255 350	33
62	云南	沿边	都龙	22	62	5	62	138 541	39
63	广东	沿海	罗湖	—	—	—	—	78 838 750	2
64	广西	沿边	峒中	—	—	38 980	33	1 263 418	20

续表 2

序号	省级行政区	区域	口岸名称	进出口货运量（吨）	排名	运输工具（辆次）	排名	出入境人员（人次）	排名
65	广西	沿边	平孟	—	—	—	—	353 627	30
66	广西	沿边	龙邦	—	—	—	—	136 044	40
67	广西	沿边	硕龙	—	—	—	—	81 682	45
68	西藏	沿边	普兰	—	—	—	—	34 134	54
69	新疆	沿边	乌拉斯台	—	—	93	60	2 679	65
70	新疆	沿边	红山嘴	—	—	58	61	231	67
71	新疆	沿边	阿黑土别克	—	—	—	—	—	—
72	黑龙江	沿边	黑瞎子岛	—	—	—	—	—	—
73	西藏	沿边	里孜	—	—	—	—	—	—
74	广东	沿海	莲塘	—	—	—	—	—	—
75	甘肃	沿边	马鬃山	—	—	—	—	—	—
76	新疆	沿边	木扎尔特	—	—	—	—	—	—
77	广东	沿海	青茂	—	—	—	—	—	—
78	吉林	沿边	双目峰	—	—	—	—	—	—
79	云南	沿边	田蓬	—	—	—	—	—	—
80	内蒙古	沿边	乌力吉	—	—	—	—	—	—

2019 年全国铁路口岸运行情况统计表

序号	省级行政区	区域	口岸名称	进出口货运量（吨）	排名	运输工具（列次）	排名	出入境人员（人次）	排名
1	内蒙古	沿边	满洲里	17 144 567	1	12 258	4	37 000	13
2	内蒙古	沿边	二连浩特	13 528 946	2	13 545	3	120 900	9
3	黑龙江	沿边	绥芬河	10 214 987	3	10 172	5	154 297	7
4	新疆	沿边	霍尔果斯	2 698 087	4	9 070	7	242 096	6
5	新疆	沿边	阿拉山口	2 677 602	5	28 678	1	62 058	12
6	吉林	沿边	珲春	1 980 255	6	28 448	2	4 808	17
7	云南	沿边	河口	589 711	7	1 773	12	29 968	16
8	广西	沿边	凭祥	580 281	8	1 659	13	67 352	11
9	辽宁	沿海	丹东	73 593	9	2 006	11	313 146	4
10	吉林	沿边	集安	2 100	10	244	16	255 350	5
11	广东	沿海	广州	80	11	6 901	8	1 649 798	2
12	河南	内陆	郑州	29	12	—	—	—	—
13	广东	沿海	广深港	—	—	3 083	10	17 524 259	1
14	广东	沿海	东莞	—	—	9 865	6	326 417	3
15	吉林	沿边	图们	—	—	6 703	9	142 231	8
16	上海	沿海	上海	—	—	324	15	79 634	10
17	广东	沿海	佛山	—	—	—	—	35 009	14
18	北京	沿海	北京	—	—	338	14	31 909	15
19	广东	沿海	深圳	—	—	—	—	—	—
20	广东	沿海	肇庆	—	—	—	—	—	—
21	黑龙江	沿边	哈尔滨	—	—	—	—	—	—
22	黑龙江	沿边	同江	—	—	—	—	—	—

第四篇

各地口岸运行管理

北　京　市

北京市口岸分布示意图

图例

- 口岸
- 铁路口岸
- 水运口岸
- 空运口岸
- 公路口岸
- 境外口岸

序号	类型	口岸名称	批准开放时间	开放状态
1	空运口岸	北京空运口岸 （北京首都国际机场） （北京大兴国际机场）	 1958.3 2019.1	国际常年
2	铁路口岸	北京铁路口岸	2009.11	国际常年

口岸数量及分布

截至2019年年底，北京市有经国务院批准的对外开放口岸2个，分别为北京空运口岸（北京首都国际机场、北京大兴国际机场）和北京陆路（铁路）口岸（北京西站铁路口岸）。

口岸运行数据

2019年，北京口岸出入境人员2 666.6万人次，同比减少0.9%，其中入境1 341.8万人次，同比减少0.8%，出境1 324.8万人次，同比减少0.9%。空运口岸出入境2 663.6万人次，同比减少0.8%；陆路（铁路）口岸出入境3.1万人次，同比减少32.4%。

北京口岸海关监管进出口货物10 412.25万吨，同比增长15.46%，其中进口货物10 264.93万吨，同比增长15.85%；出口货物147.32万吨，同比减少6.65%。海关实征税款677.86亿元，同比减少0.10%。

口岸综合管理

【北京大兴国际机场空运口岸正式对外开放】 2019年1月16日，国务院正式批复同意北京大兴国际机场作为北京航空口岸组成部分对外开放。8月12日，北京市口岸办组织北京市机场办、北京海关、北京边检总站、北京大兴国际机场建设指挥部、北京大兴国际机场管理中心及相关单位，就北京大兴国际机场航空口岸现场各项设施和开放条件进行了实地检查和预验收，各方一致同意北京大兴国际机场空运口岸正式申请开放验收。10月16日，海关总署（国家口岸管理办公室）会同国家移民管理局、中国民用航空局等单位对北京大兴国际机场对外开放前的准备工作进行了国家验收，同意大兴国际机场对外开放通过国家验收。2019年10月24日，海关总署发布北京大兴国际机场空运口岸正式对外开放。

【积极推进北京大兴国际机场144小时过境免签政策落地】 为充分发挥144小时过境免签政策在京津冀协同发展中的政策效能，北京市联合河北省共同向公安部致函，积极申请和协调推进在北京大兴国际机场实施144小时过境免签政策。获公安部正式批准后，制定了北京大兴国际机场实施144小时过境免签政策工作方案，确保了该政策在北京大兴国际机场口岸正式开放时能够同步实施。

【北京“单一窗口”2.0版正式上线运行，提供出口退税北京经验】 按照以空港物流为特色，打造北京外贸业务运行管理平台，对接重点口岸服务实体而建设的北京“单一窗口”2.0版于2019年9月27日正式上线运行，在全国率先开启“智慧空港物流”新模式。

北京“单一窗口”2.0版完成了与海关、税务、商务、边检、金融、保险、外汇等7个部门的合作对接；完成了与海关、机场货运园区、航空公司3类系统实现对接；实现了收发货人（或代理人）、航空公司、国际货运站、园区经营者、海关通过北京“单一窗口”进行物流通关数据的自动交换与共享；实现了空运进出口业务办理的全程信息化、货物管理电子化、通关申报无纸化、物流状态可视化；方便了监管单位对空运物流过程和时效进行跟踪与分析。

北京“单一窗口”2.0版在26种标准版业务功能全面推广实施基础上，重点推进北京“单一窗口”出口退税功能，紧紧围绕“减环节、压时间、提效率、降成本”，在实现与税务系统“总对总”对接基础上，配合中国电子口岸数据中心，会同北京市税务局共同开发建设“单一窗口”出口退税功能，将海关监管数据与税务审批数据进行交换，免去了企业手工录入报关数据、多系统切换操作以及手动系统升级维护等手续，实现了出口退税“一站式”办理。

【优化营商环境，跨境贸易便利化水平不断提升】 北京口岸深入开展促进跨境贸易便利化专项行动，持续聚焦压缩整体通关时间，提升跨境贸易便利化水平。一是北京市口岸办制定《北京空港口岸提升跨境贸易便利化2019年行动方案》，通过4个方面16条举措，使政府、监管部门、企业形成合力共同推动北京空港口岸提效降费工作。二是北京海关提出的提前申报容错机制、内部核批“一步作业”、通关全流程电子化等3项创新实践为蓝本的改革措施被国务院复制推广。

2019年，北京口岸进出口整体通关时间分别为进口44.24小时、出口1.74小时，比2017年分别压缩了58.94%和76.45%，提前完成国务院“压缩整体通关时间50%”的工作任务。

【持续推进口岸收费摸底排查和治理工作】 为贯彻落实《财政部 海关总署 国家发展改革委 交通运输部 商务部 国家市场监管总局关于整治口岸乱收费问题的通知》（财税〔2019〕64号）精神和北京市领导“认真抓落实”的指示，北京市口岸办牵头与相关单位密切协调配合，综合发力，分类排查，持续用力，于2019年5月、7月和11月分别三次到口岸现场检查重点企业政策落实情况，8月对口岸企业公示收费项目情况进行检查。经过持续不断的清理和监督，北京口岸收费杜绝了违规收取口岸设施维护费、变相涨价、重复收取人工费、强行收取仓储费等突出问题。

口岸监管与服务

【北京出入境边防检查总站建立北京口岸出入境安全管控工作协作机制】 2019年2月26日，北京出入境边防检查总站（以下简称“北京边检总站”）召集北京市公安局第一总队、北京市公安局出入境管理局、首都机场公安局、首都机场海关、首都机场股份有限公司、首都机场航空安保有限公司等9家单位建立“北京口岸出入境安全管控工作协作机制”，并组织召开第一次工作协调会。会议通报了北京口岸出入境安全管控形势，审议了北京口岸出入境人员安全管控工作协作机制相关内容。9月19日，北京边检总站组织召开第二次领导小组工作例会，专项研究巩固协作机制，进一步加强国庆期间各项措施。会议就国庆安保期间切实发挥协作机制作用达成共识，并通报了近期工作重点和掌握的情况动态，对协作机制成立以来各单位在加强口岸出入境管理工作方面的成效表示高度认可。各成员单位还就完善协作机制提出了密切沟通协调、优化协作流程、强化信息共享等方面的建设性意见和建议，领导小组现场沟通协商，形成点对点沟通渠道，就相关事宜进行了积极回应。

【北京出入境边防检查总站正式启用全国iAPI系统风险评估平台】 2019年6月20日，北京边检总站正式启用全国iAPI系统（interactive Advance Passenger Information，出境入境航空器载运人员信息预报预检系统）风险评估平台，共排查iAPI信息1.7亿余条，核查预警信息近40万条，通过iAPI系统在境外值机环节成功拦截不准入境人员104人次。该系统在全国的推广使用，有利于联合全国各口岸力量，实现“全国管控预警一体化、全国预警监控同步化、全国预警处置统一化、口岸动态研判全局化”的工作目标，有效防范了境外输入性风险。

【北京出入境边防检查总站圆满完成以中华人民共和国成立70周年大庆安保为主线的五大安保任务】 面对第二届“一带一路”国际合作高峰论坛、亚洲文明对话大会、北京世界园艺博览会、北京2019年国际篮联篮球世界杯、中华人民共和国成立70周年庆祝活动“五大安保”任务接连不断，安保期长达270天的严峻挑战，北京边检总站全体民警职工充分展现“主场、主责、主力”的政治担当，以“万无一失、一失万无”的工作标准和“细致、精致、极致”的作风，顽强拼搏、连续作战，实现了零失管漏控、零有效投诉、零队伍管理问题、零内部安全问题、零负面舆情，向党和人民交上了一份满意的答卷，被公安部记集体一等功。

【北京海关助力打造高质量发展新平台】 认真落实国务院关于促进综合保税区高水平开放高质量发展的意见，确保“四自一简”等监管创新措施在天竺综合保税区落地生效。推行物流监管模式智能化改革，实现数据自动比对、卡口进出车辆“秒级放行”；研发测试车辆入区审批时间压缩近90%，促进整车口岸相关业务向综合保税区延伸辐射；支持天竺综合保税区五类口岸指定查验场点开展业务，进口水产品保税暂养业务顺利实施；圆满完成北京地区首架异地监管飞机融资租赁进口业务，积极落实飞机发动机维修“一日游”业务，助力疫苗产品全环节高效通关，显著激发业务活力。天竺综合保税区内注册企业达318家，与上年同期相比增加61家，实现进出口税收83.3亿元，同比增长20.2%。同时，提前参与筹划并积极推进亦庄综合保税区和大兴国际机场综合保税区建设，为北京开放型经济的未来发展奠定良好基础。

【北京海关严防死守，筑牢北京口岸防线】 严把非洲猪瘟疫情防控的“458”全链条模式得到了海关总署的肯定，截获来自疫区猪肉及其制品2 602批次、5.2吨，检出非洲猪瘟病毒核酸阳性18例。针对肺鼠疫等高发、突发疫情，第一时间启动应急预案，全面做好来自疫情流行区各类监管对象查验，2019年共检出传染病病例272例。

严厉打击涉枪涉爆涉毒走私；加强风险分析研判，不断提升查堵效能，加大对自重点国家和地区进境的印刷品和音像制品监管力度。2019年共查获各类毒品96.6千克；查获枪支及仿真枪26支、枪支散件642件、子弹6 602发、管制刀具309把，在“两会”召开首日成功查获枪支入境，为“平安北京”建设作出应有的贡献。

【北京海关助力促进首都优势产业发展】 推动服务业扩大开放综合试点。新一轮服务业扩大开放涉及北京海关的28项主办任务和6项协办任务全部完成，在展会展品、保税维修等领域取得了重要进展，特别是“航材共享”项目和测试用车政策等任务取得了政策突破，“保免一体化海关监管模式”取得了积极进展。

助力跨境电商发展。网购保税进口业务正式运行，通关效率显著提高。跨境电商线下自提业务顺利落地，全国首条以国际快速客运列车为运输工具的跨境电商零售出口贸易线正式开通运行，顺利验放全国首票跨境电商医药产品，为地区跨境电商打造了全新增长点。

开放口岸

【北京空运口岸（北京首都国际机场、北京大兴国际机场）】 北京首都国际机场（简称“首都机场”）是中国运输生产最繁忙的大型国际航空港，为全球第二大机场。首都机场不仅是中国首都北京的空中门户和对外交往的窗口，还是中国民航最重要的航空枢纽，也是中国民用航空网络的辐射中心。

北京首都国际机场地处东经116°35′04″，北纬40°04′48″，位于北京市区东北方向顺义区境内，距离天安门广场25.35千米。首都机场于1958年3月1日投入使用，共有3座航站楼：1号航站楼于1980年1月1日启用，建筑面积7.8万平方米，年设计旅客吞吐量为900万人次；2号航站楼于1999年11月1日投入使用，建筑面积33.6万平方米，年设计旅客吞吐量2 650万人次；3号航站楼于2008年2月29日投入使用，建筑面积100.1万平方米，年设计旅客吞吐量4 700万人次。首都机场拥有远近机位397个，1条4E级跑道和2条4F级跑道。首都机场是中国第一个拥有3座航站楼、双塔台、3条跑道同时运行的机场。此外，还有位于3号航站楼西侧的专机候机楼，以及位于专机候机楼东南侧的公务机候机楼。

截至2019年12月31日，首都机场拥有覆盖最广的国内及地区航线网络和日益强大的国际航线网络，共计93家航空公司入驻首都机场运营。其中，国内（含港澳台地区）航空公司31家，国外航空公司62家；通航65个国家和地区，具有国内（含港澳台地区）航点161个，国际航点133个。

2019年，北京大兴国际机场正式投入使用，北京正式步入“一市两场”新时代。在此前提下，首都机场年旅客吞吐量连续两年破亿，达1.00亿人次，同比下降0.96%，连续十年位列全球第2名；出入境旅客（不含港澳台）2 390.95万人次，同比增长2.66%，其中出境旅客1 190.33万人次，入境旅客1 200.63万人次；完成货邮吞吐量195.5万吨，同比下降5.7%；保障飞机起降59.4万架次，同比下降3.2%。

2019年，首都机场国际机场协会（ACI）旅客总体满意度得分达到4.99分。在ACI组织的2019年度机场服务质量（ASQ）旅客满意度项目评选中，荣获4 000万级以上机场“最佳机场设施及便利奖”。

2019年，首都机场以“双枢纽”战略为指引，积极落实《京津冀协同发展规划纲要》精神，不断完善枢纽功能，提升枢纽品质，为“建设世界一流大型国际枢纽机场”不断努力：一是持续推进国内支线疏解，往返国内200万以下旅客吞吐量支线机场的航班架次同比减少6%；二是持续优化国际航线网络，新增、加频奥斯陆、金边等6个国际航点；三是着力提升通关效率，发布“经首都，转世界”中转营销产品，实现跨楼国际中转旅客引领衔接成功率100%、跨楼国际中转行李衔接成功率99.3%。

北京大兴国际机场（简称“大兴机场”）定位为“大型国际枢纽机场”，位于北京市大兴区榆垡镇、礼贤镇和河北省廊坊市广阳区之间，直线距天安门广场约46千米、距雄安新区55千米、距北京城市副中心54千米、距首都机场约67千米、距廊坊市约26千米。大兴机场于2014年12月26日开工建设，2018年9月14日定名“北京大兴国际机场”，2019年6月30日主要工程项目顺利竣工，2019年9月25日正式通航。大兴机场为4F级国际机场，拥有“三纵一横”4条跑道、70万平方米航站楼。

【北京陆路（铁路）口岸】 北京西站铁路口岸位于北京市西三环莲花桥以东的莲花池东路，南邻莲花池公园，北接中华世纪坛，地处北京西部的交通枢纽位置。北京西站铁路口岸经国务院批准于2003年10月1日起临时开放。该口岸运行北京直通香港列车（T97次、T98次），隔日到发各一对，运行时间不到24小时。北京西站铁路口岸拥有1 160平方米的联检大厅，由原来的软卧候车室临时改造而成。

2009年11月24日，国务院正式批复同意北京西站铁路口岸正式对外开放。2012年11月，北京口岸办上报北京市人民政府的《北京西站铁路口岸正式开放实施方案》获批。2014年8月，北京西站铁路口岸正式开放改造工程完成了工程预验收工作。

2019年，北京西站铁路口岸出入境人员3.1万人次，同比减少32.4%。

原二类口岸

【北京平谷国际陆港】 北京平谷国际陆港位于北京东部平谷区马坊物流基地内，是集国际中转、国际分拨、流通加工货物配送、保税仓储等多功能于一体的海陆空铁联运口岸枢纽，服务于北京、天津、河北、山西、内蒙古等地区近300家进出口企业。

2018年12月26日，北京平谷国际陆港与唐山港集团在平谷马坊物流基地举行“唐山港平谷内陆港”签约、揭牌仪式，平谷国际陆港将借唐山港向海发展，增加北京出海口，扩大贸易发展的举措，唐山港集团也将把平谷国际陆港作为生活物资疏港进京的节点，更好地保障首都分拨配送。此次两地签约合作，是京津冀协同发展在商贸流通领域的探索与实践，双方将利用既有国铁、地铁、公路、基地、港口资源，开展货物运营，探索发展两地铁路钟摆式运输、驮背运输，提高运输效率，降低运营成本，最终实现带动两地发展。

2019年，北京平谷国际陆港完成海关监管货物7.1万吨，同比减少30%。

【北京朝阳口岸】 北京朝阳口岸位于北京东南东四环南路与京津塘高速公路交汇处，毗邻北京经济技术开发区，通过京津塘高速公路与天津港相连。1994年10月，朝阳口岸经北京市政府批准正式开放，专门服务于北京地区企业的海运进出口贸易，主要承担北京地区海运集装箱货物进出口通关查验及相关业务，是海关总署批准的北京地区海运进出口货物监管通道，同时也是交通运输部批准的海运集装箱中转站。

朝阳口岸占地782 000平方米，进出口监管仓库16 936平方米，公共保税库3 060平方米，冷藏库960平方米，监管装卸平台3 600平方米，集装箱堆场32 000平方米，设有海关H986集装箱检测系统、检验检疫隔离区及熏蒸处理系统、海关电子闸口及朝阳口岸物流通关服务电子信息平台等。

2009年9月，北京市政府专题会议同意朝阳口岸外移至通州马驹桥物流基地。通州口岸项目是北京市政府确定的重点工程建设项目，也是城市副中心建设重点工程项目，项目于2014年8月取得北京市规划委控制性详细规划的批复，该项目主导功能为规划范围内主要建设“通州口岸”和配套仓储，以及海关等相关查验单位和北京市口岸办相关配套管理用房等。项目总占地56.4万平方米，建设用地43.33万平方米，总建筑规模63.7万平方米，预计项目总投资约50亿元，拉动社会投资30亿元，全部建成后，将成为北方地区最大的内陆口岸。

通州口岸共由5宗用地组成，其中4宗物流用地，1宗多功能用地。目前，F15物流用地，地上建筑面积16.5万平方米，已于2018年10月初正式运营，已有顺丰、苏宁等企业进驻，每日订单处理量约30万票。F19口岸用地（海关监管区），地上建筑面积19.35万平方米。其中，1标段9.8万平方米，已正式投入使用。F14多功能用地（口岸监管综合办公设施在该地块内），地上建筑面积8.9万平方米，已于2019年3月开工建设，主体工程预计于2021年下半年竣工。

2019年，朝阳口岸完成海关监管货物82.4万吨，同比减少34.0%。

【北京丰台货运口岸】 北京丰台货运口岸是经北京市人民政府批准，于1994年5月12日正式对外开放的内陆铁路货运口岸。地处京城西南丰台区内，东距广安门9千米，西离卢沟桥2千米，南傍京广铁路线，北邻京石高速公路，距离全国最大的北京西客站5千米，口岸内建有4.5千米铁路专用线，原与全国七大零担中转货场之一的丰台火车站联通，2010年因丰台站改造现改为与石景山南站联通。

口岸总占地面积36.6万平方米，基础设施比较完备，拥有包括海关监管库在内的各类库房40栋，其中35栋平库、3栋站台库、2栋楼仓，总面积达13万平方米，年均储存量5 600万吨。

口岸内驻有北京市口岸办西站铁路口岸处、北京海关驻车站办事处等口岸管理和查验机构，口岸同时具有陆运和海运进出口货物通关资质。口岸可一站式完成进出口货物的报关报检手续，以及同空运、海运、非贸、边境口岸之间的转关手续，可实现各类货物的存放与报关前的集货，还可使进出口及国内发运、到达货物直接完成装车发运和卸车拆箱。口岸货物可经满洲里、阿拉山口、二连浩特、深圳北、绥芬河、丹东、凭祥等口岸，出口至俄罗斯、蒙古、朝鲜等国家和中国香港等地区，也可经以上口岸进口抵达北京，进口货物可分拨至我国大部分地区。可以根据客户需要开行北京至中亚、欧洲及国内指定站点的往返班列。

2019年，北京丰台货运口岸完成海关监管货物0.9万吨，同比减少51.9%。

2019年北京市口岸大事记

1月16日

国务院正式批复同意北京大兴国际机场作为北京航空口岸组成部分对外开放。

1月20日

中共中央政治局委员、国务院副总理刘鹤到北京首都国际机场T3航站楼检查指导首都机场春运工作，看望值守在春运一线的工作人员。

2月5日

公安部党委委员、副部长，国家移民管理局局长许甘露到北京首都国际机场慰问边检执勤民警，实地察看春节期间口岸安保维稳工作。

2月25日

海关总署副署长李国赴北京世界园艺博览会调研，考察世园会园区建设及北京海关筹备工作开展情况，传达国务院副总理胡春华的讲话精神，并对北京海关主动作为、扎实推进世界园艺博览会筹备准备工作给予充分肯定。

4月26日

公安部党委委员、副部长，国家移民管理局局长许甘露到北京边检总站指导检查第二届“一带一路”国际合作高峰论坛安保工作。

8月27日

北京市副市长张建东、市政府副秘书长孟钧一行到北京首都国际机场调研指导国际篮联篮球世界杯期间口岸工作。

9月9日

公安部正式批准在北京大兴国际机场实施144小时过境免签政策。

9月22日

海关总署署长倪岳峰、副署长李国赴北京大

兴国际机场海关调研，检查航站楼海关出港、进港现场投运前准备情况。

9月25日

中共中央总书记、国家主席、中央军委主席习近平出席北京大兴国际机场投运仪式，宣布机场正式投运并巡览航站楼。

10月16日

海关总署（国家口岸管理办公室）会同国家移民管理局、中国民用航空局等单位对北京大兴国际机场对外开放前的准备工作进行了国家验收，同意大兴国际机场对外开放通过国家验收。

10月18日

北京大兴国际机场出入境边防检查站、北京大兴国际机场海关举行揭牌仪式，正式对外办理业务。

10月24日

海关总署发布北京大兴国际机场空运口岸正式对外开放。

11月11日

北京“单一窗口”2.0版正式上线运行，形成了智慧空港物流北京模式。

12月31日

北京首都国际机场年旅客吞吐量100 005 979人次，连续两年破亿。

（撰稿人：周海波、方蕾、宋江坤、王娉珊、刘伟姮、张莉、夏倩倩）

2019 年北京市口岸流量统计表

口岸类型		口岸名称	货运量（万吨）				人员（万人次）				交通工具（辆、艘、架、列次）			
			出口	进口	合计	同比(%)	出境	入境	合计	同比(%)	出境	入境	合计	同比(%)
空运口岸		北京首都国际机场口岸	138. 16	10 166. 96	10 305. 13	18. 19	1 319. 07	1 335. 72	2 654. 79	-1. 13				
空运口岸		北京大兴国际机场口岸	0. 12	0. 03	0. 15		4. 47	4. 71	9. 18					
空运口岸		分计	138. 29	10 166. 99	10 305. 28	18. 20	1 323. 54	1 340. 43	2 663. 97	-0. 80	73 685. 00	72 271. 00	145 956. 00	5. 78
陆路口岸	公路口岸	北京朝阳口岸	6. 39	75. 99	82. 37	-34. 05								
陆路口岸	公路口岸	北京平谷口岸	0. 16	6. 92	7. 08	-29. 97								
陆路口岸	公路口岸	分计	6. 55	82. 91	89. 46	-34. 00								
陆路口岸	铁路口岸	北京丰台货运口岸	0. 17	0. 70	0. 88	-51. 94								
陆路口岸	铁路口岸	北京西站铁路口岸					1. 49	1. 57	3. 06	-31. 75	172. 00	164. 00	336. 00	-6. 70
陆路口岸	铁路口岸	分计	0. 17	0. 70	0. 88	-51. 94	1. 49	1. 57	3. 06	-31. 75				
合计			145. 01	10 250. 60	10 395. 61		1 325. 03	1 342. 00	2 667. 03					
同比（%）			-6. 61	17. 81	17. 40		-0. 90	-0. 80	-0. 80					

（北京市口岸办提供）

2019 年北京市口岸出入境主要数据表

<table>
<tr><th colspan="3">项目</th><th>2019 年</th><th>2018 年</th><th>同比（%）</th></tr>
<tr><td rowspan="14">出入境人员（万人次）</td><td colspan="2">出入境人员总数</td><td>2 666. 6</td><td>2 689. 5</td><td>-0. 85</td></tr>
<tr><td colspan="2">入境人员</td><td>1 341. 8</td><td>1 352. 3</td><td>-0. 78</td></tr>
<tr><td colspan="2">出境人员</td><td>1 324. 8</td><td>1 337. 3</td><td>-0. 93</td></tr>
<tr><td colspan="2">出入境旅客</td><td>2 507. 6</td><td>2 529. 9</td><td>-0. 88</td></tr>
<tr><td colspan="2">出入境员工</td><td>159. 1</td><td>159. 7</td><td>-0. 38</td></tr>
<tr><td rowspan="5">中国公民</td><td>小计</td><td>1 968. 5</td><td>1 974. 1</td><td>-0. 28</td></tr>
<tr><td>内地居民（因公）</td><td>177. 5</td><td>175. 9</td><td>0. 94</td></tr>
<tr><td>内地居民（因私）</td><td>1 663. 2</td><td>1 666. 1</td><td>-0. 17</td></tr>
<tr><td>港澳居民</td><td>74. 5</td><td>77. 0</td><td>-3. 23</td></tr>
<tr><td>台湾同胞</td><td>53. 3</td><td>55. 2</td><td>-3. 48</td></tr>
<tr><td colspan="2">外籍人员</td><td>698. 1</td><td>715. 4</td><td>-2. 42</td></tr>
<tr><td colspan="2">从海港出入境人数</td><td></td><td></td><td></td></tr>
<tr><td colspan="2">从陆港出入境人数</td><td>3. 1</td><td>4. 5</td><td>-31. 55</td></tr>
<tr><td colspan="2">从空港出入境人数</td><td>2 663. 6</td><td>2 685. 0</td><td>-0. 80</td></tr>
<tr><td rowspan="7">交通运输工具（辆、艘、架、列次）</td><td colspan="2">总计</td><td>146 292</td><td>137 878</td><td>6. 10</td></tr>
<tr><td colspan="2">船舶</td><td></td><td></td><td></td></tr>
<tr><td rowspan="2">飞机</td><td>出境航班数</td><td>73 685</td><td>70 698</td><td>4. 23</td></tr>
<tr><td>入境航班数</td><td>72 271</td><td>66 820</td><td>8. 16</td></tr>
<tr><td rowspan="2">火车</td><td>出境列数</td><td>172</td><td>177</td><td>-2. 82</td></tr>
<tr><td>入境列数</td><td>164</td><td>183</td><td>-10. 38</td></tr>
<tr><td colspan="2">机动车辆</td><td></td><td></td><td></td></tr>
</table>

（北京出入境边防检查总站提供）

2019年北京海关主要数据统计表

项目		2019年	2018年	同比（%）
进出口货运量（万吨）	合计	10 412.25	9 018.01	15.46
	进口	10 264.93	8 860.19	15.85
	出口	147.32	157.82	-6.65
进出口贸易总值（万美元）	合计	8 273 143.39	7 762 038.57	6.58
	进口	6 060 274.72	5 503 385.04	10.12
	其中：江、海运输			
	铁路运输			
	汽车运输			
	航空运输			
	邮件运输			
	其他运输			
	出口	2 212 868.67	2 258 653.53	-2.03
	其中：江、海运输			
	铁路运输			
	汽车运输			
	航空运输			
	邮件运输			
	其他运输			
税收（亿元）	两税合计	677.86	678.48	-0.10
	关税入库	132.72	123.82	7.20
	进口环节税入库	545.14	554.66	-1.70

（北京海关提供）

2019 年北京市指定监管场地统计表

序号	直属海关	监管场地名称	进境口岸	类型	拟进口品种	批复时间	备注
1	北京海关	首都国际机场进口肉类指定监管场地	首都国际机场口岸	肉类	肉及肉制品，如畜肉、禽肉、火腿、香肠等		
2	北京海关	首都国际机场进境冰鲜水产品指定监管场地	首都国际机场口岸	冰鲜水产品	冰鲜水产品，如冰鲜三文鱼、金枪鱼、北极贝等		
3	北京海关	首都国际机场进境水果指定监管场地	首都国际机场口岸	进境水果	进境水果，如樱桃、香蕉等		
4	北京海关	首都国际机场进境植物种苗指定监管场地	首都国际机场口岸	进境植物种苗	进境植物种苗，如种子、苗木等	2009 年 12 月 31 日	
5	北京海关	首都国际机场进境食用水生动物指定监管场地	首都国际机场口岸	进境食用水生动物	进境食用水生动物，如鲍鱼、龙虾、棕蟹等	2016 年 7 月 29 日	
6	北京海关	北京平谷国际陆港进口肉类指定监管场地	北京平谷国际陆港	肉类	肉及肉制品，如畜肉、禽肉、火腿、香肠等	2014 年 11 月 3 日	
7	北京海关	北京天竺综合保税区进口肉类指定监管场地	北京天竺综合保税区	肉类	肉及肉制品，如畜肉、禽肉、火腿、香肠等	2018 年 6 月 12 日	
8	北京海关	北京天竺综合保税区进境冰鲜水产品指定监管场地	北京天竺综合保税区	冰鲜水产品	冰鲜水产品，如冰鲜三文鱼、金枪鱼、北极贝等	2018 年 6 月 12 日	
9	北京海关	北京朝阳口岸进境水果指定监管场地	北京朝阳口岸	进境水果	进境水果，如樱桃、香蕉等		
10	北京海关	北京朝阳口岸进境植物种苗指定监管场地	北京朝阳口岸	进境植物种苗	进境植物种苗，如种子、苗木等	2009 年 12 月 31 日	

（北京海关提供）

天　津　市

天津市口岸分布示意图

序号	类型	口岸名称	批准开放时间	开放状态
1	空运口岸	天津空运口岸	1995.10	国际常年
2	水运口岸（2个）	天津水运口岸	历史延续	国际常年
3		渤中水运口岸 （海面油田交货点口岸－渤中28-1） （海面油田交货点口岸－渤中34-2/4） （海面油田交货点口岸－渤中25-1-1/25-1S）	1988.7	国际常年

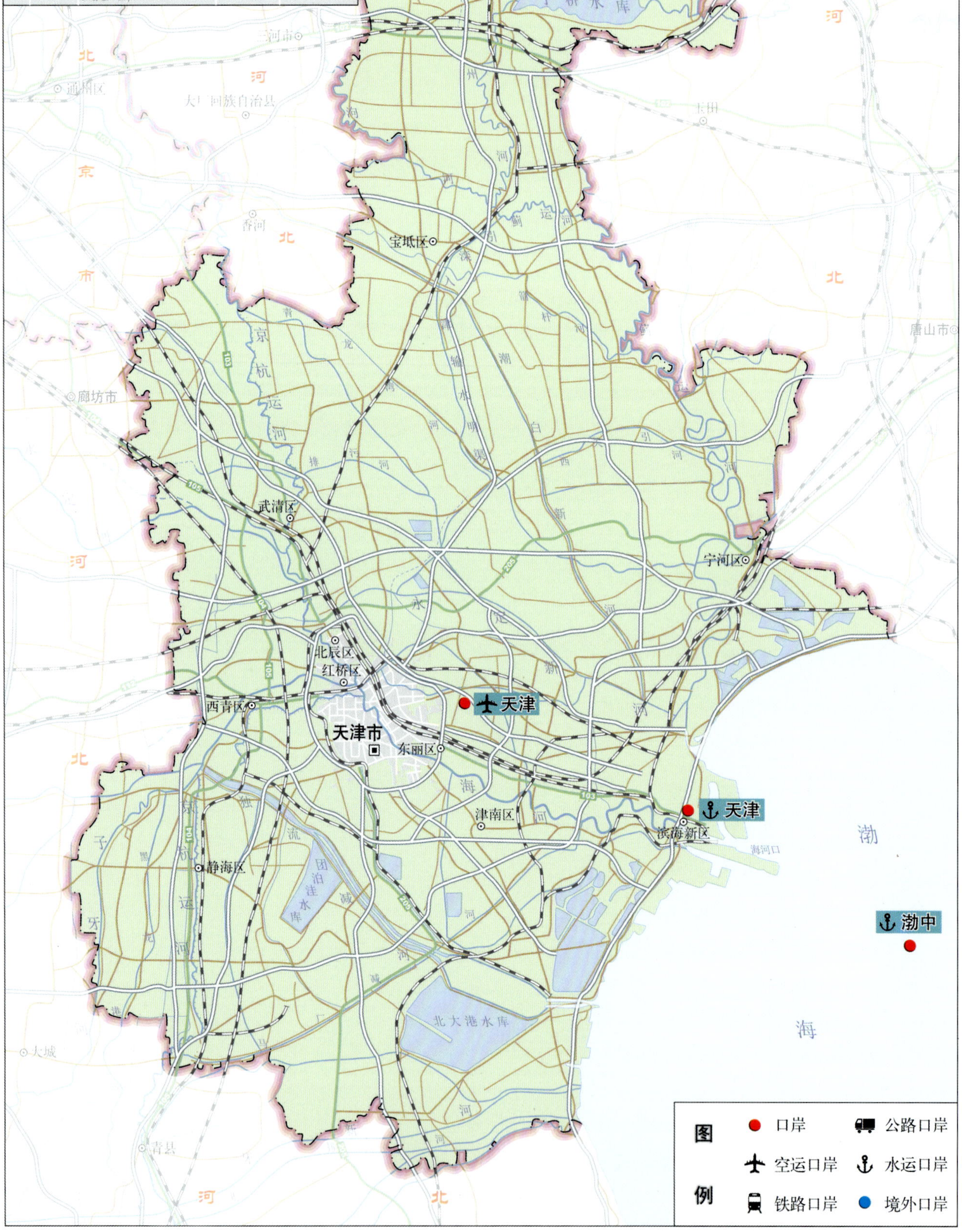

口岸数量及分布

截至2019年年底，天津市共有经国务院批准的对外开放口岸3个，分别是天津空运口岸（天津滨海国际机场）、天津水运（海港）口岸、渤中水运（海上石油交货点）口岸。

口岸运行数据

2019年，天津口岸共完成口岸进出口贸易值2 010.07亿美元，同比减少4.2%。其中，进口1 091.35亿美元，同比减少0.1%；出口918.73亿美元，同比减少8.6%。

2019年，天津港货物吞吐量完成4.92亿吨，同比减少3.1%；集装箱吞吐量完成1 730.07万标箱，同比增长8.1%。天津水运口岸外贸货物吞吐量2.78亿吨，同比增长0.8%，其中，外贸进口19 622.64万吨，同比增长3.9%；外贸出口8 219.33万吨，同比减少5.9%。口岸外贸集装箱完成873.70万标箱，同比增长8.7%。

2019年，天津机场货邮吞吐量完成22.62万吨，同比减少12.6%。进出境货邮吞吐量9.42万吨，同比减少19.5%，其中，进境5.47万吨，同比减少24.3%；出境3.96万吨，同比减少11.7%。

2019年，天津口岸出入境人员共474.30万人次，同比增长13.8%。其中，出境237.00万人次，同比增长13.3%；入境237.30万人次，同比增长14.2%。出入境旅客方面，空运口岸出入境旅客332.10万人次，同比增长16.6%；海港口岸出入境旅客81.00万人次，同比增长9.3%。

2019年，天津空运口岸出入境飞机共23 921架次，同比增长0.3%。海港口岸进出境船舶共15 259艘次，同比增长0.7%。天津国际邮轮母港累计接待国际邮轮121艘次，比上年同期增加5艘次。

口岸综合管理

【推进天津口岸扩大开放，提升口岸服务功能和承载能力】 制定《2019年度天津口岸对外开放计划》，组织推动南疆港区中燃码头、大港港区泰奥码头、大沽口港区港船重工修船码头基本具备口岸开放验收条件。推进口岸查验配套设施提升，协调推动天津海港口岸顺利通过海关总署复核督导检查，为提高口岸核心能力提供坚实保障。完善空运口岸功能，海关总署批复进境水生动物监管场所。

深化口岸开放服务，服务企业生产经营。全年为天津新港船舶重工有限责任公司办理国际航行船舶临时停靠未开放口岸码头维修业务5艘次，维修合同金额1 770万美元。其中，开展“船舶保税维修”业务3艘次，实现天津港保税区“船舶保税维修”业务“零的突破”，为企业节省银行保证金2 000万美元，节省银行手续费70万元人民币。2019年5月9日，天津牧洋渔业有限公司“天祥58”远洋捕捞船安全靠港和顺利通关，实现中心渔港口岸开放外贸作业“零的突破”。服务南疆港区中航油码头口岸首开外贸航油业务，8月21日，成功接卸新加坡籍第一艘国际油轮，顺利完成供应北京首都国际机场4万吨航空煤油保障任务。

【提升天津口岸跨境贸易便利化水平，优化港口营商环境】 一是口岸跨境贸易便利化水平明显提升。北京、天津两市共同完成世界银行营商环境评价跨境贸易指标相关工作，印发《2019年促进京津跨境贸易便利化联合专项行动方案》，出台《京津联合公告》（第4号、第5号）。二是口岸降费提效工作全面深化。天津市政府印发《关于深入开展港口降费提效优化环境工作促进跨境贸易便利化实施方案》，为口岸降费提效工作提供基本遵循。口岸单位对照《海关总署办公厅关于完善口岸收费目录清单的通知》开展自查工作、完善目录清单、建立清单项目准入和退出机制等重要工作事项，口岸收费目录清单进一步细化完善。三是天津口岸为提升我国跨境贸易便利化排名做出贡献。2019年10月，世界银行公布的营商环境最新排名显示，我国跨境贸易指标排名第56位。

【高质量推动三大平台建设，口岸信息化水平不断提升】 一是拓展国际贸易“单一窗口”服务应用，货物申报、舱单申报、运输工具申报应用率达到100%。推广应用“单一窗口”标准版手机App、金融保险服务、原产地证自助打印、减免税等功能，推动“单一窗口”标准版“两步申报”试点通关模式改革。实现边检行政许可事项网上申报。推进平行进口汽车管理平台建设，实现国际贸易代理行业管理（明码标价）公示平台在“单一窗口”部署运行。二是优化跨境电商平台服务应用，实现跨境电商出口实货申报。保障“6·18”“11·11”“12·12”等大型电商促销活动，“11·11”当日平台单日处理159万单。三是优化完善港口统一收费管理服务平台，上线运行散杂货收缴费功能，增建港口建设费地方留成部分退付功能，2019年分9批为遍及全国的747余家企业退付2.66亿余元，有效降低天津口岸综合物流成本。

【加强跨区域口岸合作，助推京津冀协同发展和“一带一路”倡议的口岸实施】 服务雄安新区便捷出海通道建设，组织制定并推动实施《服务雄安新区出海口建设口岸服务工作机制》，协调两地海关建立合作机制，提升周边无水港口岸功能，推动天津港集团雄安服务中心（简称：天津港雄安服务中心）挂牌运营、“绿色通道”开通，形成以天津港雄安服务中心为中心，保定、胜芳、白沟3个无水港为物流节点的“一中心三节点”前端服务格局。2019年8月21日，20辆满载橡胶制品的集装箱车队从雄安新区驶向天津港，标志着服务雄安新区的“一中心三节点”前端服务平台已形成，天津口岸服务雄安新区“绿色通道”正式开通。

搭建跨区域口岸合作平台，组织天津外代物流有限公司与新疆、河北、长春等十多家企业建立“阳光物流加盟店”和“一站式阳光价格”业务合作，助推长春无水港揭牌，支持太原无水港完善口岸功能。举办“天津港口岸跨境贸易便利化水平服务推介会”，邀请“一带一路”沿线11个省（区、市）参会，宣讲天津口岸促进跨境贸易便利化服务措施和相关政策，提升天津口岸服务辐射“一带一路”沿线省（区、市）能力。

推动新港北铁路集装箱中心站通过海关验收实现口岸功能。协调海关指导服务中心站加快海关监管场所建设，9月30日通过天津海关验收，正式具备口岸功能。中心站口岸功能的实现，将对服务“一带一路”建设，促进天津口岸海铁联运与中欧班列发展，提升天津口岸辐射带动功能起到积极作用。

口岸监管与服务

【天津出入境边防检查总站严密口岸管控，全力维护口岸安全稳定】 坚持把中华人民共和国成立70周年大庆安保维稳作为首要任务，全警动员、全力以赴，出台总体方案1个和子方案7个，发布战时管控措施清单3版，组织开展集中检查督导36次，向基层一线下沉警力471人次。在大庆安保决战阶段，按照主战场标准，全警24小时备勤待命，重点岗位双人值班，两级机关全员停休上岗，圆满完成以中华人民共和国成立70周年大庆安保维稳为核心的各项重大敏感安保任务，2019年未发生任何影响口岸安全稳定的案件、事件。强化立体防控，牵头与北京、河北出入境边防检查总站建立服务京津冀协同发展维护空港口岸安全稳定协作机制，与天津市9个部门和7个警种建立协作机制。

【天津出入境边防检查总站主动服务经济发展和口岸开放，助力改善天津口岸通关环境和营商环境】 坚决落实公安部、国家移民管理局各项便民利民措施，确保了“中国公民出入境通关候检不超过30分钟”“开通中国公民专用通道”等措施在天津口岸落地见效。主动服务重大发展战略实施，确保了京津冀144小时过境免签政策在天津滨海国际机场和东疆国际邮轮母港落地实施。积极助力天津邮轮经济发展，采取派员赴境外随船验证查验模式，研发应用邮轮管控系统，扩大自助通关范围，使东疆国际邮轮母港中国籍旅客通关查验时间人均压减至10秒以内。在天津滨海国际机场建成启用10条自助查验通道，使天津滨海国际机场出入境旅客承载能力提升50%。创新推出服务天津经济社会发展的系列举措，建成一体化政务服务平台，实现海港边检行政许可“网上办”“掌上办”“一网通办”、无纸化签发和电子化查验，船舶边检手续办理“只跑一次”甚至“一次不跑”。

【天津出入境边防检查总站深入推进港口边检管理改革，不断提升港口边检治理现代化水平】 坚定不移深化改革，立足全国港口边检管理改革试点定位，借鉴“枫桥经验”，建立完善了以综合执勤队、风险评估、信用管理为依托的差异化管理模式，以警务责任区为主体的网格化管理模式和以多方共管为依托的系统治理模式。通过改革，港口违规登轮登陆类案件发案率下降83%，率先试点改革的南疆出入境边防检查站辖区连续18个月未发生违规登轮登陆案件。在年度警务评议中，企业满意度达到94%。

【天津海事局持续提升海事服务质量，服务口岸开放和地方经济发展】 一是深化国际贸易“单一窗口”标准版推广工作。自国际贸易“单一窗口”标准版运输工具（船舶）申报系统在津全面启动以来，国际航行船舶进出港手续申报和审批相关工作衔接有序、系统运行稳定，有效降低了企业的申报成本，提高了跨境贸易便利化水平。二是全力推进国际航行船舶联合登临工作。完成了交通运输部重点课题“国际航行船舶联合登临检查机制研究”，为全国开展国际航行船舶联合登临工作提供了有力的政策支撑。联合天津市口岸部门印发了《天津口岸国际航行船舶联合登临检查工作机制配合办法》，确定了工作机制，目前已在全港全面实施联合登临检查。三是进一步做好降低和规范口岸收费工作。配合推进港口建设费20%地方分成部分资金退付工作。汇总分析上月度港建费征缴数据信息，推送至统一收费管理服务平台，作为资金退付依据，并为缴费人提供政策解释、缴费信息查询等服务；积极配合天津市降费提效治乱出清优化环境专项行动联合办公室开展专项行动方案和任务清单的编制工作，持续推进清理规范港口收费、优化港口统一收费管理服务平台功能等相关工作。四是积极服务京津冀协同发展战略。优化津冀沿海锚地布局。积极推动部、省、市联合印发《津冀沿海锚地布局方案》（以下简称《方案》），与天津市交通运输委员会联合向天津市副市长孙文魁报送了工作专报，受到市领导的重视和肯定。2019年8月29日，交通运输部会同天津市政府和河北省政府正式联合印发了《方案》，统筹解决了津冀沿海港口发展和海事监管面临的突出矛盾与共性问题。五是不断服务“一港八区”提升航道通航能力。实施船舶航行计划报告“零待时”。取消“船舶航行计划报告提前4小时和变更提前2小时”的时限要求，实现“船舶航行计划随时接收、船舶动态随时编排”；至今已惠及船舶2.5万余艘次，累计节约近5.83万小时，每艘船舶平均节省等待时间2小时22分钟，天津港船舶周转能力及运营服务水平大幅提升。修订了《VTS规则》，为扩能增效提供制度保障。两条航道扩能增效以来，惠及大沽沙航道船舶360艘次，节省船舶进出港时间3 200余小时；大港港区船舶进出港艘次数及货物吞吐量同比分别增长50%和93%。六是服务港口运营提质增效。全力支持天津港推进实现三大发展目标和打造北方航运核心区，保障世界最大集装箱船“地中海古尔松”轮在天津港圆满完成首航。2019年以来已保障238艘次20万吨级集装箱船舶（其中超过20万载重吨船舶57艘次）安全进港。

【天津海关加强监管服务能力，持续改善口岸营商环境】 一是坚决落实重要指示批示精神。锲而不舍、一以贯之打击“洋垃圾”和象牙等濒危物种及其制品走私。2019年刑事立案45起，查证、查扣涉案固体废物17万吨；在“蓝天2019”第二轮集中打击行动中，查证涉嫌走私废纸废塑料、查扣涉案废矿渣铅精矿数量分别占全国的36.6%和71.1%；查获全国最大一起禁止进口废铁渣案。持续深化“固废清港”行动，坚决捍卫天津港“碧水蓝天”。打击濒危物种及其制品走私，查获各类案件289起，涉及象牙及其制品328件。着眼服务天津港打造世界一流“智慧港口、绿色港口”，研究制定18项具体措施，逐项推进落实，助力“天津港蓬勃兴盛”。与乌鲁木齐、北京等4个海关签署合作备忘录，畅通“口岸—内陆”运输大通道，支持雄安新区全面深化改革和扩大开放。

二是全面履行监管职责。监管进出口货运量1.98亿吨，同比增长6.3%，货值1.45万亿元人民币。完成新港和东疆集约封闭式查验场地建设，清理整合监管作业场所（场地）148家。查验集装箱机检比率提高到65.7%。新风控新查管系统上线运行。海关总署邮路转关试点全流程走通。立案查办侵犯知识产权案件60起，扣留涉嫌侵权货物74.25万件。2019年，监管进出境旅客414.39万人次，同比增加15.69%；监管进出境快件861.05万件，同比增加40.35%。跨境电商进口单量2 797.85万票，同比增加42.24%，出口业务顺利打通，全年突破62万单。

三是持续加强检验检疫。首次在入境旅客中检出“基孔肯雅热”病例，连续检出9例登革热、1例开放性肺结核、1例艾滋病病例。天津口岸首次截获草甸田鼠和北美负鼠。海港口岸顺利通过口岸公共卫生核心能力复核。2019年共计截获检疫性有害生物59种、3 916种次。举全关之力坚决打好防控非洲猪瘟攻坚战，在出口动物源性食品中检出非洲猪瘟核酸阳性2批次。强化全链条食品安全监管，退运销毁不合格进口食品、化妆品176批次。协助海关总署完成对6个国家103家输华肉类生产企业评估工作。荷兰输华肉类卫生证书无纸化试点工作取得圆满成功。食用水生动物进口口岸获批，天津口岸正式成为动物检疫全功能检疫口岸。天津港进境国有贸易小麦中转港通过验收，成为华北地区唯一获得这一资质的口岸。落实风险预警监管体系建设，11条商品风险信息被海关总署采纳并发布风险预警，居全国首位。依据风险评估结果对存在重大安全隐患的1.88万把儿童牙刷实施退运处理。

四是压缩整体通关时间。天津口岸整体通关时间持续压缩，2019年12月，进出口货物整体通关时间分别为35.65小时和3.38小时，同比分别压缩12.15%和46.91%。中国营商环境全球排名提升至第31名，其中跨境贸易排名提升至第56名，首次超过日本，这份优秀的成绩单里包含着天津海关的重要贡献。

五是服务外贸稳定增长。严格执行国务院减税降费政策，全年受益企业达370家，为企业减负349.5万元。“双万双服促发展”3个典型做法入选天津市“一制三化”百佳案例。

开放口岸

【天津空运口岸（天津滨海国际机场）】 天津滨海国际机场定位为区域枢纽机场、中国国际航空物流中心。天津机场现有跑道2条，第一跑道3 600米，第二跑道3 200米，飞行区等级为4E级，可满足各类大型飞机全载起降。航站楼面积36.4万平方米，货库6.6万平方米。旅客通过能力2 500万人次，货邮通过能力72万吨。2019年，天津机场执行国际及地区航线：客机航线39条，全货机航线9条，客货机兼营航线2条。2019年，天津机场开通客运航班的城市29个（澳门、高雄、台北、香港、奥克兰、巴厘岛、冲绳、大阪、吉隆坡、济州、卡利博、伦敦、曼德勒、曼谷、名古屋、莫斯科、普吉、青森、沙巴、美娜多、温哥华、乌兰巴托、西哈努克、悉尼、暹粒、新加坡、芽庄、雅加达、札幌）；开通货运航班的城市6个（阿姆斯特丹、安克雷奇、巴库、布鲁塞尔、萨拉戈萨、芝加哥）；同时开通客、货运航班的城市2个（东京、首尔）。

【天津水运（海港）口岸】 天津水运（海港）口岸是国家的核心战略资源、天津“一基地三区”的重要载体，是京津冀及“华北、东北、西北（以下简称“三北”）”地区的海上门户、雄安新区的主要出海口，是“一带一路”的海陆交汇点、新亚欧大陆桥经济走廊的重要节点和服务全面对外开放的国际枢纽港。天津港现有泊位171个（其中，生产性泊位144个），码头岸线总长39千米，综合通过能力3.4亿吨，集装箱通过能力1 172万标箱，旅客通过能力92万人次。天津口岸集装箱运输集中在北疆港区和东疆港区；煤炭运输集中在南疆港区；原油运输集中在南疆港区；矿石运输集中在南疆港区；商品汽车运输以北疆港区为主、东疆港区为辅；粮食以及其他杂货运输主要集中在北疆港区；邮轮旅客运输集中在东疆港区。大沽口、大港和高沙岭港区主要为临港装备制造、粮油、化工等产业服务；北塘港区（中心渔港）主要服务于冷链物流和水产品加工集散。天津水运（海港）口岸现已形成以北疆港区、南疆港区、东疆港区为主体，大沽口港区、大港港区初具规模，高沙岭港区、北塘港区（中心渔港）起步发展的对外开放格局。

【渤中水运（海上石油交货点）口岸】 中国海洋石油渤海公司海面交货点作为国家对外开放口岸，可停靠国际航线船舶，直接出口海面交货点生产的原油。中国海洋石油渤海公司是我国最早从事海上油气田开发、生产的国有大型工业企业。该企业成立于1966年1月7日，是中国海洋石油总公司下属历史最长、规模最大的地区公司。该公司主要负责渤海海域石油天然气资源的勘探、开发、生产、运输与产品销售，并提供基地设施、工程技术和劳务服务。从1980年开始实行对外合作以来，成功地坚持合作与自营方针，建立了具有渤海特色的现代油公司管理体制，能够按照国际惯例组织各类油气田的开发和生产作业。

2019年天津市口岸大事记

1月8日~9日

国家口岸办常务副主任宋立强一行6人来天津进行专题考察调研，天津市商务局（口岸办）、天津市交通运输委、天津海关、天津港集团有关负责同志与调研团进行了工作对接，组织召开座谈会，集中分析了口岸通关中亟待解决的具体问题，研究探讨进一步优化天津口岸整体营商环境的有效招法。

1月17日

习近平总书记亲临天津港视察，勉励天津港“经济要发展，国家要强大，交通特别是海运首先要强起来。要志在万里，努力打造世界一流的智慧港口、绿色港口，更好服务京津冀协同发展和共建‘一带一路’”。

1月30日

天津市商务局成立口岸信息化工作领导小组。

2月13日

北京市副市长王红一行11人来天津进行专题考察调研，天津市副市长金湘军组织召开港口降费提效专题座谈会，有关部门负责同志与调研团进行了工作对接。

同日，天津市政府印发《关于深入开展港口降费提效优化环境工作促进跨境贸易便利化实施方案》（津政发〔2019〕2号），提出进一步降低和规范口岸收费、提升口岸管理信息化智能化水平、提高口岸通关和港口物流服务效能、营造公开透明口岸通关环境共4方面18项重点工作任务。

2月14日

北京、天津两市商务局、海关联合印发了《2019年促进京津跨境贸易便利化联合专项行动方案》，提出了完善工作机制、出台政策措施、口岸评估及政策宣传等20项重点工作任务，对需要协调推动国家部委解决的18项任务及需要京津联合推动的13项任务进行梳理汇总并积极推动。

2月28日

天津跨境电商B2C出口首单通关。

2月28日

天津市港口建设费地方留成部分退付功能正式在港口统一收费管理服务平台上线。

3月

天津口岸相关部门梳理汇总跨境贸易便利化典型案例，汇总编印了跨境贸易评估案例汇编、跨境贸易便利化政策汇编等，全面扩大宣传面，提高知晓率。

同月，北京、天津两市商务、海关部门围绕压单证、优流程、降成本、提效率、促便利等方面，联合出台《关于持续优化营商环境 促进京津跨境贸易便利化若干措施的公告》，推出5方面22项优惠措施。

3月25日

天津市被确定为“单一窗口”原产地证书打印改革试点省（市）。

同日，天津“单一窗口”95198客服热线全网开通。

3月30日

天津市委副书记、市长张国清赴天津港集团调研化解港城矛盾问题。

4月3日

天津市商务局（口岸办）聘请的第三方评估机构北京睿库贸易安全及便利化研究中心研究完成2019年天津口岸普通集装箱货物作业成本与时效第二次阶段性评估工作。评估显示天津口岸通关成本与时间均低于国家口岸办目标值，口岸降费提效工作成效明显。

4月17日

天津市商务局会同相关单位组织召开天津口岸区块链验证试点项目上线试运行发布会。天津市成为全国首个成功实施在跨境贸易中验证应用区块链技术的城市，率先实现跨境贸易的交易、金融、物流、监管等各环节与区块链技术的深度融合。

4月18日

天津市被确定为“单一窗口”金融服务功能试点省（市）。

4月19日

天津市商务局（口岸办）与天津港集团共同举办“天津港口岸提升跨境贸易便利化水平服务推介会”，邀请“一带一路”沿线11个省（区、市）口岸主管部门及相关企业参会，宣讲天津口岸促进跨境贸易便利化服务措施和相关政策，组织天津外代物流有限公司与来自新疆、河北及本市的10家企业签署“阳光物流加盟店”和“一站式阳光价格”服务协议，提升天津口岸服务辐射“一带一路”沿线地区能力。

5月16日

公安部党委委员、副部长、国家移民管理局党组书记、局长许甘露到天津出入境边防检查总站出席领导干部任职命令宣布大会，并调研指导工作。

5月23日

天津出入境边防检查总站牵头协调北京、河北出入境边防检查总站签署了服务京津冀协同发展维护空港口岸安全稳定协作机制的文件。

5月底

《2019年深化天津港口降费提效治乱出清优化环境专项行动方案》经天津市政府审定同意并印发执行。

6月28日

天津市港口统一收费管理服务平台散杂货功能上线运行。

7月4日

天津长春无水港揭牌。

7月5日

天津“单一窗口”与交通银行天津分行签署战略合作协议。

7月12日

京津冀边检机关协作机制工作会议在天津出入境边防检查总站召开。

7月18日

国家海关总署副署长张际文一行赴天津东疆国际邮轮母港调研船舶防控及旅客卫生检疫工作。

7月22日

天津市被确定为“单一窗口”船舶吨税、外交外商常驻机构公/自用物品进出境监管、报关代理委托、预约通关、转关申报、智能卡口、通关无纸化网上三方签约等功能试点省（市）。

7月25日

长春天津海港在天津港物捷三场站挂牌。

8月2日

天津市商务局印发实施《天津口岸服务雄安

新区出海口建设口岸服务工作机制》。

8月21日

天津港集团雄安服务中心挂牌，天津口岸服务雄安新区“绿色通道”正式开通。

8月29日

国务院发展研究中心党组书记马建堂一行8人赴天津港，就“港口功能定位及相关政策措施”进行调研。天津市委常委、常务副市长马顺清同志，市发展改革委党组书记、主任王卫东，滨海新区常务副区长贾堤全程陪同。

9月10日

吉林省委常委、长春市委书记王凯，市委副书记、市长刘忻率长春市党政代表团一行49人，于10日下午来天津港考察并召开座谈会，天津市副市长金湘军、副秘书长张嘉华，市委办公厅、市合作交流办负责同志陪同。

9月16日

交通运输部党组成员、副部长刘小明一行5人，赴天津港南疆港区远航矿石码头，就“运输结构调整工作”进行调研，并召开座谈会。

9月20日

国家发展改革委副主任罗文一行赴天津港，就京津冀协同发展工作情况进行调研。天津市委常委、常务副市长马顺清，市政府副秘书长许颖悟、市协同办常务副主任孙虎军、滨海新区常务副区长贾堤陪同。

9月30日

天津新港北铁路集装箱中心站口岸监管场所通过天津海关验收，取得“海关监管场所企业注册登记证书”，完全具备口岸功能。

10月6日

天津机场出入境边防检查站在天津滨海国际机场T1航站楼出境检查大厅正式启用10条出入境自助查验通道。

10月22日

河北省委书记、省人大常委会主任王东峰，河北省委副书记、省长许勤率河北省党政代表团赴新港海关调研，天津港集团汇报智慧港口建设有关情况。

11月1日

天津机场出入境边防检查站出入境人员验放量继2018年12月29日首次突破300万人次后再次达到300万人次，比2018年提前了58天。

12月10日

天津“单一窗口”上线运行出口退税功能并完成首单申报。

12月14日

天津市委常委、市委政法委书记赵飞在天津出入境边防检查总站会见国家移民管理局党组成员、副局长、领导班子和领导干部考核组组长赵昌华，并调研指导工作。

12月16日

财政部行政政法司副司长区利民一行9人来天津调研，天津市商务局组织召开座谈会，对天津口岸免除查验没有问题外贸企业吊装移位费用工作进展情况进行介绍，与企业进行工作交流沟通，并赴天津口岸业务现场进行实地走访。

（撰稿人：宋转霞）

2019 年天津市口岸流量统计表

口岸类型		口岸名称	货运量（万吨）				集装箱量（万标箱）				人员（万人次）				交通工具（辆、艘、架、列次）			
			出口	进口	合计	同比（%）	出口	进口	合计	同比（%）	出境	入境	合计	同比（%）	出境	入境	合计	同比（%）
空运口岸		天津滨海国际机场	3.96	5.47	9.42	-19.5			0.00		176.10	175.40	351.50	16.30	11 956.00	11 965.00	23 921.00	0.30
		分计	3.96	5.47	9.42	-19.5			0.00		176.10	175.40	351.50	16.30	11 956.00	11 965.00	23 921.00	0.30
陆路口岸	公路口岸																	
		分计																
	铁路口岸																	
		分计																
水运口岸	海港口岸	天津港	8 219.33	19 622.64	27 841.98	0.77	427.92	445.79	873.70	8.70	60.90	61.90	122.80	7.20	7 620.00	7 639.00	15 259.00	0.70
		分计	8 219.33	19 622.64	27 841.98	0.77	427.92	445.79	873.70	8.70	60.90	61.90	122.80	7.20	7 620.00	7 639.00	15 259.00	0.70
	河港口岸																	
		分计																
合计			8 223.29	19 628.11	27 851.40		427.92	445.79	873.70		237.00	237.30	474.30		19 576.00	19 604.00	39 180.00	
同比（%）			-5.91	3.84	0.76		6.67	10.63	8.65		13.55	14.20	13.77		0.90	-0.05	0.42	

（天津市口岸办提供）

2019 年天津市口岸出入境主要数据表

项目			2019 年	2018 年	同比（%）
出入境人员（万人次）	出入境人员总数		473.88	416.93	13.66
	入境人员		237.17	207.96	14.04
	出境人员		236.71	208.96	13.28
	出入境旅客		413.28	358.86	15.16
	出入境员工		60.60	58.06	4.37
	中国公民	小计	380.45	338.39	12.43
		内地居民（因公）	16.78	16.32	2.77
		内地居民（因私）	363.67	310.00	17.31
		港澳居民	4.04	4.48	-9.70
		台湾同胞	7.40	7.59	-9.48
	外籍人员		82.00	78.54	4.41
	从海港出入境人数		32.06	32.40	-1.04
	从陆港出入境人数		0	0	0.00
	从空港出入境人数		49.93	46.13	8.23
交通运输工具（万辆、艘、架、列次）	总计		3.07	2.94	4.25
	船舶		0.90	0.92	-1.80
	飞机		2.16	2.02	7.01
	火车		0	0	0.00
	机动车辆		0	0	0.00

（天津出入境边防检查总站提供）

2019 年天津海关主要数据统计表

项目		2019 年	2018 年	同比（%）
进出口货运量（万吨）	合计	19 804.6	18 626.0	6.33
	进口	13 687.6	12 236.0	11.86
	出口	6 117.0	6 390.0	-4.27
进出口贸易总值（万美元）	合计	20 101 387	20 974 686	-4.16
	进口	10 913 509	10 927 921	-0.13
	其中：江、海运输	8 945 858	8 320 969	7.51
	铁路运输	11 842	11 841	0.01
	汽车运输	2 332	1 101	111.81
	航空运输	1 942 283	2 593 617	-25.11
	邮件运输	3 214	229	1 303.49
	其他运输	7 980	164	4 765.85
	出口	9 187 878	10 046 765	-8.55
	其中：江、海运输	8 410 025	9 008 056	-6.64
	铁路运输	18 571	73 033	-74.57
	汽车运输	9 932	7 338	35.35
	航空运输	680 010	876 900	-22.45
	邮件运输	1 691	119	1 321.01
	其他运输	67 649	81 319	-16.81
税收（万元）	两税合计	14 879 556.3	14 957 019.2	-0.52
	关税入库	3 676 864.8	3 765 114.0	-2.34
	进口环节税入库	11 202 691.5	11 191 905.2	0.10

（天津海关提供）

2019 年天津海事局进出港船舶统计汇总表

船舶类别	进港船舶							出港船舶						
	艘数（艘）	总吨（吨位）	总载重量（吨）	载客量（客位）	船员人数（人次）	货物到达量（吨）	旅客到达量（人）	艘数（艘）	总吨（吨位）	总载重量（吨）	载客量（客位）	船员人数（人次）	货物发送量（吨）	旅客发送量（人）
总计	107 455	508 583 948	649 051 374	346 066	328 578	242 899 806. 27	51 291	106 431	507 131 729	646 777 965	346 702	325 458	190 773 030. 6	52 154
中国籍船舶	100 062	166 643 506	213 463 352	39 073	59 156	58 095 192. 16	50 791	99 050	165 983 183	211 746 053	39 298	57 309	128 440 037. 75	51 783
其中外贸船	183	3 119 930	4 612 745	0	3 578	2 699 275. 25	0	128	2 364 203	3 658 567	0	2 568	1 005 241. 24	0

（天津海事局提供）

2019 年天津市指定监管场地统计表

序号	直属海关	监管场地名称	进境口岸	类型	拟进口品种	批复时间	备注
1	天津海关	天津港集装箱物流中心海关国检验放中心进境水果指定监管场地	海运口岸	进境水果	水果		
2	天津海关	天津振华国际物流运输有限公司进境水果指定监管场地	海运口岸	进境水果	水果		
3	天津海关	天津港强集团有限公司进境水果指定监管场地	海运口岸	进境水果	水果		
4	天津海关	天津东疆港大冷链商品交易市场有限公司进境水果指定监管场地	海运口岸	进境水果	水果	2013 年 7 月 3 日	
5	天津海关	天津港首农食品进出口贸易有限公司进境水果指定监管场地	海运口岸	进境水果	水果	2018 年 1 月 25 日	
6	天津海关	中外运跨境电商物流有限公司天津分公司进境水果指定监管场地	空运口岸	进境水果	水果	2017 年 5 月 2 日	
7	天津海关	天津临港佳悦粮油码头有限公司进境粮食指定监管场地	海运口岸	进境粮食（A 类）	粮食	2014 年 10 月 9 日	
8	天津海关	天津港第二港埠有限公司散杂货码头前堆场进境粮食指定监管场地	海运口岸	进境粮食（A 类）	粮食	2014 年 10 月 9 日	
9	天津海关	天津临港港务集团有限公司进境粮食指定监管场地	海运口岸	进境粮食（A 类）	粮食	2015 年 12 月 25 日	
10	天津海关	天津港第四港埠有限公司一堆场进境粮食指定监管场地	海运口岸	进境粮食（A 类）	粮食	2015 年 12 月 26 日	
11	天津海关	新港北疆天津港第四港埠有限公司东区码头进境粮食指定监管场地	海运口岸	进境粮食（A 类）	粮食	2015 年 12 月 27 日	

续表 1

序号	直属海关	监管场地名称	进境口岸	类型	拟进口品种	批复时间	备注
12	天津海关	天津港兴东物流有限公司进境粮食指定监管场地	海运口岸	进境粮食（B 类）	粮食	2015 年 12 月 28 日	
13	天津海关	天津振华国际物流运输有限公司进境粮食指定监管场地	海运口岸	进境粮食（B 类）	粮食	2015 年 12 月 29 日	
14	天津海关	天津首农东疆牧业有限责任公司进境粮食指定监管场地	海运口岸	进境粮食（B 类）	粮食	2015 年 12 月 30 日	
15	天津海关	天津港集装箱物流中心海关国检验放中心进境粮食指定监管场地	海运口岸	进境粮食（B 类）	高粱、玉米、芝麻	2019 年 5 月 8 日	
16	天津海关	泰达行（天津）冷链物流有限公司进口肉类指定监管场地	海运口岸	进境肉类	冷冻肉类		
17	天津海关	天津港强集团有限公司进口肉类指定监管场地	海运口岸	进境肉类	冷冻肉类		
18	天津海关	中农批（天津）冷链物流有限公司进口肉类指定监管场地	海运口岸	进境肉类	冷冻肉类		
19	天津海关	天津金三国际物流有限公司进口肉类指定监管场地	海运口岸	进境肉类	冷冻肉类		
20	天津海关	天津海吉星农产品物流有限公司进口肉类指定监管场地	海运口岸	进境肉类	冷冻肉类		
21	天津海关	天津东疆港大冷链商品交易市场有限公司进口肉类指定监管场地	海运口岸	进境肉类	冷冻肉类		
22	天津海关	天津港首农食品进出口贸易有限公司进口肉类指定监管场地	海运口岸	进境肉类	冷冻肉类		
23	天津海关	天津振华国际物流运输有限公司进境植物种苗指定监管场地	海运口岸	进境植物种苗	植物种苗	2009 年 12 月 31 日	

续表 2

序号	直属海关	监管场地名称	进境口岸	类型	拟进口品种	批复时间	备注
24	天津海关	天津港强集团有限公司进境植物种苗指定监管场地	海运口岸	进境植物种苗	植物种苗	2009 年 12 月 31 日	
25	天津海关	中外运跨境电商物流有限公司天津分公司进境植物种苗指定监管场地	空运口岸	进境植物种苗	植物种苗	2012 年 12 月 27 日	
26	天津海关	天津华宇航空地面服务有限公司进口冰鲜水产品指定监管场地	空运口岸	进境冰鲜水产品	冰鲜水产品	2014 年 12 月 22 日	
27	天津海关	天津空港货运有限公司进口冰鲜水产品指定监管场地	空运口岸	进境冰鲜水产品	冰鲜水产品	2014 年 12 月 22 日	
28	天津海关	国货航天津运营基地进港库进口冰鲜水产品指定监管场地	空运口岸	进境冰鲜水产品	冰鲜水产品	2014 年 12 月 22 日	
29	天津海关	中外运跨境电商物流有限公司天津分公司进口冰鲜水产品指定监管场地	空运口岸	进境冰鲜水产品	冰鲜水产品		
30	天津海关	天津东疆港大冷链商品交易市场有限公司进口冰鲜水产品指定监管场地	海运口岸	进境冰鲜水产品	冰鲜水产品	2015 年 11 月 20 日	
31	天津海关	天津云商智慧物流股份有限公司进境食用水生动物指定监管场地	空运口岸	进境食用水生动物	鱼类、甲壳类、软体类	2019 年 5 月 14 日	

（天津海关提供）

河　北　省

河北省口岸分布示意图

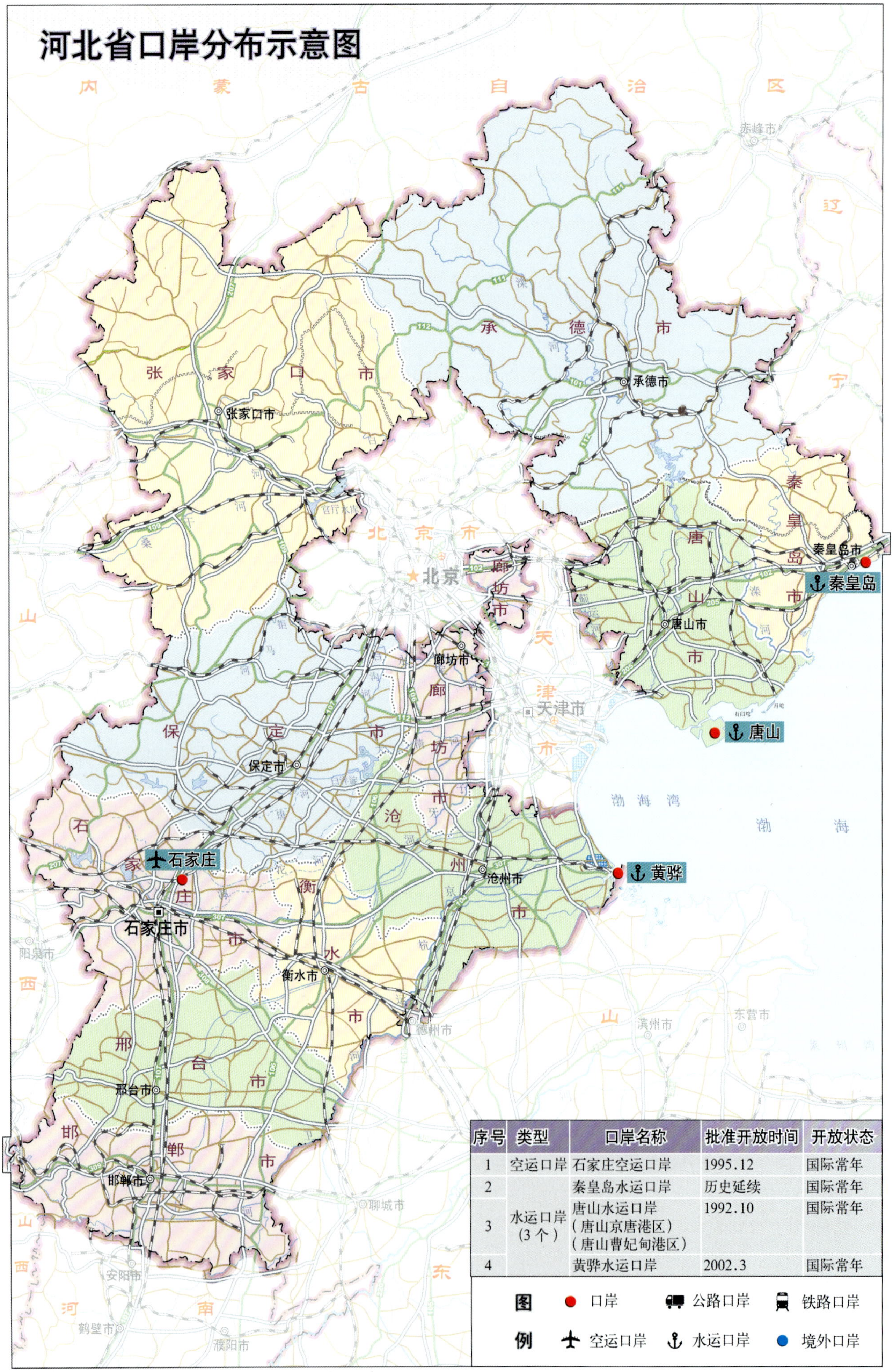

序号	类型	口岸名称	批准开放时间	开放状态
1	空运口岸	石家庄空运口岸	1995.12	国际常年
2	水运口岸（3个）	秦皇岛水运口岸	历史延续	国际常年
3		唐山水运口岸（唐山京唐港区）（唐山曹妃甸港区）	1992.10	国际常年
4		黄骅水运口岸	2002.3	国际常年

图例：口岸　公路口岸　铁路口岸　空运口岸　水运口岸　境外口岸

口岸数量及分布

截至2019年年底，河北省共有经国务院批准的对外开放口岸4个。其中，空运口岸1个，即石家庄空运口岸（石家庄正定国际机场）；水运（海港）口岸3个，分别是秦皇岛、唐山、黄骅海港口岸。

口岸运行数据

2019年，河北省港口完成货运量11.6亿吨，同比增长0.6%（秦皇岛港完成2.19亿吨，同比下降5.4%；唐山港完成6.57亿吨，同比增长3.1%；黄骅港完成2.88亿吨，与上年同期持平）。其中，外贸货运量完成3.35亿吨，同比增长4.3%（秦皇岛港完成524.6万吨，同比下降34.3%；唐山港完成2.77亿吨，同比增长3.6%；黄骅港完成5 226.8万吨，同比增长15.5%）。

2019年，河北省港口完成集装箱吞吐量412.7万标箱，同比下降3.1%（秦皇岛港61.7万标箱，同比增长5.6%；唐山港294.4万标箱，同比下降0.5%；黄骅港集装箱56.6万标箱，同比下降21%）。其中，外贸集装箱完成12万标箱，受统计口径发生变化影响同比下降28.5%（秦皇岛港5.8万标箱，同比下降48.3%；唐山港6.3万标箱，同比增长10.4%；黄骅港无外贸箱）。

2019年，石家庄空运口岸出入境航班1 909架次，同比下降21.26%；出入境旅客33.78万人次，同比下降0.88%；进出口货运量196.4吨，同比增长4.28%。

口岸综合管理

【口岸开放稳步推进】 一是北戴河机场首次实现2019年（1月~12月）全年临时对外开放。为了进一步增加北戴河机场出入境人数，争取早日实现正式开放，在秦皇岛市政府精心组织下，北戴河机场计划开通至俄罗斯伊尔库茨克、哈巴罗夫斯克、雅库茨克、符拉迪沃斯托克、布拉戈维申斯克、南萨哈林斯克，柬埔寨暹粒，菲律宾长滩，蒙古国乌兰巴托和泰国芭堤雅等10条国际航线。2019年，共飞行国际航班166架次，同比增长315%，完成出入境人员运量19 209人次，同比增长289%，均创历史新高。二是泊位开放稳步推进。全力推动已开放水域新建码头泊位的对外启用工作，在组织驻冀查验部门现场验收的基础上，报经河北省政府批准，黄骅港河港2个5万吨级泊位、曹妃甸港区通用散货泊位三期先后对外启用，全省水运口岸综合服务能力进一步提升。三是口岸功能不断优化。积极支持曹妃甸港区进境水果和粮食指定监管场地通过正式验收，指导地方政府稳步推进辛集进境肉类和京唐港进境粮食指定监管场地申报及建设工作，助力河北省口岸功能向多元化发展。

【“单一窗口”建设】 河北“单一窗口”已实现货物申报、加工贸易、税费支付、出口退税等16大系统功能，应用服务200余项，服务企业超过1.4万家，货物申报、运输工具、舱单申报等主要功能覆盖率均达100%。

本地特色功能方面：一是河北“单一窗口”完成标准版和地方版集成登录，实现了一个账号一次登录就可同时获得标准版和地方版的操作权限。二是增加微信外贸服务平台和培训中心版块等特色项目，为企业提供多元化学习渠道。三是创新与中国银行、交通银行、中信保等多家企业的联网合作项目，打造跨境电商、通关服务、数据服务、保险服务、金融服务、政务服务等本地特色应用。

宣传推广方面：一是积极探索培训新模式。2019年3月在全国首家开启线上直播培训，用户可随时回放观看学习，并配合河北省口岸办、石家庄海关、河北省商务厅等单位举办企业应用推广培训会，为外贸业务人员提供专项培训服务。推动提高河北“单一窗口”应用率成效明显，河北“单一窗口”的货物申报、舱单申报、运输工具3个主要业务日应用率、周应用率均达到100%。二是在平台应用显著提升的基础上，为进一步增加平台用户黏性，拓展平台信息服务，公司调研汇总企业信息需求，精选发布贸易商情、投资要闻、国际风险预警等资讯，累计发布资讯共3 218条、微资讯768条。围绕中美贸易摩擦、“一带一路”热点问题增加了政策解读、风险专报、贸易商情等相关信息，受到企业一致好评。三是利用客户服务热线，QQ客户服务群为企业提供服务保障，累计解决企业咨询问题6.7万余个，客户满意度达到99.63%。

取得成效方面：一是“单一窗口”将大通关流程由串联改为并联，解决了企业多头申报和重复申报的问题，实现了一点接入、一次提交、一次查验、一键跟踪、一键办理，有效降低了通关成本，是缩短通关时间、减轻企业负担的重要举措。二是2019年河北省国际贸易“单一窗口”在货物申报、舱单申报和运输申报三项主要业务中的应用率都达到100%的目标，实现了货物、舱单、运输工具信息核实对碰。搭建了财关库银横向联网系统，使不同部门之间数据信息互通、标准信息核实、业务联合办理成为可能，也为金融、保险等业务提供了生存土壤，极大地服务了外贸企业的信息、单证、资金流转，为对外贸易便利化作出了巨大贡献。三是在取得广泛社会效益的同时，“单一窗口”为企业节约了大量外贸相关费用。

区域合作方面：一是与曹妃甸企业及中国（河北）自由贸易试验区曹妃甸片区（以下称“河北自贸试验区曹妃甸片区”）等多次沟通，共同推进河北省国际贸易“单一窗口”与港口企业、航运公司的互联互通，信息资源共享，推进河北自贸试验区曹妃甸片区、跨境电商领域等“单一窗口”功能的完善。二是与山东、天津等地方口岸公司就日常运营经验及如何提高服务质量进行多次沟通交流，并根据各地方“单一窗口”功能建设情况沟通项目合作。

【口岸辐射能力逐步增强】 围绕融入国家“一带一路”建设，唐山港不断完善腹地网络，内陆港建设量质齐升，分别在山西、内蒙古、新疆、甘肃等地开发建设8个内陆港，内陆港总数达到30个，形成了覆盖三北地区东西互动、海陆统筹的运输网络，年内通过内陆港集疏港货物超过10万标箱。同时，唐山港京唐港区依托日韩航线及辐射东北亚的区位优势，大力发展海铁联运，自2019年4月起承运日本横滨、名古屋和韩国釜山、仁川的旧汽车、旧轮胎、建筑材料、日用品、生活用品等集装箱货物至蒙古国乌兰巴托，发运班列16列，运输40尺集装箱428个，并于9月与中铁多式联运太原公司合作形成固定班列。

【巩固压缩整体通关时间成果】 坚持目标导向和问题导向，围绕增强企业获得感，落实责任、严密措施、强化督办。加强对通关全流程的跟踪，盯紧每一票报关单和每一个通关环节，落实责任到岗、到人的日监控工作机制和报关单监控手工台账制度；加强通关作业管理，对合规货物实现“秒放”；加强对关区超长、异常报关单的监控处置，针对不同情况做好分类处置；加强节假日通关业务应急保障，落实7×24小时预约通关制度；加强口岸相关部门、港口、代理服务机构间的协作配合，确保全流程无缝衔接；加强对河北省整体通关时间的监测评估，继续坚持常态化通报制度，及时对重点市、关区进行约谈督导。2019年12月，河北省进口整体通关时间为35.99小时，较2017年压缩77.51%；出口整体通关时间为3.20小时，较2017年压缩80.22%，圆满完成2019年度压缩通关时间工作任务。

【优化通关流程和监管方式】 按照国家统一部署，全力推动“两步申报”“两轮驱动”“两段准入”“两类通关”“两区优化”等5个方面的改革。全面提高关区进口货物“提前申报”比例，鼓励企业采用“提前申报”模式报关；持续推进关区无纸化通关改革，实现进出口企业、货物和单证全覆盖；推行部分进口矿产品“先放后检”检验监管方式，尽全力压缩铁矿石等矿产品整体通关时间；充分发挥集中审像中心集约化优势，提升口岸查验智能化水平；推广关税保证保险；优化进出境鲜活产品的检验检疫流程。

【精简进出口监管证件】 以“让数据多跑路，让企业少跑腿”为服务宗旨，扎实推进减单证和联网核查工作。2019年已取消部分汽车零部件自动进口许可证；“进口药品通关单”“药品进口许可证”“药品出口许可证”等3个证件实现联网核查，出口原产地证实现网上申报。截至2019年年底，进出口环节共保留验核44种监管证件，40种已联网。44种监管证件中，石家庄海关目前涉及17种。此外，全面推广电子报关委托和通关作业无纸化改革，企业不需要再向海关提交纸质报关委托书，进口申报环节企业无须向海关提交装箱清单，出口申报环节企业无须向海关提交发票、装箱清单，“海关专用缴款书”企业自助打印功能已上线应用并全面推广。

口岸监管与服务

【河北出入境边防检查总站严密口岸管控，确保口岸国门安全】 根据国家移民管理局安排部署，严密管控举措，加大信息搜集和数据分析研判，深化与河北省国安、公安等部门的协作配合，强化重点人员、行李物品、政治性有害宣传品查缉，着力提升突发事件应急处置能力，圆满完成“春节”、“两会”、第二届“一带一路高峰论坛”、北戴河暑期、国庆70周年大庆活动等重要敏感节点安保任务，充分发挥了环京“护城河”保障作用。2019年以来，共查获在控人员9人，网上在逃人员5人，各类反宣品200余件。查处违法违规人员68人次，违法违规交通运输工具9艘（架）次。

【河北出入境边防检查总站提高服务水平，助力地方经济发展】 坚持改革创新，提升通关能力，船舶通关“零等待”。面对日益严峻复杂的口岸管控形势，改变单打独斗、大包大揽的传统观念，把工作重点放在出入境船舶风险评估、企业诚信管理、协同联动机制建设等方面。各边检站普遍与驻地公安、国安、口岸联检单位建立了联防联控协作机制，注意发挥口岸经营单位、船方的自管作用，逐步建立起边检主导、多方参与、良性互动的综合治理机制，形成了口岸防控合力。出入境船舶代理企业在船舶靠港前就能申报船舶信息，边检机关提前在网上完成预检，船舶靠港后可以立即作业，达到了“到港即可靠泊，靠泊即可作业”的目标。管理模式的改变，在确保口岸安全的同时提高了用警效能，而且为船舶运营企业和代理企业节约大量成本。

【河北海事局提高政治站位，服务区域发展担当有为】 一是圆满完成暑期水上安保任务。河北海事局党组把北戴河暑期水上安全保障作为一项重要的政治任务来抓，提早部署，不断完善“一二三四”暑期海上安全和防污染保障机制。新建海上安保前线指挥部，充分发挥新列编趸船的效能和作用，提升了应急指挥和现场处置能力。组建“黑豹”溢油应急突击队，强化专业训练，成功处置了黄金海岸沉潜油上岸和多次不明油污事件。暑期工作实现了“历史最好”的目标，得到了交通运输部和河北省委、省政府的高度肯定。二是有效保障重要战略物资海运通道安全畅通。2019年保障7.1亿吨电煤和2.9亿吨矿石安全运输。在2018年度至2019年度冬季保供期，共保障LNG船舶安全靠泊36艘次，接卸天然气296.1万吨。没有因大风大雾等恶劣天气造成天然气供应紧张的局面。LNG保供工作得到了河北省委领导的肯定性批示，中国石油天然气股份有限公司专门致函河北海事局表示感谢。全年保供季，落实十项保供措施，升级“六方”合作机制为“七方”合作机制，确保LNG保供工作扎实开展。三是倾力服务国家战略实施。助力京津冀协同发展。合理规划渤海湾中西部通航资源，协助交通运输部海事局开展曹妃甸南部水域船舶定线制的设置工作，推动发布《津冀沿海锚地布局方案》，积极做好京津冀船检一体化工作。服务自贸区建设。出台服务河北自贸试验区曹妃甸片区发展十项便利举措，提高通关效率，大幅缩短了政务审批办理时间，切实提升海事服务质量，得到了地方政府和航运企业的广泛赞誉。发挥职能优势。开展曹妃甸港区中区港池外水域通航安全风险专题研究，推进京唐港主航道双向通航，助推黄骅港煤炭港区航道7万吨级船舶双向通航，首次开展辖区内河通航水域认定。助力打赢脱贫攻坚战。认真落实驻村帮扶政策，选派优秀干部深入脱贫攻坚第一线。组织开展“三员”（贫困家庭成员、军队退役成员、雄安新区建设搬迁再就业人员）培训，推进航海培训就业惠民工程。四是“放管服”改革持续深入。大力推进政务办理改革。全面开展政务服务“一站式办理”改革，公布了“最多跑一次”和“一次不用跑”清单，积极助力一体化信息平台建设，持续推进“一网通办”平台上线运行，为船员提供便捷服务。实施船员证书业务“即时办证”模式，研发船员业务电话咨询自助语音系统，在系统内具有首创性。积极参与海船船员个税减免研究工作，代交通运输部海事局起草相关报告。全面推进“双随机、一公开”工作。修订了海事局随机抽查事项清单，在海事执法工作持续推进“双随机、一公开”机制。

【河北海事局聚焦主责主业，水上安全形势持续稳定】 一是重点领域治理成效凸显。开展内河船涉海运输专项治理。强化源头排查，形成治理合力，开展“清砂”专项行动4次，有力遏制了内河船非法参与海上运输的泛滥势头。促成秦皇岛市政府出台省内首个内河船涉海运输专项整治工作机制。在沧州辖区拆解内河船11艘次，实现河北海事局辖区“零”的突破。助力曹妃甸区政府捣毁拆除非法码头及靠泊点9处。2019年共查处内河船舶30艘次，移送海警28艘次，移送公安机关拘留17人次。开展长期脱管船舶专项治理。分类摸排并系统梳理脱管船舶297艘，强化登记核查和现场监管，长期脱管船舶数量下降55%。开展船舶污染专项治理活动。重点对港作船、施工船实施防污染监督检查，对船舶排放控制区进行常态化监管。开展旅游船艇专项治理。深入分析辖区旅游船艇情况和特点，强化重点时段、重点水域、重点环节安全监管，实现安全检查全覆盖。有效保障“庆祝中华人民共和国成立70周年”“两会”等重大活动期间水上交通安全。二是应急处置能力持续提升。“大应急”工作格局初步形成。制定了海上突发事件应急工作规范，提升了全局协调联动处置能力，召开2019年河北省海上应急处置成员单位联席会议，推进形成整体联动、资源共享、协调有序的海上应急处置工作机制。健全事故应急体系。修订《河北省海上搜救应急预案》《河北省船舶污染事故应急预案》，起草《河北海域船载危险化学品污染事故应急预案》，编制完成《河北省海上搜救中心邮轮（大型客船）大规模人命救助行动计划》。开展应急演练。成功举行“2019年河北海域船舶溢油应急演习”和“秦皇岛水域大型客船人命救助暨污染事故应急联合演习”，进一步提升了海上应急处置能力。积极应对寒潮大风等灾害性天气，成功组织防抗“利奇马”台风。全年组织搜救行动45起，成功救助遇险人员391人、遇险船舶26艘次，搜救成功率达97.02%。三是海事监管工作扎实有效。强化安全隐患治理。开展防范商渔船碰撞和典型事故案例“双进”“安全生产月”、安全生产风险防控和隐患排查治理百日行动，增强安全意识，排查治理重大隐患，着力防范化解重大风险。提高辖区船舶污染防控水平。充分发挥溢油检测中心作用，为排查船舶污染源提供支撑。召开压载水公约实施动员部署会，在全国率先开展压载水公约港口国监督检查。不断丰富巡航模式。将海上巡航、直升机巡航、无人机巡航和电子巡航有机结合，实现重点水域巡航常态化。全年组织船艇巡航756艘次，巡航23 146海里；开展直升机巡航7架次，无人机巡航76架次。四是法治海事建设不断强化。加强地方立法。推动河北省政府出台《河北省防治船舶污染海洋环境管理办法》（河北省人民政府令〔2019〕第2号），助推秦皇岛市政府发布全省首部船舶大气污染防治办法，为防治船舶污染环境提供了政策遵循。健全依法行政机制。全年没有发生行政诉讼案件，完成263人次执法证换发。组织开展法制培训，加大法治宣传力度。畅通社会监督渠道，开展第三方社会满意度调查，不断促进海事管理效能和服务水平的提高。加强海事履约研究。积极参加国际论坛和会议，全年向交通运输部海事局报送提案7篇，其中关于船舶压载水、载重线、北斗系统认可等5篇提案成功递交国际海事组织。

【石家庄海关推进改革强关，机构改革和业务改革纵深推进】 一是“放管服”改革不断深化。规范行政审批，推广许可用章电子化和审批网上办理，审批效率得到提高。优化“双随机”监管，梳理确定26项抽查事项，建立双随机抽查结果公示平台。积极推进汇总征税、自报自缴、电子支付、关税保证保险工作，出口原产地证实现网上打印。推进落实国际航行船舶供水“开放式申报+验证式监管”的监管方式，卫生许可审批权限下放至隶属口岸海关。对进口大宗资源性商品实行“先放后检”、依企业申请实施重量鉴定。推进海关注册注销便利化改革，对外贸易经营者备案和原产地企业备案“两证合一”顺利实施，“报关单位注册登记证书”纳入“多证合一”改革，“企业注销一网服务”等平台正式上线运行，海关企业备案流程进一步简化。二是综合业务改革稳步推进。“两步申报”改革试点成功并推广至关区所有业务现场，开启进口货物“秒”通关时代。“两段准入”改革进入试点准备阶段，完成“两轮驱动”改革风险参数调整。正式实施海运进出口货物“提前申报”模式。制定业务协调制度，完善改革问题反映、研究、解决机制。依托中国（河北）自由贸易试验区开展制度创新，汇总梳理全国自由贸易试验区共性、个性创新制度131项并逐项分工落实，推动“证照分离”等创新制度、改革措施在自由贸易试验区落地。

【石家庄海关优化口岸营商环境取得新成效】全面落实石家庄海关《2019年优化口岸营商环境提升跨境贸易便利化专项行动工作方案》，通过强化主体责任、规范执法执纪、优化工作机制、探索改革创新、加强协同配合，上下同心，圆满完成了优化口岸营商环境提升跨境贸易便利化各项工作。全面提升“单一窗口”应用率，主要申报业务应用率已达到100%。进一步巩固压缩通关时间工作成效，进口、出口货物整体通关时间分别为35.99小时、3.20小时，比2017年分别压缩77.51%、80.22%，高于全国平均水平。

【石家庄海关促进外贸平稳较快发展】 石家庄海关联合相关部门研究制定了促进综合保税区高水平开放高质量发展的相关实施意见，推动两个出口加工区整合优化为综合保税区，全省各海关特殊监管区注册企业实现进出口158.4亿元，增长2.2倍。有效应对中美贸易摩擦，党委委员带队包联帮扶企业，关于中美贸易摩擦影响分析及对策建议的报告获得省主要领导批示肯定。助推“一带一路”建设，推进中国鲜梨出口巴西、厄瓜多尔准入进程，助力对外推荐注册企业顺利通过官方检查。支持秦皇岛、京唐港等口岸发展海铁联运建设，接受中欧班列申报12列。推动跨境电商“直购进口、保税进口”等多种监管模式落地，河北省跨境电商零售出口业务正式开通，支持唐山市跨境电商综合试验区综合服务平台正式上线。2019年，河北省外贸进出口总值4 001.6亿元，比上年同期增长12.6%，增速高于全国9.2个百分点。

【石家庄海关大力支持京津冀协同发展】加强京津冀三地海关协作，牵头组织签订《北京海关　天津海关　石家庄海关支持河北雄安新区全面深化改革和扩大开放合作备忘录》，召开第一次联席工作会议，建立常态化工作协调机制。推进雄安海关正式挂牌对外开展业务，对接雄安新区综合保税区、自由贸易试验区规划建设，探索监管模式创新。成立支持服务冬奥会筹办专项工作组，做好通关服务、医疗卫生、食品安全保障。与北京海关共同承担“冬奥会口岸快速通关智能监管技术及装备”项目研发，签署支持“科技冬奥”重点专项科技合作备忘录。

【石家庄海关国门安全保障有力】 建立防范化解重大风险分析研判等4个工作机制。紧盯国庆70周年等重要时间节点，做好口岸反恐维稳、应急处突工作。服务宏观调控和外交大局，完成煤炭管控、芬太尼类物质监管查缉等重要任务。加强综合治税，2019年税款入库371.37亿元，同比增长9.2%。深入推进“国门利剑2019”联合专项行动，打私、追逃保持凌厉攻势，反走私综合治理取得积极进展。妥善处置包括埃博拉病毒可疑病例在内的22例输入性传染病病例。首次截获非洲猪瘟检测呈阳性猪肉制品并进行了妥善处理。有效确保危化品及其包装安全，相关工作获得海关总署交流推广及省领导肯定批示。严格准入审批和抽样检验，保障食品安全。

开放口岸

【石家庄空运口岸（石家庄正定国际机场）】

1995年12月，石家庄正定国际机场经国务院批准成为对外开放口岸，航站楼总面积21万平方米，客运保障能力满足2 000万人次；货运区总面积22万平方米，年处理能力25万吨。2019年，石家庄正定国际机场完成国际（地区）旅客吞吐量33.78万人次；完成国际（地区）货邮吞吐量196.4吨。

“十三五”期间，石家庄正定国际机场稳步发展国际客运航线，开通了东亚、东南亚、俄罗斯等国家和地区航线，积极搭建“一带一路”空中通道。新开通石家庄至柬埔寨西哈努克航线，韩国清州航线，泰国曼谷、普吉、芭堤雅航线，越南芽庄、岘港航线，俄罗斯莫斯科、伊尔库茨克航线，美国塞班航线以及新加坡等航线。石家庄正定国际机场不断完善航空快件基础设施，深化与物流、快递、电商企业的合作，大力推动航空货运业务发展。2019年，开通石家庄至莫斯科洲际正班直飞航线货运业务，全年货运业务量同比增长15.35%，实现较快增长。

【秦皇岛水运（海港）口岸】 秦皇岛水运（海港）口岸开通于1898年，至今已有100多年历史，是以能源运输为主的综合性国际贸易港口，也是全球最大的煤炭输出港和干散货港。共有海岸线11.7千米，水域面积222平方千米，陆域面积10.8平方千米。辖秦皇岛港、新开河港、秦山化工港、山海关船厂等4个港区。

秦皇岛港拥有全国第一家煤炭现货交易市场，形成了集煤炭现货交易服务、信息服务、物流服务及金融服务于一体的市场体系，交易市场发布的环渤海动力煤价格指数已成为全国唯一的、涵盖国内外的煤炭价格指数，煤炭枢纽港的地位得到了巩固。

秦皇岛港东港区以能源（煤炭、油品）运输为主，西港区以杂货、集装箱装卸运输为主。现有泊位55个，可停靠15万吨级船舶。库场面积130多万平方米，拥有专业化的港口设施、高效的装卸机械、先进的生产工艺，可承运各类件散杂货。集装箱码头拥有5万吨级专用泊位3个，可接卸第六代集装箱船，码头堆场宽敞。年设计通过能力达65万标箱。2条总长2 000米的铁路装卸线，可直达码头和场站，货运成本低廉。具备危险品货物作业资质。集装箱外贸、内贸航线8条，外贸航线有日本、韩国和菲律宾3条直达航线，同时有外贸公共内支线中转到达世界主要港口。内贸航线覆盖全国主要沿海港口，以优质的运输服务，形成了秦皇岛口岸液体、散杂货、集装箱运输的竞争优势。口岸集疏港条件优越，各港区均可与京沈高速路、102国道、205国道及秦承公路相接。秦山、京山、京秦、京沈、大秦铁路集疏港货物可直达港内堆场、仓库、码头泊位船前，最大限度地减少物流环节，降低物流成本。经济腹地包括东北、华北和西北各省、自治区。

新开河港区，年吞吐能力达到300万吨，有4个5 000吨泊位，主要业务为装卸、货运、仓储、理货、船代、货代等港口相关服务。秦山化工港区，主营液体化工品装卸业务、散杂货物装卸及堆存业务，进出口货物以硫酸、钢材为主。港区内现拥有泊位5个。山海关船厂港区以修造船业为主，兼营少量散杂货物。公司年造船能力140万载重吨，有大型干船坞6座，码头19个，总长5 641.6米。

2019年，秦皇岛口岸货物吞吐量累计完成2.21亿吨，同比下降5.2%。其中，煤炭吞吐量完成1.94亿吨，同比减少5.4%；原油吞吐量同比增长12.4%，完成206.41万吨；杂货吞吐量同比下降5.3%，完成2 546.83万吨。外贸进出口完成524.6万吨，同比下降34.1%。集装箱吞吐量完成61.7万标箱，同比增长5.6%，其中外贸集装箱完成5.7万标箱，同比减少48.9%。口岸出入境旅客4.97万人次，同比增长15.5%，出入境交通工具1 014艘次，同比增长12.7%。

【唐山水运（海港）口岸】 唐山港位于唐山南部沿海，下设京唐港区和曹妃甸港区，是我国北方新兴的极具活力和发展潜力的现代化国际港口。2019 年，全港完成吞吐量 6.56 亿吨，居全国港口第 3 位，集装箱完成吞吐量 294.3 万标箱；港口物流贸易额达到 2 808 亿元。2019 年，全港基础设施建设项目完成投资 20.65 亿元。到 2019 年，全港取得 7 项口岸资质，开放泊位 71 个；开通集装箱班轮航线 41 条，覆盖国内及日韩各港口，通达欧美主要港口；开通国际班列 3 条，中日韩蒙国际班列实现常态化运行，内陆港达到 32 个，覆盖“三北”、联通东北亚的东西互动、海陆统筹运输网络初步形成。

唐山港京唐港区位于唐山市东南部，距市区 80 千米，规划面积 88 平方千米，规划建设 6 个港池。于 1989 年启动开发建设，1992 年 10 月经国务院批准为对外开放口岸，1993 年正式对外国籍船舶通航。目前已建成一号、二号和三号 3 个港池，四号港池部分完工。现有集装箱、件杂、干散杂等生产性泊位 43 个，航线通达国内 120 多个港口，与 50 多个国家和地区的港口建立了业务往来关系。运营货种涵盖煤炭、钢铁、矿石、水泥、原盐、粮食、纯碱和集装箱等。

唐山港曹妃甸港区，东距京唐港区 33 海里，北距唐山市区 80 千米，是渤海沿岸唯一不需开挖航道和港池即可建设 30 万吨级大型泊位的天然港址。曹妃甸港区 2003 年启动开发建设，2005 年试通航，2009 年 1 月获得国务院批准为对外开放口岸，2012 年 8 月正式对外开放。依据规划，曹妃甸港区重点建设进口矿石、原油、天然气和煤炭等专业泊化、大型化码头，最终可建成生产性泊位 412 余个，形成 7 亿吨以上的综合通过能力，建成中国北方最大的能源原材料集疏港。截至 2019 年年底，共有生产性泊位 94 个，其中包括 6 个 25 万吨级矿石泊位、1 个 30 万吨级原油泊位及 20 个 10 万吨 ~20 万吨级泊位。

曹妃甸综合保税区是河北省内首家综合保税区，2012 年 7 月经国务院批准，总体规划面积 9.1 平方千米，2014 年 4 月 18 日开始封关运营。功能定位：以报税仓储、国际中转、国际配送、国际采购、转口贸易、研发设计等十大功能为依托，充分发挥海关特殊监管区的政策优势和口岸功能优势，逐步建成对接京津、辐射“三北”的现代物流聚集区和国际贸易新节点。

京唐港保税物流中心（B 型）于 2015 年 11 月 25 日获批建立，面积 0.1061 平方千米，2017 年 12 月正式封关运营，是河北省第二家保税物流中心（B 型），主要开展报税仓储、转关贸易、出口退税等业务。

截至 2019 年年底，全市围绕海关特殊监管区域共建设 7 座报税仓库、9 个出口示范基地。

【黄骅水运（海港）口岸】 黄骅海港口岸位于沧州市以东约 90 千米处，东经 117°48′、北纬 38°17′，是河北省沿海地区性重要港口，是我国北方主要的煤炭装船港，是山西、陕西、内蒙古西部的煤炭外运第二通道的重要出海口，是津冀沿海港口群的重要组成部分和能源枢纽港。2018 年《河北雄安新区规划纲要》正式将黄骅港列为雄安新区重要出海口。新修订的《黄骅港总体规划（2016 ~2035 年）》，明确将黄骅港建设为现代化综合服务港、国际贸易港和“一带一路”重要枢纽。

黄骅港由煤炭港区、综合港区、散货港区和河口港区 4 个港区组成，已建成万吨级以上生产性泊位 35 个，最大靠泊能力 20 万吨。截至 2019 年，黄骅海港口岸共实现开放泊位 16 个，其中煤炭港区 3 个为专业化煤炭泊位，综合港区 13 个为多用途、散杂货及矿石泊位。

黄骅港全年无休，主要进出口货物为矿石、煤炭、化肥、大豆等。黄骅海港口岸为进境粮食指定口岸，并拥有进境屠宰牛资质，2019 年黄骅港进境澳大利亚种牛 4 批次，共计 21 496 头，进境屠宰牛 6 批次，共计 12 706 头，黄骅海港口岸已成为全国最大进境屠宰牛口岸。

黄骅港散货方面没有固定航线，班轮随货而走。目前，散货内贸可到达全国各港口，外贸可到达全球各个国家。黄骅港集装箱航线合作的船公司共有 7 家，开通班轮航线 7 条，其中，内贸班轮直航 3 条、中转班轮航线 4 条，内贸航线覆盖全国各沿线港口，尚未有外贸直航线，至天津班轮航线具有外贸内支线功能，并开通了“天天班海上快线”业务。内贸班轮直航线主要连通天津、泉州、唐山、大连、潍坊、龙口等地。

2019 年，黄骅海港口岸共完成外贸货物吞吐量5 226. 80 万吨，同比增长 15. 49%，其中入境货物5 210. 51 万吨，同比增长 15. 54%，出境货物 16. 29 万吨，同比增长 1. 88%。按货类分，煤炭 148. 24 万吨，同比下降 32. 38%；矿石 4 864. 9 万吨，同比增长 17. 66%；其他货类（油品、粮食、钢材、矿建材料等）213. 66 万吨，同比增长 36. 81%。

2019 年河北省口岸大事记

1 月 1 日

中华人民共和国河北出入境边防检查总站举行挂牌仪式。河北省公安边防总队正式划转国家移民管理机构，开启了河北移民管理事业的新征程。

1 月 22 日

河北省发展改革委会同石家庄海关、河北出入境边防检查总站、河北海事局等组成口岸开放验收组，对黄骅港口岸综合港区沧州黄骅港钢铁物流有限公司 2 个 5 万吨级通用散杂货泊位对外开放前的准备工作进行了检查验收，原则同意该码头对外开放通过验收。

1 月 31 日

河北省人民政府批复同意黄骅港口岸综合港区通用散杂货泊位对外开放。

2 月 14 日

来自西非几内亚搭载着 17. 77 万吨铝矾土的“海力”号货轮顺利靠泊黄骅港 20 万吨级矿石码头，标志着该港区成功开辟了至非洲国家的大宗货物海上运输新通道。

3 月 8 日

《河北省防治船舶污染海洋环境管理办法》（河北省人民政府令〔2019〕第 2 号）由河北省人民政府发布，自 2019 年 5 月 1 日起施行。

3 月 18 日

海关总署副署长胡伟与河北省政府副省长夏延军举行会谈。夏延军感谢海关总署一直以来对河北外向型经济发展的支持，充分肯定石家庄海关的工作成效，希望海关总署对河北经济特别是在特殊监管区域发展中给予更多关注和支持。

3 月 27 日

唐山港陕西西安内陆港成立。

4 月 1 日

《黄骅港总体规划（2016 ~ 2035 年）》获国家有关部门批复。

4 月 10 日

唐山港—乌兰巴托“日韩中蒙”过境班列常态化开行。

4 月 24 日

国家口岸管理办公室批复同意中外籍客运飞机从河北北戴河机场临时出入境，时间为 2019 年 5 月 1 日至 10 月 30 日。

5 月 8 日

河北省副省长夏延军调研秦皇岛西港产业园，认真听取集团转型升级和国际旅游港建设进程，以及客运码头改造、帆船游艇产业和与法国合作对接等具体工作情况的介绍。

5 月 10 日

唐山港曹妃甸港区进口水果指定监管场地顺利通过验收。

5 月 31 日

唐山港曹妃甸港区内蒙古土默特右旗内陆港成立。

6 月 4 日

河北海域船舶溢油应急演习在唐山港京唐港区举行。

6 月 14 日

河北海事局修订完善《河北省海上搜救应急预案》，印发《河北省海上搜救中心关于对成员单位及职责调整的通知》，对成员单位及职责进行了调整。

7 月 2 日

载有 84 名旅客的 I0901 次航班在秦皇岛北戴

河机场顺利降落，标志着2019年北戴河旅游旺季包机出入境检查任务的开启。

7月7日

河北省政府省长许勤到唐山市海航局口岸综合指挥中心调研。

8月1日

唐山港内蒙古公铁物流内陆港成立。

8月2日

唐山港内蒙古鄂尔多斯伊泰内陆港成立。

8月5日

石家庄海关组织京津冀三地海关召开“支持雄安新区全面深化改革和扩大开放专题研讨会”，围绕雄安新区“世界眼光、国际标准、中国特色、高点定位”要求和推进“智慧海关”建设，提出实现京津冀三地海关“共享资源、优势互补、雄安特色”合作新局面，展开全局、全方位合作的意见建议。

8月13日

河北省发展改革委会同石家庄海关、河北出入境边防检查总站、河北海事局等组成口岸开放验收组，对唐山港口岸曹妃甸港区曹妃甸港联运码头有限公司3个通用散货泊位三期工程对外开放前的准备工作进行了检查验收，原则同意3个泊位对外开放通过验收。

8月30日

石家庄海关关长闫伟东在雄安新区出席中国（河北）自由贸易试验区揭牌仪式。

9月11日

秦皇岛港昌黎无水港正式挂牌成立。

9月17日

国家口岸管理办公室批复同意中外籍客运飞机从河北北戴河机场临时出入境，时间为2019年11月1日至2020年4月30日。

9月20日

河北省人民政府批复同意唐山港口岸曹妃甸港区通用散货泊位对外开放。

9月24日

秦皇岛港山西朔州内陆港正式挂牌成立。该内陆港是河北省外建立的第一个集装箱内陆港。

9月27日

唐山港甘肃兰州内陆港成立。

9月29日

唐山港新疆甘泉堡内陆港成立。

10月9日

“秦皇岛港张家口集装箱内陆场站”正式在张家口沽源县挂牌成立。

10月16日

秦皇岛港新疆中亚金谷内陆港在新疆奎屯市揭牌成立。11月22日，新疆奎屯—秦皇岛港首班化工产品准班列正式运行。

10月17日

北京、天津、石家庄海关支持雄安新区全面深化改革和扩大开放第一次联席工作会议在雄安新区召开并签署《北京海关　天津海关　石家庄海关支持河北雄安新区全面深化改革和扩大开放合作备忘录》，就服务雄安新区高标准建设国际贸易“单一窗口”、“智慧海关”建设、推进京津冀物流监管一体化等支持雄安新区全面深化改革和扩大开放工作进行了交流。

10月23日

唐山港曹妃甸港区进境粮食指定监管场地正式通过验收并投入使用。

10月30日

唐山港青海西宁内陆港成立。

11月1日

唐山港陕西榆林内陆港成立。

11月13日

秦皇岛港在内蒙古察哈尔工业区内设立“秦皇岛港乌兰察布北方内陆港”。

11月27日

河北出入境边防检查总站在石家庄市隆重举行“国门安全、服务发展”宣传推介活动，河北省副省长刘凯出席会议并做重要讲话。河北省发展改革委、财政厅、石家庄海关、河北海事局领导，石家庄、秦皇岛、唐山、沧州市口岸系统及部分航空公司领导参加了活动。

12月12日

石家庄海关和北京海关签署《北京海关、石

家庄海关支持“科技冬奥”重点专项科技合作备忘录》，在共同承担“冬奥会口岸快速通关智能监管技术及装备”项目研发基础上，加强冬奥会科技保障技术协作、成果应用示范、科技人才培养，共同构建口岸智能通关技术创新体系。

12月25日

唐山港山西灵石内陆港成立。

12月27日

唐山港山西平遥内陆港成立。

（撰稿人：王春风、吴迪、徐毅晖）

2019 年河北省口岸流量统计表

口岸类型		口岸名称	货运量（万吨）				集装箱量（万标箱）				人员（万人次）				交通工具（辆、艘、架、列次）			
			出口	进口	合计	同比（%）	出口	进口	合计	同比（%）	出境	入境	合计	同比（%）	出境	入境	合计	同比（%）
空运口岸		石家庄机场	0.002 3	0.017 3	0.019 6	-21.00					16.99	16.79	33.78	-9.60	963	946	1 909	-49.00
		分计	0.002 3	0.017 3	0.019 6	-21.00					16.99	16.79	33.78	-9.60	963	946	1 909	-49.00
陆路口岸	公路口岸																	
		分计																
	铁路口岸																	
		分计																
水运口岸	海港口岸	唐山港	439	27 296	27 735	3.59	3.17	3.10	6.28	10.40	4.02	4.85	8.87	7.55	1 855	2 290	4 145	7.38
		秦皇岛港	141.06	383.54	524.60	-5.20	2.69	3	5.69	5.60	2.60	2.30	4.90	15.50	574	440	1 014	12.70
		黄骅港	16.29	5 210.51	5 226.80	15.49					0.78	0.98	1.76	32.80	484	498	982	19.60
		分计	596.35	32 890.05	33 486.40	4.30	5.86	6.10	11.97	-28.00	7.39	8.14	15.53	7.20	2 913	3 228	6 141	-13.70
	河港口岸																	
		分计																
合计			596.35	32 890.07	33 486.42		5.86	6.10	11.97		24.38	24.93	49.31		3 876	4 174	8 050	
同比（%）			-41.80	5.86	4.34		-12.28	-39.90	-28.90		-4.70	-4.50	-4.60		-27.40	-24.50	-25.90	

（河北省口岸办提供）

2019年河北省口岸出入境主要数据表

项目			2019年	2018年	同比（%）
出入境人员（人次）	出入境人员总数		494 200	488 189	1.23
	入境人员		249 980	247 811	0.88
	出境人员		244 220	240 378	1.60
	出入境旅客		352 895	351 087	0.51
	出入境员工		141 305	137 102	3.07
	中国公民	小计	363 715	377 817	-3.73
		内地居民（因公）	46 609	52 524	-0.01
		内地居民（因私）	305 956	312 331	-2.04
		港澳居民	182	229	-20.52
		台湾同胞	10 968	12 733	-13.86
	外籍人员		130 485	110 372	18.22
	从海港出入境人数		137 170	142 576	-3.79
	从陆港出入境人数		0	0	
	从空港出入境人数		357 030	345 613	0.03
交通运输工具（辆、艘、架、列次）	总计		7 866	7 689	2.30
	船舶		5 788	5 332	8.55
	飞机		2 078	2 357	-0.12
	火车		0	0	
	机动车辆		0	0	

（河北出入境边防检查总站提供）

2019 年石家庄海关主要数据统计表

项目		2019 年	2018 年	同比（%）
进出口货运量（万吨）	合计	32 404. 64	31 490. 16	2. 90
	进口	31 587. 94	30 417. 41	3. 80
	出口	816. 70	1 072. 75	-23. 90
进出口贸易总值（万美元）	合计	5 803 552. 67	5 390 087. 29	7. 67
	进口	2 365 445. 71	1 992 482. 99	18. 72
	其中：江、海运输	2 155 996. 48	1 790 520. 87	20. 41
	铁路运输	8 027. 21	13 391. 27	-40. 06
	汽车运输	19 305. 17	9 985. 45	93. 33
	航空运输	182 077. 46	178 338. 27	2. 10
	邮件运输	31. 02	36. 20	-14. 31
	其他运输	8. 36	210. 94	-96. 04
	出口	3 438 106. 97	3 397 604. 30	1. 19
	其中：江、海运输	2 888 367. 36	2 876 443. 46	0. 42
	铁路运输	66 516. 84	43 523. 71	52. 83
	汽车运输	178 702. 20	162 642. 65	9. 88
	航空运输	299 818. 02	313 604. 68	-4. 40
	邮件运输	2 326. 34	3. 61	64 386. 24
	其他运输	2 376. 22	1 386. 18	71. 42
税收（亿元）	两税合计	371. 37	340. 11	9. 19
	关税入库	13. 13	16. 25	-19. 20
	进口环节税入库	358. 24	323. 86	10. 62

（石家庄海关提供）

2019 年河北海事局进出港船舶统计汇总表

船舶类别	进港船舶							出港船舶						
	艘数（艘）	总吨（吨位）	总载重量（吨）	载客量（客位）	船员人数（人次）	货物到达量（吨）	旅客到达量（人）	艘数（艘）	总吨（吨位）	总载重量（吨）	载客量（客位）	船员人数（人次）	货物发送量（吨）	旅客发送量（人）
总计	127 224	816 697 292	1 358 616 210	1 051 248	97 604	379 230 616	753 609	120 880	813 962 711	1 355 749 712	1 048 662	97 828	802 701 689	644 547
中国籍船舶	123 466	584 576 176	930 644 109	1 051 248	18 764	61 349 083	753 609	117 141	583 821 124	931 505 170	1 048 662	19 351	782 772 951	644 547
其中外贸船	205	6 499 605	10 791 922	19 552	5 538	8 282 499	0	113	3 125 261	4 774 111	19 928	3 529	265 521	0

（河北海事局提供）

2019 年河北省指定监管场地统计表

序号	直属海关	监管场地名称	进境口岸	类型	拟进口品种	批复时间	备注
1	石家庄海关	曹妃甸综合保税区肉类指定口岸查验检疫场地	唐山港曹妃甸港区	肉类	肉类产品	2018 年 9 月 5 日	
2	石家庄海关	京唐港杂货码头进境粮食指定监管场地	唐山港	粮食	大豆	2014 年 10 月 9 日	
3	石家庄海关	秦皇岛港杂货码头进境粮食指定监管场地	秦皇岛港	粮食	大麦、大豆	2014 年 10 月 9 日	
4	石家庄海关	秦皇岛新港湾集装箱码头进境粮食集装箱查验场	秦皇岛港	粮食	大麦、大豆、小麦	2015 年 12 月 25 日	
5	石家庄海关	黄骅港冀海码头进境粮食指定监管场地	黄骅港	粮食	大豆	2017 年 5 月 18 日	
6	石家庄海关	曹妃甸港区进境粮食指定监管场地	唐山港曹妃甸港区	粮食	大豆、玉米、小麦、大麦、杂粮	2019 年 10 月 23 日	
7	石家庄海关	中运（秦皇岛）进境水果指定监管场地	秦皇岛港	水果	水果	2016 年 7 月 1 日	
8	石家庄海关	唐山港曹妃甸港区进境水果指定监管场地	唐山港曹妃甸港区	水果	水果	2019 年 5 月 7 日	
9	石家庄海关	唐山曹妃甸文丰码头进境原木检疫处理区	唐山港曹妃甸港区	原木	原木、木材	2018 年 2 月 11 日	

（石家庄海关提供）

山　西　省

序号	类型	口岸名称	批准开放时间	开放状态
1	空运口岸（2个）	太原空运口岸	1993	国际常年
2		大同空运口岸	2019.11	国际常年

图例：● 口岸　铁路口岸　水运口岸　空运口岸　公路口岸　● 境外口岸

山西省口岸分布示意图

口岸数量及分布

截至2019年年底，山西省有经国务院批准的对外开放口岸2个，分别为太原空运口岸（太原武宿国际机场）、大同空运口岸（大同云冈机场）。

口岸运行数据

2019年，山西空运口岸出入境人员411 658人次（同比增长12.22%），出入境飞机2 800架次（同比减少0.04%）。其中，太原空运口岸出入境人员368 160人次，出入境飞机2 517架次；大同空运口岸进出境人员27 087人次，进出境飞机173架次。运城空运口岸（临时开放）进出境人员1 474人次，进出境飞机10架次。忻州空运口岸（临时开放）进出境人员14 937人次，进出境飞机100架次。

2019年4月10日，太原国际邮件互换局正式运营以来，太原海关共监管太原国际邮件互换局（兼交换站）进出境邮递物品共计291.55万件（信函类109.86万件，印刷品0.28万件，包裹类181.41万件）。

2019年，中欧中亚班列共开行106列，其中中欧班列开行33列（中鼎物流园31列、大同2列）、中亚班列开行54列（中鼎物流园52列、大同2列）、返程19列（中欧—中鼎物流园15列、中亚—中鼎物流园4列）。

口岸综合管理

【出台《山西省优化口岸营商环境促进跨境贸易便利化水平的工作措施》】 2019年4月26日，为认真落实全国口岸办主任会议精神，山西省商务厅制定出台了山西省优化口岸营商环境，促进跨境贸易便利化水平的相关工作措施，在规范和降低口岸合规成本、精简进出口环节监管证件、压缩进出口整体通关时间、优化通关流程和作业方式、加快推进跨境电商发展等5个方面提出了19条工作举措，明确了任务分工和时间节点要求，确保各项工作有力推进、取得实效。

【山西省副省长王一新主持召开全省口岸工作推进会】 2019年7月15日，山西省副省长王一新主持召开全省口岸工作推进会。会议听取部分开放平台运营单位、忻州市人民政府和山西省口岸工作领导组成员单位口岸工作进展汇报，并针对山西口岸现状，实事求是找差距查问题，研究部署下一步工作。王一新指出，加快提升口岸建设水平、推动外向型经济发展是山西省贯彻落实习近平总书记视察山西重要讲话精神的重要举措。在山西省委、省政府的正确领导下，山西省口岸建设各项工作取得了长足进步。但对照打造对外开放新高地目标要求、对标先进发达省份，还存在一定差距。各级各部门要提高认识、超前筹谋，要不断完善口岸功能，优化营商环境，大力推动外向型经济发展。要坚持问题导向，精准施策，有效解决口岸平台建设发展存在的问题。

【开展太原空运口岸进出口环节收费排查工作】 为贯彻落实党中央、国务院决策部署，进一步优化口岸营商环境，确保减税降费举措落到实处，2019年8月6日，山西省口岸办组织山西省发展改革委、财政厅等单位和部门，共同开展太原空运口岸进出口环节收费排查工作。

【山西省委副书记、省长楼阳生调研太原国际邮件互换局】 2019年10月9日，山西省委副书记、省长楼阳生实地调研太原国际邮件互换局（交换站）运营情况。

楼阳生认真听取了太原国际邮件互换局在运行机制、业务拓展、下一步打算等方面的情况汇报，对互换局（交换站）运行近一年以来取得的成绩给予肯定。楼阳生表示全省国际邮件进出口业务量成倍增长，为山西对外贸易、跨境电商、百姓通邮等方面开创了新局面，尤其是实现了国际邮件出口量大幅反超进口量的历史性突破，在构建山西对外开放新高地建设中发挥了作用。楼阳生要求相关部门要加大政策支持、加强要素保障，推动互换局（交换站）进一步扩大业务范围、丰富平台功能，加快扩容提质、加速做大做强，最大限度释放活力、挖掘潜力，成为打造山西内陆地区对外开放新高地的新窗口。

【山西省木材市场首次落地中鼎物流园】 山西中鼎集团晋欧物流木材场地正式开张，这标志着山西省木材市场首次落地中鼎物流园。在山西，中欧班列的图定，再加上新建立的中鼎集团晋欧物流木材场地，将进一步解决山西省木材供应紧缺，木材市场散、小、乱现状。同时，木材市场的正式落地，积极促进了太原、晋中、忻州、吕梁等中部盆地城市群的木材运输、集散、加工、销售一体化建设，延长了相关产业链，同时带动相关贸易增长，对打造中鼎物流园区域性国际物流枢纽及重要节点城市也有积极的推动作用。

口岸监管与服务

【山西出入境边防检查总站建设发展进入国家移民体制管理历史新时期】 根据党和国家机构改革部署要求，山西省公安边防总队于2018年年底退出现役，成建制划转国家移民管理机构。山西出入境边防检查总站于2019年1月1日挂牌成立，继续担负着太原正式开放口岸和大同、运城、忻州临时开放口岸出入境人员及交通运输工具的边防检查和维护国家主权及安全的重任，同时承担北京首都国际机场及周边省份省会机场国际航班的备降检查任务。

【山西出入境边防检查总站圆满完成全年安保任务】 山西出入境边防检查总站将国庆70周年安保作为贯穿全年的首要政治任务，坚持整体规划、统筹推进，先后就全年各项安保工作进行安排部署，研究制定总站安保工作总方案及执法执勤安全隐患排查、强化往来港澳口岸管控、岗位技能练兵和保密检查等4个配套子方案；总站党委成员和督察人员通过抽查检查，对各口岸执法执勤情况进行实地检查和视频调度；与山西省公安厅国保总队签订了口岸排查处置涉稳人员协作机制和防“闯关”协作机制，调整完善了与安全、海关缉私、公安反恐、出入境、治安等单位在信息交流、信息推送、协查处置等方面的协作事项，实现了与兄弟单位安保协作的“一体化、一条心”联动。2019年，总站圆满完成全国“两会”、中华人民共和国成立70周年大庆、中华人民共和国第二届青年运动会、太原低碳能源发展论坛等重大边防安保任务。其间，配合查处移交公安部A级通缉令回国投案人员1名，查获在逃人员1名，查获入境旅客携带违禁刊物14册，有效确保了口岸安全稳定。

【山西出入境边防检查总站全力筑牢国门安全防线】 山西出入境边防检查总站扎实开展“三非”外国人治理工作，与山西省公安厅出入境管理局建立协作机制，在全体执勤民警手机安装“外管通”App，编制前台询问外语工具书口袋书，开展专题培训，加强对临时入境外国人出境情况跟踪管理，确保能控可控；依法依规做好边控工作，认真执行《边控工作规定》，召集省监察委、省高院、省公安厅等省级交控单位进行规定宣讲和工作协调，结合总站实际制定了接布控工作流程规定，通过出入境综合数据平台进行接控资料审核、运用远程查询功能进行录入检验，确保数据精准和接布控工作万无一失；开展常态化分析研判，加强iAPI系统和综合数据平台运用，定期召开业务研讨会、勤务分析会，研究分析评估口岸安全形势，开展全面排查防范化解移民管理领域风险隐患活动和执法执勤风险隐患排查活动，有效确保了勤务安全。2019年，山西出入境边防检查总站查验出入境人员411 658人次，创历史新高，连续26年保持了全省口岸安全稳定。

【山西出入境边防检查总站大力提升“放管服”工作质效】 山西出入境边防检查总站全力服务临时开放口岸，结合“三定”方案落实，组建5个执勤队和1个技术队，以最优警力配置发挥最大工作效能，以太原一站之警力保障了3个临时口岸开放；全力确保高效快捷通关，启用10条自助查验通道，在执勤现场设置“两公布一提示”公告牌，对节假日期间客流高峰进行预测，实施客流高峰预警管理，实现了“不超过30分钟”的服务承诺，旅客满意率为100%；全力展示边检国门名片，增设流动服务岗位，对外国人密集班次提供双语服务，设置“特别通道”对需扶助人员提供便利服务，充分体现边检人文关怀。2019 年，山西出入境边防检查总站继续获评“省直文明单位标兵”，两个执勤队获评“省级青年文明号”，有效提升了总站在全省的影响力和美誉度。

【山西出入境边防检查总站全面推进口岸执勤基层基础建设】 山西出入境边防检查总站紧扣口岸任务实际，扎实开展以基础业务、执法办案为基本内容的岗位练兵培训，选派业务骨干赴北京总站进行跟班学习，组织执勤队领导和业务骨干与陕西出入境边防检查总站进行边检业务视频学习交流，组织内蒙古出入境边防检查总站 30 名支援民警开展岗前培训，有效提升了检查员队伍的整体业务素质和专业能力；聚焦打造“信息先导、扁平指挥、智能防控”口岸管防体系，改建指挥中心，推进临时开放口岸信息化基础建设，在执勤现场安装了远程视询系统，购置反恐查缉设备，为全省 38 条人工查验通道配备了证件阅读辨伪一体机，口岸管控智能化水平得到有效提升；瞄准当前口岸管控现实需求，修订完善处突预案，结合移民局送教送训活动，开展针对性实战技能培训和演练，不断提升民警实战处突能力，保障口岸安全顺畅。

【太原海关有效推动综合保税区发展新政落地见效】 太原海关出台《促进武宿综合保税区高水平开放高质量发展年度推进计划》，海关总署可复制推广的 8 项实施细则全部落地。协调推进武宿综合保税区二期整改取得实质性进展，2019 年，区内监管进出口货值 4 993.73 万元，增长 69.82%。拓展省内开放平台，健全口岸功能，支持口岸开放平台建设。推动大同国际陆港保税物流中心（B 型）正式获批设立。助推太原国际邮件互换局（交换站）4 月 10 日正式运营。支持大同进口肉类指定监管场地扩大业务。支持申建临汾侯马综合保税区、阳泉市保税物流中心（B 型）。

【太原海关依法把关，筑牢口岸防线】 一是促进口岸扩大开放。支持太原空运口岸新开国际航线，继续做好空运口岸临时开放监管工作，运城机场连续 6 次、五台山机场连续 3 次获批继续对外临时开放，大同机场口岸正式开放获批，五台山机场 7 月 2 日实现国际航班首飞。二是实际监管严密有效。提升事前监管的预见性，充分发挥二级风险防控中心效能，重点加强了检验检疫业务和非贸渠道安全准入风险防控工作。加强事中实货监管的精准性，强化日常监控，推动“双随机、一公开”向全执法领域拓展，定期开展检查。增强后续监管的协同性，加大稽核查力度，办结稽查作业 43 家，稽查作业有效率达 65%，引导更多企业开展主动披露。2019 年全年征收税款 28.16 亿元，与 2018 年同期相比（下同）增长 84.05%；监管货运量 1 370.41 万吨，增长 88.4%；进口查验率 3.76%，出口查验率 1.68%。三是口岸检疫防线更为牢固。助力山西成为全国第五个、北方地区首个消除疟疾达标省份。联防联控防止疫情疫病传入传出，重点做好埃博拉出血热、黄热病等传染病防控工作，妥善处置 1 例入境人员传染性肺结核病例。聚焦省级农业发展战略，健全质量安全追溯体系，与省农业农村厅联合推进出口食品农产品质量安全示范区建设。严密防控非洲猪瘟。指导企业建立疫情疫病、有害生物防控等体系，保障冻山羊肉、活牛、活猪等特色农产品安全供港。四是保持打击走私高压态势。强化区域联动和综合治理，促进全省反走私综合治理新格局进一步完善。深化重点领域专项打击，开展打击走私“国门利剑 2019”专项行动，重点打击象牙等濒危物种、枪支毒品走私。首次在一年内侦办了 2 起海关总署缉私局一级挂牌督办案件，首次侦办了跨境电商渠道走私奶粉及日化用品进境案，案值约 1.2 亿元。

【太原海关继续深化改革，服务地方经济发展】 一是业务领域改革攻坚进展顺利。全面推广全国海关通关一体化改革，持续推进汇总征税、提前申报等 20 余项具体改革任务。落实《海关全面深化业务改革 2020 框架方案》，积极推进重点领域和关键环节改革，探索内陆海关“两步申报”改革模式，2019 年 10 月获批成为全国改革试点，“两段准入”改革平稳衔接。推行海关内部核批“一步作业”，简化并下放了直接退运、暂时进出口货物及延期等部分审批权限。优化关税征管全流程服务，为企业提供归类先例、税收要素预裁定等服务；推动属地纳税人管理制度落地，打造企业可选择、结果可预期的纳税模式。二是有效促进贸易便利化。深化“放管服”改革，进出口环节需验核的监管证件由86种精简到44种。2019年全年关区进出口货物整体通关时间分别为38.65小时、3.35小时，优于全国进口41.4小时、出口4.0小时的平均水平，较2017年分别减少80.41小时、8.14小时，压缩比分别为67.54%、70.84%。进出口货物、舱单和运输工具申报业务提前实现100%通过国际贸易“单一窗口”办理。三是扶持外贸主体发展。太原海关积极扶持进出口企业做大做强，清理整治涉企收费，加大知识产权保护力度，持续打击虚假贸易，营造良好外贸环境。积极落实减税降费政策，为山西进出口企业减免税款1.18亿元人民币。四是加强统计预警分析监测。加强宏观经济研究和山西省外贸形势分析，持续关注能源领域重点行业、重点企业、重点商品的供需、价格和进出口形势，积极应对经贸摩擦，加强国际贸易形势分析研判，提出应对建议，为山西省政府提供决策依据，向省政府报送进出口统计速报、分析报告、专报等70余份。

【太原海关科技支撑能力显著提升】 建立了以太原海关技术中心为核心，大同、运城、晋城设立分中心的“一核三中心”检疫检测布局，实现差异化发展。推动地方政府搭建公共检测技术平台，“大同杂粮检疫检测、运城温带果蔬检疫”2个新建国家检测重点实验室顺利通过海关总署现场验收，关区国家重点实验室达到5个。保健中心传染病防控能力得到提升，检出3例输入性恶性疟。积极做好第二届全国青年运动会兴奋剂和食品安全检测工作。

开放口岸

【太原空运口岸（太原武宿国际机场）】 太原武宿国际机场距太原市区13.2千米。太原空运口岸于2004年经国务院批复同意扩大对外国籍飞机开放，并于2005年1月通过国家正式验收。2007年11月太原武宿机场更名为太原武宿国际机场，为国内省会级干线机场，是北京首都国际机场的备降机场。太原武宿国际机场场区占地面积为588.7万平方米，飞行区等级指标为4E级，跑道长3 600米，宽75米，站坪34万平方米，机位43个，可起降B747机型，同时满足F类A380备降需要。新建的T2航站楼于2008年7月投入使用，面积为5.5万平方米，其中国际厅面积1.8万平方米。T1航站楼面积为2.6万平方米，并于2014年1月1日启用。新货运楼于2010年4月投入使用，总建筑面积12 417平方米，其中海关监管货运库约2 000平方米。

【大同空运口岸（大同云冈机场）】 大同云冈机场于2006年1月正式通航，占地面积144万平方米，飞行区等级指标为4C级，可起降B737-300及以下机型，跑道长3 000米，宽45米，站坪2.4万平方米。2013年对T1航站楼进行了全面改造，新建了候检大厅，增设了边检、海关等设备设施，新建后的国际厅航站楼新增面积2 070平方米，达到6 325平方米，能够满足高峰小时180人次客流量需求，达到空运口岸正式开放的基本要求，进一步提升了旅客通关便捷水平和服务质量。

2019年11月8日，大同空运口岸经国务院批复同意对外开放。

【运城空运口岸（临时开放）】 运城张孝机场位于运城市东北方向11千米处陶村镇张孝村，2005年2月建成通航。跑道长3 000米，宽60米，可起降B767-300以下系列机型。机坪面积6万多平方米，可同时停放10架飞机，飞行区等级为4D级。为满足空运口岸正式开放的硬件需求，运城市对运城机场进行了改扩建工作，航站区新建航站楼（T1）面积约28 190平方米，其中，国际厅15 000平方米。航管楼和塔台已完工并顺利投入使用，新建航站楼（T1）的钢结构吊装焊接安装已全部完成，一层顶板混凝土浇筑基本结束，整体工作进展顺利，预计2020年年底竣工。

【忻州空运口岸（临时开放）】 忻州五台山

机场位于忻州市定襄县宏道镇无畏庄村，距离五台山景区 71 千米，距离忻州市区 38 千米。机场飞行等级为 4C 级，跑道长 2 600 米，宽 45 米，建设有 5 个停机位，航站楼面积 13 340 平方米，可保障 B737－800（含）、空客 A320（含）以下机型。2015 年 12 月 25 日五台山机场实现正式通航，成为山西省内通航的第六个民用运输机场。

2018 年 10 月 31 日，五台山机场获批首次临时开放，2019 年 7 月 2 日实现五台山—曼谷国际航线首飞，成为山西省实现对外开放的第四个空运口岸。

海关特殊监管区域

【太原武宿综合保税区】 太原武宿综合保税区位于山西太原经济技术开发区东、武宿国际机场西，规划面积 2. 94 平方千米。于 2012 年 8 月 26 日经国务院批准设立，2013 年 12 月正式封关运营，是山西省首个综合保税区。2019 年 3 月，海关总署同意在武宿综合保税区建设进境水果指定口岸查验场和进境冰鲜水产品指定口岸。

2019 年，太原武宿综合保税区进出口总值 6 071 万元，同比增长 54. 9%，进出口连年保持较高增长水平。区内目前以保税加工、保税物流和跨境电商业务为主，项目主要包括法兰加工、电池检测、飞机维修等。

【山西方略保税物流中心】 山西方略保税物流中心于 2008 年 12 月经国务院授权，海关总署、财政部、国家税务总局、外汇管理局等四部委联合批准设立，于 2009 年 6 月通过国家正式验收并封关运营。

自运营以来，方略保税物流中心积极发挥政策功能，累计为山西省企业办理报关报检 5 851 票，占侯马关区总票数的 95% 以上；监管货物 1 151 万吨（方），货值 17. 4 亿美元（其中，2018 年累计完成 242 票，监管货物 17. 23 万吨，监管货值 0. 156 亿美元），做到了货物无丢失、票据无差错、税款及商检规费无欠缴；客户有晋城富士康、汇源果汁、蓝星化工、永济新时速、汤荣汽配等 100 多家企业，辐射至澳大利亚、巴西、印度尼西亚、墨西哥等 20 多个国家和地区，覆盖铁矿砂、铜精粉、果汁生产线、聚苯醚、医疗设备等 20 多类 150 多个品种，累计为企业提供融资 30. 8 亿元，直接、间接汇聚和带动全省绿色税收 17 亿元；直接、间接带动 2 000 人以上就业岗位；已使所服务企业降低物流、交易、融资等综合成本 10% 以上，效率提高 15% 以上。

【山西兰花保税物流中心】 山西兰花保税物流中心（B 型）位于山西晋城市东部，占地面积 0. 12 平方千米，总仓储面积 5. 16 万平方米，其中，室内仓库 4 座，面积 2. 9 万平方米，散货堆场 2 个，面积 2. 26 万平方米，海关查验区和通关服务中心各 1 000 平方米。山西兰花保税物流中心（B 型）于 2017 年 3 月 1 日通过了国家四部委的正式验收，8 月 15 日正式封关运营。

2019 年，山西兰花保税物流中心（B 型）共完成进出口保税物流业务总计 1 596 笔，同比增长 379. 3%。进出口总额 9 380. 81 万美元，合计 6. 48 亿元人民币，同比增长 32. 8%。其中深加工结转“一日游”业务总计 1 532 笔，进出口总额 6 611. 39 万美元，合计 4. 58 亿元人民币；保税进出口业务 64 笔，进出口总额 2 769. 42 万美元，合计 1. 9 亿元人民币。

【大同国际陆港保税物流中心】 大同国际陆港位于大同市开发区，规划占地约 447. 13 万平方米，总投资 56 亿元。项目依托大同经济技术开发区的产业集聚优势规划建设了十大功能区域。目前一期项目已建成 4 个功能区，分别是：进口肉类指定查验场、国家级杂粮检疫检测中心、电子口岸“单一窗口”、B 型保税物流中心。其中，进口肉类指定查验场、国家杂粮检疫检测重点实验室已投入使用，B 型保税物流中心已于 2019 年 5 月 20 日正式获得批复。

大同国际陆港于 2018 年 8 月 28 日正式开业至今，已吸引了 14 家外贸相关企业落地，主要包括一些进出口企业、物流企业和货代及金融服务类企业。二期将继续建设海铁空陆多式联运接驳区、天津港进口直营商品展示展销中心、食品加工园区、大宗商品交易中心、普货仓库区和综合配套服务区，打造功能完备、要素聚集、运行高效的大型国际陆港。

2019 年山西省口岸大事记

5 月 20 日

海关总署、财政部、国家税务总局和国家外汇管理局四部委联合批复，同意设立大同国际陆港保税物流中心（B 型）。这是山西省继方略保税物流中心、兰花保税物流中心之后，第 3 个获批的保税物流中心（B 型）。

7 月 2 日

五台山至曼谷航线实现首航。

7 月 15 日

山西省副省长王一新主持召开全省口岸工作推进会。

8 月 7 日 ~11 日

第二届全国青年运动会期间，香港、澳门观摩团入境山西参观访问。山西出入境边防检查总站精心准备，优质服务，圆满完成了观摩团出入境边防检查任务。

9 月 12 日

太原至美国芝加哥的国际航空直达邮路开通，这是山西省邮政首次开通国际航空邮件的直封、直飞、直达业务，该条直达邮路每周三、周五、周日开通，共 3 个频次。

9 月 20 日

长治海关正式挂牌开关。

10 月 9 日

山西省委副书记、省长楼阳生实地调研太原国际邮件互换局（交换站）运营情况。

10 月 30 日

太原海关与满洲里海关签署《服务“一带一路”建设　促进中欧班列便利化通关合作备忘录》，创新中欧班列口岸准入（出）监管模式，共同促进中欧班列便利化通关。

10 月 30 日

太原机场举办“砺剑—2019”航空器应急救援综合演练。

11 月 8 日

国务院批复同意大同云冈机场作为航空口岸对外开放。

11 月 14 日

大同海发生物科技有限公司生产的 500 千克食用干黄粉虫顺利出口韩国，这是山西省食用干黄粉虫首次出口。

11 月 28 日

山西省第 100 列中欧（中亚）班列开出，这标志着山西省提前 1 个月完成全年中欧班列开行 100 列的任务目标，同时也标志着山西省向“常态化”“钟摆式”开行又迈进了一步。

12 月 12 日

山西省国际贸易“单一窗口”出口退税申报功能正式上线运行。

（撰稿人：宋晓徽、杜义新、郭星妘）

2019年山西省口岸流量统计表

口岸类型	口岸名称	货运量（万吨）				集装箱量（万标箱）				人员（万人次）				交通工具（辆、艘、架、列次）			
		出口	进口	合计	同比（%）	出口	进口	合计	同比（%）	出境	入境	合计	同比（%）	出境	入境	合计	同比（%）
空运口岸	太原									18.451 1	18.364 9	36.816 0	15.95	1 256	1 261	2 517	6.79
	大同									1.33	1.378 7	2.708 7	13.02	84	89	173	18.49
	运城									0.089 1	0.058 3	0.147 4	-94.18	5	5	10	-96.64
	忻州									0.745 7	0.748	1.493 7		50	50	100	
	分计									20.615 9	20.549 9	41.165 8	12.22	1 395	1 405	2 800	-0.04
合计																	
同比（%）																	

（山西省口岸办提供）

2019年山西省口岸出入境主要数据表

<table>
<tr><th colspan="3">项目</th><th>2019年</th><th>2018年</th><th>同比（%）</th></tr>
<tr><td rowspan="14">出入境人员（人次）</td><td colspan="2">出入境人员总数</td><td>411 658</td><td>366 818</td><td>12.22</td></tr>
<tr><td colspan="2">入境人员</td><td>205 499</td><td>182 148</td><td>12.82</td></tr>
<tr><td colspan="2">出境人员</td><td>206 159</td><td>184 670</td><td>11.64</td></tr>
<tr><td colspan="2">出入境旅客</td><td>387 434</td><td>342 628</td><td>13.08</td></tr>
<tr><td colspan="2">出入境员工</td><td>24 224</td><td>24 190</td><td>0.14</td></tr>
<tr><td rowspan="5">中国公民</td><td>小计</td><td>402 233</td><td>359 753</td><td>11.81</td></tr>
<tr><td>内地居民（因公）</td><td>9 435</td><td>11 948</td><td>-21.03</td></tr>
<tr><td>内地居民（因私）</td><td>326 099</td><td>282 208</td><td>15.55</td></tr>
<tr><td>港澳居民</td><td>11 231</td><td>12 816</td><td>-12.37</td></tr>
<tr><td>台湾同胞</td><td>55 468</td><td>52 781</td><td>5.09</td></tr>
<tr><td colspan="2">外籍人员</td><td>9 425</td><td>7 065</td><td>33.40</td></tr>
<tr><td colspan="2">从海港出入境人数</td><td></td><td></td><td></td></tr>
<tr><td colspan="2">从陆港出入境人数</td><td></td><td></td><td></td></tr>
<tr><td colspan="2">从空港出入境人数</td><td>9 425</td><td>7 065</td><td>33.40</td></tr>
<tr><td rowspan="5">交通运输工具（辆、艘、架、列次）</td><td colspan="2">总计</td><td>2 800</td><td>2 801</td><td>-0.04</td></tr>
<tr><td colspan="2">船舶</td><td></td><td></td><td></td></tr>
<tr><td colspan="2">飞机</td><td>2 800</td><td>2 801</td><td>-0.04</td></tr>
<tr><td colspan="2">火车</td><td></td><td></td><td></td></tr>
<tr><td colspan="2">机动车辆</td><td></td><td></td><td></td></tr>
</table>

（山西出入境边防检查总站提供）

2019 年太原海关主要数据统计表

项目		2019 年	2018 年	同比（%）
进出口货运量（万吨）	合计	1 370	727	88.4
	进口	1 352	722	87.4
	出口	18	5	219.1
进出口贸易总值（万美元）	合计	346 879	296 614	16.9
	进口	308 569	276 955	11.4
	其中：江、海运输	253 143	203 416	24.4
	铁路运输	3 080	3 675	-16.2
	汽车运输	17 006	31 167	-45.4
	航空运输	35 340	38 697	-8.7
	邮件运输			
	其他运输			
	出口	38 310	19 659	94.9
	其中：江、海运输	7 926	4 640	70.8
	铁路运输	21 707	5 502	294.5
	汽车运输	6 393	5 377	18.9
	航空运输	2 284	4 140	-44.8
	邮件运输			
	其他运输			
税收（万元）	两税合计	28 1 622	153 001	84.77
	关税入库	17 109	18 035	-5.14
	进口环节税入库	264 513	134 966	95.99

（太原海关提供）

2019 年山西省指定监管场地统计表

序号	直属海关	监管场地名称	进境口岸	类型	拟进口品种	批复时间	备注
1	太原海关	太原武宿国际机场进境水果指定监管场地	太原航空口岸	水果	水果	2013 年 6 月 17 日	
2	太原海关	大同进口肉类指定监管场地	天津口岸	肉类	肉类	2017 年 12 月 22 日	

（山西省口岸办提供）

序号	类型	口岸名称	批准开放时间	开放状态
1	空运口岸（5个）	呼和浩特空运口岸	1991.12	国际常年
2		满洲里空运口岸	2009.2	国际常年
3		海拉尔空运口岸	1993.7	国际常年
4		鄂尔多斯空运口岸	2016.1	国际常年
5		包头空运口岸	2019.11	国际常年
6	公路口岸（12个）	满洲里公路口岸	1989.4	国际常年
7		二连浩特公路口岸	1990.6	国际常年
8		策克公路口岸	2005.6	双边常年
9		甘其毛都公路口岸	2007.9	双边常年
10		乌力吉公路口岸	2016.2	双边常年
11		珠恩嘎达布其公路口岸	2006.8	国际常年
12		满都拉公路口岸	2009.2	双边季节
13		额布都格公路口岸	2009.2	双边常年
14		阿日哈沙特公路口岸	1992.3	双边常年
15		黑山头公路口岸	1989.4	双边常年
16		室韦公路口岸	1989.4	双边常年
17		阿尔山公路口岸	2012.3	国际常年
18	铁路口岸（2个）	满洲里铁路口岸	1989.4	国际常年
19		二连浩特铁路口岸	1989.4	国际常年

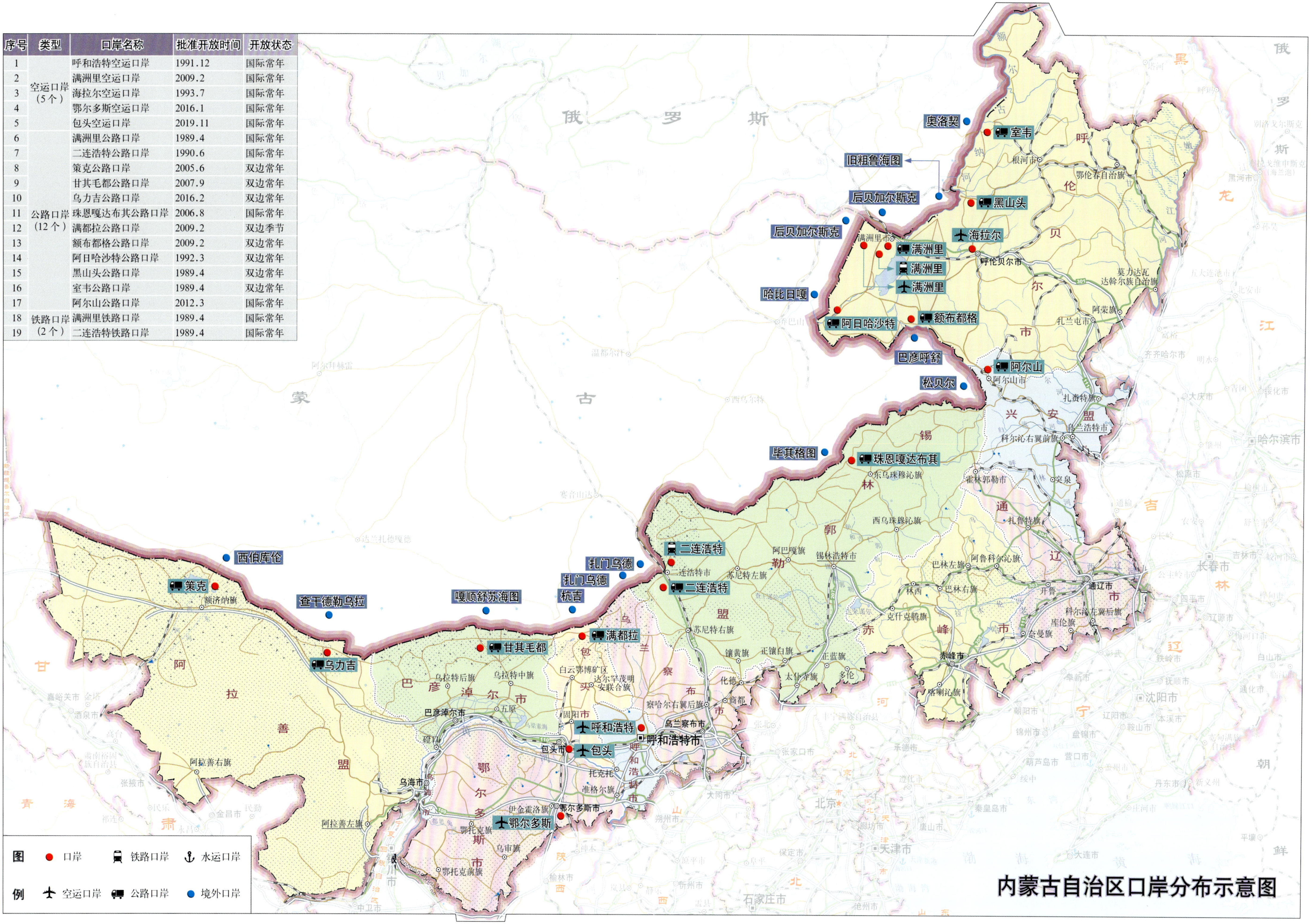

内蒙古自治区口岸分布示意图

内蒙古自治区

口岸数量及分布

截至2019年年底，内蒙古自治区共有经国务院批准的对外开放口岸19个，其中，空运口岸5个，分别是呼和浩特、海拉尔、满洲里、鄂尔多斯、包头空运口岸；陆路（铁路）口岸2个，分别是二连浩特、满洲里铁路口岸；陆路（公路）口岸12个，分别是满洲里、二连浩特、策克、甘其毛都、珠恩嘎达布其、满都拉、额布都格、阿日哈沙特、黑山头、室韦、阿尔山、乌力吉公路口岸。其中，边境陆路口岸中对俄罗斯口岸有4个、对蒙古国口岸有10个。

口岸运行数据

2019年，内蒙古自治区口岸进出境货运量9 102万吨，同比下降0.3%。进境货运量6 932.39万吨，同比增长3.7%；出境货运量958.32万吨，同比下降23.9%；转口货运量1 211.30万吨，同比增长1.8%；全区口岸进出境客运量596.29万人次，同比下降2.5%。进境客运量299万人次，同比下降2.3%；出境客运量299.27万人次，同比下降2.9%；全区口岸进出境交通工具169.74万辆（列、架）次，同比下降7.8%。进境交通工具84.96万辆（列、架）次，同比下降7.7%；出境交通工具84.79万辆（列、架）次，同比下降7.8%；转口交通工具3 557列次，同比下降1.6%。

口岸综合管理

【加强口岸顶层设计，推进口岸建设和开放】 一是优化口岸功能定位。研究制定《内蒙古自治区发展泛口岸经济指导意见》《内蒙古自治区口岸布局与功能定位中长期规划》。研究提出了打造“国家向北开放综合枢纽”的设想。立足口岸安全管理需要，制定了全区口岸突发公共事件应急预案。二是做好口岸开放和扩大开放工作。额布都格、阿日哈沙特口岸通过常年开放验收，国务院批复同意包头机场正式开放，二连浩特机场正式开放列入国家年度审理计划，集宁、巴彦淖尔机场在重大活动期间实现临时开放。三是推动海关特殊监管区等园区的发展。鄂尔多斯航空口岸进境水果、食用水生动物和冰鲜水产品指定监管场地获批，策克、满都拉口岸进口肉类指定监管场地通过现场验收。乌兰察布七苏木保税物流中心（B型）、呼和浩特综合保税区已通过联合验收待正式批复。巴彦淖尔保税物流中心（B型）实现封关运营。支持巴彦淖尔市建设中蒙甘其毛都—嘎顺苏海图国际产能合作区。四是加强口岸建设相关资金的分配和管理。下拨口岸基础设施建设资金4 720万元。聘请第三方机构对口岸基础设施建设专项资金、新增地方政府债券资金使用情况进行审计。内蒙古“单一窗口”一期建设项目完成全部立项审批工作，并通过了竣工验收。

【提升口岸信息化水平，加快国际贸易“单一窗口”建设】 规范自治区本级化信息建设，制定印发《内蒙古自治区口岸管理办公室本级信息化建设项目管理制度》。推进内蒙古国际贸易“单一窗口”地方特色平台建设，完成了内蒙古国际贸易“单一窗口”一期项目建设，并做好了竣工验收准备。加强数据安全保护工作，按照要求开展安全等级测试和建设保护工作，聘请专业机构进行等级保护三级安全评估。对全区联通网络专线进行了升级改造并投入使用。进一步加快智能卡口建设，在完成呼和浩特海关辖区5个公路口岸货运通道智能卡口建设的基础上，全力推进满洲里海关关区4个公路口岸货运通道智能卡口建设。公路口岸客运通道智能卡口建设在二连浩特启动试点并上线运行。

【建立健全机制，优化口岸营商环境】 推动出台《内蒙古自治区人民政府关于优化口岸营商环境促进跨境贸易便利化的实施意见》（内政发〔2019〕5号），确定了年度工作方案和重点任务进度表。协调相关部门出台方案，对各盟市开展口岸收费自查自纠和清理整治工作。规范统一口岸收费目录公示模板。联合有关部门组成工作组，就优化口岸营商环境、清理口岸收费等工作进行督查检查。及时部署整改国办督查室通报的满洲里口岸乱收费、乱涨价问题。会同相关部门对口岸收费目录清单多次进行梳理，核定收费项目52项，其中公路口岸15项、铁路口岸38项、航空口岸4项。12家海关特殊监管场所履行了收费定价程序。通过清理整顿，每年为企业减负约4.19亿元。对口岸进出口环节经营服务企业作业时限标准开展摸底调查，分批公开全区口岸进出口环节经营服务企业作业时限标准。

【加强双边和地区合作，提升口岸通关协作水平】 积极协助和参加国家相关部门组织的中俄、中蒙常态化机制框架下各类会议，加强与俄罗斯、蒙古国两国口岸管理及相关部门的协作配合。与蒙方签署《关于查干德勒乌拉口岸联检区基础设施援助建设协议》。在中蒙口岸汽车运输例会上与蒙方就策克口岸国际运输环节蒙方境内无法按时足额发放国际道路运输许可证、甘其毛都口岸蒙方境内国际道路运输许可证管理存在的问题进行磋商。推动中蒙常设协商工作组第四次会议纪要落实，协助相关单位与蒙方对应部门建立工作联系，制定对接措施。主动拓展区域合作广度，与重庆、广西壮族自治区等省（区）对接，参加“陆海新通道”合作共建。在中蒙博览会期间组织实施“口岸经济合作发展暨二连浩特—扎门乌德经济合作区推介活动”，活动期间集中签约项目10个，签订意向性协议34.49亿元。派员参加“大图们倡议（GTI）”相关会议，组织各盟市口岸部门参加第七届中国国际口岸贸易博览会。积极推动央企与地方在口岸领域的深度合作。支持内蒙古外贸发展公司与中远海运集装箱运输有限公司、中国核工业集团华宇华东公司开展合作。积极应对进口煤炭压减调控带来的口岸拥堵情况，最大限度降低调控带来的负面影响。

口岸监管与服务

【内蒙古出入境边防检查总站全力服务口岸发展】 深化推动“放管服”改革，开通“一带一路”专用通道20条，全面推行风险评估和诚信管理机制，推动满洲里互贸区72小时留宿政策审批，加快策克、甘其毛都2个货运车辆自助通关试点建设，刚性落实“中国公民出入境通关候检不超过30分钟”服务承诺，2019年累计检查出入境人员596.2万人次、交通运输工具175.4万辆（列、架）次，为近4 000列中欧班列提供便捷通关服务，占全国半数，有力服务了经济社会发展大局。

【内蒙古出入境边防检查总站深化科技手段应用】 推动信息化基础设施建设纳入自治区边防建设“十四五”规划，投入2 350万元建设90套电子卡口和30套手机电子围栏，启动6个口岸智能管控建设项目，扎实推进全要素信息应用系统建设和“基于虹膜识别技术的货运车辆自助通关试点”研究并试点启用，研发公安业务数据联通共享平台，初步建成了总站基础数据库，研发的非法居留人员核查软件入选全国公安基层技术革新项目，整体信息化应用水平大幅提升。

【呼和浩特海关助力自治区融入“一带一路”建设发展】 一是助力中通道“中欧班列”持续保持高增长。持续推行中欧班列“优先宣讲政策、优先审核单证、优先机检查验、优先验放班列、优先解决问题”的“五优”工作法，有效解决口岸“中欧班列”拥堵。推广班列单证审核、放行、核销、车辆编组、出境交接一体化，审放一体化的中欧班列通关新模式，大幅简化班列出境通关手续，通关时间均压缩6小时以上。与始发地海关建立密切协作机制，境内通关实行全程监控，异常情况及时处置。二是支持自治区口岸开放层次实现新提升。支持包头东河机场、二连浩特赛乌素机场连续实现临时开放。乌力吉口岸常年开放工作加快推进。满都拉口岸、策克口岸进口肉类指定监管场地顺利通过验收。支持呼和浩特航空口岸、鄂尔多斯航空口岸申报水果、冰鲜水产品进口指定监管场地。探索建立“境外无疫区区域化＋生物安全通道＋边境口岸指定加工”的跨境动植物生态安全陆路示范口岸。鄂尔多斯航空口岸通过海关总署核心能力建设达标验收，白塔机场口岸、甘其毛都公路口岸通过海关总署口岸核心能力动态管理复核验收。积极跟进二连浩特—扎门乌德经济合作区规划进程。务实帮助二连浩特市政府创建国际卫生陆港工作。三是支持打造内陆开放新高地获得新突破。出台《呼和浩特海关促进综合保税区高水平开放高质量发展实施方案》。个性化制定特殊监管区分类指导和重点支持政策，推动鄂尔多斯综合保税区正式封关运作，巴彦淖尔和包头保税物流中心（B型）顺利通过验收，呼和浩特出口加工区升级为综合保税区通过实地验收。推动“中欧班列”关键物流节点乌兰察布市七苏木保税物流中心（B型）于2019年10月正式获批、12月30日通过实地验收。全力保障“第三届中国—蒙古国博览会”顺利举办，积极推动乌兰察布集宁机场临时开放，制定博览会海关通关须知，组建“乌兰牧骑+监管服务”轻骑兵，以高效、严密、优质的通关服务保障了中蒙博览会的圆满成功。四是中蒙海关国际合作跃升新台阶。组织专业力量编译蒙古国海关政策法规、技术性贸易措施及技术法规100余万字。继续推进中蒙边境地海关贸易统计数据比对工作，深化贸易规模评估应用，辖区内5个边境地海关全部开展与蒙古国对应海关贸易统计数据交换及比对分析工作。加快推进中蒙海关联合监管项目，关区全部公路口岸实现载货清单数据电子传输，全面取消纸质载货清单，为下一阶段“查验结果互认”奠定坚实基础。积极推动蒙古国海关启动智能卡口建设。全力配合海关总署加快与蒙古国海关开展AEO互认合作。全面加强与蒙古国海关疫情联防联控，在传染病疫情信息沟通、跨境传染病监测控制、突发公共卫生事件处置等方面合作不断强化。五是妥善应对中美贸易摩擦。积极跟踪自治区紫苜蓿的进口情况，并实地调研奶牛养殖企业和乳品生产企业，了解运营情况和存在困难，积极向上建言将紫苜蓿列入排除清单，预计在为期一年的豁免期内，涉及内蒙古进口紫苜蓿货值3.33亿元，预计节省企业各类成本1.68亿元。

【呼和浩特海关坚决筑牢祖国北疆“两个屏障”】 一是积极构建多层级落实机制。全面启动“共同筑牢北疆生态安全屏障”的新一轮署区合作备忘录签署前期工作，广泛征求和吸纳相关厅局、盟市的意见和建议。构建密切协作机制，分别与自治区出入境边防检查总站、安全厅、卫健委等部门签署了“共同筑牢北疆生态安全屏障”专题合作备忘录。二是全力筑牢国门检疫防线。全面提升口岸公共卫生核心能力，完成关区所有对外开放口岸核心能力建设达标工作，逐步完善了检疫查验、疾病监测、卫生监督、卫生处理和核生化有害因子监测5个方面业务管理体系，建立“境外、口岸、境内”三道检疫防线。高效应对突发鼠疫疫情，针对锡林郭勒盟苏尼特左旗2名患者在京检出肺鼠疫情，加强出入境人员卫生检疫，加强出入境交通工具、货物、物品等查验，加大夹带旱獭、旱獭皮等可染疫动物及动物皮张出入境行为打击力度，加强口岸鼠、蚤等病媒生物监测，积极推动建立中蒙边境口岸鼠疫等重大烈性传染病病原体分子生物学数据库，举办首次中蒙边境口岸鼠疫疫情跨境传播联合风险评估会，联合开展中蒙二连浩特—扎门乌德口岸跨境病媒生物联合监测，口岸区域进行大范围灭鼠灭蚤工作。以最严厉的措施防控非洲猪瘟传入，首次举办中蒙口岸非洲猪瘟跨境传播风险评估会。三是有力保障进出口食品安全、商品质量安全。对关区进口肉类，出口番茄酱、螺旋藻等大宗、敏感进出口食品的高风险项目，开展针对性抽检，把好进出口食品安全关。严格检验，确保进出口商品质量安全。积极推动关区进出口商品质量安全风险预警监管体系建设。严格进口煤炭检验监管，退运不符合环保标准劣质煤炭5.42万吨。四是始终保持打私防控高压态势。深入推进打击走私“国门利剑2019”联合专项行动，全年侦办刑事案件53起。查获关区十年来最大狼皮走私案，破获走私冰毒、新型毒品案件12起，破获走私武器弹药案件6起，查办6起象牙制品行政案件，首次查获北方赛加羚羊角、北方高鼻羚羊角24根，首次截获蒙古旱獭。

【呼和浩特海关全面优化口岸营商环境】 一是确保优化口岸营商环境各项任务落实落细。

积极参与国家发展改革委的营商环境评估工作，填报呼和浩特市营商环境评价指标，建立协调机制。随同自治区相关部门对8个盟市2019年营商环境重点任务落实情况开展督查和调研。出台《呼和浩特海关进一步贯彻落实优化口岸营商环境、促进跨境贸易便利化重点工作任务分工方案》，细化24项具体任务。二是不断提升企业“获得感”。广泛开展政策宣讲，组织综合保税区新政、税政改革等宣讲百余场，参训企业实现全覆盖。参加“2019年全区外贸政策和实务操作千人大培训”授课工作，对700余家外贸企业进行了培训。深化“放管服”改革，统一资质类企业受理，压缩企业申请材料，实现“就近办理、一口对外、高效便民、统一执法”，大力推动“多证合一”“一网注销”改革，2019年关区注册登记企业7 680家，同比增长21.67%。全力落实减税降费各项政策，为重点纳税企业配备关务联络员，关区5家企业集团获批财务担保资格。关区税费电子支付率达到97.62%，汇总征税业务同比增长32.89倍。三是压缩整体通关时间。建立业务现场“日监控、周分析、月报告”、职能部门“月监测、季通报”长效机制。建立关企联通机制，有力压缩企业准备单证、交单缴税、配合查验等时间。2019年12月，关区进出口整体通关时间累计压缩比分别达到78.52%、76.35%，比同期全国平均水平分别快4.81小时、2.09小时，在全国分别排名第13位和第5位。四是支持自治区绿色农畜产品加工业发展壮大。指导蒙牛、伊利公司在俄罗斯取得出口乳品注册，获得对欧亚经济联盟的出口资格推荐。在二连浩特口岸蔬菜出口“绿色通道”推出“场所施封—通道直放”监管模式、原产地签证“即到即签、事后监管”等10余条便利化措施，通关效率提升将近1倍。推进“一带一路”沿线国家（地区）食品、农产品准入，蒙古国大麦、小麦、油菜籽、水飞蓟籽和天然饲草等农产品实现准入，协助海关总署开展蒙古国输华小麦粉和黑麦粉体系评估、输华熟肉制品安全管理体系回顾性审查工作。

【呼和浩特海关不断深化业务改革】 一是“两步申报”改革成功试点。深入推进“两步申报”改革试点，2019年11月12日在二连浩特公路口岸正式启动试点，首票“概要申报”业务，从企业申报到提货放行全流程仅用时27秒。二是监管模式改革纵深推进。深化公路口岸“提前申报、卡口验放”监管作业模式改革。在已全面建成货运通道智能卡口基础上，加快建设客车通道智能卡口，关区“客运车辆监管”功能正式上线运行，“呼和浩特海关监管作业模式改革辅助系统”一期项目通过验收并上线运行。关区货运监管现场及旅检邮快递监管现场已实现“智能审图”作业模式。关区陆路口岸小型H986设备实现全覆盖，除鄂尔多斯空港旅检现场外关区旅检、邮快递监管现场的进境物品监管CT机全覆盖。铁矿、锰矿、铬矿等进口大宗资源性商品检验检疫流程时长由10.24天压缩至1.15天，压缩率达88.8%。三是“多证合一”改革持续深化。进出口环节监管证件数量由86种减少至46种，除4种安全保密需要外全部实现联网核查。监管证件全过程无纸化申报应用比率达99.3%。全部12项审批事项均由“一个窗口”受理，国际贸易“单一窗口”货物报关（报检）、舱单备案及运输工具备案使用率均为100%。“双随机、一公开”作业模式完成全部执法领域12种抽查事项全覆盖。

【满洲里海关大力维护国门安全】 一是实际监管不断强化。持续强化重点领域风险防控，加强风险信息预警和共享机制建设，创新“两横一纵”风险信息收集工作模式。持续夯实监管基础，修订完善监管查验制度规范8项，清理整合监管作业场所（场地）58个。常态化开展检查巡查，及时发现并整改监管中存在的问题。持续深入开展贸易调查，积极推进“多查合一”改革，引入中介机构协助稽查工作，实现加贸企业核查全覆盖。二是检验检疫防线更加牢固。稳步推进口岸公共卫生核心能力建设，加大口岸传染病疫情防控力度。针对蒙古国和中国锡林郭勒盟鼠疫疫情，立即启动应急响应机制，强化口岸医学排查和检疫查验，深入开展冬季病媒生物监测及病原体检测工作。深入推进中俄疫情信息互换和中蒙病媒生物联合监测。有效开展国门生物安全监测、进出口食用农产品和饲料安全风险监控、供港澳活牛疫病监测工作，截获外来有害生物119种7 304次。完善进口食品安全治理体系，开展乳制品等重点敏感食品专项治理。建立进出口商品质量安全风险预警和快速反应监管体系，重点敏感商品检验监管力度不断加大。筑牢口岸检疫防线，严防鼠疫、非洲猪瘟等疫情传入，查获来自疫区的猪肉及制品2.5吨。三是税收质量有效提升。深入推进综合治税工作，定期开展税收风险监控分析，有效应对税收风险，确保税款应收尽收、依法征收。配合海关总署税收征管局（京津）开展木材专项调研，积极有效应对关区进口板材低价风险。强化保证金征管、属地纳税人管理、预裁定、归类先例等各项工作。四是打击走私保持高压态势。严厉打击“洋垃圾”及固体废物走私，查获走私案件11起、固体废物100.4吨。严厉打击象牙等濒危物种、野生动物及其制品走私。全力推进“国门利剑2019”联合专项行动，查获案件241起，案值5.5亿元，涉税1.35亿元，破获了走私玉矿石案等一批在全国有影响力的大案。严厉打击农产品、疫区动物制品走私。加强国际执法合作，全年同俄罗斯、蒙古国海关缉私部门开展案件协查44项。深化综合治理，稳步推进扫黑除恶专项斗争。

【满洲里海关主动服务开放大局】 一是积极服务“一带一路”建设。促进中欧班列健康发展，深化内外协作，与17个直属海关签署服务中欧班列合作备忘录，完善中俄海关及铁路部门双边四方协调机制，建立车站海关常态化列席中俄铁路定期会晤工作机制，2019年监管进出境班列2 167列，同比增长20.3%。助推国际道路运输便利与安全，办理全国首批进口跨关区TIR业务，实现双向贯通。深化海关国际合作，“安智贸”、中俄海关监管结果互认、中蒙海关联合监管等项目深入推进。二是持续优化口岸营商环境。采取“提前申报”“先期机检”、调整进口大宗商品重量鉴定监管方式、强化人力保障等措施，优化作业流程，强化内外协调，海关通关时间和整体通关时间同步压缩，12月进出口整体通关时间分别较2017年同期压缩52.2%、60.44%。全面落实减税降费措施，清理规范进出口环节涉企收费，扎实推进“减证便民”，综合发挥税政调研、原产地和减免税政策效果，为企业增加直接收益12.45亿元。三是全面助力开放型经济发展。大力支持开放平台建设，满洲里综合保税区贸易额达到5.15亿元，同比增长10.8倍。阿日哈沙特口岸实现常年开放并成立海关机构，额布都格口岸互贸区封关运营，赤峰市跨境电商综合试验区获批，满洲里边民互市贸易、国际邮件业务发展稳中向好。支持特色优势产业发展，深化矿产品“先验放后检测”监管模式；创新“先入厂后检测”监管模式，支持进口粮食落地加工产业发展壮大；畅通出口果菜“绿色通道”；推动呼伦贝尔食用菌、赤峰禽肉、通辽干红辣椒、兴安盟调味品等特色农产品出口实现规模化发展，采取有效措施保障供港澳活牛质量安全，成功助力赤峰蔬菜、兴安大米等优质农产品直供粤港澳大湾区；指导企业积极应对印度、俄罗斯等国家针对我国部分农产品的技术性贸易壁垒。

【满洲里海关积极深化业务改革】 一是法治基础不断夯实。统筹改革发展与制度创新，加强制度规范建设，坚持“立改废”并举，制定制度119项，修订33项，废止155项，补足短板、打牢基础。对制度执行情况进行有针对性的检查，进一步强化执法责任、规范执法行为。有效落实“谁执法谁普法”普法责任制，基层一线执法规范性得到加强。二是业务改革持续深化。积极落实《海关全面深化业务改革2020框架方案》，“两步申报”“两段准入”“两轮驱动”等改革有序推进。深化全国通关一体化改革，稳步推进风险防控体系建设，扎实推进税收征管方式改革，持续推进多元化税款担保。有效落实“双随机、一公开”改革，主要抽查事项实现了“双随机”，并按要求向社会公开。扎实推进进出境旅客行李物品及邮递物品智能化监管改革，启动智能审图作业，旅检监管科技化、智能化、信息化水平有效提升。三是科技支撑提质增效。智慧海关、大数据服务平台建设稳步推进，集中审像工作成效明显，“关铁”数据交换取得突破性进展。新一代风险作业、查验管理系统及铁路新舱单系统等 53 个署级项目顺利上线运行。持续优化网络通信保障，视频监控系统保障体系基本形成，监管查验设备配备更加完善。完成关区实验室建设发展三年规划制定工作，为提高实验室检验检测能力打牢基础。

开放口岸

【呼和浩特空运口岸（呼和浩特白塔国际机场）】 呼和浩特白塔国际机场位于内蒙古自治区首府呼和浩特，距市中心 14 千米。1958 年 10 月 1 日建成通航。1991 年 12 月，国务院批准对外开放。1992 年 3 月开通至蒙古国首都乌兰巴托的航线，成为我国起降国际定期航班的机场之一。2004 年，呼和浩特白塔国际机场进行扩建，新建机场建筑面积 37.4 万平方米，可供 35 架飞机同时停放；航站区新建航站楼 5.45 万平方米，设计年吞吐量为 300 万人次，新站坪机位达 32 个，机场飞行区等级为 4E 级。

截至 2019 年年底，呼和浩特空运口岸共计开通国家和地区航线 24 条。2019 年，呼和浩特空运口岸进出境客运量 26.13 万人次、同比增长 37.8%；进出境航班 1 997 架次、同比增长 29.67%。货邮吞吐量 335.1 吨。

【满洲里空运口岸（满洲里西郊国际机场）】 满洲里西郊国际机场距满洲里市区 9 千米，与中俄国界线最近距离约 7 千米。2004 年 11 月 28 日启用。2005 年 2 月正式通航，8 月 29 日实现临时开放，开通至俄罗斯伊尔库茨克国际航线。机场候机楼面积 2 万平方米，跑道 2 800 米，机场飞行区等级为 4D 级，3 条廊桥，可满足国内国际进出港旅客 200 万人次，高峰小时 1 400 人次的需求。2009 年 2 月 4 日，国务院批复同意满洲里西郊机场对外开放，2 月 24 日通过自治区验收组预验收，5 月 22 日通过国家验收组正式验收对外开放。2010 年 9 月被中俄双方正式纳入了国际航线直飞点。

截至 2019 年年底，满洲里空运口岸开通国际航线 8 条。2019 年，满洲里空运口岸进出境客运量 3.23 万人次、同比下降 7.3%，进出境航班 594 架次、同比下降 13.3%。

【海拉尔空运口岸（海拉尔东山国际机场）】 海拉尔东山国际机场距市区 5 千米。1953 年 3 月，正式开通并成立了中苏航空股份公司海拉尔航空站，航线为苏联赤塔—海拉尔—朝鲜平壤。1955 年苏联将股份移交中国，由中国单独经营。1959 年该航线取消，口岸随之关闭。1988 年，呼伦贝尔盟开展经济体制改革试验区建设，恢复海拉尔空运口岸。1992 年和 1993 年，内蒙古自治区政府 2 次向国务院申请重新开放该口岸。1993 年 7 月 6 日，国务院批复同意海拉尔航空口岸对外开放。1995 年 9 月 15 日，国家口岸办同意海拉尔航空口岸正式对外开放。1996 年 5 月 3 日，正式开通海拉尔至俄罗斯赤塔国际航线。经过多年的建设，机场口岸基础设施已日趋完善。海拉尔机场已经成为内蒙古东部地区规模最大、功能最完善、业务最繁忙的机场，飞行区等级达到 4D 级标准，跑道长达 2 800 米，可起降波音 767－300 以下机型的飞机。

2019 年，海拉尔空运口岸开通 3 个国家和地区的 3 条航线，分别为海拉尔—俄罗斯赤塔，海拉尔—蒙古国乌兰巴托，海拉尔—中国台北。共进出境航班 449 架次、同比增长 51.2%，进出境人数 38 476 人次、同比增长 392.1%。

【鄂尔多斯空运口岸（鄂尔多斯伊金霍洛国际机场）】 伊金霍洛国际机场坐落于鄂尔多斯市康巴什新区东南方 16 千米处，机场占地面积约 353.33 万平方米，飞行区等级为 4E 级，跑道长达 3 200 米，宽 60 米，可满足波音 747 等大型客货机的起降。2005 年 3 月 25 日，国务院通过批准内蒙古自治区人民政府筹建鄂尔多斯民用机场的申请，2007 年 7 月 26 日正式通航。鄂尔多斯机场是内蒙古自治区唯一由地方全资建设、自主管理的机场。新航站楼工程于 2013 年 1 月 30

日投入使用，航站楼建筑面积10.03万平方米，可满足年1 200万人次旅客吞吐量需求。2008年开始，伊金霍洛机场申请设立空运口岸。2012年国务院同意将鄂尔多斯伊金霍洛机场补列入国家“十二五”口岸发展规划。2013年4月获批临时开放，7月19日开通直飞香港的航班。2016年1月18日，国务院批复同意鄂尔多斯伊金霍洛机场作为航空口岸对外开放，11月8日通过国家验收组对外开放验收。

截至2019年年底，鄂尔多斯空运口岸开通国际、地区航线17条。其中，固定航线4条，季节性航线13条。2019年实现国际旅客吞吐量6.93万人次、同比下降12.1%，进出境航班492架次、同比下降20.39%，完成国际货运685吨。

鄂尔多斯综合保税区于2017年2月14日经国务院批复同意设立，2018年12月28日通过国家验收，2019年3月28日正式封关运营。综合保税区位于鄂尔多斯空港物流园区内，规划面积1.21平方千米，其中一期规划建设0.79平方千米，二期建设0.42平方千米。已签约入区项目53个，签约资金137.02亿元；入区注册企业22家，注册资金1.98亿元；完成进出口额375万元人民币。2019年11月20日，海关总署批复设立进境水果、食用水生动物和进口冰鲜水产品指定监管场地。

【包头空运口岸（包头东河国际机场）】 包头东河国际机场位于包头市东河区，距包头主城区23千米，距包头东站8千米，为4D级国际支线机场。机场始建于1934年，由当时国民政府交通部与德国汉莎航空公司合作成立的欧亚航空邮运股份有限公司筹建。1956年正式建立中国民用航空包头站。2006年飞行区等级由4C级升为4D级，跑道长2 800米，可满足B737（200座）以下机型起降及B767（260座）以下机型备降要求。2014年12月，包头机场新航站楼启用，其中T1航站楼（国际）面积1.1万平方米，T2航站楼（国内）3万平方米，设计年旅客吞吐量300万人次。2016年6月，国家口岸管理办公室批复同意中外籍临时客运包机从包头二里半机场出入境，时间为2016年7月1日至2016年12月31日。8月3日，包头二里半机场开通首条国际航线，由蒙古国匈奴航空使用福克50型飞机执飞乌兰巴托航线。2018年3月，包头二里半机场更名事宜正式获得民航局批复，更名为“包头东河机场”。2019年11月，国务院批复同意包头机场对外开放。

截至2019年年底，包头空运口岸开通国际、地区航线12条。2019年实现国际旅客吞吐量2.7万人次、同比增长13.7%，进出境航班174架次、同比下降31%。

【满洲里陆路（铁路）口岸】 满洲里陆路（铁路）口岸位于中俄38~41号界标处，与俄罗斯后贝加尔边疆区后贝加尔斯克铁路口岸相对应，是我国规模最大的铁路口岸，换装能力8 000万吨，是中俄贸易最大的通商口岸，承担了中俄贸易60%的货运量。满洲里陆路（铁路）口岸于1901年开通，距今已有百年的历史。2002年，满洲里铁路口岸被国务院确定为重点建设和优先发展的两个铁路口岸之一。满洲里铁路口岸联检大楼集中了铁路交接所、海关、检疫、代理公司等国际联运部门。现有宽准轨到发编组线74条，口岸站换装线、专用线等线路100余条，宽轨列车会让站1个，换装场地20余个。满洲里铁路口岸查验手段先进，通关作业信息化程度高。配有钴60火车自动检查系统，列车电子监控系统，放射性检测仪等现代化设备设施。建立了覆盖各监管场区的网络系统，实现了进出口货物远程监控和查验信息的同步传输。各货代报关企业与海关、铁路车站实现了微机联网。海关与铁路车站实现了舱单的网络传输。满洲里铁路车站与俄罗斯后贝加尔车站间实现了电子数据交换。配备了多种性能先进的现代化换装设备，能够满足各种进出口货物的换装仓储需求。

满洲里陆路（铁路）口岸进口货物主要有木材、原油、化工、纸类、化肥、铁矿砂、合成橡胶等。货物流向全国29个省、市、区。出口货物以轻工产品、机电产品、矿产品、石油焦、食品、建材等为主。利用口岸优势，满洲里口岸扩大口岸跨区域合作，形成了以“苏满欧”为代表的57条中欧班列线路，年接发中欧班列能力2 500列。2019年进出境中欧班列2 254列、同比增长25.1%，货值37.65亿美元，其中由满洲里口岸始发中欧班列19列、到站中欧班列155列。2019年，满洲里铁路口岸进出口货运量3 100.8万吨、同比增长2.8%，其中进口1 568.8万吨、同比增长0.3%，出口320.7万吨、同比增长21.6%，转口1 211.3万吨，同比增长0.3%。进出境客运量3.7万人次，同比增长2.3%。进出境列车达1.23万列次，同比下降19.6%。

【二连浩特陆路（铁路）口岸】 二连浩特陆路（铁路）口岸位于内蒙古自治区正北部集二线终端，中蒙815号界标附近，与蒙古国扎门乌德市相距9千米，是我国与蒙古国接壤的唯一铁路口岸，对应蒙古国东戈壁省扎门乌德铁路口岸。二连浩特口岸自古就是我国内陆通往北亚、东欧最近最便捷的通道。1956年，随着中、蒙、苏（北京—乌兰巴托—莫斯科）三国国际联运通车，口岸正式对外开放。通过京包线与天津港相连，是日本、东南亚及其他邻国开展对蒙古国、俄罗斯及东欧各国转口贸易的理想通道，是目前蒙古国走向出海口的最便捷通道，也是我国向北开放的前沿阵地和重要的进出口商品集散地。该口岸主要进出口货物有铁矿石、木材、铜矿粉、原油、水泥等，蒙古国70%的果蔬和日用品经该口岸运入。

二连浩特铁路口岸功能齐全，查验设备先进，现有宽准轨线路169条，建有世界上最大的散堆装货场、列车换轮库，拥有世界一流的H986货运列车检验系统。2006年起口岸实行24小时通关，年吞吐能力1 200万吨。建有4条旅客自助通道、2套自助通道信息采集点，方便旅客通关。经二连浩特口岸运行中欧班列线路34条，2019年进出境中欧班列1 490列、同比增长41.6%，货值30.3亿美元、同比增长9%。2019年，进出境货运量1 471.62万吨、同比增长11.5%，进出境客运量12.09万人次、同比下降18.3%，进出境列车1.36万列次、同比增长10.2%。

【满洲里陆路（公路）口岸】 满洲里陆路（公路）口岸位于中俄42号界标附近，与俄罗斯后贝加尔边疆区后贝加尔斯克公路口岸相邻，是我国唯一实行24小时通关的国际公路口岸。满洲里公路口岸原为中苏两国铁路员工通勤通道，于1989年经国务院原口岸领导小组批准开通，1990年改建为有1条客货混用通道的口岸。1992年中俄两国政府换文确认其国际口岸地位。1993年开始移址新建，1998年6月30日投入使用。口岸分为旅检区和货检区，旅检通关大楼共分为3层，一层为出入境人员的候检大厅、二层为出境大厅、三层为入境大厅，楼内共开设十进十出人员通道；货检通道北卡口规划6进6出12条通道，南卡口规划3进3出6条通道。2017年，公路口岸新货检通道正式启用，口岸年通关能力达到人员1 000万人次、车辆100万辆次、货物1 000万吨。货检区出口主要是以蔬菜水果为主，占出口总量的85%，进口主要是以废钢和木材为主，占进口总量的90%，目前我国有29个省、市、区的蔬菜水果经这里出口到俄罗斯。公路口岸主体建筑有货检大楼、旅检大楼、会晤站、国际邮件互换局兼交换站，以及相配套的公路口岸交易市场、海关监管场所等。口岸封闭区集通关、查验、仓储运输、生活服务于一体，可一次性完成报检报关、税费征缴业务。2019年，满洲里公路口岸进出境货运量158.6万吨、同比下降9.4%，进出境客运量183.8万人次、同比增长3.1%，进出境车辆19.1万辆次、同比下降2.4%。

满洲里综合保税区于2016年9月13日通过国家十部委联合验收，2016年12月20日正式封关运营，是内蒙古自治区首家综合保税区，规划面积1.44平方千米。满洲里综合保税区已完成固定资产投资7.1亿元，已引进企业84家，其中：商贸物流类企业3家，加工类企业7家，外贸企业74家。2019年，满洲里全力推动跨境电子商务、IT产品加工等新型业态项目发展，启动跨境电商公共服务平台的建设。2019年，满洲里综合保税区实现进出口贸易值5.1亿元，同比增长10.6倍。

【二连浩特陆路（公路）口岸】 二连浩特陆路（公路）口岸位于中蒙边界815号界标处，与蒙古国东戈壁省扎门乌德隔界相望。二连浩特公路口岸旧通道于1992年开通试运营，是在中蒙两国铁路员工通勤通道的基础上改建的，只有一条客货混用通道，基础设施、查验条件非常简陋。2000年6月，为改变二连浩特口岸的落后面貌，二连浩特扩建公路口岸。2010年至2012年再次对公路口岸进行了改扩建，实现了客货分流、通关与查验分开，设计过客能力500万人、过货能力1 000万吨。公路口岸货运通道建成智能卡口系统，车辆经智能卡口通关平均用时40秒。

2019年，二连浩特公路口岸进出境货物360.43万吨，同比增长8.2%，进出境人员208.73万人次，同比下降7.6%，进出境车辆59.3万辆次，同比下降5.5%。

【甘其毛都陆路（公路）口岸】 甘其毛都公路口岸位于中蒙第703号界标处，距乌拉特旗政府海流图镇133千米，与蒙古国南戈壁省汉博格德县嘎顺苏海图口岸相对。“甘其毛都”蒙语里意为“一棵树”。1989年12月，自治区人民政府批准为中蒙边境贸易的临时过货点，1990年2月实现了首次过货。1992年3月，国务院批准为双边季节性开放口岸，并于同年7月正式进行首次季节性开关。2007年9月，国务院批复同意甘其毛道口岸更名为甘其毛都口岸，并扩大为中国和蒙古国双边常年开放的边境公路口岸。2009年6月通过了国家常年开放验收。2016年12月，被自治区政府批准为自治区级重点开发开放试验区。2018年5月21日设立了巴彦淖尔市甘其毛都口岸管理委员会，甘其毛都口岸上划巴彦淖尔市直管。甘（甘其毛都）泉（万水泉）铁路与包神铁路、神朔铁路、朔黄铁路、黄骅港、天津港形成路港联网联运的矿产资源运输大通道，是蒙古国TT煤田、OT铜金矿最便捷的出海通道。口岸对应蒙古国南戈壁省总面积60%以上的地下都有煤矿资源，已探明煤储量530亿吨，铜矿储量位居世界前列。其中，塔本陶勒盖煤田探明储量64亿吨，奥云陶勒盖铜矿初步探明为亚洲最大的铜矿，名列世界第4位，该铜矿平均品位0.63%，最高品位4%。

2019年，甘其毛都公路口岸进出口货运量2 145.96万吨、同比增长12.5%，进出口贸易额261亿元、同比增长11.7%，出入境人员66.48万人次、同比下降5.2%，出入境车辆44.85万辆次、同比下降 3.3%。

【策克陆路（公路）口岸】 策克公路口岸位于内蒙古阿拉善盟额济纳旗中蒙 572 号界标处，距额济纳旗府所在地达来呼布镇 60 千米，与蒙古国南戈壁省西伯库伦口岸相对。“策克”在蒙语里意为“河湾”。1992 年 3 月经自治区人民政府批准为季节性对外开放原二类口岸，2005 年 6 月，国务院批准为中蒙双边性常年开放口岸。2016 年 12 月，被自治区人民政府批准为自治区级重点开发开放试验区。嘉（嘉峪关）策（策克）铁路和临（临河）策（策克）铁路在口岸交汇，与京包、包兰、兰新等铁路共同形成贯通的能源运输通道。策克口岸是中蒙两国重要的贸易通道之一，对外辐射蒙古国南戈壁、巴音洪格尔、戈壁阿尔泰、前杭盖、后杭盖 5 个畜产品、矿产资源较为富集的省区，这些地区蕴藏着金、铜、铝、铅等多种丰富的贵金属矿藏资源，距蒙古国那林苏海特煤田仅 46 千米。

2019 年，策克公路口岸进出口货物 1 240 万吨、同比下降 12.4%，进出境人员 34.68 万人次、同比下降 6.74%，进出境车辆 26.76 万辆次、同比下降 11.84%。

【黑山头陆路（公路）口岸】 黑山头公路口岸位于呼伦贝尔市和俄罗斯后贝加尔边疆区交界的额尔古纳河东岸，中俄边界 91 号界标处，与俄罗斯后贝加尔边疆区旧粗鲁海图口岸相望，向南连接满洲里口岸，向北与室韦口岸相连，向东距额尔古纳市区 62 千米，距黑山头镇 12 千米，距口岸 22 千米的俄罗斯普里阿尔贡斯克区有公路、铁路通往俄罗斯腹地，口岸临界的俄罗斯后贝加尔边疆区拥有极其丰富的森林、石油、天然气、铅锌矿石、煤炭、木材等矿产资源。1989 年 4 月，国务院批准为双边性常年对外开放口岸。1990 年国家口岸管理办公室批准口岸正式对外开放，1991 年正式实现双边性常年开放。根据当时贸易的需要，采取边开通边建设的办法，口岸过货经历了冰上—木桥—永久性水泥桥过货的发展过程。经过 20 多年的发展，逐步形成了以进出口贸易为主，以旅游、服务业为辅的口岸经济发展模式。2009 年，黑山头口岸新建口岸联检楼、货检楼，口岸年过货能力达 100 万吨、过人 100 万人次。

2019 年，黑山头公路口岸进出境货运量 7.15 万吨、同比下降 3.8%，进出境人员 1.3 万人次，同比下降 25.7%，进出境交通工具 8 055 辆次，同比下降 9.4%。

【室韦陆路（公路）口岸】 室韦公路口岸位于中俄界河额尔古纳河中游东岸第 111 号界标处，南距额尔古纳市区 168 千米，北距莫尔道嘎镇 90 千米，西隔额尔古纳河与俄罗斯奥洛契口岸相对，两口岸相距 1 千米，两口岸码头相距仅 200 米。1989 年 4 月国务院批准为双边性常年对外开放口岸。1991 年 2 月 1 日正式对外开放。2001 年 10 月建成室韦—奥洛契口岸界河大桥，实现了常年通关过货。口岸年过货能力 50 万吨。室韦公路口岸对应俄罗斯赤塔州东北部 9 个市区，矿产资源十分丰富，以黄金开采最为发达，铅、锌、铁、铜等矿产资源也有相当储量，森林资源更为丰富，木材储积量达 4.5 亿立方米，该地区公路发达，离西伯利亚大铁路相距 200 多千米，内陆交通也十分便利。

2019 年，室韦公路口岸进出口货运量 1.21 万吨，同比增长 361%；进出境客运量 999 人次，同比增长 350%；进出境车辆 968 辆次，同比增长 1761%。

【阿日哈沙特陆路（公路）口岸】 阿日哈沙特公路口岸位于呼伦贝尔市新巴尔虎右旗阿日哈沙特镇境内，中蒙边界 1495 号界标处，与蒙古国东方省克尔伦县哈比日嘎口岸相对应。“阿日哈沙特”在蒙语里意为“后院”。1989年9月，自治区人民政府批准开辟阿日哈沙特为对蒙边境临时过货点。1990年9月实现了首次过货。1992年3月11日，国务院批准为双边季节性对外开放口岸。2015年由原来的集中延长开关调整为临时常年开放。2017年7月，国务院批复为双边性常年开放公路客货运输口岸。2019年4月，经国家口岸管理办公室授权，通过了内蒙古自治区口岸办等部门联合的验收。口岸年通过能力为货运150万吨，客运50万人次。阿日哈沙特公路口岸进口货物主要是铅锌粉、铁矿石和民族工艺品服饰；出口货物主要是农蔬、建材、家电、摩托车、机械设备和日常生活用品。

2019年，阿日哈沙特公路口岸进出口货运量2.57万吨，同比下降23.3%；进出境客运量12.51万人次，同比增长6.2%；进出境交通工具1.97万辆次，同比下降9.7%。

【额布都格陆路（公路）口岸】 额布都格公路口岸地处内蒙古自治区呼伦贝尔新巴尔虎左旗阿木古郎镇西南18千米，中蒙边界1423号界标处，与蒙古国东方省巴彦呼舒口岸隔河相望。“额布都格”在蒙语里意为“膝盖”。1991年5月，经自治区人民政府批准为边境贸易原二类口岸。1995年升格为季节性对外开放口岸。2006年2月海关总署正式批准额布都格口岸自当年起实行全年临时集中开放。2009年2月国务院批准为双边季节性公路客货运输口岸，9月通过国家验收。2017年7月，国务院批复为双边性常年开放公路客货运输口岸。2019年4月，经国家口岸管理办公室授权，通过了内蒙古自治区口岸办等部门联合的验收。口岸年通过能力为货运50万吨，客运30万人次。额布都格口岸对应的蒙古国东方省石油、盐、畜产品和水产品等资源极为丰富。口岸进口货物以饲草、水产品、煤炭、废旧金属、大庆塔木察格油田设施设备为主；出口货物以副食品、电器、建材、农机产品为主。

2019年，额布都格公路口岸进出口货运量56.71万吨，同比增长27.4%；进出境客运量6.33万人次，同比增长15.7%；进出境交通工具4.01万辆次，同比增长15.2%。

【阿尔山陆路（公路）口岸】 阿尔山公路口岸位于兴安盟阿尔山市天池镇，距离阿尔山市45千米，在中蒙边境1382～1383号界碑之间，与蒙古国东方省松贝尔口岸相对应。“阿尔山”全称哈伦·阿尔山，蒙语意为“热的圣水”。1992年，内蒙古自治区人民政府批准开放为原二类季节性口岸。1993年1月17日实现开关过货。2012年3月，国务院批准阿尔山口岸为国际性季节开放口岸，2012年12月通过国家级验收。2013年7月15日至10月1日，阿尔山口岸实现首次临时集中开放。2016年，阿尔山口岸实现延长开放，每年4月1日至11月30日开放。口岸定位为“生态、文化、旅游”口岸。规划建设的阿尔山—乔巴山铁路是第四条连接欧亚大陆的铁路大通道，也是连接东北亚地区的重要枢纽，可以形成东起图们，西连蒙古、俄罗斯，贯通整个东北亚新的欧亚大陆桥。2019年，口岸出入境货物13 046吨，出入境人员2 983人次，车辆1 376台次。出口货物主要为工程设备、建材等，进口货物主要为铁矿砂。

【珠恩嘎达布其陆路（公路）口岸】 珠恩嘎达布其公路口岸位于内蒙古自治区锡林郭勒盟东乌珠穆沁旗嘎达布其镇境内，中蒙边境1046号界标处，与蒙古国苏赫巴托省毕其格图口岸相对应。“珠恩”意为“东”，“嘎达布其”意为“门槛”，历史上称为“蒙马处”。1992年3月11日，国务院批准为双边季节性对外开放口岸。2004年9月，《中蒙边境口岸及其管理制度协定》确认为国际性常年开放口岸。2006年8月，国务院批复同意扩大为国际性常年开放的边境陆路口岸。2008年1月，正式实现国际性常年开放，成为内蒙古自治区继二连浩特、满洲里之后第三个实现常年开放的国际性口岸。2014年7月，锡林郭勒盟珠恩嘎达布其—霍林郭勒市珠斯花铁路线通车，年运输能力1 200万吨，从珠恩嘎达布其可直达辽宁锦州港。2016年被列为自治区重点开发开放试验区。珠恩嘎达布其公路口岸对内辐射东北、华北地区，具有连接东西，纵贯南北的地缘区位优势。对外辐射矿产和动植物资源极为丰富的蒙古国苏赫巴托省、东方省、肯特省，是蒙古国、俄罗斯等内陆国家便捷的出海口之一，也是京、津、唐地区通往俄罗斯、蒙古国最便捷的通道。口岸进口货物主要是原油、煤炭；出口货物主要是机械设备、建筑材料。

2019 年，珠恩嘎达布其公路口岸进出境货运量 152.1 万吨，同比增长 1.3%；出入境人员 11.5 万人次，同比下降 0.4%；出入境车辆 6.45 万辆次，同比下降 11.2%。

【满都拉陆路（公路）口岸】 满都拉公路口岸位于内蒙古自治区包头市达尔罕茂明安联合旗满都拉镇，中蒙边境 757 号界标处，对应蒙古国东戈壁省杭吉口岸。“满都拉”蒙语意为“兴盛、兴旺”。1992 年，满都拉公路口岸被自治区人民政府批准为季节性对外开放原二类口岸。2002 年 12 月 23 日实现首次开放。2009 年 2 月，满都拉公路口岸被国务院批准为双边性季节性开放公路客货运输口岸。2012 年 12 月，满都拉口岸正式通过国家验收。2015 年 4 月，国务院批复同意扩大为双边性常年开放公路客货运输口岸，12 月 1 日正式开放。口岸年过货能力达到 1 500 万吨。满都拉公路口岸处于呼（呼和浩特）包（包头）鄂（鄂尔多斯）经济辐射圈内，是距首府呼和浩特市最近的陆路口岸，区位优势十分明显。口岸对应的蒙古国杭吉口岸位于蒙古国东戈壁省，矿产资源非常丰富，有额勒苏泰铁矿、阿嘎如特铁矿、杭格呼德尔铁矿、艾勒巴音焦煤矿。口岸主要进出口商品有电煤、焦煤、原材料、铁矿石、无烟煤等，出口货物以机械设备、建材为主。

2019 年，满都拉公路口岸累计进出口货物 312.17 万吨、同比下降 0.01%，进出口贸易额 18.10 亿元、同比增长 15.58%，出入境人员 57 978 人次、同比下降 28.5%，出入境车辆 32 122 辆次、同比下降 21.11%。

【乌力吉陆路（公路）口岸】 2004 年，阿拉善左旗开始申报开放乌力吉口岸。2006 年 7 月，乌力吉口岸被列入《国家“十一五”口岸发展规划》。2014 年年初，蒙古国政府同意中蒙乌力吉—查干德勒乌拉口岸开放，并照会我国。2014 年 8 月 22 日，国家主席习近平与蒙古国总统额勒贝格道尔吉在乌兰巴托签署《中华人民共和国和蒙古国关于建立和发展全面战略伙伴关系的联合宣言》，明确提出加快推进乌力吉—查干德勒乌拉口岸开放。2015 年 4 月召开的《中蒙边境口岸及其管理制度协定》执行情况第五轮司局级会晤上，中蒙双方同意增设乌力吉—查干德勒乌拉口岸。2015 年 12 月 9 日，中蒙两国外交部门负责人在乌力吉口岸 634 号界标处对口岸开放位置进行实地踏勘，并磋商和确认一致认为根据水源勘探情况确定口岸坐标。2016 年 1 月 31 日，国务院批复同意乌力吉公路口岸对外开放，口岸性质为双边性常年开放公路客货运输口岸。2016 年 5 月 27 日，阿拉善左旗人民政府批准成立乌力吉口岸建设指挥部。目前口岸正在建设中，2019 年乌力吉口岸实施重点项目 4 项，总投资 14.3 亿元，年度计划投资 4.9 亿元，开（复）工 4 项，开（复）工率 100%，完成投资 3.26 亿元，完成年度计划的 67%。

2019 年内蒙古自治区口岸大事记

1 月 1 日

内蒙古出入境边防检查总站（内蒙古自治区公安厅边境管理总队）举行挂牌仪式。

1 月 19 日

蒙古国总统顾问特·特格西扎尔嘎勒，策·额尔登巴特、舍·阿迪莎一行赴策克口岸经济开发区考察交流。

1月24日

中蒙双方首次开展边境口岸鼠疫疫情跨境传播风险评估。

2月11日

内蒙古自治区人民政府印发了《内蒙古自治区人民政府关于优化口岸营商环境促进跨境贸易便利化的实施意见》(内政发〔2019〕5号)。

3月27日

呼和浩特海关制定的6项口岸卫生检疫核心能力建设地方标准被评为内蒙古领航标准。

3月28日

鄂尔多斯综合保税区封关运营，成为呼和浩特海关关区首家封关运营的综合保税区。

4月1日

国家口岸管理办公室巡视员白石在乌兰察布市调研。国家口岸办、民航局相关负责人，内蒙古自治区口岸办、呼和浩特海关、乌兰察布市相关负责人陪同调研。

4月2日

由呼和浩特海关、财政部驻内蒙古财政监察专员办事处、国家税务局内蒙古自治区税务局、国家外汇管理局内蒙古分局等单位组成的联合验收组，对巴彦淖尔市保税物流中心（B型）项目进行验收。验收合格后与巴彦淖尔市政府一同签署了《巴彦淖尔市保税物流中心（B型）验收纪要》。

满都拉口岸进口肉类指定监管场地通过海关总署验收。

4月11日

内蒙古自治区党委书记李纪恒在鄂尔多斯综合保税区调研。

4月20日

内蒙古自治区政府主席布小林在自治区党委常委、统战部部长王莉霞等陪同下到甘其毛都口岸视察调研。

4月23日~24日

受国家口岸管理办公室委托，内蒙古自治区口岸办会同满洲里海关、内蒙古出入境边防检查总站、内蒙古自治区外事办公室等单位组成口岸验收工作组，对额布都格、阿日哈沙特口岸扩大开放进行现场检查验收，一致同意两口岸扩大开放。呼伦贝尔市人民政府，口岸所在地政府及口岸相关单位、驻现场查验单位参加了验收会。

5月7日

包头保税物流中心（B型）通过由呼和浩特海关、财政部驻内蒙古财政监察专员办事处、国家税务局内蒙古自治区税务局、国家外汇管理局内蒙古分局等部门的联合验收。

5月22日

甘其毛都口岸以融资租赁方式出口牵引车35辆，是我国企业首次以融资租赁的方式出口汽车。

6月22日

蒙古国驻华大使丹巴·冈呼雅格一行赴策克口岸考察。

6月25日

内蒙古自治区口岸办与蒙古国海关总署在蒙古国乌兰巴托签署《关于查干德勒乌拉口岸联检区基础设施援助建设协议》。

7月1日

满洲里国门党建学院举办揭牌仪式，是国内首家以“国门党建”为主题的党员干部培训阵地。

7月5日

内蒙古自治区政府主席布小林对国务院“互联网+督查”曝光台通报的满洲里口岸部分单位和企业乱收费乱涨价问题作出批示。

策克口岸进口肉类指定监管场地通过海关总署专家验收组验收。

7月6日~7日

公安部党委副书记、常务副部长王小洪，深入满洲里国门管理区、额尔古纳黑山头口岸视察调研。

7月13日

“2019丝绸之路国际汽车拉力赛”车队从甘其毛都口岸入境，参加中国赛段的比赛。

7月13日~14日

巴彦淖尔机场在“2019丝绸之路国际汽车拉力赛”期间临时开放。保障俄方1架运输机、3

架直升机，俄方1架、蒙方2架小型固定翼飞机，机组及乘客共计204人在赛事期间入境、通关。

7月31日

内蒙古自治区党委副书记、主席布小林深入额布都格口岸调研。

8月6日

内蒙古自治区党委书记李纪恒考察策克口岸。

内蒙古自治区党委副书记、政府主席布小林到满都拉口岸视察指导工作。

8月30日~9月1日

内蒙古自治区党委、政府督查组对口岸收费情况进行督查。

9月4日

内蒙古自治区党委书记李纪恒考察珠恩嘎达布其口岸。

9月5日~7日

集宁机场在第三届中蒙博览会期间实现临时开放，进出境航班2架次，进出境旅客266人，行李物品249件。

9月11日~12日

俄罗斯后贝加尔边疆区第一副代理州长M. Ф. 米尔哈伊达洛夫为团长的俄方代表团在海拉尔口岸考察，就海拉尔—赤塔航线俄方机场除冰设备及旅游合作发展问题进行洽谈。

9月14日~15日

内蒙古自治区政府主席布小林先后到室韦口岸、呼伦贝尔边境管理支队恩和哈达边境派出所视察慰问。

10月10日

中央主题教育第十一巡回督导组组长宋秀岩一行在满洲里海关督导调研，到满洲里公路口岸、互贸区开展实地调研，对满洲里海关主题教育工作给予充分肯定。

10月14日

海关总署、财政部、国家税务局、国家外汇管理局联合下发文件，正式同意设立乌兰察布七苏木保税物流中心（B型）。

10月17日

鄂尔多斯航空口岸公共卫生核心能力建设通过海关总署达标考核，考核成绩90.12分。

10月22日

由国家移民管理局主办、内蒙古出入境边防检查总站承办的蒙古边防与出入境管理培训班在呼和浩特市开班，来自蒙古国边防总局、移民局和内蒙古出入境边防检查总站的业务骨干共同参加。

11月8日

内蒙古自治区党委书记石泰峰一行到满洲里公路口岸调研。

国务院批复包头机场为航空口岸。

11月13日

十三届全国政协常委、中央扫黑除恶第15督导组组长支树平在集宁海关调研。

11月20日

鄂尔多斯机场获批为进境水果、食用水生动物和冰鲜水产品指定监管场地。

11月26日

满洲里海关隶属阿日哈沙特海关举行开关仪式，满洲里海关关长、党委书记齐亚洲与呼伦贝尔市委常委、副市长马进共同出席，满洲里海关政治部主任李东宇宣读海关总署关于同意阿日哈沙特海关开关的批复文件。

11月27日

《国际卫生条例（2005）》陆路口岸核心能力建设和双边合作研讨会在二连浩特召开。世界卫生组织相关专家，马来西亚、蒙古国、吉尔吉斯斯坦、缅甸、俄罗斯及老挝等6个国家代表，海关总署、呼和浩特海关及20个直属海关相关代表及二连浩特市政府相关部门参会。

12月21日

内蒙古自治区政府主席布小林到满洲里铁路口岸视察工作。

12月23日

策克口岸国际文化旅游区通过国家3A级旅游景区评定。

12月25日

呼和浩特综合保税区通过呼和浩特海关、内蒙古自治区发展改革委、财政厅、自然资源厅、商务厅、自治区市场监督管理局，国家税务总局内蒙古自治区税务局和国家外汇管理局内蒙古自治区分局等8个部门组成的联合验收组实地验收，呼和浩特海关与呼和浩特市签署《呼和浩特综合保税区基础和监管设施验收纪要》，并将验收结果上报海关总署等部门审核。

12月30日

乌兰察布七苏木保税物流中心（B型）通过呼和浩特海关、财政部驻内蒙古财政监察专员办事处、国家税务局内蒙古自治区税务局、国家外汇管理局内蒙古分局组成的联合验收组实地验收。联合验收组与乌兰察布市签署了《乌兰察布七苏木保税物流中心（B型）基础和监管设施验收纪要》。

12月31日

内蒙古自治区党委书记石泰峰考察阿尔山口岸，了解口岸建设和通关情况。

（撰稿人：崔振杰、王梁、李姬莹、南东海）

2019 年内蒙古自治区口岸流量统计表

口岸类型	口岸名称	货运量（万吨）				集装箱量（万标箱）				人员（万人次）				交通工具（万辆、艘、架、列次）			
		出口	进口	合计	同比（%）	出口	进口	合计	同比（%）	出境	入境	合计	同比（%）	出境	入境	合计	同比（%）
空运口岸	呼和浩特	0.18		0.18						12.84	13.29	26.13	37.8	0.09	0.10	0.19	29.7
	满洲里									1.64	1.59	3.23	-7.3	0.029 0	0.030	0.059	-13.3
	海拉尔									1.95	1.89	3.84	392.1	0.023	0.022	0.045	51.2
	鄂尔多斯									3.47	3.45	6.92	-0.1	0.025	0.025	0.049	50.0
	包头（临时开放）									1.34	1.34	2.68	13.7	0.009	0.009	0.017	-0.3
	二连浩特（临时开放）									3.16	2.77	5.93	74.4	0.049	0.049	0.098	94
	分计									24.40	24.33	48.73	32.23	0.22	0.23	0.46	24.32
陆运口岸 公路口岸	满洲里	118.60	40.00	158.6	-9.4					91.90	92.00	183.90	3.1	9.60	9.50	19.10	-2.4
	二连浩特	203.55	156.88	360.43	88.4					104.68	104.05	208.73	-7.6	29.71	29.59	59.30	-5.5
	甘其毛都	17.63	2 128.34	2 145.97	12.5					32.58	33.90	66.48	-5.2	22.24	22.61	44.85	-3.3
	策克	0.50	1 239.50	1 240	-12.4					17.35	17.34	34.69	-6.7	13.35	13.42	26.77	-11.8
	珠恩嘎达布其	50.10	102.00	152.1	1.3					5.70	5.80	11.50	-0.4	3.22	3.23	6.45	-6.5
	黑山头	0.00	7.10	7.1	-3.8					0.70	0.76	1.46	-16.8	0.40	0.40	0.80	-9.0
	室韦	0.00	1.20	1.2	1 560.85					0.04	0.05	0.09	1 511.3	0.05	0.05	0.10	1 761.0
	满都拉	1.26	310.91	312.17	-0.01					2.90	2.90	5.80	-28.5	1.64	1.57	3.21	-21.1

续表

口岸类型		口岸名称	货运量（万吨）				集装箱量（万标箱）				人员（万人次）				交通工具（万辆、艘、架、列次）			
			出口	进口	合计	同比（%）	出口	进口	合计	同比（%）	出境	入境	合计	同比（%）	出境	入境	合计	同比（%）
陆运口岸	公路口岸	额布都格	3.20	53.50	56.7	27.4					3.14	3.19	6.33	15.7	2.00	2.01	4.01	15.2
		阿日哈沙特	1.40	1.10	2.5	-23.3					6.30	6.20	12.50	6.2	0.99	0.98	1.97	-9.7
		阿尔山	0.01	0.13	0.14	-82.20					0.15	0.14	0.29	-1.8	0.069	0.068	0.137	8.3
		分计	396.24	4 040.66	4 436.90	5.41					265.44	266.33	531.77	-4.68	83.27	83.43	166.70	-8.05
	铁路口岸	满洲里	320.70	1 568.80	3 100.80	2.8					1.90	1.70	3.60	2.30	0.61	0.62	1.23	-19.6
		二连浩特	148.93	1 322.69	1 471.62	0.5					5.55	6.54	12.09	-18.3	0.68	0.68	1.36	10.2
		分计	469.63	2 891.49	4 572.42	2.00					7.45	8.34	15.79	3.10	1.29	1.30	2.59	8.80
合计			958.32	6 932.39	9 102.00						297.29	299.00	596.29		84.79	84.96	169.74	
同比（%）			-23.9	3.7	-0.3						-2.9	-2.3	-2.5		-7.8	-7.7	-7.8	

表注：1. 满洲里铁路口岸货运量 3 000.8 万吨，出口 320.7 万吨；进口 1 568.8 万吨；其中转口 1 211.3 万吨未列入分项表中。

2. 货运量合计数中包括陆港中转货运量 92.69 万吨未列入分项表中。

（内蒙古自治区口岸办提供）

2019年内蒙古自治区口岸出入境主要数据表

项目			2019年	2018年	同比（%）
出入境人员（人次）	出入境人员总数		5 962 774	6 043 910	-1.3
	入境人员		2 977 581	3 019 782	-1.4
	出境人员		2 985 193	3 024 128	-1.3
	出入境旅客		4 581 839	4 774 336	-4.0
	出入境员工		1 380 935	1 269 574	8.8
	中国公民	小计	805 243	788 077	2.2
		内地居民（因公）	28 109	88 189	-68.1
		内地居民（因私）	725 258	656 929	10.4
		港澳居民	1 092	6 306	-82.7
		台湾同胞	50 784	36 653	38.6
	外籍人员		5 157 531	5 224 401	-1.3
	从海港出入境人数				
	从陆港出入境人数		5 581 748	5 706 586	-2.2
	从空港出入境人数		381 026	337 324	13.0
交通运输工具（辆、艘、架、列次）	总计		1 754 967	1 846 957	-5.0
	船舶				
	飞机		3 877	3 449	12.4
	火车		25 892	23 559	9.9
	机动车辆		1 725 198	1 819 949	-5.2

（内蒙古出入境边防检查总站提供）

2019 年呼和浩特海关主要数据统计表

项目		2019 年	2018 年	同比（%）
进出口货运量（万吨）	合计	6 178.8	6 012	2.8
	进口	5 944.1	5 863	1.4
	出口	234.7	149	57.5
进出口贸易总值（亿元）	合计	704.6	627.64	12.2
	进口	550.6	517.80	6.3
	其中：江、海运输			
	铁路运输			
	汽车运输			
	航空运输			
	邮件运输			
	其他运输			
	出口	154	109.83	40.2
	其中：江、海运输			
	铁路运输			
	汽车运输			
	航空运输			
	邮件运输			
	其他运输			
税收（亿元）	两税合计	87.4	90.33	-3.3
	关税入库	11.5	9.23	24.9
	进口环节税入库	75.8	81.1	-6.5

（呼和浩特海关提供）

2019年满洲里海关主要数据统计表

项目		2019年	2018年	同比（%）
进出口货运量（万吨）	合计	1 682.07	1 675.20	0.41
	进口	1 542.41	1 535.10	0.48
	出口	139.66	140.10	-0.31
进出口贸易总值（亿元）	合计	398.58	394.30	1.09
	进口	238.50	242.40	-1.61
	其中：江、海运输			
	铁路运输			
	汽车运输			
	航空运输			
	邮件运输			
	其他运输			
	出口	160.08	151.90	5.39
	其中：江、海运输			
	铁路运输			
	汽车运输			
	航空运输			
	邮件运输			
	其他运输			
税收（亿元）	两税合计	29.98	37.25	-19.52
	关税入库	2.62	2.45	6.94
	进口环节税入库	27.35	34.80	-21.41

（满洲里海关提供）

2019 年内蒙古自治区指定监管场地统计表

序号	直属海关	监管场地名称	进境口岸	类型	拟进口品种	批复时间	备注
1	呼和浩特海关	二连浩特进境粮食指定监管场地	二连浩特公路、铁路口岸	粮食（C 类）		2014 年 10 月 9 日	
2	呼和浩特海关	二连浩特进口肉类指定监管场地	二连浩特公路口岸	肉类		2010 年	
3	呼和浩特海关	满都拉进口肉类指定监管场地	满都拉公路口岸	肉类		2016 年 7 月 8 日	
4	呼和浩特海关	策克进口肉类指定监管场地	策克公路口岸	肉类		2016 年 7 月 8 日	
5	呼和浩特海关	鄂尔多斯进境水果指定监管场地	鄂尔多斯空运口岸	水果		2019 年 11 月 20 日	
6	呼和浩特海关	鄂尔多斯进境食用水生动物指定监管场地		食用水生动物		2019 年 11 月 20 日	
7	呼和浩特海关	鄂尔多斯进境冰鲜水产品指定监管场地		冰鲜水产品		2019 年 11 月 20 日	
8	满洲里海关	满洲里铁路口岸进境粮食指定监管场地	满洲里铁路口岸	粮食（D 类）		2014 年 10 月 9 日	
9	满洲里海关	阿尔山公路口岸进境粮食指定监管场地	阿尔山公路口岸	粮食（C 类）		2015 年 12 月 25 日	
10	满洲里海关	满洲里铁路口岸内蒙古伊泰生态农业有限公司进境粮食指定监管场地	满洲里铁路口岸	粮食（D 类）	小麦、玉米、水稻、大豆、油菜籽、亚麻籽、荞麦、燕麦等	2019 年	

（内蒙古自治区口岸办提供）

辽 宁 省

口岸数量及分布

截至2019年年底，辽宁省有经国务院批准的对外开放口岸13个。其中，空运口岸2个，分别是沈阳空运口岸（沈阳桃仙国际机场）、大连空运口岸（大连周水子国际机场）；水运（海港）口岸9个，分别是大连、庄河、旅顺新港、长兴岛、营口、丹东、锦州、葫芦岛、盘锦海港口岸；陆路（铁路）口岸1个，为丹东陆路（铁路）口岸；陆路（公路）口岸1个，为丹东陆路（公路）口岸。

口岸运行数据

2019年，辽宁省口岸货物吞吐量85 474.8万吨，同比减少11.2%。外贸进出口货运量完成29 056.3万吨，同比减少0.1%。其中，外贸进口21 678万吨，同比增长0.6%；出口7 378.3万吨，同比减少2.2%。集装箱运输完成1 688.8万标箱，同比减少10.2%。其中，外贸552.6万标箱，同比增长1.5%。口岸进出口货物总值9 707.77亿元，同比增长3%。其中，进口5 676.88亿元，同比增长7.5%；出口4 030.89亿元，同比减少2.8%。

2019年，辽宁省进出口总值7 255.1亿元，同比减少4%。其中，出口3 129.8亿元，同比减少2.6%；进口4 125.3亿元，同比减少5%。

口岸综合管理

【口岸对外开放工作取得新进展】 一是完成了大连长兴岛口岸国家对外开放验收工作，共验收泊位19个，包括大连港1个30万吨原油码头、恒力石化10个泊位、公共港区3个泊位、大船重工集团修船基地5个泊位，确保了驻口岸外贸企业正常运营。二是完成了长兴岛港口岸已开放范围内新建涉外码头对外开放验收，共验收通过5个恒力石化自用码头。三是将丹东港、葫芦岛港口岸绥中港区扩大开放列入年度审理计划并按时完成申报工作。四是启动了大连港北良港区、葫芦岛港柳条沟港区已开放范围内新建涉外码头对外开放验收筹备工作。五是加快推进了锦州港粮食指定监管场地复审及盘锦港粮食指定监管场地的批复工作。

【进一步提高口岸通关便利化水平】 2019年，由辽宁省副省长陈绿平牵头召开了两次口岸工作领导小组会议部署口岸便利化工作，研究制定了《辽宁省人民政府关于优化口岸营商环境促进跨境贸易便利化工作的实施意见》（辽政发〔2019〕11号），有力地推动了辽宁省口岸建设和跨境贸易便利化工作健康发展。各口岸单位积极贯彻落实，将跨境贸易便利化作为扩大对外开放的重点工作进行部署，对进出口食品、鲜活、冷链产品探索实施“即报即放”“即检即放”“边检边放”等多种监管模式。加快“智慧港口”建设，全面推行进口集装箱提货单和设备交接电子化流转。2019年12月，辽宁省出口整体通关时间3.42小时，比2017年压缩了79.78%；进口整体通关时间27.19小时，比2017年压缩了78.45%。

【中国（辽宁）国际贸易“单一窗口”建设走在前列】 中国（辽宁）国际贸易“单一窗口”标准版不断推出的新项目，两步申报、原产地证、许可证件、金融产品、出口退税等新功能全面落地，目前上线运行16类68项基本功能和11类19项地方功能。2019年累计组织培训17场，1 500多家企业，5 000多人次参训，全面提升“单一窗口”业务应用率，辽宁省国际贸易“单一窗口”在全国率先实现并稳定保持海陆空口岸货物、运输工具、舱单等主要业务综合覆盖率达到100%的省份。截至2019年12月底，注册企业6 641家，注册用户数15 325个。

【积极开展口岸提效降费工作】 2019年，辽宁省印发了《辽宁省口岸办关于开展口岸收费信息动态维护工作的通知》（辽口办函〔2019〕10号），对口岸收费目录清单进行动态管理，进一步规范口岸收费公示的收费主体、服务内容、费用标准，开展口岸收费阳光公示，打造优质、透明的营商环境，多措并举开展收费排查。同时，继续做好免除海关查验没有问题外贸企业吊装移位仓储费用试点工作，全年各查验场所查验没有问题集装箱：20 尺集装箱 13 708 个，40 尺集装箱 16 277 个，箱式货柜车 2 997 辆，共免除查验没有问题外贸企业吊装移位仓储费 3 150 万元。

【推进海关特殊监管区域创新发展】 2019 年 1 月，国务院下发了《关于促进综合保税区高水平开放高质量发展的若干意见》，辽宁省积极推进文件精神落地落实。辽宁省口岸办全面征求并汇总各单位意见建议，以省政府办公厅名义出台了《关于促进综合保税区高水平开放高质量发展的工作方案》。联合海关和各保税区管委会共开展培训 12 场，参加培训企业 1 600 余户。会同海关、税务等省（中）直部门对相关重点企业采取 1 对 1 帮扶，为企业增收效益明显。会同大连市政府、大连海关完成了将大连出口加工区及大窑湾保税港区整合优化为综合保税区的申报工作。锦州港保税物流中心设立申请获国家批准，盘锦辽东湾综合保税区、大连长兴岛综合保税区和大连中铁铁龙保税物流中心审批工作正在有序推进，积极构建新时代辽宁开放型经济发展新优势，形成高水平全面开放新格局。

口岸监管与服务

【辽宁出入境边防检查总站全面提升口岸服务管理效能，营造安全顺畅高效通关环境】 2019 年，辽宁出入境边防检查总站全面深化边检“放管服”改革，积极完善口岸管控和服务保障措施，为优化营商环境、保障口岸安全畅通做出了积极贡献。一是全面提升口岸通关效率。在沈阳、大连、营口地区 4 个大型口岸建设应用 15 条重点面向中国公民的自助查验通道，使口岸通关效率提升 30% 以上，特别是中国籍旅客普遍感到通关舒适度更好、民族自豪感更强。深入推广应用空港预警系统、港口管理系统和“网窗”系统，实现了远程报检、提前预警和精准服务的有机结合，受到了服务对象普遍欢迎。主动就辽宁省空运口岸实行外国人过境免签政策情况进行专题调研，向省通关工作领导小组提出合理化建议，进一步完善跟进保障措施，确保两个空运口岸 144 小时和 24 小时过境免签旅客数量分别增长 69%、288%，为建设东北亚国际航空枢纽做出了积极贡献。二是不断完善便民服务举措。刚性贯彻落实国家移民管理局有关工作部署，提前预测、主动发布节假日口岸客流高峰情况，引导出入境旅客错峰出行；坚决兑现中国公民出入境通关候检时间不超过 30 分钟、为老年人和两院院士等特殊群体提供专用通道等服务承诺，全面提高服务对象获得感、幸福感；立足辽宁省实际不断完善边检服务措施，为海上过鲜船舶、远洋捕捞船队、大型油轮等提供靠前服务、订制服务，节约企业生产成本；面向全省 43 家大中型口岸企业公司开展“背靠背”式问卷调查，主动征求意见建议，研究提出 6 条改进边检工作的服务举措，积极打造更加优质的口岸营商环境。三是圆满完成重大通关保障任务。圆满完成了第十三届夏季达沃斯论坛及大连赏槐会、软交会等重大活动的口岸通关保障任务，确保了保加利亚总统、孟加拉国总理、格鲁吉亚总理等政要和在韩中国人民志愿军烈士遗骸专机顺畅通关，先后为中央及省部级领导等数十个重要团组出入境提供了优质通关服务。

【辽宁出入境边防检查总站全力保障口岸开放发展及重大项目建设】 2019 年，辽宁出入境边防检查总站紧密结合省委省政府经济社会发展战略，在服务老工业基地振兴、助力辽宁外向型经济快速发展上精准发力、主动作为。一是全力服务保障重大项目建设。积极参与国际贸易“单一窗口”建设，推进辽宁自贸试验区经验创新、复制、推广，全面实行国际航行船舶通关报检网上办、就近办、一次办，着力实现口岸企业办理边检查验手续由“只跑一次”到“一次不跑”，赢得了普遍欢迎。主动发挥职能作用，为中储粮、华锦阿美、宝来巴塞尔等大型招商引资项目顺利落地实施提供跟进式服务保障，为辽宁港口集团改制发展提供全程绿灯式便利条件，有力策应了省委省政府重大经济建设项目规划部署。二是主动跟进保障口岸开放发展。积极支持大连长兴岛口岸通过国家和省级验收，推动葫芦岛口岸启动扩大开放审批进程。配合省口岸办积极向国家申报丹东港口岸扩大开放，为积极推动解决丹东港历史遗留问题创造了有利条件。努力克服基础设施滞后、工休矛盾突出等困难，全力支持沈阳桃仙、大连周水子机场增开国际航线、增加国际航班，确保辽宁省两个空港口岸旅客吞吐量双双突破2 000万大关，出入境旅客数量再创历史新高，保持了在东北4省区干线机场的绝对领先地位。

【辽宁海事局优化口岸营商环境，服务航运经济发展】 2019年，辽宁海事局主动发挥专业优势，不断创新举措，优化口岸营商环境，提升口岸服务水平及风险防控水平，服务辽宁自由贸易试验区建设，助力辽宁口岸发展。一是实现“单一窗口”标准版系统使用全覆盖，海事进出口业务实现全程无纸化，业务办理时长缩短为20分钟以内，海事相关业务办理实现“零待时”。二是推动辖区绿泥石水镁石纳入《国际海运固体散装货物规则》名录，打造“绿泥石《国际固体散装货物规则》中国标准”被列为辽宁自贸试验区可借鉴推广的第二批改革创新经验做法。向全国推出性质不明货物运输条件免费鉴定服务。三是以“三互”联合研判工作室为平台，在大连口岸内开启危险品高风险货物“海事海关联合研判——海关第一时间布控——双方现场联合查验——海事处置完毕结果反馈给海关后放行”新模式，构筑口岸危险品安全监管联防联控体系，在国内率先推出口岸危险货物“谎报匿报四步稽查法”及取消危险货物“包装两证”核销的创新举措。四是出台《辽宁海事局进一步优化营商环境提升跨境贸易便利化水平的若干措施》，推动内部审批职能向政务中心集中，推行材料流转、并联审批、结果互认，推出缩短船舶登记等部分海事行政许可审批时限至原时限40%的便民服务举措。五是落实《辽宁海事局服务辽宁自由贸易试验区建设若干举措》，与大连自贸片区管理委员会签署《联合提升大连自贸片区海员服务水平的战略合作协议》，2019年5月，“船舶安全检查智能选船机制”被列入国务院第五批全国复制推广改革试点经验。六是配合国家、省、市口岸部门完成大连长兴岛水运（海港）口岸开放验收，发布《辽宁海事局关于辽宁大连长兴岛港口岸对国际航行船舶开放的公告》，积极配合推进葫芦岛水运（海港）口岸和丹东水运（海港）口岸扩大开放，支持地方海洋渔业发展，完成丹东大鹿岛和长海庄河金石滩海域海上过鲜临开工作。七是完善口岸收费目录清单制度，动态更新并采取多种方式公示海事规费征收相关文件及26项口岸收费目录清单内容。八是落实《大连海事局关于加快邮轮旅游发展实验区建设的三年行动计划》，加强与口岸查验单位协同配合，做好大连港邮轮通关保障和安全监管工作。

【大连海关优化服务支持辽宁全面振兴】 一是落实重大决策部署，第一时间坚定坚决贯彻落实习近平总书记重要指示批示，强化海关作为政治机关的属性要求，顺利完成关检融合机构改革、缉私体制改革、关区两级党委设立工作。二是提高通关便利化水平。深化“放管服”改革，取消84项海关证明事项，推动15项“证照分离”改革事项落地。全面推开“多查合一”改革，首创“六个统一”工作模式，核查工作各项考核指标名列全国海关前列。拓展“单一窗口”建设，优化“提前申报”“先放后检”措施，稳步推进“两步申报”“先期机检”改革。三是优化营商环境。出台优化营商环境18项措施，联合大连市政府召开工作推进会，举办“关企之桥”恳谈会。2019年进出口通关时间比2017年分别压缩77.9%和79.7%，提前完成海关总署目标。四是支持综合保税区和自由贸易试验区建设。打造保税领域“八张牌”，其中全国率先开展“保税混矿”业务，入选国务院第四批自由贸易试验区创新制度。“进境粮食检疫全流程监管模式”被国务院列入第五批自由贸易试验区复制推广经验。五是推动高水平开放。支持东北亚航运中心建设，北良港海关正式开关，完成长兴岛口岸正式开放验收，加强与韩国釜山和仁川海关、朝鲜新义州海关、越南老街省卫生厅的国际合作，与香港海关开展关际交流，与辽港集团签订合作备忘录。

【大连海关强化监管筑牢安全屏障】 一是提升监管效能。新一代风险作业系统和查验管理系统全面上线运行，全年整体查获率3.4%，同比增长74.8%；人工分析布控进出口查获率5.9%，同比增长78%。开展“防控口岸监管风险”“行邮快件监管”专项行动，查找监管风险点95个，制定整改措施70余条。二是加强综合治税。制定综合治税“15+10”项措施，完善征管机制，深挖税收潜力，圆满完成海关总署税收调控任务，综合治税大格局日益稳固，经验做法在全国海关交流。2019年入库税收684亿元，同比增长7.7%，位列全国海关第8位。三是严防疫病疫情。全年口岸检疫查验和监测体共检出传染病661例，其中肺结核140例、基孔肯亚热1例，传染病疫情信息上报数量居全国海关第一位。全年检出进境植物有害生物549种18 447种次，从加拿大进口油菜籽检出4种12种次检疫性有害生物，被海关总署发布警示通报并暂停进口。四是筑牢安全屏障。推进实验室优化整合，建设国家级进出口食品质量安全风险验证评价实验室（水产品）、国家进口废纤维属性鉴定重点实验室，完成实验室认可扩项399项。获得省部级科研立项14项，获得辽宁省科技进步奖三等奖3项。五是重拳打击走私。推动全员打私，开展“国门利剑2019”联合专项行动和8次“DJ”系列缉私行动，参与“国门勇士2019”专项行动，8起案件被列为海关总署挂牌督办案件，DJ1904走私日本商品案入选2019年全国缉私十大典型案例。全年参加海关总署3轮“蓝天2019”集中行动，查证涉案“洋垃圾”5 700余吨，退运3 700余吨，无害化处置2 900余吨；查获象牙、犀牛角等濒危物种及制品164件。

【沈阳海关优化口岸营商环境】 2019年，沈阳海关不断优化通关模式，推动口岸通关改革。按照海关全面深化改革2020框架方案要求，“两步申报”改革全部铺开，“两轮驱动”“两段准入”改革持续深化，“中欧班列”跨关区“两段准入”改革试点获海关总署批准。精简口岸通关证件，进出口监管证件由86种减少至44种，除4种有保密要求不能联网外，其余40种全部实现网上申报、网上办理。推进“海关专用缴款书”企业自行打印，通关作业无纸化报关单比例稳定在较高水平。进一步提高非侵入式查验比例，对进出口鲜活农产品开通绿色通道。提高口岸通关效率，深入推进国际贸易“单一窗口”应用，主要申报业务应用率达100%。优化进口“提前申报”功能，实施出口“提前申报、运抵验放”模式和“延时、错时+预约通关”工作机制。对铁矿、锰矿、锌矿等7种进口矿产品实施“先放后检”，优化进口大宗商品重量鉴定监管方式，对11种免于办理强制性产品认证的进口汽车零部件试点实施“先声明后验证”。分类指导、综合施策，巩固压缩整体通关时间工作成果。进口、出口货物整体通关时间较2017年压缩比均超过80%。降低口岸通关成本，推广关税保证保险，降低进出口企业资金占用成本，全年受理并使用关税保证保险161份，担保税款10.71亿元，惠及26家进出口企业。

【沈阳海关多举措服务地方经济发展】 2019年，沈阳海关深入学习贯彻习近平总书记在辽宁考察时和在深入推进东北振兴座谈会上重要讲话精神，全面推进“政治建关、改革强关、依法把关、科技兴关、从严治关”建设，助力辽宁打造“发展环境最优省”。落实“放管服”改革要求，推进“多证合一”“证照分离”改革，行政审批流程进一步优化，实现全流程网上办理。落实减税降费重大部署，严格落实行政事业性收费取消、停征政策，进一步清理规范所属企事业单位进出口环节涉企收费。推动口岸营商环境与省、市营商环境建设精准对接，牵头完成国家营商环境评价沈阳市跨境贸易指标集中填报工作，并参与东北营商环境试评价。主动协调省、市相关部门和满洲里海关，完善中欧班列快速通关保障措施，提升中欧班列核心竞争力。支持辽宁自贸试验区沈阳片区和沈阳综合保税区协同发展，2项自贸试验区创新措施被列入《国务院第六批自贸试验区复制推广措施》，5项创新措施被纳入《中国（辽宁）自贸试验区第三批省内借鉴推广制度创新案例》，采用数量位列全省第一。贯彻落实支持综合保税区高水平开放高质量发展的21条举措，完成沈阳综合保税区老B区转场撤区和桃仙园区封关运作。支持沈阳空运口岸发展，助力东北首家保税航油“两仓”启动运营，与公用型保税仓库、自用型其他专用保税仓库形成集聚效应，吸引航空企业入驻。严格执行对美加征关税排除措施，与省政府发展研究中心共同撰写了中美贸易摩擦系列研究，开展关区技术性贸易措施影响调查，支持企业有效应对国外技术贸易壁垒。

开放口岸

【沈阳空运口岸（沈阳桃仙国际机场）】 沈阳桃仙国际机场位于辽宁省沈阳市东陵区桃仙镇，距沈阳市中心22千米，为国家民用一级机场。机场于1985年开始筹建，1989年4月16日正式启用。机场跑道长3 200米，宽45米，飞行区等级为4E级，现有停机位79个，其中登机桥位30个，远机位47个，公务机位2个。机场净空条件良好、功能齐全、设备先进，可保障国内外大型客、货机使用。机场现有3座航站楼（T1、T2航站楼停用）。T1航站楼设计年旅客吞吐量90万人次。1995年开始二期工程扩建，2001年12月T2航站楼投入使用，T2航站楼设计年旅客吞吐量606万人次。2011年开始T3航站楼施工建设，2013年8月T3航站楼投入使用，T3航站楼设计年旅客吞吐量1 750万人次。

2019年，沈阳空运口岸通航城市120个，其中，国内（不含港澳台）城市96个，国际城市21个，港澳台地区3个。航线249条，其中国内航线214条，国际及地区航线35条。

2019年10月1日，沈阳桃仙国际机场正式开展保税航油业务，沈阳空运口岸成为东北第一家保税航油库。

2019年，沈阳空运口岸旅客吞吐量累计2 054.4万人次，同比增长7.9%。其中，出入境旅客194.5万人次，同比增长10.2%。货物吞吐量19.2万吨，同比增长14.3%。其中，外贸进出口货运量1万吨，同比增长11.1%。

【大连空运口岸（大连周水子国际机场）】 大连周水子国际机场位于大连市西北部，始建于1972年10月，从军民合用机场发展建设成为民用机场。1973年4月开航，1985年经国务院批准对外开放。该机场距大连市中心10千米，距沈大高速公路5千米，交通运输网络十分便利，机场占地面积345万平方米，飞行跑道长3 300米，候机楼面积13.5万平方米，停机坪面积66万平方米，符合4E级Ⅰ类国际机场标准，可供除A380外各种大型飞机安全起降。2019年新引进朝鲜高丽航空公司，新增北九州、仙台等国内外通航点10个，恢复和加密札幌、芽庄、暹粒、丽江、敦煌等多个国内外通航点。大连与日本通航城市已达9个，低于上海，与北京持平，对日航线网络布局日趋完善，枢纽地位进一步显现。目前，48家航空公司在大连开通275条国内外航线，与8个国家及2个地区的121座城市通航，国内（不含港澳台）通航城市102个，国际通航城市17个，港澳台地区通航城市2个，形成了覆盖全国，辐射日韩俄，连接东南亚的航线网络。

2019年，大连空运口岸完成旅客吞吐量2 008万人次，同比增长7.1%，货邮吞吐量17.3万吨，航班起降15.4万架次。国际和地区旅客吞吐量超过200万人次，同比增长12%，是东北地区首家国际和地区旅客超过 200 万人次的机场。货物吞吐量 17.3 万吨，同比增长 7.5%。其中，外贸进出口货运量 3.6 万吨，同比减少 14.3%。

【丹东陆路（铁路）口岸】 丹东陆路（铁路）口岸通过中朝友谊大桥与朝鲜新义州口岸相对应。口岸地点设在铁路丹东站，分为客运和货运两部分。1954 年中朝两国签订了铁路联运协定，开通北京至平壤、平壤至莫斯科往返直通国际联运旅客列车，经停丹东站，每周二、周四、周五、周日出境，周一、周三、周四、周六入境，现经中朝协商，每天都有丹东铁路口岸至朝鲜新义州口岸旅客列车。国际联运货物列车每天往返 4 对。2001 年 11 月 24 日中朝两国签订了《中朝边境口岸及其管理制度的协定》，明确规定：铁路口岸允许持有效护照及签证或边境通行证的双方公民、货物和运输工具通过；允许持有效护照及签证的第三国公民、货物和运输工具通过；铁路口岸每日的开放时间按中朝双方间有关协议中的铁路运行时刻表执行，不受双方规定的节假日和边境口岸每天开放时间的限制。2006 年 8 月，铁路丹东站改造建设，2008 年年底铁路丹东站新站舍竣工并投入使用。

2019 年，丹东陆路（铁路）口岸进出口货物 9 万吨，同比下降 7.2%。其中，进口 1.7 吨，与上年同期持平；出口 7.3 万吨，同比减少 24.7%。出入境旅客 29 万人次，同比增长 51%。

【丹东陆路（公路）口岸】 丹东陆路（公路）口岸通过中朝友谊大桥与朝鲜新义州口岸相连。口岸地点设在中朝友谊桥旁。丹东公路口岸是于 1955 年经中朝双方商定批准的对外开放口岸，也是我国与朝鲜半岛接壤的口岸中可通行第三国人员的口岸。丹东公路口岸分为客运和货运两部分。1966 年关闭，1981 年恢复通关。2004 年 6 月，公路口岸扩建改造，2005 年 6 月 20 日，改造后的公路口岸正式投入使用。丹东公路口岸公路客运班车由中朝双方共同营运，主要接送两国边民。2019 年，丹东公路口岸基础设施进行了较大规模的改造，进一步改善了口岸通关条件，提升了口岸对外形象。

2019 年，丹东陆路（公路）口岸外贸进出口货运量 128.5 万吨，同比增长 20.2%。其中，进口 6.1 万吨，与去年同期持平；出口 122.4 万吨，同比增长 21.4%。出入境旅客 62 万人次，同比增长 54.2%。

【大连水运（海港）口岸】 大连港始建于 1899 年，距今已有百余年的历史。1960 年 6 月经国务院批准正式对外开放。大连港居西北太平洋的中枢，是正在兴起的东北亚经济圈的中心，是该区域进入太平洋，面向世界的海上门户。大连港港阔水深，不淤不冻，自然条件非常优越，是转运远东、南亚、北美、欧洲货物最便捷的港口。大连港开放水域 346 平方千米，陆地面积 15 平方千米，现有港内铁路专用线 150 千米，仓库 30 万平方米，货物堆场 180 万平方米，拥有 45 万吨级原油码头和 30 万吨级矿石码头。大连港与世界上 160 多个国家和地区、300 多个港口建立了海上经贸航运往来关系，开通集装箱航线

106条，其中外贸航线93条、内贸航线13条，航班密度500班/月，基本覆盖全球主要航区，东北地区98.5%以上的外贸集装箱经大连港转运。大连港与美国奥克兰港、休斯顿港、加拿大的温哥华港、日本的北九州港、横滨港、伏木富山港等港口结为友好港。大连口岸以冷链物流为重点的海铁联运，辐射东北、覆盖全国的冷链物流网络逐步形成。

大连港按功能划分为6个生产作业区。一是大港区，大连港大港区位于中山区，靠近繁华的人民路地段，是大连港的发源地。拥有生产泊位26个，港区综合通过能力为1 143万吨/年，经营杂货运输、内贸集装箱运输、邮轮、滚装等，另外还从事客运生产。二是大连湾港区，有杂货泊位8个，客运滚装泊位1个，年通过能力645万吨，主要经营煤炭、玉米、特资、杂货运输和滚装货。三是大窑湾港区，是我国规划建设的四大国际深水中转港之一，是大连港运输国际集装箱的专业化港区。拥有14个集装箱泊位，码头年设计通过能力420万标箱，有汽车滚装泊位3个，年通过能力80万辆。四是鲇鱼湾港区，拥有原油泊位6个，年通过能力6 908万吨，成品油泊位26个，年通过能力2 966万吨，主要经营进出口原油、出口成品油。五是大孤山南港区，有杂货泊位1个（15万吨级），主要从事钢铁、玻璃、汽车、矿建材料等货物的装卸，码头年通过能力1 000万吨。六是大孤山西港区，主要是货主码头，有泊位24个。其中北良企业码头有泊位6个，是粮食加工运输专业码头，是东北最大的大米综合利用区、粮食中转筒仓区、物流加工区、粮油食品仓储区、粮油食品加工区、物流配送区、综合物流区、配套服务区等，年通过能力1 000万吨；大连石化公司码头有4个泊位，年通过能力1 000万吨；福佳大化石油化工有限公司有2个泊位，年通过能力662万吨；逸盛大化石化有限公司有3个泊位；大连大洋船舶工程有限公司修造船企业有7个泊位；大连东方精工船舶配套有限公司有2个泊位。

2019年大连水运（海港）口岸货物吞吐量3.66亿吨，同比增长4.3%，其中外贸进出口货运量16 510.7万吨，同比增长5.9%，集装箱吞吐量875.8万标箱，同比减少10.3%，其中进出口543.2万标箱，同比增长2%。

【营口水运（海港）口岸】 营口水运（海港）口岸位于渤海湾东北岸、辽河的入海口。口岸包括沿辽河的营口老港区、鲅鱼圈港区和仙人岛港区3个港区。营口老港区于1861年对外开埠。鲅鱼圈港区是营口港的核心港区，以矿石、煤炭、集装箱、钢材、油品、粮食、商品汽车等运输为主，1984年经国务院批准建设，1988年对外开放。仙人岛港区于2008年经国家批准建设，2018年10月9日对外开放通过国家正式验收，主要以油品、化工品等液体散货和通用散、杂货运输为主，目前30万吨级原油码头已投入运营。

营口港陆域面积3 980万平方米，其中鲅鱼圈港区2 360万平方米，营口老港区190万平方米，仙人岛港区1 430万平方米。营口港现有库房40万平方米，堆场830万平方米，储罐580万立方米，筒仓80万立方米；拥有占地65万平方米的营口港保税物流中心，有集装箱、汽车、煤炭、粮食、矿石、钢材、大件设备、成品油及液体化工品和原油等9大货种专用码头，其中矿石码头、原油码头分别为30万吨级，集装箱码头可以靠泊第5代集装箱船，总通过能力为15 749万吨。

营口港码头岸线长17 107米，现有泊位76个，其中鲅鱼圈港区55个，营口老港区14个，仙人岛港区7个，有万吨级以上泊位57个。鲅鱼圈港区现有深水航道宽270米，底标深22

米，长32千米，可满足15万吨级以下船舶全天候通航，30万吨级矿石船舶可乘潮通航，7万吨级以下的船舶可双向通航。仙人岛港区现有30万吨级航道，宽350米，底标深22.5米，长约27.85千米。

营口港已经同50多个国家和地区140多个港口建立了通航业务关系，现有东南亚航线、日本关东航线、韩国釜山航线、韩国仁川航线（国际客货班轮航线）外贸直航航线4条，以及通过天津、大连、宁波中转世界各地的外贸内支线4条。集装箱内贸航线已覆盖中国沿海30个主要港口。散杂货内贸航线主要分布在上海、青岛、江阴、宁波、舟山、温州、泉州、钦州、厦门、深圳、湛江及广州等地。营口港现有到华东、华南的定线船。散杂货外贸航线是韩国、日本、朝鲜、新加坡、伊朗、印度等国家和中国台北等地区，以及澳大利亚、巴西、美国、荷兰、意大利、英国、加拿大等国家及南北美洲部分国家和地区。内外贸航线达到每月500班次以上。

营口港交通便捷，沈大高速、哈大公路沿港区而行，长大铁路直通码头前沿，与港内30条1 050米铁路装卸线相连。现已开通营口港至哈尔滨、大庆、长春、德惠、公主岭、四平、松原、佳木斯、牡丹江、绥芬河等40多条海铁联运集装箱班列和6条经满洲里连接欧亚大陆桥的国际集装箱班列。

2019年，营口水运（海港）口岸货物吞吐量2.38亿吨，同比减少28.8%。其中，外贸进出口货运量8 264.1万吨，同比减少9.9%。集装箱吞吐量547.3万标箱，同比减少9.2%。其中，外贸5.4万标箱，同比减少33.3%。

【锦州水运（海港）口岸】 锦州水运（海港）口岸位于渤海西北部的锦州湾北岸，是渤海西北部400千米海岸线重要对外开放的国际商港，是辽宁省重点发展的区域性重要港口，是中蒙俄新通道最便捷的出海口。锦州港1985年12月经国务院批准建设，1986年10月开工建设，1990年10月正式通航，同年12月被国家批准为开放口岸，成为中国第49个对外开放口岸。2017年9月21日，国务院下发《国务院关于同意辽宁锦州港口岸扩大开放的批复》（国函〔2017〕123号），同意锦州港口岸扩大开放。

锦州港笔架山港区现有水陆域面积5 630万平方米（仅规划水域，不含航道、锚地），规划陆域面积2 400万平方米，已建成陆域面积1 200万平方米，主要由石化作业区、粮食及件杂货作业区、集装箱作业区、油品作业区、专业化散货作业区、大宗散货作业区、预留发展区等组成。锦州港现有主航道水深17.9米，为15万吨级单向航道、5万吨级双向航道。全港规划码头岸线总长14 018米，现有岸线总长7 345米，堆场总面积310.7万平方米。全港共有各类泊位27个，其中生产性泊位26个，24个为万吨级以上深水泊位。目前，锦州港有外贸集装箱内支线2条（大连、天津），内贸航线21条，同世界上100多个国家和地区建立了通航关系。

2019年，锦州水运（海港）口岸货物吞吐量11 340.4万吨，同比增长3.5%。其中，外贸

进出口货运量 1 837.5 万吨，同比增长 11.2%；集装箱吞吐量 187.9 万标箱，同比增长 15.9%。

【丹东水运（海港）口岸】 丹东水运（海港）口岸是中国海岸线最北端的国际贸易商港，是天然不冻良港，辖大东港（海港）和浪头港（河港）两个港区。现有生产性泊位 29 个，拥有粮食、矿石、煤炭、油品、集装箱、客滚、散杂、通用等专业泊位和配套的专业化、自动化装卸系统及货物存放库场，港口年综合吞吐能力达亿吨。目前已与日本、韩国、俄罗斯、美国、巴西、印度等 70 多个国家和地区的 90 多个港口开通了散杂货、集装箱、客运航线。2014 年，丹东港步入全国大型港口行列。

2019 年，丹东水运（海港）口岸货物吞吐量 5 669 万吨，同比减少 43.7%。其中，外贸进出口货运量 1 782.5 万吨，同比减少 11.1%。其中，进口 1 620.5 万吨，出口 162 万吨。集装箱吞吐量为 39.8 万标箱，同比减少 56.2%。港口出入境旅客 11.5 万人次，同比增长 10.1%。

【葫芦岛水运（海港）口岸】 葫芦岛水运（海港）口岸位于辽东湾北岸的辽西走廊，三面环山，素有北方不冻良港之称。背靠 102 国道、京沈高速公路、京哈铁路和秦沈客运专线。东距营口港 60 海里，西距秦皇岛港 90 海里，处环渤海经济圈、东北和华北经济连接点。葫芦岛港历史悠久，1908 年开始筹划建设，于 1937 年开始通航。中华人民共和国成立后，葫芦岛港建设成为一个重要造船基地。1984 年 8 月经国务院批准，葫芦岛港开始开展内贸运输。1995 年，葫芦岛市进行港口扩建工程，开始建设 1 万吨级泊位 1 个，1999 年竣工进行试营运，同年国务院批准葫芦岛港对外开放（国轮外运）。2000 年，万吨级码头通过营运验收和口岸开放验收。葫芦岛港成为港口机构健全、设施齐全，年吞吐能力 100 万吨的对外开放口岸。2002 年，渤船重工在港池内建设 30 万吨级船坞，需占用港口一期工程位置，为保证国家重点项目建设，经辽宁省发展改革委批准，葫芦岛港一期工程移址柳条沟港区建设。2007 年，国务院批准葫芦岛港对外国籍船舶开放，2010 年 11 月，葫芦岛港通过国家口岸扩大开放验收。2014 年，葫芦岛港升级为地方重要港口。经国务院同意，葫芦岛港口岸绥中港区的扩大开放项目列入 2019 年度口岸开放审理计划。葫芦岛港规划一港四区，即柳条沟港区、绥中港区、北港港区和兴城港区。

2019 年，葫芦岛水运（海港）口岸货物吞吐量为 3 076 万吨，同比增长 31.3 %；其中，外贸进出口货运量 76.8 万吨。集装箱吞吐量 6.2 万标箱，同比增长 37.8%。

葫芦岛水运（海港）口岸柳条沟港区，现拥有码头泊位 7 个，分别为 1 个 2 万吨级散杂货泊位、1 个 3.5 万吨级散杂货泊位、1 个 5 000 吨级液体化工泊位、1 个 3 万吨级成品油泊位和 3 个 7 万吨级通用泊位，港区综合设计通过能力 725 万吨/年。航道全长 14.6 千米，底标深 14.5 米，航道宽 170 米，港区陆域面积约 5 平方千米。

2019 年，货物吞吐量 2 110.5 万吨，同比增长 33.5%，其中外贸进出口货运量 76.8 万吨，集装箱吞吐量 4.5 万标箱。

葫芦岛水运（海港）口岸绥中港区，拥有货主专用码头 6 个和公共码头 5 个，港区综合通过能力 2 759 万吨/年。2019 年，货物吞吐量 683.5 万吨，集装箱吞吐量 1.7 万标箱；绥中发电有限责任公司货物吞吐量 264.4 万吨；绥中 36 – 1 原油终端处理厂货物吞吐量 840.5 万吨。

葫芦岛水运（海港）口岸北港港区，是北港工业园区的配套港区。2019 年，货物吞吐量 250.1 万吨；渤海船舶重工有限责任公司货物吞吐量7.5万吨。

葫芦岛水运（海港）口岸兴城港区，是葫芦岛港的预留发展港区，目前主要以客运为主。兴城港区现有码头主要是觉华岛陆岛交通码头，在兴城海滨建有7个500吨级陆岛交通码头，年综合通过能力50万人次。2019年客运量36.735万人，客运周转量477.555万人公里。

【盘锦水运（海港）口岸】 盘锦水运（海港）口岸位于辽东湾湾底，是辽宁沿海地区性重要港口和东北及蒙东地区较近的出海口之一。港口规划利用11.7千米自然岸线，形成陆域面积44.7平方千米、岸线35.6千米，现有及规划共布置泊位90个，通过能力达2.56亿吨。港口的防波堤、围堰和后方陆域已基本形成。现已建成25个5万吨级泊位（已投入运行16个5万吨级泊位）和60万立方米油品储存罐区，另有12个5万吨~30万吨级以上泊位正在建设。同时10万吨级航道工程建设已全面开工。

港口现有2万平方米查验仓库，6万平方米保税仓库、出口监管仓及50万平方米保税物流中心，保税物流中心于2016年10月通过验收，2017年9月正式开展业务。

盘锦水运（海港）口岸拥有便利的公路、铁路网络，火车可直接入港。重点发展油品、液体散货、粮食、集装箱等货物运输，将逐步发展成为多功能、现代化的综合性港口。目前港口主要作业货种有粮食、化工原料及制品、化肥及农药、建材、钢铁等。依托港口优势，盘锦港发展多元产业，构建物流、经贸、燃供、保税、仓单质押、大宗商品电子交易等业务为一体的港口综合服务功能。其中，大宗商品电子交易平台可为客户提供全国沿海各港口的煤炭、玉米、钢材、矿石、化工品、油品等大宗商品市场行情及交易信息，可进行交易、仓储、结算业务，享受税收减免等优惠政策。

为满足外贸货物进出及港口发展的需求，从2011年开始，盘锦港共完成六次临时对外开放。2015年6月7日，国务院批复同意盘锦海港口岸对外开放。2015年6月16日，盘锦市政府与满洲里市政府签订了口岸合作协议。2015年10月18日，“盘满欧”集装箱国际班列正式开通，发出首列“盘锦港—满洲里—莫斯科”班列。2015年12月3日，盘锦港口岸对外开放通过省级预备验收。2015年12月21日，盘锦市政府与二连浩特市政府签订了口岸合作协议。2016年9月6日，盘锦海港口岸通过国家级验收。2017年5月10日，盘锦港开通东北首班“辽蒙欧”中欧班列。2019年，盘锦港新增至温州集装箱航线，航线总数达到16条，已建成通辽、法库、辽中、齐齐哈尔、佳木斯等7个陆港。2019年3月14日，盘锦港进境粮食指定监管场地顺利通过海关总署现场考核验收，5月8日海关总署正式对外发布新增盘锦港为进境粮食指定监管场地。

2019年，盘锦水运（海港）口岸货物吞吐量4 756.1万吨，同比增长16.3%。其中，外贸进出口货运量442.7万吨，同比增长6.6%；集装箱吞吐量31.8万标箱，同比减少25.9%。

【旅顺新港水运（海港）口岸】 旅顺新港水运（海港）口岸位于辽东半岛最南端，与山东半岛隔海相望，是天然不冻港，海岸线长度达169千米，是连通辽东半岛和山东半岛的“黄金水道”。2006年8月16日，经国务院批准为对外开放口岸，2009年11月20日通过国家验收，2010年1月6日正式对外开放，目前，旅顺新港海港口岸拥有2个开放杂货泊位，辖区内中远川崎船舶工程有限公司、大连今冈船舶工程有限公司、大连滨海船舶修造有限公司码头实现口岸临时开放。2019年，旅顺新港港区共完成港口货物吞吐量 2 148.46 万吨，其中外贸进出口货运量 142.3 万吨。

目前，旅顺新港海港口岸已开通旅顺至烟台、旅顺至蓬莱、旅顺至龙口、旅顺至东营、旅顺至潍坊、旅顺至天津 6 条国内省际客货滚装航线；主要进口货物为钢材、机械零部件、水产植物等原材料，主要出口货物为散货船、船舶分段、水产等各种加工贸易成品。2019 年，累计完成旅客吞吐量 160.43 万人次，同比增长 9.25%，渡运车辆 41.86 万台次，同比增长 7.47%，两项客滚运输指标分别占全市同类指标的 26.62% 和 29.5%，分别比去年增长了 1.86% 和 6.91%。

【庄河水运（海港）口岸】 庄河水运（海港）口岸位于辽东半岛东侧南部，是黄海、渤海沿岸距日、韩最近的港口，滨海公路横贯东西。2007 年 9 月 12 日获国务院批准对外开放，2009 年 11 月 18 日通过国家验收，2010 年 1 月 20 日正式对外开放。庄河港区共有泊位 12 个。按区域分：将军石作业区泊位 6 个；黑岛作业区泊位 1 个；石城港泊位 2 个；王家港泊位 2 个；寿龙岛港泊位 1 个。

2019 年，庄河港区货物吞吐量 494.43 万吨，同比增长 4.3%。

【长兴岛水运（海港）口岸】 长兴岛港区主要包括长兴岛、西中岛、凤鸣岛三个自然岛屿，与大陆以海沟、浅滩相隔，长兴、西中、凤鸣三岛相间形成了葫芦山湾和董家口湾两个海湾。长兴岛地区深水岸线资源丰富，港口建设条件优良。港址南距旅顺新港约 59 海里，北距营口港约 101 海里。

长兴岛港区分为长兴岛北岸作业区、长兴岛南岸作业区和西中岛作业区。长兴岛北岸作业区有恒力石化项目 1 个 2 万吨级散货泊位（已升级为限制船长的 5 万吨级泊位）、3 个 5 万吨级散货泊位、2 个 10 万吨级液体散货泊位及 1 个 5000 吨级液体散货泊位，恒力炼化一体化项目配套码头，包括 2 个 30 万吨级泊位、6 个液体散货泊位；防波堤外侧大连港长兴岛 30 万吨级原油码头、内侧 10 万吨级原油码头及后方原油库区一期工程已建成，北港区防波堤及航道建成。南岸作业区有公共港区西侧 0# ~ 3#通用泊位（5 万吨 ~ 7 万吨级）。西中岛作业区的南防波堤工程基本完工。货物以原油、液体化学品、散货为主。

2011 年 7 月 30 日，国务院下发《关于同意辽宁大连长兴岛港口岸对外开放的批复》。2019 年 10 月 9 日，长兴岛港口岸通过国家验收，正式对外开放。11 月 29 日辽宁省政府同意启用长兴岛港恒力炼化新增泊位，长兴岛海港口岸开放泊位达到 24 个，对长兴岛经济区经济发展起到极大的促进作用。近几年长兴岛港区吞吐量呈快速增长趋势，2019 年货物吞吐量 5 392 万吨，同比增长 69.8%。

大连市

【口岸运行数据】 2019 年，大连口岸外贸进出口总值共完成 4 361.4 亿元，同比减少 8.5%。外贸进口总值 2 421.2 亿元，同比减少 15%，外贸出口总值 1 940.2 亿元，同比增长 1.2%。完成进出口货运量 16 514.3 万吨，同比增长 5.9%，进口 10 879.2 万吨，同比增长 8.9%，出口 5 617.1 万吨，同比增长 0.6%。

【提前完成长兴岛港口岸开放国家验收工作】 2019 年 10 月 9 日，长兴岛港口岸开放正式通过国家验收，提前完成口岸开放工作任务。组织各口岸查验单位就长兴岛口岸开放问题进行多次调度协商，长兴岛口岸历时 9 年 18 次临时开放的重大历史难题得到解决。

【全力推进恒力石化炼化一体化项目配套码头开放】 积极协调恒力石化炼化一体化配套码头开放，及时完成恒力石化 3 个码头的两次临时开放工作及恒力石化新建 5 个泊位的省级开放验收工作，为确保企业正常经营发展提供强有力保障。2019 年，恒力石化工业产值超过 1 000 亿元，位列全市工业企业之首，为大连市经济发展作出了突出贡献。

【继续深化国际贸易“单一窗口”建设和应用推广】 完成国家标准版和地方特色涉及 18

个业务领域74项功能开发，其中包括国际邮轮申报及快速通关、涉税保函等20项地方特色功能开发，平台现有用户数量超15 000家。目前，货物申报、舱单申报、运输工具申报业务覆盖率已达100%，处于全国领先水平。

【持续推动口岸提效降费】 继续压缩货物整体通关时间，2019年12月，大连关区进口整体通关时间为26.56小时，出口整体通关时间为3.50小时，相比2017年分别压缩了77.98%和79.69%，提前完成国务院提出的“2021年年底整体通关时间比2017年压缩一半”任务目标。推动降低集装箱进出口环节合规成本，货物港务费收费标准降低15%，外贸港口设施保安费收费标准降低20%。继续做好政府购买口岸查验服务试点工作，2019年，共免除费用集装箱22 980标箱，为企业节省费用2 326.31万元，惠及企业12 740家次，口岸提效降费成效显著。

【邮轮通关保障工作迈上新台阶】 圆满完成42个航次邮轮的通关保障工作，出入境人员13.2万人次，较2018年分别增长28%和9.7%。国际邮轮通关保障工作实现两个首次，一是首次完成“中华泰山号”和“世鹏旅居者号”双邮轮同靠通关保障工作，这在大连口岸邮轮史上尚属首例；二是首次完成11.45万吨级豪华邮轮“赛琳娜号”通关保障工作，这也是大连口岸开港以来迎接的最大吨位的邮轮。

【协调推进自贸试验区建设口岸服务工作】 依托国际贸易“单一窗口”开展“海关归类智能导航”服务体系，通过搭建申报平台，全面提升海关关区归类统一执法和企业合规申报水平，入选2018年度至2019年度中国自由贸易试验区制度创新十佳案例。完善口岸物流功能，以保税混矿业务为例，推出“入区监测＋加工监管＋出区检验”三位一体的保税混矿监管模式，入选国务院第四批自贸创新案例，助力企业拓展对日本、韩国、中国台湾的转口贸易，混矿转口量连续两年位居全国首位。

【加快推进东北亚枢纽机场建设】 2019年，大连机场旅客吞吐量共完成2 008万人次，同比增长7.1%；国际和地区旅客吞吐量超过200万人次，同比增长12%；日本航线旅客103万人次，同比增长30.5%。出台大连市航空运输业发展专项补贴资金暂行管理办法，积极推动航线开辟，新引进朝鲜高丽航空公司，新增北九州、仙台等国内外通航点10个，恢复和加密札幌、芽庄、暹粒、丽江、敦煌等多个国内外通航点。圆满完成大连—北九州、大连—仙台首航仪式。目前，大连与日本通航城市已达9个，低于上海，与北京持平，对日本航线网络布局日趋完善，枢纽地位进一步显现。

2019年辽宁省口岸大事记

1月1日

辽宁出入境边防检查总站机关及各出入境边防检查站隆重举行集体换装和揭牌仪式。

1月3日~6日

公安部副部长、国家移民管理局党组书记、局长许甘露赴大连周水子口岸、大连港口岸、丹东口岸调研指导工作。

1月4日

辽宁港口集团有限公司正式挂牌，营口港务集团正式并入辽宁港口集团有限公司，标志着招商整合辽宁港口成功。

4月3日

辽宁出入境边防检查总站圆满完成第六批在韩志愿军烈士遗骸归国边防检查通关保障工作。

5月17日

我国最大炼化一体化项目——恒力2 000万吨/年炼化一体化项目建成投产，原油等大宗化工品的进出口，进一步推动港口吞吐量和外贸进出口。

5月27日

辽宁省委常委、省人民政府常务副省长陈向群一行在丹东市市长张淑萍等领导的陪同下到丹东口岸视察工作。

6月10日

辽宁出入境边防检查总站沈阳出入境边防检

查站获评“2017～2018 年度全国青年文明号”。

6 月 16 日

国务委员、公安部党委书记、部长赵克志到丹东口岸考察调研。

7 月 1 日～3 日

“第十三届夏季达沃斯论坛”在辽宁大连隆重举行，辽宁出入境边防检查总站圆满完成了包括保加利亚总统、孟加拉国总理、格鲁吉亚总理在内的 9 架次专（包）机、18 个副部级以上重点团组、500 余名与会贵宾的入出境通关保障工作。

8 月 13 日

江苏省常务副省长樊金龙等一行在辽宁省副省长陈绿平等领导的陪同下到丹东口岸走访调研。

10 月 9 日

大连长兴岛口岸顺利通过国家级验收，实现正式对外开放。

10 月 23 日

葫芦岛连石仓储保税有限公司建设的 6 万平方米公用保税仓库通过沈阳海关验收，正式投入运营。

11 月 27 日

丹东口岸全年出入境人员数量历史上首次突破 100 万人次。

12 月 2 日

锦州港保税物流中心（B 型）成功获批。

12 月 10 日

国家禁毒委员会委员、商务部部长助理任鸿斌同志一行 9 人到丹东公路口岸考察调研。

12 月 20 日

大连周水子口岸全年出入境人员数量历史上首次突破 200 万人次。

（撰稿人：徐雷、房延海、黄忠国、关大鹏、吴思夷、李光毅、王玲玲、王俊、张学忠、王文新、温士杰、尹君）

2019年辽宁省口岸流量统计表

口岸类型		口岸名称	货运量（万吨）				集装箱量（万标箱）				人员（万人次）				交通工具（辆、艘、架、列次）			
			出口	进口	合计	同比（%）	出口	进口	合计	同比（%）	出境	入境	合计	同比（%）	出境	入境	合计	同比（%）
空运口岸		沈阳	0.6	0.4	1.0	11.1							194.5	10.2				
		大连	2.0	1.6	3.6	-14.3							181.7	7.0				
		分计	2.6	2.0	4.6								376.2				25 844	8.7
陆路口岸	公路口岸	丹东	122.4	6.1	128.5	20.2							62.0	54.2			143 429	23.3
		分计			0.0													
	铁路口岸	丹东	7.3	1.7	9.0	-7.2							29.0	51.0			2 032	100.0
		分计			0.0													
水运口岸	海港口岸	大连	5 615.1	10 895.6	16 510.7	5.9			543.2	2.0								
		营口	1 052.5	7 211.6	8 264.1	-9.9			5.4	-33.3								
		丹东	162.0	1 620.5	1 782.5	-11.1			3.8	8.6								
		锦州	380.3	1 457.2	1 837.5	11.2			0.2	-70.8								
		葫芦岛		76.8	76.8	-47.0												
		盘锦	36.2	406.5	442.7	6.6												
		分计	7 246.0	21 668.2	28 914.2	-0.2			552.6	1.5			32.3	41.0			13 259	—
合计			7 378.3	21 678.0	29 056.3	-0.1			552.6	1.5			499.5	19.5			184 564	20.3

（辽宁省口岸办提供）

2019年辽宁省口岸出入境主要数据表

项目			2019年	2018年	同比（%）
出入境人员（人次）	出入境人员总数		5 692 112	4 811 490	18.30
	入境人员		2 832 325	2 378 246	19.09
	出境人员		2 859 787	2 433 244	17.53
	出入境旅客		4 995 196	4 181 612	19.46
	出入境员工		696 916	629 878	10.64
	中国公民	小计	3 931 576	3 324 177	18.27
		内地居民（因公）	268 579	238 324	12.69
		内地居民（因私）	3 528 697	2 942 558	19.92
		港澳居民	33 230	35 782	-7.13
		台湾同胞	101 070	107 513	-5.99
	外籍人员		1 540 854	1 259 316	22.36
	从海港出入境人数		608 186	509 091	19.47
	从陆港出入境人数		1 075 848	725 908	48.21
	从空港出入境人数		4 008 078	3 576 491	12.07
交通运输工具（辆、艘、架、列次）	总计		184 564	153 951	19.88
	船舶		13 259	13 196	0.48
	飞机		25 844	23 402	10.44
	火车		2 032	1 550	31.10
	机动车辆		143 429	115 803	23.86

（辽宁出入境边防检查总站提供）

2019年沈阳海关主要数据统计表

项目		2019年	2018年	同比（%）
进出口货运量（万吨）	合计	1 995.4	1 895.0	5.3
	进口	1 568.3	1 541.3	1.8
	出口	427.1	353.7	20.8
进出口贸易总值（万美元）	合计	1 717 821.6	1 633 666.6	5.2
	进口	1 405 688.0	1 310 054.5	7.3
	其中：江、海运输	1 266 629.8	1 128 961.5	12.2
	铁路运输	54 145.5	93 938.5	-42.4
	汽车运输	2 870.8	1 025.2	180.0
	航空运输	78 787.0	85 949.9	-8.3
	邮件运输	3 230.4	172.9	1 768.7
	其他运输	24.5	6.5	277.4
	出口	312 133.6	323 612.1	-3.5
	其中：江、海运输	221 346.2	213 288.5	3.8
	铁路运输	47 310.8	52 867.4	-10.5
	汽车运输	52.7	16.7	215.3
	航空运输	31 713.2	37 761.5	-16.0
	邮件运输	2 370.3	201.0	1 078.9
	其他运输	9 340.5	19 477.0	-52.0
税收（万元）	两税合计	177.5	156.2	13.6
	关税入库	42.0	32.6	28.7
	进口环节税入库	135.5	123.6	9.6

（沈阳海关提供）

2019 年大连海关主要数据统计表

项目		2019 年	2018 年	同比（%）
进出口货运量（万吨）	合计	21 542.73	21 585.99	-0.2
	进口	16 346.93	16 159.95	1.2
	出口	5 195.80	5 426.04	-4.2
进出口贸易总值（万美元）	合计	12 374 181.77	12 681 994.56	-2.4
	进口	6 832 879.21	6 711 949.08	1.8
	其中：江、海运输			
	铁路运输			
	汽车运输			
	航空运输			
	邮件运输			
	其他运输			
	出口	5 541 302.56	5 970 045.48	-7.2
	其中：江、海运输			
	铁路运输			
	汽车运输			
	航空运输			
	邮件运输			
	其他运输			
税收（万元）	两税合计	684.0	635.10	7.7
	关税入库	84.9	85.1	-0.2
	进口环节税入库	599.1	550.0	8.9

（大连海关提供）

2019 年辽宁海事局进出港船舶统计汇总表

船舶类别	进港船舶							出港船舶						
	艘数（艘）	总吨（吨位）	总载重量（吨）	载客量（客位）	船员人数（人次）	货物到达量（吨）	旅客到达量（人）	艘数（艘）	总吨（吨位）	总载重量（吨）	载客量（客位）	船员人数（人次）	货物发送量（吨）	旅客发送量（人）
总计	114 571	607 154 642	746 771 399	8 344 373	126 674	233 872 333	4 525 914	111 621	602 027 618	742 714 800	8 322 439	131 190	398 158 857	4 218 283
中国籍船舶	111 686	514 888 360	584 750 131	8 233 033	65 669	136 367 324	4 525 914	108 676	509 936 291	581 631 334	8 211 099	69 027	373 208 033	4 218 283
其中外贸船	683	11 058 850	18 995 553	0	13 103	9 750 282	0	687	8 161 095	13 366 380	0	12 536	3 005 024	0

（辽宁海事局提供）

2019 年辽宁省指定监管场地统计表

序号	直属海关	监管场地名称	进境口岸	类型	拟进口品种	批复时间	备注
1	大连海关	大连港毅都冷链二期进境水果指定监管场地	大连港大窑湾港区	水果	水果		
2	大连海关	营口港鲅鱼圈港区进境水果指定监管场地	营口港鲅鱼圈港区	水果	水果		
3	大连海关	大连国际机场进境水果指定监管产地	大连周水子国际机场	水果	水果		
4	大连海关	辽宁省大连市长兴岛进境原木指定监管场地	大连长兴岛港区	木材	美国阿拉斯加州本年度新砍伐的原木、俄罗斯原木、加拿大 BC 省沿海林区的原木，种类包括：冷杉属（Abies spp.）、云杉属（Picea spp.）、杨属（Populus spp.）、花旗松（Pseudotsuga menziesii）、铁杉（Tsuga spp.）、柏属（Thuja spp.）6 个属种，可全年输往中国。 加拿大 BC 省沿海林区其他种类的原木和 BC 省内陆林区的所有原木，但不包括美洲花柏（Chamaecyparis lawsoniana）和短叶红豆杉（Taxus brevifolia），限定在当年 10 月 1 日以后启运至次年 4 月 30 日前到达入境口岸		
5	大连海关	辽宁省大连市国际机场一级库食用水生动物指定监管场地	大连国际机场	食用水生动物	鱼类、甲壳类、软体类		

续表 1

序号	直属海关	监管场地名称	进境口岸	类型	拟进口品种	批复时间	备注
6	大连海关	辽宁省丹东市丹东港食用水生动物指定监管场地	辽宁丹东港	食用水生动物	鱼类、甲壳类、软体类		
7	大连海关	辽宁省大连市旅顺新港食用水生动物指定监管场地	辽宁旅顺新港				
8	大连海关	辽宁省大连市大连港散杂货码头大连湾作业码头进境食用水生动物指定监管场地	辽宁大连港				
9	大连海关	辽宁省大连市辽渔集团有限公司杂货码头进境食用水生动物指定监管场地	辽宁大连港				
10	大连海关	辽宁省大连市大港中海集装箱码头进境食用水生动物指定监管场地	辽宁大连港				
11	大连海关	辽宁省大连市大连港毅都冷链二期种苗指定监管场地	大连大窑湾港	植物种苗			
12	大连海关	辽宁省大连市国际机场种苗指定监管场地	大连周水子国际机场				
13	大连海关	大连港毅都冷链有限公司二期进口冰鲜水产品指定监管场地	大连大窑湾港	冰鲜水产品			

续表2

序号	直属海关	监管场地名称	进境口岸	类型	拟进口品种	批复时间	备注
14	大连海关	大连獐子岛冷藏物流有限公司进口冰鲜水产品指定监管场地	大连大窑湾港	冰鲜水产品			
15	大连海关	大连国际机场海关监管一级库进口冰鲜水产品指定监管场地	大连周水子国际机场	冰鲜水产品			
16	大连海关	辽宁省大连市北良港码头粮食指定监管场地	辽宁大连港	粮食			
17	大连海关	辽宁省大连市大窑湾作业区粮食指定监管场地	辽宁大连港	粮食			
18	大连海关	辽宁省大连市港集装箱码头进境粮食指定监管场地	辽宁大连港	粮食			
19	大连海关	辽宁省丹东市丹东港进境粮食指定监管场地	辽宁丹东港	粮食			
20	大连海关	辽宁省营口市营口港中储粮码头进境粮食指定监管场地	辽宁营口港	粮食			
21	大连海关	辽宁省营口市营口港粮食码头进境粮食指定监管场地	辽宁营口港	粮食			
22	大连海关	营口港集装箱码头	辽宁营口港	粮食			企业已申请取消资质
23	大连海关	辽宁省盘锦市盘锦港粮食指定监管场地	辽宁盘锦港	粮食		2019年8月	

续表3

序号	直属海关	监管场地名称	进境口岸	类型	拟进口品种	批复时间	备注
24	大连海关	大连港毅都冷链有限公司一期肉类指定监管场地	大窑湾口岸	肉类	肉类产品（冷冻、冰鲜）		
25	大连海关	金山冷库肉类指定监管场地					
26	大连海关	恒浦（大连）国际物流有限公司肉类指定监管场地					
27	大连海关	大连獐子岛中央冷藏物流有限公司肉类指定监管场地					
28	大连海关	大连港毅都冷链有限公司二期肉类指定监管场地					
29	大连海关	大连宝泉食品有限公司肉类指定监管场地					
30	大连海关	营口港盖州物流有限公司肉类指定监管场地	鲅鱼圈口岸				
31	大连海关	进境观赏动物隔离场（圣亚海洋世界极地馆）	辽宁大连港	进境动物隔离场	斑嘴环企鹅、瓶鼻海豚、灰海豚、加州海狮、南美海狮、大吻巨头鲸、小爪水獭		
32	大连海关	进境观赏动物隔离场（大连老虎滩海洋公园）	辽宁大连港		鲸、海豚、海狮、海豹、鲨鱼、海象、企鹅、海牛、狼、熊		

续表4

序号	直属海关	监管场地名称	进境口岸	类型	拟进口品种	批复时间	备注
33	大连海关	大连旅顺双城嘉源奶牛饲养基地	大连口岸	进境动物隔离场	种牛（安格斯牛）01 022 900.00		
34	大连海关	大连陇源动物繁育有限公司	首都机场口岸		羊驼、疣鼻天鹅、耳廓狐、美洲红鹮、小食蚁兽等野生动物		
35	大连海关	大连牧羊人动物驯养繁殖有限公司	北京海关		野生动物		
36	沈阳海关	沈阳桃仙国际机场进境水果指定监管场地	沈阳桃仙国际机场口岸	水果	水果	2017年12月8日	
37	沈阳海关	沈阳桃仙国际机场进境食用水生动物指定监管场地	沈阳桃仙国际机场口岸	食用水生动物	鱼类、甲壳类、软体类食用水生动物	2018年1月30日	
38	沈阳海关	沈阳桃仙国际机场进境冰鲜水产品指定监管场地	沈阳桃仙国际机场口岸	冰鲜水产品	冰鲜水产品	2014年12月22日	
39	沈阳海关	锦州港进境粮食指定监管场地	锦州港	粮食	大豆、玉米、高粱、大麦、小麦等	2015年12月25日	A：水运散装
40	沈阳海关	沈阳桃仙机场冷链查验中心进口肉类指定监管场地	沈阳桃仙机场、大窑湾、鲅鱼圈、天津、二连浩特	肉类	肉类产品（冷冻、冰鲜）	2016年12月18日	

（大连海关、沈阳海关提供）

吉林省口岸分布示意图

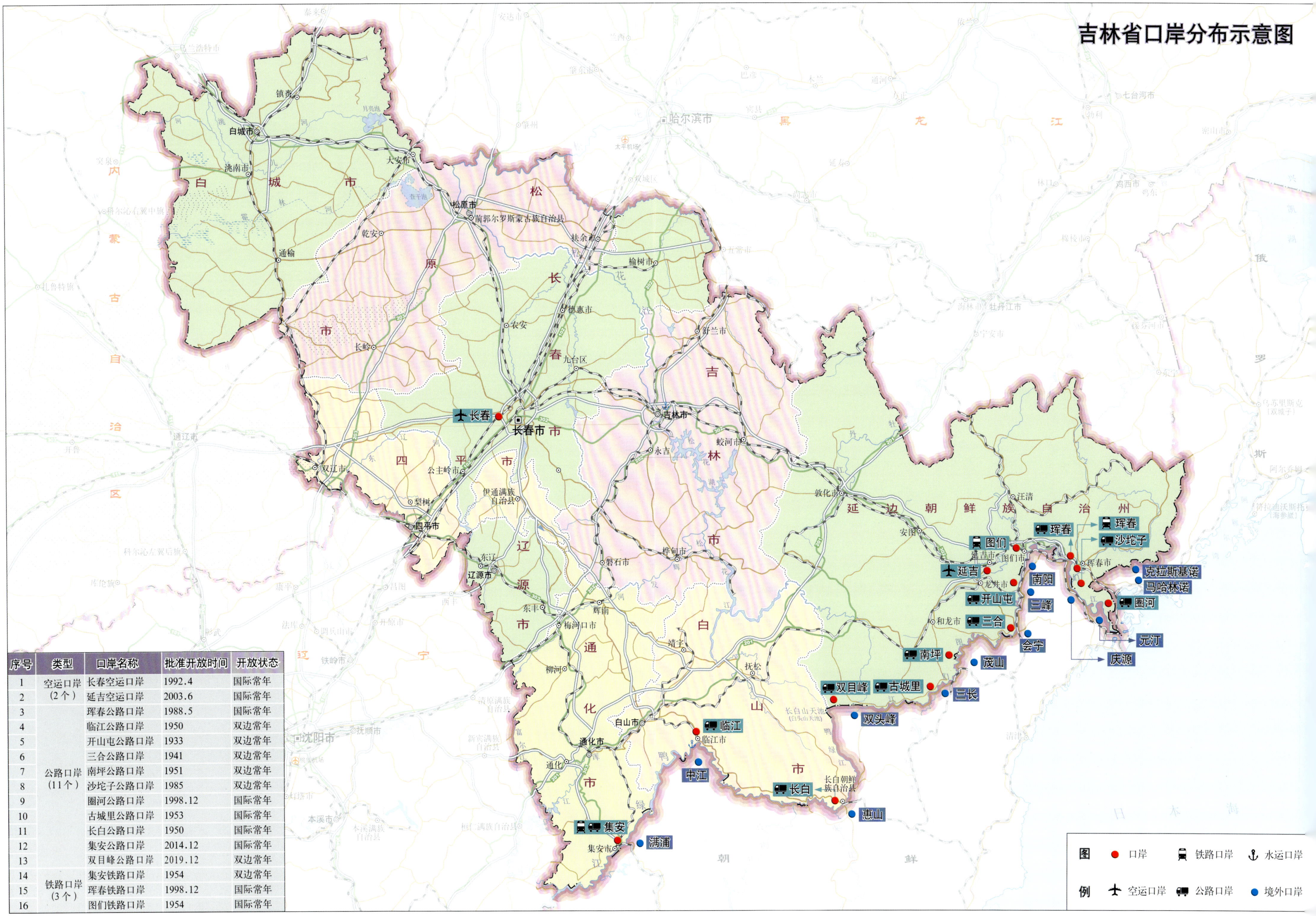

序号	类型	口岸名称	批准开放时间	开放状态
1	空运口岸（2个）	长春空运口岸	1992.4	国际常年
2		延吉空运口岸	2003.6	国际常年
3	公路口岸（11个）	珲春公路口岸	1988.5	国际常年
4		临江公路口岸	1950	双边常年
5		开山屯公路口岸	1933	双边常年
6		三合公路口岸	1941	双边常年
7		南坪公路口岸	1951	双边常年
8		沙坨子公路口岸	1985	双边常年
9		圈河公路口岸	1998.12	国际常年
10		古城里公路口岸	1953	国际常年
11		长白公路口岸	1950	国际常年
12		集安公路口岸	2014.12	国际常年
13		双目峰公路口岸	2019.12	双边常年
14	铁路口岸（3个）	集安铁路口岸	1954	双边常年
15		珲春铁路口岸	1998.12	国际常年
16		图们铁路口岸	1954	国际常年

吉　林　省

口岸数量及分布

截至2019年年底，吉林省共有经国务院批准的对外开放口岸16个，其中，空运口岸2个，分别是长春空运口岸（长春龙嘉国际机场）、延吉空运口岸（延吉朝阳川国际机场）；陆路（铁路）口岸3个，分别是集安、图们、珲春；陆路（公路）口岸11个，分别是双目峰、南坪、珲春、圈河、长白、临江、三合、开山屯、古城里、沙坨子、集安。

口岸运行数据

2019年，吉林省口岸进出境货运量282.95万吨，同比下降22.6%；吉林省口岸进出境人员271.91万人次，同比增长24.5%；吉林省口岸进出境交通工具13.54万辆（列、节、架）次，同比增长10.8%。

口岸综合管理

【中国（吉林）国际贸易“单一窗口”建设取得突破性进展】 一是先后在珲春、长春、延吉等地举办5次“单一窗口”培训班，累计培训企业700余人。2019年，中国（吉林）国际贸易“单一窗口”累计业务量为301 682票，同比增长81.3%。“单一窗口”已经成为外贸企业开展进出口业务的基础平台。二是做好国际贸易“单一窗口”运维保障工作。通过企业微信群、微信公众号、95198服务热线等方式，积极组织运维企业进行答疑、解惑工作，重点解决企业注册、申报以及系统故障简单排查等问题的解答。三是企业通过“单一窗口”进行的货物申报、空运舱单申报、公路舱单申报、空运运输工具申报、公路运输工具申报等主要业务覆盖率已达到100%。四是不断研究丰富国际贸易“单一窗口”功能。加快地方应用项目研发进程，陆续开发上线了陆、空、铁物流协同系统、车辆通关一站式系统等地方特色服务模块，已实现了标准版11大类业务和9项地方特色应用的开通运行。

【口岸开放取得新成绩】 一是珲春综合保税区通过验收并封关运行。吉林省口岸办于2019年1月29日联合长春海关及省内9部门赴珲春综合保税区验收通过，2月海关总署正式批复同意，3月揭牌成立，实现珲春综合保税区封关运行。二是集安公路口岸正式对外开放。2019年2月，国家口岸管理办公室下发通知集安公路口岸于1月18日正式对外开放。4月8日，集安公路口岸正式开关运行。三是安图双目峰公务通道临时对外开放。国家口岸办于2019年5月30日批复同意安图双目峰公务通道临时对外开放，允许双方旅游、经贸和体育文化交流人员通行。四是兴隆整车进口口岸顺利通过国家验收并正式开通运行。兴隆整车进口口岸于2019年5月6日，顺利通过国家验收，7月3日正式开通运行，10月17日首批164台奥迪Q8整车顺利通关，举行了一汽奥迪整车专列运抵长春整车口岸接车仪式。长春整车进口口岸在国家批复的第三批整车进口口岸中率先建成、通过验收、开展业务。五是兴隆铁路集装箱场站纳入海关监管作业场所范围。兴隆铁路集装箱场站于2019年6月纳入海关监管作业场所范围持续对外开放，助推中欧班列健康发展。六是中朝防川—豆满江洞水上旅游通道临时开放。国家口岸办于2019年10月29日批准中朝防川—豆满江洞水上旅游通道临时对外开放，允许中方旅游人员出入境，该通道是中朝图们江上第一个水运通道，实现了延边州对朝公路、铁路、水上口岸类型的全覆盖。自2019年1月1日开通以来，全年过客量达到了1.6万人。七是安图双目峰公务通道升级为国家正式对外开放口岸。吉林省政府于2018年12月17日向国务院申请双目峰公务通道升级为国家正式对外开放口岸，相关部委均支持双目峰公务通道升级，2019年12月26日国务院正式批复同意双目峰公务通道升级为双边常年客货口岸。八是推动设立长春药品进口口岸。省药监局已经向国家药监局提交了长春药品进口口岸验收申请报告。目前正在进行材料的增补，完成材料增补后即可验收。九是推进临江中药材进口口岸审批进程。吉林省政府于2019年12月4日向国务院申请增设临江口岸为中药材进口口岸，国务院已经转由市场监管总局、国家药监局、海关总署办理。

【口岸通道建设稳步推进】 一是推进中欧班列建设进程。“长满欧”中欧班稳定运营，2019年，“长满欧”中欧班列承运进出口货物10 246标箱，同比增长8.7%，承运货物约10.1万吨，同比增长36.4%。“长珲欧”班列首次运行测试，1月测试班列经珲春铁路口岸到达长春清关并分拨配送，并成功举办了“吉林省融入‘一带一路’物流创新与应用研讨会暨集装箱全球智能监控系统发布会”，9月组织省、市、区三级财政部门赴欧洲考察调研班列运行和补贴相关问题，推进班列健康发展。二是推动珲春—扎鲁比诺—宁波内贸货物跨境运输开展业务。吉林省口岸办积极协调长春海关给予通关便利化支持。该航线已成功运行5个航次，运输货物1 162标准箱，货值达5.5亿元。三是增加内贸货物跨境运输运营主体企业。协调省政府、长春海关于2019年9月增加宁波远洋运输有限公司珲春分公司等4家企业为内贸货物跨境运输运营主体企业。四是拓展内贸货物跨境运输业务范围。协调省政府于2019年7月、12月向国务院申请增加珲春—俄罗斯克拉斯基诺公路口岸为吉林省内贸货物跨境运输出境口岸；增加俄罗斯斯拉夫扬卡港为吉林省内贸货物跨境运输中转口岸；增加青岛港为吉林省内贸货物跨境运输入境口岸；增加磨料砂产品以散装方式运输。

【口岸基础设施建设进一步完善】 一是推进了一批口岸信息化建设项目。支持重点边境口岸依托吉林省国际贸易“单一窗口”物流协同系统，建设一批车辆“一站式”通关系统，三合口岸车辆“一站式”通关系统项目、临江口岸车辆“一站式”通关系统建设项目、长白口岸车辆“一站式”通关系统建设项目已经竣工验收。珲春公路口岸、圈河口岸、图们公路口岸、南坪口岸、古城里口岸正在积极推进项目建设。二是推进了一批基础设施建设项目。圈河联检楼项目完成投资2.2亿元，主体工程已经完成。图们南阳跨境桥项目完成投资1.1亿元，主体工程已经完成；图们边防检查站业务用房建设项目主体工程已完成；龙井市三合口岸货检中心建设项目主体工程已竣工验收；龙井市三合口岸综合监管区灾后恢复及重建项目已进入施工阶段。临江口岸国门绿化项目、长白口岸国门执勤用房维修改造项目已经竣工验收。

【提效降费专项行动取得实效】 一是高度重视，全面推进。印发《吉林省人民政府关于印发吉林省优化口岸营商环境促进跨境贸易便利化工作实施方案的通知》（吉政发〔2019〕11号），对全省优化口岸营商环境、提效降费工作进行动员、部署、落实；承办“东北地区优化口岸营商环境调研座谈暨经验交流会”，学习先进地区建设经验，并就东北地区口岸营商环境建设的问题和对策开展交流研讨。二是多措并举，显著提高通关时效。推进边境口岸通关管理模式创新，选取试点口岸，推进出入境车辆提前申报和出入境扫码通关服务，在满足智能卡口条件的口岸监管作业场所，上线物流协同系统和“一站式”通关作业系统，节约车辆通关时间；鼓励企业采取“提前申报”方式办理通关手续，有效缩短口岸通关时间；加强企业运输鲜活商品车辆备案管理，完善信息提前录入功能，优化冰鲜水产品检验检疫流程，将进口冰鲜水产品签发合格证明时间限期在5个工作日内，提升鲜活商品通关效率。三是规范口岸收费，不断降低企业通关成本。从2019年7月31日开始放开民航机场延伸服务收费，由经营者自主定价；市场调节的经营服务性收费已在各口岸现场、“单一窗口”网站和全国口岸收费查询移动App全部实现“阳光价格”对外公示；对全省15个口岸和珲春国际合作示范区通关服务中心收费执行情况进行了检查，严查乱收费、高收费、垄断性收费，检查结果显示我省口岸收费执行情况相对规范，吉林省口岸收费项目、收费金额相比邻近省份，处于低位水平；降低进境汽车消毒费，收费标准普遍下调10%，取消口岸车辆轮胎消毒的药费收费，珲春铁路口岸收费从28项减少为22项，实施运输国际标准集装箱车辆通行费优惠政策，免除查验没有问题的外贸企业吊装移位仓储费用，切实减轻企业负担；创新海关税收征管模式，联合人保财险、太平洋保险公司引进关税保证保险产品，为企业释放保证金超2亿元，降低企业资金成本。四是精简进出口环节监管证件，优化通关流程。精简行政审批事项，设立审批备案中心，实现业务审（核）批"全省通受、统一审批"；整合关检申报项目，报关报检合并为1张报关单及1套随附单证，申报项目从229个精简到105个，随附单据从74项整合为10项；推动"双随机、一公开"向全执法领域拓展，实现全链条管理"选查处"分离；落实大宗资源性商品"先验放后检测"、进口整车检验第三方采信、进口汽车零部件"先声明后验证"等系列改革措施，"先放后检"进口铁矿164批，重量9.04万吨，货值81 475万美元。五是提升口岸信息化水平，营造高效便捷的通关环境。不断提升口岸查验智能化水平，在全省各重点口岸建设"一站式"通关作业通道，借助信息化查验手段缩短查验时间，目前集安公路口岸和兴隆铁路集装箱场站已经上线运行，大大缩短了货运车辆进出口岸通关时间；在长春关区21个口岸完成19台智能审图部署，建设兴隆联网集中审像中心，提升H986设备应用效能，节约查验时间。

【吉林市保税物流中心稳定运营】 一是吉林市保税物流中心运行情况。2019年，吉林保税物流中心运行的第三年，共有吉林化纤集团进出口有限公司、吉林华微电子股份有限公司、吉林麦吉柯半导体有限公司、吉林市长荣农副产品有限公司等13家企业先后在吉林市保税物流中心开展业务。进出口商品种类繁多，涵盖腈纶短纤、腈纶丝束、腈纶散纤、乙丙橡胶、催化剂、西伯利亚松子仁、韩国日用品等商品。累计办理进出口货物报关单310票，其中进口146票，出口164票；累计监管通关货运量13 601吨，其中进口5 984吨，出口7 617吨；累计监管货值2 781万美元，其中进口货值1 352万美元，出口货值1 429万美元；征收税款93.3万元人民币。二是保税物流中心功能培育情况。2019年，吉林市保税物流中心重点发展保税仓储、口岸通关、保税一日游、跨境电商、货物检验检疫、服务贸易和货物贸易。基于独具特色的产业孵化器和绿色通道，为初创企业提供优质便捷的"管家式"服务。"一站式"通关，有效节约进出口企业的物流成本和经营成本。加快推动"保税+"模式的落地应用，全面参与吉林市化工、冶金、医药、农产品及冰雪产业的建链、补链、强链。实现同传统行业、新兴产业的融合发展。中心开展的具体业务包括：保税存储进出口货物及其他未办结海关手续货物、对所存货物开展流通性简单加工和增值服务、全球采购和国际分拨、配送、转口贸易和国际中转业务、口岸作业（区港联动）等经海关批准的其他业务。三是跨境电商保税进口业务开展情况。跨境电商运营中心2019年12月27日正式通关运营。目前，跨境电商保税进口业务（海关监管方式代码1239）已经正式开通。此模式大幅度缩短购物等待时间，优化购物体验，吸引消费回流。中心向传统企业提供流程化、标准化的跨境电商服务，实现快捷通关，使企业快速融入"互联网+"时代。华微电子、正业生物、江机机械、固和泰等众多外贸企业都已上线阿里巴巴国际站等知名电商平台，进行企业产品宣传展示，扩大进出口总量和规模，打造外贸发展新引擎。

【长春市兴隆综合保税区建设成绩显著】 一是园区业务实现新增长。长春兴隆综合保税区2019年园区业务额达100亿元，同比增长30%，其中海关一线进出口额实现50亿元，同比增长400%。二是口岸功能实现新突破。2018年10月9日，国家正式批复长春兴隆铁路集装箱场站为整车进口口岸。2019年10月17日，由一汽集团进口的164辆奥迪Q8越野车搭载中欧班列（长满欧）一汽·奥迪专列顺利运抵长春兴隆铁路口岸。这是长春整车进口口岸获批后开展的首批次整车进口业务，同时也是奥迪品牌原装整车首次尝试中欧班列规模运输。长春整车进口口岸在国家批复的第三批整车进口口岸中率先建成、通过验收、开展业务。也是东北内陆地区唯一顺利启动的整车进口口岸。三是平台建设获得新提升。2019年，跨境电商实现一线入区399.01万元，二线出区8 542票，申报货值303.81万元。1月14日举办了中国（长春）跨境电商综合试验区首单保税备货业务通报暨2019年第一次跨境电商业务培训会；完成了综合试验区线下兴隆园区整体规划；开展了1210跨境电商保税备货业务，在进出口展示交易中心设立了O2O线上体验店。国际快件中心完成海关总署备案，飞虎物流、中外运等企业完成了国际快递运营资质申请手续办理，正在等待海关总署批复。四是国际通道建设取得新成就。2019年，“长满欧”班列已形成联通俄罗斯境内近百个站点、欧洲境内10个国家30个站点的干线物流网络。长春经珲春至欧洲的“长珲欧”国际铁路货运专线完成进口测试，推进吉林省内边境口岸和内陆腹地实现了联动，也标志着利用吉林省内边境口岸直通海外的新物流通道正在形成。

口岸监管与服务

【吉林出入境边防检查总站强化保障服务】
吉林省出入境边防检查总站精准对接国家“一带一路”发展战略、长吉图开发开放先导区战略，策应吉林全面振兴全方位振兴大局，主动将口岸地缘毗邻优势、经济互补优势转化为务实合作优势、持续增长优势，加快推进边境区域经济融合快速发展。一是服务保障国家战略大局。部署全省边检机关“放管服”改革工作，先后召开全省推进边检机关“放管服”改革工作视频部署会、全省“放管服”改革工作研讨班。2019年，吉林省边防检查总站组织开展2009年~2018年长吉图工作自评估，对接省发展改革委、商务厅等部门，共同制定《吉林省优化口岸营商环境促进跨境贸易便利化工作实施方案》，制定总站《服务吉林新一轮振兴发展17项措施》《深化“放管服”改革助推地方经济社会发展十项措施》，先后推动集安陆路（公路）口岸、双目峰陆路（公路）口岸升级为国家开放口岸，同意防川旅游通道和双目峰公务通道临时对外开放，圆满完成第十二届中国东北亚博览会通关保障任务。总站“放管服”工作做法多次在中央媒体播发。二是服务保障地方经济发展。作为服务吉林开发开放的重要职能部门，面对国际经济持续低迷、中美贸易摩擦升级的国际环境，吉林出入境边防检查总站立足口岸实际，在外向型经济发展上贡献“边检智慧”，提供“边检方案”。全力支持吉林省“冰雪旅游”“生态旅游”“文化旅游”等旅游发展战略，出台多项服务地方经济和旅游产业的措施，推动中俄旅游团取消纸质团队手续函件，协助驻地政府收集新旅游线路基础资料、预测通关流量、跟进边检服务保障措施，中俄朝环形跨国游、中朝跨境自驾游等一大批国际旅游项目顺利启动并常态运营，中朝跨境游衍生产品相继推出，边境地区旅游兴市战略初具规模。推广使用旅游团信息互联网报检系统，实行预检预录和旅游团分通道检查，提高旅游团查验速度，缩短在边检现场候检时间达一半以上。注重提升边检软实力建设，部署全省边检站开展“温暖国门”系列活动，与出入境旅客开展节日问候和互动交流，集中宣传旅游资源和风土人情，积极传递党和国家对人民的关怀和温暖。三是服务保障重大活动顺利开展。2019年8月23日至27日，第十二届中国—东北亚博览会（以下简称“东博会”）在长春市举办。吉林出入境边防检查总站坚持以服务地方经济发展创造良好的通关环境和安全的边境环境为目的，制定《吉林出入境边防检查总站第十二届中国—东北亚博览会服务保障方案》，与东博会要客接待单位建立信息共享机制，确保顺利通关；指导长春、延吉、珲春等边检站进行人员培训，规范设置东博会专用检查通道，开设站长接待日和24小时“边防检查服务东博会热线”为参会嘉宾提供办理签证和通关手续“一站式”服务；在边检现场设立东博会咨询台，为参加东博会的中外籍出入境人员提供引导和咨询服务。向参展客商发放包含英国、韩国、日本、俄罗斯、蒙古国5国语言的《入境外国人指纹留存温馨提示》《移民管理服务指南》2 000余本，提供咨询及引导服务330余人次，宣传移民政策和口岸便利通关措施120余人次，向德国德缘、荷兰皇家飞利浦和美国通用等10余家公司、集团提供咨询服务，详细讲解旅客通关相关事宜，解答出入境法律法规问题。

【吉林出入境边防检查总站优化口岸通关环境】 一是兑现边检通关服务承诺。召开全省“中国公民出入境通关排队不超过30分钟”新举措视频部署会，在全省口岸推行边检候检排队不超过30分钟措施，同时兼顾外国人通关效率，建设启用延吉、圈河、集安口岸7条人员自助检查通道，实现通关时间由原来的45秒缩短到10秒以内，最大限度地满足了出入境旅客快速通关需求。建立节假日客流预警预测机制，提前发布“两公布一提示”客流高峰信息，制定勤务应对预案，确保口岸通关秩序。积极落实国务院“三互”通关要求，组织研发口岸“单一窗口”边检模块，派员参加省级口岸查验单位协调会，积极推进国际贸易“单一窗口”建设。认真贯彻落实海关总署、公安部、交通运输部等部门2018年联合印发的《口岸查验单位一次性联合查验实施方案》，制定7项落实意见，积极推进口岸查验单位一次性查验部署落实。二是提升口岸通关信息化水平。选派技术骨干参加口岸生物特征比对系统部署应用培训，组织召开全省边检机关生物识别签证系统暨梅沙系统升级培训班，指导各边检站圆满完成出入境边防检查信息系统升级和指纹像采集设备部署，在全国率先开展边民生物信息采集工作。密切关注中朝半岛形势和中俄方向反恐“防回流”形势，整合梅沙系统、勤务管理系统、视频监控系统、公安信息查询系统资源，研发大数据分析系统、边检生物识别系统，先后为边检站配发车体检查仪、涉爆（毒）物品检查仪、微震式生命探测仪、流动执勤车，建设车辆自助检查通道和陆地口岸电子围栏、周界微波探测系统。在全省陆地口岸边检站建设集监控报警、应急处突、车底检查、值班备勤等功能于一体的新式监护岗亭，着力提升口岸技防水平。

【吉林出入境边防检查总站助推边境合作区建设】 一是积极推进合作区报批工作。主动向国家移民管理局请示汇报，争取政策支持，为地方政府边境合作开发提供便利。指导边检站立足职能优势，定期量化分析口岸出入境数据情况，预判口岸经济发展走势，为开通边境合作区提供参考依据。截至2019年12月，吉林省珲春海洋经济发展示范区、中俄互市贸易区、中朝跨境经济合作区、集安边境经济合作区、和龙边境经济合作区、临江边境经济合作区、图们边境经济合作区7个边境经济合作区已经获得国家和省委省政府审批，长白边境经济合作区、龙井边境经济合作区正在报批之中。二是创新服务管理模式。推出“信息服务、预约服务、延时服务、专属服务、延伸服务”5种服务模式。开通区域性服务网站、边检QQ群、边检微博、手机提醒等形式，进一步扩大边检信息受益人群，提高服务能力；对季节性产品、冷冻食品实行预约通关服务，及时开通特检通道，提供最短时间最优服务；对因天气、道路等原因导致旅客、车辆滞留、晚归情况，提供提前开关、延时闭关服务；在边检执勤现场设立“特别通道”“迟到免排通道”，为持APEC人员及急、难、病等特殊旅客提供优质快捷通关服务；尽量降低通关成本，合理加盖验讫章，提高证件使用次数。三是顺应发展建设需求。科学分析研究边检现有政策，研提珲春口岸中俄货运车辆对等化运输和小型车辆口岸通关意见建议，推动中朝内贸外运和中俄陆海联运项目实施。积极跟进集安陆路（公路）口岸、安图双目峰公务通道、珲春—防川水运旅游临时通道建设，全力保障以图们江流域带、沿江公路为中心的“一带一路”边境经济合作区建设，跟进服务“新蓝海”航线、珲春至罗先国际邮路、珲马铁路运营，配合做好相关项目报批和边防检查勤务准备工作。发挥中俄三级代表和中朝公安、安全代表机制作用，加强对朝沟通，主动跟进圈河至元汀、图们至南阳新建跨境公路大桥，南坪至茂山跨境江桥维修工程，鸭绿江望江楼、文岳电站建设，全力做好施工通关服务保障工作。

【吉林出入境边防检查总站加强口岸监管防控】 一是加强对口岸限定区域监管防控。为营造安全稳定畅通的通关环境，重点对口岸限定区域管理加强管控监管，针对体制转改和陆地口岸边检站限定区域管控实际，指导边检站加强口岸限定区域监护管理，推广普及三合、开山屯边检站工作经验，在全省陆地口岸边检站建设集监控报警、应急处突、车底检查、值班备勤等功能于一体的新式监护岗亭，实现陆地口岸监护由现役制模式到职业制模式的平稳过渡。全面落实《中华人民共和国出境入境管理法》相关规定，集中整治口岸限定区域边界不清、封闭不严等突出问题，推动 12 个边检站以地方政府公告、发文等形式，明确了口岸限定区域范围，实现了周界物理封闭，确保了对口岸限定区域的精准管控，口岸安全系数全面提升。年内，吉林出入境边防检查总站未发生一起漏检、漏控、错放、错阻、布控错误等执勤差错和事故隐患，未发生执勤差错事故。二是建立完善点线面结合、网上网下结合、人防物防结合、打防管控结合的立体化口岸防控体系。密切关注朝鲜半岛、涉港、涉恐、涉疆、涉藏及中美贸易摩擦等动态信息，持续保持对分裂暴恐势力、“街头政治”“颜色革命”等政权主权颠覆活动的高压严打态势，加强与驻地公安政保、网安等部门的联勤联动，严防不法分子经口岸回流倒灌。圆满完成“两节两会”、G20 峰会、党的十九大、国庆 70 周年、香港回归 20 周年、澳门回归 20 周年等重大敏感节点系列边防安保工作任务以及中俄“团结—2016”联合执法行动，先后查处首例冒用双胞胎兄弟证件出境案、非法携带 502 发气枪铅弹入境案、携带涉港和涉恐音视频人员入境案、20 名韩籍公务员企图宣示主权案等一大批案件，查获各类走私夹带案件 400 余起，涉案金额 1 000 余万元，查处三非外国人 900 余人，有力打击了犯罪分子的不法企图，坚决维护了口岸管理秩序，营造了安全稳定的通关环境，得到上级党组和省、市领导的批示肯定。

【长春海关优化营商环境，促进提效减负】 长春海关扎实推动减单证、提时效、优流程、降成本，2019 年，长春关区进出口货物整体通关时间分别压缩至 38.03 小时和 1.92 小时，分别较全国平均水平快 3.38 小时和 2.08 小时。推动 78 项办事事项实现“最多跑一次”，90% 实现“零跑动”；“单一窗口”主要业务应用率实现 100%。率先完成企业注销便利化改革；新增 2 家企业获得 AEO 高级认证。坚决落实减税降费政策，减征增值税 12 亿元，特定减免税 2.3 亿元，用好用足原产地优惠政策，进口货物利用优惠贸易协定享惠减免税款 6 295 万元；开展专项清理整治、推动涉企收费下降 53%。开展税政调研，上报 20 项报告、被海关总署采用 1 项。税收征管不断优化。积极探索属地纳税人管理，推动“关税保证保险”“汇总征税”“自报自缴”、新一代电子支付等改革措施落地、扩大应用范围。属地化验、预裁定等工作有序推进。加强综合治税，关区税收入库 100.4 亿元，其中，归类、审价等补税 910 万元。统计监测预警作用有效发挥。依托“数据 + 研究”，紧密围绕中美贸易摩擦等外贸发展新形势，加强统计分析研究，发挥辅助决策作用。

【长春海关推进依法把关，强化实际监管】 2019 年，监管进出口货物 619.7 万吨，货值 663.6 亿元，进出境运输工具 18.7 万次，邮快件 243.2 万件。强化实际监管，构建 4 项联动机制，加强边贸、邮快递物品、跨境电商等重点领域监管。监控指挥中心功能不断优化，业务运行监控实现纵向到底、横向拓展，发布预警建议 154 条、纠正执法不规范情况 22 次。强化通关监管环节反恐工作，持续开展“扫黄打非”“龙腾 2019”行动，查获违禁出版物 860 件、侵权货物 1 538 件。加强后续监管，积极推进“多查合一”，深化稽查集约化改革，探索以企业信用等级为基础的差别化后续监管模式，办结稽查作业87起、核查作业111起，实现追补税款2.4亿元，严厉打击“洋垃圾”、象牙等濒危野生动植物及制品、毒品及精神类药品走私，查获并退运合金钢废碎料176.2吨，查扣象牙、犀牛角等211件，冰毒103.3克、盐酸曲马多2 237粒、大麻油600毫升、氟硝西泮600粒；全链条严控非洲猪瘟，截获猪肉及制品511批次、1 098千克，检出阳性结果25个。

【长春海关助力平台建设，支持外贸发展】 高效推动珲春出口加工区升级为综合保税区、延吉空港保税物流中心（B型）通过验收，珲春设立跨境电商综合试验区。复制推广自贸试验区创新监管制度。对企业有需求的22项及时完成复制、落地实施，海关牵头的12项已经全部具备实施条件，其中，7项已经开展了具体业务，支持出境加工贸易发展成效明显。推动长春兴隆整车口岸开关运行，落实进口整车检验第三方采信等便利化措施，验放首批164辆进口汽车。支持吉林省融入共建“一带一路”。积极推进“长珲欧”班列发展，为吉林省开通第二条国际货运班列做好保障工作。支持中欧班列、珲马铁路、内贸外运航线、“滨海2号”增量运行，监管“长满欧”货物10.6万吨、增长44%，完成“长珲欧”首票测试。加强国际合作，邀请俄罗斯远东海关局局长代表团来访，就加强双方合作促进跨境贸易便利化举行会晤，双方签订了会晤纪要。积极支持吉林省开展内贸货物跨境运输新航线业务，开辟东北地区对外开发开放新通道。2019年，吉林省内贸货物跨境运输通过吉林珲春—俄罗斯扎鲁比诺—宁波舟山内贸货物跨境运输航线运输货物962个标准集装箱，重量20 708.4吨，货值3.7亿元。圆满完成第十二届东北亚博览会、土库曼斯坦汗血宝马演艺活动的监管服务工作。

【长春海关高压严打走私，维护经济安全】 2019年，长春海关打击走私成效明显。开展“国门利剑”“蓝天”“国门勇士”“靖边”等联合专项行动，立案侦办走私犯罪案件87起、案值3.53亿元、涉税0.14亿元，查办行政案件366起、案值0.73亿元、涉税325万元，署局挂牌督办案件4起。其中查办走私濒危物种制品进境案件10起，同比增长66.6%；侦办走私毒品案件9起，同比增长8倍。深化反走私综合治理，会同驻地边检等部门查办绕越非设关地走私违法案件103起。稳步推进缉私部门管理体制改革。打好大庆安保维稳攻坚战，查办走私枪支进境案4起，查扣气动力枪支10支。

【长春海关强化检验检疫，保障安全发展】 检验检疫防线更加牢固，全年检验检疫进出口货物5.5万批次、货值521.4亿元，抽检不合格货物253批次、1.7亿元。严把口岸公共卫生安全关。检疫查验出入境人员293.2万人次、确诊传染病病例40人次，健康体检2.79万人次，确诊传染病病例151人次；有序推进口岸传染病防控、病媒生物监测、特殊物品监管等工作。严把动植物疫情防控关。设置外来有害生物监测点121个，关区首次监测到1种检疫性有害生物；组织对4类动植物产品的52个项目开展监控，报告监测结果661个；以最严格措施全链条防控非洲猪瘟疫情，口岸作业现场落实“3个100%”。严把进出口食品质量安全关。落实进口食品准入制度，协助海关总署对古巴、玻利维亚等国家和地区开展肉类、水产品进口准入考核，实现科曼多鱿鱼进口419吨，扩大资源性食品进口。严把进出口商品质量安全关。严禁环保不合格煤炭进口，对检出氟超标的4 682吨进口煤炭实施退运；检出不合格进出口危化品22批次、销毁6批次，有效防止安全事故发生。

开放口岸

【长春空运口岸（长春龙嘉国际机场）】 长春空运口岸位于吉林省长春市、吉林市之间，地处长春市九台东湖镇与龙嘉镇交汇处，距长春市和吉林市区分别是32千米和76千米，南侧紧邻珲乌高速公路，西侧距龙双公路1.5千米，北侧距101省道和龙家堡火车站9千米，东北距饮马河约2千米，东南距石头门水库约6.5千米。

长春龙嘉国际机场现航站楼经过多次扩建，设有T1航站楼和T2航站楼，T1航站楼位于飞行区南侧、跑道中段，平行于跑道，满足年旅客吞吐量500万人次，航站楼面积6.23万平方米。近机位9个，地上3层，地下1层。一层为到达层，二层为出发层，主要功能是国内的值机办票、国内安检候机。T2航站楼位于T1航站楼东侧，通过连廊与T1航站楼连接，可满足年旅客吞吐量1 100万人次，近机位23个，航站楼12.8万平方米，地上3层，地下1层，其中一层为旅客到达和设备层，夹层为旅客到港通道，二层为出发层，地面停车场位于T1航站楼和T2航站楼的正前方，用地总面积17.6万平方米。长春龙嘉国际机场为国内干线机场，占地约306.66万平方米，飞行等级为4E级，跑道长3 200米，宽45米，可起降大中型客机。航站楼面积7.49万平方米，站坪近机位9个，远机位23个。空运口岸登机桥2个，出境通道10个，入境通道8个。设有海关报关大厅，监管仓库。设计年旅客吞吐量为650万人次。设计高峰小时旅客吞吐量2 520人次，典型高峰小时飞机起降24架次。2004年10月，国务院正式批准长春空运口岸开展落地签证业务。

长春龙嘉国际机场现有9家国内外航空公司共有12条航线与8个国家（地区）通航。

2019年，长春空运口岸出入境旅客54.96万人次，同比增长6.76%；进出口货运量为858吨，同比下降46.77%；进出境航班4 478架次，同比增长8.56%。

【延吉空运口岸（延吉朝阳川国际机场）】 位于延吉市西南郊区，距市区5千米，机场占地面积37 000平方米。延吉朝阳川国际机场跑道长2 600米，道面厚34厘米，现已达到国际4C级机场标准，可供空客321，波音737－900同类及以下机型起降。通信、导航系统均采用国外较先进设备，性能优良。延吉空运口岸国际厅面积5 901.84平方米，功能齐全，查验通道设有出入境各6条，能够满足目前70余万人次/年的旅客出入境需求。

目前，延吉空运口岸已开通延吉至韩国仁川、青州、釜山、大邱、务安，俄罗斯符拉迪沃斯托克，日本大阪定期航班。开通延吉至仁川国际货运航线。

2019年，延吉空运口岸出入境旅客76.7万人次，同比增长8.8%；起降航班5 213架次，同比增长13.7%。

【集安陆路（铁路）口岸】 位于吉林省集安经济开发区，对面是朝鲜满浦铁路口岸，有铁路大桥相连，铁路桥全长589.23米（中方324米）。

过货品种有木材、水泥、金矿粉、钢坯、钢锭、杂货等。

集安市位于鸭绿江中朝经济合作带的中心位置，东与白山市接壤，东南隔江与朝鲜“一市三郡”（满浦市、慈城郡、渭源郡、楚山郡）相望，西南与辽宁省宽甸县、桓仁县毗邻，西北与通化市、通化县以浑江为界。集安陆路（铁路）口岸与朝鲜满浦市隔江相望，距朝鲜平壤市400千米，是我国对朝三大铁路口岸之一，年设计过货能力30万吨，过客能力10万人次。口岸工作时间以国际联运发车时间为准，周一、周三、周五为旅客列车，周二、周四、周六为货物列车，周末停运。

【图们陆路（铁路）口岸】 位于图们市市区内，长白山东麓，图们江下游，城市因口岸而生，临江而建，因图们江而得名，素有“图们江畔第一城”之美誉，对面是朝鲜南阳铁路口岸。

过货品种主要出口煤炭、粮食、机械设备、水泥等；进口钢锭、生铁、硅铁等。

图们陆路（铁路）口岸与朝鲜咸镜北道稳城郡隔江相望，距朝鲜罗津港158.8千米，距朝鲜清津港171.1千米，距中俄边境100千米，距日本海130千米，是吉林省发展对朝、对俄贸易和借港出海的主要通道。

口岸工作时间除边境口岸公休日外，4月至9月，北京时间上午8：00～11：30，北京时间下午13：30～18：00；10月至翌年3月，北京时间上午8：00～11：30，北京时间下午13：30～17：00。

【珲春陆路（铁路）口岸】 位于珲春边境经济合作区南侧，距市区7千米，对面是俄罗斯马哈林诺口岸。

过货品种主要出口机械过滤器、鱼类、农副产品；进口煤炭、铁精粉、板材、木制品、纺织品、面粉、厨房用品。

珲春陆路（铁路）口岸是吉林省唯一对俄铁路口岸。距俄罗斯卡梅绍娃亚铁路口岸23.7千米（境内8千米，境外15.7千米），距马哈林诺口岸约20千米。是继满洲里、绥芬河之后的对俄第三条大通道。

口岸工作时间除边境口岸公休日外，铁路口岸现行工作制为每周7天每天12小时工作制（北京时间7：00～19：00）。

2019年，珲春陆路（铁路）口岸进出口货物211万吨，同比下降30.8%；出入境人员4 808人，同比增长17.4%；出入境车辆1 472列，同比下降25.6%。

【图们陆路（公路）口岸】 位于图们市市区内，长白山东麓，图们江下游，城市因口岸而生，临江而建，因图们江而得名，素有“图们江畔第一城”之美誉，对面是朝鲜南阳公路口岸。

过货品种主要出口炼焦煤、建材、生活用

品、食品、药、辣椒干、日杂、化肥等；进口钢锭、生铁、硅铁等。

图们陆路（公路）口岸与朝鲜咸镜北道稳城郡隔江相望，距朝鲜罗津港 158.8 千米，距朝鲜清津港 171.1 千米，距中俄边境 100 千米，距日本海 130 千米。是吉林省发展对朝、对俄贸易和借港出海的主要通道。

口岸工作时间除边境口岸公休日外，4 月至 9 月，北京时间上午 8：00～11：30，北京时间下午 13：30～18：00；10 月至翌年 3 月，北京时间上午 8：00～11：30，北京时间下午 13：30～17：00。

【南坪陆路（公路）口岸】 位于和龙市东南部，距市区 50 千米的南坪镇，对面是朝鲜茂山口岸。

进口商品主要包括铁矿粉、淀粉；出口商品主要包括矿山设备、日杂、建材、车辆。

南坪陆路（公路）口岸距离茂山郡 12 千米，距离朝鲜北部最大港口城市清津市 84 千米。

工作时间除边境口岸公休日外，4 月至 9 月，北京时间上午 8：00～11：30，北京时间下午 14：00～18：00。10 月至翌年 3 月，北京时间上午 8：00～11：30，北京时间下午 13：30～17：00。

【珲春陆路（公路）口岸】 位于珲春市区东南部，距市区 14 千米，对面是俄罗斯克拉斯基诺口岸。

2015 年 3 月 25 日，珲春—扎鲁比诺—釜山铁海联运航线正式开通。

过货品种主要进口海产品、板材、日用品、辅料、机械设备等；出口服装、轻工产品、调料及食品、粮食、水果、蔬菜、日用品、机械、建材等。

珲春陆路（公路）口岸是吉林省唯一对俄国际公路口岸，距波谢特港 43 千米；距扎鲁比诺港 71 千米；距斯拉夫扬卡港 105 千米；距符拉迪沃斯托克（海参崴）直线距离 170 千米（公路里程 285 千米）；距纳霍德卡港 340 千米；距东方港 350 千米。

口岸工作时间除边境口岸公休日外，每周 6 天每天 8 小时工作制（北京时间 8：00～16：00）。

2019 年，珲春陆路（公路）口岸进出口货物 20.8 万吨，同比增长 4.7%；出入境人员 49 万人，同比增长 22.7%；出入境车辆 2.94 万辆，同比增长 9.9%。

【圈河陆路（公路）口岸】 位于珲春市区东南部，距市区 43 千米，对面是朝鲜元汀口岸。

过货品种主要进口海产品、轻工产品、山菜、手工艺品、木材、电子产品等；出口服装、工业品、生活用品、办公用品、粮食产品、建材、装饰材料、食品、电器、小型轿车、中型轿车等。

圈河陆路（公路）口岸是我国直接进、出朝鲜罗先特别市的唯一陆路通道。距图们江入海口36千米；距先锋港36千米；距罗津港51千米：距清津港127千米。

口岸工作时间除边境口岸公休日外，4月至9月，北京时间上午8：00～12：00，北京时间下午14：00～18：00。10月至翌年3月，北京时间上午8：00～11：30，北京时间下午13：30～17：00。

【长白陆路（公路）口岸】 位于长白朝鲜族自治县长白镇，对面是朝鲜惠山口岸。进口商品主要包括铜、铅、锌、钼等各种矿产品，板方材等木制品，松子、蓝莓等野山果、海产品；出口商品主要包括大米、白面等粮食，电力，机器设备，机电产品、纺织服装、钢铁制品、建材、装饰材料、各种日用品等。

长白公路口岸总占地面积66 600平方米，建筑面积14 750平方米，口岸作业现场主要由进出境联检楼、国门、检疫处理区、口岸监管货场构成长白公路口岸。设立于1952年，原为地方二类口岸，2007年8月10日国务院批复升格为对外开放口岸，2018年10月18日，长白（陆路）公路口岸顺利通过国家验收组验收。

长白县是吉林省对外开放的前沿，也是东北亚经济圈的优势据点，发展边境贸易的区位优势十分明显。县城与两江道首府惠山市通过长惠国际公路大桥零公里连接，惠山市有铁路直通平壤、开城、清津和朝鲜最大的工业城市咸兴；有国家级公路直通罗津港、清津港，长白至罗津港口直线距离为196千米，距清津港口140千米，距金策港116千米，距新浦港145千米，距咸兴港口175千米，通过长白公路口岸与朝鲜腹地相连接，将成为吉林省借港出海的新通道。

口岸工作时间除边境口岸公休日外，4月至9月，北京时间上午8：00～11：30，北京时间下午14：00～18：00。10月至翌年3月，北京时间上午8：00～11：30，北京时间下午13：30～17：00。

【临江陆路（公路）口岸】 位于临江市西南部，对面是朝鲜中江郡口岸。过货品种主要进口木制雪条棒、硫酸、其他矿产品、石英表机芯；出口货物包括日用百货、水泥、小麦细粉、精米、建筑材料、石英表机芯配件。

临江市地处鸭绿江中上游的祖国边陲，是吉林省对外开放的前沿，也是东北亚经济圈的优势据点，发展边境贸易的区位优势十分明显。

口岸工作时间除边境口岸公休日外，4月至

9 月，北京时间上午 8：00~11：30，北京时间下午 14：00~18：00。10 月至翌年 3 月，北京时间上午 8：00~11：30，北京时间下午 13：30~17：00。

【三合陆路（公路）口岸】 位于龙井市东南部，距市区 48 千米的三合镇，与朝鲜咸镜北道会宁市隔江相望，距朝鲜清津港 86.8 千米，对面是朝鲜会宁口岸。进口商品主要包括铁矿石、铁粉、干鱿鱼；出口商品主要包括食品、药品、瓷制品、纺织品、塑料制品、自行车、汽车及配件。

三合陆路（公路）口岸是从中国进入朝鲜东海、进出日本海和太平洋的理想通道，也是延边州与朝鲜咸镜北道进行人员交往和开展边境贸易的良好通道。

【开山屯陆路（公路）口岸】 位于龙井市东部，距市区 37 千米的开山屯镇，与朝鲜咸镜北道稳城郡三峰里隔江相望，对面是朝鲜三峰口岸。进口商品主要包括干鱿鱼、松茸；出口商品主要包括食品、药品、瓷制品、纺织品、塑料制品。

开山屯陆路（公路）口岸距离罗津港 96 千米，距离朝鲜北部最大港口城市清津市 120 千米，是朝鲜华侨进出咸镜北道的首选通道，被誉为“华侨口岸”。

口岸工作时间除边境口岸公休日外，4 月至 9 月，北京时间上午 8：00~11：30，北京时间下午 14：00~18：00。10 月至翌年 3 月，北京时间上午 8：00~11：30，北京时间下午 13：30~17：30。

【古城里陆路（公路）口岸】 位于和龙市崇善镇，距和龙市区 80 千米，对面是朝鲜三长口岸。进口商品主要包括木材、淀粉、蓝莓、蓝靛果、松子仁、芸豆、红小豆；出口商品主要包括日杂、建材。

区位优势：距朝鲜大红丹郡 24 千米，距朝鲜惠山市 175 千米，是延边州通往朝鲜两江道的唯一陆路口岸。

口岸工作时间除边境口岸公休日外，4 月至 9 月，北京时间上午 8：00~11：00，北京时间下午 14：00~18：00。10 月至翌年 3 月，北京时间上午 8：00~11：00，北京时间下午 13：00~17：00。

【沙坨子陆路（公路）口岸】 位于珲春市区西部，距珲春市区 11 千米，对面是朝鲜庆源口岸。过货品种主要进口海产品、酒、服装、纸、药品、白垩等；出口办公用品、日用品、服装原料、食品、杂货、建材等。

沙坨子陆路（公路）口岸是传统的民间贸易口岸，对面为朝鲜柳多岛，是一座天然封闭的图们江江心岛，岛屿地形为平原。此处交通便利，地势平坦，适宜修建市场，便于开展互市贸易及各项工作，现已开通柳多岛旅游线路。

口岸工作时间除边境口岸公休日外，4月至9月，北京时间上午8：00～12：00，北京时间下午14：00～18：00。10月至翌年3月，北京时间上午8：00～11：30，北京时间下午13：30～17：00。

【集安陆路（公路）口岸】 位于吉林省集安市太王镇下解放村，距离市区7千米，对面是朝鲜满浦公路口岸。集安陆路（公路）口岸于2014年12月4日经国务院正式批准对外开放，口岸总占地面积102 800平方米，具体分为四个区域，客检场地占地面积20 000平方米、货检场地占地面积68 000平方米、营房区占地面积约13 333平方米、边境国门区占地面积约1 467平方米；总建筑面积12 138.84平方米，其中，边境国门1 623.3平方米、客检大楼4 001.54平方米、货检大楼1 583.53平方米、边检营房3 536.38平方米、次卡口、查验库房、检查用房、熏蒸房等其他部分1 394.09平方米；建设标准为年进出口货物50万吨、出入境人员20万人次，总投资1.85亿元，2014年12月4日，国务院正式批复集安公路口岸对外开放。2015年9月7日，国门项目开工建设。2016年8月10日，客检、货检、边检营房等其他单体建筑同时开工。2019年4月8日完成验收工作，正式开通。

集安市位于鸭绿江中朝经济合作带的中心位置，东与白山市接壤，东南隔江与朝鲜“一市三郡”（满浦市、慈城郡、渭源郡、楚山郡）相望，西南与辽宁省宽甸县、桓仁县毗邻，西北与通化市、通化县以浑江为界。集安陆路（铁路）口岸与朝鲜满浦市隔江相望，距朝鲜平壤市400千米，集安市作为吉林省通化地区唯一的边境口岸城市，集安陆路（公路）口岸的建成，将使集安市成为全国县级城市中拥有口岸数量、类别最多的城市。

口岸工作时间除周日和两国协议休息日外，每年4月1日～9月30日，北京时间早8：00～18：00；每年10月1日～翌年3月31日，北京时间早8：00～17：00。

【双目峰陆路（公路）口岸】 位于吉林省延边朝鲜族自治州安图县境内，对面是朝鲜双头峰边境工作站。

双目峰陆路（公路）口岸位于中朝边境双目峰西侧55号界桩150米处，与朝鲜民主主义人民共和国两江道三池渊郡口岸相对，距长白山天池20千米，距安图县二道白河镇65千米，距朝鲜三池渊郡35千米，是中朝两国边界线上唯一的陆路通道，是《中华人民共和国政府和朝鲜民主主义人民共和国政府关于边境口岸及其管理制度的协定》中所列的15个边境口岸之一。

1985年，双目峰公务通道被国家批准为双边公务通道，只允许中朝双方公务人员和文化体育交流人员通行。2009年9月，双目峰公务通道被国家口岸办批准为临时口岸，通行范围扩大到允许中朝双方因私旅游人员过境，季节性开放。2019年12月26日，双目峰公务通道被国务院批准为双边常年开放公路客货运输口岸。

原二类口岸

【老虎哨水运（河港）口岸】 位于吉林省集安市榆林镇地沟村，老虎哨电站（渭源电站）大坝下游，距集安市市区68千米，对面是朝鲜渭源口岸。过货品种有钢坯、钢锭、机电设备、钢铁制品、硅石、杂货等。

老虎哨位于集安市西南60千米处榆林镇境内，这里一面傍山，三面环水，鸭绿江绕老虎哨东、南、西面流过行程纺锤形山脉，九曲回旋鸭绿江在这里形成独特的自然景观，2002年被水利部列为鸭绿江国境旅游区，与辽宁省宽甸县、桓仁县毗邻，隔江是朝鲜渭源郡。中朝合资的老虎哨水电站位于老虎哨口岸上游800米处也因此得名，电站归朝鲜运行管理，可向中朝两国供电。

口岸工作时间除周日和两国协议休息日外，每年4月1日~9月30日，北京时间早8：00~18：00；每年10月1日~翌年3月31日，北京时间早8：00~17：00。

2019年吉林省口岸大事记

1月29日

“海丝路1号”实现了珲春—扎港—宁波内贸外运航线年度首航。

1月29日

根据海关总署授权，由吉林省口岸办牵头，联合长春海关及吉林省内9部门对珲春综合保税区进行验收。

2月24日

商务部研究院副院长李光辉到珲春陆路（公路）口岸调研。

2月25日

吉林省“长珲欧”专线首批货物抵达珲春铁路口岸，该专线是继“长满欧”班列顺利开通后，吉林省谋划的第二条国际货运班列项目。

3月22日

中央统战部二局副巡视员诸有其到珲春市各口岸调研。

4月8日

集安陆路（公路）口岸正式开通，开通首日共验放一日游旅客124人。

4月10日

吉林省省长景俊海到沙坨子陆路（公路）口岸调研。

4月27日

首班大连港至长春海铁联运班列抵长春。共承载了62标箱机械设备和电子产品，承运货值达500万美元。

5月6日

兴隆整车进口口岸通过验收。

5月10日

珲春综合保税区首批跨境电子商务保税进口货物顺利通关。

5月10日

全国政协副主席、民革中央常务副主席郑建邦到图们公路口岸、铁路口岸进行调研，吉林省委书记巴音朝鲁、省政协主席江泽林陪同。

5月20日

长春龙嘉机场海关监管二科被共青团中央评为2017~2018年度全国青年文明号集体。

5月23日

吉林省委书记巴音朝鲁到长白陆路（公路）口岸调研。

6月18日

吉林省口岸办与俄罗斯联邦边境建设国家政府机构项目建设和使用管理局代表团，在黑龙江省哈尔滨市举行工作会晤，并签署了会议纪要。

6月21日

国家发展改革委副主任罗文到珲春各口岸调研。

6月26日

中央纪委原副书记刘峰岩到珲春圈河陆路（公路）口岸调研。

7月4日

天津港长春无水港正式揭牌。长春兴隆综合保税区与天津港股份有限公司在长春签署《无水港合作协议》，吉林省出海再添新通道。

7月29日

国家发展改革委区域开放司副巡视员郭明杰到珲春市各口岸就图们江区域国际合作情况进行专题调研。

7月22日

“长春—天津海铁联运首发仪式”在长春兴隆综合保税区举办。

8月24日

珲春国际港揭牌仪式在珲春市口岸通关中心隆重举行。

8月28日

国家发展改革委基础司副司长马强到珲春市各口岸调研。

9月3日~4日

国家移民管理局党组副书记、副局长李裕禄到延边地区调研。

9月17日

外交部外交政策咨询委员调研组赴珲春市就朝鲜半岛形势以及图们江区域合作情况进行调研。

9月23日

国家口岸管理办公室副主任党英杰到珲春市各口岸调研。

9月26日~27日

国家口岸办主办的东北地区优化口岸营商环境调研座谈暨经验交流会在长春举办，国家口岸办党英杰副主任主持会议，与会代表针对东北地区口岸营商环境建设的问题和对策进行了交流研讨。

10月9日

海关总署署长倪岳峰到珲春进行调研。

10月17日

首批164台奥迪Q8整车顺利通关，举行了一汽奥迪整车专列运抵长春整车口岸接车仪式，标志着长春整车进口口岸正式开通运行。

10月28日

吉林省首个液化石油气海关监管作业场所投入运营。

11月12日

国家发展改革委基础司副司长局小棋到珲春市各口岸调研。

11月14日

长春海关“两步申报”改革试点在龙嘉机场海关和兴隆海关正式启动。

12月1日

“海丝路1号”实现珲春—扎港—宁波内贸货物跨境运输航线南下北上货物的首次双向运输。

12月26日

国务院正式批复同意双目峰公务通道升级为双边常年客货公路口岸。

（撰稿人：王文彧、戴文汐、马静）

2019 年吉林省口岸流量统计表

口岸类型		口岸名称	货运量（万吨）				集装箱量（万标箱）				人员（万人次）				交通工具（辆、艘、架、列次）			
			出口	进口	合计	同比（%）	出口	进口	合计	同比（%）	出境	入境	合计	同比（%）	出境	入境	合计	同比（%）
空运口岸		长春航空口岸	0.031 2	0.054 6	0.085 8	-46.80					27.54	27.43	54.96	6.80	2 239	2 239	4 478	8.60
		延吉航空口岸									38.88	37.84	76.72	8.80	2 606	2 607	5 213	13.70
		分计	0.031 2	0.054 6	0.085 8	-46.80					66.42	65.27	131.68	7.92	4 845	4 846	9 691	11.26
陆路口岸	公路口岸	珲春口岸	0.744 0	20.056 0	20.800 0	4.70					24.21	24.88	49.09	22.70	14 779	14 627	29 406	9.90
		分计																
	铁路口岸	珲春铁路口岸	2.628 1	208.388 6	211.016 7	-30.80					0.24	0.24	0.48	-17.40	736	736	1 472	-25.60
		分计																
合计																		
同比（%）																		

（吉林省口岸办提供）

2019年吉林省口岸出入境主要数据表

项目			2019年	2018年	同比（%）
出入境人员（人次）	出入境人员总数		2 926 277	2 197 275	33.18
	入境人员		1 473 616	1 101 060	33.84
	出境人员		1 452 661	1 096 215	32.52
	出入境旅客		2 757 913	2 036 333	35.44
	出入境员工		168 364	160 942	4.61
	中国公民	内地居民	1 765 850	1 470 259	20.10
		港澳居民	10 800	14 043	-23.09
		台湾同胞	26 622	27 649	-3.71
	外籍人员		1 123 005	561 977	99.83
	从海港出入境人数				
	从陆港出入境人数				
	从空港出入境人数				
交通运输工具（辆、艘、架、列次）	总计		134 367	123 589	8.72
	船舶		996	0	—
	飞机		8 989	8 085	11.18
	火车		1 721	2 343	-26.55
	机动车辆		122 661	113 161	8.40

（吉林出入境边防检查总站提供）

2019年长春海关主要数据统计表

项目		2019年	2018年	同比（%）
进出口货运量（万吨）	合计	619.7	795.9	-22.1
	进口	540.8	730.2	-25.9
	出口	78.8	65.7	20
进出口贸易总值（万美元）	合计	960 686.4	1 076 061.7	-10.7
	进口	763 298.7	880 142.5	-13.3
	其中：江、海运输	613 558.6	743 800.1	-17.5
	铁路运输	37 977.5	30 967.2	22.6
	汽车运输	49 001.2	43 078.8	13.7
	航空运输	62 182.1	61 181.3	1.6
	邮件运输	159.6	132	20.9
	其他运输	419.7	983.1	-57.3
	出口	197 387.7	195 919.2	0.7
	其中：江、海运输	59 749.3	57 451.1	4
	铁路运输	44 842.5	57 557.7	-22.1
	汽车运输	86 458	64 199.9	34.7
	航空运输	5 756.6	16 240.2	-64.6
	邮件运输	30.6	75.5	-59.5
	其他运输	550.6	394.8	39.5
税收（万元）	两税合计	1 004 400	1 417 100	-29.12
	关税入库	292 500	402 300	-27.29
	进口环节税入库	711 900	1 014 700	-29.84

（长春海关提供）

2019 年吉林省指定监管场地统计表

序号	直属海关	监管场地名称	进境口岸	类型	拟进口品种	批复时间	备注
1	长春海关	珲春公路口岸进境粮食指定监管场地	珲春公路口岸	粮食	面粉、水稻、玉米	2015 年 12 月 25 日	
2	长春海关	珲春公路口岸进境冰鲜水产品指定监管场地	珲春公路口岸	冰鲜水产品	鱼类、甲壳类、软体类	2015 年 11 月 20 日	
3	长春海关	珲春公路口岸进境食用水生动物指定监管场地	珲春公路口岸	食用水生动物	鱼类、甲壳类、软体类	2016 年 7 月 29 日	
4	长春海关	圈河公路口岸进境冰鲜水产品指定监管场地	圈河公路口岸	冰鲜水产品	鱼类、甲壳类、软体类	2015 年 11 月 20 日	
5	长春海关	圈河公路口岸进境粮食指定监管场地	圈河公路口岸	粮食	面粉、水稻、玉米	2015 年 12 月 25 日	
6	长春海关	圈河公路口岸进境食用水生动物指定监管场地	圈河公路口岸	食用水生动物	鱼类、甲壳类、软体类	2016 年 7 月 29 日	
7	长春海关	长白公路口岸进境食用水生动物指定监管场地	长白公路口岸	食用水生动物	鱼类、甲壳类、软体类	2016 年 7 月 29 日	
8	长春海关	图们公路口岸进境冰鲜水产品指定监管场地	图们公路口岸	冰鲜水产品	鱼类、甲壳类、软体类	2016 年 11 月 10 日	
9	长春海关	图们公路口岸进境食用水生动物指定监管场地	图们公路口岸	食用水生动物	鱼类、甲壳类、软体类	2018 年 3 月 11 日	
10	长春海关	古城里公路口岸进境粮食指定监管场地	古城里公路口岸	粮食	芸豆、红小豆	2015 年 12 月 25 日	
11	长春海关	长春兴隆铁路集装箱场站进境肉类指定监管场地	长春兴隆铁路集装箱场站口岸	肉类	猪肉、鸡肉	2016 年 11 月 17 日	
12	长春海关	长春兴隆铁路集装箱场站进境冰鲜水产品指定监管场地	长春兴隆铁路集装箱场站口岸	冰鲜水产品	鱼类、甲壳类、软体类	2017 年 12 月 15 日	
13	长春海关	珲春铁路口岸进境粮食指定监管场地	珲春铁路口岸	粮食	面粉、水稻、玉米	2015 年 12 月 25 日	

（吉林省口岸办提供）

黑龙江省口岸分布示意图

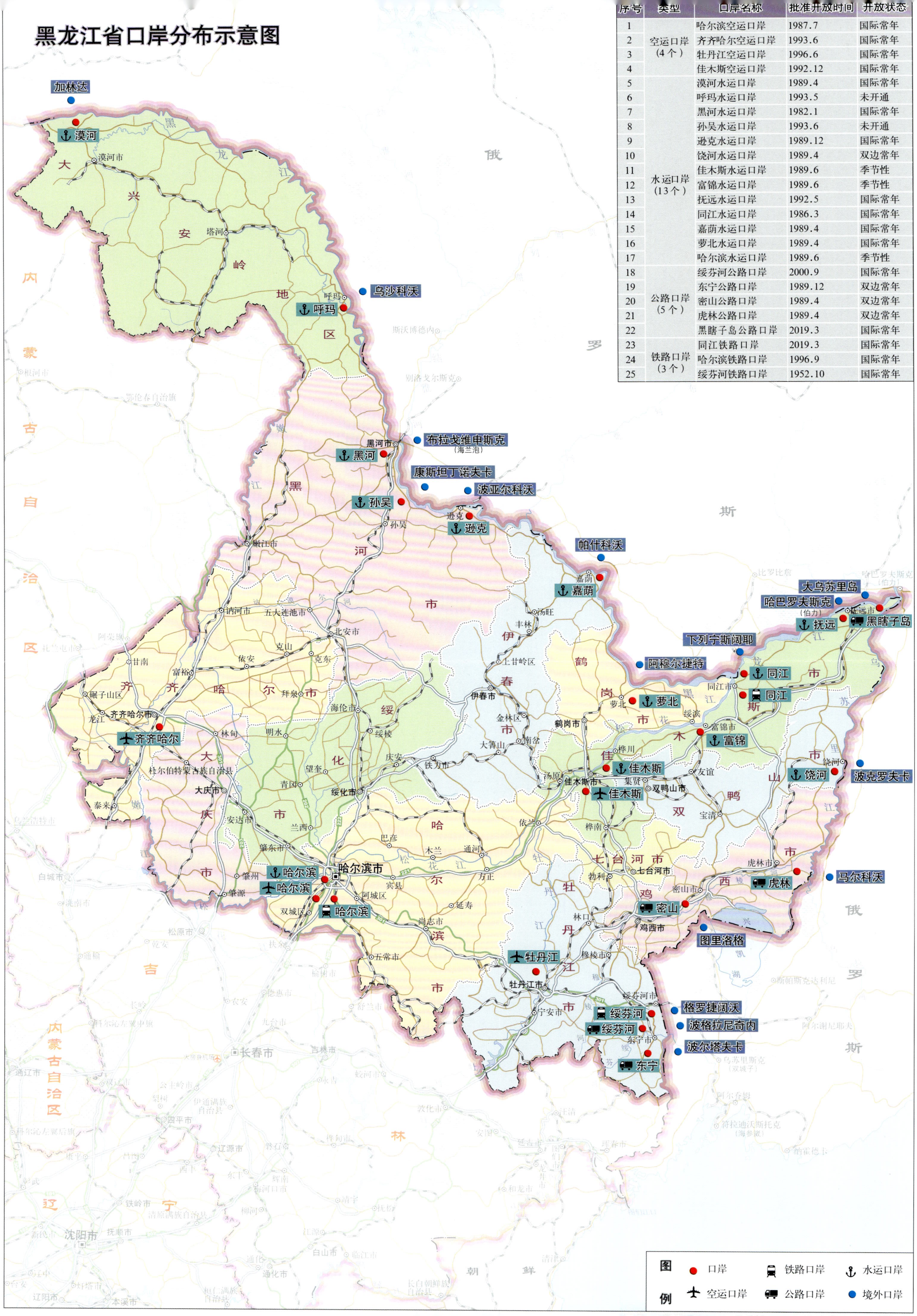

序号	类型	口岸名称	批准开放时间	开放状态
1	空运口岸（4个）	哈尔滨空运口岸	1987.7	国际常年
2		齐齐哈尔空运口岸	1993.6	国际常年
3		牡丹江空运口岸	1996.6	国际常年
4		佳木斯空运口岸	1992.12	国际常年
5	水运口岸（13个）	漠河水运口岸	1989.4	国际常年
6		呼玛水运口岸	1993.5	未开通
7		黑河水运口岸	1982.1	国际常年
8		孙吴水运口岸	1993.6	未开通
9		逊克水运口岸	1989.12	国际常年
10		饶河水运口岸	1989.4	双边常年
11		佳木斯水运口岸	1989.6	季节性
12		富锦水运口岸	1989.6	季节性
13		抚远水运口岸	1992.5	国际常年
14		同江水运口岸	1986.3	国际常年
15		嘉荫水运口岸	1989.4	国际常年
16		萝北水运口岸	1989.4	国际常年
17		哈尔滨水运口岸	1989.6	季节性
18	公路口岸（5个）	绥芬河公路口岸	2000.9	国际常年
19		东宁公路口岸	1989.12	双边常年
20		密山公路口岸	1989.4	双边常年
21		虎林公路口岸	1989.4	双边常年
22		黑瞎子岛公路口岸	2019.3	国际常年
23	铁路口岸（3个）	同江铁路口岸	2019.3	国际常年
24		哈尔滨铁路口岸	1996.9	国际常年
25		绥芬河铁路口岸	1952.10	国际常年

黑 龙 江 省

口岸数量及分布

截至2019年年底，黑龙江省有经国务院批准的对外开放口岸25个。其中，空运口岸4个，分别是哈尔滨空运口岸（哈尔滨太平国际机场）、齐齐哈尔空运口岸（齐齐哈尔三家子机场）、牡丹江空运口岸（牡丹江海浪国际机场）、佳木斯空运口岸（佳木斯机场）；水运（河港）口岸13个，分别是哈尔滨、佳木斯、富锦、同江、抚远、饶河、萝北、嘉荫、逊克、孙吴、黑河、漠河和呼玛河港口岸；陆路（公路）口岸5个，分别是东宁、密山、虎林、绥芬河和黑瞎子岛公路口岸；陆路（铁路）口岸3个，分别是绥芬河、同江、哈尔滨铁路口岸。

口岸运行数据

2019年，黑龙江省口岸客货运量分别实现404.4万人次和4 543万吨，同比分别增长12.3%和9.7%，客运量创10年来最高，增幅12.3%属近年来最高。口岸压缩整体通关时间位居全国前列，国际贸易“单一窗口”报关报检业务应用率实现100%。

口岸综合管理

【口岸开放工作】 一是口岸开放领域和数量不断增加。新设口岸方面，黑瞎子岛公路口岸及同江铁路口岸获准对外开放。二是同江港口岸扩大开放东部作业区获准对外开放。同江口岸东部作业区于1988年，经国务院口岸领导小组批准开通运营，历经30年。2018年12月27日，经国务院下发的《国务院关于同意黑龙江同江港口岸扩大开放东部作业区》（国函〔2018〕168号）批复，同意同江港口岸扩大开放东部作业区。为尽早通过国家验收成为正式作业区，现正按照《口岸验收管理办法（暂行）》（署岸发〔2017〕226号）的有关规定，完善口岸软硬件设施设备，计划2020年完成口岸开放验收工作。三是抚远机场临时对外开放达到预期。抚远机场临时对外开放获批，开通时间为2019年11月1日至2020年5月1日。四是推进优化口岸营商环境效果明显。黑龙江省口岸办制定并推进《黑龙江省优化口岸营商环境促进跨境贸易便利化的措施》落地实施。哈尔滨海关出台了《哈尔滨海关关于优化口岸营商环境促进跨境贸易便利化的16条措施》，建立健全口岸通关流程、收费和意见投诉服务“三公开”，进出口环节有收费项目的14个口岸在黑龙江电子口岸平台公示了收费目录清单，初步实现了口岸收费透明化和非体制性垄断行业经营服务性项目竞争公开化。全省取消了口岸设施维护费、进出口检验检疫费等全部行政事业性收费；政府性基金收费项目只保留了国家定价的港口建设费1项；地方政府定价国家批准的经营服务性收费只有漠河口岸原油进口环节的口岸管输服务费1项。与口岸收费相关的其他行政事业性收费、政府性基金收费、地方政府定价或指导价的经营服务性收费等得到彻底清理。继续拓宽相关企业投诉渠道。推动相关地方政府建立口岸收费监督管理长效机制，依法开展打击违规收费专项行动。

【口岸基础设施建设稳步推进】 绥芬河公路口岸旅检大楼竣工，新国门投入使用，铁路口岸客运综合楼建成运行，哈尔滨铁路货运口岸迁址新场站投入使用。开复工建设黑河口岸储运中心、绥芬河公路口岸枢纽站和国际客运站、东宁公路口岸货运中转站和国际客运站、同江口岸储运中心等，总计面积达13.5万平方米。绥芬河—波格拉尼奇内公路口岸、同江—下列宁斯阔耶水运口岸、虎林—马尔科沃口岸等基础设施和查验配套设施进行扩能改造。黑龙江省一侧已基本完工，俄方一侧的规划、设计也已初步形成。

【电子口岸建设持续开展】 黑龙江省企业使用“单一窗口”总体情况良好，标准版主要功能使用率均达到100%，注册企业用户数因使用虚拟SAAS无法统计，活跃用户数约为360余个，截至2019年年底，累计业务量为835.6万余票。

“单一窗口”正在建设本地实体SAAS平台，除集成国家所有标准版功能外，重点建设跨境电商公共服务平台、互市贸易综合服务平台和大数据服务平台等本地特色服务功能。平台总体设计方案已初步完成编制工作，待专家论证修改后进入资金审批和公开招标流程，预计2020年年底前投入运行。“单一窗口”在东北地区，北京、广东、浙江等先进省、市开展了区域交流学习等活动。

【对俄口岸务实合作不断加强】 黑龙江省口岸办已经与俄罗斯联邦国家政府机构项目建设和使用管理局哈巴罗夫斯克分局、符拉迪沃斯托克分局建立口岸合作工作机制，双方每年都签订工作合作计划。每年至少进行一次工作会晤并签署会谈纪要。在实际工作中，及时通报边境口岸工作时间改变等情况，解决口岸通关中存在的问题。良好的合作工作机制，推动俄方加快口岸设施建设，一定程度上提高了俄方工作效率，确保中俄边境口岸高效有序安全运营；保障货物和人员进出境通道顺畅。如黑河口岸与俄口岸部门建立了“黑河—布市口岸中俄客货运输协调小组”会晤机制，已实行20余年。每年会晤3～4次，取得了良好成效。在粮食回运、流冰期等客货运输特殊时期，随时保持对俄信息畅通，及时处理问题和矛盾，延长口岸工作时间，为进出口企业和旅客提供优质服务，确保双方口岸运输的高效与畅通。同江口岸常年保持与俄方口岸沟通联络和会晤，及时预判和通报双方因展会、货物集中通关等口岸通关高峰期，适时延长通关时间和增加船舶等交通工作运输班次，避免客货滞港压港情况，保障口岸运行畅通。

【强化协调服务，口岸通关环境日趋优化】 哈尔滨海关出台优化口岸营商环境、促进综合保税区高质量发展、深入推进兴边富民行动3批共63项针对性措施，打造海关“办事不求人”特色品牌。支持黑龙江优势产业发展，指导进境粮食口岸建设，服务大豆、玉米等俄粮回运，推动禽肉、乳制品实现双向贸易，俄罗斯种植人参等中药材准入实现新突破。“海关改革2020”方案有序推进，“两步申报”作业模式在关区全面推开。邮递物品监管改革走在全国海关前列。拓展国际贸易“单一窗口”应用，扩大监管结果互认商品范围，在进口木材、出口果蔬类商品的基础上，增加了进口品种大豆、黑豆、玉米、水稻等农产品。如哈尔滨空运口岸出入境边防检查站与哈尔滨太平机场海关作为口岸联建单位，多年来，双方在工作中始终保持互相配合密切协作的良好合作关系，建立了多项合作机制，2019年年初，边检、海关、安检三家单位制定了“冰城口岸边关安”合作共建机制，保障了哈尔滨航空口岸出入境工作始终顺畅无误。绥芬河、东宁、黑河、同江、虎林等口岸各查验部门定期召开口岸联席会，互相通报在进出境人员、货物动态信息及危险品信息方面。中俄海关将大豆和果蔬商品作为监管结果互认商品。各查验单位在口岸现场和海关监管场所，均共用联检查验办公楼，对进出境客货实施一次性联合集中查验，避免“二次”查验。

【辟建农副产品快速通关“绿色通道”成效明显】 为了确保果蔬鲜活类货物及时出境，绥芬河、东宁、黑河、同江、虎林、密山等口岸均建立了果蔬鲜活产品“绿色通道”，科学调整对俄出口果蔬检疫监管措施，鼓励“产地检疫出证＋口岸换证放行”出口模式，对于在果蔬产地检疫和出证有困难的，由口岸海关实施检验检疫并出证放行，对载有水果、蔬菜、鲜花等鲜活产品的车辆实行优先放行制度，实现了进出口通关“零等待”。允许经检验检疫合格的果蔬拼装运输出境，在特殊时间，中方口岸各部门提前半小时上岗，提前验放，保证产品在俄方口岸当日清关、当日投放市场。

口岸监管与服务

【黑龙江出入境边防检查总站多点聚焦，筑牢口岸防线，服务经济发展】 一是聚焦边境稳定，夯实管控阵地。推进以纵深梯次布阵、合成联动用警、智能集约感知、高效指挥运转、辖区安全稳定为核心的“四支撑一基础”四级边境防控实战体系建设，互动并行四级防控质效评价机制，深入推动“靖边”专项行动，全面加强界江管理，累计清查收缴非法船只289艘、非法网具9.7万延长米，查处违边案件136起233人，同比上升64%和48%，涉外事件起数人数同比下降81%和84%，达到历史最好水平。统筹推进“扫黑除恶”“缉枪治爆”“三打击一整治”专项行动，先后查破案件3 204起，打击处理违法犯罪人员2 426人，有效净化了边境地区社会环境。二是聚焦口岸安全，筑牢国门防线。搭建以规范严格检查、深度关联核查、及时全量复查、互动协作联查和高效应急处置等“四查一处置”为核心的三级口岸管控实战体系，配套跟进三级管控质效评价督导，制定边检行政案件证据采集、接布控工作指引和规范，与公安反恐、国保、出入境管理部门及国家安全机关全面建立通报协查机制，国门查控防线更加严密高效。三是聚焦发展战略，助力龙江振兴。全力支持黑龙江自由贸易试验区建设，积极服务中国—欧亚经济联盟国家海关合作对话会、第七届中国国际口岸贸易博览会、中俄博览会等大型赛会，主动跟进黑龙江公路大桥、同江铁路大桥、中俄天然气管道建设等重大工程项目。2019年，先后验放出入境交通运输工具213 725辆（架、列、艘）次、人员3 804 016人次，同比分别增长4.5%和12.8%，全面展示了国门名片新形象。四是聚焦国家战略，积极融入发展大局。主动介入服务大局，黑龙江自由贸易试验区揭牌启动，黑龙江出入境边防检查总站结合自身职责职能，指导黑河、绥芬河、哈尔滨边检站，先行一步，主动介入，谋划部署，增加在服务驻地发展建设上的分量权重；指导完成哈洽会、冰雪节、中俄博览会、城市马拉松等大型赛会的通关保障工作，跟进服务黑龙江公路大桥、同江铁路大桥等重大工程项目，提升了影响力，推介了国门形象。

【黑龙江海事局深化口岸部门间合作机制】 黑龙江海事局作为水路口岸联检部门牵头单位，充分发挥与海关、边检等口岸管理部门业已建立的合作基础，深化口岸部门间合作机制，2019年与海关、边检、省口岸办联合制定签发《黑龙江水域国际航行船舶联合登临检查工作机制》，建立国际航行船舶通关查验及应急救助绿色通道，有效推动跨部门协作，全面推进“一站式作业”，打造更加高效的口岸通关模式，得到黑龙江省政府的高度肯定和大力赞扬。

【黑龙江海事局推动口岸联检部门间资源设备共享】 为了实现口岸各职能部门间信息共享，充分发挥监管资源的集聚效应，黑龙江海事局依托海事专业特点，利用CCTV系统、船载AIS系统等现有信息化监管手段以及筹划建设VTS信息系统，有效掌握中俄双方船舶动态，与口岸各查验部门建立信息互通，对船舶基础资料信息和船舶进出港口的实时信息进行筛选，深化数据的挖掘分析，积极配合电子口岸平台建设信息化数据筛选和上报工作，推动实现信息互换。

【黑龙江海事局搭建中俄“绿色通道”】 为有效优化口岸查验作业流程，提高水路口岸通关效率，黑龙江海事局全面落实“放、管、服”，在确保口岸通关安全的前提下，通过简政放权等举措，简化通关手续，促进绿色通关，积极与各查验部门沟通，建立各项合作机制，优化整合通关流程，促进口岸监管由“串联”作业向“并联”作业转变，实现“公交化”国际旅客运输，有效提升海事公众服务水平，努力搭建中俄“绿色通道”。

【哈尔滨海关多举措持续推进优化营商环境】 出台优化口岸营商环境、促进综合保税区高质量发展、深入推进兴边富民行动3批共63项针对性措施，打造海关“办事不求人”特色品牌。支持黑龙江优势产业发展，指导进境粮食口岸建设，服务大豆、玉米等俄粮回运，推动禽肉、乳制品实现双向贸易，俄罗斯种植人参等中药材准入实现新突破。与黑龙江省卫健委、大连商品交易所、哈兽研、海关传媒中心等单位签署合作协议，强强联合支持黑龙江经济社会发展。

【哈尔滨海关全力服务地方经济高质量发展】 一是创新举措精准发力。全力支持中国（黑龙江）自由贸易试验区建设，将自贸试验区与促进沿边开放、保障粮食安全、支持东北振兴、推进对俄合作等国家战略和决策紧密结合，出台20项支持措施，重点打造一批具有沿边特色支持边境贸易加快发展的首创制度上报海关总署，待审核试行。二是重大项目保障有力。黑河海关全程为中俄东线天然气管道建设提供监管服务，有力保障了管道提前建成并在两国元首见证下顺利投产通气，首月输气超过3亿立方米。提升实验室建设科学化水平，确保进口的俄油、俄气计量数据准确、品质达标。规范液化石油气、铁矿砂、煤炭、木材等大宗商品检验，坚决维护国家利益。支持黑河公路大桥、同江铁路大桥建设，助力同江铁路口岸和黑瞎子岛公路口岸获得国务院批复开放。指导服务哈尔滨综合保税区、绥芬河综合保税区、牡丹江保税物流中心（B型）运营发展，支持黑河保税物流中心（B型）建设并通过海关总署验收。三是国际合作成效显著。主动谋划并在第六届中俄博览会期间成功承办“中国—欧亚经济联盟国家海关合作对话会”，搭建合作新平台，形成了“六国七方”合作机制，创办中国—欧亚经济联盟国家海关检验检疫合作信息网，支持中俄博览会常办常新。抚远海关成功承办驻华海关专员俱乐部研讨会，展示中国隶属海关新形象。发力合作项目，与俄远东海关局开展缉私信息、统计数据互换，推进中俄海关监管结果互认试点，积极研究推动中俄海关共同开展“智慧海关、智能边境、智享联通”合作探索。

【哈尔滨海关依法把关履职担当实际监管全面加强】 风险布控有效性不断增强，货物贸易人工分析布控查获率提升至7.96%。行邮监管和快件全链条监管更加严密。健全进出口商品质量安全风险预警体制，开展62批次商品质量抽检。加强重点敏感商品检验管控，严把质量安全关。推行“一企一策”服务模式，黑龙江省内民营企业海关AEO高级认证实现“零”的突破。“多查合一”工作有效开展，稽核查后续监管效能不断提高。知识产权海关保护力度持续加大，开展“龙腾”专项行动，办理案件963起。

【哈尔滨海关综合治税成效显著】 推进减税降费政策落地见效，2019年税收入库165.29亿元，圆满完成税收预算目标。1 147家省内企业享受增值税减税34.45亿元，63家企业享受优惠政策减免税2.62亿元。进境原木熏蒸和落地加工防疫处理再降费10%。积极应对中美贸易摩擦，各项反制措施执行到位。税政调研工作取得新进展，属地纳税人管理制度有序实施，关税保证保险、预裁定、原产地证书自助打印、行邮税移动支付等重点改革项目落地见效。自主开展回运农产品税收征管改革，创新回运大豆估价方式，有效减轻企业资金压力。

【哈尔滨海关打击走私战果丰硕】 2019年立案办理走私刑事、行政案件523起，案值7.79亿元，再创历史新高。破获“2019·1·26”走私象牙虎皮虎骨珍贵动物制品案受到公安部通令嘉奖；绥芬河海关2019年12月侦破特大走私熊掌案，查获熊掌214只，是近年全国一次性查获走私熊掌数量最多的案件。全力做好国庆安保维稳，“缉枪情报经营专案组”荣立公安部集体一等功，是中华人民共和国成立70周年大庆安保维稳工作中唯一被公安部表彰的海关缉私警察集体。

【哈尔滨海关不断筑牢国门防线】 全面启动非洲猪瘟疫情预警和防控一级响应，构建关区“五位一体”防控体系，自疫情暴发以来，共截获、销毁禁止携带、邮寄入境肉类及其制品2 975批次、5 933千克，监测查获非洲猪瘟病毒核酸阳性2例；截获进境植物有害生物50种、1 952种次，稳步推进关区无害化检疫处理中心建设。关区口岸核心能力进一步提升，口岸确诊传染病30例，监测体检检出传染病177例，有效维护口岸公共卫生安全；口岸捕获国际新型蠓种，病媒生物监测工作取得新的突破。检测进出口食品化妆品1 549批次、24 361项次，与黑龙江省食安办等部门开展风险预警合作，全面落实食品安全“四个最严”要求，切实维护老百姓“舌尖上的安全”。

【哈尔滨海关科技兴关成效明显，跨境贸易更加便利】 一是“海关改革2020”方案有序推进，“两步申报”作业模式在关区全面推开。

邮递物品监管改革走在全国海关前列。拓展国际贸易“单一窗口”应用，实现运输工具、舱单申报等新业务功能。组织压缩通关时间“会战”攻坚，2019年12月关区进、出口整体通关时间较2017年分别压缩68.3%、76%。二是科技支撑更加有力。成立科学技术委员会，组建专业技术委员会。口岸智能卡口建设顺利推进，总关业务监控指挥中心升级改造完成。新一代查验系统全面应用，“查检合一”、智能审图改革持续推进。制定关区实验室建设发展规划，建立三级实验室安全管理责任体系，海关总署科技司向全国海关推介哈尔滨海关经验。管输天然气检测区域性中心实验室（黑河）投入使用，推进象牙及濒危物种鉴定实验室和非洲猪瘟初筛实验室建设。提供高质量社会检测服务，荣获年度黑龙江省科技共享服务一等奖。三是数据服务更加有效。充分利用系统集成优势，建立集中审核机制，连续两年保持统计数据“零差错”。出境旅客手拎包业务纳入边民互市贸易出口海关统计。海关总署采用哈尔滨海关监测预警分析9篇。深度参与海关总署全球贸易监测分析中心工作。“数据+研究”优势发挥显著，形成一批含金量较高的课题研究成果，服务省委省政府及相关部门决策参考。

开放口岸

【哈尔滨空运口岸（哈尔滨太平国际机场）】 哈尔滨空运口岸是1987年7月1日经国务院批准的对外开放口岸，1989年9月22日正式对外开放使用。2019年，哈尔滨太平国际机场自旧国际航站楼升级改造工程后，机场海关新增了查验设备，并成立跨境电商科，助推空港跨境电商物流园业务发展及助力保税航油业务落地空港。哈尔滨空运口岸现有国际及地区航线23条，已经初步形成了以哈尔滨为中心，连接俄罗斯、日本、韩国、新加坡、泰国、马来西亚、印度尼西亚等国家的空中交通网络。2019年1月初，物流园首批跨境电商进口商品顺利通关放行。

2019年，哈尔滨空运口岸累计出入境旅客102.6万人次，同比增长16.6%；其中，出境51.4万人次、入境51.3万人次。

【齐齐哈尔空运口岸（齐齐哈尔三家子机场）】 齐齐哈尔空运口岸是1993年6月4日经国务院批准的对外开放口岸，齐齐哈尔三家子机场为军民合用机场，2010年1月通过国家验收。

2012年至2016年，连续5年对韩国的首尔、釜山、清州飞行了107个国际临时客运航班，累计运送出入境旅客3.37万人次。2017年，由于“萨德”入韩问题，齐齐哈尔空运口岸暂停了对韩国飞行临时国际航班。2018年6月4日，正式签约开通齐齐哈尔至俄罗斯符拉迪沃斯托克临时国际航线，是齐齐哈尔空运口岸首次开通俄罗斯国际航线。

【牡丹江空运口岸（牡丹江海浪国际机场）】 牡丹江空运口岸是1996年6月经国务院批准的对外开放口岸，1998年12月正式对外开通使用。牡丹江海浪国际机场为军民合用机场，该机场位于黑龙江省牡丹江市区西南部，距市中心约9千米。

1998年8月，成功试航牡丹江至俄罗斯符拉迪沃斯托克航线，2000年6月，正式开通牡丹江至符拉迪沃斯托克包机航线，2002年1月转为定期国际航班，每周飞行2班。2003年11月，开通了牡丹江至俄罗斯雅库茨克国际航线，每月飞行2班；同时还开通了牡丹江至俄罗斯哈巴罗夫斯克的定期国际航班，每周2班；2005年9月，开通了牡丹江至韩国首尔的国际航班，目前每周4班。

牡丹江海浪国际机场目前开通两条国际航线，分别是首尔和符拉迪沃斯托克。首尔航线每周由南方航空和大韩航空分别执飞5班，夏季淡季每周分别执飞3班。符拉迪沃斯托克航线每周由奥罗拉航空执飞2班。2018年12月20日，牡丹江海浪国际机场货运部分通过省口岸办组织的验收。为中俄旅客互通提供便利通道，加快牡丹江对俄经贸发展，进一步提升牡丹江市沿边地区对外开放水平。牡丹江空运口岸于2018年7月15日正式恢复牡丹江至符拉迪沃斯托克航班，航班进出境整体上座率50%以上。2019年12月20日，牡丹江空运口岸货运作业区通过验收，这标志着牡丹江海浪国际机场成为继延吉朝阳川国际机场之后东北第二家国际客运、货运功能齐全的支线机场，在民航发展史上具有里程碑意义。

为进一步扩大边境贸易规模，促进全省旅游业创新发展，在具备实施境外旅客购物离境退税政策的基本条件下，黑龙江增加牡丹江航空港作为境外旅客购物离境退税口岸。牡丹江境外旅客购物离境退税商店在市区增设6个，并已开通离境退税业务。

2019年，牡丹江海浪机场完成客运量12.6万人次，同比增加0.6%。

【佳木斯空运口岸（佳木斯东郊国际机场）】 佳木斯空运口岸是1992年12月经国务院批准的对外开放口岸，该机场位于黑龙江省东北部的佳木斯市东郊9千米处，2009年末通过国家正式验收。

2010年，开通佳木斯至韩国首尔临时包机，2012年恢复佳木斯至哈巴罗夫斯克航线，在2014年中韩两国民航部门会谈中，佳木斯至韩国首尔临时包机航班被批准为正式航班，这两条国际航线每周各2班。2018年佳木斯航空口岸有2条国际航线，每周4班，分别是韩国首尔2班、俄罗斯哈巴罗夫斯克2班。2018年8月末韩国首尔航线增加了1班，每周达到5班。

2019年，佳木斯空运口岸进出口货运量完成2.2万吨，比上年增长98.6%；出入境人员实现4.3万人次，比上年增长85.1%。

【哈尔滨水运（河港）口岸】 哈尔滨水运口岸是1987年7月经国务院批准对外开放，并经中国与苏联两国政府确认开通使用的对外开放口岸，1992年10月又经国家批准开通了国际客运业务。该口岸地处松花江中游南岸，黑龙江省省会哈尔滨市区东北部，是我国东北内河最大的水陆换装枢纽港，年营运期210天左右，冰封期约为150天，是一个典型的季节性生产港口。由哈尔滨港经松花江、黑龙江水道与俄罗斯的哈巴罗夫斯克、共青城、尼古拉耶夫斯克和布拉戈维申斯克等7个大中城市港口相通。根据中俄两国协议，中方国际船舶可经俄罗斯阿穆尔河段由尼古拉耶夫斯克港出海，再经鞑靼海峡进入日本海，开展国际江海联运业务。哈尔滨水运（河港）口岸是1989年7月1日经国务院批准恢复对外开放，1999年至2005年连续7年进出口货运量为零，2006年出口货运量为400吨，2007年至今没有过货。

【饶河水运（河港）口岸】 饶河水运口岸是1989年4月经国务院批准的对外开放口岸，1993年9月正式开通使用，1994年1月经中俄两国政府确认为双边客货运输口岸。该口岸港口位于黑龙江省东北部边陲饶河县饶河镇南7.5千米，地处乌苏里江中段西岸，为目前中俄乌苏里江流域唯一水运口岸。与俄罗斯哈巴罗夫斯克边疆区比金区市波克罗夫卡口岸隔江对应，直线距离只有760米。俄方对应口岸波克罗夫卡地处哈巴罗夫斯克边疆区和滨海边疆区结合部，距两个边区首府哈巴罗夫斯克市和符拉迪沃斯托克市分别为263千米和520千米，距比金市也只有35千米，是目前俄远东地区建设规模较大，基础设施较完备的口岸之一。明水期开展水上船舶运输，目前以汽车轮渡运输为主，冰封期开展冰上汽车运输。

饶河水运口岸建有可停靠2艘千吨级货轮的码头和适应明水期轮渡运输、冰封期汽车运输的两用码头，还备有2艘大马力轮渡船，年吞吐能力在60万吨以上。同时，建有口岸联检厅4 000平方米、海关监管库6 000平方米，查验配套设施完备。口岸距离两个最近火车站东方红、换新天大约在137千米和150千米，口岸集疏运主要通过公路运输，经依饶公路和饶建公路可分别抵达双鸭山和佳木斯等中心城市。该口岸开通建设虽晚于周边其他口岸，但客货运输生产发展势头较好。

2019年，饶河水运口岸进出口货运量完成1.3万吨，比上年增加30%；出入境人员实现3.8万人次，比上年增长29.3%。

【佳木斯水运（河港）口岸】 佳木斯水运

口岸是1989年7月经国务院批准的对外开放口岸，1991年10月开通了国际客运航线。该港口位于黑龙江省东北部的佳木斯市市区，地处松花江中下游南岸，是该地区较大的水陆换装枢纽港。年航行期在210天左右，为季节性生产港口。港区现有陆域面积10万平方米，立式码头岸线总长510多延长米，拥有千吨级泊位5个，铁路专用线2条，全长740米，装卸设备43台（组）年吞吐能力为100万吨。口岸建有办公业务用房5 000平方米，生活用房587平方米，现场办公用房及附属设施2 050平方米。

佳木斯港的国际航行船舶，沿松花江上行可达哈尔滨港，下行可达富锦、同江港。进入黑龙江后可直达俄罗斯的下列宁斯阔耶、哈巴罗夫斯克、共青城等开放港口。根据中俄两国协议，我国国际航行船舶可经俄罗斯的尼古拉耶夫斯克港出海，再通过鞑靼海峡进入日本海，开展国际江海联运业务。交通运输部已确定佳木斯港为江海联运港口，并于1992年7月12日进行了首航。

近年来，因松花江枯水及边贸政策调整影响，佳木斯水运口岸客货运量较少。随着上游大顶子山等航电枢纽工程建设的陆续到位，松花江通航条件将不断改善，该口岸将会得到充分利用。

【富锦水运（河港）口岸】 富锦水运口岸是1989年7月经国务院批准的对外开放口岸，1993年10月又经国家批准开通了国际客运业务。该口岸位于松花江下游南岸，黑龙江省富锦市城区北部，为松花江干流中型港口。由此沿松花江上行可达佳木斯、哈尔滨等松花江沿岸各港口，下行距中俄界河黑龙江78千米，从三江口入黑龙江（阿穆尔河）可直航俄罗斯的下列宁斯阔耶、哈巴罗夫斯克、共青城等口岸。继续下行可通过尼古拉耶夫斯克入海，进入鞑靼海峡及日本海，江海联运的货物可直达日本、韩国等太平洋沿岸国家和地区。国内交通十分便利，铁路、公路、水路畅通，福前铁路、哈同公路贯穿该市。

该口岸基础及配套设施建设日趋完善，现有码头岸线长1 000余米，设有简易趸台3处，可同时停靠千吨级驳船5艘装卸作业。港区面积近5万平方米，拥有各类装卸设备近30台套，日装卸能力3 000吨以上，年货物吞吐量30万吨。港区建有铁路专用线7.62千米，已经形成水铁联运一条龙。该口岸建有查验单位办公、业务、生活及查验设施1万多平方米。

2019年，富锦水运口岸进出口货运量完成0.8万吨，比上年下降17.9%。

【同江水运（河港）口岸】 同江水运口岸于1986年经国务院批准为对外开放口岸，包括东部作业区和西部作业区，简称东、西两港。两港拥有各类泊位12个，港口年吞吐能力达460万吨。其中，同江西港以货物运输为主，年货物吞吐能力达到400万吨，由企业投资建设了港口基础设施，包括10个千吨级以上泊位，铁路专用线4.8千米（可通达国内各铁路站场），配备装卸设备50余台（套）。政府和港口企业共同出资建设了西港货检综合楼，实现了报关、报检、代理、查验一站式服务；同江东港有客货运输，年货物吞吐能力达60万吨，客运通过能力50万人次。由企业投资建设了客运泊位1个、滚装泊位1个、浮箱固冰通道和气垫船基地。政府投资建设了旅检楼、边检站用房、联检查验业务用房、货检通道等查验设施。

2019年，同江水运口岸进出口货运量完成71.3万吨，比上年增长151.5%；出入境人员实现3.9万人次，比上年下降5.1%。

【抚远水运（河港）口岸】 抚远水运口岸于1992年5月8日经国务院批准为对外开放口岸，1993年8月8日正式开关。抚远地处黑龙江、乌苏里江的三角地带，全市总面积6 262.48平方千米，距俄罗斯远东政治、经济、交通、文化中心哈巴罗夫斯克市航道仅65千米，拥有268千米中俄界江黄金水道，是黑龙江省唯一的天然深水良港。由抚远港出境，经俄罗斯一直驶向鞑靼海峡，有“东方水上丝绸”之路之称，丰水期能直接停靠5 000吨级以上船舶。

2019年，抚远水运口岸进出口货运量完成12万吨，比上年下降39.6%；客运量实现18万人次，同比增长70.4%。

【萝北水运（河港）口岸】 萝北水运口岸位于黑龙江省萝北县名山镇，与俄罗斯犹太自治州阿穆尔捷特口岸相对应，1989年4月8日国务院批准为国际客货水运口岸，1993年5月正式开通，明水期进行船舶运输，冰封期进行汽车运输。萝北水运口岸地理位置优越，与俄罗斯犹太自治州阿穆尔捷特口岸相距1.5千米（冬季浮桥运输距离仅1千米），明水期船舶航行10分钟，冰封期汽车行驶5分钟即可到达彼岸。萝北口岸运输条件良好，哈萝公路（哈尔滨—萝北）全长500千米，全程高等级路面，是省内距哈尔滨最近的边境口岸，进出口货物集、疏运快捷便利，现已开通鹤岗至俄罗斯比罗比詹直达客货运输双向延伸。口岸位于黑龙江中下游黄金水道有利位置，水深流稳，江面开阔，丰水期可航行5 000吨级船舶，上行可至黑河、漠河、布拉戈维申斯克、加林达等口岸，下行可达同江、抚远、下列宁斯科耶、哈巴罗夫斯克、共青城等港口，经江海联运沿黑龙江（阿穆尔河）出海，开展对第三国的外贸运输。该口岸基础及配套设施建设齐全，拥有现代化煤炭专用码头、木材专用码头和滚装式轮渡码头各1座，3 000吨级船舶可全航期作业，年吞吐能力达50万吨。其中，煤炭专用码头每小时可装运原煤400吨，是黑龙江沿岸最大的煤炭输出港。口岸查验设施健全，建有口岸办公大楼3 975平方米，联检大楼2 396平方米。旅检大厅设8条旅检通道，为出入境旅客提供快捷服务；货场辟有1万平方米作业区，可同时进行2艘千吨级轮装卸作业。大中型气垫船在此投放运营，为春秋两季黑龙江流冰期人员往来提供便利。

2019年，萝北水运口岸进出口货运量完成13.9万吨，同比增加87%；出入境人员实现1.8万人次，比上年下降4%。

【嘉荫水运（河港）口岸】 嘉荫水运口岸于1989年4月8日经国务院批准为对外开放口岸。1993年5月1日，通过国家验收并正式对外开放，与俄罗斯帕什科沃口岸隔江对应。2012年6月1日至今，俄罗斯帕什科沃口岸因俄联邦政府令维修暂时闭关。嘉荫口岸开通以来，累计投入3.2亿元用于口岸基础设施建设。目前，嘉荫水运口岸整体规划面积为50万平方米，口岸现场占地面积18万平方米，封闭硬化面积8万平方米。拥有办公场所5栋，分别是旅检大楼3 511平方米、货检厅643平方米、综合服务楼533平方米、海关免税商店182平方米、监管仓库1 000平方米。修建口岸公路21.8千米，拥有港口1个、客运码头1个、立壁码头3个和1个滚装码头，配有10吨门吊1台、25吨汽车吊1台、3台装载机、1台叉车、2台平板车、2台百吨电子秤，旅检通道5条、货检通道1条。嘉荫水运口岸货物年吞吐量达到100万吨，旅客年运输能力达到20万人次。

嘉荫水运口岸自2012年6月俄罗斯以加强口岸基础设施建设为由单方宣布闭关，至今仍未开通。

【黑河水运（河港）口岸】 黑河水运口岸是1982年1月经国务院批准的对外开放口岸，1983年3月经中国与苏联两国政府换文确认为边境地方贸易口岸，1986年9月经中国与苏联两国政府补充换文确认为国家贸易口岸，当月正式对外恢复开通使用，1990年3月经中国与苏联两国政府换文确认为国际客货运输口岸。1994年1月经中俄两国政府再次确认为国际客货运输口岸。2004年4月经国务院批准开展口岸签证工作。该口岸位于黑龙江省北部边陲，中俄界河黑龙江上游末端南岸黑河市内，隔江与俄罗斯阿穆尔州首府布拉戈维申斯克口岸相对，双方货运码头相距3 500米，客运码头相距750米，是中俄边境水运口岸中运输距离最近、城市规格最高、通过能力最强的对应口岸。由该口岸经布拉戈维申斯克可与俄罗斯西伯利亚大铁路和贝阿铁路连接，经其空中航线可与俄罗斯国内各大城市相通；沿黑龙江水道下行，还可抵达俄罗斯远东各港口直至日本海沿岸各国港口。

黑河水运口岸运输方式随着季节变换，明水期开展水上船舶运输和轮渡运输，冰封期开展冰上汽车运输，流冰期开展气垫船运输和航空运输，可谓运输方式多元，确保四季运行。近年来，口岸基础及配套设施不断改造升级，现有货运码头、客运码头及明水期汽车轮渡与冰封期汽车运输兼用码头各1处，共有千吨级泊位12个。货运码头岸线长612延长米，场地面积8万平方米，仓库面积1万平方米，装卸机械18台（套），运输船舶26艘，年货物吞吐能力120万吨。客运码头岸线长98延长米，场地面积8 000平方米，旅检大厅3 600平方米，候船大厅2 400平方米，旅检通道14条，年过客能力100万人次。

2019年，黑河水运口岸进出口货物共计74.3万吨，同比增长28.3%；进出境人员90.8万人次，同比增长11.8%。

【逊克水运（河港）口岸】 逊克水运口岸于1989年12月17日经国务院批准为对外开放口岸；1992年国务院批准逊克口岸开通边境旅游，交通运输部批准为江海联运国际航运口岸；2013年，开通了边境旅游异地办证业务，出入境非常便捷。2015年，获批为进境粮食指定口岸。通关以来，逊克口岸累计出入境旅客41万人次，进出口货物60万吨，进出口贸易额5亿美元。目前，有陆域面积1.7万平方米，联合报关大厅200平方米，旅检大厅1 400平方米；内设进出境通道7条，用于货物运输的千吨级泊位2个，客运码头1处，滚装码头1个，码头岸线300延长米；旅客年通关能力10万人次，货物年吞吐能力100万吨。出口货物包括服装、鞋帽、纺织、家电、建材、农用机械、工程机械、各型车辆等产品，进口货物以木材、煤炭、大豆为主。

2019年，逊克水运口岸对外贸易进出口总额18 051.78万元；进出口货运量完成3.6万吨，比上年下降3.6%；出入境人员实现1.3万人次，比上年增加44.8%。

【孙吴水运（河港）口岸】 孙吴水运口岸是1993年6月经国务院批准的对外开放口岸，1994年1月经中俄两国政府确认为国际客货运输口岸。该口岸位于黑龙江省北部边陲孙吴县，坐落在黑龙江中游南岸的四季镇，距孙吴县城54千米，距俄方阿穆尔州对应口岸康斯坦丁诺夫卡27千米。上行可达黑河及俄方布拉戈维申斯克港，下行可抵逊克及俄方波亚尔科沃港。

该港口江面水丰宽阔，为天然深水港，枯水期也可停靠千吨驳船。建有综合性客货栈桥式码头及粮食、石油、煤炭、木材专用码头，可同时停靠5个千吨级驳船作业，装卸及相关设备齐全，年吞吐量30万吨。除明水期开展水上船舶运输外，冰封期可开展冰上汽车运输，流冰期还可开展气垫船运输。口岸集疏运条件较为方便，口岸至县城必需的黑嘉公路已建成水泥路面，黑大公路和北黑铁路通过县城。

由于俄方曾建议暂不开放康坦丁诺夫卡—孙吴口岸，该口岸目前尚未正式开通使用。

【呼玛水运（河港）口岸】 呼玛水运口岸早在1993年5月15日经国务院批准为对外开放口岸，开展对外客、货运输业务，明水期利用船舶运输，封冻期利用汽车运输。同时批准设置了有关检查检验机构，核定该机构人员编制为110人。呼玛港位于呼玛镇内，是黑河口岸以北黑龙江段的最大县级港口，有较为完善的基础设施，港区全长4 060米，可同时停泊千吨货轮10余艘。口岸开通后，年吞吐能力可达50万吨，客运量10万人次。呼玛口岸实行明水期江上运输可直航哈尔滨，转运全国各地。通过黑龙江可进入鞑靼海峡，实现江海联运，通往世界各地。呼玛县呼玛镇距韩家园火车站100千米，货运便利，中俄双方都有极其便利的运输条件和得天独厚的地缘优势，资源丰富，互补性强。

2004年11月，呼玛县人民政府与俄罗斯施玛诺夫斯克市达成了在明水期开通呼玛与乌沙阔沃口岸协议。2005年1月，大兴安岭行署代表团与阿穆尔州行政机关代表团在俄罗斯布拉戈维申斯克达成正式开通呼玛至乌沙阔沃口岸共识，并在中俄总理定期会晤委员会交通分委会北京会议上通过。但由于俄罗斯政策发生变化，口岸未能按时开通。

【漠河水运（河港）口岸】 漠河水运口岸是1989年4月经国务院批准的对外开放口岸。

1993年9月1日口岸正式开通过货。1994年2月16日外交部以“关于执行中华人民共和国政府和俄罗斯联邦政府关于中俄边境口岸协定的通知”确认漠河—加林达口岸为国际客货运输口岸，并具体规定该口岸明水期进行船舶运输，封冻期进行汽车运输。1997年国务院批复同意漠河口岸对俄罗斯开展国际旅客运输业务，并允许第三国人员通行。漠河口岸完全具备了既可开展国际客货运输，又可开展边境旅游的全部功能。1994年至2019年6月末累计进出口货物15 910.2万吨（含进口原油），出入境旅客8.4万人/次，出入境运输工具6.4万辆（艘）/次。口岸目前因俄罗斯原因，仅限中俄原油管线人员和设备通关。

【绥芬河陆路（公路）口岸】 绥芬河公路口岸1988年12月经国家主管部门批准进行汽车临时过货运输，1990年3月经中国与苏联两国政府换文确认为汽车运输口岸，1993年1月经中俄两国政府再次换文确认为汽车过往口岸，1994年1月经中俄两国政府确认为国际公路客货运输口岸，2000年9月经国务院批准为对外开放口岸，开展国际客货运输，2003年5月经国务院批准开展口岸签证工作。该口岸位于黑龙江省东南边陲重镇绥芬河市东部，是301国道（绥满公路）的起点，距黑龙江省东部中心城市牡丹江153千米，距省会城市哈尔滨460千米。与俄罗斯滨海边疆区波格拉尼奇内公路口岸相对应，距该口岸所在的波格拉尼奇内区16千米，距陆路交通枢纽乌苏里斯克120千米，距滨海边疆区首府符拉迪沃斯托克210千米，距纳霍德卡和东方港270千米。

2019年，绥芬河公路口岸进出口货运量完成65.2万吨，比上年增长1.4%；出入境人员实现105.3万人次，比上年增加8.3%。

【东宁陆路（公路）口岸】 东宁公路口岸是1989年12月经国务院批准的对外开放口岸，1990年3月经中国与苏联两国政府换文确认为双边公路汽车运输口岸，同年5月正式开通使用。1992年11月经中俄两国政府换文确认开展旅客运输，陆续开通了至俄邻近城市的旅游业务。1994年1月经中俄两国政府再次确认为双边客货公路运输口岸。该口岸位于黑龙江省东南边陲东宁县三岔口朝鲜族镇，与对应的俄罗斯滨海边疆区波尔塔夫卡公路口岸隔瑚布图界河相望。瑚布图河架有永久性桥梁，连接双方口岸过境公路。这里距俄罗斯十月区政府所在地波克罗夫卡34千米，距俄罗斯滨海边疆区首府、远东最大的海港城市符拉迪沃斯托克154千米，距我国滨绥铁路绥阳站75千米，距绥芬河站45千米。

该口岸封闭监管区占地62 000平方米，建有旅检综合办公楼4 210平方米，内设出境旅检通道6条，入境旅检通道3条，车检通道2条。货检区设出入境检查通道各2条，同时配有查验部门现场办公用房及附属设施。口岸年货运通过能力达120万吨，客运通过能力达60万人次。随着口岸客货运量的增长，该口岸客货通道已经实行6天12小时无午休工作制，正在准备在客运通道实行7天12小时无午休工作制。

2019年，东宁公路口岸进出口货运量完成63.33万吨，比上年增加17.8%；出入境人员实现33.3万人次，比上年增加19.7%。

【密山陆路（公路）口岸】 密山公路口岸是1989年4月经国务院批准的对外开放口岸，1992年10月经中俄两国政府换文确认为双边公路客货运输口岸，1993年5月正式开通使用。1994年1月经中俄两国政府再次确认为双边客货运输口岸。该口岸位于黑龙江省东南边陲密山市档壁镇，中俄界湖兴凯湖的西北岸1.5千米处，距密山市38千米，距内陆中心城市鸡西市约100千米。与俄罗斯滨海边疆区对应口岸图里洛格隔白棱河相望，相距仅有1千米，距俄罗斯最近城市卡缅雷博洛夫64千米，距俄罗斯远东地区重要交通枢纽和贸易中心乌苏里斯克150千米，距俄罗斯滨海边疆区首府符拉迪沃斯托克260千米。

该口岸基础及配套设施日臻完善，功能齐全。市区建有2.8万平方米口岸办公楼及附属设施、2.4万平方米海关监管仓库。口岸现场占地面积1.4万平方米，建筑面积5 000平方米，其中锅炉房、餐厅、车库577平方米，封闭仓储库305平方米，简易库、门卫房263平方米，封闭铁栅栏588米。设有4条进出口货物检验通道、2条出入境旅客查验通道。口岸东侧南北各设一处2 000平方米的停车场，东侧200米处建有2万平方米的货物仓储区。中俄双方共同在白棱河界河上修建了一座长33米、宽12米的永久性公路桥梁，可常年过客过货。该口岸年过货能力在50万吨以上，年过客能力在30万人次以上。

该口岸对外旅游购物开展得十分活跃，成为口岸发展的特色优势。2004年以来出入境人员一直保持在20万人次以上，2005年出入境人员实现28万人次，比上年增长43.4%，创历史新高。2016年出入境人员实现15万人次，比上年增加265.07%。该口岸进出口货运量最高年份是2003年，完成11.5万吨，比上年增长34.5%。

在强化口岸过货量提升的同时，积极发展采取手拎包旅游和互市贸易，确保密山口岸年过客5万人的目标。现密山口岸过客已经实现了年过客5万人次的目标。

2019年，密山公路口岸实现过货4.3万吨，同比增加43.8%；过客4.2万人次，同比增加下降8.5%。

【虎林陆路（公路）口岸】 虎林公路口岸位于市区东南58千米，与俄罗斯马尔科沃口岸对应，1989年4月经国务院批准为对外开放口岸，1993年5月18日正式开通。口岸建有目前中俄边界上最大的永久性公路桥梁——松阿察界河大桥（长207.08米，宽13.96米），一年四季不受流冰期干扰，无闭关期，可全天候均衡过货。年过货能力达260万吨，过客能力100万人次。政府先后投资建设了旅货检综合楼、粮食口岸查验场、海关留验货物存储库、边民互市贸易区、冰鲜水产品检疫室等功能设施，将虎林口岸建成了集合旅检、货检、贸易、服务等功能于一体的多功能综合对俄经贸平台。

该口岸基础及配套设施日趋完善，客货通过能力不断增强。目前建有2 600平方米口岸办公楼、1 600平方米口岸现场办公楼、1 000平方米旅检厅、250平方米双向车道货检厅，修建了1 640延长米二级水泥面口岸过境公路、5万平方米口岸现场仓储设施、近8万平方米海关监管仓库基地、2万平方米硬化地面露天货场。中俄双方共同在松阿察河界河上修建了一座长207.08米、宽13.96米，桥下可通航的永久性公路桥梁，使口岸不受季节影响，可全天候过客过货。该口岸年过货能力可达260万吨，年过客能力可达100万人次。虎林公路口岸1999年进出口货运量首次突破10万吨，2000年进出口货运量达到14万吨，创历史新高。

2019年，虎林公路口岸进出口货运量完成5.8万吨，比上年下降13.7%；出入境人员实现7.2万人次，比上年下降38.3%。

【黑瞎子岛陆路（公路）客运口岸】 中俄两国政府于2016年9月20日通过外交换文途径将设立黑瞎子岛—大乌苏里岛公路客运口岸补充列入1994年两国政府签订的《中华人民共和国和俄罗斯联邦政府关于中俄边境口岸协定》。2019年1月17日，黑瞎子岛公路客运口岸经国务院批准为对外开放口岸。2019年7月，中俄运输合作分委会口岸工作组第二十二次会议就黑瞎子岛口岸问题进行了明确，双方赞同2018年10月23日黑龙江省口岸办与俄罗斯哈巴罗夫斯克边疆区国际和区域合作部签订纪要确定的黑瞎子岛—大乌苏里岛公路口岸的选址；同时关于将黑瞎子岛—大乌苏里岛公路口岸由客运口岸调整为客货运输口岸的问题，双方同意待黑瞎子岛—大乌苏里岛中俄发展规划批准后，再行研究调整口岸类型问题。目前，口岸选址及增设货运功能有关问题已得到明确。

【哈尔滨陆路（铁路）口岸】 哈尔滨铁路货运口岸，即哈尔滨内陆港，是国务院1996年9月批准的全国第一个作为内陆铁路货运口岸的试点对外开放，办理国际集装箱运输业务，1997年8月正式对外开通使用。哈尔滨铁路口岸位于哈尔滨市道外区先锋路148号，场地宽阔，环境优美。2016年哈尔滨市政府研究决定，哈尔滨铁路货运口岸迁入哈尔滨国际集装箱中心站。于8月

15日开工建设，1997年10月通过验收，占地面积44 000平方米。2018年1月，《黑龙江省人民政府关于哈尔滨铁路货运口岸迁址的批复》（黑政函〔2018〕1号）中，同意哈尔滨铁路货运口岸迁址至哈尔滨国际集装箱中心站（哈尔滨市香坊区香明街1号）。哈尔滨国际集装箱中心站新增口岸功能工程项目总投资约1.04亿元，其中，中央预算补助资金为1 306万元，其余为地方预算资金。

2019年，哈尔滨铁路口岸累计进出口货物91万吨，同比增长68.8%；其中，进口87.3万吨、出口3.7万吨。

【绥芬河陆路（铁路）口岸】 绥芬河铁路口岸建成于1899年6月，1900年绥芬河至俄乌苏里斯克区间开始通车，1903年7月绥芬河至满洲里全线通车，距今已有百年多历史。1994年1月，经中俄两国政府确认为国际铁路客货运输口岸，2003年5月经国务院批准开展口岸签证工作。该口岸在黑龙江省东南边陲重镇绥芬河市，位于滨绥铁路与俄罗斯远东铁路的接轨处，是黑龙江省唯一的对俄边境铁路口岸，也是我国对俄经贸的重要口岸之一。绥芬河站距俄滨海边疆区对应的波格拉尼奇内铁路口岸国境站格罗捷阔沃26千米，距俄方铁路枢纽站乌苏里斯克123千米，距俄方西伯利亚铁路终点、滨海边疆区首府符拉迪沃斯托克230千米，距俄方远东最大的海运港口东方港（纳霍德卡）369千米；距黑龙江省东部中心城市牡丹江193千米，距我国北方重要水、陆、空交通枢纽、黑龙江省省会哈尔滨540千米。该铁路口岸地处要道，陆海联运可到达日本的新潟、横滨，韩国的釜山及美国的西雅图等地区，处于东北亚经济区中心位置，被黑龙江省人民政府确定为对外经贸的主通道，地缘优势十分突出。

该口岸现在是一等铁路车站，主要办理国际联运货物运输和国际、国内旅客运输，以及自站货物的到发、装卸等业务。设有南、北两个站场，管辖绥阳（二等站）、宽沟两个中间站，年设计综合运输能力为1 000万吨。南站场占地10万多平方米，建有线路40条，其中宽轨27条，准轨13条；建有国内、国际旅客候车室各1座，国内候车室为1 899年兴建，是原中东铁路较有代表性历史建筑；国际客运联检大楼为2 800平方米，设有出入境通道16条（出入各8条）；建有国内、国际旅客站台各1个，总面积为4 451平方米；还建有集查验、运输、货代于一体的6 800平方米联合报关报验大楼及铁路口岸电子监控系统，为加快通关速度，提高通过能力，打下坚实基础。北站场距南站场2.4千米，占地17万多平方米，建有线路44条，其中宽轨14条，准轨30条；设有1组原油换装线、4组机械换装线、17台龙门吊、70余台汽车吊；建有人力站台2个，货物站台1 170平方米，货物仓库697平方米。

该口岸进出口货运量约占黑龙江省口岸进出口货运量的80%。1955年，进出口货物量为133.7万吨。之后相当一个时期，进出口货运量在百万吨左右徘徊。随着对俄经贸合作的快速发展，1998年进出口货运量完成156.9万吨，再创历史新高。接着从1999年的203.6万吨到2002年的514.9万吨，每年以100万吨速度增长。2005年进出口货运量完成742.5万吨，比上年增长22.4%；出入境人员实现55.9万人次，比上年增长4.5%，双创历史新高。

2019年，绥芬河铁路口岸进出口货物1 100.5万吨，同比增长0.6%。其中，进口1 081万吨，同比增长0.3%；出口36.9万吨，同比下降14.5%。进出境人员15.4万人次，同比增长8.4%。其中，进境4.4万人次，同比增长20.8%；出境11万人次，同比增长4%。

【同江陆路（铁路）口岸】 2019年3月13日，同江铁路口岸经国务院批准对外开放。现正按照《口岸验收管理办法（暂行）》（署岸发〔2017〕226号）的有关规定，完善口岸软硬件设施设备，计划2020年完成口岸开放验收工作。对照《口岸验收管理办法（暂行）》文件中规定的口岸验收应具备的条件，目前除口岸查验设施尚未全部建设完成外，其余包括铁路口岸开放获得国务院批准、口岸各查验机构人员编制核定、口岸区域划定清晰等事项均已完成。同江铁路口岸查验设施，分与大桥同步开工建设的查验设施和新增查验设施（1 类变更）两部分组成。与大桥同步开工建设的查验设施基本完工。按规划和统一部署，同江铁路口岸现场查验设施与大桥建设项目同步规划、设计和建设，同步开通使用。目前，已基本完成与大桥同步开工建设的口岸查验设施，完成投资 1.07 亿元，建有各查验技术业务用房总建筑面积 1.36 万平方米。新增查验设施推进情况，按照住建部和国家发展改革委 2017 年联合印发的《国家口岸查验基础设施建设标准》（建标 185—2017）文件精神，结合同江铁路口岸建设已经完成的查验设施情况，经哈尔滨海关、黑龙江出入境边防检查总站多次核对后，下一步将投资约 1.1 亿元，建设换装站口岸查验设施、放射性物质处理场地等新增查验设施，建设方案 2018 年上报铁路总公司未被批准后，省口岸办、省交通厅、哈铁局等相关部门再次征求海关、边检站意见后，于 2019 年 10 月再次形成了建设方案并上报铁路总公司。

2019 年黑龙江省口岸大事记

1 月 19 日

海关总署副署长、党委委员李国在哈尔滨太平机场海关慰问调研。

1 月 19 日 ~20 日

海关总署副署长、党委委员李国在黑河海关慰问调研。

1 月 27 日 ~28 日

海关总署署长、党委书记倪岳峰赴漠河调研。

2 月 5 日

公安部党委委员、副部长、国家移民管理局局长许甘露到哈尔滨太平国际机场口岸亲切慰问哈尔滨出入境边防检查站一线执勤民警。

2 月 22 日

黑龙江省委书记、省人大常委会主任张庆伟到哈尔滨海关所属绥芬河海关公路口岸现场调研。

3 月

黑河—黑龙江公路大桥口岸开工建设。

3 月 13 日

黑龙江省副省长程志明一行到东宁口岸视察调研。

3 月 19 日

黑龙江省副省长程志明一行到冰城海关驻邮局办事处平房工作现场调研，哈尔滨海关副关长兼冰城海关关长朴明华陪同。

4 月 2 日

同江中俄铁路跨江大桥历经 5 年的施工建设顺利合拢。在大桥建设期间，同江出入境边防检查站深入推进“放、管、服”改革措施，全力为同江中俄铁路跨江大桥工程建设提供服务保障工作。

4 月 23 日

为解决外经贸旅游企业通关成本问题，饶河县政府决定取消饶河口岸夏季轮渡和冬季浮箱固冰通道收费。

4 月 12 日

黑龙江省委常委、政法委书记甘荣坤到绥芬河公路口岸调研，参观绥芬河公路口岸国门，了解口岸建设情况和口岸监管情况，并亲切慰问一线关员。

5 月 22 日

黑龙江省委常委、哈尔滨市委书记王兆力到哈尔滨综合保税区调研重点企业项目建设情况。

5 月 23 日

哈尔滨市委副书记、市长孙喆到哈尔滨太平国际机场现场办公提出“加快建设机场国际航站楼，为哈尔滨机场建成国际航空枢纽提供全要素保障”，5 000 平方米入境国际候机楼于 12 月底建成并投入使用。

6 月 10 日

黑河港国际货运码头进行第一次对俄出口大型特种设备装船，黑河爱辉海事处做好安全监护工作。

6 月 13 日

第三十届中国哈尔滨国际经济贸易洽谈会首批俄罗斯代表团在佳木斯同江海事处的安全监护

下乘嘉信客058客轮顺利入境。

6月14日~15日

海关总署副署长、党委委员王令浚在哈尔滨出席第六届中国—俄罗斯博览会相关活动，参加俄罗斯馆开馆仪式及第二届中俄地方合作论坛，并出席中俄博览会欢迎晚宴。

6月14日~17日

海关总署副署长、党委委员王令浚分别到冰城海关、哈尔滨太平机场海关、抚远和同江调研。哈尔滨海关关长、党组书记卢厚林陪同调研。

6月16日~18日

原国务委员戴秉国到黑河、抚远口岸考察。

6月23日

国家文化和旅游部党组成员王晓峰，省文化和旅游厅厅长张丽娜一行19人到黑河口岸调研。

6月28日

漠河连崟口岸临时开关，漠河海事处派员到口岸现场强化现场监管，保障中俄石油管道6枚清管器安全出境。

7月4日

全国人大常委会委员、外事委员会主任委员张业遂一行到黑河口岸调研。

7月26日

全国人大常委会委员、全国人大民族委员会副主任委员肖怀远到黑河口岸视察调研。

8月5日

全国人民代表大会常务委员会副委员长万鄂湘视察黑河口岸。

8月8日

中国工程院副院长、工程院院士邓秀新等一行8人到黑河口岸视察指导工作。

8月8日

中国社会科学院院长、党组书记谢伏瞻一行33人到黑河口岸视察指导工作。

8月28日

黑龙江省副省长聂云凌一行到饶河口岸视察调研。

9月9日

萝北出入境边防检查站联合政府、海关、海事、公安局、商务局和边境管理支队等职能部门，在萝北口岸举行国庆安保誓师大会暨“团结协作·2019”联合演练。

11月10日

投资1 089万元的饶河口岸货物查验处理区项目完工。

11月29日

黑龙江省委副书记、省长王文涛同志对黑河出入境边防检查站主动服务自贸试验区建设7个方面21项创新举措给予肯定。

8月17日

黑河爱辉海事处利用海巡船艇紧急运送一名在俄车祸受伤严重的中国公民及时归国治疗。

10月10日

漠河连崟口岸临时开关，漠河海事处派员到口岸现场强化现场监管，保障中俄石油管道5枚清管器安全出境。

10月28日~29日

佳木斯海事局与到访的以博伊科局长为团长的俄罗斯联邦犹太自治州紧急情况事务总局代表团开展中俄界河联合巡航。双方随后进行了会谈，在强化应急救援能力、界河应急处置合作方面进一步达成共识，就人命救助、安全度汛、定期会谈、深化重大活动派员观摩机制等事项进行了详尽磋商。双方正式签署了《中华人民共和国佳木斯海事局与俄罗斯联邦犹太自治州紧急情况事务总局2019年国际合作会谈纪要》，约定建立定期联合巡航机制，每年定期进行中俄联合巡航检查。

12月2日~3日

黑龙江省委副书记、省长王文涛赴黑河口岸调研。

（撰稿人：刘金成）

2019 年黑龙江省口岸流量统计表

口岸	货运量（万吨）					
	进出口	同比（%）	进口	同比（%）	出口	同比（%）
合计	4 543.0	9.7	4 448.9	9.5	94.1	17.8
大庆管道	3 018.1	10.4	3 015.9	10.5	2.3	-25.9
绥芬河	1 168.7	0.7	1 127.0	0.3	41.7	12.9
铁路	1 100.5	0.6	1 081.0	0.2	19.5	31.7
公路	65.2	1.4	43.0	1.9	22.2	0.5
综合保税区	3.0	22.6	2.9	24.4	0.0	-71.1
哈尔滨	91.0	68.8	87.3	67.3	3.7	112.5
冰城	90.9	69.1	87.3	67.7	3.6	113.8
哈机	0.1	-36.8	0.1	-50.1	0.040	38.1
黑河	74.3	28.3	52.0	17.9	22.2	61.7
同江	71.3	151.5	69.3	163.7	1.9	-5.7
东宁	63.33	17.8	44.75	33.3	18.58	-7.9
萝北	13.9	87.0	13.8	90.8	0.16	-32.3
牡丹江	12.3	41.3	12.3	41.3	0.00	
抚远	12.0	-39.6	11.6	-40.8	0.4	69.4
虎林	5.8	-13.7	5.1	-18.4	0.71	47.7
密山	4.3	43.8	4.1	44.7	0.21	27.8
逊克	3.6	-34.7	3.6	-34.7	0.00	
佳木斯	2.2	98.6	0.2		2.03	81.4
饶河	1.3	30.0	1.3	31.1	0.00	-61.2
富锦	0.8	-17.9	0.6	-41.9	0.24	
牡保 B 型	0.003		0.003			
齐齐哈尔	0.001	-77.0	0.001			
漠河	0.000 9	-10.0	0.000 4		0.000 5	-16.7

续表

口岸	人员（万人次）					
	进出境	同比（%）	进境	同比（%）	出境	同比（%）
合计	404.4	12.3	201.5	12.4	202.8	12.2
绥芬河	120.7	8.3	59.3	8.5	61.5	8.2
公路	105.3	8.3	54.8	7.6	50.5	9.1
铁路	15.4	8.4	4.4	20.8	11.0	4.0
黑河	90.8	11.8	45.1	11.7	45.7	11.8
哈尔滨	102.6	16.6	51.3	16.6	51.4	16.6
东宁	33.3	19.7	17.5	19.7	15.8	19.6
抚远	18.0	70.4	9.0	69.8	9.0	70.9
牡丹江	12.6	0.6	6.3	2.1	6.3	-0.8
密山	4.2	-8.5	2.1	-7.3	2.1	-9.7
同江	3.9	-5.1	1.9	-6.5	1.9	-3.7
佳木斯	4.3	85.1	2.2	84.0	2.1	86.3
饶河	3.8	29.3	1.9	30.2	1.9	28.5
虎林	7.2	-38.3	3.6	-38.9	3.6	-37.7
萝北	1.8	-4.0	0.9	-5.4	0.9	-2.5
逊克	1.3	44.8	0.6	44.3	0.6	45.3
齐齐哈尔	0.001	-99.6	0.001	-99.4	0.000 3	-99.8
漠河	0.003	-21.2	0.001	-18.8	0.001	-23.5

（黑龙江省口岸办提供）

2019 年黑龙江省口岸出入境主要数据表

项目			2019 年	2018 年	同比（%）
出入境人员（人次）	出入境人员总数		4 043 653	3 601 358	12.28
	入境人员		2 015 313	1 793 066	12.39
	出境人员		2 028 340	1 808 292	12.17
	出入境旅客		3 655 868	3 226 297	13.31
	出入境员工		387 785	375 061	3.39
	中国公民	小计	1 999 239	1 821 901	9.73
		内地居民（因公）	93 990	94 100	-0.12
		内地居民（因私）	1 861 220	1 679 161	10.84
		港澳居民	2 791	3 402	-17.96
		台湾同胞	3 158	3 644	-13.36
	外籍人员		2 044 414	1 779 457	14.89
	从海港出入境人数		882 495	813 361	8.50
	从陆港出入境人数		2 082 054	1 799 578	15.70
	从空港出入境人数		1 079 104	988 419	9.17
交通运输工具（辆、艘、架、列次）	总计		233 616	222 739	4.88
	船舶		17 158	18 066	-5.03
	飞机		8 440	7 754	8.85
	火车		10 188	9 302	9.52
	机动车辆		197 830	187 617	5.44

（黑龙江出入境边防检查总站提供）

2019年哈尔滨海关主要数据统计表

项目		2019年	2018年	同比（%）
进出口货运量（万吨）	合计	4 543.0	4 142.3	9.7
	进口	4 448.9	4 062.4	9.5
	出口	94.1	79.9	17.8
进出口贸易总值（万美元）	合计	1 976 867	1 944 338	1.7
	进口	1 737 780	1 759 703	-1.2
	其中：江、海运输	77 514	56 748	36.6
	铁路运输	133 894	154 713	-13.5
	汽车运输	44 053	43 499	1.3
	航空运输	26 209	28 638	-8.5
	邮件运输	2 203	33	6 647.6
	其他运输	1 453 907	1 476 073	-1.5
	出口	239 088	184 634	29.5
	其中：江、海运输	33 711	23 605	42.8
	铁路运输	29 927	35 664	-16.1
	汽车运输	115 741	118 154	-2.0
	航空运输	16 967	6 703	153.1
	邮件运输	11 951	28	41 850.1
	其他运输	30 791	480	6 320.9
税收（万元）	两税合计			
	关税入库			
	进口环节税入库			

（哈尔滨海关提供）

2019 年黑龙江海事局进出港船舶统计汇总表

船舶类别	进港船舶						出港船舶					
	艘数（艘）	总吨（吨位）	总载重量（吨）	载客量（客位）	货物到达量（吨）	旅客到达量（人）	艘数（艘）	总吨（吨位）	总载重量（吨）	载客量（客位）	货物发送量（吨）	旅客发送量（人）
总计	10 887	2 990 902	838 525. 64	405 610	722 990. 32	379 183	10 867	2 983 334	211 468. 95	401 968	198 931. 03	378 813
中国籍船舶	5 654	1 885 980	493 514. 60	202 178	485 573. 31	193 345	5 652	1 887 359	172 955. 69	204 257	169 123. 77	197 717
俄罗斯籍船舶	5 233	1 104 922	346 011. 04	203 432	237 417. 01	185 838	5 215	1 095 975	38 513. 26	197 711	29 807. 26	181 096

（黑龙江海事局提供）

2019 年黑龙江省指定监管场地统计表

序号	直属海关	监管场地名称	进境口岸	类型	拟进口品种	批复时间	备注
1	哈尔滨海关	绥芬河进境食用水生动物指定监管场地	绥芬河公路	食用水生动物		2017 年 1 月 15 日	
2	哈尔滨海关	绥芬河进境冰鲜水产品指定监管场地	绥芬河公路	冰鲜水产品		2016 年 11 月 10 日	
3	哈尔滨海关	绥芬河进境粮食指定监管场地	绥芬河公路	粮食	大豆、玉米、高粱、大麦、小麦	2014 年 10 月 9 日	
4	哈尔滨海关	绥芬河进境粮食指定监管场地	绥芬河铁路	粮食	大豆、玉米、高粱、大麦、小麦	2014 年 10 月 9 日	
5	哈尔滨海关	东宁进境粮食指定监管场地	东宁公路	粮食	大豆、玉米、高粱、大麦、小麦	2014 年 10 月 31 日	
6	哈尔滨海关	东宁进境食用水生动物指定监管场地	东宁公路	食用水生动物		2016 年 7 月 29 日	
7	哈尔滨海关	齐齐哈尔三间房进境肉类指定监管场地	大连、天津、满洲里	肉类		2017 年 7 月	
8	哈尔滨海关	饶河进境冰鲜水产品指定监管场地	饶河水运	冰鲜水产品		2016 年 11 月	
9	哈尔滨海关	萝北进境粮食指定监管场地	萝北水运	粮食	大豆、玉米、高粱、大麦、小麦	2015 年 12 月	
10	哈尔滨海关	抚远进境粮食指定监管场地	抚远水运	粮食	大豆、玉米、高粱、大麦、小麦	2015 年 12 月 25 日	
11	哈尔滨海关	抚远进境冰鲜水产品指定监管场地	抚远水运	冰鲜水产品		2016 年 11 月 10 日	
12	哈尔滨海关	抚远进境食用水生物指定监管场地	抚远水运	食用水生动物		2018 年 3 月 6 日	
13	哈尔滨海关	虎林进境粮食指定监管场地	虎林公路	粮食	大豆、玉米、高粱、大麦、小麦	2016 年 1 月 4 日	
14	哈尔滨海关	虎林进境冰鲜水产品指定监管场地	虎林公路	冰鲜水产品		2017 年 12 月 15 日	

（黑龙江省口岸办提供）

上　海　市

上海市口岸分布示意图

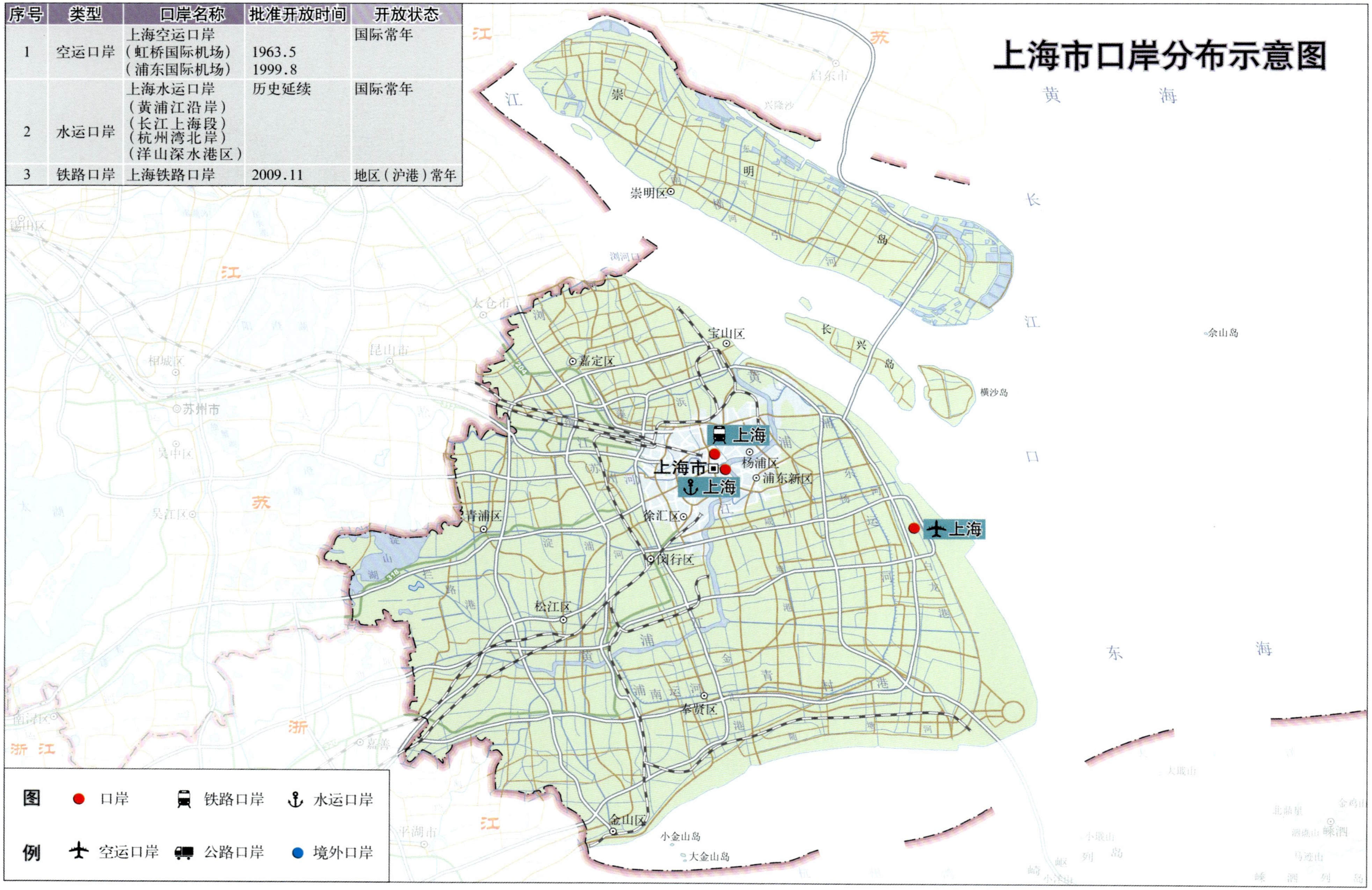

序号	类型	口岸名称	批准开放时间	开放状态
1	空运口岸	上海空运口岸 （虹桥国际机场） （浦东国际机场）	 1963.5 1999.8	国际常年
2	水运口岸	上海水运口岸 （黄浦江沿岸） （长江上海段） （杭州湾北岸） （洋山深水港区）	历史延续	国际常年
3	铁路口岸	上海铁路口岸	2009.11	地区（沪港）常年

口岸数量及分布

截至2019年年底，上海市共有经国务院批准的对外开放口岸3个，分别是上海空运口岸（上海虹桥国际机场、上海浦东国际机场）、上海水运（海港）口岸和上海陆路（铁路）口岸。

口岸运行数据

2019年，上海口岸进出口货物总值8.43万亿元（占全国比重近26.7%），较“十二五”期末增长24.3%。外贸货物吞吐量近4亿吨（水运口岸3.96亿吨，航空口岸332.7万吨）。全港货物吞吐量7.2亿吨；集装箱吞吐量4 330.3万标箱（水水中转比例48.3%，国际中转比例10.8%）。

2019年，上海航空客货吞吐量分别达到1.22亿人次、406万吨；浦东、虹桥国际机场出入境旅客共4 193.44万人次，同比“十二五”期末增长45%，约占全国航空口岸出入境旅客总量的25%（浦东国际机场旅客中转率超过12%）；出入境货邮共332.7万吨，同比“十二五”期末增长17%，约占全国航空口岸出入境货邮总量的45%。邮轮母港出入境人员299.70万人次；铁路口岸出入境人员7.58万人次。

2019年，上海出入境边防检查总站（以下简称“上海边检总站”）共检查出入境人员4 569.5万人次（入境2 274.7万人次，出境2 294.8万人次），同比减少1.2%，其中，旅客4 220.1万人次，同比减少0.7%，员工349.4万人次，同比减少7.3%。

共检查入出境交通运输工具27.8万架（艘、列）次，同比增长0.2%。其中，飞机25.4万架次，同比增长0.4%；船舶2.3万艘次，同比减少4.2%；火车324列次，同比减少11.5%。

2019年，上海边检总站稳步推进自助通道建设。截至2019年年底，上海口岸自助通道已达199条，全年自助通关旅客1 847.3万人次，自助通关使用率达43.8%，同比增加23.0%。内地旅客自助通关人数占总自助通关旅客人数的88.5%，持电子证件的内地旅客出入境通关更加便利。

口岸人员自助查验通道

2019年，上海海事局共办理国际航行船舶进出口查验40 340艘次，同比减少0.33%；实施港口国监督检查（PSC检查）804艘次，同比增加0.88%，对国际航行船舶实施救援19艘次，同比减少29.63%；对国际航行船舶实施行政处罚233件，同比增加32.39%；办理船载危险货物审批数量586 592件，同比减少3.80%；船载危险货物开箱检查数量933件，同比增加24.07%；航道航标维护管理座数15 620座次，同比增加3.18%。

口岸综合管理

【口岸基础设施进一步升级】 2019年，浦东国际机场三期扩建主体工程暨卫星厅S1、S2建成启用，提供出发候机、到达及中转服务，其中S1卫星厅中转大厅集中设置了国际转国内、国际转国际、国内转国际3种中转流程，缩短航班最短衔接时间，为航空公司推出更多中转产品提供了便利。

【查验配套设施有序更新改造】 根据口岸查验监管设施的新标准，稳步推进口岸已有基础设施有序改善、统筹利用、共享共用。推进海关查验平台标准化建设，2019年6月建成外高桥港区4个港内出口查验平台，现提供查验场地15 000平方米；完成洋山保税港区芦潮港区域内查验平台升级改造，现提供危化品查验场地1 140平方米，保税查验场地4 996平方米，口岸查验场地2 000平方米，提供各类整改仓库5 500平方米，扩建冻品查验设施。督促现有场所（场地）升级改造，开展实际监管到位检查。以上港集团下属公共码头为试点，推进海关监管作业场所集装箱信息动态联网管理。截至2019年年底，建设海关监管作业场所210个、集中作业场地13个、指定监管场地19个，作业现场共配备1 800余路视频监控设备。积极推进上海港海事VTS升级改造，建设宝山吴淞邮轮交管中心，加快推进电子巡航系统建设等，保障上海港水上交通安全运行。

上海外港海关现场监管出口汽车

【支持推进国际贸易“单一窗口”国家标准版建设】 依托地方公共信息平台（电子口岸）率先建成中国（上海）国际贸易“单一窗口”，2016年建成“单一窗口”3.0版，形成“监管+服务”功能的10大板块，推进海关、海事、边检申报业务功能全覆盖，成为优化跨境贸易营商环境的信息化基础设施。完成与国家标准版“单一窗口”融合对接，积极争取海关总署和国家口岸办支持，通过货物和舱单申报数据本地汇集和落地应用模式，形成“国家标准版—上海海关二级节点—上海‘单一窗口’”三位一体的运行构架，业务覆盖率100%，实现申报、办理、税单数据全量实时共享，成为国家“单一窗口”的有机组成部分。

【丰富完善上海国际贸易“单一窗口”地方特色功能】 先后推出出口退税、邮轮专区、金融收付汇、信用保险、贸易融资、通关+物流、自贸专区、进博会专区等地方特色功能服务。2019年，超过760.5亿元退（免）税通过“单一窗口”办理，减少企业手工录入2.4亿项，成为出口退税业务办理主渠道；开发“信用保险服务WE平台”，为小微企业投保、理赔、资信、融资、咨询提供综合服务。开发进口博览会专区，提供进口展品备案、通关、核销“一站式”服务。积极扩大进博会溢出带动效应，采用区块链技术，推进保税展示“无感监管”。邮轮专区上升为国家标准版模式，推出邮轮便捷通关条形码，创新邮轮旅客混合验放通关模式，开发“邮轮船供申报系统”。推进长三角“单一窗口”“通关+物流”服务试点，开展点对点数据共享和业务合作。建立上海“单一窗口”运维补贴机制，2016年~2019年市政府批复每年运维经费1.63亿元（其中海关数据分中心0.9亿元），列入上海市商务委员会预算。

【“单一窗口”功能应用建设】 为提升海港口岸服务对象申请办理边检许可证件的便利性和体验度，上海出入境边防检查总站广泛推广“上海‘单一窗口’边检许可服务平台”在边检业务办理中的应用。目前，有1 010家船舶代理公司、港航企业等单位在“上海‘单一窗口’边检许可服务平台”注册开通账号。2019年，上海边检机关通过“单一窗口”共接收出入境国际航行船舶申报3.7万艘次，实现百分之百网上申报；共签

边检民警通过“单一窗口”对服务对象信息进行验核

发电子登轮许可6.7万张，同比增长15.6%，签发电子搭靠外轮许可1 100余张，同比增长7.8%，线上签发率近70%。2019年2月，“上海‘单一窗口’航空器边检申报平台”正式启用，服务企业范围进一步拓宽到空港口岸，全年共受理出入境航空器申报2.4万余架次，实现公务机旅客和机组人员、货机机组、过境旅客等特定人群网上申报，极大地方便了货机、公务机等航空企业申报工作，大幅提高了工作效率。

【服务国家战略成效大】 上海海事局认真落实中央交给上海的新的三项重大任务，积极探索“中国洋山港”国际船舶登记、“E核载”智能海事监管、“E上船”船员远程自助任解职等创新举措。出台服务自贸试验区临港新片区建设发展实施意见，推出3个方面20项创新举措。牵头长三角地区6家海事单位签署战略合作备忘录，推动建立长三角海事一体化融合发展机制。加强与江苏海事局、浙江海事局在动态执法、应急联动和便利服务方面的合作，协同东海航海保障中心全力推动海事监管与航海保障一体化融合发展。全国海员证制证中心正式启用。

图为上海海事局召开长三角海事一体化融合发展领导小组会议

【支持地方经济发展效果好】 修订《长江口深水航道通航安全管理办法》，保障长江口深水航道利用边坡自然水深双向交会的常态化运行，组织实施利用边坡交会221次，产生直接经济效益近1亿美元。落实国际邮轮“五优先”服务举措，保障邮轮准点率和安全率“两个百分百”，提前研究论证巨型邮轮进出港及通航安全管理，助力世界一流邮轮母港地位提升。会同市交通委等部门出台黄浦江液货船航行停泊作业和流量控制措施，开展黄浦江水域通航安全和环境整治，打造浦江游览世界级旅游精品。

【促进航运绿色发展措施实】 落实船舶排放控制区方案，探索建立船舶大气排放立体监测系统。利用AI和EDI信息化技术突破集装箱危险货物现场监管瓶颈难题。健全危防现场检查选船机制，开展防治船舶水污染专项整治。大力支持洋山LNG二期项目建设，推动船舶岸电安装使用，为清洁能源推广提供优质的海事服务。“桑吉”轮碰撞燃爆事故污染损害监测评估项目顺利结题。

【对外交流合作亮点多】 中国—东盟海事教育培训基地挂牌成立，承办亚洲地区VTS操作员能力建设等一系列涉外培训，服务“一带一路”倡议和国家外交大局。加强国际交流合作，进一步深化与德国汉堡水上警察局双边业务交流。2019年共选派27批次、31人次参加国际海事会议，接待外事来访6批次、55人次。积极参与国际海事组织和区域性合作组织相关事务，荣获2018年度东京备忘录最佳PSC缺陷照片奖。加强海运安全、绿色、智慧等技术标准研究，全年共向IMO、国际劳工组织（ILO）等国际组织提交提案15篇并被采纳，其中《IMO成员国信息通报指南》以IMO大会决议形式正式发布。

【持续优化口岸营商环境】 2017年7月起，建立跨境贸易便利化工作组，强化协同、形成合力，加强改革系统集成，精准对标国际先进，合力破解跨境贸易指标难点问题。连续3年推出优化口岸流程、改进海关监管、并联港航物流、降低口岸费用、减少合规单证、压缩通关时间、推进透明公开、优化口岸服务等领域地方改革措施58条，逐项实施到位。建立口岸收费监督管理协作机制，加大口岸收费清理规范力度，落实国家相关规定调降港口收费，安排财政专项资金2.4亿元退付2019年1月~2020年2月港口建设费地方留成；大力推进出口“提前申报”、进口“两步申报”，提升查验便捷度，推进查验信息提前发送，查验陪同方式可选择；升级港口智能化设施设备，统一港口业务在线受理中心，实施网上预约进港、提货，试点“出口直装”“进口直提”港口作业快速衔接模式，推进设备交接单、提货单全程无纸化；推行出口网上订舱，推进降低船公司集装箱码头装卸作业费（THC）、文件费，优化收费结构；推进“通关 + 物流”并联操作流程，推进“单一窗口”通关状态全程可视化和关税保证保险网上办理，降低进出口贸易成本，提供口岸收费查询，提升透明度并鼓励竞争等。相关措施逐步推广至全国口岸，并经世界银行报告肯定和推介。

【助力我国世界银行排名稳步提升】 2019年，上海口岸助力我国跨境贸易指标排名达到全球第 56 名水平。上海港已在全球海运经济体中达到第 5 名水平，追平排名第 52 位的爱尔兰。

【会同推进长三角口岸通关一体化建设】 落实长三角区域大通关建设协作联席会议机制，深入开展企业需求大调研。完善长三角产业国际竞争力联盟功能，推进实现三省一市电子口岸平台互联互通和点对点信息共享。深化长三角“单一窗口”互联互通，推进实现跨区申报、信息共享。深化长三角地区供应链创新与应用、农产品市场一体化、区域物流标准化等项目建设。推动上港集团与长三角港口铁海联运、水水中转等项目合作。推动上海自贸试验区贸易调整援助制度复制推广。

【加强与中部六省和川渝沪等地口岸大通关合作】 坚持联席会议机制，发挥上海国际航运中心辐射带动效应，深化口岸对口协作。深入推进上海与九江电子口岸互联互通，2019 年 4 月两地电子口岸签订《沪浔“单一窗口”互联互通合作协议》，在九江口岸推进实施集装箱设备交接单无纸化。与四川省泸州市、宜宾市口岸部门开展密切的沟通合作，与重庆电子口岸共同研究沪渝“单一窗口”“通关 + 物流”项目合作，推进港航物流信息互联互通，探索构建“长江黄金水道”口岸物流生态体系。加强与大连口岸对口合作，共同研究推进“单一窗口”建设，共享建设经验，密切交流合作，共同提高两地口岸通关效率，优化跨境贸易营商环境。

【服务更高水平的“走出去”】 建立进出口商品风险监测信息交流共享等联动协调机制，探索各部门检验检测结果互认，降低进口企业成本。支持浦东机场探索航空中转集拼业务。协同推进亚太示范电子口岸网络（APMEN）互联互通。

【深化推进自贸试验区建设】 积极争取国家有关部委支持指导，持续创新贸易监管制度和监管模式，形成了“一线放开、二线管住、区内自由”的通关监管制度架构，实施了货物状态分类监管、国际贸易“单一窗口”、跨境贸易大数据监管、跨境电商 1210 模式监管、144 小时长三角范围过境免签、自贸试验区人才签证和船舶登记、船员劳务外派、船舶检验、港口水域双向通航等方面的制度等一系列口岸便利化措施，经国务院发文复制、推广 5 批次贸易便利化创新制度，完成了压力测试任务，在促进上海当好全国改革开放排头兵、创新发展先行者中作出了应有的贡献。

【高起点、高标准谋划推进自贸新片区建设】 探索实施监管模式创新，进一步提升贸易自由化、便利化水平；创新商品检验监管，降低检验检疫成本；简化海关手（账）册管理，试行企业集团化保税监管；进一步优化特殊物品、大飞机配套等海关监管模式，推进融资租赁、保税检测、保税维修等新兴业务发展；优化企业信用管理，实施重点企业准入退出机制。

【服务保障上海进口博览会】 开展“企业归类先例”模式试点，开发跨境贸易大数据平台“进博会专窗”，支持展品和人员快速通关，延长展品入境时限，展览品与保税货物模式转换，预包装食品可免贴中文标签，探索建立了“6 + 365”的全天候博览会模式，保障了第一届、第二届上海国际进口博览会顺利召开。

【滚动推进署市合作】 出台海关支持上海自贸试验区及新片区建设、科创中心建设、长三角一体化发展和推进口岸治理科学化、精细化、智能化等 18 条工作内容，本市探索对上海海关的财政支持，改善海关执法设施设备，合作共建智慧口岸等 17 条工作内容。合作机制运行平稳，各项工作任务进展明显，有力保障了上海“五个中心”建设，提升了上海城市能级和核心竞争力。

【大力推进国家相关政策试点】 邮轮产业持续发展，获批全国首个邮轮旅游示范区。2016年10月1日起率先试点外国邮轮旅游团15天入境免签政策，率先推行单边多船混合验放模式。开展自贸试验区整车平行进口试点，引入认证检测线服务和第三方检验机构，形成区内整改、检测出具报告等功能于一体的监管模式。率先走通网购保税进口、直购进口业务模式，探索走通一般电商出口业务模式。完善全球维修业务监管模式，试点开展飞机发动机等高技术、高附加值、无污染的跨境检测维修业务。边检全面简化和规范相关行政许可的受理签发条件和标准，与海关、海事部门互相通报出入境船舶、船员信息，在出入境船舶检查、锚地管理等方面开展联合执法。海事牵头实施船舶联合登临。

【严格落实口岸重大疫情联防联控机制】 积极承担输入输出疫情防控的主战场职责，构建多层次、全链条、立体化的防控体系，从严从紧防范新型冠状病毒、埃博拉病毒、非洲猪瘟等疫情风险。更新重大传染病联防联控协议，固化和完善各方的合作机制。开展了输入性疟疾联合演练、进博会上海口岸重大传染病防控联合演练等突发公共卫生事件应急演练。上海海关每月与上海市疾病预防控制中心互相通报传染病检出情况，定期开展传染病疫情信息联合风险评估，开展长三角区域口岸输入性传染病联防联控工作研究，搭建了跨地区传染病疫情联防联控协同平台。口岸相关部门密切协作，加强港口集疏运协调，有效缓解因重大疫情导致的大量冷冻集装箱滞港和防疫物资快速进出口等。加强对海关、边检等口岸查验单位的物资支持，确保口岸一线安全有效开展工作。加强疫情防控通关服务保障，简化进口和捐赠防疫物资通关流程，通过国际贸易“单一窗口”上线境外物资捐赠系统和中小企业服务专窗，开辟绿色通道，便利企业复工复产。

【深入开展安全综合治理】 严密开展“蓝天”“龙腾”等专项行动。建立多部门多层级安全监管信息通报机制，实施上海港船载危险货物集装箱险情事故突发事件应急处置联动机制，积极降低危险货物经营对监管执法的不利影响，加强出口烟花爆竹落地查验。推进口岸动植检规范化建设。采取审单后移、优化抽检比例，推广口岸快速检测技术等措施，实现粮食、种苗、木材等检验检疫时长同比压缩50%以上；推动海关总署下调风险相对可控的食用水生动物、鲜椰子和鲜猕猴桃等产品的查验比例。加强进出口危险化学品监管，制定进口危险化学品及其包装检验工作业务督查方案，定期开展海关进口危险化学品安全生产监管工作。

口岸监管与服务

【上海出入境边防检查总站做好进博会重要来宾礼遇工作】 2019年10月1日，上海出入境边防检查总站在上海口岸启用中国国际进口博览会边检专用通道，为参展客商和广大中外旅客提供更加便捷高效的出入境通关服务。进博会期间，从上海机场边检站、虹桥边检站抽调64名政治过硬、业务能力强、外语水平高的执勤民警，组建第二届进博会重要外国代表团及专包机出入境礼遇检查专班，在总结提炼首届进博会礼遇检查“四个一”战法的基础上，进一步创新工作举措，为各国嘉宾提供更加细致、精致的边检礼遇服务，累计查验国家元首、政府首脑专包机6架次278人次，副部长级以上代表团276批次

中国国际进口博览会边检专用通道

1 258 人次，并高效稳妥地完成泰国副总理及新加坡等国部长一行的紧急入境检查勤务，充分展现文明国家窗口良好形象，获得上海市副市长许昆林专门批示肯定。

【上海出入境边防检查总站加强口岸通关便利】 2019 年，上海边检总站稳步推进自助通道建设，上海口岸共设置自助通道 199 条，全年自助通关旅客 1 847.3 万人次，自助通关使用率达 43.8%，同比增加 23.0%，为出入境旅客营造更加高效的通关环境。2019 年 4 月 28 日，在上海浦东机场、虹桥机场、上海铁路站、吴淞口国际邮轮码头等口岸边检现场设立“一带一路”通道，为执行“一带一路”建设重点工程、重要合作、重大项目或参加“一带一路”有关会议、活动的中外人员和车辆快捷办理边检手续提供便利，为“一带一路”沿线国家（地区）人员出入境提供便利。年内，积极推进“互联网 + 边检服务”，在“上海边检”微信公众号、App 以及总站官网提供中国公民查询出入境记录服务；依托 12345 上海市市民服务热线、官方咨询热线、微博微信等多平台受理关于移民管理工作的咨询、投诉和建议，及时回应出入境旅客诉求和求助；紧密贴合广大旅客出境游需求编撰发布“2019 暑期上海口岸通关三部曲”，为出入境人员提供通关便利指引。

【上海出入境边防检查总站服务自贸试验区新片区建设】 上海边检总站高度重视上海自贸试验区新片区管理工作，于2019 年6 月成立工作专班，紧紧围绕“人员要素自由流动，用人流带动物流、资金流、信息流”主题深入开展新片区课题研究，积极探索以实现新片区人员从业自由来进一步推进投资贸易自由化便利化，并撰写专题调研论文《长三角一体化视野下的移民出入境管理创新》，详细阐述移民管理机关打造对接自贸试验区新片区政策体系的总体思路和具体措施。同时，上海边检总站主动加强与上海市发展改革委工作对接，围绕边检机关工作职责，就优化货机机组出入境检查模式、实施国际旅客及其行李通程联运等自贸试验区新片区重点推进任务提出工作建议，均被吸收采纳并正式写入《中国（上海）自由贸易试验区临港新片区管理办法》。

【上海出入境边防检查总站助推上海国际航空枢纽港建设】 2019 年 9 月 16 日，世界最大的单体卫星厅——上海浦东国际机场三期扩建主体工程暨卫星厅正式投入运行。上海边检总站提前介入、全程参与浦东机场三期扩建主体工程暨卫星厅涉及边检项目建设，创新勤务组织，完善查验流程，科学划分执勤区域功能，优化旅客分流引导，设计建设新型验证台和工作人员通道自助闸机，研发智能验讫章柜，顺利完成符合卫星厅出入境特点的警务流程再造。在没有增加人员编制的情况下，通过内部挖潜、提质增效，确保卫星厅出入境秩序正常、通关环境良好，截至 12 月 31 日共查验出入境中转旅客 17 万人次。相关工作举措为边检机关服务保障特大型空港口岸建设提供上海方案。此外，上海边检总站对标世界最先进国际空港口岸，会同上海海关、机场集团、有关航空公司等单位细化研商，深入研究“将国际中转联运时间压缩至 90 分钟以内”的具体实施方案，积极打造“上海机场国际中转”服务品牌，提升浦东机场国际航空枢纽能级和核心竞争力。

【上海出入境边防检查总站服务上海邮轮经济发展】 上海边检总站结合邮轮口岸“人员密集”“大进大出”等特点与形势，坚持以强化创新驱动，扩大服务功能为着力点，全力助推邮轮经济繁荣发展。一是推进邮轮船票试点工作。和市交通委、宝山区政府等部门深度合作，强力开展邮轮船票试点工作，邮轮旅客实现凭船票码进港、行李托运、通关查验、登轮等手续“一码通”，吸引更多外籍旅客乘坐邮轮到上海旅游，有效降低企业营运成本，提高城市竞争力。该做法被国家交通运输部等 10 部委认可并向全国邮轮口岸推广。二是自主研发部署“出境复核系统”。通过扫描条码信息，调取出境查验记录复核登轮旅客身份，实现数据复核与查验工作同步进行，将出境联检复核数据时间从 1 小时减少至 30 分钟，对提高出境准点率起到积极作用。三是提高邮轮通关效率。

简化母港邮轮中国籍旅客入境流程，推行邮轮出入境自助通关模式，研发访问港邮轮分类通关验放系统，推广边检通关便捷条码，为上海获批中国首个邮轮旅游发展示范区发挥作用。

【上海出入境边防检查总站为国庆70周年活动和第二届进博会成功举办创造安全口岸环境】 上海边检总站坚持“最高政治站位、最强责任担当、最佳工作水准、最实工作举措”，集全警之智研究制定国庆70周年活动和第二届进博会两大安保工作方案并细化行动计划，确保各项安保举措梯次趋紧、任务清晰、责任明确。尽全警之责构建高效指挥勤务体系，打造总站、站两级指挥中心与旅检现场勤务督导台三级联动的视频一体化指挥系统，建立总站领导24小时带班制度，切实加强现场驻点督导和指挥协调。举全警之力确保所有从上海口岸入境的人员都是“干净的”“放心的”，牢固树立反恐维稳“一盘棋”思想，固化上海机场口岸管控联合工作专班工作机制，累计核查出入境人员117.6万人次、出入境航班4 518架次，发现可疑人员226人次，查获一批危害国家安全和非法出入境人员，得到国家移民管理局、上海市委市政府的充分肯定。

【上海出入境边防检查总站不断提升口岸通关监管力度】 上海边检总站以国庆70周年活动和第二届进博会两大安保工作为牵引，带动口岸通关监管工作在勤务组织、查堵手段、工作举措方面实现全方位提升。按照公安部党委委员、副部长，国家移民管理局党组书记、局长许甘露的指示精神，创新开展无预警“红蓝对抗”应急处置演练，重新修订编制《口岸突发事件应急处置预案》，着力提高队伍处置口岸突发事件水平。在浦东、虹桥两个机场口岸启用iAPI信息预报系统，在航空公司办理值机手续环节实现对出入境旅客信息的预报和预检，进一步提升口岸管控实效。严格落实重点人员“五必问”工作举措，试点推行在线人工翻译服务，切实提升入境实质性审查力度。创新搭建“三非”外国人预警模型，通过大数据分析进行精准排查。研发亿人级生物特征信息比对系统，提升精准管控水平。组织专人对API预报信息进行地毯式排查并开展重点人员行程轨迹排查，及时向前台推送需重点检查人员信息，严防境外政治风险倒灌内地。2019年，上海边检总站先后向国家移民管理局报列多名不准入境人员，向有关单位通报多名变换身份不准入境人员，并查获多名国际恐怖分子、危害国家安全分子等，形成对非法出入境活动的高压震慑。年内，会同地方公安机关成功查处两起利用邮轮聚众吸毒案件，查获贩卖毒品网追在逃人员1人，妥善处置洋山港9名外籍人员随集装箱货轮偷渡入境案件，有力确保了上海港干净、安全、有序。

【上海出入境边防检查总站建立健全口岸联勤联动机制】 上海边检总站牢固树立“一盘棋”思想，打好口岸管控整体联动战、警种合成战，不断提高口岸规范化管理水平。持续加强与市国家安全局、市局政保部门协作配合，共同打造维护国家安全和社会稳定的国门防线。与地方出入境管理部门建立信息共享机制，对144小时过境人员实施全过程跟踪管理。根据国家移民管理局相关工作部署，积极与市局政保部门建立口岸排查处置涉稳人员协作机制和防“闯关”协作机制。在重大活动安保维稳工作期间，市局政保部门派相关人员进驻浦东、虹桥机场以及铁路、邮轮口岸现场开展工作，协同配合处置可能发生的“闯关”事件。重大安保期间，由上海边检总站牵头，会同上海市国家安全局、上海市公安局反恐、国保、出入境、机场分局，以及新疆工作组等6家单位，组建上海机场口岸管控联合工作专班，进驻浦东、虹桥机场口岸集中办公，确保快速、准确核清可疑人员真实身份，配合处置口岸突发事件，进一步固化口岸管控联合工作机制。

【上海出入境边防检查总站深化完善长三角边检机关一体化警务协作机制】 上海边检总站主动融入长三角区域一体化发展国家战略，着力完善长三角边检机关一体化警务协作机制，共同打造“开放、合作、共赢”的长三角边检机关一体化区域警务。2019年10月18日，上海边检总站牵头组织召开长三角边检机关第二届中国国际进口博览会安保合作联席会议，与江苏、浙江、安徽边检总站共同签署《关于深入推进长三角出入境边防检查工作高质量一体化发展的实施意见》，推动重大安保常态化合作、信息共享、智慧边检一体化建设等项目迈入新阶段。及时相互通报重大出入境案（事）件、涉及偷渡和非法携带枪支弹药、贩运毒品等重要信息、144 小时过境外国人管控信息、“三非”外国人专项治理相关情况，进一步畅通信息渠道，加强联动协作，为建立长三角口岸整体防控体系奠定扎实基础。

【上海海事局着力提高海事治理能力，营造良好营商环境】 一是上海海事局认真落实“放、管、服”改革要求，积极营造良好营商环境。创新口岸便利举措，完成国际贸易“单一窗口”联合登临模块调整。率先实现海事行政罚款“国库直缴”。开展船舶登记“不停航办证”。完善海事征信管理办法，创新“双公开、双核查、双惩戒”工作举措。代交通运输部试点实施证明事项告知承诺制，出台《证明事项告知承诺管理办法》，覆盖适用 74 项证明事项，减少 3 大类 120 份证明材料。二是海事法制体系进一步完善。积极参与《航道法》《海警法》《内河交通安全管理条例》等法律规范修订工作。编制完成《海运危险货物集装箱装箱安全技术要求》国家强制性标准。开展规范性文件清理，推动完善海事法规体系，全面制定局规范性文件 6 件、修订 4 件、废止 17 件，制定内部执法类文件 7 件、修订 5 件，废止 16 件。完成 3 起非诉行政案件强制执行，实现行政强制零的突破。“达飞·佛罗里达”轮污染索赔案圆满收官。三是海事执法规范化水平进一步提升。深入推行行政执法“三项制度”，全面推行“双随机、一公开”监管模式。下发《关于明确海事行政执法若干要求的通知》，进一步明确执法取证标准和执法规范。修订海事行政执法责任追究规定，开展执法督察 156 次，发现问题 1 057 项，执法责任追究 18 人次，其中开具执法督察“黄牌”4 张。扎实做好执法评议工作，并取得系统第二名的良好成绩。成功申办第二批 12 名公职律师，实现分支机构公职律师全覆盖。

【上海海事局持续加快智慧海事建设】 代交通运输部海事局完成“海事电子政务平台完善项目”，全面升级网上政务中心，率先实现所有行政审批事项“一网通办”。代交通运输部海事局完成“海事规费征稽管理平台功能完善项目”。完成信息系统安全等级保护工程建设。做好重点时段网络安全防护任务，圆满完成“护网行动”网络安全攻防演练任务，受到交通运输部海事局书面表扬。

【上海海事局坚持聚焦重点，有力保障辖区水上交通安全】 一是现场监管机制不断完善。制定《船舶交通管理系统运行管理办法》，修订《巡航救助一体化管理办法》，积极构建海巡、空巡、电子巡航三位一体的立体巡航模式。升级船舶监督选船系统，拓展 AIS 检定仪的使用，进一步提升现场监管效能。全年巡逻船现场巡航 9.11 万小时、51.38 万海里，空中巡航 155 架次、299 小时。全年征收各项规费 15.40 亿元。

二是重点领域整治力度空前。强化重点水域、重点船舶、重点时段安全监管，深入开展“查隐患、明措施、保全年”专项活动及特别监管期“百日行动”等专项整治。扎实推进内河船涉海运输专项整治，共查获内河船涉海运输违法行为 914 艘次，扣押涉事内河船 585 艘次，移送公安部门行政拘留 32 人次。实施在航机电故障船舶安检滞留“双百”行动，依法滞留 119 艘次。实施长期脱管船舶集中治理，99 艘船舶经整治解除脱管状态。

三是重大活动保障切实有力。做好“春运”“两会”期间及“清明”“端午”等节日期间的水上安全保障工作。支持保障长江口南槽航道治理一期工程等国家重点工程顺利实施。圆满完成第二届进博会服务保障工作，成功实现安全保障“零事故、零沉船、零死亡、零污染”和贸易便利“零待时、零距离”的工作目标，得到了交通运输部和上海市领导的充分肯定。成功举办第九个“世界海员日”上海地区庆祝活动。编写完成并由交通运输部海事局发布《2018 年中国船员发展报告》《注册验船师职业资格考试指南》。

开展进博会黄浦江核心区水域突发事件应急演练

四是应急处置能力持续提升。制定《海上搜救应急管理办法》，修订《防汛防台管理办法》及配套预案。妥善处置“盛泰”轮火灾、“永港168”轮船体倾斜等事故险情。成功防御“利奇马”等5次台风袭击。召开2019年上海海上搜救工作会议，举办国际邮轮大规模人员转移应急演习和长江上海江苏段水域联合搜救演习，切实提升水上事故应急处置能力。不断完善海上安全联动机制，牵头召开海事、救助、渔政三方联席会议，与上海市公安局港航公安局、通用航空等单位签订战略合作协议。

上海海事局举办2019国际邮轮大规模人员转移应急演习

【上海海关以推进自贸试验区、综合保税区建设为牵引，服务国家改革发展大局】 一是自贸试验区新片区建设取得重大进展。全力支持洋山特殊综合保税区建设。紧扣《中国（上海）自由贸易试验区临港新片区总体方案》“建立洋山特殊综合保税区”的任务要求，坚持问题导向、目标导向、需求导向，形成洋山特殊综合保税区海关监管思路；积极支持临港新片区重点产业发展。聚焦新片区促进实体经济发展的重要使命，在创新监管手段、优化营商环境、量身定制监管措施、培育企业信用等方面提出具体措施，重点培育集成电路、人工智能、生物医药、民用航空等前沿科技产业；加快推进基础和监管设施建设，夯实海关监管基础。积极参与新片区一体化信息管理服务平台建设，会同地方政府实现监管信息互联互认共享，强化重点领域精准检测和重点领域监管。二是圆满完成第二届进博会监管服务任务。第二届中国国际进口博览会期间，上海海关创新出台13项制度，优化6项便利化措施，进博会保税物流中心、绿地全球商品贸易港保税展示展销场所建成并投入运行；共监管以“展览品”为贸易方式进境的货物累计711批，货值1 302.57万美元；监管保税展示出区展品167批，货值5 474.69万美元。三是综合保税区转型发展取得重要突破。积极贯彻落实《国务院关于促进综合保税区高水平开放高质量发展的若干意见》，加快区域转型速度，全力加快现有出口加工区转综合保税区进程；加强监管服务创新，充分发挥综合保税区制度创新的“试验田”作用；促进区域发展多元化，全力引导区内产业转型升级；支持保税展示展销常态化，依托综合保税区积极做好服务对接进博会工作；推动营商环境不断优化，推动“四自一简”政策落实地，进一步强化企业市场主体地位。2019年形成了融资租赁异地委托监管、“保税+研发+维修”等一批重点产业新亮点，助力打造上海开放型经济新高地。四是支持科创中心建设成效显现。设立全国首家科创中心海关，对全市科创机构探索实现一体化平台支撑、一站式政策咨询、一条龙便捷通关、一揽子监管措施监管服务新体系，依托线上线下平台助推科创产业形成集聚效应，构建集约高效的“四个全”工作模式，探索“三个精准”确保科研用品通关便捷高效。2019年，上海海关共审批“十三五”科技创新减免税7 224批，审批货值8.01亿美元，减免税款8.32亿元。

【上海海关推动跨境贸易营商环境持续优化】开展跨境贸易便利化专项行动，主动披露、疑难专窗等一系列措施落地生根，中介服务领域改革同步推进。坚决落实国家减税降费政策，进一步降低经营服务性收费。2019年12月，关区进、出口整体通关时间相比2017年均压缩55%以上。世界银行报告显示我国跨境贸易排位再提升9位，首超日本，上海的贡献度达到55%。对口帮扶重庆海关优化营商环境取得初步成效。

上海海关关员在查验跨境电子商务货物

【上海海关加快推进跨境贸易大数据平台建设】 以“用大数据实现安全，用大数据实现便利，用大数据实现安全与便利、监管与服务的更高水平统一”为总目标，尝试应用大数据思维和方法，围绕各业务领域风险构建风险防控模型，探索构建供应链安全评估模式。利用海关通关数据和第三方数据，对上海口岸进出口企业及货物进行大数据分析，对企业传输的原始贸易链数据，购销方、运输路径等数据进行智能比对，对守法企业及低风险货物，科学合理地降低人工干预和侵入式查验比率，助力优化上海口岸的营商环境。进博会期间，大数据平台特设的“进博会专窗”，实现了展品通关安全性与便利性的统一。

【上海海关保持打私高压态势，全面强化实际监管】 一是国门安全防线更加牢固。通过组建传染病疫情收集队伍，组织召开疫情分析季度评估、专项评估和传染病跨境传播风险评估，有效防控流感、疟疾、登革热、埃博拉等重大传染病疫情传入；全面强化对进境货物的查验、采样检测、检疫监管和甄别，加强对进境旅客携带物、跨境电商产品、邮寄物和快件的查验，加强对非洲猪瘟疫区运输工具的登临检查，严格对运输工具的泔水、动物源性废弃物采取无害化检疫处理措施，严格监督企业落实供港活猪生物安全管理、保障注册供港活猪饲养场的安全。二是综合治税圆满收官。2019年上海海关征税入库3 993.78亿元，占全国21.36%；执行国家各项减税政策合计减税约640亿元；落实国家各项税收优惠政策，审批减免税货值67.11亿美元，减免税款52.37亿元；关税保证保险、汇总征税等改革措施红利不断释放；落实进出口原产地享惠措施，出口原产地推出无纸化申报、自助打印和“通报通签”等3项改革举措，全年完成证书自助打印4.1万份；进口优惠原产地贸易项下42.94万批次，受惠货值2 222.33亿元，税款优惠194.77亿元。三是重拳打击“洋垃圾”和象牙等濒危物种走私成效明显。在打击“洋垃圾”走私方面，开展“蓝天2019”打击“洋垃圾”走私专项行动。2019年刑事立案5起，查扣废电池、旧电源适配器等固体废物118吨；行政立案走私固体废物案件235起，查获各类固体废物1.21万吨。在打击象牙等濒危物种及其制品走私方面，2019年刑事立案走私濒危物种刑事案件33起，同比增加1.2倍；行政立案146起，同比增加13.27倍。全年查获穿山甲鳞片约319千克、象牙制品约29千克、犀牛角约13千克、檀香紫檀等逾530吨，其他濒危物种及其制品千余件。

上海海关查获走私石首鱼鳔案

开放口岸

【上海空运口岸（虹桥国际机场、浦东国际机场）】 上海空运口岸是中国目前最大的空运口岸，包括虹桥国际机场和浦东国际机场。2019年，浦东国际机场卫星厅新建完成，虹桥国际机场T1航站楼A楼改扩建工程对外开通启用，航空口岸枢纽能级进一步提升。

航空口岸涵盖浦东、虹桥两大国际机场，4座开放航站楼，1座全球最大单体卫星厅，5个货运区，7条跑道和1个公务机基地，435个停机位，客货设计能力达到1.2亿人次和520万吨。

【上海水运（海港）口岸】 上海水运口岸涵盖洋山深水港区、杭州湾北岸、长江上海段和黄浦江四大开放水域，共有开放码头96个、泊位310个。其中，公共集装箱码头主要分布于洋山、外高桥、吴淞三大港区，共有集装箱泊位49个，洋山港区已建成23个集装箱深水泊位，岸线总长7 950米，主要从事大型远洋干线船舶装卸作业；外高桥港区19个集装箱泊位，岸线总长5 784米，主要从事近洋航线和中型远洋航线船舶装卸作业；吴淞港区共有集装箱泊位7个，岸线1 641米，主要从事近洋班轮航线和内河航线船舶的装卸作业；散杂货码头及其他特种码头主要分布在罗泾、吴淞、龙吴、外高桥港区，共有82个泊位，岸线10 098米；邮轮码头2个，8个泊位。

“十三五”期间，上海水运口岸新开通启用长兴岛作业区、上海横沙一级渔港码头1#、2#泊位、吴淞邮轮港3#、4#泊位，上海孚宝港务有限公司码头E1、E3泊位。洋山四期全自动码头2017年年底试运行开始临时接靠国际航行船舶，2019年实际吞吐量327万标箱，将于近期组织正式对外开通启用验收。为吴淞邮轮港新增泊位、极地科考中心、崇明锚地和华润大东修造船等持续提供临时接靠保障。

【上海陆路（铁路）口岸】 上海铁路口岸位于上海火车站南端。2003年9月，根据CEPA协议，上海设立铁路上海站临时口岸。同年10月1日起，开行上海—香港（九龙）隔日往返直通式旅客列车。2009年11月，国务院批准正式设立上海铁路口岸。2013年4月27日，上海铁路口岸通过国家验收宣布对外开放。上海铁路口岸是长三角地区唯一的陆路出入境口岸。

海关特殊监管区域

上海外高桥保税区、外高桥保税物流园区、洋山保税港区、浦东机场综合保税区、金桥出口加工区5个特殊监管区域先后纳入中国（上海）自由贸易试验区；2019年完成松江、金桥、青浦、漕河泾、闵行5个出口加工区转型升级为综合保税区。根据国务院2019年8月印发的《中国（上海）自由贸易试验区临港新片区总体方案》和2020年1月国务院批复同意设立洋山特殊综合保税区的方案要求，将在洋山保税港区、浦东机场综合保税区等区域基础上，设立洋山特殊综合保税区，第一阶段约15.74平方千米即将封关验收。

2019年上海市口岸大事记

1月30日

上海市委副书记、市长应勇在副市长许昆林、市政府副秘书长尚玉英等领导的陪同下，到上海出入境边防检查总站调研。应勇认真听取总站党委关于深入贯彻落实全国移民管理工作会议精神、全力服务上海经济社会发展的工作汇报，与总站党委班子成员、机关各部门负责人及各边检站站长开展座谈交流，并代表上海市委、市政府向全体民警、职工和文职人员送上新春慰问。

2月14日

交通运输部副部长何建中在部主持召开专题会议，听取上海海事局工作汇报，研究长江口深水航道利用边坡自然水深扩大交会船舶种类工作。

3月12日

"浙岱渔02611"轮与"飞马"轮在长江口灯船东北约80海里处发生碰撞，"浙岱渔02611"轮沉没，2人被附近渔船救起，12人失踪。事故发生后，上海海上搜救中心全力组织搜救。交通运输部党组书记杨传堂、部长李小鹏、副部长何建中，上海市委书记李强、副市长陈寅高度重视并作出书面批示。3月15日上午，交通运输部党组书记杨传堂、副部长何建中视频连线上海海上搜救指挥中心和在搜救现场的"海巡01"轮，对搜救工作作出指示。

5月30日

2019年长三角区域警务一体化领导小组暨第二届中国国际进口博览会安保区域合作会议在安徽芜湖举行。公安部党委委员、副部长孙力军出席会议并讲话。上海、江苏、浙江、安徽四省市公安厅（局）主要负责同志出席会议。上海出入境边防检查总站副总站长任英超参会。

6月24日

上海海上搜救中心举办2019国际邮轮大规模人员转移应急演习，上海市常务副市长、上海海上搜救中心主任陈寅担任演习总指挥，共有来自海事、救捞、海警、渔政、公安等16家单位，31艘船艇、3架直升机、700余人参与演习。

7月18日

上海出入境边防检查总站副总站长任英超参加上海市政府研究自贸试验区新片区相关情况专题会议，并围绕优化货机机组出入境边防检查管理模式、全面实施国际旅客及其行李通程联运、给予符合条件的前往新片区外籍人士边检通行便利等三个方面提出相关工作建议。上海市委常委、常务副市长陈寅出席会议并做重要讲话。

8月5日~7日

公安部党委委员、副部长，国家移民管理局党组书记、局长许甘露同志出席上海出入境边防检查总站党委肃清孟宏伟流毒影响专题民主生活会，分别到上海机场边检站、虹桥边检站边检执勤现场调研指导工作，强调要充分发挥移民管理部门职能作用，扎实做好中华人民共和国成立70周年大庆和第二届进口博览会安保维稳工作，全力支持服务上海的改革发展稳定。国家移民管理局综合司、公民出入境管理司、机关党委、外国人管理司、机关纪委办公室领导参加调研。上海市副市长、市公安局局长龚道安陪同许甘露到上海机场边检站调研。上海边检总站副总站长任英超、边检处聂仁东处长全程陪同调研。

8月5日~7日，公安部党委委员、副部长，国家移民管理局党组书记、局长许甘露到上海边检总站调研指导工作并慰问基层民警

9月16日

上海浦东国际机场三期扩建主体工程暨卫星厅启用仪式在浦东机场S1卫星厅举行，上海市委书记李强，市委副书记、市长应勇出席。上海边检总站副总站长任英超、上海机场边检站站长徐爱明参加启用仪式。

9月17日

上海外国语大学党委书记姜锋、上海市政协办公厅副主任潘志强、上海市政协常委、东方卫视首席记者骆新、上海国际港务（集团）股份有限公司副总裁王海建等7名上海出入境边防检查总站特邀监督员代表到上海洋山口岸开展第七次巡访活动。上海边检总站副总站长任英超、邹志峰，总站督察处刘志勇处长陪同。

10月10日

2019亚太邮轮大会在上海举行，来自34个国家和地区的1 000余名嘉宾参加会议，文化和旅游部、交通运输部、海关总署、国家移民管理局有关领导，以及上海市委、市政府，宝山区委、区政府有关领导出席会议。受上海市政府邀请，国家移民管理局党组成员、副局长赵昌华出席会议。上海边检总站党委副书记、副总站长任英超，国家移民管理局边防检查管理司边检处处长杨阳等陪同参加会议。中共中央政治局委员、上海市委书记李强出席会议，并为中国邮轮旅游发展示范区揭牌。

10月15日

交通运输部党组书记杨传堂在上海海事局主持召开海运高质量发展座谈会，上海市政府副市长汤志平出席会议，在沪交通运输行业重点企业、部驻沪单位、高等院校、行业协会及上海市交通委等12家单位参会。上海海事局党组书记、局长肖跃华在会上做以“不忘初心 勇担当，牢记使命 创一流”为题的交流发言。

11月3日~4日

国家移民管理局党组副书记、副局长李裕禄到上海出入境边防检查总站指挥中心、浦东机场边检执勤现场实地检查指导第二届中国国际进口博览会安保工作，看望慰问驻机场口岸联合工作专班各成员单位值班人员。上海边检总站副总站长任英超全程陪同，并汇报第二届进博会安保工作情况。国家移民管理局边防检查管理司边检处处长杨阳全程陪同，上海机场边检站站长徐爱明、总站边检处处长聂仁东分别陪同。

11月3日

上海市副市长许昆林、市政府副秘书长尚玉英到浦东机场调研第二届中国国际进口博览会筹备工作，上海边检总站副总站长李国官陪同并汇报上海边检总站贯彻落实国家移民管理局和上海市委、市政府工作要求，扎实推进第二届中国国际进口博览会各项准备工作情况。

11月4日

交通运输部部长李小鹏、副部长刘小明赴上海督查第二届中国国际进口博览会交通安全保障工作，到黄浦海事局指挥中心实地检查黄浦江核心水域水上交通管控情况，听取上海海事局有关第二届进博会现场管控工作汇报，并视频连线慰问现场一线工作人员。

11月4日

长三角海事一体化融合发展领导小组会议在上海海事局召开，交通运输部副部长刘小明出席会议，部海事局党组书记、局长曹德胜主持。上海、江苏、浙江、安徽交通运输主管部门，上海、浙江、长江、江苏、连云港海事局及东海航海保障中心共同签署了《长三角海事一体化融合发展战略合作备忘录》。

11月28日

上海市召开第二届进博会城市服务保障工作总结表彰大会，上海市委书记李强，市委副书记、市长应勇等市领导出席。上海海事局获上海市委组织系统及上海市工会和妇联系统多项荣誉称号：黄浦海事局荣获上海市五一劳动奖状；上海海事局指挥中心范希伟获评上海市进博“先锋行动”优秀共产党员；洋山港海事局孙玉杰获评“凝心聚力进博会建功立业创一流”先进个人；吴淞海事局指挥中心“青荷女子班组”获评“凝心聚力进博会巾帼建功创一流”立功竞赛巾帼文明岗集体。

11月28日

上海出入境边防检查总站召开中华人民共和国成立70周年大庆和第二届中国国际进口博览会安保工作总结表彰大会，总站党委委员、机关各部门主要领导，各站主要领导、政治处（综合办）和边检处及各队主要领导、受总站表彰的集体和个人以及民警、工人、文职人员代表近300人参加会议。

11月

上海市副市长宗明对上海海事局服务浦江游览升级发展工作给予批示肯定。

12月5日

上海市副市长、市公安局党委书记、局长龚道安到浦东国际机场调研全面实施旅客及行李通程联运工作，上海边检总站副总站长任英超、上海机场边检站站长徐爱明等领导陪同参加。

（撰稿人：李楠橹、王广宇、刘江萍）

2019 年上海市口岸流量统计表

口岸类型		口岸名称	货运量（万吨）				集装箱量（万标箱）				人员（万人次）				交通工具（辆、艘、架、列次）			
			出口	进口	合计	同比（%）	出口	进口	合计	同比（%）	出境	入境	合计	同比（%）	出境	入境	合计	同比（%）
空运口岸																		
		分计			332.7	-3.60							4 262.18	1.60			253 842	0.50
	铁路口岸																	
		分计											7.58	-30.50			324	-11.50
水运口岸	海港口岸																	
		分计			39 659.2	-1.40	1 604.4	1 545.4	3 697.9	3.40			299.70	-27.80			23 452	-1.8
合计					39 991.9		1 604.4	1 545.4	3 697.9				4 569.46				277 618	
同比（%）					-1.40		0.70	6.80	3.40				-1.10				0.30	

（上海市口岸办提供）

2019 年上海市口岸出入境主要数据表

项目			2019 年	2018 年	同比（%）
出入境人员（人次）	出入境人员总数		45 694 571	46 269 845	-1.24
	入境人员		22 746 477	23 047 553	-1.31
	出境人员		22 948 094	23 222 319	-1.18
	出入境旅客		42 201 076	42 501 424	-0.71
	出入境员工		3 493 495	3 768 421	-7.30
	中国公民	小计	32 953 549	33 427 284	-1.42
		内地居民（因公）	1 833 912	1 927 296	-4.85
		内地居民（因私）	27 463 286	27 814 129	-1.26
		港澳居民	1 361 093	1 353 450	0.56
		台湾同胞	2 295 258	2 332 409	-1.59
	外籍人员		12 741 022	12 842 558	-0.79
	从海港出入境人数		2 996 995	4 159 120	-27.94
	从陆港出入境人数		75 759	109 112	-30.57
	从空港出入境人数		42 621 817	42 001 613	1.48
交通运输工具（辆、艘、架、列次）	总计		277 617	277 119	0.18
	船舶		23 451	23 908	-1.91
	飞机		253 842	252 845	0.39
	火车		324	366	-11.48
	机动车辆				

（上海出入境边防检查总站提供）

2019 年上海海事局进出港船舶统计汇总表

船舶类别	进港船舶							出港船舶						
	艘数（艘）	总吨（吨位）	总载重量（吨）	载客量（客位）	船员人数（人次）	货物到达量（吨）	旅客到达量（人）	艘数（艘）	总吨（吨位）	总载重量（吨）	载客量（客位）	船员人数（人次）	货物发送量（吨）	旅客发送量（人）
总计	51 839	407 803 683	466 240 211	993 562	700 299	131 656 243. 79	421 554	49 641	398 690 606	454 324 124	964 681	683 674	78 431 455. 81	420 874
中国籍船舶	45 596	100 340 760	126 230 882	845 292	473 342	75 821 192. 92	240 279	43 470	95 363 464	120 650 465	816 411	455 066	23 258 931. 92	239 902
其中外贸船	242	4 706 471	5 161 926	9 599	5 610	1 840 473. 81	1 049	290	3 620 432	4 245 731	9 599	6 448	912 813. 96	630

（上海海事局提供）

2019 年上海市指定监管场地统计表

序号	直属海关	监管场地名称	进境口岸	类型	拟进口品种	批复时间	备注
1	上海海关	上海同华冷链物流有限公司冷链查验点	上海港	肉类	肉类	2016 年 7 月	
2	上海海关	上海联和冷链物流有限公司冷链查验点	上海港	肉类	肉类	2016 年 7 月	
3	上海海关	上海大宛食品有限公司冷链查验点	上海港	肉类	肉类	2017 年 7 月	
4	上海海关	上海洋山保税港区物流服务有限公司冷链查验点	上海港	肉类	肉类	传统贸易	
5	上海海关	上海外联发国际物流有限公司冷链查验点	上海港	肉类	肉类	2016 年 7 月	
6	上海海关	上海机场浦虹国际物流有限公司冷链查验点	上海港	肉类、冰鲜水产品	肉类、冰鲜水产品、	2014 年 10 月	
7	上海海关	上海浦东机场浦虹进境食用水生动物指定监管场地	上海港	食用水生动物	食用水生动物	2014 年 10 月	
8	上海海关	洋山港西郊国农进境粮食指定监管场地	上海港	粮食	粮食	2014 年	
9	上海海关	上海洋山港西郊国农进境水果指定监管场地	上海港	水果	水果	2014 年	
10	上海海关	上海西郊国际农产品交易有限公司查验点	上海港	肉类	肉类	2014 年	
11	上海海关	上海浦东机场西郊国农进境食用水生动物指定监管场地	上海港	食用水生动物	食用水生动物	2014 年	
12	上海海关	上海西郊国际农产品交易有限公司查验点	上海港	冰鲜水产品	冰鲜水产品	2014 年	
13	上海海关	外高桥依飞驰进境粮食指定监管场地	上海港	粮食	粮食	传统贸易	
14	上海海关	上海外高桥依飞驰进境水果指定监管场地	上海港	水果	水果	传统贸易	
15	上海海关	中外运普菲斯物流（上海）有限公司冷链查验点	上海港	肉类	肉类	2016 年 7 月	
16	上海海关	上港集团外高桥冷链物流中心	上海港	肉类	肉类	2017 年 11 月	
17	上海海关	上海外高桥畅兴进境水果指定监管场地	上海港	水果	水果	传统贸易	
18	上海海关	上海长兴润稼农产品批发市场冷链查验点	上海港	肉类	肉类	2018 年 2 月	
19	上海海关	上海长兴岛进境食用水生动物指定监管场地	上海港	食用水生动物	食用水生动物	2016 年 11 月 1 日	
20	上海海关	上海外高桥农批进境水果指定监管场地	上海港	水果	水果	传统贸易	

续表

序号	直属海关	监管场地名称	进境口岸	类型	拟进口品种	批复时间	备注
21	上海海关	外高桥良友码头进境粮食指定监管场地	上海港	粮食	粮食	2014 年 10 月 9 日	
22	上海海关	上海龙吴进境水果指定监管场地	上海港	水果	水果	传统贸易	
23	上海海关	上海名联冷冻仓储有限公司冷链查验点	上海港	冰鲜水产品	冰鲜水产品	2014 年 10 月	
24	上海海关	洋山港深水港物流进境水果指定监管场地	上海港	水果	水果	2014 年 10 月 9 日	
25	上海海关	洋山港深水港进境粮食指定监管场地	上海港	粮食	粮食	2014 年 10 月 9 日	

表注：进境口岸中“上海港”包括空港和海港。

（上海海关提供）

江苏省口岸分布示意图

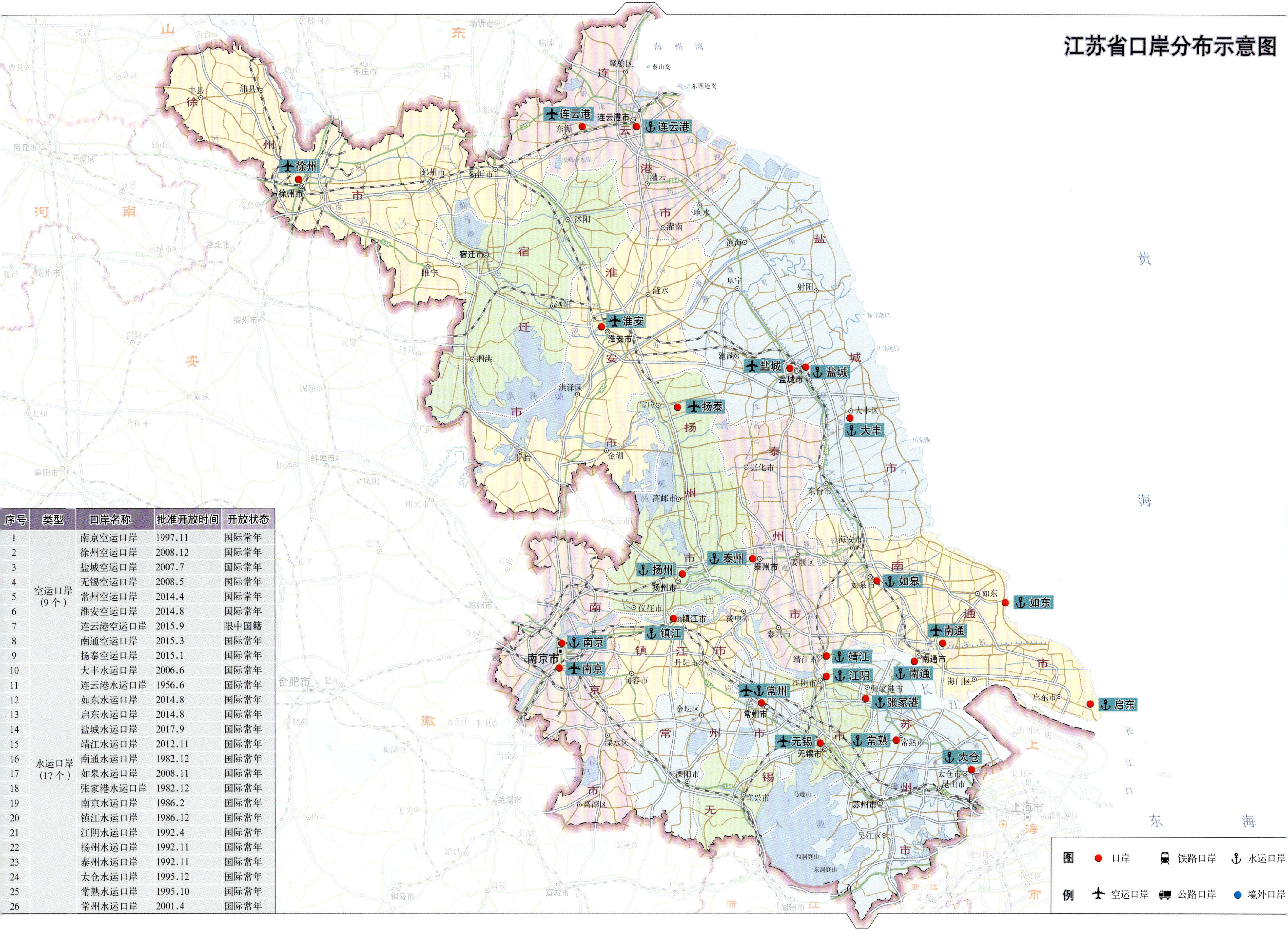

序号	类型	口岸名称	批准开放时间	开放状态
1	空运口岸（9个）	南京空运口岸	1997.11	国际常年
2		徐州空运口岸	2008.12	国际常年
3		盐城空运口岸	2007.7	国际常年
4		无锡空运口岸	2008.5	国际常年
5		常州空运口岸	2014.4	国际常年
6		淮安空运口岸	2014.8	国际常年
7		连云港空运口岸	2015.9	限中国籍
8		南通空运口岸	2015.3	国际常年
9		扬泰空运口岸	2015.1	国际常年
10	水运口岸（17个）	大丰水运口岸	2006.6	国际常年
11		连云港水运口岸	1956.6	国际常年
12		如东水运口岸	2014.8	国际常年
13		启东水运口岸	2014.8	国际常年
14		盐城水运口岸	2017.9	国际常年
15		靖江水运口岸	2012.11	国际常年
16		南通水运口岸	1982.12	国际常年
17		如皋水运口岸	2008.11	国际常年
18		张家港水运口岸	1982.12	国际常年
19		南京水运口岸	1986.2	国际常年
20		镇江水运口岸	1986.12	国际常年
21		江阴水运口岸	1992.4	国际常年
22		扬州水运口岸	1992.11	国际常年
23		泰州水运口岸	1992.11	国际常年
24		太仓水运口岸	1995.12	国际常年
25		常熟水运口岸	1995.10	国际常年
26		常州水运口岸	2001.4	国际常年

江　苏　省

口岸数量及分布

截至2019年年底，江苏省共有经国务院批准的对外开放口岸26个。其中，空运口岸9个，分别是南京空运口岸（南京禄口国际机场）、盐城空运口岸（盐城南洋国际机场）、无锡空运口岸（无锡硕放国际机场）、徐州空运口岸（徐州观音国际机场）、常州空运口岸（常州奔牛国际机场）、南通空运口岸（南通兴东国际机场）、连云港空运口岸（连云港白塔埠国际机场）、淮安空运口岸（淮安涟水国际机场）、扬泰空运口岸（扬州泰州国际机场）；水运（海港）口岸5个，分别是如东、启东、连云港、大丰、盐城海港口岸；水运（河港）口岸12个，分别是南京、江阴、常州、张家港、太仓、常熟、南通、如皋、扬州、镇江、泰州、靖江河港口岸。

口岸运行数据

2019年，江苏省水运口岸共完成外贸货运量50 799.03万吨，同比增长7.47%；进出口集装箱运量达到825.21万标箱，同比增长3.03%。空运口岸出入境旅客6 526 313人次，同比增长13.39%；外贸货邮量95 768.63吨，同比增长26.6%。

2019年江苏省空运口岸出入境旅客及外贸货邮量情况表

	出入境旅客（人次）		外贸货邮量（吨）	
	自年初累计	同比增长（%）	自年初累计	同比增长（%）
全省合计	6 526 313	13.39	95 768.63	26.6
南京空运口岸	3 852 730	7.02	58 249	3.26
无锡空运口岸	1 040 463	9.87	34 567.5	97.53
徐州空运口岸	197 207	15.78	269.1	-36.8
常州空运口岸	602 146	44.19	419.9	26.78
南通空运口岸	279 916	69.02	884.33	30.2
连云港空运口岸	75 355	122.5	无	无
淮安空运口岸	88 798	-13.48	无	无
盐城空运口岸	113 616	17.7	1378.8	364.41
扬泰空运口岸	276 082	24.31	无	无

2019年江苏省水运口岸外贸货运量和外贸集装箱运量情况表

	外贸货运量（万吨）		外贸集装箱运量（标箱）	
	自年初累计	同比增长（%）	自年初累计	同比增长（%）
全省合计	50 799.03	7.47	8 252 095.75	3.03
南通如东水运（海港）口岸	566.7	-14.65	无	无
南通启东水运（海港）口岸	343.1	60.11	无	无

续表

	外贸货运量（万吨）		外贸集装箱运量（标箱）	
	自年初累计	同比增长（%）	自年初累计	同比增长（%）
连云港水运（海港）口岸	12 923.43	8.74	2 850 671	3.17
盐城大丰水运（海港）口岸	1 020.80	54.45	30 200	39.34
南京水运（河港）口岸	2 502.2	12.03	1 459 000	20.58
无锡江阴水运（河港）口岸	5 250.14	19.39	41 731	-11.21
张家港水运（河港）口岸	5 970.62	9.3	'597 322	-10.12
苏州太仓水运（河港）口岸	7 479.57	4.11	2 132 478.5	-0.04
苏州常熟水运（河港）口岸	958.83	-23.08	128 826	5.89
南通水运（河港）口岸	3 202.72	-23.16	315 596.25	-10.03
南通如皋水运（河港）口岸	849.53	1.38	26 670	147.72
扬州水运（河港）口岸	1 137.41	3.21	229 760	7.02
镇江水运（河港）口岸	4 747.11	21.3	183 990	-2.19
常州水运（河港）口岸	1 199.46	26.26	150 788	-10.4
泰州水运（河港）口岸	1 299.71	-2.55	105 063	-9.11
泰州靖江水运（河港）口岸	1347.7	32.82	无	无

口岸综合管理

【扩大口岸开放】 江苏省9个机场均实现了对外国籍飞机开放。沿海沿江有17个港口实现对外国籍船舶开放。2019年，江苏省开放水域内共有6个新建码头获得江苏省政府批准对外开放。分别是：张家港永嘉集装箱码头有限公司17号泊位、中船澄西扬州船舶有限公司2号港池西侧舾装码头、招商局重工（江苏）有限公司1号和2号码头、燕达（海门）重型装备制造有限公司码头、南通一德实业有限公司码头二期工程5万吨级通用泊位、江苏华电句容储运有限公司码头（华电一期泊位）。

【单一窗口建设】 2019年，江苏省电子口岸以服务外贸高质量发展，优化口岸营商环境为目标，为江苏省外贸企业和口岸管理部门提供信息化服务，努力提升口岸服务与管理信息化和智能化水平。2019年2月，江苏省省长吴政隆视察江苏省电子口岸平台。江苏省电子口岸按照省领导提出的“紧紧围绕问题导向和需求导向，拓展数据共享范围，丰富平台应用功能”的工作要求，围绕全年工作目标，全力推进中国（江苏）国际贸易“单一窗口”（以下简称江苏“单一窗口”），扎实推进国内一流的江苏特色电子口岸建设，圆满完成省领导交办的任务。一是全力扩大数据对接范围。江苏省电子口岸积极发挥省平台自身能动性，通过江苏“单一窗口”和江苏特色项目建设，积极开展与国家口岸管理办公室、江苏省商务厅、江苏省交通厅、江苏省邮政管理局、上海铁路局信息化所、太仓港管委会、扬州市口岸办等各部门对接，新增实现了与铁路、民航、邮政、外汇、食药监、诚信系统的数据对接。二是不断加强“单一窗口”安全建设。2019

年完成安全风险点排查和防控工作，排查风险类别6项，风险点21个，指定防控措施29项，确保数据中心的安全运行。根据《中国（江苏）国际贸易“单一窗口”数据安全管理实施细则》要求，制定数据安全技术规范与标准、保密协议、数据中心运维管理制度、数据备份与恢复管理制度、数据清理管理制度和数据安全协议等六项配套制度，更新国产防火墙、入侵防御、网站防护、数据库审计等安全设备，改善优化了网络结构，数据中心基础平台安全性、稳定性显著提高，江苏省电子口岸门户网站及江苏“单一窗口”系统达到三级等级保护要求。坚决做好疫情防控期间系统安全工作，确保系统7×24小时平稳运行，保障企业服务。三是全面推广应用江苏“单一窗口”。截至2019年年底，江苏“单一窗口”主要业务覆盖率保持100%，服务功能不断拓宽，积极开展减免税业务系统、原产地证系统试点工作，得到了国家口岸办的认可并在全国推广，船舶吨税、预约通关、转关申报、智能卡口、通关无纸化网上三方签约、集中申报等试点功能实现了上线运行，完成了江苏省内各口岸收费清单信息录入和后续信息维护，新增跨境电商、物品通关、口岸物流、金融服务共4大类功能。2019年，江苏省电子口岸平台全年保持稳定运行，注册企业通过中国（江苏）国际贸易“单一窗口”、江苏特色服务共完成各类申报超过2 573.55万单，同比增长137.71%。2019年新增注册企业近6 000家，同比增长57.1%，累计超过1.6万家。2019年共完成出口退税申报笔数7 422笔，申报退税总金额8.19亿元，申报报关单总量为3.41万单。

口岸监管与服务

【江苏出入境边防检查总站筑牢口岸安全管控防线】 江苏出入境边防检查总站圆满完成重大安保任务。严格落实中华人民共和国成立70周年、澳门回归20周年等重大节点安保工作部署，研究提出强化口岸管控13项举措、决战决胜阶段9项措施和澳门安保10项操作指引等，有效维护了全省出入境口岸的持续安全稳定。健全口岸联防联控机制。与上海、浙江、安徽总站建立长三角边检机关全方位协作机制，签订《关于深入推进长三角出入境边防检查工作高质量一体化发展的实施意见》。建立“总站与省厅政保总队联合处置口岸涉稳人员协作机制”，为安保期间圆满完成涉政治安全案（事）件处置奠定基础。开展联合打击违法活动。全力配合打击长江江苏段海上偷运、绕越设关地等形式走私，出台打击成品油走私指导意见等系列规范文件。制定《江苏出入境边防检查总站、江苏省公安厅出入境管理总队“三非”外国人专项治理工作方案》，部署开展“三非”外国人联合打击治理。

【江苏出入境边防检查总站提升口岸通关服务效率】 江苏出入境边防检查总站修订完善总站应对节假日客流高峰边检勤务工作方案，及时公布“两公开一提示”，规范落实中国公民“30分钟通关”等5项便利措施等便民政策举措，有效解决大型口岸高峰期旅客排队长问题。推行便利通关措施。加快全省自助查验通道建设，2019年以来验收通过南京、无锡、盐城机场、连云港、淮安、常州机场等单位共44条自助查验通道。截至2019年年底，全省已启用自助查验通道68条。在港口边检站全面推进落实国际版“单一窗口”应用等便利措施。持续推进边检上下外国船舶许可“一政通”服务机制，年内办理“一政通”证件234份。全力服务口岸开放。开展“深化边检服务、促进企业发展”走访活动，走访调研地方党委政府、口岸企业和服务对象，实现警地之间互通有无，共商口岸开放大计。支持保障连云港港赣榆港区、灌河港区、徐圩港区开放国家级验收和盐城滨海口岸开放省级验收，以及招商局重工、燕达重型装备公司等8个码头17个泊位对外开放。

【江苏出入境边防检查总站深化科技强警工程建设】 江苏出入境边防检查总站启动口岸智能精准管控体系建设，研发民警查验端App，完成本省梅沙数据同步系统、公安网数据资源展示平台、梯口智能查验终端模块和功能设计、卡口智能查验终端等建设，努力实现多层次、多角度、全方位管控效果。部署实施“滤网”工程研发，创新开展新型装备在边检业务实践中的研究论证，推动“滤网”长江开放水域南通段试点建设，完成“滤网”雷达、光电、AIS接收器等主要硬件设备选型工作以及雷达、光电、AIS接收器设备安装地点选址工作。

【江苏海事局保障钻石区段安全畅通】 一是持续深化航路改革，评估修订船舶定线制规定，保障南京长江以下12.5米深水航道全面运行，促进长江江苏段通航条件由江港向海港转型升级，打造具备“集群化、海港化、国际化”特征的国际海港区。二是强化风险防控和隐患治理，深入分析“十大风险”“八大矛盾”，开展进江海船安全管理年等“三大专项行动”，实施港口国检查973艘次，船旗国检查2万艘次，开展国庆70周年重点船舶、军运会入汉船舶和进博会入沪船舶专项安全检查。三是积极服务现代综合交通运输体系建设，保障中俄东线天然气管道、沪通大桥等重点工程施工安全。辖区水上安全形势稳中趋好，为江苏省开放型经济发展打造出了一条畅通、高效、平安的“水上高速公路”。

【江苏海事局持续提升监管服务效能】 一是大力推进船舶通关无纸化，2019年1月1日起全面推广应用“单一窗口”标准版，实现国际航行船舶进口岸申请和查验手续办理全程无纸化。二是优化国际航行船舶监管流程，对诚信船舶简化监管环节，深入实施国际航行船舶联合登临检查机制，推进船舶通关“一站式作业”和“联合查验、一次放行”模式，有效降低重复登临检查对船方造成的影响。三是加强科技应用，依托4G无线专网，创新开发“幸福船员”应用矩阵、全国首款水上导航“船E行”、海事行政检查系统，形成了“33站6中心”的VTS系统和3 000个CCTV摄像头的智能感知布局，大幅提升行政执法质量和效率。四是深化口岸联防联控，局属单位与口岸查验单位共同研究并联合打击非法入境外国籍船舶、防控非洲猪瘟疫情防控等，维护良好的口岸秩序。

【江苏海事局多举措优化口岸营商环境】 一是积极落实“放管服”改革要求，取消19项行政许可，10项行政审批流程由三级减为两级，压缩了11项行政许可办结时限，下放12项审批事项。实施船舶港务费、登记费等规费减免政策，建立健全收费清单公示制度。二是大力推行不见面和无纸化审批，实行并联办理和绿色通道服务，试点建设24小时政务受理无人值守站，90%以上政务事项均可网上办理，80%以上业务量实现了不见面审批。深度融入江苏政务服务网，推进监管业务融入省电子口岸平台，目前江苏海事局每年在省电子口岸平台上运行的各类船舶业务申报约200万单，船舶进出港信息交互300余万艘次，实现了船舶、港口码头及相关监管信息共享、互联互通。三是聚焦港航单位发展需求，研究落实优化口岸营商环境，促进跨境贸易便利化措施；推出35项具体措施，支持企业降本增效。

【江苏海事局服务国家区域发展战略】 一是聚焦“一带一路”、长江经济带和长三角区域一体化国家战略叠加机遇，研究出台支持南通沿海发展助推通州湾长江经济带战略支点建设实施方案，协同上海、浙江等海事机构建立长三角海事监管一体化合作机制，推动“信息互换、执法互认、监管互助，营商环境联建、重点领域联管、信用治理联动”。二是支持口岸码头对外开放，推动长江南京以下江海联运港区、南京区域性航运物流中心、太仓集装箱干线港建设，支持发展航运高端服务业，推动多式联运、海运直达、江海转运，以及集装箱江海河联运。三是助力船舶融资租赁、船舶综合服务、邮轮经济、高端海工装备制造等高端产业发展，近年来累计办理建造中船舶抵押权登记320艘次，帮助造船企业融资396.8亿元。

【江苏海事局推进绿色航运发展】 全面贯彻习近平总书记推动长江经济带发展重要战略思想，推进船舶污染防治攻坚战。一是以到港船舶“一零两全”（到港船舶污染物零排放、全接收，航行船舶污染物排放全达标）、“四免费”（免费交通、免费锚泊、免费生活垃圾接收、免费生活污水接收）为目标，有效治理“三水三废”（洗舱水、生活污水、油污水，废气、固废、危废）。二是推动实施危化品货主（码头）高质量选船机制，发挥选船检查共享信息平台作用，促进危化品水上运输市场实现自我调节和持续完善。三是积极推动地方政府规划建设水上绿色综合服务区、公共洗舱站，完善港口船舶污染物接收处置设施，提升港口支持保障能力。

【连云港海事局做好安全监管工作】 开展“防风险、除隐患、遏事故”活动，排查整治风险隐患30项。开展长期脱管船舶、船舶进出港报告等专项整治工作，整改长期脱管船舶129艘，整改比率达74.6%，查处报告未靠泊、靠泊未报告、报告内容不准确船舶154艘次。规范管理辖区航运公司，实施航运公司体系审核51次，依法注销航运公司符合证明1本。继续开展通航环境治理，打捞碍航沉船4艘，实施“碍航养捕”联合治理行动20余次。加大船舶现场监督检查力度，滞留船舶72艘次。发现重大船检责任问题16次，追究国外船检机构验船责任5次。优化海事警务合作机制，全年移送治安案件36起、51人，移送涉嫌犯罪案件或提供线索4起。查获4艘未经许可擅自进出港外籍“幽灵船”，通报涉嫌走私案件线索3起。深化船载危险货物监管，查处谎报瞒报案件12起。强化客渡船安全监管，打击违规载客出海行为，推动地方政府解决开山岛渔船载客问题。配合省、市应急委圆满完成“TW－2019江苏省田湾核电站5号、6号机组装料场内外联合演习”。

【连云港海事局筑牢监管保障体系】 制发《连云港海事局海上风电海事监管暂行办法》，填补国内海上风电场海事监管制度和标准空白。推进辖区旅游船艇监管立法，代连云港市政府起草《连云港市海上旅游船艇管理规定》。承接交通运输部海事局下放的水上无线电行政许可事权，完成连云港海事局政务办理类项目履职标准、现场执法类项目履职标准和政务服务指南修订。开展执法督察5次，发现问题549项并整改落实。建成灌河口船舶视频智能抓拍系统，实现对进出灌河船舶的有效监管。配置船用燃油快检设备。推动救助直升机项目落户盐城。盐城VTS（船舶交通服务系统）投入试运行。盐城海事监管基地和灌河堆沟海事趸船浮码头完工，监管搜救资源布局更趋合理。40米B型巡逻船列编，船员考试系统改造投入使用，更新执法执勤车4辆，海事装备硬实力增强。

【连云港海事局创新服务发展举措】 复制推广自贸试验区改革试点海事经验9项。在全国海事系统率先全面推出“邮寄受理”服务，经验做法全省交流推广。签订长三角海事一体化融合发展战略合作备忘录，建立合作机制，明确区域海事融合发展6项任务。部署开展防治船舶水污染专项整治活动，落实船舶大气污染物排放控制区实施方案，发现并查处燃油超标行为11起。支持口岸扩大开放，完成连云港港两翼港区国家验收、盐城滨海港区省级预验收。支持大丰港区码头临时开通使用，服务赣榆、徐圩、灌河港区、盐城港响水港区临时开放展期。开通地方重点工程建设审批绿色通道，保障连云港港30万吨级航道二期工程、徐圩港区石化配套码头、赣榆液化烃码头等重大项目建设。建立辖区海上风电人员培训机制，推动业主单位建立施工、运维船舶日常管理制度。护航10万吨级油轮“莱拉”成功靠泊，刷新江苏省最大油轮靠泊纪录。帮助辖区航运企业开展船上培训业务和资质申报工作。协调对接国家“单一窗口”标准版，进出口岸船舶统一通过“单一窗口”办理主要申报业务，提升通关便利化水平。

【南京海关加强实际监管，维护国门安全】 南京海关主要业务指标稳步增长，监管进出口货运量4.12亿吨，同比增长0.8%；监管进出口总值3 843.08亿美元，同比下降6.7%；监管邮、快递总数9 804.54万件/票，同比下降9.9%；验放进出境人员768.86万人次，同比增长12.2%。加大口岸查缉力度，现场查获毒品及精神管制药品3.8千克、枪支及配件557件、违禁印刷音像制品9 102件、侵权嫌疑商品2 026.22万件。投入运行南京海关集中审像中心，实现南京关区大型集装箱检测设备的全联网，过机图像审核作业的集约化、规范化、统一化管理。深化综合治税，2019年税收入库1 563.82亿元人民币，为国家财政收入提供有力保障。保持打私高压态势，以最严措施禁止“洋垃圾”进境，开展多轮“蓝天2019”专项行动，查获走私“洋垃圾”案件多起，关区“洋垃圾”走私得到有效遏制，密切与江苏省生态环境厅等部门的执法协作，快速退运处置长期滞港固废；深入开展“龙腾行动2019”和“国门利剑2019”专项行动，推动进出口危化品综合整治和场所安全隐患排查工作，查获侵权、枪支及配件、违禁印刷品、音像制品、象牙及制品、陆龟、绿鬣蜥等濒危动物、濒危木材、毒品及精神管制药品等走私案件多起，江苏口岸反走私和口岸综合治理工作取得显著成效。

【南京海关筑牢口岸检验检疫防线】 南京海关强化“7+8”口岸疫情防控模式，建立海关与地方突发公共卫生事件合作机制，组织应急演练，有效防控埃博拉、登革热等重大传染病疫情传入，维护人民生命健康。2019年，检验检疫进出口产品85.03万批、9 756.88亿元人民币，分别增长47.5%、32.1%；对进出境人员实施健康检查9.23万人次，增长14.68%。深化国门生物安全防控，截获检疫性有害生物列全国海关首位；以最严格措施加强非洲猪瘟防控，封存疫区猪肉产品36.3吨。强化进出口食品全链条监管，检出不合格进口食品56批；供港澳食品合格率达100%。完善进出口商品风险预警和快速反应监管体系，强化对儿童用品以及进口煤炭、废物原料、棉花等重点商品检验，检出不合格工业品3 098批。派出36人次赴境外执行预检、评估考核和传染病监测等任务，推动关口前移。

【南京海关助推外贸发展，新动力源加速形成】 南京海关推进“一带一路”交汇点建设，中哈物流基地货运量年均增速超三成，哈萨克斯坦小麦、泰国大米等借助中欧班列实现双向循环；与南京、徐州市政府签署合作备忘录，合力打造南京禄口机场、淮海国际陆港等交通枢纽。积极融入长三角一体化发展，会同上海等兄弟海关推出“沪太通关与物流一体化”模式，探索进口特殊物品一体化监管，共促绿色生态一体化示范区建设。全力支持江苏自贸试验区建设，创新“关助融”制度有效解决中小企业融资难问题，进境生物材料便捷通关措施缓解物流时效痛点。聚力推动综合保税区高水平开放高质量发展，国务院21项政策中已有15项落地生效，全面覆盖关区20个综合保税区，惠及区内企业931家，吸引110家企业入区发展，对全省综合保税区进出口贡献率达24.4%；其余6项正逐步推进，有望尽快落地。加快特殊监管区域整合优化，连云港综合保税区通过验收、封关运作。支持25座码头对外开放，助力新设2个进境冰鲜水产、水果指定监管场地，拓展对外开放平台。

【南京海关持续优化口岸营商环境】 制定优化口岸营商环境实施方案，进出口提前申报比升至43%，通关时间压缩85%；“先放后检”涉及矿产品4 684批、185.69亿美元，通关时间压缩80%以上；由海关实施重量鉴定的批次下降27.37%；拓展国际贸易“单一窗口”标准版应用，主要申报业务应用率达100%；2019年，关区进出口整体通关时间分别为49.11小时、3.92小时，提前实现“压缩一半”的目标。落实“放管服”改革要求，精简监管证件，行政审批全流程网上办理，“证照分离”“两证合一”等全面落地；电子口岸企业入网线上办理全覆盖。试点进境旅客托运行李100%先期机检、出境旅客行李“海关、民航（安检）一次过检”，营造“无感通关”环境。严肃开展涉企收费自查自纠，依托“科技+制度”推进深度治理，借助“12360”热线健全咨询投诉渠道，口岸进出口环节检疫处理收费和预录入收费大幅下降。

【南京海关积极促进外贸稳中提质】 认真贯彻中央“六稳”工作部署，全面执行海关总署支持外贸发展21项措施，2019年江苏外贸进出口4.3万亿元人民币，连续17年列全国第二位。打造“FTA惠苏企”品牌，签发原产地证书

75.84 万份、金额 404.5 亿美元；引导企业用足用好税收优惠，减免税款 30.27 亿元人民币。深化企业信用管理，对 27 家重点企业提供“一对一”辅导，对 1 000 余家企业开展信用培育，高资信认证企业数量增长 19.8%。助力 20 家食品农产品企业成功对外注册，指导输美肠衣企业顺利通过美国农业部检查，促进大闸蟹等特色产品出口；实施鲜活农产品即报即查，支持肉产品扩大进口。力促保税研发和保税检测等新业态发展，促进产业链向高端延伸；实施跨境电商“清单核放、汇总统计”快速通关模式，进出口额增长 4.6 倍。

开放口岸

【南京空运口岸（南京禄口国际机场）】 南京禄口国际机场位于南京市江宁区禄口镇，于 1997 年 7 月 1 日正式通航，是中国重要的干线机场。1997 年 11 月经国务院批准对外开放。2005 年 4 月，南京禄口国际机场被世界卫生组织（WHO）评为国际卫生机场，2008 年 12 月 5 日通过国家航空安全审计。机场 T2 航站楼于 2014 年

南京空运口岸（南京禄口国际机场）

7 月 12 日正式启用，飞行区等级提升至 4F 级，可起降包括 A380 在内的所有机型。2019 年，共与国际（地区）37 个城市开通客货运定期航线，其中新增南京至缅甸曼德勒、日本名古屋、柬埔寨金边、印尼美娜多、泰国仰光等国际客运定期航线以及南京至芬兰阿姆斯特丹、俄罗斯莫斯科国际货运定期航线；南京禄口国际机场创建“全国服务最佳机场”各项工作有序推进，取得明显成效。2019 年先后完成 24 小时直接过境通道建设、海关出入境通道改造、边防出入境自助查验通道防尾随改造、完成边防限定区域卡口处人脸识别闸机建设、海关托运行李预检系统建设。国内出发航班全部实现无纸化登机、智慧航显服务，投入安装 48 台行李监装监卸监控记录仪，9 条行李线分拣监控，开展“民航服务质量重点攻坚”专项行动，研究出台“服务最佳机场”建设标准并通过专家评审，推进营商环境提升。南站候机楼空铁换乘实现一站化、便捷化，为旅客提供问讯、售票、值机、航班信息查询、候机、预安检、行李托运和机场班车服务，陆续开通七条国际航班值机业务。

2019 年，南京禄口国际机场完成出入境旅客 385.27 万人次，同比增长 7.02%；外贸货运量 58 249 吨，同比增长 3.26%。

【无锡空运口岸（无锡硕放国际机场）】 无锡硕放国际机场位于江苏省无锡市东南方硕放镇，距无锡市中心 16 千米，距苏州市区 25 千米。始建于 1995 年，2004 年 2 月 18 日正式开通民用航班，2007 年 9 月 28 日启用新航站区。机场飞行等级为 4D 级，可满足波音 757 及以下机型全载起降。2009 年，实施跑道加厚工程，可满足波音 747 型飞机减载起降的要求。2015 年 1 月 19 日，二期新航站楼全面投入运营。2017 年 12 月 26 日，顺利开通了口岸签证业务。2018 年 5 月 18 日、10 月 29 日分别开通无锡—欧洲（法兰克福哈恩）、无锡—美国（辛辛那提、芝加哥）洲际货运定期航线。2018 年 8 月 27 日，机场飞行区指标由“4D”升级为“4E”级。2018 年 12 月 30 日，机场老航站楼内部区域改造工程基本完成。2019 年 7 月，机场进境冰鲜水产品指定监管场地正式获批。2019 年 10 月，机坪扩建工程顺利通过竣工验收，新增 8 个 C 类停机位。2019 年 12 月，完成机场海关快件监管中心改造升级。截至 2019 年年底，机场已先后引进航空公司总数累计达到 27 家，开辟了 23 条国际（地区）航线，通达 61 个国内外主要城市，暑运高峰日航班量最高达 184 架次，平均客座率

83.6%，平均载运率 76.3%。

2019 年，无锡硕放国际机场安全保障运输航班起降 6.2 万架次，同比增长 11.4%。完成旅客吞吐量 797.5 万人次，同比增长 10.6%，其中出入境旅客 104.05 万人次，同比增长 9.87%；货邮吞吐量 14.5 万吨，同比增长 17.2%，其中外贸货邮量 34 567.5 吨，同比增长 97.53%。

【徐州空运口岸（徐州观音国际机场）】 徐州观音国际机场是淮海经济区中心机场，1997 年正式通航，2008 年经国务院批准对外开放。机场位于徐州市东南方向睢宁县双沟镇境内，距离徐州市区 45 千米，南临 104 国道，北靠盐徐高速公路，地面交通十分便利。机场占地面积约 253.33 万平方米，候机楼面积 5.8 万平方米，分别为 T1 国际航站楼面积 2.4 万平方米、T2 国内航站楼面积 3.4 万平方米；登机桥 11 座；跑道长 6 800 米；停机坪 14.3 万平方米，停机位 22 个，配备先进的双向Ⅰ类盲降系统、助航灯光设施和通信导航设备，能够起降波音 738 及以下各类型飞机，具备全天候开放的条件，设计年旅客吞吐量 500 万人次，年货邮吞吐量 5 万吨。入关智能化查验系统建成运行；2019 年 10 月，进境水果指定监管场地顺利通过海关总署验收。T1 国际航站楼改造及监管仓库建设项目启动建设。

2019 年，徐州观音国际机场运营航线达到 38 条，其中国际（地区）客运航线 6 条。全年安全保障运输航班起降 2.39 万架次，同比增长 18.2%，其中国际（地区）航班起降 1 615 架次，同比增长 13%。完成旅客吞吐量 300.59 万人次，同比增长 19.3%，其中出入境旅客 19.72 万人次，同比增长 15.78%；货邮吞吐量 1.21 万吨，同比增长 19.9%，其中外贸货邮量 269.1 吨，同比下降 36.8%。

【常州空运口岸（常州奔牛国际机场）】 常州奔牛国际机场位于常州市新北区罗溪镇，距市中心 20 千米，筹建于 1985 年，1986 年 3 月开通民航航班。2014 年 2 月 21 日，国务院批准对外开放。常州机场飞行区等级为 4E 级，可起降除空客 A380 以外的所有飞机；停机坪面积 16 万平方米，可停放飞机 20 架；航站楼建筑面积 3.8 万平方米，拥有先进、完善的民航、口岸、安全及其他配套设施，口岸通关服务环境良好，设计年旅客吞吐量 490 万人次、年货邮量 20 万吨、高峰小时起飞 19 架次，是长三角地区重要的客货运国际机场。2014 年 9 月 25 日国际首航香港以来，已先后开通了 12 个国家（地区）24 条国际航线。

2019 年，常州奔牛国际机场安全保障运输航班起降 55 446 架次，同比增长 21.39%，其中国际（地区）航班起降 3 744 架次，同比增长 52.69%。完成旅客吞吐量 405.23 万人次，同比增长 21.78%，其中出入境旅客 60.21 万人次，同比增长 44.19%；货邮吞吐量 3.32 万吨，同比增长 16.46%，其中外贸货邮量 419.9 吨，同比增长 26.78%。

【南通空运口岸（南通兴东国际机场）】 南通兴东国际机场位于南通市通州区兴东街道境内，1993 年正式通航，是江苏省最早通航的民用机场，也是上海周边空域条件最优的支线机场，民航局总体定位为“上海国际航空枢纽辅助机场”。机场距南通市区 10 千米、上海虹桥机场 100 千米。在机场西南端 3.5 千米处有沪陕高速和沈海高速入口，贯通苏通大桥和崇启大桥。地面交通设施较为发达，出入机场十分便捷。

机场跑道、平滑道长度 3 400 米，飞行区等级 4E 级。配有先进的无线电通信导航系统、双向Ⅰ类进近仪表着落系统、助航灯光系统和飞机供油系统。2019 年 8 月 18 日，南通新航站楼启用。按年 500 万旅客吞吐量设计，总建筑面积约 5.2 万平方米，站坪面积 25.88 万平方米，停机位 33 个，满足客运、货运、通用航空、航空会展等各类保障需求。建筑主体为地上两层、地下一层结构，设有 11 个登机廊桥、30 个国内国际值机柜台、13 条国内国际安检通道、贵宾区 11 个独立休息室、2 300 平方米观光平台、1 400 平方米绿化内庭。新候机楼结合智慧机场建设，推广自助值机、自助安检、自助通关、无感支付等新技术的应用，在全国中型机场中率先实行“海关 + 安检、一次过检”联合监管方式，大大提高旅客出行的舒适度和体验感。

2015 年 3 月 11 日，国务院正式批准南通兴东机场对外开放。2015 年 10 月 2 日首航韩国仁川，2016 年 7 月 22 日，“南通兴东机场”正式更名为“南通兴东国际机场”。目前，南通机场通达北京、广州、深圳、成都等国内 40 几个重点经济城市和旅游城市。2019 年 8 月，国际（地区）客运业务转场到新候机楼，现有 9 条国际（地区）客运航线；12 月 9 日开通孟买—南通—大阪全货运包机，国际全货运航班实现实质性突破。

2019 年，南通兴东国际机场起降国际（地区）航班 1 886 架次。完成出入境旅客 27.99 万人次，同比增长 69.0%；外贸货邮量 884.33 吨，同比增长 30.2%。

【连云港空运口岸（连云港白塔埠国际机场）】 连云港白塔埠国际机场位于连云港市东海县白塔埠镇内，1984 年经国务院、中央军委批准使用的军民合用机场，1985 年 3 月 26 日开航，是江苏省内第二家开航的民用机场。机场距连云港市区 27 千米，拥有机场快速路，连通连霍高速，地面交通设施较为发达，出入机场十分便捷。

连云港白塔埠机场等级为 4D 级，跑道全长 2 500 米，可供波音 767 以下大中型飞机起降。停机坪 4.5 万平方米，可同时停放 8 架飞机。候机楼面积 12 378 平方米，其中国内厅 6 078 平方米，国际厅 6 300 平方米，设计高峰小时客流量 500 人次、年旅客吞吐量 80 万人次。机场拥有单向仪表着陆系统和全向信标仪、单向 I 类目视助航灯光系统、航管二次雷达和 711 气象雷达等设备设施，具备全天候开放条件。

2015 年 9 月 12 日，国务院正式批准连云港机场对外开放，2017 年 5 月 18 日，通过航空口岸对外开放国家验收，正式成为国家对外开放口岸。2010 年年底，开通了至韩国首尔临时包机航班；2012 年 10 月 29 日，开通了至香港包机航班；2017 年 12 月 29 日，开通中国国际航空公司承运的天津—连云港—泰国曼谷国际航线。目前，连云港白塔埠国际机场现有国内国际航线 36 条，通达国内外城市 35 个，其中国际航线 3 条，初步建成辐射苏北鲁南、服务“一带一路”沿线国家及城市的航线网络。

2019 年，连云港白塔埠国际机场起降国际（地区）航班 511 架次。完成出入境旅客 7.54 万人次，同比增长 122.5%。

【淮安空运口岸（淮安涟水国际机场）】 淮安涟水国际机场位于江苏省涟水县保滩镇，距淮安市中心 22 千米。淮安涟水机场于 2009 年 3 月开工建设，2010 年 9 月 26 日正式通航，2012 年 11 月，国家口岸办批准同意淮安航空口岸实现临时开放；2012 年 12 月 23 日，开通了淮安至香港包机航班；2013 年，淮安涟水机场列入国家口岸开放年度审理计划；2014 年 8 月 10 日，国务院下发《关于同意江苏淮安涟水机场对外开放的批复》（国函〔2014〕109 号），同意淮安涟水国际机场作为航空口岸对外开放；2015 年 1 月 6 日，涟水国际机场航空口岸开放顺利通过国家验收。淮安涟水国际机场已陆续开通 30 多条国际（地区）国内航线。2019 年 7 月 9 日开通全货机。

2019 年，淮安涟水国际机场二期扩建工程进展顺利，已建成跑道长度 2 800 米，客机位 16 个、货机位 2 个，航站楼 1.47 万平方米，货站 5 300 平方米，飞行区等级为 4D 级，可满足 A321、B737-800 机型起降要求，具备开通包括乌鲁木齐在内的所有国内航线能力。同时，淮安航空货运枢纽还成功纳入了国务院批复的《长江三角洲区域发展一体化规则纲要》和《淮安生态经济带发展规划》以及省委省政府“一带一路”交汇点建设等政策文件规划纲要，提升了淮安机场的综合保障能力和服务水平。

2019 年，淮安涟水国际机场完成旅客吞吐量 234.77 万人次，同比增长 54.82%，其中出入境旅客 8.88 万人次，同比下降 13.48%。

【盐城空运口岸（盐城南洋国际机场）】 盐城南洋国际机场始建于 1958 年，位于江苏省盐城市亭湖区境内。1984 年国务院和中央军委批准为军民合用机场。1996 年盐城市人民政府自筹资金建设盐城民航站。2000 年开通民航班机，2009 年口岸正式对外开放。2015 年盐城市委、市政府对机场管理体制进行调整，成立盐城南洋机场有限责任公司。2018 年 9 月，根据江苏省委、省政府关于调整全省机场管理体制的部署，盐城机场公司加入东部机场集团。目前，机场飞行区等级 4C 级，跑道长 2 800 米，可保障波音 737、空客 320 等中等机型起降。盐城南洋国际机场口岸主要航班航线有韩国首尔、泰国曼谷、中国香港、中国台北等国际（地区）航班，通航点达到 35 个。2019 年 7 月，盐城南洋国际机场与圆通货运航空公司合作开通盐城至韩国首尔、日本大阪国际全货机航线，该航线为省内唯一对韩和对日的全货机航线。

2019 年，盐城南洋国际机场安全保障航班 19 099 架次，同比增长 14.29%，其中起降国际（地区）航班 1 266 架次，同比增长 55.53%。完成旅客吞吐量 209.03 万人次，同比增长 14.72%，其中出入境旅客 11.36 万人次，同比增长 17.7%；货邮吞吐量 8 685.6 吨，同比增长 31.86%，其中外贸货邮量 1 378.8 吨，同比增长 364.41%。

【扬泰空运口岸（扬州泰州国际机场）】 扬州泰州国际机场是由扬州、泰州两市按 8∶2 比例投资合建的民用机场，总投资 20.81 亿元。机场飞行区等级指标为 4E 级，跑道长 3 200 米，站坪机位 13 个，航站楼面积 31 305 平方米，其中国际功能区面积 8 219 平方米，配套建设通信、气象、医疗、消防救援等辅助设施。

2018 年 9 月 15 日，江苏省政府在南京召开东部机场集团挂牌暨集团筹建工作推进会。东部机场集团正式挂牌成立，扬州泰州国际机场公司成为机场集团的子公司。10 月 29 日，机场年旅客吞吐量首次突破两百万人次。10 月 30 日，空客 A330 大型宽体客机在本场成功起降，3 200 米跑道工程项目完成试飞。同日，机场一期扩建工程通过行业验收。12 月 5 日，民航华东地区管理局正式换发扬州泰州国际机场使用许可证，飞行区指标由“4C”级升为“4E”级。

扬泰空运口岸（扬州泰州国际机场）

2019 年，扬州泰州国际机场已累计开通国内外航线 54 条，其中国际（地区）航线 14 条。全年起降国际（地区）航班 2 328 架次，同比增长 37.02%。完成出入境旅客 27.61 万人次，同比增长 24.31%。

【如东水运（海港）口岸】 如东水运口岸位于江苏东部江海交汇处，地处中国经济最为发达的长三角北翼，距南京约 300 千米，距上海 120 千米，位于上海一个半小时经济圈。陆路距苏通大桥 70 千米，距崇启大桥 84 千米，海上距上海港约 150 千米。随着“一带一路”、长江经济带、长三角一体化、江苏沿海开发四大国家战略全面实施，洋口港以独特的区位优势、强有力的发展态势开启了江苏出江入海的新通道，成为集石油化工、能源开发、装备制造、仓储物流、建筑新材料产业等为一体的多元化产业型港口。

洋口港港区

LNG 接收站生产区

2014 年 8 月，国务院正式同意如东洋口港对外开放，开放岸线共 6 910 米，15 个泊位，2015 年 11 月 17 日通过国家验收。同时 10 万吨级 LNG 码头、万吨级重件码头正式对外开放。2016 年，洋口港 5 000 吨级液体化工码头通过国家验收，正式对外开放。

2019 年，洋口港阳光岛能源岛规划纳入国家 LNG 产、供、储、销体系规划，同时在全国沿海 LNG 码头布局规划中，洋口港阳光岛规划布置四个 LNG 泊位，属于国家重要的 LNG 转运基地。洋口港保税物流中心（A 型）8 月 23 日通过南京海关验收，11 月 21 日取得南京海关注册登记证书，11 月 28 日正式封关运营。

2019 年，如东水运口岸完成货物吞吐量 617 万吨，同比下降 13.8%，完成外贸货运量 566.7 万吨，同比下降 14.65%。其中，由于 9 月中旬 LNG 运输管道桥遭遇意外撞击，导致外输被阻断 55 天，受此影响，中石油全年接卸 LNG 船舶 69 艘，接卸量 556.71 万吨，同比下降 14.8%，外输天然气 77.1 亿立方米。

【启东水运（海港）口岸】 启东水运口岸位于江苏东部、长江下游入海口，地处长江、黄海、东海“T”形结合部，由沿海吕四港区和沿江启海港区两部分组成。港区与临海高等级公路、崇启大桥、沪陕高速、336 省道、宁启铁路等相连成网，是承接江海联运和水陆联运的重要枢纽，具备良好的货物集疏运条件。启东水运口岸与上海相距仅 50 多千米，有崇启大桥与之相连，直接纳入上海 1 小时经济圈。

2014 年 8 月 10 日，启东水运口岸经国务院批准成为对外开放口岸。共有各类开放码头 7 座，开放泊位 8 个，均为业主码头。其中长江北翼的启海港区是一个以船舶海工修造的专业港区。吕四港区现有大唐电厂和广汇能源两大能源企业的专用开放码头泊位。2019 年 12 月 27 日，中远海运海工材料码头、下水码头及海工坞，华滋能源舾装 2 号、3 号泊位对外开放通过验收。

2019 年，启东水运口岸进出境船舶共计 322 艘次，同比增长 71.28%。完成外贸货运量 343.1 万吨，同比增长 60.11%。

【连云港水运（海港）口岸】 连云港水运口岸地处我国沿海中部，江苏省东北部、黄海海州湾西南岸。港口始建于 1933 年，1956 年对外国籍船舶开放，1973 年开始大规模建设。经过多年的建设与发展，连云港现已成为全国沿海 25 个主要港口、12 个区域性主枢纽港，长三角地区 7 个国家及综合运输枢纽之一。连云港依托独特的区位优势，成为苏北、鲁南及中西部地区最便捷的出海口岸，对外贸易和交通运输的重要通道，是亚欧大陆间国际集装箱水陆联运的重要中转港口。连云港口岸南联长三角，北接渤海湾，隔海东临东北亚，西连中西部地区以至中亚，是“沟通东西、连接南北”的重要战略枢纽。以郑州为起点，中西部到连云港，铁路运距比到青岛近 500 千米，比到日照近 300 千米，比到上海近 480 千米。从连云港经陆桥运输到欧洲，相比原有的陆上运输通道缩短了 2 000 千米运距，比绕道印度洋和苏伊士运河的水运距离缩短了 10 000 千米。连云港口岸是江苏最早对外开放的口岸。目前连云港拥有一个国家海港开放口岸、64 个开放性生产泊位，两翼赣榆、徐圩、灌河港区对外开放获得国务院批复。口岸大通关效率全国领先，口岸功能延伸至中西部及中亚主要地区。

2019 年，连云港水运口岸进出境船舶 8 122 艘次，同比增长 7.16%。完成货物吞吐量 24 432 万吨，同比增长 3.7%，其中外贸货运量 12 923 万吨，同比增长 8.74%；集装箱吞吐量 478 万标箱，同比增长 0.87%，其中外贸集装箱运量 285.07 万标箱，同比增长 3.17%。

【大丰水运（海港）口岸】 大丰水运（海港）口岸位于江苏 1 040 千米海岸线港口空白带的中心位置，利用此海域特有的潮汐通道“西洋深槽”建设深水码头，“西洋深槽”水深稳定，15 米等深线宽 3 千米至 4 千米，长 55 千米，与外海深水贯通，可进出 10 万吨级船舶。大丰海港口岸区位优势明显，集疏运体系完善，是国家交通运输部规划填补沿海港口空白带的项目，是江苏省沿海重点建设的三大港口之一，2006 年 6

月13日获国务院批准为对外开放口岸，2007年9月20日正式对外开放。

大丰水运口岸目前已建成并对外开放了一期码头、二期码头、大件码头、石化码头、集装箱码头、通用码头等六座码头、18个万吨级泊位，已开通至韩国仁川港、釜山港、光阳港的国际集装箱班轮航线，至日本的门司港、博多港航线，至俄罗斯的木材航线，与台湾基隆港直航，可经上海港、宁波港中转至世界各大港口的国际航线，并开辟了大丰港至宁波港、上海港、青岛港的外贸内支线。

2019年，大丰水运口岸完成货物吞吐量5 303.7万吨，同比下降41.69%，其中外贸货运量1 020.8万吨，同比增长54.45%；

集装箱吞吐量25.6万标箱，同比下降42.2%，其中外贸集装箱运量3.02万标箱，同比增长39.34%。

【南京水运（河港）口岸】 南京水运口岸地处长江下游，距吴淞口360余千米，港辖区沿长江两岸分布，南岸全长104.2千米，北岸全长91.0千米，航道维护水深至2018年已达12.5米，可满足5万吨级海轮可直达南京港，10万吨级海轮也可减载抵达。长江南京港是我国沿海25个主枢纽港之一。1986年3月，经全国人大常委会批准，南京港对外国籍船舶开放。截至2019年年底，南京港（长江港口）共有生产性泊位201个，年通过能力2.15亿吨，接靠国际航行船舶的正式开放泊位达69个。南京水运口岸现有近洋航线2条，其中韩国线每周5班，日本线每周4班。外贸内支线3条，其中，外高桥方向和洋山方向每周合计60班，宁波方向每周5班。

2019年，南京市开展了水运口岸收费排查专项行动，督促企业收费合法合规；在南京港实施免收查验没有问题外贸企业吊装、移位、仓储费用；公开公示集装箱生产作业时限标准。南京新生圩海关优化进出口申报随附单证，推广“先放后检”监管方式和“提前申报”模式，建立了通关时效评估系统；各查验单位全面实行国际航行船舶联合登临查验机制，实现国际航行船舶进出境通关全流程无纸化。

2019年，南京水运口岸出入境（港）船舶数8 000艘次，同比增长361%。完成外贸货运量2 502.2万吨，同比增长12.03%；外贸集装箱运量145.9万标箱，同比增长20.58%；

【江阴水运（河港）口岸】 江阴港东距上海180千米，西至南京204千米，沿江深水岸线长达35千米，处于长江A、B级航道分界点，是江海河联运、水公铁换装的天然良港，也是无锡地区唯一的出海通道。1992年5月20日，经国务院批准，江阴港正式实现对外开放，成为国家对外开放水运口岸。2009年江阴港跨入亿吨大港行列，2019年成为2亿吨大港。至2019年年底，江阴港建有千吨级以上生产性泊位和舾装泊位133个，其中万吨级以上泊位47个（10万吨级码头泊位5个），最大靠泊能力达15万吨级，年设计货物总吞吐能力约1.1亿吨，石化仓储能力近300万立方米。2019年，中信码头2个5万吨级泊位通过省级开放验收。目前，江阴港共有40个泊位对外国籍船舶开放（扣除黄田港区已退城搬迁开放码头）。江阴港与上海外高桥和洋山港开通了天天班外贸内支线，与世界100多个国家和地区的600多个港口建立了通航关系，建立了江海河联运的全方位集疏运网络体系。截至2019年年底，江阴港共开通集装箱、件杂货等各类公共班轮航线64条。

2019年，江阴河港口岸持续优化口岸营商环境，提升跨境贸易便利化水平。加快实施通关便利化改革，围绕提高提前申报率、压缩海关查验和放行时间、降低企业缴税时长三个关键节点综合施策，确立以便利化为核心的联动监管制度。

2019年，江阴河港口岸进出口货物整体通关时间分别为98.17小时和4.13小时，较2017年压缩60.73%和60.44%，超额完成国务院要求的压缩50%的任务。2019年年初，江阴电子口岸船舶管理系统与省电子口岸国标版国际贸易“单一窗口”（运输工具系统）完成对接。9月，江阴边检站正式接入“单一窗口”，江阴口岸查验单位全部实现互联互通，通过“单一窗口”实现

“一口对外、一次办理”，申报应用率达100%。

2019年3月28日，江阴综合保税区正式封关运营，全年共完成进出口总额3.17亿美元，同比增长115.18%，完成报关单量26 100票、监管货值23.99亿美元。

2019年，江阴水运口岸完成外贸货运量5 250.14万吨，同比增长19.39%；外贸集装箱运量4.17万标箱，同比下降11.21%。

【张家港水运（河港）口岸】 张家港水运口岸东距上海吴淞口146.5千米，西离南京港219.4千米，南与杭嘉湖地区相连，北通苏北各港。港口面江、傍河、通海，具有水水中转优势。可承接钢材、木材、化工品、粮油、煤炭、集装箱、件杂货等不同货种的中转储运。随着全省大交通格局的形成，港口陆路运输网络不断健全，自港口出发，1小时车程可覆盖苏州、无锡、常州、南通，2小时车程可到达上海、南京、杭州。港口岸线西起长山（与江阴交界），东至东沙（与常熟接界），全长80.4千米，其中主江岸线63.6千米、深水岸线约40千米。岸线顺通，深水贴岸，不冻不淤，并有江心福姜沙作天然屏障，是得天独厚的避风良港。口岸年平均气温15.2℃，相对湿度76%，每秒风力3.8米，属亚热带海洋性气候。作为苏州、无锡、常州地区对外开放的重要门户，港口拥有富庶的经济腹地和区港一体的自然条件，是长江内河流域最早对外开放的水运口岸。

2019年，张家港口岸优化服务举措，强化长江经济带港口间的合作，推进“大船大港大物流”战略，提升口岸服务能力，口岸货运量保持稳中有进。全年进出国际航行船舶7 017艘次，完成货物吞吐量2.36亿吨，同比增长1.0%，其中金属矿石7 954.1万吨、煤炭6 260.7万吨、钢铁2 328.9万吨、化工原料及制品1 294.1万吨、粮食914.6万吨、木材588.1万吨、石油及制品279.4万吨。张家港地区海关征收税款202.36亿元人民币，同比下降0.4%。张家港保税港区进出口汽车8 585辆，其中进口7 540辆，同比增长18.3%。年内，完成口岸集中查验中心项目建设，可满足年均8万标箱的一站式查验和相关配套服务。张家港市口岸办联合海事局、交通局举办了张家港“安全绿色便利”港口共同体建设启动仪式，推动港口在全省率先实现全港区“一零两全、四个免费”服务（到港船舶污染物“零排放”“全接收”、航行中排放“全达标”，水上免费交通、免费锚泊、免费生活垃圾接收、免费生活污水接收）。

张家港保税港区整车进口口岸

张家港“安全绿色便利”港口共同体建设启动仪式

永嘉码头17号泊位获得江苏省政府对外开放批复，新开辟至太仓港水上穿梭巴士航线。永恒码头4号泊位、港新重装码头5号泊位获得江苏省商务厅临时启用批复。截至2019年年底，张家港口岸建有泊位135个，已拥有对外开放泊位为84个，其中万吨级对外开放泊位72个。张家港口岸已开辟集装箱班轮航线42条，其中外贸近洋航线6条，外贸内支线21条，内贸航线15条。

2019年，张家港水运口岸完成外贸货运量5 970.62万吨，同比增长9.3%；外贸集装箱运量59.73万标箱，同比下降10.3%。

【太仓水运（河港）口岸】 太仓港位于江苏省东南部、长江入海口南岸，距上海、苏州市区均约60千米。太仓港是郑和七下西洋起锚地，地处长江和沿海交汇处，拥有38.8千米长江岸线和深12.5米的深水航道，是难得的天然良港，自1992年开发建设以来，先后被国家定位为上海国际航运中心重要组成部分、集装箱干线港、江海联运中转枢纽港，被江苏省确定为重点建设的“江苏第一外贸大港”、江苏省、苏州市经济社会发展和促进苏南现代化建设的重要依托。太仓水运口岸共规划港口岸线28.20千米，分鹿河、新泾、荡茜、浮桥、茜泾五个作业区，主要功能为：重点服务于长三角及长江沿线地区，以集装箱干线运输和铁矿石、煤炭中转运输为主，相应开展石油化工品中转储运，并兼顾临港产业开发。

苏州太仓水运（河港）口岸

2019年，太仓港水运口岸完成外贸货运量7 479.57万吨，同比增长4.11%；外贸集装箱运量213.25万标箱，与2018年基本持平。

【常熟水运（河港）口岸】 常熟水运口岸位于苏州市北部长江南岸，地处我国长江经济带与东部沿海经济带的两条主轴线“T”形结构的交汇处、长江三角洲区域一体化发展和长江经济带建设的重要地带，东倚上海，南连苏州，西邻无锡，北与南通隔江相望，拥有32.1千米长江主江堤岸线，总长16.5千米的进港专用航道。1995年10月，常熟水运口岸经国务院批准为对外开放口岸，是苏州港重要组成部分，主要为长江沿线及周边地区经济发展和对外物资交流服务，也是常熟沿江产业集群和地方经济发展的重要支撑。

常熟水运口岸以散货、件杂货、集装箱运输为主，纸浆、钢材、化工原料、煤炭、石油制品、矿物性建材等7大类货物总吞吐量占全港总吞吐量的90%以上，与沿江产业形成了互相促进共同发展的格局。截至2019年年底，共建有通用件杂、煤炭、多用途、液体化工等码头泊位59个，其中万吨级以上泊位24个，对外开放泊位26个（万吨级以上泊位17个），是长三角区域重要的钢材进出口中转基地和华东地区最大的纸浆集散基地和物流中心。

2019年，常熟水运口岸进出境船舶2 712艘次，同比下降1.88%。完成货物吞吐量7 075.51万吨，同比增长1.51%，其中外贸货运量958.83万吨，同比下降23.08%；集装箱吞吐量23.15万标箱，同比下降9.11%，其中外贸集装箱运量12.88万标箱，同比增长5.89%。

【南通水运（河港）口岸】 南通水运口岸地处长江和沿海“T”形经济发展带的交汇点上，是我国发展综合运输的沿海主枢纽港、上海国际航运中心北翼的重要组成部分。1982年经国务院批准对外开放，现与世界上100多个国家和地区的300多个港口通航。

2019年，南通港货物吞吐量33 620.4万吨，同比增长25.9%，突破3亿吨大关。矿建材料领衔增长，累计完成13 357.3万吨，同比增长107.1%；煤炭保持第二大货种地位，累计完成6 773.6万吨，同比增长11.6%；石油天然气及制品完成2 301.7万吨，同比增长10.5%；水泥完成2 141.2万吨，同比增长16.4%。由于狼山港区的全面停产，原狼山作业的主要货种金属矿石、非金属矿石、化肥及农药出现了大幅下降，累计分别完成3 580.1万吨、438.9万吨、166.6万吨，同比分别下降29.8%、22.3%、44.2%。粮食则由于外贸大豆进港的下降，总量仅完成1 075.8万吨，同比下降13.7%。全年完成集装箱吞吐量154.2万标箱，同比增长59.3%。

2019年，通州湾扩大开放申报加快推进，海关总署、公安部、交通运输部已同意。年内，南通一德实业有限公司二期、燕达（海门）重型装备制造有限公司、南通招商局重工（江苏）有限公司1号、2号码头开放获得省政府批复。天电通吕、苏通电厂、通海集装箱、惠生重工码头开放通过省级验收。截至2019年年底，南通水运口岸（含海门）开放码头经营企业28家，共计48个开放泊位。

2019年，南通水运口岸完成外贸货运量3 202.72万吨，同比下降23.16%；外贸集装箱运量31.56万标箱，同比下降10.03%。

【如皋水运（河港）口岸】 如皋水运口岸位于长江三角洲北翼，“长寿之乡”江苏省如皋市最南端，与张家港隔江相望，距上游江阴港36千米、南京港200千米，距下游南通港24千米、上海港120千米，距离入海口223千米。如皋港现有长江岸线48千米，其中深水岸线约17.56千米、人工港池岸线14.20千米。截至2019年年底，共有已开放泊位23个，其中公用泊位8个（散杂货泊位4个，集装箱、件杂货泊位4个），化工品泊位5个，舾装泊位8个，专用材料泊位2个。口岸外贸货物运量仍然主要以散杂货和危化品为支撑，散货货种主要为煤炭、金属矿石等，危化品主要货种为基础油、棕榈油等。中林港务集团建有2个15万吨级公用泊位，2个5万吨级公用泊位，有4043式门座式起重机15台，大型装载机18台，后沿堆场近70万平方米，是长江北岸重要的货物集散地，2019年度散杂货外贸吞吐量639.87万吨，同比下降2.73%；危化品吞吐量主要来源于阳鸿石化等四家石化企业，2019年度危化品外贸吞吐量184.30万吨，同比上涨18.31%。保税物流中心（B型）8万平方米室内仓库和5万平方米室外堆场经营货种以咖啡、红酒和船用润滑油为主；集装箱先后开辟了多条通往沿海、长江中上游、苏北等地区的内贸直达班轮航线，全年箱量达到40.46万标箱，同比增长33.58%。

2019年，如皋水运口岸完成外贸货运量849.53万吨，同比增长1.38%；外贸集装箱运量2.67万标箱，同比增长147.72%。

【扬州水运（河港）口岸】 扬州水运口岸位于江苏中部、长江下游北岸、江淮平原南端，地处长江和京杭大运河交汇处。扬州从唐朝开始成为我国对外贸易和国际交往的重要城市，是国务院第一批命名的历史文化名城。扬州是上海经济圈和南京都市圈的节点城市。向南接纳苏南、上海等地区经济辐射，向北作为开发苏北的前沿阵地和传导区域。京杭大运河与长江在扬州南部汇流，构成市域航道主骨，形成了便捷的疏港通道，是长江北岸重要的交通枢纽和货物集散中心。1992年11月29日扬州水运口岸经国务院批准成为对外开放口岸。

扬州境内长江岸线有81千米，其中开放岸线近70千米。扬州水运口岸布局为“一港三区”，主港区为六圩港区，江都港区、仪征港区分列两翼，具有广阔的经济腹地和江海河联运的区位优势，共有各类码头泊位45个，其中万吨级以上泊位31个，开放泊位22个，临时启用泊位1个。六圩港区现有万吨级泊位8个，以集装箱运输为主，兼顾木材、煤炭、铁矿石等大宗散货；江都港区距扬州市区36千米，现有万吨级泊位13个，以件杂货为主；仪征港区距扬州市区29千米，现有万吨级以上泊位10个，是一个以液体化工为主的专业港区，近年来，港区后方扬州化学工业园区的迅速崛起，众多大型化工项目落户园区。

目前扬州水运口岸已与全球50个国家和地区的120个港口有货物中转往来，每周有30多个航班从扬州至上海外贸集装箱支线运输，40多个航班从事内贸集装箱支干线运输，通达世界50个国家120个港口，为江苏苏北、苏中地区从“运河经济”迈向“江海经济”架起了金桥。

2019年5月，江都区中船澄西码头通过省级开放验收、新大洋船厂3号泊位获批临时启用。研究制定了《扬州市优化口岸营商环境促进跨境贸易便利化的实施方案》。

2019年，扬州水运口岸完成外贸货运量1 137.41万吨，同比增长3.21%；外贸集装箱运量22.98标箱，同比增长7.02%。

【镇江水运（河港）口岸】 镇江水运口岸位于长江与京杭运河两条黄金水道的十字交汇处，上距南京87千米，下距长江入海口279千米。1986年经国务院批准对外开放，是我国沿海25个主要港口和两岸海上直航大陆63个港口之一，是国家主枢纽港、长江三角洲地区重要的对外开放口岸。镇江市规划港口岸线总长126千米，其中深水港口岸线75.10千米。截至2018年年底，已利用港口岸线43.4千米，其中深水岸线32.8千米。镇江港拥有码头泊位176个，设计吞吐能力达1.59亿吨，其中集装箱通过能力达100万标箱。从泊位等级看，万吨级以上泊位58个，5万吨级以上泊位37个，最大泊位达15万吨级（减载）。从泊位性质看，公用码头泊位87个，货主码头泊位89个。

下辖高资、龙门、谏壁、大港、扬中、高桥、新民洲等7个港区，主要经营矿石、钢材、木材、纸浆、成品纸、水泥、焦炭、元明粉、化工品、油类、沥青、硫黄、化肥、煤炭、肉类等散杂货及集装箱业务。是长江中上游地区大宗物资江海中转效益最佳区段，具有江海直达和海江河转运的区位优势，水深12.5米的航道已具备通航能力，5万吨级船舶可常年通航，具备深水码头成片规模开发建设的条件，具有持续发展的广阔空间。镇江港与沪宁城际铁路、京沪高速铁路等铁路主干线相连接，沪宁高速、扬溧高速、沿江高速、312国道、104国道等公路主干线连接各大港区，润扬大桥连接大江南北，泰州长江公路大桥穿越镇江港扬中港区。港口距南京禄口国际机场仅1小时车程，集疏运条件畅通便捷，是多种运输方式交汇的中转枢纽港和物流中心港。

镇江水运口岸共有对外开放泊位49个，已与世界上70多个国家（地区）近300个港口建立外贸运输业务，建有镇江综合保税区、中远物流保税仓库、金东纸业保税仓库、惠龙港务出口监管仓库、李长荣化工液体化学品保税罐等特殊监管区域。

2019年，镇江水运口岸完成外贸货运量4 747.11万吨，同比增长21.3%；外贸集装箱运量18.4万标箱，同比下降2.19%。

【常州水运（河港）口岸】 常州水运口岸位于常州市新北区境内，长江南岸，北隔长江与泰兴相望，上距南京长江大桥167千米，下至上海吴淞口180千米。2001年4月，经国务院批准对外国籍船舶开放。常州水运口岸拥有较完善的开放配套设施和良好的口岸通关服务环境，是长江下游地区重要的集疏运进出口通道。至2019年年底，已建成并实现对外开放的万吨级长江深水泊位10个。其中，集装箱专用泊位2个，年可接卸集装箱超过30万标箱；液体化工品专用泊位3个，可接卸液体化工品种类50多个；散货及件杂货泊位5个，最大的散杂货泊位达10万吨级。

目前，常州水运口岸开通至上海洋山及外港的外贸集装箱支线班轮每周多达36班，平均每天超过4班。于2017年成功开通常州水运口岸—日本直航集装箱班轮，每周进出港一班，运行班期稳定；常州港进境粮食指定监管场地于2017年8月9日通过原国家质检总局验收，配套建有先进的查验和实验室设施；已建成大型集装箱检查系统（H986），并于2017年9月4日通过海关总署验收组验收，正式投入海关监管查验运行。

2019年，常州水运口岸—日本直航集装箱班轮靠泊49个航次，完成集装箱运量8 587标箱，同比增长3.8%。常州水运口岸进出境船舶785艘次，同比增长32.38%。完成货物吞吐量5 352.8万吨，同比增长10.1%，其中外贸货运量1 199.46万吨，同比增长26.26%；集装箱吞吐量32.05万标箱，同比增长2.59%，其中外贸集装箱运量15.08万标箱，同比下降10.4%。

【泰州水运（河港）口岸】 泰州水运口岸地处江苏中部、长江下游北岸，是长江中上游西部地区物资中转运输的重要口岸，是江海河联运、铁公水中转、内外贸运输的节点，是上海组合港中的配套港、国际集装箱运输的支线港和喂给港。泰州水运口岸于1992年11月经国务院批准设立，原隶属扬州口岸运行。2001年8月，随着泰州各口岸查验机构的设立，泰州河港口岸经过批准单列运行。

目前，泰州水运口岸以泰州港高港、泰兴两个港区为主体，共有长江岸线45.38千米，已全线对外开放。常年通航靠泊万吨级海轮，与世界上60多个国家和地区的70多个港口有运输往来，可承接钢材、木材、化工品、粮油、煤炭、集装箱、件杂货等不同货种的中转储运，是全国木材、钢材、粮油、化工品等货物的重要中转港和国际贸易商港。

2019年，泰州水运口岸完成货物吞吐量10 118.7万吨，同比下降1.5%，其中外贸货运量1 299.71万吨，同比下降2.55%；集装箱吞吐量35.08万标箱，同比下降1.5%，其中外贸集装箱运量10.51万标箱，同比下降9.11%。

【靖江水运（河港）口岸】 靖江水运口岸地处长江下游北岸，上海与南京中间地段，江苏沿海与沿江经济带“T”形交汇处，地理位置优越，拥有开放岸线47.78千米，其中宜港岸线40.1千米，分夹港、八圩、新港三个作业区，规划泊位数达110个，总通过能力达2.1亿吨。靖江水运口岸于2012年11月经国务院批准设立，2013年8月通过国家口岸办组织的验收后正式对外开放，现有对外开放码头15个共32个万吨级以上泊位，其中盈利港务、龙威粮油港务分别获批木材进境示范口岸、粮食进境指定口岸，口岸形成了船舶修造、粮食、木材、能源、金属、矿石六大产业。2018年，海关总署批准设立靖江保税物流中心（B型）。

靖江水运口岸管理服务体系完善。靖江海关、靖江出入境边防检查站、靖江海事处、长江引航中心靖江引航站、长江靖江航道管理处等机构齐全，全面实施了长三角区域通关一体化改革。2019年，靖江水运口岸进出口整体通关时间为45.11小时、2.16小时，较2017年分别压缩83%、56.1%。

2019年，靖江水运口岸进出境船舶1 134艘次，同比增长7.9%；船员24 030人次，同比增长30%。完成外贸货运量1 347.7万吨，同比增长32.82%。进出口岸船舶大型化趋势明显。

2019年江苏省口岸大事记

1月8日

连云港海关顺利完成口岸首批进口种牛口岸监管任务，该批3 960头澳大利亚种牛顺利卸船，这是连云港口岸2019年第一批进口种牛，也是2019年我国进口的第一批国外种牛。

1月18日

徐州中欧班列徐州—莫斯科国际货运班列开行，这是徐州中欧班列开行以来首条发往欧洲的国际货运班列。

1月24日~25日

常州机场首次开通常州至菲律宾卡利博和缅甸仰光航线。

1月29日

徐州至新加坡国际航线正式通航。至此，徐州观音国际机场已开通国际（地区）航线7条。

2月2日

长江引航中心引领丹麦籍滚装船“歌迪亚海路”轮从南京金陵船厂仪征码头首航出江，创造世界运营船舶中最大长度滚装船的引领纪录。

2月22日

张家港永嘉集装箱码头有限公司17号泊位通过江苏省人民政府批准正式对外开放。至此，张家港水运口岸对外开放码头泊位增至84个。

3月28日

江阴综合保税区封关运营，标志着江阴综合保税区由建设阶段全面转向发展阶段。

3月28日

生态环境部部长李干杰、江苏省人民政府省长吴政隆乘江苏海事局“海巡0681”船专题调研泰州长江生态环境保护和长江经济带发展有关工作。

4月1日

镇江水运口岸在一批进口新西兰大果柏木原木中截获数头新西兰木白蚁（Kalotermes brouni F.），为全国首次截获。

4月4日

常州奔牛国际机场开通至老挝琅勃拉邦航线。

4月12日

连云港港30万吨级航道一期工程荣获第十六届中国土木工程詹天佑奖，为国内水运工程唯一上榜的项目。

4月22日

“徐州号”中欧班列满载进口棉纱从乌兹别克斯坦首都塔什干抵达徐州铁路货运中心铜山货场，这是“徐州号”中欧班列自开行以来的首列进口回程班列。

4月29日

连云港国际客运站的出境免税店正式营业，这是连云港市首家出境免税店。

5月16日

镇江水运口岸在一批装运加纳刺猬紫檀的进境集装箱中截获大量活体蚂蚁成虫（Camponotus baynei Arnold），为全国首次截获。

6月12日

共青团中央、交通运输部等21家全国创建“青年文明号”组委会成员单位联合印发文件，命名2017~2018年度全国青年文明号，泰州海事局指挥中心作为江苏海事系统唯一一家集体荣膺该称号。

6月17日

镇江水运口岸在一批乌拉圭湿地松、火炬松原木中截获数头隐翅虫（Medon zeelandicus），为全国首次截获。

6月18日

“徐州号”中欧班列首列从俄罗斯进口的木材回程班列运抵徐州市，“徐州号”已形成徐州至二连浩特、满洲里、霍尔果斯发往俄罗斯、乌兹别克等国的“三线同行、双向对流”的交通物流通道。

6月20日

镇江水运口岸在一批辐射松原木、柏木原木中截获数头象甲成虫（Macroscytalus remotus），为全国首次截获。

7月

硕放国际机场进境冰鲜水产品指定监管场地获海关总署2019年第114号文批复同意设立，由无锡空港物流有限公司负责营运。

7月19日

常熟口岸截获巴鲁大家鼠，为全国口岸首次。

7月31日

盐城空运口岸开通江苏省内唯一至韩国首尔、日本大阪国际全货机航线，班期每周各4班，每架次满载货量约14吨，进出港货物主要是汽车配件、电子产品、机械配件等高附加值产品以及国际快件。

8月1日

中船澄西扬州船舶有限公司2号港池西侧舾装码头通过江苏省人民政府批准正式对外开放。

8月10日

太仓港新增一条太仓—香港—海防集装箱班轮外贸航线。

8月20日

连云港综合保税区通过国家联合验收组正式验收。

8月31日

中国（江苏）自由贸易试验区连云港片区揭牌。

9月11日

徐州双楼物流园区海关监管点顺利通过南京海关验收，是徐州市首个水运海关监管点。

9月15日

无锡空运口岸成功引进顺丰航空公司开通欧洲洲际货运航线。

10月14日

无锡国际邮件互换局（交换站）正式获得海关总署批复同意设立。

10月22日

海关总署对徐州观音国际机场等符合设置要求的11个进境水果指定监管场地名单予以公告，徐州观音国际机场进境水果指定监管场地正式通过国家验收，获批运营。

10月28日

常州奔牛国际机场开通直飞大阪航线。

11月10日

招商局重工（江苏）有限公司1号和2号码

头通过江苏省人民政府批准正式对外开放。

11月10日

燕达（海门）重型装备制造有限公司码头通过江苏省人民政府批准正式对外开放。

11月10日

连云港至日本静冈航线顺利首航。

11月15日

常熟综合保税区跨境电商网购保税进口首单成功完成通关。

11月25日

连云港至日本大阪航线顺利首航。

11月28日

洋口港保税物流中心（A型）正式封关运营。

12月1日

南通一德实业有限公司码头二期工程5万吨级通用泊位通过江苏省人民政府批准正式对外开放。

12月8日

南通首开孟买—南通，南通—大阪全货运包机。

12月19日

南通机场新开澳门航班，国际（地区）客运航班增加到9条。

12月20日

盐城港滨海港区对外开放通过省级预验收。

12月23日

无锡—首尔航线实现首航，由东航执飞。

12月30日

江苏华电句容储运有限公司码头（华电一期泊位）通过江苏省人民政府批准正式对外开放。

12月31日

连云港口岸扩大开放通过国家级验收，实现正式开放。

（撰稿人：梁东晨、蒋苏婕）

2019 年江苏省口岸流量统计表

口岸类型	口岸名称	货运量（万吨）				集装箱量（万标箱）				人员（万人次）				交通工具（辆、艘、架、列次）			
		出口	进口	合计	同比（%）	出口	进口	合计	同比（%）	出境	入境	合计	同比（%）	出境	入境	合计	同比（%）
空运口岸	南京空运口岸			5.82	3.26							385.27	7.02				
	无锡空运口岸			3.46	97.53							104.05	9.87				
	徐州空运口岸			0.03	-36.8							19.72	15.78				
	常州空运口岸			0.04	26.78							60.21	44.19				
	南通空运口岸			0.09	30.2							27.99	69.02				
	连云港空运口岸			无	无							7.54	122.5				
	淮安空运口岸			无	无							8.88	-13.48				
	盐城空运口岸			0.14	364.41							11.36	17.7				
	扬泰空运口岸			无	无							27.61	24.31				
	分计			9.58	26.6							652.63	13.39				

续表 1

口岸类型		口岸名称	货运量（万吨）				集装箱量（万标箱）				人员（万人次）				交通工具（辆、艘、架、列次）			
			出口	进口	合计	同比（%）	出口	进口	合计	同比（%）	出境	入境	合计	同比（%）	出境	入境	合计	同比（%）
陆路口岸	公路口岸	无																
	铁路口岸	无																
水运口岸	海港口岸	南通如东水运口岸			566.7	-14.65			无	无								
		南通启东水运口岸			343.1	60.11			无	无								
		连云港水运口岸			12 923.43	8.74			285.07	3.17								
		盐城大丰水运口岸			1 020.80	54.45			3.02	39.34								
		分计			14 854.03	10.66			288.09	3.45								
	河港口岸	南京水运口岸			2 502.2	12.03			145.9	20.58								
		无锡江阴水运口岸			5 250.14	19.39			4.17	-11.21								

续表 2

口岸类型		口岸名称	货运量（万吨）				集装箱量（万标箱）				人员（万人次）				交通工具（辆、艘、架、列次）			
			出口	进口	合计	同比（%）	出口	进口	合计	同比（%）	出境	入境	合计	同比（%）	出境	入境	合计	同比（%）
水运口岸	河港口岸	张家港水运口岸			5 970. 62	9. 3			59. 73	-10. 12								
		苏州太仓水运口岸			7 479. 57	4. 11			213. 25	-0. 04								
		苏州常熟水运口岸			958. 83	-23. 08			12. 88	5. 89								
		南通水运口岸			3 202. 72	-23. 16			31. 56	-10. 03								
		南通如皋水运口岸			849. 53	1. 38			2. 67	147. 72								
		扬州水运口岸			1 137. 41	3. 21			22. 98	7. 02								
		镇江水运口岸			4 747. 11	21. 3			18. 4	-2. 19								
		常州水运口岸			1 199. 46	26. 26			15. 08	-10. 40								
		泰州水运口岸			1 299. 71	-2. 55			10. 51	-9. 11								

续表 3

口岸类型		口岸名称	货运量（万吨）				集装箱量（万标箱）				人员（万人次）				交通工具（辆、艘、架、列次）			
			出口	进口	合计	同比（%）	出口	进口	合计	同比（%）	出境	入境	合计	同比（%）	出境	入境	合计	同比（%）
水运口岸	河港口岸	泰州靖江水运口岸			1 347.7	32.82			无	无								
		分计			35 945	6.21			537.12	2.8								
合计					50 808.61				825.21				652.63					
同比（%）					7.47				3.03				13.39					

（江苏省商务厅提供）

2019年江苏省口岸出入境主要数据表

项目			2019年	2018年	同比（%）
出入境人员（人次）	出入境人员总数		6 709 160	7 558 293	12.66
	入境人员		3 336 109	3 774 244	13.13
	出境人员		3 373 051	3 784 049	12.18
	出入境旅客		5 812 614	6 584 056	13.27
	出入境员工		896 546	974 237	8.67
	中国公民	小计	5 768 026	6 555 170	13.65
		内地居民（因公）	335 322	361 438	7.79
		内地居民（因私）	4 727 195	5 495 245	16.25
		港澳居民	159 099	157 139	-1.23
		台湾同胞	546 410	541 348	-0.93
	外籍人员		941 134	1 003 123	6.59
	从海港出入境人数		760 032	802 043	5.53
	从陆港出入境人数				
	从空港出入境人数		5 949 128	6 756 250	13.57
交通运输工具（辆、艘、架、列次）	总计		64 491	73 434	13.87
	船舶		28 731	30 444	5.96
	飞机		35 760	42 990	20.22
	火车				
	机动车辆				

（江苏出入境边防检查总站提供）

2019 年南京海关主要数据统计表

项目		2019 年	同比（%）
进出口货运量（亿吨）	合计	4.12	0.8
	进口	3.43	1.3
	出口	0.69	-1.5
进出口贸易总值（亿美元）	合计	3 843.08	-6.7
	进口	1 904.70	-8.1
	其中：江、海运输	1 211.18	-8.0
	铁路运输	1.59	-46.4
	汽车运输	42.45	-21.9
	航空运输	649.38	-6.9
	邮件运输	0.10	-15.8
	其他运输		
	出口	1 938.38	-5.3
	其中：江、海运输	1 130.93	-0.6
	铁路运输	22.85	-32.5
	汽车运输	87.71	-20.0
	航空运输	696.50	-9.1
	邮件运输	0.39	10.2
	其他运输		
税收（亿元）	两税合计	1 563.82	-8.2
	关税入库	239.83	1.5
	进口环节税入库	1 323.99	-9.8

（南京海关提供）

2019 年江苏海事局进出港船舶统计汇总表

船舶类别	进港船舶							出港船舶						
	艘数（艘）	总吨（吨位）	总载重量（吨）	载客量（客位）	船员人数（人次）	货物到达量（吨）	旅客到达量（人）	艘数（艘）	总吨（吨位）	总载重量（吨）	载客量（客位）	船员人数（人次）	货物发送量（吨）	旅客发送量（人）
总计	1 637 308	2 390 477 567	3 519 708 970	174 810 571	9 524 523	1 221 408 084	35 376 657	1 621 183	2 291 155 360	3 497 248 864	174 599 711	9 530 149	849 747 980	31 847 397
中国籍船舶	1 625 478	1 914 642 149	2 948 526 864	174 810 571	9 361 888	1 079 008 326	35 376 657	1 614 880	1 912 644 668	2 846 586 485	174 599 006	9 191 789	842 339 880	31 847 397
其中外贸船	18 679	393 466 496	654 525 702	0	361 416	176 421 401	0	18 920	401 206 076	667 417 311	705	344 055	26 239 888	0

（江苏海事局提供）

2019 年连云港海事局进出港船舶统计汇总表

船舶类别	进港船舶							出港船舶						
	艘数（艘）	总吨（吨位）	总载重量（吨）	载客量（客位）	船员人数（人次）	货物到达量（吨）	旅客到达量（人）	艘数（艘）	总吨（吨位）	总载重量（吨）	载客量（客位）	船员人数（人次）	货物发送量（吨）	旅客发送量（人）
总计	50 939	294 308 018	385 223 853	147 407	141 759	160 004 716. 1	23 113	49 207	289 624 124	376 494 225	149 471	154 359	43 560 808. 97	23 854
中国籍船舶	46 717	159 172 939	177 672 300	50 207	69 518	91 955 785. 56	23 113	45 034	155 691 947	171 260 701	51 191	68 895	36 427 175. 02	23 854
其中外贸船	4 222	135 135 079	207 551 553	97 200	72 241	68 048 930. 49	0	4 173	133 932 177	205 233 524	98 280	85 464	7 133 633. 95	0

（连云港海事局提供）

2019 年江苏省指定监管场地统计表

序号	直属海关	监管场地名称	进境口岸	类型	拟进口品种	批复时间	备注
1	南京海关	南京禄口国际机场进境植物种苗指定监管场地	南京空运口岸（禄口国际机场）	植物种苗	种苗、花卉	2010 年 4 月 1 日	
2	南京海关	南京禄口国际机场进境水果指定监管场地	南京空运口岸（禄口国际机场）	水果	水果	2013 年 5 月	
3	南京海关	南京禄口国际机场进境冰鲜水产品指定监管场地	南京空运口岸（禄口国际机场）	冰鲜水产品	冰鲜三文鱼及其他冰鲜海鲜	2014 年 12 月 22 日	
4	南京海关	南京禄口国际机场进境食用水生动物指定监管场地	南京空运口岸（禄口国际机场）	食用水生动物	鱼类、甲壳类、软体类	2015 年 7 月 30 日	
5	南京海关	硕放国际机场进境食用水生动物指定监管场地	无锡空运口岸（硕放国际机场）	食用水生动物	野生石斑鱼等海鲜产品	2016 年 7 月	
6	南京海关	硕放国际机场进境冰鲜水产品指定监管场地	无锡空运口岸（硕放国际机场）	冰鲜水产品	三文鱼、黄鳝等	2019 年 7 月	
7	南京海关	无锡高新区综合保税区进境肉类指定监管场地	无锡高新区综合保税区	肉类	肉类制品	2017 年 3 月 2 日	
8	南京海关	观音国际机场进境食用水生动物指定监管场地	徐州空运口岸（观音国际机场）	食用水生动物	鱼类、软体类、甲壳类	2015 年 7 月	
9	南京海关	观音国际机场进境冰鲜水产品指定监管场地	徐州空运口岸（观音国际机场）	冰鲜水产品	境外冰鲜水产品	2016 年 9 月	
10	南京海关	观音国际机场进境水果指定监管场地	徐州空运口岸（观音国际机场）	水果	境外水果	2019 年 10 月	
11	南京海关	常州进境食用水生动物指定监管场地	常州空运口岸（奔牛国际机场）	食用水生动物	食用水生动物	2016 年 9 月 27 日	

续表 1

序号	直属海关	监管场地名称	进境口岸	类型	拟进口品种	批复时间	备注
12	南京海关	常州进境冰鲜水产品指定监管场地	常州空运口岸（奔牛国际机场）	冰鲜水产品	冰鲜水产品	2017 年 10 月 17 日	
13	南京海关	连云港港进境水果指定监管场地	连云港水运（海港）口岸	水果	水果	2014 年 6 月 25 日	连云港外贸冷库有限责任公司、江苏雅仕保鲜产业有限公司
14	南京海关	连云港港进境植物种苗指定监管场地	连云港水运（海港）口岸	植物种苗	种子、苗木等（罗汉松除外）	2009 年 12 月 31 日	江苏中荷花卉股份有限公司苗圃、连云港西诺花卉种业有限公司北沟村苗圃、连云港外贸冷库有限责任公司、连云港新东方集装箱码头海关查验中心
15	南京海关	连云港港进境食用水生动物指定监管场地	连云港水运（海港）口岸	食用水生动物	鱼类、甲壳类、软体类	2016 年 7 月 29 日	连云港新东方集装箱码头海关查验中心
16	南京海关	连云港港进境粮食指定监管场地	连云港水运（海港）口岸	粮食	粮食	2014 年 10 月 9 日	东方港务墟沟西作业区、连云港东粮散杂货码头、连云港新东方国际货柜码头、连云港新东方集装箱码头海关查验中心、连云港新海湾码头有限公司码头堆场（仅限木薯干）
17	南京海关	连云港港进境粮食指定监管场地	连云港水运（海港）口岸	粮食	粮食（仅限木薯干）	2015 年 12 月 25 日	连云港新圩港散杂货码头、东方港务马腰作业区
18	南京海关	连云港港进境粮食指定监管场地	连云港水运（海港）口岸	粮食	小麦（哈国小麦过境指定离境口岸）	2016 年 1 月 26 日	新东方国际货柜码头

续表 2

序号	直属海关	监管场地名称	进境口岸	类型	拟进口品种	批复时间	备注
19	南京海关	连云港港进境肉类指定监管场地	连云港水运（海港）口岸	肉类	肉	2011 年 4 月 30 日	连云港外贸冷库有限责任公司、江苏天缘物流集团有限公司
20	南京海关	连云港港进境肉类指定监管场地	连云港水运（海港）口岸	肉类	肉	2018 年 7 月 1 日	连云港市农业发展集团有限公司瀛洲路农贸市场分公司
21	南京海关	大丰港进境粮食指定监管场地	盐城大丰水运（海港）口岸	粮食	粮食	2017 年 11 月 20 日	北港 2 号码头
22	南京海关	南京港进境水果指定监管场地	南京水运（河港）口岸	水果	水果	1995 年	南京龙潭集装箱有限公司
23	南京海关	南京港进境肉类指定监管场地	南京水运（河港）口岸	肉类	牛肉、猪肉、羊肉等	2009 年	南京龙潭集装箱有限公司
24	南京海关	南京港进境粮食指定监管场地	南京水运（河港）口岸	粮食	大米、大豆、玉米等粮食	2014 年	水运集装箱；南京龙潭集装箱有限公司
25	南京海关	南京港进境粮食指定监管场地	南京水运（河港）口岸	粮食	大豆等	2014 年	水运散货；南京港集团有限公司新生圩港务分公司
26	南京海关	江阴港水运口岸进境粮食指定监管场地	无锡江阴水运（河港）口岸	粮食	大豆、大麦、玉米、小麦、高粱等大宗农副产品	2014 年 10 月 9 日	
27	南京海关	苏州高新区综合保税区进境肉类指定监管场地	苏州高新区综合保税区	肉类	肉类	2016 年 10 月 17 日	
28	南京海关	苏州高新区综合保税区进境冰鲜水产品指定监管场地	苏州高新区综合保税区	冰鲜水产品	冰鲜水产品	2016 年 11 月 10 日	
29	南京海关	苏州工业园区综合保税区进境植物种苗指定监管场地	苏州工业园区综合保税区	植物种苗	植物种苗	2009 年 12 月 31 日	

续表 3

序号	直属海关	监管场地名称	进境口岸	类型	拟进口品种	批复时间	备注
30	南京海关	张家港保税区进境肉类指定监管场地	张家港保税区	肉类	冷冻肉类	2009 年	
31	南京海关	张家港港进境粮食指定监管场地	张家港水运（河港）口岸	粮食	油菜籽	2013 年 7 月 14 日	试验性进口
32	南京海关	张家港港进境粮食指定监管场地	张家港水运（河港）口岸	粮食	粮食	2014 年 10 月 9 日	
33	南京海关	太仓港进境粮食指定监管场地	苏州太仓水运（河港）口岸	粮食	玉米、大米、木薯干	2011 年 1 月 12 日	苏州现代码头有限公司查验点、太仓万方国际码头有限公司查验点（仅限木薯干）
34	南京海关	太仓港进境水果指定监管场地	苏州太仓水运（河港）口岸	水果	水果	2011 年 1 月 12 日	
35	南京海关	太仓港进境肉类指定监管场地	苏州太仓水运（河港）口岸	肉类	猪肉、牛肉及副产品	2016 年 10 月 17 日	
36	南京海关	太仓港进境食用水生动物指定监管场地	苏州太仓水运（河港）口岸	食用水生动物	鱼类、甲壳类、软体类	2017 年 7 月 17 日	
37	南京海关	南通港进境粮食指定监管场地	南通水运（河港）口岸	粮食	粮食	2014 年 10 月	
38	南京海关	如皋港进境粮食指定监管场所	南通如皋水运（河港）口岸	粮食	大豆、大小麦、高粱、玉米等粮食饲料	2019 年 5 月 8 日	
39	南京海关	镇江港进境粮食指定监管场地	镇江水运（河港）口岸	粮食	粮食、油脂油料	2014 年 10 月 13 日	中储粮镇江粮油有限公司、镇江港务集团有限公司
40	南京海关	镇江港进境粮食指定监管场地	镇江水运（河港）口岸	粮食	粮食、油脂油料	2015 年 12 月 25 日	江苏润华物流有限公司

续表 4

序号	直属海关	监管场地名称	进境口岸	类型	拟进口品种	批复时间	备注
41	南京海关	镇江港进境肉类指定监管场地	镇江水运（河港）口岸	肉类	肉类	2015 年 4 月 30 日	镇江港国际集装箱有限公司
42	南京海关	常州港进境粮食指定监管场地	常州水运（河港）口岸	粮食	粮食	2017 年 11 月 20 日	
43	南京海关	泰州港进境粮食指定监管场地	泰州水运（河港）口岸	粮食	木薯干、大豆	2015 年 12 月 25 日	永安港务码头、过船港务码头、永安港务码头二期
44	南京海关	靖江港境粮食指定监管场地	泰州靖江水运（河港）口岸	粮食	粮食	2015 年 12 月	

（江苏省商务厅提供）

浙 江 省

浙江省口岸分布示意图

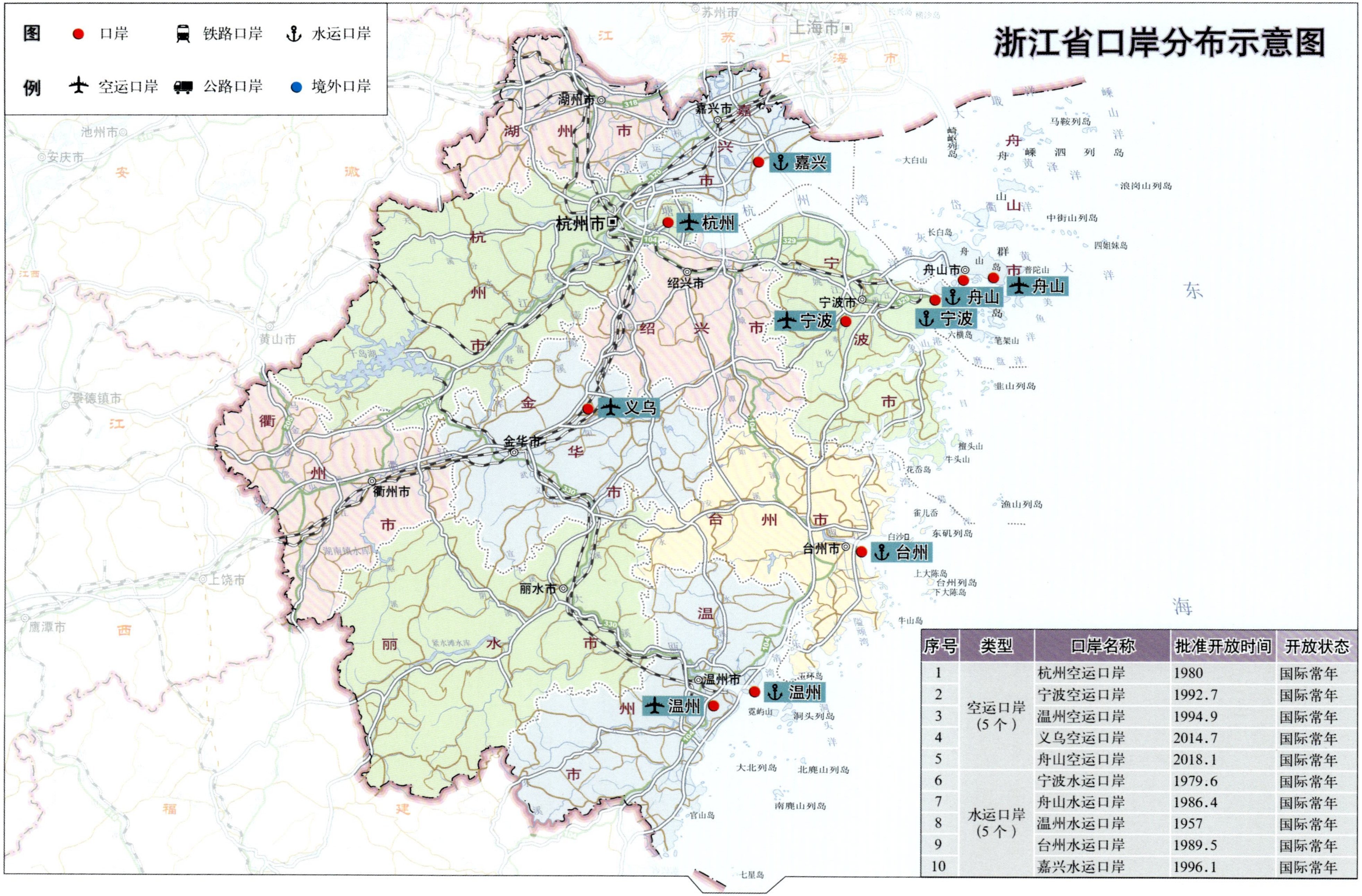

序号	类型	口岸名称	批准开放时间	开放状态
1	空运口岸（5个）	杭州空运口岸	1980	国际常年
2		宁波空运口岸	1992.7	国际常年
3		温州空运口岸	1994.9	国际常年
4		义乌空运口岸	2014.7	国际常年
5		舟山空运口岸	2018.1	国际常年
6	水运口岸（5个）	宁波水运口岸	1979.6	国际常年
7		舟山水运口岸	1986.4	国际常年
8		温州水运口岸	1957	国际常年
9		台州水运口岸	1989.5	国际常年
10		嘉兴水运口岸	1996.1	国际常年

口岸数量及分布

截至2019年年底，浙江省共有经国务院批准的对外开放口岸10个。其中，空运口岸5个，分别是杭州空运口岸（杭州萧山国际机场）、宁波空运口岸（宁波栎社国际机场）、温州空运口岸（温州龙湾国际机场）、义乌空运口岸（义乌国际机场）和舟山空运口岸（舟山普陀山机场）；水运（海港）口岸5个，分别是宁波、舟山、温州、台州和嘉兴海港口岸。

口岸运行数据

2019年，浙江省空运口岸（舟山除外）共出入境旅客770.68万人次，同比增长8.98%；出入境飞机52 875架次，同比增长11.99%；进出口货运量22.42万吨，同比减少2.94%。其中，杭州空运口岸出入境旅客548.36万人次、出入境飞机35 561架次、进出口货运量19.31万吨，同比分别增长6.26%、7.90%，减少2.47%；宁波空运口岸出入境旅客154.7万人次、出入境飞机11 928架次、进出口货运量2.97万吨，同比分别增长14.6%、16.83%，减少6.49%；温州空运口岸出入境旅客49.93万人次、出入境飞机4 039架次、进出口货运量944吨，同比分别增长35.13%、38.84%，减少11.3%；义乌空运口岸出入境旅客17.69万人次、出入境飞机1 347架次、进出口货运量464.6吨，同比分别增长7.30%、18.57%、208.2%。

2019年，浙江省水运（海港）口岸共进出口货运量52 520.28万吨，同比增长3.91%；进出口集装箱2 309.14万标箱，同比增长4.79%；入出境船舶27 440艘次，同比增长1.17%。其中，宁波海港口岸进出口货运量35 248.3万吨、进出口集装箱2 187.9万标箱、入出境船舶11 140艘次，同比分别增长2.8%、4.2%，减少3.0%；舟山海港口岸进出口货运量15 227.84万吨、进出口集装箱41.66万标箱、入出境船舶13 981艘次，同比分别增长9.2%、22.4%、11.6%；温州海港口岸进出口货运量253.17万吨、进出口集装箱26.08万标箱、入出境船舶903艘次，同比分别减少43.33%，增长87.57%、6.7%；台州海港口岸进出口货运量453.2万吨、进出口集装箱12.37万标箱、入出境船舶353艘次，同比分别减少29.2%、增长37.8%、减少73.1%；嘉兴海港口岸进出口货运量1 337.77万吨、进出口集装箱41.13万标箱、入出境船舶1 063艘次，同比分别增长7.86%、减少10.98%、增长11.31%。

2019年，“义新欧”中欧班列往返运行528次、42 286个标箱。其中去程班列共发运467次、38 542标箱；回程班列共发运61次、3 744标箱。

2019年浙江省外贸进出口值统计表

	进出口值（亿元）	出口值（亿元）	进口值（亿元）	同比（%）		
				进出口	出口	进口
全省合计	30 831.90	23 069.77	7 762.13	8.14	8.95	5.79
杭州市	5 596.81	3 612.66	1 984.14	6.68	5.73	8.45
宁波市	9 170.26	5 969.63	3 200.63	6.95	7.57	5.81
温州市	1 902.23	1 685.35	216.89	26.25	29.44	5.99
湖州市	940.18	838.59	101.59	6.27	8.77	-10.70
嘉兴市	2 832.15	2 106.46	725.69	0.42	4.44	-9.69

续表

	进出口值（亿元）	出口值（亿元）	进口值（亿元）	同比（%）		
				进出口	出口	进口
绍兴市	2 458.99	2 251.09	207.89	9.77	10.02	7.12
金华市	4 218.51	4 033.83	184.68	11.93	10.27	66.84
衢州市	346.64	238.42	108.22	-0.83	3.30	-8.86
舟山市	1 371.11	501.20	869.91	20.71	17.82	22.44
台州市	1 700.08	1 565.15	134.93	-2.14	2.17	-34.30
丽水市	294.93	267.37	27.56	19.37	18.37	29.97

（杭州海关提供）

口岸综合管理

【落实口岸各项重点工作成效显著】 一是整体通关时间压缩明显。2019 年 12 月，浙江省进口、出口整体通关时间分别为 36.67 小时和 3.90 小时，较 2017 年分别压缩了 82.96% 和 83.89%，其中进口整体通关时间继续领跑长三角地区，圆满完成浙江省委省政府制定的“进出口整体通关时限分别压减至 40 个小时、5 个小时以内”的任务。二是口岸收费降至全国最低水平。认真落实中央政治局常委、国务院副总理韩正关于“浙江港口收费率先降到全国最低”的要求。2019 年 12 月，全国九大海港口岸中，宁波海港口岸集装箱合规成本为进口 1 659.55 元、出口 1 370.13 元，均为最低。三是国际贸易“单一窗口”建设继续领跑全国。截至 2019 年年底，平台注册用户 27 万家，累计申报单量 2.2 亿票，列全国第三。四是海陆空口岸大开放格局进一步完善。2019 年共验收启用重点码头 4 个，实现重点项目临时开放 12 批次，台州港头门等 3 个港区扩大开放报国务院。

【推进跨境贸易便利化的法治化和制度化】 一方面，做好《浙江省口岸管理和服务办法》的宣传、贯彻和实施，在 2019 年 1 月召开新闻发布会进行宣传，浙江省成为全国第一家在省级政府规章层面明确提出推进跨境贸易便利化、优化口岸营商环境要求的省份。另一方面，在 2018 年基础上，结合浙江省“最多跑一次”改革要求，于 2019 年 5 月出台《关于深化“最多跑一次”改革进一步提升跨境贸易便利化水平的实施意见》，这是指导今后一个时期推进浙江省跨境贸易便利化、改善口岸营商环境的纲领性文件，跨境贸易便利化也成为浙江省营商环境 11 项指标中政策支持力度最强的指标。

【抓好综合协调，围绕“堵点”持续精准发力】 一是落实杭州空运口岸 24 小时无障碍通关。随着杭州空运口岸对 24 小时无障碍通关的需求日益强烈，浙江省口岸办在浙江省政府副秘书长高屹带领下，多方协调，形成了对杭州空运口岸查验部门实施 24 小时无障碍通关的保障方案，解决了口岸一线执法服务部门的后顾之忧。杭州空运口岸于 2019 年 9 月 29 日全面实现 24 小时无障碍通关后，所有国际航班、旅客和进出口货物做到随到随检、快速通关，为国际航线的市场拓展带来极大便利。二是建立杭州空运口岸航线补助新机制。针对杭州空运口岸开辟国际航线工作近年来存在的不足，浙江省口岸办会同交通、财政、民航等部门重新修订了《引导和培育杭州航空口岸新开国际航线专项补助资金管理办法》，将航线补助标准从国内较低水平提高到国内一流水平，总资金据实结算上不封顶，并明确了相关单位的责任和绩效考核制度，使杭州空运口岸新航线开辟工作明显加速，2019 年共开通至埃及开罗等 10 个通航点，国际航班第一次覆盖到全球五大洲。三是建立重点口岸开放项目综合协调新机制。针对浙江省绿色石化、澳舟牛业等一批投资金额大、社会关注度高、开放需求迫切的项目，实时掌握项目建设动态，提前组织各相关单位送服务到基层、到企业，做好口岸开放的业务指导，推动项目符合各口岸查验单位的验收标准，尽快通过口岸验收早日投产。

【推进口岸领域数字化转型】 口岸领域数字化转型，关键是数字口岸一体化，核心是中国（浙江）国际贸易单一窗口（简称浙江“单一窗口”）建设。浙江“单一窗口”是浙江省政府数字化转型“8+13”重大项目之一，截至2019年年底，平台核心功能已全部上线，共汇聚了数据项665项、数据元4 400余个，数据简化率超过60%，为企业提供国际贸易相关的政务、物流、金融、数据等各类服务600余项。在创新驱动方面，2019年浙江省船舶联合登临检查、通关物流全程评估、“义新欧”铁路申报等功能纳入国家试点，上升为国家标准。在推广应用方面，2019年共培训企业2 190余家，各项主要功能应用率达100%，新上线功能应用率走在全国前列，其中贸促会原产地证申请办理量已占全国一半以上。2019年10月底，亚欧会议“单一窗口”国际合作研讨会在杭州召开，浙江进行了汇报演示，得到与会代表一致好评。

【口岸基础设施、配套设施建设】 杭州萧山国际机场完成高架桥及综合管廊、道路工程，电力和弱电管线迁改工程，水系改造工程，以及旅客停车场、出租车蓄车场、网约车停车场等三期建设配套工程。新建航站楼桩基及基坑围护工程完成工程量的85%，主体工程完成15%；交通中心桩基及基坑围护工程已完成，主体工程正式开工。杭州空运口岸新建并启用8条自助通关通道。宁波栎社国际机场三期工程于2019年12月28日正式投运，项目占地面积207.2万平方米，主要建设内容包括新建11.24万平方米的T2航站楼，5.5万平方米的交通中心，4.3万平方米的货运站、快件中心及业务用房，34.5万平方米的停机坪，1.5万平方米的辅助生产生活设施，以及供电、供水、供气、排水、市政道路等配套设施。宁波空运口岸实施外国人144小时过境免签的工作场地设施通过国家移民管理局验收。浙江省首个旅客出入境通关自助申报系统于2019年2月28日在宁波机场海关旅检现场正式启用。温州龙湾国际机场新国际监管仓库于2019年5月17日投用，库区面积6 650平方米，设有出境货物区、进境货物区、邮件交换站、海关办公区、查验区和扣留区等区域。温州机场综合交通中心工程于2019年7月4日开工，项目总建筑面积约30万平方米，地下二层主要为市域铁路S1、S2机场站及各类配套设施，地上部分建设多条换乘通道和具有酒店、商务办公、长途车站、配套停车场、商业休闲等功能的大型综合体。这是温州东部综合交通枢纽体系的关键节点，也是浙江省首个实现空铁零换乘的交通枢纽综合体。温州航空物流园（一期）于2019年12月30日正式开工，该项目规划占地面积约181.33万平方米，毗邻机场第一跑道，临近S1、S2线和规划中的M2线，以及甬台温高速机场出口。义乌进境水果指定监管场地于2019年9月通过海关总署验收，该项目设在义乌空运口岸原有国际货站内，占地面积2 000平方米。舟山普陀山机场国际航站楼二期工程于2019年4月开工，2019年年底前完成主体结构，进入幕墙安装、内部装修阶段，该工程建筑面积为6 550平方米，总高度为16米。

宁波舟山港梅山港区7号集装箱泊位通过交工验收，9号集装箱泊位开工建设，宁波舟山港最大容量的高压岸电系统在梅山港区建成投用。穿山港区1号集装箱码头工程开工建设。穿山港区实现铁路通联，成为继北仑港区、镇海港区之后，宁波舟山港第三个铁路直通的港区。北二集司码头1、2号泊位高压岸电系统顺利投用，至此，该码头所有泊位均拥有高压、低压岸电接电点，成为全国首家。大榭招商码头新建自行走式集装箱/车辆检查设备顺利通过海关总署验收，该设备是浙江省首套自行走式集装箱/车辆检查设备。舟山绿色石化基地12个万吨级泊位投入使用。大浦口危险货物集装箱堆场通过竣工验收。大浦口集装箱码头3号泊位、新奥LNG接收站二期项目加快推进。白泉港区进港航道、黄泽山航道、鱼山进港航道一期及锚地完成建设。马峙锚地扩容、条帚门外锚地开放试运行，新增加油锚位加快外供基础配套建设，启用首个锚地供应岸基服务站，外供仓储基地正式投运。虾峙门口外30万吨级人工航道扩建工程启动实施。全国最大的铁矿石港口鼠浪湖港区岸电工程顺利竣工。沈家门港区进境食用水生动物指定监管场地于2019年5月通过海关总署验收，该监管场地位于朱家尖西岙。温州港状元岙港区第二货运卡口、市场采购贸易陆路施封场所、邮轮旅客接驳通道等项目于2019年11月底前全部建成投用，有效解决了状元岙港区一般贸易、市场采购贸易和邮轮业务交叉作业突出矛盾。乐清湾港区A区一期公共码头监管作业场所建设正式启动。温州国际邮轮港配套服务更加完善，果蔬、食品、饮用水等邮轮物资均已实现本地化供应，并建成邮轮垃圾接收、运输及处理设施。台州港拟扩大开放的龙门港区、健跳港区部分锚地布局进行了调整。头门港区口岸现场查验设施建设方案已符合国家相关标准。健跳港区、龙门港区拟开放项目相关设施也在进一步完善中。2019年11月，海关总署批复同意在大麦屿港区建设进境水果指定监管场地。该项目总建筑面积1 512平方米，其中查验房及监管仓库建筑面积1 206.3平方米，熏蒸用房建筑面积113.82平方米，卡口建筑面积191.88平方米。嘉兴港通关服务中心于2019年4月正式投入使用，可实现“一站式”“一条龙”通关服务。独山港区现场查验点于7月1日正式投入使用，该查验点占地4 000平方米，楼高5层，建筑面积7 500平方米，至此，嘉兴港口岸查验配套设施建设基本完成。

义乌铁路口岸二期工程完成仓储区部分集拼仓库建设。义乌进口冰鲜水产品指定监管场地于2019年4月通过海关总署验收，该场地设在义乌铁路口岸内，建设有低温冷藏库3间，总面积约830平方米，专用查验平台610平方米。

【国内机场首个异地货站项目落地运营】 2019年9月19日，杭州萧山国际机场航空物流有限公司与义乌机场管理有限公司签订了异地货站项目合作协议，杭州、义乌两地机场货站互为对方的异地货站，标志着国内机场首个异地货站项目正式落地运营，开启了浙江省内机场物流业务联动协作的新篇章。杭州、义乌两地机场将通过“陆空联运”方式，为当地货运客户提供异地（远程）货物交运和提取服务。该项目通过发挥集团业务资源整体联动优势，能在一定程度上解决单个机场航空物流运力资源和业务保障能力欠缺的问题，促进“浙江货浙江走”；同时机场货站功能延伸至异地机场和货源中心，势必带动“空陆联运、空铁联运”等形式来完善整体运输链，有效促进区域整体营商环境的改善，进一步服务好区域经济的发展。

【义乌陆路（铁路）临时口岸建设】 2019年，强化“义新欧”班列与海铁联运口岸保障，开展铁路海关监管区域延伸方案研究，设立大型机检设备，启动铁路口岸二期建设。实施进口非特殊用途化妆品备案管理，探索日用消费“正面清单制度”，开展关税保证保险改革试点，完善口岸收费公示制度，实施“查验无问题企业费用减免”政策。2019年，海铁联运共发运59 896标箱，同比增长32.7%。积极拓展口岸功能，进口冰鲜水产品指定监管场地通过海关总署验收。进口肉类指定查验场进口肉类集装箱135个、3 375吨。大力推进国际贸易“单一窗口”标准版推广，加快“义新欧”中欧班列特色服务板块系统建设，实现中欧班列货物通过“单一窗口”申报。建立“提前申报”容错机制，鼓励企业采用“提前申报”，提前办理单证审核和货物运输作业。

成立“义新欧”班列工作专班，建立“日通报、周分析、月总结”制度，对班列运行实施全环节跟踪、全过程分析、全链条服务。推进浙江全省货运资源统筹，“义新欧”吉利号常态化发运，“义新欧”温州号、诸暨号班列首发。深化阿里巴巴合作，创新国内段全程阳光清关的方式，开通长三角地区首条跨境电商中欧班列 eWTP 菜鸟号，运输包裹突破 100 万件。2019 年，“义新欧”中欧班列往返运行 528 次、42 286 个标箱，其中去程班列共发运 467 次、38 542 标箱；回程班列共发运 61 次、3 744 标箱。

【电子口岸建设】 一是建设运维中国（浙江）国际贸易单一窗口，推进“单一窗口”数字化转型，服务全国通关一体化，助力构建一流营商环境。2019 年，中国（浙江）国际贸易“单一窗口”三期和数字“单一窗口”项目通过浙江省政府验收，实现与浙江省内 12 个主要码头、4 个机场、44 个监管场站、8 个特殊监管区、国内外 33 个港口等关键物流节点互联互通，提供实时通关物流状态查询。同时，已按国家统一部署实现进出口环节需要海关验核的 86 种证件精简至 46 种，除保密需要等特殊情况外，全部实现联网核查；实现了 6 个部委 10 种许可证件的在线申请和查询，助力口岸提效、降费和减证。截至 2019 年年底，“单一窗口”注册用户超 23 万，累计办理各类业务 7 841 万余票。二是建设运维中国（浙江）自由贸易试验区公共信息服务平台，支持浙江自贸区加速建设。2019 年 7 月，保税燃油加注“一口受理”平台通过专家组终验。2019 年通过平台申报保税燃料油 400 多万吨，舟山在跃居国内第一加油港的基础上跻身全球十大保税油加油港。舟山船舶供退物料通关服务平台上线运行，确保浙江自贸区国际海事服务基地的油料、食品、船舶备件等物料供应，油污水处置等主要通关业务均实现全程无纸化。三是建设运维义乌市场采购贸易联网信息平台，服务义乌国际贸易综合改革试点工作。2019 年，建设完成义乌国际贸易综合信息服务平台并通过一期验收，其中市场采购申报功能有效保障了无票免税和自助结汇两大政策落地，继义乌试点成功后逐步推广至佛山、温州鹿城、海宁等地。截至 2019 年年底，义乌市场采购联网信息平台已备案商户超 6.53 万家，组货记录超 274 万条，备案外贸公司 2 389 家，累计为超过 1 755.49 亿美元的出口商品实现增值税免税，自助结汇超 221.41 亿美元。四是建设运维中国（杭州）跨境电子商务综合试验区线上综合服务平台，培育跨境电子商务增长新动能，推进跨境电子商务高质量发展。在服务保障综合试验区线上综合服务平台基础上，重点推广“六体系两平台”的杭州经验，已复制推广到全国 35 个综合试验区，提供可复制推广的成功模式。2019 年，杭州综合试验区线上综合服务平台跨境 B2C 出口业务累计申报 3 553.53 万单，共计金额 1.35 亿美元；跨境 B2C 进口业务累计申报 5 516.77 万单，共计金额 110.12 亿元人民币，平台已接入天猫国际、银泰网、考拉海购等电商平台 870 余家，银联、支付宝、财付通、连连支付等近 70 家支付平台，中国邮政速递、顺丰速运、菜鸟网络等 100 余家物流企业，汉达、心怡等 150 余家仓储服务企业，融易通、浙江物产电商等近 100 家外贸综合服务企业，为跨境贸易电子商务试点规模化发展提供保障。

截至 2019 年年底，浙江电子口岸平台累计注册企业用户超 25 万家，累计传输报关单超 7 246 万票，提单超 5 908 万份，日均处理电子单证量超 21.68 万笔，日均处理电子单证交换量超 993 万条。门户网站“政务咨询”栏目实时回答企业咨询近 14.7 万条。967209 免费客服热线 7 × 24 小时为企业答疑解惑，累计回答问题超 84.1 万个，平台各政务系统正常稳定运行时间始终保持在 99.9% 以上。

2019 年，随着“单一窗口”标准版应用推广改革，宁波关区共受理中国电子口岸入网企业 4 668 家，数据变更 6 885 家，制发卡 18 419 张，其中，法人卡 3 967 张、操作员卡 4 395 张、报关员卡 717 张、IKEY 卡 9 340 张，IC 卡实名认证用户数 18 419 个，累计用户数 55 284 个。共处理热线 33 455 个，其中，技术支持 8 136 次、业务咨询 25 319 次，QQ 在线答疑 12 000 余次。

【特殊监管场所建设】 2019 年 7 月 15 日，海关总署正式发文，批复同意杭州综合保税区验收通过，封关验收面积为 1.920 4 平方千米。杭州保税物流中心（B 型）积极申报升级为杭州空港综合保税区，申报材料于 7 月 9 日上报至国务院。

温州综合保税区项目已进入第三轮部委会签程序，即将报国务院审批。该项目位于温州瓯江口产业集聚区，在既有的温州保税物流中心（B型）基础上建设，项目规划总用地面积约1.444 9平方千米，其中一期自建保税仓库及研发中心合计约18万平方米，综保服务大厦约6万平方米。

宁波梅山保税港区于2019年10月10日通过封关验收，至此，梅山保税港区5.7平方千米封关区域已实现全面封关验收。宁波梅山保税港区是浙江省内唯一、全国第五个保税港区，一期封关区域2.5平方千米已于2010年6月通过国务院联合验收组验收，并于同年8月启动运作。

湖州保税物流中心（B型）于2019年10月30日通过联合验收，该项目位于南太湖新区的湖州铁公水物流园北侧，占地面积0.101平方千米。义乌保税物流中心（B型）三期项目于4月10日开工建设，7月26日完成建设。该项目占地面积4 704平方米，建筑面积5 027.40平方米。

杭州进口肉类指定监管场地于2019年11月20日通过海关总署验收，12月24日海关总署正式批准通过验收并列入全国进口肉类指定监管场地名单。该项目位于钱塘新区杭州综合保税区内，总用地面积31 600平方米。一体化查验冷库占地面积约6 972平方米，建筑面积10 944平方米，查验平台面积约1 440平方米。舟山沈家门港区进境食用水生动物指定监管场地于5月通过海关总署验收，该监管场地位于朱家尖西岙。义乌进口冰鲜水产品指定监管场地于4月通过海关总署验收。义乌进境水果指定监管场地于9月通过海关总署验收。台州港口岸大麦屿港区于11月获海关总署批复同意建设进境水果指定监管场地。该项目总建筑面积1 512平方米，其中查验房及监管仓库建筑面积1 206.3平方米，熏蒸用房建筑面积113.82平方米。

义乌陆港保税仓位于雪峰东路南侧，宾王路西侧，占地78 334平方米，建筑面积37 243平方米，于2019年2月28日开工建设，9月27日建成投用。义乌港直通仓项目于2019年8月开工建设，项目位于义乌港东侧，用地面积为144 000平方米，由综合配套服务楼、仓库、集装箱堆场等组成。其中，仓库共7幢，总建筑面积85 441平方米。

温州邮路口岸获批带电产品出口资质。“义新欧”班列温州监管作业场所项目2019年年底完成施工图设计及信息化建设方案编制，并通过专家审查。

口岸监管与服务

【浙江出入境边防检查总站跟进服务重大战略】 紧紧围绕长三角一体化发展国家战略部署，与上海、江苏、安徽边检总站联合签署《关于深入推进长三角出入境边防检查工作高质量一体化发展的实施意见》，推动建立健全重大安保活动常态化合作、边检信息互通共享、边检培训深度融合、智慧边检一体化建设等制度机制，明确了长三角一体化发展工作任务和努力方向。主动对接浙江省政府办公厅（省口岸办）、省商务厅等单位，全力支持中国（浙江）自由贸易试验区建设，制订重点项目“同步跟进”、新建企业“点对点帮扶”、航空产业“提前介入”、修造船舶“直通停靠”等10项服务新举措，上线应用“单一窗口”船舶联合登临检查系统，推动保税燃料油加注“一口受理”窗口建设，全力服务保障普陀山机场临时开放、国际油品交易中心建设等重点项目。主动跟进义乌国际贸易综合改革试验区建设，结合浙江省委“三服务”活动要求，开展“边检进市场”活动，组织检查员走进义乌小商品市场为经营商户讲解外籍人员身份证件核实、应对涉外经济诈骗等防范方法，为在义乌外商解答出入境以及在华停留等注意事项，着力营造良好营商氛围。

【浙江出入境边防检查总站优化通关服务举措】 全力服务保障杭州空运口岸实现24小时无障碍通关，新建启用8条自助通道，扩大自助通关人群范围和规模，不断提高边检通关智能化、便利化、人性化水平，确保全航班、全时段都能保证出入境旅客顺畅通关。全力配合推动宁波空运口岸外国人144小时过境免签政策出台实施，顺利完成宁波机场T2航站楼边检场地转场工作。结合义乌“国际性展会多、外籍参展商多”的实际，把中国公民30分钟通关政策进一步扩大到外籍旅客范围，持续优化“专用通道”、一站式通关、加强现场疏导等举措，先后为中国—中东欧国家博览会、中阿广播电视合作论坛、杭州世界环境日全球主场活动、世界青年科学家（温州）峰会等重大活动，以及苏里南总统、俄罗斯外长、斯洛伐克副总理等外国政要专机提供了优质高效的出入境边检通关服务，积极展示浙江形象和国门风采。深化宁波舟山港边检一体化服务举措，推进“一证通”、锚地共管等措施落实，主动前移边检服务，实现“科队整体前移、资源整体前移、服务整体前移”，积极为出入境港船舶、人员提供“预约服务、夜航服务、保障服务、延伸服务”，实行每周7天工作制及“不眠报检厅”24小时全天候通关服务，实现随到随检。试点应用“边检行政许可网上窗口系统”，实现口岸边检上下外国船舶许可和船舶搭靠外轮许可网上申请、网上审批、网上签发、网上监管等业务功能的一体化。在宁波国际航运服务中心成立总站宁波指挥部，选拔10名业务骨干组建执勤队，实现边检服务窗口前移，进一步便利服务对象办证办检、登记备案、咨询投诉，同时，密切与地方党委政府的沟通协调，形成宁波边检机关工作合力，提升边检形象和地位。

【浙江出入境边防检查总站创新服务管理模式】 推进新时代“枫桥经验”① 在口岸实践运用，探索建立集驻企民警管理、诚信风险等级评定、差异化管理运用、结果信息共享等4大功能于一体的海港口岸“信息化+诚信体系”管理机制，并配套开发“诚信评定管理”系统。通过个性化设置评定规则、标准化建立诚信等级、差异化运用诚信结果和系统性构建省域协作，最大限度解决传统的诚信管理治理模式单一、信息掌握失准、风险研判乏力、协作共管脱节、执法裁量不一等现状，充分发挥了诚信管理机制在口岸的管理效能，依靠和提升管理对象本身的自管能力，增强服务对象支持、协助和配合边检机关做好执法工作的积极性，真正实现自律和他律、刚性和柔性、治身和治心、人力和科技的新时代“枫桥经验”重要成果和谐统一。在浙江省海港边检站全面启用“港口边检综合管理信息系统”，倒逼执勤模式完善，规范勤务组织流程，分级管控入出境船舶，实现船舶风险自动预警，执勤警力精准投放和无增长改善。针对锚地管控难度大、风险高的问题，深入开展调查研究，在全国首创直升机锚地巡航边检勤务模式，制定《浙江直升机巡航勤务标准规范》，为锚地管理提供了新思维、探索了新路子。

【浙江海事局全力助推国家重大战略和口岸重大项目发展】 服务浙江自贸试验区建设取得新成效。一是坚持制度创新。国际航行船舶进出境通关全流程“一单多报”、保税燃料油跨港区供应模式两项海事创新制度，入选国务院第五批自由贸易试验区改革试点复制推广经验。二是健全事中事后监管体系。积极倡议并推动浙江自贸试验区11个部门共同建立全国首个船用燃油加注领域联合惩戒备忘录，构建“一处失信、处处受限”的信用惩戒大格局。三是做好政策跟踪落地。及时跟进浙江自贸试验区国际登记船舶入级检验事项，落实中资“方便旗”船舶税收优惠政策，完成3艘“方便旗”回归船舶以“中国宁波舟山港”为船籍港注册登记。

争当长三角一体化海事融合发展“领头羊”。一是实施宁波舟山港核心港区交通组织一体化。率先研究并制定发布《宁波舟山港核心港区船舶交通组织一体化暂行办法》，配套研发船舶交通

① “枫桥经验”：20世纪60年代初，浙江省诸暨市枫桥镇干部群众创造了“发动和依靠群众，坚持矛盾不上交，就地解决，实现捕人少，治安好”的“枫桥经验”，为此，1963年毛泽东同志亲笔批示“要各地仿效，经过试点，推广去做”。“枫桥经验”由此成为全国政法战线一个脍炙人口的典型。之后，“枫桥经验”得到不断发展，形成了具有鲜明时代特色的“党政动手，依靠群众，预防纠纷，化解矛盾，维护稳定，促进发展”的枫桥新经验，成为新时期把党的群众路线坚持好、贯彻好的典范。

组织服务管理平台，截至2019年年底，通过平台发布并执行船舶进出港计划共5 832条，虾峙门航道半小时准点报告率达96%，条帚门航道半小时准点报告率达80%。二是实施船舶载运危险货物报告制。将宁波舟山港域内船舶载运危险货物进出港区的申报审批制调整为报告制，切实减轻船舶申报负担。三是实现保税燃料油供油企业跨港区作业。以宁波、舟山港为试点，建立船舶燃油供应单位跨港域作业备案互认管理机制，实现异地供油企业在备案后即可开展跨港区供油作业，大幅降低企业经营成本。据企业评估，每月可节约成本百余万元。

服务重大项目建设提档加速。深入鱼山绿色石化基地、新奥LNG等重大项目一线，现场听取企业意见，了解企业需求，针对性提出帮扶措施，并落实专人持续跟踪和推进解决相关问题。对于鱼山绿色石化基地项目，推动属地政府加快鱼山绿色石化基地配套航道建设进度，完成配套锚地启用公告，并专门为鱼山绿色石化基地开辟鱼山VTS工作台，进一步提升鱼山及周边水域监管和服务水平，助力绿色石化基地全面做好投产准备。对于新奥LNG项目，完成新奥LNG外输管道宁波舟山段的施工通航安全保障方案技术评审和水上水下活动许可，并实施LNG船舶全流程、标准化无缝监管，全力保障LNG船舶进出港安全。对于鼠浪湖矿石中转项目，指导业主单位编制完成《混配矿出运操作方案》《船—船直接装卸方案》，帮助企业提升生产效能和安全管理水平，进一步助力鼠浪湖矿石中转码头提质增效。对于澳牛进境加工项目，支持和推进澳牛项目配套码头开工建设，并加强现场安全监管和交通流组织，严格水上施工船舶准入，确保码头主体顺利完工。

【浙江海事局着力推动优化口岸营商环境】 全面提升船舶进出口岸通关效率。一是优化船舶通关流程。在船舶抵港前7天、离港前4小时开始受理并办结全部通关手续，实现船舶进出口岸通关手续办理环节"零待时"。二是简化船舶通关手续。将船舶通关手续办理原先所需的24本证书、150余页，减少至12本证书、20余页，证书数量减少50%、扫描页数减少86.7%，单证数量减少71.6%，大幅减轻企业申报负担。三是全国率先推广应用"单一窗口"标准版。自2018年10月以来始终保持"单一窗口"标准版运输工具系统应用率100%，实现船舶进出口岸通关全程"无纸化"和"零跑路"，船舶通关手续办理时间压缩80%以上，通关便利化水平走在全国海事系统前列。2019年，浙江海事局应用"单一窗口"标准版累计办理国际航行船舶进出口岸手续超6万艘次。其中，办理国际航行船舶进口岸申请20 623艘次、进口岸查验19 897艘次、出口岸查验19 578艘次，累计达60 098艘次。

深化"放管服"改革。一是深化"就近跑一次"改革，在政务办理全部实现"最多跑一次"基础上，创新海事"就近跑一次"新模式，进一步提升政务办理效能，两批共28项"就近跑一次"政务事项已全部落地实施。据第三方测评显示，服务对象对"就近跑一次"服务满意度为98.6%。二是研发"港口建设费远程申报缴费"移动客户端，实现义务缴费人可通过手机App完成港口建设费申报和电子支付。截至2019年年底，"港口建设费远程申报缴费"移动客户端用户注册近千家，完成港建费远程申报和电子支付1 800余万元。

【浙江海事局着力打造国际航行船舶联合登临检查"浙江样板"】 一是构建"联合查验、一次通关"模式。坚持联合登临检查为导向，深化口岸查验单位间业务协同，突出信息互换、执法互助和监管互认，建立健全国际航行船舶联合登临检查机制。围绕"能联尽联"的原则，实施联合登临"2 + X"检查模式，推动构建"联合查验、一次通关"模式，确保船舶进出口岸高效通关。二是优化联合登临检查机制。推动传统口岸执法向服务口岸发展转变，全面梳理研究新形势下各口岸查验部门在通关环节开展船舶登临检查的新需求，积极向交通运输部海事局建言献策，切实推动上级进一步明确联合登临检查功能定位和组织实施程序。三是构建登临检查信息化平台。主导推进建设全国首个与“单一窗口”标准版相对接的联合登临检查信息化平台，实现“可沟通协调、可统计查询、可执法留痕”等功能，切实提升口岸查验单位间联合执法效能。该平台正在舟山地区试点应用，2019年，浙江省国际航行船舶联合登临检查196艘次，位居全国前列。

【浙江海事局深入推进“中国便利海上运输委员会推进中国国际贸易单一窗口建设实践”提案研究工作】 为进一步强化便利运输公约国际履约跟踪研究，探索在国际舞台将“中国经验”转化为“国际标准”，2019年10月11日至12日，浙江海事局组织开展了“中国便利海上运输委员会推进中国国际贸易单一窗口建设实践”提案研究集中办公，撰写完成了“中国便利海上运输委员会推进国际贸易单一窗口建设实践”提案，形成了向国际海事组织便利运输委员会（FAL）44次会议提交的提案草案（中英文版）。该提案从履约背景、中国便利海上运输委员会建设概况、国际贸易“单一窗口”建设概况、下步工作计划和结论等方面重点介绍了中国便利海上运输委员会推进国际贸易“单一窗口”建设实践经验和成果，并提出FAL公约①关于国家便利运输委员会的建议，对缔约方推进FAL公约履约工作具有积极的指导意义。接下来，按规定程序及时上报上级审议，确保该提案顺利提交FAL 44次会议，切实为国际上其他国家（地区）便利海上运输委员会推进国际贸易“单一窗口”建设提供有力参考。

【浙江海事局全力助推夯实浙江省口岸发展基础】 全力支持浙江省口岸对外开放。2019年，全力支持推进台州港口岸头门等3个港区及舟山港口岸六横等6个港区扩大开放；推动完成舟山惠群和金塘大浦口等码头对外启用及新奥LNG、对台经贸、温州乐清湾等码头船厂临时开放；提前介入并服务指导绿色石化、澳洲牛业、黄泽山油品等重大项目同步推进工程主体和口岸基础设施设备建设；高度重视澳牛项目配套码头因生产经营需要而急需对外开放事宜，第一时间深入码头一线，指导和协调解决存在的问题，并同步启动该码头对外开放手续的并联办理，确保高效、有序推进完成码头对外开放工作。

助力提升口岸通航效率。推动浙沪毗邻水域航道锚地规划有效衔接，制定《浙江沿海航路规划及浙北水域通航管理方案》。进一步优化保税燃油加注锚地资源配置，整治扩容马峙锚地，先后新增15个锚位用于保税燃料油加注使用。归纳整理江海直达特定航线航行安全注意事项，提出特定航线推荐航法，助力提升江海直达船舶通航效率。

【杭州海关“两提两减”着力优化营商环境】 持续提升通关效率。一是全面推行提前申报、优化布控作业、实施进口矿产品“先放后检”监管模式、全面推广机检查验智能审图等措施，巩固压缩整体通关时间成果。二是自8月23日起在全国海关率先开展进口货物“两步申报”通关模式改革试点。该项试点已在杭州关区所有隶属海关实行，涉及24个业务现场。三是优化作业流程，克服设备配备、监管资质等十类问题，实现杭州空运口岸24小时无障碍通关。2019年12月，杭州关区进口整体通关时间35.72小时，比2018年12月缩短7.83小时；出口2.48小时，比2018年12月缩短0.23小时。连续7个月达到浙江省委省政府提出的“进口压缩至40小时内、出口5小时内”的目标，助力浙江省整体通关时间领跑长三角地区。

着力提升服务水平。一是切实优化对企服务。建立健全党委成员定点联系企业机制，从“强化关企对接，解决实际困难”出发，对企业反映的问题诉求做到“一对一”跟踪办理，自2019年4月实施以来，共梳理汇总并解决企业难

① FAL公约即《国际便利海上运输公约》，于1965年首次通过，旨在协调船舶到达、停泊和离港的程序。该公约有118个缔约方。公约包括涉及手续、文件要求和程序的强制性“标准”和“推荐做法”，用于船舶自身及其船员、乘客、行李和货物的抵港、逗留和出港事宜。

题197个。二是积极推进综合保税区发展。制定杭州海关落实《国务院关于促进综合保税区高水平开放高质量发展的若干意见》的12条措施，推动“促进研发创新”“开展检测维修”等16项制度在舟山港、嘉兴、金义、杭州4个综合保税区落地实施；同时，成立工作组对企业开展定向帮扶，解决或协调解决37项地方政府和企业提出的问题和需求。2019年，杭州关区的综合保税区进出口总额418.14亿元，同比增长34.8%。三是积极参与浙江省“最多跑一次”改革。将杭州海关34项、原浙江出入境检验检疫局32项事项简化整合为52项，全部实现“最多跑一次”。

不断精减核批手续。一是严格落实海关总署关于精简监管证件和随附单证要求，行政许可全程网上办理，并实现“零超时”“零差评”。通过数据共享、模式创新，2019年10月1日起实现浙江政务服务网与海关行政审批网上办理平台的数据对接，企业通过地方政务服务平台一次登录，即可办理海关行政审批事项。二是积极推进涉企行政审批“证照分离”改革，如对“出口食品生产企业备案核准”实施“审批改为备案”改革，在企业注册登记环节一并办理备案手续，并长期有效，2019年12月1日成功办理全国首单业务。三是扎实推进商事登记制度改革，会同浙江省市场监管局等多个涉企部门，联合建立全省统一的企业注销网上服务平台，2019年8月19日起在全国海关首批实现企业注销“一网”办理，并对网上办理注销的所需材料实行跨部门“一次采集，多次复用”的共享机制，企业申请材料由原来的6项减少为1项。

积极贯彻减税降费政策。一是严格落实增值税减税政策，自4月1日实施以来，2019年共减征增值税70.93亿元，惠及进出口企业4 500余家；积极落实减免税政策，2019年减免两税18.35亿元。二是强化原产地政策帮扶指导，推动自贸协定实施。2019年为进口企业签发原产地证书105万份，货值408.64亿美元，签证量居全国海关系统首位，共可使浙江企业享受海外关税减免约116亿元。三是扎实开展涉企收费专项排查和清理整治。制定涉企收费整治工作方案，实施收费公示现场监督，组织进出口企业及代理企业参与的座谈会传达减税降费的相关政策等，确保杭州关区无违规涉企收费。

【杭州海关多措并举支持义甬舟开放大通道建设】 以“一中心三基地一示范区”[①] 建设为目标，全力促进浙江自贸试验区发展。一是主动服务浙石化、波音等重大项目建设，全国海关“两步申报”改革率先在浙江自贸试验区启动，首票飞机融资租赁顺利落地。二是积极探索创新，推出“船舶设备外发修理”“保税油品转让”等5项自贸试验区监管创新举措，在国务院发布的第五批在全国范围复制推广自贸试验区改革试点经验中，有4项为杭州海关贡献。三是提前应对限硫令政策调整，充分听取企业实际需求，配合地方政府向相关部委争取低硫船用燃料油出口退税政策。2019年，舟山口岸保税供油410.27万吨，同比增长14.2%，占同期国内港口供油总量1/3，列全国第一，世界十大供油港地位更加稳固。

以推动海关特殊区域场所发展为手段，优化义甬舟沿线进出口平台布局。一是出台《杭州海关支持和促进综合保税区高水平开放高质量发展若干措施》，全方位参与义甬舟沿线综合保税区发展。金义、舟山港综合保税区2019年进出口值分别同比增长150.1%、95.7%。二是服务义乌跨境电商综合试验区。依托海关特殊区域场所开展网购保税进口（1210）业务，2019年实现网购保税进口8.96亿元。三是积极推进国际矿石中转基地建设，依托舟山港综合保税区，2019年实现保税混矿1 571.5万吨，居全国首位；创新推出舟山港综合保税区区间货物“直通流转”监管模式，打破一区三片物理界限，实现货物在各片区之间的便利流转。

---

① 浙江自贸试验区“一中心三基地一示范区”，即国际油品交易中心，国际海事服务基地、国际油品储运基地、国际石化基地，大宗商品跨境贸易人民币国际化示范区。

以推进海关监管创新为抓手，服务义甬舟打造“世界超市”。一是助力义乌市场实现“买全球、卖全球”。密切与口岸海关联系，助推长三角区域首条跨境电商中欧班列（义乌—列日）eWTP菜鸟号首发；创新保税货物集拼转口、“义新欧”班列货物转口监管模式，支持义乌转口贸易开展，2019年受理集拼转口报关单100余份，货值超过2 400万元。二是积极促进全牌照口岸建设。指导义乌进口冰鲜水产品、舟山沈家门进口食用水生动物指定监管场地、义乌进口水果指定监管场地分别于2019年4月、5月和10月通过海关总署考核验收；9月顺利实施首批进口肉类转检，舟山进境澳洲屠宰活牛隔离场开展全国首创的“一场多区”模式和隔离场屠宰厂近距离建设。三是积极推进多式联运海关监管，指导义乌铁路口岸（临）海关监管作业场所改造，2019年监管铁海联运集装箱4.74万标箱，同比增长31.34%；推出粮食运输“散改集”举措，散货通过舟山口岸水路运输进川渝地区所需时间从1个月减少到15天，每吨运输成本减少5元；促成空运异地机场货站业务创新，实现空运货物在义乌机场组货后通过陆路运输至杭州机场出境，有力推动浙江省空港一体化发展。

以深化杭甬两关执法统一协作为契机，推动宁波舟山港一体化发展。针对宁波舟山港国际中转业务发展实际，向海关总署提出建议、参与集中工作，反映地方政府需求，得到海关总署有力支持，正在征求意见的《海关支持长三角一体化监管措施》中已为宁波舟山港量身定制了运输工具一体化监管的相关举措，包括允许同一港口内国际中转箱跨关区快捷转运、船舶境内续驶采用电子关封等个性化方案。实现宁波、舟山口岸进口大宗资源能源性商品检验监管一体化，宁波舟山港跨关区港区分卸的价值269万吨进口原油已实现检验监管互认。

【杭州海关全面落实总体国家安全观】 一是打击走私坚决有力。锲而不舍、一以贯之落实习近平总书记重要指示批示精神，强化进口固体废物监管，严禁“洋垃圾”走私进境，2019年检出环保项目不合格11批，立案侦办走私“洋垃圾”及固废案件22起，查获各类固体废物3 295吨；严厉打击象牙等濒危物种及其制品走私，查获象牙、犀牛角、穿山甲鳞片等濒危物种及其制品11.13吨。深入开展“国门利剑2019”“蓝天2019”专项行动，立案走私犯罪案件131起，案值25.14亿元，涉税7.39亿元。保持打击涉枪涉爆高压态势，立案武器弹药进口走私犯罪案件4起，涉案枪支54支；严厉打击毒品走私，立案毒品进口走私犯罪案件18起，查获各类毒品16.75千克。参加浙江省公安秋冬扫毒会战，并将2016年以来杭州地区办结的走私毒品案件涉案毒品上交销毁；强化芬太尼类物质监管查缉，联合杭州市公安局开展打击专项行动。二是加强口岸公共卫生安全防控。迅速贯彻落实海关总署发布的关于鼠疫、埃博拉出血热、中东呼吸综合征等传染病防控公告等，2019年排查处置有传染病症状人员1 461人次、检出确诊传染病321例，其中杭州萧山机场海关截获了杭州关区口岸首例入境基孔肯雅热病例；制定应对突发公共卫生事件处置预案，联合宁波海关、浙江省卫生健康委修订完善三方加强全面协作确保口岸卫生安全的合作协议，与浙江省卫生健康委举办机构改革以来埃博拉出血热应急处置首次联合演练；妥善处置泰国入境人颅骨等口岸突发公共卫生事件。三是坚守国门生物安全底线。2019年截获进境植物有害生物565种、14 431次，查获禁止携带邮寄动植物及其产品12 172批次。其中从澳大利亚樱桃上截获李属坏死环斑病毒，从加拿大小麦中截获麦类壳多胞斑点病菌，均为全国首次，海关总署据此发布警示通报。做好进口粮食风险防控，落实粮食安全市长责任制；制定口岸重大动植物疫情应急处置预案，推进落实动植检能力提升工程；全力防控非洲猪瘟疫情，封存肉类20吨，检出16批非洲猪瘟病毒核酸阳性，协同浙江省农业农村厅明确初筛阳性样品复核及处置流程事项。

【杭州海关全力助推浙江自贸试验区优化营商环境】 全面落实《海关总署关于支持和促进中国（浙江）自由贸易试验区建设发展的若干

措施》。积极落实国务院深化自贸试验区改革创新措施。聚焦以油气全产业链为核心的大宗商品贸易自由化，深化改革创新，优化监管服务，不断提升贸易便利化水平，优化浙江自贸试验区营商环境。

推进申报改革，为提升营商环境提速增效。一是在全国海关率先开展“两步申报”改革试点。大大缩短货物在口岸滞留时间，降低物流成本，给企业带来真正实惠，2019年12月舟山口岸进口、出口整体通关时间为24.6小时和1.3小时，分别比2018年12月压缩27.3%和44.0%。二是创新应用国际贸易“单一窗口”申报平台。实现船舶进出境和物料申报全程无纸化，申报项目减少66.7%，单船进出境手续办理平均耗时减少80%，形成船舶进出境的“舟山样板”经验。三是研发应用保税燃油加注“一口受理”平台。解决多头申报、重复录入问题，实现保税燃油加注“最多跑一次”，保税燃油审批出库到受油船离泊缩短至1天内完成。

推出监管创新，为优化营商环境注入活力。一是深化自贸试验区监管制度创新。2019年新推出5项监管创新举措支持浙江自贸试验区发展。二是支持国际海事服务基地建设。“优化进境保税油检验监管”“保税燃料油跨港区供应”等监管制度入选国务院第五批全国范围复制推广的改革试点经验。三是推动舟山港综合保税区高水平开放高质量发展。全面落实“四自一简”，推出区间货物“直通流转”监管，实现货物“一区三片”便利流转，优化货物进出区管理。

聚焦重大项目，为培育营商环境创优服务。一是支持绿色石化基地建设。成立专项工作小组，主动对接企业需求，量身定制帮扶举措，创新重大项目进口设备检验制度，采取“备忘签署、质量保证、抽批查验、后续监管”检验模式，将平均通关放行时间缩减至1.5天。二是支持国际农产品贸易中心建设。指定专人对接中澳现代产业园项目，密切掌握项目进展和企业需求，争取隔离场屠宰场一体化和隔离场一片多区等政策支持。支持粮油产业园区建设，推出优化进口粮食江海联运检疫监管、粮食运输“散改集”等创新举措，提升粮食多式联运物流综合服务能力。三是支持国家远洋渔业基地建设。优化渔船备案注册机制，2019年共备案渔船49艘，国外推荐注册48艘，指导帮扶4家舟山出口水产品企业顺利通过韩国官方检查，保障对韩水产品贸易正常开展。

【杭州海关五项措施推动义乌国际卫生机场创建】 2019年11月29日，义乌机场顺利通过世界卫生组织专家考核验收，成为全国第13个、杭州关区首个国际卫生机场，义乌也成为全国首个获此殊荣的县级城市。创建工作启动以来，杭州海关按照建设口岸强省工作目标，扎实推进国际卫生机场创建工作，义乌空运口岸核心能力显著提升。

一是注重关地配合，明确创建责任分工。义乌市成立了以市长为组长、分管副市长为副组长的义乌市创建国际卫生机场领导小组，建立“政府牵头主导、机场主体落实、海关技术指导、部门协调联动”工作机制。同时，在杭州海关指导下，义乌市及时制定了创卫工作总方案，所在地义乌海关、卫健、环保、民航、机场公司等部门和单位分工明确、责任明晰，共同推进创卫工作开展，其间，召开部门协调会40多次，现场检查、督察50余次，编制创卫简报22期。

二是整合专家资源，助力创卫工作开展。杭州海关组织邀请全国创卫专家对义乌机场创卫条件进行现场评估，邀请海关总署卫生检疫司及厦门、成都、南京、宁波海关技术专家赴义乌做专题培训和现场指导，并开展技术支援，抽调杭州关区内媒介、卫生监督专家赴义乌蹲点指导，为义乌国际机场创建工作奠定了坚实的基础。

三是落实标准要求，提升口岸核心能力。杭州海关对照《国际卫生条例（2005）》，对涉及的制度、机制、流程、操作等200余项内容进行全面梳理和完善，形成10万余字的中英文技术报告及评估报告。同时，牵头制定并下发了《义乌市航空口岸突发公共卫生事件应急处置预案》等4个应急预案，制定航空口岸及周边400米防护带范围内病媒生物监测与防制工作方案，与卫生、环保、边检、民航等部门签署合作协议，将航空口岸的突发公共卫生事件应急处置、医疗急救分别纳入义乌突发公共卫生事件应急处置机制和义乌急救体系。义乌机场已经建立起以海关为中心、多部门联动的一体化口岸核心防控体系，口岸突发公共卫生事件防控能力显著提升。

四是发挥技术优势，指导相关单位进行整改。指导义乌机场公司新建和改造一批基础设施。改造后的机场医务室已具备了7级急救保障能力；改造后的垃圾转运站实现垃圾分类处理，并配备了技术工艺先进的餐厨垃圾生化处理设备，实现资源循环利用；新建的航空器污水处理站，污水排放达到《城镇污水处理厂污染物排放标准》一级B类排放标准；改建的机场职工食堂，实现了功能分区合理、管理规范、卫生状况良好目标；整改提升后的二次供水站、新建航空器供水站实现海关24小时联网监控。

五是开展环境治理，优化机场及周边环境卫生。在机场及周边400米区域开展“海关、机场公司、社区”三方联合防控，将义乌空运口岸纳入义乌市整体媒介监测网络，并与义乌市全国文明城市创建和爱国卫生运动相结合，消除各类病媒生物孳生地。同时，重点对房前屋后脏乱差、乱搭建、卫生死角、畜禽养殖、排水不畅等问题进行专项整治，消除了蚊蝇滋生，确保机场区域环境干净整洁。

【杭州海关全面深化行政审批制度改革 办理时间压缩三分之二】 2019年，杭州海关立足浙江省改革实际，精准对接海关总署改革部署，全面深化行政审批制度改革，“行政审批事项全流程网办”“证照分离”等多项改革顺利落地，12项行政审批事项全部实现“零跑腿”办理，助力浙江省营商环境持续优化。2019年，杭州关区共办理行政审批事项3 662件，办理时间同比压缩近三分之二，为浙江省进出口企业节约各类制度性成本300余万元。

一是改革以“优”，优化海关行政审批“一个窗口”整体效能。深刻领会行政审批改革要义，立足机构改革实际，全面梳理新海关行政审批事项。根据“统一管理、一窗受理、属地办理”原则，优化海关行政审批运行模式；将杭州关区原77个行政审批“一个窗口”整合为53个，厘清前台受理窗口与后台办理部门、职能管理部门职责；根据改革推进节点，动态做好服务指南、行政审批受理单等法律文书更新和人员业务培训，提升行政审批“一个窗口”整体效能，积极释放机构改革和行政审批改革红利。2019年，杭州海关行政审批“一个窗口”实现全年“零投诉”。

二是改革以“新”，创新实现行政审批事项全流程网办。做好海关行政审批网上办理系统应用、推广工作，杭州关区12项行政审批事项的申请、审批、用印均实现线上全流程办理。自2019年7月1日海关行政审批网上办理系统正式运营起，全程线上办理行政审批事项2 064件，占总办件量的56%。对杭州海关行政审批事项进行颗粒度细化，将12项行政审批事项细化为75项子项，并积极对接浙江省委改革办、跑改办、省政府大数据局等单位，实现海关行政审批事项浙江政务服务平台全入驻，使“数据多跑路、群众少跑腿”成为海关行政审批新常态。自2019年10月1日入驻后，通过政务服务平台办理行政审批事项672件，占总办件量的29.6%。

三是改革以“实”，确保放管服改革落实落细。根据海关总署改革部署，有序推进新一批行政审批事项取消和证照分离改革。注重分类施策，优先在自贸试验区实施部分事项“审批改备案”以及“实行告知承诺”。精简涉企证照，取消84项证明事项，大力降低企业制度性交易成本。取消“承运境内海关监管货物的运输企业、车辆注册”“小型船舶往来香港、澳门进行货物运输备案”“长江驳运船舶转运海关监管的进出口货物审批”等3项行政审批事项；在浙江省范围内对“进出口商品检验鉴定业务检验许可”“口岸卫生许可证（涉及食品、饮用水）核发”等10项行政审批事项优化审批服务；对“出口食品生产企业备案核准”以及在浙江（舟山）自贸试验区范围内的“报关企业注册登记”实施审批改备案；对“口岸卫生许可证（涉及公共场所）”核发实行告知承诺。2019年12月1日，开出“证照分离”后全国海关系统首份“出口食品生产企业备案”证明。

【杭甬两关优化监管服务助力浙江省市场采购贸易快速发展】 自市场采购贸易方式落地浙江以来，杭甬两关积极探索，不断优化监管和服务，助力浙江省市场采购贸易快速发展。2019年，浙江省市场采购贸易出口2 597.98亿元，同比增长27.39%，呈现出蓬勃发展的势态。

加大科技应用，提升转关货物通关效率。一是对市场采购出口转关货物实施全程无纸化监管，从施验封、核销到港区放行实现全流程电子化和无纸化，完成了从“最多跑一次”到“一次都不用跑”的跨越。二是通过应用安全智能锁、自动施验封等技术手段，实现市场采购货物集装箱信息的自动读取和流转，海关施验封时间由3分钟降至10秒左右，提高市场采购货物转关运输物流效率约20%，从宁波口岸出口的义乌市场采购转关货物安全智能锁应用比率达99.8%，基本实现全覆盖。三是对施加安全智能锁的市场采购出口转关货物实施转关自动核销，免去企业递单和海关人工审批环节，有效提升市场采购货物通关效率，义乌市场采购货物整体通关时间缩短3小时以上。

提升服务水平，持续改善口岸营商环境。一是支持市场采购货物通过海铁联运方式出口，对海铁联运货物推出铁路批量中转作业模式，在商业封志完好的基础上不再施加海关封志，并实施出口转关自动核销，极大提升了货物出口便捷性，2019年，义甬海铁联运班列集装箱达12万标箱，同比增长32%；二是深入推进口岸监管“查检合一”工作，全面实现货物监管、运输工具监管领域“统一申报单证、统一作业系统、统一风险研判、统一指令下达、统一现场执法”的监管新模式；三是加强外贸形势动态监测预警分析，深入分析口岸、地区及浙江省的外贸数据，及时反映进出口形势、异动变化和政策执行效应以及其背后的原因，有效发挥宏观经济决策辅助作用。

净化市场环境，提升市场采购货物规范化水平。一是加强日常监控，应用途中监控系统，设置风险参数，并结合安全智能锁的卫星定位技术，强化风险预警能力，有效查堵途中运输违规操作行为；二是有效打击匿报谎报出口烟花爆竹和出口侵权等违法违规行为，并向交通、港口、船公司等通报查获情况，形成打击合力，不断强化市场主体的法律意识；三是建立信息公开和共享机制，杭甬两关及时沟通案件查获情况，通过加强全社会对市场采购贸易主体的监督与评价，引导贸易主体规范操作、合法经营。

推动市场采购贸易监管制度修订，进一步释放改革红利。积极推动和参与海关总署市场采购贸易方式海关监管办法修订和操作规程起草工作，充分总结义乌市场采购贸易试点以来取得的好经验和好做法，并积极争取将其纳入其中，进一步提升市场采购出口小商品通关便利化。一是优化简化申报，将商品合并归类适用条件从10种降为5种，扩大了简化申报覆盖面。二是精简随附单证，不再要求提供采购商身份信息及身份证复印件、商户与采购人进行商品交易的采购原始单据、完整装箱清单、出口商品清单等纸质单证。三是在风险联防联控的基础上，允许以通关一体化模式办理通关手续。

【宁波海关业务概况】 2019年，宁波海关共审核验放进出口报关单508.72万张，同比增长5.7%；监管进出口货物1.74亿吨、货值1.71万亿元，同比分别增长2.60%、6.70%；监管进出境行邮物品815.27万件，同比下降25.28%，快件1 315.48万件，同比增长49.10%；实现税收772.16亿元（净入库704.28亿元），同比下降9.46%（净入库同比下降9.72%）；检验检疫进出口货物21.81万批，同比增长11%，货值581.6亿美元，同比下降0.40%；监管出入境人员182.98万人次、运输工具3.72万艘（架）次、集装箱1 424.89万箱次，同比分别增长8.70%、5%和6.60%。有关单位及个人赠送感谢信、锦旗、牌匾207封（面）。

【宁波海关不断优化营商环境，助推贸易便利化】 优化口岸营商环境。推出促进外贸稳定增长18项重点工作措施。进出口无纸化率达96.40%和98%，除有保密等特殊需要外，所有48项监管证件实施联网核查。全国首批启动并在宁波关区全面推广“两步申报”改革试点，口岸整体通关时间压缩近50%，2019年12月份口岸整体通关时间压缩至进口37.1小时、出口4.31小时，较2019年1月份分别压缩29.79%和53.76%。梳理口岸监管新流程，对不同风险的货物分类处置，打造新海关口岸监管标准化体系，开发宁波海关查验移箱系统，将查验数据与港区生产作业系统实时对接，实现宁波关区查验移箱指令的自动生成、自动传输及短信推送和企业查询功能。积极推进运输工具申报全流程无纸化作业，代理企业直接凭电子申报信息办理业务，运输工具口岸通关手续更加便捷，宁波口岸运输工具和舱单申报覆盖率均已达100%。

推进“单一窗口”工作。上线“两步申报”、推广金关二期加工贸易系统、建设“出口退税”数据网络通道；积极参与“单一窗口”地方版建设，推进与海事和边检的对接工作，完成舱单和运输工具数据申报通道改造，实现“单一窗口”标准版货物申报、舱单申报和运输工具申报等主要申报业务100%覆盖，实现申报数据共享和继承，为企业提供诸多便捷，促进跨境贸易便利化。

强化综合治税工作。2019年累计税收入库772.16亿元，政策性退税67.88亿元，税收净入库704.28亿元，在全国海关税收排名中位列第7名。巩固税基，加强税收入库监测，实时掌握税收进度，形成35个关税业务执法评估指标，完善税收风险防控体系；以属地纳税人管理为基础，强化关税、稽查、缉私部门的密切配合，2019年审价补税2.28亿元，归类补税1 725.29万元，稽核查补税1.52亿元；大力支持跨境电商新税源增长，2019年跨境电商网购保税进口项下总纳税额20.50亿元，同比增长20.90%；推进关税保证保险、汇总征税、自报自缴等改革措施，做好企业和公民的咨询接待与释疑，2019年共审核通过关税保证保险单824份，涉及76家企业，保单总金额66.40亿元；审核确认征免税证明723份、货值1.97亿美元，减免税款1.51亿元，其中，减免关税9 374.39万元、减免进口环节税5 708.19万元。保障自贸协定顺利实施，各类优惠原产地证书为企业减免进口关税25.07亿元。

巩固“全港创卫”成果。推行国际航行船舶供水“开放式申报+验证式监管”新模式，累计为外轮供水162批次、22 859吨，为供水企业和用水单位每批次平均节省约1小时；下放口岸卫生许可证核发权限，新政实施以来2个月共办理口岸卫生许可证9件，平均办理时长4.2个工作日，低于全国平均时长；以信息化手段优化出入境特殊物品审批服务，实现申请、审批全程网上办理，2019年共检疫审批特殊物品143批次，平均审批时长缩短至1.8个工作日。

【宁波海关贯彻落实总体国家安全观】 严厉打击“洋垃圾”走私，切实维护国家环境安全。发挥风险防控、正面监管、后续稽查、缉私办案联动优势，加大对货运渠道伪瞒报、夹藏“洋垃圾”走私的打击力度，紧盯新列入禁止进口范围的废五金等16种固体废物，连续开展3轮“蓝天2019”集中打击行动，共立案侦办固体废物走私犯罪案件14起，查证废塑料、废金属等废物1.60万吨；加强信息共享和联合分析研判，提升人工风险分析布控精准性；加大对转关货物的风险监控，升级途中监控系统提升转关货物物流管控能力，共立案侦办木炭走私犯罪案件6起，查证走私出口木炭5 700余吨。

严厉打击象牙等濒危动植物及其制品走私，切实维护国家生态安全。加强行李寄递物品监管，利用行李物品预检X光机进行先期机检，加大CT机智能审图应用，对进境行李、邮快件机检图像存疑的高风险包裹实施100%开箱（包）查验；强化风险分析，加强风险研判，根据过往违规记录，建立“黑名单”制度，针对象牙等濒危物种及制品进行重点查缉，提升打击精准性；梳理象牙等濒危动植物及制品处置流程，加强涉嫌濒危物品的仓储、送检、鉴定等重点环节的管理，强化部门间联系配合，做好后续处置工作。2019年，在旅检、快件、邮递渠道共查获濒危物种及其制品情事31起，查获濒危物种及其制品71件，总重量58.05千克，在货运渠道现场查获涉象牙等濒危物种及其制品走私案1起，查获濒危物种及其制品60件，其中，象牙制品48件，重约27千克。

严厉打击成品油等重点涉税商品走私，切实维护国家财税安全。“NB1905”成品油走私案入选2019年全国海关打击走私十大典型案件。该案打掉以滕某某为首的境内外勾结成品油走私团伙，抓获犯罪嫌疑人43名，案值12.70亿元，涉案成品油17万吨，查扣5万吨级大型走私母船1艘。

强化进境种苗隔离检疫监管，构筑国门生物安全防线。定期对隔离圃开展现场监管和风险排查，指导企业建立健全隔离种植台账，做好溯源管理；建立口岸查验、隔离监管部门和技术中心参加的工作微信群等，及时将苗木信息以及工作中发现的问题进行反馈，达到提升疫情截获率、形成严密监管闭环的目标；实现一线智慧监管、精准监管，首次在进境种苗隔离检疫中使用无人机技术辅助开展检疫监管，隔离圃的监管由原来每次需要半个工作日缩短至1小时。2019年，共完成进境种苗隔离检疫373批次，在隔离圃截获各类有害生物85种、11 267种次，其中，检疫性有害生物10种、94种次，全国首次截获检疫性有害生物山茶花腐病菌。

强化非洲猪瘟防控。强化进口肉类监管场地非洲猪瘟风险排查，重点排查进口肉类制品查验作业规范性、储存规范性、物流管理有效性，坚决防止在进口肉类储存库内存放走私或来源不明的肉类产品，排查面积6 500平方米，涉及进口肉类查验区及储存库6家；强化运输工具监控，依托智慧物流优势，引入船舶全球AIS卫星数据，实现船舶伪报、瞒报挂靠疫区的自动预警，通过监控发现船舶申报不实涉及非洲猪瘟疫区情事6起，封存来自非洲猪瘟疫区船舶各类猪肉及猪肉制品14 638千克；强化对来自非洲猪瘟疫区的进境旅客携带物、邮寄物、快件等的检疫查验和监管作业现场重点监控，重点检查非洲猪瘟防控措施的执行情况，确保对进境邮件、快件、跨境直邮商品100%过机检查，对机检疑似物品全部开箱查验，2019年在行邮渠道共检出非洲猪瘟阳性6批次；强化口岸非洲猪瘟防控监控，建立宁波关区口岸非洲猪瘟防控长效机制，充分利用监控指挥中心，定期开展口岸非洲猪瘟防控专项监控，对非洲猪瘟防控监控关键节点和疫情防控措施实行动态视频巡查。2019年共开展58轮监控检查，确保“全链条、多举措、最严格”管控措施落实到位。

保障口岸卫生安全。规范现场卫生监督，对口岸食品生产经营单位、公共场所和储存场地开展现场卫生监督1 037次，实施从业人员监管7 675人次，发现并整改问题214个。持续开展口岸病媒生物监测，在机场、镇海、北仑、大榭和梅山口岸开展病媒生物监测，2019年捕获鼠形动物34只、成蚊1 202只、蝇1 987只和蜚蠊578只，对密度超过口岸病媒生物控制标准区域严格实施控制措施。实施口岸饮用水专项监测，对二次供水点、供水车、旅客饮水点等开展监督202次，发现并妥善处置入境航空器机上饮用水菌落总数超标事件，函报海关总署并促成在全国口岸开展民用航空器水质安全专项检查。

加强实验室建设。2019年，整合优化8个隶属海关所属实验室资源配置，构建技术大中心整体布局，搭建卫生检疫技术支撑体系，实现宁波关区实验室统一管理；获批国家级进出口商品质量安全风险验证评价实验室（原油及其炼化产品），高等级生物安全实验室顺利通过科技部审查。

【宁波海关服务新兴业态发展和口岸功能拓展】 服务跨境电商发展。推出促进跨境电商网购保税进口8项举措，2019年验放网购保税进口申报清单1.09亿票，商品总值203亿元，征收税款20.53亿元，同比分别增长28.39%、41.3%和20.91%，三项数据稳居全国第一，“双11”当天放行跨境电商进口申报单和货值实现全国三连冠。全力打造跨境出口商品“海、陆、空、邮、信息”五港联动体系，推进“简化申报、清单核放、汇总统计”新通关模式，跨境出口申报清单230.20万票、货值4 965.03万元，分别为2018年同期112倍、11倍。全国率先试点特殊区域跨境电商出口海外仓零售模式，实现零售订单完成后商品从海外仓直送至海外消费者。开展跨境出口商品退货试点，建立高效、安全、快捷的跨境电商出口退货渠道，促进跨境电商企业大胆“走出去”。

助力宁波邮路口岸稳步发展。合理调整业务分工，严格落实监管要求，围绕国门安全实施有针对性的重点查缉，未出现一起爆仓滞留等异常情事；积极推动国家减税降费政策落地，开通邮递物品行邮税手机移动支付业务，将便民服务落到实处。2019年，监管进出境邮件1 579.70万件，同比增长7.30%，创历史新高。其中，进境邮件25.50万件、出境邮件1 554.20万件，同比分别减少18.80%、增长7.80%；月均监管量131.60万件，同比增长7.30%；日均监管量达4.30万件，单日峰值超14万件，同比分别增加7.50%、7.70%。

发挥宁波肉类指定口岸作用，扩大肉类进口。采取“7天24小时预约查验”模式，对进口肉类优先通关验放，平均通关时间为3.40天，同比缩短40%以上，通关速度位列全国第一。积极推动“一带一路”沿线国家肉类输华准入，牵头完成海关总署对斯洛伐克、斯洛文尼亚、意大利等国输华肉类安全风险评估。2019年，宁波口岸进口肉类11.80万吨，同比增长44.80%，其中国家储备猪肉约3万吨。

【宁波海关助力企业发展】 加强知识产权保护。开展知识产权保护“龙腾”专项行动，2019年共查获侵犯知识产权案件222起，查扣相关侵权货物约513万件，案值约3 302.30万元，涉及“华为”“NIKE”“DISNEY”“香奈儿”“安踏”等国内外知名品牌。探索侵权违规规律和特点，加强风险防控，精准聚焦消费电子类产品、汽车配件、个人护理用品、服装鞋包等，下达布控指令139条，查获率约83%；强化区域合作，形成知识产权执法合力，与天津海关、南京海关、拱北海关等直属海关联合查获砂轮片、汽油动力液体泵、节能灯等案件；完善两法衔接，积极配合公安部门挖源头、打网络、破渠道、毁链条，共向公安部门通报知识产权案件线索16起；通过各级媒体广泛宣传贴近消费者安全健康的典型案例，引导浙江省内企业进行海关备案，有效备案9 569项，约占全国32.7%，权利人数量2 524个，两项数据均居全国首位。

开展企业认证工作。组织认证人员对企业开展实地培育，建立“面对面”培育机制，指导企业对标认证标准开展自查，按照认证标注建立管理体系，规范经营管理，确保企业顺利通过认证。浙江中外运有限公司顺利通过海关认证成为高级认证企业，成为新海关认证标准实施以来宁波关区通过认证的首家高级认证报关企业。

推出原产地签证便利化改革举措。全面落实“两证合一”改革，实现企业备案数据自动推送、导入、转换、采信和确认；利用原产地证书自动审单系统实现证书“秒审”，通过数据标准化采集和动态化更新完善原产地证“智慧审单”平台，确保签证工作高效、规范；积极推广原产地证自助打印，打通原产地业务电子化办理的“最后一公里”，有针对性地对企业推出免费培训、“一对一”上门帮扶等服务举措，使企业充分享受自由贸易政策带来的“关税红利”。2019年共签发各类原产地证48.18万份、签证金额达171.71亿美元。其中，签发区域性优惠原产地证24.09万份，签证金额71.86亿美元，同比分别增长5.96%和6.34%，预计可为相关企业减免进口方关税3.59亿美元。

【宁波海关支持宁波“一带一路”建设】 支持甬舟一体化发展。全面实施跨关区转关作业无纸化，实现运抵口岸转关自动核销，开展海铁联运批量中转，推广安装安全智能锁，对转关出口货物集装箱实现全程监管、自动核销和24小时验放，减少人工检查和时间损耗，推动宁波舟山港“海陆、海铁、水水”多式联运业务快速发展，开通“宁波—武汉”海铁联运转关模式，海铁联运业务深入内地。宁波舟山港2019年海铁联运业务量首超80万标箱，跻身海铁联运全国第二大港；构建杭甬两关信息互通大通道，在两关施验封数据共享的基础上，推进出口改配数据、理货数据的实时共享，进一步提升甬舟两地口岸监管一体化水平；推动宁波舟山港国际中转集装箱互通，支持在宁波舟山港内开展保税燃料油跨关区直供业务，促进宁波舟山港港航服务一体化，助力宁波舟山港深度融合，2019年，累计监管跨关区保税燃料油83.90万吨，同比增长27.03%。

承办第四届中国—中东欧国家海关检验检疫合作对话会。2019年6月7日，第四届中国—中东欧国家海关检验检疫合作对话会在宁波召开。本次会议由海关总署和浙江省政府共同主办，宁波海关与宁波市政府承办。会议主题是“深化检验检疫合作，保障安全贸易”和“打造关企伙伴关系，优化跨境贸易环境”。来自12个中东欧国家、1个观察员国家、1个特邀国家的海关、检验检疫机构以及中外资企业的150多位中外嘉宾参加会议。海关总署副署长王令浚出席并发表主旨演讲。克罗地亚副总理兼农业部部长托米斯拉夫·托卢希奇和浙江省委副书记、宁波市委书记郑栅洁出席会议并致辞。会议期间中方与外方进行了多场双边会谈，签署两项备忘录。

开放口岸

【杭州空运口岸（杭州萧山国际机场）】 杭州萧山国际机场位于浙江省杭州市东部，距杭州市中心27千米，是国务院确定的国内区域性枢纽机场，是国家对外开放口岸、中国内地十大机场和全球百强机场之一。机场占地面积10平方千米，拥有2条跑道（北跑道长3 400米、宽60米，南跑道长3 600米、宽45米），飞行区等级为4F，可起降目前世界上最大的民航客机——空客A380。机场共有3座航站楼，总面积近37万平方米，值机柜台226个、自助值机设备77台；机坪面积218万平方米，其中客机坪面积183.3万平方米，货机坪面积34.7万平方米；停机位共166个，其中客机位137个（包括廊桥机位51个、远机位86个）、货机位29个。

杭州萧山国际机场是由原军民合用杭州笕桥国际机场迁址新建机场，原杭州笕桥机场于1979年经国务院同意开通至我国香港地区的包机航线，于1980年经批准正式对外开放。杭州萧山机场于1997年7月动工新建，2000年12月建成通航。2003年9月，国务院批复同意杭州空运口岸扩大对外国籍飞机开放。2004年3月，杭州空运口岸通过国家验收正式对外开放。2007年11月，机场二期扩建工程开工，2013年1月建成投运。2018年10月，机场三期工程破土动工。杭州萧山国际机场内建有独立的口岸工作园区和完善的口岸设施及功能（包括落地签证点、台胞签注点、过境144小时免签通道等），实行“5+2”工作制。杭州空运口岸于2019年9月29日起全面实现24小时无障碍通关。创建国际卫生机场相关工作基本完成，并通过了海关总署专家组的预验收，2019年12月25日向海关总署递交了正式验收申请。

2019年，杭州空运口岸开通了杭州—罗马、杭州—圣彼得堡、杭州—开罗、杭州—万象、杭州—名古屋、杭州—清莱、杭州—曼德勒、杭州—马尼拉（货运）、杭州—叶梅里亚诺夫（货运）、杭州—达卡（货运）10条国际航线。其中，罗马航线是杭州通航以来开通的第四条直达欧洲的客运航线，助力“一带一路”国家倡议实施，为2020年中意建交50周年献礼；马尼拉航线的开通有利于发挥杭州中国电子商务之都优势，推动中菲两国跨境电商产业发展，更好服务“一带一路”建设；开罗航线填补了浙江省非洲航线的空白，使杭州机场的国际航线首次覆盖到全球五大洲，联通了“一带一路”沿线非洲大陆重要的门户国家。截至2019年年底，杭州空运口岸已有出入境定期通航点62个，其中地区6个、国际56个（含全货机航点8个），形成了辐射亚洲，连接中东，直通欧洲、美洲、非洲和大洋洲的航线网络。2019年新引进定期营运的国外航空公司5家，为俄罗斯伊尔航空、俄罗斯阿特兰航空（货运）、缅甸国家航空、老挝航空、埃及航空，截至2019年年底，共有51家中外航空公司（不包括临时包机航空公司）运营定期国际（地区）航线，其中国内12家、地区7家、国际32家。

2019年，杭州萧山国际机场旅客吞吐量4 010.84万人次、货邮吞吐量69.03万吨，保障航班起降29.09万架次，同比分别增长4.9%、7.7%和2.1%。其中，年客运量首次突破4 000万人次大关，成为中国内地第十个“4 000万俱乐部”成员；货量增幅排名中国内地前十大机场第3位，总量跃居第5位，较2018年上升1位（超越成都）。杭州空运口岸出入境旅客548.36万人次（入境273.68万人次、出境274.69万人次），同比增长6.26%。出入境飞机35 561架次（入境17 745架次、出境17 816架次），同比增长7.9%。进出口货物量19.31万吨（进口货物量1.87万吨、出口货物量17.44万吨），同比减少2.47%；进出口快件390.68万件（其中进口快件184.58万件、出口快件206.10万件），同比减少5.61%；进出口货值（含快件）35.13亿美元，同比减少4.90%。

【宁波空运口岸（宁波栎社国际机场）】 宁波栎社国际机场位于浙东鄞西平原，距宁波市中心约12千米，是国内重要的干线机场。机场高架路与甬金高速出口相连接，地铁2号线将机场与市内火车站、汽车客运中心相连，客流往返与物流运输均十分便利。机场在用T2航站楼于2019年12月28日启用，候机楼面积11.24万平方米，机坪面积53.2万平方米，机位数量60个，现飞行区跑道长3 200米，配备有国际先进的通信导航和航行管制设备，达到4E级标准，可满足波音747等大型飞机起降。机场交通中心面积5.5万平方米，直接与T2航站楼相连，可同时停靠约1 040辆小车和40辆大客车。

1992年7月，宁波空运口岸经国务院批准正式对外开放；年底，国际航空货运业务开通。2005年4月1日，宁波空运口岸扩大对外国籍飞机开放获国务院批准，9月2日通过国家验收。口岸拥有冰鲜水生动物及国家水果指定口岸资质，可满足海鲜、水果等特种货物的进境需求。2016年11月10日成为浙江省首个、全国第十一个国际卫生机场。

2019年，宁波栎社国际机场新开通东京、首尔、曼德勒、仰光、襄阳5个国际客运航点。其中首尔、东京的开通，填补宁波机场至北亚主要经济中心城市没有定期航班的空白，极大促进宁波与日、韩两地之间经贸文化旅游等各方面的交流。其中日本航线加上已开通的大阪、名古屋、静冈3个航点，日本也成为宁波机场国际航线中定班航线最多的国家。仰光和曼德勒作为缅甸第一和第二大城市，此次航线的开通，提高了宁波前往东南亚地区的通达性。同时，增加宁波至东京、大阪、名古屋航线密度，恢复宁波往返普吉航线，往返大阪达到每周5班、往返东京保持每日1班，换季后往返日本总航班量达到每天3班，大幅提升了宁波本地直飞日本的便捷程度。截至2019年年底，宁波栎社国际机场共开通航线143条，其中国内航线123条、地区航线5条、国际航线15条；通航城市96个，其中国内航点76个、地区航点5个、国际航点15个；2019年参与运营的航空公司达50家，其中国内31家、地区5家、国际10家、国际包机4家，平均每日超240架次航班从机场起降。

2019年，宁波栎社国际机场完成旅客吞吐量1 241.40万人次，同比增长5.94%；完成货邮吞吐量10.61万吨，同比增长0.42%；航班起降8.95万架次，同比增长4.74%；年旅客吞吐量浙江省排名第二，全国排名第33位；宁波空运口岸出入境飞机11 928架次，同比增长16.8%，其中出境5 833架次，同比增长16.5%，入境6 095架次，同比增长17.1%；出入境旅客154.7万人次，同比增长14.6%，其中港澳台旅客22.5万人次，同比增长0.6%，外国籍旅客7.9万人次，同比增长15.5%；进出口货物29 715.80吨，同比下降6.49%，其中进口16 525.46吨，出口13 190.34吨，同比分别下降了8.02%和4.51%。

【温州空运口岸（温州龙湾国际机场）】 温州龙湾国际机场前身是温州永强机场，位于浙江省三大中心城市之一的温州市龙湾区，地处温州东南瓯江口，濒临东海，距离温州市中心约22千米，辐射浙江温州、台州、丽水和福建宁德4个地区约16万平方千米、2 000多万人口，周边300千米范围内没有大型机场，是大陆离台湾空中航距最近的机场，航程只有50多分钟，具备打造对台湾“跳板城市”的时空条件，具有发展航空运输业得天独厚的区位优势。

温州龙湾国际机场是国家对外开放口岸、国内二类民用机场，于1990年7月12日正式通航。机场飞行区等级为4E，消防保障等级为8级，拥有一条长3 200米、宽45米跑道（含道肩60米），一条3 200米平行滑行道，高峰小时可起降28架次，可保障A330-200及以下机型起降。现有候机楼总面积12.95万平方米，其中T2国内候机楼11.6万平方米，T1候机楼国际厅1.35万平方米；停机坪53.4万平方米，停机位59个，登机廊桥29座。2019年9月，温州机场轨道交通S1线全线开通，温州也成为浙江省内首个实现航空和轨道交通“零换乘”的城市。

1994年9月，温州空运口岸获国务院、中央军委批准对外开放（限内地飞机飞港澳地区）。2011年6月，国务院批复同意温州机场对外国籍飞机开放。2012年7月，温州空运口岸通过国家验收正式对外国籍飞机开放。温州空运口岸客运区国际出发配备海关通道2条、值机柜台9个、边检通道5条（其中1条自助通道）、安检通道3条、登机口廊桥4个（5-8号）、远机位2个（18-19号）；国际到达配备海关通道2条、边检通道7条（其中2条自助通道）、行李提取转盘2个。口岸货运区现有6 650平方米的国际监管仓库，设有出境货物区、进境货物区、邮件交换站、海关办公区、查验区和扣留区等。

2019年，温州龙湾国际机场新增日本名古屋、柬埔寨金边和老挝万象3条国际客运航线。其中，老挝万象航线为温州打造了一条直达“一带一路”国家的空中走廊，柬埔寨金边航线进一步深化了温州与金边两地的交流合作，日本名古屋航线是继大阪、静冈后温州开通的第3条日本航线，更好助力温州城市营商环境优化和竞争力提升。2019年，实际营运国际（地区）城市19个，其中地区4个、国际15个；截至2019年年底，出入境定期通航点14个，其中地区4个、国际10个（不包括包机航空公司通航点）；累计通航城市已达148个，其中国内116个、地区4个、国际28个。2019年，新增国际（地区）承运航空公司4家，分别为菲律宾泛太平洋航空、澳门航空、老挝航空、柬埔寨航空。截至2019年，共有18家航空公司运营国际（地区）航线，其中，国内4家、地区3家、国际11家（包括临时包机航空公司）。

2019年，温州龙湾国际机场旅客吞吐量达1 229.17万人次，同比增长9.56%，其中国际地区旅客吞吐量历史性地达到46.75万人次，同比增长32.04%；货邮吞吐量达8.11万吨，同比增长1.14%；起降航班9.23万架次，同比增长6.87%。年旅客吞吐量在全国机场排名实现晋升两位，位列第34名，增幅居千万级机场前列。温州空运口岸出入境旅客49.93万人次、出入境飞机4 039架次、进出口货运量944吨，同比分别增长35.13%、38.84%，减少11.3%。

【义乌空运口岸（义乌国际机场）】 义乌国际机场位于浙江省中部、义乌市西北，距市中心5.5千米，始建于1970年，1988年经批准为军民合用机场，1991年4月正式开通民用航班。义乌机场历经五次改造和扩建。目前飞行区等级为4D，跑道长3 000米、宽45米，可起降空客300、波音767等大中型客机及波音757货机。停机坪面积6万平方米，12个中型客机机位；国内候机楼1.66万平方米，4个登机廊桥，可满足1 000人次同时候机。国际航站楼面积1.3万平方米，2个登机廊桥，设计年旅客吞吐量30万人次。共建有2个临时国际货站。国际货站一设计规模仅供国际（地区）航班腹舱带货所需，于2014年10月改造完成，国际货站二于2015年由地方政府筹建，总投资约3 911万元，包括1个普货通道、1个邮件通道，该货站设计仅为单一出港功能，能满足保障1架B757货机，即30吨国际货物运输量的要求。

2014年7月31日，国务院批复同意义乌空运口岸对外开放；10月13日顺利通过国家验收投用。2019年11月29日，义乌国际机场顺利通过世界卫生组织专家组实地验收，正式被授予“国际卫生机场”称号，成为全国县级市首个、关检融合后首批、杭州关区内首个国际卫生机场，也是全国第13个国际卫生机场。2019年9月19日，与杭州萧山国际机场合作设立“异地货站”。

2019年，义乌空运口岸开通义乌—西哈努克、义乌—首尔（货运）、义乌—大阪（货运）等3条国际航线；执飞国际（地区）客运航线6条，分别是中国香港、中国台北、泰国曼谷、越南芽庄、马来西亚亚庇、柬埔寨西哈努克；共有4家航空公司运营国际（地区）航线，其中，国内1家、国际4家（包括临时包机航空公司）。截至2019年年底，义乌空运口岸共有定期通航城市5个，其中地区2个、国际3个。

2019年，义乌国际机场旅客吞吐量202.91万人次，货邮吞吐量1.06万吨，保障航班起降1.55万架次，同比分别增长24.1%、20.6%、23.5%。义乌空运口岸出入境旅客17.69万人次，同比增长7.2%；出入境飞机1 347架次，同比增长18.57%；进出口货物464.6吨，同比增长208.2%，其中出口450.0吨，同比增长198.7%；进口14.6吨，同比增长19 278.7%。

【舟山空运口岸（舟山普陀山机场）】 舟山普陀山机场位于舟山本岛东南面，地处国家级风景区“海岛生态园”朱家尖岛，距市中心直线距离16.5千米，西距著名渔港沈家门仅1.2千米（由跨海大桥连接），北邻“海天佛国”普陀山，距离为2.5千米（由舟山机场出发到普陀山只需10分钟）。舟山机场原名舟山朱家尖机场，于1995年1月开工建设，1997年3月底建成，1997年8月8日正式通航，1998年4月更名为舟山普陀山机场。机场总占地面积200多万平方米，跑道长2 500米、宽60米，两条双向联络道长230米、宽23米，有2座航站楼（不含在建的二期国际航站楼），总面积近2.2万平方米；机坪面积9万平方米；停机位共16个（包括廊桥机位3个、远机位13个）；1998年7月飞行区等级升至4D级，能满足B757以下的机型起降，2014年客流突破50万人次，迈入民航中型机场行列。

2018年是浙江省机场资源大整合后开启发展新征程的一年，也是舟山民航历史上具有里程碑意义的一年。2018年1月，国务院正式批复同意舟山普陀山机场对外开放，主要服务于波音项目与航空产业园的发展；新的国内航站楼、国际航站楼、专用联络道等一批重要基建设施顺利启用，圆满完成了首架波音飞机交付保障任务。2019年5月9日，舟山普陀山机场第2次口岸临时开放获国家口岸办批复。

2019年，舟山普陀山机场旅客吞吐量152.2万人次，同比增长25.81%；货邮吞吐量622吨，同比增长453.91%（货站5月份正式恢复）；保障航空器起降24 190架次，其中运输航空12 691架次，同比增长19.83%。保障波音项目飞机起降18架次，出入境旅客69人次。其中，公务机出入境9架次、境内1架次；境内验证6架次，交付飞行2架次。

【宁波水运（海港）口岸】 宁波港地处我国大陆海岸线中部、南北海岸线和长江“T”形结构的交汇点上，是中国大陆著名的深水良港，是我国对外贸易的重要水运（海港）口岸。宁波港自然条件得天独厚，内外辐射便捷。向外直接面向东亚及整个环太平洋地区。海上至香港、高雄、釜山、大阪均在1 000海里之内；向内不仅可连接沿海各港口，而且通过江海联运，可沟通长江、京杭大运河，直接覆盖整个华东地区及经济发达的长江流域，是中国沿海向美洲、大洋洲和南美洲等港口远洋运输辐射的理想集散地。

1979 年 6 月，国务院正式批复宁波港对外开放。宁波港共有已开放港区 7 个，分别是甬江港区、镇海港区、北仑港区、大榭港区、梅山港区、穿山港区、石浦港区（临时开放）。2019 年，完成穿山 1 号泊位水域开放工作。截至 2019 年年底，宁波舟山港已与世界上 100 多个国家和地区的 600 多个港口通航，全球排名前 20 位的国际班轮公司都已登录宁波海港口岸，拥有集装箱航线 244 条，其中外贸干线 110 条、近洋支线 82 条、内支线 20 条、内贸线 32 条。

2019 年，宁波舟山港货物吞吐量 11.2 亿吨，同比增长 3.3%，连续 11 年位居世界第一。其中宁波港域吞吐量 58 412.4 万吨，同比增长 1.3%；进出口货运量 35 248.3 万吨，同比增长 2.8%。宁波舟山港集装箱吞吐量 2 753.5 万标箱，位居世界第三位。其中宁波港域集装箱吞吐量 2 616.9 万标箱，同比增长 4.3%；进出口集装箱 2 187.9 万标箱，同比增长 4.2%。宁波海港口岸入出境船舶 11 140 艘次，同比减少 3.0%。

【舟山水运（海港）口岸】 舟山港地处我国东部海岸线与长江水道的交汇处，背靠长三角经济腹地，面向太平洋，是东部地区和长江流域重要的对外开放海上门户和通道。1981 年 5 月，有关部门批准嵊泗县绿华山和普陀区黄兴岛为外轮海产品交货锚地，同时开放沈家门港为国轮外贸运输港；1987 年 4 月 1 日，正式批准舟山港对外开放，其中沈家门、老塘山为对外开放作业区；1996 年 8 月 20 日，批准岙山原油中转码头对外开放。2014 年 10 月 13 日，舟山群岛国际邮轮港正式开港。2016 年 1 月 8 日，国务院批复同意舟山港口岸扩大开放，这是国务院综合评估上报口岸开放的众多省市口岸贡献及外贸发展情况后，率先对舟山群岛新区给予批准，体现了党中央、国务院对舟山群岛新区建设发展的高度重视和大力支持。舟山海港口岸共有 11 个已开放港区，分别是定海港区、岑港港区、马岙港区、白泉港区、金塘港区、沈家门港区、六横港区、岱山港区、衢山港区、嵊泗港区、洋山港区。

2019 年，条帚门锚地正式获批开放，供油锚位紧张得到缓解，马岙港区小沙和干览作业区同步开放；完成舟山惠群远洋渔业发展有限公司 3 号码头，宁波舟山港外钓油品应急储运有限公司 30 万吨级油品公共码头，常石集团（舟山）有限公司 1 号、2 号（8 万吨级）舾装码头，甬舟集装箱码头 1 号、2 号泊位续建部分等项目对外启用验收工作；新奥 LNG 1 号码头第 2、3 次，浙台经贸合作区客货滚装码头第 4、5 次口岸临时开放获得国家交通部批复。2019 年 12 月，舟山口岸进口、出口整体通关时间为 24.6 小时和 1.3 小时，分别比 2018 年 12 月压缩 27.3% 和 44.0%。

2019 年，舟山港域货物吞吐量达到 5.36 亿吨，同比增长 5.5%；江海联运量 2.37 亿吨，同比增长 12.19%，占长江干线江海联运量的 15.53%；集装箱吞吐量达 136.5 万标箱，同比增长 8.7%。舟山海港口岸进出口货运量达 1.52 亿吨，同比增长 9.2%，其中进口 1.45 亿吨，同比增长 9.5%，出口 0.07 亿吨，同比增长 3.3%。进出口集装箱 41.66 万标箱，同比增长 22.4%，其中进口 40.30 万标箱，同比增长 22.9%，出口 1.36 万标箱，同比增长 9.7%。进出境船舶 1.398 万艘次，同比增长 11.6%；外籍船舶修理 1 895 艘次，同比增加 1.4%；办理进出境人员手续 220 794 人次。实现保税燃油供油量 410.27 万吨，同比增长 14.2%；完成保税油调拨量 518.9 万吨，同比增加 26.6%。

【温州水运（海港）口岸】 温州港处于全国海岸线的中间节点，位于全国最早开放的 14 个口岸城市之一的温州市，由状元岙港区、乐清湾港区、大小门岛港区 3 个核心港区，以及瓯江港区、瑞安港区、平阳港区、苍南港区 4 个辅助港区组成。其中已开放港区 2 个，分别是状元岙港区、瓯江港区。1957 年，温州海港口岸经国务院批准对外开放，1964 年 8 月 27 日首艘外轮日本“东宫丸”号抵达温州。“十一五”时期，温州港开始由“瓯江时代”向“东海时代”迈进，实现由河口型港向近海深水港、地区性港向沿海枢纽港、集装箱喂给型港向重要支线港发展的三大历史性转变。“十二五”期间，温州港加快重点项目建设，为温甬沪“三港”深化合作打下良好基础。2014 年 2 月，温州海港口岸扩大开放获国务院批准，这是温州港由“瓯江时代”向“东海时代”全面跨越的重要标志。2014 年 12 月，温州港状元岙港区扩大开放通过国家验收。经过多年的发展，温州海港口岸已经逐步成为浙西南、赣东、闽北等地区对外交流的重要海港口岸，外贸集装箱航线通过直达及内支线与 80 个国家和地区开展航运业务，内贸集装箱航线可抵达全国沿海及长江流域港口。

2019 年，乐清湾港区临时开放取得重大突破。在国家严禁临时开放口岸煤炭进口的严峻形势下，最终赢得关键部委的理解和支持，11 月初破例批准乐清湾港区浙能煤码头临时开放，12 月初正式开展业务。2019 年，温州海港口岸外贸重箱装卸费正式下调 20%；4 月 1 日起港口设施保安费、货物港务费、引航（移泊）费分别下调 20%、15%、10%；全年免收海港口岸查验没有问题外贸货物吊装、移位、仓储三项费用。船舶进出境通关实现无纸化。进口、出口整体通关时间从年初的 95 小时、6 小时有效压缩至 87 小时、1 小时以内。

2019 年，温州港货物吞吐量 4 006.16 万吨，同比增长 6.82%，其中外贸货物吞吐量 253.17 万吨，同比降低 43.33%。集装箱吞吐量 80.2 万标箱，同比增长 19.1%，其中进出口集装箱 26.08 万标箱，同比增长 87.57%；开辟 RCL 泰国线、OCL 海防线两条近洋新航线，近洋航线总数达到 5 条，每周 6 班；东南亚航线进出口集装箱 2.1 万标箱，同比增长 225.23%，其中 RCL 越泰线 0.4 万标箱、OCL 海防线 0.3 万标箱。稳步发展原有中国台湾地区及东南亚航线，中国台湾地区航线进出口集装箱 2.6 万标箱，同比增长 13.04%。升级内支线船舶运力，每周总舱位达 4 600 标箱；内支线吞吐集装箱 21.5 万标箱，同比增长 102.89%，其中出口重箱同比增长 82.54%。入出境船舶 903 艘次，同比增加 6.7%。温州国际邮轮港 2019 年共运营 7 个航次，入出境旅客达 28 114 人次，同比增长 112%。

【台州水运（海港）口岸】 台州港位于浙江中部沿海，地处我国海岸带中段，是浙中沿海的水运枢纽，海岸线 745 千米，占浙江省的 28%。2001 年交通部批准台州市港口统一更名为台州港，实现“一城一港”、港城同名的发展格局。台州港由海门、大麦屿、健跳、临海、黄岩和温岭等 6 个港区组成，其中已开放港区 3 个，分别是海门港区、大麦屿港区、健跳港区（临时开放）。海门港区位于椒江区，1983 年 11 月经国务院批准开展国轮外贸运输业务，1989 年 5 月获国务院批准对外轮开放，1990 年 10 月 1 日通过验收正式对外开放，现有开放泊位 8 个，最大靠泊等级为 5 000 吨级。海门港区开放以来主要以进口固体废物为主，根据海关总署和国家生态环境部 2018 年第 79 号公告《关于发布限定固体废物进口口岸的公告》，2019 年 1 月 1 日起，台州海港口岸不能进口固体废物。2008 年 4 月 18 日，国务院批准浙江海门港口岸更名为台州港口岸及大麦屿港区扩大开放。大麦屿港区位于玉环市，2011 年 9 月通过国家验收，12 月对外开放，现有开放泊位 5 个，最大靠泊能力为 10 万吨级，主要货物为进口煤炭。2014 年 6 月 30 日，大麦屿港区对台湾海上直航客货滚装码头顺利通过验收，并于 7 月 11 日对外启用，对台湾客货运直航已实现每周常态化运行。此外，国务院、浙江省政府曾根据台州对外开放需要，先后批准临海红光液化气专用码头、大陈岛海上水产品交货点 2 个二类口岸并入台州海港口岸统一管理。

2019 年，三门枫叶船舶修造公司码头第十期临时开放于 7 月底获交通运输部批复；10 月，台州港口岸扩大开放 3 个港区请示件上报国务院；11 月，海关总署批复同意在大麦屿港区建设进境水果指定监管场地。2019 年，台州海港口岸进口货物平均整体通关时间为 32.25 小时，出口货物平均整体通关时间为 1.66 小时。

2019 年，台州港集装箱吞吐量 43.4 万标箱，外贸货物通关量 453.2 万吨，同比减少 29.2%，其中进口 392.2 万吨，同比减少 30.1%，出口 61 万吨，同比减少22.5%；集装箱进出口123 666标箱，同比增长37.8%，其中进口61 919标箱，同比增长38.6%，出口61 747标箱，同比增长37.1%；出入境船舶353艘次，同比减少73.1%；出入境人员27 875人次，同比减少34.3%。大麦屿口岸对台湾客货运直航船舶进出港92艘次，同比持平，查验通关旅客18 350人次，同比减少20%。

【嘉兴水运（海港）口岸】 嘉兴港（原名乍浦港），位于浙北地区的杭州湾北岸，地处沪、杭两市中间的嘉兴市境内，是浙江北部唯一的出海门户，是全国海河联运主要港口之一，毗邻上海浦东，陆上距上海95千米、杭州117千米、嘉兴43千米，海上距上海122海里、洋山港区53海里、宁波港74海里。嘉兴港自东向西由独山、乍浦、海盐三大港区组成，其中，乍浦港区1993年3月经批准开办国轮外贸运输业务，1994年5月获批临时接靠外国籍船舶，1996年1月经国务院同意对外国籍船舶开放，2001年4月正式通过国家验收对外开放。2014年12月24日，国务院批复同意乍浦港口岸更名为嘉兴港口岸并扩大开放独山、海盐港区。2016年11月25日，嘉兴港口岸扩大开放通过国家验收，基本实现全港对外开放（除乍浦港区九龙山区域）。截至2019年年底，乍浦港区共有已开放泊位12个，独山港区共有已开放泊位6个，海盐港区共有已开放泊位4个。2019年12月，嘉兴海港口岸进出口整体通关时间分别为73.70小时、2.15小时，同比分别缩短6.74小时、0.25小时。

嘉兴港至洋山港内支线于2019年7月1日开辟，嘉兴港也成为浙江省唯一拥有两条内支线的沿海港口。乍浦港区至宁波港内支线加密到每天5班，乍浦港区至日本近洋航班提升至每周3班。嘉兴港已与40多个国家和地区的近百个港口建立了运输往来，作为宁波港、上海港的喂给港，嘉兴港集装箱业务可覆盖全球运输网络。

2019年，嘉兴港货物吞吐量10 913.05万吨，同比增长12.63%，正式迈入“亿吨”大港行列，集装箱吞吐量186.53万标箱，同比增长8.28%；外贸货物吞吐量1 337.70万吨，同比增长7.86%，其中，进口货物吞吐量为921.59万吨，同比增长5.19%，出口货物吞吐量为416.18万吨，同比增长14.29 %；外贸集装箱吞吐量41.13万标箱，同比下降10.98%，其中，进口集装箱13.17万标箱，同比下降30.90%，出口集装箱27.42万标箱，同比增长3.98%。

宁波市

【口岸运行数据】 2019年，宁波口岸进出口贸易额累计2 479.3亿美元，同比增长2.1%，增幅高于全国进出口3.1个百分点，占全国进出口总额的比重为5.4%，比去年同期提高0.1个百分点。其中，进口724.2亿美元，出口1 755.1亿美元；贸易顺差1 030.9亿美元，同比扩大11.6%；异地（除宁波市以外）企业在宁波口岸进出口1 527.2亿美元，占口岸进出口额的61.6%，较去年同期提高1.2个百分点。其中，在浙江省内10个地市（除宁波市以外）中，绍兴、台州、杭州企业进出口额稳居前三位，依次为198.1亿美元、168.3亿美元、166.4亿美元，分别占宁波省内异地进出口额的21.5%、18.2%、18.0%；湖州、丽水、绍兴等地企业进出口额增速位列前三位，同比分别增长28.8%、12.4%、11.8%。

2019年，宁波港域货物吞吐量累计58 412.5万吨，同比增长1.3%，位列全国沿海港口第四位。外贸货物吞吐量累计35 248.3万吨，同比增长2.8%，位列全国沿海港口第三位，其中，进口20 869.8万吨，同比增长1.4%，出口14 378.5万吨，同比增长5.0%。宁波港域集装箱吞吐量累计2 617.0万标箱，同比增长4.3%，位列全国沿海港口第二位。其中，进口1 055.5万标箱，同比增长5.2%；出口1 132.4万标箱，同比增长3.3%；内支线111.4万标箱，同比增长3.9%。

2019年，宁波空运口岸出入境航班累计11 928架次，同比增长16.8%。其中，出境5 833架次，同比增长16.5%；入境6 095架次，同比增长17.1%。出入境旅客154.7万人次，同比增长14.6%。其中，内地（大陆）旅客124.3万人次，同比增长17.4%；港澳台旅客22.5万人次，同比增长0.6%；外国籍旅客7.9万人次，同比增长15.5%。进出口货运量29 715.8吨，同比下降6.5%。

2019年，宁波邮路口岸进出境邮件监管1 579.70万件，同比增长7.30%，创历史新高。其中，进境邮件25.50万件、出境邮件1 554.20万件，同比分别减少18.80%、增长7.80%；月均监管量131.60万件，同比增长7.30%；日均监管量达4.30万件，单日峰值超14万件，同比分别增加7.50%、7.70%。

【完善口岸开放格局】 海港口岸方面，全面梳理宁波海港口岸开放现状，制定新一轮口岸开放计划，推进梅山保税港区6、7号泊位正式对外开放和环海重工货主码头临时开放，并推动梅山保税港区6号泊位、台塑多二码头临时对外启用通过审批。空运口岸方面，推进宁波机场三期国际业务基础设施和场地建设，做好T2航站楼及国际货运区口岸监管场所设置及验收相关工作；制定宁波航空运输发展专项扶持政策实施细则，加大对东南亚国家首都和重要经济城市的国际航班扶持力度。邮路口岸方面，做好宁波国际邮件互换中心项目规划设计、项目可行性论证、口岸部门需求协调、运行补助经费发放工作。甬舟口岸一体化方面，宁波市口岸办贯彻甬舟一体化推进会精神和宁波市委主要领导工作要求，牵头相关部门开展专题研究，赴舟山对接工作，力求通过体制机制调整、业务模式创新和信息数据共享等多个途径，扎实谋划推进甬舟口岸一体化，努力打造甬舟一体化先行示范。

【持续优化口岸营商环境】 2019年，宁波市口岸办牵头建立跨部门工作专班，出台《2019年促进宁波市跨境贸易便利化专项行动方案》《进一步优化口岸营商环境工作清单》，明确了海关、海事、边检、港务等18个部门责任分工，限期落实23项工作举措。宁波口岸在全国首批实施进口“两步申报”改革，率先实现集装箱进出口“全程无纸化”。此外，着力加强服务协调职能，动员口岸企业进一步落实口岸收费公示制度，自查验免收费试点以来共免除和退还企业费用约1.6亿元；在全市开展口岸营商环境专题培训并赴义乌、绍兴、嘉兴等腹地开展口岸营商环境推介，助力企业发展。据海关总署最新一轮统计，宁波口岸进口、出口整体通关时间分别为35.91小时、4.16小时，超额完成年度指标10%、17%，较2017年分别压缩了78.4%和84.93%。

【加快建设国家贸易“单一窗口”】 2019年，宁波市口岸办加快建设国际贸易“单一窗口”，稳步推进运维体制调整，完善宁波“单一窗口”政府牵头、部门共建共管运行建设模式，落实《宁波国际贸易“单一窗口”运行体制调整方案》，新门户于8月30日正式上线，运行平稳。全面推广应用“单一窗口”，2019年上线金融服务、减免税、出口退税等功能，为进出口企业提供“通关+物流+金融服务”全流程的信息服务，并赴象山、宁海等多地开展“单一窗口”功能应用推广培训，累计开展培训11场，培训企业1 000余家。

【加速推进海关特殊监管区转型升级】 2019年，宁波市口岸办牵头负责涉及海关特殊监管区转型综合保税区的工作。在认真研究政策、科学制定方案的基础上，积极做好沟通汇报工作，协调解决存在的问题，紧盯审批进程，及时排除难题和障碍。10月10日，宁波梅山保税港区顺利通过浙江省财政厅、发展改革委、商务厅及宁波海关等八部门的联合验收，开始整体封关运作，整体规划面积从2.5平方千米拓展至5.7平方千米。同月，宁波出口加工区、慈溪出口加工区、梅山保税港区申报转型综合保税区成功列入海关总署第一批上报国务院名单。

【做大做强航运产业集聚区】 2019年，新引进落户航运产业集聚区项目7个，其中总部型企业4个，利比里亚海事中国技术中心、挪威船级社中国南区营运船中心、全球集运MSC、美集物流APL等项目正式落地；第三届中国（宁波）

国际航运物流交易会暨2019“一带一路”国际口岸合作大会成功举办，参会物流企业1 200余家、客商5 000余人，促成36个合作项目、2亿元交易额。其中，宁波市口岸办与招商局港口集团签订战略合作协议，马士基梅山国际物流中心正式成立，为宁波打造国际集装箱中转物流枢纽港助力；推进海丝航运大数据中心建设，升级海上丝路贸易指数，“海上丝路系列指数”再度列入第二届“一带一路”国际合作高峰论坛成果清单，同时载入《共建“一带一路”倡议：进展、贡献与展望》报告。

2019 年浙江省口岸大事记

1月1日

浙江出入境边防检查总站正式挂牌成立。

1月17日

海关总署全球贸易监测分析中心与宁波航运交易所在海关总署正式签署合作备忘录。双方将在全球货物贸易形势研究、出口先导指数与海上丝路贸易指数的建设等方面展开深入合作。

1月18日

浙江省政府新闻办在杭州之江饭店举行《浙江省口岸管理和服务办法》新闻发布会。《浙江省口岸管理和服务办法》是浙江省首部规范和促进口岸事业发展的政府规章，于2月1日起施行。

1月22日

义乌空运口岸首班全货机YG9033次航班直飞韩国首尔。当天，由同一货机执飞的YG9034次航班从首尔返回义乌，顺利完成载货往返。这标志着义乌空运口岸进入了全货机时代。

1月31日

国家税务总局、财政部、海关总署联合发布公告，赋予杭州综合保税区企业增值税一般纳税人资格试点，并于2月1日起施行。

2月3日

温州龙湾国际机场新开通“温州—万象”直达客运航线，为温州打造了一条直达“一带一路”国家的空中走廊，为温州和东盟国家的交流合作带来新的机遇。

2月18日

国家口岸办正式批复同意中国（浙江）国际贸易“单一窗口”开展铁路相关功能试点。该试点将在义乌进行。

2月19日

由浙江省委书记车俊、省长袁家军率领的浙江省党政代表团到上海共商深化沪浙两地合作，携手落实长三角一体化发展国家战略。上海市委书记李强、市长应勇等出席沪浙两地领导座谈会，并共同见证小洋山港区综合开发合作协议的签署。

舟山波音完工和交付中心第二架波音B737MAX飞机由西雅图经关岛飞抵舟山普陀山机场，并于3月7日交付中国国际航空公司，标志着波音首个海外工厂正式投运，波音与中国航空业的合作伙伴关系开启了新的篇章。

2月20日～21日

常石集团（舟山）造船有限公司1号、2号（8万吨级）舾装码头和舟山港外钓油品应急储运有限公司30万吨级油品公共码头通过浙江省政府对外启用验收。

2月28日

浙江省首个旅客出入境通关自助申报系统在宁波机场海关旅检现场正式启用。

3月1日

浙江省口岸工作领导小组会议在杭州召开。浙江省副省长朱从玖主持会议并讲话。会议审议了《2019年浙江省口岸管理工作要点》等相关材料。

3月12日

浙江省委副书记、宁波市委书记郑栅洁到宁波海关调研，考察监控指挥中心，参观海关关史室，并主持召开座谈会听取宁波海关工作汇报。

3月14日

浙江全供应链管理有限公司通过中国（浙江）国际贸易单一窗口与中国建设银行股份有限

公司浙江省分行完成了金融服务签约，后续将开展预约开户、汇入汇款、汇出汇款、融资等金融服务，标志着“单一窗口”标准版金融服务功能顺利在浙江落地。

3月20日~21日

浙江省政府办公厅（省口岸办）和省贸促会共同在台州和温州举办国际贸易“单一窗口”标准版贸促会原产地证系统培训会，标志着中国（浙江）国际贸易“单一窗口”2019年度系列培训拉开序幕。

3月25日

陆海联运大通道“西安—宁波”班列首发，共承运58标箱，货物主要为进口食品。该班列的开行实现了宁波舟山港与中欧班列（西安）集结中心的有效衔接，将古丝绸之路与21世纪海上丝绸之路相连互动，进一步扩充了港口经济连通区域，对宁波舟山港参与“一带一路”建设具有重要意义。

3月26日~29日

商务部和国家口岸办在杭州组织全国版跨境电商综合服务平台项目建设集中工作。

3月27日

宁波海关召开2019年宁波海关创新税款担保暨试点企业集团财务公司担保新闻发布会。会上，中国国际石油化工联合有限责任公司向宁波海关出具了担保金额20亿元的企业集团财务公司担保保函，该保函是浙江省第一份企业集团财务公司担保保函，也是迄今为止全国海关系统收到的金额最高的保函，将大大减轻企业通关担保的资金压力和担保成本。

4月1日

嘉兴海关驻乍浦办事处正式进驻嘉兴港通关服务中心，另外还有23家口岸服务企业同时进驻，标志着嘉兴港通关服务中心正式投入使用。

4月16日

“义新欧”班列吉利号首发，实现吉利白俄罗斯工厂与宁波零配件加工厂点对点陆上运输，时间比海运缩短了三分之二，极大提升了吉利汽车在俄罗斯地区的竞争力。

4月19日

数字“单一窗口”通关时效平台正式上线。

4月25日

从东京成田机场飞来的春秋航空日本公司IJ101航班平稳降落在宁波栎社国际机场，标志着宁波空运口岸直飞日本成田机场首条定班国际航线正式开通。

4月27日

第二届“一带一路”国际合作高峰论坛成果清单正式发布，宁波研发的“16+1贸易指数”“宁波港口指数”和2018海丝港口国际合作论坛期间签署的《海丝港口合作宁波倡议》被列入成果清单。这是宁波在“一带一路”建设方面取得的重要进展，也对宁波创建“一带一路”综合试验区、浙江进一步融入国家“一带一路”倡议具有重要推动作用。

4月29日

宁波舟山港全面实现进出口集装箱在工厂、货代、堆场、码头、船公司等各物流节点的信息实时动态可视、可控，由此成为全国首个实现集装箱进出口全程操作无纸化、物流节点可视化的港口。

5月9日

随着东方航空MU5083航班起飞，宁波栎社国际机场首批跨境电商出口货物出运，标志着宁波空运口岸跨境电商出口业务正式启动。该航班由宁波飞往曼谷，首票跨境电商出口货物包含厨房用品、办公用品、灯具及配件等共计28件、246千克。

5月14日

舟山沈家门港区进境食用水生动物指定监管场地正式通过海关总署实地考核验收。

5月18日

浙江省内首票小商品集拼转口货物在义乌成功出运，标志着义乌国际贸易综合改革试验区实现转口贸易零的突破，也标志着义乌国际贸易综合改革试验区朝着“出口、进口、转口均衡发展”的建设目标更近了一步。

5 月 24 日

宁波舟山港至印度尼西亚（青山）集散杂三用专线定期班轮成功首航。这是宁波舟山港首次开通可同时实现集、散、杂同船运输的专线班轮，进一步丰富了参与“一带一路”建设的服务模式。

5 月 30 日

海关总署统计分析司副巡视员温韧同香港、澳门海关调研团一行到浙江电子口岸调研中国（浙江）国际贸易单一窗口相关建设经验。

6 月 5 日

浙江省委常委、政法委书记王昌荣专题听取浙江边检总站工作汇报。

浙江省口岸办完成浙江省口岸开放信息汇总整理，助力中国（浙江）国际贸易单一窗口实现与浙江省自然资源厅国土资源信息服务平台对接。

6 月 7 日

第四届中国—中东欧国家海关检验检疫合作对话会在宁波召开。海关总署副署长王令浚，浙江省委副书记、宁波市委书记郑栅洁，克罗地亚副总理兼农业部长托卢希奇出席并分别致辞。对话会以“构建互利共赢的海关企业伙伴关系”为主题，围绕深化海关业务合作、保障贸易安全、优化营商环境等方面开展了交流和磋商。共有来自 12 个中东欧国家、1 个观察员国家（白俄罗斯）和 1 个特邀国家（瑞典）的海关、检验检疫机构及中外企业的 150 多位中外嘉宾参加了对话会。现场签署两个合作备忘录。

6 月 8 日 ~12 日

由中国商务部、浙江省人民政府主办的首届中国—中东欧国家博览会暨国际消费品博览会、第 21 届中国浙江投资贸易洽谈会在宁波成功举办。来自近 60 个国家和地区的 2.5 万名境内外嘉宾、客商齐聚宁波，逾 8.2 万人次进展馆参观、洽谈。中东欧 17 国和白俄罗斯、瑞典等国家政要和官员应邀出席相关活动。在中国—中东欧国家合作论坛（主论坛）上，中共中央政治局委员、国务院副总理胡春华发表主旨演讲，表示中方将继续缩减负面清单，推动现代服务业、制造业、农业全方位对外开放，实行高水平的贸易和投资自由化便利化政策，欢迎中东欧各国企业与中国企业共同抓住时机，深挖潜力，把双方合作推向更高水平。

6 月 11 日

《数字“单一窗口”项目建议书》获浙江省发展改革委批复。

6 月 12 日

杭州空运口岸开通至罗马的定期直达客运航线，助力“一带一路”国家倡议实施、落实浙江省政府与中国航空集团及浙江省机场集团与中国国际航空股份有限公司的战略合作协议，进一步推进浙江对外开放，为中意之间搭建起更加便捷、顺畅的空中通道，为 2020 年中意建交 50 周年献礼。

6 月 18 日 ~19 日

由国务院办公厅督查室会同交通运输部、海关总署（国家口岸办）、市场监管总局等部门组成的国家口岸营商环境督查调研组在宁波市开展口岸营商环境督查调研。

6 月 26 日

中国（浙江）国际贸易单一窗口三期顺利通过浙江省政府办公厅组织的终验。

6 月 28 日

中国（义乌）跨境电商综合实验区线上综合服务平台一期功能上线试运行。

7 月 1 日

嘉兴港独山港区至上海港集装箱内支线成功开辟，这是继乍浦港区至宁波港后，嘉兴港开辟的第二条集装箱内支线。至此，嘉兴港也成为浙江省唯一拥有两条内支线的沿海港口。

7 月 3 日

“义乌—西哈努克”定期航班开通，这是义乌国际机场开通的首条国际商务航线。该航线由柬埔寨天空吴哥航空公司执飞，机型为空客 320（180 座）和空客 321（220 座），计划每周三、周日往返各 1 班。

7 月 4 日

“杭州—圣彼得堡”客运直达航线正式开通，这是杭州萧山国际机场 2019 年开通的第二条直达欧洲的客运航线。该航线由俄罗斯伊尔航空采用 B777 机型（座位数 371 个）执飞，航班号 IO917/8，每周往返 1 班。圣彼得堡是俄罗斯第二大城市，被称为俄罗斯的“北方首都”，也是俄罗斯通往欧洲的窗口。

7 月 4 日

宁波至高雄航线首航。该航线的开通对于满足旅客需求、完善宁波机场往返台湾地区航线布局以及航线的良性竞争都有着巨大的促进作用。

7 月 4 日

温州机场综合交通中心开工，标志着温州机场开始由单一航空服务迈向综合交通服务的跨越升级，提高了温州东部都市区集聚力、辐射力、带动力，推进了温州大空港、大枢纽、大物流建设。

7 月 5 日

东方海外（OOCL）运营的集装箱船“FILIAT”轮首次挂靠温州港状元岙港区 8 号泊位，实现了 OOCL 中国—越南（KTX7）快速航线服务网延伸至温州港，这也是温州港第二条近洋直航国际航线。

7 月 8 日

海关总署以公告形式公布新一批符合设置要求的进口冰鲜水产品指定监管场地名单。义乌进口冰鲜水产品指定监管场地正式取得运营资质。

7 月 10 日

浙江边检总站宁波指挥部在宁波国际航运服务中心边检服务窗口举行揭牌仪式。该指挥部的设立，旨在加强对驻甬各边检站边检业务的检查指导，形成宁波边检机关统一合力，为宁波国际航运服务中心提供一站式大通关服务奠定坚实基础。

7 月 12 日

《义乌市免除查验没有问题外贸企业吊装移位仓储费用工作实施方案》发布实施。

7 月 15 日

海关总署正式发文《海关总署关于同意杭州综合保税区验收结果的批复》（署贸函〔2019〕263 号），标志着杭州综合保税区可以正式开始封闭监管、开关运作。

7 月 16 日

杭州至马尼拉全货机航线完成首航，这是圆通航空在杭州萧山国际机场开通的第一条国际全货机航线。该航线主要承运特色水产品、海鲜、水果及跨境电商货物。该航线的开通将充分发挥杭州作为中国电子商务之都的优势，有力推动中菲两国跨境电商产业发展，更好地服务“一带一路”建设。

7 月 17 日

随着从宁波、义乌、台州、杭州等地汇集宁波栎社国际机场的首批跨境电商一般出口商品通关放行，标志着宁波空运口岸跨境电商一般出口业务正式开通。据悉，这批商品主要为服装、首饰等日用百货，共计 7 144 票。

7 月 20 日

宁波栎社国际机场新增华信航空宁波至保加利亚首都索菲亚跨境出口中转业务。这是宁波栎社国际机场继东方航空开通中国宁波至泰国客机腹舱跨境出口业务后新增的跨境出口业务。

7 月 22 日

浙江省委书记车俊听取浙江边检总站工作汇报，详细了解浙江边检总站改革转隶、领导班子配备和重点工作推进情况，并作出重要指示。

7 月 23 日

舟山海关完成全国首单保税燃料油期货仓单交割品直供业务。该票业务由信力石油（舟山）有限公司申报，海关完成油品出库及供油审批手续后，500 吨上海期货交易所保税燃料油期货仓单交割品由交割罐直接提货，并加注至马绍尔籍货船“克雷奥斯”轮。

7月24日~29日

国家口岸办在舟山组织开展“单一窗口”标准版运输工具（船舶）功能完善集中办公。

7月31日

宏海箱运有限公司（RCL）运营的集装箱船KAMA BHUM宏德号顺利挂靠温州港状元岙港区8号泊位，实现RCL泰国航线（RBC1）服务网延伸至温州港。该航线不仅是温州港2019年开通的第二条近洋直航国际航线，也是浙江省内进口速度最快的东南亚航线，为东南亚货物进口温州地区提供了高效便捷的新通道。

8月14日~16日

由国家口岸办牵头，交通运输部海事局、海关总署办公厅等部委组成的调研组在台州调研口岸工作。

8月19日

舟山船舶供退物料通关服务功能上线，意味着舟山外轮供应通关业务实现“零跑动”，舟山国际海事服务的油料、食品、船舶备件等供应，油污水处置等主要通关业务实现全程无纸化。

8月20日

中国邮政“义乌—大阪”国际货邮航线正式开通。该航线是义乌机场首条飞往日本的国际货邮航线，也是中国邮政航空有限公司进驻义乌机场后开辟的首条国际货邮航线。该航线的开通是贯彻落实浙江邮政与义乌市政府签署的战略合作协议的新举措，也是义乌邮政继建成国际邮件互换局，开通中欧班列“义新欧”运邮后，为义乌国际邮包运输开辟的新渠道。

8月23日

在浙江自贸试验区内，舟山中外运报关有限公司报关员在公司电脑上登录国际贸易“单一窗口”，选择“两步申报”模块，仅填报了船名、航次号等9项信息，便完成了一单重12吨、价值9.42万元的冻鲣鱼的“概要申报”业务。申报信息随即被发送至舟山海关，系统审核完成后，该票报关单顺利提货放行，从电子申报到提货放行整个流程仅耗时28秒。这批由浙江自贸试验区舟山港综合保税区拓新物流服务有限公司进口的货物，成为全国首单“两步申报”改革试点业务。

9月10日

贵州省委书记、省人大常委会主任孙志刚，贵州省委副书记、省长谌贻琴率贵州省党政代表团一行到浙江省海港集团、宁波舟山港集团考察。浙江省委副书记、宁波市委书记郑栅洁，浙江省委常委、常务副省长冯飞，宁波市委副书记、市长裘东耀等陪同。

9月17日

浙江省委常委、政法委书记王昌荣听取浙江边检总站工作汇报，详细了解浙江边检总站贯彻落实省委车俊书记重要指示精神等情况。

9月18日

宁波海关顺利验放宁波前程家居股份有限公司申报的中欧“安智贸”中国宁波—波兰格但斯克航线首票报关单，共5个集装箱，标志着该航线正式开通。这是继中国宁波—德国汉堡、中国宁波—英国菲利克斯托、中国宁波—西班牙巴塞罗那之后又一试点航线。

9月19日

杭州萧山国际机场航空物流有限公司与义乌机场管理有限公司签订了异地货站项目合作协议，杭州、义乌两地机场货站互为对方的异地货站，标志着国内机场首个异地货站项目正式落地运营，开启了浙江省内机场物流业务联动协作的新篇章。

9月20日

杭州市对外经济贸易服务有限公司通过中国（浙江）国际贸易单一窗口顺利完成了浙江首单出口退税申报业务，并收到税务局审批通过的回执，这标志着“单一窗口”标准版出口退税申报功能在浙江成功落地。自此，标准版16大功能在浙江实现全覆盖，形成了完整的业务闭环。

9月25日

由国家口岸办组织，国家移民管理局边检司、交通部海事局、海关总署监管司、中国电子口岸数据中心和省、市两级口岸部门参加的运输工具（船舶）全国通关一体化改革创新研讨会在舟山召开。会议同意舟山、张家港、宁波作为先行试点地区，正式启动运输工具（船舶）全国通关一体化改革创新。

9月27日

海关总署公布了新一批进境水果指定监管场地名单。义乌空运口岸正式获得进境水果指定监管场地资质。

9月29日

杭州萧山国际机场在国际航站楼出发厅举行启动仪式，宣布杭州空运口岸高质量持续实现24小时无障碍通关。这为杭州机场进一步提升口岸竞争力，打造亚太重要国际门户枢纽，提高机场客运量等级，实现机场新发展，提供了重要保障。

9月30日

《中国（浙江）自贸试验区深化推进国际航行船舶船用燃料油加注安全管理守信联合激励和失信联合惩戒的合作协议》在中国（浙江）自由贸易试验区正式签署，这是全国范围内推出的首个船用燃料油加注领域失信联合惩戒和守信联合激励的机制，标志着舟山保税燃油加注安全管理迈上了一个新台阶。

10月9日

“义新欧”中欧班列（义乌—列日）eWTP菜鸟号正式启运。该班列主要搭载“9610”跨境电商出口包裹，货物为家居用品、贱金属制品、橡胶制品等小商品，共计20.22万件，货值207万元。该批包裹经阿拉山口转关出境，最终抵达比利时列日，并由菜鸟网络配送系统快速分发至德国、法国、荷兰等欧洲国家。该班列是长三角区域首条跨境电商班列，联通义乌与比利时列日两个eWTP（电子世界贸易平台）签约城市，为国内和欧洲消费者提供快速、优质的跨境购物物流体验。

10月10日

宁波梅山保税港区封关区域通过封关验收。至此，梅山保税港区5.7平方公里封关区域已实现全面封关验收。

10月14日~15日

由宁波市口岸办、宁波市鄞州区人民政府、浙江省海港集团（宁波舟山港集团）主办，宁波航运交易所承办的第三届中国（宁波）国际航运物流交易会暨2019“一带一路”国际口岸合作大会在宁波成功举办。此次大会以“智引合作新时代 打造口岸新经济”为主题，更加注重国际口岸合作。

10月18日

第三届世界油商大会在舟山开幕。大会召开前夕，杭州海关正式推出第四批支持中国（浙江）自由贸易试验区建设监管创新举措。

10月19日

首批韩国美妆面膜类的保税货物顺利通过海关核放流转进仓，标志着义乌陆港保税仓正式开仓运营，也标志着义乌保税物流中心成功实现增能扩容，为义乌市高水平对外开放注入强劲动能。

10月25日

义乌全球创新中心——卢旺达数字贸易枢纽正式启用。

10月29日~31日

由中国海关举办的亚欧会议“单一窗口”国际合作研讨会在杭州召开。本次研讨会是落实第十二届亚欧首脑会议共识的一项重要活动，共有来自近30个国家和地区海关及有关政府部门、国际组织、商界和学术界等120余位代表出席。各方围绕“单一窗口”建设与发展、能力建设和新技术应用、互联互通和互操作性等亚欧会议成员共同关注的议题展开深入讨论。

10月30日

一架满载快递包裹的“菜鸟号”货机从杭州萧山国际机场起飞，12个小时后抵达莫斯科机场，标志着杭州到莫斯科首条直达电商货运航线正式开通。在不增加物流费用的情况下，该航线将原本需要50天送达的平邮包裹，升级为10天可达的航空专线特快。

11月5日~6日

首届中国港口国监督国际研讨会在宁波召开。中国、巴拿马、新加坡等重要船旗国海事管理机构，DNV-GL、CCS等国际船级社协会成员，石油公司国际海事论坛（OCIMF）等业界组织，以及丹麦马士基、法国达飞等著名航运公司的100余名高级代表和技术专家参加了本次研讨会。此次会议以港口国监督为出发点，搭建中外主管机关、认可组织和航运业界等各相关方的交流平台，有效实现了“港口国监督+”的效果，为建立涵盖航运安全和防污染各领域互学互鉴、开放共赢的国际航运安全新生态打下了坚实基础。

11月7日

满载着39万吨进口铁矿石的新加坡籍矿船“远卓海”轮顺利靠上宁波舟山港衢山港区鼠浪湖矿石中转码头1号泊位。至此，宁波舟山港自2016年9月首次试靠40万吨矿船“远见海”轮以来，累计靠泊全球最大散货船型——40万吨级矿船总数达100艘次。

11月8日

浙江海事局在宁波召开宁波舟山港核心港区船舶交通组织一体化实施宣贯会，宣布2019年12月1日起，正式实施宁波舟山港核心港区船舶交通组织一体化。这是浙江海事局落实习近平总书记推进宁波舟山港一体化的系列指示精神，贯彻《交通强国建设纲要》要求和浙江省海洋强省国际强港战略的具体举措。

柬埔寨航空一架航班号为KR8904的空客A319型飞机平稳降落在温州龙湾国际机场，标志着“温州—金边”往返直飞航线顺利开航。该航线是柬埔寨航空开辟的第二条往返中国大陆和柬埔寨的定期直飞航线，也是目前往返金边及温州两地唯一一条定期直飞航线。

11月19日

满载着100个标箱温州出口货物的“义新欧”温州号中欧班列（义乌—莫斯科）首发，这是向“一带一路”倡议6周年、义乌中欧班列开行5周年献上的一份大礼，是第五届世界浙商大会“一带一路”国际枢纽建设暨长三角中欧班列高峰论坛成果落地的具体体现。

11月20日

由智利经洛杉矶飞往宁波的洲际全货机平稳降落在宁波栎社国际机场，标志着“智利—中国宁波”东航物流洲际货运航班顺利首航。宁波机场举行了隆重的“水门迎接”仪式和首航仪式，智利驻华大使路易斯·施密特出席仪式。东航“原产地直达”模式不仅受到两地政府的高度重视，更将成为推进扩大中国和智利两国交流合作的新动力。

美国康尼航空中国宁波至美洲全货机航班邮件直运出口业务开通。当日，海关共监管邮件125件，重2.6吨。

11月22日

比利时海关与消费署署长克里斯蒂安·范德瓦尔德（Kristian Vanderwaeren）一行访问宁波海关，参观北仑海关机检审像中心、北仑第二集装箱码头分公司、出口加工区考拉海购仓库，并与宁波海关党委书记吕小斌进行会谈。

11月26日

宁波海关获批国家级进出口商品质量安全风险验证评价实验室（原油及其炼化产品）。

11月27日

中国舟山外轮代理有限公司一名业务员利用国际贸易“单一窗口”标准版最新上线的船舶转港数据复用功能，直接调用宁波中远海运船务代理有限公司申报的上一港船舶出港数据，仅用5分钟就完成了一艘由宁波大榭前来舟山马峙锚地进行保税油加注的“DELTA AMAZON”油船的船舶进港手续申报。该单业务的顺利申报，标志着浙江自贸试验区在全国率先试点成功了通过国际贸易“单一窗口”标准版实现同一艘船舶上下港代理申报数据的共享应用，进一步提升了船舶境内续驶业务口岸通关效率。

11 月 29 日

义乌国际机场顺利通过世界卫生组织专家组实地验收，正式被授予“国际卫生机场”称号，成为全国县级市首个、关检融合后首批、杭州关区内首个国际卫生机场，也是全国第 13 个国际卫生机场。

搭载了近 300 名旅客的埃及航空 MS953 航班从埃及开罗起航，稳稳地降落在杭州机场，这是杭州与开罗之间的首个航班，也是华东地区与北非之间首个航班。“杭州—开罗”航线的开通，填补了浙江省非洲航线的空白，使杭州机场的国际航线覆盖到全球五大洲，浙江航空网络真正实现“五洲战略”。

12 月 1 日

宁波空运口岸正式开始实施 144 小时过境免签政策，成为长三角区域第四个实施该政策的空运口岸。

12 月 4 日

宁波舟山港金塘港区大浦口集装箱码头工程 1 号 -2 号泊位续建部分通过浙江省政府对外启用验收。

12 月 5 日

数字“单一窗口”通关时效评估平台实现与国家“单一窗口”自动化数据传输。

宁波舟山港股份有限公司牵头实施的“宁波舟山港—浙赣湘（渝川）”集装箱海铁公多式联运示范工程被命名为“国家多式联运示范工程”。

12 月 7 日

“海丝 1 号”货轮运载 220 个集装箱、货值 6 038.1 万元的铜精矿自宁波舟山港镇海港区起航，沿“宁波—扎鲁比诺（俄罗斯）—珲春”内贸货物跨境运输北向线，在全国范围内首次实现“北上”返程运输。

12 月 12 日

马绍尔群岛籍 5.7 万载重吨级散货船“YANGTZE BRIGHTNESS”驶入宁波舟山港，在虾峙门南锚地锚泊，在 4.5 小时内完成伙食补给、物料补给、燃料油加注等综合海事服务，总货值约 20 万美元，标志着国内首单外锚地综合海事服务在浙江自贸试验区成功开展。

12 月 16 日

“义新欧”诸暨号中欧班列（义乌—莫斯科）在铁路义乌西站首发前往莫斯科。诸暨市是外贸大市，“一带一路”沿线国家是诸暨的重要出口市场和原材料来源地。“义新欧”诸暨号对吸引诸暨货物回流将起到积极作用，发展潜力巨大。

12 月 17 日

浙江电子口岸随同杭州经济开发区税务局赴企业进行“单一窗口”出口退税生产全国版实单测试，并实现成功申报。

12 月 19 日

浙江省政府办公厅组织召开浙江省口岸营商环境座谈会。

12 月 23 日

海关总署发布公告，决定将中国（浙江）自由贸易试验区试点的“进境保税油检验监管制度”复制推广到全国，自 2019 年 12 月 31 日起施行。

12 月 23 日

温州龙湾国际机场变更机场使用许可证申请获得民航华东地区管理局批复，飞行区等级由 4D 提升至 4E。

12 月 24 日

一列满载 100 个标箱的“义新欧”中欧班列从义乌西站发出，前往西班牙马德里。至此，“义新欧”中欧班列 2019 年开行数量成功突破 500 列。

12 月 28 日

宁波栎社国际机场三期工程投运仪式在新建的 T2 航站楼出发厅举行。浙江省委副书记、宁波市委书记郑栅洁，副省长高兴夫等出席。12 月 29 日，随着曼谷至宁波的 9C8572 次航班 173 名旅客顺利进境通关，标志着新建的 T2 航站楼国际区域正式启用。

12 月 30 日

杭州萧山国际机场 2019 年旅客吞吐量突破

4 000 万人次，跃升至“4 000 万级”全球最繁忙机场行列。同日，浙江省7个机场2019年旅客吞吐量突破7 000 万人次，温州龙湾国际机场喜迎第7 000 万名旅客。

温州航空物流园（一期）开工，将满足现阶段快速增长的航空物流业务需求，实现了温州市成立航空物流业的重大突破，为温州市物流大发展、上水平带来新的机遇。

（撰稿人：陈加恩、陈展、徐晋、张文慧、宋鸿昌、张孔宇、陈滨、张露、汤军、何正华、杜声眉、陈嘉诚、蔡海辉、赵华明、王登科、徐益婷、陈之英、翟羽佳、张蕾）

2019 年浙江省口岸流量统计表

口岸类型		口岸名称	货运量（万吨）				集装箱量（万标箱）				人员（万人次）				交通工具（辆、艘、架、列次）			
			出口	进口	合计	同比（%）	出口	进口	合计	同比（%）	出境	入境	合计	同比（%）	出境	入境	合计	同比（%）
空运口岸		杭州空运口岸	17.44	1.87	19.31	-2.47					290.59	291.02	581.61	6.14	17 816	17 745	35 561	7.90
		宁波空运口岸	1.32	1.65	2.97	-6.49					81.56	81.65	163.22	14.53	5 833	6 095	11 928	16.83
		温州空运口岸	0.02	0.07	0.09	-11.30					25.22	24.71	49.93	35.13	2 019	2 020	4 039	38.84
		义乌空运口岸	0.045 0	0.001 46	0.046 46	208.20					9.40	9.45	18.85	7.47	674	673	1 347	18.57
		舟山空运口岸			0.00						0.001 5	0.001 4	0.002 9	-19.44	2	2	4	-20
		分计	18.82	3.60	22.42	-2.94					406.77	406.83	813.61	9.22	26 344	26 535	52 879	11.99
陆运口岸	公路口岸	—																
		分计																
	铁路口岸	—																
		分计																
水运口岸	海港口岸	宁波港	14 378.50	20 869.80	35 248.30	2.80	1 132.40	1 055.50	2 187.90	4.20	9.22	13.24	22.46	-3.93	4 605	6 523	11 128	-2.84
		舟山港	682.17	14 545.67	15 227.84	9.20	1.36	40.30	41.66	22.40	10.35	11.73	22.08	21.67	4 279	4 966	9 245	9.40

续表

口岸类型		口岸名称	货运量（万吨）				集装箱量（万标箱）				人员（万人次）				交通工具（辆、艘、架、列次）			
			出口	进口	合计	同比（%）	出口	进口	合计	同比（%）	出境	入境	合计	同比（%）	出境	入境	合计	同比（%）
水运口岸	海港口岸	温州港	109.63	143.54	253.17	-43.33	13.34	12.74	26.08	87.57	2.56	2.13	4.69	107.52	244	86	330	4.10
		台州港	61.00	392.20	453.20	-29.20	6.17	6.19	12.37	37.80	1.45	1.37	2.82	-32.86	204	159	363	-72.67
		嘉兴港	416.18	921.59	1 337.77	7.86	27.42	13.71	41.13	-10.98	1.50	1.55	3.04	-0.65	790	850	1 640	-2.73
		分计	15 647.48	36 872.80	52 520.28	3.91	1 180.69	1 128.44	2 309.14	4.79	25.07	30.03	55.10	7.95	10 122	12 584	22 706	-2.26
	河港口岸	—																
		分计																
合计			15 666.30	36 876.40	52 542.70	3.90	1 180.69	1 128.44	2 309.14	4.79	431.84	436.86	868.70	9.04	36 466	39 119	75 585	7.29
同比（%）			5.25	3.34	3.90		3.79	5.85	4.79		8.69	9.38	9.04		7.51	7.10	7.29	

（浙江省口岸办提供，人员、交通工具数据由浙江出入境边防检查总站提供）

2019 年浙江省口岸出入境主要数据表

项目			2019 年	2018 年	同比（%）
出入境人员（人次）	出入境人员总数		8 687 023	7 967 153	9.04
	入境人员		4 368 596	3 994 097	9.38
	出境人员		4 318 427	3 973 056	8.69
	出入境旅客		7 750 517	7 091 040	9.30
	出入境员工		936 506	876 113	6.89
	中国公民	小计	7 424 594	6 788 182	9.38
		内地居民（因公）	283 488	272 954	3.86
		内地居民（因私）	6 279 212	5 667 526	10.79
		港澳居民	335 035	323 161	3.67
		台湾同胞	526 859	524 541	0.44
	外籍人员		1 262 429	1 178 971	7.08
	从海港出入境人数		550 958	512 506	7.50
	从陆港出入境人数		—	—	—
	从空港出入境人数		8 136 065	7 454 647	9.14
交通运输工具（辆、艘、架、列次）	总计		75 585	70 518	7.19
	船舶		22 706	23 264	-2.40
	飞机		52 879	47 254	11.90
	火车		—	—	—
	机动车辆		—	—	—

（浙江出入境边防检查总站提供）

2019 年杭州海关主要数据统计表

项目		2019 年	2018 年	同比（%）
进出口货运量（万吨）	合计	18 728.3	17 564	6.6
	进口	16 314.8	15 400	5.9
	出口	2 413.5	2 164	11.5
进出口贸易总值（万美元）	合计	12 565 907.2	11 364 304	10.6
	进口	5 625 718.9	5 336 192.9	5.4
	其中：江、海运输	5 041 574.4	4 789 558.7	5.3
	铁路运输	25 894.2	25 801.9	0.4
	汽车运输	52 762.9	26 328.2	100.4
	航空运输	504 978.2	494 013.3	2.2
	邮件运输	509.2	490.8	3.8
	其他运输			
	出口	6 940 188.3	6 028 111.1	15.1
	其中：江、海运输	6 485 310.8	5 618 727.9	15.4
	铁路运输	169 723.4	114 626	48.1
	汽车运输	17 499.2	6 002.7	191.5
	航空运输	267 347.6	259 117.1	3.2
	邮件运输	307.3	29 637.5	-99.0
	其他运输			
税收（万元）	两税合计	4 760 800.4	5 178 087.06	-8.1
	关税入库	392 397.1	401 445.69	-2.3
	进口环节税入库	4 368 403.3	4 776 641.37	-8.5

（杭州海关提供）

2019 年宁波海关主要数据统计表

项目		2019 年	2018 年	同比（%）
进出口货运量（万吨）	合计	17 442.14	16 996.66	2.62
	进口	12 519.27	12 373.72	1.18
	出口	4 922.88	4 622.94	6.49
进出口贸易总值（万美元）	合计	24 793 426.10	24 275 222.03	2.14
	进口	7 242 559.50	7 519 283.30	-3.69
	其中：江、海运输	6 782 163.25	7 149 174.19	-5.14
	铁路运输	7.92	981.17	-99.19
	汽车运输	47 624.25	40 401.14	17.88
	航空运输	411 517.69	328 458.37	25.33
	邮件运输	1 064.51	104.20	921.57
	其他运输	181.88	164.23	14.22
	出口	17 550 866.61	16 755 938.73	4.75
	其中：江、海运输	17 390 685.50	16 589 862.75	4.83
	铁路运输	547.86	729.69	-24.92
	汽车运输	39 341.58	30 436.39	29.26
	航空运输	84 066.95	65 173.20	28.99
	邮件运输	8 071.21	65.17	12 284.32
	其他运输	28 153.52	69 671.54	-59.59
税收（万元）	两税合计	7 042 755.91	7 801 000.82	-9.72
	关税入库	723 175.69	638 555.87	13.25
	进口环节税入库	6 319 580.22	7 162 444.94	-11.77

（宁波海关提供）

2019 年浙江海事局进出港船舶统计汇总表

船舶类别	进港船舶							出港船舶						
	艘数（艘）	总吨（吨位）	总载重量（吨）	载客量（客位）	船员人数（人次）	货物到达量（吨）	旅客到达量（人）	艘数（艘）	总吨（吨位）	总载重量（吨）	载客量（客位）	船员人数（人次）	货物发送量（吨）	旅客发送量（人）
总计	900 499	1 871 834 451	2 436 096 708	76 917 601	785 592	742 272 914	28 695 631	895 017	1 869 929 350	2 438 819 150	76 707 291	781 002	528 680 868	28647821
中国籍船舶	884 603	971 408 671	1 201 906 627	76 862 996	438 317	464 391 429	28 693 752	878 914	961 797 657	1 194 676 544	76 652 686	429 011	445 741 553	28645675
其中外贸船	1 125	13 222 424	20 138 627	0	20 324	7 649 575	0	950	10 936 927	17 500 482	0	18 373	810 724	0

（浙江海事局提供）

2019 年浙江省指定监管场地统计表

序号	直属海关	监管场地名称	进境口岸	类型	拟进口品种	批复时间	备注
1	宁波海关	宁波港进境水果指定监管场地	宁波海港口岸	水果		2008 年 3 月 14 日	
2	杭州海关	杭州萧山国际机场进口植物种苗指定监管场地	杭州空运口岸	植物种苗		2010 年 4 月	
3	宁波海关	宁波梅山港区进境植物种苗指定监管场地	梅山海港口岸	植物种苗		2010 年 4 月	
4	宁波海关	宁波北仑港区进口植物种苗指定监管场地	北仑海港口岸	植物种苗		2012 年 12 月 26 日	
5	杭州海关	温州状元岙港区进境水果指定监管场地	状元岙海港口岸	水果		2013 年 1 月 9 日	
6	宁波海关	宁波北仑港区进口肉类指定监管场地	北仑海港口岸	肉类		2014 年 5 月	
7	宁波海关	金光粮油公司码头、光明通用码头、第二港埠公司散杂货码头进境粮食指定监管场地	宁波海港口岸	粮食		2014 年 10 月 9 日	
8	杭州海关	舟山老塘山港区进境粮食指定监管场地	老塘山海港口岸	粮食		2014 年 10 月 9 日	
9	杭州海关	舟山港综合保税区进口冰鲜水产品指定监管场地	舟山海港口岸	冰鲜水产品		2014 年 12 月 22 日	
10	杭州海关	杭州萧山国际机场进口冰鲜水产品指定监管场地	杭州空运口岸	冰鲜水产品		2014 年 12 月 22 日	
11	杭州海关	温州龙湾国际机场进口冰鲜水产品指定监管场地	温州空运口岸	冰鲜水产品		2015 年 9 月 1 日	
12	杭州海关	温州状元岙港区进口肉类指定监管场地	状元岙海港口岸	肉类		2015 年 9 月 15 日	
13	宁波海关	宁波栎社国际机场进口冰鲜水产品指定监管场地	宁波空运口岸	冰鲜水产品		2015 年 11 月	
14	宁波海关	宁波栎社国际机场进境水生动物指定监管场地	宁波空运口岸	水生动物		2015 年 11 月	
15	宁波海关	宁波石浦港区进境水生动物指定监管场地	石浦海港口岸	水生动物		2015 年 11 月	
16	宁波海关	宁波北仑港区进境集装箱粮食指定监管场地	北仑海港口岸	集装箱粮食		2015 年 12 月	
17	宁波海关	宁波梅山港区进口肉类指定监管场地	梅山海港口岸	肉类		2016 年 2 月 18 日	
18	杭州海关	杭州萧山国际机场进境食用水生动物指定监管场地	杭州空运口岸	食用水生动物		2016 年 8 月 1 日	
19	杭州海关	温州龙湾国际机场进境食用水生动物指定监管场地	温州空运口岸	食用水生动物		2016 年 8 月 1 日	

续表

序号	直属海关	监管场地名称	进境口岸	类型	拟进口品种	批复时间	备注
20	宁波海关	宁波镇海港区肉牛进口指定监管场地	镇海海港口岸	肉牛		2017 年 5 月	
21	杭州海关	舟山港综合保税区进口肉类指定监管场地	舟山海港口岸	肉类		2017 年 7 月 18 日	
22	杭州海关	杭州萧山国际机场进境水果指定监管场地	杭州空运口岸	水果		2017 年 8 月 1 日	
23	杭州海关	舟山沈家门港区进境水果指定监管场地	沈家门海港口岸	水果		2017 年 9 月 29 日	
24	杭州海关	义乌进口肉类指定监管场地	义乌铁路临时口岸	肉类		2018 年 1 月 9 日	
25	杭州海关	金义综合保税区进口肉类指定监管场地	宁波海港口岸	肉类		2018 年 8 月 14 日	
26	杭州海关	舟山沈家门港区进境食用水生动物指定监管场地	沈家门海运口岸	食用水生动物	鱼类、甲壳类、软体类	2019 年 5 月 14 日	
27	杭州海关	义乌进口冰鲜水产品指定监管场地	义乌铁路口岸	冰鲜水产品		2019 年 7 月 8 日	
28	杭州海关	义乌进境水果指定监管场地	义乌空运口岸	水果	水果	2019 年 9 月 27 日	
29	杭州海关	台州大麦屿港区进境水果指定监管场地	大麦屿海运口岸	水果	水果	2019 年 11 月 20 日	获批建设
30	杭州海关	杭州进口肉类指定监管场地	杭州空运口岸	肉类		2019 年 12 月 24 日	

（浙江省口岸办提供）

安　徽　省

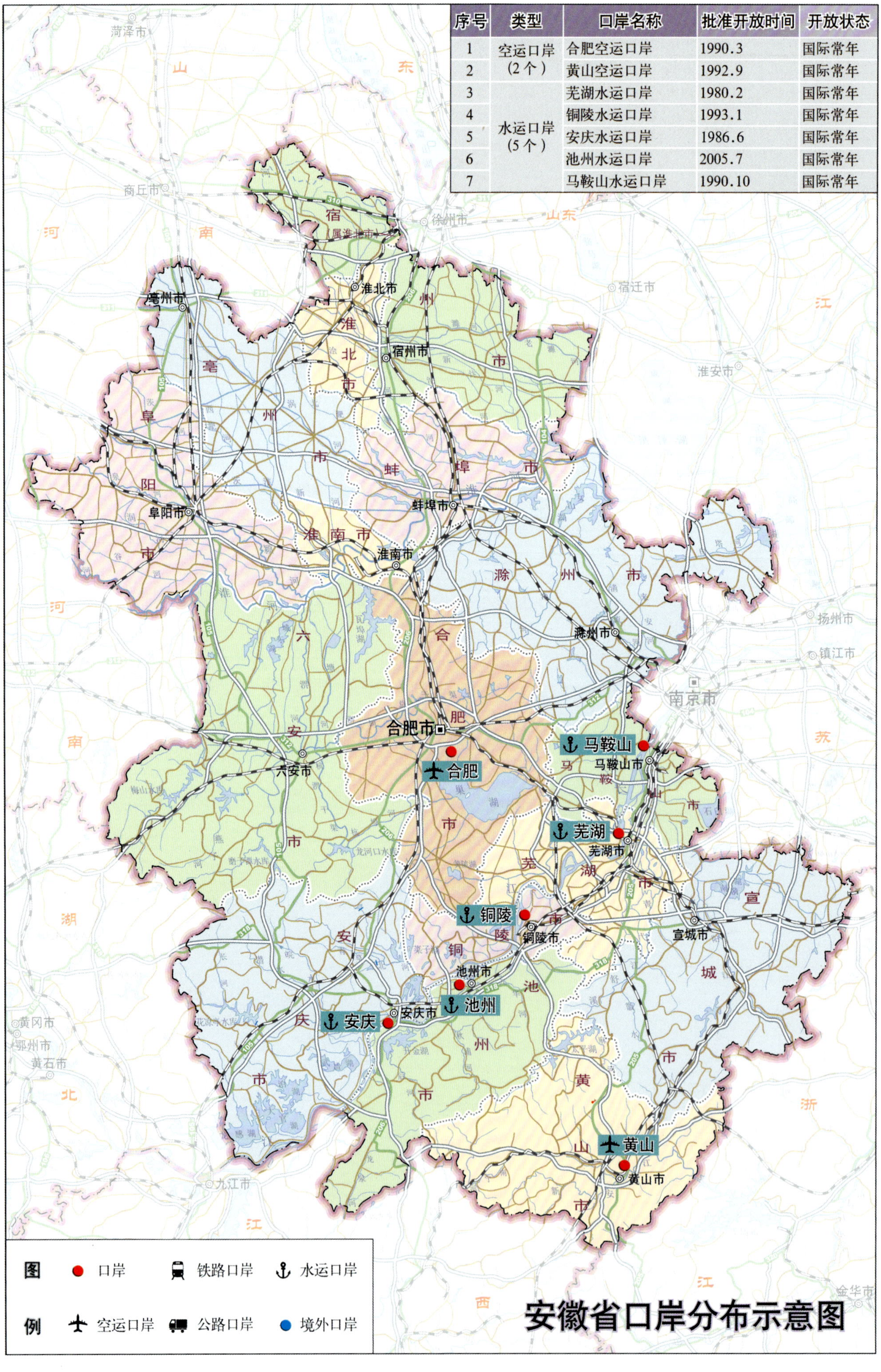

序号	类型	口岸名称	批准开放时间	开放状态
1	空运口岸（2个）	合肥空运口岸	1990.3	国际常年
2		黄山空运口岸	1992.9	国际常年
3	水运口岸（5个）	芜湖水运口岸	1980.2	国际常年
4		铜陵水运口岸	1993.1	国际常年
5		安庆水运口岸	1986.6	国际常年
6		池州水运口岸	2005.7	国际常年
7		马鞍山水运口岸	1990.10	国际常年

安徽省口岸分布示意图

口岸数量及分布

截至2019年年底，安徽省共有经国务院批准的对外开放口岸7个，其中，空运口岸2个，分别是合肥空运口岸（合肥新桥国际机场）、黄山空运口岸（黄山屯溪国际机场）；水运（河港）口岸5个，分别是芜湖、安庆、铜陵、池州、马鞍山河港口岸。

口岸运行数据

据海关统计，2019年安徽省口岸进出口货运量2 707.51万吨。全省口岸实现进出口货值213.46亿美元，同比增长11.8%，其中，进口货值130.94亿美元，同比增长11.1%，出口货值82.53亿美元，同比增长13%；到港船舶10 167艘，同比增长15.6%；航空口岸进出境人员87.96万人次，同比增长27.9%，进出境航班6 396架次，同比增长28.5%。

口岸综合管理

【口岸营商环境持续优化】 深入贯彻落实《国务院关于印发优化口岸营商环境促进跨境贸易便利化工作方案的通知》（国发〔2018〕37号）等文件精神，多措并举优化口岸营商环境，促进跨境贸易便利化。一是进一步提升报关放行便利度。协调海关积极推进“两步申报”通关模式改革，推动“提前申报”模式。精简进出口环节验核的监管证件由86种减少至44种。除安全保密等特殊情况外，全部实现联网核查。二是进一步推进压缩整体通关时间。截至2019年年底，全省进口整体通关时间压缩72.8%，出口整体通关时间压缩88.7%。三是进一步降低进出口环节合规成本。通过省清理口岸收费工作小组形成合力，认真开展整治口岸乱收费工作，切实巩固和提升减税降费政策成果。进一步完善口岸收费目录清单，实现收费目录清单动态管理更新。

2019年安徽省口岸进出口（出入境）运量总统计表

类别	累计运量		
	2019年	2018年	同比（%）
货运量（万吨）	2 707.51	3 135.31	-13.64
其中：进口（万吨）	2 386.41	2 801.92	-14.83
出口（万吨）	321.10	333.39	-3.69
货值（万美元）	2 134 622.29	1 945 662.65	9.71
其中：进口（万美元）	1 309 371.19	1 178 883.41	11.07
出口（万美元）	825 251.10	766 779.24	7.63
客运量（人次）	879 581	687 638	27.91
其中：入境（人次）	440 015	344 594	27.69
出境（人次）	439 566	343 044	28.14
到港船舶（艘）	10 167	8 795	15.60
其中：外籍轮（艘）	137	142	-3.52
集装箱（个）	1 500 687	1 339 785	12.01
其中：重箱（个）	442 427	519 905	-14.90

续表

类别	累计运量		
	2019年	2018年	同比（%）
飞机（架次）	6 397	4 977	28.53
其中：外籍飞机（架次）	3 054	2 727	12.00

2019年安徽省各口岸进出口（出入境）运量统计表

单位：万吨、人次

口岸名称	累计运量		
	2019年	2018年	同比（%）
马鞍山	1 246.56	1 650.19	-24.46
铜陵	688.10	639	7.68
芜湖	523.12	553.02	-5.41
池州	100.85	100.06	0.79
安庆	45.83	64.01	-28.4
蚌埠	48.88	82.76	-40.94
阜阳	8.04	8.1	-0.74
合肥（水运）	24.32	15.34	58.5
合肥（铁路）	21.81	22.83	-4.47
合肥（航空）	777 058	601 566	29.17
黄山	102 523	86 072	19.11

【中国（安徽）国际贸易“单一窗口”功能不断拓展完善】 一是积极推进业务功能应用。拓展“单一窗口”贸易金融服务功能应用覆盖面，便利企业通过单一窗口办理预约开户、汇入（出）汇款、跨境贷款、出口退税、信用保险等业务，优化完善“单一窗口”购付汇和信用保险系统功能，加强“单一窗口”与银行、保险的功能对接。截至2019年12月20日，平台累计完成业务190多万票，服务企业3 000多家。主要业务覆盖率完成国家要求的100%目标任务。二是加强业务培训的宣传推广工作。安徽省口岸办会同合肥海关、安徽出入境边防检查总站、芜湖海事局、安庆海事局、中国银行、建设银行、交通银行、信保集团等业务单位和金融机构，先后在合肥、芜湖、池州、亳州、淮北等市举办国际贸易“单一窗口”标准版试点推广和功能应用培训，组织全省1 000多家外贸企业、货代报关公司等3 000多人参加免费培训，进一步深化中国（安徽）国际贸易单一窗口在全省的推广应用。三是强化运维及服务保障。在完成国家标准版功能应用的基础上，根据应用实际，结合每次业务培训，举行现场培训解答，同时对常见使用问题进行集中归类，利用微信群、QQ群等及时反馈；将培训课件等资料发放给每个企业。开通95198客服热线，安排值班人员，为企业及时提供多渠道、宽领域、全天候的问题解答和相关服务。

【口岸建设开放水平稳中有升】 指导芜湖港口岸扩大开放三山港区，安庆港口岸扩大开放长风港区和皖河农场港区建设工作。推进铜陵港口岸扩大开放申请。安徽省已批准建设进境指定监管场地10个，其中合肥空运口岸、马鞍山港、芜湖港、铜陵港、安庆港、黄山空运口岸的水果、冰鲜水产品、食用水生动物、肉类、粮食等指定监管场地已建成运营，并有序开展业务。2019年12月，牵头协调安徽省发展改革委、省经信厅、省公安厅、合肥海关等相关单位，组织对安庆港汽车整车进口口岸进行验收，推进尽快投入运营、取得实效。

【口岸建设交流协作进一步深化加强】 积极参与长三角区域大通关建设协作工作。2019年4月，随同省政府办公厅赴浙江、上海调研学习长三角一体化口岸发展和国际贸易“单一窗口”建设情况。8月下旬，安排合肥空运口岸配合甘肃敦煌市口岸办来合肥考察调研机场建设和航空业务工作。4月和9月，分别派员参加了国家口岸管理办公室在上海、秦皇岛组织的口岸干部培训。11月中旬，赴杭州参加了“一带一路”国际枢纽建设暨长三角中欧班列高峰论坛会议。12月2日，在合肥参加了第十五届长江经济带商务协作年会暨合肥中欧班列招商合作推介会。12月20日，会同江苏省商务厅，在池州召开长三角口岸城市群通关一体化皖苏项目对接会，力促了项目对接合作、信息共享，取得很好效果，受到各方好评。

【海关特殊监管区域扩能升级有序推进】 依据《国务院关于促进综合保税区高水平开放高质量发展的若干意见》（国发〔2019〕3号），2019年9月，会同合肥海关拟定《安徽省综合保税区发展提质工作方案》（皖开放〔2019〕1号），经省政府常务会议研究通过，以省开放型经济工作领导小组文件印发施行。支持并指导安庆、合肥等地申报综合保税区和铜陵申报安徽皖中南保税物流中心（B型）。2019年4月23日，国务院批复合肥出口加工区整合优化为合肥经济技术开发区综合保税区。2019年10月31日，海关总署、财政部、国家税务总局、国家外汇管理局四部委联合发文，正式批准设立铜陵（皖中南）保税物流中心（B型）。

【合肥中欧班列和铁海联运稳步发展】 2019年，合肥中欧班列不断加密泛欧泛亚国际网络，逐步拓展至德国、俄罗斯、白俄罗斯、乌兹别克斯坦等境外站点。同时合理安排回程线路，优化结构。目前合肥中欧班列新增17条线路，覆盖7个国家、18个城市。全年班列累计开行数量368列，同比增长102.2%，由2017年全国36个开通班列城市中第13位，上升到2019年全国62个城市第8位。目前开行频次已达到每周发送7～14列。积极主动协调，指导铁海联动工作，合肥、蚌埠至宁波北仑港铁海联运，芜湖至上海洋山港“五定”班列开始常态化运营，阜阳已开通至江苏连云港、太仓的国际货运班倒，淮南开通至南京港铁海联运货运班列等。

口岸监管与服务

【安徽出入境边防检查总站全力维护国门口岸安全】 一是加强组织领导。安徽边检总站党委高度重视出入境边防检查工作，先后带队到各边检站实地督导检查30次，强力推进各项安保措施落实落地。各级成立重大勤务安保工作领导小组，第一时间传达学习国家移民管理局关于口岸管控系列指示要求，结合实际制定针对性措施。二是严密管控措施。各级严守查控工作“生命线”，总站召开全省查控工作座谈会，制定下发关于边控工作的实施办法。各级坚持值班领导全程带勤，严密勤务组织，严格落实前台查验“三条底线”以及重点国家入境人员“五必问”要求，部署开展涉恐隐患排查、安全大检查等专项活动。坚持大数据引领实战，积极发挥总站大数据分析研判中心作用，为口岸精准查缉提供了指引。三是健全协作机制。总站与省公安厅建立安保联勤联动机制。总站边检处与省公安厅出入境管理局建立常态工作联系机制，并依托联创联建支部共建推动业务工作向深层次迈进。各级主动联系政保部门建立协作机制，主动与当地出入境、海关等部门推进党支部联创联建。港口边检站积极探索，形成“码头企业积极参与、联检单位全力配合、协作部门齐力共管”的口岸管控立体防护网。

【安徽出入境边防检查总站奋力推进全省高水平对外开放】 一是主动服务国家战略。着力服务长三角一体化国家战略，积极跟进国家口岸发展“十三五”规划中安徽口岸扩大开放项目，重点保障国务院已批复开放的芜湖三山、安庆长风、皖河农场港区建设，为驻地党委政府提供政策支持、提出解决方案。主动协调航空公司、口岸联检单位，着力提升安徽合肥、黄山国际机场航运能力。二是积极创新便民利民举措。深化移民和出入境领域“放管服”改革，全面落实便利公民出入境通关等举措，大力推广应用自助通关，积极响应安徽省政府优化口岸营商环境促进跨境贸易便利化等部署，稳步推进海港勤务改革、“皖警便民服务e网通”功能优化、国际贸易“单一窗口”升级等，牵头落实边检、海关、海事一次性联合查验，健全完善出入境船舶网上申报、无纸化申报机制，优化查验流程。2019年，利用“皖警便民服务e网通”受理群众办事项目728项，大大节约了服务对象时间等办事成本。三是充分彰显边检职能作用。总站各级充分利用各类媒介，持续深入宣传出入境政策法规、便民利民举措等。各级积极宣传报道边检机关“放管服”改革、节假日出行、便民利民等政府关注、群众关心的话题，大力宣传工作经验和涌现的先进典型和好人好事。

【安徽出入境边防检查总站全力推进执法规范化建设】 一是优化顶层制度设计。成立总站依法行政工作领导小组，健全完善党委理论中心组学法和领导干部带头学法制度，组建总站法律专家咨询委员会，召开法律专家咨询委员会工作会议，建立健全专家辅助决策机制，深化国际移民政策和管理制度比较研究，为新时代移民政策提供了参考。二是狠抓执法主体建设。制定法制培训方案及推进表，编制下发典型案例汇编，收集整理18个典型案例，组织开展多种培训，定期组织抽考抽测，督促民警不断加强学习，提升学习效果。扎实开展执法资格等级考试培训工作，鼓励民警积极参加法律职业资格考试和高级执法资格考试。积极联系对接省司法厅，为符合条件民警办理公职律师证书。三是严格执法监督管理。定期对各单位执法办案场所管理使用、现场执法记录等工作进行专项执法检查，组织开展年度案件集中评查。部署开展执法服务督导、执法突出问题排查整改暨涉案财物清理整治等专项活动。总站马鞍山边检站在口岸牵头成立涉外法律服务中心，并将边检行政处罚信息纳入全国征信系统，增加行为人违法成本。

【安徽出入境边防检查总站全力健全指挥联动机制】 一是突出实战指挥效能。坚持以中华人民共和国成立70周年大庆安保工作为主线，每日开展视频巡查，不定时开展视频点调，督导各单位安保工作措施和各项勤务工作制度落实情况。强化风险隐患排查，强化涉警网络舆情监控工作，积极走访省委网信办、省厅网安总队建立舆情处置协作机制，全面提升舆情监测管控能力水平。二是严密边控工作机制。研究制定《边控工作实施细则（试行）》，进一步规范接布控工作流程、细化操作步骤。牵头召开全省边控工作座谈会，构建了更加安全、规范、高效的边控工作体系。三是优化处突作战机制。始终紧贴实战要求，组织召开预案修订专题研讨会，进一步修订完善全省口岸处置突发事件预案。健全处突警力常态备勤和演练拉动制度，全面推广小单元作战模式，坚持总站每季度、边检站每月组织1次桌面推演和应急拉动。2019年，共开展各类处突演练110余次，组织全要素、全流程实战演练35次，与武警、公安、口岸相关单位开展联合实战演练8次，进一步筑牢了口岸立体化管控防线。

【安徽出入境边防检查总站全力打造口岸“智慧边检”】 一是突出重点夯实发展根基。探索成立总站信息化发展研究小组，研究制定《总站2019－2020年信息化建设规划》，出台《总站标准化机房建设两年规划》。2019年11月4日，总站标准化数据中心机房正式投入运行，为全省边检网络、梅沙系统以及核心设备稳定运行提供了立体化防护手段。与科大讯飞公司签订战略合作协议，挂牌成立联合研发中心。二是核心业务保障更加健全完善。牢树底线思维，加大人力、物力投入。2019 年，先后完成总站公安一、二级网改造，开通梅沙 4G 无线上网卡，进一步完善梅沙系统五级保障体系，更新执勤现场 UPS 不间断电源，更换总站机关 250 千瓦柴油发电机。为全省 400 名民警配备警务通，助推安徽边检工作跨入移动警务时代。三是健全机制提升运维水平。成立总站梅沙运维中心，充分发挥总站梅沙系统运维骨干作用，依托梅沙系统运行监控平台，将总站 39 台关键设备全部纳入监控范围，实施 24 小时不间断监控，配套出台制度规范，完善梅沙系统五级应急保障体系。成立信息系统运维帮扶队，建立信息系统运维跨区域支援机制，全面提升总站信息化系统运维整体水平。

【芜湖海事局强化监管，筑牢安全基础】 一是重点对象监管有效。全面运行渡船监管移动执法系统，更新“一渡一指南”，出台“一渡一策”，强化动态抽查、现场检查和暗访暗查，查处渡船违法行为 6 起，保障 705 万人次、110 万车次渡运安全，实现渡运“零死亡”。实施危险货物分类管理，检查 C 类危险品船舶 203 艘，跟踪维护一类危险货物船舶 379 艘次。推进落实采运砂四联单制度，联合河道、公安开展非法采砂船舶专项清查行动，打击非法采砂作业 157 次，查扣移交船舶 41 艘，非法采砂势头得到有效遏制。二是通航环境持续改善。强化通航水域分级管理，继续推进 VTS 中心与现场执法有效融合。协调黑南水道、芜裕河段航道整治等重点工程航标优化调整，规范裕溪船闸检修期间大量船舶待闸锚泊秩序，推动小黄洲锚地扩容取得新进展。配合政府清理岸线，整治三山区非法船舶修造点。开展“两保一防”、武汉军运会专项安检等专项活动，圆满完成春运、70 周年国庆、第二届中国进口博览会等重大安保任务。三是源头管理不断发力。审核公司 63 家、船舶 295 艘次，评定信用较差的 D 级公司 28 家。建立 104 家第四批公司及船舶数据库。开展公司日常监督检查 228 次，实施船舶现场监督 9 443 艘次，船舶安检1 476 艘次，滞留 93 艘次。172 艘长期脱管船舶实现清单销号，召回 58 艘次涉海非法运输内河船舶。开展验船质量监督检查 269 艘，吨位丈量复核抽查 9 艘。持续推进“船员流动课堂”和典型案例“双进”活动，船员实操技能和安全意识不断提升。组织各类船员考试 42 期、732 人次参考。办理任解职 5 269 人次，实施船员违法记分 793 件、2 188 分。

【芜湖海事局多举措优化营商环境，服务成效更加显著】 一是积极融入国家发展战略。出台 21 项举措，服务安徽省推动长三角一体化发展。圆满完成长三角芜湖峰会水上安保任务。积极参与长三角海事监管一体化建设。二是持续助力地方经济发展。全面启用国家“单一窗口”，推进“三互”大通关。积极支持芜湖三山港、铜陵横港等口岸扩大开放。实施国际航行船舶联合登临检查 15 艘，不断提高通关效率。服务芜湖至洋山港“点对点”直达航线。三是主动服务船员需求。“服务零距离”品牌再添新举措，船名申请、内河配员证书、水上无线电审批实现网上无纸化申办，文书核发“最多跑一次”范围进一步扩大，政务网上办理率达 92%。

【芜湖海事局深化依法行政，法治建设更加深入】 一是执法行为更加规范。推行行政执法“三项制度”，强化重大执法决定法制审核。组织开展“庭审旁听”活动。实施行政处罚 1 678 件、处罚金额 600 万元，继续保持长江全线第一方阵。二是执法监督更加严格。接受部海事局执法评议考核和长江海事局安全巡查。完成职能督察 12 次，定期督察 2 次，开展行政执法案卷评查、交叉检查。三是综合执法更加深化。修订考核评价标准，编制常见航道违法行为处罚指南，实施航道行政处罚 105 件，向航道通报案件 3 件，向长航公安移送涉嫌犯罪案件 2 件。铜陵水上综合执法示范区建设取得新成果。芜湖海事局水上综合执法考核位列长江全线第一。

【安庆海事局多举措助推口岸发展】 一是继续加强与口岸单位的交流，深化合作共建，强化执法协作，促进信息互通。积极参与安庆口岸核心能力建设工作协商，根据机构改革和调整后的工作实际提出修改意见和建议。二是与合肥海关签订了口岸公共卫生安全监管协作合作机制，落实习近平总书记“筑牢口岸检疫防线”重要指示精神，深化海关与海事部门联防联控机制。三是积极为《安庆港口岸扩大开放三年建设规划方案（初稿）》建言献策，对拟新建的码头泊位及锚地等口岸基础设施的建设方案提出合理化建议，助力地方经济发展。四是推进国际贸易“单一窗口”全面实施，2019年，辖区3艘次国际航行船舶进港、4艘次国际航行船舶出港，均通过“单一窗口”实施申报，有效地提高了船舶进出口岸审批工作效能，简化了工作程序，实现口岸“信息互换、监管互认、执法互助”。五是落实了四部委通知要求，继续推进辖区安庆、池州两个对外开放口岸国际航行船舶联合登临检查工作机制，通过降低多部门重复登临检查频次减轻企业负担。

【合肥海关强化政治建关，政治引领功能得到彰显】 一是学习贯彻习近平新时代中国特色社会主义思想走深走心走实。总关党委坚持系统学、深入学，全年理论学习中心组集体学习24次。关区各级党员领导干部和干部职工跟进学、联系学，组织处科级专题轮训5次，推动党的思想理论学习实现“全覆盖、无遗漏、到末梢”。“不忘初心、牢记使命”主题教育聚焦主题紧扣主线，两批联动一体推进，学用结合查改贯通，确保了主题教育不脱节、不走神；坚持敞开大门，请群众参与、监督、评判，制定整改措施53项，整改成效明显。二是组织推进习近平总书记重要指示批示精神和中央重大决策部署落细落实落地。在打击“洋垃圾”和濒危物种及其制品走私、严防非洲猪瘟疫情、落实食品安全“四个最严”要求、防范化解重大风险、扫黑除恶、精准扶贫等一系列重点工作上，全面发力，决战决胜。查获固废案2起，涉及固废4 000余吨，办结海关总署一级挂牌督办固废案件1起，查证固废5 021吨；查获象牙及其制品走私违规案件17起，扣押象牙38.7千克，协助兄弟海关查扣象牙7.5吨，办结海关总署二级挂牌督办象牙案件1起；落实非洲猪瘟最严防控要求，无疫情通过安徽省口岸及海关监管场所传入传出；对关区执法和非执法领域风险隐患问题实施全面排查，提出具体防范措施161项；扎实开展缉枪治爆专项行动，加强对输港敏感物资、芬太尼类物质等联合管控，查缴违禁出版物317件；扫黑除恶专项斗争顺利通过中央第14督导组实地督导检查；承担6个驻点帮扶村等扶贫任务，4个贫困村全部出列，872户、2 429人成功脱贫。

【合肥海关坚持改革强关，改革建设步伐踔疾步稳】 一是持续深化机构改革。合肥海关党组改设党委，批准设立17个隶属海关党委，同步组建12个党委派驻纪检组。淮北、庐州、亳州海关相继挂牌开关，事业单位改革有序推进。完成431名干部职级套转，晋升职级161人次。适应机构改革需要，积极开展全员培训，753名公务员实现学时、学分双达标，占比99.2%。二是推进落实业务改革。“两步申报”改革在3个隶属海关启动试点；“两段准入”改革准备有序进行；贯彻落实国发3号文件，牵头拟订的《安徽省综合保税区发展提质工作方案》印发实施，海关特殊监管区域管理优化取得进展。合肥出口加工区升级为综合保税区，铜陵（皖中南）保税物流中心（B型）顺利获批。推进“放管服”“减税降费”“四送一服”等政策落地，为全省企业减免增值税26亿元。税收征管制度改革多点发力，税款免担保创新举措在全国海关率先实施。三是助推安徽省融入长三角一体化发展。按照海关总署工作部署，积极参与推动建立长三角区域直属海关一体协同工作机制。与安徽省港航集团密切合作，支持省内港口资源整合优化，助力打造安徽“一核两翼”集装箱运输新格局，芜湖港集装箱年吞吐量突破100万标箱。支持蚌埠水运二类口岸建设验收，“蚌埠—宁波北仑港”集装箱铁海联运班列正式开通。四是不断完善ERP联网监管系统。着力研究解决ERP数据真实性、准确性和安全性等问题，制定“3+1”数据质量管控体系。9家联网高级认证企业享受海关事务免担保措施，每年节省成本约 1 700 万元。依托 ERP 联网监管系统，率先对铁矿砂进口虚拟混矿开展审价，累计补税 583 万元，相关做法入选全国海关 2019 年十大经典估价案例。

【合肥海关严格依法把关，海关职责履行更加到位】 一是海关业务实现量质效并举。2019 年，关区税收入库 220.9 亿元，比上年（下同）增长 10.9%；截获传染病疑似病例 503 例，增长 1.5 倍，确诊病例 171 例，增长 1.2 倍；截获植物疫情 2 225 种次，检出有害生物 58 种次，增长 4.3 倍；监管进出口货物总值 2 309 亿元，增长 6%；检验检疫货值 1 173.4 亿元，增长 46.8%；监管进出境人员 86.4 万人次，增长 36.2%；进出境邮递物品 1 274.2 万件，增长 25.4%；稽查追补税 6 757.5 万元，增长 16.2%；行政立案 153 起，增长 10.9%，案值 5 亿元，增长 14.6%；刑事立案 25 起，增长 38.7%。其中，税收入库数、邮递物品监管量、稽查追补税额、行政刑事立案数等业务指标，均创历史新高。此外，查发食品安全问题 130 个，责令企业整改 30 家；实施一般工业产品法定检验 1.43 万批，检出不合格 141 批。货运渠道人工分析布控查获率 7.81%，高于全国平均水平 1.9 个百分点。进口海关通关时间 3.17 小时，出口海关通关时间 0.22 小时，分别快于全国平均时间 5.48 小时、0.24 小时。二是服务经济发展措施务实。重点扶持高科技特色产业发展，为睿力公司项目量身定制个性化监管服务方案。出台支持跨境电子商务零售业务发展 18 项举措，受理合肥跨境电商综合试验区进口报备清单 107 万份，增长 98 倍。支持对外开放通道与平台建设，2019 年合肥中欧班列发运 368 列，同比增长 102.2%；合肥新桥机场新开通 5 条国际客货运航线；黄山水果进口指定监管场地获批，安庆汽车整车进口口岸通过验收。发挥贸易统计分析研究职能，加强对全省外贸运行、中美贸易摩擦等形势的分析研判，报省委省政府分析专报 80 篇，获省领导批示 4 次，中办采用 1 篇。三是法治工作架构基本形成。编制录入合肥海关监管项目清单、服务清单，调整充实行政审批清单、行政强制清单；关区所有行政审批事项，均实现全程电子化监管与无纸化办理；加强重大执法决定法制审核和规范性文件法制监督，实现一线执法人员全部持证上岗。全面梳理关检融合业务流程，启动隶属海关业务执行岗位配置工作。积极做好案件应诉工作，新增行政诉讼 4 起，一审二审开庭案件全部胜诉。

【合肥海关推进科技兴关，支撑保障作用持续凸显】 一是信息化管理水平稳步提高。金关二期系统全面应用，新海关基础云计算平台建设步伐加快。推广应用新一代查验管理系统、邮递物品管理信息化系统，进一步优化关区物流监控系统功能，实现智能卡口核放数据互联互通。关区首套智能审图应用系统在新桥机场海关投入运行。积极参加全国护网行动暨网络攻防演练，有效拦截 4 000 余次高危攻击，获海关总署表扬。二是科研创新成果丰硕。2019 年，有 5 项化学品管理信息化国家标准通过审定；3 人当选海关科技委分委会委员；两项课题获 2019 年安徽省科技进步奖。年度科研立项 17 项，其中海关总署立项 3 项，安徽省科技厅立项 1 项。牵头修订《进出境中药材检疫监督管理办法》，高等院校教材《病媒生物检验检疫学》进入审稿阶段。

开放口岸

【合肥空运口岸（合肥新桥国际机场）】 原合肥骆岗国际机场于 1990 年 3 月经国务院批准对港澳地区开放，2005 年 4 月国务院批准扩大对外国籍飞机开放，2006 年 6 月通过国家验收。2007 年 10 月 15 日，正式批复同意合肥迁建骆岗国际机场，新建新桥国际机场。2013 年 5 月 29 日 24 时，安全运行 36 年的合肥骆岗国际机场永久关闭，5 月 30 日零点，合肥新桥国际机场正式启用。合肥空运口岸已建成水果、冰鲜水产品和食用水生动物指定口岸并正常运营。

新桥国际机场位于安徽省合肥市肥西县高刘镇，距合肥市中心 31.8 千米，是国内 4E 级枢纽干线机场，按照满足 2020 年旅客吞吐量 1 100 万人次、货邮吞吐量 15 万吨的需要设计。跑道长 3 400 米、宽 45 米；航站楼面积 11 万平方米；站坪面积 36 万平方米，共设机位 27 个，其中廊桥机位 19 个、远机位 8 个。航站楼外观呈现自然流畅的弧形整体造型，整个建筑地下一层，地上两层，局部夹层；布局长 804 米，最大进深 161 米，屋脊最高点 30 米；屋面采用金黄色的直立锁边铝镁锰合金面板，规律设置 19 排屋面采光天窗。俯视整个建筑，宛若金色的展翅大鹏在江淮分水岭上昂首欲飞，既是一张代表合肥形象的新“名片”，也是安徽又一标志性新景观。目前已开通至美国、俄罗斯、韩国、日本、新加坡、泰国、越南等国际及中国香港、中国澳门、中国台湾等地区客货航线和旅游包机。按照近期 2030 年规划，机场年旅客吞吐量 4 000 万人次，货邮吞吐量 35 万吨，起降量总计约 30.5 万架次。远景机场旅客吞吐量展望每年 1 亿人次。

2019 年，合肥新桥国际机场飞行国际和地区航班 5 504 架次，同比增长 31.4%；出入境 77.71 万人次，同比增长 29.2%。

【黄山空运口岸（黄山屯溪国际机场）】 1992 年 9 月，国务院批准开放黄山空运口岸，2009 年 8 月，国务院批准黄山空运口岸扩大对外国籍飞机开放，2014 年 11 月公安部授权设立台湾居民口岸签注点。黄山屯溪国际机场是国家重要的旅游机场，为 4D 级民用运输机场，也是皖南及皖浙赣毗邻区域重要的空中交通门户、唯一的国际机场。黄山屯溪国际机场占地面积约 173.33 万平方米，停机坪面积为 49 000 平方米。航站楼面积 14 800 平方米，规划设计旅客吞吐量 112 万人次。目前已开通至韩国、中国台湾、中国香港等国际和地区航线及旅游包机。

2019 年，黄山空运口岸飞行国际和地区航班 892 架次，同比增长 13.5%；出入境 10.25 万人次，同比增长 19.1%。

【芜湖水运（河港）口岸】 芜湖港 1980 年 2 月经国务院批准为对外开放口岸；1991 年 10 月，经全国人大批准为对外籍轮开放港口；2008 年 11 月被国家批准为首批对台直航内河港口。2012 年 5 月芜湖口岸扩大开放水域获批并纳入国家口岸“十二五”规划，标志着芜湖长江水域全部纳入扩大开放范围。2014 年 9 月 1 日，芜湖朱家桥港正式启动启运港退税政策，是安徽省首个试行启运港退税政策的皖江港口。2017 年 7 月 3 日，芜湖进境肉类指定口岸开通运营。2018 年 12 月 23 日，国务院批复同意芜湖港口岸扩大开放三山港区。

芜湖港是全国 28 个内河主要港口之一和国家对外开放口岸，是安徽省最大的货运、外贸和集装箱中转运输港，是长江溯江而上最后一个深水良港，可常年通航万吨级船舶；中水期可通航 2 万 ~ 3 万吨级船舶，是长江干线较早开展集装箱运输的港口之一，集装箱运量一直位居安徽省第一。

芜湖港辖长江岸线总长 193.9 千米，其中江北 121 千米、江南 72.9 千米，划分为 7 个长江干线港区和 5 个支流港区，拥有各类生产性码头泊位 144 个，其中万吨级泊位 9 个，年设计货物通过能力达到 1.1 亿吨，对外籍轮开放泊位 6 个。现已基本形成布局合理、能力适度、门类齐全、功能完善、设施先进的良好格局。码头泊位已向规模化、集约化、专业化发展，并形成了煤炭转运、水泥建材发运、集装箱中转、成油品转运、商品汽车滚装运输的特色和优势，已发展成为长江干线重要的能源、水泥、矿石、建材、集装箱运输大港。芜湖港口基础设施日趋完善，远洋货轮可直达日本、韩国、朝鲜、新加坡、马来西亚、泰国、柬埔寨、中国香港、中国台湾等 46 个国家和地区，口岸运量逐年攀升。目前正在推进三山港区对外开放。

2019 年，芜湖水运口岸完成进出口货运量 523.12 万吨，同比下降 5.4%；集装箱运量 1 006 880 个标箱，同比增长 25.4%；到港船舶 6 813 艘，同比增长 22.1%。

【铜陵水运（河港）口岸】 1993 年 1 月国务院批准铜陵港对外国籍船舶开放，1994 年 8 月通过国家验收；1997 年正式开通国际集装箱内支线航班；2009 年交通运输部确立铜陵港为海峡两岸三通直航港口；2017 年 12 月 28 日，铜陵进境水果指定口岸正式启动运营。

铜陵港地处长江中下游南岸、八百里皖江中部，素有皖中南及中国古铜都对外开放的门户之称。这里陆域平坦，岸线顺直，航道宽阔，水深流缓，河床稳定，是交通运输部《长江干线航道发展规划》确立的万吨级海轮进江终点港。铜陵港地理位置优越，区位优势明显，处在上海—武汉、九江—南京、合肥—黄山以及安徽长江五港的中心点。沿江高速、合铜黄高速、铜宣杭高速、宁铜铁路、铜九铁路和已经在建的宁宜城铁、京福高铁交汇于港区及腹地边际，水陆交通四通八达，是皖中南物流集散中心和长江干线重要港口企业。港口现有 15 座码头、17 个泊位，分布于大通、横港、兴隆、铜陵市城关四大港区，港区岸线 29.1 千米，其中对外开放码头 4 座，开通日本、朝鲜、韩国、中国香港、东南亚及欧美等国家和地区的直达或中转航线，常年可通航和靠泊万吨级海轮。主要从事国际、国内集装箱和件杂散货的装卸、仓储、中转，以及理货、船舶代理、水陆运输、旅游服务等物流服务等业务，是一个多功能、综合性、现代化港口。目前正在加快推进永丰港区对外开放。

2019 年，铜陵水运口岸完成进出口货运量 688.1 万吨，同比增长 7.7%；集装箱运量 14 532 个标箱，同比增长 30.9%；到港船舶 34 艘，同比下降 39.3%。

【安庆水运（河港）口岸】 安庆港是全国内河 28 个主要港口之一。1986 年 6 月安庆港被国务院批准为国家对外开放口岸，1996 年 1 月对外籍轮开放，2011 年 7 月获准对台直航。2017 年 5 月 28 日，安庆港汽车整车进口口岸获得国务院批准建设。2018 年 12 月 27 日，国务院批复同意安庆港口岸扩大开放长风港区和皖河农场港区。

安庆港是长江干线上兼有沿海和内陆双重优势对外开放的重要港口，也是安徽省境内长江北岸唯一深水良港，被称为“皖西南咽喉”。港口岸线总长 247 千米，占皖江北岸岸线的 61%，适合建设港口岸线 105 千米，其中深水岸线 70 千米，安庆至芜湖段长江航道日常维护水深为 6 米，具有建设 5 000 ~ 10 000 吨级海轮深水泊位的优越条件。境内华阳河、皖河、菜子湖、罗昌河四大水系均为长江左岸一级支流，航道总长 724 千米，与长江干流形成“一干四支”网络水系。目前，安庆港干线港区有各类码头 173 座、泊位 214 个，其中生产性泊位 136 个、5 000 吨级以上泊位 11 个，港口年通过能力 3 864 万吨。

安庆港中心港区上自皖河农场，下至枞阳县鲟鱼嘴，岸线长 67 千米，其中港口岸线 47.6 千米。依据《安庆港总体规划》，中心港区规划有：长风铁水联运综合物流基地、马窝散货物流基地、石化油品码头作业区、五里庙集装箱综合物流基地、沙漠洲港口综合作业区、皖河农场作业区。中心港区拥有港口企业 25 家，各类码头 40 座，其中：公用码头 23 座，占 58%；企业自用码头 17 座，占 42%。泊位 54 个，其中：生产性泊位 39 个，5 000 吨级以上泊位 9 个、3 000 ~ 5 000 吨级泊位 4 个、3 000 吨级以下泊位 26 个，外贸集装箱泊位 2 个。拥有公用锚地 3 处。码头前沿最大靠泊能力 10 000 吨，最大起重能力 40 吨，港口年通过能力 2 152 万吨，集装箱年设计通过能力 6.35 万标箱。港口实际年货物通过能力超过了货物吞吐量需求。长江游轮靠港实现常态化。2017 年长风港区基础设施大部分已完成建设，皖河农场港区基础设施正在规划建设中。2018 年 12 月下旬，国务院批复同意安庆港口岸扩大开放长风港区和皖河农场港区。

2019 年，安庆水运口岸进出口货运量 45.83 万吨，同比下降 28.4%；集装箱运量 50 954 个标箱，同比增长 12.2%；到港船舶 1 056 艘，同比增长 21.4%。

【马鞍山水运（河港）口岸】 1990 年 10 月国务院批准办理国轮外运业务，2007 年 9 月国务院批准马鞍山口岸扩大对外国籍船舶开放，2009 年 7 月通过国家验收组验收。马鞍山水运口岸是首批对台湾直航的口岸。2016 年 7 月 5 日，马鞍山港口岸扩大开放郑蒲港区集装箱码头 1 ~ 3 号泊位通过国家验收组开放验收正式对外开放。

2018年，马鞍山肉类指定口岸正式运营。

马鞍山港位于长江下游南岸的马鞍山市，东经118°27′9″，北纬31°44′1″，地处安徽省中部东端，与江苏省交界，是“皖江”的东大门。上毗芜湖，下邻南京，逆江而上至重庆1 959千米，顺流而下至上海440千米。港辖区上起和县的西梁山，下至乌江的驻马河口，全长41千米。港辖区自采石矶翠螺山至慈湖和尚港，全长15.7千米。马鞍山港是全国内河主要港口，对外籍轮开放的口岸，是国家首批确定对台直航的港口。港口拥有生产性泊位160个，其中5 000吨级以上泊位19个，可兼靠万吨级海轮泊位13个，最大可靠20 000吨级船舶。港口以中心港区、郑蒲港区为核心，以慈湖港区、采石矶港区、太平府港区、江心洲港区、乌江港区为骨干，当涂港区、博望港区、和县港区、含山港区为补充，形成“一江两岸，双核九区”层次清晰、结构合理、功能明确的布局体系。港口规划发展成为以集装箱、矿石、钢铁、能源物资、化工品等运输为主兼顾旅游客运的现代化、多功能、综合性港口。全港拥有长江及支流港口岸线合计62.17千米，已利用港口岸线14.83千米，占比23.85%；未利用47.34千米，占比76.15%。辖区长江段航道36.2千米，常年维护水深9米以上，中洪水位期达10.5米，2万吨级江海轮可常年到港。2017年12月22日，安徽首台H986大型集装箱检查设备配备到天顺港，该系统的使用对进出口通关货物起到严密监管与高效运作的作用，大大缩短通关作业时间，同时将企业的损失和通关成本降到最低。

2019年，马鞍山水运口岸完成进出口货运量1 246.56万吨，同比下降24.5%；集装箱运量7 848个标箱，同比下降92.2%；到港船舶342艘，同比下降25%。

【池州水运（河港）口岸】 池州港是国家对外开放口岸，交通运输部长江重点港口，是长江溯江而上南岸最后一个万吨级深水港。2005年7月国务院批准对外国籍船舶开放，2009年7月通过国家验收。

池州市依江近海，水网发达，长江流经池州市158千米，岸线长162千米，长江池州段水流平稳，岸坡稳定，常年通航5 000吨级船舶，属国家一级航道，江口至梅龙段可建万吨级码头。沿江高速公路贯穿池州，沿江铁路大动脉铜九铁路东接上海、西达重庆，安庆长江大桥连接安庆与池州，池州九华山机场已于2013年7月29日建成通航，发展水陆联运和水铁联运前途广阔。

池州港目前拥有生产性码头泊位9座、工作泊位2座，其中10 000吨级泊位2座、5 000吨级散货泊位2座、3 000吨级件杂货泊位5座，货场总面积31万多平方米，海关监管仓储面积15 000平方米，长江深水岸线2 460米，码头前沿水深11～18米，各类装卸机械设备180余台，最大起重能力45吨，年货运综合通过能力2 000万吨，年集装箱通过能力5万标准箱。池州旅游码头是安徽省唯一停靠涉外游轮的旅游码头，每年停靠涉外游轮约130航次，接待入境游客约3万人次。目前正在加快推进江口港区和牛头山港区对外开放。

2019年，池州水运口岸进出口货运量100.85万吨，同比增长0.8%；集装箱运量6 125个标箱，同比下降25.6%；到港船舶266艘，同比下降8.3%。

2019年安徽省口岸大事记

1月15日

合肥直飞曼谷定期航班在合肥机场完成首航。

2月3日

合肥始发中欧班列首次实现12列连发，新增合肥至塔什干、明斯克、新西伯利亚3个新去向。

4月13日

安徽皖东南保税物流中心（B型）正式封关运营。

4月17日

“安徽省海关特殊监管区域创新发展专题培

训班”在合肥举行。

4 月 23 日

国务院批复合肥出口加工区整合优化为合肥经济技术开发区综合保税区。

4 月 25 日

“蚌埠—宁波北仑港”集装箱铁海联运班列在中国铁路上海局集团有限公司蚌埠货运中心蚌埠（皖北）铁路无水港首发。

6 月 25 日

首趟中欧班列“蚌西欧”国际货物列车从蚌埠铁路无水港驶出，到达西安港后将换装出口至莫斯科。

7 月 18 日

淮北海关正式揭牌成立。

7 月 24 日

“合肥—香港”定期货运航线成功首航。

10 月 31 日

海关总署、财政部、国家税务总局、国家外汇管理局四部委联合发文，正式批准设立铜陵（皖中南）保税物流中心（B 型）。

12 月 4 日

合肥中欧班列累计发运突破 700 列。

12 月 11 日

庐州海关正式开关。

12 月 20 日

2019 年长三角口岸城市群大通关合作皖苏项目对接会在池州召开。

12 月 26 日

亳州海关正式开关。

12 月 27 日

安庆港汽车整车进口口岸基础设施和监管设施建设通过验收。

12 月 30 日

芜湖港 2019 年集装箱运量突破 100 万标箱。

（撰稿人：周贤慧、郑峰、杨中博、孔斌、梁旭红）

2019 年安徽省口岸流量统计表

口岸类型		口岸名称	货运量（万吨）				集装箱量（万标箱）				人员（万人次）				交通工具（辆、艘、架、列次）			
			出口	进口	合计	同比（%）	出口	进口	合计	同比（%）	出境	入境	合计	同比（%）	出境	入境	合计	同比（%）
空运口岸		合肥	1.16	0.58	1.74	167.69					38.91	38.80	77.71	29.17			5 504	31.36
		黄山	0.00	0.00	0.00	—					5.05	5.20	10.25	19.11			892	13.47
		分计	1.16	0.58	1.74	167.69					43.96	44.00	87.96	27.92			6 396	28.50
陆运口岸	公路口岸																	
		分计																
	铁路口岸	合肥	3.83	17.98	21.81	-1.67			3.29	-13.65							93	36.76
		蚌埠	8.36	40.52	48.88	-40.90			1.08	4.10							0	
		阜阳	4.90	3.14	8.04	-0.70			0.12	-68.00							0	
		分计	17.09	61.64	78.73	-30.35			4.49	-13.65							93	36.76
水运口岸	海港口岸																	
		分计																
	河港口岸	合肥	20.70	3.62	24.32	58.53			36.95	15.50							1 563	5.89
		马鞍山	65.90	1 180.66	1 246.56	-24.46			0.78	-92.16							342	-25.00
		铜陵	18.50	669.60	688.10	7.68			1.45	30.87							34	-39.29
		芜湖	159.76	363.36	523.12	-5.41			100.69	25.37							6 813	22.12
		池州	9.42	91.43	100.85	0.79			0.61	-25.56							266	-8.28
		安庆	15.58	30.25	45.83	-28.40			5.10	12.17							1 056	21.38
		分计	289.86	2 338.92	2 628.78	-13.00			145.58	13.05							10 074	15.43
合计			308.11	2 401.14	2 709.25	-13.59			150.07	12.01	43.96	44.00	87.96	27.92			16 564	20.27
同比（%）			-4.38	-14.64	-13.59				12.01		28.16	27.68	27.92				20.27	

（安徽省口岸办提供）

2019 年安徽省口岸出入境主要数据表

项目			2019 年	2018 年	同比（%）
出入境人员（人次）	出入境人员总数		881 415	689 461	27.84
	入境人员		440 684	345 098	27.70
	出境人员		440 731	344 363	27.98
	出入境旅客		827 296	644 989	28.27
	出入境员工		54 119	44 472	21.69
	中国公民	小计	802 879	616 590	30.21
		内地居民（因公）	4 874	3 487	39.78
		内地居民（因私）	681 399	494 640	37.76
		港澳居民	3 256	1 540	111.43
		台湾同胞	113 350	116 923	-3.06
	外籍人员		78 536	72 871	7.77
	从海港出入境人数		1 834	1 822	0.66
	从陆港出入境人数				
	从空港出入境人数		879 581	687 639	27.91
交通运输工具（辆、艘、架、列次）	总计		6 519	5 110	27.57
	船舶		123	132	-6.82
	飞机		6 396	4 978	28.49
	火车				
	机动车辆				

（安徽出入境边防检查总站提供）

2019 年合肥海关主要数据统计表

项目		2019 年	2018 年	同比（%）
进出口货运量（万吨）	合计	2 631.84	3 151.89	-16.50
	进口	2 330.98	2 799.03	-16.72
	出口	300.86	352.9	-14.74
进出口贸易总值（万美元）	合计	3 399 434.62	3 363 431.56	1.07
	进口	2 075 382.89	2 037 076.31	1.88
	其中：江、海运输	1 404 748.17	1 444 807.02	-2.77
	铁路运输	36 653.29	10 468.20	250.14
	汽车运输	46 269.78	41 226.53	12.23
	航空运输	587 676.82	540 540.34	8.72
	邮件运输	34.81	34.2	1.76
	其他运输			
	出口	1 324 051.72	1 326 355.25	-0.17
	其中：江、海运输	784 605.50	851 989.04	-7.91
	铁路运输	103 049.97	58 786.51	75.30
	汽车运输	10 976.04	57 975.20	-81.07
	航空运输	425 420.20	357 604.26	18.96
	邮件运输	0.00	0.2	-100.00
	其他运输			
税收（万元）	两税合计	2 208 967.58	1 991 272.56	10.93
	关税入库	183 282.75	149 512.05	22.59
	进口环节税入库	2 025 684.83	1 841 760.5	9.99

（合肥海关提供）

2019 年芜湖海事局进出港船舶统计汇总表

船舶类别	进港船舶							出港船舶						
	艘数（艘）	总吨（吨位）	总载重量（吨）	载客量（客位）	船员人数（人次）	货物到达量（吨）	旅客到达量（人）	艘数（艘）	总吨（吨位）	总载重量（吨）	载客量（客位）	船员人数（人次）	货物发送量（吨）	旅客发送量（人）
总计	141 532	190 645 863	306 776 386	253 657	849 743	117 988 324	701 224	140 062	188 881 301	305 893 925	264 241	855 336	136 377 842	698 380
中国籍船舶	141 464	190 409 232	306 424 632	253 657	848 784	117 907 724	701 224	139 972	188 537 876	305 376 528	264 241	854 236	136 035 916	698 380
其中外贸船	68	236 631	351 754	0	959	80 600	0	90	343 425	517 397	0	1 100	341 926	0

（芜湖海事局提供）

2019 年安庆海事局进出港船舶统计汇总表

船舶类别	进港船舶							出港船舶						
	艘数（艘）	总吨（吨位）	总载重量（吨）	载客量（客位）	船员人数（人次）	货物到达量（吨）	旅客到达量（人）	艘数（艘）	总吨（吨位）	总载重量（吨）	载客量（客位）	船员人数（人次）	货物发送量（吨）	旅客发送量（人）
总计	56 837	121 254 013	382 286 137	1 085 430	296 504	35 662 956. 03	826 529	56 735	91 121 647	289 067 384	1 085 430	298 115	96 130 057	826 529
中国籍船舶	56 835	121 250 051	382 279 786	1 085 430	296 479	35 662 314	826 529	56 732	91 115 688	289 058 173	1 085 430	298 077	96 130 057	826 529
其中外贸船	2	3 962	6 351	0	25	642. 03	0	3	5 959	9 211	0	38	0	0

（安庆海事局提供）

2019 年安徽省指定监管场地统计表

序号	直属海关	监管场地名称	进境口岸	类型	拟进口品种	批复时间	备注
1	合肥海关	芜湖港进境粮食指定监管场地	芜湖港口岸	粮食	大豆等	2015 年 12 月 25 日	批复时间为获批运营时间，下同
2	合肥海关	安庆港进境粮食指定监管场地	安庆港口岸	粮食	豌豆、大豆等	2015 年 12 月 25 日	
3	合肥海关	合肥新桥国际机场进境水果指定监管场地	合肥空运口岸	水果	水果	2016 年 5 月	
4	合肥海关	合肥新桥国际机场进口冰鲜水产品指定监管场地	合肥空运口岸	冰鲜水产品	冰鲜水产品	2016 年 10 月 20 日	
5	合肥海关	马鞍山郑蒲港进口肉类指定监管场地	马鞍山港口岸	肉类	肉类	2017 年 1 月 9 日	
6	合肥海关	芜湖港进口肉类指定监管场地	芜湖港口岸	肉类	牛肉等	2017 年 1 月 9 日	
7	合肥海关	铜陵进境水果指定监管场地	铜陵港口岸	水果	水果	2017 年 11 月 20 日	
8	合肥海关	合肥新桥国际机场进境食用水生动物指定监管场地	合肥空运口岸	食用水生动物	水产品	2018 年 1 月 30 日	
9	合肥海关	黄山屯溪国际机场进境水果指定监管场地	黄山空运口岸	水果	水果	2019 年 5 月 7 日	

（合肥海关提供）

福　建　省

福建省口岸分布示意图

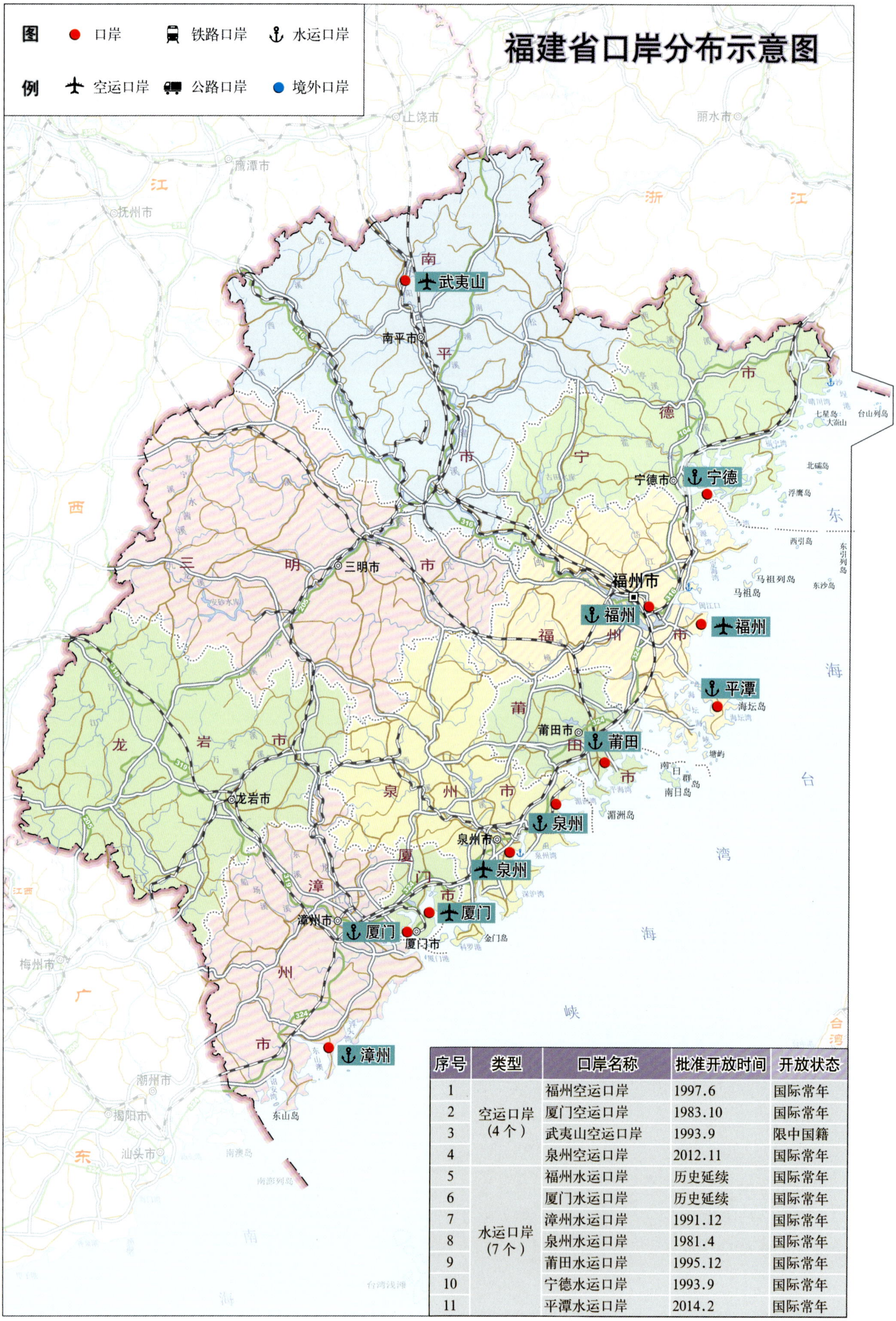

序号	类型	口岸名称	批准开放时间	开放状态
1	空运口岸（4个）	福州空运口岸	1997.6	国际常年
2		厦门空运口岸	1983.10	国际常年
3		武夷山空运口岸	1993.9	限中国籍
4		泉州空运口岸	2012.11	国际常年
5	水运口岸（7个）	福州水运口岸	历史延续	国际常年
6		厦门水运口岸	历史延续	国际常年
7		漳州水运口岸	1991.12	国际常年
8		泉州水运口岸	1981.4	国际常年
9		莆田水运口岸	1995.12	国际常年
10		宁德水运口岸	1993.9	国际常年
11		平潭水运口岸	2014.2	国际常年

口岸数量及分布

截至2019年年底，福建省共有经国务院批准的对外开放口岸11个。其中，空运口岸4个，分别是福州空运口岸（福州长乐国际机场）、厦门空运口岸（厦门高崎国际机场）、泉州空运口岸（泉州晋江国际机场）和武夷山空运口岸（武夷山机场）；水运（海港）口岸7个，分别是福州、厦门、泉州、漳州、莆田、宁德、平潭海港口岸。

口岸运行数据

2019年，水运（海港）口岸累计完成外贸货运量24 606.3万吨，同比增长9.9%。其中，进口18 032.6万吨，同比增长20.2%；出口6 573.7万吨，同比下降10.9%。海运集装箱吞吐箱量累计942.8万标箱，同比增长1.6%。其中，进口467.1万标箱，同比增长1.7%；出口475.7万标箱，同比增长1.5%。累计出入境旅客263.1万人次，同比增长7.5%。其中，入境131.2万人次，同比增长7.5%；出境131.9万人次，同比增长7.5%。

同期，空港口岸累计出入境旅客689.6万人次，同比增长3.1%。其中，入境339.4万人次，同比增长2.3%；出境350.2万人次，同比增长3.9%。

对台直航方面，对台海上客运直航运送旅客224.1万人次，同比增长4.6%。全省海港口岸对台进出口货物1 108.1万吨，同比下降42.1%；对台集装箱吞吐量67.6万标箱，同比下降9.1%。

口岸综合管理

【推进口岸对外开放】 平潭口岸金井港区和宁德口岸三沙港区通过国家验收，正式对外开放。莆田口岸秀屿港区中原港务8号泊位、福州口岸闽江口内港区琅岐2号、3号泊位、宁德口岸赛江港区湾坞作业区12号、13号泊位、厦门口岸刘五店港区海翔码头等新建改建码头泊位通过省级验收，正式启用。福州口岸罗源湾港区环下屿作业区、宁德口岸漳湾作业区等9个码头泊位临时开放继续延期，继续运行。福州口岸黄岐港区扩大对外开放国家级验收准备工作加快筹备。泉州口岸泉州湾港区锦尚作业区扩大对外开放已获批准，宁德口岸三都澳港区漳湾作业区、福州口岸罗源湾港区环下屿作业区扩大对外开放获批准。

【出台码头泊位验收管理办法】 根据国家《口岸验收管理办法（暂行）》，制定出台《福建省已开放口岸开放范围内新建、改建码头泊位验收规定（暂行）》，对验收条件、验收内容、临时靠泊国际航行船舶程序等作具体规定，并规范验收组织工作和验收监督，同步废止2012年出台的《福建省口岸开放范围内新增涉外作业点启用管理试行办法》，进一步推进口岸管理法制化、规范化。

【开展“百强十优开放码头泊位”评比】 按照福建省商务厅推进“十二个一百”主体工程项目建设要求，加快推动培育全省“百强码头泊位”，推动全省开放口岸码头泊位运行效率加快提升。开展“百强十优开放码头泊位”评比，通过综合考评开放口岸码头泊位吞吐量、增长效率、作业效率、通关便利化水平等，授予省内6家码头泊位业主“优质外贸集装箱码头泊位优胜单位”。省级商务发展资金中列出专项资金，给予物质奖励。

【建设国际贸易“单一窗口”3.0版】 中国（福建）国际贸易单一窗口建成3.0版，上线质量溯源、通关时效评估、物流综合服务、贸易真实性核查与融资登记、口岸人员进出数据分析与预警、出口退税、海外仓公共信息服务等特色服务系统，目前联通43多个单位，共上线14大类110项基本政务服务功能，覆盖生产、贸易、仓储、物流、电商、金融等各类企业，覆盖主要商品、主要进出口环节、主要运输工具，服务企业6万多家，单证日均处理量约27万票，主要业务应用率达到100%，国际贸易主要业务都可以通过单一窗口办理。发布《中国（福建）国际贸易单一窗口建设与实践白皮书》，参展第二届数字中国建设峰会。

【口岸营商环境建设取得新成效】 在全省落实海关“两步申报”改革，在福州、厦门港试行提货单无纸化，在福州关区试点实施空箱全流程智能化监管快放模式，通关作业流程进一步“去繁就简”。福州空港口岸实施7×24小时全天候通关。一批通关堵点、难点问题加快协调解决。进出口货物整体通关时间分别为41.46小时、3.91小时，分别比2017年压缩62.33%、84.77%。坚持实施口岸收费目录清单管理和公示制度，进一步完善目录清单，口岸现场坚持实施通关流程、收费和意见投诉服务“三公开”，口岸经营企业推行服务时效承诺。压缩进出口环节成本加快倒逼推进，集装箱进出口环节合规成本进一步降低。

口岸监管与服务

【厦门出入境边防检查总站加强和改进边检服务】 厦门边检总站推行海港口岸边检窗口365天全时报检“零断档”，清理涉企收费实现边检通关“零费用”，全面推广网上预检，实现边检通关“零等待”，推进登轮证、搭靠证“本港通”服务措施落地。推动在泉厦空港口岸设立“一带一路”边检专用通道。推广空港“一站式”出境自助通关系统，全省新建启用30条边检自助通道，福州、高崎机场实现出入境自助通关全覆盖，全省口岸自助通关增长32.3%，占出入境人员总数的32.9%，高崎机场口岸自助通关率最高超过50%；厦门高崎机场获批24小时过境免办边检手续政策。“边检口岸限定区域自助通行”“智能勤务平台3.0”等纳入“单一窗口”平台建设，“旅客通关候检智能计时预警系统”入选福建自贸试验区创新实践案例，“对台货运船舶直通车”“空港入境旅客预检系统”入选福建自贸试验区第七批可复制创新成果，“空港旅客预检分析支援系统”“厦金航线出入境数据融合比对系统”经毕马威公司评估为全国首创，入选福建自贸试验区第15批创新举措。

【厦门出入境边防检查总站打造“闽台同心”品牌】 探索推动“厦金”游艇自由行、台车入闽、母港邮轮访台等便利两岸人员往来工作举措。在平潭口岸试点首创“即办即通”快速通关等5项惠台便民新举措，被福建省自贸办列为可复制经验做法在全省推广，并入选福建省2019年度改革创新二十大项目。推动“厦金”游艇自由行、台车入闽、母港邮轮访台等两岸直航新形态落地，全年查验往来台湾邮轮193艘次、41.4万人次，往来厦金游艇4艘次、42人次。针对全省37个台轮停泊点分布散、基础弱、条件参差不齐情况，研究出台边检专项管理办法，填补制度空白，推动构建多部门联防严控体系，协调驻地党委政府积极改善停泊点基础设施，探索依托总站微信公众服务平台搭建“台湾渔船停泊点边检管理服务系统”，通过与“出入境边防检查信息系统”对接，推动实现停泊点来往台湾渔船入境出境边防检查管理工作全业务、全流程网上流转。2019年查验入出境台湾渔船1.07万艘次、3.18万人次，分别同比增长9.5%和13.8%。在对台直航口岸组建“同心桥服务组”，推出专属指引、专程陪同、专用通道、专业本语、专栏提示、专题活动等“六专享易通行”服务，完成厦金航线五通码头三期、两马航线福州琅岐码头搬迁和边检通关环境改造升级，积极营造“两岸一家亲”和谐通关氛围。

【福建海事局深化服务改革】 福建海事局在自贸试验区厦门片区试点实施厦门港水域航行船舶“多证合一”证书改革，符合试点条件的船舶原持有的“船舶国籍证书”“船舶最低安全配员证书”“船舶油污损害民事责任保险证书或者财务保证证书”“海上业务标识码证书”“船舶自动识别系统AIS标识码证书”“船舶电台执照”等六本法定证书将由一本证书“国内航行船舶证”替代，减少了船舶的持证数量和证书申办次数，平均单船节省运营成本近5万元；在福建自贸试验区福州、平潭片区试点5项船舶证书办理便利性措施，并联办理的海事船舶证书（文书）项目由3项增加至18项，实现对全部船舶证书办理业务的覆盖，将包括船舶名称核准、船舶国籍登记在内的16项船舶证书（文书）纳入网上办理范围，船舶所有人的身份证明及其复印件等54份申请材料免于提交，对部分证书申请允许其在发证时补交相关纸质材料，对通过网上受理的事项，实行全流程无纸化审批，企业办理船舶证书（文书）由原来规定总时限53个工作日缩短至最短16个工作日；在厦门片区国际贸易“单一窗口”启用“厦门海事备案业务系统”，改变了以往海事备案业务到海事政务窗口提交纸质申请材料的现场办理模式，实现船舶试航与试车、放艇演习、在港维修作业、烧焊或明火作业、校正磁罗经和悬挂彩灯作业6项海事备案业务的全网申办，每单业务的申办时间从以往的数小时减少至5分钟以内，为申报人节省材料准备、时间成本超过500小时，以及相关交通费用和人力成本；在厦门片区国际贸易“单一窗口”推行海事游艇管理业务网上“一次申报、多点协同”模式，申请人通过“单一窗口”平台网上一次性提交材料，海事内部多部门协同办理；在平潭片区大幅缩短船舶登记相关业务办结期限，短办理期限的业务范围包括所有权登记、（临时）船舶国籍证书签发、光船租赁登记、船舶抵押权登记等17项船舶登记业务，相关船舶登记业务办结时限全面缩短了约40%；研究推出《福建海事局关于推动营商环境持续优化的工作意见》，从建设公开诚信的海事部门、实施公平公正的海事监管、提供优质高效的政务服务3个方面，系统提42项优化辖区营商环境的措施，形成长效工作机制。

【福建海事局保障两岸直航安全】 福建海事局制定《厦金游艇直航通关保障与安全监管工作方案（试行）》，从游艇停泊点建设及开放管理、游艇进出境查验管理、游艇港内航行及停泊安全监管、游艇操作人员管理等方面建立工作机制。做好马尾琅岐对台综合客运码头至马祖南竿的新航线监管和服务工作，开辟海事政务服务“绿色通道”，采取“并联受理”工作模式，对直航客船进行服务性安全检查，为直航客船办理相关船舶证书、证件等提供便捷、优质的海事服务；“采认进出港台籍船舶技术证照”列入平潭快速通关14项经验做法，认可台湾方面签发的船舶证书及船员证书在省内得到复制推广；批准成立大陆首家可外派海员至全世界船队的台商独资海员外派机构；推进全面开放台湾同胞取得大陆海船船员适任证书，开展台湾地区船员适任证书知识更新和补差培训，保持对台船员“培考发”常态化。2019年共保障了1.84万艘次往返我国大陆和台湾地区船舶安全进出港和225万人次旅客的平安出行。

【驻闽海关深化通关机制改革】 驻闽海关全面落实海关“改革2020”框架方案，试点实施“两步申报”，推进“两段准入”改革。福州海关在全面推广进口提前申报的基础上，有序推广出口提前申报，将出口提前申报适用企业范围由原先的高级认证企业逐步扩大至一般信用企业；创新进境空箱全流程智能化监管快放模式，实现统一申报单证、统一作业系统、统一风险研判、统一指令下达、统一现场执法、统一分布提离，未被布控的进境空箱允许企业直接提离港区，9成以上未布控进境空箱作业时间由原先的36小时压缩至0.5小时，每箱可降费200元；优化完善国际航行船舶供水检疫开放式申报加验证式监管模式，惠及企业56家，节约通关时长约5 000小时；创新口岸供船食品“简化报备＋优化监管”业务模式，企业每船次可节省滞港时间约6小时，费用约3万元；创新“野生动植物进口隔离检疫电子化便捷监管”模式，隔离检疫申报实现全面无纸化，隔离检疫过程实时监管，推动首批台湾牛樟苗检疫进口，实现平潭口岸进境植物种苗的“零突破”；推广“主动披露”制度和容错机制，对企业在海关发现前主动披露影响税款征收的违反海关监管规定行为可不予行政处罚，在适用“提前申报”或“自报自缴”业务模式下，主动向海关报告其违反海关监管规定的行为并接受海关处理，可从轻、减轻处罚或依法免予处罚；推广原产地证书自助打印改革，自2019年5月20日起原产地证书申请人可通过网上办事平台，自行打印海关审核通过的版式化原产地证书，打印证书与传统窗口签发证书具有同等效力；推进减免单证，在2018年将进出口环节需验核的监管证件数量从86种压缩到46种的基础上，2种进口环节监管证件退出口岸验核，除4种因安全保密需要外，其余40种全部实现网上申报、网上办理，在口岸验核环节实现联网核查、自动比对；推出同业联合担保制度，有实力的第三方企业为中小微企业提供进口税收保函等金融服务，促进资金集约使用，减轻中小微企业资金压力；推出关税保证保险改革试点，通过保险方式释放外贸企业的税款保证金及银行授信额度，2019年审核通过关税保证保险600单，担保金额累计25.79亿元；实施海关税款“汇总征税”模式，给予企业更大缴税自由度，2019年“汇总征税”报关单达2.1万票，占总报关单数的29.1%；深化行政审批制度改革，取消行政审批事项2项，推行15项行政审批制度改革，其中“审批改为备案”2项、“实行告知承诺”1项、“优化审批服务”12项，行政许可事项全部实现网上办理，“证照分离”全覆盖。2019年共有2项改革试点经验入选国务院第五批全国复制推广经验，2项入选福建省第7批全省复制推广经验，9项创新举措通过福建自贸试验区组织的第三方评估，其中4项被评为全国首创，8项被福建省评为福建自贸试验区（2015～2019年）最佳创新举措。厦门海关推进“多查合一”改革，形成指令接收、组织实施、结果反馈、作业标准“四统一”核查机制；试点航材集中报关和区外保税维修业务，创新航材暂时出库管理模式，创新“调机维修”业务，支持开展“航材托管”“飞机租赁资产包转让”等航维监管新业务，助推厦门成为国内最大航维基地和第三大飞机保税融资租赁集聚区；实施进口酒“入库查验”模式，促进厦门成为全国三大进口酒口岸，啤酒进口量保持全国首位；开展集成电路保税研发改革，拓展“芯火”双创基地保税服务功能，办理全国首本保税检测电子化手册；开展“以企业集团为单元”的加工贸易改革，大幅减少申报频次，为企业减免保金保函达1.08亿元；创新“预检验+合格入市”检验流程，支持建成福建首个进口保税汽车展厅；启动跨境电商零售出口报关“清单核放 汇总统计”新模式，监管跨境电商专属模式商品412.2万票，增长6.6倍；推行“采购地一站式通关”模式，支持市场采购获批全国首个预包装食品出口试点，全年监管各类商品出口量达182.02亿元，在同期获批6个试点市场中位列第一；推进邮递物品监管改革，上线金关二期邮递物品管理系统，进一步优化邮件互联网+自主申报、自主缴税、短信告知、模糊查询物品税号、邮件通关进程自主查询、网络磋商等特色功能，实现对邮递物品监管从“人工—纸质—粗放”型监管向“智能—电子—集约”型监管的根本转变；对出口食品生产企业备案核准、自贸试验区报关企业注册登记改审批为备案，极大简化办理程序，办理时限由20个工作日压缩为5个工作日；将“进口肉类产品收货人备案”办理权限下放至隶属海关，精简审批层级；试点开展进出境动植物生产、加工、存放相关企业注册登记/备案“即审即批”；试点减免税智能审核系统，深化税收征管方式改革，自报自缴率达85.9%；推广关税保证保险改革，已受益企业338家，涉及保额114.78亿元；开发“业务改革融合服务平台”，国际贸易“单一窗口”项目从40个优化为26个，主要申报业务应用率达100%；全面推广原产地证书自助打印，自助打印占比45.95%；加快推进监管证件联网核查，监管证件减少至44种，推进“证照分离”改革全覆盖试点。2019年关区共推出自贸试验区创新举措10项，其中4项举措被评为全国首创，有3项被国务院复制推广，3项被福建省复制推广，10项入选“福建自贸试验区五周年30佳案例”，获评福建自贸试验区“最佳创新举措实施单位”。

【驻闽海关推进智慧海关建设】 福州海关在“单一窗口”上线减免税业务申报等应用功能，“口岸通关时效评估系统”等七大贸易便利化系统正式上线，进一步推动数据互联互通，提升口岸智慧化水平；开发运行“福州海关全球质量溯源体系”，实现商品“源头可溯、去向可查”；上线运行福州海关“新通关预约平台”，实现货物“集中申报、集中预约、集中处理、集中查验”，每票为企业节约查验通关时长5~8小时，原先一票作业需要1~2天才能完成纸质单证信息的传递和确认，进入平台后10~20分钟即可完成；开发进出境邮件通关便民服务平台，收件人通过互联网即可完成查询、申报、缴税、退运等操作，通过手机现场扫码就可轻松完成税款支付，平均办理时间缩短45%以上，实现“一次不用跑，网上全办好”；与省市场监管局等七部门共同推进企业注销便利化改革，通过福建省企业注销网上服务专区，实现市场、人社、商务、海关、税务等部门间“信息共享、同步指引”，企业在申请工商登记注销的同时，申请海关注册登记注销的，通过该平台，无须再次进行电子和书面申请，即可实现海关企业注销无纸化办理。厦门海关推广金二系统，提高业务办理的信息化水平；启动ERP联网监管改革创新；试点空港进境托运行李先期机检，启动邮快件和跨境电商集中审图，关区货运监管实现智能审图100%覆盖；在空港旅检现场和大嶝市场率先应用“人脸识别”系统，预警时效在2秒以内；上线“出境加工”信息化管理系统，在全国率先应用减免税快审系统，开展石化产业“区块链”监管试点；推广信用评估系统“关数e”，实现海关进出口贸易信用评估与银行融资授信的“双通”，助力中小微企业解决融资难问题；强化实验室能力建设，新研发检测技术485项，获认可检测项目达8 783个，全年化验命中率达52.7%，同比提高21.9个百分点。科研完成1项国家重点项目、12项署级和4项省级科技项目。

【驻闽海关推进口岸提效降费】 福州海关印发进一步做好压缩整体通关时间工作有关要求的通知，制定21条管控措施，开发运用“通关工作流监控处置系统”，全年坚持“日分析、周通报、月总结”预警跟踪机制，对通关时效、提前申报、超长报关单等业务数据逐单落实监控、分析、通报和指导，督促及时处置异常数据。2019年12月关区进口整体通关时间为23.71小时、出口整体通关时间为1.12小时，比全国平均水平少35.4%、56.9%，相比2017年分别压缩78.8%、90.3%。落实减税降费措施，2019年减征增值税23.58亿元；落实优惠贸易协定，进口优惠贸易项下货物177.09亿元，减让关税10.6亿元；签发中澳自贸协定项下进口“在途证明”11份，为企业争取45万元享惠机会；履行原产地签证管理职能，签发各类原产地证书10.27万份，签证金额达53.74亿美元；办理5 000万及以上内资鼓励项目条目确认9条，新增减免税项目备案26份，审核减免税总货值5.05亿美元，减免税款3.67亿元；2019年就涉企收费开展12次关区自查并组织两轮专项抽查，共减免涉企收费1 192万元，免除查验无问题的相关企业费用247.93万元，惠及企业5 318家(次)。厦门海关树立“事事重质量、人人抓效率”意识，开展压缩海关通关时间专项行动，实行“一企一策”，加强口岸协调，进、出口海关通关时间全国排名大幅跃升16位、7位，均列沿海十大口岸第2位。开展涉企收费全面清查，深化税收征管方式改革，扩展应用“关数e”平台，全年为企业减税50.73亿元。

【驻闽海关服务地方经济发展】 福州海关制定《福州海关应对中美经贸摩擦促进外贸稳定发展工作方案》，采取32项措施应对中美经贸摩擦，并组织开展对美技术性贸易措施调查，开展分析监控和风险研判，撰写专题分析报告；运用原产地规则、归类技术帮助解决光学旋转片及二手多功能复印机入境再制造原产地认定问题；上报税政调研课题72篇，“0203”项下猪肉新增暂税等两项建议被国务院关税税则委员会采纳；开展产品编码预裁定工作，提前确定企业产品编码，确保企业准确申报；开展商品归类疑难问题专项排查，指导福建奔驰公司解决进口轮速传感器归类疑难问题，协助解决美得石化和斯堪纳克(上海)环境技术公司归类疑难和申报失误问题，分别为企业节省税款逾 2 400 万元；指导关区水产品出口企业规范出口货物商品归类，每年为企业增加出口退税涉及货值约 3 亿元；辅导 35 家企业获得“一带一路”沿线国家和地区对外出口资质，39 家企业享受 AEO 互认便利，受惠额 112.69 亿元，对关区“百家省级重点外贸企业”实施个性化帮扶服务，对福建省确定的宁德时代新能源、宁德上汽、福清核电等重点建设项目实施“一对一”精准服务。厦门海关组建全球贸易监测分析中心厦门工作组，开展最新贸易形势研判，相关建议被海关总署、省市采用 97 篇次，获省部级以上领导批示 9 篇次；出台《厦门海关技术性贸易工作实施细则》，发布技术性贸易措施 1 700 多条，帮助企业提升质量标准，开辟多元化市场；支持福建“丝路海运”平台运行，安全智能贸易航线试点拓至 7 条、4 个国家，成为全国唯一“海、陆、空”运输形态兼备、业务量最大的“安智贸”航线；向海关总署争取获批集装箱货物过境运输业务，实现海运货物与中欧（厦门）班列的无缝对接，通过海铁联运辐射东亚及东盟等国家和地区，助推厦门港成为全国首个常态化开展国际中转集装箱拼箱业务的口岸，集装箱吞吐量保持全球第 14 位并扩大对高雄港的优势；拓展“通程航班”业务，厦门空港国际中转旅客量同比增长 70.8%；推动生物材料特殊物品出入境公共服务平台建设，助推厦门成为生物材料“一站式”出入境专业服务城市；建成国家燕窝检测重点实验室，支持打造燕窝全产业链平台，指导平台配套企业成为全国最大的进口毛燕指定加工企业，厦门跃居全国第三大燕窝进口口岸；强化对该企业的注册登记出口果园及包装厂种植、生产、管理、防疫等方面监管，加强对荔枝生长全过程有害生物监测和有毒有害物质监控，完善记录台账，落实出口产品溯源管理制度，帮扶企业首批获准输智利荔枝。

【驻闽海关促进闽台应通尽通】 福州海关支持福建扩大对台开放，推动开通琅岐—马祖新航线、高雄至平潭海上货运直航，争取海关总署批复同意筹建平潭金井港区进境水果、冰鲜水产品、食用水生动物、种苗指定监管场地；充分发挥国台办批准的全国唯一对台检验检疫数据交换平台功能和作用，两岸双向证书电子数据累计落地超 1 万份；创新“采信台湾认证认可结果和检验检测结果”，组织实施采信台湾认证结果和检验检测结果工作，平潭小贸市场销售的台湾白酒、小家电试点采信台湾认证认可和检验检测结果，该创新措施已向全国复制推广；支持福州、马祖互设海外仓，打造福州产品到台湾、马祖产品到我国大陆的集散地等便利化措施；支持莆田罗屿码头开展保税及混矿业务，实现对台铁矿砂直航，支持罗屿港开展铁矿石保税储运中转业务；创新对台小包邮件同屏比对快查快放模式，实现邮件申报信息与过机图像在同一显示屏内显示，提升进口邮件验放效率；办理全省首票以“关税保证保险”形式担保台湾地区机动车辆暂时进境业务。厦门海关制定落实习近平总书记在《告台湾同胞书》发表 40 周年纪念会上重要讲话精神 22 条措施；两岸海关 AEO 互认试点报关单票数及货值均居全国海关之首；创新台湾食品、农产品、化妆品“源头管理、口岸验放”机制，厦门持续保持台湾水果输往大陆第一大口岸；推广台企进口工业品快验快放模式，建立台胞体检快捷通道；简化两岸客轮检疫管理，支持开通“厦门—金门—高雄”海运快件新航路；在同益码头驻点，专门从事福建沿海与金门、马祖地区直接往来货物监管。对台湾输大陆水果等农产品实施优先报关，对福建沿海与金门、马祖地区直接往来的台湾农产品实施 24 小时“人等船”，随到随检的快速查验措施，对未列入扣检要求的货物实行抽样后即放行，建立快速通关“绿色通道”，台湾输大陆水果 6.7 万吨、11 707.1 万美元，同比增长 39.6%、35.1%；对来自台湾地区注册养殖场的甲鱼卵调整隔离检疫方式，实施“证单审核 + 流向备案 + 后续监管”的模式验放，采信台湾行业协会出具的消毒证明，受理并协助签发甲鱼卵许可证 31 份。全年关区在福建沿海与金门、马祖地区直接往来方面实现通关提速 50% 以上。监管对台海运快件 1 490 标箱、6 301.2 吨，同比增长92.3%、1.96倍。

【驻闽海关维护国门安全】 福州海关加大打击走私力度，查办固体废物案14起，查获涉案固体废物767.8吨并已全部退运出境，破获“使命1901”专案，联合中国香港、新加坡、越南海关查获走私象牙2.25吨、穿山甲鳞片26.445吨，获联合国环境署颁发的“亚洲环境执法奖”；截获入境动植物疫情521种、11 741种次，在全国口岸首次截获有害生物8种次；组织开展进口食品“国门守护”行动和保健食品行业专项清理整治，退运销毁进口不合格食品化妆品106批次，查处问题保健食品5批次；深入开展抽样检验及风险监测工作，完成商品抽检104批次、食品化妆品抽检3 618批次，检出不合格15批次；以开展“龙腾行动2019”为工作主线，重点对电子类产品、汽车配件等关系公众健康安全的商品开展专项执法，在进出口环节共采取知识产权保护措施2 350批次，实际扣留进出境侵权嫌疑货物（包括货运及邮递渠道）2 329批次，保护41家外资企业知识产权，扣留涉嫌侵权货物95 087件，案值187.69万元。厦门海关大力推进“国门利剑2019”，组织7次“忠诚”系列大规模专项打击，跨部门协作、跨国联动等战术战法有效运用，侦破“洋垃圾”、濒危物种、毒品、成品油、活牛等一批特大走私案件，获公安部通令嘉奖2次；开展“蓝天2019”专项行动，高压严打“洋垃圾”、象牙等濒危物种走私活动，全年查发固废案件60起、固废4 009.8吨，濒危物种案件66起、象牙及其制品10.7千克，“忠诚1901”“忠诚1905”专案分别查获穿山甲鳞片21.1吨、犀牛角245.9千克，双双入选中国海关高压严打象牙等濒危物种走私十大典型案例，厦门海关缉私局荣获联合国环境署“亚洲环境执法奖”；顺利完成国庆安保、万国邮联全球大会等重大监管保障；打好口岸非洲猪瘟防控战，全年截获进境猪肉及其制品435批次、778.5千克，查验非洲猪瘟疫区入境船舶136艘次，封存猪肉及其制品13.9吨；加强登革热、埃博拉等重点传染病防控工作，“口岸疟疾阻击战”截获机构改革以来全国种次最多病媒生物案例，全年共确诊传染病病例515例，其中口岸输入性传染病检出297例，为出入境人员健康体检19 276人次，检出传染病218例。从进出境运输工具、集装箱货物中检出有卫生学问题1 744批次，截获入境病媒生物1 309批次、526.6万只；加强口岸动植物疫情疫病全链条防控，截获有害生物726种、9 706种次，其中检疫性有害生物64种、1 171种次；落实食品安全“四个最严”，强化进出口食品安全抽样检验和风险监测，指导厦门食品行业建立“自检自控”体系，全年检验进出口食品化妆品23.5万批，检出未准入境进口食品187批；加强关区进出口商品检验监管，深入开展“清风行动”，检出不合格工业品334批、货值8.5亿美元，“口岸天平行动”帮助企业挽回损失579万美元。

开放口岸

【福州空运口岸（福州长乐国际机场）】 福州长乐国际机场是中国东南沿海最繁忙的机场和福建省重要的国际机场之一。1997年6月23日正式通航。2015年被国家民航局确定为“21世纪海上丝绸之路”门户枢纽机场。目前，福州长乐国际机场以“国际最佳机场”为奋斗目标，全力推进人文机场建设。飞行区等级为4E，拥有一条长3 600米的跑道、30万平方米的停机坪、总面积13.7万平方米的候机楼、建筑面积1.8万平方米的航空货站，以及相应的通讯、供油、供水、供电、消防、气象、环保等设施，可起降B747－400型等大型飞机。自2010年起，启动扩容工程，主要包括候机楼扩容和停机坪扩建，第一轮扩能建设已于2012年年底竣工，目前机场拥有36个停机位、16条登机桥、17个安检通道、5个国际出发厅和11个国内出发厅，机场年保障能力达到1 300万人次。2016年3月，正式启动第二轮扩能航站楼工程建设，并于2018年11月28日（包含南斜指廊、南贴建、主楼北扩和北斜指廊）4个新扩建区域全部竣工投入使用，共新建国际国内通用登机口26个、扩建总面积

7.9万平方米，至此机场航站楼总面积达21.6万平方米，服务保障硬件得以明显改善，可满足一年2 500万旅客吞吐量的需求。另外工程总投资约203亿元的机场二期扩建工程已于2019年8月正式获得国家发展改革委批复，二期扩建工程按照2030年旅客吞吐量3 600万人次、货邮吞吐量45万吨、飞机起降28万架次的规模进行设计。届时，将进入“双跑道、双航站楼”的运营模式。自2008年12月18日福州—台北（松山）首次实现空中直航以来，对台航线的快速发展，目前每周台湾有26班运行。2019年年底，在福州长乐国际机场运营的航空公司共42家，国、内外航线共119条，其中92条境内航线、5条地区航线、22条国际航线；通航航点93个，其中境内航点71个、地区航点4个、国际航点18个。

2019年，福州长乐国际机场旅客吞吐量1 476万人次（含出入境吞吐量约225万人次），货邮吞吐量13万吨（含出入境货运量1.57万吨），运输架次10.67万（含出入境航班1.49万架次）。

【厦门空运口岸（厦门高崎国际机场）】 厦门高崎国际机场位于厦门岛的东北端，距厦门市中心10千米。1982年1月10日破土动工兴建，1983年10月22日建成并对外开放。1992年经国家批准，进行了大规模的扩建，扩建后的飞行区等级为4E级，可起降B747－800等大型飞机。现为国家对外开放口岸，在厦门空港营运的航空公司达47家，其中国内航空公司28家、国际及地区航空公司19家，已有航线共174条，其中国内139条、国际航线及地区35条（含地区航线6条）。航线网络已覆盖了中国所有省会城市和主要二、三线城市，搭建了直达欧洲的客、货运航线，同时厦门机场的东南亚航线覆盖较广、航班密度较高，在全国位居前列，特别是由于厦门特殊的对台区位优势，厦门两岸直航航班的密度位居大陆地区前3位。目前，厦门机场现有国际及地区通航城市28个［东南亚15个、港澳台4个、东北亚3个、欧洲2个（其中一个是货机）、澳洲2个、美洲2个］，航线遍及中国港澳台地区、东南亚、东北亚、澳洲、欧洲、美洲，厦门航空口岸已成为华东地区重要的区域性航空枢纽。

2019年，厦门空港保障安全飞行19.3万架次，同比减少0.23%；旅客吞吐量2 741万人次，同比增长3.24%，其中出入境旅客366万人次，同比增长0.03%；货邮吞吐量33.1万吨，同比减少4.34%，其中出入境货邮12万吨，同比减少5.59%。

【泉州空运口岸（泉州晋江国际机场）】 泉州机场始建于1955年8月，为军用机场。2012年11月航空口岸正式对外开放。2014年10月更名为泉州晋江国际机场。机场具备全天候飞行条件，飞行区等级为4D级，能起降波音757等同类机型，可满足年旅客吞吐量400万人次、货邮吞吐量4.4万吨的保障需求。已有国内外28家航空公司进场运营，开通国际（地区）、国内客货运航线80条，每周进出港航班约1 500余架次。2019年泉州晋江国际机场空航口岸共进出飞机7 873架次，出入境旅客合计989 785人次（其中，入境488 900人次，出境500 885人次，平均每架次126人），同比增长23.58%。

泉州晋江国际机场候机楼

【武夷山空运口岸（武夷山机场）】 武夷山机场位于武夷山市南郊，距离市区及武夷山风景区各7千米。1993年9月22日国务院批准在武夷山设立国家空运口岸。

2019年，武夷山机场共飞行578架次，旅客吞吐量71 521人次，同比增长126.12%。

【福州水运（海港）口岸】 福州港是全国沿海25个主要港口之一，分为闽江口内港区、松下港区、牛头湾港区、江阴港区、罗源湾港区5个开放港区，以及黄岐港区（2017年获得国务院批复）等1个拟开放港区，具备进境肉类、粮食、水果、冰鲜水产品和整车进口指定口岸功能。截至2019年年底，福州市辖区港口共有生产性泊位125个，其中万吨级以上泊位48个（5万吨级以上泊位23个），结构按10万吨级以上达到18个。开辟至美西、西非、日韩、东南亚、中国台湾、中国香港、内支线37条外贸航线，以及“两马”（福州马尾琅岐—台湾马祖）“黄岐—马祖”两条海上直航客运航线。

2019年，福州海港口岸外贸货物吞吐量5 456.55万吨，同比增长4.77%；外贸集装箱累计吞吐量168.14万标箱，同比下降6.56%；“马尾—马祖”客运出入境旅客累计1.34万人次，同比增长55.68%；“黄岐—马祖”客运出入境旅客累计5.19万人次，同比增长5.14%。

闽江口内港区：位于中国东南部，台湾海峡西岸，是中华人民共和国成立后自然延续下来的对外开放口岸，北距上海433海里，东距台湾基隆149海里、南距香港420海里。港内现有开放码头26个，最大可靠泊2万吨级船舶，水路可达我国沿海各港和世界各地主要港口。

福州口岸闽江口内港区全貌

松下港区：北距上海447海里、福州马尾港54海里，南距厦门港130海里、香港395海里、台湾新竹80海里、基隆港125海里。陆路西接324国道和福厦高速公路，东接长乐国际机场专用公路，并经青州大桥与闽江北岸公路网相接。目前港区内开放的码头有1个，最大可靠泊3万吨级船舶。

江阴港区：地处中国海岸线中心点，北上上海、大连、天津，南下广州、深圳、香港，都在800海里以内，且居上海港、深圳盐田港航运线中部；距国际集装箱环球主航线仅24海里，堪称黄金水道的“黄金点”；与台湾隔水相望，由此东进100海里是台中，150海里是基隆，170海里是高雄。2003年3月12日经国务院批复对外开放，2004年7月1日由交通部正式对外公布。港区内开放的码头6个，最大可靠泊20万吨船舶。

福州口岸江阴港区

福州口岸江阴港区整车进口

牛头湾港区：位于长乐区松下镇，海坛海峡北侧，东洛列岛西南侧。水路北上距上海447海里，南下距厦门154海里、距香港395海里，东至台湾基隆125海里；陆路距福州中心城区60多千米，距长乐市区、福清市区约30千米；公路主要通过福清北山一级公路，西接324国道和福厦高速公路，东接长乐机场专用公路，并经青州大桥与闽江北岸相接。2008年12月11日经国务院批复对外开放，2012年2月14日由国家交通部正式对外公布。目前港区内开放的码头有1个，最大可靠泊10吨级船舶。

罗源湾港区：位于福州市区北部，与台湾、马祖隔海相望，距福州马尾港50多千米、台湾基隆142海里、上海405海里、香港435海里。2014年9月9日经国务院批复对外开放，2018年

7 月 12 日正式开放。目前港区内开放码头共有 6 个，最大可靠泊 30 吨级船舶。1 个码头临时进靠国际航行船舶作业。

黄岐港区：位于福州市连江县黄岐半岛南侧，闽江入海口北岸。面对马祖列岛，最近处仅距 4.8 海里，距连江县城 46 千米，距省会福州 91 千米，距马尾港 33 海里，是海西一个重要的对台港口。2017 年 8 月 5 日经国务院批复对外开放。目前共有 2 个码头临时进靠国际航行船舶作业。

【厦门水运（海港）口岸】 厦门港是全国 25 个主要港口之一，12 个区域性枢纽港、9 个沿海国际集装箱干线港之一和对台航运重要口岸，范围跨厦门与漳州两个地市级行政区共 9 个港区（厦门市东渡、海沧、翔安港区，漳州后石、石码、招银、东山、古雷、诏安港区）。目前共有集装箱班轮航线 152 条，其中国际航线 101 条、内贸线 12 条、内支线 39 条，与世界 130 多个港口建立业务联系，包括马士基、地中海、中远海等世界前 20 名班轮公司在厦门港都设有分支机构和代理机构。

2019 年，厦门港货物吞吐量 21 342.92 万吨，同比减少 1.74%，其中外贸货物吞吐量9 807.7 万吨，同比增加 6.31%；集装箱吞吐量 1 112.21 万标箱，同比增长 3.92%；厦金出入境旅客 183.13 万人次，同比增加4.95%；对台货运直航30.31 万标箱，同比减少20.57%；靠泊国际邮轮136 艘次，同比增加41.67%；接待出入境旅客41.37 万人次，同比增加 27.38%。

【泉州水运（海港）口岸】 泉州港位于福建省东南部，与台湾一水之隔，毗邻港澳，距香港 357 海里、距高雄港 165 海里，石井作业区距金门仅 5.6 海里，是中国东南沿海不可多得的天然良港之一。早在 6 世纪的南朝，泉州已开始和国外交往。唐代时泉州开埠；宋元时期，海外贸易达到鼎盛阶段；公元 1087 年，北宋设置泉州市舶司；在元代，成为国际重要的贸易港口。1981 年恢复对外开放，1983 年正式对外开放。

辖区海岸线 427 千米，由肖厝、斗尾、泉州湾、围头湾和深沪湾五大开放港区组成，对外开放码头泊位 40 个。现建成生产性码头泊位 91 个，其中万吨级以上泊位 25 个（最大泊位为 30 万吨级专用油码头）。已开通航线 130 多条，外贸航线 30 多条，其中外贸集装箱航线 20 多条，与中国香港、中国台湾和菲律宾等国家或地区通航；泉州至金门客运航线 1 条。

2019 年，泉州港口岸外贸进出口吞吐量 4 207.94 万吨，集装箱进出口 90 373 标箱，泉金客运航线运送两岸旅客 141 573 人次。

泉州港石湖港区

泉州港 30 万吨油码头

【漳州水运（海港）口岸】 包含古雷、东山、诏安和招银、后石、石码六个港区。规划码头岸线长 55.8 千米，规划形成生产性泊位 242 个（其中深水泊位 128 个、集装箱泊位 5 个），规划通过能力 4.12 亿吨（其中集装箱 370 万标箱），形成陆域面积 3 011 万平方米。建成生产性泊位 68 个，万吨级以上深水泊位 19 个，集装箱泊位 7 个，总设计通过能力 4 759 万吨。已建港口沿海航道 5 条，里程 35 千米，其中万吨级航道 4 条。

招银港区：位于中国东南沿海厦门湾南岸，处在上海、台湾、香港三大经济区的中间地带，距香港、上海港、台中港分别为 287 海里、564 海里和 120 海里。为国家开放口岸，对台直航港口，是全国十大木材进口港口、东南沿海最大的木材集散地、粮食中转港和内贸集装箱发展最具活力的码头，被国家发展改革委列为“厦门湾国际物流园区散粮中转基地”，被原国家粮食局评为“第一批全国粮食现代物流建设示范单位”，被原国家质检总局确定为“全国第一批进境粮食指定口岸”。

漳州招银港

后石港区：2002 年 1 月 1 日正式对外开放。港区内的后石电厂由著名的台商王永庆先生独资兴建，包括7 台60 万千瓦火力发电机组及配套建设10 万吨级煤炭专用码头和5 000 吨级综合码头各一座，批复使用岸线长 770 米，并建有 18 万吨/座煤炭专用仓库7 座，卸煤机4 套，年综合通过能力 1 000 万吨。

古雷港区：海上距台湾澎湖 98 海里、高雄165 海里、香港230 海里、厦门77 海里、汕头72 海里。具有水位深、不淤积、航道宽、风浪小、航泊条件好、紧靠国际航线和拥有充足锚地等突出优点。水位最深达 38 米，航道宽 1 千米以上，规划码头泊位 90 个，形成码头岸线长约 20.3 千米，可建30 万吨级油品泊位 3 个，总通过能力约 1.87 亿吨以上。因东向和北向的山体掩护，全年作业天数达 320 天以上。

漳州古雷港区南 2 码头（抽油臂 01）

东山港区：港区码头岸线总长 5.747 千米，规划 25 个泊位，规划通过能力货运 1 000 万吨，客运 130 万人次，港区陆域面积 233 万平方米。港区功能以服务临港工业、城市旅游和地区经济发展为主，积极发展散杂货和对台客滚运输、兼顾油品运输。辖有铜陵、城垵、冬古三个作业区。铜陵作业区，已对外开放的有 1 个 5 000 吨级件杂货泊位，1 个5 000 吨级集装箱泊位和1 个500 吨级台轮专用泊位共 3 个泊位，还有 1 个3 000 吨级液体化工泊位，1 个 3 000 吨级石油专用泊位；城垵作业区建有 1 个 30 000 吨级和 2 个5 000 吨级通用泊位，在建的有 1 个 5 000 吨级客货滚装泊位；冬古作业区建有 1 个 5 000 吨级散货泊位。

【莆田水运（海港）口岸】 莆田港地理坐标为东经 118°58′57″、北纬 25°13′3″，目前已与美国、俄罗斯、加拿大、巴西、阿根廷、韩国、泰国、沙特、印尼、马来西亚以及非洲、欧洲等世界上的 30 个国家和地区的 50 个港口建立了海上航运联系，开通了对台海上客货运直航业务。进出口的主要大宗货物有铁矿石、LNG、木材、煤炭、转基因大豆、钢材、粮食、石化、鞋服原辅材料及成品、机器设备等。目前，已建成外贸客货运码头 16 座。港内设有 25 万吨级、20 万吨级、5 万吨级、2 万吨级、1 万吨级浮筒各 1 座，避风避险应急锚地 1 座，设计年货物吞吐量近亿吨、客运 20 万人次，目前可最大适航 40 万吨级船舶通航。向莆铁路、沈海高速支线直通港区，可实现无转场铁海联运业务。口岸设有海港进口木材检疫除害处理区、国家重点煤炭、鞋革和木材检验检测实验室。

2019 年，莆田海港口岸外贸货运量 25 384 117 吨，同比增长 86%；其中，进口货运量 24 224 315 吨，同比增长 80%；出口货运量 1 159 802 吨，同比增长 635%。累计集装箱吞吐量 19 115 标箱，同比下降 22%；其中，进口 10 511 标箱，同比下降 25%；出口 8 604 标箱，同比下降 25%。

莆田罗屿港口进靠30万吨级船舶作业（1）

莆田罗屿港口进靠30万吨级船舶作业（2）

【宁德水运（海港）口岸】 宁德港位于福建省东北部，东距台湾基隆港145海里，南依省会福州，北距上海390海里，南至福州66海里，地理坐标为北纬26°30′～26°45′与东经119°35′～119°58′之间，距离西太平洋西岸国际主航线30海里，是连接我国中西部地区“一带一路”的重要出海通道，港口优势、区位优势、对台优势凸显。

2019年，宁德海港口岸吞吐量1 674.2万吨，同比增长29.03%，其中进口1 585.79万吨，同比增长36.85%，出口88.41万吨，同比下降36.30%；对台直航运量77.9万吨，同比下降14.26%；外国籍船舶维修300艘次，同比增长12.36%。进出口岸国际航行船舶1 367艘次，同比增长13.10%；进出口岸船员22 235人次，同比增长17.92%。

宁德三都澳港区漳湾作业区出入卡口

【平潭水运（海港）口岸】 平潭港处台湾海峡中北部，处于我国海岸线的中心和海峡经济走廊的中心突出部，东濒台湾海峡，距台湾新竹仅68海里。规划建设有4个港区，分别为澳前、金井、草屿、流水港区。主要进出口岸货物种类为粮油食品、土产畜产、工艺品、轻工业品、医药品、砂石、冰鲜水产品、食用水生动物、果蔬农产品等。澳前港区于2014年7月8日通过国家验收，8月18日正式对外开放，开通平潭至台北、台中2条客滚直航航线；金井港区3号泊位于2019年3月22日通过国家验收，当年4月18日正式对外开放。

2019年，平潭口岸岚台客滚直航航线共往返636个航次，出入境旅客19.05万人次。全口岸外贸吞吐量20.47万吨，海港国际集装箱4.05万标准箱。

平潭港口岸澳前港区全貌

平潭港口岸金井港区全貌

厦门市

【口岸运行数据】 2019年，厦门海港货物吞吐量21 342.92万吨，同比减少1.74%。其中，外贸货物吞吐量9 807.7万吨，同比增加6.31%；集装箱吞吐量1 112.21万标箱，同比增长3.92%；厦金出入境旅客183.13万人次，同比增加4.95%；对台货运直航30.31万标箱，同比减少20.57%；靠泊国际邮轮136艘次，同比增加41.67%；接待出入境旅客41.37万人次，同比增加27.38%。

厦门空运口岸保障安全飞行19.3万架次，同比减少0.23%；旅客吞吐量2 741万人次，同比增长3.24%，其中出入境旅客366万人次，同比增长0.03%；货邮吞吐量33.1万吨，同比减少4.34%，其中出入境货邮12万吨，同比减少5.59%。

【口岸开放工作】 水运（海港）口岸。一是刘五店南部港区6号、7号、8号散杂货泊位（海翔码头）通过新增外贸作业点市级、省级验收会议，正式开放投入运行。二是五通三期码头1号~5号泊位及候船楼通过市级口岸验收，投入使用。新候船楼智能设备广泛应用，旅客出港全程自助，两岸往来民众获得感增强。

空运口岸。推动拓展国际客货运航线网络，厦门海西航空枢纽城市地位得到巩固。2019年新开国际客运航线6条（厦门航空：厦门—仰光、厦门—曼德勒、厦门—西哈努克港。景成航空公司：厦门—西哈努克港。天空吴哥航空：厦门—西哈努克港。澜湄航空：厦门—西哈努克港。），国际货运航线1条（卢森堡货运航空公司：卢森堡—郑州—厦门—安克雷奇—洛杉矶）。

【口岸综合管理】 压缩整体通关时间成效进一步巩固。持续推广“提前申报”模式，以进口货物提前报关奖励政策为着力点，继续鼓励引导企业转变报关模式，进一步压缩整体通关时间。2019年，累计为1 474家次企业发放奖励金341.845万元，平均每月发放奖励金28.487万元，厦门口岸进口提前报关比重从不到1%提升至33.8%。推动公开通关流程及物流作业时限，发布《厦门市人民政府口岸工作办公室关于公开口岸经营服务企业集装箱进出口环节作业时限的通告》，便利企业合理安排生产、制定运输计划，对加快货物周转、提高作业效率起到积极的作用。加大调研和政策宣传力度，引导企业用好用足政策，让更多进出口企业感受到政策红利，提升企业获得感。

厦门口岸收费进一步降低。更新口岸收费目录清单，做好清单公示。落实政府购买集装箱查验服务费政策，2019年共结算查验无问题集装箱共计4.9万标箱，免除查验费2 900万元。协同口岸相关部门，合力推动降低进出口合规成本，持续推进口岸提效降费工作。

口岸通关便利化水平持续提升。一是落实144小时过境免签政策。确保该政策于2019年1月1日在机场、邮轮中心及五通码头口岸落地，提高免签政策“含金量”。二是创新机场行李监管模式。推动厦门海关、厦门航空公司向海关总署争取“通程航班”监管政策，实现厦门航空由国内27个城市机场经厦门机场中转国际航班或由境外6个地区机场经厦门机场中转国内航班旅客在始发站托运行李，在目的站提取行李的“一站式”直挂业务。三是跨境电商货物通关效率取得新突破。推动厦航根据海关监管场所要求建设跨境电商监管中心，打造智慧监管场所，推进报关、监管、查验及放行一体化作业，拓展厦门市跨境电商业务。四是深化山海协作，开启多式联运新篇章。推进赣州海关与东渡海关、海沧海关分别签订《进口肉类产品转关联系配合办法》和《进口整车转关联系配合办法》。

“单一窗口”建设上新台阶，便利化、智能化水平进一步提升。截至2019年年底，厦门“单一窗口”平台累计开户企业数7 576家，累计注册个人用户数7.68万个。其中2019年新开户企业数553家，新注册个人用户数2.68万个。2019年，平台累计单证处理量2 183.41万票，日均5.98万票。

“单一窗口”标准版全面应用。一是标准版各项业务应用率全面提升。货物申报、舱单申报（水运、空运）、运输工具（水运海关、水运海事、水运边检、空运海关）7个主要业务应用率达100%。二是“单一窗口”标准版功能进一步拓展。新上线金融保险、原产地证书自主打印、减免税应用、出口许可证申领、出口退税、快件申报等应用。三是完成“单一窗口”网络安全建设整改和等级测评工作。四是统一全国运维保障体系，加强运维服务一体化，完成95198热线接入服务。

“单一窗口”本地版特色凸显。一是平台功能进一步丰富。新上线应用9个，分别是：海关特殊监管区域辅助管理系统升级改造、海关“互联网+自主报关”项目业务预约子系统、厦门海关网上业务预约平台保税常规核查（盘点）预约子模块、海关国际转运3.0系统、边检证件办理系统、多式联运中心信息系统、海事备案业务系统、空运进口运单电子化系统、厦门港游艇综合服务平台。二是国际合作取得新进展。厦门口岸空运进出口运单电子化项目上线成为APMEN自2014年成立以来首个正式投入运营的项目，同时标志厦门“单一窗口”在走出关境、对接国际空港口岸方面取得重大突破，标志厦门空港口岸全面电子货运时代的到来。三是海关数据共享取得新突破。厦门市商务局对接共享海关进口食品数据，首次实现海关数据通过厦门“单一窗口”平台共享其他政府部门，完善了厦门市重要产品追溯体系。海关跨境电商业务数据共享厦门市综治办。四是成功对接市级平台。厦门“单一窗口”实现与“i厦门”对接，成为继与市共享协同平台、市信用信息平台、市“一照一码”平台之后，成功对接的又一个市级平台。

【对台主要工作】 完成厦金客运码头五通三期口岸配套设施项目的建设工作，打造绿色智慧口岸服务通道，优化口岸通关环境，树立对台最大标杆口岸。持续推动建立两岸通关合作机制，简化两岸进出口货物、人员等通关手续，在海峡旅游、海运快件等方面先行先试。两岸海关AEO互认成效居三个试点海关之首。深化台湾输大陆食品等“源头管理、口岸验放”机制创新，进口台湾水果占大陆进口近九成。服务两岸经贸文体交流活动，厦金海上横渡、厦金游艇直航、台交会、海峡杯帆船赛等大型两岸活动顺利开展。

2019年福建省口岸大事记

1月1日

厦门空海港口岸实施部分国家“144小时过境免签”政策；厦门出入境边防检查总站机关及所属全省出入境边防检查站举行公安边防部队现役转改官兵集体换装、入警宣誓仪式；厦门海关上线新一代海关信息系统（H2018）综合业务功能。

1月8日

交通运输部公告莆田港口岸东吴港区正式扩大对国际航行船舶开放。

1月16日

厦门海关行政诉讼案件首次作为典型案例纳入福建省高院两会工作报告内容。

1月20日

平潭口岸开通至高雄货运航线。

1月21日

福建海事局发布莆田港口岸扩大开放范围公告。

1月23日

厦门机场海关、厦门邮局海关、厦门邮轮港海关、高崎海关、集同海关、翔安海关、古雷海关、泉州海关驻泉港办事处及驻安溪办事处分别挂牌运行；莆田罗屿港口开展首批次铁矿石“水水中转”航运业务。

1月29日

榕城海关揭牌开关。

1月30日

福建省口岸办主任会议在福州召开。

2月2日

海沧海关验放厦门海关史上单票集装箱数量最多的进口货物，共计468个集装箱，货重9 540.93吨。

2月13日

厦门关区特殊监管区域辅助管理系统全面实现H4A平台认证。

2月27日

莆田港口岸秀屿港区秀屿作业区8号泊位对

外开放正式通过验收，可正式开展外贸船舶航运作业。

3月5日

交通运输部海事局发布《闽江口水域船舶定线制》和《闽江口水域船舶报告制》（中华人民共和国海事局公告2019年第3号），自2019年6月1日起正式实施。

3月8日

福州口岸实施鼓励进口货物提前报关奖励暂行办法。

3月11日

武夷山海关揭牌开关。

3月14日

中国（福建）国际贸易单一窗口上线全球质量溯源体系、口岸通关时效评估系统、物流综合服务平台、贸易真实性核查与融资登记系统、口岸人员进出数据分析与预警系统。

3月20日

福建省商务厅（口岸办）举办首次中国（福建）国际贸易单一窗口企业开放日，100多家企业代表参加。

3月22日

平潭港口岸金井港区对外开放通过验收。

4月1日

福州空运口岸正式实施7×24小时全天候通关运行。

4月2日

莆田港莆头作业区开通首条集装箱定期航线。由台籍“辑薪”号承载，从台湾金门岛运抵。

4月4日

福州机场海关在全国口岸首次截获有害生物细菌性软腐病菌。

4月14日

福州、厦门海关联合实施的3项制度创新成果入选国务院面向全国复制推广18项自贸试验区改革试点经验。

4月15日

福州海关缉私局主办或协助侦办的“7·5”特大象牙等珍贵动物制品走私案、“404”象牙走私案和“1·17”特大象牙走私案3起案件被列为海关总署发布的海关打击象牙等濒危物种及其制品走私十大典型案例。

4月23日

福州机场海关2018年世界杯知识产权保护工作入选“中国海关知识产权保护十大典型案例”；厦门海关启动集成电路保税检测业务试点。

4月25日

福州关区办理首票“以企业为单元加工贸易监管模式”业务。

5月1日

福州海关在榕城海关、马尾海关口岸试行“简化报备+优化监管”供船食品便利监管新模式。

5月7日

福建省商务厅厅长、口岸办主任吴南翔在第二届数字中国建设峰会——数字福建分论坛上做主题演讲，介绍中国（福建）国际贸易单一窗口建设成果；国家口岸管理办公室、福建省商务厅（口岸办）、数字中国研究院（福建）、福建省电子信息（集团）有限责任公司联合发布《中国（福建）国际贸易单一窗口建设与实践白皮书》；福州海关“一带一路”信息共享应用创新实验室揭牌。

5月14日

平潭海关联合平潭综合实验区市场监督管理局设立福州关区首个进口台湾工业品质量安全风险监测点。

5月15日

厦门海关与乌鲁木齐海关签署《关于落实〈对口支援合作框架协议〉2019年度实施方案》。

5月17日

福州马尾琅岐至马祖客运新航线首航。

5月21日

福州港成功实现首票无纸提货。

5月29日

中国（福建）国际贸易单一窗口上线出口退税、海外仓系统。

6月10日

在中国（福建）国际贸易单一窗口平台上线减免税业务申报功能。

6月12日

漳州台商投资区保税物流中心（B型）通过验收。

6月20日

福建省政府新闻办举行优化口岸营商环境促进跨境贸易便利化新闻发布会，发布建设国际贸易单一窗口丝路智慧口岸、实施空箱全流程智能化监管快放模式、实施提货单无纸化模式三项创新措施。

7月2日

大陆第二条横跨三大洲的货运航线、福建省首条第五航权航线、厦门机场首条横跨欧亚美三大洲的货运航线“卢森堡—郑州—厦门—安克雷奇—洛杉矶”航线开通。

7月11日

平潭至高雄的客运航线开通，平潭实现与台湾北、中、南港口航线全覆盖。

7月17日

厦门市人民政府口岸工作办公室发布《关于公开口岸经营服务企业集装箱进出口环节作业时限的通告》。

8月9日

厦门海关旅检现场首次部署人脸识别系统，成为全国首个空港口岸人脸识别应用试点。

8月14日

国务委员、公安部部长赵克志签发嘉奖令，对厦门海关成功侦破“忠诚1905”特大走私濒危物种及其制品案予以表彰。

8月28日

福州马尾海关学会小组荣获中国海关协会“2014～2018年度优秀学会小组”称号。

8月30日

厦门关区所有检测技术机构和法定检验检测业务均纳入厦门海关作业体系；交通运输部批准宁德港口漳湾作业区8号、9号、10号码头临时开放续期。

9月23日

商务部、海关总署、中国国际贸易促进委员会联合发布公告，推广福建创新做法，明确自2019年10月15日起，在全国范围内实施对外贸易经营者备案和原产地证企业备案“两证合一”改革。

9月27日

海关总署进出口食品安全局批复同意厦门海关在泉州石狮服装城开展市场采购贸易方式出口预包装食品，成为全国首个试点；我国首艘自主运营豪华邮轮“鼓浪屿号”首航。

10月18日

福建省福州港口发展中心挂牌。

10月24日

厦门海关与海关总署标法中心签署共建“中国WTO/TBT－SPS国家通报咨询中心厦门交流培训基地”协议。

10月28日～11月10日

厦门五缘湾游艇港临时口岸开放，服务保障第十二届（厦门）国际游艇展。

11月7日

厦门海关联合阿里巴巴开展“‘双11’，海关带你‘淘宝’啦！直击厦门海关网上拍卖”主题直播；厦门首票“安智贸”空运货物通关，厦门海关成为全国唯一同时拥有海运、铁路、空运“安智贸”航线的直属海关。

11月8日

宁德口岸三沙港区通过国家验收。

11月13日

福州海关缉私局荣获联合国环境规划署颁发的“亚洲环境执法奖”。

11月15日

厦门口岸空运进出口运单电子化项目上线。

11月22日

平潭口岸金井港区进口冰鲜水产品、进境水果指定监管场地通过了海关总署验收。

11月26日

厦门海关“忠诚1901”走私穿山甲鳞片案、“忠诚1905”走私犀牛角案入选中国海关高压严打象牙等濒危物种走私十大典型案例。

11 月 29 日

福州长乐国际机场获国际机场协会（ACI）第三季度“抵达服务海关检查”服务质量测评第三名。

12 月 6 日

交通运输部对外公告三沙港区对国际航行船舶开放；福建省商务厅（口岸办）在福州举办“中国（福建）国际贸易单一窗口‘稳外贸、促发展、做贡献’推广展示会”；中国（福建）国际贸易单一窗口丝路智慧口岸联合实验室揭牌。

12 月 9 日

福建口岸首次通过滚装船运输平行进口汽车。

12 月 26 日

福建省商务厅（口岸办）在福州港口岸江阴港区举行 2019 年福建省优质外贸集装箱码头泊位授牌仪式，厦门远海集装箱码头有限公司、福州新港国际集装箱码头有限公司、厦门集装箱码头有限公司海天分公司、福港（平潭）国际港务有限公司、福建省莆头港口开发公司、福州青州集装箱码头有限公司 6 家港口运营企业被授予“福建省口岸‘百强十优’外贸集装箱码头泊位优胜单位”称号；中国（福建）国际贸易单一窗口上线税务备案表核注功能正式，实现对外支付全流程电子化办理。

12 月 27 日

平潭金井港区进境水果、进口冰鲜水产品指定监管场地福州港江阴港区进境粮食指定监管场地获海关总署批准。

12 月 30 日

莆田罗屿港口首次靠泊 30 万吨级矿石船舶，刷新了湄洲湾港史上最大单船载重吨铁矿石船的停靠纪录。

（撰稿人：吴则英、李林川、朱华煜、陈润禾、朱洁羚、颜娟、叶雅芳、蔡和岭、关凌琳、黄晓娟、江木秀、周颖杰、何波、毛蒙恩）

2019 年福建省口岸流量统计表

口岸类型	口岸名称	货运量（万吨）				集装箱量（万标箱）				人员（万人次）				交通工具（辆、艘、架、列次）			
		出口	进口	合计	同比（%）	出口	进口	合计	同比（%）	出境	入境	合计	同比（%）	出境	入境	合计	同比（%）
空运口岸	福州机场	1.07	0.49	1.56	-1.3					113.61	111.82	225.43	3.2				
空运口岸	厦门机场	7.35	4.65	12.00	-45.6					182.91	175.18	358.09	-2.5				
空运口岸	武夷山机场									3.64	3.51	7.15	127.2				
空运口岸	泉州机场									50.09	48.89	98.98	23.5				
空运口岸	分计	8.42	5.14	13.56	-42.7					350.25	339.40	689.65	3.1				
陆运口岸 公路口岸																	
陆运口岸 公路口岸	分计																
陆运口岸 铁路口岸																	
陆运口岸 铁路口岸	分计																
水运口岸 海港口岸	福州港	1 458.56	3 997.99	5 456.55	4.77	84.95	83.19	168.14	-6.54	3.191 1	3.346 0	6.537 1	12.65				
水运口岸 海港口岸	厦门港	3 965.42	5 820.32	9 785.74	6.07	383.26	376.04	759.30	3.86	111.89	111.41	223.30	7.51				
水运口岸 海港口岸	漳州港	220.01	703.76	923.77	-21.64	0.172 7	0.175 8	0.348 5	-27.41			0.00					
水运口岸 海港口岸	泉州港	723	3 482	4 205.00	3.4	4.446	4.591 6	9.037 6	-17.86	7.272 3	6.885	14.157 3	-13.24				
水运口岸 海港口岸	莆田港	115.8	2 422.6	2 538.40	86.11	0.860 4	1.051 1	1.911 5	-22.48			0.00					
水运口岸 海港口岸	宁德港	88.41	1 585.79	1 674.20	29.03	0.025 2	0.037 5	0.062 7	-77.98			0.00					
水运口岸 海港口岸	平潭港	2.54	20.11	22.65	-46.94	2.008 7	2.016 6	4.025 3	48.03	9.529 5	9.515 7	19.045 2	27.48			0	
水运口岸 海港口岸	分计	6 573.74	18 032.57	24 606.31	5.31	475.723 0	467.102 6	942.825 6	-0.92	131.882 9	131.156 7	263.039 6	15.83			0	
水运口岸 河港口岸																0	
水运口岸 河港口岸	分计															0	
合计		6 582.16	18 037.71	24 619.87		475.723 0	467.102 6	942.825 6		482.132 9	470.556 7	952.689 6		0	0	0	
同比（%）																	

（福建省口岸办提供）

2019年福建省口岸出入境主要数据表

项目			2019年	2018年	同比（%）
出入境人员（人次）	出入境人员总数		10 752 049	10 191 938	5.50
	入境人员		5 328 951	5 061 857	5.28
	出境人员		5 423 098	5 130 081	5.71
	出入境旅客		9 553 129	9 114 963	4.81
	出入境员工		1 198 920	1 076 975	11.32
	中国公民	小计	9 143 012	8 709 284	4.98
		内地居民（因公）	482 667	471 920	2.28
		内地居民（因私）	6 123 198	5 754 749	6.40
		港澳居民	468 783	526 293	-10.93
		台湾同胞	2 068 364	1 956 322	5.73
	外籍人员		1 609 037	1 482 654	8.52
	从海港出入境人数		3 406 938	3 090 540	10.24
	从陆港出入境人数		0	0	0.00
	从空港出入境人数		7 345 111	7 101 398	3.43
交通运输工具（辆、艘、架、列次）	总计		95 657	86 404	10.71
	船舶		46 376	37 112	24.96
	飞机		49 281	49 282	0.00
	火车				
	机动车辆				

（厦门出入境边防检查总站提供）

2019年福州海关主要数据统计表

项目		2019年	2018年	同比（%）
进出口货运量（万吨）	合计	8 994.30	7 336.10	22.60
	进口	7 591.00	5 790.70	31.09
	出口	1 403.30	1 545.40	-9.20
进出口贸易总值（万美元）	合计	3 643 393.85	3 415 668.70	6.67
	进口	1 925 113.83	1 638 485.26	17.49
	其中：江、海运输	1 797 734.79	1 501 840.36	19.70
	铁路运输			
	汽车运输	17 505.76	9 239.12	89.47
	航空运输	103 812.32	127 250.86	-18.42
	邮件运输	2 879.64	92.08	3 027.42
	其他运输	3 181.32	62.86	4 960.92
	出口	1 718 280.01	1 777 183.44	-3.31
	其中：江、海运输	1 586 502.09	1 675 913.07	-5.34
	铁路运输	8.31		
	汽车运输	20 999.88	16 842.01	24.69
	航空运输	79 880.38	82 149.92	-2.76
	邮件运输	19 412.33	241.24	7 946.81
	其他运输	11 477.04	2 037.20	463.37
税收（万元）	两税合计	1 677 208.00	1 610 155.00	4.16
	关税入库	176 942.00	172 649.00	2.49
	进口环节税入库	1 500 266.00	1 437 506.00	4.37

（福州海关提供）

2019 年厦门海关主要数据统计表

项目		2019 年	2018 年	同比（%）
进出口货运量（万吨）	合计	9 943.57	10 141.76	-1.95
	进口	6 797.10	6 651.70	2.19
	出口（不含对台湾金门地区供水）	3 146.47	3 490.06	-9.84
进出口贸易总值（万美元）	合计	13 437 823.54	13 642 833.31	-1.50
	进口	4 396 541.10	4 693 591.10	-6.30
	其中：江、海运输	3 252 540.01	3 262 985.22	-0.32
	铁路运输	74.77	1 722.13	-95.66
	汽车运输	376 183.09	372 685.80	0.94
	航空运输	765 321.88	1 055 807.32	-27.51
	邮件运输	2 273.80	223.63	916.78
	其他运输	147.50	167.10	-11.66
	出口	9 041 282.40	8 949 242.20	1.00
	其中：江、海运输	8 023 189.90	7 906 233.04	1.48
	铁路运输	65 659.57	48 624.30	35.03
	汽车运输	277 229.86	319 830.57	-13.32
	航空运输	657 666.32	661 243.86	-0.54
	邮件运输	12 486.12	1 122.13	1 012.72
	其他运输	5 050.65	12 188.28	-58.56
税收（万元）	两税合计	3 881 262.63	4 347 930.81	-10.733
	关税入库	423 269.95	400 137.27	5.781
	进口环节税入库	3 457 992.68	3 947 793.54	-12.407

（厦门海关提供）

2019 年福建海事局进出港船舶统计汇总表

国家（地区）	进港船舶							出港船舶							进出港单船艘数（艘）
	艘数（艘次）	总吨（吨位）	总载重吨（吨）	载客量（客位）	船员人数（人）	货物到达量（吨）	旅客到达量（人）	艘数（艘次）	总吨（吨位）	总载重吨（吨）	载客量（客位）	船员人数（人）	货物发送量（吨）	旅客发送量（人）	
总计	343 339	838 134 894	1 076 876 189	67 360 977	643 393	408 209 220. 11	21 922 489	334 314	843 479 646	1 084 126 826	65 746 171	646 424	261 427 741. 51	20 817 782	54 640
中国籍船舶	330 044	430 070 599	549 474 317	66 740 263	317 633	273 483 296. 63	21 900 935	321 002	432 680 817	554 802 082	65 133 393	320 931	216 481 371. 29	20 797 430	45 219
其中外贸船	3 393	13 784 036	18 601 485	451 083	40 759	10 305 730. 49	25 150	3 447	15 594 519	20 866 881	452 386	42 182	2 848 254. 07	25 668	1 600

（福建海事局提供）

2019 年福建省指定监管场地统计表

序号	直属海关	监管场地名称	进境口岸	类型	拟进口品种	批复时间	备注
1	福州海关	马尾港务公司	闽江口内港区	肉类、种苗、水果	肉类、种苗、水果		
2		福州松下口岸松下码头公司	牛头湾港区	粮食	粮食	2014 年 7 月 30 日	
3		福州新港国际集装箱码头有限公司、福建江阴国际集装箱码头有限公司	江阴港区	水果	水果	2012 年 11 月 21 日	
4		福州新港国际集装箱码头有限公司、福建江阴国际集装箱码头有限公司	江阴港区	种苗	种苗	2009 年	
5		福州新港国际集装箱码头有限公司、福建江阴国际集装箱码头有限公司	江阴港区	肉类	肉类	2019 年 8 月	申报中
6		福州新港国际集装箱码头有限公司、福建江阴国际集装箱码头有限公司	江阴港区	粮食	粮食	2019 年 12 月 27 日	
7		福州港松下港区元洪作业区	江阴港区	进境水果	水果	2019 年 8 月	申报中
8		福州港松下港区元洪作业区	江阴港区	进口肉类	肉类	2019 年 8 月	申报中
9		莆田秀屿港	海运	原木	原木	2008 年 4 月	加拿大 BC 省原木输华指定口岸
10		莆田港口岸秀屿港区查验点	海运	粮食	粮食	2014 年 11 月 9 日	原国家检验检疫总局核准的第一批进境粮食指定口岸
11		莆田秀屿港秀屿港区秀屿综合码头作业点	海运	粮食	粮食	2015 年 12 月 25 日	原国家检验检疫总局核准的第二批进境粮食指定口岸
12		莆田秀屿港秀屿港区秀屿综合码头作业点	海运	粮食	粮食	2017 年 11 月 7 日	原国家检验检疫总局核准的第三批进境粮食指定口岸

续表 1

序号	直属海关	监管场地名称	进境口岸	类型	拟进口品种	批复时间	备注
13	厦门海关	厦门同益码头	厦门港口岸	水果	水果		
14		厦门国际邮轮码头堆场	厦门港口岸	水果	水果		
15		厦门集装箱码头集团有限公司海天码头监管场所	厦门港口岸	水果	水果		
16		厦门国际货柜码头	厦门港口岸	水果	水果		
17		厦门海润码头监管堆场	厦门港口岸	水果	水果		
18		厦门嵩屿集装箱码头	厦门港口岸	水果	水果		
19		厦门远海集装箱码头	厦门港口岸	水果	水果		
20		厦门航空有限公司货运监管仓库	厦门高崎国际机场	水果	水果		
21		东山港	漳州港口岸东山港区	食用水生动物	鱼类、甲壳类、软体类		
22		泉州机场货栈海关监管作业场所	福建泉州晋江国际机场	食用水生动物	鱼类、甲壳类、软体类		
23		厦门航空有限公司货运监管仓库	厦门高崎国际机场	食用水生动物	鱼类、甲壳类、软体类		
24		厦门现代码头有限公司	厦门港口岸	食用水生动物	鱼类、甲壳类、软体类		
25		厦门同益码头	厦门港口岸	食用水生动物	鱼类、甲壳类、软体类		
26		厦门远海码头 13 号泊位监管场所	厦门港口岸	食用水生动物	鱼类、甲壳类、软体类		
27		厦门集装箱码头集团有限公司海天码头监管场所	厦门港口岸	进境植物种苗	进境植物种苗		
28		厦门航空有限公司货运监管仓库	厦门高崎国际机场	进境植物种苗	进境植物种苗		

续表2

序号	直属海关	监管场地名称	进境口岸	类型	拟进口品种	批复时间	备注
29	厦门海关	福能肖厝港	泉州港口岸	进境粮食	大豆		A类：仅限大豆
30		厦门海隆码头	厦门港口岸	进境粮食	大豆、玉米、高粱、大麦、小麦		
31		厦门集装箱码头集团有限公司海天码头监管场所	厦门港口岸	进境粮食	大豆、玉米、高粱、大麦、小麦		
32		厦门国际货柜码头	厦门港口岸	进境粮食	大豆、玉米、高粱、大麦、小麦		
33		招银港开发区综合码头	厦门港口岸	进境粮食	大豆、玉米、高粱、大麦、小麦		
34		招银港区7－9号泊位海关监管场所	厦门港口岸	进境粮食	大豆、玉米、高粱、大麦、小麦		
35		海沧进口粮食指定口岸集装箱查验场	厦门港口岸	进境粮食	大豆、玉米、高粱、大麦、小麦		
36		福建闽台农产品市场有限公司	泉州石井口岸	进口冰鲜水产品	进口冰鲜水产品	2014年12月22日	
37		福建东山东海岸公共保税仓有限公司冷库	漳州港口岸东山港区	进口冰鲜水产品	进口冰鲜水产品	2016年11月10日	
38		东山县天元水产食品有限公司冷库	漳州港口岸东山港区	进口冰鲜水产品	进口冰鲜水产品	2016年11月11日	
39		东山县海旺水产冷冻有限公司冷库	漳州港口岸东山港区	进口冰鲜水产品	进口冰鲜水产品	2016年11月12日	
40		厦门万翔物流管理公司冷库	厦门港口岸	进口冰鲜水产品	进口冰鲜水产品	2014年9月18日	
41		厦门万翔物流管理有限公司	厦门高崎国际机场	进口冰鲜水产品	进口冰鲜水产品	2015年11月20日	

续表 3

序号	直属海关	监管场地名称	进境口岸	类型	拟进口品种	批复时间	备注
42	厦门海关	厦门夏商水产集团有限公司东渡冷冻厂	厦门港口岸	进口肉类	进口肉类		
43		厦门万翔物流管理有限公司冷链物流中心	厦门港口岸	进口肉类	进口肉类		
44		厦门旺墩冷冻仓储有限公司	厦门港口岸	进口肉类	进口肉类		
45		厦门港海沧集装箱查验服务有限公司	厦门港口岸	进口肉类	进口肉类		
46		中盛统一粮油工业（厦门）有限公司	厦门港口岸	进口肉类	进口肉类		
47		太古海投冷链物流（厦门）有限公司	厦门港口岸	进口肉类	进口肉类		
48		福建闽台农产品市场有限公司	泉州港石湖港区口岸	进口肉类	进口肉类		
49		福建万弘海洋生物科技有限公司	泉州港石湖港区口岸	进口肉类	进口肉类		
50		泉州八仙过海旅游有限公司长颈鹿制定隔离检疫场	广州白云国际机场	进境动物隔离场	陆生野生动物	2019 年 8 月 7 日	
51		厦门市翔安区新景农业开发有限公司隔离检疫场	厦门港	进境动物隔离场	种牛	2019 年 7 月 25 日	
52		厦门市同安区澎沛种苗场	厦门港	进境动物隔离场	进境种用水生动物	2019 年 11 月 25 日	
53		厦门市集美区红眼钻石观赏鱼养殖场	厦门港	进境动物隔离场	进境观赏水生动物	2019 年 11 月 25 日	
54		厦门和心进出口有限公司隔离场	厦门港	进境动物隔离场	进境种用水生动物	2019 年 11 月 25 日	
55		东山县康美镇全壹水产养殖场	厦门港	进境动物隔离场	进境种用水生动物	2019 年 11 月 26 日	
56		福建省长泰天柱山飞龙旅游开发有限公福建省长泰柱山司指定隔离检疫场	广州白云国际机场	进境动物隔离场	进境演艺动物	2019 年 12 月 6 日	
57		漳州招商局综合码头进口粮食指定监管场地	漳州海运口岸	进境粮食	大豆、玉米、高粱、大麦、小麦、油菜籽等	2014 年 10 月 1 日	

续表 4

序号	直属海关	监管场地名称	进境口岸	类型	拟进口品种	批复时间	备注
58	厦门海关	东山港海关监管作业场所	东山海运口岸	进境冰鲜水产品	冰鲜	2016 年	
59		晋江机场航空口岸	空运	食用水生动物	进口食用水生动物	2016 年 8 月 5 日	
60		泉州港肖厝作业区	海运	进境粮食	进口粮谷	2015 年 12 月 25 日	
61		泉州港石湖作业区	海运	肉类	进口肉类	2018 年 3 月 9 日	
62		福建闽台农产品市场有限公司进口肉类冷链查验场	海运	肉类	进口肉类	2018 年 3 月 9 日	
63		福建万弘海洋生物科技有限公司进口肉类冷链查验场	海运	肉类	进口肉类	2018 年 9 月 4 日	
64		泉州港石井作业区	海运	冰鲜	进口冰鲜	2014 年 12 月 22 日	

（福建省口岸办提供）

江　西　省

江西省口岸分布示意图

序号	类型	口岸名称	批准开放时间	开放状态
1	空运口岸	南昌空运口岸	1990.3	国际常年
2	水运口岸	九江水运口岸	1980.2	国际常年

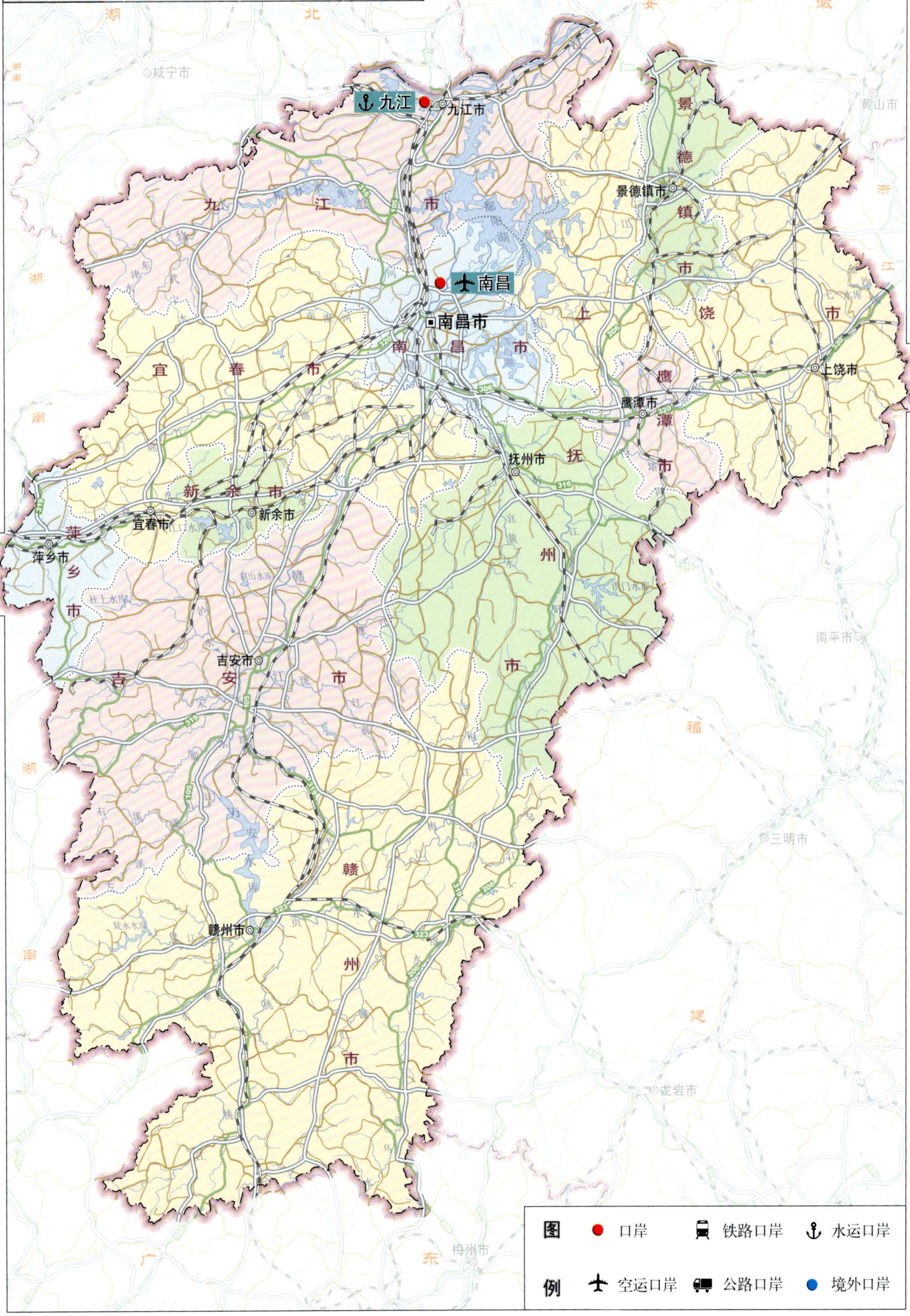

口岸数量及分布

截至2019年年底，江西省有经国务院批准的对外开放口岸2个。其中，空运口岸1个，即南昌空运口岸（南昌昌北国际机场）；水运（河港）口岸1个，即九江河港口岸。

口岸运行数据

2019年，江西省口岸共进出口货运量649.36万吨、国际集装箱44.60万重标箱，同比分别增长6.32%和9.61%。全省赣欧班列累计开行553列，铁海联运班列开行1 605列。

口岸综合管理

【实现口岸功能突破提升】 在江西省委省政府的高位推动下，会同相关单位积极推进“一货站三中心”建设运营，召开现场协调会47次，调度通报132次，协调推进疑难事项257个，提前10个月建成运营南昌邮快件监管中心，终结了江西作为中东部地区唯一一个没有国际邮快件监管中心省份的历史。推动赣州黄金机场空运口岸临时对外开放获批，从申报到批复仅用时1个月，创造了全国空运口岸开放获批的“新速度”。2019年，九江港口岸获批扩大开放至瑞昌港区和彭泽港区。南昌昌北国际机场进境水果、进境冰鲜水产品、进境食用水生动物指定监管场地获海关总署批准建设。九江进口肉类指定监管场地已完成海关总署专家组验收，九江整车进口口岸申报工作进展顺利。

【实现水运促“三同”成效明显】 发挥“三同”政策引导，九江港集装箱吞吐量连续5个月保持25%以上的高增长态势，全年突破50万标箱；支持九江港开行“天天班”、货物集疏费，为企业降低20%物流成本；九江至上海全程物流时间减少180小时以上，进一步降低企业物流实效；畅通与“一带一路”沿线国家连接，九江与上海港海船船期衔接更加紧密，14天可至新加坡、马来西亚等东亚国家，25天可至阿联酋、土耳其等西亚国家和印度、孟加拉国等南亚国家。

【实现航空客货运稳中提质】 2019年，昌北国际机场开通客运航线158条，新增国内客运航线21条；国际地区航线19条，新增6条国际定期航线，加密南昌至曼谷航线的宽体客机。开通南昌至天津、郑州等航空货运航线，累计开通国际（地区）、国内航空货运航点7个。制定“稳增长”资金管理使用办法，支持南昌昌北机场航空客运市场发展。

【大力推动海关特殊监管区建设】 联合南昌海关开展综合保税区调研，召开全省综合保税区工作会议并组织专题培训。协调加快推进九江综合保税区验收，2019年11月，江西省唯一一个沿江临港的综合保税区正式封关运行。组织2019年全省口岸经济招商推介会，160余家沿海省份物流企业及加工贸易企业参加，促成11个项目的签约落户江西省综合保税区（出口加工区）。积极推进南昌综合保税区发展跨境电商业务，指导赣州综合保税区开展置换整改，协调推进井冈山出口加工区转型升级。

【铁海联运】 2019年，江西省铁海联运集装箱快速班列共开行1 605列，承运进出口集装箱12.84万标箱，同比分别增长50.84%和50.89%。全面畅通江西至深圳、广州、宁波、厦门、福州5条“出海通道”，形成了宁波、深圳、厦门的3条精品线路。其中，宁波线开行720列，保持每天2班，共承运5.86万标箱，占比45.66%；深圳线开行545列，实现2天3班，共承运4.36万标箱，占比33.96%；厦门线开行263列，实现3天2班，承运2.1万重标箱，占比16.36%。

【赣欧班列】 2019年，江西省赣欧班列共开行553列（出境439列、进境114列）、承运进出口集装箱4.9万标箱，同比分别增长173.76%和181.59%。形成了白俄罗斯（189列）、乌兹别克斯坦（125列）、俄罗斯列（119列）3条精品线路。其中，赣州369列（出境266列、进境103列）、南昌120列（出境115列、进境5列）、鹰潭

42列（出境39列、进境3列）、上饶18列、抚州4列（出境1列、进境3列）。

【贸易便利化水平提升】 2019年，江西省进出口整体通关时间分别压缩至18.24小时、1.73小时，与2017年相比分别压缩了150.14%、93.06%。通关时效分别高于全国平均水平20.74个小时和2.27小时，其中进口通关时效位列全国第5位、出口通关时效位列全国第12位。

【口岸平台建设】 2019年10月9日，江西赣州汽车整车进口口岸通过省商务厅组织的联合验收。11月13日，赣州进口肉类指定监管场地通过海关总署验收，实现了陆路指定进境口岸新突破。

【国际贸易“单一窗口”建设】 为加强数据安全管理，2019年3月26日制定了《江西国际贸易“单一窗口”数据安全管理实施细则》。采取分级培训机制，全省累计组织各类业务培训24场（次）、培训企业1 410家、培训人员1 714人。按照国家口岸办统一部署，出口许可证、出口退税、非机电产品自动进口许可证等16项政务申报功能上线运行，省内7家金融机构的金融、信保等业务上线运行。2019年，江西国际贸易“单一窗口”累计办理业务347 549票。其中，货物申报210 512票、运输工具申报36 638票、舱单申报21 851票、企业资质办理3 158票、原产地证20 065票、野生动植物许可证22票、农药许可证97票、机电许可证3票、非机电许可证155票、税费支付34 428票、跨境电商20 620票。货运申报、舱单申报、运输工具申报等主要业务应用覆盖率均为100%。

【口岸招商】 2019年12月10日，江西省政府主办，江西省商务厅具体承办的江西口岸经济招商推介会（粤港澳大湾区站）在深圳举行，江西省副省长吴忠琼出席会议，盐田港、广州港、上海港、宁波港、中远海运、马士基、宏远等160余家全球知名企业200多名代表参会，会上，江西省口岸办和广东省口岸办围绕两地口岸发展签订了合作备忘录，大会签约36个项目，总金额达189亿元。

口岸监管与服务

【江西出入境边防检查总站努力提升口岸业绩】 2019年，江西出入境边防检查总站共检查出入境人员954 870人次、航班6 164架次，同比分别增长19.25%和33.42%，圆满完成中华人民共和国成立70周年大庆、“一带一路”国际合作高峰论坛、世界VR产业大会、国际军乐节等重大安保任务和出入境边防检查任务，为描绘好新时代江西改革发展新画卷贡献出边检力量。南昌空运口岸新增南昌至意大利米兰、日本静冈、柬埔寨西哈努克港等7条客运航线，新增南昌至俄罗斯莫斯科、哈萨克斯坦卡拉干达2条货运航线。赣州空运口岸开通赣州至泰国芭堤雅航线。全省开放口岸已开通国际（地区）航线27条，航点跨欧、亚两大洲，遍布15个国家（地区）。

【江西出入境边防检查总站多举措提升口岸监管，服务口岸建设】 一是口岸服务成果突出。江西出入境边防检查总站大力支持南昌口岸货运包机快速增长，主动服务赣州黄金机场口岸开放，顺利完成查验设施、智能通关、警力调度等各项工作，有力推动了年底顺利开航。精准服务长江黄金岸线建设，成功促成九江口岸直航业务复航和持续扩大开放。深化落实中国公民出入境通关排队不超过30分钟、专用通道设立等便民举措，健全边检数据分析制度，定期研判分析出入境流量和经济开放、口岸发展态势，有力辅助了省委省政府决策。二是口岸管控成效提升。江西出入境边防检查总站口岸勤务组织更加规范，领导全程勤务带班严密落实，值班领导参与上下勤务例会效果明显，验放数据“三查”制度落实不断细致，规范执法执勤上取得了明显进步。特别是南昌口岸在严守“资料录入、人证对照、证件识别”三条底线，加强对涉“三非”人员排查分析，连续查获“三非”外国人。三是口岸建设成绩优异。江西出入境边防检查总站大力实施科技强警战略，投入应用智能验证台等设施，深度运用生物识别技术、iAPI空港口岸预报预检系统和外管通 App，建成全省勤务指挥中心、梅沙集中运维体系，提升精准查验、信息通联、运维保障三大能力。大力实施业务能力提升工程，狠抓全能型检查员培训和轮勤轮训，推动联合演训精细化，全面组建“小单元”应急处置力量，联合海关、安检等部门常态化开展演练，有效提升应急处突能力。

【九江海事局提高通关效率，大力压缩整体通关时间】 九江海事局提升国内航行船舶直接通过手机报港，海事也可通过系统了解船舶货物基础信息，可提前制定船舶安检计划，免去船舶到港后申请船舶安检等待时间。同时对于船舶装卸箱业务办理，海事与相关代理积极沟通，并运行港口建设费远程申报电子支付系统，在船舶到港前，完成大量业务工作，提升业务办理效能。加大对国际航行船舶进出口岸业务办理，目前积极应用“单一窗口”标准版运输工具（船舶）申报系统，有关企业可通过此系统实现“一单多报”，并实现船舶进出境通关“最多跑一次”。同时建立联合登临机制，提前确定登临时间和人员，极大提高船舶进口岸办理效率，同时减少对船舶船员的干扰。其中2019年有2艘次国际航行船舶进入九江港开放码头作业，在办理进出口岸审批及进出口岸手续办理过程中，积极与有关代理单位联系，全程通过“单一窗口”标准版运输工具（船舶）申报系统办理；并主动召集口岸联检单位，实现联合登临检查，减少对船方的打扰。

【九江海事局积极参与九江航运中心建设，配合地方招商引资】 九江海事局配合九江航运中心建设，根据《九江市人民办公厅关于印发九江市促进航运业发展实施办法的通知》有关规定，参与制订《九江市促进航运业发展财政奖励资金实施细则》，规范奖励资金的申请、审核、发放、退还等程序，配合做好有关记录工作，为市里做好新增船舶和船员培训的奖励工作打下基础。同时积极参与九江市以“直航”促“三同”工作，负责船舶航行时间不可抗力因素认定，同时出具船舶进出港报告信息证明，确保船舶航行时间有据可查，船舶报港信息合法合规。

【九江海事局强化服务意识，积极融入地方经济建设】 2019年，九江海事局积极服务国家发展战略和地方经济发展，发挥专业优势，调派精锐力量为九江长江一桥、合安九铁路大桥等重点国家工程建设提供专项维护。配合九江市口岸办，做好九江口岸外贸经济服务。落实国家“放管服”改革新要求，开通“绿色通道”，在海事行政审批事务中具体化，不断优化一站式服务，提出政务“服务零距离”理念，简化办理流程，积极推进证书文书邮寄、船员证件网上申办、船名核准等四项行政审批“当日办结制”服务举措，同时结合业务服务系统，深入推广电子政务应用。

【九江海事局加强防污治理，把好源头管理】 2019年，九江海事局成立专班强推365攻坚行动，开展防污风险隐患大排查、污染物接收处置大检查和违法排污行为大整治三大活动；加强现场管理、现场监督和安检100%防污检查；以实施滞留、停航或停止作业为措施整改不达标船舶，对登记列入不达标清单船舶，通报货主、实施附加审核或收回船舶安全管理证书；全年实施涉污行政处罚404件、170余万元。同时严格危险品申报审批把关、强化作业前检查，C类船舶100%检查；聘请专家开展防污检查培训；实施封厕行动，关停23艘渡船、34艘施工船和14艘海巡艇的直排厕所，推动17个公务码头和6座中石化码头生活污水装置改造；全年燃油抽检247批次、生活污水300批次，对超标准的6批次燃油和不达标的10批次生活污水实施处罚、督促整改。

【九江海事局强化预警应急，推动治理能力现代化】 九江海事局举办2019九江长江水上联合应急演习；创新安全预警模式，预警信息发送对象向全辖段全覆盖发展；规范九江溢油应急设备库运行管理，稳步运行武穴、湖口应急分中心；增配化学品溢漏应急处置装备，实现化学品溢油应急能力零的突破；优化CCTV布局，所有海事处设立二级监控平台，新增设3处监控点；逐步构建水上应急大体系，推行社会力量应急待命，九江大桥武警船艇大队纳入体系，推动搜救机构、应急预案和经费预算纳入市应急体系。

【九江海事局加强水工监督管理，配合政府规范港口生产秩序】 九江海事局严格把关，规范水工行政许可。通过参加九江岸线领导小组会议，掌握水工项目信息，加强与港口、航道等部门的横向联系和沟通，争取通航管理主动权。积极参与航道通航条件影响评价活动，始终把握港口规划、航道评价、岸线批复、施工图审批等水上水下活动许可关键环节。完成安九铁路大桥、红光综合码头等施工许可。积极主动作为，服务沿江经济建设。主动向建设单位、设计单位、施工单位及政府有关部门宣传水工管理相关法律法规，为相对人提供高效便捷服务，对符合港口规划、满足通航条件的工程建设热情提供优化改进意见。九江海事局指导建设单位科学制定施工方案，实施交通管制，完成张家洲架空电缆和马当架空电缆的维修及湖口风电架空电缆铺设。力争配合地方政府建设最美岸线。配合港口管控岸线，保护原始生态，配合港口部门整治非法码头，制止船舶在非法码头停泊作业；积极配合地方政府和港口管理码头提升完善工作。

【南昌海关推动签署并落实新一轮《署省合作备忘录》】 2019年，在海关总署党委的领导和省委省政府的支持下，南昌海关推动签署了《署省合作备忘录》。备忘录签署一个月内，海关总署就印发贯彻落实分工方案。南昌海关将支持江西扩大开放18项措施细化为36条措施，目前27条已取得阶段性成效，其他9条正有序推进。其中，支持景德镇国家陶瓷文化传承创新试验区开展保税展示交易，获江西省委书记刘奇批示肯定。

【南昌海关“双管齐下”打击“洋垃圾”及象牙等濒危物种走私，生态文明建设促进有力】 侦办“洋垃圾”走私案件2起，查证禁止进口固体废物273吨，从泰国将涉嫌走私固体废物的“猎狐行动”目标逃犯押解回国，2019年退运固体废物1 300吨，实现零滞港。侦办象牙等濒危物种走私刑事案件2起，查获象牙及制品3 685克、虎制品250克；旅检渠道查获象牙等濒危野生动植物制品391件，基本实现周周有查获。

【南昌海关搭平台、拓功能，打造内陆开放新格局】 积极支持开放功能平台建设，新增“两个6”“两个3”，打通了“水上、陆上、空中、数字”四大通道，形成了机构覆盖全省各地市、开放口岸涵盖水陆空铁的新格局。一是新增6个隶属海关。在中央严控机构编制的背景下，在海关总署的大力支持下，新批的南昌昌北机场、赣江新区、青山湖及抚州、萍乡、龙南海关全部开关并办理业务，实现海关机构全省各地市全覆盖。二是新增六大口岸功能。南昌进境食用水生动物、进境冰鲜水产品和进口水果等3个指定监管场地获批；九江、赣州进境肉类指定监管场地通过验收，形成“南门北港、水陆并行”肉类进口新格局；赣州进口整车指定口岸通过验收。三是开通运营三大新兴业态。在海关总署大力支持下，国际快件企业运营资质从向海关总署申报到海关总署批准仅用3小时，国际邮件中心从提出申请到海关总署批复仅用2天。南昌跨境电商、国际快件中心、国际邮件中心三大新兴业态全部运行，开辟了新的“买全球、卖全球”物流通道。四是扩大开放三大口岸。认真落实国务院促进综合保税区发展21条措施，2019年江西省4个海关特殊监管区域进出口总值增长78%。赣州黄金机场临时对外开放获批并实现国际首航，九江综合保税区1年内验收通过、封关运行、新企业入驻开办业务。九江港口岸扩大开放瑞昌港区和彭泽港区获批。

开放口岸

【南昌空运口岸（南昌昌北国际机场）】 1990年3月5日，国务院批准南昌机场对外开放。南昌昌北国际机场原址在南昌向塘机场，1999年9月搬迁至南昌市新建县境内。南昌昌北国际机场与昌九高速相连，距离市中心23千米，占地面积为15平方千米，跑道3 400米，可起降包括空客A380的所有机型，有46个停机位，近

2 000 个停车位。T1 航站楼为国际候机楼，面积为 2.7 万平方米。T2 航站楼为国内候机楼，面积为 9.66 万平方米，主楼宽 222.4 米，进深 90 米。南昌昌北国际机场在南昌市区设有 2 个城市候机楼，在九江、抚州、新余、景德镇、上饶等市设有异地城市候机楼，昌北国际机场地空联运网络已基本覆盖昌北机场东、西、北向的主要客源市场。

2019 年，南昌空运口岸出入境人员 96.42 万人次，同比增长 20.41%；出入境飞机 6 164 架次，同比增长 33.42%。南昌昌北国际机场飞机运输架次 10.65 万架次，同比下降 1.98%。旅客吞吐量 1 363.72 万人次，同比增长 0.84%。货邮吞吐量 12.25 万吨，同比增长 48.32%。

【九江水运（河港）口岸】 1980 年 2 月 14 日，经国务院批准，九江港正式对外开放。九江河港口岸位于长江中下游结合部南岸、江西省北端的九江市，拥有长江岸线 152 千米，对外开放口岸线 40 余千米。

九江水运（河港）口岸现有已开放码头 6 座，锚地 2 个。

九江水运（河港）口岸开放码头、锚地一览表

码头名称	类别	开放状态	基本情况
214 码头	一类	已开放	多用途 5 000 吨级泊位一个，年吞吐能力 100 万吨，200 万吨以下
三角线码头	一类	已开放	散货 2 000 吨级泊位各 1 个，年吞吐能力 100 万吨
外贸码头	一类	已开放	散杂件、集装箱 5 000 吨级泊位 3 个，年吞吐能力 90 万吨
油品码头	一类	已开放	油品专用 5 000 吨级泊位 6 个，年吞吐能力 240 万吨
中建万佳码头	一类	已开放	液化气专用 3 000 吨级泊位一个，年吞吐能力 10 万吨
城西港码头	一类	已开放	5 000 吨级泊位 2 个，年吞吐能力 30 万标箱（2014 年 12 月通过国家验收）
联检锚地		已开放	姚港锚地、新港锚地

2019 年，九江河港口岸外贸进出口运量 277 万吨，同比增加 8.31%。其中水运直接进口 133.15 万吨，同比增加 17.81%；水运直接出口 143.84 万吨，同比增加 0.78%。集装箱船舶进出 5 512 航次，同比增加 871 个航次。

2019 年，九江港集装箱吞吐量 52.14 万标箱，同比增加 21.45%。其中九江城西码头 48.46 万标箱，占 92.94%；九江外贸码头 2 万标箱，占 3.84%；理文码头 1.68 万标箱，占 3.22%。

2019 年，九江河港口岸运行呈现如下特点：一是集装箱吞吐量再上台阶，尤其是“三同”政策的牵引作用明显，5 月份政策出台后，6～12 月份累计完成重箱 23.83 万标箱，同比去年增长 46.96%。二是内外贸箱量结构优化。内外贸重箱比重由 1∶2 调整为 1∶1，内贸箱量成为集装箱吞吐量增长的主要因素。同时，空箱与重箱比由 2018 年的 1∶1.43 优化为 1∶1.97，箱量结构更加合理。三是九江—上海“天天班”稳定运行，出台“三同”政策支持九江—上海“天天班”，九江—洋山线每周 6 班，平均航行时间 73.23 小时，同比缩短了 43.73 小时，缩短 37.4%；九江—外高桥航线每周 8 班，平均航行时间 61.5 小时，同比缩短了 86.5 小时，缩短 58.45%。2019 年集装箱码头经停集装箱船舶 5 512 航次，同比增加 871 个航次。四是区域航运中心地位逐步显现。航运市场更加繁荣，在九江港开行始发往返航班的集装箱航运公司从 3 家增加到 9 家，九江—上海的始发航班增加至每周 18 班，昌九小支线的运营船舶增加到 14 艘，显现出“公交优势”。长江中转大幅增加，九江港与上游重庆、岳阳、武汉，下游芜湖、太仓、上海港航运联系显著增强，互动更加密切，7～12 月份长江中转重箱 21 971 标箱，同比增加 50.89%。省内货源集并成效明显，九江港的经济腹地不断向省内延伸，水水联运昌九小支线完成重箱 9.55 万标箱，同比增长 28.09%，新开丰城—九江小支线；水铁联运新增九江至横岗、樟树、吉安南、新余、景德镇、萍乡、安福、赣州等班列，合计完成 4 592 标箱，同比增长 177.29%；水公联运完成 89 257 标箱，同比增长 8.49%。

九江至洋山港集装箱班轮运营情况良好，2019 年，九江至洋山港共计运营 304 班，共载货 27 998 重标箱。（1 月运营 19 班，共载货 1 638 重标箱；2 月运营 14 班，共载货 1 239 重标箱；3 月运营 21 班，共载货 1 419 重标箱；4 月运营 16 班，共载货1 086 重标箱；5 月运营 25 班，共载货 1 388 重标箱，6 月运营 29 班，共载货 2 435.5 重标箱；7 月运营 31 班，共载货 3 057 重标箱；8 月运营 31 班，共载货 3 239 重标箱；9 月运营 29 班，共载货 2 846 重标箱；10 月运营 29 班，共载货 2 541 重标箱；11 月运营 29 班，共载货 3 254 重标箱；12 月运营 31 班，共载货 3 856 重标箱）。

2019 年江西省口岸大事记

1 月 20 日

国家移民管理局领导赵昌华同志到南昌边检站昌北国际机场 T1 航站楼边检执勤现场调研指导工作。江西出入境边防检查总站党委书记、站长郑兆华陪同调研。

3 月 6 日

抚州海关开关揭牌。

4 月 3 日

龙南海关开关揭牌。

5 月 9 日

香港特区政府驻武汉办副主任、香港入境事务处首席入境事务主任程和木一行 2 人到江西出入境边防检查总站开展工作会晤，江西出入境边防检查总站党委书记、站长郑兆华出席会晤并就有关工作进行座谈交流。

5 月 16 日

萍乡海关开关揭牌。

6 月 12 日

江西省委副书记、省长易炼红一行到南昌口岸视察。

7 月 18 日

江西出入境边防检查总站隆重举行于都红色教育主题实践基地揭牌仪式，总站党委书记、站长郑兆华，于都县博物馆馆长、中央红军长征出发纪念馆馆长蓝华英等出席活动。

8 月 19 日

南昌昌北机场、赣江新区、青山湖海关揭牌开关。

10 月 14 日

公安部党委委员、副部长、国家移民管理局局长许甘露到江西出入境边防检查总站调研慰问战斗在一线的民警职工。

10 月 18 日

海关总署署长、党委书记倪岳峰到赣州调研，考察了赣州港，详细了解相关情况。

10 月 19 日

海关总署署长、党委书记倪岳峰与江西省省长易炼红在南昌签署新一轮《署省合作备忘录》，江西省委书记刘奇等共同见证。

12 月 18 日

江西省副省长、省公安厅党委书记、厅长秦义同志在省公安厅专门会见了莅临江西出入境边防检查总站开展领导班子和领导干部年度考核工作的国家移民管理局第二考核组一行。

12 月 24 日

江西省委书记刘奇等省领导到邮件监管中心、新国际货站海关作业区考察调研。江西省领导易炼红、毛伟明、殷美根、赵力平、吴晓军、吴忠琼参加。

（撰稿人：江斌、彭洁、江智浩、吴钊）

2019 年江西省口岸流量统计表

口岸类型		口岸名称	货运量（万吨）				集装箱量（万标箱）				人员（万人次）			交通工具（辆、艘、架、列次）				
			出口	进口	合计	同比（%）	出口	进口	合计	同比（%）	出境	入境	合计	同比（%）	出境	入境	合计	同比（%）
空运口岸																		
		分计																
陆路口岸	公路口岸		63. 642 4	62. 634 9	126. 277 3	0. 54	5. 51	5. 55	11. 06	0. 24								
		分计																
	铁路口岸		59. 946 6	119. 708 6	179. 655 2	0. 54	4. 43	7. 39	11. 82									
		分计																
水运口岸	海港口岸																	
		分计																
	河港口岸		143. 599 2	199. 824 2	343. 423 4	0. 11	8. 80	12. 93	21. 73	0. 05	1 842 675	1 528 734	3 371 409	0. 01	52 958	53 505	106 463	0. 01
		分计																
合计																		
同比（%）																		

（江西省口岸办提供）

2019年江西省口岸出入境主要数据表

项目			2019年	2018年	同比（%）
出入境人员（人次）	出入境人员总数		954 871	800 720	19.25
	入境人员		475 592	399 936	18.92
	出境人员		479 279	400 784	29.59
	出入境旅客		906 488	761 565	19.03
	出入境员工		48 383	39 155	23.57
	中国公民	小计	912 071	766 921	18.93
		内地居民（因公）	9 490	1 120	747.32
		内地居民（因私）	799 934	652 383	22.62
		港澳居民	16 873	19 047	-11.41
		台湾同胞	85 774	94 371	-9.11
	外籍人员		42 800	33 799	26.63
	从河港出入境人数		21	0	2100
	从陆港出入境人数				
	从空港出入境人数		954 850	800 720	19.25
交通运输工具（辆、艘、架、列次）	总计		6 164	4 620	33.42
	船舶		2	0	200
	飞机		6 162	4 620	33.38
	火车				
	机动车辆				

（江西出入境边防检查总站提供）

2019 年南昌海关主要数据统计表

项目		2019 年	2018 年	同比（%）
进出口货运量（万吨）	合计	1 172.7	1 792.2	-34.6
	进口	951.9	1 580.5	-39.8
	出口	220.8	211.7	4.3
进出口贸易总值（万美元）	合计	1 958 447.1	1 519 794.8	28.9
	进口	1 081 993.3	979 765.5	10.4
	其中：江、海运输	440 368.6	585 031.0	-24.7
	铁路运输	4 952.0	1 384.8	257.6
	汽车运输	525 726.9	298 122.6	76.3
	航空运输	110 945.7	95 227.0	16.5
	邮件运输			
	其他运输			
	出口	876 453.8	540 028.8	62.3
	其中：江、海运输	288 703.1	357 880.8	-19.3
	铁路运输	123 529.5	52 027.6	137.4
	汽车运输	386 693.8	100 056.2	286.5
	航空运输	69 240.9	30 064.4	130.3
	邮件运输	8 286.6		--
	其他运输			
税收（万元）	两税合计	906 674.1	993 585.0	-8.7
	关税入库	39 014.3	67 183.3	-41.9
	进口环节税入库	867 659.8	926 394.9	-6.3

（南昌海关提供）

2019 年九江海事局进出港船舶统计汇总表

船舶类别	进港船舶							出港船舶						
	艘数（艘）	总吨（吨位）	总载重量（吨）	载客量（客位）	船员人数（人次）	货物到达量（吨）	旅客到达量（人）	艘数（艘）	总吨（吨位）	总载重量（吨）	载客量（客位）	船员人数（人次）	货物发送量（吨）	旅客发送量（人）
总计	64 820	79 237 454	46 114 330	3 190 493	838 117	43 512 907. 08	335 647	40 973	74 052 417	58 083 324	304 670	530 130	43 989 086	62549
中国籍船舶	64 818	79 233 457	46 106 960	3 190 493	838 096	43 511 805	335 647	40 971	74 048 420	58 075 954	304 670	530 109	43 989 086	62549
其中外贸船	2	3 997	7 370	0	21	1 102. 08	0	2	3 997	7 370	0	21	0	0

（九江海事局提供）

2019 年江西省指定监管场地统计表

序号	直属海关	监管场地名称	进境口岸	类型	拟进口品种	批复时间	备注
1	南昌海关	赣州进口肉类指定监管场地	赣州公路口岸	肉类	进口冷链食品	2018 年 3 月	
2	南昌海关	九江进口肉类指定监管场地	九江水运口岸	肉类	进口冷链食品	2016 年 9 月	
3	南昌海关	九江港城西港区进口粮食指定监管场地	九江水运口岸	进境粮食	进境粮食	2015 年 5 月	A：水运散装
4	南昌海关	昌北机场进境水果指定监管场地	南昌空运口岸	进境水果	进境水果	2019 年 7 月	
5	南昌海关	昌北机场冰鲜水产品指定监管场地	南昌空运口岸	进境冰鲜水产品	进境冰鲜水产品	2019 年 8 月	
6	南昌海关	昌北机场食用水生动物指定监管场地	南昌空运口岸	进境食用水生动物	进境食用水生动物	2019 年 9 月	

（南昌海关提供）

山东省口岸分布示意图

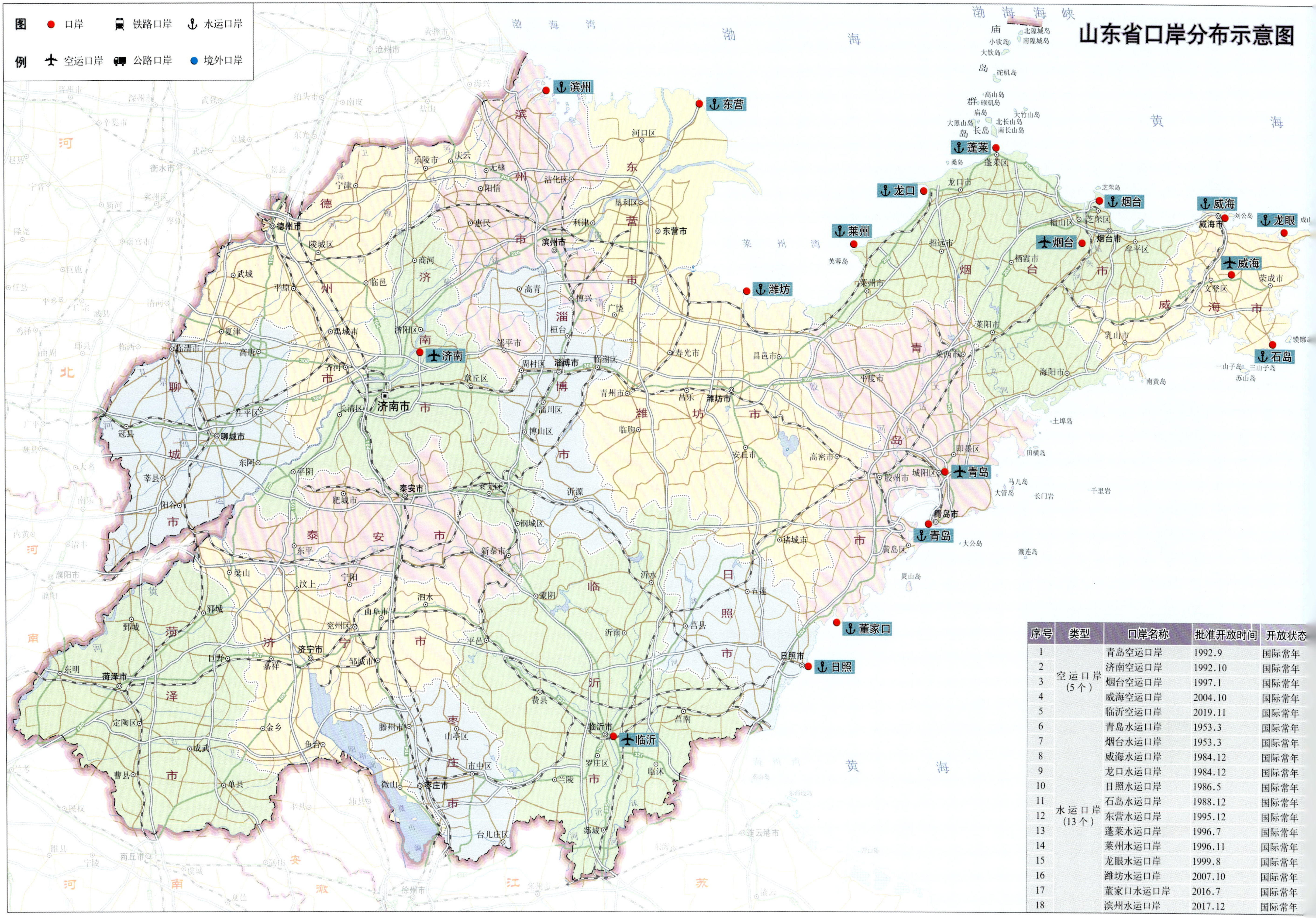

序号	类型	口岸名称	批准开放时间	开放状态
1	空运口岸（5个）	青岛空运口岸	1992.9	国际常年
2		济南空运口岸	1992.10	国际常年
3		烟台空运口岸	1997.1	国际常年
4		威海空运口岸	2004.10	国际常年
5		临沂空运口岸	2019.11	国际常年
6	水运口岸（13个）	青岛水运口岸	1953.3	国际常年
7		烟台水运口岸	1953.3	国际常年
8		威海水运口岸	1984.12	国际常年
9		龙口水运口岸	1984.12	国际常年
10		日照水运口岸	1986.5	国际常年
11		石岛水运口岸	1988.12	国际常年
12		东营水运口岸	1995.12	国际常年
13		蓬莱水运口岸	1996.7	国际常年
14		莱州水运口岸	1996.11	国际常年
15		龙眼水运口岸	1999.8	国际常年
16		潍坊水运口岸	2007.10	国际常年
17		董家口水运口岸	2016.7	国际常年
18		滨州水运口岸	2017.12	国际常年

山　东　省

口岸数量及分布

截至2019年年底，山东省共有经国务院批准的对外开放口岸18个。其中，空运口岸5个，分别是青岛空运口岸（青岛流亭国际机场）、济南空运口岸（济南遥墙国际机场）、烟台空运口岸（烟台蓬莱国际机场）、威海空运口岸（威海大水泊国际机场）、临沂空运口岸（暂未验收）；水运（海港）口岸13个，分别是青岛、烟台、日照、威海、龙口、蓬莱、莱州、石岛、龙眼、东营、潍坊、董家口（暂未验收）、滨州（暂未验收）海港口岸。

口岸运行数据

2019年，山东省水运（海港）口岸货物吞吐量161 064万吨，同比增长8.09%。外贸进出口货物88 771万吨，同比增长7.1%。国际集装箱吞吐量3 010万标准箱，同比增长8.7%。

2019年，山东全年出入境旅客999.53余万人次，同比增长16.65%。其中，出境499.67万人次，入境499.86万人次。空运口岸出入境旅客765.8万人次，同比增长14.46%；其中，青岛空运口岸451.39万人次，济南空运口岸140.72万人次，烟台空运口岸97.47万人次，威海空运口岸66.79万人次。

口岸综合管理

【空运口岸发展势头良好】 山东省空运口岸积极扩大国际货运、客运航线，加密与周边和境外地区有效衔接的航空物流网络，打造经济增长的新引擎。一是临沂机场对外开放获批。2019年11月，临沂机场连续临时开放11次后，正式获批对外开放，成为山东省第五个航空口岸。二是航线不断增加。随着山东对外开放的不断扩大，山东对外经贸往来日益频繁，至2019年年底共开通国际航线82条，通达洛杉矶、莫斯科、巴黎、旧金山、伦敦、法兰克福、悉尼等重要国际城市，有力助推了山东对外开放和经济社会发展。三是临空产业不断发展。济南、青岛、烟台、威海、临沂等市围绕机场规划建设对外贸易综合保税区，吸引电商、冷链物流、航港供应链等项目入驻，大力融合保税物流、跨境电商、融资租赁、国际贸易等产业集聚发展，各空运口岸正成为功能齐全、运作高效的对外开放新高地。

【海运口岸运能进一步释放】 认真落实国家口岸发展“十三五”规划，推动加快优化全省口岸布局，提升完善口岸功能，打造对外开放的新高地。一是海港口岸对外开放项目稳步推进。烟台港口岸扩大开放至西港区和海阳港区通过国家验收，实现正式对外开放；青岛港口岸扩大开放至女岛港区申请列入国家口岸开放2020年度审理计划；青岛董家口港口岸对外开放验收申请已上报国家口岸管理办公室；日照港岚山港区、石臼港区合并扩大开放至石臼南作业区和岚山北作业区申请验收正征求各驻鲁口岸查验机构意见；滨州港口岸对外开放验收正征求中央驻鲁口岸查验单位和相关部门意见，威海港口岸扩大开放即将上报验收请示。二是涉外作业点不断增加。2019年日照岚山港口岸4个泊位、青岛港口岸3个泊位、威海港口岸和石岛港口岸7个泊位对外启用；青岛港口岸2个泊位、烟台港口岸8个泊位、日照港口岸7个泊位对外临时启用，17个泊位对外临时启用期间共停靠国际航行船舶188艘次，外贸吞吐量1 143.5万吨；青岛董家口港和烟台港西港区、海阳港区共计37个泊位2批次临时开放，37个泊位临时开放期间共停靠外贸船舶1 931艘次，外贸吞吐量1.5亿吨。

【口岸设施水平不断提高】 一是口岸查验基础设施不断优化，经费保障到位。山东省各口岸查验基础设施完备，货检、旅检、快件、邮件等查验场所建设符合《国家口岸查验基础设施建设标准》。为满足口岸发展需要，全省各级政府和有关口岸运营企业，在港口基础设施、口岸查验配套设施、信息化智能化建设等方面投入了大量资金，确保经费保障到位。二是口岸查验机构和人员合理，运转务实高效。口岸海关、边检、出入境管理局等查验机构设置齐全，各部门积极应对出入境需求快速增长的巨大挑战和压力，充分发挥人员精简统一能效原则，切实转变政府职能，减少运行成本、提高运行效能，保障各项口岸查验任务顺利完成，服务经济社会发展。各级政府与国家驻鲁查验单位密切沟通，加强联系，解决难题。三是口岸安全机制健全有效，设施高效完备。安全设施方面，各级口岸管理部门定期组织开展安全生产检查、消防演习、突发应急事件演习，有效保障口岸安全。边检站口岸执勤现场配齐配全各类警用装备及消防、急救、网络通信安全防护设施装具，有效提升口岸突发事件处置能力。海关配有门户式辐射探测门、防爆桶、体温探测仪、无害化处理设备、监管工作犬等安全设施设备。安全机制方面，各地海关与市口岸办、市卫健委、各口岸所在区社会事务局建立口岸公共卫生体系，明确各自职责分工和运行机制，建立健全联防联控、信息通报、病例移交、定点医疗、应急协同等制度，积极开展业务交流和联合演练，保障了出入境人员健康安全、维护口岸公共卫生安全。各市公安局国保支队、出入境管理局、反恐支队、机场海关、出入境边防检查站等部门，建立完善了跨区域、跨警种、跨部门的打防控一体化格局，有效提升了口岸防范打击合力。

【口岸营商环境进一步优化】 2019年12月，北京睿库、中国报关协会和中国国际贸易学会共同发布了“中国十大集装箱海运口岸营商环境测评结果”，青岛位居全国第二位，为唯一一个5项测评指标均达到优秀的口岸。一是通关时间持续压缩。认真落实国家有关要求，对需进出口环节核验的46种监管证件，针对省级及以下办理的18种监管证件，进一步梳理优化办理流程，明确办理程序、办理时限等内容，在“单一窗口”网站上公布，接受社会监督。全面推广实施“两步申报”改革，其中烟台市作为全国首批、全省唯一的试点关区，于2019年8月26日实现全国首票空运“两步申报”货物顺利通关。公开口岸作业时限，组织制定并公开口岸经营服务企业场内转运、吊箱移位、掏箱和货方提箱等作业时限标准，推动服务企业规范、高效作业。2019年12月，山东省进出口整体通关时间分别为41.17小时、3.66小时，较2017年同期压缩59.17%、83.2%，全面完成国务院确定的通关时间比2017年压缩一半的任务。二是口岸收费稳步降低。全面公示收费清单，统一编制公布《山东省口岸进出口环节收费目录清单（政府性基金、政府定价和政府指导价部分）》，并组织全省各口岸收费企业主动规范、公开本企业收费清单，做到清单之外一律不收费。截至2019年12月31日，“单一窗口”网站共发布645家企事业单位收费信息。深入开展免除查验没有问题集装箱吊装移位仓储费用全面试点，全年共为全省外贸企业免除费用9 434万元。认真落实国家部署，货物港务费、港口设施保安费、引航（移泊）费、航行国内航线船舶拖轮费分别降低15%、20%、10%和5%。三是口岸管理规范有序。2019年7月至8月，组织开展了口岸收费排查整治工作，围绕报关、货物装卸、检验检疫处理等环节，全面排查口岸收费目录清单不规范、中介服务收费不合理等问题，依法查处涉口岸违规收费行为。2019年10月至12月，组织开展了口岸营商环境专项优化提升行动，对标全国营商环境评价“跨境贸易”指标及9个二级指标，成立省市两级工作专班，统筹推进“两步申报”改革、推广应用“提前申报”等10项重点任务，着力解决口岸通关存在的问题和短板。

【国际贸易“单一窗口”建设取得明显成效】 立足“一张网监管、一站式服务”，坚持公益属性，持续拓展功能，扩大应用覆盖，推动中国（山东）国际贸易单一窗口在信息互换、监管互认、执法互助等方面的支撑作用日益明显。截至2019年年底，全省“单一窗口”注册企业2.5万家，服务外贸企业13.8万家；货物、运输工具、舱单等主要功能应用覆盖率稳定保持在100%。在国家口岸办组织的两期全国“单一窗口”培训班上，山东做了经验交流，受到国家口岸办书面表扬。一是平台功能日益完善。新增并上线运行减免税、原产地证自助打印、出口许可证、金融服务等功能，“单一窗口”标准版应用系统达到18个，共有服务事项598项，涵盖货物申报、企业资质、许可证办理、税费支付四大类跨境贸易功能。2019年7月12日，上线金融服务功能，包含银行、保险、信保三大服务模块，仅半年就完成国际结算金额1.49亿元，为中小微企业提供纯信用授信额度1.8亿元，提供线上融资9 351万元。二是特色服务深入推进。坚持积极稳妥、平稳过渡、分批实施的原则，以企业需求为导向，优化完善口岸物流协同平台，推动青岛海运口岸在全国率先实现了进口集装箱货物提货单和设备交接单同步电子化流转，整体通关时效提升80%，每年可为企业节省成本约1.5亿元。2019年6月，同步上线了“口岸一站通”手机客户端，将口岸物流操作从PC端推向手机端，使企业可随时随地完成掌上换单、押箱、提箱、还箱、收箱等操作，进一步方便了企业通关。截至2019年年底，山东口岸物流协同平台已在青岛海运口岸全面推广，与13家船代企业、40家场站和港口企业实现了互联互通。三是运维保障更加有力。定期组织培训，2019年共在全省分片组织企业轮训40场，参训企业约2 726家、3 538人次。其中，2019年8月15日~16日，全国第二期国际贸易“单一窗口”培训班在青岛市举办。优化运维服务，为企业提供24小时热线咨询和故障解决服务，95198服务热线通话1.5万次，同时通过QQ群、微信群解决企业反馈问题12万余条，问题解决率98%。

【通关保障及重点任务落实有序高效】 一是推动省署战略合作。2019年3月15日，山东省委书记刘家义、山东省省长龚正和山东省副省长任爱荣等在京与海关总署有关负责同志签署了《山东省人民政府 海关总署合作备忘录》，内容涉及海关总署支持山东经济社会发展的8大类28条措施和山东支持海关建设发展的5大类13条措施。备忘录签署过程中，省口岸办按照省领导指示，高质量高效率完成了《山东省人民政府 海关总署战略合作备忘录》（以下简称《备忘录》）的文本修订、会商送签与组织实施工作，及时对《备忘录》内容逐条进行梳理分解，提出责任分工和落实要求；定期对《备忘录》落实情况进行调度，并积极协调解决推进中存在的问题，推动《备忘录》议定事项落地见效。二是助推省重点工作落实。积极参与《中国（山东）自由贸易试验区总体方案》《山东省优化营商环境条例》等文件起草，积极配合推进中国—上合组织地方经贸示范区、中国（山东）自贸试验区、新旧动能转换综合试验区，以及胶州临沂“一带一路”综合试验区建设，助推海洋强省战略实施，促进贸易融通，打造对外开放新高地。三是参与“外贸政策送万企”活动。围绕落实“稳外贸”要求，省口岸办与省商务厅等部门联合印发了《2019年全省稳外贸具体工作措施》，并积极参加“外贸政策送万企”活动，向外贸企业解读宣传有关跨境贸易便利化的政策措施，指导企业用好用足政策，助力全省外贸持续健康发展。四是有力保障重要外宾通关。协调有关部门，及时做好重要外宾、重要台胞和港澳同胞的入出境礼仪通关和重要物资设备的通关保障。2019年，共协调保障47个团组200余名重要外宾顺利通关，有力保障了山东国际友城合作发展大会、鲁台经贸洽谈会等重要对外经贸活动、重大外事活动的顺利成功举办。

口岸监管与服务

【山东出入境边防检查总站全面筑牢口岸管控防线】 准确把握山东地域特点和地缘风险，把防范化解重大政治风险作为首要任务，检查重点人员7.2万人次，查获违法违规人员2 571人，其中非在控重点人员5人、“三非”外国人428人、国际“红通”和危安人员等在控在逃806人。策应中央治港大局，提炼“四查工作法”，与公安、海关等部门建立协作机制，推送信息线索1 085条。以“一三五”基础要素管控为抓手，建立风险隐患评估和跟踪管控机制，排查梳理6类、15项隐患问题，制定48项管控措施，下好管控预警先手棋。

山东出入境边防检查总站加强口岸管控全面筑牢防线

【山东出入境边防检查总站深入推进“三区两队一中心”勤务标准化建设】 准确把握新时代、新机构面临的新形势、新需求，创新启动“三区两队一中心”边检勤务建设，全力打造智能巡防联管共治的口岸限定区、数据把关顺畅便捷的通关查验区、闭环规范全程可视的执法办案区、积极奋进全能复合的边检执勤队、专职专业查缉精准的核查办案队、服务实战运转高效的勤务指挥中心，着力构建勤务运行、立体管控、海港治理、业务规范、能力抓建“五大边检治理体系”。科学编制“三区两队一中心”边检勤务建设标准，按照“6+3”模式选定6个业务总量大、3个基础条件好的单位试点先行、重点抓建，分阶段建设18支专职核查办案队并实体运行，分类型设置4个省级数据研判中心，着力稳控“三区”、建强“两队”、提质“一中心”。

【山东出入境边防检查总站推进执勤规范化工作】 部署实施“五督五查五促”执法执勤监督机制，即督管控责任，查风险隐患，促安全防控；督勤务组织，查问题短板，促规范执勤；督通关保障，查瓶颈难题，促服务质效；督学习培训，查跟踪问效，促素质提升；督业务研讨，查薄弱环节，促末端落实。出台《严格边检执法执勤十条规范》，细化规范10大类25项边检勤务具体问题，常态化开展现场督查、梅沙巡查和视频倒查，共下发专项通报4期，整改各类问题23处，全力推动勤务监督从严、从细、从实运行。

【山东出入境边防检查总站创新边检管理新模式】 坚持最严要求，突出靶向管理，部署开展贯穿全年的“蓝盾”系列行动。试点应用“港口系统”，强化风险评估，实施船舶分级分类差异化监管措施。出台《关于创建“枫桥式海港警务区”的指导意见》，制定48项精准管控措施，提升港口边检机关管控能力和服务水平。主动融入“诚信山东”大局，在全国边检系统率先将诚信管理引入边检工作，对全省口岸6 500余家涉外企业、代理公司等实施分级服务、差异管理，与全省信用体系建设融合共进，管出公平、管出效率、管出活力。

【山东出入境边防检查总站积极服务对外开放大局】 着眼山东开放强省战略部署，集智服务“三区建设”，出台《优化口岸营商环境8项举措》《服务中国（山东）自由贸易试验区、中国—上合组织地方经贸合作示范区建设12项措施》，为山东对外发展战略提供“边检方案”。全力支持青岛胶东新机场转场、董家口港开放验收及滨州、临沂机场临时开放，积极服务30条新增加密航线、31个新增泊位边检任务，保障山东省外向型经济蓬勃发展。

山东出入境边防检查总站积极服务对外开放大局

【山东出入境边防检查总站深化执勤执法装备体系建设】 对照国家移民管理局标准要求，研究出台《山东边检总站边检执勤执法装备建设三年规划（2020～2022年）》。坚持“业务需求为导向、设施装备作保障”工作思路，确立了“第一年保障急需、第二年配齐配全、第三年提档升级”工作目标，全力打造实战化、制度化、规范化、现代化的执勤执法装备“四化”体系，确保装备实力转化为口岸管控服务战斗力，推动全省边检装备建设在“高精尖”引领下实现迭代发展。

【山东出入境边防检查总站做好接布控工作】 坚持“依法实施、程序规范、准确及时、有效控制”的原则，细化完善接控布控工作流程规范，严格审核接控材料，严密组织布控程序。加强与监察委、法院、公安厅、司法厅、安全厅等交控单位的协调沟通，建立问题反馈机制，提升边控数据的准确性。结合边控工作实际，建立24小时紧急布控机制，严密、稳妥处置各类突发情况。树立“大数据”理念，综合分析信息数据，及时编发重点关注人员信息，筑牢山东省口岸查控防线。

【山东海事局扎实开展船舶安全监督】 高度重视船舶安全监督工作顶层设计，全面修订《山东海事局船舶安全监督工作程序》，组织召开全局首次船舶安全监督工作会议，完善船舶安全监督工作有关标准、要求，为基层开展船舶监督工作提供切实有效指导。研究制定《关于对辖区外国籍船舶开展危防检查工作有关要求的通知》，结合港口国监督检查有关要求，对辖区外国籍船舶开展船载危险货物和防污染现场监督检查工作进行统筹部署。落实《交通运输部安全委员会关于加强交通运输领域安全生产重大风险防控的通知》要求，制定发布山东辖区《海上交通安全重大风险清单》，夯实辖区海上安全基础。组织召开山东辖区首次船检工作座谈会，与山东省交通运输厅、中国船级社青岛分社签订《船舶安全与技术管理合作协议》，确立了“建立协作有力、运转高效的船舶安全与技术管理合作机制”的合作目标，明确了“强化协作配合、提升管理效能，注重技术研究、服务行业发展，深化资源共享、实现优势互补”等三方面的合作内容，建立了“联席会议制度、联络员制度”等两项保障机制，标志着海事、交通运输、船检三方合作进入新阶段。突出重点船舶、强化业务协同，持续强化船舶安全监督职能。扎实开展长期脱管船舶专项整治行动，通过VTS、CCTV、AIS、进出港报告服务网、海事协同管理平台等信息化手段，加强业务协作，形成管理合力，严厉查处近百起船舶违法违规行为，辖区长期脱管船舶数量减少59.1%。巩固船舶进出港报告专项整治活动成果，强化船舶进出港报告制、中国籍船舶开航前自查制度执行情况监督检查，推动企业落实安全生产主体责任，累计查处船舶未按规定进行开航前自查的违法行为78起，罚款31.38万元。强化船籍港船舶质量管理，严格落实船舶黑白名单管理制度，对达到失信行为标准的18艘船舶及时按规定报批纳入“重点跟踪船舶”，严把“脱黑”审批关，对整改措施不到位的2艘船舶延长整改期限，对认识不到位、整改不彻底、以往缺陷重复发生的船舶，坚决不予批准“脱黑”，坚决杜绝全生产主体责任落实中的形式主义、侥幸心理；积极扶持安全诚信资质良好的企业和船舶，对继续保持“安全诚信公司”的3家企业和新批准的6艘“安全诚信船舶”，推行信誉管理，适当降低检查频次，减少对企业、船舶正常营运的干扰，助力优质航运企业快速安全发展。充分发挥青岛海事局“张修东劳模创新工作室”、日照海事局“英起波液货船安检工作室”的平台作用，组织开展船舶安检人员联赛式实训和全局船舶安检业务技能比武活动，努力培养船舶安全监督专家型人才和业务骨干，提升船舶安检人员业务技能。董家口海事局顺利获得交通运输部海事局港口国监督（PSC）业务授权。组织开展国内船舶救生设备专项检查活动、检修检测机构专项检查活动，严格船舶吨位丈量管理和船舶建造重要日期确认管理以及外国驻华验船公司监督，把好船舶源头安全关口。积极开展滚装客船消防安全专题研究，提交提案2份，提升参与国际事务能力。成功承办北方片船舶监督研讨会，推动区域船舶监督业务深层次多形式交流合作。

【山东海事局服务“交通强国”战略，有力助推世界一流海洋港口建设】 持续优化海事口岸营商环境，率先推行服务山东自由贸易试验区“减政便民”八项举措。自2019年9月1日起，在山东14个海港口岸全面推行“单一窗口”国际航行船舶进出口岸八项“减政便民”服务举措，实行“极简审批”便利通关新模式，提升山东口岸通关便利化水平，赢得港航企业的高度认可。聚焦国际航行船舶登记“三多”（提交材料多、审批层级多、企业跑腿多）的突出问题，率先下放审批事权、优化工作流程，推行网上无纸化审批和海事关联业务并联办理工作机制，并在沿海各地市设立受理窗口，方便各地群众就近申报，推行证书邮寄便民服务举措，实现了船舶登记业务“最多跑一次”。支持山东港口一体化改革和绿色、智慧港口建设，积极协调推进口岸对外开放验收工作，2019年临时开放37个码头泊位，对外启用14个码头泊位，烟台西港区顺利通过验收正式开放。亚洲第一个全自动化码头——青岛前湾港全自动化集装箱码头正式对外启用，世界最大的20 000标准箱以上的集装箱船舶可安全停靠，推动智慧港口建设，助力山东港口转型升级、创新发展。有效落实《服务邮轮和海上旅游休闲产业八项举措》，青岛邮轮母港自2015年5月29日建成运营至今已累计接待邮轮198艘次，累计运营航线37条。截至2019年10月底，青岛邮轮母港接待邮轮70艘次，旅客吞吐量9.3万人次，同比分别增长34.6%和30%。积极推进《服务驻青海洋科研机构八项举措》，全方位、多层次组织开展“安全知识进海洋科研机构”服务活动，提升海洋科考船舶本质安全水平，开辟“绿色通道”加快办理海洋科考船舶“非适用证明”和进出口岸查验手续，为海洋科考船舶执行国家科考中重大任务提供便利，助力海洋强国建设。目前，山东海事局登记的海洋科考船舶23艘，其中3 000吨级以上的科考船舶10艘，位居全国首位。

【青岛海关监管概况】 2019年，青岛海关不断优化通关模式。做好“两步申报”改革试点，通关放行全国首票空运“两步申报”货物，较同期关区通关时间缩短70%。扎实开展“两段准入”改革，全国首批在全关区应用新一代通关管理、查检作业系统。推进加工贸易监管改革，创新企业集团加工贸易监管模式被海关总署采纳并重点复制推广。“智慧监管”2.0版上线运行，先期机检、智能审图等重点项目关区推广取得实效。探索实施“智慧征管”，创新具有全国示范意义的属地纳税人管理模式。深化“ERP联网监管辅助系统”应用，建设后续监管“信息围栏”，已实现与30家企业的联网对接。推进查验业务标准化智能化建设，全国海关货运领域首个智能查验机器人在关区试运行。筑牢国门安全防线，打造全物流链条监控体系，整合清理监管作业场所（场地）998家，完成进度97.3%，应用安全智能锁，加大舱单监控核查力度，建立常态化机动巡查工作机制。加强行邮渠道风险防控，严格濒危物种及其制品，芬太尼类物质，涉恐、涉枪、涉毒等敏感禁限物品管控。推进“多查合一”改革，建立“77+9+1”的分行业管理机制。加强统计数据审核，上报海关总署CSD检控参数采用率连续6年居全国首位。开展为期3个月的安全生产集中整治，成立全国首个“危险货物及包装检验实操训练营”。开展“龙腾行动2019”有效遏制侵权高发态势，查办案件连续13年入选海关总署典型案例，采取知识产权保护措施1 196批次。圆满完成“海军节”等重大活动监管服务保障任务。2019年，青岛关区海关监管进出口总值22 167.9亿元，同比增长1.9%，货运量（按申报口岸）5.64亿吨，同比增长1.8%，审核报关单452.2万份，下降2.6%；税收入库1451.8亿元，增长0.8%；打击走私刑事立案190起，增长13.8%。

【青岛海关综合治税情况】 密切跟踪监测税收进度，加快公式定价商品结算，及时清转在账保证金，强化与税管局、风控局的协同配合，统筹综合治税与减税降费。对重点行业、重点商品开展税收风险专项排查，加强非贸涉税风险防控，入库税收1 451.8亿元，同比增长0.8%，其中，稽查追补税款7.15亿元，同比增长18.5%。坚决落实中央各项减税降费政策，严格清理规范涉企收费，实行经营服务性收费目录清单管理，做到"单一窗口"、门户网站、收费场所现场公示三同步，落实免除查验没有问题企业吊装移位仓储费用全面试点。加强自贸协定用惠宣介和"一对一"精准辅导，组建"FTA支援中心"，企业平均用惠率达88%，增长7%，向海关总署提报税政调研建议数增长29%，准确执行国家进口税收优惠政策，减免税款12.6亿元，关税保证保险等多元化担保创新全面落地，行邮税移动支付"青岛方案"全国推广。

【青岛海关严厉打击走私】 保持打击走私高压态势，立案侦办"洋垃圾"走私案件7起、象牙等濒危物种及其制品走私案件47起，检出环保不合格废物原料1 062吨。走私象牙案被海关总署列入打击濒危物种走私十大典型案例，走私海马干案受公安部通令嘉奖，完成12.5万吨历史遗留滞港固废清退，实现存量"清零"并建立滞港风险预警防范处置长效机制。持续推进"国门利剑2019"专项行动，严厉打击枪支毒品、农产品、非设关地偷运等走私活动，深入推进"智慧缉私"建设，打造一体化办案中心，搭建"沿海非设关地智能预警监控"平台并取得实战效果，攻坚克难推动"1209"专案顺利结案，2019年刑事立案190起，行政立案3 613起，同比分别增长13.8%、9.6%，罚没收入连续16年过亿元。

【青岛海关出入境检验检疫工作】 提高检验检疫检出能力，派出卫生检疫专业人员赴赞比亚开展境外传染病监测哨点建设，规范法定监测体检和预防接种业务管理，狠抓非洲猪瘟等重大动植物疫病疫情防控，完善进出口商品质量安全风险预警和快速反应监管体系。2019年出入境检出传染病病例180例、实施监测体检检出传染病212例，发现并处置一起10人旅行团群体性腹泻事件（副溶血弧菌、大肠杆菌O157感染），在入境船舶上捕获活鼠31只，检出输入性蜚蠊9.2万余只。截获进境有害生物5 300批次，增长112.3%，检出不合格进口食品化妆品244批次，增长398%，检出不合格进出口工业品5 099批次，同比增长20.9%，食品化妆品进出口连续20年位居全国第一。整合检测化验技术力量，重新构建关区三级实验室网络，红岛检测基地建设取得新进展，生物安全三级实验室顺利通过科技部现场审查，新获批1个国家重点实验室、1个风险验证评价实验室、2个非洲猪瘟检测初筛实验室，青岛海关技术中心顺利通过CNAS扩项评审，食品农产品检测能力持续位居系统首位。

【青岛海关服务经济社会发展】 推进"一带一路"物流供应链一体化，开展多式联运监管模式改革试点，监管国际班列及标箱数量分别增长109%、83.5%。支持跨境电商、市场采购等新业态健康发展，海运出口跨境电商清单票数和货值分别增长138%和217%。深化与韩国仁川海关务实合作，围绕落实中韩自贸协定、"四港联动"等达成多项合作成果，与釜山海关签署合作备忘录，借助海关国际合作机制共促跨境贸易便利化。持续优化口岸营商环境，深化"先放后检""先入区、后检测"、预归类预裁定等便利化措施，国际贸易"单一窗口"主要申报业务应用率达100%，建立压缩整体通关时间长效机制。制定深化"放管服"改革40条措施，整合关区行政审批窗口压减至22个，12项行政审批事项全部实现网上办理、一窗受理并保持"零超时""零差评"。"证照分离"改革全覆盖，推行D级低风险特殊物品审批下放隶属海关，清理海关证明事项84项，174项政务服务事项中155项实现"一次办好"。各隶属海关与当地政府全面签署合作备忘录，"量身定制"服务措施200余条，形成发展互促、关地双赢格局。主动融入新旧动能转换综合试验区、中国—上海合作组织地方经贸合作示范区、中国（山东）自由贸易试验区建设，深化拓展海关制度供给。制定署省合作备忘录，细化落实措施302条，出台促进上合示范区建设17条意见、服务自贸试验区建设28项措施，得到山东省委省政府主要领导批示肯定。“一区一策”落实综合保税区升级发展21条措施。制定支持青岛创建国际航运贸易金融创新中心17条措施，支持港口发展中转集拼、整车进口、保税混矿、保税油品混兑等业务，量身定制邮轮母港监管方案，实施空港旅客行李物品智能化监管，协力打造世界一流的海洋港口和区域门户枢纽空港。

2019年3月22日，济南海关、青岛海关签署《青岛海关济南海关深化新形势下全方位合作备忘录》

【济南海关口岸实际管控不断加强】 通过业务培训、岗位练兵、应急演练等，快速处置能力得到提升。19家监管作业场所、12个集中作业场地高标准完成达标建设。芬太尼类物质监管查缉专项行动成效明显，查获管制类精神药品45批、4.1万粒。查获违禁印音制品909件。济南关区进出口货运量1.5亿吨，税收入库345.4亿元，进出口总值561.0亿美元，同比分别增长12.6%、0.4%、4.1%。

【济南海关检疫防线日益严密】 口岸公共卫生核心能力持续提升，2019年共检疫查验出入境交通工具1.35万架（艘）次、出入境人员167万人，检出传染病20例，首次从进境船舶中截获携带乙脑病毒的活蝙蝠，首次截获病媒生物白纹伊蚊，实现了重大传染病疫情的零传入传出。保健中心监测体检3.1万人，检出艾滋病、肺结核等阳性病例63例。截获有害生物74种类、226种次，同比分别增长196%、133%，其中14种昆虫属全国口岸首次检出。

【济南海关检验监管成效明显】 开展进口食品“国门守护”行动，发现并销毁2批次不合格进口食品。国内外食品安全信息采用量列全国海关第2位。高风险肉类出口保持国外零通报。完善进出口商品质量安全风险预警和快速反应监管体系，与地方政府和部门签署合作备忘录19份。检出进出口危化品及包装不合格679批。检出进口医疗器械不合格43批，退运销毁3批。检出品质不合格和短重进口棉花、原油等969批，对外索赔1 091万美元。

【济南海关服务“一带一路”建设成效明显】 助推“齐鲁号”欧亚班列快速发展，全年监管欧亚班列579列，货值65.14亿元，同比分别增长6.8倍和5.4倍。签发出口货物原产地证书22.7万份，列全国海关第10位，为企业减免进口国海关关税21.8亿元。

【济南关区口岸营商环境持续优化】 压缩整体通关时间成效明显，进口、出口整体通关时间分别较2017年压缩82.7%、92.6%。坚决落实减税降费部署，向海关总署提报税则调整建议235项、降税建议500项。自4月1日起实际减征增值税57.6亿元。继续推广关税保证保险，试点以来为80家企业备案保单1 582票，担保金额256.6亿元，节约企业成本12.2亿元。开展“龙腾行动2019”，培塑出口知识产权优势企业13家，查获侵权商品1 044件，在全国双打办对山东考核中获满分。

【济南海关“放管服”改革全面落地】 取消3项行政审批事项。第一批84项取消证明事项全部清理到位。完成行政印章和行政业务印章电子化，实现行政审批事项办理的“一网通办”、全过程办理。“证照分离”所涉行政审批事项全部改革到位。国际贸易“单一窗口”主要申报业务覆盖率保持100%。建成电子口岸网上服务大厅。完成企业注销“一网通办”海关端系统建设，是山东省首家完成注销便利化的单位。

【济南海关支持自贸试验区、综合保税区建设取得较大进展】 全力推动山东自贸试验区获批，获省政府通报表扬。出台27项支持措施，涵盖83个具体任务。支持济南综合保税区通过验收，推动潍坊综合保税区规划调整获国务院批复，助力章锦综合保税区启动审批程序。《国务院关于促进综合保税区高水平开放高质量发展的若干意见》21项措施，已有11项落地。关区3家综合保税区进出口总值159.2亿元，同比增长75.5%。

2019年7月11日，济南海关副关长张艺兵出席山东外贸百强企业新闻发布会

【济南海关支持农业扩大开放见到实效】 指导济南维尔康集团顺利通过海关总署进口肉类指定监管场地验收。推出农食产品快速放行机制等措施，支持潍坊农业综合试验区建设。牵头成立全国海关“农食产品国外技贸措施交涉应对工作组”，健全技贸措施工作机制，助力辖区输韩蒜薹、输泰果蔬等突破国外技术贸易壁垒。指导11家出口企业获得俄罗斯、新加坡等注册准入资格。

【济南海关“数据+研究”作用有效发挥】 积极应对中美经贸摩擦，开展山东省产业跨境转移等课题研究，相关分析报告获省领导批示26篇次。报送统计监测预警分析信息249篇，海关总署采用42篇，省政府采用86篇。高质量完成6项关级课题。

开放口岸

【济南空运口岸（济南遥墙国际机场）】 济南遥墙国际机场位于济南市历城区遥墙镇，距市区20千米。1992年7月26日建成通航，同年10月经国务院批准对外开放。目前，济南遥墙国际机场占地480万平方米，航站楼建筑总面积11.4万平方米，可保障年旅客吞吐量1 200万人次，高峰小时4 500人次，飞机起降10万架次的需求；机坪共44万平方米，设有24个登机桥，拥有3 600米、2 600米跑道各一条，飞行等级为4E级。

2019年，济南机场运营国际地区客运航线26条，分别通往21个国际城市及我国香港、澳门、台北、花莲、高雄5个城市。运营国际货运航线2条，分别通往比利时列日、日本大阪。目前，济南空运口岸具备进境水果、冰鲜水产品、食用水生动物、药品等指定口岸功能。

【青岛空运口岸（青岛流亭国际机场）】 青岛流亭国际机场位于青岛市城阳区，离市中心约23千米。建于1958年7月，1992年9月4日经国务院批准对外开放。飞行等级为4E级，拥有3 400米跑道一条，客机停机坪44万平方米，停机位41个；货机坪3.20万平方米，停机位4个；登机桥14部。机场候机楼分国内、国际两个航站楼，左右对称，总建筑面积17.10万平方米。飞行区总面积为238万平方米，其中货机坪面积为7万平方米。停机位74个，其中客机位67个、货机位7个。

青岛空运口岸具有进境种苗、食用水生动物、冰鲜水产品和进境水果四种特殊商品进境口岸资质，在持续进口美国车厘子、龙虾等生鲜货物的基础上，新增加拿大生蚝、海胆、牡丹虾、泰国鲜榴梿、马来西亚冷冻榴梿及印尼山竹的空运进口业务。

青岛胶东国际机场为新机场建设项目，位于青岛市所辖胶州市，距市中心约39千米，航站楼为单体五指廊构型，达到国际最高绿色三星标准。采取国际最先进信息化系统，实现高铁、地铁零换乘。运行保障等级4F，一期以2025年为目标年，规划建设2条独立运行的平行远距跑道，可起降当前最大空客380、波音747机型，机位总数178个，航站楼面积47.8万平方米，实现40条国际航线，5 000万旅客吞吐量，50万吨货邮吞吐量。胶东国际机场工程于2015年11月底开工建设，目前，航站楼民航专业第一批次竣工预验收顺利通过，进出港主流程具备演练条件；GTC、高地铁代建竣工预验收已通过；信息中心、能源中心交付使用。飞行区、货运区完成竣工验收。配套区收尾验收工作全面推进。

【烟台空运口岸（烟台蓬莱国际机场）】 烟台蓬莱国际机场位于烟台蓬莱市潮水镇境内，地理坐标为北纬37°39′38.06″、东经121°00′04.83″。

烟台空运口岸为面向日韩及东北亚的前沿城市口岸，距烟台市中心约43千米，距威海市中心约110千米，距青岛市中心约240千米，距潍坊市中心约250千米，荣乌高速直达候机楼，国道206、省道302线通过机场连接线与机场相通，同时，与烟大铁路轮渡、龙烟铁路、烟台港西港区和沈海、威乌高速相互依托，构成海、陆、空交通枢纽。机场覆盖烟台全市范围，兼顾威海，最大辐射范围至青岛北部、潍坊东部，与青岛流亭国际机场遥相呼应，并与济南遥墙国际机场、青岛流亭国际机场一起，成为山东省民用航空三大干线机场。

2019年，烟台航空口岸共运行16条国际（地区）正班或包机客运航线，其中，新开烟台至韩国清州客运航线、烟台至缅甸曼德勒2条客运航线；运行至韩国首尔、日本东京2条国际货运航线，其中，新开烟台至日本东京1条货运航线。

2019年，烟台蓬莱国际机场共起降国际8 910架次，同比上升13.6%。出入境旅客92.42万人次，同比增长17.9%，其中出境旅客46.51万人次，同比增长16.1%；入境旅客45.91万人次，同比增长19.7%。出入境货物1.88万吨，其中出境货物0.8万吨，入境货物1.08万吨。出口货物中，电子元器件占比32%，电商货物占19%，快件占16%，服装占24%，其他机械产品、日用品等普货占9%；进口货物中，电子元器件占比16%，服装占59%，快件占8%，电商货物占13%，其他占4%。

【威海空运口岸（威海大水泊国际机场）】 威海大水泊国际机场位于文登区大水泊镇，地处威海市域中心地带，距威海市区45千米，距文登区、荣成市均为19千米。威海机场原为军用机场，1992年经批准为军民合用机场，1996年1月正式投入运营。2004年9月经国务院批准为对外开放口岸。2005年3月，威海国际机场开通至韩国首尔、釜山国际航线。2011年建设的12 000平方米新国际候机楼投入使用。2013年12月，实现对台直航。2017年，威海国际机场成为山东省内第4个旅客吞吐量超过200万的机场。2019年4月，新开通威海至韩国大邱、清州2条航线。截至2019年年底，威海国际机场开通国际及港澳台航线5条，每周共47班。其中，威海至首尔每周35班，威海至清州每周3班，威海至大邱每周4班，威海至仁川货运包机航线每周4班，威海至台北每周1班。2019年运送出入境旅客63.1万人次，同比增长8.4%。

威海空运口岸（威海大水泊国际机场）

【青岛水运（海港）口岸】 青岛港位于山东半岛南岸的胶州湾内，始建于1892年。青岛港是太平洋西海岸重要的国际贸易口岸和海上运输枢纽，是沿黄流域及其腹地外贸物资、能源和原材料运输的重要口岸，是我国重要的大宗原材料进口港、集装箱运输干线港和山东半岛及其腹地重要的物流中心，主要从事集装箱、原油、铁矿石、煤炭、粮食等各类进出口货物的装卸、储存、中转、分拨等物流服务和国际客运服务，具有冰鲜水产品、粮食、肉类、水果、种苗、食用水生动物等6种特殊商品进境口岸资质。

青岛海港口岸由大港港区、前湾港区、黄岛油港区等组成。青岛大港港区以一般散杂货物和内贸集装箱为主，兼顾少量液体化工品和成品油运输；开通有青岛至韩国仁川的客货班轮航线；加快建设邮轮母港，建成运营可停靠世界最大的22.5万吨级邮轮专用码头。黄岛油港区以接卸外贸进口原油和成品油、液体化工品为主，是我国大陆沿海最大的油品运输、中转、储存基地。前湾港区以国际集装箱干线和铁矿石、煤炭等大宗散货中转运输为主，拥有可停靠2.4万标准箱船舶的最大集装箱码头和20万吨级矿石码头、10万吨级的煤炭码头等专业化大型码头，是青岛海港口岸目前现代化程度最高、规模最大的生产性港区，承担了青岛港50%以上的吞吐量。青岛海港口岸开放范围内建成运营泊位86个，其中，大港港区29个泊位、前湾港区44个泊位、黄岛油港区13个泊位，与世界上180多个国家和地区的700多个港口有贸易往来。青岛港现有集装箱航线175条，世界前20大集装箱班轮公司都在青岛港开辟了航线，国际直达航线145条，每月来往世界各地航班达到700多班，航线和航班密度均位居中国北方港口第一。2019年，青岛港成功跻身全球港口集装箱2 000万梯队，实现历史性跨越。

董家口港区为正在开发建设的新港区，承载着青岛港转型升级，向“第四代”港口跨越的历史重任，以大宗散货、液体化工品及杂货运输为主，逐步发展港口现代物流及港口物流与临港产业的联动。港区位于青岛市黄岛区泊里镇，深水岸线及港口资源丰富，规划面积72平方千米，码头岸线长约35.7千米，共规划建设112个泊位，其中，琅琊台湾作业区和董家口嘴作业区规划建设79个泊位，全部建成后港口设计通过能力为3.6亿吨/年。目前，董家口港已建成泊位26个，设计通过能力达1.2亿吨/年，其中18个泊位取得外贸作业资质，全年靠泊外贸船舶1 241艘次，货物运量9 286万吨。随着港口设施的逐步完善和腹地运输需求的增长，董家口港将逐步拓展服务范围，全面发展港口综合物流、专项物流、商贸、信息、综合服务等功能，成为青岛港南翼新的大型综合性港区和大宗干散货运输基地。

2019年青岛水运（海港）口岸运输货种统计表

类别	港口吞吐量（万吨）	外贸运量			
		外贸运输总量（万吨）	同比（%）	进口（万吨）	出口（万吨）
合计	57 735.9	41 992.5	7.5	29 698.8	12 293.7
煤炭	2 303.1	566.1	-32.6	357.4	208.8
原油	10 308.1	8 828.4	1.0	8 621.8	206.6
成品油	818.0	429.6	-0.8	157.0	272.6
铁矿石	13 258.5	9 324.0	4.1	9 094.1	229.9
钢铁	570.8	150.2	-7.0	32.2	118.0
水泥	109.7	50.7	360.9	50.7	0.0
木材	149.9	146.6	14.0	146.6	0.0
非金属矿	18.3	10.4	760.4	8.8	1.6
化肥	108.3	107.5	44.3	78.5	29.0

续表

类别	港口吞吐量（万吨）	外贸运量			
		外贸运输总量（万吨）	同比（%）	进口（万吨）	出口（万吨）
粮食	670.5	644.3	8.0	636.3	8.0
食盐	51.7	51.7	8.8	51.7	0.0
其他	29 369.0	21 682.9	13.8	10 463.5	11 219.3

（青岛市口岸办提供）

【烟台水运（海港）口岸】 烟台港位于渤海湾南岸，扼渤海湾入海口，靠近航运主航道，面向日韩及东南亚地区，背靠京津鲁豫广阔的经济腹地，居于连接环渤海经济区的最佳中转港位置，拥有陆海双向、辐射内外的广阔发展空间。烟台港芝罘湾港区开放水域为自平畅河37°45′00″N、121°00′00″E向东至37°41′55.6″N、121°38′45″E，再以此点向南至养马岛东北端连线以内水域，开放岸线范围为自平畅河至养马岛东北端两点间之岸线。

截至2019年年底，烟台海港口岸共有正式开放泊位78个，累计临时开放泊位44个，分布在芝罘湾港区、西港区、海阳港区、大宇造船海洋（山东）有限公司码头。

2019年西港区临时开放泊位进出口货物6 283.3万吨，其中进口5 621.7万吨，同比增长14.6%，出口661.6万吨，同比增长36.2%。2019年，大宇造船厂外贸货物吞吐量51.6万吨，其中进口26.2万吨、出口25.4万吨。主要进出口货种有铝矾土、油品、矿石、化肥、煤炭等。

2019年，烟台港进口铝矾土5 786万吨，同比增长9.2%。其中，几内亚博凯内港两个港区全部投产，进口3 723万吨。烟台港已经连续7年据全国铝矾土进口第一港，山东省市场占有率持续稳定在70%以上，其中魏桥市场占有率达84.2%。烟台港成为全国第一个走出国门建设经营海外码头的港口。

2019年，烟台港原油进口量1 745.6万吨，同比增长25.2%；矿石进口量1 622万吨，同比增长16.3%；化肥进口量367.9，同比增长26.5%；煤炭进口量241.8万吨，同比增长198.3%；外贸商品车发运14.3万辆，同比增长22.4%。

烟台保税港区于2009年9月7日经国务院批复设立，是全国第13家、全省第2家保税港区，规划控制面积6.21平方千米，分为两个区块：东区位于烟台港芝罘湾港区，面积3.95平方千米；西区位于烟台经济技术开发区，面积2.26平方千米。目前保税港区东区依托烟台港，培育形成了汽车和手机部件加工、仓储物流及跨境电商、外贸综合服务等产业；西区依托富士康工业园，培育形成了电子加工产业链和保税物流业态。全区外贸进出口总额在全省11个海关特殊监管区中一直名列前茅，2019年外贸进出口总额714.1亿元，为省市加快新旧动能转换和开放型经济发展发挥了应有的带动辐射作用。全区正加快从传统加工贸易向新兴服务贸易转换升级，初步形成融资租赁、国际商品展示、跨境电商、外贸综合服务等四大特色产业功能平台。近年来，保税港区与烟台港“区港联动”效应日益凸显，在保税港区政策带动下，港口外贸吞吐量逐年增长，综合竞争力不断提升。

【威海水运（海港）口岸】 威海水运（海港）口岸位于山东半岛东端，北临黄海，东与朝鲜半岛、日本列岛隔海相望，水路距大连港93海里、青岛港200海里、韩国仁川港136海里。港深域阔、不淤不冻，地理和自然条件十分优越。1985年4月1日，经批准威海港正式对外开放。1990年9月16日开通全国第一条对韩客货班轮航线。2010年12月21日在全国率先试点中韩陆海联运汽车运输项目，开启了“门对门”货物直通的物流运输模式。2013年6月27日，威海港整体业务搬迁到南港区（威海湾港区），于2015

年10月27日正式通过省政府对外启用验收。2013年7月，威海海港口岸三进船业码头作业区通过省政府对外启用验收。2016年10月，威海海港口岸张家埠港区通过省政府验收正式对外启用。截至2019年年底，威海海港口岸共有11条国际班轮航线，每周19班，与80多个国家和地区的港口建立了贸易往来，基本形成了直达东北亚区域、辐射世界各地的航运体系；共有对外启用泊位33个，其中万吨级以上泊位24个，码头功能齐全，集疏运体系完善。

威海水运（海港）口岸

【龙口水运（海港）口岸】 龙口港始建于1914年，地处渤海南岸、胶东半岛西北部，与辽东半岛隔海相望（地理坐标为东经120°19′14″、北纬37°39′11″），是距离黄河三角洲最近的15万吨级以上船舶出海口、烟台市和烟台港集团规划建设的三大核心港区和两个亿吨港区之一、首批对台开放直航港口、国内首家拥有原油仓储资质的港口企业、国家规划建设的北煤外运装船港。1984年12月被批准为对外开放口岸。目前龙口海港口岸辖龙口港集团有限公司、龙口胜利码头、龙口渔港码头和龙口南山屺母岛港发展有限公司，主要进出口业务在龙口港集团有限公司。龙口港集团有限公司现有资产总额117亿元，员工4 000余人，码头岸线15 000余米，占地面积6平方千米，生产泊位30个，其中15万吨级1个、10万吨级7个、5万吨级4个、万吨级7个，核定通过能力6 000万吨以上，主航道等级10万吨，水深16米，底宽300米。港区库场面积330万平方米，液化品仓储能力206万立方米，粮食罐存储能力26万吨。龙口胜利码头6个生产泊位，主要业务为1号、2号船舶维修泊位。龙口渔港码头有12个生产泊位（监管条件尚未达到要求，暂无外贸业务）。龙口南山屺母岛港发展有限公司有1个15万级通用泊位。

龙口海港口岸拥有70多条国内外航线，与世界50多个国家和地区的港口有贸易往来，龙口港现有集装箱航线13条，其中，环渤海航线8条，龙口海港口岸已经成为山东半岛至渤海湾港口之间航线最密集、服务最完善的口岸。具体航线情况见下表。

龙口水运（海港）口岸航线情况

航线名称	挂港顺序
环渤海大连支线	龙口—大连内外贸同船。 外贸：通过大连中转世界各地。 内贸： 大连集发箱—接大连及大连中转丹东、营口、锦州、秦皇岛、曹妃甸，辐射东北区域。 中谷箱—大连中转江浙、长江内河、福建、广东及广西各港。 中远海箱大连中转江浙、福建、广东及广西各港。
中创青岛支线	龙口—烟台—青岛内外贸同船。 外贸：在青岛中转世界各地。 内贸： 安通箱通过青岛中转福建、广东、广西、海南各港。 中远海箱通过烟台中转福建、广东、广西各港。 中谷箱通过青岛中转福建、广东、广西、海南各港。

续表

航线名称	挂港顺序
合德京唐线	龙口—京唐港内贸中转锦州、盘锦两港辐射东北区域以及江浙、福建、广东各港口。
港通锦州线	宁波—葫芦岛—龙口—宁波，可中转福建各港。
安通青岛支线	龙口—青岛内贸中转福建、广东、广西、海南各港口。
中谷青岛支线	龙口—青岛内贸中转福建、广东、广西、海南各港口。
信风营口线	龙口—潍坊—锦州—营口循环。
龙口寿光支线	龙口—寿光。

港口主要经营铝矾土、煤炭、液体化工、客滚、铁矿石、粮食、木材及木片、集装箱等业务。拥有“大包水泥效率”“中非杂货班轮”“木材全程物流服务”“港口现代物流融资支持平台”“环渤海黄金水道集装箱运输服务”5个山东省级服务名牌。2019年龙口海港口岸吞吐量8 994.50万吨，同比下降2.54%，其中外贸吞吐量4 321.50万吨，同比增长13.50%；集装箱78万标箱，同比增长4.00%；出入境船员29 565人次，同比增长5.1%；出入境船舶1 598艘次，同比增长6.7%。各主要进出口货种吞吐量情况详见下表。

龙口水运（海港）口岸各主要进出口货种吞吐量情况

货种名称	吞吐量情况（万吨/TEU）
铝矾土	3 697.8
液体化工	915.8
煤炭	1 613.3
粮食	319.6
铁矿	88.6
木材（木片）	260.0
化肥	106.8
其他	1 992.6
集装箱	780 166

（龙口市口岸办提供）

【日照水运（海港）口岸】 改革开放后，国家批准日照设立了石臼港和岚山港两个对外开放口岸。其中，石臼港口岸于1986年5月对外开放，岚山港口岸于1989年9月对外开放。2016年12月国务院批复同意将石臼港和岚山港口岸合并为日照港口岸，并扩大开放石臼南作业区和岚山北作业区，共25个泊位、1.54万米岸线。日照港口岸位于山东半岛东南侧，是国家重要的能源和原材料运输口岸、煤炭装船港和沿海集装箱运输支线港，主要从事铁矿石、煤炭、原油、粮食、集装箱等各类进出口货物的装卸、储存、中转、分拨等物流服务，是国家重点发展的沿海主要港口。截至2019年年底，日照海港口岸共有生产性泊位74个，总设计年通过能力2.56亿吨，其中开放泊位64个，已与世界100多个国家和地区通航。

石臼港口岸位于我国海岸线中部，东临黄海，北与青岛港、南与连云港港比邻，隔海与日本、韩国相望。1982 年正式开工建设，1986 年实现一类开放，是我国重点发展的沿海 20 个主枢纽港之一。包括东港区、北港区、西港区，至 2019 年年底已开放煤炭、通用、矿石、散杂、油品、木片、集装箱等泊位 38 个，开通日照至韩国平泽客箱班轮航线等 36 条内外贸集装箱航线。

岚山港口岸位于黄海海州湾北岸，是 1977 年作为山东省“七五”重点建设项目而兴建的地方港口，1989 年实现一类对外开放。包括南作业区、中作业区、北作业区，至 2019 年年底已开放油品、液化、通用、散杂等泊位 26 个。

2019 年，日照全市港口货物吞吐量 4.64 亿吨，同比增长 6.0%，其中外贸货物吞吐量 3.03 亿吨，同比增长 2.76%。集装箱吞吐量 450.12 万标箱，同比增长 12.1%，其中，外贸集装箱 33.13 万标准箱，同比增长 101.26 %。金属矿石、原油及制品、煤炭、木材、粮食等 6 个货种吞吐量超过千万吨，其中，进口原油及制品 6 708.13 万吨，同比略有下降，约占去年全国原油进口总量的 14.5%。全年进出口外贸船舶 7 313 万艘次，同比增长 4.1%；海铁联运箱量 10 022 标准箱，同比增长 95.7%；进出境旅客 107 393 人次，同比增长 3.56%。货物进出口总值1 052.56 亿元，同比增长 17.5%，其中货物出口 406.63 亿元，同比增长 0.1%；进口 645.92 亿元，同比增长 32%。

【石岛水运（海港）口岸】 石岛港位于山东半岛的最东端，与日本、韩国隔海相望，1988 年 12 月经国务院批准正式对外开放，2001 年 8 月石岛新港正式对外启用，2014 年 1 月石岛港口岸扩大开放至好当家和俚岛港区获国务院批复，2016 年 10 月正式对外启用。下辖石岛新港、蜊江港、朱口港、好当家码头、三星码头、伽耶码头、荣喜码头、远通码头、和兴码头 9 个作业港口、码头。2019 年 9 月，石岛新港三期 12 号（5 万吨级）、13 号、14 号、15 号（1 万吨级）散杂货泊位通过验收正式对外启用，新增通过能力 278 万吨。石岛新港码头沿线总长 5 480 米，对外启用泊位 24 个，万吨级以上泊位 14 个，年货物吞吐量 1 000 多万吨。石岛新港有 20 万平方米的集装箱堆场和散货场、3 000 平方米进出口货物海关监管仓库、3 000 平方米的国际候船厅、1 400 平方米的跨境电商海关监管场所。下设国际物流、船舶代理、报关、外轮理货、货物装卸运输等专业化服务部门。主要从事货物装卸储运、旅客运输服务、港机设备租赁、港口拖轮经营、船舶港口服务等业务。石岛新港开通石岛至韩国仁川港、群山港 2 条客货班轮航线，至日本关东、关西及青岛等 4 条全集装箱航线。2016 年 10 月石岛至仁川线“华东明珠 8 号”（1 500 客位）豪华客货班轮正式投入运营，2018 年 4 月石岛至群山线增班“新石岛明珠号”（1 200 客位）客货班轮入线，2019 年 6 月“群山明珠号”（1 200 客位）替代“石岛号”客货班轮进线实行双向对开运营，至此石岛新港 3 年内实现了 3 条客货班轮的更新换代。旅检通关现场实行 4 条自助通道放行，单名旅客自动化通关时间在 15 秒内。石岛港水运（海港）口岸进出口货物以集装箱、煤炭、钢铁、非金属矿和散杂货为主，2019 年石岛港口岸出入境船舶 3 119 艘次，同比增长 6.7%；外贸货运量 120.7 万吨，同比增长 28.2%；进出口集装箱 16.4 万标箱，同比增长 5.5%；出入境人员 63.9 万人次，同比增长 31.8%。石岛港水运（海港）口岸下辖的鑫弘重工、远通船厂、和兴船业、华东船厂等涉外作业点，以进靠承修船舶为主，2019 年共承修各类船舶 904 艘次、1 872.1 万载重吨，其中承修国际航行船舶 624 艘次、1 520.7 万载重吨。

石岛新港远景图

2011年11月启用石岛港中韩陆海联运汽车货物运输通道，实现了快速直达运输。2014年12月石岛港获批进口冰鲜水产品检验检疫口岸，2015年8月石岛港进境食用水生动物指定口岸通过验收对外启用，2016年9月石岛新港进口肉类指定口岸通过验收，2017年1月首单27吨巴西冷冻去骨肉在石岛新港通关，2016年10月石岛新港通过评估验收获批进境澳牛屠宰口岸，2017年2月和11月共进口2批次、3 142头屠宰用澳牛。2015年10月荣成市中韩海运跨境电商工作方案正式获青岛海关批复，11月对韩海运跨境电子商务出口第一单商品在石岛新港荣成海关跨境电商监管中心顺利通关。2016年1月1日，率先推行查验配套服务费改革试点政策，4月6日起全面执行山东省出台对进出口环节海关查验没有问题的外贸企业免除吊装移位仓储费用政策，2019年荣成海关共查验没有问题集装箱20英尺656个（含机检14个）、40英尺2 503个（含机检29个），为诚信外贸企业免除费用286.2万元。普及推广国际贸易“单一窗口”标准版，2019年货物、舱单、运输工具等主要业务指标应用率达到100%。2018年9月，石岛新港获青岛海关批准筹建海运快件监管场所，2019年5月海关总署批准增设关区代码。加大口岸收费清理力度，推行口岸目录收费清单公示制度，石岛港口岸全链条收费服务企业在国际贸易“单一窗口”平台、网站等进行公示公开。好当家港区由4个作业码头组成，开放岸线长1.13万米，由六段不相连的岸线组成，对外启用26个泊位。其中，好当家老港岸线长1 800米，启用开放泊位8个，新港岸线长1 100米，在建泊位3个；荣喜码头岸线长4 600米，共5个泊位、2个船台，启用泊位2个；远通码头岸线长1700米，启用泊位6个；和兴码头岸线长1 400米，启用泊位7个、船台3个。俚岛港区由三星码头和伽耶码头组成，开放岸线长7 200米，启用泊位6个。

石岛水运（海港）口岸运营航线

分类	航线名称	开通时间	航班情况
客货	石岛—仁川	2002年7月	每周三班（星期二、星期四、星期日）
	石岛—群山	2008年4月	每周三班（星期一、星期三、星期六）
		2018年4月	每周三班（星期二、星期四、星期日）
集装箱	石岛—关西	2005年9月	每周一班（星期日）
	石岛—关东	2005年10月	每周一班（星期一）
	石岛—东京	2016年10月	每周一班（星期五）
外贸内支	石岛—青岛	2005年3月	每周三班（星期三、星期五、星期日）

（荣成市口岸办提供）

【东营水运（海港）口岸】 东营港始建于1984年，位于山东省东营市北部。1995年12月国务院批准东营港为开放口岸，1997年12月正式对外开放。目前，东营港有已建成泊位56个，其中，26个泊位实现了对外开放。2019年，东营港进出外轮900艘次、货物537.3万吨，其中进口原油347.4万吨。东营港是环渤海地区以石油化工货物运输为主，兼顾散杂货、客货滚装、集装箱运输的区域特色港。

东营市推进通关改革措施，全力压缩整体通关时间。2019年，进口整体通关时间为25.3小时，出口为2.4小时，比2017年分别压减了92.9%和89.6%，完成了市政府下达的年度压缩10%的任务，提前完成了省政府下达的到2021

年压缩50%的任务。

【蓬莱水运（海港）口岸】 蓬莱港口岸包括蓬莱新港区和栾家口港区两部分，分别于1996年7月、2003年6月经国务院批准对外正式开放。截至2019年年底，蓬莱海港口岸进出口货运量392万吨，同比增长48%；出入境人员（船员）7 008人次，同比增长36%；出入境船舶380艘次，同比增长33%。提供查验办公用房8 000平方米，用于货物监管、船舶办检、证件办理等。拥有监管区出入卡口通道9条、封闭式查验场房1 400平方米、平台式查验场地1 200平方米、扣留货物仓库2 400平方米、执勤岗亭18平方米、视频监控室100平方米、视频监控探头280个、熏蒸处理库60平方米。

截至2019年年底，蓬莱海港口岸正式对外开放泊位共计25个。蓬莱新港区1号、2号、3号、5号、6号、7号、8号泊位；栾家口港区1号、2号、3号、4号、5号、6号、7号、8号、9号、13号、14号泊位以及2万吨原油码头泊位；巨涛海洋重工专用码头1号、2号、3号泊位；京鲁船业舾装码头工程3号、6号、7号泊位。

蓬莱东港全称为烟台港集团蓬莱港有限公司，位于山东半岛最北端，黄渤海交界处，终年不冻不淤、浪小涌缓，拥有天然的深水航道，是中国少有的天然良港，是烟台港四大港区之一。1992年3月开工建设，1995年12月28日竣工投入使用，1996年7月被国家批准为开放港口，1997年12月28日批准正式对外开放。港池航道水深为11.8米，能满足5万吨以下船舶进出港。港口拥有码头岸线1 445米、库场面积55万平方米、港口机械设备20余台（辆）。年设计吞吐能力410万吨。港口主要业务以客滚运输和散杂货运输为主。散杂货运输主要以煤炭、木材、水泥为主要货源，港口煤炭运输和木材运输市场已逐步形成特色装卸业务。港口主要业务范围：港口货物装卸、驳运、仓储经营，客货滚装运输代理，内外理货及外轮代理，港口机械、设施、设备租赁、维修经营，拖轮经营，引航，港口服务业务经营，集装箱场站等。

栾家口港全称为山东蔚阳栾家口港务股份有限公司，1998年5月经山东省政府批准，由五家法人企业共同发起设立的股份制企业，是山东省首家发起式股份制企业。前身是山东蔚阳栾家口货主专用码头，始建于1994年。主要从事港口装卸、仓储、船舶代理、维修等，并取得“水路运输服务许可证”“危险货物作业许可证”。2000年12月，山东省人民政府批准同意栾家口港口岸水域对外开放；2001年3月，国家交通部批准实行对外开放。2003年2月28日批准正式对外开放。

【莱州水运（海港）口岸】 位于山东省烟台市莱州市三山岛街道，地理坐标北纬37°24′7″，东经119°56′8″，处于山东半岛、鲁东与鲁中、黄河三角洲结合部和陆路交通中段位置，依托由荣乌高速、G206和德龙烟铁路大莱龙段、莱昌输油管道构成陆向集疏运体系，成为鲁中、“黄区”、鲁西北地区大宗物资进出口综合物流效率最高、成本最低的10万~15万吨级深水出海通道，主要是为山东省潍坊市、淄博市、东营市、滨州市、济南市、聊城市、德州市及莱州市相关工业企业服务，也因此获得国务院和交通运输部、山东省政府的高度重视——在“黄区”战略中，莱州与东营、滨州、潍坊等三个地级市对等规划，构成“四点（港口）、四（临港经济）区”格局。

莱州海港口岸现有仓储项目11个，其中原油、燃料油库区4座，总储能149万立方米，成品油、化工品库区7座，储能33万立方米，仓库面积1.8万平方米，粮食中转库储能6.4万吨，散杂货堆场面积46万平方米，储能240万吨。共有开放泊位12个，主要进出口货种包括原油、成品油、液体化工品、铝矾土、原盐等。2019年，莱州港口岸进出口货物约为1 379万吨，液化品货运量为763万吨，其中原油为734万吨，占液化品货运量的96%，其他成品油和化工品占液化品货运量4%；散杂货货运量为616万吨，其中矿石类大宗散货547万吨，占散杂货货运量的89%，石英砂31万吨，占散杂货货运量5%，包件货23万吨，占散杂货货运量的4%，其他散杂货占货运量2%。出入境船舶474艘次，同比基本持平。

莱州港设有海关监管场所及海关保税仓库，场所和仓库的设立及设备设施均符合《中华人民共和国海关监管区管理暂行办法》《海关监管作业场所设置规范》《中华人民共和国海关对保税仓库及所存货物的管理规定》。口岸监管及保税区域独立封闭，隔离围网不低于 2.5 米。区域内设有高杆灯，可满足夜间视频监控条件。提供海关扣留货物的专用仓库。建立符合海关信息安全要求的机房、卡口设备和系统、动态过磅信息、货物放行信息等，且在卡口处可查询，企业与海关联动控制卡口货物放行。完善相关的管理制度，对人员、单证、设备及值守等工作均有要求并严格执行。

莱州港设有视频监控摄像机 72 个，根据联检单位的工作需求，向海关开放 52 个，向海事开放 11 个，向边检开放 20 个，视频存储时间满足要求，按规定通过专线上传。目前，各联检单位距口岸 2 千米内均设有办公地点，且口岸区域内设有 2 个边检执勤亭，为企业及船方提供安全、高效、便捷、舒心的口岸通关环境。

莱州港泊位一览表

<table>
<tr><th rowspan="2">泊位类型</th><th rowspan="2">泊位号</th><th rowspan="2">投产日期</th><th colspan="2">靠泊等级</th><th>设计通过能力</th></tr>
<tr><th>核定</th><th>调整</th><th>泊位核定</th></tr>
<tr><td rowspan="4">石油及液体化工品泊位</td><td>1 号</td><td>2012 年 10 月</td><td>1 万吨</td><td>2 万吨</td><td>202 万吨/年</td></tr>
<tr><td>2 号</td><td>2012 年 10 月</td><td>0.1 万吨</td><td rowspan="2">0.5 万吨</td><td>71.6 万吨/年</td></tr>
<tr><td>3 号</td><td>2012 年 10 月</td><td>0.1 万吨</td><td>71.6 万吨/年</td></tr>
<tr><td>4 号</td><td>2012 年 10 月</td><td>0.3 万吨</td><td>0.5 万吨</td><td>71.6 万吨/年</td></tr>
<tr><td rowspan="3">通用泊位</td><td>5 号</td><td>2005 年 1 月</td><td>0.3 万吨</td><td rowspan="2">1.5 万吨</td><td>30 万吨/年</td></tr>
<tr><td>6 号</td><td>2005 年 1 月</td><td>0.3 万吨</td><td>30 万吨/年</td></tr>
<tr><td>7 号</td><td>2008 年 7 月</td><td>1 万吨</td><td>2 万吨</td><td>47 万吨/年</td></tr>
<tr><td rowspan="3">石油及液体化工品泊位</td><td>8 号</td><td>2012 年 6 月</td><td>10 万吨</td><td>—</td><td>400 万吨/年</td></tr>
<tr><td>9 号</td><td>2006 年 12 月</td><td>5 万吨</td><td>—</td><td>150 万吨/年</td></tr>
<tr><td>10 号</td><td>2006 年 12 月</td><td>5 万吨</td><td>—</td><td>150 万吨/年</td></tr>
<tr><td rowspan="2">通用泊位</td><td>11 号</td><td>2008 年 7 月</td><td>3.5 万吨</td><td>7 万吨</td><td>74 万吨/年</td></tr>
<tr><td>12 号</td><td>2008 年 7 月</td><td>5 万吨</td><td>7 万吨</td><td>104 万吨/年</td></tr>
</table>

（烟台市口岸办提供）

【龙眼水运（海港）口岸】 龙眼港位于山东半岛最东端，北纬 37 度 25 分 02 秒，东经 122 度 38 分 24 秒，紧邻著名的海上之路——成山头，与日本、韩国隔海相望，距国际主航道仅 5 海里，1999 年 8 月经国务院批准正式对外开放，是全国第一家村办对外开放港口，也是中国距韩国最近的一个港口。龙眼港口岸对外启用泊位 10 个，其中，5 万吨级泊位 3 个、5 千吨级以上泊位 5 个、集装箱专用泊位 2 个。拥有 160 吨汽车吊一台、4 000 马力拖轮 3 条、10 万平方米货场、3 万平方米港口仓库、10 万立方成品油库，并配有大型国际货运集装箱车队、箱站、货代、船代、物流保税库、豪华的国际候船厅。龙眼港港池面积百万平方米，航道广阔，无暗礁、无浅滩，水深 30 ~ 40 米，船舶在夜间、雾天航行安全无险。2001 年 10 月开通至韩国平泽港的客货航线，是中韩两国客货航程最短、最具优势的航线。2006年建设了5万吨级和8万吨级两座干船坞。2009年投资20亿元建设龙眼港东区，新建15万吨和20万吨级两座干船坞，新建防波堤829米，新建8万吨顺岸式舾装码头314米、10万吨突堤式舾装码头482米，泊位4个，配套建设其他附属设施10万平方米，开放后可承修20万吨级以下各类型船舶，年修船能力将达到200艘次、1 000万载重吨，成为山东省最大的修船基地之一。2011年1月国务院正式批准开展口岸签证业务，同年11月开通了龙眼港中韩陆海联运汽车货物运输通道，可实现“门到门”直达运输。2014年12月获国家质检总局批准为进口冰鲜水产品检验检疫口岸，2015年4月龙眼港口岸实现首单冰鲜鱼通关。2015年8月进境食用水生动物指定口岸通过国家质检总局验收正式对外启用。2016年1月1日，率先推行查验配套服务费改革试点政策，4月6日起全面执行山东省出台对进出口环节海关查验没有问题的外贸企业免除吊装移位仓储费用政策。2019年，荣成海关共查验没有问题集装箱20英尺163个（含机检1个）、40英尺519个（含机检4个），为诚信外贸企业免除费用60.8万元。普及推广国际贸易“单一窗口”标准版，2019年货物、舱单、运输工具等主要业务指标应用率达到100%。规范口岸收费行为，推行口岸目录收费清单公示制度，龙眼港口岸全链条收费服务企业在国际贸易“单一窗口”平台、网站等进行公示公开。2019年10月，“东方明珠8号”（1 500客）客货班轮入线运营，客运能力提升一倍，在旅检通关现场增设了4条旅检自助通道，单名旅客自动化通关时间在15秒内。经过十多年运行，龙眼港已成为集修造船、国际航运、港口物流、成品油经营等多种功能一体的重要人流、物流集散地。

龙眼海港口岸进出口货物以集装箱、钢铁、粮食和散杂货为主，2019年口岸出入境船舶1 103艘次，同比增长8.2%；外贸货运量74.3万吨，同比增长15.7%；进出口集装箱3.3万标箱，同比增长15%；出入境人员8.7万人次，同比增长704%。

龙眼水运（海港）口岸运营航线

分类	航线名称	开通时间	航班情况
客货	龙眼—平泽（韩国）	2001年10月	每周三班（星期一、星期三、星期五）

【潍坊水运（海港）口岸】 潍坊港始建于1996年，位于渤海莱州湾南岸潍坊滨海经济开发区，地处环渤海经济圈黄金地带和东北亚区域经济合作的前沿，是鲁中、鲁北、鲁西物资出海陆路运距最短、最便捷的港口，2009年7月28日正式对外开放。潍坊港规划总体布局为东中西三个港区，中港区为潍坊港的主港区，依托国家级的滨海经济开发区，是以散杂货运输为主、临港工业所需原材料及产成品运输为辅的综合性港区。西港区依托省级寿光羊口经济开发区，主要为后方农业产业园及现代制造业园服务，积极开展海河联运。东港区依托省级的昌邑下营经济开发区，主要为后方滨海开发区发展建设服务。初步构成了潍坊港“一主两辅、功能互补、多点并进、统筹发展”的框架。

目前，潍坊港中港区现有泊位25个，其中开放泊位21个，码头岸线总长4 815.6米，年设计吞吐能力2 921.4万吨。同德国、加拿大、澳大利亚、韩国、日本、俄罗斯、朝鲜、中国台湾等国家和地区的20多个港口有贸易往来。2019年潍坊港外贸吞吐量完成373.73万吨，货种主要包括煤炭、铝土、燃料油、铁矿粉、原盐、陶土、矿石等30多个品种，货源涵盖化工、能源、粮食、造纸、建筑、机械加工等多个行业领域，是山东省地区性重要港口。潍坊港中港区是潍坊港的主体港区，现有生产性泊位45个（对外开放泊位21个），其中，3万吨级泊位12个、2万吨级泊位3个、1万吨级泊位3个、5 000吨级泊位11个、3 000吨级泊位7个、500吨级泊位6个、100吨级泊位3个。码头岸线7 364.6米，设计通过能力4 033.4万吨。2019年，潍坊港货物吞吐量累计4 360.21万吨，同比增长28.05%。其中，外贸货物吞吐量373.73万吨，同比增长120.93%。其中，出口86.57万吨，进口286.66万吨。集装箱吞吐量累计44.77万标准箱，其中国际集装箱30 506标准箱。出入境船舶累计724艘次，同比增长20.3%。

潍坊港集中查验中心是进出口货物通关查验、留置区域，是通关查验设施的重要组成部分，主要具备查验、检验检疫、计重、留置储存等功能，货物监管实行全封闭管理。分为3个分区、6个系统：散杂货查验堆存区、集装箱件货查验堆存区和活动区；道路、货场硬化系统，围网、防风抑尘墙系统，管理、计量系统，给水喷淋系统，电力电气系统，绿化、篮球场系统。

进境粮食指定监管场地是潍坊市综合保税区为满足粮食加工企业对进境粮食仓储及加工需求拟设立的特殊监管场地。主要具备进境粮食接卸、查验、处理等功能。目前，主要建筑工程已完成，相关设备正在调试，基本具备验收条件。

潍坊港中港区依托巨大的工业、农业、物流腹地，超前建设了各类查验设施，并留足了扩大开放的空间，潍坊水运（海港）口岸走上了健康发展的快车道。

青岛市

【口岸数量及分布】 截至2019年年底，青岛市共有经国务院批准的对外开放口岸3个，其中，空运口岸1个（青岛流亭国际机场）；水运（海港）口岸2个，分别是青岛海港口岸、董家口海港口岸。

【口岸运行及数据】 2019年，青岛港货物吞吐量5.77亿吨，比上年（下同）增长6.64%。青岛海港口岸外贸进出口货运量4.20亿吨，增长7.54%。其中，进口货运量2.97亿吨，增长7.35%；出口货运量1.23亿吨，增长7.13%。外贸运量与港口吞吐量占比72.73%。集装箱吞吐量2 101.23万标准箱，增长8.79%。其中，外贸集装箱1 499.95万标准箱，增长6.58%。青岛空港口岸货邮吞吐量25.63万吨，同比增长14.2%，其中，国内货量16.73万吨，同比增长18.5%；国际货量8.89万吨，同比增长6.7%。

2019年，青岛空运口岸飞机起降18.57万架次，同比增长2.1%。旅客总吞吐量2 555.63万人次，增长4.2%。入出境飞机2.84万架次，增长13.52%。入出境人员451.39万人次，增长14.23%，其中，入境224.44万人次，增长14.40%；出境226.95万人次，增长14.05%。客货吞吐量分别排名全国第16位和第14位。国际及地区旅客吞吐量363.8万人次，同比增长16.3%，位列全国机场第9位，较同期排名上升1位。国际进港生鲜1 926.7吨，同比增长327%。空陆联运货量达453.8吨，同比增长56.7%。

【扩大口岸开放】 青岛港全自动化集装箱码头一期于2017年5月11日起正式运营，全自动化集装箱码头二期于2019年11月28日投产运营，推出了山东港口自主研发、集成创新的氢动力自动化轨道吊、5G+自动化技术等6项全球首创科技成果，领军当今世界最先进的全自动化码头科技水平。2019年累计停靠国际集装箱船舶669艘、132.79万标准箱。董家口海港口岸对外开放验收准备工作加快推进，青岛市组织口岸、编办、发改、财政、交通，以及西海岸新区、青岛港等部门成立了协调推进小组，建立了推进机制，明确时间表、路线图，统筹推进对外开放工作。

2019年青岛流亭国际机场新开通航线42条，其中国内33条、国际及地区9条（包括青岛至芽庄、青岛至济州、青岛经泉州至曼德勒、青岛至名古屋、青岛至迪拜、青岛至巴黎、青岛至普吉、青岛至札幌和青岛至台中）。高峰小时容量31架次。

【推进口岸“大通关”建设】 青岛保税港区积极探索制度创新，推进自贸方案落地落实，实施货物分类监管业务首批试点和国际中转集拼多功能仓库试点，打造天然橡胶期货保税交割中心，推动青岛国际汽车口岸管理有限公司成功入围全市首批二手车出口试点名单并开展业务，大力推动国家对外文化贸易基地建设。

2019 年，保税港区上线运营跨境电商公共服务平台，“1210”模式单量达到 130 万单，货值约 4.7 亿元，分别较 2018 年全年增长 4.64 倍和 4.7 倍。

2019 年 8 月，西海岸综合保税区通过由青岛海关等八部门组成的联合验收组验收，2019 年 9 月，国务院批复青岛出口加工区整合优化为胶州湾综合保税区，保税港区所辖两家出口加工区全部转型升级综合保税区，实现了海关特殊监管区域发展能级的有效提升。

全面推广口岸物流协同平台，推进外贸进口货物一站式办理，在全国率先实现进口海运集装箱货物提货单和设备交接单电子化流转，办理进口提箱手续由原来 2 个工作日缩短为 0.5 个工作日，整体清关时效提升 80%。按照目前青岛港进口量测算，每年为货代及车队节省燃油费约 1 亿元，加上节省的人工、纸张及物流成本，一年可节省近 1.5 亿元费用。

2019 年山东省口岸大事记

1 月 11 日

潍坊市政府联合唐山市政府共同举办“潍唐合作优化口岸营商环境港企对接暨国际集装箱班轮航线推介会”。

2 月 1 日

山东省委副书记、省长龚正视察山东出入境边防检查总站济南出入境边防检查站执勤现场，看望、慰问一线执勤民警。

6 月 18 日

董家口海事局挂牌成立，董家口船舶交通管理中心正式运行。

8 月 22 日

山东省副省长凌文到山东海事局检查指导海上安全与搜救工作。

8 月 29 日

威海海港口岸和石岛海港口岸 7 个泊位（山东新船重工码头 3 个、石岛新港 4 个）通过对外启用验收。

9 月 23 日 ~25 日

潍坊市举办“（中国）潍坊港—(波兰）格丁尼亚港经贸合作洽谈会”，潍坊市和格丁尼亚市两地港口开通国际航线、开展港口高新技术合作，格丁尼亚港在市综合保税区设立工作机构等事项达成了合作意向。

9 月 25 日

中共中央政治局委员、国务院副总理胡春华在山东调研生猪及畜禽生产和市场供应工作情况。到济南维尔康海关进口肉类指定监管场地视察，实地查看海关进口肉类指定监管场地。济南海关关长赵儒霞介绍现场正在查验的猪肉的基本情况和海关监管作业流程，以及海关快速验放、快速检测等措施。山东省委书记刘家义，时任山东省委常委、济南市委书记王忠林等陪同调研。

10 月 11 日

青岛鲁海丰冷链物流董家口进口肉类指定监管场地顺利通过海关专家组验收。

11 月 4 日，

山东省人民政府批复同意青岛港口岸新前湾集装箱码头有限责任公司自动化集装箱 105 号、106 号泊位，中国石油集团海洋工程（青岛）有限公司海工建造基地（一期）自用码头泊位对外启用。

11 月 9 日

山东省委书记刘家义到山东出入境边防检查总站调研指导工作，代表省委省政府亲切慰问全省边检民警职工。

山东出入境边防检查总站济南出入境边防检查站执勤业务三科、日照边检站执勤业务二科被授予全国“巾帼文明岗”。

山东出入境边防检查总站青岛机场出入境边防检查站执勤三队（执勤业务一科）被命名为

“2017～2018年度全国青年文明号”。

11月14日

交通运输部党组书记杨传堂到青岛就落实《交通强国建设纲要》、谋划2020年交通运输工作开展调研。

11月18日

青岛机场口岸出入境人员数量首次突破400万人次。

12月11日

北京睿库贸易安全及便利化研究中心、中国报关协会、中国国际贸易学会发布2020《中国贸易便利化年度报告》和“中国十大集装箱海运口岸营商环境测评结果”，青岛位列中国十大海运集装箱口岸营商环境第二位。

12月28日

交通运输部发布公告，自2019年12月29日，山东烟台港口岸正式扩大对国际航行船舶开放。

（撰稿人：王增磊、赵鑫、刘欣然、刘逸忱、赵倩、杨凯、杨东炜、孙红梅、杜宏亮、焦宗轩、杨栋、李新锋、王树平）

2019年山东省口岸出入境主要数据表

项目			2019年	2018年	同比（%）
出入境人员（人次）	出入境人员总数		9 995 372	8 569 013	16.65
	入境人员		4 998 698	4 271 137	17.03
	出境人员		4 996 674	4 297 876	16.26
	出入境旅客		8 787 027	7 468 868	17.65
	出入境员工		1 208 345	1 100 145	9.84
	中国公民	小计	7 492 037	6 167 452	21.48
		内地居民（因公）	594 794	500 133	18.93
		内地居民（因私）	6 564 027	5 344 473	22.82
		港澳居民	101 242	93 327	8.48
		台湾同胞	231 974	229 519	1.07
	外籍人员		2 503 335	2 401 561	4.24
	从海港出入境人数		2 337 294	1 878 316	24.44
	从陆港出入境人数				
	从空港出入境人数		7 658 078	6 690 697	14.46
交通运输工具（辆、艘、架、列次）	总计		81 432	73 495	10.80
	船舶		30 084	28 775	4.55
	飞机		51 348	44 720	14.82
	火车				
	机动车辆				

（山东出入境边防检查总站提供）

2019年青岛海关主要数据统计表

指标	单位	2019年	
		数量	同比（%）
监管			
进出口总值（人民币）	亿元人民币	22 167.9	1.9
进口	亿元人民币	11 334.8	1.4
一般贸易	亿元人民币	7 663.0	-0.5
加工贸易	亿元人民币	1 574.1	-7.2
出口	亿元人民币	10 833.1	2.5
一般贸易	亿元人民币	7 660.3	3.0
加工贸易	亿元人民币	2 649.8	-5.5
进出口总值（美元）	亿美元	3 217.3	-2.4
进口	亿美元	1 645.4	-2.8
出口	亿美元	1 571.9	-1.8
货运量（按申报口岸）	万吨	56 364	1.8
进口	万吨	47 129	2.2
出口	万吨	9 235	0.0
货运量（按进出口岸）	万吨	75 776	3.8
进口	万吨	65 394	4.3
出口	万吨	10 382	0.9
报关单	万份	452.2	-2.6
进口	万份	96.0	-7.1
出口	万份	356.2	-1.3
集装箱量（标箱）	万个	1 232.7	7.7
进口	万个	643.2	13.7
出口	万个	589.5	1.9
进出境运输工具	艘架次	68 464	-0.2
船舶	艘次	28 290	4.7
飞机	架次	40 174	9.7
中欧班列	节	26 228	84.1
实有备案企业	个	94 735	12.2

续表1

指标	单位	2019年	
		数量	同比（%）
税收			
入库税款	亿元	1 451.8	0.8
关税	亿元	135.4	20.5
进口环节税	亿元	1 316.4	-0.9
罚没			
*罚没收入	万元	15 923.5	-11.2
海关罚没	万元	5 004.9	-51.5
缉私罚没	万元	10 918.6	43.5
关税			
进出口货物补税	亿元	5.98	11.5
审价补税（不含公式定价）	亿元	5.86	11.5
归类补税	亿元	0.11	11.2
审批减免税证明	份	4 538	13.0
审批减免税货值	亿美元	13.13	-26.8
审批减免税额	亿元	12.58	-27.6
减免关税	亿元	5.00	-33.5
减免进口环节税	亿元	7.58	-21.9
保税			
备案加工手册	份	20 554	-6.4
经批准内销征税	亿元	22.2	33.3
加工贸易经营企业数	个	3 754	-10.3
加工贸易生产企业数	个	3 652	-9.6
行邮			
进出境人员	万人次	862.0	18.0
行邮物品	万件	831.6	10.2
邮递物品	万件	700.8	32.4
印刷品和音像制品	万件	130.9	-41.9
邮政和非邮政快件	万件/票	2 585.4	108.9
邮政快件	万件	335.9	-1.4
非邮政快件	万票	2 249.5	150.8

续表2

指标	单位	2019年	
		数量	同比（%）
缉私			
刑事立案数	起	190	13.8
案值	亿元	37.7	24.3
涉税	万元	48 996.1	47.5
行政立案数	起	3 613	9.6
案值	亿元	49.3	-28.9
涉税	万元	9 481.8	-55.3
进口重点商品			
汽车数量	辆	1 954	-64.5
金额	亿元	10.2	-60.0
新兴贸易业态			
跨境电子商务进出口	亿元	30.5	12.1
其中：　跨境电子商务出口	亿元	26.3	46.2
跨境电子商务进口	亿元	4.2	-54.7
市场采购出口	亿元	186.2	153.6

（青岛海关提供）

2019 年山东海事局进出港船舶统计汇总表

船舶类别	进港船舶							出港船舶						
	艘数（艘）	总吨（吨位）	总载重量（吨）	载客量（客位）	船员人数（人次）	货物到达量（吨）	旅客到达量（人）	艘数（艘）	总吨（吨位）	总载重量（吨）	载客量（客位）	船员人数（人次）	货物发送量（吨）	旅客发送量（人）
总计	457 084	1 672 784 424	2 078 295 448	29 982 984	3 839 220	937 094 013	15 500 462	438 359	1 613 551 637	2 028 424 993	28 677 463	3 685 516	432 668 022	14 690 390
中国籍船舶	436 480	748 218 680	740 654 130	28 859 364	3 342 156	292 285 118	15 063 376	417 935	699 584 939	707 115 486	27 551 455	3 200 478	323 699 088	14 247 182
其中外贸船	22 297	21 919 585	28 149 200	4 245 197	133 425	19 294 535	1 894 729	22 109	11 724 347	11 258 286	2 991 118	124 825	1 411 995	1 931 322

（山东海事局提供）

2019 年山东省指定监管场地统计表

序号	直属海关	监管场地名称	进境口岸	类型	拟进口品种	批复时间	备注
1	即墨海关	青岛港东方鼎信进境水果制定监管场地	青岛港口岸	海运	进境水果	传统口岸	
2	黄岛海关	青岛港怡之航冷链物流有限公司	青岛港口岸	海运	进境水果	传统口岸	
3	流亭机场海关	青岛流亭机场进境水果指定监管场地	青岛空运口岸	空运	进境水果	2017 年 12 月 8 日	
4	荣成海关	荣成泰广进出口有限公司冷库	龙眼港口岸	海运	进口冰鲜水产品	2014 年 11 月 6 日	
5	青岛海关	青岛天驰仓储有限公司	青岛港口岸	海运	进口冰鲜水产品	2014 年 12 月 22 日	
6	威海海关	威海金琳水产有限公司冷库	威海港口岸	海运	进口冰鲜水产品	2014 年 12 月 22 日	
7	荣成海关	石岛集团有限公司第一冷藏厂	石岛港口岸	海运	进口冰鲜水产品	2014 年 12 月 22 日	
8		荣成泰广进出口有限公司冷库		海运	进口冰鲜水产品	2014 年 12 月 22 日	
9	流亭机场海关	中外运（青岛）空港物流有限公司冷库	青岛机场口岸	空运	进口冰鲜水产品	2014 年 12 月 22 日	
10	威海海关	威海海纳食品有限公司	威海机场口岸	空运	进口冰鲜水产品	2016 年 11 月 10 日	
11	烟台海关	烟台国际机场集团货运销售有限公司冷库	烟台机场口岸	空运	进口冰鲜水产品	2016 年 11 月 10 日	
12	大港海关	青岛港中外运进境植物种苗指定监管场地	青岛港口岸	海运	进境种苗	2009 年 12 月 31 日	
13	烟台海关	烟台港进境植物种苗指定监管场地	烟台港口岸	海运	进境种苗	2009 年 12 月 31 日	
14	流亭机场海关	流亭机场中外运进境植物种苗指定监管场地	青岛空运口岸	空运	进境种苗	2009 年 12 月 31 日	
15	大港海关	青岛港（集团）有限公司大港分公司查验点	青岛港口岸	海运	进境粮食	2014 年 10 月 9 日	
16	黄岛海关	青岛前湾集装箱码头有限责任公司查验点	青岛港口岸	海运	进境粮食	2014 年 10 月 9 日	
17	黄岛海关	青岛港国际股份有限公司物流分公司查验点	青岛港口岸	海运	进境粮食	2014 年 10 月 9 日	
18	董家口海关	董家口通用码头有限公司查验点	董家口港口岸	海运	进境粮食	2017 年 11 月 20 日	
19	烟台海关	烟台港集团有限公司 41、42 号泊位查验点	烟台港口岸	海运	进境粮食	2014 年 10 月 9 日	
20	烟台海关	烟台港集团有限公司关检联合查验平台	烟台港口岸	海运	进境粮食	2014 年 10 月 9 日	
21	日照海关	日照港（集团）有限公司裕廊码头查验点	石臼港口岸	海运	进境粮食	2014 年 10 月 9 日	

续表 1

序号	直属海关	监管场地名称	进境口岸	类型	拟进口品种	批复时间	备注
22	日照海关	日照港集团岚山港务有限公司查验点	岚山港口岸	海运	进境粮食	2014 年 10 月 9 日	
23	日照海关	日照港集装箱发展有限公司	岚山港口岸	海运	进境粮食	2017 年 11 月 20 日	
24	日照海关	山东日照石臼港进口肉类指定监管场地	石臼港口岸	海运	进口肉类	2019 年 5 月 1 日	
25	龙口海关	龙口港集团有限公司 11 号粮食码头查验点	龙口港口岸	海运	进境粮食	2014 年 10 月 9 日	
26	流亭机场海关	中外运（青岛）空港物流园区查验点	青岛空运口岸	空运	进境食用水生动物	2016 年 7 月 29 日	
27	黄岛海关	青岛前湾鲁海丰进境食用水生动物制定监管场地	青岛港口岸	海运	进境食用水生动物	2016 年 7 月 29 日	
28	大港海关	中外运场站（韩国滚装船指定场站）查验点	青岛港口岸	海运	进境食用水生动物	2016 年 7 月 29 日	
29	荣成海关	荣成市龙眼港港区查验点	龙眼港口岸	海运	进境食用水生动物	2016 年 7 月 29 日	
30	威海海关	威海港集团有限公司查验点	威海港口岸	海运	进境食用水生动物	2016 年 7 月 29 日	
31	荣成海关	石岛新港集装箱场站检验检疫专用区查验点	石岛港口岸	海运	进境食用水生动物	2016 年 7 月 29 日	
32	威海海关	威海机场查验点	威海空运口岸	空运	进境食用水生动物	2018 年 1 月 30 日	
33	烟台海关	烟台国际机场集团有限公司查验点	烟台空运口岸	空运	进境食用水生动物	2018 年 1 月 30 日	
34	烟台海关	山东省烟台市芝罘区芝罘湾港区查验点	烟台港口岸	海运	进境食用水生动物	2018 年 1 月 30 日	
35	黄岛海关	青岛联合华通贸易有限公司	青岛港口岸	海运	进口肉类	2008 年 10 月 1 日	
36		青岛师帅冷链物流股份有限公司		海运	进口肉类	2017 年 11 月 1 日	
37		青岛港怡之航冷链物流有限公司		海运	进口肉类	2008 年 10 月 1 日	
38	胶州海关	青岛天驰仓储有限公司		海运	进口肉类	2012 年 6 月 1 日	
39		青岛冠宇生态农业有限公司		海运	进口肉类	2011 年 10 月 1 日	
40	大港海关	青岛新大地冷藏有限公司		海运	进口肉类	2014 年 11 月 1 日	
41	黄岛海关	青岛鲁海丰食品集团物流有限公司		海运	进口肉类	2019 年 5 月 1 日	
42		青岛保税港区国际冷链物流交易中心有限公司		海运	进口肉类	2019 年 5 月 1 日	
43		青岛鲁海丰冷链物流有限公司		海运	进口肉类	2019 年 11 月 1 日	
44	烟台海关	烟台嘉鸿食品有限公司	烟台港口岸	海运	进口肉类	2017 年 9 月 1 日	
45	烟台海关	烟台龙大食品有限公司		海运	进口肉类	2010 年 11 月 1 日	

续表 2

序号	直属海关	监管场地名称	进境口岸	类型	拟进口品种	批复时间	备注
46	威海海关	威海金琳水产有限公司	威海港口岸	海运	进口肉类	2016 年 10 月 1 日	
47	荣成海关	石岛新港港务股份有限公司	石岛港口岸	海运	进口肉类	2016 年 10 月 1 日	
48	荣成海关	荣成泰广进出口有限公司		海运	进口肉类	2016 年 10 月 1 日	
49	日照海关	山东岚山进境原木检疫处理区	岚山港口岸	海运	木材检疫处理	2017 年 8 月 31 日	
50	临沂海关	临沂综保国际贸易投资开发有限公司	临沂	海运	进口肉类	2019 年 5 月 1 日	

表注：不含济南关区。

（青岛海关提供）

河　南　省

河南省口岸分布示意图

序号	类型	口岸名称	批准开放时间	开放状态
1	空运口岸（2个）	郑州空运口岸	1988.12	国际常年
2		洛阳空运口岸	1992.8	限中国籍
3	铁路口岸	郑州铁路口岸	1997.11	国际常年

口岸数量及分布

截至2019年年底，河南省共有经国务院批准的对外开放口岸3个，其中空运口岸2个，分别是郑州空运口岸（郑州新郑国际机场）、洛阳空运口岸（洛阳北郊机场）；陆路（铁路）口岸1个，即郑州铁路口岸（郑州铁路东站）。

口岸运行数据

2019年，河南省外贸进出口总值实现5 711.6亿元人民币，同比增长3.6%，其中，出口3 754.6亿元，增长4.9%；进口1 957亿元，增长1.2%；贸易顺差1 797.6亿元，增长9.2%。对“一带一路”沿线国家进出口继续快速增长，实现1 362.1亿元，增长14.6%。

郑州空运口岸和洛阳空运口岸运行情况。2019年，郑州空运口岸（郑州新郑国际机场）完成国际地区货邮吞吐量30.5万吨，同比下降7.3%；出入境旅客183.4万人次，同比增长7%。开通的国际地区航线总数达58条（其中客运航线29条、货运航线29条），通达首尔、曼谷、温哥华、东京、芝加哥等境外城市，基本形成横跨欧亚美三大经济区、覆盖全球主要经济体的枢纽航线网络。洛阳空运口岸（洛阳北郊机场）常态化运行洛阳至大阪、呼和浩特经洛阳到泰国曼谷两条国际客运航线，2019年共完成出入境航班296架次，出入境人员4.3万人次，同比下降21.1%。

郑州铁路口岸运行情况。2019年中欧班列（郑州）集装箱运量达80 786标准箱，全年开行1 000班，增长33.3%，总累计货值：33.83亿美元，增长5.8%，货重54.06万吨，增长57.4%。

口岸综合管理

【加强口岸建设统筹谋划】 贯彻落实党中央、国务院有关口岸建设的决策部署，围绕打造郑州国际航空枢纽口岸、郑州国际铁路枢纽口岸“双枢纽”的发展任务，制定了2019年河南省口岸建设重点工作、推进中欧班列创新发展和中国（河南）国际贸易“单一窗口”建设等实施方案，加快推进国内一流航空枢纽口岸建设，提升中欧班列综合竞争力，持续优化口岸营商环境，全面完善中国（河南）国际贸易“单一窗口”功能。

【持续提升口岸通关便利化水平】 加快河南国际贸易“单一窗口”建设，落地应用出口退税、口岸收费查询、原产地证自助打印、减免税和减免税后续申报等新增功能，实现河南省原产地证书申领、出口退税等业务全流程电子化。加快“单一窗口”特色服务应用，有序提升跨境电商系统功能和应用覆盖范围，完善口岸大数据和效能监测服务，初步实现全省进出口相关业务数据智能化分析和动态展示。落实“两步申报”“两段准入”通关政策，全面推行“提前申报”通关模式、实行关税保证保险前提下“先放行后缴税”、加快大宗和时效性商品通关速度等针对性措施，持续有效压缩口岸整体通关时间。

【提升郑州空运口岸服务支撑能力】 全面实施7×24小时通关保障，客货运“随到随检、快速通关”。推行“提前申报”通关模式、实行关税保证保险前提下“先放行后缴税”、加快大宗和时效性商品通关速度、开通农副产品和鲜活产品快速通关“绿色通道”等针对性措施，持续压缩整体通关时间。拓展完善口岸功能，成功申建郑州航空港药品进口口岸。推进郑州空运口岸北货运区主体货站、陆空联运中心、中转旅客服务中心等客货运枢纽配套工程建设，提高口岸综合服务保障能力。

【加快郑州铁路口岸建设发展】 深入推进“中欧班列+”建设工程，加快中欧班列（郑州）运贸一体化发展。与阿里巴巴合作开行全国首条跨境电商“9610”监管模式菜鸟号专列，搭建了中小微企业出口欧洲的陆上丝路新通道。新开郑州至莫斯科直达线路，新增绥芬河、满洲里2个出入境口岸。组建海铁联运公司，加快与“海上丝绸之路”衔接，研究出台相应扶持培育政策，新开驻马店至青岛班列，打通内河国际物流通道，实现河南省海河联运全面贯通，初步形成以郑州为中心、覆盖全省的对接海上丝绸之路线路网络格局。

【实现海关机构全覆盖】 充分利用国家机构改革契机，积极推动关检融合和增设机构申请，一次性获批24个隶属海关单位，升格或更名的8个隶属海关机构，新建平顶山、开封、驻马店、济源4个海关机构，实现全省18个地级市和重点口岸现场的全覆盖，为河南全省进一步扩大对外开放发展提供坚实支撑。

口岸监管与服务

【河南出入境边防检查总站规范加强边检执法建设】 立足"实战、实用、实效"原则，制定了执勤现场正规化管理、梅沙系统流转操作等相关制度，在制度层面对有关工作加以规范。加强执法执勤视频巡查、现场督查，强化事前预防、事中提醒和全程监督。建立健全信息采集倒查、制度落实督查等机制，推动实现监督全覆盖。贯彻落实"谁执法谁普法"普法责任制，定期梳理分析航空公司及代理单位违法违规问题，组建边检法律小分队，开展"法律宣传面对面座谈"活动，向企业宣讲出入境法律法规、交通运输工具预报申报、代理单位和代理人备案等政策规定，实现执法效果和社会效果高度统一。

【河南出入境边防检查总站大力实施"国门名片"工程】 践行"为政府决策提供信息服务、为经贸活动提供便捷服务、为重要宾客提供优质服务、为特殊旅客提供及时服务"的"四个服务"理念，推出"专用通道"、一站式通关等系列服务举措，专业高效完成了戊戌黄帝故里拜祖大典、第十二届中国（河南）国际投资贸易洽谈会等边检礼遇服务工作。深化边检"放管服"改革，整合现有智能化、便利化、人性化通关举措，科学实施"中国公民出入境通关排队不超过30分钟"等便利政策，推出中国公民专用通道、国际航班时刻"准时保障"等机制，确保了口岸通关始终高效顺畅。

【河南出入境边防检查总站大力实施"法治边检"工程】 坚持严格规范公正文明执法，建立完善勤务质量控制、季度案件集中评查、执法质量考评等制度，制作《边检重点执法环节示范片》和行政案件示范卷，综合运用现场督察、网上抽查、视频巡查、录像倒查、外部问卷调查等手段，强化日常执法执勤督导检查。定期梳理分析航空公司及代理单位、旅行社、出入境旅客等对象的违法违规问题，集中组织边检服务品牌推介宣传、社会监督员座谈会、警营开放日、"送法上门""现场普法"等活动，倾听了解、积极回应出入境人员的需求期待，最大限度降低企业和旅客违法风险。

【郑州海关积极服务"一带一路"建设】 探索全链条"智慧监管"，推动有关航线加入国际"安智贸"项目。加大非侵入式设备的使用力度，开通进口食品绿色监测通道，促进班列特色食品进口增幅超过50%。支持跨境电商药品进口试点，探索跨境电商零售邮路出口监管新模式，优化"网购保税+线下自提"模式，开展进出口退货仓试点。海关总署跨境大数据创新实验室落地郑州，为河南省乃至全国跨境贸易发展提供数据分析服务。2019年，河南省跨境电商业务保持良好增长态势，共验放跨境电商零售进出口清单1.27亿票、商品总值161.7亿元，分别增长32.8%和34.3%，其中进口清单量位居全国第二。

【郑州海关全力促进外贸稳定增长】 落实国家稳外贸政策措施，指导企事业单位利用税收优惠政策扩大进口，为企事业单位进口设备减免税2.8亿元，签发各类原产地证书7.5万份。加强企业信用培育，河南省359家企业获得国际AEO便利化"通行证"。加强对企业使用关税保证保险的推广宣传，审核关税保证保险17.37亿元，有效降低企业资金占有成本。积极助推河南企业产品走出去，完成俄罗斯、印度专家来豫检查苹果出口基地的保障工作，推动河南省出口禽肉企业体系顺利通过韩国官方检查，推荐河南省禽肉企业顺利通过哈萨克斯坦、吉尔吉斯斯坦注册，推动冷冻鸭肉恢复对俄罗斯出口，助推洛阳高山芍药鲜切花首次成功出口加拿大。

【郑州海关持续改革创新优化营商环境】 深化“放管服”改革，审批事项全部实现全流程网上办理。实施“一网通办”，解决企业年报申报和注销难题。落实进出口预包装食品标签检验监督管理改革，取消首次进口预包装食品标签备案要求，食品进口更加便利。行邮税征收全部实现手机移动支付，精简单证办理手续、提高电子化程度。统筹推进“两区优化”和“两轮驱动”等改革措施，推广征税便利化措施应用，自报自缴比率攀升至87.4%，汇总征税报关单比率提高至12.4%，企业通关更加高效便捷。

开放口岸

【郑州空运口岸（郑州新郑国际机场）】 郑州空运口岸于1988年12月经批准开放，当时只限中国籍飞机出入境。2002年5月经国务院批准可供中国籍和外国籍飞机出入境。1997年建成并通航的河南郑州新郑国际机场位于郑州市东南，距市区27千米，占地约466.67万平方米，飞行区等级4F，是国家对外开放口岸和中国国内干线运输机场，是国家民航局确定的全国八大区域性枢纽之一。建设有高速公路直达机场，交通条件优越。2007年T1航站楼进行了一次改扩建，扩建后航站楼建筑面积达到12.89万平方米，客机坪18.25万平方米，货机坪7.6万平方米，机位43个，年旅客和货邮保障能力可达1 200万人次、15万吨。2013年12月19日郑州机场二期扩建工程开工建设，2015年9月30日完成竣工，同年12月19日郑州机场T2航站楼启用并开始试运行，郑州机场正式步入“双航站楼双跑道”时代。T2航站楼建筑面积48.6万平方米，南北长约1 128米，总投资191亿元，其四角拥有4条指廊，可以增加79个机位，客运吞吐能力3 000万人次/年、货运吞吐能力达30万吨/年。其中，国际区域建筑面积为5.5万平方米，设计满足近期2025年国际320万人次、高峰小时国际1 280人次，远期国际旅客400万人次，高峰小时国际1 440人次的使用要求。国际区域主要包括四层国际办票区、国际出发联检厅；三层国际候机厅；二层国际到达联检厅、国际行李提取厅及国际到达通道；一层国际远机位候机厅等。同时国际查验通道还包括国际同程航班查验通道及国际贵宾离到港查验通道。T2航站楼国际值机岛设置28个行李托运柜台及2个开包间。采用开放式值机，海关及检疫在后台对国际旅客托运行李进行监控。

【洛阳空运口岸（洛阳北郊机场）】 洛阳空运口岸于1992年8月1日经《国务院关于进一步对外开放重庆等市的通知》国函〔1992〕95号批准为对外开放口岸，同时批准建立洛阳海关，洛阳边防检查站、洛阳卫生检疫局、洛阳动植物检疫局。洛阳空运口岸成为河南省第二个对外开放空运口岸（只限中国籍飞机出入境）。

洛阳机场位于洛阳市北部，距市中心9千米。该机场净空条件优越，各种设施、设备齐全，可起降B737、B767、MD82等大型客机，是北京机场、郑州机场理想的备降机场。机场候机楼面积17 000平方米，其中国际部分12 000平方米。

【郑州陆路（铁路）口岸】 郑州铁路口岸（郑州铁路东站）1991年3月经河南省批准为原二类铁路口岸，1994年12月经铁道部、海关总署和河南省政府协商，开通了郑州东站至香港九龙的直达集装箱专列。1997年11月28日，《国务院关于同意开放河南郑州东站铁路货运口岸的批复》（国函〔1997〕106号）批准为国家对外开放口岸。2014年新建了10 660平方米的铁路口岸联检大楼和50 000平方米的监管查验场地及设施。

郑州铁路口岸所在地——郑州铁路集装箱中心站是全国规划建设的18个集装箱中心站之一，目前具有年办理36万标准集装箱的承载能力，正在扩建铁路专用线线束，到2020年具有年处理120万标准集装箱的承载能力。郑州铁路口岸毗邻的郑州圃田站是全国铁路特等货运站，被铁道部确定为国际大型集装箱中转站，是国内在新亚欧大陆桥最大的铁路货运站和集装箱集散地。目前，河南依托郑州铁路口岸，建成运行汽车整车进口口岸和进境粮食口岸，拓展跨境电商等业务，进一步为郑欧班列提供有效货源支撑。

2019 年河南省口岸大事记

1 月 12 日

中欧班列（郑州）去程和回程班列同日首次抵达绥芬河口岸，标志着继阿拉山口、二连浩特、霍尔果斯、凭祥之后，中欧班列（郑州）第五个重要出入境通道开通。

3 月 2 日

河南国际贸易“单一窗口”服务中欧班列（郑州）开行首条电商专线“菜鸟号”，实现了“网上丝绸之路”与“陆上丝绸之路”高效无缝衔接。

4 月 1 日

郑州空运口岸全面实施 7 × 24 小时通关保障，所有国际航班、国际旅客和进出口货物通关，实现“随到随检、快速通关”。

4 月 10 日

河南电子口岸有限公司与吉尔吉斯共和国海关总署、吉尔吉斯共和国投资与促进保护署签署《战略合作备忘录》，探索开展跨境电商技术合作。

5 月 8 日

郑州铁路东站进境粮食指定监管场所和郑州雏鹰进境粮食监管场地被列入国家《进境粮食指定监管场地名单》，并在海关总署官网公示，标志着郑州粮食进境口岸符合国家进境粮食口岸设置要求，具备正式运营资格。

6 月 19 日

河南民权保税物流中心获得海关总署、财政部、税务总局、外汇局 4 部委批准设立。该项目以保税仓储业务为主，配套开展流通性简单加工、全球采购等国际物流服务，探索发展保税展示、跨境电子商务等新兴业态。

6 月 28 日

郑州经开综合保税区通过郑州海关、河南省发展改革委、财政厅、自然资源厅、商务厅、税务局、市场监管局、外汇管理局等 8 个单位的联合验收，这是继郑州新郑、南阳卧龙之后，河南省第三家通过验收的综合保税区，也是位于河南自由贸易试验区内的第一家综合保税区。

7 月 25 日

从郑州国际陆港启程的中欧班列（郑州），第一次经由内蒙古满洲里口岸出境，至此，中欧班列（郑州）出入境口岸增至 6 个。

7 月 27 日

首班从俄罗斯莫斯科出发的中欧班列（郑州），中欧班列（郑州）开辟俄罗斯莫斯科新站点。

12 月 12 日

国家药品监督管理局、海关总署联合下发《关于增设郑州航空港口岸为药品进口口岸的公告》（国家药监局、海关总署公告 2019 年第 110 号），明确除《药品进口管理办法》第十条规定的药品外，其他进口药品（包括麻醉药品、精神药品）可经由郑州航空港口岸进口，标志着郑州药品进口口岸正式获批。

（撰稿人：范会卿）

2019 年河南省口岸流量统计表

口岸类型		口岸名称	货运量（万吨）				集装箱量（万标箱）				人员（万人次）				交通工具（辆、艘、架、列次）			
			出口	进口	合计	同比（%）	出口	进口	合计	同比（%）	出境	入境	合计	同比（%）	出境	入境	合计	同比（%）
空运口岸		郑州	—	—	30.50	-7.3					97.40	94.60	192.00	11.20	8 009	7 503	15 512	6.94
		洛阳									1.93	1.91	3.84	-33.00	148	148	296	-20.43
		分计									99.34	96.51	195.85	9.77	8 157	7 651	15 808	6.25
陆运口岸	公路口岸																	
		分计																
	铁路口岸	郑州	41.00	16.00	57.00	49.5	2.60	1.52	4.12	-47.90								
		分计																
水运口岸	海港口岸																	
		分计																
	河港口岸																	
		分计																
合计			—	—	87.50		2.60	1.52	4.12		99.34	96.51	195.85		8 157	7 651	15 808	
同比（%）																		

表注：空运口岸 30.5 万吨为货邮吞吐量。

（河南省人民政府口岸办公室提供）

2019年河南省口岸出入境主要数据表

项目			2019年	2018年	同比（%）
出入境人员（人次）	出入境人员总数		1 958 524	1 784 142	9.77
	入境人员		965 143	885 476	9.00
	出境人员		993 381	898 666	10.54
	出入境旅客		1 839 002	1 673 311	9.90
	出入境员工		119 522	110 831	7.84
	中国公民	小计	1 729 741	1 580 784	9.42
		内地居民（因公）	4 241	5 579	-23.98
		内地居民（因私）	1 586 056	1 428 113	11.06
		港澳居民	25 082	27 514	-8.84
		台湾同胞	114 362	119 578	-4.36
	外籍人员		109 256	92 527	18.08
	从海港出入境人数				
	从陆港出入境人数				
	从空港出入境人数		1 958 524	1 784 142	9.77
交通运输工具（辆、艘、架、列次）	总计				
	船舶				
	飞机		15 808	14 878	6.25
	火车				
	机动车辆				

（河南出入境边防检查总站提供）

2019 年郑州海关主要数据统计表

项目		2019 年	同比（%）
进出口货运量（万吨）	合计	1 088.6	-11.7
	进口	973.4	-15.2
	出口	115.2	35.3
进出口贸易总值（万美元）	合计	8 244 529.0	-0.4
	进口	2 825 204.5	-2.7
	其中：江、海运输	872 615.1	9.3
	铁路运输	34 467.0	-6.0
	汽车运输	260 259.7	60.4
	航空运输	1 655 201.2	-13.1
	邮件运输	2 639.0	10 636.1
	其他运输	22.4	-98.8
	出口	5 419 324.5	0.8
	其中：江、海运输	1 854 770.6	-2.0
	铁路运输	32 436.6	4.4
	汽车运输	218 810.7	-5.6
	航空运输	3 275 432.0	1.9
	邮件运输	37 843.6	500.4
	其他运输	31.0	37.2
税收（万元）	两税合计	2 088 985.8	-9.8
	关税入库	104 144.2	-16.5
	进口环节税入库	1 984 841.6	-9.5

（郑州海关提供）

2019 年河南省指定监管场地统计表

序号	直属海关	监管场地名称	进境口岸	类型	拟进口品种	批复时间	备注
1	郑州海关	郑州新郑国际机场进境冰鲜水产品指定监管场地	郑州空运口岸	冰鲜水产品	水产品（冷冻、冰鲜）	2014 年 12 月 22 日	
2	郑州海关	郑州/漯河进口肉类指定监管场地	郑州空运口岸	肉类	肉类产品（冷冻、冰鲜）	2013 年 12 月 30 日	
3	郑州海关	郑州新郑国际机场进境水果指定监管场地	郑州空运口岸	水果	水果	2008 年 1 月 14 日	
4	郑州海关	郑州新郑国际机场进境食用水生动物指定监管场地	郑州空运口岸	食用水生动物	鱼类、甲壳类、软体类	2015 年 9 月 22 日	验收评估
5	郑州海关	郑州铁路东站进境粮食指定监管场地	郑州陆路（铁路）口岸	粮食	绿豆、芝麻、蓖麻子	2014 年 12 月 12 日	

（河南省口岸办提供）

湖 北 省

湖北省口岸分布示意图

序号	类型	口岸名称	批准开放时间	开放状态
1	空运口岸（2个）	武汉空运口岸	1997.12	国际常年
2		宜昌空运口岸	2005.7	国际常年
3	水运口岸（2个）	武汉水运口岸	1992.6	国际常年
4		黄石水运口岸	1993.6	国际常年

图例
- 口岸
- 铁路口岸
- 水运口岸
- 空运口岸
- 公路口岸
- 境外口岸

口岸数量及分布

截至2019年年底，湖北省共有经国务院批准的对外开放口岸4个。其中，空运口岸2个，分别是武汉空运口岸（武汉天河国际机场）、宜昌空运口岸（宜昌三峡机场）；水运（河港）口岸2个，分别是武汉水运（河港）口岸、黄石水运（河港）口岸。

口岸运行数据

2019年，湖北省进出口货运量1 526.03万吨，同比下降28.21%。其中进口货运量985.02万吨，同比下降38.50%；出口货运量541.01万吨，同比增长3.27%。分运输方式，水运进出口运量1 486.14万吨，同比下降28.57%，占进出口总运量的97.39%；铁路进出口运量26.09万吨，同比下降23.07%；公路进出口运量3.57万吨，同比增长95.51%；空运10.23万吨，同比增长9.12%；邮运26吨，同比增长8.33%。

空运口岸出入境飞机20 772架次，同比增长13.91%，其中入境10 390架次，出境10 382架次。出入境人数345.29万人次，同比增长15.84%，其中入境人数171.91万人次，出境人数173.38万人次。

口岸综合管理

【口岸开放】 2019年3月17日，国务院批复同意宜昌空运口岸扩大对外国籍飞机开放。6月18日，国家口岸办批复同意中外籍客运飞机从恩施机场临时出入境，期限半年，6月30日恩施机场成功实现国际首航。6月25日，国家口岸办批复同意外籍货运飞机从襄阳刘集机场临时出入境，时间为2019年8月1日至8月31日，刘集机场国际货运临时包机业务圆满完成。12月3日，黄石水运口岸扩大开放棋盘洲港区通过国家联合验收组正式验收。

【口岸新业态发展】 2019年3月26日，仙桃海关挂牌成立，仙桃保税物流中心（B型）于同日封关运营，这是湖北省第4家正式封关运作的B型保税物流中心；同日，荆门保税物流中心（B型）通过验收，成为湖北省第5个B型保税物流中心。11月8日，武汉经开综合保税区通过验收。11月21日，黄石港进境粮食指定监管场地通过国家验收。

【口岸基础设施及配套设施】 武汉天河机场国际快件监管中心和邮政快件平台全面投入使用，国际中转专用通道、国际贵宾通道、关检合一系统等建成并投入使用；食用水生动物暂养池、集中检管区等一批口岸重点配套设施的建设工作，航空物流综合服务中心、新建国际库等项目相继开工。武汉铁路集装箱中心站及阳逻港集装箱X光机查验设备（代号H986）分别投入使用，实现从人工检查到智能查验的转变。宜昌三峡机场T2航站楼项目开工建设，新建4.19万平方米T2航站楼、3 200米平行滑行道、加长600米跑道等项目，设计年旅客吞吐量500万人次，达到4E标准，满足除A380等超大型飞机以外所有机型起降，工程总投资9.98亿元。

【口岸营商环境】 加快优化口岸环境，提升跨境贸易便利化水平。采取多种措施压缩通关时间，推动一体化通关，实现了水运口岸省内一体化通关；省内所有口岸实行预约通关，天河机场实现7×24小时通关。2019年，湖北省进口整体通关时间73.85小时，较2017年压缩59.32%；出口整体通关时间1.17小时，较2017年压缩94.32%，初步达到了国家提出的“五年内进出口整体通关时间压减一半”的任务要求。持续推动减轻企业通关费用，2019年已减免查验没有问题集装箱3 343箱，减免吊装、移位、仓储费用共计人民币235.23万元，惠及外贸企业836家。打通铁水联运“最后一公里”，试点开展“港铁通”短途外贸物流业务，进口货物“上海—武汉—成都”转运成功，较传统水路运输时间缩短约14天，较传统铁路运输成本下降约1 600元/标箱。

【国际贸易“单一窗口”】 湖北国际贸易“单一窗口”2019年新上线14个新功能模块，新增用户3 171个，注册企业累计8 601家，在线应用模块累计74个，办理业务量累计近700万单，标准版使用覆盖率长期保持100%，各项指标均位居中西部前列。在国内首家上线运行关税保证保险系统，实现了“先放行后缴税”；推出移动端服务，实现了从网上办到掌上办。新上线湖北特殊区域管理系统、整车口岸辅助管理系统、口岸物流一体化系统、邮递物品辅助管理系统等新功能，范围涵盖进出口环节的全流程、全业务。

【中欧班列（武汉）】 中欧班列（武汉）已打通阿拉山口、满洲里、二连浩特、凭祥、霍尔果斯五大通关口岸，通达俄罗斯、捷克、波兰、德国、法国等“一带一路”沿线28个亚欧国家，辐射34个国家、70多个城市。新开通武汉至匈牙利等线路；10月开通的“胡志明市—武汉”冷链铁路班列，打通了中部地区陆上第一条南向通道。中欧班列（武汉）全年共开行408列，运输3.3万标箱。

【内河和近洋航线】 武汉至上海“江海直达航线”实现天天班，“武汉—东盟”航线、“武汉—日韩快班”、“中三角省际集装箱公共班轮”航线、“泸汉台”快班运行平稳。中国湖北—日本关西江海联运路带连通国际合作项目实现首航，武汉至日本集装箱江海直航航线成为湖北省第一条真正意义上的集装箱国际直航航线。

【航空运输网络】 武汉天河机场新开通武汉往返大阪的货运包机航线，以及武汉直飞美国纽约、土耳其伊斯坦布尔客运航线；宜昌三峡机场新开通至曼谷、西哈努克客运航线；恩施机场新开通至澳门、柬埔寨（暹粒）、越南（岘港）、泰国（芭堤雅）4条国际（地区）航线。全省开通国际和地区航线超过70条。通达城市分布北美洲、欧洲、大洋洲、亚洲，武汉天河机场的区域性航空枢纽地位不断巩固。

口岸监管与服务

【湖北出入境边防检查总站重点人员管控战果显著】 以反恐“防回流”为重点，规范检查员查验程序，加强大数据预警分析和比对，重点人员管控工作取得历史性的突破。2019年12月6日，在武汉天河机场口岸查获近十年首例涉嫌走私毒品案，现场缴获毒品麻果3 165.8克。

【湖北出入境边防检查总站高质量服务地方经济】 2019年，湖北省对外开放口岸出入境流量突破300万人次，继续领跑中部六省，七年来首次超越重庆、仅次于四川位居内陆省份第二。全年共检查出入境人员3 453 209人次、交通运输工具20 784架（艘）次，同比分别增长15.85%、13.79%，持续保持零事故、零案件、零投诉复议的“三零”目标，群众满意率始终保持在99.9%以上。

【湖北出入境边防检查总站“放管服”改革成效显著】 充分发挥边检职能优势，紧跟国家“一带一路”“长江经济带”发展等大政方针，对接湖北单一窗口、电子口岸等建设项目，积极推进“信息互换、监管互认、执法互助”大通关，促进了地方经济的发展。建立重大活动通关保障机制，将服务窗口前移，先后为德国总理、泰国公主、国际足联主席等外国政要贵宾提供优质高效的礼遇通关服务，圆满完成“湖北·武汉台湾周”、华创会、世界集邮展和羽毛球亚锦赛等多项大型活动出入境检查任务。全面兑现中国公民排队时间不超过30分钟承诺，将武汉天河机场口岸通关对象扩大到台湾居民，将三峡机场口岸通关对象扩大到所有出入境人员。在武汉天河机场口岸推出144小时过境免签政策，全面推行“两公布一提示”，为出入境旅客提供便利。

【湖北出入境边防检查总站完成重大活动保障】 完成了中华人民共和国成立70周年大庆及第七届世界军人运动会、“一带一路”高峰论坛、第二届进博会、澳门回归20周年庆典等系列重大安保活动任务，特别是军运会安保期间，全警动员、全力以赴，共检查军包专机43架次、大型代表团61个、参赛人员7 846名、入出境枪支832支、子弹170 988发，检查运动员及枪支弹药数量占全国各出入境口岸查验总数的55%，妥善处置参赛代表团42支枪、14批子弹申报手续不符等问题。

【长江海事局出台“420”工作举措】 长江海事局发布了优化营商环境的具体工作举措，简称“420”工作举措。其中“4”指的是营造“公平公正的依法治理环境、透明高效的海事政务环境、健康有序的航运市场环境、健全优质的公共服务环境”4大环境，“20”指的是20项具体措施。围绕“420”工作举措，长江海事局积极服务武汉长江中游航运中心建设及湖北自贸区建设，全面推行国际航行船舶进出口岸网上申报、审批，配合推进联合查验，提升通关效率，降低企业物流成本。

【长江海事局落实自贸试验区改革试点经验】 积极复制推广国务院关于第四批、第五批改革试点经验，完成船舶登记制度创新等改革经验落地。推广应用船舶登记系统外网申报，将拍摄制作的外网申报操作教学视频，在长江海事局全线政务大厅滚动播放，并在长江水上安全信息台设置了专栏向公众展示；推行国际航行船舶证书“三合一”并联办理，一次性受理武汉籍国际航行船舶“华航汉亚1”“华航汉亚2”的3项船舶证书申请，并在7个工作日以内办结，较15个工作日的办理时限压缩50%以上，切实为企业节省时间成本。

【武汉海关维护口岸公共卫生安全】 加强检疫查验，严防重大烈性传染病传入。2019年，湖北口岸出入境人员检疫查验共发现有症状者620人次，确诊病例53例，同比增长37.5%和140.9%；发现登革热确诊病例11例，同比增长266.7%；湖北国际旅行卫生保健中心出入境人员监测体检30 974人次，艾滋病监测30 789人次，发现传染病1 300例。实施预防接种45 775人次，全年未出现过接种安全事故。修订口岸应对公共卫生应急处置预案，推进多部门间疫情通报及联防联控机制。定期与地方卫生部门组织传染病风险防控研判，在口岸及公共场所开展疟疾、艾滋病、食品安全专题宣传活动，提高出入境旅客健康意识。

【武汉海关深入推动关检融合】 按照海关总署有关查检合一方案要求，梳理确定新流程；按照“放管服”精神，明确单证要求；优化通关流程，关检查检合一和集中审像工作向纵深推进。强化有指令机检查验，从查验布控到通关放行，在数分钟内完成，有效压缩了通关查验时间，降低了企业通关成本。创新探索“一车双托”综合保税区进出区模式，减少了企业进出区往返次数，降低运输成本至少三分之一。创新解决金关二期“一票多车”因无法集齐车辆导致禁行问题，便捷了货物进出区流转。出台金关二期“分送集报”出区方案，减少了企业报关次数，提高了通关效率，节省企业的物流成本。通过“多查合一”改革，全面承接和履行原国检动、植、食、商等领域的后续管理工作。

【武汉海关深化通关改革】 推进进口大宗资源性商品检验“先放后检”改革。截至2019年11月，共对143批次的进口矿产品实施先放后检，主要涉及黄石海关、新港海关、宜昌海关3个水运口岸的进口铬矿、锰矿，共计20.4万吨，货值3 870.3万美元，平均通关时长压缩至1小时，为企业节省拖车费、滞港费、滞箱费等成本支出共计208万元。简政放权，开展“长江驳运船舶转运海关监管的进出口货物审批”“承运境内海关监管货物的运输企业、车辆注册”2项行政审批取消承接工作；深化“放管服”改革，完成海关系统行政审批网上办理平台升级和关区行政审批网上办理平台印章电子化工作。完成进出口货物收发货人注册登记全面纳入国家“多证合一”改革和企业注销便利化改革，继续深化“多报合一”改革，实现企业办理海关注册登记无纸化、海关注销和报送年报“零次跑”，进一步降低制度性交易成本。

【武汉海关创新水运监管模式】 对阳逻港

一期码头的内外贸区域隔离围网进行了全部拆除，实现运输工具一次停靠、内外贸货物同场装卸、分区堆存、分类监管。监管新模式实施后，企业作业成本大幅降低，阳逻港口货运吸引力增强，长江中游航运中心更具发展活力。

【武汉海关创新检疫管理模式】 针对自贸片区光谷生物城发展现状，优化进出口生物材料监管举措，提出对进境生物材料实施“风险评估代替前置审批”、对出境生物材料实施“先证后查”的创新措施。针对进口水果、食用水生动物等鲜活农产品易腐败、易变质、通关时效性强等特点，制定了《武汉海关进口鲜活农产品检验检疫快速通关机制（试行）》，其中进境生物材料“风险评估代替前置审批”成果显著，相比传统流程可缩短办理时间20天，已惠及18家企业，572批货物受益。对境外入保税区的食品实施“抽样后即放行”，抽中食品的检验检疫时长由7天缩短为12个小时。实施进口肉类“港—区”直通查验管理模式，到港的肉类产品待集装箱外表消毒后即可整箱直接运至自贸区的进口肉类指定监管场地，施检人员按要求监管，政策惠及5家企业，节约转运、仓储成本约680万元。针对企业提出供港澳蛋品RFID溯源管理系统激光打码成本较高问题，积极协商港澳官方，达成取消该项目共识。支持保税出口航煤业务，出台简化检验监管措施，建立“信用管理+品质认可+周期验证”新模式，在保证质量安全的前提下，较大幅度压缩检验时长。

【武汉海关服务自贸试验区发展】 湖北自贸试验区挂牌以来，共推出创新举措61项，其中18项经第三方评估得分情况良好，“先出区、后报关”“先放行、后改单”等2项被国务院在全国复制推广；19项被湖北省政府在全省复制推广。在武汉关区内实行“即报即检、分级管理、现场查验”等便利化措施，共43家企业享受了优惠政策。在自贸试验区试行第三方检验检测结果采信制度。目前已完成1家检验鉴定被采信机构备案并对已进口的4台汽车实施结果采信。

【武汉海关服务地方企业】 引导企业充分享受自贸协定的红利，推进出口原产地签证改革。实施原产地证书自助打印；对一般原产地证书进行系统自动审核；实施高资信企业签证便捷措施；实施对外贸易经营者备案和原产地企业备案“两证合一”。支持湖北省内食品企业“走出去”，向境外推荐企业注册30家次，注册地涵盖欧盟、美国、俄罗斯、韩国、新加坡、越南、中国香港、中国澳门等多个国家（地区）。

【武汉海关全力保障服务军运会】 成立了层级明晰、分工明确的军运会工作领导机构，制订了“1+7+8+95”通关保障系列方案和工作任务清单，明确任务，挂图作战。在赛时阶段，抽调37名精干力量充实到一线，制定军运会关领导带班机场驻点值守制度，对通关中的特殊问题、异常情事、突发事件现场决策，第一时间解决问题，提高应急处置效率，确保万无一失。建立了全国相关海关军运会工作联络员制，组建了34人的联络员队伍，每天通报进出境人员抵离信息和携带物品清单，一对一、点对点联系；在关区内组建覆盖各层级的联络组和通关应急服务组。圆满完成来自57个国家国际军体大家庭成员入境4 222人次检疫查验，截获动植物及其制品233批、213.5千克；进境29匹赛马、30只警犬检疫监管，27.7吨进口水果检验，以及驻场驻村检疫监管等各项检疫任务。

开放口岸

【武汉空运口岸（武汉天河国际机场）】 武汉天河国际机场航空口岸位于武汉市黄陂区，于1995年投入使用，1997年获批对外国籍飞机开放，2003年获批开展落地签证业务，2015年在中部六省首家获批实施72小时旅客过境免签政策。2017年，天河机场所有的国际、国内航班全部转入T3航站楼运行。自2019年1月1日起，天河机场航空口岸实现7×24小时常态化通关。天河机场出入境人数常年保持中部第一。现场口岸联检单位为机场海关、武汉邮局海关、武汉出入境边防检查站。天河机场具备进口水生动物、冰鲜水产品、种苗、药品、水果、肉类等特殊商品进境指定监管场地功能和邮政快件业务。机场离铁路口岸（武汉铁路集装箱中心站，临时开放）和武汉水运口岸（阳逻港区）的距离分别为34千米、50千米。

【宜昌空运口岸（宜昌三峡机场）】 宜昌三峡机场位于湖北省宜昌市猇亭区，距宜昌市中心26千米，距三峡大坝55千米。该机场是三峡工程的重要配套设施项目，是辐射“三峡城市群”和鄂西、湘西、渝东地区的重要区域性机场。三峡机场于2005年经国务院批准对外开放，限中国籍飞机出入境，2007年通过国家验收。2019年3月，国务院批准扩大对外国籍飞机开放。2019年，三峡机场先后开通了宜昌至泰国曼谷、普吉、芭堤雅，越南岘港、芽庄，柬埔寨暹粒、西港，菲律宾卡里波、宿务航线，累计完成国际航班380架次，其中入境190架次、出境190架次；运送出入境旅客6.38万人次，其中入境31 454人次，出境32 365人次。保障了飞往中国台湾地区、中国澳门地区以及新加坡实里达的公务机飞行任务。同时，三峡机场航空口岸为中以合资贝迪克凌云（宜昌）飞机维修工程公司的外籍飞机保税维修（客改货）等业务提供起降、滑行出入库、口岸查验、通关监管等一系列保障。2019年11月，三峡机场T2航站楼项目开工，主要建设项目包括机场二期改扩建项目新建4.19万平方米的T2航站楼和3 200米平行滑行道、加长600米跑道等项目，设计年旅客吞吐量500万人次，达到4E标准，满足除A380等超大型飞机以外所有机型起降，工程总投资9.98亿元，计划2022年建成。

【武汉水运（河港）口岸】 1991年，武汉港获批水运开放口岸。目前，武汉水运口岸阳逻港港区（位于武汉市新洲区）共有11个集装箱泊位，年吞吐能力达220万标箱。现场口岸联检单位为武汉新港海关、汉口出入境边防检查站。阳逻港已具备进口水果、粮食、肉类、药品等特殊商品进境指定监管场地功能。武汉水运口岸已获批扩大开放的汉南港区、花山港区、金口港区、鄂州港区、黄州港区目前正在抓紧建设。

【黄石水运（河港）口岸】 黄石港于1980年9月经国务院批准开办国轮对外贸易运输业务，1993年6月15日经国务院批准对外国籍船舶开放。2015年黄石成功引进深圳盐田港建成棋盘洲港区，2016年棋盘洲港区集装箱码头投入运营，2017年黄石棋盘洲港区多式联运项目入选国家第二批多式联运示范工程，2018年国务院批复同意黄石港口岸扩大开放棋盘洲港区。2019年，海关总署正式对外公布黄石港口岸扩大开放棋盘洲港区，同年，黄石新港进境粮食指定监管场地正式通过国家验收，国务院批复同意设立中国（黄石）跨境电子商务综合试验区。黄石口岸棋盘洲港区位于黄石市长江水道右岸、阳新县韦源口镇棋盘洲，上距黄石市约29千米、距省会武汉市143千米，下距九江99千米、距上海982千米，水陆交通极为便利。

【武汉铁路口岸（临时开放）】 2015年，为促进开展中欧班列（武汉）业务，武汉铁路集装箱中心站获批临时对外开放，位于武汉市东西湖区吴家山。该中心站是全国18个铁路集装箱中心站之一，可实现集装箱班列整列到发，设计年办理集装箱运输业务可达160万标箱，由中铁联合国际集装箱有限公司武汉分公司负责运营。武汉汉欧国际物流有限公司是市政府设立运行中欧班列（武汉）的平台公司，为武汉港航发展集团下属企业。现场口岸联检单位为汉口海关。铁路口岸具备汽车整车进口指定口岸功能，同时可以进口药品。通过铁路口岸运行的中欧班列（武汉），实现了阿拉山口、满洲里、二连浩特、霍尔果斯、凭祥五个口岸通关，辐射30多个国家、70多个城市。

【恩施机场（临时开放）】 恩施机场位于湖北省恩施市许家坪，于2019年6月经国家口岸管理办公室批复同意临时对外开放，开放期限为2019年6月28日~2019年12月28日。恩施机场于2019年6月30日实现国际首航，2019年共飞行航线数为 4 条，分别为恩施—中国澳门、恩施—暹粒（柬埔寨）、恩施—岘港（越南）、恩施—芭堤雅（泰国），共飞行 95 个航班 190 架次，总出入境 2.76 万人次。

【海关特殊监管区域】 截至 2019 年年底，湖北省共有 3 个综合保税区，均位于武汉市内，其中：武汉东湖综合保税区总面积 5.41 平方千米，位于武汉东湖新技术开发区内；武汉新港空港综合保税区总面积 4.05 平方千米，采取“一区两园”模式，两个园区分别位于武汉临空港经济技术开发区（东西湖园区 3.05 平方千米）和新洲区（阳逻港园区 1 平方千米）；武汉经开综合保税区于 2018 年底获国务院批准由原武汉出口加工区升级为综合保税区，总面积 1.26 平方千米，位于武汉经济技术开发区。3 个综合保税区分别由东湖综合保税区建设管理办公室、武汉新港空港综合保税区管理办公室、武汉出口加工区管理办公室管理。

作为湖北省最早封关运行的综合保税区，东湖综合保税区围绕移动终端加工、跨境电商、保税维修等产业，不断创新业务，2019 年实现招商引资总额 48.1 亿元，注册企业 1 018 家，纳税百万以上企业 27 家，进出口业务量 340 万票。武汉新港空港综合保税区分为阳逻港园区和东西湖园区，聚焦综合保税区与水港、铁港、空港联动优势，发挥保税政策功能特色，以发展保税物流、跨境电商为重点，目前园区入驻企业 60 家。武汉经开综合保税区于 2019 年 11 月 8 日通过验收，由出口加工区正式升级为综合保税区，入驻企业 15 家。

2019 年湖北省口岸大事记

3 月 17 日

国务院正式批复同意宜昌航空口岸扩大对外国籍飞机开放。

3 月 26 日

仙桃海关挂牌成立，同日，仙桃保税物流中心（B 型）封关运营，这是全省第 4 家正式封关运作的 B 型保税物流中心。

3 月 26 日

荆门保税物流中心（B 型）正式通过由省政府组织，由省口岸办、武汉海关、财政部驻湖北专员办、国家税务总局湖北省税务局、国家外汇管理局湖北省分局等部门参加的正式验收，成为湖北省第 5 个保税物流中心（B 型）。

5 月 16 日

恩施海关正式挂牌，标志着恩施海关正式开关。

5 月 30 日

武汉天河机场直飞伊斯坦布尔航线正式开通，为中部地区首条直飞土耳其航线。

6 月 15 日

首列“襄钦马”（襄阳—钦州—马来西亚）南向通道国际铁海联运班列正式开行。

6 月 18 日

国家口岸管理办公室批复同意中外籍客运飞机从恩施机场临时出入境。

6 月 19 日

武汉阳逻港集装箱铁水联运示范基地正式获得外贸集装箱运输业务资格，首次开展外贸业务。

6 月 24 日

18 吨挪威三文鱼搭乘友和道通航空公司的波音 747 全货机，从卢森堡飞抵武汉天河机场，标志着武汉天河机场开启了跨境生鲜运输的全货机时代。

6 月 25 日

国家口岸办批复同意外籍货运飞机从湖北襄阳刘集机场临时出入境，时间为 2019 年 8 月 1 日～2019 年 8 月 31 日。8 月 17 日，襄阳机场首次临时对外开放首航成功。

6 月 30 日

恩施—中国澳门航线首航成功，这是恩施机场开通的首条境外航线。

7 月 10 日

武汉天河机场正式开通直飞纽约航线，武汉继北京、上海、广州、重庆、福州、成都之后成为内地第七个，中部地区第一个直飞纽约的城市。

7 月 28 日

宜昌三峡机场正式开通至菲律宾长滩岛卡里波往返直飞航班，这是宜昌开通的首条菲律宾航线。

8 月 14 日

武汉海关首票使用“单一窗口”商品条码申报功能的报关单顺利结关放行，标志着“单一窗口”商品条码申报在武汉海关正式落地实施。

10 月 20 日

恩施—暹粒（柬埔寨）航线首航成功，这是恩施开通的首条国际航线，外国航空公司飞机首次飞进恩施机场。

10 月 22 日

中欧班列（武汉）首列回程冷链专列开通，“越南胡志明市—武汉”冷链铁公联运班列开启常态化运营，打通了中欧班列（武汉）陆上南向通道。

11 月 8 日

武汉经开综合保税区建设通过省联合验收组验收，年底正式运营。

11 月 21 日

黄石港棋盘洲港区进境粮食指定监管场地通过专家组联合验收，黄石水运口岸自此具备进境粮食口岸功能。

11 月 28 日

武汉至日本集装箱江海直航航线实现首航，这是武汉首次开行国际直航集装箱班轮航线，武汉成为中西部地区（长江中游南京以上）首个开通直达日本的集装箱班轮航线的城市。

12 月 3 日

黄石港口岸扩大开放棋盘洲港区正式通过国家验收。

（撰稿人：周妍君、桂静、韩伟、张鹏程、陈宇翔、余碧云、魏玉军、邓贵莉）

2019 年湖北省口岸流量统计表

口岸类型		口岸名称	货运量（万吨）				集装箱量（万标箱）				人员（万人次）				交通工具（辆、艘、架、列次）			
			出口	进口	合计	同比（%）	出口	进口	合计	同比（%）	出境	入境	合计	同比（%）	出境	入境	合计	同比（%）
空运口岸																		
		分计									173.394 5	171.926 4	345.320 9	15.85	10 380	10 390	20 770	13.90
陆路口岸	公路口岸																	
		分计																
	铁路口岸																	
		分计																
水运口岸	海港口岸																	
		分计																
	河港口岸																	
		分计													8	4	12	-58.62
合计			541.011 7	985.017 0	1 526.028 7	-28.20					173.394 5	171.926 4	345.320 9	15.85	10 388	10 394	20 782	13.78
同比（%）			3.30	-38.50	-28.20						15.63	16.05	15.85		13.52	14.04	13.78	

（湖北省口岸办公室提供）

2019 年湖北省口岸出入境主要数据表

项目			2019 年	2018 年	同比（%）
出入境人员（人次）	出入境人员总数		3 452 898	2 980 728	15.84
	入境人员		1 719 107	1 481 306	16.05
	出境人员		1 733 791	1 499 422	15.63
	出入境旅客		3 258 997	2 811 024	15.94
	出入境员工		193 901	169 704	14.26
	中国公民	小计	3 015 269	2 621 735	15.01
		内地居民（因公）	110 235	95 257	15.72
		内地居民（因私）	2 702 001	2 325 431	16.19
		港澳居民	59 517	60 853	-2.19
		台湾同胞	143 516	140 194	2.37
	外籍人员		437 629	358 993	21.90
	从海港出入境人数		184	404	-54.46
	从陆港出入境人数		0	0	0.00
	从空港出入境人数		3 452 714	2 980 324	15.85
交通运输工具（辆、艘、架、列次）	总计		20 782	18 265	13.78
	船舶		12	29	-58.62
	飞机		20 770	18 236	13.90
	火车		0	0	0.00
	机动车辆		0	0	0.00

（湖北出入境边防检查总站提供）

2019年武汉海关主要数据统计表

项目		2019年	2018年	同比（%）
进出口货运量（万吨）	合计	1 526	2 126	-28.2
	进口	985	1 602	-38.5
	出口	541	524	3.3
进出口贸易总值（万美元）	合计	3 273 128	2 982 190	9.8
	进口	1 792 763	1 603 408	11.8
	其中：江、海运输	923 692	863 632	7.0
	铁路运输	32 328	39 507	-18.2
	汽车运输	188 292	205 501	-8.4
	航空运输	646 103	493 808	30.8
	邮件运输	2 161	286	654.7
	其他运输	187	673	-72.2
	出口	1 480 365	1 378 782	7.4
	其中：江、海运输	877 431	867 732	1.1
	铁路运输	98 360	93 130	5.6
	汽车运输	175 559	117 000	50.1
	航空运输	312 210	300 567	3.9
	邮件运输	16 791	317	5 193.8
	其他运输	14	35	-60.6
税收（万元）	两税合计	1 660 252	1 648 426	0.7
	关税入库	206 920	199 484	3.7
	进口环节税入库	—	—	—

表注：上述进出口贸易总值仅指贸易统计项下进出口总值。

（武汉海关提供）

2019 年长江海事局进出港船舶统计汇总表

船舶类别	进港船舶							出港船舶						
	艘数（艘）	总吨（吨位）	总载重量（吨）	载客量（客位）	船员人数（人次）	货物到达量（吨）	旅客到达量（人）	艘数（艘）	总吨（吨位）	总载重量（吨）	载客量（客位）	船员人数（人次）	货物发送量（吨）	旅客发送量（人）
总计	1 876	5 910 296	6 992 812	0	602	2 030 044. 97	0	2 060	5 949 884	7 109 326	0	690	2 691 413. 91	0
中国籍船舶	1 872	5 897 638	6 972 238	0	545	2 030 044. 97	0	2 057	5 940 222	7 093 713	0	647	2 683 310. 98	0
其中外贸船	1	7 635	0	0	17	0	0	4	22 304	10 834	0	63	4 469. 98	0

（长江海事局提供）

2019 年湖北省指定监管场地统计表

序号	直属海关	监管场地名称	进境口岸	类型	拟进口品种	批复时间	备注
1	武汉海关	武汉阳逻港进口水果指定监管场地	武汉水运口岸	水果	水果	2014 年 11 月	
2	武汉海关	武汉阳逻港进境粮食指定监管场地	武汉水运口岸	进境粮食	大米、大麦、小麦、高粱、大豆、玉米	2014 年 10 月	
3	武汉海关	武汉阳逻港进口肉类指定监管场地	武汉水运口岸	肉类	肉类	2015 年 2 月	
4	武汉海关	武汉天河国际机场进口水果指定监管场地	武汉空运口岸	水果	水果	2015 年 7 月	
5	武汉海关	武汉天河国际机场进境食用水生动物指定监管场地	武汉空运口岸	进境食用水生动物	鱼类、甲壳类、软体类	2016 年 7 月	
6	武汉海关	武汉天河国际机场进境种苗指定监管场地	武汉空运口岸	种苗	种苗	2009 年 6 月	
7	武汉海关	武汉天河国际机场进口冰鲜水产品指定监管场地	武汉空运口岸	冰鲜水产品	鱼类、甲壳类、软体类	2015 年 11 月	
8	武汉海关	武汉天河国际机场进口肉类指定监管场地	武汉空运口岸	肉类	肉类	2017 年 12 月	
9	武汉海关	黄石港棋盘洲港区进境粮食指定监管场地	黄石水运口岸	进境粮食	大米、大麦、小麦、高粱、大豆、玉米	2019 年 12 月	
10	武汉海关	武汉东湖综合保税区进口肉类指定监管场地	——	肉类	猪肉、牛肉、羊肉、禽肉、鱼类	2015 年 2 月	

（湖北省口岸办提供）

湖 南 省

湖南省口岸分布示意图

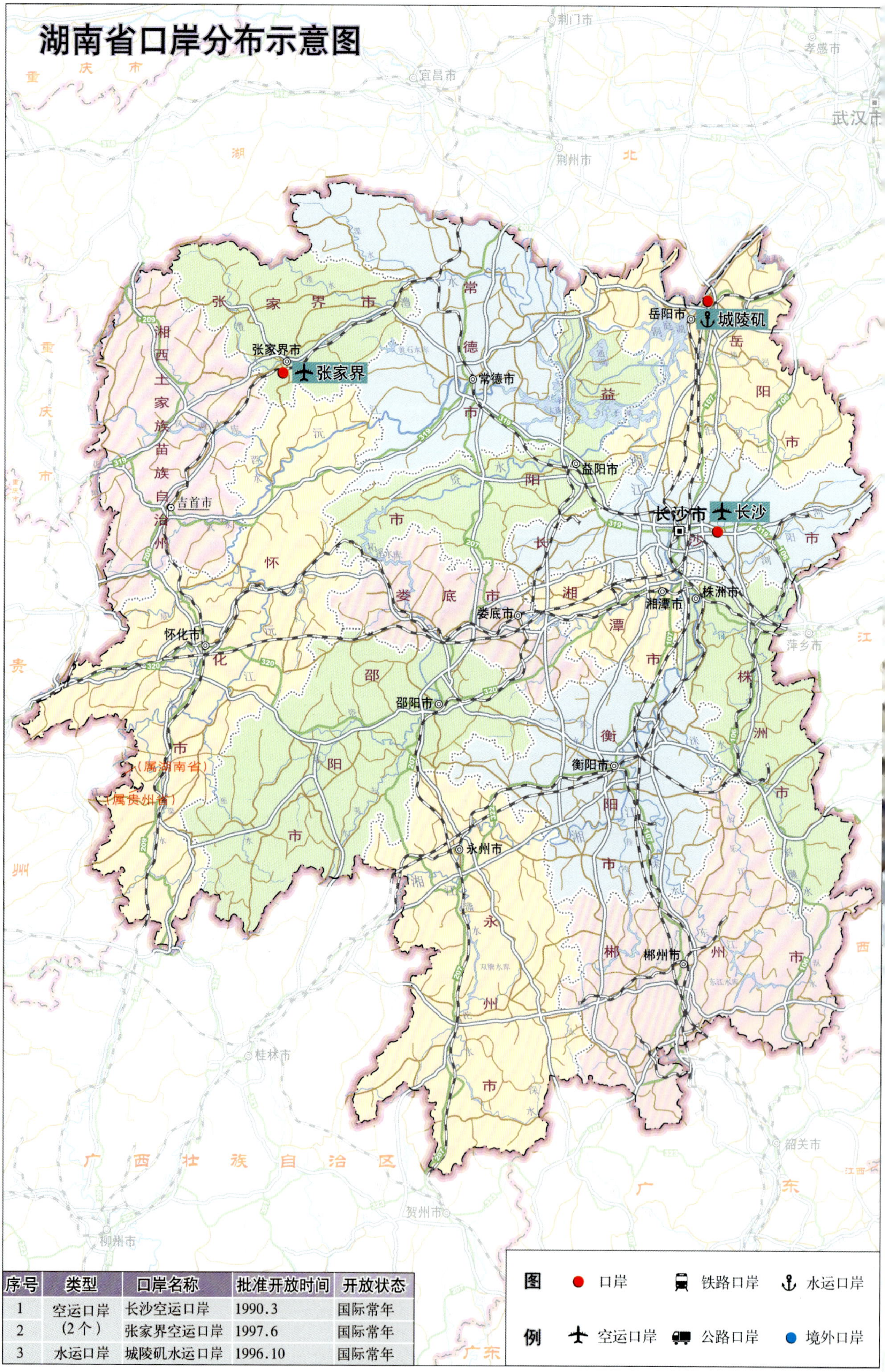

序号	类型	口岸名称	批准开放时间	开放状态
1	空运口岸（2个）	长沙空运口岸	1990.3	国际常年
2		张家界空运口岸	1997.6	国际常年
3	水运口岸	城陵矶水运口岸	1996.10	国际常年

图例：口岸　铁路口岸　水运口岸　空运口岸　公路口岸　境外口岸

口岸数量及分布

截至2019年年底，湖南省共有经国务院批准的对外开放口岸3个，其中空运口岸2个，分别为长沙空运口岸（长沙黄花国际机场）和张家界空运口岸（张家界荷花国际机场）；水运（河港）口岸1个，即岳阳城陵矶水运（河港）口岸。

口岸运行数据

2019年，湖南省进出口总值4 342.2亿元，同比增长41.2%。其中，出口3 076.1亿元，同比增长51.9%；进口1 266.1亿元，同比增长20.4%。

从贸易方式看，湖南省一般贸易进出口3 184.6亿元，同比增长40.4%，占同期湖南省进出口总额的73.3%。其中出口2 411.9亿元，同比增长54.6%，进口772.8亿元，同比增长9.2%。同期，加工贸易进出口946.3亿元，同比增长26.3%，占同期湖南省进出口总额的21.8%。

从贸易伙伴看，湖南省对中国香港贸易额634.1亿元，同比增长43.6%；对美国贸易额412.1亿元，同比增长15.3%；对韩国贸易额236.9亿元，同比增长42.9%。同期，湖南省对欧盟贸易额614.2亿元，同比增长55.7%；对东盟贸易额619.1亿元，同比增长62.7%。

2019年，湖南省口岸出入境人员、航班达到326.4万人次、2.04万架次，同比增长16%、14%。其中，长沙空运口岸出入境人员290.2万人次，同比增长10%，出入境航班1.79万架次，同比增长8%；张家界空运口岸出入境人员35.9万人次，同比增长103%，出入境航班0.25万架次，同比增长80%。常德桃花源机场（临时开放）出入境人员4 006人次、航班26架次。

2019年，湖南省航空国际货邮吞吐量5.1万吨，同比增长73%。岳阳城陵矶港完成集装箱吞吐量50.7万标箱，同比增长0.4%，开航各地线路663个往返航次。

口岸综合管理

【空运口岸新开国际客货运航线13条】 长沙新开至内罗毕、名古屋、曼德勒、加德满都、中国澳门等7条定期客运航线，至曼谷、纽约、圣地亚哥3条全货机航线，实现与五大洲、东盟十国全面定期直航，为长沙“四小时航空经济圈”建设和全省对外开放提供了有力支撑。张家界新开至大阪、暹粒、马尼拉3条航线，口岸进出境外籍旅客达到25万人次。全省口岸出入境人员突破326.4万大关，同比增长16%；航空国际货邮吞吐量5.1万吨，同比增长73%。

【综合保税区外贸进出口突破百亿美元大关】 湖南省7家综合保税区、保税物流中心外贸进出口总额达到148.96亿美元，同比增长64.9%，占全省外贸比重从上年的20.2%提升到23.7%。其中，长沙黄花综合保税区、岳阳城陵矶综合保税区、金霞保税物流中心进出口额分别达到56.5亿美元、40.1亿美元、20.2亿美元。

【湘欧班列实现双向均衡快速发展】 湘欧班列累计发运446列，货值11.5亿美元，同比分别增长133.5%、50%，发运量位居全国第6。长沙班列平台公司完成重组，运营实力显著提升，开行回程班列203列，成功实现双向运量平衡，明斯克线路发运量跃居全国首位。株洲班列成功开通，怀化班列持续运营，分别发运17列、18列。

【整车、粮食、冰鲜水产等指定口岸、监管场地进口爆发式增长】 岳阳水运口岸进口汽车整车7 547台，同比大幅增长165.1%，排全国同类口岸第4位；进口粮食56.4万吨，同比增长92%；长沙空运口岸进口冰鲜水产品1.33万吨，货值1.71亿美元，波士顿龙虾进口量占全国70%以上，成为全国进口优质海鲜重要集散中心；水果指定监管场地进口3 886吨，货值1 130万美元。

【口岸平台开放建设取得突破进展】 常德桃花源机场实现对外临时开放，并开通至泰国曼谷直航航班，成为湖南省继1990年开放长沙黄花机场、1999年开放张家界荷花机场，时隔20年后第三个对外开放机场。岳阳城陵矶综合保税区二期竣工验收，确保了新金宝等重大项目如期投产运营。长沙黄花机场进境水果指定监管场地通过验收，张家界荷花机场综合功能指定口岸建设完工。

【国际贸易“单一窗口”服务功能快速扩展】 2019年新上线口岸物流、出口退税、金融服务一级应用功能3项，二级应用功能24项；平台一级应用功能总计达到14项，二级应用功能总计达到68项。组织推广应用专题培训27场，培训2 400人次。全省应用企业达到1.2万家，累计申报量突破300万票，货物申报覆盖率稳定达到100%。组织开发了综合保税区综合服务信息平台、免除查验相关费用申报管理系统、EMQ电子提箱系统等3个地方特色应用项目。

【完成各项重大涉外活动通关保障任务】 充分准备、精心组织，顺利完成中非博览会乌干达总统专机通关、200余名省部级贵宾以及3 000余名嘉宾迎送任务，口岸服务能力通过重大检验，充分展示了湖南文明开放新形象。认真做好“一带一路”青年创意与遗产论坛、“中国航天日”、世界计算机大会、博鳌亚洲论坛理事会议、亚太绿色低碳发展高峰论坛、国际轨道交通和装备制造博览会、网络安全及智能制造大会、第七届矿博会、第三届食餐会等10多项重大涉外活动的通关服务。

口岸监管与服务

【湖南出入境边防检查总站全力维护国门安全有序】 以完成中华人民共和国成立70周年大庆边检安保任务为主线，一是强化党委组织领导。针对年内23个口岸管控重要敏感节点，制定国庆70周年大庆边检安保工作等19个安保工作方案，分类完善口岸管控措施，通过党委班子成员驻点一线督导、业务部门全程跟进、执勤一线挂图作战，全面落实系列安保工作措施，筑牢了口岸防控安全防线。二是夯实口岸管控基础。制定总站口岸管控基础工作量化指标、重点国家旅客审查询问要点，加强边检情报信息分析研判预警，规范勤务组织指挥，强化执法执勤质量督察，规范口岸限定区域管理。三是提升口岸管控合力。深入推进“三非”外国人专项治理，与湖南省公安厅国保总队建立口岸防“闯关”及排查处置涉稳人员协作机制，与省内高校建立外籍留学生管理服务协作机制，与口岸重点企业建立了管理互动、业务交流、信息共享机制，不断深化与反恐、出入境、机场公安及联检单位联勤联动机制，建立了口岸联合“查、堵、打、防”体系，全面提升了口岸管控工作合力。

【湖南出入境边防检查总站全力服务地方扩大对外开放】 主动服务湖南省委省政府“创新引领、开放崛起”战略，全力支持地方社会经济发展和扩大开放新布局，围绕长沙“四小时航空经济圈”、7×24小时及全程航班口岸通关服务、张家界口岸航线拓展和常德桃花源机场口岸临时开放，向湖南省政府专题汇报建议口岸发展思路和通关能力建设意见。完成了首届中非经贸博览会、第七届中国国际矿博会、2019年湖南“一带一路”绿博会等重大国际活动口岸通关保障任务，树立了湖南省良好的对外开放窗口现象，优质高效的边检服务工作。落实便民利民新举措，深化边检“放管服”改革，制定了节假日口岸客流高峰工作相关实施方案，建立口岸客流实时监测预警机制，通过推行口岸边检自助通关，外国人生物信息采集前置分流，设置口岸现场温馨提示，及时引导旅客错峰通关，落实跨站警力支援和现场警力交叉补位，不断优化勤务组织模式，克服警力不足困难，在实现中国公民30分钟内通关的同时，也提高了外国人口岸通关效率，全面提升了出入境旅客的舒适感和满意度。

【湖南出入境边防检查总站全面加强执法规范化建设】 深入贯彻全面依法治国方略，部署推进总站边检法治化建设，严格执行《公安机关办理行政案件程序规定》《公安机关维护民警执法权威工作规定》，聘请法律专业机构担任总站常年法律顾问，建立健全重大决策合法性审查和维护民警执法权威等工作机制，进一步加强了边检执法保障。研究制定了总站加强边检执法建设工作的相关要求，部署开展边检勤务规范化专项教育整顿活动，坚持边检执勤执法风险隐患排查分析评估、执法案卷半年评查、执法质量年度考评和执勤执法每日网上督察等制度，深化边检执勤执法外部监督，未发生乱许可、乱审批、重大执法过错、领导干部干预司法等问题，进一步规范了边检执法行为。编写了总站边检执法用语工具书，常态化开展“以案释法”教育培训，建立健全案件会商、法制审核和办案责任人机制，统一规范执法办案流程、裁量标准、法律文书及案卷制作标准，未发生行政复议、行政诉讼案件，未出现国家赔偿及有效投诉，进一步增强边检执法效果。

【湖南出入境边防检查总站全面加强信息科技深度应用】 推进“数字边检”建设，不断完善信息化基础建设，制定了总站信息化建设三年工作规划，升级改造边检网络结构，建设核心业务网备用线路，开通边检执勤4G无线对讲，搭建边检4G无线验放平台，完善口岸现场视频监控设施，协调长沙机场按照国家B级标准完成边检站执勤现场中心机房提质改造，全面夯实了边检信息化建设基础。不断强化技术手段应用，自主开发出入境人员动态监测、舱单信息实时比对和重点出入境人员风险评估、活动轨迹实时监控等技术软件，提高了口岸风险隐患的预警预防能力、主动预知出入境人员需求跟进服务能力，提升了大数据应用水平，信息化应用从被动跟随逐渐向主动引领跨越。不断提升运维保障能力，实现边检系统24小时运维保障。建立了边检系统应急处置保障机制，实现自动监测核心系统运行情况，有效保障了系统运行、数据安全和口岸正常通关。部署推进总站软件正版化工作，全面清查软件使用情况，切实做到底数清、情况明。扎实开展网络信息安全检查和故障处置实战化训练，有效应对勒索病毒变种和防盗追踪软件攻击，全年未发生网络攻击和失泄密事件。

【海事部门切实开展优化口岸营商环境举措】 根据长江海事局印发的优化营商环境相关工作措施要求，岳阳海事局根据实际，制定辖区改善营商环境“4·18”举措，通过开展规范有形之手、拆除隐形之门、凝聚发展合力、推崇为民至上4项优化环境20项工作举措工作，引导航运企业健康转型升级。2019年，岳阳海事局保障了62 716艘次船舶、13 180.8万吨货物进出港安全。

【长沙海关全面深化改革，提升口岸通关效率】 借全国海关机构改革的东风，实现了湖南省各市州隶属海关机构全覆盖。充分发挥机构改革“化学反应”效应，推动海关业务全面深度融合，扎实推进通关一体化、税单无纸化、关税保证保险、智能审图、先验放后检测等改革，实现申报单证、作业系统、风险研判、指令下达、现场执法的“五统一”，口岸通关效率明显提升。2019年进出口海关通关时间分别为4.44小时、0.31小时（全国分别为8.65小时、0.46小时），继续保持在良好水平，全省进出口整体通关时间分别为47.81小时、4.83小时，达到海关总署考核指标要求。全面落实《海关全面深化业务改革2020框架方案》，积极推进“两步申报”等改革。自主完成进出口食品企业备案优化改革，将省内出口食品生产企业备案、进口食品进口商备案、进口化妆品境内收货人备案和进口肉类收货人备案等4项调整下放至所在地隶属海关办理，将长沙地区进口食品查验、检验检疫及送检流程全部整合、集中作业，企业进口食品入市时间可提前5~7天。

【长沙海关不断优化服务，促进优势产业创新发展】 积极落实国家税收优惠政策，减免税款12.27亿元、增长9.7%，其中重大技术装备减免税11.07亿元，居全国第一。加强税政调研，推动金属陶瓷制品提高出口退税率，推动智能制药装备进入国家鼓励发展的重大技术装备产品目录，已通过财政部等六部委组织的专家评审，预计可为楚天科技等制药装备企业减免税款1 000余万元，推动混凝土泵车底盘条目延期，预计可继续为湖南省工程机械制造企业年减免关税约4亿元。主动出谋划策，帮助企业利用好国内外两个市场，提高经营水平，如：支持华菱钢铁集团进口优质煤炭，仅原料进口一项就节约成本近7 000万元。

【长沙海关用好开放平台功能，增强外贸发展动力】 认真研究落实《国务院关于促进综合保税区高水平开放高质量发展的若干意见》，推动委托加工、四自一简、汽车保税仓储等12项政策落地见效。支持岳阳引入泰金宝精密、泰金宝光电等重点企业，目前已开始投产。协助海关总署制定出台支持湘南湘西承接产业转移示范区建设措施13项，加大业务培训、政策宣讲力度，助推湘南湘西企业"走出去"，促进县域外贸"破零倍增"，2019年加工贸易进出口946.3亿元，增长26.3%，占全省进出口总值的21.8%。积极协调中非经博会进境展品、人员顺利通关，涉及14个国家、260余项展品在开幕前顺利入境参展，高效办理了展会物资留购、损耗核定、复运出境、销毁等海关手续，保障经博会圆满闭幕。

【长沙海关切实强化监管，全力维护国门安全】 认真落实总体国家安全观，强化口岸实际监管，切实把好口岸政治安全关、公共卫生安全关、重大疫情防疫安全关、国门生物安全关、进出口商品质量安全关、进出口食品安全关，筑牢口岸安全防线。全年监管邮、快件总数2 055.7万件，增长2.6%。实施货物检验检疫9万批次，下降0.6%，货值379.4亿元，增长14.1%；抽检率51%，抽检不合格率0.8%。检疫发现出入境发热/有传染病症状人员1 209人次，确诊传染病308例。全力加强非洲猪瘟防控，旅检渠道截获非洲猪瘟阳性样品40批，多措并举保障供港澳活猪、猪肉产品等农产品安全监管，全年截获禁止进境物1.1万批，截获有害生物74种类239种次。开展国门利剑专项行动，严厉打击各类走私违法活动，累计办结刑事案件39起，增长5.4%；抓获犯罪嫌疑人55人，采取强制措施104人次，送检察院审查起诉案件24起51人，检察院提起公诉13起30人，法院判决16起22人，办结行政案件253起，增长4.5%。

开放口岸

【长沙空运口岸（长沙黄花国际机场）】 长沙空运口岸1990年3月正式对外开放，1999年开通国际航空货运，是湖南省最早开放的空运口岸。口岸机场长沙黄花国际机场位于长沙市长沙县黄花镇，飞行等级为4F级，现有3 800米跑道1条、3 200米跑道1条，航站楼面积21.2万平方米，是湖南省规模最大的民用机场，也是湖南首个对外开放口岸。长沙空运口岸实行24小时通关，推行无纸化通关、"属地报关、口岸验放"、风险分级管理等措施及"10－5－3－1"边检服务法（10步远时面带微笑，5步远时主动问候，3步远时引导提示，1步远时热情服务）、4S（微笑Smile、真诚Sincerity、规范Standard、满意Satisfaction）服务模式。

2019年，长沙空运口岸实现进一步发展。一是口岸平台功能不断加强。进境水果指定口岸监管场地顺利通过海关总署验收，并于5月7日正式开展进口水果业务。黄花综合保税区进境食用水生动物指定监管场地于9月24日获批。国际邮快件监管中心顺利开展业务，成功申报开通国际小包美国、俄罗斯、英国、法国、澳大利亚、日本6个国家直封。二是口岸基础设施不断完善。借助口岸优势，推动黄花机场航空港与黄花综合保税区的"港区一体化"建设。黄花综合保税区C区东卡口作业区已启动建设，并建成跨境电商监管中心。三是口岸营商环境不断优化。推进压缩整体通关时间和提效降费，协调进出口环节验核单证从86种减少到46种。以长沙获批跨境电商综合试验区为契机，紧扣最为关键的信息化建设，推动线上综合服务平台建成并投入使用，保障了跨境电商9610、1210通道的顺畅。

长沙黄花综合保税区于2016年5月获批设

立，规划面积1.99平方千米，一期建设0.77平方千米，是湖南省唯一临空综合保税区。2019年，长沙黄花综合保税区有实绩企业达到114家，实现外贸进出口额56.48亿美元，同比增长110.5%。

长沙空运口岸

【张家界空运口岸（张家界荷花国际机场）】 张家界空运口岸1999年4月正式对外开放，2016年开通国际航空货运，是武陵山片区目前唯一的对外开放口岸。口岸机场张家界荷花国际机场位于张家界市永定区，飞行等级为4D级，现有2 600米跑道1条，航站楼面积4.65万平方米。至2019年年底，张家界空运口岸开通18条国际（地区）定期客运航线。张家界地处湖南西北部，武陵山腹地，拥有第一个国家森林公园、世界自然遗产、世界地质公园、国家5A级旅游景区等多项桂冠，旅游资源丰富，是国内外重要的游客集散地，首批国家旅游综合改革试点城市之一。

2019年，张家界空运口岸国际航空发展迅猛。一是国际（地区）航线拓展快。运行至日本大阪，菲律宾马尼拉，柬埔寨暹粒，韩国首尔、清州、大邱、务安、釜山，越南胡志明市、河内，泰国曼谷，中国台北等12条航线。二是航线市场多元化。航线布局多元，一改以往韩国航线一家独大的局面，新兴的东南亚航线市场快速占据三分之一强，大阪航线吹响了打开东亚日本高端市场的号角。三是航班结构优化。运营的航线航班从往年以短期包机主，发展为当前以长期定期为主，12条航线中仅1条为包机航线。航班时刻进一步优化，原来大量的红眼航班现象已不复存在。

同时，张家界空运口岸通关环境持续优化。一是推广国际贸易“单一窗口”应用。举办2次“单一窗口”业务培训，覆盖全市商务部门和重点外贸企业，推行企业运用“单一窗口”平台通关，提高了效率，节省了成本，优化了监管。二是施行国际航班国内段通关模式。协调口岸旅检首次实现国际航班国内段中转联程行李直挂，解决了长沙—张家界—曼谷航班中转时间短，旅客体验差的问题，保障了航线良好运行。三是实施口岸落点签证面签。在“两会”和国庆重大安保收紧签证政策期间，争取了口岸落地签证不停签，实施面签模式，降低了航线合作旅行商的签证成本，提高了签证效率，保障了航班的收客营运。四是推进144小时免签政策。努力争取省政府向国务院正式报文申请该项重大政策。五是增加口岸单位人员配备。配备张家界边检站20名辅警。新增加3名编制设立了市口岸事务中心，口岸队伍力量加强。六是改善口岸通关设施。新设国际停机位3个，客流高峰期实行廊桥双向流动，优化了自助通关设施。

张家界空运口岸

【城陵矶水运（河港）口岸】 岳阳城陵矶河港口岸包括1996年10月国务院批准的城陵矶港和2009年6月正式开港营运的城陵矶新港以及华粮、岳化、长炼三个一类口岸停靠点。城陵矶港全年平均水深12米以上，共有客货泊位37个，其中3 000吨级泊位29个，3 000吨级（兼顾5 000吨级）集装箱泊位7个，拥有进港铁路专线、H986集装箱机检中心等，可常年停靠5 000

吨级以上的船舶，是长江八大深水良港之一。2019 年，岳阳城陵矶河港口岸平台功能持续完善。一是加强外贸联检锚地的管理和利用。签订《岳阳新港口岸联检锚地专设航标代设代管委托合同》，保持联检锚地专设航标技术状况正常，为进出城陵矶口岸外贸集装箱船舶提供安全保障。二是完成城陵矶口岸生物安全实验室建设并投入使用。经多次调整装修方案，于2019 年5 月完成项目建设，正式移交岳阳海关使用，有力地提升了生物检验工作效率，提升了口岸公共卫生应急能力，提升了城陵矶一类水运口岸形象。协调推进城陵矶口岸公共卫生核心能力建设，牵头组织城陵矶口岸核与辐射突发事件应急处置演练，检验了岳阳口岸监管环节核与辐射突发事件应急处置预案的有效性，提高了口岸监管部门反恐意识，为深入开展口岸核与辐射反恐防范工作奠定了坚实基础。

同时，岳阳城陵矶河港口岸提效降费工作取得显著进展。一是压缩通关时间提高通关效率。口岸联检单位进一步深化“放管服”改革，简化通关流程。制定公布口岸吊装、移位、掏箱等生产作业时限，在城陵矶新港公司门口电子屏宣传栏进行滚动式播放，接受企业监督，提升口岸运营效率，压缩口岸整体通关时间。二是落实收费清理和收费公示。开展口岸通关环节收费检查清理，重点认真查看企业的收费台账，核对实际收费情况与公示是否一致。对进出口企业比较关心的垃圾油污、熏蒸费消毒、换单、中转、查验、掏箱、插电、危险品申报等费用进行全面的清理，并要求提供收费依据和收费标准。在城陵矶新港、城陵矶港及城陵矶通关服务中心等通关服务现场落实进出口环节收费公示，将相关收费项目、标准、依据等在固定牌上公开。

岳阳城陵矶综合保税区于 2014 年 7 月 5 日经国务院正式批复设立，规划面积 2.98 平方千米，于 2016 年 8 月 9 日正式封关运营。2019 年，岳阳城陵矶综合保税区有实绩企业达到 93 家，实现外贸进出口额 40.04 亿美元，同比增长 59.2%。

2019 年湖南省口岸大事记

1 月 19 日

长沙开通至曼德勒客运航线。

1 月 22 日

湘欧班列株洲—明斯克班列首发。

1 月 23 日

湖南省副省长何报翔赴长沙空运口岸和霞凝铁路货站，慰问口岸一线干部职工。

1 月 31 日

长沙黄花综合保税区纳入海关特殊监管区域一般纳税人资格政策试点范围。

2 月 26 日

长沙开通至曼谷货运航线。

4 月 16 日

长沙开通至文莱斯里巴加湾市客运航线，成为中部地区首个实现东盟 10 国定期航线全面覆盖的城市。

5 月 7 日

长沙空运口岸获批进境水果指定监管场地资质。

5 月 9 日 ~10 日

湖南省政府口岸办联合长沙海关在长沙市举办全省海关特殊监管区域专题业务培训。

5 月 14 日

湖南省政府召开口岸工作部门联席会议，研究部署优化口岸营商环境、综合保税区升级发展、打私综合治理工作。湖南省副省长何报翔出席会议并做重要讲话。

6 月 11 日

长沙开通至内罗毕客运航线。

6 月 25 日

乌干达总统穆塞韦尼一行乘专机从长沙空运口岸入境。

6 月 28 日

乌干达总统穆塞韦尼一行乘专机从长沙空运口岸离境。

8 月 9 日

长沙开通至纽约货运航线。

8 月 19 日

张家界开通至大阪客运航线。

8 月 20 日

岳阳城陵矶综合保税区二期通过长沙海关牵头组织的联合验收。

9 月 24 日

长沙黄花综合保税区进境食用水生动物指定监管场地获批。

10 月 16 日

张家界开通至首尔客运航线。

10 月 17 日

张家界开通至清州、务安客运航线。

11 月 20 日

长沙开通至加德满都客运航线。

11 月 27 日

湖南省空运口岸出入境人次突破 300 万大关，创历史新高。

12 月 11 日

常德开通至曼谷客运航线，成功实现桃花源机场对外临时开放。

12 月 18 日

长沙国际铁路港海关监管区通关长沙海关验收，正式投入使用。

（撰稿人：罗专、段凌）

2019 年湖南省口岸流量统计表

口岸类型		口岸名称	货运量（万吨）				集装箱量（万标箱）				人员（万人次）				交通工具（辆、艘、架、列次）			
			出口	进口	合计	同比（%）	出口	进口	合计	同比（%）	出境	入境	合计	同比（%）	出境	入境	合计	同比（%）
空运口岸		长沙空运口岸	16.31	7.47	23.78	143.8					145.2	145.0	290.2	10.1	8 926	8 934	17 860	8.0
空运口岸		张家界空运口岸	0.06	0.00	0.06	−7.8					17.9	18.0	35.9	102.9	1 263	1 264	2 527	80.5
空运口岸		常德空运口岸（临时开放）									0.2	0.2	0.4	—	13	13	26	—
空运口岸		分计	16.37	7.47	23.84	142.8					163.3	163.2	326.4	16.1	10 202	10 211	20 413	13.8
陆路口岸	公路口岸	郴州公路口岸	0.00	0.19	0.19	—												
陆路口岸	公路口岸	分计	0.00	0.19	0.19	—												
陆路口岸	铁路口岸																	
陆路口岸	铁路口岸																	
水运口岸	海港口岸	岳阳城陵矶		0.13	0.13	−62.4		0.01	0.01	—								
水运口岸	海港口岸	分计		0.13	0.13	−62.4		0.01	0.01	—								
水运口岸	河港口岸																	
水运口岸	河港口岸	分计																
合计			16.37	7.79	24.16	137.4	0.00	0.01	0.01	—	163.3	163.2	326.4	16.1	10 202	10 211	20 413	13.8

（湖南省口岸办提供）

2019 年湖南省口岸出入境主要数据表

项目			2019 年	2018 年	同比（%）
出入境人员（人次）	出入境人员总数		3 264 200	2 811 374	16.11
	入境人员		1 630 996	1 398 205	16.65
	出境人员		1 633 204	1 413 169	15.57
	出入境旅客		3 080 230	2 653 135	16.10
	出入境员工		183 970	158 239	16.26
	中国公民	小计	2 411 895	2 129 360	13.27
		内地居民（因公）	58 064	47 603	21.98
		内地居民（因私）	2 123 733	1 864 746	13.89
		港澳居民	21 700	28 415	-23.63
		台湾同胞	208 398	188 596	10.50
	外籍人员		852 305	682 014	24.97
	从海港出入境人数				
	从陆港出入境人数				
	从空港出入境人数		3 264 200	2 811 374	16.11
交通运输工具（辆、艘、架、列次）	总计		20 413	17 934	13.82
	船舶				
	飞机		20 413	17 934	13.82
	火车				
	机动车辆				

（湖南出入境边防检查总站提供）

2019 年长沙海关主要数据统计表

项目		2019 年	2018 年	同比（%）
进出口货运量（万吨）	合计	2 690. 5	2 886. 4	-6. 8
	进口	2 453. 7	2 680. 5	-8. 5
	出口	236. 8	206. 0	15. 0
进出口贸易总值（万美元）	合计	2 653 818. 8	2 139 416. 6	24. 0
	进口	1 313 223. 8	1 206 167. 3	8. 9
	其中：江、海运输	557 786. 8	648 248. 9	-14. 0
	铁路运输	26 020. 9	16 646. 8	56. 3
	汽车运输	412 082. 0	364 651. 9	13. 0
	航空运输	314 760. 2	175 917. 0	78. 9
	邮件运输	2 536. 5	48. 3	5 151. 6
	其他运输	37. 4	654. 4	-94. 3
	出口	1 340 595. 0	933 249. 3	43. 6
	其中：江、海运输	523 902. 7	473 472. 3	10. 7
	铁路运输	107 383. 4	69 843. 7	53. 7
	汽车运输	416 098. 3	301 083. 1	38. 2
	航空运输	284 067. 7	88 786. 4	219. 9
	邮件运输	9 112. 3	32. 7	27 766. 4
	其他运输	30. 6	31. 1	-1. 6
税收（万元）	两税合计	1 067 090. 4	1 180 772. 5	-9. 6
	关税入库	134 587. 8	143 979. 2	-6. 5
	进口环节税入库	932 502. 6	1 036 793. 2	-10. 1

（长沙海关提供）

2019 年岳阳海事局进出港船舶统计汇总表

船舶类别	进港船舶							出港船舶						
	艘数（艘）	总吨（吨位）	总载重量（吨）	载客量（客位）	船员人数（人次）	货物到达量（吨）	旅客到达量（人）	艘数（艘）	总吨（吨位）	总载重量（吨）	载客量（客位）	船员人数（人次）	货物发送量（吨）	旅客发送量（人）
总计	31 396	65 796 733	100 389 660	2 650 000	188 376	57 527 987. 91	701 500	31 320	66 012 639	100 715 062	2 820 000	187 920	22 328 157. 78	348 500
中国籍船舶	31 396	65 796 733	100 389 660		188 376	57 527 987. 91		31 320	66 012 639	100 715 062		187 920	22 328 157. 78	
其中外贸船	2 371	7 768 102	8 622 080		18 968	4 766 407		2 388	7 818 389	8 623 567		19 104	4 261 245	

（岳阳海事局提供）

2019年湖南省指定监管场地统计表

序号	直属海关	监管场地名称	进境口岸	类型	拟进口品种	批复时间	备注
1	长沙海关	岳阳城陵矶新港进境粮食指定监管场地	湖南岳阳城陵矶水运口岸	进境粮食	粮食	2014年10月	
2	长沙海关	湖南岳阳城陵矶进口肉类指定监管场地	湖南岳阳城陵矶水运口岸	进口肉类	肉类产品	2014年11月	
3	长沙海关	长沙黄花国际机场进口冰鲜水产品指定监管场地	长沙黄花国际机场口岸	进口冰鲜水产品	冰鲜水产品	2014年12月	
4	长沙海关	长沙黄花国际机场进境食用水生动物指定监管场地	长沙黄花国际机场口岸	进境食用水生动物	鱼类、甲壳类、软体类	2017年3月	
5	长沙海关	湖南红星进口肉类指定监管场地		进口肉类	肉类产品	2018年2月	
6	长沙海关	郴州进口肉类指定监管场地		进口肉类	肉类产品	2018年3月	
7	长沙海关	长沙黄花国际机场进境水果指定监管场地	长沙黄花国际机场口岸	进境水果	水果	2019年5月	
8	长沙海关	长沙黄花综合保税区进境食用水生动物指定监管场地	长沙黄花国际机场口岸	进境食用水生动物	鱼类、甲壳类、软体类	2019年10月	

（长沙海关提供）

口岸数量及分布

截至2019年年底，广东省有经国务院批准的对外开放口岸58个。其中，空运口岸5个，分别是广州空运口岸（广州白云国际机场）、深圳空运口岸（深圳宝安国际机场）、梅州空运口岸（梅州机场）、湛江空运口岸（湛江机场）、揭阳空运口岸（揭阳潮汕国际机场）；陆路（铁路）口岸6个，分别是深圳、广州、佛山、东莞、肇庆、广深港高铁西九龙站铁路口岸；陆路（公路）口岸12个，分别是文锦渡、沙头角、皇岗、罗湖、深圳湾、福田、拱北、横琴、珠澳跨境工业区、港珠澳大桥珠海公路口岸以及经国务院批复设立正在建设暂未启用的珠海青茂口岸、莲塘口岸；水运（海港）口岸23个，分别是广州、莲花山、南沙、蛇口、赤湾、妈湾、盐田、大亚湾、大铲湾、珠海、九洲、湾仔、万山、汕头、潮阳、惠州、汕尾、广海、阳江、湛江、茂名、潮州、揭阳海港口岸；水运（河港）口岸12个，分别是新塘、斗门、虎门、江门、新会、三埠、鹤山、中山、南海、高明、容奇、肇庆河港口岸。

口岸运行数据

2019年，经广东口岸进出口货运量5.05亿吨（不含对港澳水出口，下同），同比增长9.6%；出入境人员4.4亿人次，同比增长1.6%，约占全国65.7%；出入境交通工具1 991.1万辆（艘、列、架）次，同比下降0.7%，约占全国54.8%；进出口集装箱2 931.1万标箱，同比增长1.2%；海关征收入库税款4 016.9亿元，同比下降9.9%。

口岸运行主要指标稳中向好的同时，货运量及出入境人数呈现以下特点：一是进出口货运量阶段性大幅增长。2019年7月以来铁矿砂、原油、天然气等原材料和能源产品进口量大幅增长，7～11月水运口岸进口货运量月均增长23%，带动2019年广东省进出口货运总量首次突破5亿吨，达5.05亿吨。二是出入境人数出现较大幅度波动。2019年上半年，港珠澳大桥珠海口岸日均出入境人员约4.2万人次，西九龙口岸日均出入境人员约5.6万人次，带动广东省2019年上半年出入境人员同比增长10.3%，受香港局势影响，2019年下半年港珠澳大桥珠海口岸和西九龙口岸日均出入境人员分别降至2.9万人次和3.8万人次。广东省下半年出入境人员同比下降6.4%。三是航空口岸进出境人员保持快速增长。2019年空运口岸进出境人员2 516万人次，首次突破2 500万人次，同比增长12.6%。其中广州白云国际机场1 810.2万人次，同比增长8.8%；深圳宝安国际机场637.8万人次，同比增长28.8%，连续两年增幅超过25%。

口岸综合管理

【促进跨境贸易便利化】 一是深入贯彻落实国家优化口岸营商环境决策部署，研究制定并由省政府印发实施《广东省优化口岸营商环境促进跨境贸易便利化措施》（粤府函〔2019〕31号），对明确由地方政府落实的任务逐一细化32条具体措施。落实海关总署和省政府部署要求，支持广州、深圳市开展促进跨境贸易便利化专项行动，带动全省各地继续巩固和扩大优化口岸营商环境工作成效。二是务实推进降低口岸合规成本。落实口岸收费公示制度，建立动态更新机制。会同市场监管、小型船舶公共信息平台有关服务机制，实现免费申报，每年减轻企业负担约3 000万元。继续推进免除查验没有问题外贸企业吊装移位仓储费用试点，2019年免除费用近1.8亿元。三是巩固压缩口岸通关时间成效。以广州港、深圳港、珠海港等重点港口为示范，推动全省港口口岸全面公开码头作业时限标准，公开通关作业流程、环节和所需单证，提高货物在港周转效率。建立常态化整体通关时间通报制度，建立对广州、深圳市进出口标准品通关时效监控和通报机制。2019年底，广东省进口、出口整体通关时间为14.73小时、2.46小时，比2017

年分别压缩 65.72%、79.25%。四是配合推进简化通关单证。支持驻粤口岸查验单位优化口岸通关流程、精简通关单证。支持深圳港盐田、蛇口、大铲湾港区和广州港南沙港区、汕头港广澳港区率先实现集装箱设备交接单电子化流转。支持广东海事局通过广东电子口岸平台，实现中国—新加坡国际航行船舶相关电子证书无纸化交换。

【建设推广国际贸易“单一窗口”】 一是“单一窗口”标准版全面推广。全力推动出口退税、海关原产地证自主打印等 16 项新上线应用和“两步申报”改革试点在广东省落地推广。截至 2019 年年底，广东省已上线推广 14 大项 63 个中央标准版应用，累计申报单量达 8.6 亿票，占全国比重提高至 44.6%。货物、舱单、运输工具申报等主要业务如期实现覆盖率 100%。二是地方特色应用项目建设积极推进。依托“单一窗口”标准版公路运输工具申报系统，推进粤港澳跨界车辆信息管理综合服务平台建设，促进粤港澳大湾区跨界车辆业务“网上办”“协同办”，首期应用功能 17 项业务已上线测试运行；推进粤澳“单一窗口”交流合作，推动粤澳货物“一单两报”综合服务平台建设，为两地企业货物通关提供“一站式”服务。三是口岸物流信息电子化建设稳步推进。以广东“单一窗口”作为数据交换平台，在广州、江门、湛江等口岸推广口岸查验指令推送功能，在汕头试点建设口岸物流协同平台，实现关企互动功能以及出口设备交接单无纸化功能。支持深圳盐田、蛇口、大铲岛以及广州南沙港区、汕头港广澳港区依托港区作业系统及船代系统，率先实现设备交接单等单据无纸化流转。四是广东电子口岸大数据分析平台建设稳步推进。研究制定广东“单一窗口”运行管理和数据安全管理规程，在确保数据安全的前提下发挥数据效能，推动深圳“单一窗口”统计数据汇聚广东电子口岸平台。推进大数据分析可视化展示系统（二期）建设和口岸通关数据统计分析，完善全省口岸大数据分析平台，实现对全省外贸形势进行月度、季度、年度分析，初步实现数据统计分析可视化展示。

【推进大湾区口岸基础设施硬联通】 一是口岸基础设施“硬联通”方面、莲塘口岸获国务院批准对外开放，内地口岸区已完成设施设备安装及“一站式”通关信息系统建设，具备开通条件。皇岗口岸采取“边通关、边建设、边拆除”的方式加快推进重建。目前临时旅检楼主体结构已完成，旧查验场已开始拆除，新联检楼设计方案已基本确定。澳门莲花口岸获国务院批准搬迁到珠海横琴口岸，实行“一地两检”安排及采取“合作查验、一次放行”通关模式；港珠澳大桥珠海公路口岸珠澳通道获国务院批准增加货运功能，珠澳跨境工业区专用口岸获国家口岸办批准临时调整功能并对外开放。协调推进青茂口岸查验设施规划建设、“合作查验、一次放行”通关模式、设施设备采购安装等与澳门方达成共识。启动湾仔轮渡客运口岸临时旅检场地建设，协同推进加快恢复通关运作。二是口岸通关服务“软联通”方面。积极推进深圳湾口岸分步、分阶段实施 24 小时通关与港方达成共识，即深圳湾口岸 2020 年 6 月推行私家车（小车）24 小时通关、9 月推行货检通道 24 小时通关、12 月全面推行 24 小时通关。支持深圳边检在文锦渡口岸推进小车通道免下车查验试点，在出入境各两条小车通道完成场地改造和设备安装，并于 2020 年 1 月 1 日投入试运行。协调解决供港砂石在广东省口岸通关服务保障、横琴口岸重建期间供澳鲜活商品出入境等问题，保障港澳重点工程建设和居民生活物资供应。协调落实番禺莲花山港客运有限公司开展“南下挂港”业务；协同广州、佛山、肇庆市，支持配合广铁集团调整优化铁路客运口岸资源，暂停肇庆、佛山至香港（红磡）直通车运行，开行经停肇庆、佛山至西九龙高铁列车，便捷珠三角和香港旅客往来。

【口岸建设和改造】 扎实推进重点口岸项目开放建设和口岸资源整合，优化对外开放布局。积极协调推进梅州机场、湛江机场、广州港口岸、珠海港口岸、湛江港口岸等 9 个扩大对外开放项目以及莲塘新开口岸加快对外开放建设。

汕尾港、揭阳港、茂名港口岸、湛江航空口岸和港珠澳大桥珠海公路口岸获国务院批准扩大开放，莲塘口岸获国务院批准对外开放，梅州机场获国家口岸办批准续延中国台湾、中国香港、泰国等临时客运包机出入境期限。通过扩大开放的方式，推进广州、珠海、湛江、茂名、阳江港口岸整合现有口岸资源，促进口岸资源优化配置、合理利用。推进完成惠州港燃料油调和配送中心码头、佛山港了哥山港区等7个口岸新建、迁建项目通过省级验收正式对外开放，协调促成省烽火海洋网络设备有限公司配套码头、广州港大屿山三门岛锚地5个口岸项目临时对外开放7批次。持续跟进“十三五”口岸规划重点项目建设进展，协同各有关地市、驻粤口岸查验单位做好口岸查验监管配套设施的规划建设。

【“一带一路”建设】 一是支持中欧班列常态化运作和拓展新业务和新渠道。落实国家规范标准和省政府部署，务实推进中欧班列稳定运行和发展。支持海关推广“公铁联动、运抵换乘”“属地申报、运抵换乘”通关模式，在东莞（石龙）实施进出口企业差异化便利监管。支持中欧班列拓展跨境电商业务，并将机电产品、纺织服装、玩具家具等产品推向“一带一路”沿线国家。支持中欧班列拓展二手车出口和木材进口等新业务渠道，开通白俄罗斯—东莞石龙进口中欧班列，实现省内进口班列零的突破。2019年中欧班列共发运278列，同比增长48.66%；发送集装箱24 734标箱，同比增长42%；出口货值12.5亿美元，同比增长31.15%。二是支持促进重点口岸拓展国际航线。协调推进广州、深圳等市重点口岸新建、迁建项目通过验收启用，为进一步拓展国际和地区航线提供支撑。2019年广州港新增航线8条，汕头港新增航线3条，虎门港新增航线2条，湛江港新增航线1条；广州白云国际机场新增航线7条，深圳宝安国际机场新增航线17条，揭阳潮汕机场新增航线2条，湛江机场新增航线2条。

【加强口岸通关安全管理】 落实“管行业必须管安全，管业务必须管安全”要求，督促指导各地加强对安全形势研判，建立健全并提前启动预警和应急处置机制，形成全面、紧密、有效的安全防范系统。围绕庆祝中华人民共和国成立70周年、澳门回归20周年等重大节假日以及香港局势，以大型口岸、24小时通关口岸、边境口岸为重点，开展口岸通关安全检查督导，指导督促各口岸加强安全防范，落实安全责任、制度和工作措施。充分发挥省口岸广域网作用，对重点口岸进行现场视频监控，提升口岸管理综合效能。

口岸监管与服务

【广州出入境边防检查总站出台服务粤港澳大湾区建设12项措施】 一是落实过境免签等便利措施。在白云国际机场实施24小时直接过境免办边检手续的基础上，实施广东省外国人144小时过境免签政策，开设专用通道，便利过境免签旅客手续办理。二是支持香港国际机场扩建工程。简化参与香港国际机场第三跑道砂石中转项目船舶出入境边防检查手续，支持香港国际机场扩建工程。三是全面实行船舶出入境网上报检。全面对接中国国际贸易“单一窗口”，在广州、东莞、佛山、肇庆、云浮、清远、韶关等7个城市的122个货运码头、锚地、修造船厂全面实行边检手续网上申报。四是开通供港澳鲜活产品“绿色通道”。在广州、东莞、佛山、肇庆、云浮、清远、韶关等7个城市的105个货运码头、锚地对供港澳鲜活产品推行优先查验服务，开通供港澳鲜活产品“绿色通道”。五是简化在珠江口锚地候泊国际航行船舶边检手续。在珠江口锚地候泊超过24小时的国际航行船舶，经预报，可直抵广州港办理入境边检手续。六是扩大上下外国船舶和搭靠外国船舶两项行政许可的适用范围。在广州、东莞、佛山、肇庆、云浮、清远、韶关等7个城市的122个货运码头、锚地、修造船厂全面实行上下或搭靠外国船舶行政许可“一地办理、多地通用”。七是优化船舶出入境检查管理。简化广州、东莞、佛山、肇庆、云浮、清远、韶关等7个城市的122个货运码头、锚地、修造船厂的船舶查验手续和监管流程，实行诚信安全等级评定制度，实现对出入境船舶的风险评估和差异化管理。八是推行边检行政许可电子化服务。在广州、东莞、佛山、肇庆、云浮、清远、韶关等7个城市的122个货运码头、锚地、修造船厂推出边检电子行政许可，实现网上申办、网上签发、网上管理。九是支持邮轮产业发展。配合争取在广州南沙国际邮轮码头实施144小时个人过境免签和外国旅游团乘坐邮轮从广州南沙入境15天免签政策，促进广东入境旅游市场发展。十是支持游艇产业发展。配合推进粤港澳游艇"自由行"，在总站管辖口岸范围内按照"定点停靠、就近联检"模式简化出入境边防检查管理手续，提供出入境便利。十一是公示口岸通关流程。在广州、东莞、佛山、肇庆、云浮、清远、韶关等7个城市的口岸服务窗口和边检微信公众号等公示边检通关指南、客流高峰提示等信息。十二是公布口岸通关服务热线。在广州、东莞、佛山、肇庆、云浮、清远、韶关等7个城市的口岸现场、办事大厅公示所在地边检站、广州边检总站和国家移民管理局三级咨询、投诉电话，统一设置监督举报箱。

【广州出入境边防检查总站主动作为维护口岸安全稳定，助力地方经济社会发展】 一是全力保障国门安全有序。总站全面贯彻总体国家安全观，严密口岸管控措施，严格出入境人员及交通运输工具检查，严厉打击各类非法出入境活动，坚决防范不法分子从口岸潜入潜出，确保国门安全，有效维护了广州、东莞、佛山、肇庆、云浮、清远、韶关等7个地市口岸的出入境秩序。二是全力保障口岸通关顺畅。认真落实中国公民出入境通关候检不超过30分钟等便民措施，建立出入境旅客高峰预测预警和对外发布机制，精准确定高峰等级，开足开满查验通道，缩短旅客候检时间，确保口岸通关高效顺畅。2019年共验放出入境人员约2 231万人次、交通运输工具20.6万余架（艘、列）次，出入境人员满意度持续高位提升。在全国率先推行边检行政许可网上办理和港口边检综合管理信息系统，获公安部肯定并向全国边检系统推广。三是全力服务经济社会发展。充分发挥驻守国家中心城市、粤港澳大湾区腹地的区位优势，立足本职、主动作为，积极回应人民群众美好生活需要，紧贴大湾区建设发展战略及"1+1+9""一核一带一区"、广州"四个出新出彩"等开发建设规划，制定实施服务粤港澳大湾区建设专项方案，出台12项服务举措，积极推动外国人144小时过境免签政策落地实施，跟进保障亚洲规模最大邮轮母港、辖区首条"虎门至澳门"航线等重大项目以及3个新增口岸、17个新增国际航班开放运营，有力促进了地方外向型经济发展和中外人员往来。积极参加广东"民声热线"栏目，主动回应社会关注问题，受到专家和群众好评，综合评分居省直机关和驻粤中直单位前列。

【深圳出入境边防检查总站全力维护口岸边境安全】 2019年，深圳边检总站始终坚持总体国家安全观，聚焦构筑安全管控体系，全力确保口岸边境安全无虞。深圳出入境边防检查总站下辖18个边检站（深圳11个，汕头2个，揭阳2个，惠州、汕尾、潮州各1个），担负23个开放口岸、15个原二类口岸、85个码头、15个出入境渔船执勤点以及福田保税区的出入境边防检查工作和沙头角边境特别管理区管理任务。2019年，深圳边检总站共查验出入境人员近2.42亿人次，同比下降4.3%；查验交通运输工具近1 458万辆（艘、架、列）次，同比下降6.1%；查获偷渡人员222人次，查获其他违法违规人员近5.9万人次。2019年4月5日，深圳边检总站共查验出入境人员100.5万余人次，刷新单日查验出入境人员历史纪录。2019年，深圳边检总站坚持以中华人民共和国成立70周年大庆安保维稳工作为主线，开展"践行新使命、忠诚保大庆"主题实践活动，加强一线执勤勤务组织，严守出入境边防检查人证对照、资料录入、证件识别"三条底线"，细化突发事件处置预案，组建突发事件应急处置机动队，开展实兵实战全过程、全要素演练，严厉打击非法出入境活动，破获多起偷渡案件，查获多名入境后可能危害国家安全利益人员，完成数次重大活动和重要节点的边检安保工作任务。坚决贯彻落实党中央对港工作方针，始终保持工作主动，密切关注可能对口岸造成的冲击，研究部署针对性防范措施，坚持严格规范公正文明执法，不断提升口岸查缉精准度，查获反宣品2 900余件、音视频5.2万余段、图片12.8万余张。积极协调口岸边境查验管理单位和属地公安、武警等有关单位，建立完善口岸联防联巡、打击粤港边界偷渡活动等常态化工作机制，建立健全口岸边境“一体化”防控体系。

【深圳出入境边防检查总站积极服务“双区”建设发展】 2019年，深圳边检总站全力助力粤港澳大湾区和深圳先行示范区建设发展，成立专项工作领导小组，推出系列服务措施。优化口岸边境查验管理模式，实施因工作需要进出口岸限定区域人员凭居民身份证备案查验管理措施，取消实体口岸证件，简化申请手续，加快审批速度，提高安全管理水平；启用沙头角边境特别管理区车辆快捷查验系统和边民“掌上通”无线查验模式，提高进出管理区人员和车辆查验效率；启用“深圳边检流渔系统”，规范流动渔船查验流程，确保流动渔船查验便捷、管控安全、服务高效。优化空港口岸管理服务措施，在深圳机场、潮汕机场口岸实施广东省外国人144小时过境免签政策。在机场口岸设置“一带一路”沿线国家人员便利通道，实行公务机预约式查验服务，按照“提前预约、专人保障、即到即办”查验模式，确保公务机查验高效便捷。

【深圳出入境边防检查总站持续深化“放管服”改革】 2019年，深圳边检总站聚焦广大出入境旅客对高质量通关服务的需求，持续提升通关效率。大力推进口岸自助通关模式，简化人员自助通道和车辆“快捷通”采集备案流程手续，扩大采集备案渠道，统一采集备案时间，切实提高信息采集备案效率，人、车自助查验通道比例增至66.2%，76.25%（1.84亿余人次）旅客自助通关。持续推出便民利民举措，在深圳湾口岸试行“特别通道”前置引导快速通行措施，优化西九龙口岸“E家行”通道设置，协调地方政府在文锦渡口岸率先设立医生服务站，优化“鲜活产品绿色通道”通关措施，努力让广大旅客有更多实实在在的获得感。探索推动通关查验模式创新，积极配合地方政府稳步推进莲塘口岸建设、皇岗口岸改造、深圳湾口岸24小时通关、深港科技创新合作区查验监管模式创新、福田保税区一号通道扩大通行范围、沙头角深港国际旅游消费合作区规划建设和中英街关口改造、邮轮查验模式创新、国际游艇自由行等系列工作，落实粤港澳三地跨境车辆便利通行措施，积极探索深港通关查验新模式，提高通关便利化水平。

【深圳出入境边防检查总站创新推进“智慧边检”建设】 2019年，深圳边检总站积极推进大数据智能化建设应用，着力提升边检工作战斗力。构建大数据支撑平台，建立数据分析模型，通过数据排查查获变换身份在逃人员百余人。研发应用穿戴式“智能眼”、粤港澳三地车牌智能识别系统等11项新成果，在全国率先启用步态侦测自助通道防尾随系统，推进高新科技与基础工作深度融合。部署4G无线应急系统，完善技术巡检、保障前置、安全防护等机制，实现原边防工作站及流动渔船执勤点的通信、网络、监控系统全覆盖，确保应急保障体系安全高效。推广“互联网+”应用，通过微信小程序、手机App等互联网公众平台实现预约通关、往来港澳小型船舶备案申报等部分边检业务网上受理应用，为出入境旅客提供“零”距离贴心服务。

【深圳出入境边防检查总站坚决打赢脱贫攻坚战】 2019年，深圳边检总站对口帮扶广西三江侗族自治县同乐苗族乡7个贫困村，总站18个基层党支部与7个贫困村联创共建，以“三江党旗红”党建为引领，构建产业、教育、就业、旅游、民生、消费、医疗等7大帮扶体系，全员捐款219万元助力贫困村基层建设。投入资金196.4万元帮助教育扶贫立项13个；引进27家企业投入398万元参与三江旅游开发、茶叶种植等产业，协调提供就业岗位700多个，投入58.9万元开展医疗健康帮扶，诊治患病群众1 300余人。桂书、孟寨、七团、同乐4个村如期脱贫摘帽，7个村贫困户总量从1 275户降至190户，顺利完成脱贫攻坚阶段性工作任务。

【珠海出入境边防检查总站服务口岸通关】 一是落实口岸开放及改扩建任务。2019年，总站辖区内口岸规划建设项目多达22个，横琴、青茂等口岸系粤澳两地政府重点建设项目，工程复杂，时间紧迫，任务艰巨。总站在国家移民管理局的领导下，积极配合广东省以及驻地政府圆满完成湾仔轮渡客运口岸重建、拱北口岸临时风雨廊建设、洪湾中心渔港开通启用，以及横琴码头、湾仔码头等执勤点进驻监管等任务，提早与澳门警方会晤商定横琴、青茂口岸合作查验通道布局、合作查验设备规格式样、筹建合作事项，共同拟制双方边检部门执法合作协议，积极配合地方政府跟进做好珠海机场国际查验区、江门高新区公共码头、阳西电厂、茂名博贺港区、湛江国际机场迁建等重大项目建设工作，积极融入地方发展大局，促进粤港澳大湾区基础设施互联互通。二是提升边检查验设施设备自动化智能化水平。应人民群众出入境热情逐渐高涨之势，近年来各口岸旅客查验通道大幅增建，边检查验设施设备自动化智能化水平不断提升。2019年，总站协调珠海市政府在港珠澳大桥珠海公路口岸增建37条查验通道，目前全总站自助查验通道在旅客查验通道中占比已达66%，使用自助通道通关旅客在出入境旅客中占比已近80%，车辆查验通道已基本实现“一站式”通关，通过查验设施设备配置总量及查验系统自动化智能化水平的提升，大力提高了口岸通关效率和便利化程度。三是优化警力配置和勤务组织。面对严峻客流疏导形势及较大警力缺口，总站建立健全客流研判预警、“蓝色提示线”“提前加开通道”、警力跨口岸支援等工作机制，强化勤务指挥调度，加强民警专业技能培训，持续抓好“中国公民通关候检时间不超过30分钟”措施落实，切实提升了口岸勤务组织灵活性和精细化水平，有力提高了口岸通关服务保障能力，确保在客流大幅增长情况下旅客通关顺畅便捷。

【珠海出入境边防检查总站创新口岸查验模式及通关政策】 一是创新口岸查验模式。在国家移民管理局的指导下，认真总结港珠澳大桥珠海公路口岸运行实践经验，积极优化“合作查验，一次放行”查验模式，主动协调澳门治安警察局、保安部队事务局开展工作会晤，研究拟定“合作查验，一次放行”模式优化完善及深化创新工作方案，扩大合作查验模式适用人员范围，会同澳门警方完成合作查验系统研发调整，共同签署双方边检执法合作协议。二是服务国家发展战略。2019年中共中央、国务院印发《粤港澳大湾区发展规划纲要》，明确提出要发挥港珠澳大桥作用，将横琴打造成为粤港澳深度合作示范区。为贯彻落实国家战略部署，珠海出入境边防检查总站解放思想、开拓创新、科学谋划、积极参与，加强粤港澳大湾区通关查验新政策研究，优化口岸通关环境，配合粤港澳三地政府先后顺利推进港珠澳大桥珠海公路口岸增加珠澳货运功能、供澳鲜活产品车辆经珠澳跨境工业区口岸通关、港珠澳大桥旅游开发等重要政策的研究论证，配合地方政府做好相关规划及政策报批工作，为出入境人员和跨境贸易往来提供良好的通关政策环境，促进人员、物资、信息等要素自由便捷流动。

【珠海出入境边防检查总站提升边检管理服务水平】 一是推进港珠澳大桥跨境车辆通行政策落地。2019年，总站配合粤港两地完成粤港两地牌车辆免加签通行港珠澳大桥政策实施工作，通过加强备案数据传输比对，确保免加签政策顺利落地，促进港珠澳大桥珠海公路口岸出入境车流量平稳增长。配合粤港澳推进港珠澳大桥大湾区配额计划实施，通过协调改造横琴口岸查验系统，积极做好相关车辆备案，确保粤港澳三地牌小汽车从横琴、深圳湾口岸跨口岸便利通行。二是简化粤港澳跨境车辆审批备案流程。加强与广东省口岸办、公安厅交管局等单位的沟通协作，研发跨境车辆批文数据自动交换系统，推进车辆批文、采集备案数据共享和后台数据自动导入，将边检备案业务纳入粤港澳大湾区跨界车辆信息管理综合服务平台，成功实现车辆批文延期等4项业务免跑边检备案，推动口岸“一站式”查验系统优化升级，切实提升了“互联网+”政务服务水平。三是优化完善便民惠企举措。总站认真做好为民服务解难题工作，精心筹备推出残障不便人士不下车随车查验、简化粤港澳跨境车辆边检备案手续、简化湛江港口岸境外船舶转港移泊手续等3项便民措施，明确了不同情形下港澳船舶出入境手续办理流程，主动推动解决港澳船舶入境维修问题，为出入境旅客及驻地企业提供专业化、人性化通关服务。四是推进边检港口管理改革。认真贯彻国家移民管理局港口边检管理改革工作部署，在辖区口岸全面部署运用港口系统和网窗系统，建立风险等级评估机制，优化港口边检勤务组织，简化上下外国船舶许可、船舶搭靠外轮许可等边检行政许可手续，建立“船舶自管、港区协管、边检监管抽查”的港口管理模式，逐步实现无纸化申报、电子化签发、智能化查验和信息化管理，进一步提升了港口边检管理效能和出入境船舶通关便利化水平。

【广东海事局安全监管重点紧抓不懈】 认真学习贯彻习近平总书记关于江苏响水“3·21”特大爆炸事故、四川凉山“3·30”森林大火、贵州水城“7·23”特大山体滑坡灾害等重要指示精神，统筹发展与安全，牢固树立党的十九大提出的“生命至上、安全第一”的理念，不断夯实安全监管责任体系，突出抓重点、补短板、强弱项，选择珠江口水域作为突破口，深入研究事故发生规律及应对之策，并已取得显著成果。同时，按照安全监管“六严”和现场监管“三个结合”要求，大力整治内河船涉海运输，严厉查处中小海轮、砂石船、浮吊船等违法违章行为，“归巢”“固巢”行动取得阶段性成果。圆满完成澳门回归20周年庆祝活动水上交通安全保障工作。顺利完成“防风险、保安全、迎大庆”“百日攻坚行动”等任务。做好入沪入汉船舶专项安全监管。深化珠江口执法联动，组织开展跨海区联合巡航。建设琼州海峡安全监管综合示范点，打造“海峡监管360”品牌。2019年辖区港口货物吞吐量26.95亿吨，船舶进出港437.2万艘次，旅客运送量1.66亿人次，同比分别上升9.9%、3.6%和16.1%。对8.8万艘次危险品载运船舶、4.56亿吨危险品货物实施有效监管，对7 000余艘次船舶开展燃油抽检。全年未发生重特大水上交通安全事故，辖区人民群众的安全感得到进一步充实。

【广东海事局安全隐患治理成效突出】 深入开展长期脱管船舶专项整治，清理广东长期脱管船舶4 148艘次，公布长期脱管船名录清单。联合省交通运输厅出台防范船碰桥专项治理方案，积极推动地方政府建设桥梁防碰撞智能预警系统。江门局科学编制桥梁通航安全管控工作手册。肇庆局辖区西北江13座桥梁全部完成智能防撞预警系统安装。韶关、梅州、河源等局助推地方政府清理拆解“三无”船、住家船、餐饮船，全省共清理拆解1 085艘。

【广东海事局应急管理水平稳步提升】 坚持“赶、锚、固、守、救”防台工作方针，制定防热带气旋工作指南，成功防御“韦帕”等台风，实现全省水域船舶防台“三零”佳绩。召开广东省海上搜救中心成员单位会议暨防台工作会议，广东省副省长陈良贤到会并对全省水上搜救工作给予充分肯定。推动修订《广东省海上险情应急预案》，发布辖区水上交通事故白皮书。推动广东省海上溢油应急中心建设，推动广州市政府投资1.55亿元建设大型溢油应急船。高效处置台湾海峡浅滩“东泓”轮11人失联事件，汕头局依靠地方政府做好船员家属稳定及后续处置工作。全年组织搜救行动374起，成功救助2 828人，搜救成功率达97%，高于全国平均水平。水上交通安全四项指标同比全面下降，其中一般等级及以上事故37宗，下降2.6%；死亡失踪34人，下降24.4%；沉船7艘，下降41.7%；直接经济损失4 150.58万元，下降30.3%，安全形势稳中趋好。

【广东海事局积极提供“广东海事方案”，助推粤港澳大湾区建设】 认真贯彻《粤港澳大湾区发展规划纲要》，开展广东海事助推粤港澳大湾区建设研究，形成研究报告与实施意见等制度性成果。推动签订《粤港澳大湾区海事合作框架协议》。成立港珠澳大桥海事局，强化大桥水域安全保障工作。组建粤港澳大湾区海事劳工服务创新工作站。实现港澳船员快捷申办内地船员证书。公布实施粤澳游艇自由行海事实施细则。研究制定粤港澳大湾区往来港澳船舶进出口岸便利化措施。2019年开展粤港澳三地海上搜救合作（含信息通报）326次。在省砂石资源开发利用管理工作专题会上积极提出海事专业建议，得到广东省省长马兴瑞、副省长许瑞生的肯定。完成中央领导视察西江水上交通安全保障任务。编报《邮轮大规模人命救助行动计划》。发布并实施深中通道建设通航安全保障总体规划方案。

【广东海事局积极深化政务改革，落实“放管服”工作部署】 做好中资方便旗船舶回归登记。调整船员考试发证业务事权。提前完成国际贸易“单一窗口”推广任务，办理时限大幅压缩。服务举措列入自贸区可复制推广清单。国际航行船舶联合登临检查信息系统通过验收。修订游艇操作人员实操评估规范。编印专用航标设置审批业务实施指南，开展航标行政执法业务调整后评估。出台船舶证书文书“一次通办”便利举措，公布行政审批“马上办、就近办、一次办”事项清单，推广“一站式办理”工作经验。支持口岸水域开放2处、码头7座。全面推广港口建设费便利缴费系统，2019年完成规费征收22.99亿元，同比增长6.1%，其中港口建设费20.93亿元，增长1.2%。

【广东海事局积极为“一核一带一区”区域发展新格局贡献海事力量】 大力助推珠三角地区高质量发展：深圳海事局出台6个方面20项具体举措，全面助力中国特色社会主义先行示范区建设；广州海事局积极推动自贸区国际船舶登记制度落地，首艘国际船舶登记落户南沙；珠海海事局有力保障亚洲最大无人船海上测试场顺利启用；惠州海事局主动服务海上风电等新业态发展；中山海事局推动建立深中通道平安水域志愿救助队伍；佛山海事局助力辖区机构获得华南片区首个1 000总吨以上内河油船船员特殊培训资质。全力保障沿海经济带涉海产业发展：汕头海事局打造“海员之家”良好海员从业环境；湛江海事局为巴斯夫石化等重点工程建立“专员跟踪服务”制度；揭阳海事局为中委石化炼化一体化项目提供“一对一”服务；茂名海事局扎实做好2019年亚洲沙滩排球赛等重要涉水活动安全保障；汕尾海事局积极推动地方政府出台政策以网格化管理压实水域安全责任。努力筑牢北部生态发展区水上绿色屏障：清远海事局借力“河长制”完成北江英德段餐饮船清理整治；韶关海事局推动定期开展水上突发事件应急演练并将经费纳入市政府财政预算；河源海事局推动渡船维护运营费用纳入市政府财政预算；云浮海事局积极提升政务服务效率压缩政务办结时限。

【广东海事局安全基础有效夯实】 开展珠江口水上交通安全管理课题研究，创造性提出建设珠江口水上交通安全特别监管区，研究制定水上交通安全指数，实施板块化精准监管。扎实推进第四批船舶实施NSM规则。大力推动“平安西江”“平安北江”“平安韩江”建设，努力构建流域安全监管示范区。开展内河通航水域认定，分类分级做好内河辖区安全监管。

【广东海事局法制保障更加完善】 推动广东省政府颁布实施《港珠澳大桥广东水域通航安全管理办法》。代部海事局研究起草交通强国海事建设纲要实施意见。完成《广东海事局辖区船舶安全航行规定》修订。发布《涉水项目施工期通航安全保障费用计算方法应用指南》。开设“海事行政执法500问”“以案说法”专栏。东莞海事局建设行政处罚精细化管理示范点。潮州海事局推动出台潮州市水上交通安全规定。全局新增12名公职律师。全年实施行政处罚2.1万宗，同比增加37.6%；处罚金额1.6亿元，增长187.6%。

【广东海事局履职手段与时俱进】 加强信息化建设顶层设计，编制智慧海事2.0实施计划。加强全景技术应用，提升西江北江“可视化”水平。“海事之眼”微信小程序入选2019年“平安交通”创新案例重点推荐项目。成功开发“货查查”App并免费向公众提供危险货物信息查询服务。深化“智慧海事”应用，推进现场履职系统建设，升级电子行政处罚系统，完成船员考试系统改造。开展涉水项目施工期通航安全保障费用计算方法宣贯培训。上线实施全国渔船检验发证模块。

【深圳海事局积极服务邮轮产业，促进滨海旅游业发展】 一是开辟邮轮进出口岸“绿色通道”。将“邮轮进出口岸审批及查验”等事项列入《海事政务绿色通道服务清单》，发挥海事政务“绿色通道”“并联办理”“预约服务”机制效能，为邮轮进出口岸开辟绿色窗口，优化审批流程，对于符合条件的绿色通道服务申请，承诺办结时限从法定的1个工作日缩减为当场办结。针对邮轮船期紧张情况，实行非工作时段预约申请制度，经申请人预约后在非工作时段为邮轮办理进出港手续。密切关注邮轮进出港计划，建立了海事、代理、船舶三方协调机制，拓宽协作沟通渠道。二是努力打造安全畅通的邮轮母港。强化对邮轮应急处置和防台预案制定及落实情况的督促检查，协调整合辖区海上应急救援力量，健全邮轮应急处置体系机制。严格落实领导带班制度、关键岗位人员24小时值守制度和应急岗位人员待命制度。邀请深圳市、区各级应急管理部门、辖区各口岸单位到现场观摩，开展邮轮中心海上突发事件综合应急演练，有效提升邮轮应急的组织协调和快速反应处置能力。严格邮轮母港溢油应急设备配备要求，确保具备与其风险等级相适应的防污染应急能力。三是积极开展邮轮“联合登临”检查。牵头开展“联合登临”检查工作，按照《深圳口岸国际航行船舶联合登临检查工作指南》要求，与各口岸单位建立定点联系人制度，主动汇总各查验单位的登临检查需求，积极与各查验单位和船舶代理联系，提前制定登临检查计划，确保邮轮接受检查“零待时”，切实为邮轮进出港节约大量时间成本。

【深圳海事局创新航道交通管理，助力口岸通关再提速】 一是科学优化铜鼓航道航行计划编排制度，在保证船舶航行安全前提下，进一步压缩铜鼓航道船舶航行时间间隔。将同向船舶航行间隔由原来的1.5小时缩短为1小时，对向船舶航行时间间隔由原来的2小时缩短为1.5小时。二是结合铜鼓航道扩建进度等现有条件和船舶通过铜鼓航道实际需求，研究推进5万至20万载重吨级船舶夜间通过铜鼓航道的安全保障措施，完成15万载重吨级集装箱船首次夜航通过铜鼓航道的交通组织和安全保障。据统计，2019年通过铜鼓航道的超大型船舶共857艘次，较2018年增长了30.6%。该创新制度实施以来，铜鼓航道最大通航效能提升45%，每日可通行船舶数量大幅增加，满足西部港区大型船舶使用铜鼓航道需求，并为推进铜鼓航道24小时通航奠定基础，有效提升了港口竞争力，助力深圳巩固国际枢纽港地位。

【深圳海事局试点集装箱远程监管，促进货物通关时间压缩】 载货集装箱总重量验证（VGM）是国际海事组织为减少船舶重大事故、防止海运集装箱申报重量不实而出台的政策，强制生效以来，海事部门按规定对港口集装箱实施严格的VGM现场监管，有效遏制了集装箱声明重量与实际重量严重不符的态势。在提高集装箱海上运输安全的同时，VGM现场监管涉及抽查选箱、通知、提交验证材料和监管结果流转等多个环节，增加了托运人交通和时间成本，也降低了集装箱通关效率。为营造国际一流航运营商环境，深圳海事局不断创新监管方式，加强和规范事中事后监管，在自贸区实施载货集装箱总重量验证（VGM）远程监管试点。依托信息化技术建设“海事VGM”监管系统，办理人员可通过移动端快速上传VGM监管所需材料，海事执法人员通过系统智能辅助核验功能完成验证，并将验证结果快速批量反馈至码头，同时通过系统实时制表、电子签名、自动邮件关联等技术手段实现检查单据无纸化，有效解决了VGM现场监管效率低下的问题，形成高效便捷的非现场监管模式。载货集装箱总重量验证（VGM）远程监管的有效实施，将海事监管从“见面”变成“不见面”，提高了海事监管公开透明度和精准化、智能化水平，实现监管效能最大化和对市场主体干扰最小化。据统计，远程监管平均每单可节约时间超过 3 小时，监管所需材料完整性达 100%，并实现“无纸化”，同时实现监管信息在海事、码头及托运人之间的快速传递，提高了集装箱通关效率。

【海关总署广东分署（以下简称广东分署）落实重大决策部署，促进广东外贸高质量稳定发展】 广东分署和广东省内海关在广东省委省政府的有力指导下，深入学习贯彻习近平新时代中国特色社会主义思想和党的十九大、十九届二中、三中、四中全会精神，坚持稳中求进工作总基调，以“不忘初心、牢记使命”主题教育为引领，坚持马上就办、真抓实干，主动适应广东经济社会发展需要，坚持改革创新，不断优化海关监管与服务，自觉把海关工作放到推进国家治理体系和治理能力现代化大局中去思考，放到广东改革发展任务中去谋划，认真履职尽责，为广东实现“四个走在全国前列”、当好“两个重要窗口”，积极协调推进广东省内海关口岸重点工作开展。2019 年广东外贸进出口 7.14 万亿元人民币，比去年下降 0.2%，占全国进出口总值的 22.6%；广东省内海关监管进出口货运量 13.3 亿吨，增长 2.0%，占全国 29.0%；监管运输工具 2 039.9万辆（艘），增长 0.9%，占全国 49.0%；进出境旅客共 4.2 亿人次，增长 1%，占全国 67.8%；税收入库4 016.8亿元，减少 9.9%，占全国税收总量的 21.5%；立案走私案件案值 680.1 亿元，同比增长 132%，占全国 61%，为促进广东外贸经济健康发展和服务好口岸的开放作出积极努力。

【广东分署发挥综合协调职能作用，全力推进海关开展口岸规划和建设】 广东分署注重加强与国家口岸办、广东省口岸办及广东省内海关的沟通联系，发挥综合协调职能作用，积极配合国家口岸办、广东省口岸办开展口岸规划设置和建设，及时向广东省口岸办和地方政府反映并协调督促解决广东省内海关在口岸开设中遇到的实际问题和困难。积极协调相关直属海关落实港珠澳大桥、青茂口岸，横琴口岸及深圳莲塘口岸的国家及省重点工程所涉的建设、口岸开放工作。多次派员赴深圳落实协调开展深圳莲塘口岸和赴拱北开展横琴口岸、青茂口岸的现场调研等规划设置工作，积极参加国家组织对重点口岸调研及相关会议。落实国家和广东省政府对重点口岸的部署，协调相关海关步调一致，配合口岸部门推进口岸建设各项工作的落实，力促重点工程所涉口岸建设按期完成。2019 年，海关总署广东分署积极配合国家及广东省口岸办协调推进梅州机场、湛江机场、广州港口岸、珠海港口岸、湛江港口岸等 9 个扩大对外开放项目以及莲塘新开口岸加快对外开放建设。其中，揭阳港、茂名港口岸、湛江航空口岸和港珠澳大桥口岸获国务院批准扩大开放，及时回函支持深圳皇岗、沙头角、深圳湾、跨境工业区等口岸改造升级并实施便利通关模式，积极落实澳门莲花口岸迁建工作，配合协调推进港珠澳大桥珠澳通道增加货运功能。配合广东省口岸办完成惠州港燃料油调和配送中心码头、深圳华安液化石油气码头改扩建工程 LNG 泊位、佛山港了哥山港区等口岸新建、迁建项目通过省级验收正式对外开放，完成广州港南沙国际邮轮码头、梅州机场口岸项目临时对外开放。2019 年制发广东省内海关口岸管理意见函及反馈广东省口岸办及广东省相关部门涉口岸管理意见约 72 份。参加国家及广东省组织口岸调研、验收会、协调会及协调口岸事务 142 次。办理 7 个专用码头口岸通过省级验收正式对外开放，办理实施临时对外开放运作 5 个项目约 7 批次。

【广东分署高度重视粤港澳大湾区建设，扎实推进各项工作开展】 广东分署紧紧围绕广东省委、省政府各项部署要求，全力服务粤港澳大湾区建设和支持深圳建设中国特色社会主义先行示范区，在海关总署的部署推动下，广东分署和省内海关均成立了服务粤港澳大湾区建设和支持深圳建设中国特色社会主义先行示范区工作领导小组，及时建立健全特事特办工作机制，主动对接各地推进粤港澳大湾区和深圳先行示范区建设的需求，充分发挥自贸区、特殊区域“改革试验田”引擎作用，扎实推进国家大湾办、广东省大湾办和海关总署下达明确由广东分署和广东省内海关牵头或协办的共116项工作任务，并取得成效。一是支持科研合作项目发展，简化进出口手续，开通检疫审批绿色通道，大幅度压缩审批时限，实施24小时预约通关模式。在港珠澳大桥珠澳口岸实施“合作查验、一次放行”旅客卫生检疫及客车、货车“一站式”通关，在深港口岸实施“一检双放”出境旅客卫生检疫。二是将粤港海关跨境快速通关对接项目合作范围扩大至大湾区内地9市，创新赛马粤港跨境移动检疫一体化新模式。建立港珠澳大桥口岸病媒生物联合监控、重大动物疫情信息通报和疫情联防联控、大湾区“菜篮子”联席会议等合作机制，推进内港海关AEO互认便利措施落实到位，与澳门合作共建供澳种苗花卉隔离圃。年内三次开展保护知识产权联合执法行动，查获涉嫌侵权货物15.3万件。三是推动飞机和大型装备保税租赁基地项目落地，2019年1～11月吸引以融资租赁方式进口飞机30架，进口值226.94亿元。创新实行航空货运一体化，形成以前海为中心的“全球揽货—前海集聚—机场直飞”进出口贸易生态圈，促进6 300吨、超过63亿元货物经前海“登机”进出口，为企业节省物流成本30%以上。创新实施溯源体系，拓宽跨境电商物流通道，压缩通关时间，支持跨境电商业务迅猛发展。四是创新通关监管模式，促进大湾区跨境要素高效便捷流动，协助加快莲塘口岸对外开放，支持深圳皇岗口岸改造、福田保税区优化升级，支持澳门莲花口岸搬迁，推动珠海青茂口岸建成使用及深圳湾口岸24小时通关，并依托人脸识别、人工智能等技术实施“智慧旅检”；加大H986应用，提高进出口货物的通关效率，对进口货物实施“两步申报、两段准入”模式，更好服务粤港澳大湾区建设。

【广东分署积极支持广东自贸试验区和综合保税区高质量发展】 广东分署做好自贸试验区海关监管创新制度的评估论证，累计57项创新制度被纳入广东省复制推广改革经验，占全省的46%；联合广东省自贸办发布广东自贸试验区贸易便利化指数。全年广东自贸试验区进出口总值3 410.8亿元，占全省进出口值的4.8%，同比增长27.8%，高出全省外贸增速28个百分点。大力推动国发〔2019〕3号文21条措施在广东落地，积极推进广东特殊区域整合转型，督促获批综合保税区加快建设验收，年内东莞虎门港综合保税区已顺利通过验收。2019年广东省内海关特殊监管区域进出口总值7 825.2亿元，占全省进出口总值的11%，同比增长13.1%，高出全省外贸增速13.3个百分点。

【广东分署推进粤港澳通关合作，促进跨境贸易便利化】 广东分署落实国务院口岸工作部际联席会议第五次全体会议部署，积极配合广东省有关部门开展促进跨境贸易便利化专项行动，并按照海关总署促进跨境贸易便利化专项行动部署会的要求，成立领导小组，召开广东省内海关专题督导会，赴重点口岸海关开展现场督导，并对标准品进出口通关时间进行监测。按照国际贸易“单一窗口”标准版，累计注册企业10.4万家，单日申报业务量超300万票，主要业务申报率达100%。积极推动加工贸易边角废料内销网拍改革，优化加工贸易边角废料交易系统，2019年共成交拍卖项目2 242个，成交金额1.35亿元，平均溢价率14.82%；推广“两步申报”通关模式，改革红利逐步释放，对15项海关涉企行政许可事项开展“证照分离”改革全覆盖试点，“多证合一”和企业注册注销更加便利。推广建设24小时智能化海运码头，符合条件的海运口岸实现24小时通关。试点实施内外贸同船运输，船舶满载率提高约60%，运营成本减少约35%，总体运营效率提高20%以上，优化进口大宗资源性商品“先放后检”模式，推动港口货物周转能力提高20%以上。积极落实口岸提效降费工作，口岸验核的监管证件由86种精简到44种，除4种因安全保密需要外，全部实现联网核查自动比对。会同广东省口岸办推动来往港澳小型船舶免费申报，全年减免企业费用约3 000万元，协调广州南沙口岸将查验配套服务费改革适用范围拓展至检验检疫作业。全年为广东企业减税622.0亿元。海关已无行政事业性收费。12月，广东口岸进口整体通关时间为14.73小时，较2017年压缩

65.72%；出口整体通关时间为2.46小时，较2017年压缩79.25%。2019年，广东分署深化与香港、澳门海关的关务合作，落实内港澳海关《港珠澳大桥口岸合作互助项目备忘录》。在港珠澳大桥珠澳口岸，联合澳门卫生局实施“合作查验、一次放行”旅客卫生检疫模式，互相移交有传染病症状人员452例。实施赛马粤港跨境移动检疫一体化新模式，实现马匹“无感通关”，全年对3 907批次马匹实施进出境检疫监管。为全力保障供港澳食品安全，协调推动供港澳鲜活农产品实施“集中配送”管理模式，支持大湾区“菜篮子”项目建设，发布2万余检测项次的质量安全监控指标体系，全面覆盖大湾区“菜篮子”生产基地和品种，支持优质企业成立供港澳加工配送中心，建立“农场到口岸”的检验检疫监管体系。全年广东省内海关监管供港澳食品209.9万吨、337.6亿元，连续20多年实现优质、安全、足量、顺畅供应。

【广东分署落实安全生产责任制，维护国门安全】 广东分署认真贯彻落实海关总署和广东省委、省政府的部署要求，不断增强抓安全生产和消防责任落实的责任感、紧迫感。年内，广东分署协调广东省内海关对海关监管作业场所、特殊区域、保税监管场所进行全面检查，对涉及危险化学品仓储、堆放、装卸的监管作业场所和经营危险化学品的储罐进行全面摸查，建立风险点和危险源资料信息，掌握口岸危险化学品分布、灾害等级、重大危险源等基本风险信息，强化监控和管理，掌握进出境环节危险化学品运输、装卸、存储等情况，全面排查管理盲点，整改薄弱环节，消除安全隐患；配合交通、海事部门对危险化学品进出口作业场所的行政许可审批合规性、硬件设施的合规性、经营资质等情况进行重点检查，要求相关场所必须严格符合交通、海事部门的安全管理规定，督促企业在生产经营资质有效期内依法开展各项业务；协调广东省内海关督促危险化学品存储港区完善基础设施建设，提醒经营人履行安全生产主体责任，提高经营人依法安全生产经营的自觉性和主动性；应用油气液体化工品物流监控系统实施监管，实时掌控进出境危险化学品存储港区、专区的货物进、出、存等信息。年内，对珠海高栏港综合保税区、东莞虎门港综合保税区建设验收以及盐田综合保税区二期建设进行督导，及对东莞虎门港综合保税区开展验收工作，对新设立特殊监管区域配套安全生产设施建设情况进行检查，审查经营主体资质等，指导对广东省新设立海关特殊监管区域加强安全督导工作。明确与港务、海事等口岸单位在危险品安全治理工作中的职责分工，推动建立海关在通关环节发现违规经营危险化学品的通报、移送和处置机制，积极配合口岸安全生产主管单位做好危险化学品安全综合治理工作。

【广州海关全力以赴加强非洲猪瘟防控】 制定关区防控系列文件细则及应急预案，组织开展非洲猪瘟疫情防控演练，及时配备应急物资，强化应急处置能力，完善与地方防控部门沟通协调机制；对来自疫区的重点旅客携带物、寄递物实施100%查验，对截获猪肉产品实施100%的送检检测和后续处置，加强运输工具泔水、废弃物的无害化检疫处理监督，确保泔水、废弃物有效处理；开展进口肉类指定口岸冷链查验存储一体化设施冷库风险排查，确保无来源不明的肉类产品；对进口肉类产品及肠衣产品按照风险布控指令要求实施100%查验，并严格落实非洲猪瘟送样检测工作。

【广州海关叠加跨境贸易便利措施打造粤港澳大湾区物流新枢纽】 建立海关特殊监管区与广东自贸试验区南沙片区保税货物区间流转模式，在白云机场综合保税区实现中转货物“一站式”流转，并搭建卡车航班、虚拟航班等粤港间多式联运方式，日均来往香港约58车次，实现大湾区机场群在航线运力的优势互补；推动香港机场与南沙保税港区一站式“空陆联运”，将香港空运货物的收发点延伸至南沙，物流时间压缩1/2以上；将“中欧班列”作为粤港澳大湾区建设对接“一带一路”的重要纽带，推动“穗满俄”中欧班列满编组运营，并对接“陆铁联运”，业务规模已超52个集装箱、1 166万欧元，我国粤港澳地区与“一带一路”沿线国家的物流时间从原先海运的45天压缩至15天，降幅达67%。

【广州海关主动服务地方产业发展规划优化营商环境促进生物医药产业集聚发展】 广州市生物医药产业发展规划，依托华南生物材料出入境公共服务平台，推广运用“跨境快通新模式”，通过公路运输将经香港机场的生物医药货物从深圳口岸入境，实现跨境快通；整合建设关检业务统一作业系统，进出口通关环节由14个合并为7个、简化单证15份；针对生物医药材料全程冷链物流监控特点以及快速通关需求，综合运用智能卡口、安全智能锁、车辆轨迹定位以及关企信息交互平台等手段，强化货物从机场到生物岛段的在途监管，将口岸功能延伸至生物岛；支持南航与生物岛平台公司打造“南航—生物岛”货栈精品服务产品，为生物医药材料进出口提供“门到门”服务。自2013年以来，广州生物医药产品进口快速增长，年均增速高达50%左右。

【广州海关积极推动扩大政府支付查验服务费改革范围切实减轻企业负担】 先行先试，会同广州市政府率先在广东自贸试验区南沙片区将口岸检验检疫作业无问题货物吊装、装卸费用等纳入口岸查验配套服务费改革范围；组织对口岸检验检疫作业费用进行摸底测算，提出海港及空港两套试点实施方案；各隶属单位主动对接地方相关部门，宣讲查验配套服务费减免范围，多地政府承诺将检验检疫作业费用纳入2019年度政府购买服务。

【广州海关推进特殊监管区域货物按状态分类监管助力企业降成本】 依托自贸试验区制度创新，支持企业通过“信息化库位管理”货物存放方式实现保税与非保税货物一个仓库作业，盘活企业仓储库容近50%；简化“国内生产货物”“海、空运保税货物”等集拼通过中欧班列出口手续，国内货物可直接拼箱申报出口，物流时间减少1~2天；升级信息化系统，将监管标的细化为库位管理并实现关企数据实时交互，实时掌控、动态核查货物流向，叠加智能化卡口24小时自动出区等配套设施，实现监管精准智能。

【广州海关综合施策支持空港跨境电商贸易健康发展】 率先实现直购进口、零售出口、一般出口、特殊区域出口等业务全模式发展，助力打造跨境电商“广州模式”，吸引天猫、京东、亚马逊等大型平台进驻，带动园区内物流企业发展壮大，构建系统完善的跨境电商生态圈；参与开发并率先上线使用海关总署跨境电商零售进口、零售出口统一版信息化系统，借助线上“人脸识别”技术防范消费者个人信息被盗用的风险；推动行业自律，定期开展进口电商企业（平台）资质核查，发现异常及时移交风险线索，降低跨境电商货物通关风险。

【广州海关强监管优服务助力搭建全国唯一入驻政务中心会展服务专属平台】 借助“粤港澳大湾区广州琶洲政务服务中心”便民服务平台，依托O2O服务模式，打造涵盖国际展会确认、出入境展品报关、进境ATA单证册展品办理等审批事项的“一窗办”“一站式”服务，将会展监管通关环节从原来的16个压缩至8个；进一步优化整合促进广州地区国际会展业发展的18项服务措施，贯彻落实入境展品集中申报、部分展品免予检验、简化检疫审批手续等多项政策优惠；打造“互联网+会展e通”信息系统、创新“一次备案，分段交单”模式、实施“一窗办理、一次办结”、优化展中监管服务、派员入驻咨询、简化复出境手续等6项便利措施，提升广州会展国际贸易便利化水平。

【广州海关优化监管服务支持南沙国际航运枢纽发展促进大湾区国际航运功能承载区建设】 推进“粤港跨境货栈”，支持一般贸易、跨境电商网购保税进口、直购进口等多种贸易方式下货物“一站式”分拨处理，优化升级“空箱落地快速验放”模式打造区域空箱调拨中心，支持培育以南沙港为母港建立内陆“无水港”36个并扩大业务覆盖面；在大湾区对进口大豆、饲用玉米、饲用高粱等商品进一步优化“先验放后检测”检验监管模式，经锚地或靠泊地检验检疫不存在异常情况的，允许先调运至仓库独立存放，支持企业建设进口肉类冷链查验与储存一体化设施，服务南沙华南冷链物流中心建设；全面落地多元化税收担保改革创新模式，企业增信担保、企业集团财务公司税收担保叠加“汇总征税”等惠及平行进口汽车、跨境电商、大宗石化商品等行业领域；结合大湾区政策红利以及南沙作为国际航运功能承载区建设相关规划，重点对合捷供应链、保畅物流公司等大型物流企业加大宣贯力度，“一对一”支持开展AEO企业认证，实现顺势监管。目前，全球前20强班轮公司均落地南沙港，共开辟外贸航线98条，与世界100多个国家和地区以及400多个港口有海运贸易往来。

【广州海关全力保障供港澳食品安全稳定供应推进大湾区“菜篮子”项目建设】 通过穗港、穗澳联席会议等建立供港澳食品农产品信息共享机制，就供港食品农产品安全保障和“互联网+”建设合作等议题深入交流，研究提出5项粤港澳检验检疫深度合作建议，其中“支持中国澳门建设葡语国家食品交易平台”列入广东省政府粤港澳大湾区发展规划；将港澳地区认可的原产地、卫生证书以及风险监控结果作为CEPA食品监管依据，并首次在一般贸易进口的澳门食品中应用CEPA食品监管模式，口岸检验检疫时间缩短到3小时内；定期对辖区150家供港澳鲜活产品生产经营企业开展质量安全风险排查，重点检查药物和饲料出入库记录和使用情况；发挥清远、云浮地理位置优势，支持地方政府建设集农产品精深加工、出口检验检疫和通关“一站式”服务功能于一体的配送分中心，形成“菜篮子”便利流通体系的产业链拓展重要节点。

【广州海关强化内外协同助力辖区特色珠宝产业通关提速增效】 优化监管流程，将单耗申报后移至报核环节，根据企业生产和物流底账据实核销，提升珠宝企业接单和生产安排灵活度；将《金伯利进程国际证书制度》与海关对毛坯钻石企业的信用管理相结合，把企业金伯利业务遵守记录作为重要参考，在毛坯钻石加工领域新培育高资信企业2家；与国家珠宝玉石质量监督检验中心实验室建立异常通报机制，通过开展“辅助通关商品检测、电子物流台账数据共享、商品风险预警”等合作，构建数据整合、风险研判、动态监测的链条化监管模式。

【广州海关打好知识产权保护“组合拳”着力优化粤港澳大湾区营商环境】 强化粤港海关在开展知识产权联合执法、情报信息交换、互派交流培训等方面合作，防控全国通关一体化背景下侵权口岸漂移风险；强化职能部门、现场海关和权利人的风险共同研判和布控联动协同，针对快件渠道C类快件侵权风险等突出问题，形成布控准确率高、案件移交速度快的快件渠道知识产权快速查办模式；制定专利纠纷引入第三方担保、广交会便利维权、案件办理快速调解等13项细化措施，着力解决侵权企业维权流程长、难度大等实际问题，持续降低大湾区企业维权成本。

【广州海关优化空港监管服务推动进口生鲜货物大幅增长】 设立24小时“鲜、急、特”专窗，对进口生鲜货物实施“提前申报、货到分流”模式，无查验指令货物抵港即可自动放行；支持直连停机坪的专业“低温货站”建设，满足进口生鲜货物低温环境下分拣、理货、仓储等各项需求；发挥国家级重点实验室与现场查验的无缝对接优势，调配动植检专业资质人员对生鲜货物集中验放，实现“随到随查、随查随检、随检随放”。

【广州海关创新“境外哨点+入境防控+出境筛查”模式筑牢口岸检疫防线】 根据辖区卫生检疫业务实际及疫情防控能力，主动承担安哥拉、乌干达的3次“境外监测哨点”建设援助任务，并制定境外传染病监测哨点建设工作规范；依托广州海关国家生物安全检测重点实验室等技术优势，在非盟疾控中心总部等我国重大援非国际合作项目中，开展埃博拉出血热等非洲新发、再发传染病检测与综合防控国际合作；完善口岸查验、实验室检测、快速联控“三环一体”口岸传染病防控模式，实施污染区、潜在污染区、清洁区以及查验、转运通道“三区两通道”综合防控措施，检出今年全国首例输入性合并感染寨卡病毒和基孔肯雅病毒病例；加强出境人员传染病监测，在口岸现场和国际旅行保健中心开展传染病防治宣传，实现重大传染病零输出。

【广州海关优化服务助力广州琶洲会展聚集区发展】 联合广州市商务委和海珠区政府等部门开展调研，叠加海关驻会监管免收担保金的优惠政策与自贸区保税政策，推进保税展示交易落户琶洲；在“粤港澳大湾区琶洲政务服务中心”开设专职办理广州市区进出境展览品的业务窗口，实现持ATA单证册和非ATA单证册的进出境展品业务“一窗办”“一站式服务”；协助会展行业培育新兴会展项目，引入“2019年海陆空盛筵暨广州国际游艇、房车、直升机、水上运动用品展”等新展会；承接广州市区国际会务检疫工作，服务国际会议和高峰论坛在琶洲召开，实现会议与展览齐头并进的发展格局。

【广州海关对接产业发展需求优化监管服务推动“穗满俄”中欧班列“降成本、增效益”】 服务广东（广州）国际铁路产业经济区建设，推动“穗满俄”中欧班列满编组运营，并在南沙自贸试验区启动“陆铁联运”对接“中欧班列”项目，货物出口到欧洲的运输时间比海运节省1个月，成本节省50%以上；发挥“广深科技创新走廊”在发展高科技产品方面的政策优势，鼓励企业扩大通信器材、数码电子产品等产品出口，2019年以来高附加值货物保持占比50%的增长势头；根据货物种类调整申报参数，精简申报项目及随附单证，实现“一次申报、一次查验、一次放行”，平均通关时间仅0.74小时，同比压缩近70%。

【广州海关强化粤港赛马检疫合作加快推动大湾区马术产业发展】 落实与香港渔护署签订的促进赛马产业发展合作备忘录，将广州从化马场纳入大湾区建设重点项目，共同推进高水平马匹疫病检测实验室建设，为马病检测、品系鉴定等方面提供技术支撑；联合香港渔护署完成对20种马属动物疫病的传入传出风险评估，探索实施马匹“一次审批、多次往返”“进口直通、出口直放”“两地统一疫病监测”等贸易便利化和生物安全控制措施；会同香港渔护署、香港马会打造“粤港往返赛马检疫电子监管系统”，动态掌握粤港两地赛马身份、健康状况和运输监管信息，通关时间压缩3成以上。

【广州海关打造行政审批“一站式”服务模式优化自贸试验区营商环境】 梳理优化报关单位注册、特定资质备案等29项行政审批事项，通过整合海关审批业务实现“窗口一口受理，后台分线办理，许可一口对外”；强化事前监管职责沟通协作，整合准入现场审查、协调员企业走访、信用认证培育等外勤事项开展联合作业，一次性完成全部事前现场审查事项；推动原产地证书自助打印改革试点落地，借助关企沟通平台、外勤作业等渠道及时发布试点公告和系统操作手册，安排专人指导企业开展试点。

【广州海关优化监管服务促进南沙自贸试验区平行进口汽车业务发展】 创新开展平行进口汽车保税仓储和保税展示交易业务，运用同业联合担保、银关保等新型担保模式，降低企业融资成本；采信第三方检验机构检测结果，实现平行进口汽车“检管分离”；合理布局码头监管区汽车检测线，增加先进检测设备，车辆到港可立即上线检测，检测数据与海关系统联网共享，汽车检测效率提高3倍；将平行进口汽车纳入全球溯源体系，消费者扫描溯源码即可查询随车检验单、汽车基本参数等信息，形成“事前风险评估、事中过程监管、事后三包召回”的平行进口汽车质量安全监管体系。

【广州海关依托出口原产地签证助力粤港澳大湾区开拓“一带一路”沿线市场】 实行“敏感产品清单管理”，对清单内产品即到即签，清单外产品快审快签，提高签证效率；简化办证手续，实行备案和签证申请无纸化，并且取消备案年审制度，减少企业跑签手续；推行一体化签证改革，原产地证书实现企业备案地网上递交办证申请、国内其他海关异地领取，提升签证便利化水平；深入推进自助打印试点改革，企业可通过线上操作自主申领原产地证书，大幅提升办证效率。一季度，对泰国、越南等59个“一带一路”沿线国家签发各类原产地证书6.02万份，签证金额达141.5亿元人民币，分别占同期总签证量、签证金额的48.78%和51.06%，可为企业获得关税优惠约9.68亿元人民币，“一带一路”沿线国家覆盖率达92%。

【广州海关做好第125届广交会保障工作助推“一带一路”沿线贸易发展】 升级完善“互联网+会展e通”系统，面向企业端整合形成“一张报关单、一套附单证、一组参数代码、一个申报系统”，实现会展业务在线办理，企业递交资料由40多项减至2项；创新“入境口岸海关负责检疫、会展海关负责查检监管”的查验模式，展品在第一入境口岸检疫合格后，即可调离至展馆进行后续监管，一小时内完成从申报到通关的所有手续，有效降低企业通关成本；设置“广交会”专用窗口办理展品复出境手续问题，确保未经检验的入境展品不会进入国内市场。共有来自38个国家和地区的650家企业参展本届广交会，进境展品约2 300多项16.6万件，其中“一带一路”沿线有21个国家和地区的383家企业参展，占比近6成。

【广州海关提升服务水平保障春季中国进出口商品交易会通关顺畅】 优化升级旅客风险分析系统，结合近期麻疹、埃博拉出血热、登革热等传染性疾病的风险，根据航班始发地、经停地等风险要素动态调整布控重点，提前锁定高风险旅客；在航班高峰期间增设“交易会来宾专用通道”，充分运用行李预检、智能审图系统和毫米波检测设备等高科技手段，压缩旅客行李查验时间；为交易会来宾提供政策咨询和明确通关指引，通过现场电子滚动屏播放海关最新监管规定，发挥现场配备手持翻译机及外语专业关员优势，解决外国来宾多样化、专业性问题。交易会期间，该关共监管进出境航班940架次，同比增长7.43%，进出境旅客16.4万人次，同比增长7.47%。

【广州海关创新“智慧旅检”助力广州白云国际机场二号航站楼开通一周年运行平稳】 全面升级“行李预检系统”，实现“旅客资料、行李数据和机检图像”实时绑定和同屏展示，建成10条基于RFID技术的进境异常行李拦截通道，精准锁定高风险行李；在卫生检疫环节部署32条自动测温通道，建设位于旅检一线的初筛实验室，实现旅客无停留通关和医学症状快速监测；优化“通程航班”监管流程，运用旅客自助通关系统对通程旅客进行分类监管，实现正常旅客“秒通关”和布控旅客自动拦截。自2018年4月26日启用一周年以来，共监管航班7.28万架次、进出境人员1 260.91万人次。

【广州海关发挥“枢纽+开放+创新”优势支持南沙自贸试验区建设发展】 开展口岸查验配套服务费改革、全球溯源体系、智慧海关货运通关样板间等标志性改革，推出47项创新制度改善营商环境，据毕马威企业咨询（中国）有限公司2019年营商环境评估报告反映，南沙自贸试验区营商环境便利度全球模拟排名第29名；以通关服务、物流监控等5个方面为突破点构建覆盖监管服务全流程的智慧监管体系，超过300项业务在线办理，100%线上自助报关，支持“粤港跨境货栈”“安智贸”“中欧班列”等业务发展，形成以南沙自贸试验区为支点，辐射泛珠三角的海、陆、空、铁多式联运物流体系及连接东南亚和欧洲的多元化外贸物流渠道；集成“自贸试验区跨境电商便利化通关”“保税散货集拼”“食品安全便利通关模式”等示范性监管创新制度，支持国际分拨中心、进口汽车保税展示交易、飞机和大型装备保税租赁基地、跨境电商枢纽基地等落地发展。

【广州海关创优监管模式助推“一带一路”沿线国家燕窝进口】 集中查验平台、查检合一、无纸申报等业务改革红利，实现进口燕窝作业环节精简和现场执法统一，通关时间从原来的1天左右缩短到30分钟；积极开展与沿线国家主管部门和业界的沟通交流，2018年承办东盟国家食品安全培训班与相关国家加强交流，着重指导进口商的自控和追溯能力，督促企业履行好主体责任；开通进口燕窝绿色通道，现场查验和实验室做到随到随检。一季度，广州海关进口燕窝105批次、重量4.9吨，同比分别增长31%、

29%，占全国进口燕窝总量四分之一，全部来自“一带一路”沿线国家。

【广州海关支持飞机保税融资租赁助推南沙自贸试验区现代服务业优化升级】 联合地方金融部门出台“金融+监管+税收”支持措施和优惠政策，参与打造服务飞机租赁专业团队和“一站式”窗口；强化南沙保税港区和白云机场综合保税区联动，充分利用异地委托监管等制度，吸引68家飞机保税融资租赁企业落户南沙自贸试验区；支持保税融资租赁业务商品种类从飞机整机拓展至航材，拓展境内存量飞机及其零部件出口至境外的渠道，支持企业盘活资产，推动航空上下游产业集聚发展。

【广州海关强化监测预警能力构建国门生物安全监测防御体系】 开展进出境水生动物疫病、供港澳陆生动物疫病等国门生物重点项目监测，全关区设置实蝇、林木害虫等监测点近1 200个，实现所有检疫监管区全覆盖；新申请检测能力扩项8个，与高校合作对花卉病虫害发生情况及种类开展监测研究及技术攻关，储备花卉病虫害监测鉴定技术，提升实验室技术保障能力；建立与地方农林业部门协调机制，共享监测、检测等资源，强化红火蚁等有害生物防控；由职能、现场、技术组建工作团队，重点对国外植物检疫措施调整动态、国外有害生物新寄主信息等境外植物疫情信息开展收集、分析和预警。

【广州海关打造智能中转模式促进通程业务健康发展】 全面升级行李预检系统，借助通程托运行李信息与旅客信息同屏显示实现重点行李自动预警提示，综合应用自主开发的空港旅检风险分析系统对风险行李下达布控指令，实现行李自动下线并快速送达海关查验场地，减少人工分拣挑选和搬运，提升通程旅客行李检查及转运速度；投入自助通关设备，实现通程旅客自助通关、布控旅客精准拦截，通过刷取旅客登机牌信息自动甄别拦截高风险旅客，确保正常旅客“零等待”；设立专门科室办理通程业务，专道通关、专岗监管，与航空企业地服部门形成常态化联系配合机制，理顺对急转旅客、后续委托办理海关手续等特殊通关情况的处置流程，提升通程业务服务水平。

【广州海关推广应用“粤港跨境货栈”模式搭建大湾区公路物流快速通道】 以提单为管理基础，采用粤港跨境快速通关模式，叠加“电子关锁”和保税物流措施，香港机场空运进境货物可直接运抵南沙保税港区理货报关，享受粤港海关“跨境一锁”通关优惠措施；推广复制该模式至佛山国通保税物流中心（B型），通过智能卡口改造升级、运用辅助信息系统等优化监管链条，支持企业开展“跨境一锁”业务，实现车辆全环节自动识别放行、安全智能锁全环节自动施解封。

【广州海关创优监管服务助推自贸试验区跨境电商枢纽基地建设】 探索开展跨境电商网购保税进口转出口业务，支持电商企业依托南沙自贸试验区建立区域性中心仓，逐步实现“跨境电商全球分拨”功能；依托跨境电商海关监管信息化系统，支持在不同海关特殊监管区域间自行运输跨境电商货物；开发跨境电商通关实时监控系统，实现全流程网上申报、智能审核、实时反馈；实施7×24小时通关服务，通关系统自动比对三单信息、快速核放，叠加智能化卡口实现自动识别抬杆，实现高效通关。

【广州海关健全监管体系促进关区跨境电商业务健康发展】 建立跨境电商企业初次违规约谈制度，完善进出口业务数据查询分析功能，增加新开办企业数据查询、消费者身份验证进度及效能查询等功能，提升对关区业务的监控能力；通过开展政策宣讲、加强口岸查验设备调配、探索零售出口退货流程等措施，推进跨境电商零售出口业务发展，2019年上半年关区跨境电商零售出口71.8亿元，同比增长255.3%；通过核对网站经营资质、网页质量、信息公示、注册管理及购买体验，强化电商平台核查，上半年共下达风险布控指令167条，核查电商平台208家（次），抽核消费者身份信息77 202次。

【广州海关创优监管服务助力辖区冷链产业快速发展】 创新冷链货物监管区流转方式，通过“提前申报”“证书预审”“船边直运”等便利措施，平均降低流转耗时约 12 小时，实现货轮、码头、冷链查验中心间无缝流转；全力支持广州关区首家综合性封闭式冷链查验存储一体化设施建设，新增查验面积 1 300 平方米、通道 24 个，分别增长 118%、114%，保障货物温度“零变化”；完善关港信息交互和货物跨区调动等信息化系统功能建设，实现港口区与冷链查验中心海关验放信息无缝对接，冷链集装箱可根据需求从港口区划拨至冷链查验中心进行验放。今年上半年，该关辖区进口冻品3 070批、7.5 万吨，货值约 12.4 亿元，同比分别增长 58.7%、77.7%、66.5%。

【广州海关创优监管服务助力广州打造国家级临空经济示范区】 支持企业自主灵活选择融资租赁、经营性租赁等多种方式开展业务，进口租赁飞机以“南沙保税港区企业注册、委托机场综合保税区异地监管”方式在机场完成进境申报入区和出区手续，促进航空租赁产业集聚，今年以来共监管验放保税租赁飞机 16 架；设置飞机维修业务专用保税仓库，对开展航空维修业务企业开展事先风险评估，优化“分批进出、集中申报”管理模式，提高维修用航材流转效率约 50%；实行“一企一策”制度，前置归类审价流程，及时了解企业计划及通关存在问题，推广航空企业使用“自报自缴”“汇总征税”等缴税模式，帮助南航集团启用集团财务公司担保新模式，顺利开出 12 亿元国内航空业最大额度的保函，每年可为企业节约资金成本上百万元。

【广州海关创新“保税 + 会展”模式培育会展经济发展新动力】 叠加自贸试验区政策、保税政策与会展监管政策优势，南沙自贸区平行进口汽车运至市区以展览品方式驻会监管，可免予缴纳相应的税款担保，降低汽车经销商运营成本；研究制定“南沙平行进口汽车保税 + 会展工作流程”，形成全流程联系配合操作细则，放行的展品可从保税区直达展馆，通关到结关仅需 2 小时；运用“互联网 + 会展 e 通”信息系统，企业可在网上办理展览备案、驻会申请、展前申报、展品核销等全流程业务，实现业务全程线上办理，有效压缩企业业务申办时间。

【广州海关优化“中欧班列过境多式联运业务”模式支持中欧班列快速发展】 依托南沙保税港区和大朗铁路货运站，开展海铁联运、海铁公联运等业务合作，开辟东南亚入境货物在南沙保税港区集拼后经中欧班列出口欧洲的通道，拓展中欧班列货物在南沙保税港区的仓储、配送、交易等运贸一体化业务，打造过境多式联运中心；建立“点对点”服务机制，设立“中欧班列服务专窗”专人办理报关手续，推出“7 × 24 小时预约申报”“电子申报”“微信答疑”等服务措施，运用视频监控、单兵系统实现可视化、智能化监管。

【广州海关积极打造“进境文化展览快速通关模式”助力地方对外文化交流发展】 依托海关“单一窗口”平台自主研发“互联网 + 会展 e 通”系统，实现进境展品通关业务全流程线上办理，通关时间同比缩减约 7 成，递交资料由原来 40 多项压缩至 2 项；量身定制“上门验放”个性化服务方案，建立从机场口岸直接到展馆实施查检的业务模式，大幅降低进境展品转关运输、拆封的成本和风险，有效提升展品验放效率；设立报关“绿色通道”，推出“7 × 24 小时预约申报”等便利措施，打造进境文物展品和艺术展品展会备案、监管、核销的“快车道”。今年以来，广州海关共为“18 至 20 世纪俄罗斯帝国珍品展”“古埃及文物精品展”“庞贝文物展”等系列进境文化展览的 566 件文物展品免予缴纳保证金近 5 000万元。

【广州海关全覆盖排查隐患加强监管作业现场安全工作】 从海关监管作业区域、指定监管场地、口岸一线监管作业等三方面，对关区 24 个隶属单位的 64 个海关监管作业场所、79 个集中作业场地、30 个指定监管场地全面开展安全风险隐患排查工作；以主管海关自查为主，职能处室实地抽查为辅，制定 5 类监管作业场所、4 类集中作业场地实地验核自查表和 6 类指定监管场地摸查表，逐一对照自查；成立专项检查组，抽取12个隶属单位开展实地验核，重点核查涉及危险货物仓储的监管作业场所以及进出口危险化学品及其包装的监管要求是否落实到位，全面核查特殊经营许可和查验监管情况，同步梳理整改项目，督促立行立改。

【广州海关优化服务助力辖区进口图书大幅增长】 通过针对进口图书外贸企业开展专项调研，了解企业物流及贸易特点，针对性推出进口图书保税物流监管模式，帮助企业运用海关对保税仓库货物监管要求实施通关物流流程，减少资金压力；为图书进口企业提供"一对一"个性化服务，专人跟进保税账册管理和报关单通关状态，及时处置企业报关单修撤申请、现场人工接单审核、单证放行等流转信息；建立保税监管、属地、口岸、会展监管海关联系配合机制，为企业参加"南国书香节"等展会进口图书提供"保税展示"验放绿色通道服务，对进口清单进行提前审核，到港后快速核对验放。

【广州海关优化监管服务助力跨境电商业务发展】 实施跨境电商企业分类管理，根据企业诚信度适用不同查验率；创新服务形式，搭建关企常态化沟通电子平台，畅通跨境电商监管园、电商企业、物流企业、保管企业沟通渠道，实施跨境电商"专家门诊""远程答疑"式服务；依托微信、粤省事等平台提供跨境电商交易实名认证、快递企业公共物流查询服务，加强对订购人实名认证、交易真实性审核，确保信息真实可靠；探索跨境电商"正面清单"与监管"负面清单"有机融合，采用设置风险参数，完善查验作业细则、明确送检送验流程等，加强对涉枪、涉爆、涉检风险商品监管。

【广州海关强化口岸核生化监测筑牢国门安全防线】 开展一线执法岗位培训，加强门户式、手持式辐射探测设备的使用与维护，提高现场核生化监测查发能力；建立关区核生化监测联络员机制，开展常态化监控检查，保证监测信息第一时间通报；组织南沙、机场、佛山等关区多个重点口岸开展核生化涉恐应急处置演练，通过实战练兵提升一线面对突发事件的应急处置能力。

【广州海关支持亚洲国际家具材料交易中心市场采购贸易方式试点一周年成效初显】 实施"一地申报、多点接单"互联互通模式，便利企业"就近递单、全关通办"；拓展粤港澳海关联合执法、信息共享、互派交流等合作内容，组织开展粤港澳海关保护知识产权联合执法行动，有效加强对品牌的知识产权保护；推动地方政府探索建立"市场采购出口采集货栈"运作模式，推动企业理货更加规范、高效。自2018年12月20日试点启动以来，共出口货物351.52万吨、货值773.3亿元，出口目的地覆盖东盟、欧盟和"一带一路"沿线国家等。

【深圳海关严厉打击"洋垃圾"、濒危物种走私】 严打"洋垃圾"走私，风险情报、正面监管、后续稽查、专项行动全链条紧密结合，开展"蓝天2019"专项行动，查证固体废物4.18万吨。打击震慑力持续增强，经深圳关区进口固体废物同比减少50%。坚决打击象牙等濒危物种走私，查办走私罪案59起，居全国海关第一。成功承办WCO"雷电"暨"大地女神"第五期国际联合行动总结会，充分展示了中国海关维护生态文明的态度和决心。

【深圳海关不断优化口岸营商环境】 坚持以供给侧结构性改革为主线，深化"放管服"，实施优化营商环境36项重点工作。打造全国首个AEO高级认证实训基地，出台高级认证企业20条通关便利措施。聚焦简流程、减手续，取消加贸监管13个作业环节，落地"多证合一""注销便利化""证照分离"改革，优化通关业务处置，"单一窗口"主要申报业务应用率达到100%。聚焦提速度、降成本，率先试点"两步申报"，完成全国首票查验作业、首份"掌上海关"申报。进出口整体通关时间比2017年分别压缩56%、75.4%。落实减税降费部署，检疫处理费同比减少近七成。推进规范市场秩序，加强知识产权海关保护，严打进出口环节假冒伪劣商品，组织开展"龙腾行动2019"，查扣涉嫌侵权货物数量排名全国海关第一。服务保障口岸建设，莲塘口岸建设基本完成，皇岗口岸改造如期开工，深圳湾口岸24小时通关准备工作稳步推进。

【深圳海关支持“双区”建设多点突破】 着眼“湾区所向”“深圳所需”，尽“海关所能”主动担当作为，压茬推进“10+6”重点攻坚项目。聚焦科技创新，积极支持深港科创合作区建设，首创免税进口科研设备流动监管模式，解决高校和科研机构减免税问题。聚焦要素流动，海陆空全面发力，实施“同船运输”等机制，创新“惠盐组合港”模式，推进“线上车管”，建设“快邮件监管中心”“离港空运服务中心”，支持深圳机场国际客货运航线扩线，进一步释放大湾区要素资源高效便捷流动活力。全面拓展跨境合作、跨部门合作，与深圳市卫健委、台办、司法局等部门签订多项合作备忘录，“双区”建设合力进一步增强。

【深圳海关落实“六稳”部署发挥积极作用】 坚持纾困举措与赋能机制相结合、精准帮扶与整体提升相结合，出台推动外贸高质量稳定发展32项措施，实施促进先进制造业十项行动计划。“一企一策”为重点企业提供“点菜式”服务，运用“税政+技贸+政研”优势帮助企业优化产能安排。推进自贸区和特殊监管区域创新，30项自主创新措施被纳入省级以上复制推广。落实“综合保税区21条”“一区一表”分类推进深圳4个特殊监管区域升级发展，关区保税物流进出口增长18.2%。积极支持创新业态迸发新动能，打造MCC新物流模式，吸引15家全球500强企业在前海设立亚太货运中心，带动前海湾保税港区进出口增长58%。积极培育跨境电商新模式，推动跨境电商进出口增长1.8倍。平行进口汽车保税仓储增长50.3%。创新集成电路设计产业定制式监管，延伸加工贸易产业链。2019年，深圳市进出口总值位列全国第二。

【深圳海关服务“一带一路”建设更加深入】 积极参与国际规则制修订，推动估价、归类领域2项议题在WCO相关会议上通过；13项特别贸易关注议题被列入我国WTO/TBT委员会对外交涉议题，居全国海关第一。深圳对“一带一路”沿线国家地区进出口连续四年保持增长。

【深圳海关进一步筑牢安全准入防线】 贯彻落实总体国家安全观，针对深圳毗邻港澳特殊区位，全方位履行维护政治、经济、文化、社会、生态环境安全职责。圆满完成新中国成立70周年、澳门回归20周年等重大节点保卫任务。严打重点涉税商品走私，查办涉税走私案件210起。积极防控进出境金融风险，严打银行卡、黄金等金融工具走私，多部门联动查获走私出口黄金案值超过18亿元。严厉打击虚假贸易，完善统计数据质量全过程控制与快速反应机制。开展“扫黄打非”五大专项行动，立案127宗。持续打击涉恐、涉枪、涉毒走私活动，查办毒品走私案件189起；严把进出口食品、消费品安全关，查获未准入境进口食品化妆品204批次，位列全国第二。全年未发生区域性、系统性、行业性进出口食品安全问题。有力应对埃博拉、中东呼吸综合征、登革热等传染病疫情，检出传染病症状旅客3.35万人次、确诊病例7 625例，保持全国第一。全链条防控非洲猪瘟，保障供港活猪安全稳定供应，妥善处置3起香港非洲猪瘟疫情。加强重点敏感农产品检疫，在进口油菜籽、苹果等商品中截获检疫性有害生物，按规定实施检疫处理，有效保护生态安全。

【深圳海关进一步增强正面监管效能】 新一代查验管理系统全面上线，“两步申报”率先成功试点查验作业，报关单量全国第一。实施分层查验改革，试点口岸查验时效提速近三成。H986智能审图实战能力增强，成功查获走私仿真枪、冻品等案件320宗。智慧人脸识别系统扩大至13个业务现场。“企业安检+海关机检”模式加强快邮件源头管控，查获各类走私违规案件409宗。完善进出口商品质量风险预警和快速反应监管体系，查发存在高中危害等级质量安全风险商品236批。

【深圳海关进一步完善打私综合治理】 推动地方政府落实反走私综合治理主体责任，探索“打私+网格”基层管理新模式，错位协同监管更加紧密。开展“国门利剑2019”联合专项行动，2019年查办走私罪案512起、打掉走私团伙100个；查办走私行为案件9 234起；查办违规案件24 621起。3类案件数量均居全国海关第一。

【深圳海关进一步扩大参与国际合作成果】 推动与希腊比雷埃夫斯港口岸海关关际合作取得实质性进展。在国际规则制定中发出“中国海关声音”。成功应对有关产品技术性贸易措施，帮助“出海”企业获得更公平待遇。成功承办海关专员俱乐部研讨会，接待外国及港澳海关来访35批次，对外交流合作进一步紧密。

【拱北海关服务口岸通关】 严厉打击“洋垃圾”、濒危物种走私，查获“洋垃圾”走私违法案件13起，涉案“洋垃圾”2.19万吨，立案查办象牙等濒危物种及其制品走私案件20起，查证沉香1.1吨、刺猬紫檀8 000立方米。加强口岸非洲猪瘟防控，检出非洲猪瘟病毒核酸阳性的猪肉及其制品29批次。坚决开展扫黑除恶斗争，向地方移交案件线索2条。全力守好意识形态安全“南大门”，查获反动印音制品、散发性宗教宣传品等违禁品3 380件。筑牢检验检疫安全防线，检出传染病确诊病例1 194例，截获输入性病媒生物71批次792只，检出有害生物4 451种次、不合格进出口食品293批。全面推广移动查验单兵、智能审图应用，H986设备机检比例达56.5%。打造智慧旅检拱关范式，深化旅检智能化监管平台建设。试点陆路口岸旅客行李物品监管风险防控机制，推动人脸识别应用覆盖全部旅检口岸。联合深圳海关强化跨境车辆走私风险防控，对5 639辆次跨境客车有查获，查获率3.35%。研发监管拓展应用平台一期，集中展示和监控关区业务运行指标。严格落实煤炭进口管理要求。2019年办结稽核查作业1 963起、追补税款2.24亿元。加强信用管理，强化联合激励、联合惩戒，完成企业认证260家次，动态调整企业海关信用等级787家次。加强知识产权海关保护，查获侵权案件102宗。加强异常数据分析监控。强化风险预警，发布预警信息143条，查获异常情事218宗。完善跨境电商风险联防联控机制，查发6起跨境电商渠道走私日化品进境案，案值约5.1亿元。实现企业注册备案“多证合一”、企业年报“多报合一”无纸化、网络化。

【拱北海关支持地方外经贸发展】 全力以赴“用好管好大桥”，制定落实专项措施8项，推动港珠澳大桥珠澳口岸增设货运功能，解决鲜活水产经港珠澳大桥供港受限等问题。统筹推进“两区优化”，助力高栏港综合保税区启动建设，支持申建中山综合保税区。做好珠海机场公务机临时口岸开放监管工作。推进中山港马鞍港区新客运码头联检大楼建设，推动中山港口岸申请药品进口口岸。助力内地人工养殖大鲵供港贸易。推动2019年7月11日起暂停珠澳口岸轮胎消毒。认真落实海关总署署长倪岳峰2019年访港澳工作成果，细化推进涉及拱北海关的8方面25项具体工作。深入贯彻落实《粤港澳大湾区发展规划纲要》，收集服务大湾区建设“金点子”近300个，研提12项支持措施被总署采纳，细化推进61项具体任务。认真落实香港、澳门CEPA零关税货物便利通关措施，支持澳门“中国钻石与宝石交易所”开展加工贸易进口毛坯钻石业务。召开涉澳工作座谈会问政、问计、问需，制定“1+3”专项方案，求全、求严、求实做好澳门回归20周年全面保全工作。全力确保新横琴口岸、青茂口岸“好看好办”，压茬推进具体工作141项。为珠海、中山定制专门对案，明确11方面任务。落实总署稳外贸实施意见，细化48项措施，推动珠港澳货栈（西域站）项目落地。推动跨境电商加快发展，共监管清单246.52万票、货值7.74亿元。积极支持市场采购，申报出口货值116.85亿元，备案企业1 316家。妥善应对中美经贸摩擦，加强外贸统计分析监测预警。支持战略新兴产业发展，力推集成电路制造全程保税监管模式试点落地。开展税政调研，相关建议被国务院税委会采纳3项。制定11项支持横琴高水平开放建设措施。推动粤澳合作产业园首个保税项目横琴大昌行物流中心顺利落地。支持粤澳中医药合作科技产业园重大合作项目建设。顺利实施港澳车辆多口岸通行政策。

【拱北海关推动口岸通关改革】 开展关区监管证件联网核查，针对风险较大的进口旧机电产品、固体废物、易制毒化学品等数据开展专题监控分析，共排查分析报关单 17.6 万份，进一步提升作业规范性和无纸化率。巩固压缩货物整体通关时间成效，2019 年进出口整体通关时间比 2017 年分别压缩 70.37% 和 74.37%，高质量完成国务院设定的目标。推动“单一窗口”建设，主要业务申报应用覆盖率达 100%。落实中央减税降费政策，深化税收征管方式改革，全力做好综合治税工作。构建关区“321”业务工作框架，健全“综合调控”机制，协调解决关检融合过程中职责不明确、运行不顺畅等问题 142 个；推动开展关区业务运控平台建设，选定 115 个具备展示、监测、预警、评估等属性的业务指标逐步在业务运控平台上实施应用。“两步申报”稳步推广，“两段准入”扎实推进，“两轮驱动”协同实施。深化“放管服”改革，细化 38 项具体任务。深入推进隶属海关功能化建设，研究制订综合业务、属地查验作业整合实施方案。落实“双随机、一公开”要求，对各业务线条落实情况进行摸底分析。

【拱北海关创新通关监管模式】 创新实施进口危化品“口岸查验 + 属地检验”联合监管模式，检验监管进口危化品 1 419 批，检出不合格品 75 批。着力探索“一国两制”下海关监管“前推后移中优”理念创新。巩固港珠澳大桥珠澳口岸旅客卫生检疫“合作查验、一次放行”创新做法，并复制推广至新横琴口岸、青茂口岸。与澳门海关携手试点旅客行李物品监管“执法互助、便捷通关”。创新横琴口岸监管模式，与澳门海关达成《新横琴口岸珠澳海关监管合作框架》；与澳门市政署签署供澳花卉苗木“检疫前推，合作监管”合作备忘录；联合探索开展澳门制造食品输入内地“检验前推”，该模式已被提升为海关总署与澳门行政法务司合作项目。实施供港澳食品农产品“直通放行”，支持设立内地供澳活猪过驳站，监管供港澳食品农产品 61.82 万吨。推行进口铁矿检验监管“先放后检”，为企业节省相关费用约 6 000 万元。落实海关 AEO 国际互认合作便利措施。

【拱北海关提高口岸规范化管理】 以智慧海关为导向，围绕安全、便利两个目标，优化通关监管、业务综合、风险防控 3 个实现路径，打牢政务、党务、业务、总务 4 个基础，着力构建关区“4321”治关框架体系，提升制度创新和治理能力建设水平，更好服务高水平开放高质量发展。强化对全领域风险的识别、评估和应对，加强统筹设计、协调联系、综合评估。深化隶属海关功能化建设，“三个一体化”（横琴自由贸易试验片区和珠海保税区监管一体化、青茂口岸和珠海跨境工业区监管一体化、中山市水运口岸监管一体化）监管和“六个整合”（现场综合业务、口岸监管、属地查验、后续监管、企业管理、加工贸易等业务管理）实施到位。开展关区环澳口岸货运、旅检监管资源优化整合 2 项专题调研，推动优化完善关区口岸整体布局，推动港珠澳大桥、跨境工业区、湾仔、横琴等口岸形成叠加优势；全力支持新横琴口岸、青茂口岸建设，配合推动跨境工业区专用口岸增加供澳鲜活商品运输车辆入境功能；支持湾仔轮渡客运口岸于 2020 年春节前恢复通关。

【拱北海关深化粤港澳互助合作】 积极参与建设“智慧海关、智能边境、智享联通”。完善沟通联络机制，与港澳政府部门开展交流互访 58 次。深化监管执法互认，共验放粤港、粤澳绿色关锁货物 130 批次、427 批次，并逐步拓展至粤澳小客车机检结果参考互认。顺利实施粤港海关“跨境一锁”，稳步推进粤澳海关“跨境一锁”。创新开展港珠澳大桥口岸病媒生物三方联合调查。配合推动粤澳货物“一单两报”综合服务平台建设。深化粤港澳知识产权合作，2019 年共开展粤港澳海关保护知识产权联合执法行动 3 次，查获侵权商品 3.9 万件。推动香港渔护署同意马匹、鸡苗等非食用活动物经大桥运输通行；力促两地马匹运营企业共商隔离场改造、香港马匹进口等事宜。

**【汕头海关精准对接“2020 改革”部署，积

蓄发展动能】 以“两步申报”牵引各领域改革在关区落地。顺利完成“两步申报”改革试点，自主开发“两步申报”报关单查询统计功能。“两段准入”按时落地，“两轮驱动”稳步推进，协同分工、优势互补的风险统一防控机制初步构建。“智慧缉私”工作成效向全国缉私系统推广应用。作为全国海关牵头单位，成功试点 H2018 系统拟证出证子系统。海关总署集装箱动态管理试点取得成效、并向全国海关推送经验。

【汕头海关充分释放改革红利】 “证照分离、两证合一、多报合一”等“放管服”改革渐次落地。行政审批实现网上全流程办理，全年取消 84 项证明事项，海关审批服务保持“零超时、零差评”。开展“以企业为单元”加工贸易监管新模式改革，实现新模式关区全覆盖。坚持税收征管与优化服务的有机统一，汇总征税、电子支付、自报自缴等税收指标推广率均高于全国平均水平，全年税收入库 44.8 亿元。

【汕头海关落实减税降费让企业“可知可感”】 增值税改革让企业累计受益 7.13 亿元。办理政策性退税 2.04 亿元，减免税款 4 319 万元。签发各类原产地证书，为企业海外减免关税 1.45 亿美元。免除守法企业吊装移位仓储费用 205 万元，惠及企业 2 190 家。

【汕头海关让要素流通更便捷】 成功试点“区港联动”通关，推广海运口岸 24 小时智能通关模式，通关提速让企业“快知快感”。推行提前申报、水运联程中转、跨境快速通关等业务，畅通供港澳鲜活农产品“绿色通道”，海关速度成为粤东外贸的亮丽“品牌”。

【汕头海关支持建设对外开放新高地】 主动服务“一带一路”建设，创建企业协调员制度，助推 AEO 企业成为外贸发展主力军。全年 AEO 企业外贸进出口额占关区进出口总值的 35.7%，粤东与“一带一路”沿线国家进出口 496.4 亿元，同比增长 8.9%。撬动“湾 + 带”发展潜能，出台 11 条措施促进粤东外贸高质量发展。支持融入粤港澳大湾区，打造现代化沿海经济带重要发展极，服务深汕特别合作区建设，助力关区扩大外贸“朋友圈”。推动汕头获批国家跨境电商综合试验区，宝奥城跨境电商分拣中心正式运营。支持汕头、梅州申建综合保税区。48 项自贸试验区海关监管创新经验复制落地。全国核电行业首个自用型保税仓库落户汕尾。

【汕头海关深化海关国际合作助力企业“走出去”】 完成苏里南水产品准入风险评估工作，为两国签署海关合作文件奠定基础。加强与总署司局沟通，推动解决智能陶瓷马桶出口退税率较低的问题；提出的“明确燃料电池归类”议题获世界海关组织大会通过，为企业开拓国际市场提供“海关动力”。参与总署“全球贸易监测和宏观经济分析研究”，积极参加总署应对中美经贸摩擦专题研究，及时贡献“汕关建议”。

【汕头海关法治海关建设深入推进】 推广行政执法公示、执法全过程记录、重大执法决定法制审核制度，开展执法理念大讨论。将“点菜式普法”与“精准式推送”结合起来，海关普法工作向基层拓展、向社会延伸。加强知识产权海关保护，采取保护措施、查扣侵权商品同比分别增长 218%、469%。

【汕头海关智能化风险防控体系初步构建】 积极推进大数据应用，实现舱单和 H2018 系统预定数据落地。自主开发“业务风险监控分析模块”，部署 51 个大数据可视化分析模型，建立智能化风险预警监控平台。将检验检疫准入风险纳入一体化风险管理体系，实现“运输工具、货物、邮递物品、跨境电商”渠道的统一风险研判、统一指令下达。2019 年人工分析查获率 8.88%。

【汕头海关智能监管逐步形成】 综合运用智能卡口、电子关锁、移动单兵装备、船讯网监测等手段，三级可视化和远程监督逐步实现。推进智能审图，有效查获报关单 51 票。发挥机检查验设备效能，机检报关单比例达 71.1%。

【汕头海关“网格化 + 集约化”加强后续监管】 运用可视化监控平台，有机串联网格内企业前、中、后期管理，实现“精准画像”，并将画像结果作用于通关监管和企业动态监控，形成后续监管闭合回路。深化“多查合一”，全年稽查有效率65.87%，核查及时完成率100%，稽核查追补税4 532万元。

【汕头海关严守国门卫生和生物安全】 关区口岸公共卫生核心能力建设全部达标。与粤东五市建立传染病联防联控合作机制实现历史性全覆盖，口岸重大突发公共卫生事件“零发生”。实施动植物检疫信息化管理，实现网上审批、全链条管控、随报随检。国内首次检出鲤浮肿病毒和最短尾短体线虫，2019年有25种有害生物为全国首次截获。

【汕头海关严控进出口商品质量和食品安全】 自主开发应用“进出口商品信息查询系统”，“口岸天平行动”帮助企业避免经济损失1 401万美元。落实“四个最严”要求，供港澳食品安全实现“零事故”。2019年检出不合格进出口食品157批，国外通报下降64.3%。

【汕头海关智慧缉私高压打私战果丰硕】 以数据警务引领“智慧缉私”创新发展，打造智能分析系统和数据融合平台，实现数据指引情报、数据支撑办案。缉私、监管、关税、风控、稽查、检验检疫“六位一体”协同共治新模式成效凸显。2019年刑事立案97宗，案值60.27亿元，涉税额17.87亿元，办案主要指标再创历史新高，关区走私风险整体可控。反走私综合治理“6个1”工程巩固发展。

【黄埔海关大力推动口岸通关改革】 深度参与“两步申报”改革顶层设计，成为全国海关第一批改革试点单位，坚持“口岸清关”与“保税进口”同步启动、“两步申报”与“智能通关”同步叠加、“两步申报”与“两段准入”同步推进。“两步申报”改革于2019年8月23日在所属黄埔新港海关、所属穗东海关成功试点，2019年底实现黄埔关区全覆盖，关区逾300家企业参加试点，整体通关时间较同期水运“全国通关一体化”报关单缩短过半。积极开展“两段准入”改革，成功办理首票“两段准入”业务。研究制定关区“两段准入”改革试点工作方案，做好“两段准入”改革准备工作。2019年11月15日，成功办理黄埔关区首单“两段准入”业务，对某汽车公司申报进口的413台进口汽车按照“转场检查”模式转至口岸内符合条件的场所进行监管。截至2019年年底，相继实施进口黄大豆、汽配件、危化品、食品等“附条件提离”“转目的地检查”监管模式试点。不断深化海运口岸24小时智能通关改革，在海运口岸分阶段实施“提前申报、运抵验放”，将海运口岸24小时智能通关改革适用范围拓宽到一般信用及以上的企业。海运口岸24小时智能通关模式已列入广东省推进外贸高质量发展措施和总署支持粤港澳大湾区发展措施之一，并入选国务院支持粤港澳大湾区建设政策库，正在全省具备条件的口岸推广。推动新海关业务融合，整合优化监管资源，重点推进业务流程调整优化和业务系统重构切换，实现检验检疫业务融入监管流程，完成对监管作业场所、集中作业场地、原检验检疫作业场所的清理核查。试行船舶登临检查集约化管理，明确了船舶登临检查业务职责流程和锚地与口岸的业务分工。启动跨境寄递业务嵌入式监管改革，打造寄递类业务“嵌入式”监管模式，积极推动东莞邮政互换局监管场地改造和业务模式改革。不断提升智慧监管水平，先后建设安装智能卡口43条、智能地磅5条、智能装卸6套，配套开发智慧监管平台。在快件监管作业场所完成15台CT设备分拣线改造。研发妥投智能分析工具，及时验核个人物品投递的真实性，使用微信刷脸功能，实现对收件人身份真实性的验核。

黄埔海关率先推出海运口岸24小时智能通关模式

【黄埔海关不断强化口岸检验检疫防线】 建立口岸传染病联防联控机制，与广州市卫生健康委员会、东莞市卫生健康局紧密联系，深入合作，做好口岸传染病联防联控。与其他兄弟海关加强信息沟通，及时通报广州市、东莞市地方卫生健康部门输入性登革热等传染病例，并对东莞市卫生健康局通报的输入性疟疾死亡病例进行了回顾性流行病学调查，共同做好输入性病例后续管理工作。在辖区口岸举办口岸突发公共卫生事件应急处置演练，检验应急处置预案和联防联控工作机制，提高一线工作人员应急处置能力。督促落实口岸卫生监督，完成黄埔关区口岸卫生监督和口岸食品安全抽检计划，完成口岸公共卫生核心能力建设年度目标。保障国门生物安全，全国首次从进口粮食中截获有害杂草（东方大蒜芥、红叶藜），从进口美国苜蓿草检出未经我国批准的转基因成分。从进口加拿大油菜籽中截获检疫性有害生物，关区内首次从进境水生动物中检出真鲷虹彩病毒，从出口猪肉制品加工企业成品样中8次检出非洲猪瘟病毒核酸阳性。大力支持扩大进口粮食，积极应对非洲猪瘟和中美贸易摩擦影响，鼓励支持粮食企业拓展渠道从乌克兰、俄罗斯等“一带一路”沿线国家进口粮食。对辖区内进口铁矿、锰矿、铬矿、铅矿及其精矿，锌矿及其精矿7种矿产品采取“先放后检”监管方式，货物到港经现场检验检疫符合要求后，可快速提离海关监管作业场所，无须等待抽样检测结果。支持智能制造全生态链发展，优化大型设备通关检验模式，为大型设备进口提供集中检验、到厂检验、无损查验等通关便利。严把重点商品质量安全关，2019年检出不合格进口汽车1 400台，查获2 078台未获3C认证打印机，检出不合格进医疗器械13批，查获禁止进口旧医疗器械1批，检出不合格婴童用品等消费品19批，检验进口棉花73批，不合格率93.24%。对进口法定检验商品实施数重量鉴定1 840批次，检出短重超过3‰的进口法定检验商品225批次，短重23 745吨，短少货值626万美元，均出具重量证书帮助企业对外索赔。2019年10月1日起实施进出口预包装食品标签检验监管改革，改革后90%以上的进口预包装食品标签在口岸进口环节不需要通过海关检验。落实粤港澳大湾区建设要求优化供港澳食品质量安全监管，与香港食环署建立合作机制，加强对供港蔬菜和冰鲜禽肉的监管和抽样送检。

【黄埔海关全力促进跨境贸易便利化】 开展优化口岸营商环境课题研究，成立专项课题小组围绕世界银行《全球营商环境报告2020》开展营商环境课题研究，以新加坡为模板，对标北京和上海，分析广州跨境贸易化方面的短板和不足，提出促进贸易便利化、优化营商环境可行性意见，完成课题研究报告，并结合报告同步制定专项工作方案，提出启动营商环境优化专项工作、建立营商环境优化长效机制的28条措施，支持广州打造国际一流的营商环境。推广应用国际贸易“单一窗口”标准版，2019年黄埔海关国际贸易“单一窗口”标准版主要业务应用率（包括货物申报、舱单申报、运输工具申报）保持100%，圆满完成国家口岸管理办公室年初布置的工作任务。持续拓展“互联网+海关”应用，行政审批事项网上办理率达94.8%，全面启用电子印章。应用“互联网+稽核查”实现部分稽核查事项全程网上办理。深化“互联网+保税”实现所有保税监管业务无纸化。推进减免税业务信息化管理，推动“互联网+海关”、国际贸易“单一窗口”在减免税业务领域的应用，简化优化企业办理减免税业务所需提交的12种单证的获取方式。落实税收担保方式改革创新，扩大宣传、加强企业服务，大力推荐适用汇总征税、新一代电子支付、自报自缴、税单自主打印等改革政策，积极推动关区多元化担保创新，大力推广汇总征税改革，加强与银行和保险公司的沟通，积极推送“两步申报”改革试点中担保的相关规定，对接5家新增关税保证保险企业，推动关税保证保险全面运用到“两步申报”改革担保中，为涉税“两步申报”推广打好业务基础。落实国家减税政策，结合第一批对美加征排除清单退税工作，有序开展关区满足退税条件的企业和商品退税工作。开展原产地证书自助打印全国试点，打通原产地业务电子化办理的“最后一公里”，使企业“足不出户”就能完成证书的申领。黄埔海关 2019 年自助打印原产地证书 22.72 万份，自助打印利用率 77.95%，均居全国海关第一位。先行先试开展属地纳税人管理，率先建立关区 116 家重点属地企业税收档案，属地企业规范申报率保持在 98% 以上。落实国务院免除查验没有问题企业吊装、移位、仓储等费用要求，2019 年关区免除海关人工查验没有问题 30 261 个集装箱的相关费用，免除过磅、机检查验没有问题 23 510 个集装箱的相关费用，惠及企业 9 574家。

黄埔海关验放石龙首批搭乘中欧班列的出口整车

【黄埔海关着力服务国家开放战略】 支持中欧班列发展，推广“公铁联动、运抵换乘”“属地申报、运抵换乘”通关模式，完善石龙口岸基础设施建设，完成东莞中外运石龙码头出口智能卡口建设，助推中欧班列拓展车辆出口和木材进口新渠道。2019 年 7 月 26 日，我国首票输往中亚的二手汽车在黄埔海关顺利完成通关手续。2019 年 8 月底，成功开通广东省首列进口中欧班列。2019 年 9 月 20 日，首次通过中欧班列向“一带一路”沿线国家出口新车。推动物流监管一体化，全面实施小船一体化清关模式，促进粤港澳大湾区物流快速流转。优化来往港澳小型船舶监管模式，“湾区水上巴士”实现夜间清关、24 小时通航、多港“随到随装卸”。稳步推进“同船运输”，促进沿海港口群联动发展。探索“湾区水上巴士”监管联动合作，扩大“湾区水上巴士”的运力覆盖范围。深化保税监管改革，升级优化“互联网＋保税”功能，实现“无纸化办公”，关区近 6 000 家企业受惠。落实国务院促进综合保税区高水平开放高质量发展 21 项措施，虎门港综合保税区（一期）顺利通过国家验收。积极推动广州特殊监管区域转型升级、科学规划关区两仓布局、创新出口监管仓库和保税仓库“智慧监管”“分类监管”等监管模式，2019 年关区特殊监管区域和保税监管场所征收税款、保税物流中心（B 型）及出口监管仓库和保税仓库内销征收税款，均位居全国海关第一位。支持保税维修、进口汽车保税仓储、广州保税区红酒产业等新业态发展。支持跨境电商新业态发展，创新监管模式对跨境电商供应链企业实施分类监管。全力支持广州市、东莞市跨境电商综合试验区建设，支持跨境电商 B2B 出口与制造业融合发展。与东莞市成立联合课题组，开展跨境电子商务 B2B 与东莞市制造业融合发展专题调研，了解运作模式、业务流程、技术标准、统计口径、信息化建设等方面的需求建议，提出支持跨境电商 B2B 出口与车检场转型升级融合发展、与制造业融合发展、与 B2C 出口融合监管的相关思路。因地制宜培育业务新增长点，在所属穗东海关、所属沙田海关开展网购保税进口退货业务试点，在所属凤岗海关、所属沙田海关开展特殊区域出口试点。2019 年黄埔海关监管跨境电商进出口清单约占全国海关的三分之一，出口货值连续三年居全国海关第一位。

【江门海关服务“一带一路”建设、粤港澳大湾区建设和支持深圳建设中国特色社会主义先行示范区】 落实“一带一路”沿线国家的 AEO 互认政策，为江门海关关区进出口企业制定个性化政策支持措施计划，关区企业对“一带一路”沿线国家进出口增长 13.3%。继续运用跨境快速通关模式支持中国香港至江门空陆联运物流业务，推行同船运输模式，打通了“江门至广州南沙港的内外贸同船运输”物流渠道，江门大广海湾保税物流中心（B 型）获批并推动建设，已进入预验收阶段。推动江门市高新区公共码头向智能化港口方向建设取得进展。港澳船舶维修试点工作有序推进。继续支持粤港、粤澳环保合作项目，累计监管中国香港惰性拆建物料台山处置项目物料 1.3 亿吨，形成堆填面积约 10 240 亩，增加了地方发展土地储备。推进澳门废旧车辆转移广东处理项目，制定操作规程，办理了 675 辆废旧摩托车和 10 辆废旧汽车进境通关手续。

2019 年 7 月 23 日，江门海关到大冶摩托开展信用宣讲和培育

【江门海关一线正面监管巩固加强】 推广新一代查验管理系统，成为全国第 3 个口岸现场使用该系统全覆盖的直属海关，完成水运运输工具监管领域“查检合一”试点和舱单系统申报功能的推广落地，完成关区所有监管作业场所智能卡口改造升级，推动监管作业场所集装箱动态管理，优化“先期机检”流程，提高非侵入式查验比例至 56.9%，提高 4.9 个百分点。查获非法出版物 4 512 件，其中“问题地图” 4 008 套。防范化解安全准入风险，货运渠道查获安全准入情事 189 起，快件和跨境电商渠道查获安全准入情事 1 303 起。知识产权海关保护工作有新突破，开展“龙腾行动 2019”，保持打击侵权高压态势，扣留涉嫌侵权货物批次增长 1.6 倍，其中查获涉嫌侵权干电池 456 万粒、涉嫌侵权摩托车 387 辆。

【江门海关检验检疫业务稳步推进】 落实生态把关职责，检疫监管进出境动植物及产品 3.7 万批、135.6 亿元，截获进境植物有害生物 132 种、2 639 次，其中检疫性有害生物 15 种、

2019 年 5 月 8 日，江门海关查获一宗 2013 年以来广东省内海关案值最大的出口摩托车涉嫌侵权案件

262 次。严格出入境特殊物品卫生检疫管理，查获无检疫审批特殊物品 17 批，增长 183.0%，其中查获人体胎盘素针剂 6 900 支。强化联防联控机制，联合处置麻疹、登革热共 5 例境外感染输入性病例。加强口岸检疫查验，在入出境人员中排查并确诊病毒性肝炎等 7 例传染病病例。扎实做好进出口危险化学品检验，检出 18 批不合格，查获 5 票伪报的危险化学品快件。完善进出口商品质量安全风险预警与快速反应机制建设，采集风险监测样品 126 批，检出不合格 32 批。建立分层对接的进出口食品安全工作新机制，落实抽样检验和风险监测工作，检出不合格进口食品 20 批次。

【江门海关优化口岸营商环境，推动贸易便利化】 继续巩固压缩整体通关时间成效，与 2017 年相比进口压缩 80.0%、出口压缩 70.8%。严格落实“先放后检”，铁矿石等金属矿产品平均验放时间压缩 89.9%。推动国际贸易“单一窗口”建设，主要申报业务应用率达到 100%。落实国家关于增值税改革及行邮税税率调整的降税政策，为企业和个人减轻税负 5.2 亿元。落实降费政策，按照检疫处理指征实施处理，停止对进口空集装箱进行预防性消毒处理（符合检疫处理指征的除外），为企业减负 291.6 万元。协助地方免除口岸查验配套服务费 454.5 万元，惠及 2 257家次企业。优惠贸易安排项下进口货物共享惠 2.2 亿元；签发各类原产地证书 8.1 万份，获进口国（地区）关税减免约 1.3 亿美元，助力企业开拓国际市场。改进原产地证书签领方式，企

业通过自助打印方式申领原产地证书9 273份。

【江门海关持续打击“洋垃圾”、象牙等濒危物种及其制品走私活动】 深入开展“国门利剑2019”联合专项行动，刑事立案43宗，案值12.4亿元，分别比2018年增长65.4%、18.1%。破获海关总署缉私局挂牌督办案件10宗，创历史新高。其中，依托“缉私—风控”联合分析研判机制，破获跨境电商渠道走私大案3宗，案值超19亿元。查获涉嫌走私“洋垃圾”案件6宗，查扣涉案“洋垃圾”42.4吨；查获濒危物种及其制品走私案件8宗，查扣走私石首鱼鱼胶、活体穿山甲、犀牛角、珍稀木材一批。配合海关总署举办了“依法把关打击濒危物种及其制品走私”在线访谈，访问量116万次。

【江门海关最严措施全链条防控口岸非洲猪瘟疫情】 创新“驻场兽医”“1+N”等监管模式，探索“体温监测”智慧监管，监管供港澳活猪26.9万头，增长32.0%，占内地供应总量的30.0%，保持供港澳活猪注册场“零疫情”，活猪质量安全“零事故”，检疫通关“零障碍”。

【江门海关全力以赴支持中法能源合作最大项目台山核电站建设】 解决了商品归类、适用通关模式等问题，在帮助台山核电站1号机组率先商运成为全球首堆工程后，2号机组顺利建成投入商运。习近平总书记指出，“台山核电站1号和2号机组全部建成投入商运，为全球第三代核电站建设提供了成功范例。”

【湛江海关筑牢口岸检疫防线】 一是强化口岸防控。强化重点传染病口岸防控，出入境人员监测发现传染病137例。推动湛江机场和茂名水东港顺利通过口岸公共卫生核心能力复核。贯彻落实军民融合发展战略，与海军某部签订合作备忘录，协同推进军港口岸公共卫生建设；为南海舰队官兵开展传染病监测体检1 245人次，接种疫苗1 611人次。严把国门生物安全关，截获检疫性有害生物27种、379批次，首次在广东口岸监测到入侵植物大地锦。二是保障进出口食品和商品质量安全。严格落实食品安全“四个最严”要求，检出出口食品安全卫生项目不合格17批、进口食品不合格49批。迅速妥善应对处置湛江供港活猪在港检出疑似非洲猪瘟突发事件，保障供港活猪安全稳定供应，全年供港活猪1 393批、5.52万头，货值约2 260万美元。持续推进进出口商品质量安全风险预警和快速反应监管体系工作，开展“口岸天平”行动，检出进口商品短重13.19万吨，帮助企业成功索赔256万美元。三是实验室建设取得新进展。技术中心通过国家级资质认定和扩项评审考核，新增认可检测项目658项，项目总数达到2 079项。动物检疫实验室获得总署非洲猪瘟初筛检测实验室资格，化矿石油实验室通过总署化矿产品检测区域中心实验室验收。总投资3 834万元的保健中心改造项目经海关总署党委会议审议同意立项。

【湛江海关规范强化实际监管】 一是提高监管效能。加快H986、CT设备智能审图应用，首次在快件渠道查获象牙制品。加强对关区8个危化品监管场所安全隐患排查，强化应急管理。建立业务风险防控协同机制，货运渠道人工分析布控查获率8.8%，高于全国平均水平2.9个百分点。严把非贸渠道安全准入关，查发安全准入风险情事1 564起，增长6.9倍。强化后续监管，稽查补税571万元，增长1.7倍。二是提升监管专业化水平。扎实推进规标和技贸工作，组织国际陆海贸易新通道沿线国家技贸工作研讨会，发挥水产品研究评议基地作用；提交2项WTO特别贸易关注议题报送海关总署国际司；牵头承担对南美洲国家和地区相关法律法规的课题研究；帮扶关区4家企业解除美国FDA“自动扣检”措施；重建技贸工作人才队伍，选聘专家41名；向总署推荐23名WTO/TBT评议专家，29名SPS评议专家。

【湛江海关提升口岸通关效能】 一是优化口岸营商环境。2019年，湛江海关进、出口整体通关时间分别为42.01小时和5.53小时，较2017年分别压缩73.8%和81.68%；其中，12月单月进、出口整体通关时间分别为27.11小时和2.86小时，创历史最好水平。实行铁矿石“先放后检”模式，实现“多方共赢”效果，验放周期由一个月左右缩短到2天，为企业节省费用约1 950万元，海关总署署长倪岳峰调研时对湛江海关这项工作给予充分肯定。全力支持湛江综合保税区申建工作。规范和降低口岸涉企收费，降低检疫处理收费标准，为企业减负488.53万元。坚决落实国家降税政策，减税33.53亿元。二是改革红利持续释放。落实“海关改革2020”方案，争当“不是试点的试点”，启动“两步申报”改革，首票报关单从概要申报到提货放行仅用时27秒。推进海关“证照分离”改革全覆盖试点和清理证明事项工作，在57项业务中不再要求相对人提供相关证明材料。实现“双随机、一公开”在货物查验等21个执法项目的全覆盖。将射频识别技术嵌入宝钢湛江钢铁公司的生产、仓储环节，打造“无人监管车间”。作为全国首批4个试点海关之一，参与H2018新一代海关通关管理系统拟证、签证模块试点，为全国上线推广做出贡献。

【湛江海关服务外贸稳中向好】 一是支持企业业务发展。支持宝钢湛江钢铁公司拓展球团矿加工贸易业务，实现盈利约1.4亿元。支持铁矿石保税简单加工业务，监管铁矿石简单加工出仓554.3万吨，增长47.4%。指导水产行业协会成功申请将进口虾苗纳入国务院对美加征关税第一批排除清单，实现退税939.8万元。推动橄榄酒等产品实现首次出口。支持湛江空港开展海鲜直航进口业务，推动湛江港首条南亚直航冷链班轮开通。湛江口岸自2016年以来再次进口冷冻肉类产品，进口牛肉139吨、猪肉24.3吨，在服务外贸增长的同时积极服务稳定国内市场。支持外贸新业态健康快速发展，监管进口B类快件340.88万票、跨境电商零售直购进口清单41.39万份。二是加强进出口监测预警分析。统计分析研究报告获中央领导批示3篇，被中共中央办公厅、中华人民共和国国务院办公厅采用4篇次。三是主动对接国家战略。加强与海关总署、兄弟海关和地方政府的联系沟通，及时掌握改革发展第一手情况，牵头开展相关政策研究，积极推动粤西融入粤港澳大湾区和西部陆海新通道建设，推动湛江与海南相向而行。10月13日，湛江海关与重庆、南宁、海口等14个西部和沿海直属海关共同签署《区域海关共同支持西部陆海新通道建设合作备忘录》。四是积极跟进推动口岸建设开放。推动茂名港口岸扩大开放、湛江航空口岸扩大对外国籍飞机开放获得国务院批复同意。主动对接茂名博贺新港、粤西国际机场、雷州大唐电厂口岸、中科炼化码头等新建、在建口岸的建设运营单位，深入现场调研，指导做好规范化建设，支持口岸加快建设开放，优化粤西口岸布局。2019年湛江、茂名外贸进出口总值分别为413.8亿元、196.4亿元，分别增长9.7%和29.4%，增幅位居省内前列。

【湛江海关提升税收打私效能】 一是深化综合治税，税收入库231.23亿元，实现正增长。关税保证保险等多元化担保改革不断深化，税款担保额度达33.2亿元。二是深入开展“国门利剑2019”等专项行动，YX系列卷烟走私案入选2019年全国海关打击走私十大典型案例，全年共立案451宗，增长1.4倍；案值52.94亿元，增长3.3倍；涉税24.69亿元，增长15.3倍。坚决落实缉私部门管理体制调整有关精神，做到“三个坚决”“三个负责”“四个一样”，制定《湛江海关强化监管　推进“全员打私”实施办法（试行）》，在全国海关系统中属于首例，争取为全国海关积累经验。三是从境外追缉回“7·5”特大象牙走私案“红通”人员2名，查办案件7起，查扣犀牛角、穿山甲活体及鳞片等17种濒危物种及其制品。成立“水东象牙走私问题整治工作组”，迅速开展水东地区象牙等濒危物种及其制品走私问题的打击管控工作。加强风险信息研判，查办旧碳粉、再生橡胶等涉嫌进口固废案件3起。

开放口岸

【广州空运口岸（广州白云国际机场）】 广州白云国际机场（以下简称“白云机场”）飞行等级为4F，是国家战略定位重点发展的三大国际航空枢纽机场之一，是国家定位的“一带一路”

国际枢纽机场之一，更是推进民航强国战略和粤港澳大湾区协同发展的重要引擎。白云机场现有两座航站楼和一座 GTC 交通中心，总面积达到 138 万平方米，拥有 3 条跑道，飞行区等级为 4F，可满足年起降航班 62 万架次、旅客吞吐量 8 000万人次和货邮吞吐量 250 万吨的运营需求。T1 航站楼共设置 32 条出境通道（人工通道 17 条、自助通道 15 条），37 条入境通道（人工通道 22 条、自助通道 15 条），T2 航站楼共设置 48 条出境通道（人工通道 28 条、自助通道 20 条），64 条入境通道（人工通道 34 条、自助通道 30 条），4 条临时入境许可办理通道，12 条直接过境通道。

2019 年，白云机场完成旅客吞吐量 7 338. 6 万人次，完成航班起降 49. 1 万架次，完成货邮吞吐量 192 万吨，旅客吞吐量全国排名第三位。其中国际旅客吞吐量 1 871. 29 万人次，同比增长 8. 05%，国际货邮吞吐量 117. 57 万吨，同比增长 2. 68%。新增维也纳、伊斯兰堡等国际航线 21 条，新增圣彼得堡、乌兰巴托等国际通航点 13 个，国际及地区通航点达到 95 个。

白云机场综合保税区（以下简称机场综合保税区）位于广州空港经济区内，2010 年 7 月由国务院批准设立，规划面积 2. 943 平方千米，已验收面积 2. 053 平方千米，是国家级广州临空经济示范区建设的重要载体，是全国少有的包含机场口岸操作区、实现“区港一体化”运作的综合保税区之一，也是广州国家级跨境电商综合试验区的核心功能区。2019 年机场综合保税区进出口 173. 3 亿元，同比增长 41. 1%；跨境电商进出口货值超过 160 亿元，同比增长超过 110%；引进保税租赁飞机 30 架，货值 226. 9 亿元，同比增长 37. 32%；保税药品进出口货值 82. 53 亿元，同比增长 44. 05%；航材零部件进出口货值 12. 29 亿元，同比增长 53. 9 倍。

【深圳空运口岸（深圳宝安国际机场）】 深圳宝安国际机场位于深圳市宝安区，距深圳市南山区前海市中心 20 千米，距深圳福田区市民中心 32 千米，配套水陆交通运输网络，是集海、陆、空、铁于一体的航空口岸。深圳宝安国际机场是我国第一家以地方投资为主兴建的机场，一期工程于 1989 年 5 月动工兴建，1991 年 10 月正式开通国内航线。1992 年 2 月经国务院批准正式对外开放口岸。深圳宝安机场拥有中国现代化程度最高的航空货站和 24 万平方米的货运停机坪，货站内建有现代化的立体散货及集装货处理系统，启用了货物存放、存取机械化自动系统，并配备了电脑自动化语音查询系统，可提供规范、流畅、便捷的服务。航空客运服务时间：全天（福永客运码头：08：00 ~ 21：00）。

2019 年 5 月 1 日，深圳机场正式实施外国人 144 小时过境免办签证政策。2019 年，深圳空运口岸出入境旅客 595. 7 万人次，累计同比增长 29. 1%，国际空运货物 35. 15 万吨，累计同比增长 16. 9%。

【梅州空运口岸（梅州机场）】 梅州机场位于梅州市梅江区三角镇境内，地理位置坐标为北纬 23°23′ ~ 24°56′，东经 115°18′ ~ 116°56′之间。地处闽、粤、赣三省交界处，1985 年 6 月动工兴建，1987 年 9 月建成投入使用。机场占地面积约 118. 33 万平方米，停机坪面积 20 400 平方米，机场跑道为 2 400 米长，45 米宽，飞行区等级为 4C 级，可以满足 A320、B737 – 800 等主力机型的起降要求，停机坪设有 5 个机位（3 个 B 型和 2 个 C 型），机场规模设计为每年旅客吞吐量 30 万人次，飞机起降 4 860 架次，货邮吞吐量 450 吨。梅县机场分国内、国际候机楼。

梅州空运口岸于 1989 年 3 月经国务院批准对外开放，1989 年 11 月正式通航，起初仅有梅州至香港直航包机航线。2014 年梅县机场进行全面维修升级改造，国际候机楼也由原来的出入境单向通道改为出入境同时验放双向通道。近年来，梅州口岸不断拓展航空口岸业务，提高口岸吞吐量，突出抓好一类航空口岸建设发展，提升口岸开放水平。目前，梅州市已开通中国香港、中国台湾台中、中国台湾高雄、泰国芭堤雅、泰国曼谷、柬埔寨暹粒等 6 条国际（地区）航线。2019 年 1 月 15 日和 6 月 25 日，国家口岸办两次批复同意外籍和港台地区客运飞机从梅州机场临时出入境，时间半年。

2019 年，梅州空运口岸出入境人数 4.2 万人次，同比下降 42.5%；飞机 503 架次，同比下降 38.7%。

【湛江空运口岸（湛江机场）】 湛江机场位于广东、广西、海南的交界处，是湛江唯一航空口岸，中心坐标为北纬 21°13′02″、东经 110°21′27″，是连接广东、广西和海南的重要交通枢纽。湛江机场始建于 1936 年，系当年的法国殖民者侵占和租用“广州湾（1943 年 8 月 22 日定名湛江市）”时兴建，距今 83 年；1953 年国家民航局批准“中国民用航空湛江站”成立；1987 年 7 月 7 日国务院批准湛江机场对外开放。2019 年 9 月获国务院批准扩大对外籍飞机开放。湛江机场飞行区等级标准为 4D 级，拥有 2 个停机坪，总面积 4 万平方米；货运中心面积 2 700 平方米，年处理货物能力 10 万吨；口岸国际联检厅面积 2 868平方米，综合业务楼 4 616 平方米。2019 年湛江机场新增 12 条航线，参与运营航空公司 13 家，湛江与国内通航城市 37 个，旅客吞吐量 298 万人次。

湛江—香港航班每周 5 个航班往返，出入境旅客 43 052 人次、下降 6.8%，货邮行 392.7 吨、下降 8.3%；湛江—曼谷航班每周 3 个航班往返，出入境旅客 17 121 人次、增长 23.8%，货邮行 137.3 吨、增长 11.4%；湛江—金边国际航线每周 3 个航班往返，出入境旅客 14 032 人次、增长 8.9%，货邮行 107.7 吨、增加 12.2%；湛江—西哈努克港每周 3 个航班往返，出入境旅客 3 225 人次，货邮行 52.4 吨；湛江—芽庄航班每周 3 个航班往返，出入境旅客 2 444 人次，货邮行 17.1 吨。2 月 1 日，湛江机场口岸顺利完成进境食用水生动物试行查验通关，标志着湛江机场口岸进境食用水生动物指定口岸正式启用。

2019 年，湛江空运口岸出入境人员 9.1 万人次，同比增长 9.8%。

【揭阳空运口岸（揭阳潮汕国际机场）】 揭阳空运口岸是根据国务院、中央军委《关于同意新建广东潮汕民用机场的批复》（国函〔1999〕16 号），随着揭阳潮汕国际机场建设，为承接原汕头外砂机场口岸出入境业务需要，于 2011 年 12 月 15 日以临时开放的形式与机场同步投入使用，汕头外砂机场口岸原有查验机构转设入揭阳航空口岸；2013 年 12 月 16 日，获国务院批准对外开放；2014 年 7 月 10 日通过国家验收，正式对外开放；2014 年 9 月 12 日，“揭阳潮汕机场”更名为“揭阳潮汕国际机场”，成为广东省内第三个也是第三大国际机场。

揭阳潮汕国际机场位于揭阳市空港经济区登岗镇，地处汕头、揭阳、潮州三市中心，距离揭阳、汕头、潮州市区分别为 22 千米、28.5 千米、24 千米，服务总面积 3 万多平方千米的粤东地区，辐射闽南、赣南部分地区，与台湾隔海相望，是直飞台湾距离最近、客源较多的机场之一。机场占地 339 万平方米（含场外 8.34 万平方米），定位为国内中型机场，规划以 2020 年为目标年，飞行区等级指标为 4E 级，本期按 4D 级标准建设，现有长 2 800 米、宽 45 米的跑道 1 条，配备双向 I 类精密进近助航灯光系统和 I 类仪表着陆系统，停机坪面积 16 万平方米，停机位 21 个（其中廊桥机位 12 个），航站楼面积 5.5 万平方米（其中国际区域面积约 1.25 万平方米），值机柜台 39 个，安检通道 14 条，行李转盘 5 座，可满足 B767 型等级飞机的起降要求和年旅客吞吐量 450 万人次使用需求（其中可满足年吞吐量 100 万国际旅客场地需求）。

揭阳空运口岸查验配套设施由航站楼旅客出入境查验现场、国际货运站查验设施、口岸查验综合办公楼 3 部分组成：（1）航站楼旅客出入境查验现场位于航站楼东侧，分为 3 层。第三层为国际出发厅，按照出境检查流程顺序，设置检验检疫、海关、边检检查区域。其中，检验检疫候检区面积约 250 平方米，工作用房面积约 120 平方米，查验通道 6 条；海关候检区面积约为 350 平方米，工作用房面积约 210 平方米，查验通道 7 条；边检候检区面积约 390 平方米，工作用房面积约 110 平方米，查验通道 8 条。第二层和第一层为国际到达厅，按照入境检查流程顺序，设置检验检疫、边检、海关、动植物检疫检查区域。其中，检验检疫候检区面积约330平方米，工作用房面积约150平方米，查验通道6条；边检候检区面积约380平方米，工作用房面积约390平方米，查验通道10条；海关候检区面积约1 200平方米，工作用房面积约300平方米，查验通道5条；动植物检疫工作用房面积约210平方米，查验台2个，配有检疫犬用房。（2）国际货运站查验设施位于揭阳潮汕机场西北侧，分为二层。首层为国际到港、国际出港查验区，设有海关、检验检疫现场业务用房。其中，海关监管仓库为独立封闭区域，面积1 400平方米，设置集中查验场地、特殊物品仓库、海关暂扣物品仓库等监管设施；安装了X光机、地磅等配套查验设备。检验检疫出入境查验现场查验用房5间93平方米，设置入境查验房、药械房、入境监管仓、出境查验房、出境监管仓等监管设施；配置查验平台2个97平方米，卫生处理区180平方米。二层为海关、检验检疫申报大厅，面积约260平方米，其中海关、检验检疫申报大厅面积各约90平方米，办公用房各约40平方米。（3）口岸查验综合楼及附属楼位于揭阳潮汕机场西南侧，建设用地1.44万平方米，建筑面积1.34万平方米，总投资4 929.26万元，为海关、边检、检验检疫3个查验单位的办公、业务、生活及配套场所，各查验单位面积平均约4 472平方米。

2018年5月，揭阳潮汕国际机场启动跑道延长及站坪扩建工程，按“5+4”骨干机场布局建设。一是延长跑道400米，总长达到3 200米，提升机场等级到4E，满足波音747、波音777等E类飞机的运行，为中长途航线和大型飞机提供保障；二是扩建站坪，增加货机位，站坪面积由16万平方米增加到34万平方米；机位总数由目前的21个，增加到44个（其中货机位4个），项目计划在2019年9月底验收建成投产，总投资10亿。截至2019年12月31日，开通国际及地区定期航线8条（中国台北、新加坡、曼谷、吉隆坡、金边、西港、中国澳门、芽庄）。

2019年，揭阳空运口岸出入境人员63.6万人次，航班4 903架次，货物1 212吨。

【广州陆路（铁路）口岸】 天河铁路客运口岸位于广州市天河区广州东站，属国家对外开放口岸。广州东站为天河铁路客运口岸设置了专门的粤港直通车售票窗口、候检区、候车室、站台。其中，售票窗口共3个；候检区面积约500平方米，可容纳约400人；候车室面积约1 000平方米，可同时容纳约900人；专用站台长度548米，宽12米，高1.1米。共配置出、入境检查通道各23条（人工13条、自助9条、员工1条）。

2019年，天河铁路客运口岸共开行旅客列车7 203列，同比减少17.1%，其中出境3 602列，同比减少17.1%，入境3 601列，同比减少17.1%。共发送出入境旅客146万人，同比减少53.1%，其中出境71.9万人，同比减少54.0%，入境74.1万人，同比减少52.2%。2019年4月发送出入境旅客达到全年最高，共18.9万人，其中出境9.3万人，入境9.6万人。2019年7月10日起，粤港直通车由每日开行12对调整为9对，在广州东站始发终到。

2016年8月28日，大朗铁路货运站顺利开通首趟中欧班列，2019年，中欧班列共开行68趟、3 112个40尺集装箱，货值4.5亿美元。

【广深港高铁西九龙站陆路（铁路）口岸】 广深港高铁西九龙站口岸位于中国香港西九龙站内，为国际性常年开放铁路客运口岸，于2018年9月23日正式对外开放。西九龙站口岸分为香港口岸区和内地口岸区。香港口岸区由香港特区依据特区法律设立和管辖，实行过境限制区管理。内地口岸区由内地根据《内地与香港特别行政区关于在广深港高铁西九龙站设立口岸实施“一地两检”的合作安排》和内地法律设立和管辖，实行口岸管理制度。双方分别按照各自法律，对往来内地和香港特区的出入境人员及其随身物品和行李进行出入境边防检查、海关监管、检验检疫等出入境监管。

广深港高铁西九龙站内地口岸区自2018年9

月4日零时起启用。内地区域包括西九龙站B2、B3层的内地口岸区和B4层月台区域及有关连接通道，含内地监管查验区、内地部门办公备勤区、离港乘客候车区、车站月台以及连接通道和电梯，连同日后新增月台等扩充部分，建筑楼面面积约10.9万平方米，约占西九龙站总建筑楼面面积的四分之一。其中，内地口岸查验区建筑面积约2.3万平方米，分为地下两层，B2层抵港大厅场地面积约1.1万平方米；B3层离港大厅位于站厅，场地面积约1.2万平方米。出入境大厅各设置50条自助和18条人工查验通道，日设计通关流量20万人次，口岸运行时间为6：30时至23：30时，每天运行17小时。

2019年，广深港西九龙站口岸出入境旅客1 712.6万人次，日均4.69万人次。2019年边检增建40条边检自助查验通道，实现出入境单向客流疏导能力由8 400人次/小时提升至13 200人次/小时，确保旅客平均30分钟内完成通关；海关“智慧旅检”海关系统上线运行，实现正常旅客平均3分钟通过海关检查。

【佛山陆路（铁路）口岸】 佛山铁路口岸是1993年批准的对外开放口岸，位于禅城区文昌路12号，开设的固定班次为九龙至佛山以及佛山至九龙的直通列车。

2019年7月8日，国家口岸办批复同意佛山铁路口岸自2019年7月10日起临时关闭。2019年1月~6月，经佛山铁路口岸出入境旅客数为8 053人次，其中入境旅客4 831人次，出境旅客3 222人次。

【肇庆陆路（铁路）口岸】 1994年8月6日经国务院批准开放，1995年3月28日建成并开通肇庆至香港九龙客运直通列车，途经佛山、广州、东莞口岸，每天对开一个班次，单程行车时间约4小时。

2019年期间，根据国家口岸办复函文件同意，肇庆铁路客运口岸暂停运行。

【东莞陆路（铁路）口岸】 位于东莞市东部的常平镇内，地处京九、广梅汕、广深准高速铁路三线交汇点，是我国南方新兴的铁路交通枢纽，是东莞市对外开放的重要通道之一。1994年8月国务院批准开设东莞常平铁路客运口岸，10月其正式对外开放。1997年5月至2003年9月经国务院批准，京九、沪九直通旅客列车经停东莞常平铁路客运口岸，并在此办理出入境手续。1997年12月国务院批准常平铁路客运口岸更名为东莞铁路口岸。

口岸现场设在东莞火车站新综合大楼3楼对开的铁路跨线桥上，总建筑面积3 450平方米，出境和入境查验场地的面积均为720平方米，出、入境旅客候车室各240平方米。设有进出境通道各10条。东莞陆路（铁路）口岸1994年10月28日正式开通。开通初期每日经停广州至九龙的直通旅客列车进出境各1趟，每趟列车安排1节车厢80座席在常平上落；1995年10月8日增停肇庆至九龙的直通旅客列车；1997年5月19日北京至九龙、上海至九龙直通旅客列车在东莞陆路（铁路）口岸进行查验；2000年8月再增停广九线开行的“新时速”列车；2001年6月28日开始承担东莞至九龙假日直通旅客列车的查验和监管任务，假日直通旅客列车在周五、六、日和香港公众假期开行，每趟车8节车厢，共586个座席。2012年6月7日铁路总公司将东莞站更名为常平站，广深线新建的石龙站被命名为东莞站。2019年7月10日起，国家铁路部门实行新的时刻表，常平客运口岸列车班次由原来的“十进十出”调整为“八进八出”。

2019年，经东莞铁路口岸出入境32.6万人次，同比下降27.3%。

【罗湖陆路（公路）口岸】 罗湖公路口岸位于深圳罗湖商业中心区南侧，与香港新界一河之隔，深港两地由一座双层人行桥和一座铁路桥相连。罗湖陆路口岸是改革开放前深圳仅有的两个陆路口岸之一。1887年九龙海关正式建立，1949年“九龙关起义”，中华人民共和国成立初期主动后撤至现在位置。现联检大楼于1984年1月开始动工兴建，1985年6月14日竣工启用。占地面积9 106平方米，主楼高12层（含地下一层），南、北附楼各3层，总建筑面积共70 623

平方米。楼内地下B层和一层为入境（北行）查验场地，建筑面积18 107平方米；二层和三层为出境（南行）查验场地，建筑面积17 558平方米。具体设置如下：地下B层设为港澳旅客入境检查通道，一层为非港澳旅客入境检查通道，二层为非港澳旅客出境检查通道，三层为港澳旅客出境检查通道。该口岸出入境验证通道共有186条，其中人工查验通道81条，自助查验通道105条。口岸设计通过能力由20世纪80年代每天20万人次，提高到2002年以来每天40万人次。

2019年，罗湖口岸节能改造项目获得全市节能减排改造样板工程金奖。罗湖陆路口岸开放时间为每天早晨6：30时开闸，晚上24：00时关闸，运行17.5小时。2019年，罗湖陆路口岸出入境旅客7 815.1万人次，日均21.41万人次，同比下降8.1%。

【皇岗陆路（公路）口岸】 皇岗公路口岸位于深圳市福田区南端，与香港新界落马洲隔河相望，口岸南面的皇岗—落马洲大桥横跨深圳河连接深港两地。皇岗陆路口岸是配合广深高速公路建设开设的口岸。1985年5月开始建设，1988年11月30日经国务院批准对外开放，1989年12月29日货运部分启用通车，1991年8月8日客运部分开通使用。1994年11月3日起，开辟两条货检通道试行24小时通关，并设置了空车验放专用通道。1997年3月20日开通了皇岗—落马洲穿梭巴士服务，为方便旅客过境开辟了一条新的途径。1999年10月，实行货车自然分流通关，即除部分货物、车辆按照有关规定维持现行做法从指定口岸进出境外，其他行走文锦渡、沙头角陆路口岸的货车在原行走口岸晚上关闸以后，可行走皇岗陆路口岸24小时通关的货车通道。2003年1月27日零时起，皇岗陆路口岸实行旅检通道24小时通关。2003年10月8日始，允许持有文锦渡、沙头角陆路口岸两地牌的私家车、公务车和商务车在零时至6：30时从皇岗陆路口岸出入境。皇岗口岸是我国唯一全天候通关的口岸。目前，皇岗口岸旅客出入境通道共131条，其中出境人工通道58条、自助通道42条；入境人工通道16条、自助通道15条；货运通道共40条，出入境各20条。

2019年6月皇岗口岸重建规划方案确定。2019年6月28日，皇岗口岸临时旅检场地建设工程正式动工。2019年12月，临时旅检大楼、设备房的基础和钢结构主体建设完成，临时人行天桥及设备基础、钢柱吊装完成。2019年12月13日，新口岸重建方案设计招标截标，经专家评选，确定3个入围方案。2019年年底，已完成待拆迁片区17家产权单位的摸底统计工作，完成测绘土地面积34 916平方米、建筑面积141 898平方米，收集580余页权属材料。

2019年，皇岗公路口岸出入境旅客2 750.8万人次，日均7.54万人次，同比下降13.6%，出入境车辆740.4万辆次，日均2.03万辆次，同比下降9.9%。

【文锦渡陆路（公路）口岸】 文锦渡公路口岸是以供港鲜活产品及进口水果通关为特点的客、货运综合性公路口岸。位于深圳市罗湖区南面、香港新界北面，由一座公路桥与香港新界相连。

文锦渡口岸是改革开放前深圳仅有的两个陆路口岸之一。1978年经国务院批准对外开放。改革开放前，文锦渡只是供港鲜活商品的贸易口岸，1978年10月建成公路桥，1985年2月新建一座公路桥，实行出入境车辆分桥行驶。配合治理深圳河工程，原出入境桥被拆除，新建一座出入境双向桥于2005年2月正式投入使用。文锦渡口岸区域占地面积13.8万平方米。其中，出入境旅检场地3万平方米，出入境货物查验场地10万平方米（入境6万平方米，出境4万平方米）。共有28条车辆检查通道，其中，货车通道18条（入境10条，出境8条），小（客）车查验通道10条（出入境各5条，其中：小车通道3条、客车2条）。

2010年，文锦渡公路口岸开始进行旅检场地改造。从2010年2月22日零时起，文锦渡口岸客运区域改造期间实行临时关闭。原从文锦渡口岸出入境的客车（含过境巴士、私家车、公务车及商务车)，按其已选择的口岸出入境。2013 年 8 月 26 日，文锦渡口岸客运区域改造完成并恢复运行。改造后，设计日过境旅客通过能力 30 000 人次；日过境车辆通过能力 10 000 辆次。文锦渡口岸每日 7 时开闸，22 时关闸，运行 15 小时。

2019 年，文锦渡公路口岸出入境旅客 369.4 万人次，日均 1.01 万人次，同比下降 17.9%，出入境车辆 153.7 万辆次，日均 0.42 万辆次，同比下降 6.6%。

【沙头角陆路（公路）口岸】 沙头角陆路口岸位于深圳市盐田区沙头角街道沙深路 51 号，服务于我市盐田、龙岗及珠江三角洲东部地区的辅助性客货综合性口岸。位于深圳市盐田区沙头角西面，东接沙头角保税区和盐田港，北邻梧桐山公路隧道。

1984 年 9 月经国务院批准对外开放，1985 年 3 月建成使用，2005 年 1 月 28 日启用新的口岸跨境大桥。口岸管理区占地面积约 4.2 万平方米，其中出入境旅客查验场地 5 700 平方米，出入境货物查验场地 3.6 万平方米。旅检大厅设在口岸区中间，东侧是出境货检场，西侧是入境货检场。共设有出入境车辆检查通道 10 条（出入境各 5 条），查车台 15 个；出入境旅客检查通道 24 条（其中人工查验通道 14 条，自助查验通道 10 条）。此外，还建有专门供香港灵柩入境的检查服务设施，为港澳同胞前往大鹏湾“华侨墓园”办理安葬和扫墓活动提供方便。设计通过能力每日车辆 1 500 辆次、人员 1 500 人次。沙头角口岸旅检和货检场地的通关时间均为每日 7：00 时开闸，22：00 时关闸，运行 15 小时。

2019 年，沙头角公路口岸出入境旅客 391.3 万人次，日均 1.07 万人次，同比上升 13.1%，出入境车辆 77.6 万辆次，日均 2 126 辆次，同比下降 6.3%。

【深圳湾陆路（公路）口岸】 深圳湾公路口岸位于深圳市南山区蛇口东角头，经深圳湾跨海大桥连接香港鳌勘石。深圳湾陆路口岸于 1997 年 12 月获国家批准立项，2003 年 8 月奠基，2007 年 7 月 1 日正式开通启用，是经全国人大授权、国内首个实施“一地两检”查验新模式的现代化、智能化口岸，深港双方口岸区域均在深圳境内，双方口岸查验单位均在一栋大楼内完成查验工作。口岸占地 117.9 万平方米，其中深方为 76.3 万平方米，港方为 41.6 万平方米，口岸联检大楼建筑面积 5.4 万平方米，其中深方 2.9 万平方米，港方 2.7 万平方米。旅客出入境通道共 109 条，其中出境人工 15 条、自助 39 条，入境人工 17 条、自动 38 条；客车出境查验厅旅客通道 5 条，自助 5 条。小车通道海关共 38 条，出入境各 19 条。货车通道海关 57 条，其中出境 28 条，入境 26 条，边检 44 条，出入境各 22 条。

深圳湾公路口岸原设计通关时间为 24 小时通关，经深港双方商定，从 2007 年口岸开始运行起，通关时间暂定为 6：30 时至 24：00 时，每天共 17.5 小时。口岸设计通过能力为每日车辆 5.86 万辆（其中货车 4.32 万辆次、小汽车 1.39 万辆次、大客车 1 500 辆次），设计旅客流量为每天 6 万人次。

2019 年，推进深圳湾口岸配套查验设施完善二期工程和深圳湾口岸综合服务楼建设项目。香港保安局林淑仪副秘书长与深圳市口岸办王守睿主任签订深圳湾口岸 24 小时通关备忘录，双方明确深圳湾口岸 24 小时通关时间安排。开展深圳湾口岸实施 24 小时通关工作，研究制定深圳湾口岸 24 小时通关方案，就 24 小时通关措施广泛征求查验单位和社会各界意见，邀请香港货运界多家联会到深圳湾口岸考察。

2019 年，深圳湾公路口岸出入境旅客 4 134.9 万人次，日均 11.33 万人次，同比下降 12.8%；出入境车辆 459.4 万辆次，日均 1.30 万辆次，同比下降 2.8%。

【福田陆路（公路）口岸】 福田公路口岸位于福田区裕亨路 23 号（福田保税区东侧）。福田陆路口岸工程建设于 2004 年 12 月正式开工，2007 年 8 月 15 日开通启用。总占地面积 62 962 平方米，总建筑面积 84 198 平方米。福田陆路口岸由人行通道桥和旅检大楼组成。人行通道桥连接福田陆路口岸联检大楼和香港九广铁路落马洲管制站，桥长240米，深方116米，港方124米，桥宽16.5米，上下两层，单向行走，桥内有自动步行梯（深圳一方每层有一部长80.5米的自动步行梯），分别供深港出入境旅客使用（上层为出境，下层为入境）。旅检大厅面积约12 000平方米，二层为入境旅检大厅，三层为出境旅检大厅。有出入境旅客通道167条，其中出境人工通道30条，自助通道57条；入境人工通道28条，自助通道52条。设计日过境旅客通过能力为25万人次。设计通关时间为每日6：30时至24：00时。经深港双方商定，从2007年口岸开始运行起，通关时间暂定为每日6：30时至22：30时，运行16小时，与深圳地铁的运营时间相衔接。

2019年，福田公路口岸出入境旅客5 011.4万人次，日均13.73万人次，同比下降11.0%。

【拱北陆路（公路）口岸】 迁建后的拱北公路口岸于澳门回归前的1999年10月2日正式对外开放。拱北公路口岸占地16.2万平方米，口岸建设总投资8.3亿元，建筑面积12.8万平方米。拱北公路口岸设计通关能力为50万人次/日，车辆8 000辆次/日。目前，拱北公路口岸是全国旅客通关量最大的口岸，设有出入境旅客通道共280条（联检楼出境大厅66条，其中人工14条，自助52条；联检楼入境大厅76条，其中人工18条，自助58条；新联检楼出境大厅一层45条，其中人工8条，自助37条；新联检楼出境大厅二层14条（均为人工通道）；新联检楼入境大厅一层53条，其中人工6条，自助47条；新联检楼入境大厅二层16条（均为人工通道）；出境随车人员验放厅4条，其中人工2条，自助2条；入境随车人员验放厅6条（其中人工4条，自助2条）。“一站式”客车通道共12条，其中出境6条，入境6条。口岸开放时间为早上6时至次日凌晨1时。

2019年，拱北公路口岸旅客通关量为1.45亿人次，同比增长7.6%；交通工具314.95万辆次，同比下降1%。2019年5月2日，拱北公路口岸单日通关量48.13万人次。

【港珠澳大桥珠海陆路（公路）口岸】 港珠澳大桥珠海公路口岸于2018年10月24日正式对外开放。港珠澳大桥珠海公路口岸管理区总占地面积107.33万平方米，口岸工程建筑面积为32.7万平方米，珠海口岸工程概算批复总投资为53.44亿元。珠海与香港之间设计流量为出入境旅客15.33万人次/日、出入境车辆4万辆次/日，并按最大流量出入境旅客30万人次/日、出入境车辆6万辆次/日预留发展空间。珠海与澳门之间设计流量为出入境旅客10万人次/日，出入境车辆0.3万辆次/日，并按最大流量出入境旅客15万人次/日预留发展空间。

目前，港珠澳大桥珠海公路口岸珠港旅检大厅出入境设有通道共90条（出境大厅52条，其中人工12条，自助40条；入境大厅32条，其中人工12条，自助20条）；珠澳旅检大厅出入境设通道共68条（出、入境大厅各34条，其中传统人工各6条，合作人工各8条，自助各20条）；随车验放厅25条（其中出境人工4条，自助8条；入境人工4条，自助9条）；车辆通道78条（货车通道30条，其中出、入境各15条；客车通道48条，其中小客车通道出、入境各22条，大客车通道出、入境各2条）。口岸开放时间为24小时。

2019年，港珠澳大桥珠海公路口岸旅客通关量为1 283.65万人次，交通工具为86.66万辆次。

【横琴陆路（公路）口岸】 横琴公路口岸于1999年6月正式对外开放。新横琴公路口岸总建筑面积33.9万平方米，设计日通关量22.2万人次，年通关量8 000万人次。设计出入境旅客通道共117条（联检楼出境大厅63条，其中传统人工6条，合作人工4条，自助53条；联检楼入境大厅54条，其中传统人工7条，合作人工4条，自助43条）。客车通道18条（其中出、入境各9条），货车通道10条（其中出、入境各5条）。旅客出入境大厅、客车通道全天24小时开放，货车通道开放时间为早上8时至晚上20时。

2018年10月12日，国务院原则同意澳门莲花口岸迁至横琴并实行“合作查验、一次放行”通关查验模式。2019年10月26日，第十三届全国人民代表大会常务委员会第十四次会议审议通过《全国人民代表大会常务委员会关于授权澳门特别行政区对横琴口岸澳方口岸区及相关延伸区实施管辖的决定》。

2019年，横琴公路口岸旅客通关量为913.84万人次，同比增长0.2%；交通工具100.50万辆次，同比增长3.5%。

【珠澳跨境工业区陆路（公路）口岸】 珠澳跨境工业区专用公路口岸于2006年10月18日正式对外开放。口岸占地面积约为2.8万平方米，总建筑面积3 350平方米，对园区工作人员及车辆实行24小时开放。2014年，根据国务院的工作部署，完成口岸临时扩大开放改造项目，自2014年12月18日起在0～7时临时对步行的澳门居民和在澳内地劳工及学生开放。目前共设置出入境旅客查验通道16条，其中出、入境各设人工2条、自助6条，另设置出、入境车辆通道各1条。

2019年，珠澳跨境工业区专用公路口岸旅客通关量为257.98万人次，同比增长9.7%；交通工具3.68万辆次，同比下降6.9%。

【青茂陆路（公路）口岸（在建）】 青茂公路口岸是澳门特区政府报请中央同意支持实施的涉澳重要项目，项目由澳门特区政府全额投资并委托南粤集团组织建设实施。青茂公路口岸粤方联检大楼和连接通道总占地面积约4万平方米，总建筑面积约6.5万平方米。2017年7月14日，国务院批复同意设立青茂口岸。青茂公路口岸设计日通关客流量为20万人次，仅供自助通关的旅客通行，不设车辆通道，口岸通过交通连廊与城轨珠海站、珠机站对接。口岸出入境大厅各设置50条“合作查验、一次放行”查验通道。2018年4月12日，项目正式动工建设。2019年，粤方口岸联检楼及连接通道已封顶。

【广州水运（海港）口岸】 广州港由海港和内河港组成。海港由南沙港区、黄埔港区、新沙港区、内港港区和珠江口水域锚地组成。内河港由番禺港区、五和港区、新塘港区组成。南沙港区是广州港核心港区，主要承担集装箱、能源、石化、粮食、造船、滚装汽车和国际邮轮运输，已建成集装箱、滚装汽车、粮食、石油化工、船舶修造等专业化深水泊位。新沙港区主要承担集装箱、煤炭、矿石、粮食、商品汽车等物资运输。黄埔港区主要承担集装箱和煤炭、粮食、石油化工、件杂货运输，主要服务广州开发区临港工业和内陆腹地。内港港区位于广州中心城区，大部分码头已随城市发展逐步搬迁、改造，逐步向游船游艇旅游、商贸娱乐、文化景观等滨水休闲产业转型发展。广州港共有集装箱班轮航线156条，其中外贸111条、内贸45条。南沙港区137条航线，其中外贸105条，航线通达美洲、欧洲、非洲、亚洲以及中东、红海、印巴等地区。

南沙保税港区于2008年10月18日获国务院批准设立，批复面积7.06平方千米（包括口岸作业、保税物流和保税加工三个区块），一期建设规划面积3.7平方千米，已于2009年7月9日通过国家验收、8月31日正式封关运作。2018年1月，国务院批复同意南沙保税港区整合方案，核减后规划面积4.99平方千米，分4个区块。2018年8月10日，广州海关牵头的联合验收组对南沙保税港区二期完成验收，成为广东省内首次采取简化程序完成验收的海关特殊监管区。2019年，南沙保税港区升级为综合保税区工作已经启动并在持续推进。2019年实现跨境电商网购保税进出口货值144.3亿元，同比增长46.2%；7月17日全国首单二手车出口业务于南沙启航；期货保税交割、钻石保税交易、飞机保税融资租赁等新业态项目也不断发展，其中广钻中心2019年共计交易1 167宗，交易金额8亿元。

2019年，广州港完成货物吞吐量6.27亿吨位列世界第四、集装箱吞吐量2 324万标箱位列世界第五。广州水路货运量4.46亿吨，同比增长4.6%；水路运输总周转量20 711亿吨公里，同比增长1.3%。全年引航船舶17 401艘次，同比上升5.29%，其中10万吨级及以上1 951艘次，同比上升23.01%。调度进出港船舶52 822艘次，同比上升9.7%，其中，10万吨级及以上船舶2 959艘次，同比上升19.9%。南沙国际邮轮母港完成邮轮进出港93艘次，完成进出港旅客44.18万人次，继续保持全国第三。

【南沙水运（海港）口岸】 广州南沙客运口岸于1992年2月正式对外开放，2005年4月28日新客运码头投入使用。口岸位于南沙区东部，珠江出海口虎门水道西岸，地处省、港、澳金三角的中心。南沙客运码头岸线长约300米，设有3个大型高速客船停靠泊位，港口年客运量设计标准为160万人次，旅客集聚量约1 600人/日。共配置出境检查通道13条（7条人工、5条自助，1条员工），入境检查通道14条（7条人工、6条自助、1条员工）。共计27条。2019年，南沙客运港旅客人数达到18万人次。从2019年6月1日起，南沙客运港每日往返香港中港城码头航班为12个，往返香港机场码头航班为6个，即航班总数为18个。

2019年共开行5 422航次，运输17.54万人次。

【莲花山水运（海港）口岸】 广州莲花山港1985年6月正式对外开放，属双边性口岸（广州与香港），位于广州市番禺区石楼莲花山联围村。拥有岸线171米，水深5米，泊位2个，码头吨位1 200吨，该口岸是广东省最早开放的粤港水陆口岸之一，共配置出、入境检查通道各11条（10条人工、12条自助）.

2019年共开行3 642航次，运输15.21万人次。

【盐田水运（海港）口岸】 盐田港位于深圳大鹏湾海域西北部，南与香港九龙半岛隔海相望，分为盐田港区、下洞港区和广东大鹏液化天然气（LNG）专用码头，共有32个对外开放泊位。

盐田港区于1990年6月经国务院批准对外国籍船舶开放，1994年7月正式开港。该港区位于距深圳市区13千米，距大鹏湾口12海里。岸边水深－15至－20米。由于大鹏半岛与九龙半岛天然的屏障掩护，因此湾内水深浪小，无淤积，大型船舶可以自由进出锚地，是少有的天然良港，并被列为中国沿海重点发展的四大国际深水港之一。盐田港区划分为西、中、东3个港区，共有20个对外开放泊位。其中，西港作业区4个，3.5～7吨级。中港作业区16个，3#～5#10万，6#～9#15万，10#～13#20万，另9#、16#可减载靠泊20万，航道宽400米，水深17.6米，泊位水深15～17.6米，码头岸线长8千米，堆场面积417万平方米。2019年，盐田港集装箱吞吐量1 306.84万标准箱，同比下降0.69%。

下洞港区位于大鹏湾畔，为深圳市东部石油、液化气等危险品码头专用作业区。2002年12月国务院批准下洞港区作为盐田水运口岸危险品作业区对外开放，港区内共建有3个独立的栈桥式码头共9个泊位。

广东大鹏液化天然气（LNG）专用码头位于深圳东部大鹏半岛秤头角，是“十一五”期间广东省口岸发展规划中主要建设项目之一。2007年3月经国务院批准盐田水运口岸大鹏液化天然气专用码头对外国籍船舶开放。LNG码头建有1个靠泊能力为8万吨级的LNG船专用的栈桥式码头泊位和1个5 000吨级的工作船舶。

深圳液化天然气项目（迭福站址）是深圳市政府与中国海洋石油总公司战略合作重点内容，被列入深圳市“十二五”能源基础设施重大建设项目。该项目位于深圳东部大鹏湾东北岸迭福片区，毗邻广东大鹏LNG项目，接收站占地约27万平方米，项目总投资规模为80.7亿元，达产后天然气年周转量为400吨，项目配套建设1座可靠泊8～26.6万立方米LNG船舶的专用码头。2016年11月18日，深圳液化天然气专用码头通过了由省口岸办牵头组织的对外开放前准备工作验收，2016年11月21日对外开放。

【大铲湾水运（海港）口岸】 大铲湾港区位于珠江口伶仃洋矾石水道东南部，深圳西部妈湾港区以北的大铲湾内。港区地理位置优越，水、陆路交通便捷，水路南距香港 20 海里，北至广州 40 海里；陆路通过广深高速、机荷高速、107 国道以及在建的广深沿江高速公路联系腹地。大铲湾港区集装箱码头（一期）工程于 2005 年 9 月正式开工兴建，其建设规模为 5 个 10 万吨级集装箱专用泊位，设计年吞吐能力为 250 万标箱。2009 年 5 月，经国务院批准深圳港口岸大铲湾港区对外国籍船舶开放。

2019 年，大铲湾港区集装箱吞吐量 127.50 万标准箱，同比增长 3.7%。

【大亚湾水运（海港）口岸】 大亚湾核电站专用码头位于深圳市东部大亚湾畔的大坑村麻岭角。距深圳市直线距离约 45 千米，距香港岛约 50 千米。大亚湾核电站由广东核电投资有限公司和香港核电投资有限公司合营组成的广东核电合营有限公司负责建设和经营。经国务院批准大亚湾核电站专用码头于 1986 年 1 月 1 日起对外国籍船舶开放。1987 年 3 月和 1989 年 6 月，核电站专用码头和相关配套设备相继竣工投入使用，该码头建有 4 个泊位。

【蛇口水运（海港）口岸】 蛇口水运口岸由招商局蛇口工业区公司投资兴建，于 1981 年 1 月经国务院批复对外开放，是我国改革开放初期第一个由企业自筹资金建设、管理和经营的对外开放口岸，目前已发展成为集铁路、公路、水路等运输方式为一体的大型综合性的客货运港口口岸。蛇口口岸共有 31 个对外开放泊位，其中 10 个集装箱专用泊位。

蛇口水运口岸位于珠江口东岸、深圳市西部南头半岛南端。东临深圳湾，南与香港隔海相望，西邻珠海、澳门及深圳机场，北靠南山内陆腹地。陆路距深圳市区 27 千米；水路距香港 22 海里。陆路可与广深、广惠公路干道以及广深高速公路、平南铁路进而由广深线、广九线与国内衔接。

招商港务（深圳）有限公司客货运码头。该码头拥有陆域面积 75 万平方米，岸线总长 4 100 米（其中客运岸线 1 050 米），是拥有 35 个客、货运泊位的中国沿海大型综合性港口，港口年货物通过能力 2 000 万吨，集装箱 100 万标箱，客运 500 万人次，成为珠三角及华南地区重要的海上门户。

蛇口集装箱码头。该码头建有 10 个泊位，其中，一期工程建设规模为 2 个集装箱专用泊位，年设计吞吐能力为 100 万标箱，于 1991 年 8 月建成投产，蛇口集装箱码头二、三期工程项目，于 2001 年上半年动工兴建，共建成 8 个集装箱专用泊位，其中二期工程 2 个集装箱专用泊位，已于 2003 年建成并投入使用，三期工程 6 个集装箱专用泊位于 2010 年 3 月前建成并陆续投入使用。

太子湾邮轮母港。该邮轮母港由招商局蛇口工业区控股有限公司于 2011 年 12 月正式动工建设。邮轮码头建设 22 万吨级邮轮泊位 1 个、10 万吨级邮轮泊位 1 个，新建 800 吨级客轮泊位 12 个（其中港澳线泊位 6 个），2 万吨级客货滚装泊位 1 个，共计 15 个泊位，其中 8 个对外开放泊位。蛇口邮轮中心大楼工程占地面积约 4.26 万平方米，总建设面积为 13.8 万平方米。出境大厅位于二层，边检出入境查验通道包括 16 条人工查验通道（出入各 8 条）和 20 条自助查验通道（出入各 10 条）。邮轮母港于 2016 年 9 月项目工程建设基本完工，于 2016 年 10 月 11 日通过由省口岸办牵头组织的对外开放前准备工作验收，2016 年 10 月 12 日正式对外开放。2016 年 10 月 31 日起蛇口客运码头搬迁至太子湾邮轮母港客运码头运作。

香港友联船坞（深圳）有限公司专用码头。该码头为中外合资公司投资建设的，可为中外客商提供 30 万吨级的修船业务，是深圳市西部港区唯一的修船基地，目前建有 4 个泊位（其中 2 个干船坞、2 个浮船坞）。目前孖洲岛修船专用码头运作正常，2016 年修船数量 166 艘（其中外国籍船舶 147 艘）。

2019 年，蛇口港区集装箱吞吐量 631.09 万标准箱，同比增长 1.01%。

【赤湾水运（海港）口岸】 赤湾水运口岸位于前海蛇口自贸区范围内，位于珠江口东岸、深圳市西部的南头半岛西南端。东连蛇口港，位于蛇口港西侧；南面向伶仃洋，与香港、澳门、珠海隔海相望；西接妈湾电厂和妈湾港区；北靠南山半岛。陆路距深圳市中心30千米，可与广深、广惠公路干道以及广深高速公路、平南铁路衔接；水路与香港、澳门、珠海均在20余海里范围。

赤湾码头于1982年8月动工兴建，1983年10月建成一个1万吨级泊位并开港，1984年5月经国务院批准对外国籍船舶开放。赤湾港区共有13个对外开放泊位，其中6个集装箱泊位。赤湾水运口岸是中国主要的散装化肥及粮油进出口中转基地之一，是深圳西部港口群中规模仅次于蛇口港，功能集铁路、公路、水路等运输方式为一体的大型综合性口岸。

2019年，赤湾水运口岸集装箱吞吐量511.36万标准箱，同比增长0.23%。

【妈湾水运（海港）口岸】 妈湾水运口岸位于前海蛇口自贸区范围内，地处珠江口东岸，深圳市西部的南头半岛西侧，东接赤湾港，南面向伶仃洋，与珠江口主航道对接，西邻深圳机场，北以南山半岛为腹地。陆路距深圳市区24千米，可与广深、广惠等公路干道以及广深高速公路、平南铁路衔接。水路距香港、澳门、珠海20余海里。

妈湾水运口岸于1987年开始建设，1990年7月建成第一个3.5万吨级多用途泊位，1990年2月经国务院批准对外国籍船舶开放。码头岸线总长3 877米，该港区现有泊位11个，其中集装箱专用泊位3个，煤码头专用泊位2个。

【九洲水运（海港）口岸】 九洲港是客、货运综合性港口口岸，位于珠江口西岸，距香洲、拱北城区各4千米，与香港相距36海里，与澳门相距仅4海里。1981年9月经国务院批准对外开放，九洲港客、货运口岸分别于1982年和1984年建成通航，九洲港口岸大坞湾危险品作业区于1991年11月经国务院批准对外开放。九洲港口岸客运联检楼于1992年投入使用，设计年旅客吞吐量为180万人次，码头泊位12个。2015年11月，九洲港货运码头搬迁至洪湾港。

根据珠海市政府将九洲港口岸建成集水上交通、轨道交通运输和旅游业发展于一体的综合中心枢纽的要求，珠海市正在重新整体规划建设九洲港口岸新客运联检大楼及广场。为确保口岸不间断运行，已于2019年6月在原货运仓库改建九洲港口岸临时旅检大厅，待九洲港口岸及客运站搬迁至临时旅检大厅后，在原址新建九洲港口岸。目前，九洲港客运口岸至香港日进出航班36班次。

2019年，九洲港口岸出入境人员108.78万人次，同比减少52.8%；出入境交通工具16 077辆（艘、次），同比增加19.1%。2019年单日出入境峰值为2019年2月7日6 559人次。

【珠海水运（海港）口岸】 珠海水运口岸于1994年6月经国务院批准设立，1996年7月28日正式对外开放。珠海港口岸地处珠海市西部，位于珠江三角洲西侧、黄茅海东部沿岸及高栏列岛海域，东距澳门23海里，至香港45海里。该口岸地理优势得天独厚，处于珠江出海口的虎跳门、崖门和鸡啼门之间，外临南海，靠近国际航线大西水道仅1海里，内通西江，具备发展江海联运、南北航运和近远洋运输的优越条件，其对外开放的水域范围为北纬21度50分至22度00分，东经113度05分至113度17分。主要贸易类别为石化、集装箱、制造及能源等综合业务。珠海港口岸共有正式开放码头15家，2019年无新增正式开放码头；临时开放码头1家，即2019年新增的烽火海洋网络设备有限公司配套码头。珠海港口岸共开通国际航线8条（含内支线1条），通达日本、韩国、越南等国家和中国香港、中国澳门、中国台湾地区。2019年无新增国际航线。

2019年，珠海海港口岸进出境货运量1 861.641 4万吨，同比减少4.73%；贸易额87.615 6万美元，同比减少15.52%；关税环节税50.958 4亿元，同比减少12.94%。

【湾仔水运（海港）口岸】 湾仔轮渡客运口岸位于珠海市湾仔镇西南面，与澳门一水相隔，水面距离只有几百米，对面为澳门内港十六铺，由当年穿梭于珠澳两地繁盛的边境小额贸易发展而成。湾仔轮渡客运口岸于1984年经国家批准开设，12月23日正式通航，2016年1月17日因安全原因暂时关闭。澳门特区政府高度重视湾仔口岸恢复开通工作，与珠海市委、市政府达成了在2020年春节前恢复湾仔口岸通关的共识。珠海市政府决定在湾仔口岸原址建设临时过渡口岸，于2019年9月28日动工建设，于2020年1月23日恢复开通，设置出入境旅客查验通道16条，其中出、入境各设人工2条、自助6条。经国家口岸办批准，湾仔口岸通关时间从原来每天7小时延长到15小时，为7：00～22：00，每天往来轮渡110班次。

【万山水运（海港）口岸】 万山港口岸位于珠海市万山群岛港区，包括桂山岛、外伶仃岛和大万山岛三大作业区，1995年4月6日经国务院批准对外国籍船舶开放。万山群岛处于珠江出海口下游，是船舶由南海进出珠江三角洲的必经之地，紧临香港和澳门，多条国际航线从港区通过，港区有特殊的地域优势，适合开展大型油品储存和集装箱、大宗散货水运中转业务。万山港是客货运综合性港口，货运码头建有3 000吨级泊位1个，设计年吞吐量为60万吨；客运联检楼占地面积1 164平方米，建筑面积1 785.7平方米；万山港口岸桂山十三湾第一、第二作业区客货运口岸于2003年4月正式对外开放。2015年桂山一湾的口岸新联检楼和新码头建成投入使用。万山港口岸的建设按“一次规划，分步实施；简易入手，逐步完善；先中心港桂山，后其他岛屿；成熟一个，开放一个”的原则进行。

2019年，万山海港口岸出入境旅客7 371人次，货运量103 750吨，交通工具1 338辆（艘次）。

【汕头水运（海港）口岸】 位于广东省东部沿海，潮汕平原的南部，居福州至广州黄金海岸中央，东临台湾海峡，距高雄214海里，西距香港187海里，扼韩江、榕江、练江之出海口，素有“岭东之门户，华南之要冲”的称誉。

汕头港是中国华南地区对外贸易的重要口岸，是沿海25个国家级主要港口之一，是广东省东翼的主要港口。汕头港历史悠久，是中国最早对外开放的港口之一，于1861年开埠，是一个有150多年历史的老港。至今已与世界57个国家和地区的268个港口有货物往来，汕头港主航道通航水深为9.5米，全港岸线总长9 444米，堆场总面积126万平方米。拥有500吨级以上泊位79个，其中万吨级以上泊位18个，综合通过能力3 000万吨，集装箱吞吐能力135万标箱。近年来，汕头市大力发展港口物流和海运业，与东南亚很多国家（或地区）有集装箱定期货运班轮。

汕头港的直接经济腹地是汕头、潮州、揭阳、梅州4市所辖23区（县、市）的广大地区，其间接腹地包括闽西南及赣南部分地区。腹地经汕头港吞吐的主要货物有煤炭、石油、钢铁、水泥、化肥、木材、粮食等。汕头市是我国最早设立的4个经济特区之一，随着沿海经济的开发及临海工业的发展，已形成塑料玩具、工业电子、纺织服装、塑料皮革、食品加工、医疗器械、包装机械等骨干企业，工业经济特别是外向型经济蓬勃发展。

2019年，汕头水运（海港）口岸完成货物吞吐量3 155万吨，集装箱吞吐量135万标箱。

【潮阳水运（海港）口岸】 位于广东省汕头市潮阳区海门镇，距香港161海里，距台湾恒春港210海里。1996年8月，国务院批准潮阳港对外国籍船舶开放，2005年7月通过验收，同年11月正式对外开放。已建成码头5座8个泊位，分别是澳内码头、佛兰克油库码头、大明液化石油气码头、华能海门煤炭中转基地煤码头、潮阳（海门）对台小额贸易码头。年设计货物吞吐能力1 460万吨及3万个集装箱标箱。

2019年潮阳水运（海港）口岸货物吞吐量数据表

		2019年	2018年	同比%
货物吞吐量（万吨）		865.68	1 036.32	-16.47
外贸进出口量（万吨）	进口	758.98	880.39	-13.79
	出口	0	0	0
	合计	758.98	880.39	-13.79

2019年汕头全市港口货物吞吐量数据表

		2019年	2018年	同比(%)
货物吞吐量（万吨）		3 155	3 963.30	-20.39
外贸进出口量（万吨）	进口	1 123.86	1 176.10	-4.44
	出口	283.22	275.70	+2.73
	合计	1 407.07	1 451.80	-3.08

2018年，汕头水运口岸入出境船舶2 667艘次，人员3.8万人次。

【惠州水运（海港）口岸】 惠州港是国家对外开放口岸，位于南海大亚湾西北隅，地处我国华南沿海经济中心珠江三角洲东部，毗邻中国港澳地区，面对东南亚和中国台湾地区，处在以中国香港为核心的航运中心地带，是华南沿海便捷的海上门户和京九铁路的出海口。惠州港拥有超大型原油接卸泊位和具有可建大型干散货泊位的自然条件及丰富的土地资源，对发展石化、电力等能源型临港工业有独特优势。惠州港于1993年4月16日正式对外国籍船舶开放，包括荃湾港区、东马港区、港口碧甲作业区和亚婆角作业区。现有开放码头18座（其中亚婆角码头按原二类口岸运作）共56个泊位，设计吞吐能力12 163万吨和90万标准箱，其中万吨级以上泊位23个。荃湾港区是惠州港的起步港区，是多功能综合性港区，以承担大宗散货物资转运和集装箱运输为主。东马港区是惠州港的大型石化港区，建有30万吨级石化泊位3个、15万吨级石化泊位2个，主要承担大亚湾石化区内生产企业的原材料及产成品装卸和广石化原油接卸服务，同时也为周边地区提供石化货物运输服务以及为海上石油钻井平台提供物资输送服务。港口碧甲作业区主要为临港工业区提供港口配套服务，以承担临港工业所需的工业煤炭、矿石等大宗散货接卸任务为主。亚婆角作业区现为沿海砂石出口作业点，主要提供矿建材料和非金属矿石等装卸服务。惠州港开通有台湾货运航线。2019年9月4日，广东省口岸办牵头组织驻粤相关查验单位组成验收组，对惠州港口岸燃料油调和配送中心码头对外开放前准备工作进行了验收，同意该码头作为惠州港口岸东马港区马鞭洲作业区新建码头正式对外开放。

惠州红海港装卸点是1985年11月5日经广东省人民政府批准开设的二类口岸，是东江流域的重要河港口岸之一。1998年10月经省人民政府、海关总署确认为继续保留运作的原二类口岸，2005年作为新开口岸项目列入《国家“十一五”口岸发展规划》。该装卸点包含恒盛集装箱码头和宏兴码头，2010年6月，经广东省人民政府审核后定名为“博罗港口岸”（含红海港区和宏兴港区），并上报国务院审批。其中恒盛集装箱码头位于博罗县石湾镇江滨路，设有500吨级泊位2个，设计年吞吐能力为60万吨；宏兴码头位于博罗县龙溪镇，始建于1998年10月，建有500吨级泊位10个，设计年吞吐能力为500万吨。经广东省口岸办组织验收合格，宏兴港区从2013年3月6日起对来往港澳国轮开放启用，仍按原二类口岸模式运作。

2019年，惠州港出入境人员3.9万人次，同比增长22.6%。出入境船舶2 698艘次，同比增长24%。

【汕尾水运（海港）口岸】 汕尾港位于广东省汕尾市城区，地理坐标为东经115°21′24″，北纬22°45′24″，距太平洋国际航线只有12海里，水路距香港仅81海里、距澳门112海里、距广州179海里，水、陆交通四通八达，是我国政府首批公布对外开放口岸之一。汕尾港2019年的口岸运行正常畅通，主要进出口业务是进口煤炭、出口新造渔船和鱼苗等。

2019年汕尾港进出口货运量375.7万吨，出入境人员3 456人次，运输工具333艘次。

【广海水运（海港）口岸】 台山市广海港是1985年10月经国家批准对外国籍船舶开放口岸，位于台山市广海湾华侨投资开发试验区，面临南海，原址在台山广海镇海港码头，距澳门52海里、距香港96海里。客运于1988年8月开通香港客运航线，年客运量曾超过10万人次，1996年11月该口岸客运迁往公益港，2007年起暂停运行。货运于1996年规划迁建可靠泊万吨级轮船的鱼塘货运港区，目前该港区基本完成了码头泊位、堆场及进港道路等主体工程。2014年，台山市政府根据大广海湾的发展规划，拟将该港区规划调整升级为建设5万吨级泊位、规模更大的广海湾货运港区，现正进行前期设计调整工作。广海港口岸开放水域范围增开的国华粤电台山电厂进口煤专用码头，于2012年12月获准正式对外开放，该码头位于台山市广海湾东侧铜鼓湾内，建有2个5万吨级泊位（水工设计为10万吨级），港口接卸能力达到1 300万吨，2018年进口煤28万吨。

2019年，广海海港口岸进出境货量59万吨，减少7.58%，其中进口货物约10万吨，增加64.96%；出口货物48万吨，减少15.85%。水运进出口集装箱5.4万个标箱，减少11.96%。

【阳江水运（海港）口岸】 1993年3月9日，经国务院（国函〔1993〕13号）批准设立。阳江海港口岸主要港区海陵湾港区位于广东省沿海的阳江市西南平冈镇，处于海陵湾的中部，地理坐标21°42′N，111°48′E。水路东距香港180海里，距澳门140海里，距珠江口190海里；西距湛江110海里，距海口160海里；北距广州220海里。陆路至广湛公路（325国道）25千米，至广州256千米，至湛江230千米，是广湛水陆交通线的中心点，在广州港、湛江港两个主枢纽港之间，与主枢纽港一起构成层次分明的水运体系，成为粤西中部和内陆地区重要出海门户，地理位置十分优越。

海陵湾港区现有对外开放码头6个，其中，通用码头1个（由广东阳江港港务有限公司建设经营，码头岸线长608米，已建成1万吨级泊位2个，3.5万吨级泊位1个，设计年吞吐量395万吨）；粮食码头1个（由阳江良港码头有限公司建设经营，码头岸线长300米，已建成3万吨级泊位1个，设计年吞吐量180万吨）；公用散杂货码头1个（由阳江市保丰港务有限公司建设和经营，公用散杂货码头1个（由阳江市保丰港务有限公司建设和经营，码头岸线长510米，已建成5万吨级泊位2个，设计年吞吐量381万吨）；油气专用码头1个（由广东阳江海陵石化有限公司建设和经营，码头岸线长140米，已建成3 000吨级泊位1个，设计年吞吐量24万吨）；溪头装卸点1个（由阳西县濠洋港务有限公司建设和经营，码头岸线长130米，已建成200吨级泊位2个，500吨级泊位2个）；闸坡装卸点1个（海陵试验区闸坡镇人民政府建设和经营，码头岸线长170米，已建成7 000吨级泊位1个，3 000吨级泊位1个）。设计年吞吐能力共980万吨。

东平港区现有对外开放码头1个，即东平装卸点，由阳江市海防与打私办建设和经营。码头岸线长120米，已建成100吨级泊位1个，500吨级泊位1个。阳江港主航道水深12米，港池和码头前沿水深8.5～14.5米。目前已按10万吨级航道进行疏浚改造，可满足载重7万吨船舶航行。2018年往来航线主要有马来西亚、菲律宾、阿拉伯联合酋长国、伊朗伊斯兰共和国、印度、印度尼西亚、美国、巴西、南非共和国、莫桑比克、马普托、俄罗斯、新喀里多尼亚、澳大利亚等14个国家和地区。进出口货物种类主要有镍矿、铁矿、煤炭、黄大豆等。

2019年4月12日，组织20多个相关单位召开了专项工作会议，部署完善口岸收费目录清单工作。4月26日将“阳江市水运口岸进出口环节收费清单”和阳江市有关口岸收费16个单位的“进出口环节收费公示”在国际贸易“单一窗口”进行公示。4月28日前各口岸收费单位在经营场所显著位置进行了公示。6月26日阳江市商务局会同市市场监督局和市交通局等有关单位对阳江港3家外贸码头企业口岸收费公示情况进行检查，公示落实情况较好。同时，从4月1日起，严格按照交通运输部、国家发展改革委最新发布的《港口收费计费办法》（交水规〔2019〕2号）实行收费，货物港务费、港口设施保安费、引航费和拖轮费分别降低15%、20%、10%和5%。口岸通关时效评估系统已在阳江市实现了我市外贸码头全覆盖，确保实现阳江口岸进出整体通关时间达到国务院要求“到2021年底，整体通关时间比2017年压缩一半”的目标。阳江市货物申报、舱单申报、运输工具申报等应用功能已在“单一窗口”国家标准版应用上线，货物申报、舱单申报和运输工具申报覆盖率均达到100%。

2019年，阳江海港口岸进出境船舶666艘次，同比增长57.4%；出入境人员1.3万人次，同比增长49.1%。

【湛江水运（海港）口岸】 湛江水运（海港）口岸位于中国大陆最南端的雷州半岛，是汉代“海上丝绸之路”始发港，是中国通往东南亚、非洲、欧洲和大洋洲海上航程最短的港口，已与世界100多个国家（地区）通航。自1956年开港以来，历经60多年的建设，已成为全国沿海12个战略枢纽港和原油、铁矿石物流集散中心，是西南沿海港口群的龙头港和我国中西部地区货物进出口的主通道，是广东省连接东盟自由贸易区的最佳海上物流平台，是国家建设“一带一路”重要支点口岸，是中国的重要远洋门户，在亚太经济圈中具有重要的战略地位。湛江海港口岸主要包括霞山港区、调顺港区、霞海港区、宝满港区、东海岛港区、南海西部石油公司专用码头等港区和5个原二类口岸，拥有对外开放码头泊位43个，年设计吞吐能力1.53亿吨。

霞山港区岸线6 387米，陆域纵深1 500米，用地面积393.2万平方米，生产性泊位29个（其中万吨级以上泊位26个、30万吨级陆岸原油码头2个、25万吨级陆岸铁矿石码头1个）。开通航线主要是原油运输航线（中东航线、非洲航线、新加坡中转航线）、铁矿石运输航线（东盟航线、南亚航线、非洲航线、美洲航线）。进出口货物有铁矿石、原油、成品油、集装箱、杂矿、化肥、粮食、钢材、木材等。

调顺港区岸线1 315.4米，陆域纵深660米，用地面积79.5万平方米，生产性泊位6个，开通航线主要是煤炭运输航线（东盟航线、非洲航线），进出口货物有煤炭、杂矿等。

霞海港区拥有对外开放码头泊位5个，开通航线主要是湛江—香港货运班轮及东盟航线，进出口货物有散货、集装箱等。

宝满港区岸线10 290米，陆域纵深1 000米，用地面积67.2万平方米。规划重点发展集装箱运输业务，已完成一期工程，建成2个5万吨级集装箱专用泊位，年设计吞吐能力80万标箱。2018年集装箱外贸航线15条（东南亚航线、东北亚航线，经香港、南沙和蛇口等港中转全球驳船航线），其中直达东南亚航线9条，2019年新增“马来西亚/印度—湛江”冷链快线。

东海岛港区岸线34 110米、泊位27个，系湛江钢铁基地和中科合资广东炼化一体化项目生产配套的港区，已建成生产性泊位6个（其中30万吨级泊位、25万吨级泊位各1个，7万吨级泊位2个、5万吨级杂货泊位和1万吨级杂货泊位各1个），以大宗能源、原材料运输为主。

南海西部石油公司专用码头岸线384米，陆域纵深584米，用地面积17.5万平方米，生产性泊位5个，主要业务是进口大型海上钻井平台配件。

2019年，湛江海港口岸进出口货运量7 775.30万吨。同比增长1.57%；集装箱进出口运量20.60万标箱，增长3.00%；出入境交通工具6 360艘（架）次，增长7.69%；出入境人员14.34万人次，增长10.65%。

【潮州水运（海港）口岸】 潮州港位于广东省东南部沿海，是广东省最东端的一个天然良港，它包括三百门、西澳、金狮3个港区，海岸线总长136千米，港区规划水域面积230平方千米，1994年11月国务院同意将三百门港更名为潮州港，并列为独立对外开放口岸，2003年12月28日经广东省政府（受国务院委托）验收合格正式对外开放。对外开放水域115平方千米。

潮州港可利用建码头、泊位岸线 39 千米，其中可建 10 万 ~30 万吨级码头、泊位岸线 10.4 千米，目前已拥有对外开放码头 5 座，分别是：三百门港务公司码头、广东大唐潮州三百门电厂 5 万吨级专用煤码头、华丰 5 万吨级和 2 千吨级油气专用 2 个码头、潮州港亚太通用码头。

2019 年，潮州海港口岸进出口货物 834 万吨，同比增长 8.4%；货值 79.8 亿元，同比增长 11.8%，检验检疫出入境货物 3 234 批，货值 85 亿元，同比分别增长 25.8% 和 4.5%。税款入库 7.42 亿元，同比增长 1.8%。查验出入境船舶 363 艘次，查验人员 7 298 人次。

【茂名水运（海港）口岸】 茂名市位于广东省西部沿海，东邻阳江，西接湛江，北连云浮和广西壮族自治区，南濒南海，地理坐标为东经 110°19′~111°41′，北纬 21°22′~22°42′。茂名港位于广东省茂名市区东南水东湾、博贺湾及北山岭，陆路至广州 380 千米，湛江 100 千米；水路东距香港 178 海里、广州 246 海里，西距湛江 68 海里、海口 134 海里，目前与 40 多个国家和地区口岸建立了贸易往来。茂名港口岸划分为水东港区、博贺新港区、吉达港区。其中：水东港区于 1988 年经国务院批准对外开放；博贺新港区于 2019 年 4 月 27 日经国务院批准对外开放，目前正在加快建设，全力做好博贺新港区口岸开放验收前期准备工作；吉达港区正在动工建设中，已被省和国家列入“十三五”口岸发展规划。茂名市拥有国家最大的石化生产基地—中国石油化工总公司茂名石化公司。茂名港是石化原料和产成品进出的主要渠道，通过港口进出的石油化工制品占整个茂名石化产业总量的 60% 以上；目前已建成我国首座百万吨级乙烯生产基地、茂名石化工业区、茂名市高新区、水东高新科技工业园区等产业园区。茂名港除承担了茂名市经济发展所需的能源、原材料及产成品运输外，还承担了周边地区物资运输，其吞吐量占总吞吐量的比重超过 10%。茂名港也是本地区发展外向型经济和开展对外贸易的重要依托，港口在改变欠发达地区经济面貌、促进腹地省份对外开放中发挥了重要作用。

目前茂名港水东港区开通港澳驳船班轮航线。主要进出口货物种类包括石油化工原材料及其产品、水海产品、家居用品、皮革劳保手套、玩具及模型、瓷制卫生设备、电灯及照明装置、家具附件及架座、塑料制鞋面的鞋靴、竹制篮筐及其他编织品等。茂名港后方具备公路、铁路、管道等多种运输方式：通过沈海高速（广湛高速）、包茂高速、汕湛高速、325 国道、207 国道、高水一级公路可通往全国公路网；通过洛湛铁路、广茂线、河茂线及在建的广东沿海铁路可接入国铁干线网络；已建的各类管道是水东港区、博贺新港区与后方炼厂、石化园区连接的重要通道。

茂名港口岸工作时间为法定工作日早上 8：30 至下午 17：30（提供 24 小时预约通关服务）。

2019 年，茂名海港口岸进出口货运总量为 1 504.6万吨，增长 4.3%，其中进口 1 271.1 万吨，增加 3.2%，出口 233.5 万吨，增加 10.5%。进出口集装箱 16 262 标箱，减少 20.7%（进口 6 957标箱，减少 23.2%，出口 9 305 标箱，减少 18.6%）；进出境船舶 1 254 艘次，增加 0.6%（其中进境 610 艘次，增加 0.8%，出境 644 艘次，增加 0.5%）。

【揭阳水运（海港）口岸】 位于惠来县神泉镇，距离惠来县城南 7.5 千米处，西临南海，背靠文昌山，是历史上闻名遐迩的对外通商港口，汇集县内龙江河、雷岭河、盐岭河三大河流，系粤东地区最大的天然良港，被广东省列为一级渔场，是国家一级渔港，也是揭阳市主要出海港口和粤东重要港口之一。2010 年 12 月 9 日获国务院批准对外开放（国函〔2010〕149 号）；2017 年 2 月 7 日，通过国家验收，实现正式开放。神泉港区主体工程项目为中海油粤东 LNG 项目 15 万吨级专用码头，可靠泊 8 万 ~26.7 万立方米液化天然气船舶的泊位及 1 000 吨及重件泊位各1 个，配套管线工程由“一干两线”组成，总长约 180 千米，战场 8 座，阀室 4 座，覆盖汕头、揭阳、潮州。该项目主要为满足液化天然气（LNG）的装卸作业及气化输出，按照设计要求，项目 LNG 来源全部从国外进口。2019 年 4 月 27 日，国务院（国函〔2019〕42 号）文批准揭阳港口岸扩大开放，扩大开放水域包括惠来沿海港区的靖海作业区、资深作业区和榕江港区部分水域，同意开放码头包括广东粤电靖海发电有限公司专用煤码头（简称惠来电厂码头）、大南海广东石化原油码头、揭阳市源茂利鸿基物流有限公司通用码头等 6 座。2019 年 10 月 29 日 ~ 11 月 1 日，海关总署口岸核心能力建设考核验收组一行 8 人由张鹰副司长带队到我市开展神泉港口岸公共卫生核心能力达标考核验收工作。对神泉港区口岸应对突发公共卫生事件联防联控协作机制和处置能力、传染病监测排查设备设施技术力量和监督防控管理等措施进行全面考核，一致通过达标考核，得分 86.97 分。

2019 年，揭阳水运口岸进出境船舶 47 艘次，同比增长 161.1%；进出境人员 1 260 人，同比增长 122.2%。

【虎门水运（河港）口岸】 位于珠江口东岸，处于广州—东莞—深圳—香港城市发展轴带的中间和珠三角经济区中心位置，拥有珠江口 53 千米的深水岸线，海域面积 79 平方千米，航道水深 -13 米，包括虎门港（太平）客运口岸和虎门港货运口岸。目前，客运口岸开通虎门至香港机场航线，每日“5 进 5 出”共 10 个航班 2 863个座席。虎门港口岸的开放范围自北向南包括：麻涌、沙田、沙角和长安四个港区。

虎门港货运口岸 1997 年 6 月 27 日经国务院批准对外开放，2003 年 9 月 28 日正式对外开放。虎门港口岸的开放范围自北向南分别是麻涌港区、沙田港区、沙角港区、长安港区。麻涌港区为大宗散杂货码头港区；沙田港区为虎门水运口岸的主港区，主要规划建设多功能大型集装箱码头和石化码头，配合虎门港保税物流园区和后方加工贸易区以及石化工业园的同步发展；沙角港区主要配合虎门水运口岸太平客运码头和虎门镇威远岛整体规划的发展，逐步使威远岛发展成为旅游休闲度假区；长安港区主要远期规划建设大型深水集装箱码头。2010 年 3 月正式开通对台航线。口岸已实现“区港联动”通关模式，拓展了虎门港码头的功能和范围，既节省通关成本，又提高通关效率。2018 年 3 月 5 日协调推动东莞中外运石龙码头正式开展对接港澳的外贸业务，促进“水铁联运”业务开展。2019 年 12 月 4 日，东莞市虎门港沙田港区三期工程项目（虎门港 9#、10#泊位）及西大坦作业区驳船码头经广东省口岸办批复同意，正式对外开放；东莞港于 2019 年 3 月、10 月、11 月开通了柬埔寨、马来西亚、泰国航线。目前，东莞港对外开放一类码头共 26 座，泊位 66 个，水运客运口岸一个，水运二类码头 6 座，开辟的集装箱外贸航线为 8 条，其中 2 条中国台湾航线和 2 条越南海防线，1 条越南胡志明线，1 条柬埔寨—越南航线，1 条马来西亚航线，1 条泰国航线。

太平客运码头 1982 年 6 月 24 日经国务院批准开通，1984 年 7 月 2 日正式通航，恢复了中断 20 多年的太平至香港客运航线。太平客运码头位于东莞市西南部的虎门镇，地处珠江口东侧，是“广州—深圳—香港”和“广州—珠海—澳门”这两条经济走廊的交汇点，是连贯珠江三角洲、连接穗港澳的交通枢纽。港口地理位置条件优越、交通网络发达：南往深圳 20 千米，香港 47 海里，澳门 48 海里；北至广州 90 千米，距东莞市区 29 千米；西与番禺隔河相望。水陆交通四通八达，公路干线连接广深高速公路和 107 国道，通过虎门大桥连番禺通往珠海、广州等地。太平客运码头是广东省最早开通的客运口岸之一，由码头和入出境客运大楼两部分组成，入出境现场总面积达 2 337.14 平方米。现有入出境查验通道共 12 条（其中入境 6 条、出境 6 条），各种检查检验仪器设备，较完备的各种标志牌、电子显示屏、告示牌和闭路电视监控系统。2010 年对口岸入出境大堂、旅客候船厅及预办登机服务大厅等场地进行重新装修升级改造，更换大厅的空调设备，增设标准化航空值机柜台 11 张，自动化行李处理线路 9 条。目前，太平客运码头设趸船泊位 2 个，长 38 米，宽 6 米，面积 228 平方米，设计水深 3 米，实际水深 2 米。2003 年 9 月

29日太平客运虎门至香港国际机场航线正式开通，每日对开10个航班（五进五出），一些具有国际影响力的航空公司可在太平客运口岸为广大旅客办理值机服务，旅客在乘船转机之际便可直接领取登机牌和办理行李托运手续，抵达香港国际机场过安检后便可直接登机，无须再办理任何手续。2019年10月11日，正式开通首条东莞虎门至澳门水上客运航线。

2019年，虎门河港口岸入出境人员35万人次，同比增长18%；船舶9 406艘次，同比下降68.4%。

【南海水运（河港）口岸】 南海港口岸三山港区于1996年经国务院批准将南海客运港与三山装卸点合并为一类客货运口岸，位于南海区三山港经济开发区，港区码头岸线长420米，3 000吨级泊位7个，港区总面积42万平方米，堆场面积23万平方米。开通接驳航线有南海—香港/盐田/蛇口/赤湾/南沙/大铲等班轮；港区配备CCTV、X光机货物查验系统、闸口集装箱自动识别系统等查验设备；进出口货物种类主要为废五金、木材、家电、汽车零配件等；口岸实行“6+1”工作制（即星期一至星期六正常上班，星期天预约上班）。现由黄港口南海有限公司与佛山市南海瀚和投资有限公司共同投资设立的南海国际货柜码头有限公司负责经营。

2019年，南海河港口岸进出口货运量293.9万吨，其中出口货运量38.4万吨，进口货运量255.5万吨，集装箱吞吐量29.06万标准箱。

【斗门水运（河港）口岸】 斗门港口岸是客货运综合港口口岸，位于珠海市斗门区境内，处于西江出海口的磨刀门水道，水路距澳门17海里、香港54海里，隶属于斗门区政府。斗门港口岸1987年经国务院批准对外开放，1991年1月28日建成，开通了斗门至香港的客运航线，进行生产营业性试航。1992年11月28日经国务院验收正式对外开放。斗门港口岸建有4 700多平方米的客运联检楼1座及相配套设施，码头岸线长970米，港区占地面积38万平方米。设旅客通道7条（出入境各3条，贵宾通道1条）。现每天开2个航班，每船设90个座位。

【容奇水运（河港）口岸】 容奇水运（河港）口岸位于顺德大良德胜河板沙尾，东经111.3度，北纬22.3度。距香港62海里，陆路距广州和佛山各40千米，距东莞50千米，珠海90千米，城际轻轨经港口而过，水路、陆路交通十分便利。1986年经国务院批准开设，1987年12月通过国家验收正式对外开放。1995年9月，经广东省政府批准（粤府口函〔1995〕114号），将容奇港搬迁至现址并易名为顺德港。港口岸线长260米，港区占地7.28万平方米，建筑面积2.93万平方米。容奇河港口岸现建成有10条自助查验通道及一套信息采集系统。顺德港水运口岸是佛山市内最大的水路客运口岸，平均每天有7个以上航班往返顺德港和香港中港城码头，全年进出境航班2 669航次。现由佛山市顺德区顺港客运联营有限公司负责经营。

2019年经容奇港出入境旅客为267 237人次，其中入境旅客130 914人次，出境旅客136 323人次。

【高明水运（河港）口岸】 高明河港口岸位于佛山市西翼的西江之滨，分为高明港客运口岸、高明外贸货物装卸点。高明港客运口岸是国务院于1992年12月14日批准对外开放口岸，位于高明区荷城沿江路303号，水路距香港101海里。高明客运口岸现有直接通航航点（航线）到香港中港城。现由佛山市高明区明珠客运联营有限公司负责经营。

2019年通过高明港口岸入出境人员22 166人次。

【中山水运（河港）口岸】 中山市地处珠江口西岸。中山港自1985年建成通航，2016年8月10日，中山港口岸扩大开放通过国家验收，其中，中山港区、神湾港区（含盛世游艇码头）对外籍船舶开放，小榄港区、黄圃港区对国内船舶开放。经过30多年的发展，已初步形成东部有中山港区、南部有神湾港区和盛世游艇码头、北部有黄圃港区、西北部有小榄港区的环型码头布局。另外，在东部的民众镇设有中山保税物流中心车检场，在西北部的小榄镇设有小缆车检场。

2019年4月9日起，中山市开展为期两周的口岸收费清单“再回头看”公示检查工作。8月，推动各港口码头和保税物流中心完成制定作业时限表，并在营业现场张贴公示，同时在单一窗口平台上进行公示。9月，成功推动内外贸同船运输工作施行，有效降低企业运输成本，提高物流运作效率。2019年进口通关时间8.44小时，比2017年压缩72%，出口通关时间0.55小时，比2017年压缩84%。

中山港港区。对外籍船舶开放。该港区位于中山市火炬开发区，水路距香港54海里、距澳门51海里，向东进入伶仃洋与国际航线相通，内河接珠江水网，公路以广珠东线、京珠高速公路为骨干线，中山港港区河宽平均400米，水深7～10米，现可通航3 000吨级江海轮。港区内设客运码头1个，经营方为中港客运联营有限公司；公共货运码头2个，分别是中山港航运码头和中外运码头，经营方分别是中山港货运联营有限公司和中山中外运仓码有限公司。

中山港港区已开设的固定航线有：中山港—香港、中山港—深圳、中山港—南沙，已发展为集客货运一体、年均入出境旅客100多万人次、进出口货物600多万吨的综合性水运口岸，服务区域覆盖了全市各个镇区及中山周边城市。2019年中山港区进出口货物275.86万吨，其中集装箱52.21万标箱，客运口岸进出境旅客94.58万人次。

神湾港区。对外籍船舶开放。该港区位于我市南部神湾镇，陆路距中山港区48千米，水路距香港52海里，主要辐射神湾、三乡、坦洲、板芙等4个镇区。神湾港区内设公共货运码头1个和游艇码头1个，货运码头经营方为中山市神湾港货运联营有限公司；游艇码头为盛世国际游艇码头，位于神湾镇磨刀岛磨刀门水道东岸，经营方为广东盛世游艇会有限公司，该码头拥有齐全的查验配套设施供游艇进出境查验使用，已开通中山与澳门游艇自由行。2019年神湾港进出口货物42.89万吨，其中集装箱7.15万标箱。

小榄港区。对国内船舶开放。该港区位于中山市西北部的小榄镇，陆路距中山港区35千米，水路距香港75海里，主要辐射我市小榄、南头、古镇、东凤、黄圃、阜沙、东升等7个镇以及顺德区等周边地区。小榄港码头岸线长度364米，建有1 000吨级货轮泊位8个，经营方中山市小榄港货运联营有限公司。2019年小榄港进出口货物104.97万吨，其中集装箱31.76万标箱。

黄圃港区。对国内船舶开放。该港区位于中山市北部的黄圃镇洪奇沥水道南岸，主要服务于中山市北部五镇区，同时辐射佛山市顺德区和广州市番禺区。年设计吞吐能力190万吨，其中集装箱9万标箱、件杂货100万吨，经营方中山市黄圃港货运联营有限公司。

2019年，中山河港口岸进出口货物429.36万吨，其中集装箱运输92.13万标箱；口岸进出境旅客94.58万人次。

【江门水运（河港）口岸】 2019年，江门市直口岸有江门客运港和高沙、外海、荷塘3个货运码头，以及江门进出境货运车辆检查场。其中，外海和高沙均是全地区口岸3个超百万吨货运量的主要货运港之一，外海货运港年货运量195.1万吨，居全地区口岸单个码头年实际货运量之首。2019年10月底前，江门市制定并公开场内转运、吊箱移位、掏箱和货方提箱等作业时限标准，2019年底前实现江门市外贸集装箱港口口岸经营单位全面、规范公开口岸经营服务作业时限标准。在推进跨境贸易便利化方面，优化口岸通关流程，加大“提前申报”“自报自缴”报关模式推广力度，对查验后仅需改单放行的货物实行“先放行后改单”报关模式。从2018年12月30日起，江门市范围内免征货物港务费、港口设施保安费收入地方财政留成部分，引航费按国家规定标准的80%收取。推进免除查验未发现问题外贸企业吊装、移位仓储费用工作。2019年1～12月，江门市共免除查验没有问题外贸企业吊装移位仓储费用450.11万元，受惠企业2 231家。促进了江门市外贸稳定健康发展。江门海关大力推进改革，引导企业提前申报，推广"先放行、后改单"作业模式，压缩货物抵港后办理手续的时间。据海关总署数据，2019年12月，江门市口岸进口整体通关时间为15.65小时，与2017年全年相比压缩80.07%；出口整体通关时间为1.51小时，与2017年全年相比压缩70.75%。

江门港客运码头是广东江门五邑地区具有百年悠久历史的客运口岸（通航香港澳门），原位于江门北街，1997年6月迁至西江河段江门外海大桥下游1.5千米处新港，江门市江海区金瓯路1号。水路距香港75海里、距澳门38海里。口岸占地面积8万平方米，码头长度133米，500吨泊位3个，设计年客运通过能力100万人次。查验综合大楼建筑面积4万平方米，大楼内出入境查验通关大厅、候船厅、免税商场、地下车库等口岸功能设施齐全，港口广场及绿化面积6.5万平方米。中华人民共和国成立以来，该口岸大部分时段保持通航澳门，1982年5月扩大开放通航香港。江门港原有的唯一船舶"蓬莱湖"于2017年12月29日报废，新船"江门"轮于2018年8月底投入营运，客位199个，与珠海斗门港挂港联运，日常每天2个航班往返于江门至香港，直航单程只需2小时50分钟左右，节假日进出境客流高峰时，每天进出航班会增开到4个。2018年由于有8个月无船营运的空档期，因此出入境旅客18 064人次，同比下降71.8%。2019年客运量35 399人次，同比增长96%。

江门外海货运码头（即江门中外运仓码有限公司）专为进出口贸易运输提供仓储、码头作业服务。码头地处珠三角腹地，位于西江下游江门高新技术开发区，距香港65海里，距澳门40海里，距深西55海里，距南沙50海里，年吞吐能力近40万标箱。经过三十多年的发展，我们不断引入新技术，更新先进的硬件设备，江门外海码头已全面实现网络化，信息化管理，成为江门地区现代化的数码港之一。码头作业区总面积9.25万平方米，码头岸线长360米，泊位长度165米，泊位数量3个，前沿水深4～6米，仓库面积2.7平方米，集装箱堆场面积11万平方米，集装箱堆存能力1.05万标准箱，危险品储存面积1 000平方米。2019年完成集装箱吞吐量为39.5万标箱。

江门高沙货运码头（江门国际货柜码头有限公司）是和记港口集团有限公司（和记港口）及江门市城建集团有限公司的合资公司，是和记港口信托旗下二个内河港的其中一个，也是江门地区历史最悠久、设备最齐全的集装箱码头。公司从事经营集装箱和件杂货装卸、运输、仓储及提供船代、货代业务，更可处理冷冻箱货物。营运以来，配置了各式现代化的装卸设备，并采用先进的电脑化管理系统，大大提高了港口生产效率和服务水平。码头面积12万平方米，岸线长度为623米，泊位12个，水深4～4.5米。码头监管区内仓库面积达9 235平方米，满足客户不同需求，提供一站式的物流仓储、拼拆服务，是江门最大、最专业散货进出口拼箱基地之一。2019年完成集装箱吞吐量23万标箱，散杂货3.2万吨。

2019年，江门河港口岸进出口货物306.7万吨，增长0.3%；水运进出口集装箱63万个标箱，增长5.5%；出入境旅客3.5万人次，增长96%。

【新会水运（河港）口岸】 2019年，新会河港口岸有新会港的天马货运港区及宜大化工、双水电厂、银湖船舶等专用码头，河口装卸点属下的大鳌集装箱等码头，牛牯岭易燃品专用码头和新会车检场。2019年，新会口岸进出口货物171.17万吨，减少1.2%；水运进出口集装箱12.11万个标箱，增长34.9%；进出境货柜车辆0车次，下降100.0%。

天马货运港区位于潭江下游的银洲湖左岸，

新会今古洲江裕路 2 号。其航道经崖门出南海，天然水深 8 ~ 13 米，是少有的内河优良建港水域，交通便利，水路距香港 98 海里、距澳门 47 海里，陆路紧靠广东西部沿海高速公路和广珠铁路。2001 年 12 月该港首期全面建成并获准开放，可靠泊外国籍船舶。

（新会天马港二期）

新会港口岸天马港区二期工程是列入广东省口岸发展“十三五”规划的对外开放项目，由广东新会港国际货运码头有限公司投资建设，投资规模为 3.76 万元，在顺沿一期 2 个 5 千吨级泊位的下游建设了 2 个 1 万吨级泊位（兼顾 3 万吨级功能），码头岸线长度 355 米，设计年货物吞吐能力为 91 万吨。2019 年 11 月 22 日天马港区二期工程获广东省口岸办批复正式对外开放，将提升新会港口岸的竞争力和吸引力，发挥临港产业的优势，为企业提供更好的外贸物流服务，节约企业物流成本，进一步优化口岸营商环境，助力江门市融入“一带一路”和“粤港澳大湾区”建设，促进开放型经济发展。

【三埠水运（河港）口岸】 开平三埠水运（河港）口岸位于开平市三埠镇街港口路 7 号、潭江中下游左岸，距香港 146 海里，澳门 80 海里，于 1984 年 4 月建成并开放使用，通航港澳。港区陆域面积 54 087.75 平方米，岸线 537.4 米，拥有 4 个 1 000 吨级泊位，包括有三埠港货运码头装卸点和三埠港客运码头。三埠港客运码头年客运量曾达到 20 多万人次，2007 年 9 月起因客运量不足，取消直航航班，通过与中山港合作开展“三埠—中山—香港”水陆联运模式接送旅客。2009 年 6 月起，暂停客运业务。三埠港货运码头装卸点内有 3 座仓库，面积共 1 613 平方米，车辆查验台 215 平方米，查验场 1 085 平方米，堆场 6 394 平方米，查验单位业务用房面积 2 980 平方米，现有三埠—香港，三埠—南沙、蛇口等两条进出口货运航线。

2019 年，开平三埠港口岸（三埠港货运码头装卸点）进出口货物共 62.54 万吨，增长 5.44%，其中进口 21.54 万吨，增长 22.74%，出口 41 万吨，下降 1.82%；进出口集装箱 5.11 万标准箱，增长 3.26%；内贸货物吞吐量 272.76 万吨，增长 13.41%；内贸集装箱吞吐量 12.92 万标箱，增长 19.80%；内贸散货吞吐量 0.67 万吨，增长 28.41%。

深圳市

【口岸概述】 截至 2019 年年底，深圳已拥有经国务院批准对外开放口岸 14 个。其中，陆路（公路）口岸 6 个，分别是罗湖、文锦渡、皇岗、沙头角、深圳湾、福田公路口岸；陆路（铁路）口岸 1 个，广深港高铁西九龙站铁路口岸；水运（海港）口岸 6 个，分别是盐田、大亚湾、蛇口、赤湾、妈湾、大铲湾海港口岸；空运口岸 1 个，为深圳空运口岸（深圳宝安国际机场）。

罗湖口岸是深圳市客流量最大的旅客入出境陆路口岸，目前客流量仍居全国前三甲；皇岗口岸是目前我国货车出入境数量最多的客货综合性公路口岸，也是我国率先实行 24 小时通关的口岸；深圳湾口岸是我国第一个按照“一地两检”查验模式运作的客货综合性公路口岸；文锦渡口岸是我国最早对外开放的口岸；福田口岸是我国首个内地与香港无缝接驳的地铁口岸；盐田港口岸是我国四大国际中转深水港之一；蛇口港口岸是第一个由企业自筹资金建设、管理和经营的海港口岸；赤湾口岸是第一个中外合资港口企业建设和经营的海港口岸；深圳宝安国际机场是我国第一家以地方投资为主兴建的机场，是我国四大航空港之一。

【口岸运行数据】 2019 年，经深圳各口岸出入境人员 2.4 亿人次，日均66.0 万人次，同比减少4.3%；出入境车辆 1 431.1 万辆次，日均3.9 万辆次，同比减少 7.1%。深圳海港口岸集装箱吞吐量 2 576.9 万标准箱，累计同比增加0.13%，进出口货物17 828.8 万吨，累计同比减少4.80%。深圳机场空运口岸出入境旅客 595.7 万人次，累计同比增长 29.1%，国际空运货物35.15 万吨，累计同比增长 16.9%。

【口岸综合管理】 加速推进皇岗口岸重建工作。2019 年6 月，广东省委副书记、深圳市委书记主持召开市建设深港科技创新合作区领导小组第四次会议，审议通过皇岗口岸重建规划方案和重建工作组织实施方案，决定皇岗口岸旅检区采取原址立体重建方案。重建规划方案的原则为“功能复合、适度超前；面向未来、空间重构”。2019 年6 月 28 日，皇岗口岸临时旅检场地建设工程正式动工。旧口岸片区拆迁安置工作稳步推进，对涉及的旧口岸联检楼、“车港城”、中国电信皇岗机楼、公交场站、出租场站、皇岗汽车站等共 18 处物业情况走访摸底。针对各单位的拆迁安置诉求，制定了初步拆迁安置方案。完成待拆迁片区 17 家产权单位的摸底统计工作，完成测绘土地面积 34 916 平方米、建筑面积141 898 平方米，收集 580 余页权属材料。新口岸方案设计国际招标已完成资格预审，确定了 9 家入围单位。

完成莲塘口岸工程建设工作。2019 年莲塘口岸工程建设全部完成，查验单位设施设备安装完毕，设施设备试运行、应急演练等开通前的各项准备工作已经全面启动。口岸配套熏蒸场项目已完成可行性研究及用地报批等前期工作，并正式移交市建筑工务署具体实施。莲塘口岸“智慧口岸”试点项目顺利完成。粤港双方已就口岸开通具体事项启动正式商议。莲塘口岸将首次实现客货车查验通道“一站式”通关。相比多次停车、各自查验的传统查验模式，“一站式”系统通过海关子系统整合简化、通关数据协同、前端信息采集技术升级等多项技术创新，完成“一次停车，联合查验”，提高了车辆通关效率。

稳步推进老口岸重建和设施设备改造工作。沙头角、深圳湾等口岸基础设施建设工作进展顺利。沙头角口岸重建项目工程可行性研究报告编制基本完成，正密切跟踪盐田区政府关于沙头角口岸综合发展的概念研究及规划工作；深圳湾口岸配套查验设施完善二期工程和深圳湾口岸综合服务楼建设项目已正式移交市建筑工务署，正在积极配合市建筑工务署，协调口岸相关单位稳定功能需求，同步展开项目设计和工可修编工作；口岸节能减排工作成绩优异，罗湖口岸节能改造项目获得全市节能减排改造样板工程金奖。

加强口岸资产监管工作。全面梳理口岸公司近三年收支情况，参照市城管局和深圳机场、广州机场等有关单位做法，明确各项管养经费测算标准，科学合理测算 2020 年管养经费。改革口岸管养协议签订方式。将口岸管养经费拆解到各口岸，以每个口岸为单位与口岸中心签订口岸管养协议，确保口岸管养经费落实到每一个口岸、每一项业务。推进口岸管养服务绩效考核。制订完善口岸管养绩效考核办法，2019 年 10 月 1 日启动管养服务绩效试考核工作。全面梳理掌握口岸资产情况，聘请专业测绘机构对口岸及二线检查站相关物业及场地进行测绘，全面梳理掌握口岸资产情况，开发建设口岸资产管理软件，实现口岸资产信息化管理，进一步加强口岸资产监管。成立自有住房清理小组，完成自有住房的清理整顿工作，已将相关信息报市住建局备案。

优化口岸营商环境工作。深圳市成立以分管副市长为组长、市政府分管副秘书长和市口岸办、深圳海关负责同志为副组长的深圳市优化口岸营商环境工作组，联合市发改委、市财政局、市交通运输局、市商务局、市市场监管局等成员单位，以优化流程、提升效能、降低成本、完善服务为重点，分设综合协调、收费督查、通关提效、物流提效、“单一窗口”等 5 个专项小组，印发《深圳市优化口岸营商环境促进跨境贸易便利化工作实施方案》共38条改革措施，稳步推进落实。

抓好口岸安全生产工作。按照省、市有关特别防护期安全生产工作的部署，成立“防风险保安全迎大庆”专项工作领导小组，制定特别防护期专项工作方案。重点提升口岸设施设备抵御自然灾害能力，完成沙头角口岸旅检内厅排水设施建设，修复加固深圳湾口岸旅检楼三楼屋面结构，协调罗湖区政府建设文锦渡口岸排涝设施等。加强口岸应急管理。建立“陆路口岸现场工作微信群”，针对香港近期紧急状态，保持高度戒备，积极稳妥地完成西九龙站游行人群聚集和因港铁停运导致部分口岸交通接驳受影响等紧急情况的应对工作。提升口岸安全反恐水平，提请市政府常务会审批通过《深圳市陆路口岸反恐安检规划方案（送审稿）》。完善口岸联勤联动应急响应机制，加快推进联勤联动办公楼建设，完善口岸反恐处突硬件配套服务。

推进深港口岸协作工作。深港口岸协调方面。2019年4月8日由深圳市常务副市长刘庆生带队赴港，与香港相关部门进行了初步对接。6月4日，香港特区政府保安局副秘书长林淑仪带队来深与市口岸办进行座谈协商，双方就建立完善深港口岸工作联络机制、皇岗口岸重建等事项进行研究，就相关问题达成一致意见。10月15日，建立皇岗口岸重建深港口岸协调工作机制，由市口岸办与香港保安局共同成立对接专责小组，市口岸办王守睿主任与香港保安局副秘书长林淑仪任组长。系统梳理需要国家层面支持解决的重要事项，主动向国家口岸主管部门请示汇报，努力争取政策支持，省商务厅已明确就深港创新合作区首批先行先试政策、创新深港口岸查验模式、皇岗口岸重建等工作提出支持意见。

做好陆、海、空、铁口岸协调工作。完成深圳市天然气储备与调峰库工程配套LNG码头对外开放验收。配合开展南澳、梅沙、前海等水上客运码头口岸、机场福永码头游艇会泊位、直升机跨境直飞航点和口岸等项目前期可行性研究工作。完成机场口岸国际中转旅客24小时过境免办边检手续相关准备工作，推动外国人144小时过境免签政策正式落地实施，机场空运进口肉类指定口岸建设申报获得批复。完成第十三届“中国杯”帆船赛的口岸协调工作以及临时靠泊等其他相关工作。协调盐田国际集装箱码头实施“惠盐组合港”通关运作模式。协调国际客运船班临时加班的口岸通关，2019年1～10月期间落实蛇口码头往返共287个航次船班的临时加班。协调解决西九龙站开通后配套服务设施等方面的问题，制定派驻人员工作补助发放办法，努力协调解决内地口岸区膳食、空气质量不高，通勤、饮水不便和香港移动信号覆盖等问题。

推进口岸环境综合整治工作。按照市委、市政府“重构再造口岸环境”以及对标国际、精益求精、努力打造“四最口岸”的要求，有序推进和实施深圳口岸环境整治项目。会同市城管综合执法局，研究拟订全市口岸周边环境整治提升工作方案并推动实施。做好口岸交通改造、交通疏导及交通执法工作。配合辖区政府口岸综治办打击口岸车辆违停、非法营运拉客等违法违规行为，不定期开展交通综合整治行动。全力推进口岸“厕所革命”，继续开展口岸厕所“十个无”创建活动，各口岸完成公厕提升改造61座，口岸公厕连续多月在公厕环境指数测评中取得90分以上的高分，在全市15类行业中排名第2，仅次于机场。

2019年广东省口岸大事记

1月1日

按照国家移民管理局统一部署，珠海出入境边防检查总站及所属各边检站更换门牌，总站所属九洲、湾仔、万山、斗门、中山、湛江、江门、开平、新会、台山、阳江、茂名等12个边检站举行换装授衔仪式，1 200余名转改人员统一换装。

1月9日

深圳海关举办缉私警察组建20周年荣誉仪式。

1月10日

深圳海关开展“使命2019－1”专项行动，打掉涉嫌走私高价值手机犯罪团伙3个，抓获犯罪嫌疑人24名，查扣涉嫌走私的新款苹果手机及涉案现金80余万元。

1月14日

澳门海关、澳门司法警察局、广东分署缉私局、拱北海关缉私局联合召开反走私联合行动研讨会。

黄埔海关李鑫获广东省“扫黄打非”先进个人。

1月17日

拱北海关“跨境快速通关”模式与香港海关“多模式联运转运货物便利计划”在港珠澳大桥成功对接。

1月18日

江门海关按照海关总署对江门海关职能配置、内设机构和人员编制规定的部署要求，全关机构设置、职责配置和人员配备全部到位，新江门海关正式运行。

1月21日

中华人民共和国外海海关、中华人民共和国高沙海关举行揭牌仪式。

1月23日

拱北海关与澳门海关、澳门司法警察局实施两地三方跨境联合行动，成功破获一起走私濒危物种沉香进境案，涉案沉香近1吨。

深圳海关完成“三定”细化及人员调配工作。

1月25日

广州海关邮局海关正式挂牌。

1月29日

广州海关车站海关正式挂牌。

1月31日

中央财办副主任尹艳林到南沙自贸试验区调研，实地考察贸易便利化、口岸改革创新情况，了解海关支持自贸试验区建设发展及自贸试验区可复制推广改革创新经验的落实推广情况。

公安部常务副部长王小洪到港珠澳大桥珠海公路口岸考察并亲切慰问边检执勤民警。

2月3日

广东省委副书记、深圳市委书记王伟中到深圳湾口岸调研慰问。

总署党委委员、国家口岸管理办公室主任张广志到大铲海关调研慰问。

2月19日

海关总署、财政部、税务总局、外汇局正式批复同意设立江门大广海湾保税物流中心（B型）。

2月20日

香港海关应课税品科高级参事范子光一行到广州海关走访交流，并到税管局（广州）及海珠海关滘心码头现场调研。

深圳罗湖海关监控科被评为2018年全国“扫黄打非”先进集体，邮局海关钟俊华被评为2018年全国“扫黄打非”先进个人。

2月26日

拱北海关关长刘晓辉会见澳门市政署市政管理委员会主席戴祖义一行，副关长何宏恺会见外交部驻香港特派员公署办公室主任侯宏刚一行。

2月27日

湛江海关开展代号为“YX1902”专项行动查获特大走私卷烟案，案值逾20亿元。

2月28日

海关总署副署长邹志武与广东省副省长欧阳卫民就加强署省合作、共同推进大湾区建设进行座谈。

黄埔海关陈樱获广东省三八红旗手。

3月1日

黄埔海关所属穗东海关通关一科税费组、穗东海关综合业务二科获2018年度“广东省巾帼文明岗”。

中华人民共和国鹤山海关综合业务一科获全国妇联授予“全国巾帼文明岗”。

3月5日

海关总署进出口食品安全局与澳门市政署在拱北海关就内地澳门食品安全合作事宜进行会谈。

3 月 6 日

南沙自贸试验区首票跨境电商 BC 直购出口业务成功开展测试。4 个测试包裹经过系统审单、风险布控、现场查验、现场监装、电子关锁自动施封，于 3 月 7 日上午顺利通过深圳皇岗口岸出境。此次测试标志着南沙自贸试验区跨境电商 BC 出口业务正式启动。

湛江海关一科室荣获“全国巾帼文明岗”和“广东省五一巾帼奖”双荣誉称号。

3 月 7 日

皇岗海关旅检二处旅检四科、文锦渡海关物流监控二科获 2018 年广东省“扫黄打非”先进单位，行邮处副科长莫润林获 2018 年广东省“扫黄打非”先进个人。

深圳海关开展“使命 2019－3”专项行动，抓获犯罪嫌疑人 10 名，现场查扣涉嫌走私象牙等珍稀动物及制品逾 260 件。

3 月 8 日

广东省副省长、省公安厅党委书记、厅长李春生率省公安厅政治部江理达主任、林伟雄副厅长到总站机关视察调研。

3 月 19 日

中欧联合海关合作委员会指导小组第七次会议在珠海举行。

3 月 20 日

拱北海关驻高州市分界镇丰林村扶贫工作队获得广东省 2016~2018 年脱贫攻坚工作“突出贡献集体”荣誉称号。拱北海关缉私局司法鉴定中心成功取得检验检测机构资质认定证书。拱北海关首批中欧班列货物在珠海保税区顺利通关。该票货物由珠海保税区首发，经成都通过中欧班列运往德国。

3 月 24 日

江门海关缉私局在海关总署缉私局统一部署指挥、广东分署缉私局协调和地方公安机关支持配合下，在江门、阳江同时开展代号为“0313”走私活体穿山甲案收网行动，打掉犯罪团伙 4 个，抓获涉案人员 5 名。

3 月 25 日

拱北海关关长刘晓辉会见澳门海关关长黄有力一行。

3 月 26 日

深圳海关开展打击电子产品走私专项行动。打掉 2 个走私手机主板等高价值电子产品犯罪团伙，抓获犯罪嫌疑人 7 名，初估案值逾 8 000 万元。

3 月 27 日

广州海关天河海关正式挂牌。

3 月 28 日

广州海关南沙海关辖区粮通码头粮食公用型保税仓库正式运作。

3 月 29 日

深圳海关开展“3·29”打击低瞒报走私专项行动。刑事立案 2 宗，合计案值逾 1 亿元。

4 月 3 日

拱北海关隶属港珠澳大桥海关江泽农荣获广东省“岗位学雷锋标兵”称号。

4 月 3 日 ~4 日

海关总署副署长王令浚到江门海关调研，先后到鹤山万年松跨境电子商务清关中心、鹤山绿湖供港澳生猪基地、江门豪爵摩托车研发中心 3 家企业深入调研。

4 月 9 日

江门海关所属外海海关成功办理江门关区首宗出口货物内外贸集装箱同船运输业务，该业务模式能使驳船运输装载效益最大化，能更高效、更低成本的打通珠江内河水系与华南各枢纽港口之间的一站式物流通道，为企业、客户提供集成化服务，助力粤港澳大湾区物流通道建设。

4 月 11 日

湛江海关在快件渠道首次查获象牙制品。

4 月 12 日

拱北海关顺利完成中山、香港“跨境快速通关”全流程实车测试。

4 月 16 日

黄埔海关陈雷、李嘉平获海关总署个人三等功；王增强、王珊珊、朱青峰获海关总署个人嘉奖。

4 月 17 日

顺德新港正式对外开放。顺德新港是招商局港口控股有限公司建设的第一个内河港口，被列入广东省“十三五”口岸发展规划。

4 月 18 日

深圳市刘庆生常务副市长与香港特区政府商谈皇岗口岸重建、深圳湾口岸 24 小时通关等多个事项，并与港方就相关工作达成共识。

4 月 23 日

广州海关车站海关李姝被中华全国总工会授予 2019 年“全国五一劳动奖章”。技术中心被全国玩具标准化技术委员会评为“先进委员”单位。玩具室陈阳被授予“优秀委员”荣誉称号；黄理纳、劳泳坚、刘崇华、李骏奇共 4 人被评为“突出贡献专家”。

拱北海关关长刘晓辉会见澳门经济局副局长陈子慧一行。

4 月 24 日，江门海关成功查获 1 宗利用国际邮件从加拿大走私进口大麻花案，查获大麻花约 230.9 克，抓获犯罪嫌疑人 2 人。

4 月 26 日

深圳海关开展“使命 2019－7”行动，打掉一个黄金走私团伙，抓获嫌疑人 12 名，现场查获黄金 20 公斤。

黄埔海关团委获全国五四红旗团委称号。

4 月 26 日～27 日

荷兰海关局局长南妮特 · 范 · 塞尔文率领代表团访问拱北海关并到港珠澳大桥调研，双方就海关业务改革、科技应用、优化服务、深化合作等内容进行了深入的交流探讨。

深圳海关开展“使命 2019－8”专项行动，抓获犯罪嫌疑人 4 名，缴获疑似气动力枪支 147 支、单兵用火箭发射器套筒 1 个，以及枪支零部件和子弹一批。

4 月 27 日

广东水东港口岸更名为茂名港口岸并扩大对外开放报批工作获得国务院批复（国函〔2019〕43 号），同意水东港口岸更名为茂名港口岸，并扩大开放水东港区和博贺新港区。

4 月 28 日

拱北海关关长刘晓辉陪同广东省省长马兴瑞等省领导，海关总署党委委员、广东分署主任张广志在中山港海关调研。

4 月 29 日

深圳海关联合开展打击“黑油点”专项行动。在前海月亮湾大道附近 2 个大型堆场捣毁“黑油点”5 个，查扣两地牌货柜港车、国内运油车共 5 台及油泵、储油罐一大批，初估查获走私进境柴油 1 万余升。

4 月 30 日

广州海关云浮海关团支部获评“全国五四红旗团支部”、禅城办事处卢少巧获评“全国优秀共青团干部”；机场海关陈炫志获评第二十一届广东省“青年五四奖章”提名奖；番禺海关团支部获评“广东省五四红旗团支部”、缉私局张经纬获评“广东省优秀共青团干部”、从化海关赖冰玲、河源海关刘敏获评“广东省优秀共青团员”。黄埔海关所属黄埔老港海关团总支获广东省五四红旗团总支。

5 月 1 日

深圳机场口岸正式实施广东省外国人 144 小时过境免签政策。

全国首票以监管方式为“特许权使用费后续征税”的报关单在广州白云机场海关通关放行。

5 月 5 日

海关总署党委委员、广东分署主任张广志会见广东省委常委、广州市委书记张硕辅。就落实总体国家安全观防范化解重大风险、推动广东外贸高质量发展等有关工作进行交流。

5 月 15 日

江门海关冯佑来家庭获全国妇联授予“全国最美家庭”。

5 月 20 日

汕头海关广澳码头顺利通过总署验收并列入进境粮食指定监管场地名单。

5 月 20 日～21 日

总署党委委员、广东分署主任张广志率调研组在湛江、茂名两市开展促进外经贸高质量发展调研。

5月22日

海关总署副署长李国到机场海关调研粤港澳大湾区世界级机场群建设工作。

拱北海关巡视员汪先富陪同全国人大常委会委员、外事委员会副主任委员、民革中央副主席张伯军一行到横琴开展优化拓展横琴“分线管理”政策专题调研。

5月23日

海关总署副署长李国、海关总署党委委员、广东分署主任张广志在穗会见广东省副省长欧阳卫民，就粤港澳大湾区建设交流意见。

副署长李国在穗主持召开海关总署支持粤港澳大湾区建设座谈会。海关总署相关司局、广东分署、广东省内部分海关有关负责同志参加。

海关总署党委委员、广东分署主任张广志与广东省政协副主席袁宝成进行工作会谈。

5月24日

深圳海关开展“使命2019－9”专项行动，破获一个海上非设关地偷运“红油”走私网络，抓获犯罪嫌疑人37名，查扣疑似“红油”一批。

5月27日

澳门海关关长黄有力一行到南沙保税港区参观调研。重点调研南沙保税港区运作经营整体情况及海关监管模式，了解粤港跨境货栈业务运作模式、区内保税物流业务开展情况。

5月28日

汕头海关完成关区智能审像系统首单机检复查复验作业。

5月29日

广东省商务厅（口岸办）符永革副厅长率队赴香港参加第十八轮粤港直通客运车辆过境班次安排会议，下午，拜会香港运输及房屋局就广东出口香港货物口岸通关便利化及推进“游艇自由行”口岸便利通关工作开展交流。

5月30日

深圳海关开展“使命2019－10”专项行动，破获一个利用高信用企业一般贸易进口货车夹藏集成电路走私网络，抓获犯罪嫌疑人19名，查扣集成电路1批。

5月31日

黄埔海关梁锐南获海关总署缉私局个人二等功；贺海鸥获海关总署缉私局个人三等功

6月3日

海关总署党委委员、广东分署主任张广志到广州大朗铁路货运站实地调研广东“中欧班列”运行情况。

6月6日

深圳海关开展“使命2019－11”专项行动。成功捣毁一个走私出口木炭的犯罪团伙，抓获犯罪嫌疑人10名，查扣涉嫌走私出口木炭180余吨。

黄埔海关李文健、王彬、陈所庆、钟文新获海关总署个人嘉奖。

6月10日

黄埔海关李文龙、周密、余飞跃获海关总署个人一等功。黄埔海关12360热线工作室、黄埔海关所属东莞海关保税监管三科获全国青年文明号。

6月16日

海关总署署长倪岳峰在珠海开展服务粤港澳大湾区建设专题调研。

6月20日

海关总署党委委员、广东分署主任张广志一行到广州海关调研。实地调研广州海关技术中心实验室建设情况和税管局（广州）智慧征管信息化应用情况，并在南沙区政府召开工作座谈会，听取政府和企业的意见建议。

6月24日

黄埔海关吴伏军、邓志平、麦燕山获海关总署个人二等功。

6月25日

广州白云机场综合保税区（二期）通过正式验收。

6月26日

湛江海关侦破“YX1908”特大走私进口轮胎案，案值2.4亿元。

6月27日

广东省省长马兴瑞在广州调研“中欧班列”运行情况。

6月28日

深圳宝安机场举办粤港跨境直升机首航仪式，开通首条内地直飞香港直升机跨境航线，航点为深圳机场—香港信德直升机场。

7月4日

拱北海关关长刘晓辉会见葡萄牙经济和食品安全局总监察官 Pedro Portugal Gaspar 一行。

7月6日

拱北海关副关长何宏恺陪同澳门海关助理关长黄伟文、澳门青年考察团一行到港珠澳大桥珠海公路口岸调研。

7月8日

湛江海关推动湛江口岸首条南亚直航冷链班轮航线顺利开通。

7月9日~10日

湛江海关协助香港食环署专家顺利完成对供港冰鲜鸡肉企业的考察任务。

7月12日

香港食环署与拱北海关联合检查供港冰鲜禽肉生产企业及养殖场。

7月17日

汕头海关在进境船舶“泛洋阿斯特”“兴亚骄阳”轮登临检查中截获的2头病媒昆虫，经鉴定为黑灰裸果蝇（Gymnodia nigrogrisea）系广东省口岸首次截获，长须溜蝇（Lispe pygmaea）系汕头关区口岸首次截获。

深圳海关开展“使命2019－12”专项行动，成功捣毁一个通过“蚂蚁搬家”方式走私电子产品的“水客”犯罪网络，抓获犯罪嫌疑人20名。

7月18日

汕头广澳港区二期工程码头举行广澳港区二期工程10万吨级集装箱码头试运营仪式。

7月25日

海关总署副署长胡伟到江门海关调研。

7月26日

海关总署副署长、政治部主任胡伟在广州海关调研。到广州航空邮件处理中心实地调研邮递物品监管改革情况。

8月1日

拱北海关缉私局司法鉴定中心理化实验室通过中国合格评定国家认可委员会（CNAS）监督及扩项评审。拱北海关关长刘晓辉、副关长黄新民会见来访的香港渔农自然护理署助理署长薛汉宗一行，商讨利用港珠澳大桥进行粤港马匹跨境运输事宜及探讨其他合作计划。

8月12日

广州海关完成全国首票“旅客指尖服务”进出境申报放行业务。首票出境业务由乘坐粤港直通车出境的1名中国籍旅客申报，为电视摄像机、照相机镜头等共10件；首票进境业务是1名自白云机场进境的旅客申报的宠物进境业务。车站、机场海关分别做好验核及放行等工作。“旅客指尖服务”是全国海关首个面向进出境旅客个人的通关申报服务的微信小程序，旅客可在进、出境通关前的任意时刻进行提前申报。

8月20日

深圳海关开展打击走私固体废物查缉行动，抓获犯罪嫌疑人2名，查扣涉嫌走私固体废物26吨。

8月27日~28日

深圳海关开展“使命2019－17”专项行动，捣毁一个通过“蚂蚁搬家”方式走私高档手表的“水客”犯罪网络，抓获犯罪嫌疑人17名，现场查扣涉嫌走私入境的高档手表78块。

8月28日

广东省商务厅（口岸办）符永革副厅长在省商务厅会见省政协常委、致公党广东省委员会专职副主席黄小彪一行，双方就粤港澳大湾区中欧合作发展及提升西江流域二类口岸对港澳开放合作水平开展沟通交流。

8月31日

深圳海关7个陆路口岸、蛇口海运口岸的旅检业务全部启用人脸识别系统，成为全国首个实现关区旅检口岸人脸识别全覆盖的直属海关。

9月4日

湛江航空口岸获国务院同意扩大对外国籍飞机开放。

广东省口岸办牵头组织驻粤相关查验单位组成验收组，对惠州港口岸燃料油调和配送中心码头对外开放前准备工作进行了验收，同意该码头作为惠州港口岸东马港区马鞭洲作业区新建码头正式对外开放。

9 月 4 日 ~5 日

海关总署署长倪岳峰在深圳海关调研。调研期间，中共中央政治局委员、广东省委书记李希会见倪署长，广东省委副书记、深圳市委书记王伟中等同志参加会见。

9 月 5 日

国务院于批复同意广东港珠澳大桥珠海公路口岸扩大开放，珠澳通道增加货运车辆通行功能。

海关总署署长倪岳峰在广州海关调研。实地察看大铲海关水上监管及打私工作情况。

9 月 9 日 ~11 日

海关总署卫生司口岸公共卫生核心能力复核督查专家组对新会港口岸开展复核督查，新会港口岸顺利通过此次复核督查。

9 月 11 日

深圳海关开展“使命 2019 - 18”专项行动，成功捣毁一个“水客”行李夹藏、国际快件渠道伪报品名走私奢侈品犯罪网络，抓获犯罪嫌疑人 9 名。

9 月 12 日

香港中华工商总会主席梁永安一行到访深圳海关，赠送“守护国门、促商裕民”锦旗。

9 月 26 日

南沙海关为南沙港二期码头恢复水果指定进口口岸资质后首批进口水果办理通关手续。首批 4 个集装箱为自泰国进口的鲜龙眼、鲜椰子，共 98.6 吨，货值 11 万美元。

为庆祝中华人民共和国成立 70 周年，珠海边检总站与澳门治安警察局在拱北口岸首次举行“同升国旗　共唱国歌”活动，中央广播电视总台《新闻联播》专题报道该活动。

9 月 27 日

海关总署副署长李国一行在广州海关调研。

10 月 3 日 ~5 日

中共中央政治局委员、国务院副总理胡春华在广州、佛山调研。胡春华副总理深入到广东自贸试验区广州南沙新区片区，实地考察港口码头、海关特殊监管区域运营情况，详细了解自贸试验区建设和对接粤港澳大湾区情况。

10 月 9 日

汕头海关关区首单“两步申报”货物顺利申报通关。企业仅填制船名、航次号等 9 项信息便完成“概要申报”，从电子申报到提货放行整个流程仅耗时 30 秒。

10 月 15 日

香港特区政府保安局林淑仪副秘书长与深圳市口岸办王守睿主任签订深圳湾口岸 24 小时通关备忘录。

10 月 17 日

深圳海关开展“使命 2019 - 19”专项行动，成功捣毁一个非设关地走私电子产品的犯罪网络。

深圳海关缉私局获评全国 2018 年打击虚开骗税违法犯罪专项工作成绩突出单位。

10 月 18 日

广州海关完成全国首票“海关旅客指尖服务”自助纳税业务。对乘坐粤港直通车进境的 1 名厄瓜多尔籍旅客携带的 1 部苹果手机办理征税手续，共计征收税款 689 元。

10 月 22 日 ~23 日

深圳三门岛海关完成首次海岛国门生物安全监测工作。

10 月 25 日

深圳海关党组改设中共深圳海关委员会。

10 月 29 日 ~31 日

汕头海关揭阳神泉港口岸顺利通过海关总署口岸公共卫生核心能力达标考核验收。

11 月 1 日

深圳海关开展“使命 2019 - 20”专项行动。捣毁走私、骗取退税犯罪团伙 3 个、犯罪窝点 10 个，抓获犯罪嫌疑人 31 名。

11 月 4 日

中共中央政治局委员、广东省委书记李希同

志在省委常委、省委秘书长郑雁雄，副省长张虎，省委办公厅副主任李勇平等陪同下，莅临广州边检总站机关调研指导工作。

澳门特别行政区全国人民代表大会代表施家伦率粤港澳跨境汽车联会一行拜访拱北海关隶属闸口海关。

11月8日

全国首票“掌上海关”App“两步申报”报关单在蛇口海关申报成功。

11月13日

全国政协副主席刘新成率“加强和改进政协委员学习工作”专题调研组到粤海关博物馆参观调研。

11月14日

拱北海关、澳门海关开展推进新横琴口岸监管合作研讨会，双方就新横琴口岸客货运通道监管创新进展情况交换意见，并围绕口岸布局、口岸信息化建设、珠澳信息共享平台具体运用、卫生检疫“合作查验、一次放行”等合作事项具体细节进行研讨。

11月18日

海关总署副署长张际文到广州海关调研。并在穗出席全国卫生检疫标准化技术委员会成立大会暨第一届委员会第一次全体会议。

11月21日

海关总署副署长王令浚到广州海关调研。先后到机场海关、后勤中心广州源溪基地实地调研机场口岸监管科技应用及基地后勤保障和资产管理工作。

11月22日

江门市新会港口岸天马港区二期泊位对外开放。

11月26日

海关总署署长倪岳峰在深圳出席世界海关组织“雷电”暨“大地女神”第五期国际联合行动总结会开幕式。生态环境部副部长庄国泰出席大会，来自9个国际组织、6个非政府组织、42个国家和地区的海关等执法机构的169名中外代表、署内相关司局参加会议。

11月26日

深圳海关办理首票粤港澳三地牌车备案业务。

12月2日

深圳皇岗海关工会荣获广东省“模范职工之家”先进集体称号。

12月2日~6日

海关总署税收征管局（京津）在湛江海关开展全国水产品行业集中工作。

12月6日

国家口岸办组织检查组对新横琴口岸旅检场地等区域进行现场检查，新横琴口岸已具备旅检通关条件，待国务院批复后与澳方协商启用日期。

12月9日

汕头港口岸广澳港区二期泊位临时对外开放。

珠海边检总站与澳门治安警察局举行执法合作协议签署仪式，推动“合作查验、一次放行”查验模式复制推广到新横琴口岸，并在港珠澳大桥珠海公路口岸同步扩大适用范围，进一步深化内地、澳门之间交流合作，为维护澳门长期繁荣稳定做出新的更大贡献。

12月10日

在海关总署王令浚副署长、澳门行政法务司陈海帆司长的见证下，拱北海关关长刘晓辉与澳门市政署戴祖义主席签署《拱北海关　澳门特别行政区市政署供澳花卉苗木建立“检疫前推，合作监管”模式合作备忘录》。

12月18日

深圳海关开展“蓝天2019”专项行动，打掉走私团伙2个，抓获犯罪嫌疑人7名，初步查证涉案废塑料共6 702.58吨。

12月24日

澳门特别行政区行政长官贺一诚到湾仔轮渡客运口岸就恢复通关情况开展实地考察。

黄埔海关廖建庭、巫彦成、郑毅、邱伟、郑福、黄鑫水、林良津、焦岩、杨峥获海关总署缉私局个人二等功。

12 月 25 日

海关总署署长倪岳峰在湛江海关调研。

12 月 26 日

广东省商务厅（口岸办）符永革副厅长参加东莞港三期码头对外开放仪式。

海关总署署长、党委书记倪岳峰到江门海关调研。

12 月 26 日 ~28 日

湛江海关协助做好孟加拉国军舰停靠湛江港补给工作。

（撰稿人：沈锐、张小勇、尹新颜、凌虹、黄毅、陈颖慧、孙雪、蔡玮、胡洋、刘洋、叶嘉骏、王枣、钟政文）

2019 年广东省口岸流量统计表

口岸名称		人员（万人次）				交通工具（万辆、列、架次）			
		入境	出境	合计	同比（%）	入境	出境	交通工具合计	同比（%）
公路口岸	罗湖口岸	3 969.9	3 845.8	7 815.7	-8.1				
	皇岗口岸	1 515.2	1 645.9	3 161.1	-13.1	359.0	362.9	721.9	-8.7
	文锦渡口岸	240.9	267.2	508.1	-13.4	75.7	78.6	154.3	-7.4
	深圳湾口岸	2 147.3	2 140.8	4 288.0	-12.3	230.0	229.8	459.8	-2.8
	沙头角口岸	215.0	214.0	429.0	10.8	42.0	36.1	78.0	-6.4
	福田口岸	2 482.9	2 529.3	5 012.2	-11.0				
	福田保税区	11.6	11.5	23.1	-9.5	10.8	10.7	21.5	-10.1
	拱北口岸	7 280.2	7 241.7	14 521.9	7.6	155.5	159.5	315.0	-1.0
	横琴口岸	451.1	462.8	913.8	0.2	52.6	47.9	100.5	3.5
	港珠澳大桥	714.4	572.3	1 286.7	289.5	43.5	43.2	86.7	1 112.0
	珠澳跨境工业区口岸	128.1	129.9	258.0	9.7	1.9	1.8	3.7	-6.9
	合计	19 156.6	19 061.1	38 217.7	-1.1	971.0	970.5	1 941.4	-1.2
铁路口岸	广州铁路口岸	80.8	78.1	158.9	-51.1	0.3	0.3	0.7	-13.9
	笋岗铁路口岸								
	广深港高铁西九龙站	848.8	865.3	1 714.1	216.4	0.2	0.2	0.3	493.2
	常平铁路口岸	16.3	16.3	32.6	-27.3				
	佛山铁路口岸	1.7	1.6	3.3	-50.3	0.1	0.2	0.3	-34.5
	肇庆铁路口岸								
	合计	947.6	961.3	1 908.8	107.5	0.6	0.7	1.3	-17.4
航空口岸	白云机场	902.2	908.0	1 810.2	8.8	5.9	5.9	11.9	2.6
	深圳机场	315.8	321.9	637.8	28.8	2.4	2.4	4.8	16.3
	梅州机场	2.1	2.1	4.2	-42.5	0.0	0.0	0.1	-38.7
	湛江机场	0.8	0.9	1.7	-79.9	0.0	0.0	0.0	-81.6
	潮汕机场	31.1	31.1	62.2	3.0	0.2	0.2	0.5	8.5
	合计	1 252.0	1 264.0	2 516.0	12.6	8.6	8.6	17.2	5.4
港口口岸	莲花山港客运口岸	8.9	11.7	20.6	-46.3	0.3	0.4	0.7	-20.3
	南沙港客运口岸	41.9	42.9	84.8	-7.4	0.3	0.3	0.5	63.4
	黄埔港口岸	8.2	7.8	16.0	29.1	0.8	0.7	1.5	25.6
	洲头嘴口岸	0.5	0.5	1.1	3.5	0.1	0.1	0.2	13.4
	新塘口岸	0.1	0.1	0.2	-23.8	0.0	0.0	0.0	-18.1

续表 1

口岸名称		人员（万人次）				交通工具（万辆、列、架次）			
		入境	出境	合计	同比（%）	入境	出境	交通工具合计	同比（%）
港口口岸	新沙口岸								
	新港口岸								
	广州开发区口岸								
	龙穴岛	5.1	8.0	13.1	21.9	0.4	0.6	1.0	21.5
	盐田口岸	9.6	9.6	19.2	4.6	1.1	1.1	2.2	66.1
	大铲湾	0.5	1.1	1.6	8.5	0.0	0.1	0.1	15.8
	蛇口口岸	203.5	232.8	436.2	7.4	6.3	6.3	12.6	102.7
	福永码头	31.6	32.0	63.6	1.3	0.4	0.4	0.9	3.9
	莲塘口岸								
	九洲港客运口岸	54.3	54.5	108.8	-52.8	0.8	0.8	1.6	19.1
	湾仔客运口岸	10.9	11.9	22.8	63.4	0.7	0.8	1.6	0.1
	斗门港客运口岸	0.8	0.6	1.4	14.2	0.0	0.0	0.1	-10.3
	万山口岸	0.3	0.4	0.7	976.1	0.1	0.1	0.1	1 420.5
	高栏口岸	2.6	2.7	5.2	4.0	0.2	0.2	0.3	-2.9
	汕头港	0.8	1.2	2.1	-14.5	0.1	0.1	0.2	-15.6
	潮阳港	0.8	0.9	1.7	12.0	0.0	0.0	0.1	14.4
	惠州港	1.6	2.3	3.9	22.6	0.1	0.2	0.3	24.0
	汕尾港	0.2	0.2	0.3	56.7	0.0	0.0	0.0	166.1
	虎门港	14.5	20.5	35.1	18.0	0.4	0.5	0.9	68.4
	沙田口岸	4.1	3.9	8.0	-3.1	0.3	0.4	0.7	-16.9
	中山港	54.5	56.7	111.2	-24.9	0.9	0.9	1.7	-8.5
	江门港	4.8	4.9	9.7	71.3	0.3	0.3	0.6	18.6
	三埠港	0.3	0.3	0.6	-5.4	0.0	0.0	0.1	-3.5
	台山公益港	1.3	1.3	2.6	-49.6	0.1	0.1	0.3	-47.0
	鹤山港	0.4	0.4	0.8	-72.9	0.0	0.0	0.0	-72.6
	新会港	0.6	0.6	1.2	-9.8	0.1	0.1	0.2	-2.1
	高明港	1.6	1.8	3.4	10.9	0.1	0.1	0.2	-18.1
	南海港	2.6	2.1	4.8	1.7	0.4	0.3	0.7	10.9
	顺德港	16.4	16.9	33.3	-47.5	0.4	0.4	0.8	-10.6
	阳江港	0.6	0.7	1.3	49.1	0.0	0.0	0.1	57.4
	湛江港	6.1	6.0	12.1	192.7	0.2	0.2	0.4	60.1
	茂名水东港	0.9	1.1	2.0	0.3	0.1	0.1	0.1	-2.4

续表2

口岸名称		人员（万人次）				交通工具（万辆、列、架次）			
		入境	出境	合计	同比（%）	入境	出境	交通工具合计	同比（%）
港口口岸	肇庆港	1.5	1.3	2.8	-3.2	0.2	0.2	0.4	-1.0
	潮州港	0.4	0.4	0.7	11.5	0.0	0.0	0.0	11.0
	揭阳港	0.1	0.1	0.1	122.2	0.0	0.0	0.0	161.1
	合计	493.3	539.9	1 033.2	-13.1	15.5	15.8	31.2	33.7
总　计		21 849.5	21 826.2	43 675.8	1.6	995.6	995.5	1 991.1	-0.7

（广东省口岸办提供）

2019 年广州市口岸出入境主要数据表

项目			2019 年	2018 年	同比（%）
出入境人员（万人次）	出入境人员总数		2 230.9	2 309.8	-3.41
	入境人员		1 107.8	1 145.1	-3.25
	出境人员		1 123.1	1 164.7	-3.57
	出入境旅客		2 009.1	2 094	-4.06
	出入境员工		221.8	215.7	2.83
	中国公民	小计	1 631.3	1 707.5	-4.46
		内地居民（因公）	167.5	166.1	0.86
		内地居民（因私）	1 281.3	1 307.9	-2.03
		港澳居民	123.8	172.2	-28.09
		台湾同胞	58.6	61.3	-4.39
	外籍人员		599.7	602.3	-0.43
	从海港出入境人数		223.5	268.1	-16.63
	从陆港出入境人数		197.4	374.7	-47.31
	从空港出入境人数		1 810	1 667	8.58
交通运输工具（万辆、艘、架、列次）	总计		20.6	19.5	5.95
	船舶		8.1	7.1	13.23
	飞机		11.8	11.5	3.17
	火车		0.7	0.9	-16.95
	机动车辆		0	0	—

（广州出入境边防检查总站提供）

2019 年深圳市口岸出入境主要数据表

<table>
<tr><th colspan="3">项　目</th><th>2019 年</th><th>2018 年</th><th>同比（%）</th></tr>
<tr><td rowspan="15">出入境人员（万人次）</td><td colspan="2">出入境人员总数</td><td>24 109.5</td><td>25 190.0</td><td>-4.29</td></tr>
<tr><td colspan="2">入境人员</td><td>11 992.7</td><td>12 481.5</td><td>-3.92</td></tr>
<tr><td colspan="2">出境人员</td><td>12 116.8</td><td>12 708.5</td><td>-4.66</td></tr>
<tr><td colspan="2">出入境旅客</td><td>23 173.9</td><td>24 228.6</td><td>-4.35</td></tr>
<tr><td colspan="2">出入境员工</td><td>935.6</td><td>961.4</td><td>-2.69</td></tr>
<tr><td rowspan="6">中国公民</td><td>小计</td><td>23 465.3</td><td>24 492.3</td><td>-4.19</td></tr>
<tr><td>内地居民（因公）</td><td>347.1</td><td>339.0</td><td>2.39</td></tr>
<tr><td>内地居民（因私）</td><td>8 337.5</td><td>9 269.8</td><td>-10.06</td></tr>
<tr><td>港澳居民</td><td>14 572.5</td><td>14 656.1</td><td>-0.57</td></tr>
<tr><td>台湾同胞</td><td>207.1</td><td>227.3</td><td>-8.86</td></tr>
<tr><td colspan="2">外籍人员</td><td>644.2</td><td>697.7</td><td>-7.67</td></tr>
<tr><td colspan="2">从海港出入境人数</td><td>520.6</td><td>489.2</td><td>6.41</td></tr>
<tr><td colspan="2">从陆港出入境人数</td><td>22 951.3</td><td>24 205.5</td><td>-5.18</td></tr>
<tr><td colspan="2">从空港出入境人数</td><td>637.6</td><td>495.3</td><td>28.74</td></tr>
<tr><td rowspan="2">交通运输工具（万辆、艘、架、列次）</td><td colspan="2">总　计</td><td>1 456.5</td><td>1 551.3</td><td>-6.11</td></tr>
<tr><td colspan="2">船　舶</td><td>15.8</td><td>8.5</td><td>85.45</td></tr>
</table>

（深圳出入境边防检查总站提供）

2019 年珠海市口岸出入境主要数据表

项目			2019 年	2018 年	同比（%）
出入境人员（万人次）	出入境人员总数		17 289	15 391	12.3
	入境人员		8 726	7 808	11.7
	出境人员		8 563	7 583	12.9
	出入境旅客		17 163	15 281	12.3
	出入境员工		126	110	14.8
	中国公民	小计	17 066	15 204	12.3
		内地居民（因公）	172	171	0.5
		内地居民（因私）	10 440	9 275	12.5
		港澳居民	6 342	5 657	12.1
		台湾同胞	112	101	9.9
	外籍人员		198	185	7.1
	从海港出入境人数		299	415	-27.7
	从陆港出入境人数		16 980	14 968	13.4
	从空港出入境人数		9	8	10.0
交通运输工具（万辆、艘、架、列次）	总计		512	433	18.4
	船舶		7	6.6	7.8
	飞机		0.1	0.1	12.3
	火车				
	机动车辆		505	426	18.6

（珠海出入境边防检查总站提供）

2019 年海关总署广东分署主要数据统计表

项　目		2019 年	同比（%）
进出口货运量（亿吨）	合计	13.27	2.0
	进口	3.46	11.1
	出口	9.80	-0.9
进出口贸易额总值（亿美元）	合计	12 612.13	-1.9
	进口	5 045.18	-7.2
	出口	7 566.95	1.9
税收（亿元人民币）	两税合计	4 016.85	-9.89
	关税入库	543.43	-4.18
	进口环节税入库	3 473.42	-10.72

（海关总署广东分署提供）

2019 年广州海关主要数据统计表

项　目		2019 年	2018 年	同比（%）
进出口货运量（万吨）	合计	12 257. 52	8 842. 49	38. 62
	进口	8 511. 70	5 243. 43	62. 33
	出口	3 745. 82	3 599. 07	4. 08
进出口贸易总值（万美元）	合计	18 297 089. 03	18 016 106. 77	1. 56
	进口	7 095 137. 18	6 853 190. 29	3. 53
	其中：江、海运输	4 270 952. 24	4 279 733. 10	-0. 21
	铁路运输	599. 21	68 396. 97	-99. 12
	汽车运输	762 684. 56	767 271. 79	-0. 60
	航空运输	1 524 464. 93	1 384 561. 91	10. 10
	邮件运输	52 963. 35	358. 67	14 666. 74
	其他运输	483 472. 89	352 867. 85	37. 01
	出口	11 201 951. 85	11 162 916. 48	0. 35
	其中：江、海运输	7 737 073. 02	7 814 315. 61	-0. 99
	铁路运输	44 434. 94	123 367. 75	-63. 98
	汽车运输	900 900. 44	1 223 438. 67	-26. 36
	航空运输	1 800 315. 70	1 484 820. 64	21. 25
	邮件运输	136 262. 80	83 325. 98	63. 53
	其他运输	582 964. 96	433 647. 84	34. 43
税收（万元）	两税合计	6 400 772. 99	6 822 958. 47	-6. 19
	关税入库	1 357 148. 90	1 364 051. 63	-0. 51
	进口环节税入库	5 043 624. 09	5 458 906. 84	-7. 61

（广州海关提供）

2019年深圳海关主要数据统计表

项目		2019年	同比（%）
进出口货运量（不含水，单位：万吨）	合计	10 777.6	-6.5
	进口	5 474.8	-10.7
	出口	5 302.8	-1.8
进出口货运量（含水，单位：万吨）	合计	82 609.9	-3.0
进出口贸易总值（万美元）	进口	25 807 282.5	-11.5
	其中：江、海运输	3 549 368.4	-10.2
	铁路运输	0.0	-90.4
	汽车运输	21 166 798.1	-13.1
	航空运输	812 125.8	51.8
	邮件运输	3 993.8	547.2
	其他运输	274 996.4	-16.4
	出口	46 590 487.6	2.7
	其中：江、海运输	26 187 192.6	14.3
	铁路运输	19.4	-99.3
	汽车运输	18 902 365.9	-11.3
	航空运输	859 192.2	48.1
	邮件运输	101 876.3	1 651 966.3
	其他运输	539 841.2	-2.5
税收（万元）	两税合计	1 701.5	-11.0
	关税入库	132.9	12.7
	进口环节税入库	1 568.6	-12.6

（深圳海关提供）

2019 年拱北海关主要数据统计表

项　目		2019 年	2018 年	同比（%）
进出口货运量（万吨）	合计	14 685.79	15 083.43	-2.64
	进口	1 867.68	1 970.29	-5.21
	出口	12 818.11	13 113.14	-2.25
进出口贸易总值（万美元）	合计	6 051 255.26	6 440 530.46	-6.04
	进口	2 118 314.86	2 471 313.46	-14.28
	其中：江、海运输	1 609 459.10	1 989 746.49	-19.11
	铁路运输	0.00	225.75	-100.00
	汽车运输	457 518.81	431 928.65	5.92
	航空运输	34 990.30	42 912.92	-18.46
	邮件运输	355.53	220.70	61.09
	其他运输	15 991.12	6 278.95	154.68
	出口	3 932 940.40	3 969 217.00	-0.91
	其中：江、海运输	3 164 098.97	3 319 192.44	-4.67
	铁路运输	0.00	16.85	-100.00
	汽车运输	722 207.59	598 394.65	20.69
	航空运输	7 390.85	9 851.40	-24.98
	邮件运输	568.03	181.63	212.74
	其他运输	38 674.96	41 580.03	-6.99
税收（万元）	两税合计	1 311 944.41	1 443 680.40	-9.10
	关税入库	196 252.06	184 179.38	6.60
	进口环节税入库	1 115 692.35	1 259 501.01	-11.40

（拱北海关提供）

2019 年汕头海关主要数据统计表

项　目		2019 年	2018 年	同比（%）
进出口货运量（万吨）	合计	2 897.7	2 587.6	12
	进口	2 649.1	2 356.6	12.4
	出口	248.6	231	7.7
进出口贸易总值（万美元）	合计	1 730 428.7	1 691 829.9	2.3
	进口	536 828.5	559 297.3	-4
	其中：江、海运输	393 224.6	391 977.6	0.3
	铁路运输			
	汽车运输	133 179.1	164 648.4	-19.1
	航空运输	7 076.2	2 513.6	181.5
	邮件运输	421.9	75.3	460.2
	其他运输	2 926.9	82.4	3 451.6
	出口	1 193 600.2	1 132 532.7	5.4
	其中：江、海运输	986 938	906 358.8	8.9
	铁路运输		10.7	-100
	汽车运输	198 741.8	224 931.9	-11.6
	航空运输	4 975.4	1 228.6	305
	邮件运输		2.7	-100
	其他运输	2 945		—
税收（万元）	两税合计	448 024.6	479 643.7	-6.6
	关税入库	45 448.6	42 001.6	8.2
	进口环节税入库	402 576	437 642.2	-8

（汕头海关提供）

2019 年黄埔海关主要数据统计表

项　目		2019 年	2018 年	同比（%）
进出口货运量（万吨）	合计	8 957. 1	7 677. 2	16. 7
	进口	5 924. 9	5 659. 1	4. 7
	出口	3 032. 2	2 018. 2	50. 2
进出口贸易总值（万美元）	合计	23 034 998. 1	23 183 022. 1	-0. 6
	进口	12 049 845. 8	12 407 629. 1	-2. 9
	其中：江、海运输	5 682 937. 6	5 750 787. 2	-1. 2
	铁路运输	12 586. 4	8 878. 8	41. 8
	汽车运输	6 148 942. 7	6 538 535. 0	-6. 0
	航空运输	205 152. 4	109 428. 2	87. 5
	邮件运输	0. 0	0. 0	—
	其他运输	226. 7	0. 0	—
	出口	10 985 152. 3	10 775 393. 0	1. 9
	其中：江、海运输	4 599 679. 8	4 802 907. 4	-4. 2
	铁路运输	73 933. 1	52 307. 4	41. 3
	汽车运输	6 039 795. 8	5 781 847. 5	4. 5
	航空运输	157 606. 9	101 062. 5	55. 9
	邮件运输	72 849. 7	0. 0	—
	其他运输	41 287. 0	37 268. 2	10. 8
税收（万元）	两税合计	1 223. 9	1 398. 3	-12. 5
	关税入库	235. 8	278. 1	-15. 2
	进口环节税入库	988. 1	1 120. 2	-11. 8

（黄埔海关提供）

2019 年江门海关主要数据统计表

项目		2019 年	同比（%）
进出口货运量（万吨）	合计	2 170.50	29.15
	进口	1 752.74	39.88
	出口	417.76	-2.31
进出口贸易总值（亿元）	合计	1 253.49	-0.82
	进口	341.28	-2.89
	其中：江、海运输	299.15	-3.54
	铁路运输	0	0
	汽车运输	40.08	3.32
	航空运输	1.20	-46.53
	邮件运输	0.10	3 555.11
	其他运输	0.75	175.91
	出口	912.22	-0.02
	其中：江、海运输	788.87	2.52
	铁路运输	0	0
	汽车运输	106.31	-10.66
	航空运输	0.01	1 530.04
	邮件运输	0	0
	其他运输	17.02	-28.90
税收（亿元）	两税合计	44.2	4.10
	关税入库	6.20	15.23
	进口环节税入库	38.00	2.50

（江门海关提供）

2019年湛江海关主要数据统计表

项目		2019年	同比（%）
进出口货物量（万吨）	合计	9 072.29	-0.28
	进口	8 417.08	-1.31
	出口	655.21	15.10
进出口贸易总值（万美元）	合计	2 770 111.62	-3.29
	进口	2 343 114.47	-1.95
	其中：江、海运输	2 327 283.01	-2.28
	铁路运输		
	汽车运输	14 175.88	126.73
	航空运输	1 655.58	-15.06
	邮件运输		
	其他运输		
	出口	426 997.15	-10.04
	其中：江、海运输	422 598.87	-9.96
	铁路运输		
	汽车运输	4 398.00	-14.45
	航空运输	0.27	-99.81
	邮件运输		
	其他运输		
税收（万元）	两税合计	2 312 255.11	0.21
	关税入库	87 156.27	27.23
	进口环节税入库	2 225 098.84	-0.62

表注：按海关总署统计口径，表中进出口货物量为接受申报的货运量。

（湛江海关提供）

2019 年广东海事局进出港船舶统计汇总表

船舶类别	进港船舶							出港船舶						
	艘数（艘）	总吨（吨位）	总载重量（吨）	载客量（客位）	船员人数（人）	货物到达量（吨）	旅客到达量（人）	艘数（艘次）	总吨（吨位）	总载重量（吨）	载客量（客位）	船员人数（人）	货物发送量（吨）	旅客发送量（人）
总计	309 410	1 450 135 243	1 663 120 992	43 608 299	32 594 168	920 419 082	15 880 228	295 093	1 399 691 882	1 608 136 715	41 932 223	32 393 283	363 449 677	15 408 291
同比（%）	5.10	12.12	9.42	7.64	619.93	25.19	−6.07	17.30	20.60	15.89	23.94	719.43	33.10	2.69
中国籍船舶	297 310	996 891 784	1 036 450 196	43 214 103	32 282 517	680 375 925	15 812 877	283 296	959 460 084	995 098 294	41 611 118	32 095 762	307 865 931	15 344 366
其中外贸船	22 349	39 845 185	51 748 979	4 412 649	29 368 163	26 702 005	1 751 057	22 873	47 809 069	64 824 094	4 391 642	29 379 377	8 260 266	1 873 444

（广东海事局提供）

2019 年深圳海事局进出港船舶统计汇总表

船舶类别	进港船舶							出港船舶						
	艘数（艘）	总吨（吨位）	总载重量（吨）	载客量（客位）	船员人数（人次）	货物到达量（吨）	旅客到达量（人）	艘数（艘）	总吨（吨位）	总载重量（吨）	载客量（客位）	船员人数（人次）	货物发送量（吨）	旅客发送量（人）
总计	105 575.0	86 208 353.0	99 272 904.0	4 296 993.0	107 563.0	35 762 275.4	2 291 817.0	107 652.0	88 119 250.0	101 440 668.0	4 243 656.0	88 931.0	15 664 571.9	2 110 834.0
中国籍船舶	101 264.0	75 795 522.0	85 928 821.0	4 256 677.0	64 948.0	34 201 107.3	2 182 217.0	104 375.0	77 626 845.0	88 240 740.0	4 215 591.0	56 158.0	14 577 704.2	2 058 824.0
其中外贸船	4 311.0	10 412 831.0	13 344 083.0	40 316.0	42 615.0	1 561 168.2	109 600.0	3 277.0	10 492 405.0	13 199 928.0	28 065.0	32 773.0	1 086 867.7	52 010.0

（深圳海事局提供）

2019 年黄埔海关关区指定监管场地统计表

序号	直属海关	监管场地名称	进境口岸	类型	拟进口品种	批复时间	备注
1	黄埔海关	广州东江口码头	广州港口岸（黄埔港区）	水果	水果	不详	
2	黄埔海关	嘉利码头	广州港口岸（黄埔港区）	水果	水果	不详	
3	黄埔海关	东莞（国际）货柜码头	虎门港口岸（沙田作业区）	水果	水果	2011 年 11 月	
4	黄埔海关	广州港新沙港务有限公司港区	广州港口岸（新沙港区）	水果	水果	不详	
5	黄埔海关	广州集装箱码头	广州港口岸（黄埔港区）	植物种苗	观赏花木	2017 年 11 月	
6	黄埔海关	广州港新沙港务有限公司港区	广州港口岸（新沙港区）	粮食（A 类）	粮食	2017 年 11 月	A：水运散装
7	黄埔海关	广州港股份有限公司新港港务分公司作业区	广州港口岸（黄埔港区）	粮食（A 类）	粮食	2017 年 11 月	A：水运散装
8	黄埔海关	广州港股份有限公司黄埔港务分公司大码头	广州港口岸（黄埔港区）	粮食（A 类、B 类）	粮食	2017 年 11 月	A：水运散装 B：水运集装箱
9	黄埔海关	广州集装箱码头	广州港口岸（黄埔港区）	粮食（B 类）	粮食	2017 年 11 月	B：水运集装箱
10	黄埔海关	广东中外运东江仓码头	广州港口岸（黄埔港区）	粮食（B 类）	粮食	2017 年 11 月	B：水运集装箱
11	黄埔海关	广州东江口码头	广州港口岸（黄埔港区）	粮食（B 类）	粮食	2017 年 11 月	B：水运集装箱
12	黄埔海关	广保通码头	广州港口岸（黄埔港区）	粮食（B 类）	粮食	2017 年 11 月	B：水运集装箱
13	黄埔海关	广州全通秀丽码头	广州港口岸（黄埔港区）	粮食（B 类）	粮食	2017 年 11 月	B：水运集装箱
14	黄埔海关	广东中外运黄埔仓码头	广州港口岸（黄埔港区）	粮食（B 类）	粮食	2017 年 11 月	B：水运集装箱
15	黄埔海关	嘉利码头	广州港口岸（黄埔港区）	粮食（B 类）	粮食	2017 年 11 月	B：水运集装箱
16	黄埔海关	广裕码头	广州港口岸（黄埔港区）	粮食（B 类）	粮食	2017 年 11 月	B：水运集装箱
17	黄埔海关	东莞市虎门港深赤湾散杂货码头	虎门港口岸（麻涌作业区）	粮食（A 类）	粮食	2017 年 11 月	A：水运散装
18	黄埔海关	东莞市虎门宏业货柜码头	虎门港口岸（沙角作业区）	粮食（B 类）	粮食	2017 年 11 月	B：水运集装箱
19	黄埔海关	海腾码头	虎门港口岸（沙田作业区）	粮食（A 类，仅限木薯干）	木薯干	2017 年 11 月	A：水运散装，仅限木薯干
20	黄埔海关	广东万纬冷链物流有限公司 1 号冷库	广州白云机场口岸	冰鲜水产品	冰鲜水产品	不详	
21	黄埔海关	东莞（国际）货柜码头	虎门港口岸（沙田作业区）	肉类	肉类	不详	
22	黄埔海关	广州鼎丰水产品食品开发有限公司冷库	广州港口岸（黄埔港区）	肉类	肉类	不详	
23	黄埔海关	广东万纬冷链物流有限公司 3 号冷库	广州港口岸（黄埔港区）	肉类	肉类	不详	

（黄埔海关提供）

2019 年广东省珠海市指定监管场地统计表

序号	直属海关	监管场地名称	进境口岸	类型	拟进口品种	批复时间	备注
1	拱北海关	广东省珠海市高栏国际货柜码头进境粮食指定监管场地	珠海港口岸	进境粮食	仅限玉米	《质检总局关于公布进境植物种苗指定口岸和进境粮食指定口岸及查验点名单的公告》（2017 年第 100 号），2017 年 11 月 20 日	不符合监管作业场所设置规范，需要进一步整改。
2	拱北海关	横琴口岸进口冰鲜水产品指定监管场地	横琴口岸	进境冰鲜水产品		根据《珠海出入境检验检疫局关于报送进口冰鲜水产品口岸能力考核情况的函》（原珠海局珠检食函〔2016〕17 号），原质检总局公布的名单中列明。	口岸监管区内无监管冷库，不符合监管作业场所设置规范，需要进一步整改。
3	拱北海关	广东省珠海市横琴口岸进境水果指定监管场地	横琴口岸	进境水果		《关于同意珠海为进口水果指定入境口岸的批复》（原国质检动函〔2008〕219 号）	口岸监管区内无监管冷库，不符合监管作业场所设置规范，需要进一步整改。
4	拱北海关	广东省珠海市斗门新环码头进境水果指定监管场地	新环码头			无	
5	拱北海关	广东省珠海市高栏国际货柜码头进境水果指定监管场地	珠海港口岸			质检总局动植司关于同意珠海国际货柜码头开展进境水果试进口的函（质检动函〔2017〕136 号），2017 年 8 月 1 日	
6	拱北海关	湾仔口岸进境肉类指定监管场地	湾仔口岸	进境肉类		根据《拱北海关原珠海出入境检验检疫局关于报送进口肉类冷链查验与储存一体化设施名单的函》（拱珠检食函〔2018〕3 号），原质检总局公布的名单中列明。	批复为湾仔口岸，实际开展业务为保税区进出口装卸点西域码头。
7	拱北海关	广东省珠海市珠澳跨境工业区专用口岸进境食用水生动物指定监管场地	珠澳跨境工业区专用口岸	食用水生动物		《质检总局关于公布第二批进境食用水生动物指定口岸名单的公告》（原质检总局 2017 年第 5 号公告）列明。	
8	拱北海关	广东省珠海市洪湾港进境种苗指定监管场地	洪湾港	进境种苗		无	拱北海关（原珠海局）2015 年、2017 年两次向质检总局行文申请洪湾港为种苗指定口岸，未批复

（拱北海关提供）

2019 年广东省佛山市指定监管场地统计表

序号	直属海关	监管场地名称	进境口岸	类型	拟进口品种	批复时间	备注
1	广州海关	南海九江码头进境水果指定监管场地	九江口岸	水果	龙眼等		近期没有进口计划
2	广州海关	佛山南海大沥桂江肉类查验场	三山港口岸	冻肉	牛肉等		
3	广州海关	南海三山港进境水果指定监管场地	三山港口岸	水果	椰子等		
4	广州海关	佛山市南海区三山港进境植物种苗指定监管场地	三山港口岸	种苗	蕙兰等		
5	广州海关	佛山三水港码头进境粮食指定监管场地	三水口岸	进境粮食（B 类）	小麦、大豆、玉米、大麦、其他杂粮	2019 年 8 月 20 日	B：水运集装箱

（佛山海关驻南海办事处、三水区经济和科技促进局提供）

广西壮族自治区口岸分布示意图

序号	类型	口岸名称	批准开放时间	开放状态
1	空运口岸（3个）	南宁空运口岸	1991	国际常年
2		桂林空运口岸	1981	国际常年
3		北海空运口岸	1993	限中国籍
4	水运口岸（6个）	防城港水运口岸	1983	国际常年
5		北海水运口岸	1950	国际常年
6		钦州水运口岸	1994.6	国际常年
7		梧州水运口岸	1982	限国轮、常年
8		柳州水运口岸	1988	限国轮、常年
9		贵港水运口岸	1992.3	限国轮、常年
10	公路口岸（8个）	友谊关公路口岸	1992.10	国际常年
11		东兴公路口岸	1992.10	国际常年
12		水口公路口岸	1992.10	国际常年
13		龙邦公路口岸	2003.1	双边常年
14		平孟公路口岸	2011.10	双边常年
15		爱店公路口岸	2015.1	双边常年
16		峒中公路口岸	2017.10	双边常年
17		硕龙公路口岸	2017.10	双边常年
18	铁路口岸	凭祥铁路口岸	1992	国际常年

广西壮族自治区

口岸数量及分布

截至2019年年底，广西壮族自治区（以下简称广西）共有经国务院批准的对外开放口岸18个。其中，空运口岸3个，分别是南宁空运口岸（南宁吴圩国际机场）、桂林空运口岸（桂林两江国际机场）、北海空运口岸（北海福成机场）；水运（海港）口岸3个，分别是防城、北海（含石头埠）、钦州海港口岸；水运（河港）口岸3个，分别是梧州、贵港、柳州河港口岸；陆路（公路）口岸8个，分别是友谊关、东兴、水口、龙邦、平孟、爱店、峒中、硕龙公路口岸；陆路（铁路）口岸1个，为凭祥铁路口岸。

口岸运行数据

2019年，据口岸查验部门统计，按申报口岸分，广西壮族自治区口岸进出口货运量1.23亿吨，同比增长3.1%。其中，进口1.05亿吨，同比增长3.2%，出口0.18亿吨，同比增长2.2%。进出口货运值5 783.1亿元，同比增长16.1%。其中，进口3 037.2亿元，同比增长16.1%，出口2 745.9亿元，同比增长16%。口岸出入境人员2 318.2万人次，同比增长6.6%。其中，出境1 160.9万人次，同比增长6.65%，入境1 157.3万人次，同比增长6.5%。出入境交通工具232.1万辆（艘、架、列）次，同比增长40.92%。其中，出境116.4万辆（艘、架、列）次，同比增长40.75%，入境115.7万辆（艘、架、列）次，同比增长41.1%。水运口岸集装箱吞吐量58.55万标箱，同比增长6.57%。其中，入境27.53万标箱，同比增长5.19%，出境31.01万标箱，同比增长7.85%。

口岸综合管理

【口岸开放工作全面推进】 扎实有序推进口岸开放和升格工作。防城港口岸扩大开放通过国家验收；东兴口岸北仑河二桥和友谊关口岸浦寨—新清货运专用通道获国家口岸管理办公室批复临时开放并开通运行；龙邦、水口口岸和凭祥弄尧互市点进口水果指定监管场地通过海关总署验收；钦州港口岸鹰岭作业区14#泊位查验监管设施通过验收正式开放。

【口岸基础设施建设成效显著】 以陆海新通道建设为契机，加快推动边境口岸基础设施建设。一是大力实施边境口岸建设大会战三年行动计划。启动广西边境口岸建设大会战三年行动计划，将重点口岸建设项目列入行动计划项目清单，推进边境口岸总体建设和整体发展。二是积极筹措口岸建设资金。共安排口岸建设补助资金1.46亿元，重点支持边境口岸基础设施建设。友谊关、东兴、峒中、龙邦、硕龙等口岸基础设施建设全面铺开，口岸形象明显改善，通关效率不断提升。三是大口岸大通道已具雏形。2019年，东兴口岸出入境人数1 229.36万人次，是中越边境出入境人数最多的口岸。东兴口岸北仑河二桥在2019年3月临时开放后，货物通关量不断增长，出入境车辆从2018年的日均182辆次增加到2019年的日均277辆次。友谊关口岸货运专用通道自2017年9月11日开通以来，货物通关持续快速增长，出入境货车从日均600～700辆次增加到日均1 100辆次，最高峰达到1 650辆次。

【广西国际贸易“单一窗口”建设扎实推进】 推广“单一窗口”业务应用。2019年，广西国际贸易“单一窗口”主要业务应用率达到100%，年度业务量3 900多万票，服务企业13 000多家。启动建设“单一窗口”升级版北部湾港无纸化（“智慧湾”）项目，加强与港口、码头、场站、港航、银行、税务等信息系统数据对接，实现舱单协同申报、跨境金融服务、出口退税等功能模块上线应用，数据协同应用范围进一步扩大，服务企业便利通关能力进一步增强。

【优化口岸通关环境】 一是压缩口岸整体通关时间。2019年，广西进口、出口整体通关时间为13.08小时和1.51小时，分别比同期全国平均水平快28.33小时和2.49小时。二是延长重点口岸通关服务。友谊关口岸继续实行周六、周日及节假日正常通关，同时在全部水运口岸实行双休日及节假日船舶正常通关，实行24小时预约通关服务。三是规范清理口岸收费。进一步完善口岸收费公开公示制度。广西各口岸各收费主体均在显著位置按海关总署统一模板公示收费目录清单，做到阳光收费、规范运作。四是协调推动口岸通关降费。协调推动降低报关、货代、物流、仓储、口岸服务等进出口环节部分经营服务性收费，促进口岸通关成本持续降低。钦州港进口集装箱通关费用下降了1 000多元/标箱。持续开展免除查验没有问题外贸企业吊装移位仓储费工作。2019年，共免除查验没有问题的外贸集装箱相关费用768.42万元，惠及企业近2 000家，进一步降低了企业经营成本。制定了优化营商环境跨境贸易便利化相关措施和《钦州港集装箱国际门户港数字化便利化一体化实施方案》，推进优化口岸营商环境工作扎实开展。2019年7月，《2019年广西营商环境的调研报告》对口岸服务评价比上年提升10位，口岸服务环境分值提升了28%。

口岸监管与服务

【广西出入境边防检查总站全力服务对外开放发展】 2019年，广西出入境边防检查总站认真贯彻落实国家移民和出入境管理重点工作部署，不断深化改革创新，深入推进“放管服”改革，全力跟进和服务对外开放发展，成效显著，亮点纷呈。一是口岸建设取得新成绩。主动跟进中国（广西）自由贸易试验区建设，研究制定服务广西自贸试验区十项措施，定期梳理及有效协调存在困难和问题，扭转了长期以来跟进服务口岸开放发展被动局面。年内支持防城港口岸扩大开放、东兴二桥及浦寨国际货运通道临时开放；协调推动落实硕龙口岸、中越德天跨境旅游合作区、科甲边民通道边检配套设施建设以及优化水口口岸查验区功能布局；跟进指导爱店边检站做好口岸业务类型转型、东兴边检站进驻里火通道临时查验区勤务调整；推动友谊关口岸建成（含弄尧、浦寨）8条车辆快速查验通道建设启用，进一步规范边检查验配套设施和驻勤保障设施建设。二是服务发展凸显新作为。主动对接落实第二届“一带一路”国际合作高峰论坛成果，在友谊关、东兴口岸开通10条“一带一路”专用通道，为沿线国家人员货物提供出入境便利。部署开展优化营商环境专项排查整治，着力解决边检服务管理过程中的痼疾、隐患，助力营商环境优化升级；积极推广自助通关模式，南宁、平孟、爱店口岸新建（扩建）12条自助查验通道建设，先后组建4批旅检常备分队79名民警进驻南宁、东兴等重点口岸，开展结对支援，有效提升口岸通关效率。三是机制创新实现新突破。以深入推进“放管服”改革为抓手，在内河港口岸研发启用航行港澳小型船舶监管系统，提升内河港警企共管信息化水平；指导空港边检站协调对接各航空公司，及时启用iAPI系统；全面推行国际贸易“单一窗口”建设，实现海港出入境船舶手续100%网上申报。在全国率先启用“边检行政许可网上窗口系统”，边检行政许可网上申请、限时办结、电子查验和全程监督，实现了99%的边检行政许可网上审批；针对海河港口岸管理难，启用港口边检信息管理系统，以风险评估为依据，工单派遣为手段，推行片区责任制，实现出入境船舶分类精确管控。

【广西海事局大力打造便利通关模式】 一是全面推进国际贸易“单一窗口”建设，服务船舶通关便利化。全面完成国际航行船舶进出口岸海事业务功能与国家标准版“单一窗口”系统的对接升级，国际航行船舶进出口岸申报单证已全部实现无纸化。自2019年8月下旬开始，将“单一窗口”推行至贵港、梧州口岸航行港澳的船舶使用，为港澳航行船舶进出口岸申报工作提供了便利，提高了航运公司的效率。“单一窗口”工作已经成为常态化。二是大力开展优化口岸营商环境攻坚突破年行动。压缩船舶通关时间。建立联合登临检查工作机制，实现“信息互换、监管互认、执法互助”，缩短口岸查验时间。开展国际航行船舶联合登临检查工作。通过口岸单位联合登临检查，使船舶查验工作从原来各口岸查验单位分开检查的4小时减少至联合登临检查的40分钟，大幅度提高了船舶通关效率。实行船舶自助打印“船舶出口岸许可证”工作方式，船舶在完成出港手续后即可自行打印“船舶出口岸许可证”出港，减少了留港时间。切实加强口岸收费管理。加强收费公示的动态管理，编制印发“广西海事管理机构收费清单”并在广西海事局政府网站公示，对于国家明令取消、停征、免征，以及降低收费标准的行政事业性收费项目，均按规定严格执行。三是优化政务服务。以“最多跑一次”为目标，持续推进“一事通办”。通过印制政务服务便民卡、政务服务指南，开展微信公众号和门户网站在线咨询，对各类业务实现24小时自助查询，为企业和群众办事提供清晰指引。由专人专岗向综合受理、集中审核转变，实现“多点能办”。根据企业和群众办事频率、办事习惯，不断优化调整窗口设置，提升受理人员综合业务能力，实现“一人在岗，事项通办”。向基层延伸，力促“就近能办”。对边远地区渡船船员提供全程帮办服务，设置船员服务工作站，对特殊群众提供预约上门办理，工作作风和办事效率明显得到提升。通过“马上办、网上办、就近办、一次办”4种模式同时驱动，优化政务服务。新增45项政务服务事项办理模式，部分事项提供3种以上办理模式，“网上办”事项增长了36.67%，政务服务事项100%实现了“一次办”。四是积极服务中国（广西）自由贸易试验区、西部陆海新通道建设。充分发挥交通强国海事先行作用，结合辖区实际，研究制定了第一批服务中国（广西）自由贸易试验区、西部陆海新通道建设的七项措施，并于2019年12月23日印发实施。服务钦州东航道扩建工程、向香港机场供砂、沿海公共航道维护性疏浚及清障等涉水工程建设。深度介入钦州港东航道扩建工程，圆满完成了一期工程的监管、对东航道修编为通航20万吨级集装箱船提出建议、妥善处置一期工程航标设置问题等。在二期施工许可前期，指导施工单位做好水上水下活动许可材料申报等工作。优先安排钦州港集装箱船舶进出港，提高港口效率。坚持优先保障集装箱船舶的运输。在安排船舶进出港计划时，对集装箱船舶予以优先安排。在钦州海事局指挥中心为集装箱船舶设立了VTS专席服务，由北部湾港钦州码头有限公司派专人跟踪集装箱船舶进出港，对船舶动态进行跟踪。临时交通管制解除时，首先安排对集装箱船舶进行疏港，最大限度避免耽误船舶船期。

【南宁海关助推开放型经济加快发展】 一是稳外贸措施成效明显，营商环境不断优化。2019年，广西出台外贸稳增长新10条，大力推动“放管服”改革，办理时间、办理环节、申请材料等营商环境7项重点指标大幅压缩，单一窗口办理事项“最多跑一次”实现率超过96%。不断降低企业成本，出台降成本41条、28条和物流业降本增效48条，从电力、融资、税收、社保、人工、物流等方面为企业减负，落实营改增等减税降费政策，减轻企业负担。二是着力构建对外开放大格局，进出口市场实现多元化。作为粤港澳大湾区的直接辐射区和“一带一路”有机衔接的重要门户，广西在保持东盟市场份额的同时主动对接粤港澳大湾区，加快东融步伐；积极开拓“一带一路”沿线市场，提高对外开放水平。2019年，广西对香港地区进出口值增长38.4%；对“一带一路”沿线部分国家地区增势显著，其中，对“一带一路蒙俄及中亚等7国”和“一带一路其他独联体6国”进出口值分别增长1.1倍和77.3%。此外，广西与发达经济体进出口值也保持良好的增长势头，2019年，广西对欧盟进出口值增幅超4成。三是西部陆海新通道建设加速产业聚集，北部湾引领作用加强。2019年8月，国家印发《西部陆海新通道总体规划》，西部陆海新通道建设上升为国家战略，更加突出北部湾国际门户港的地位；10月底，《广西加快西部陆海新通道建设若干政策措施（修订版）》出台；12月25日，北部湾航运交易有限公司成立，统筹利用中国与东盟海陆运输资源，进一步优化西部陆海新通道“软环境”，更多货源及产业加速向北部湾聚集，经济活力强劲。2019 年，北部湾 6 市进出口值在广西外贸所占比重高达 84.8%。四是减税降费政策效应持续释放，增强企业市场活力。2018 年以来，国家出台规模空前的减税降费政策，包括先后两次提高部分产品出口退税率，自主降低了日用消费品进口关税、取消部分药品进口关税等，政策效应持续释放，企业税负和资金压力降低，进一步激发市场活力。2019 年，广西出口增长 19.4%，增速较 2018 年扩大 4.8 个百分点。进口方面，部分商品在需求和政策的拉动下快速增长，2019 年广西消费品进口增长 33.7%，其中水果和水海产品分别增长 29.9% 和 2.4 倍，医疗保健品激增 10.5 倍。五是支持口岸开放发展。充分发挥在口岸管理中的优势，加强与广西壮族自治区党委、政府相关部门、各地市地方政府的联系沟通和协调配合，针对广西口岸开放和发展存在短板问题，积极建言献策，促进广西口岸协调发展、统筹有序开放，先后促成防城港、钦州港口岸扩大开放和东兴北仑河二桥、浦寨—清新货运专用通道实现临时开放，提前介入，积极指导硕龙、峒中口岸规范建设，推动继续完善东兴北仑河二桥基础设施建设，跟踪推进龙邦、水口口岸扩大开放审理进程。六是深化改革，全面提升广西口岸通关便利化水平。推动实施“6+14”改革，“提前审结”模式在陆路口岸全面实施、H986 集中审像等 7 项业务集约化改革、全景业务监测与展示平台建设、隶属海关功能化改造，南宁关区监管手段和方式跻身全国先进行列；试行“口岸直提，属地施检”模式，降低企业通关成本；开展压缩海运通关时间“百日攻坚战”，北部湾港口通关效率迈入同类型港口先进行列，“单一窗口”主要申报业务应用率达 100%，在钦州港积极推进“智慧湾”项目建设；搭建陆海新通道“13+2”区域海关合作框架，牵头开发上线沿线海关互联互通信息化系统；自主研发并启用互市 2.0 系统，实现检验检疫作业全部嵌入，互市通关时间压缩超 75%，系统信息化、一体化、兼容性水平稳居全国第一；加大科技设备投入及应用，增加 H986 设备 7 台，增配 CT 机、人体毫米波、物项识别仪等高科技监管设备，有效提升监管智能化水平。

开放口岸

【南宁空运口岸（南宁吴圩国际机场）】 南宁吴圩国际机场位于南宁市良庆区，距南宁市区 32 千米。1995 年启用 T1 航站楼，2014 年启用 T2 航站楼。南宁吴圩空运口岸开通地区和国际航线共计 28 条，其中：地区航线 5 条、国际航线 23 条。直飞香港、澳门、台北、台中、高雄以及岘港、曼谷、河内、金边、万象、仰光、首尔、济州、甲米、普吉、新加坡、暹粒等国际（地区）城市，与东盟国家的通航城市在全国仅次于广州、上海、北京，排名第 4 位，为南宁空运口岸打造面向东盟的门户枢纽机场奠定坚实基础。2019 年，南宁空运口岸出入境人员 158.04 万人次，同比增长 29.45%；出入境交通飞机 11 012 架次，同比增长 20.76%；进出口货物 2.20 万吨，同比下降 36.59%。

【桂林空运口岸（桂林两江国际机场）】 桂林两江国际机场位于桂林市西南方向临桂区境内，距市中心 26 千米。1981 年桂林航空口岸正式对外开放，1996 年正式对外籍飞机开放。2012 年桂林空运口岸被国家质检总局授予“世界卫生组织口岸核心能力建设达标单位”，成为广西首个符合《国际卫生条例》要求的空港口岸。已开通国际（地区）定期航班 13 条（新加坡、马来西亚吉隆坡、日本大阪、泰国曼谷、泰国廊曼、韩国首尔、韩国济州、韩国釜山、韩国大邱、韩国清州、中国台北、中国高雄、中国香港）。2019 年，桂林空运口岸出入境人员 34.08 万人次，同比下降 4%，出入境飞机 2 595 架次，同比下降 4%；进出口货物 3.51 万吨，同比下降 26.9%。

【北海空运口岸（北海福成机场）】 北海福成机场位于北海市银海区福成镇，距北海市区 24 千米。1993 年 2 月，北海空运口岸对外开放获国务院批复，同年 3 月通过国家验收。机场飞行区等级为4D标准，可全天候起降B737、A320等同类机型。2019年，北海空运口岸出入境人员7.63万人次，同比增长0.47%；出入境交通飞机510架次，同比下降4.85%。

【防城港水运（海港）口岸】 防城港海港口岸位于广西南部沿海北部湾北岸，是我国大陆海岸线最西南端的深水良港，是沟通中国与东盟各国的桥头堡，是全国西南沿海主要港口之一，具有连接云贵川重庆最便捷铁路干线。1983年7月经国务院批准对外国籍船舶开放，为常年开放国际性口岸。2018年2月，防城港海港口岸扩大开放获国务院批复，2019年3月通过国家验收。防城港包括渔澫港区、企沙港区和江山港区。

江山港海运边地贸口岸位于防城区江山镇江山半岛西南端白龙珍珠港，于1994年10月经国务院批准对外开放，1995年2月通过验收正式对外开放，为对越南边地贸口岸，在防城港口岸开放范围内；企沙港海运边地贸口岸位于防城港市港口区企沙镇，于1994年10月经国务院批准对外开放，1995年5月通过验收正式对外开放，为对越南边地贸口岸，在防城港口岸开放范围内。

2019年，防城港海港口岸进出口货物7 277.68万吨，同比增长6.87%；出入境人员4.60万人次，同比增长11.33%；集装箱1 192标箱，同比增长11.09%；出入境船舶2 233艘次，同比增长8.29%。

【北海水运（海港）口岸】 北海海港口岸是我国沿海对外开放的重要港口之一，是我国西南中南地区最便捷的出海口。2015年3月，北海海港口岸扩大开放获国务院批复，2017年6月通过国家验收。北海港包括石步岭外沙内港区、铁山港区、涠洲岛港区。石头埠海运边地贸口岸位于北海市铁山港区兴港镇西岸的石头埠港，于1994年10月经国务院批准对外开放，1995年4月通过验收正式对外开放，为对越南边地贸口岸。在北海港口岸开放范围内，现口岸业务全部集中到北海港铁山港。

2019年，北海海港口岸进出口货物1 407.00万吨，同比增长2.04%；集装箱吞吐量0.97万标箱，同比下降14.79%；出入境人员1.85万人次，同比下降2.41%；出入境船舶900艘次，同比下降0.66%。

【钦州水运（海港）口岸】 钦州海港口岸位于北部湾的钦州湾内，三面环陆，南面向海，是中国西南、中南及华南地区最便捷的出海通道。1994年6月经国务院批准设立，1997年6月18日通过验收正式宣布对外开放，是常年开放的国际性口岸。2010年11月，钦州海港口岸扩大开放获国务院批复。钦州港包括钦州西港区、中港区。

2019年，钦州海港口岸进出口货物4 621.90万吨，同比增长14.47%；出入境人员6.91万人次，同比增长1.62%；集装箱51.67万标箱，同比增长5.13%；出入境船舶3 743艘次，同比增长1.05%。

【梧州水运（河港）口岸】 梧州河港口岸位于梧州市李家庄码头，为常年开放的限制性河港口岸，是广西最早开放的河港口岸。2015年10月，梧州河港口岸扩大开放至赤水作业区获国务院批复，2018年6月通过国家验收。2019年，梧州河港口岸进出口货物59.68万吨，同比增长3.95%；出入境人员0.62万人次，同比下降4.80%；集装箱4.66万标箱，同比下降0.84%；出入境船舶786艘次，同比下降2.48%。

【贵港水运（河港）口岸】 贵港河港口岸于1992年3月经国务院批准对外开放，1994年1月通过验收正式对外开放，为常年开放的限制性河港口岸。2019年，贵港河港口岸进出口货物191.26万吨，同比增长16.80%；出入境人员952人次，同比减少16.12%；集装箱0.899万标箱，同比增长42.10%；出入境船舶152艘次，同比减少3.80%。

【柳州水运（河港）口岸】 柳州河港口岸于1988年经国务院批准对外开放，1990年5月通过验收正式对外开放，是常年开放的限制性内河水运口岸。因修建大藤峡水库，口岸业务暂停，以转关业务为主。2019年，柳州河港口岸进出口货物417.52万吨，同比增长58.70%；出入境人员 426 人次，同比减少 70.5%。

【友谊关陆路（公路）口岸】 友谊关公路口岸距离凭祥市区 18 千米，距离越南谅山 18 千米，与越南友谊口岸相对，为常年开放的国际性口岸。1951 年开通，1979 年一度关闭，1992 年 4 月经国务院批准恢复对外开放。2017 年 2 月国务院批复同意友谊关口岸扩大开放浦寨、弄尧 2 个通道。2019 年 11 月，国家口岸办批复同意浦寨—新清货运通道临时开放至 2020 年 5 月 31 日。2019 年，友谊关口岸进出口货物 269.65 万吨，同比增加 6.55%；出入境人员 540.72 万人次，同比增长 150.07%；出入境车辆 34.27 万辆次，同比增长 16.44%。

【东兴陆路（公路）口岸】 东兴公路口岸位于东兴市繁华市区，地处我国西南陆地边境线与大陆海岸线的汇合处，在中越边境的最东端，东南濒临北部湾，北面背靠十万大山，通过北仑河大桥和越南芒街口岸连接，为常年开放的国际性口岸。1958 年经国务院批准对外开放，1978 年一度关闭，1994 年 4 月恢复对外开放。2011 年国务院批准设立东兴开发开放试验区，东兴口岸同东盟各国的贸易、旅游交流将进一步发展。2013 年 11 月，广西壮族自治区公安厅口岸签证处入驻东兴口岸现场，东兴口岸正式启动外国人口岸签证业务，成为广西第一个陆路口岸签证处。2017 年 6 月，国务院批复同意东兴口岸扩大开放北仑河二桥。2019 年 3 月，国家口岸管理办公室批复同意东兴口岸北仑河二桥临时开放至 2019 年 12 月 15 日。2019 年，东兴公路口岸进出口货物 72.48 万吨，同比增长 65.59%；出入境人员 1 229.36 万人次，同比增长 0.85%；出入境车辆 7.16 万辆次，同比增长 52.17%。

【水口陆路（公路）口岸】 水口公路口岸位于龙州县水口镇新街，中越边界 943～944 号界碑附近，与越南高平省复和县驮隆口岸相对应。1978 年曾一度关闭，1992 年 10 月，经国务院批准恢复对外开放。2016 年 7 月国务院批复同意水口口岸升格为国际性口岸并扩大开放水口二桥。2019 年，水口公路口岸进出口货物 28.85 万吨，同比增长 53.69%；出入境人员 62.89 万人次，同比增长 24.76%；出入境车辆 2.36 万辆次，同比增长 29.82%。

【龙邦陆路（公路）口岸】 龙邦公路口岸位于靖西县龙邦镇，地处中越边境 741～742 号界碑，与越南茶岭口岸对应，距靖西县城 42 千米，距越南茶岭县城 5 千米。2003 年 1 月，国务院批准龙邦口岸为常年开放的双边性口岸。2007 年 10 月，龙邦口岸通过验收正式对外开放。2019 年，龙邦口岸进出口货物 5.94 万吨，同比增长 52.35%；出入境人员 12.79 万人次，同比增长 71.06%；出入境车辆 1.52 万辆次，同比增长 183.67%。

【平孟陆路（公路）口岸】 平孟公路口岸位于中越边界第 647 号界碑处，与越南朔江口岸相对应，是广西最西端的陆路口岸。2011 年 10 月，国务院批复平孟口岸为常年开放的双边性口岸。2016 年 3 月，平孟口岸正式对外开放。2019 年，平孟公路口岸进出口货物 13.11 万吨，同比下降 19.00%；出入境人员 35.02 万人次，同比下降 24.80%；出入境交通工具 20.15 万辆次，同比下降 40%。

【爱店陆路（公路）口岸】 爱店公路口岸位于中越边境 1223～1224 号界碑处，与越南谅山省禄平县峙马口岸相对应。1957 年国务院批复爱店口岸升格为边境陆路原二类口岸，2015 年 1 月，国务院批准爱店口岸升格为常年开放的双边性口岸，2018 年 6 月，爱店口岸对外开放通过国家验收。2019 年，爱店公路口岸进出口货物 11.61 万吨，同比下降 53.41%；出入境人员 19.91 万人次，同比增长 141.33%；出入境交通工具 1.03 万辆次，同比下降 69.16%。

【峒中陆路（公路）口岸】 峒中公路口岸位于防城区峒中镇旧街，中越边境 1317～1318 号界碑处，与越南广宁省平辽县横模口岸相对应。里火通道位于广西防城港市防城区那良镇里火村，与越南广宁省海河县北风生互市点（副口岸）隔江相望。峒中口岸（含里火通道）为常年开放的双边性口岸。峒中口岸于 20 世纪 50 年代就已对外开放，1979 年一度关闭，1991 年恢复贸易往来。2017 年 6 月，国务院批复峒中口岸（含里火通道）升格为常年开放的双边性口岸。2019 年，峒中公路口岸进出口货物总量 48.01 万吨，同比增长 13.71%；出入境人员为 15.15 万人次，同比增长 65.39%；出入境交通工具 1.04 万辆次，同比下降 13.23%。

【硕龙陆路（公路）口岸】 硕龙公路口岸位于广西崇左市大新县硕龙镇，中越边境 847 号界碑处。距大新县县城 45 公里，距靖西龙邦口岸 150 千米，距龙州水口口岸 130 千米。西与越南高平省接壤，距越高平市 105 千米，距高平省重庆城 38 千米，下琅县城 30 千米，对应越方里板口岸。该口岸于 1954 年作为二类口岸对越开放，1978 年一度关闭，1991 年恢复贸易往来。2017 年 10 月，国务院批复硕龙口岸为常年开放的双边性口岸。2019 年，硕龙公路口岸出入境人员 8.17 万人次，同比下降 17.73%。

【凭祥陆路（铁路）口岸】 凭祥铁路口岸位于凭祥市南区，与越南同登口岸相对应，为常年开放的国际性口岸，于 1953 年经国务院批准对外开放，是湘桂铁路的终点，也是广西唯一的一个铁路口岸。口岸于 1952 年开通，开行中越国际联运旅客列车 2 对，每天安排过境货物运输计划 6 趟。2019 年，凭祥铁路口岸进出口货物 22.67 万吨，同比增长 22.41%；出入境人员 6.69 万人次，同比下降 6.17%；出入境火车 1 688列次，同比增长 0.18%。

原二类口岸

【平而关陆路（公路）口岸】 平而关公路口岸位于广西崇左市凭祥市西北端，中越边境 1036（1）号界碑处，距凭祥市区 23 千米，与越南平宜口岸对应。1979 年一度关闭。1991 年恢复贸易往来。2009 年中越两国政府在签订的《关于中越陆地边境口岸及其管理制度的协定》中同意“平而关—平宜”口岸在条件具备时开放。2017 年中越陆地边境口岸管理合作委员会第五次会议双方同意进一步研究平而关—平宜口岸开放。

【科甲陆路（公路）口岸】 科甲公路口岸位于广西崇左市龙州县武德乡，中越边境 911 号界碑处，距龙州县城 39 千米，与越南下琅口岸对应。科甲口岸于 1953 年对越开放，1978 年一度关闭，1991 年恢复贸易往来。2009 年中越两国政府在签订的《关于中越陆地边境口岸及其管理制度的协定》中同意“科甲—下琅”口岸在条件具备时开放。科甲口岸进出口的货物主要是农产品、土特产品、日用品和药材等。2019 年，科甲公路口岸出入境人员 2.35 万人次，同比增长 196.74%。

【岳圩陆路（公路）口岸】 岳圩公路口岸位于广西百色市靖西市，中越边境 791 号界碑处，离靖西市城区 28 千米，与越南坡标口岸对应。岳圩口岸于 1952 年 10 月对越开放，1979 年一度关闭，1991 年恢复贸易往来。2009 年中越两国政府在签订的《关于中越陆地边境口岸及其管理制度的协定》中同意“岳圩—坡标”口岸在条件具备时开放。岳圩口岸进出口货物主要有水泥、饲料、锰矿、药材等 50 多种。2019 年，岳圩公路口岸进出口货运量 1.89 万吨，同比下降 51.75%；口岸出入境人员 13.08 万人次，同比增长 10.96%。

【南宁内河水运外贸货物装卸点】 位于南宁市邕江河段，1987 年正式对外开放。随着南宁市的逐步发展，南宁内河水运外贸货物装卸点现有的软硬环境设施已逐渐不能满足南宁市水运业发展的需要，南宁港码头已于 2008 年下半年拆除，南宁内河水运外贸货物装卸点因为码头拆迁而暂停业务。

2019 年广西壮族自治区口岸大事记

3 月 9 日

国家口岸管理办公室副主任党英杰赴友谊关口岸调研。

3 月 11 日

时任国家口岸管理办公室副主任白石到东兴口岸调研。

同日，防城港口岸扩大开放顺利通过国家验收。

3 月 19 日

中国东兴—越南芒街口岸北仑河二桥开通。广西壮族自治区党委书记、人大常委会主任鹿心社等领导出席。

中国东兴—越南芒街口岸北仑河二桥开通

3 月 21 日

中国浦寨—越南新清货运专用通道通车仪式在边境通道交接点举行。广西壮族自治区党委书记、人大常委会主任鹿心社等领导出席。

3 月 22 日

广西壮族自治区党委书记、自治区人大常委会主任鹿心社赴友谊关口岸调研。

广西壮族自治区党委书记、自治区人大常委会主任鹿心社（右 4）赴友谊关口岸调研

3 月 23 日

时任广西壮族自治区副主席杨晋柏赴凭祥铁路口岸调研。

7 月 25 日

国家发展改革委程晓波副秘书长、地区振兴司童章舜司长实地调研龙邦口岸那西通道。

8 月 9 日

广西壮族自治区人民政府批复同意广西钦州港口岸鹰岭作业区 14#泊位作为新建码头对外启用。

8 月 21 日

“海丰天津”轮顺利靠泊钦州保税港区大榄坪 3#泊位，标志着首条广西至马尼拉集装箱班轮直航航线正式开通。

9 月 15 日 ~16 日

广西海事局与广东海事局组织开展北部湾联合巡查，全力保障新中国成立 70 周年庆祝活动和第 16 届中国—东盟博览会、中国—东盟商务与投资峰会期间水上交通安全形势稳定。

10 月 16 日

友谊关海关开关揭牌。

友谊关海关开关揭牌

11 月 26 日

交通运输部党组书记杨传堂在广西壮族自治区副主席费志荣的陪同下视察广西海事局并开展相关工作调研。

（撰稿人：秦慧、赵文胜、谢清达、辛春明）

2019 年广西壮族自治区口岸流量统计表

口岸类型		口岸名称	货运量（万吨）				集装箱量（万标箱）				人员（万人次）				交通工具（辆、艘、架、列次）			
			出口	进口	合计	同比(%)	出口	进口	合计	同比(%)	出境	入境	合计	同比(%)	出境	入境	合计	同比(%)
空运口岸		桂林港	3.03	0.48	3.51	-26.90			0.00		17.39	16.69	34.08	-4.00	1 299	1 296	2 595	-4.00
		南宁港	0.15	2.06	2.20	-36.59	0.02	0.20	0.22	-65.01	79.32	78.72	158.04	29.45	5495	5517	11 012	20.76
		北海港	0.00	0.00	0.00				0.00		3.76	3.87	7.63	0.47	256	254	510	-4.85
		分计	3.18	2.54	5.72	-31.00	0.02	0.20	0.22	-65.62	100.47	99.28	199.75	20.66	1 555	1 550	14 117	14.26
陆运口岸	公路口岸	友谊关	165.69	103.96	269.65	6.55			0.00		272.08	268.64	540.72	150.07	171 974	170 775	342 749	16.44
		东兴	49.85	22.63	72.48	65.59			0.00		618.22	611.14	1 229.36	0.85	35 803	35 803	71 606	52.17
		水口	21.31	7.55	28.85	53.69			0.00		31.47	31.42	62.89	24.76	11 812	11 767	23 579	29.82
		龙邦	3.23	2.71	5.94	52.35			0.00		6.24	6.56	12.79	71.06	7 625	7 626	15 251	183.67
		平孟	4.63	8.83	13.46	-19.00			0.00		17.51	17.51	35.02	-24.08	100 750	100 750	201 500	-40.00
		爱店	3.13	8.83	11.96	-52.01			0.00		9.96	9.95	19.91	141.33	20 626	20 627	41 253	23.56
		峒中	39.72	8.28	48.01	13.71			0.00		8.70	6.47	15.16	65.39	7 272	3 097	10 369	-13.23
		硕龙	0.00	0.00	0.00	0.00			0.00		4.06	4.08	8.14	-17.73	0	0	0	0.00
		分计	287.56	162.79	450.35	17.09	0.00	0.00	0.00		968.23	955.76	1 923.99	22.80	355 862	350 445	706 307	-5.75
	铁路口岸	凭祥	16.46	6.21	22.67	22.41			0.00		3.15	3.54	6.69	-6.17	840	828	1 668	0.18
		分计	16.46	6.21	22.67	22.41			0.00		3.15	3.54	6.69	-6.17	840	828	1 668	0.18
水运口岸	海港口岸	防城港	504.50	6 773.19	7 277.68	6.87	0.11	0.01	0.12	11.09	2.33	2.28	4.61	11.33	1 134	1 099	2 233	8.29
		北海港	140.43	1 111.46	1 251.88	2.04	0.69	0.28	0.97	-14.79	0.93	0.92	1.85	-2.41	452	448	900	-0.66
		钦州港	986.40	3 635.50	4 621.90	14.47	27.18	24.49	51.67	5.13	3.03	3.88	6.91	1.62	1 637	2 106	3 743	1.05
		江山港	0.00	0.00	0.00	0.00			0.00		0.00	0.00	0.00	0.00	0.00	0.00	0.00	0.00
		石头埠港	0.00	0.00	0.00	0.00			0.00		0.00	0.00	0.00	0.00	0.00	0.00	0.00	-100
		企沙港	0.00	30.74	30.74	61.38			0.00		0.06	0.06	0.13	-12.99	66	66	132	34.69
		分计	1 631.32	11 550.88	13 182.20	7.67	27.99	24.78	52.76	4.68	6.35	7.14	13.49	3.61	3 289	3 719	7 008	2.52
	河港口岸	梧州港	38.16	21.52	59.68	3.95	2.47	2.19	4.66	-0.84	0.33	0.29	0.62	-4.80	405	381	786	-2.48
		贵港港	7.67	183.59	191.26	16.80	0.53	0.37	0.90	42.10	0.06	0.03	0.10	-16.12	99	54	153	-3.80
		柳州港	3.26	414.26	417.52	58.70			0.00		0.02	0.02	0.04	-70.50	0.00	0.00	0.00	0.00
		分计	49.09	619.37	668.46	38.06	3.00	2.56	5.56	4.32	0.41	0.35	0.76	-16.48	504	381	885	-9.88
合计			1 987.62	12 341.79	14 329.41	9.06	31.01	27.53	58.55	3.87	1 078.61	1 066.07	2 144.68	22.32	362 050	356 923	718 973	-6.77
同比（%）			2.80	10.14	9.06		4.24	3.42	3.87		22.80	21.84	22.32		-5.88	-7.66	-6.77	

（广西壮族自治区口岸办公室提供）

2019 年广西壮族自治区口岸出入境主要数据表

项　目			2019 年	2018 年	同比（%）
出入境人员（万人次）	出入境人员总数		2 318. 30	2 182. 60	6. 22
	入境人员		1 157. 20	1 090. 30	6. 14
	出境人员		1 161. 10	1 092. 30	6. 30
	出入境旅客		2 060. 70	2 005. 90	2. 73
	出入境员工		257. 60	176. 70	45. 78
	中国公民	小计	1 424. 80	1 226. 30	16. 19
		内地居民（因公）	4. 90	4. 30	13. 95
		内地居民（因私）	1 393. 40	1 196. 40	16. 47
		港澳居民	5. 60	5. 00	12. 00
		台湾同胞	20. 90	20. 60	1. 46
	外籍人员		893. 60	956. 20	-6. 55
	从海港出入境人数		13. 90	13. 10	6. 11
	从陆港出入境人数		2 104. 20	2 003. 60	5. 02
	从空港出入境人数		200. 20	165. 80	20. 75
交通运输工具（万辆、艘、架、列次）	总　计		232. 15	164. 85	40. 82
	船　舶		0. 78	0. 74	5. 41
	飞　机		1. 41	1. 24	13. 71
	火　车		0. 17	0. 17	0. 00
	机动车辆		229. 79	162. 70	41. 24

（广西出入境边防检查总站提供）

2019 年南宁海关主要数据统计表

项目		2019 年	2018 年	同比（%）
进出口货运量（万吨）	合计	12 306.1	11 939.5	3.1
	进口	10 534.4	10 205.2	3.2
	出口	1 771.7	1 734.3	2.2
进出口贸易总值（万美元）	合计	8 391 872.3	7 575 420.5	10.8
	进口	4 409 217.7	3 996 898.0	10.3
	其中：江、海运输	2 669 660.4	2 536 997.1	5.2
	铁路运输	864.2	481.8	79.4
	汽车运输	1 107 696.5	581 384.7	90.5
	航空运输	70 795.8	41 698.3	69.8
	邮件运输	7 845.1	10 907.9	-28.1
	其他运输	552 355.7	825 428.2	-33.1
	出口	3 982 654.6	3 578 522.5	11.3
	其中：江、海运输	778 583.2	827 130.0	-5.9
	铁路运输	13 963.4	45 926.6	-69.6
	汽车运输	3 029 823.4	2 612 257.8	16.0
	航空运输	119 735.6	61 201.3	95.6
	邮件运输	8 492.1	1 084.7	682.9
	其他运输	32 056.9	30 922.1	3.7
税收（万元）	两税合计	2 756 305.0	2 771 831.5	-0.6
	关税入库	198 344.9	184 565.0	7.5
	进口环节税入库	2 557 960.1	2 587 266.5	-1.1

（南宁海关提供）

2019 年广西海事局进出港船舶统计汇总表

国家（地区）	进口岸船舶							出口岸船舶						
	艘数（艘次）	总吨（吨位）	总载重量（吨）	载客量（客位）	船员人数（人）	货物到达量（吨）	旅客到达量（人）	艘数（艘次）	总吨（吨位）	总载重量（吨）	载客量（客位）	船员人数（人）	货物发送量（吨）	旅客发送量（人）
总计	47 355	230 738 418	339 561 231	284 972	89 622	203 525 649	4 546 008	46 948	235 450 276	346 996 578	285 007	92 241	93 129 990	4 540 856
中国籍船舶	43 896	125 450 325	163 041 056	284 972	19 940	92 455 516	4 546 008	43 486	130 380 080	170 856 915	285 007	22 392	76 976 335	4 540 856
其中：外贸船	574	6 579 693	10 955 712	0	7 632	7 813 703	0	625	9 685 684	16 316 509	0	9 396	1 768 205	0

（广西海事局提供）

2019 年广西壮族自治区指定监管场地统计表

序号	直属海关	监管场地名称	进境口岸	类型	拟进口品种	批复时间	备注
1	南宁海关	广西壮族自治区钦州市保税港区亿隆肉类指定监管场地	钦州港口岸	肉类	肉类产品（冷冻、冰鲜）	2016 年	
2	南宁海关	广西龙州县水口口岸进境冰鲜水产品指定监管场地	水口口岸	冰鲜水产品	冰鲜水产品	2015 年	
3	南宁海关	广西凭祥市综合保税区进境冰鲜水产品指定监管场地	友谊关口岸	冰鲜水产品	鱼类	2015 年	
4	南宁海关	广西东兴市边民互市区进境冰鲜水产品指定监管场地	东兴口岸	冰鲜水产品	鱼类、软体类	2016 年	
5	南宁海关	广西南宁市吴圩机场新货运监管仓进境冰鲜水产品指定监管场地	南宁机场口岸	冰鲜水产品	青蟹、黑蟹、斑节对虾、南美白对虾	2017 年	
6	南宁海关	钦州澳华进出口贸易有限公司进口种牛隔离场	钦州港口岸	进境动物隔离场	种牛	2019 年	
7	南宁海关	广西东兴市名贵园林进境植物种苗指定监管场地	东兴口岸	种苗	罗汉松、凤凰木等	2013 年	
8	南宁海关	广西南宁市进境食用水生动物指定监管场地	南宁机场口岸	食用水生动物	鱼类、甲壳类、软体类	2017 年	
9	南宁海关	广西防城港市防城港码头进境粮食指定监管场地	防城港口岸	粮食	大豆、油菜籽、高粱、豌豆、大麦	2015 年	
10	南宁海关	广西钦州市钦州港中粮码头进境粮食指定监管场地	钦州港口岸	粮食	黄大豆、油菜籽	2014 年	
11	南宁海关	广西钦州市钦州港勒沟作业区进境粮食指定监管场地	钦州港口岸	粮食	大豆、木薯干等	2014 年	
12	南宁海关	广西钦州市钦州港大榄坪码头进境粮食指定监管场地	钦州港口岸	粮食	大豆、玉米等	2014 年	
13	南宁海关	广西钦州市钦州港天益昌隆码头进境粮食指定监管场地	钦州港口岸	粮食	大豆、木薯干等	2014 年	批复后从未开展业务
14	南宁海关	广西北海市北海港铁山港码头进境粮食指定监管场地	北海口岸	粮食	黄大豆	2015 年	
15	南宁海关	广西北海市北海港石步岭码头进境粮食指定监管场地	北海口岸	粮食	木薯干	2015 年	
16	南宁海关	广西梧州市梧州港李家庄码头进境粮食指定监管场地	梧州口岸	粮食	燕麦	2014 年	
17	南宁海关	广西崇左市龙州县水口口岸进境粮食指定监管场地	水口口岸	粮食	木薯干	2015 年	
18	南宁海关	广西壮族自治区崇左市凭祥综合保税区粮食指定监管场地	友谊关口岸	粮食	种用籼米稻谷/碎米	2015 年	
19	南宁海关	广西贵港市进境粮食指定监管场地	贵港口岸	粮食	玉米、大豆、高粱	2018 年	

续表

序号	直属海关	监管场地名称	进境口岸	类型	拟进口品种	批复时间	备注
20	南宁海关	广西壮族自治区崇左市凭祥综合保税区进境水果指定监管场地	友谊关口岸	水果	火龙果、西瓜	2009 年	
21	南宁海关	广西壮族自治区凭祥市弄尧口岸水果指定监管场地	友谊关口岸	水果	芒果、菠萝蜜、红毛丹等	2019 年	
22	南宁海关	广西壮族自治区崇左市凭祥市浦寨进境水果指定监管场地	友谊关口岸	水果	火龙果、西瓜、鲜荔枝、芒果、芭蕉、香蕉	2016 年	
23	南宁海关	广西桂林市两江国际机场进境水果指定监管场地	桂林机场口岸	水果	莲雾、菠萝、木菠萝	2010 年	
24	南宁海关	广西防城港市防城港进境水果指定监管场地	防城港口岸	水果	火龙果	2015 年	
25	南宁海关	广西东兴互市区进境水果指定监管场地	东兴口岸	水果	火龙果、芒果、菠萝蜜、西瓜、红毛丹	2018 年	
26	南宁海关	广西钦州市钦州港大榄坪码头进境水果指定监管场地	钦州港口岸	水果	鲜龙眼、鲜榴莲、鲜山竹、鲜椰子、鲜香蕉	2017 年	
27	南宁海关	广西靖西市龙邦口岸进境水果指定监管场地	龙邦口岸	水果	火龙果、龙眼	2019 年	
28	南宁海关	广西崇左市龙州县水口口岸进境水果指定监管场地	水口口岸	水果	火龙果	2019 年	
29	南宁海关	广西凭祥（铁路）口岸进境水果指定监管场地	凭祥铁路口岸	水果	火龙果	2020 年	

（南宁海关提供）

海　南　省

海南省口岸分布示意图

序号	类型	口岸名称	批准开放时间	开放状态
1	空运口岸（2个）	海口空运口岸	2003	国际常年
2		三亚空运口岸	1994	国际常年
3	水运口岸（5个）	海口水运口岸	1957	国际常年
4		三亚水运口岸	1984.7	国际常年
5		洋浦水运口岸	1990.5	国际常年
6		八所水运口岸	1988.9	国际常年
7		清澜水运口岸	1996	国际常年

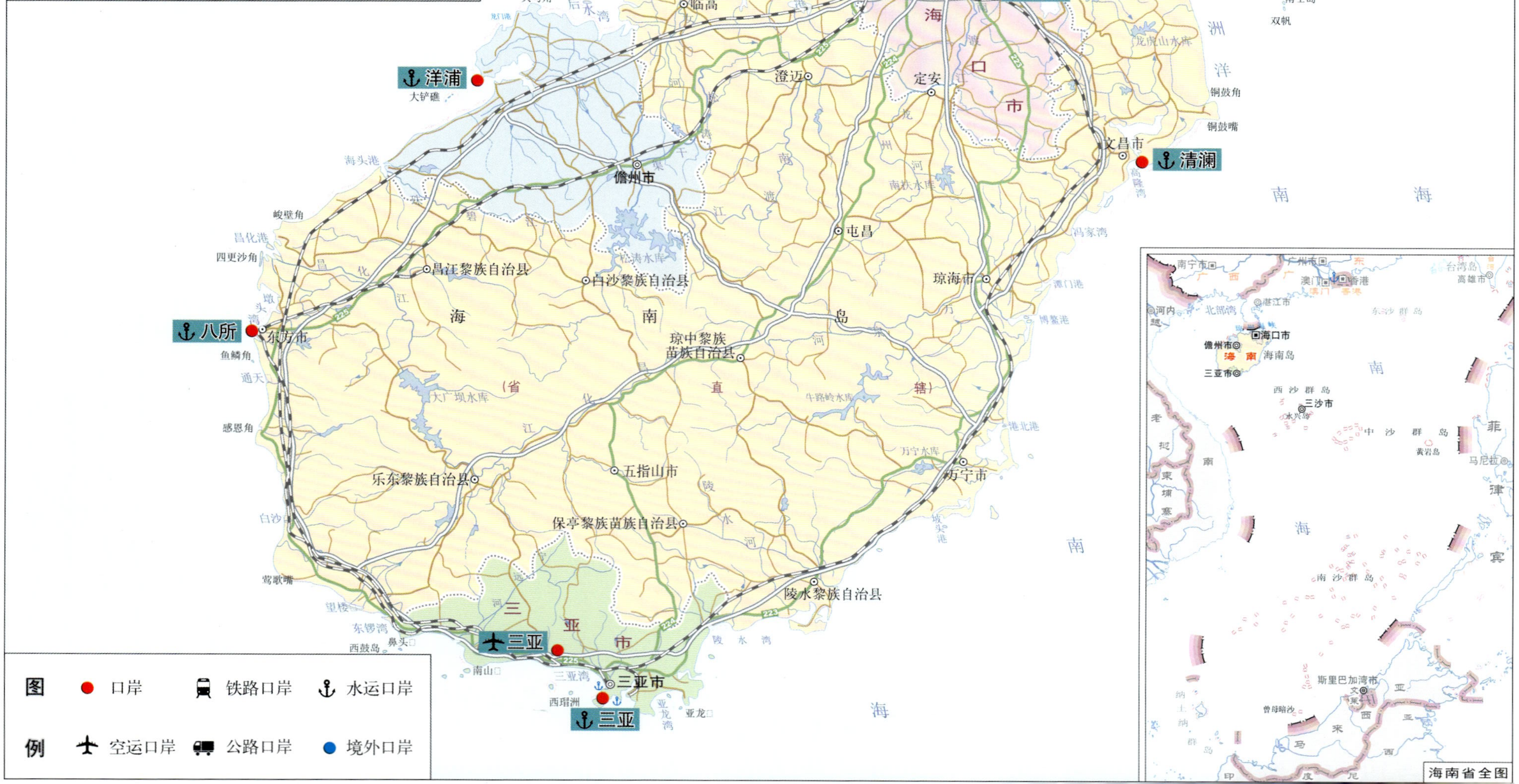

图例
- 口岸
- 铁路口岸
- 水运口岸
- 空运口岸
- 公路口岸
- 境外口岸

口岸数量及分布

截至2019年年底，海南省共有经国务院批准的对外开放口岸7个。其中，空运口岸2个，分别为海口空运口岸（海口美兰国际机场）、三亚空运口岸（三亚凤凰国际机场）；水运（海港）口岸5个，分别为海口、洋浦、八所、三亚、清澜海港口岸。

口岸运行数据

2019年，海南省口岸入出境旅客累计259.71万人次，同比增长23.7%；入出境飞机累计18 591架次，同比增长24.8%；入出境船舶累计4 032艘次，同比下降8.2%；进出口货物3 578万吨，同比增长18.9%；进出口集装箱19.43万标箱，同比增长23.8%。离岛免税购物134.92亿元，同比增长38.5%。海南国际贸易“单一窗口”货物申报总单量111 585单，舱单申报总单量249 351单，运输工具申报总单量122 530单。

口岸综合管理

【继续扩大口岸对外开放】 一是2019年博鳌机场首次实现全年化临时开放。同时，国务院已批转国家口岸办办理海南省关于博鳌机场正式开放的申请，国家民航局、海关总署、国家移民局均已回复意见表示支持博鳌机场开放，有关工作正在积极推进之中。二是三亚港口岸的南山港区、清水湾港区和莺歌海港区对外开放列入国家年度审理计划。三是三亚半山半岛、陵水清水湾游艇会码头首次获批临时对外开放，期限从2020年1月16日至2020年7月15日。海南省8个海上境外游艇游览景区自2014年7月首次获批对外临时开放以来，实现第12次对境外游艇临时开放。四是完成了洋浦港口岸中石化（香港）海南有限公司码头对外启用验收工作。

【口岸营商环境持续优化】 根据《国务院关于印发优化口岸营商环境　促进跨境贸易便利化工作方案的通知》（国发〔2018〕37号）要求，积极开展通关便利化改革，有效提升跨境贸易便利化水平。一是建设应用海南国际贸易“单一窗口”。按照海南省人民政府关于中国（海南）国际贸易“单一窗口”建设方案相关要求，中国国际贸易“单一窗口”国家标准版的15项功能模块在海南应用落地，已覆盖海南海港、空港口岸通关业务，并延伸到特殊监管区及保税物流等区域。中国（海南）国际贸易“单一窗口”建设完善了“离岛免税”购物系统、海南智能舱单、通关物流状态信息库、码头无纸化、境外游艇动态管理系统、海南省口岸数据登统计、自由贸易协定优惠关税查询等7项特色应用功能，为进出口企业提供一次申报、一次提交和一站式服务，货物申报、舱单申报、运输工具申报等主要业务的应用率已达100%。二是压缩口岸货物整体通关时间。口岸各有关部门简化通关手续，优化通关流程，注重提升服务质量，采用“单一窗口”申报、“预约通关”“提前申报”“先放后验”“两步申报”“关税保证保险”等模式通关，有效提升通关效率。认真落实中央部委简化进出口环节监管证件和随附单据要求，推进“海关专用缴款书”企业自行打印无纸化改革；推动出口原产地证网上申报，推广原产地证书自助打印。制定并公开海口港、洋浦港、小铲滩码头集装箱通关流程及港口经营服务企业场内转运、吊箱移位、掏箱和货方提箱等作业时限标准，较好地保障进出口货物装卸作业效率。各港口、机场采取24小时作业，保证进出口货物装卸及时有效办理。2019年，海南进口平均整体通关时间为44.24小时，出口平均整体通关时间为3.2小时，口岸进、出口整体通关时间提前完成国务院要求口岸整体通关时间工作任务。三是降低口岸通关环节合规成本。海南省口岸办公室牵头组建由财政、价格、市场监管、交通、口岸查验等职能部门组成的口岸收费清理工作小组，推动口岸各项收费政策落实，加强对口岸收费的日常监督检查，实行口岸收费目录清单公示制度，组织开展口岸收费全面排查检查，建立健全口岸收费企业整改落实清单和监管档案，加大对违规企业的行政处罚力度。对检查中发现的5家违规收费港口经营服务企业进行立案调查，依法责令全部清退乱收费336.97万元，有效减轻了企业负担，降低了口岸通关环节成本。

【口岸基础设施建设有效加强】 广泛开展口岸建设标准与投资体制调研，形成《关于海南省口岸基础设施建设存在的问题及对策》上报海南省政府。同时，进一步加大对口岸建设的专项督导。一是根据三亚港口岸扩大开放的需求，积极指导三亚、陵水、乐东三市县开展口岸基础设施、查验配套设施的规划建设工作。二是根据博鳌机场开放以及海关开关验收的需求，积极协调和督促琼海市政府做好口岸查验机关的办公和生活用房等基础设施规划建设及后勤保障工作。三是针对海口美兰机场二期工程国际航站楼建设中存在的新增口岸查验设施投资缺项等问题，编制项目建议书报省发改委立项，并按程序协调推进项目建设。四是组织口岸查验单位对游艇进出境及靠泊码头的查验设施进行核查，督促相关口岸企业按照要求积极整改，建设完善游艇码头的口岸查验设施。

【开展政策制度创新】 对标海南自贸区（港）建设，注重在政策制度创新上出成效。一是组织制定了对境外游艇临时开放水域审批工作方案，海南水域的对境外游艇临时开放审批工作从2019年5月起正式由国家交通运输部改由海南省人民政府实施。二是组织制定《中国（海南）自由贸易试验区琼港澳游艇自由行实施方案》，报国家交通运输部、海关总署、国家移民管理局等部门批准后于2019年7月在海南省实施。三是简化境外游艇入境手续，试行境外游艇入境关税保证保险政策，并将境外游艇入境手续纳入“单一窗口”实现网上办理，创造游艇通关便利化环境。四是组织协调有关单位积极创造有利于海南省现有综合保税区高水平开放高质量发展的政策落地环境工作，并指导海口、三亚、洋浦根据需要增设海关特殊监管区。

【加强口岸安全监管和风险防控】 一是深化口岸查验单位协作共管，推动国际航行船舶联合登临检查和跨部门一次性联合检查工作的落实，进一步优化检查人员集约、检查时间集中、检查对象便利、检查结果可查、检查信息共享的联合检查机制。二是制定印发《海南口岸动植物引进隔离监管及疫病疫情联防联控工作机制》，明确相关单位的工作职责和任务分工，建立健全口岸风险联防联控工作机制，进一步加强进出境动植物及其产品风险防控及检疫监管。三是按照国家统一部署，配合口岸查验单位严密查堵枪支弹药、涉恐、涉爆、涉毒物品，以及反动音像制品、散发性宗教宣传品等违禁品入境，坚决维护国家安全。

【圆满完成重大活动的通关服务保障】 2019年，海南省口岸部门圆满完成了2019年博鳌亚洲论坛年会、2019世界新能源汽车大会、2019第10届环海南岛国际大帆船赛等重大活动的服务保障工作。特别是博鳌亚洲论坛年会通关服务，为韩国总理李洛渊、老挝总理通伦、法国前总统奥朗德、菲律宾前总统阿罗约、日本前首相福田康夫以及世界知名人士等提供高质量通关服务保障。该年会期间，出入境与会嘉宾821人次，国际航班24架次819人次，公务机、专机2人次。其中三亚凤凰机场通关服务保障工作得到法国前总统奥朗德高度赞扬。

口岸监管与服务

【海口出入境边防检查总站履行改革使命，推进移民治理体系和治理能力现代化建设】 海口出入境边防检查总站立足国家机构改革大局，根据公安部和国家移民管理局统一部署，把实现深度融合，构建科学、规范、高效的移民职能体系贯穿总站全年工作。一是完成原海口边检总站、海南边防总队机构整合。研究制定整合工作方案，成立专项工作组，对整合涉及的100多项具体工作事项列出清单、明确责任，以高效率实现合并办公。按照“事随编走、人随事走”和

“岗位职责不变”原则，整合原两个单位机关干部，确保了机关无缝对接、正常运转。圆满完成原14个边防支队代管任务，实现平稳过渡、顺利移交。二是推进警力整合。严格落实“三定”方案，坚持优先安排转改领导干部和“平移”原则，合理安排原总队干部、转改新警、学员到新岗位工作。三是加强情感融合。总站举行揭牌暨集体换装、入警宣誓仪式，开展“深度融合增感情、团结一心谋发展”系列活动和“不忘初心铸忠诚、奋楫扬帆谱新篇”纪念总站整合一周年系列活动，组织站级领导交叉开展督导检查和工作交流，推行新老民警一对一结对帮扶，努力画好同心圆、增强向心力。四是实现勤务模式统合。结合业务需要，对勤务指挥流程、业务文件流转、重大敏感信息报送、各级指挥中心值班管理等工作制度进行规范，确保与各边检站指挥顺畅、信息畅通，有效保障了转改合并后的勤务组织运行和口岸的安全稳定。五是突出制度融合。以上级政策规定为基本遵循，结合实际废改立规章制度40余项，建立起较为科学、完备的制度体系，结合建设海南自贸区（港）的需求，构建规范高效的移民职能体系。总站一系列改革举措得到了省领导充分肯定。

【海口出入境边防检查总站聚焦主责主业，全面筑牢口岸管控防线】 一是圆满完成了大庆边检安保任务。2019年以来，海口出入境边防检查总站聚焦维护国门安全和服务海南经济社会发展，严密部署、精心组织，圆满完成国庆安保等重大安保任务，博鳌年会安保工作连续19年实现零差错，受到国家移民管理局的批示肯定；全面加强“两会”“一带一路”高峰论坛、环岛大帆赛等大型活动、澳门回归20周年等敏感节点口岸管控，以节点安保的胜利确保主线安保胜利。2019年6月以来，海口出入境边防检查总站先后成立工作专班、召开调度会、调整查缉措施，不断加强往来香港方向查缉力度；各边检站严格按照部署要求，细化涉港人员查缉办法，实行随机抽查及逢疑必查相结合的方式检查，发现并责令删除涉港图片、视频70余件，查处和协助地方部门劝阻数名企图赴港参加非法活动人员，有效防范香港问题倒灌入琼的风险。二是口岸管控成效明显。海口出入境边防检查总站先后通过举办后台核查培训班、召开业务研讨会、赴基层调研座谈等方式，了解掌握口岸管控动态，细化管控措施，严格落实重点人员“五必问”等工作要求，制定前台询问指引，规范携带暴恐音视频案件处置流程，全面提升总站反恐查缉能力。2019年以来，各边检站共查处携带暴恐音视频入境案20余起，较去年增长8倍；查处偷渡类案件6起，联合地方出入境管理部门查处1批9人次利用海南59国免签政策非法务工人员，稳妥处置2起口岸突发类勤务事件，有效维护了口岸的出入境秩序。三是应急指挥体系进一步完善。海口出入境边防检查总站立足实战需要，加紧推进以总站指挥中心为枢纽、各站指挥中心、各执勤点贯通协作的立体化应急处突指挥体系建设，制定印发总站处突预案及突发事件应急响应机制，通过视频调度、现场观摩等方式组织各站开展全要素实战处突演练6次，指导制作口岸处突演练示范片4部，各边检站自行组织开展演练26次，有效提升各级应对突发事件的处置能力。

【海口出入境边防检查总站服从服务大局，全力服务海南自贸区（港）建设】 海口出入境边防检查总站始终坚持以人民为中心，持续深化“放管服”改革，积极跟进国家发展战略，主动对接服务海南自由贸易港建设，推出便民利企举措，服务地方经济发展和服务群众水平持续提升。一是积极服务海南59国入境免签政策。2019年5月，总站认真总结评估59国入境旅游免签政策实施一年来的效果，并向省委省政府和国家移民局上报专题报告，争取进一步优化管理服务措施和扩大免签范围，得到省委省政府高度肯定。7月份公安部公布支持海南全面深化改革开放政策措施后，总站积极会同海南省各有关部门研究免签政策改善措施，并结合业务实际向省出入境管理局提出免签申报系统升级需求，推动59国免签新政尽快调整实施。二是全力支持海南邮轮游艇产业发展。全力支持海南开通跨国邮轮旅游航线，制定邮轮海上游勤务工作方案，谋划建设邮轮海上游边检管理系统，研究优化邮轮查验模式。积极配合海南省政府争取琼港澳游艇自由行政策，牢牢把握“管控安全、服务高效”原则，研究探索琼港澳游艇自由行边检管理服务工作模式，严密游艇在琼监管，简化游艇出入港手续办理，高效服务游艇出游和人员登艇。三是积极推动海南口岸扩大开放。海口出入境边防检查总站成立工作专班，多次走访和协调省商务厅、发改委等有关部门，协调争取美兰 T2 航站楼查验设施建设经费及博鳌机场建设开办费，统筹设计边检现场设施布局，扎实推进美兰国际机场 T2 航站楼边检设施设备建设及博鳌机场对外开放，争取边检设施需求同步规划、同步建设、同步投入使用。积极争取地方政府支持建设秀英邮轮联检厅自助查验通道，协调完善清水湾、乐东国电码头基础设施建设，进一步推动三亚港扩大对外开放。四是落实海南“放得开、管得住”要求，配合强化对入境外国人员的跟踪管控。海口出入境边防检查总站贯彻落实许甘露副部长在海南调研时的讲话精神，强化对入境外国人员的跟踪管控。总站成立工作专班，多次实地察看离岛管控相对薄弱的各码头过海流程、通道闸口、港口封闭等情况，并主动走访了海南省委政法委、海南省公安厅出入境管理局、海南省公安厅港航公安局、海口铁路公安处及海南港航控股有限公司等单位，共同梳理分析免签外国人漏管失控、非法离岛隐患等问题。目前总站已将基本情况和工作建议报国家移民管理局，总站离岛管控专班已到海南省出入境管理局开展工作，参与离岛管控总体方案的设计工作。

【海南海事局率先开展境外游艇临时开放水域审批试点工作，支持地方游艇经济发展】 海南海事局作为交通运输部派驻海南省负责水上交通安全监管的行政机关和重要的口岸查验部门，认真贯彻落实习近平总书记“4·13”重要讲话精神，积极推动中央部委授权海南省开展境外游艇、帆船临时开放水域审批试点工作。一是协助海南省政府向交通运输部报送了《关于报送落实境外游艇有关政策工作建议的函》，并安排专人到交通运输部具体负责该项工作。交通运输部于 2019 年 4 月批复同意将此项行政许可审批事权下放到海南省人民政府，由海南海事局具体承办。二是协助海南省人民政府制定《海南省对境外游艇开展临时开放水域审批试点工作流程》，规范审批试点工作流程。三是从 2019 年 5 月开始，海南海事局具体开展对境外游艇、帆船临时进入非开放水域审批工作。审批工作在海南现有约 900 平方千米正式开放水域面积的基础上，增加了 1 125.8平方千米的对境外游艇临时开放水域，总面积超 2 000 平方千米的水域。同时可根据实际需求，及时调整对境外游艇临时开放水域范围。为境外游艇参加体育赛事、游艇展销、游艇试乘试驾，举办海天盛宴等提供了游览可靠的水域保障。2019 年已经两次办结境外游艇临时进出海南省东营等 8 个非开放水域的审批工作，有效推动游艇经济发展，直接推动《中国（海南）自由贸易试验区琼港澳游艇自由行实施方案》政策落地和《海南省游艇租赁管理办法（试行）》出台。有效减少审批层级，简化审批流程，避免多头申请，提高审批效率。审批时间从原来的 20 个工作日缩短为 8 个工作日，办理时限缩短了 60%。为成功举办涉外帆船赛事及境外游艇临时进入海南非开放口岸水域海上旅游提供了可靠的时间保障。解决了境外游艇、帆船在海南“游”起来存在的问题。真正实现“定点停靠、就近联检”口岸便利化管理。2019 年有 19 艘次外籍及港澳游艇、23 艘次外籍及港澳帆船便利进出海南自由贸易试验区口岸。

【海南海事局开展外籍船舶飞临港口国监督检查】 2019 年 5 月 11 日上午，海南海事局派出 4 名港口国监督检查官赴停泊在海南陵水以东海域的利比里亚籍“蓝鲸一号”半潜式钻井平台开展港口国监督检查，为该平台能够尽快投入陵水 17－2 气田勘探开发作业开辟绿色通道。检查期间，4 名 PSC 检查官依据我国已批准加入并生效的相关国际公约及亚太地区组织港口国监督谅解备忘录的相关要求，对平台的证书配备、救生设备、消防设备、防污染设备、通信设备、劳工条件等进行了检查，并当场向该平台签发了《港口国监督检查报告》。此次检查节约了时间，便利了行政相对人，确保平台具备在我国相关海域开展作业的技术状况、安全及防污染能力。不仅对南海海事监管具有十分重要的现实意义，同时彰显国家主权管理。

新华社、中国新闻网、中国日报、海南日报、海南电视台、中国交通报等多家中央、省地及行业主流媒体对海南海事局创新举措，实施港口国监督飞临检查，履行海事监管职能，维护国家权益，服务地方经济社会发展，进行了宣传报道。

【海南海事局开展船舶证书文书“4+6”并联办理，行政审批提速增效】 为贯彻落实《中国（海南）自由贸易试验区总体方案》和《交通运输部贯彻落实〈中共中央国务院关于支持海南全面深化改革开放的指导意见〉实施方案》精神，进一步优化口岸营商环境，提升政务服务水平，海南海事局结合工作实际，在船舶证书并联办理的基础上，积极开拓创新，率先推行“4+6”船舶证书、文书并联办理。一是扩大船舶证书并联办理适用范围。在船舶国籍证书、船舶最低安全配员证书、船舶油污损害民事责任保险或其他财务保证证书“三合一”并联办理的基础上，优化海事行政审批流程，新增了残骸清除责任保险或其他财务保证证书的核发，实现了船舶证书“四合一”并联办理。二是率先推行船舶文书并联办理。创新政务服务工作模式，优化工作流程，全国首创将航海日志、轮机日志、车钟记录簿、垃圾记录簿、货物记录簿、油类记录簿等6项船舶文书签注也纳入并联办理的范畴，实现了“4+6”船舶证书文书并联办理。行政相对人只需提交一次材料，即可办理10项船舶证书及文书。三是实现政务办理“三个一”，即一次性提交、一次性受理、一次性办结，切实提高服务水平。2019年10月，三亚海事局首次开展了并联办理工作，依行政相对人申请，为其并联办理了船舶所有权登记证书、船舶国籍证书、船舶最低配员证书以及《航海日志》签注。办结时间由原来的15个工作日缩短为4个工作日，办理时限缩短了近73%。真正让行政相对人“只进一扇门、最多跑一次”，极大地方便了行政相对人，减轻企业负担，有效提高了航运企业市场竞争力和经济效益。

【海南海事局优化营商环境，提升海事口岸服务水平】 一是实施海事现场执法“清单式”管理，提高口岸综合治理能力和便利化水平工作。实现海事一次登轮检查、口岸跨部门一次性联合检查工作。依托国际贸易“单一窗口”，推动海事电子政务平台建设，压缩审批时间，缩短办结时限，全面实现“即停即检”，口岸无纸化审批查验，确保进出口岸查验业务在30分钟以内办结。二是推动“放管服”改革，优化海事政务服务举措。落实首问负责制，明确容缺受理工作制度。全面推进“马上办、网上办、就近办、一次办”，并联办理等服务机制。研究出台“一事通办”“全省通办”方案，让企业和群众办事只进一扇门，最多跑一次。2019年中远海运散货运输有限公司在部分资产总体划转至海南海盛航运有限公司过程中，涉及155万吨运力的船舶需要重新登记，海南海事局开辟绿色通道，特事特办，在最短的时间内为14艘次船舶办理登记证书，实现不停航办理。三是实施保税燃料供受油船舶作业便利化海事监管。起草制定了文件《海南海事局关于实施保税油船舶供受作业便利化监管措施的通知》及辖区内船舶油料供受作业单位诚信管理办法等文件。实施辖区船舶保税油供应企业备案监管互认，“一次备案，全省通用”。实现锚地保税油受油船舶“一次性申报、一次性审批、一次性办结”，“一次不用跑”的海事便利化通关模式。

【海口海关试行“两步申报”新通关模式】 为支持海南自贸区港建设，使“两步申报”改革在海南省提前启动实施，海口海关积极向海关总署申请开展试点，建立推进工作机制，加强政策宣传，认真筹划部署。2019年11月11日，海南金海浆纸业有限公司向海口海关隶属洋浦港海关成功申报一票进口“概要申报”报关单，从电子申报到提货放行整个流程仅耗时33秒，这是海南省首票海关“两步申报”改革试点业务，标志着海关“两步申报”改革试点在海南省正式启动。截至2019年12月31日，海南省已有10家企业参与“两步申报”改革试点。“两步申报”报关单共129票，进口“两步申报”报关单的平均海关作业时间为2.62小时，进口整体通关时间为19.08小时，明显快于海南口岸2019年进口整体通关时间（44.45小时）和海关进口作业时间3.62小时；其中127票货物于申报当天完成提货放行，占比达98.45%。

【海口海关服务海南自由贸易试验区、自由贸易港建设】 坚决落实中央推进海南全面深化改革领导小组会议精神以及海关总署署长倪岳峰在琼调研指示要求，协调配合署省主要领导3次成功会谈。调整优化推进全面深化改革工作机制，争取全国40名业务专家及20余名缉私骨干支援，抽调60名骨干成立6个研究专班集中攻关，在上海海关学院召开专家座谈会，有效发挥中国检科院等力量，形成自贸港设想和需求、监管装备设备等12项成果，配合海关总署出台《全球动植物种质资源引进中转基地海关监管方案（试行）》《环北部湾琼州海峡“1+3”反走私联合作战体系建设工作方案》。深度参与海南自贸港建设方案及海南省社会管理信息化平台建设设计，提出零关税设想、《海南省反走私暂行条例》立法等自贸港早期安排政策及监管建议，设立并编发4期《领导参阅》，先后得到刘赐贵书记、沈晓明省长、沈丹阳副省长等省领导批示肯定。

有力支持海南重大开放平台建设，在博鳌乐城国际医疗旅游先行区创新进口特殊物品“先审批入仓，后核销出仓”监管，支持洋浦推出保税仓和出口监管仓库容整合改革，境外游艇入境关税保证保险制度、优质农产品出口免于出具检验检疫证书和备案考核、保税油品同船混装运输等3项全国首创改革被列入海南自贸区创新案例。出台10条措施促进海关特殊监管区域高质量发展，推动马村港成为国家机构改革后首家获批的金伯利进程证书制度指定口岸，推动平行进口汽车、跨境电商等新业态快速发展。支持国际旅游消费中心建设，有力保障离岛免税政策第五次调整，监管离岛免税品销售1 819.9万件、免税品销售金额134.9亿元，创历史新高，同比增长均超3成。全年海南外贸进出口905.9亿元，同比增长6.8%。

【海口海关力促海南口岸营商环境持续优化】 一是力促海南口岸营商环境持续优化。坚决落实国务院减税降费政策，推动行邮税政策改革落地实施，全面排查下属事业单位收费情况。深化“放管服”改革，实行全省原产地签证一体化，配合海南省实现企业注销“一网”服务，海关行政审批事项100%“一个窗口”和网上全流程办理，行政审批承诺办理时限提速32.9%。通关便利化水平提升，深入推进“查检合一”，落实价格、原产地预裁定等便利化措施，实现海南邮轮电讯检疫全覆盖，国际贸易“单一窗口”主要申报业务应用率达到100%。持续巩固压缩整体通关时间成效，达到国务院提出的目标要求。二是实际监管水平稳步提升。优化布控查验水平，进、出口查验率达到考核要求，人工分析布控查获率9.47%，远超全国平均水平。加强口岸实际监管，查获枪支、濒危物种制品、大麻种子等案件171宗，违禁出版物418件（本），移交案件线索58宗，查发30起核生化有害因子监测情况。强化综合治税，全年税收净入库81.5亿元。后续监管效能提升，深化“多查合一”改革，完善“核查属地化、稽查集约化”机制，稽查追补税额2 905.8万元。严守进出口食品安全防线，销毁、退运不合格进口食品化妆品13批，加强口岸食品饮用水及公共场所卫生监督，有力保障博鳌亚洲论坛等重大活动安全。严把进出口商品质量安全关，检出不合格进口煤炭18批，危险化学品短重涉及货值369.45万美元，未发生危化品安全责任事故。强化进出境动植物及产品检疫，截获有害生物1 136种次，检疫性有害生物

19 种次，其中锯角斑皮蠹、棉小造桥虫等 6 种为全国口岸首次截获，小灰长角天牛、白带圆皮蠹等 12 种为海南口岸首次截获。持续巩固口岸核心能力建设，支持海南顺利通过全国消除疟疾考核检查，2019 年海南口岸确诊传染病 151 例，增加 22.8%。

三是持续高压严打走私战果显著。深入推进“智慧缉私”四个中心建设，完成指挥中心与情报中心互联互通，全面接入公安网、互联网、海关网、运行网等平台，电子物证实验室获批司法鉴定中心。专业能力建设明显增强，编制警务装备发展规划，推动海南省反走私情报中心、海南省海南省社会管理信息化平台反走私平台建设。有力开展“国门利剑 2019”“国门勇士 2019”“禁毒三年大会战”等专项行动，查发各类精神药品案件 10 余宗，查获违规精神药品 3 312 粒，缴获大麻 2 600 余克，打掉大麻种植点 1 个，有效堵截毒品走私入境通道。全年查办案件 291 宗，其中刑事立案 66 宗，案值 5.6 亿元，涉税 1.9 亿元，行政立案 225 宗；获批海关总署一级挂牌督办案件 7 宗，是前 4 年一级挂牌督办案件数量的总和。

【海口综合保税区监管建设】 一是开展区域钻石通关一体化业务。2015 年 1 月，海关总署正式批复同意上海海关、海口海关开展海关特殊监管区域间钻石通关业务试点；2017 年年初，海关总署批复同意业务试点延期 2 年。2019 年 9 月，金伯利进程证书制度业务获海关总署批准。二是开展跨境电商业务。2018 年 7 月获批跨境电子商务综合试验区，现有黑虎科技、唯品会、福建陆地港等 80 多家电商企业入区开展 B2B2C 和 B2C 跨境电商业务。实行“先入区后检测”“抽样即放行”等通关便利措施，同时积极探索跨境电商线上线下融合发展。2019 年，共监管放行跨境电商申报清单 15.8 万单，同比增长 16.1 倍，总货值达 6 163 万元，商品涵盖化妆品、保健品、宠物食品等多品类 5 600 多个单品。三是开展平行进口汽车业务。推动实施“平行进口汽车保税仓储 + 保税展示交易”业务监管模式，支持区内企业在提供有效担保的前提下，在海口综合保税区外开展平行进口汽车保税展示交易业务，截至 2019 年 12 月底共进口保税仓储平行汽车 830 辆，货值 1.85 亿元人民币。四是开展保税仓储转离岛免税业务。综合叠加应用保税区优惠政策与海南独有的离岛免税政策，做大做强保税仓储转离岛免税业务。2019 年，办理保税转离岛免税业务 50 批，货值 4 426 万元，主要商品为奶粉、首饰、日用品等。五是开展期货交割业务。在海口综合保税区开展橡胶等大宗商品现货离岸交易和保税交割业务，推动 20 号胶期货可交割商品指定仓库备案获批，打造大宗商品现货（期货）交易中心。六是开展保税文化艺术品新业态。2019 年 11 月，海口保税文化艺术馆开馆，在海口综合保税区设立国际文化艺术品和文物交易场所，打造仓储展示、交易拍卖、回流文物鉴定等国际文化艺术品全产业链及具有海南自由贸易港特色的综合性产业平台。

【洋浦保税港区监管建设】 一是多措并举促进通关便利化。2019 年 11 月 11 日，洋浦港海关首票“两步申报”报关单试点获得成功；2019 年 6 月 28 日，辖区企业完成首份原产地证书自助打印；支持企业开展内外贸同船及水路转关业务，稳步推进口岸通关便利化和物流一体化建设；成功实现舱单数据国际贸易“单一窗口”申报覆盖率 100%；建立“365241”值班制度，成功实现通关货物海关检查零等待；加大通关时效监控力度，鼓励企业使用税款担保、电子支付缴纳税款、企业自报自缴等措施，有效缩短口岸通关时间。二是全力服务自贸区（港）建设。开展“支持洋浦港建设陆海新通道区域枢纽港”“完善进出境运输工具与舱单管理”“优化洋浦口岸营商环境”等课题研究；开展保税油混装调和监管模式研究。三是深化业务改革。大力推广“自报自缴”“关税保证保险”等税收征管方式改革；2019 年，受理涉增值税报关货物 2 204 批，共为进口企业减征增值税达 9.8 亿元；对 1 763 个查验合格的集装箱免除吊装、移位费用 74.14 万元，惠及外贸企业 146 家次。贯彻落实国务院

“证照分离”改革要求，实行行政审批“一个窗口”，公示行政审批事项。2019年，共受理行政审批事项51项，办理行政许可事项4项。四是筑牢口岸安全防线。开展风险分析，组织业务实操培训，对来自越南、新加坡运输椰子的船舶，施行预勾选检疫，做到顺势监管；强化风险监测预警，提前收集疫区入境船舶信息，开展风险判断分析，防止疫情疫病从口岸传入传出。

开放口岸

【海口空运口岸（海口美兰国际机场）】 海口美兰国际机场位于海口市美兰区演丰镇，占地面积583万平方米。1999年建成使用，2003年正式对外开放。国际航空4E级标准园林式机场，跑道长3 600米、宽45米，可满足波音747－400等大型飞机全载起降要求，设计年客运能力930万人次、货物15万吨。机场航站楼总面积9.93万平方米，站坪总面积38.40万平方米，站坪机位33个，已启用的新国际航站楼占地面积1.32万平方米，可满足年出入境旅客吞吐量105万人次。2019年，共执飞境外航线103条，通航境外城市62个，网络布局辐射20个国家及地区37个热点城市。2019年，海口空运口岸出入境旅客140.74万人次，同比增长23.1%；进出境飞机10 447架次，同比增长21.9%。

2019年，海口美兰国际机场荣膺国际机场协会（ACI）“2018年度亚太区最佳机场（1 500万～2 500万规模组）”“2018年度全球最佳环境及氛围营造机场（1 500万～2 500万规模组）”以及“2018年度全球最佳基础设施及最便利机场（1 500万～2 500万规模组）”。此外，通过SKYTRAX五星级机场复审，顺利蝉联SKYTRAX五星级机场、获得2019年SKYTRAX中国最佳区域机场奖。

【三亚空运口岸（三亚凤凰国际机场）】 三亚凤凰国际机场位于三亚市凤凰镇，占地面积约466.67万平方米，航站楼总面积8.5万平方米（其中，国内T1航站楼4.2万平方米、T2航站楼2万平方米、贵宾航站楼1.3万平方米）。1994年建成使用，1995年正式对外开放。三亚凤凰国际机场为国际航空4E级标准热带海岛滨海花园式机场，跑道长3 400米、宽45米，可满足波音747、空客340等大型飞机全载起降的要求，停机坪可同时停放66架大中型客机。2018年，共执飞航线249条，相比去年同期增加18条；通航境内外城市达到139个，比去年同期增加21个。2019年，三亚空运口岸（凤凰国际机场）出入境人员1 184 732人次，同比增长33.3%；进出境飞机8 144架次，同比增长27.3%。

2019年，三亚凤凰机场荣获国际机场协会（ACI）2018年1 500万～2 500万量级机场“最佳客户服务机场”、国际机场协会（ACI）2018年1 500万～2 500万量级机场“亚太区最佳机场”等奖项。

【海口水运（海港）口岸】 海口海港口岸位于海南省海口市北部，地处南海航运中枢，是交通运输部规划的25个沿海主枢纽港之一，由海口港区和马村港区组成。其中，海口港区1957年对外开放，是海南进出货物的重要集散地，素有琼州门户之称，主要经营大宗散杂货、集装箱、车客滚装运输等。海口港现有码头泊位37个，其中5万吨级集装箱泊位2个，万吨级散杂泊位3个，5 000吨级以下杂货泊位13个，其他车客滚装泊位19个，开通海口—香港、海口—越南集装箱固定航线2条。海口港现与东亚、东南亚、西亚等二十多个国家和地区有贸易运输往来；开通海口—越南邮轮旅游航线；国内主要开通海口至海安、北海、广州等车客滚装运输航班以及海口至广州、湛江、北海等集装箱航线。马村港区位于海南岛西北部，琼州海峡澄迈湾之西，在省级开发区—海南澄迈县老城经济开发区内，2005年对外开放，马村港水深浪平，拥有得天独厚的自然条件。马村港区现有4个锚地，13个泊位。其中，3.5万吨级泊位2个，2万吨级泊位5个，5 000吨级泊位5个，500吨级泊位1个。2019年，海口海港口岸出入境旅客97人次，同比下降压99.8%；出入境集装箱吞吐量91 900

标箱，同比下降 18.7%；出入境船舶 314 艘次，同比下降 18.7%；出入境货物 404 万吨，同比增长 14.7%。

【三亚水运（海港）口岸】 三亚海港口岸位于海南岛南端三亚市内，以国际客运为主、货运为辅，自古以来是著名的盐海港口，1953 年改为商港，1984 年对外开放，是海南省东南部对外贸易和游客往来的主要口岸，与世界三十多个国家和地区通航。三亚港口岸现有客运泊位：15 万吨级邮轮泊位 2 个，8 万吨级邮轮泊位 1 个。货运泊位有 7 个，其中 2 个 5 000 吨级泊位，2 个 3 000吨级泊位，1 个 1 500 吨级泊位，2 个 500 吨级泊位。目前主要为客运口岸。2019 年，三亚海港口岸出入境旅客 2 031 人次，同比下降 79.4%；出入境船舶 69 艘次，同比下降 51.7%；游艇出入境 17 艘次，同比下降 73.0%。

【清澜水运（海港）口岸】 清澜海港口岸位于海南省东岸北部，文昌市清澜镇内，1996 年对外开放，是海南省东北部唯一的对外开放窗口。主要经营矿产、天然气、海产品、航天发射、文昌鸡以及椰子产品进出口等，也是三沙市主要的保障基地。清澜港拥有渔业码头 1 座，10 000吨级泊位 2 个，5 000 吨级泊位 3 个。目前已开通航线 8 条，主要通往内地、香港、台湾、澳门及东南亚等地区。清澜新港码头港口设计吞吐量 50 万吨。3 000 吨货轮可安全进出，5 000 吨货轮可乘潮水满载进出。按照文昌市清澜港总体规划，文昌清澜港占地面积为 142.4 万平方米。其中，清澜新港首期建设用地约 41.01 万平方米，码头岸线长 942 米，已建 5 个 5 000 吨级码头，包括油气码头 1 个，通用码头 2 个，旅游码头 1 个，火箭发射场设备运载码头 1.5 万吨 1 个。2019 年，清澜海港口岸出入境船舶 65 艘次，同比下降 10.9%；出入境货物 9 万吨，同比增长 85.5%。

【洋浦水运（海港）口岸】 洋浦海港口岸位于海南岛西北部洋浦经济开发区境内，是规划与建设中的区域国际航运枢纽和物流中心，由洋浦、神头等两大港区组成，开放海域面积扩大到 55 平方海里，开通国内外航线 20 多条。其中，洋浦港区 1991 年对外开放，素有“天然深水良港”之称，以集装箱和通用件杂货为主。洋浦港区：国投洋浦港已建成码头泊位 9 个，其中 2 万吨级通用散杂货泊位 5 个，1 个 3.5 万吨级集装箱泊位，2 个 2 万吨级多用途泊位，1 个 3 千吨级工作船泊位。神头港区位于洋浦湾内，北依洋浦开发区，南面隔海与白马井港区相望。神头港水深浪平，拥有很好的自然条件，是海南省的重要能源进出口港口，2012 年正式对外开放。神头港区现有 3 000 吨级至 30 万吨级码头泊位 26 个。2019 年，洋浦海港口岸出入境船舶 3 207 艘次，同比下降 12.2%；集装箱 10.25 万标箱，同比增长 134%；出入境货物 2 815 万吨，同比增长 23.3%。

洋浦保税港区位于海南省洋浦经济开发区内，占地面积 9.206 3 平方千米，2007 年 9 月 24 日经国务院批准对外开放，是我国在华南地区设立的首个保税港区。主要规划为 4 个区：港口作业区、仓储物流中转区、出口加工区、研发加工制造区，具有口岸、物流、加工三大功能。洋浦保税港区制定了港区相关产业发展规划。立足实际已复制推广自由贸易试验区海关监管创新制度 3 项。推广应用安全智能锁和智能卡口管理系统；完成保税港区的视频监控升级改造；加快洋浦保税港区外贸堆场建设，并于 2017 年 6 月投入使用。巩固清理规范进出口环节收费成果，加强与查验单位、港口企业和外贸企业三方面的协调配合，落实对查验没有问题的外贸企业免除吊装、移位、仓储等费用政策。积极应用国际贸易“单一窗口”标准版，完善“单一窗口”信息互换平台功能，拓展关检“三个一” “一站式作业”“监管互认”等合作，扩大进口货物无纸化放行范围，积极实施出口货物无纸化放行。

【八所水运（海港）口岸】 八所海港口岸位于海南省西部东方市八所镇境内，北黎湾的西南部，1958 年对外开放。八所港是海南省重要的工业港，集装卸、仓储、运输、配送、贸易为一体、功能齐全的综合性深水良港，也是环北部湾经济圈主要的贸易港口，主要输出海南铁矿石。现有3个作业区共12个泊位，万吨级以上泊位9个，千吨级以上2个，年设计综合吞吐能力1 263万吨。开通国内、国际、港澳台航线，与国内沿海各港口以及20多个国家和地区通航。2019年，八所海港口岸出入境船舶154艘次，同比增长16.2%；出入境货物350万吨，同比下降5.27%。

2019年海南省口岸大事记

1月1日

根据公安部和国家移民管理局统一部署，海口出入境边防检查总站隆重举行新址揭牌和公安现役部队转改官兵集体换装仪式。

海口出入境边防检查总站新址揭牌仪式

3月1日

经海南省政府批准，洋浦港口岸中石化（香港）海南石油有限公司码头4个泊位（10吨级1个、5万吨级2个、1万吨级1个）对外启用。

3月15日~23日

海口出入境边防检查总站圆满完成第九届环海南岛国际大帆船赛出入境边防检查工作任务，被赛事组委会授予“卓越贡献奖”。

4月13日

中国（海南）国际贸易“单一窗口”离岛免税购系统、通关物流状态信息库等特色应用功能上线运行。

6月10日

国家口岸管理办公室批复同意中外籍客运飞机从博鳌机场临时出入境，时间为2019年7月1日~12月31日，博鳌机场首次实现全年度临时开放。

6月27日

海关总署副署长李国参加并指导基层联系点海口海关所属三亚海关离岛免税监管一科党支部主题党日活动。

海关总署副署长李国参加海口海关主题党日活动

7月1日

海南省直机关工委下发《关于表彰2017—2019年度省直机关先进基层党组织、优秀共产党员和优秀党务工作者的通报》（琼直党工〔2019〕14号），海口出入境边防检查总站2个集体荣获“省直机关先进基层党组织”，4名同志荣获“省直机关优秀共产党员”，2名同志荣获“省直机关优秀党务工作者”。

7月12日

海南省委书记刘赐贵赴洋浦口岸围绕园区高质量发展开展专题调研，并组织召开座谈会。海口边检总站李学恩总站长应邀参加调研座谈。

10月14日~15日

海关总署署长倪岳峰在海南调研海南自贸区（港）建设情况，实地查看洋浦小铲滩码头、洋浦港码头、海口新港码头、海南省数据大厅、海口海关文昌植物隔离检疫中心，深入石化、离岛免税等企业调研，征求对海关工作的意见建议。

海关总署署长倪岳峰与海南省委书记刘赐贵、省长沈晓明交流工作

11 月 7 日 ~8 日

公安部党委委员、副部长、国家移民管理局党组书记、局长许甘露同志莅临海南调研指导移民和出入境管理工作，看望慰问奋战在边检执法执勤和口岸管控一线的基层民警。海南省委常委、政法委书记刘星泰，省公安厅厅长闫希军，总站党委书记、总站长李学恩陪同调研。

国家移民管理局党组书记、局长许甘露在海南慰问边检一线执勤的基层民警

12 月 5 日

交通运输部同意境外游艇和帆船临时进出海南省陵水清水湾游艇会码头和三亚半山半岛帆船港，时间自 2020 年 1 月 16 日至 2020 年 7 月 15 日，这是两个港口首次获批临时开放。

12 月 27 日

2019 年海南省口岸联席会议在海口召开。

（撰稿人：吴丽蕾、张振豪、蔡家德、王锋）

2019 年海南省口岸流量统计表

口岸类型	口岸名称		货运量（万吨）				集装箱量（万标箱）				人员（万人次）				交通工具（辆、艘、架、列次）			
			出口	进口	合计	同比(%)	出口	进口	合计	同比(%)	出境	入境	合计	同比(%)	出境	入境	合计	同比(%)
空运口岸	海口		0.275 7	0.337	0.612 7	154.55					70.90	69.83	140.737	23.1	5 225	5 222	10 447	33.4
	三亚		0.013 8	0.029 4	0.043 2	28.19					60.65	57.82	118.473	33.30	4 075	4 069	8 144	39.20
	分计		0.289 5	0.366 4	0.688 6	150.95					131.56	127.65	259.21	27.60	9 300	9 291	18 591	35.90
水运口岸	海港口岸	海口	45.00	358.00	404	14.72	4.57	4.62	9.19	-18.75	70.91	69.84	140.746	18.10	152	162	314	-14.70
		八所	44.00	311.00	350	-5.27									82	72	154	16.20
		三亚	0.00	0.00	0						60.95	58.02	118.971	31.00	39	35	74	-46.10
		洋浦	501.00	2 310.00	2 815	23.31	4.94	5.30	10.24	133.83					1 663	1 767	3 420	3.80
		清澜	4.00	5.00	9	85.51									29	31	60	-17.80
		分计	594.00	2 984.00	3 578	18.90	9.51	9.92	19.43	23.84	131.85	127.86	259.717	23.20	1 965	2 067	4 032	0.60
	河港口岸																	
		分计																
合计					3 578.688 6		9.51	9.92	19.43		263.41	255.52	518.927		11 265	11 358	22 623	
同比（%）					18.91		10.17	40.56	23.84		148.76	145.56	147.18		17.08	17.46	17.27	

（海南省商务厅提供）

2019 年海南省口岸出入境主要数据表

项　目			2019 年	2018 年	同比（%）
出入境人员（人次）	出入境人员总数		2 849 924	2 340 949	21.74
	入境人员		1 417 388	1 161 712	22.01
	出境人员		1 432 536	1 179 237	21.48
	出入境旅客		2 619 473	2 100 865	24.69
	出入境员工		230 451	240 084	-4.01
	中国公民	小计	1 567 293	1 315 701	19.12
		内地居民（含因公、因私）	1 184 039	922 205	28.39
		港澳居民	207 804	212 878	-2.38
		台湾同胞	175 450	180 618	-2.86
	外籍人员		1 282 631	1 025 248	25.10
	从海港出入境人数		83 005	187 632	-55.76
	从陆港出入境人数				
	从空港出入境人数		2 766 919	2 153 317	28.50
交通运输工具（辆、艘、架、列次）	总　计		23 490	19 934	17.84
	船　舶		4 874	4 993	-2.38
	飞　机		18 616	14 941	24.60
	火　车				
	机动车辆				

（海口出入境边防检查总站提供）

2019 年海口海关主要数据统计表

项目		2019 年	2018 年	同比（%）
进出口货运量（万吨）	合计	3 405	3 218	5.8
	进口	2 815	2 718	3.6
	出口	590	499	18.2
进出口贸易总值（万美元）	合计	1 315 292.2	1 273 353.0	3.3
	进口	816 588.6	824 504.3	-1.0
	其中：江、海运输	459 190.6	391 931.7	17.2
	铁路运输	889.0	0.0	—
	汽车运输	53 298.3	24 595.1	116.7
	航空运输	300 009.9	407 787.8	-26.4
	邮件运输	410.6	0.5	80 345.1
	其他运输	2 790.1	189.1	1 375.4
	出口	498 703.6	448 848.7	11.1
	其中：江、海运输	419 000.5	413 168.5	1.4
	铁路运输	270.5	1 125.7	-76.0
	汽车运输	3 656.5	5 988.4	-38.9
	航空运输	65 936.3	19 969.9	230.2
	邮件运输	50.4	0.0	—
	其他运输	9 789.4	8 596.3	13.9
税收（万元）	两税合计	81.49	95.27	-14.5
	关税入库	7.85	9.53	-17.6
	进口环节税入库	73.64	85.73	-14.1

（海口海关提供）

2019 年海南海事局进出港船舶统计汇总表

船舶类别	进港船舶							出港船舶						
	艘数（艘）	总吨（吨位）	总载重量（吨）	载客量（客位）	船员人数（人次）	货物到达量（吨）	旅客到达量（人）	艘数（艘）	总吨（吨位）	总载重量（吨）	载客量（客位）	船员人数（人次）	货物发送量（吨）	旅客发送量（人）
总计	191 669	413 699 744	223 819 843	37 613 790	2 300 028	108 874 991.46	15 063 801	164 808	412 404 167	225 025 866	35 112 262	1 977 696	76 792 654.66	14 021 198
中国籍船舶	189 631	382 041 040	174 329 385	37 612 262	2 275 572	83 633 273.39	15 063 801	162 783	380 892 629	175 532 789	35 109 694	1 953 396	71 243 674.94	14 021 198
其中外贸船	2 397	33 709 916	52 652 681	2 532	29 174	27 001 018.91	3 217	2 467	35 222 413	55 258 849	2 568	30 505	6 262 034.95	3 217

（海南海事局提供）

2019 年海南省指定监管场地统计表

序号	直属海关	监管场地名称	进境口岸	类型	拟进口品种	批复时间	备注
1	海口海关	海口美兰国际机场进境食用水生动物指定监管场	海口美兰国际机场	进境食用水生动物	鱼类、甲壳类、软体类	2020 年 1 月 10 日	
2	海口海关	海口美兰进境植物种苗指定监管场地	海口美兰国际机场	进境植物种苗		2012 年 12 月 27 日	
3	海口海关	三亚进境食用水生动物指定监管场地	三亚凤凰国际机场	进境食用水生动物	鱼类、甲壳类、软体类	2016 年 7 月 29 日	
4	海口海关	八所水果指定监管场地	八所港	进境水果		2010 年 10 月 22 日	
5	海口海关	洋浦港进境粮食指定监管场地	洋浦港	进境粮食		2015 年 12 月 25 日	
6	海口海关	洋浦雷马进口肉类指定监管场地	洋浦港	进口肉类		2016 年 10 月 18 日	

（海口海关提供）

重　庆　市

重庆市口岸分布示意图

序号	类型	口岸名称	批准开放时间	开放状态
1	空运口岸	重庆空运口岸	1994	国际常年
2	水运口岸	重庆水运口岸	2010	限中国籍

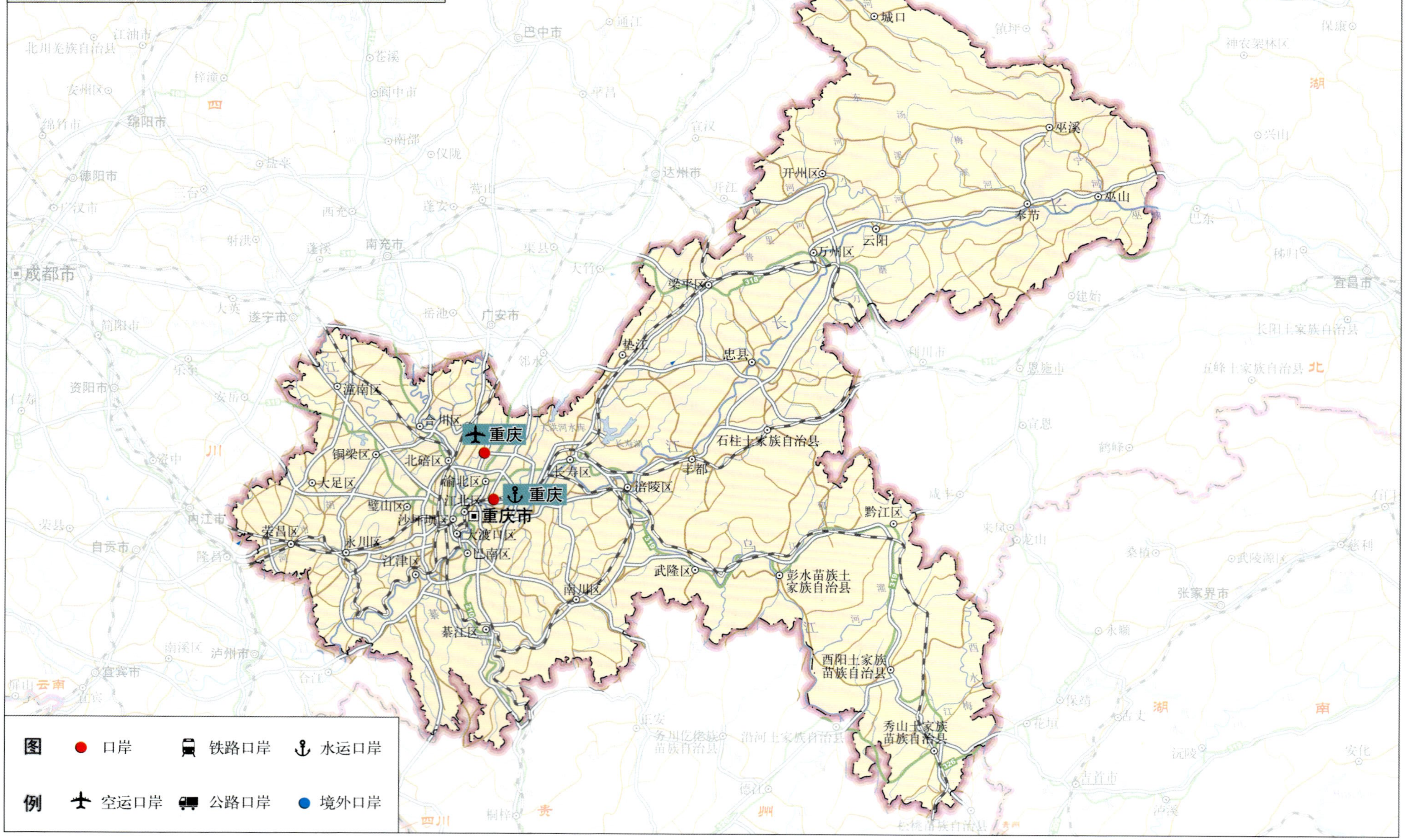

图例
- ● 口岸
- 铁路口岸
- 水运口岸
- 空运口岸
- 公路口岸
- ● 境外口岸

口岸数量及分布

截至2019年年底，重庆市有经国务院批准的对外开放口岸2个，分别是重庆空运口岸（重庆江北机场）、重庆水运（河港）口岸。

口岸运行数据

2019年，重庆市各口岸各项业务指标快速增长，口岸规模不断扩大。

航空口岸方面，累计开通国际（地区）航线95条（其中客运77条，货运18条），通航国家32个，通航城市72个。重庆空运口岸出入境人员341.07万人次，位居中西部地区第三位，同比增长5.2%，占机场整体吞吐量的7.6%；检查出入境航班23 208架次，同比增长4.8%。国际货邮吞吐量15.86万吨，同比增长7.6%。

水运口岸方面，重庆市完成外贸集装箱运输41.9万标箱，同比下降5.8%。其中，寸滩港完成36.5万标箱，同比下降7.8%；果园港完成2.3万标箱，同比增长8.5%；万州港完成1万标箱，同比增长5.2%；涪陵港完成1.9万标箱，同比增长5.5%。

铁路口岸方面，完成外贸集装箱运输17.68万标箱，同比增长37.5%。汽车整车进口7 316辆、同比增长328%。中欧班列（重庆）开行超过1 500列，货值超过500亿元，其中渝满俄开行量超过800班，同比增长超过3倍。

公路口岸方面，重庆东盟跨境公路班车全年共计发车超过1 250车次，同比增长102.2%；总重量16 559吨，同比增长218%；总货值64 290万元。

重庆国际贸易“单一窗口”推动主要业务（货物申报、舱单、运输工具）应用率提前达到100%的目标。“单一窗口”全年业务量1 714万票，同比增长1 179%。全年跨境贸易电子商务公共服务平台共完成交易2 544.13万单，同比增长11.17%；交易额54.67亿元人民币，同比增长14.52%。

口岸综合管理

【加速推进口岸开放重点工作】 一是重庆港口岸扩大开放果园港区顺利获批。2019年11月24日国务院正式批复同意重庆港口岸扩大开放果园港区，为重庆再添一个重要的口岸开放平台。二是有序推进万州机场正式开放工作，积极争取将万州机场正式开放纳入2020年度国家口岸开放审理计划。三是助力口岸生产运营提速上量。推动海关总署将CIF重庆的货物转关至重庆口岸，大大便利了外贸进出口企业，有力推动外向型经济发展。

【大力优化口岸服务方式】 一是公开口岸收费目录清单，加强目录清单动态管理。再次对重庆口岸收费情况进行全面摸底排查和整治，将更新后的《重庆口岸进出口收费目录清单》在重庆国际贸易“单一窗口”、各口岸现场、收费大厅和对外办公场所进行公示，并向社会发布《口岸收费公示的提醒告诫书》，推广口岸收费“阳光价格”。二是公布口岸物流作业时限，根据口岸现场作业实际，系统梳理进出口货物通关准备、通关查验、货物提离等流程环节，合理引导企业预期，便于企业合理安排生产和运输计划。三是积极协调重庆海关、重庆边检总站，实现重庆所有口岸和监管场所7×24小时通关保障政策全覆盖。四是积极落实署市合作备忘录签署相关事宜。五是推进智慧口岸建设。落实市政府常务会议审定的《重庆智慧口岸建设总体规划设计方案》，目前果园港已实现进口岸边智能理货；协调相关单位按照“大围网”方式加快建设。推动重庆海关、重庆边检总站、重庆机场集团按照“海关+安检、边检+安检、一次过检”通关模式建设航空智慧口岸通关模式。六是持续做好口岸提效降费，进一步压缩口岸整体通关时间和降低进出口环节合规成本。通关时间方面，2019年重庆口岸进口整体通关时间为76.92小时，比2017年压缩67.82%；扣除国内运输段后时间为

36.57 小时。出口整体时间为 0.77 小时，比 2017 年压缩 94.91%。成本方面，通过市场引导、行业规范等方式，引导报关、货代、船代、物流、仓储、场站等口岸经营服务单位，进一步规范和降低相关服务收费。

【促进跨境贸易便利化】 充分发挥跨境贸易指标牵头部门作用，制定迎评工作方案，成立迎评工作专项小组，确保迎评工作高质量开展。一是等高对接北京上海先进经验，同时摸清重庆口岸“家底”。二是制定务实有效的政策措施。以重庆市政府办公厅名义印发《重庆市促进跨境贸易便利化工作方案》，并推出应用“提前申报”模式、与上海合作开行“沪渝直达快线”、优化完善“单一窗口”功能等一系列促进跨境贸易便利化的改革措施。三是推动政策措施落地见效。全面梳理近年来国务院、海关总署、财政部等部委和市级有关部门在优化口岸营商环境方面 30 余项政策举措和 100 余项改革措施，汇编成册，印发企业。对全市 300 余家进出口有关企业和单位开展专题培训。成立了 5 个精准培训工作组，深入重点进出口企业进行一对一、点对点精准辅导，详细解读政策措施和世界银行调查问卷，让企业熟知测评方法和用活跨境贸易便利化政策。

口岸监管与服务

【重庆出入境边防检查总站全力助推内陆开放高地建设】 一是加强和改进边检执勤现场勤务组织，严格落实客流高峰“两公布一提示”、中外旅客分区查验、“蓝色提示线”流量预警、警力动态调度机制，最大程度避免旅客通关积压，赢得了群众好评。二是克服一站警力、双线作战的困难，优化勤务模式，科学调配警力，保证了万州机场临开口岸常态运行、顺畅通关。三是全力提升通关服务水平。全力保障“7×24 小时”通关，兑现了中国公民通关候检时间不超过 30 分钟的服务承诺；开设“暑期儿童通道”，开展“一对一、点对点”服务，方便携带儿童家庭、老弱孕残等特殊群体快捷通关；提供多语种咨询服务，解决旅客出行疑难；认真开展“温暖国门迎您回家”主题活动，切实提升出入境人员的获得感、幸福感、归属感。在 2019 年国际机场协会 ASQ（服务质量）认证中，涉及重庆边检工作 3 项指标稳居全球 39 个同级机场前列。

【重庆海事局持续强化安全监管工作】 一是严把船舶登记和现场监督关，确保船舶适航、船员适任。二是出台相关通航安全管理规定，确保船舶航行安全。三是实施船舶载运危险货物申报、集装箱现场检查和集装箱诚信管理制度，强化载运危险货物船舶安全监管，提高开箱检查效率，保障危险货物运输安全。2019 年重庆海事局共收到集装箱船舶进出港报告 12 265 艘次；安全运送集装箱 95.2 万标准箱；对集装箱船舶开展安全检查 282 艘次，查出并督促整改缺陷 961 项；其中办理载运危险货物船舶进出港申报手续 4 608艘次，保障安全运输危险货物集装箱出港 335 标准箱，载运包装（集装箱）危险货物船舶现场检查 13 艘次，检查率 81.3%，确保了集装箱危险货物的运输安全。

【重庆海事局践行“放管服”，落实便民利民服务措施】 一是积极向上级管理部门申请，将集装箱船纳入重点物资运输船舶序列对待，不受三峡船闸和葛洲坝船闸的例行检修以及汛期高洪水位期间分段停泊等待放行的限制，降低和减少船闸检修等原因对集装箱运输的影响。二是及早掌握外贸集装箱班轮船期信息，及时放行，大幅减少了集装箱船待闸时间，助力外贸集装箱班轮快捷、高效运输。三是积极参与重庆智能口岸信息系统和重庆市物流信息平台体系建设，实现口岸管理相关部门信息互换、监管互认、执法互助，不断提高监管和服务水平。四是积极支持重庆港水运口岸扩大开放果园港区的各项工作。五是学习沿海先进通关流程及口岸设施建设，开展“海上枫桥”海上综合治理与服务创新试点，实施海事调解机制；开展水上综合执法改革，形成了“权责一致、程序规范、标准统一”的工作机制，建立了“海事执法、公安保障、技术支持”的联动执法模式，完善了“资源整合、信息共享、上下联动”的工作格局，执法效能显著提高，服务相对人获得感明显。

【重庆海关大力保卫国门安全】 深刻把握总体国家安全观的内涵外延，牢固树立国门安全意识，制定了重庆海关落实总体国家安全观相关工作方案，细化21条工作措施，全关区开展涉恐查缉处置演练，着力提升关区口岸监管反恐能力。重点围绕“70周年大庆”等重大活动及专项管控，制定《重庆港海关口岸监管环节恐怖袭击事件应急处置预案》《重庆海关监管作业现场突发事件应急预案》，增配口岸辐射探测和生化检测设备，强化口岸安全和查缉力度。2019年全年共查获枪支及零部件、管制刀具等60余件，收缴违禁出版物817件，查获2起6名香港旅客携带有敏感资料的手机、IPAD等电子设备，已移交公安部门处置。口岸现场分别与公安、国安建立联系配合机制，以防为主，联防联控强化口岸安全，确保了敏感时期关区口岸的安全与稳定。

【重庆海关深化落实改革任务】 深入推进“查检合一”和监管作业场所整合，承接推广新查管系统上线使用，深度整合业务系统、作业指令，奠定了进一步改革的基础；制定了重庆海关监管作业场所管理工作规范指引，完成优化整合场所场地32个，完成率达97%。整合后，检疫处理的货物无须先出区再进区，送检距离大大缩短，进口整车通关时间缩减50%以上。

【重庆海关强化实际监管效能】 一是继续巩固压缩整体通关时间成果，进出口整体通关时效稳中有升，2019年9月即完成国务院2020年压缩一半的工作要求。二是优化完善查验管理。在关区货运、邮快件、旅检现场开展集中审像、智能审图，全年机检查验率60%以上。三是加强监管设备管理保障。全年共配发各类口岸监管装备设备452台（件），维护校准装备设备246台（件）；其中渝州海关查验平台新装配降温除尘设备，重庆港海关H986项目顺利通过总署验收正式投入使用。

【重庆海关全力支持“一带一路”建设】 一是完成“关铁通”项目中哈往返测试，通过安全智能锁实现数据共享。在国内首次实现与匈牙利海关的安智贸项目合作，已实施数据交换23批次货物，货值219.95万欧元。二是支持陆海新通道冷链体系建设。实现冷冻巴沙鱼等商品常态化直转至重庆口岸验放，在现有中欧班列运邮物流线路基础上，增加“重庆—霍尔果斯—立陶宛”运邮班列。三是推进中欧班列集拼集运。协同乌鲁木齐海关，促成两地运营平台就班列集结、货物集拼、内外贸货物同车运输进行合作，释放中欧班列运力，助推内地与口岸形成“优势互补，合作共赢”的局面。四是优化物流监管，助力长江水道“渝申直达快线”运行。截至2019年年底，已开行171艘次，全程物流时间压缩30%左右。五是支持新业态推动物流降本增效，在乌鲁木齐海关支持下，促成新模式（笼车）班列全程测试成功，每列整车运输量从82台增加到160台，大幅降低物流成本，笼车国际联运为全国首创。

【重庆海关努力促进非贸业务健康发展】 一是开展关区快件全链条监管防范风险，制定全链条监管细化方案，2019年监管进出境快件119.49万件，货值2.24亿元，征税955.75万元，查获禁限类物品165批次。二是推进旅客行李物品智能化监管创新工作，选取进境重点航班实施进境托运行李先期机检作业试点，个人物品征税比显著提升，通关速度提升60%。2019年共监管进出境旅客296万人次，航空器2万架次，查办及移交案件共计141起。三是推进邮递物品监管改革，全面实现邮递物品申报信息化，推动邮递物品监管转型。2019年共监管邮件231万件，查获禁限物品258起，其中毒品22起，枪支刀具9起；四是助力关区跨境电商健康发展。对外协同重庆市商务委、重庆市政府口岸物流办、各园区管委会及现场海关，明确电商业务“引入和支持大规模、高资信电商企业，集约帮扶和管理小微企业健康发展”的工作方向；对内成立重庆海关电商数据核对工作组，遏制不法企业传输虚假“三单”信息，促进跨境电商业务良性发展。取消强制性电商企业及商品备案，释放关检融合红利，推进关区“清单申报汇总统计”工作落地。2019年共监管跨境电商进口1 923万单，货值38亿元，征税4亿元；跨境电商出口24万单，货值4亿元。出口业态从无到有，填补了重庆跨境电商综合试验区空白。

开放口岸

【重庆空运口岸（重庆江北国际机场）】 重庆江北国际机场位于中国重庆市渝北区两路街道，距离市中心19千米，于1990年1月22日正式建成通航；1987年开通香港包机航班；1995年，国务院批准对外国籍飞机开放，重庆空运口岸正式开放。

重庆江北国际机场为4F级民用国际机场，于2005年10月完成二期扩建工程，2010年12月完成三期扩建工程，2017年8月完成四期扩建工程。现拥有T1、T2、T3共3座航站楼，共计73万平方米；跑道3条，长度分别为3 200米、3 600米、3 800米；停机坪166万平方米、机位209个、货运区23万平方米，可保障年旅客吞吐量4 500万人次、货邮吞吐量110万吨、飞机起降37.3万架次。

【重庆水运（河港）口岸】 重庆河港口岸地处长江上游，位于重庆市江北区寸滩镇，重庆朝天门下游约6千米的长江北岸。港区水域条件优越，陆域开阔，通过重庆内环快速干道与成渝、渝黔、渝遂、渝临、渝宜、渝武等多条高速公路相连，紧邻渝怀铁路唐家沱铁路货运站，距重庆江北国际机场约16千米，是长江上游内河深水港区。重庆水运口岸（寸滩港）始建于2003年，2010年获批对外开放，2019年获批扩大开放果园港区。

【重庆空运口岸（万州五桥机场）（临时开放）】 重庆万州五桥机场（简称万州机场）位于重庆市万州区长江南岸毡帽山顶，距万州城区直线距离约5千米，公路距离约15千米。万州机场于1997年11月由国务院、中央军委批准立项，2000年年初正式开工建设，2003年5月29日建成通航，2015年3月1日首次获批临时对外开放。

万州机场按4D级规划，按4C级建设。海拔高度为567米，属高挖高填类机场，飞行区长3 000米，宽300米。机场跑道全长2 400米，宽45米，停机坪19 200平方米，停机位5个，可满足A320、B737同类及其以下机型的起降，航站楼面积5 780平方米，设计年吞吐旅客50万人次。

【重庆陆路（铁路）口岸（临时开放）】 重庆铁路口岸前身是团结村铁路集装箱中心站，地处襄渝线（兴隆场站—珞璜站）东侧，始建于1975年，2013年12月25日由国家口岸管理办公室批准临时对外开放。重庆铁路口岸规划建设用地面积约7.7万平方米，监管场所围网面积约7.3万平方米，总建筑面积超过1.5万平方米。

2019年重庆市口岸大事记

1月8日

重庆首批跨境电子商务零售出口货物顺利于霍尔果斯口岸出境。

1月27日

海南航空公司开通每周4班重庆—仰光客运直飞航线。

4月10日

重庆“陆海新通道”铁海联运首趟出口印度专列从重庆铁路口岸发车。

4月26日

重庆“陆海新通道”铁海联运首趟出口印度尼西亚专列从重庆铁路口岸发车。

5月23日

重庆保税港区水港大型集装箱查验设备配套设施建设项目（H986项目）通过国家海关总署整体验收。

6月26日

埃塞俄比亚航空公司开通每周2班重庆—新德里、亚的斯亚贝巴货运航线。

6月26日

“陆海新通道万州班列”在重庆万州火车站

首发，经四川达州至重庆团结村铁路枢纽编组后，通过铁海联运发往东南亚国家和地区。

9月15日

顺丰航空公司开通每周3班重庆—哈恩货运直飞航线。

11月24日

国务院正式批复同意重庆港口岸扩大开放果园港区。

12月20日

华夏航空公司开通每周1班重庆—琅勃拉邦客运直飞航线。

12月22日

华夏航空公司开通每周2班重庆—万象客运直飞航线。

12月25日

中欧班列（重庆）出口蔬菜冷链运输测试成功。

12月27日

海南航空公司开通每周2班重庆—布达佩斯客运直飞航线。

中国国际航空公司开通每周3班重庆—冲绳客运直飞航线。

（撰稿人：邓诗、丁鹏、彭宇、孙超）

2019年重庆市口岸流量统计表

口岸类型	口岸名称		货运量（万吨）				集装箱量（万标箱）				人员（万人次）				交通工具（辆、艘、架、列次）			
			出口	进口	合计	同比(%)	出口	进口	合计	同比(%)	出境	入境	合计	同比(%)	出境	入境	合计	同比(%)
空运口岸	江北机场		18.30	3.15	21.45	12.9					169.517 6	166.234 8	335.752 4	4.02	11 575	11 206	22 781	3.07
	万州机场										2.647 6	2.672 2	5.319 8	299.14	213	214	427	196.53
	分计		18.30	3.15	21.45	12.9					172.165 2	168.907	341.072 2	5.23	11 788	11 420	23 208	4.74
陆路口岸	公路口岸																	
		分计																
	铁路口岸		24.64	69.27	93.91	85.6	7.63	8.41	16.04	2.92								
		分计	24.64	69.27	93.91	85.6	7.63	8.41	16.04	2.92								
水运口岸	海港口岸																	
		分计																
	河港口岸		240.17	274.07	514.24	-30.9	19.95	12.78	32.72	-4.76					142 216	142 135	284 351	4.47
		分计	240.17	274.07	514.24	-30.9	19.95	12.78	32.72	-4.76					142 216	142 135	284 351	4.47
合计			283.11	346.49	629.60	-22.4	27.57	21.19	48.76	-2.59	172.165 2	168.907	341.072 2	5.23	154 004	153 555	307 559	4.49
同比（%）			-9.6	-30.4	-22.4		-8.91	7.07	-2.59		5.64	4.82	5.23		5.01	3.97	4.49	

（重庆市人民政府口岸和物流办公室提供）

2019 年重庆市口岸出入境主要数据表

项　目			2019 年	2018 年	同比（%）
出入境人员（人次）	出入境人员总数		3 410 722	3 241 072	5. 23
	入境人员		1 689 070	1 611 360	4. 82
	出境人员		1 721 652	1 629 712	5. 64
	出入境旅客		3 201 936	3 044 490	5. 17
	出入境员工		208 786	196 582	6. 21
	中国公民	小计	3 058 712	2 910 520	5. 09
		内地居民（因公）	86 530	81 445	6. 24
		内地居民（因私）	2 712 101	2 572 940	5. 41
		港澳居民	81 917	80 665	1. 55
		台湾同胞	178 164	175 470	1. 54
	外籍人员		352 010	330 552	6. 49
	从海港出入境人数		0	0	0. 00
	从陆港出入境人数		0	0	0. 00
	从空港出入境人数		3 410 722	3 241 072	5. 23
交通运输工具（辆、艘、架、列次）	总　计		23 208	22 157	4. 74
	船　舶		0	0	0. 00
	飞　机		23 208	22 157	4. 74
	火　车		0	0	0. 00
	机动车辆		0	0	0. 00

（重庆出入境边防检查总站提供）

2019 年重庆海关主要数据统计表

项目		2019 年	2018 年	同比（%）
进出口货运量（万吨）	合计	635.68	819.31	-22.41
	进口	349.98	503.13	-30.4
	出口	285.70	316.18	-9.6
进出口贸易总值（万美元）	合计	8 396 430.75	7 924 656.64	6.0
	进口	3 016 572.50	2 766 243.96	9.0
	其中：江、海运输	825 199.76	1 057 026.58	-21.9
	铁路运输	43 096.82	35 757.29	20.5
	汽车运输	338 646.56	347 608.26	-2.6
	航空运输	1 807 661.20	1 325 587.03	36.4
	邮件运输	1 847.25	11.82	15 526.1
	其他运输	120.90	252.98	-52.2
	出口	5 379 858.25	5 158 412.69	4.3
	其中：江、海运输	2 389 054.98	2 719 929.20	-12.2
	铁路运输	381 186.62	265 532.08	43.6
	汽车运输	238 667.42	197 461.90	20.9
	航空运输	2 368 896.30	1 975 119.26	19.9
	邮件运输	2 007.65	350.60	472.6
	其他运输	45.28	19.65	130.4
税收（万元）	两税合计	1 445 407.25	1 550 464.45	-6.8
	关税入库	184 669.73	181 210.12	1.9
	进口环节税入库	1 260 737.52	1 369 254.33	-7.9

（重庆海关提供）

2019 年重庆海事局进出港船舶统计汇总表

船舶类别	进港船舶							出港船舶						
	艘数（艘）	总吨（吨位）	总载重量（吨）	载客量（客位）	船员人数（人次）	货物到达量（吨）	旅客到达量（人）	艘数（艘）	总吨（吨位）	总载重量（吨）	载客量（客位）	船员人数（人次）	货物发送量（吨）	旅客发送量（人）
总计	142 135	348 228 315	313 028 998	6 542 431	1 463 990	132 109 335	5 144 358	142 216	348 481 871	313 764 541	5 690 435	1 464 824	132 890 667	4 321 706
中国籍船舶	142 135	348 228 315	313 028 998	6 542 431	1 463 990	132 109 335	5 144 358	142 216	348 481 871	313 764 541	5 690 435	1 464 824	132 890 667	4 321 706
其中外贸船														

表注：重庆无外贸船舶，所有船舶均为中国籍船舶。

（重庆海事局提供）

2019 年重庆市指定监管场地统计表

序号	直属海关	监管场地名称	进境口岸	类型	拟进口品种	批复时间	备注
1	重庆海关	江北国际机场进口冰鲜水产品指定监管场地	重庆空运口岸	冰鲜水产品	三文鱼、鳕鱼、带鱼等	2014 年 9 月 1 日	
2	重庆海关	江北国际机场进境水果指定监管场地	重庆空运口岸	水果	车厘子、榴莲、菠萝等	2014 年 12 月 30 日	
3	重庆海关	江北国际机场进境食用水生动物指定监管场地	重庆空运口岸	食用水生动物	夹克类、软体类等	2015 年 12 月 1 日	
4	重庆海关	寸滩进境粮食指定监管场地	重庆水运口岸	粮食	高粱、豌豆等	2017 年 11 月 20 日	
5	重庆海关	寸滩进口肉类指定监管场地	重庆水运口岸	肉类	牛肉、猪肉等	2012 年 12 月 7 日	
6	重庆海关	寸滩进口水果指定监管场地	重庆水运口岸	水果	猕猴桃、龙眼等	2014 年 12 月 30 日	

（重庆海关提供）

四 川 省

四川省口岸分布示意图

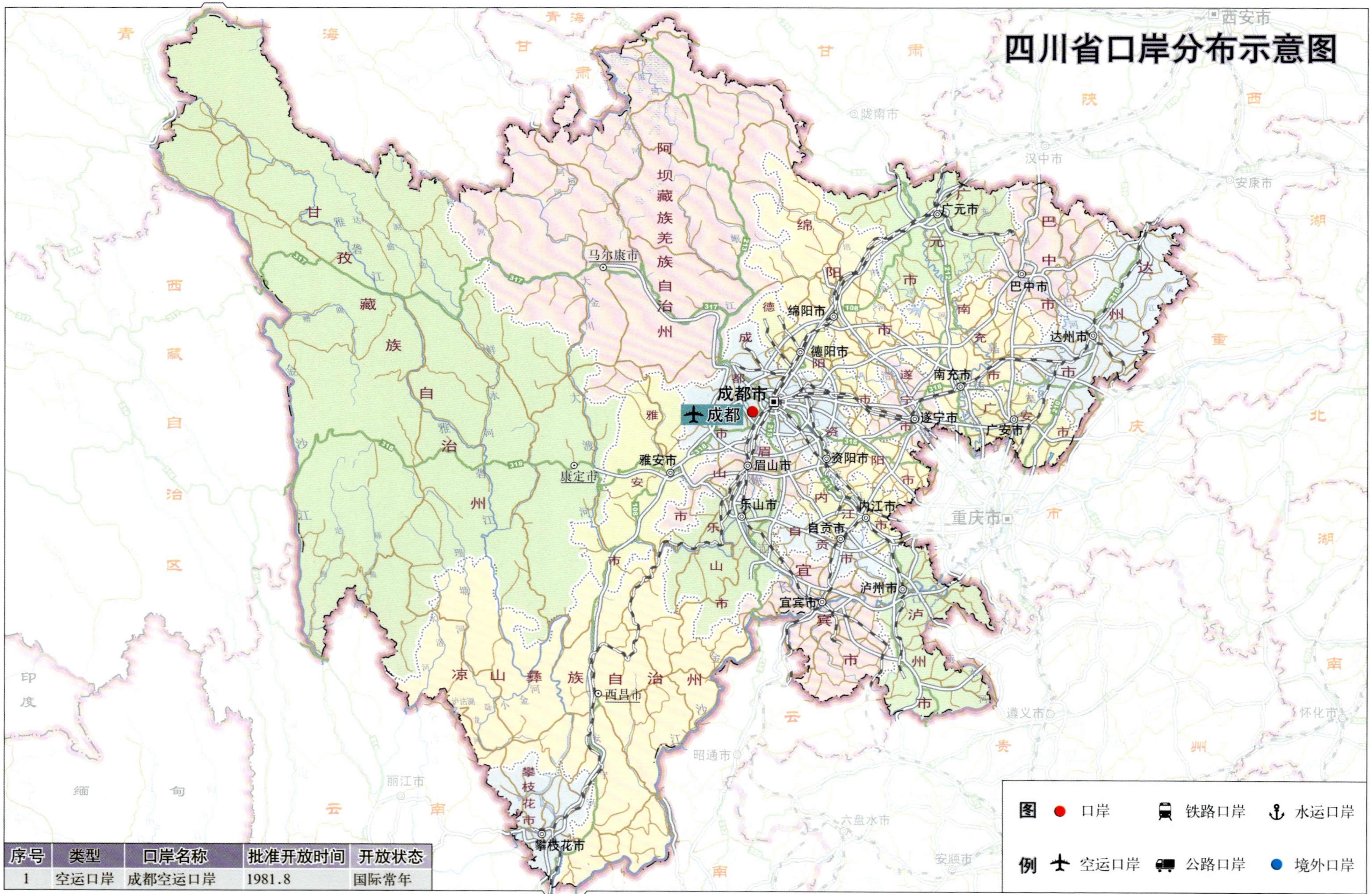

序号	类型	口岸名称	批准开放时间	开放状态
1	空运口岸	成都空运口岸	1981.8	国际常年

口岸数量及分布

截至2019年年底，四川省有经国务院批准的开放口岸1个，即成都空运口岸（成都双流国际机场）。

口岸运行数据

2019年，成都空运口岸已开通国际（地区）定期直飞客货运航线73条，共验放入出境飞机及国际航班4.6万架次，同比增长16.3%；共验放和运送国际旅客706.2万人次，同比增长17.7%；办理外国人144小时过境免签1 359人次，同比增长95.8%。

泸州水运（河港）口岸、宜宾水运（河港）口岸共验放进出口货物75.97万吨，同比增长15.55%；验放国际集装箱61 968标箱，同比增长26.6%。

青白江陆路（铁路）口岸共监管集装箱13.66万标箱，同比增长37.6%；监管货运量125.9万吨，同比增长20.8%。

口岸综合管理

【持续推进口岸开放建设】 推进天府国际机场和九黄机场口岸建设。四川省省级促进现代物流业发展专项资金支持天府国际机场、九黄机场口岸建设，向国家口岸管理办公室上报天府国际机场扩大开放请示，成都天府国际机场已进入口岸检查检验及配套设施设备可研报告评审阶段，九黄机场改扩建工程完成项目资金筹集、立项批复、初步设计等。泸州水运（河港）口岸、宜宾水运（河港）口岸第4次临时开放申请获批并延期至2020年6月上旬。青白江陆路（铁路）口岸进境粮食指定监管场地和泸州港四川川南临港片区进口肉类指定监管场地分别获批。成都双流国际机场2019年新增11条国际定期直飞客运航线及4条国际全货机航线，年旅客吞吐量为5 585.9万人次、货邮吞吐量为67.2万吨。成都国际班列已通达26个海外城市，国内联通15个城市，全年开行3 186列，综合重箱率为92.9%，同比增长19%。其中，中欧班列（成都）开行1 551列，综合重箱率为86.4%，同比增长20.7%。

【优化口岸营商环境，拓展口岸物流通道】 四川国际贸易“单一窗口”新增注册企业247家，累计注册1 907家；完成业务608万票，累计完成753万票；业务应用覆盖率稳定在100%。成都双流国际机场开通31条国际通程航班行李直挂中转业务，2019年12月1日起外国人144小时过境免签停留范围扩展至成都、自贡、泸州等11个市。推进口岸降税清费，货物港务费、港口设施保管费、引航（移泊）费、航行国内航线船舶拖轮费分别降低15%、20%、10%和5%，货物整体通关时间压缩65%。促进四川与泛欧泛亚国家（地区）物流合作，2019年5月下旬，四川省副省长李云泽赴哈萨克斯坦推进中欧班列（成都）开展合作交流，7月，四川省委书记彭清华赴欧洲参加中欧班列（蒂尔堡—成都）发车仪式暨跨大西洋海运联运合作备忘录签署仪式；6月中旬，四川省政府口岸物流办与越南贸工部对接“蓉欧+”全程铁路班列及冷链物流合作事宜；11月中旬，赴香港举办深化川港物流合作发展推介会；举办2019年中国西部国际口岸物流开放发展大会。自贡市开行“蓉欧+”东盟国际班列，达州市开行西部陆海新通道班列。

【持续加强口岸监管服务工作】 成都海关应用“知识产权海关保护系统”和“知识产权保护执法系统”，开展“龙腾行动2019”专项工作。共实施知识产权保护措施52批次，涉及侵权商标20余个；发布风险布控指令20余条；查处侵犯知识产权行政处罚案件6起；新增重点培塑知识产权出口优势企业1家。四川出入境边防检查总站把加强口岸安全管控摆在中心位置，强化重点航线、重点地区、重点人员的查缉管控和“三非”外国人专项治理，确保口岸突发事件及时快速稳妥处置。全年共查获偷渡28人次，查处各类违法违规人员1 449人次，阻止入境“三非”外国人58人次，协助公安机关遣送出境外国人91人次，联合机场海关查获中国籍旅客入境携带2.996千克海洛因毒品案。四川省机场集团公司重视机场安保工作，加强口岸安检和空域管控，各部门加强应急值班，及时处置各类突发性事件，确保四川省口岸安全运行。为韩国总统、日本首相、柬埔寨国王、卢森堡副首相、尼泊尔议长、埃塞俄比亚第一夫人等外国元首、政府首脑、友好人士对四川友好访问提供口岸礼遇服务，为参加“2019中国西部海峡两岸经贸合作交流会”、2019“一带一路”四川国际友城合作与发展论坛、第三届西博会进出口暨国际投资大会、第六届中医药现代化国际科技大会、中非农业合作论坛、中日韩工商峰会、第八次中日韩领导人会议等重大活动及会议的重要客人318批次3 108人次及所乘专（包）机进出境提供口岸服务保障。

口岸监管与服务

【四川出入境边防检查总站筑牢口岸出入境屏障】 做好新中国成立70周年大庆口岸安保维稳工作，贯彻落实国家移民管理局部署，“防回流”“打派遣”“防闯关”，以加强口岸安全为中心实施安全管控。2019年，查验出入境人员首次突破700万人次大关，达706.32万人次，同比增长17.7%，出入境流量继续稳居全国对外开放航空口岸第4位、中西部第1位。

【四川出入境边防检查总站支持地方开放合作，推动全域开放新格局】 按照各级党委、政府决策部署打造成都西部国际门户枢纽，参与建设泸州、宜宾、凉山和乐山等市（州）口岸，为四川省由内陆腹地走向开放前沿贡献边检的智慧和力量。落实“7×24小时”通关制度，进一步简化成都机场24小时直接过境旅客通关流程，强化协作配合，确保144小时过境免签政策和144小时过境免办签证停留区域扩大政策顺利实施。全年共为5.18万人次外国旅客办理过境中转手续，同比增长71.6%。完成第八次中日韩领导人会议、第十八届世界警察和消防员运动会等国际性盛会的政要、嘉宾边防检查任务，支持新开成都直飞罗马、布达佩斯、芝加哥、温哥华、伊斯坦布尔等15条国际定期客货运航线。截至2019年12月31日，成都空运口岸开通国际（地区）地区航线126条，成都“国家级国际航空枢纽”进一步凸显，四川通联世界的能力进一步增强。

【四川出入境边防检查总站释放“放管服”改革红利，提升口岸通关效能】 出台《关于服务保障成都国际化营商环境建设的意见》，推出涵盖优化国际会议、重大活动及赛事口岸通关机制，推行航空企业信用等级管理制度，为“蓉城人才绿卡”持卡人及其亲属提供便捷通关服务等便民利民惠民、服务经济社会发展的新举措。落实节假日客流高峰“两公布一提示”制度，设立“一带一路”沿线国家和地区人员专用通道，根据旅客群体变化情况及时调整中国公民和外国人通道设置比例，兑现中国公民通关候检时限承诺。做好出入境自助通道的新建及改扩建工作，2019年出入境自助通道共查验旅客266.86万人次，占出入境人员总量的37.79%。航空企业、旅客满意度保持在99.9%以上。

【成都海关持续推进优化营商环境】 出台《成都海关关于贯彻落实稳外贸稳外资部署要求的工作措施》。对照《优化营商环境条例》提出优化营商环境细化措施。参与省市政府营商环境考核指标设计和方案拟制，配合开展营商环境评价体系评估，对国家发展改革委营商环境评价体系中涉及跨境贸易的9项指标进行研究并提出意见建议，在支持四川融入“一带一路”建设、西部陆海新通道建设、质量强省建设等工作中发挥海关积极作用。

【成都海关做好优化行政审批工作】 及时跟进国务院及海关总署审批改革进程。修订完善关区行政审批事项目录、服务指南等，并全面、及时公开。推进海关行政审批平台升级网上办理工作，实时跟进平台办理情况，及时预警可能超期风险事项。2019年，共办结行政审批1 835

件，保持海关审批服务“零差评”记录。

【成都海关优化通关模式，开展“两步申报”改革试点】 制发《成都海关“两步申报”改革推进工作方案》，向外贸企业和口岸相关部门发放“两步申报”业务改革宣传册，召开“两步申报”业务改革试点新闻发布会。2019 年 11 月 8 日起，成都关区“两步申报”正式试点。11 月 28 日，关区首票特殊监管区域“两步申报”试点成功。

【成都海关持续压缩货物通关时间】 从 2019 年 1 月 1 日起全面推广应用新一代海关信息系统综合业务功能。精简监管证件，对保留的监管证件实施联网核查。依托监控系统实时监控海关作业时间，每月通报通关时间压缩情况。2019 年，成都关区进、出口整体通关时间分别为 43.86 小时和 1.36 小时，其中进、出口海关通关时间分别为 5.53 小时和 0.39 小时，与 2018 年整体通关时间基数相比分别压缩 46.3% 和 53.9%。

开放口岸

【成都空运口岸（成都双流国际机场）】 位于成都市双流区，距离成都市中心 16 千米。机场设有直达成都市各城区的地铁和专用公交、通往省内主要城市的长途汽车、旅游景区直通车和出租车服务站，成绵乐城际列车与机场无缝衔接，成都双流国际机场“国家级国际航空枢纽”地位进一步巩固。2019 年，成都双流国际机场旅客吞吐量达到 5 585.9 万人次。截至 2019 年年底，成都双流国际机场通航航线 358 条［其中国内航线 232 条，经停国内转国际航线 18 条，国际（地区）航线 126 条］。2019 年，成都双流国际机场货邮吞吐量为 67.2 万吨。2003 年，成都市成为国务院批准的国家药品进口口岸城市。2009 年 12 月，国家质检总局公布《关于采取进口植物种苗指定入境口岸措施的公告》（国家质检总局公告 2009 年第 133 号），对进口植物种苗采取指定入境口岸的措施，同时批准成都空运口岸成为进口植物种苗指定口岸。2010 年 12 月，成都双流国际机场新空港货运站建成。2014 年 1 月 29 日，成都空港保税物流中心（B 型）获批建设，同年 10 月 23 日正式通过国家验收，2015 年 6 月正式封关运行。国家质检总局于 2014 年 12 月 22 日批准成都空运口岸为“进口冰鲜水产品检验检疫口岸”；于 2016 年 7 月 29 日发布《关于实施进境食用水生动物指定口岸制度的公告》（国家质检总局公告 2016 年第 74 号），成都空运口岸成为“进境食用水生动物口岸”；于 2016 年 4 月批复设立成都空运口岸进境水果指定口岸，2016 年 10 月 27 日成都空运口岸进境水果指定口岸通过国家质检总局验收；于 2017 年 7 月 14 日批复成都空运口岸筹建进口肉类指定口岸。2019 年 10 月 24 日，海关总署对成都空运口岸进口肉类指定监管场地建设及进口冰鲜水产品指定监管场地变更进行正式验收。2019 年 9 月 30 日，成都市获国家药品监督管理局批准，成为续北京、上海、广州、重庆后全国第 5 个生物制品进口城市。成都空运口岸于 2019 年 1 月 1 日起正式实施部分国家外国人 144 小时过境免签政策（53 个国家），全面实施“7×24 小时”通关制度。

【泸州水运（河港）口岸（临时开放）】 围绕自贸区川南临港片区拓展口岸功能平台，争创国家开放水运口岸和申建综合保税区，成功争取泸州河港口岸临时开放延期至 2020 年 6 月 11 日，为进口粮食、肉类、木材等口岸功能拓展奠定基础。2019 年 10 月 25 日，进口肉类指定监管场地通过海关总署正式验收并投入运行；12 月 20 日，成功申建泸州综合保税区，完成土地平场和道路管网建设预算和财评，基础设施建设正在有序推进；12 月 24 日，正式获批跨境电商综合试验区，泸州港保税物流中心（B 型）拓展跨境电商业务，促进保税物流的发展。2019 年，泸州港保税物流中心（B 型）报关 1 610 票，同比增长 51.74%；监管货重 19.88 万吨，同比增长 55.31%；监管货值 37.9 亿元，同比增长 22.26%；两税收入共 3.25 亿元，同比增长 28.52%。泸州市覆盖使用国际贸易“单一窗口”，打造“长江眼”国际贸易“单一窗口”地方特色功能。建立收费目录清单和公示制度，实施口岸联检部门联合执法，规范口岸收费行为。制订《泸州市优化口岸营商环境促进跨境贸易便利化的实施方案》，建立口岸物流工作联席会议制度和口岸通关意见投诉反馈机制，多举措促进跨境贸易便利化。构建内陆整体通关时效“分类分段式”量化评价模式。实施“全国通关一体化”“汇总征税”“信任通关”“启运港退税”+“零费用口岸”等政策。截至2019 年年底，泸州河港口岸出口退税办理时限已压缩至3 天。2019 年1 月~12 月，实行“零费用”政策为企业节约口岸服务费用300 多万元。2019 年，泸州河港口岸实现外贸集装箱量 49 271 标箱，同比增长 34.81%；完成进口粮食 8.67 万吨，成为四川最大的粮食进口指定口岸。泸州港保税物流中心（B 型）实现进出口货物 7 743 标箱，同比增长 53.1%；货重 19.88 万吨，同比增长 55.3%。泸州港集装箱班轮航线从武汉、南京、上海拓展至中国台湾地区、日本、韩国等，2019 年进出外贸船舶 1 632 班次，完成外贸货物吞吐量 54.6 万吨。2019 年，实现铁水联运 41 116 标箱，同比增长 16.97%。

【宜宾水运（河港）口岸（临时开放）】 位于四川省南部地区，地处四川宜宾港志城作业区、长江上游北岸，距离成都市 242 千米，是国务院《关于依托黄金水道推动长江经济带发展的指导意见》确定的长江十大加快建设港口之一。依托长江黄金水道，促进四川省及川滇黔区域开放型经济发展。2007 年 7 月，四川省政府批准在宜宾港安阜作业区设立宜宾二类水运口岸。2011 年 1 月，宜宾河港口岸由安阜作业区迁至新建的宜宾港志城作业区，2012 年 12 月正式对外开放。2014 年 10 月 9 日，获国家质检总局批准成为国家进口粮食指定口岸；2015 年 12 月 17 日，获海关总署等部门批准，设立宜宾港保税物流中心（B 型），2016 年 9 月 19 日正式投入运营。2018 年3 月16 日，获交通运输部批准，宜宾河港口岸临时开放；2019 年 12 月 9 日，成功争取宜宾河港口岸临时开放延期至 2020 年 6 月 11 日。2019 年 12 月 20 日，获国务院批准设立宜宾综合保税区，已完成一期 11 栋共 11 万平方米标准厂房建设，正加快推进区内道路、围网、卡口、信息化系统等基础设施和监管设施建设安装工作。宜宾河港口岸稳定开行每周 18 班至 19 班集装箱班轮航线，引进全球前 20 强海船公司设立外贸还箱点，拓展开行“成都—宜宾—北部湾”南向通道班列、西部首条“水上高铁”——宜宾至上海“五定”集装箱班轮。宜宾港与上海港实现“信息管理业务，三个一体化”，并与上海港、南京港、重庆港合股成立专业码头公司和专业物流公司，为口岸腹地企业提供更加便捷高效的港航物流综合服务。2019 年，宜宾河港口岸实现外贸箱量 13 440 标箱，同比增长 8.25%；完成进口粮食 19 批次共 11 000 吨。宜宾港保税物流中心（B 型）一线进出口货物 25.3 万吨（进口货物 23.3 万吨，出口货物 2 万吨），同比增长 109%；贸易统计一线货值 19.3 亿元（进口货值 13.9 亿元，出口货值 5.4 亿元），同比增长 125%；一线集装箱进出吞吐量 14 855 标箱，同比增长 69%。中心货运量和集装箱量继续位居成都关区 5 个保税物流中心第一。宜宾河港口岸集装箱班轮航线从武汉、南京、上海拓展至中国台湾地区、日本、韩国等，2019 年进出外贸船舶 1 600 班次，完成外贸货物吞吐量 22.8 万吨。2019 年，实现铁水联运 10 730 标箱，同比增长 255.2%。

【青白江陆路（铁路）口岸（临时开放）】 于2010 年5 月住四川省政府批准设立，位于成都市青白江区（距离成都 30 余千米），毗邻成都铁路集装箱中心站，口岸占地面积约 22 万平方米，总建筑面积 3.7 万平方米，2011 年 10 月通过验收，2012 年 4 月正式封关运行。2014 年 4 月 21 日，国家口岸办批复同意青白江陆路（铁路）口岸为国家临时对外开放口岸。2015 年 6 月获批多式联运海关监管中心。口岸拥有标准化监管场所、一流的监管环境、无缝对接的物理卡口，通过与铁路、海关的深入合作，实现海关、铁路物流信息资源共享。青白江陆路（铁路）口岸是四川省“贯通南北、连接东西、通江达海”，辐射整个西部的国际化平台，承担了成都范围内70%的进出口货物通关。成都铁路集装箱中心站是原铁道部在全国范围内规划的18个中心站之一，是亚洲规模最大的铁路集装箱中心站，于2008年开工建设，2010年建成投入使用。占地约142.67万平方米，总投资11亿元。近期设计年吞吐量100万标箱，远期为400万标箱。“蓉欧+”战略稳步实施，成都国际班列四向通道网络体系加速形成。截至2019年12月31日，成都国际班列已通达罗兹、纽伦堡、蒂尔堡、莫斯科、马拉、伊斯坦布尔、明斯克、斯莫根、阿拉木图、布拉格、维也纳、托木斯克、塔什干、河内等26个海外城市，国内连通上海、深圳、武汉、厦门等15个城市。2014年9月获批进境肉类指定口岸，2016年3月通过国家质检总局组织的正式验收。肉类指定口岸建有1 000平方米冷冻（冷藏）集装箱堆场、3 450平方米冷链查验和储存一体化设施，贮存能力达3 000吨。2015年1月获批汽车整车进口口岸，2015年11月通过海关总署等部委正式验收，建有1 500平方米的海关查验区及3 000平方米的进口整车专用堆场，同时配备2条检测线，满足进口车检测需求。2019年5月8日，青白江陆路（铁路）口岸进境粮食指定监管场地正式通过海关总署验收，具备进口粮食的条件和资质。2015年11月25日，成都国际铁路港保税物流中心（B型）获批设立，总投资约3.6亿元，占地面积约18.33万平方米，仓储面积6.5万平方米，2016年9月通过由海关总署、财政部、国家税务总局、外汇管理局四部委组织的正式验收，2016年11月封关运行。

原二类口岸

【成都陆路（公路）外贸货物装卸点】 位于成都市龙泉驿区成都（国家）经济开发区物流中心内（成都经开区南四路325号），距离成都市中心20千米。该口岸总占地约15.47万平方米，总建筑面积约12万平方米，包括3.8万平方米联检大楼、三进三出智能卡口、2.4万平方米集装箱堆场、5 000平方米海关查验平台、3.2万平方米仓库，以及2 400平方米货车服务站，设计年货物吞吐量约40万标箱。2015年7月29日，海关总署批准同意设立成都海关驻龙泉驿办事处。2016年8月30日，成都陆路（公路）口岸正式封关运营，海关驻龙泉驿办事处同时入驻。2016年11月21日，成都市龙泉驿区人民政府连续3年购买成都公路口岸国际业务操作服务，减免企业通过成都公路口岸合法通关的全部操作费用，优化口岸通关环境，促进区域外向型经济发展。2017年4月18日，成都海关批准设立公路口岸公共保税仓，完善保税仓储功能。2017年11月1日，正式启动“单一窗口”标准版的推广应用，沃尔沃成为四川省首批“单一窗口”报关接口开发试点企业。2017年11月21日，海关总署批准成都海关驻龙泉驿办事处为综合性海关。2017年12月，成都海关批准开展跨境电商业务，国加电商公司入驻成都公路口岸开展跨境电商直邮业务，2019年共开展跨境电商直邮进出口业务8.7万票，货值3 827.4万元。2019年1月，原成都海关驻龙泉驿办事处并入天府新区海关，新设天府新区海关龙泉驿办公区。成都陆路（公路）口岸2019年共监管进出口货物26.6万吨，货值159.3亿元；监管进出境集装箱8.6万标箱次，两税入库28.76亿元。

【成都国际邮件】 下辖两个海关监管场所：成都国际邮件互换局、成都空港国际快件中心，位于成都市双流区航空港经济开发区、机场高速公路旁，距成都双流国际机场5千米。成都国际邮件互换局为独立的海关监管区域，实施封闭式管理，面积3 200平方米。成都国际邮件互换局是支撑四川省特快、普邮等所有进出口国际邮件的清关、转运口岸，主要产品有进出口EMS、出口E邮宝、E特快、E包裹、进出口国际函件、进出口国际小包、进出口国际包裹，并同新加坡、韩国、日本、美国、英国、德国、俄罗斯7个国家和中国香港地区建立了国际及地区邮件直航直封关系，其余国家和地区通过北上广互换局中转进出口。成都空港国际快件中心经成都海关（蓉关函〔2014〕205号）批准，将位于成都双流航空港黄河中路389号-2号仓库中的3 500平方米作为成都空港国际快件中心非邮国际快件和跨境电商监管场所，旨在为非邮国际快件及跨境电商提供国际快件通关服务平台。2014年8月，成都空港国际快件中心正式封关运行。2019年，成都国际邮件互换局、成都空港国际快件中心共交换、查验国际邮件约1 288.15万件，同比增长18.3%。

【绵阳陆路（铁路）外贸货物装卸点】 位于四川省绵阳火车北站（货站）（宝成复线下行线ZK542千米20米处，上行线YK541千米427米处）。距离成都市93千米，服务川西北地区外向型经济发展，是川西北地区连通外界的门户。辖区拥有出口加工区（现整合优化为综合保税区）、综合监管平台（含出口监管仓和公共型保税仓库）等海关监管场所两处。2019年，实现工业产值76 392万美元，同比增长3.38%；实现出口额15 734万美元，同比增长7.4%。2019年，绵阳海关共验放进出口货物2.81万吨，同比增长20.3%；监管标准集装箱进出口货物1.35万标箱，同比增长15.45%；铁路货运到发量880.53万吨，同比增长20.9%。

【攀枝花陆路（铁路）外贸货物装卸点】 位于川南地区攀枝花市渡口火车站，地处川滇结合部，距离成都637千米。是四川通往东南亚沿边、沿海口岸的最近点，为“南方丝绸之路”上重要的交通枢纽和商贸物资集散地。该口岸查验和监管设施、设备，以及堆场面积、监管仓库等基础设施、设备完善齐全，可满足攀西地区外贸货物进出口查验、验放的需求。

【乐山陆路（铁路）外贸货物装卸点】 位于四川省川南地区，乐山市乐山北站（夹江县），距离成都136千米。货场面积218 000平方米，仓库面积1 150平方米，配有集装箱门吊3台、叉车7台。

2019年四川省口岸大事记

1月1日

成都空运口岸实行“7×24小时”通关保障，全天候保障所有国际航班、国际旅客和进出口货物通关，实现“随到随检、快速通关”。

国务院批准，成都空运口岸过境免办签证停留时间由72小时延长至144小时。

2月26日~28日

中国—欧盟安全智能贸易航线试点计划（简称“安智贸”）第32次工作组会议在成都召开，通过了成都加入试点城市的申请，并确定将中欧班列（成都—波兰罗兹）铁路航线及相关企业纳入“安智贸”。

3月19日

天府新区成都片区保税物流中心（B型）通过成都海关、财政部驻四川省财政监察专员办事处、国家税务总局四川省税务局及国家外汇管理局四川省分局组成的联合验收组联合验收。

3月28日

全国政协副主席郑建邦一行到成都国际铁路港调研。

4月25日

宜宾水运（河港）口岸获交通运输部批复临时开放延期至2019年10月25日。

广西壮族自治区党委书记鹿心社及四川省省长尹力一行到成都国际铁路港调研。

5月8日

青白江陆路（铁路）口岸进境粮食指定监管场地正式通过验收，具备进口粮食的条件和资质并投入运营。

5月24日

四川首架保税融资租赁飞机“双流壹号”在成都空运口岸顺利通关，标志着四川自贸试验区内飞机租赁产业发展取得实质性突破。

5月28日

中国石油四川石化首批顺利管输至成都双流国际机场的保税航油完成海关通关手续。

6月1日

三文鱼“两段准入”通关改革在成都空运口岸（成都双流国际机场）顺利实施，首批来自智利的三文鱼顺利通关进口。

7月9日

中央政治局委员、重庆市委书记陈敏尔一行到成都国际铁路港调研。

7月12日

成都空运口岸进口肉类指定监管场地通过成都海关预验收。

9月25日

天府新区成都片区保税物流中心（B型）正式封关运营。

9月30日

成都市经国家药品监督管理局公告成为继北京、上海、广州、重庆后全国第5个生物制品进口城市。

10月15日

来自14个国家14个省（州）的友城及友好合作关系代表团外方嘉宾参加了2019“一带一路”四川国际友城合作与发展论坛之贸易与物流分论坛，探索利用中欧班列（成都）与西部陆海新通道，促进货物进出口，共建空铁海铁公铁联运国际经济走廊。

10月16日

“一带一路”四川国际友城合作与发展论坛代表团荷兰林堡省长博文斯、荷兰前副首相马克西姆·费尔哈亨、俄罗斯楚瓦什共和国总理莫托林一行到成都国际铁路港调研。

10月18日

波兰罗兹省副省长罗伯特·巴雷瓦一行到成都国际铁路港调研。

10月19日

卢森堡副首相弗朗索瓦·鲍施一行到成都国际铁路港调研。

10月24日

海关总署对成都空运口岸进口肉类指定监管场地建设及进口冰鲜水产品指定监管场地变更进行正式验收。

10月25日

泸州港四川川南临港片区进口肉类指定监管场地通过海关总署正式验收并投入运行。

12月1日

成都空运口岸外国人过境144小时免签停留区域扩至成都、乐山、德阳、遂宁、眉山、雅安、资阳、内江、自贡、泸州、宜宾11个市。

12月9日

宜宾水运（河港）口岸获交通运输部批复临时开放延期至2020年6月11日。

12月16日

海关总署、财政部、国家税务总局、国家外汇管理局联合发文《关于准予设立南充保税物流中心（B型）的函》，批准设立南充保税物流中心（B型）南充现代物流园投资建设开发有限责任公司为建设和经营主体，要求自批准设立之日起1年内完成建设并申请验收。

12月20日

泸州综合保税区申建成功，完成土地平场和道路管网建设预算和财评。

国务院正式批准设立宜宾综合保税区。宜宾综合保税区选址于宜宾临港经济技术开发区内、宜宾水运（河港）口岸后方陆域保税物流中心向东延展，总面积约0.89平方千米。

12月24日

泸州港保税物流中心（B型）拓展跨境电商业务，正式获批跨境电商综合试验区。

12月27日

依托成都公路口岸正式开通西部陆海新通道跨境（公路）货运班车，未来将充分发挥公路口岸通关和货物集散功能，开行3条南向主力线路：东线为成都—凭祥—河内—岘港—胡志明市，中线为成都—昆明—磨憨—会晒—清莱—曼谷，西线为成都—瑞丽—曼德勒—仰光/皎漂。

12月30日

成都空运口岸出入境突破700万人次，成为全国第4个、中西部出入境人员流量唯一突破700万的航空口岸。

（撰稿人：幸福、刘若、卢冬、黄涛、文俐、高曙光、罗宇红、缪宏、达士杰）

2019 年四川省口岸流量统计表

口岸类型	口岸名称		货运量（万吨）				集装箱量（万标箱）				人员（万人次）				交通工具（辆、艘、架、列次）			
			出口	进口	合计	同比(%)	出口	进口	合计	同比(%)	出境	入境	合计	同比(%)	出境	入境	合计	同比(%)
空运口岸					15.70	45.51					355.20	351.03	706.23	17.74			39 905	18.80
	分计																	
陆路口岸	公路口岸				26.60	-15.28			8.60	32.55								
		分计																
	铁路口岸				492.16	-4.22			13.93	11.32								
		分计																
水运口岸	海港口岸																	
		分计																
	河港口岸				75.97	15.55			6.20	26.60								
		分计																
合计			—	—	610.43		—	—	28.73		355.20	351.03	706.23		—	—	39 905	
同比（%）					3.43				52.61				17.74				18.80	

（四川省政府口岸物流办提供）

2019年四川省口岸出入境主要数据表

项目			2019年	2018年	同比（%）
出入境人员（人次）	出入境人员总数		7 062 305	5 998 202	17.7
	入境人员		3 510 284	2 978 926	17.84
	出境人员		3 552 021	3 019 276	17.64
	出入境旅客		6 635 548	5 647 825	17.49
	出入境员工		426 757	350 377	21.80
	中国公民	小计	6 180 640	5 265 077	17.39
		内地居民（因公）	261 068	205 401	27.10
		内地居民（因私）	5 495 122	4 671 576	17.63
		港澳居民	190 200	179 911	4.57
		台湾同胞	234 250	208 189	12.52
	外籍人员		881 665	733 125	20.26
	从海港出入境人数				
	从陆港出入境人数				
	从空港出入境人数		7 062 305	5 998 202	17.7
交通运输工具（辆、艘、架、列次）	总　计		39 905	33 591	18.80
	船　舶				
	飞　机		39 905	33 591	18.80
	火　车				
	机动车辆				

（四川出入境边防检查总站提供）

2019 年成都海关主要数据统计表

项　目		2019 年	2018 年	同比（%）
进出口货运量（万吨）	合计	586.4	670.5	-12.50
	进口	465.7	550.3	-15.40
	出口	120.7	120.2	0.40
进出口贸易总值（万美元）	合计	9 805 139	8 992 113	9.0
	进口	4 167 066	3 955 344	5.4
	其中：江、海运输	768 017	1 067 793	-28.1
	铁路运输	58 355	22 499	159.4
	汽车运输	301 224	227 360	32.5
	航空运输	3 033 556	2 635 813	15.1
	邮件运输	4 599	63	7 200.0
	其他运输	1 315	1 816	-27.6
	出口	5 638 073	5 036 769	11.9
	其中：江、海运输	1 731 065	1 914 778	-9.6
	铁路运输	474 408	305 879	55.1
	汽车运输	360 571	271 674	32.7
	航空运输	3 065 764	2 544 413	20.5
	邮件运输	3 592	16	22 350.0
	其他运输	2 673	9	29 600.0
税收（万元）	两税合计	1 695 973	1 791 154	-5.3
	关税入库	206 554	210 066	-1.7
	进口环节税入库	1 489 419	1 581 088	-5.8

（成都海关提供）

2019 年四川省指定监管场地统计表

序号	直属海关	监管场地名称	进境口岸	类型	拟进口品种	批复时间	备注
1	成都海关	成都双流国际机场进境食用水生动物指定监管场地	成都空运口岸	进境食用水生动物	虾、蟹等	2015 年 1 月	
2	成都海关	成都双流国际机场进境冰鲜水产品指定监管场地	成都空运口岸	进境冰鲜水产品	三文鱼、鲑鱼、墨鱼、带鱼等	2014 年 12 月	
3	成都海关	成都双流国际机场进境水果指定监管场地	成都空运口岸	水果	车厘子、榴莲、山竹、芒果、桃、杏等	2016 年 8 月	
4	成都海关	成都双流国际机场进境种苗指定监管场地	成都空运口岸	种苗	种苗	2010 年 4 月	
5	成都海关	成都铁路场站进口肉类指定监管场地	青白江陆运（铁路）口岸	肉类	肉类	2016 年 3 月	
6	成都海关	成都铁路场站进境粮食指定监管场地	青白江陆运（铁路）口岸	粮食	小麦、玉米	2019 年 5 月	
7	成都海关	泸州港进境粮食指定监管场地	泸州水运（河港）口岸	粮食	高粱、豌豆、扁豆、加利那草子	2014 年 1 月	
8	成都海关	四川川南临港片区进口肉类指定监管场地	泸州水运（河港）口岸	肉类	肉类	2019 年 9 月	
9	成都海关	宜宾港进境粮食指定监管场地	宜宾水运（河港）口岸	粮食	高粱	2014 年 1 月	
10	成都海关	成都双流国际机场进口肉类指定监管场地	成都空运口岸	肉类	肉类	2020 年 1 月	

（成都海关提供）

贵　州　省

贵州省口岸分布示意图

序号	类型	口岸名称	批准开放时间	开放状态
1	空运口岸（2个）	贵阳空运口岸	1992.9	国际常年
2		遵义空运口岸	2019.12	限中国籍

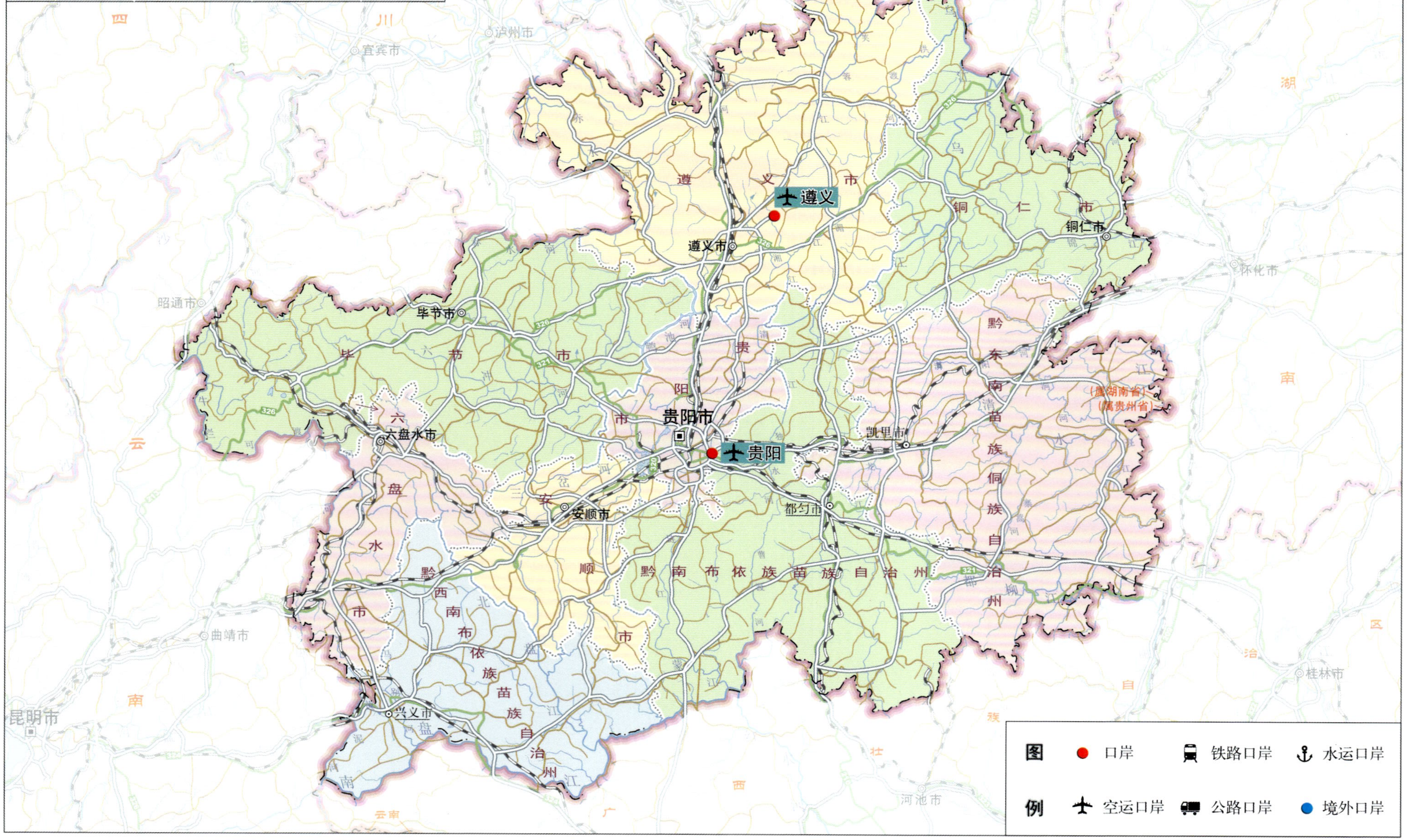

口岸数量及分布

截至2019年年底，贵州省有经国务院批准的对外开放口岸2个，即贵阳空运口岸（贵阳龙洞堡国际机场）、遵义空运口岸（遵义新舟机场）。

口岸运行数据

2019年，贵州空运口岸出入境人员共计898 956人次，同比增长32.46%。贵阳空运口岸（贵阳龙洞堡国际机场）、遵义空运口岸（遵义新舟机场）及铜仁凤凰机场共查验出入境航班6 180架次，同比增长23.5%。

2019年，海关监管进出口货值189.84亿元，申报报关单15 304份。检验检疫进出口货物共计12 388批、货值5.76亿美元；截获禁止进境物品6 879批次，截获进境植物有害生物13批次。

口岸综合管理

【贵州省空运口岸开放能力显著提升】 2019年，贵州省口岸核心能力建设水平全面提升，全省航空口岸出入境航班共计6 180架次，同比增长23.5%，出入境人员共计898 956人次，同比增长32.46%。其中，贵阳龙洞堡机场出入境航班共计5 652架次，同比增长23.78%，出入境人员共计80 560人次，同比增长32.83%，执飞航班有意大利米兰、法国巴黎、俄罗斯莫斯科、澳大利亚墨尔本，以及泰国曼谷、越南芽庄、日本大阪、缅甸曼德勒、柬埔寨暹粒、马来西亚吉隆坡、新加坡、中国香港、中国澳门、中国台北等多条国际和地区航线，通航点达到26个。同期，遵义新舟机场出入境航班共计340架次，出入境人员共计61 147人次；铜仁凤凰机场出入境航班共计188架次，出入境人员共计32 179人次。

【贵阳龙洞堡机场荣获国际卫生机场】 2019年11月25日，贵阳龙洞堡机场顺利通过世界卫生组织和海关总署专家考核验收，荣获国际卫生机场称号，标志着贵阳航空口岸公共卫生防控能力跻身世界先进水平。自2018年8月正式启动国际卫生机场创建工作以来，按照“政府主导，机场主体，海关技术指导，相关职能部门协作配合”的工作原则，贵州省政府办公厅印发《省人民政府办公厅关于印发贵阳龙洞堡国际机场创建国际卫生机场工作方案的通知》，成立以分管副省长为组长的省创卫工作领导小组，省商务厅（省政府口岸办）、贵阳海关、省机场集团、省卫健委、省生态环境厅及贵阳市政府等13家部门（单位）作为成员，领导小组办公室设在省商务厅（省政府口岸办）。领导小组对327项创卫整改任务进行统筹部署和督促检查，各职能单位和创卫主体严格对照《国际卫生条例（2005）》和我国相关卫生法律法规，分别制订相应实施细则和工作方案，全力确保各项工作落到实处。在各单位的共同努力下，机场基础设施建设和优化改造项目陆续完成，并分别通过海关总署预验收测评和口岸核心能力建设巩固提升复核检查。2019年11月25日，通过听取工作汇报、实地走访检查、翻阅台账资料等方式，世界卫生组织专家组对贵阳龙洞堡机场创建国际卫生机场进行了验收考核，对机场创卫工作进行了总体评价，一致认定贵阳龙洞堡机场已达到国际卫生机场标准和要求，并正式授予贵阳龙洞堡机场国际卫生机场称号。

贵阳龙洞堡国际卫生机场授牌仪式

【国务院批复同意贵州遵义新舟机场对外开放】 2019 年 12 月 30 日，国务院批复同意遵义新舟机场航空口岸对外开放，成为贵州省历史上第二个正式开放口岸。作为联通贵州北部与世界的桥梁和纽带，建设遵义新舟机场航空口岸是贵州内陆开放型经济试验区的重点任务。2014 年，贵州省启动了遵义新舟机场航空口岸申建工作，将其列入《贵州省口岸发展“十三五”规划》重点项目。自 2015 年实现临时开放以来，遵义新舟机场已累计开通至泰国、韩国、马来西亚、越南等 13 条国际包机航班，执行国际航班 1 044 架次，国际旅客吞吐量 18.1 万人次。2019 年，执行国际航班 346 架次，国际旅客吞吐量 58 647 人次。

【持续推动陆海贸易新通道建设】 以贵阳铁路口岸（监管场所）建设国际陆海贸易新通道重要节点为契机，依托现有交通、站点基础设施条件，主动对接国家和区域发展战略，落实贵阳铁路口岸（监管场所）“一口岸，两作业区”规划。制定出台《关于支持中新（重庆）战略性互联互通示范项目“国际陆海贸易新通道”建设有关政策措施的意见》，指导、协调成立贵州陆海新通道供应链管理有限公司。国际陆海贸易新通道（贵州－广西北部湾）现已开行改貌站至钦州港站、钦州港东站、防城港港站，钦州港站至遵义北站，福泉站至北海港站、防城港港站，阁老坝至凭祥站等线路，覆盖了黔中、黔南、黔北地区，目前正在拓展黔西南兴义、黔东南凯里、六盘水等地。2019 年，累计开行下行班列 56 列，班车 93 车次，班列班车均实现周班，累计发运 2 842标准集装箱，超额完成全年目标，目的地涵盖三大洲 8 个国家，铁路运输成本较 2018 年下降 20% 以上，运输时间缩短三分之二。

【深入推进优化口岸营商环境工作】 贵州省持续贯彻落实《国务院关于印发优化口岸营商环境促进跨境贸易便利化工作方案的通知》（国发〔2018〕37 号）等文件精神，始终以口岸营商环境优化提升为工作重点，协调推进《贵州省优化口岸营商环境促进跨境贸易便利化工作方案》的落实，口岸营商环境不断改善。一是积极推行事中事后监管，做到强化监管与优化服务协同并进，扩大“单一窗口”申报模块业务范围，升级监管证件办理程序，审批监管事项明显减少。二是有效推进“两步申报”“两段准入”等改革试点，全面推广进出口“提前申报”模式，口岸通关流程不断优化。2019 年进、出口提前申报率分别达到 41%、87.1%。三是大力开展压缩货物通关时间专项治理，口岸通关时间持续压缩，目前进口整体通关时间为 11.48 小时，出口整体通关时间为 1.31 小时，较 2018 年同期分别压缩 59.39% 和 53.21%。四是深入开展口岸收费清理专项行动，联合贵阳海关、省市场监管局、省财政厅等单位深入口岸现场和外贸企业检查调研，持续公开公示口岸收费目录清单，实行动态化管理，确保口岸收费合规合理、公开透明。

口岸监管与服务

【贵州出入境边防检查总站严守国门安全】 2019 年，贵州出入境边防检查总站以“践行新使命、忠诚保大庆”实践活动为使命担当，全面开展风险隐患排查整改，全方位抓好 9 类 22 个问题的整改落实，确保口岸维稳工作“零隐患”。全面规范值班管理、应急指挥、请示报告等工作程序，指挥体系更加规范、高效、有力。加大前台检查装备投入，严守“三条底线”、坚持“五必问”要求，建立专职后台核查队伍，创新数据分析核查办法，防范和打击各类口岸捣乱破坏活动能力得到显著提升。完善口岸突发事件应急处置预案，健全应急处置体系，加强与公安、反恐、国安、海关等单位警务协作、联勤联控机制建设，筑牢了立体防控的“铜墙”。启动实施贵阳口岸限定区域管理，落实限定区域通行管理制度，扎紧了口岸管理的“篱笆”。全年共筛查出经贵州口岸入境需关注的重点国家和地区人员 480 余人，查获在控人员 112 人、网上追逃人员 14 人，查办持用伪假外交护照、验讫章出境案件

2起2人，查获携带毒品入境案件1起2人，查获“三非”外国人案件12起12人，实现了拒敌于境外、俘敌于前沿、守住国门安全的工作目标。

【贵州出入境边防检查总站全力服务对外开放】 贵州出入境边防检查总站始终把服务开放作为“职能重心”，全面加强重大决策、重大战略、重大任务的研究把握，创新研究并提出激活口岸经济形态的意见和建议，促进口岸开放经济发展。推出全时保障、骨干轮勤、政策宣传、快速通关等配套措施，全面提升口岸边检基础设施和服务保障水平，务实推动贵阳口岸增线扩航、遵义口岸获批开放和铜仁临时口岸国际通航常态化。总站始终靠前优质服务“一带一路”建设和2019中国生态文明建设·贵阳论坛、2019中国—东盟教育交流周、第九届中国（国际）酒类博览会暨2019贵州内陆开放型经济试验区投资贸易洽谈会、2019中国国际大数据产业博览会等省内重大经贸文化交流活动。融入贵州建设内陆开放型经济试验区战略，积极配合省商务厅、省文旅厅等部门，研究并形成对外开放、航线开通、旅游产品开发等方面的出入境数据分析报告，为省委省政府决策提供支撑。全年全省口岸共检查各类公务、商务、急救包机和调机63架次；各口岸整体通关效率提升约20%，旅客通关满意度达100%。

【贵阳海关有序推进机构改革】 坚决落实中央机构改革精神和海关总署党委统一部署，做好“三定”后机构运行各项衔接，机构改革顺利通过海关总署验收，贵阳海关所属贵阳龙洞堡机场海关、筑城海关等9个隶属海关全部揭牌运行。加快有关行政规范性文件和制度规章的“立改废”工作部署，共修订69项规章制度。抓好队伍建设，完成转隶人员关衔首授、公务员职级套转、干部职工养老保险参保缴费等相关工作。深入推进事业单位改革，理顺事业单位管理体制，发挥专业技术人才的作用。组织开展形式多样的文体活动，持续强化准军事化纪律部队作风建设，有力促进队伍深度融合。强化全员培训，组织开展各类培训70期，参训人员2 500人次，174人经考试获卫检、动植检、食品和危化品岗位资质，干部队伍的素质和能力进一步提升。

【贵阳海关扎实开展业务改革】 全面落实海关总署“改革2020”框架方案要求，主动申请“两步申报”改革试点，首单全流程申报在关区试点成功，“两段准入”“两轮驱动”同步推进。“提前申报”模式全面推广。签发各类原产地证书5 800余份，涉及金额10亿美元，改革红利加快释放。优化税收征管方式，关税保证保险担保额度超过2亿元，自报自缴占应税报关单80%以上。加强知识产权海关保护，开展龙腾2019专项行动，与上海、青岛等六地海关开展执法合作，查获侵犯贵州某知名品牌知识产权货物一批，案值21.7万元人民币，关区知识产权海关保护实现“零”的突破。深化“放管服”改革，开展“证照分离”改革全覆盖试点；深入推进“多查合一”改革，办结保税和检验检疫后续核查作业61起；强化事中事后监管，2019年办结稽查作业15起；飞机专项稽查行动实现稽查单次补税1 300万元，创历史新高。

【贵阳海关严把国门安全关】 贵阳海关始终将“把好国门”作为最基本最重要的职责，把打击“洋垃圾”和象牙等濒危物种及其制品走私等作为重要任务，扎实开展打击走私“国门利剑2019”和“蓝天2019”联合专项行动，共立案113起，案值6 686万元，同比分别增长140%、91%。其中，查办濒危物种及其制品案件73起，涉嫌走私毒品案件7起，涉嫌走私农产品案件4起，查获涉嫌走私仿真枪4支，办结关区首起“以废充旧”进口144台“旧复印机”固体废物案件。把好口岸公共卫生安全关、国门生物安全关、进出口食品安全关、进出口商品质量安全关。首次在入境旅客中检出输入性登革热病例2例，在归国人员中检出疟疾3例，口岸核心能力以91.06分的高分通过海关总署复核。开展“动植检能力提升工程”，持续完善口岸检疫基础设施，全力做好非洲猪瘟等疫情防控，口岸截获猪肉及其制品228批次66公斤。强化抽样检验和风险监测任务执行，抽取动植物、食品和商品样品270批次，布置进境有害生物监测点205个，全力维护生态安全和人民健康。严格对出口打火机的监管，全面执行国家检验检测标准，2019年共检验检疫打火机1 386批次，货值1.29亿美元。

【贵阳海关致力于服务贵州对外开放】 紧紧围绕《海关总署贵州省人民政府合作备忘录》任务分工，持续推动贵州内陆开放型经济试验区建设，提前谋划贵阳机场T3航站楼扩建后监管现场的布局。黔南、兴义两个进境种猪隔离检疫场通过验收。海关指定监管场地建设加快，口岸功能不断丰富。简化综合保税区进出区管理，支持贵阳综合保税区跨境电商、一般纳税人资格试点，上线全省首个数字化跨境电商综合服务平台，支持贵安综合保税区复制推广多项海关监管创新制度，仅华为项目上线以来，非保税货物进出区达49亿元。打造贵州国际陆海贸易新通道，与14个海关签署合作备忘录，进一步提高跨关区通关服务保障能力。支持贵州粤港澳大湾区"菜篮子"项目建设，出台促进贵州特色产品出口措施，茶叶检验检疫货值首次突破1亿美元。开展"小吉他、大产业"项目研究，探索贵阳海关全产业链扶持模式，推动全国吉他之乡正安县吉他外贸产业做大做强。

【贵阳海关严筑口岸防线】 贵阳海关所属贵阳龙洞堡机场海关在贵阳龙洞堡国际机场查获象牙、砗磲等濒危物种及其制品244起，截获禁止进境物品5 293批次。贵阳海关所属遵义海关在遵义新舟机场查获濒危物种及其制品33批次，截获禁止进境物品600批次。贵阳海关所属铜仁海关在铜仁凤凰机场截获禁止进境物80 588批次。筑牢"境外、口岸、境内"三道防线，贵阳、遵义、铜仁3个航空口岸共检疫出入境航班6 193架次，检疫出入境旅客892 874万人次，排查不适症状及可疑人员140例，经实验室阳性确诊57例，同比增长21.28%，首次在入境旅客中检出输入性登革热病例2例，恶性疟原虫、卵型疟原虫混合病例1例。2019年，在贵阳、遵义和铜仁3个航空口岸共登临检查来自疫区的航班802架次，截获进境植物有害生物共计13批，截获猪肉及其制品228批次66公斤，未检出阳性案例。

贵阳龙洞堡国际机场

开放口岸

【贵阳空运口岸（贵阳龙洞堡国际机场）】 贵阳龙洞堡国际机场位于贵州省贵阳市东郊龙洞堡地区，距贵阳市公路距离约11千米。机场标高1 138.89米，于1997年5月28日建成通航，是中国西部地区重要的航空枢纽、区域枢纽机场、西南机场群成员。机场占地面积约4平方千米，2013年4月，机场二期扩建投入运行，新建T2航站楼13.4万平方米。2016年12月，贵阳龙洞堡国际机场三期改扩建工程全面启动，按2025年旅客吞吐量3 000万人次、货邮吞吐量25万吨、飞机起降量24.3万架次的目标进行规划设计。2018年9月，贵阳龙洞堡国际机场三期扩建T3航站楼全面开工，西北机坪新建6个停机位投入使用。

目前，机场飞行区指标为4E，现主要设施包括一条长3 200米、宽45米的跑道，3条快速脱离道和2条端联络道，可接受波音747、空中客车A330等同类及其以下机型的全重起降，是具有先进导航系统和设施的4E级现代化机场。机场管理机构为贵州省机场集团有限公司。航站楼总建筑面积20.1万平方米，站坪机位52个，货运站面积2.52万平方米，配有供油、空管等配套设施。

截至2019年年底，贵阳机场共有航线253条，其中国内始发航线187条，国内经停航线41条，国际（地区）航线25条，遍及国内近108个大中城市，俄罗斯、美国、法国、意大利、澳大利亚、日本、韩国、新加坡、缅甸、印度尼西亚、泰国、越南、马来西亚、柬埔寨、尼泊尔以及中国香港、澳门和台北地区等国家和地区。共有执飞航空公司49家，其中国内航空公司33家，国际（地区）航空公司16家。

贵阳龙洞堡国际机场旅客吞吐量逐年攀升，继2013年突破1 000万人次、2016年突破1 500万人次、2017年突破1 800万人次之后，2018年首次突破2 000万人次大关，跻身全国2 000万级大型繁忙机场行列。2019年完成旅客吞吐量2 191.1万人次，同比增长9%，位居全国机场第20位。机场安全形势持续平稳，运输生产势头良好。

遵义新舟机场

【遵义空运口岸（遵义新舟机场）】 遵义新舟机场位于遵义市新蒲新区新舟镇境内，距离遵义市中心城区东部35千米，由原遵义新舟军用机场改扩建而成。2010年9月遵义新舟机场正式动工进行改扩建，2012年8月28日正式建成通航。机场飞行区等级指标为4C，共有10个C类停机坪，跑道长约2 800米，可满足波音737、空客A319和A320系列等机型全载起降。2015年航站楼改扩建后，航站楼面积约10 600平方米。

遵义市于2015年年初启动了遵义新舟机场二期改扩建工程前期工作，规划机场近期2025年旅客吞吐量为220万人次（国内205万人次，国际15万人次），远期2045年旅客吞吐量为450万人次（国内415万人次，国际35万人次）；规划方案近期（2025年）将机场民航国内航站区整体搬移至现跑道西侧进行新建，二期改扩建将建设26个C类停机位，将现有的2 800米跑道延长至3 000米，新建一条与跑道等长的平行滑行道，同时将建设旅客过夜用房、货运设施、机场公司业务用房、海关业务用房、边检业务用房、公安业务用房、安检业务用房等相关配套设施；国内航站区建成投入使用后，再将现使用的国内、国际共用航站区改造为国际航站区独立使用，同时规划预留基地航空、通用航空发展用地。航站楼近期规划建设6万平方米，其中国内49 000平方米，国际11 000平方米；可容纳最大国内吞吐量为415万人次，最大国际吞吐量为35万人次；可起降的最大机型为B737－800。

截至2019年12月，遵义新舟机场国内现有固定航线29条。自临时开放以来，遵义新舟机场累计开通国际和地区航线13条，入境人员累计126 346人次。

2019年贵州省口岸大事记

1月1日

贵州出入境边防检查总站组织全体干警隆重举行集体换装暨揭牌仪式。原贵州边防总队现役官兵集体告别军旅正式转改为人民警察，贵州出入境边防检查总站及贵阳出入境边防检查站正式组建运行。

1月16日

贵阳海关所属贵阳龙洞堡机场海关举行揭牌仪式。

2月1日

铜仁凤凰机场临时航空口岸开通铜仁往返越南胡志明市、河内市包机旅游航班。

2月2日

贵阳海关综合技术中心获得海关总署非洲猪

瘟检测初筛实验室资格认定。

2月5日

贵阳口岸出入境旅客单日验放量达3 503人次，突破历史最高纪录。

2月25日

时任贵州省副省长卢雍政主持召开全省口岸联席工作会议。

2月26日

宁波海关派员赴贵阳海关所属贵阳龙洞堡机场海关进行创卫工作技术指导。

3月14日

遵义综合保税区首本加工账册通过，标志着区内第一家加工企业正式投入生产运营。

4月1日

贵安综合保税区完成关区首票保税维修业务。

4月27日

贵阳机场运行管理委员会授予原贵阳海关驻机场办事处贵阳机场2018年度航班正常性“最佳合作单位”称号。

5月16日

贵阳海关所属遵义海关首次办理印度辣椒落地遵义综合保税区通关手续。

5月21日

贵阳海关、成都海关与四川航空有限公司就“成都—贵阳—墨尔本”国际航班国内段载运客运业务签订监管联系配合办法。

5月27日

海关总署总工程师吴幼毅到铜仁凤凰机场调研。

6月11日

贵阳龙洞堡国际机场举行贵阳—墨尔本航线首航仪式。

6月14日

贵州出入境边防检查总站召开“不忘初心、牢记使命”主题教育动员部署会，国家移民管理局主题教育第五指导组副组长熊志宇出席会议并做重要指示。

7月2日

贵阳海关所属贵阳龙洞堡机场海关与天津东疆海关签署《进口租赁飞机监管合作备忘录》并同飞机租赁企业开展座谈会。

7月2日~3日

贵阳龙洞堡国际机场顺利通过国际卫生机场国内预验收。

7月10日

贵阳海关所属铜仁海关签发铜仁凤凰机场临时航空口岸首张国境口岸卫生许可证书。

7月31日

贵阳海关组织开展首批国境口岸卫生监督员资质线上考试工作。

8月9日

国家口岸办巡视员白石考察调研铜仁凤凰机场智慧航空口岸、贵阳（改貌）铁路口岸建设现场、贵阳南站、贵阳都拉营铁路货站等项目建设运行情况。

8月16日

贵阳海关缉私局再立7起违规携带象牙等濒危物种及其制品进境案件，共计580克。

9月2日

贵阳海关政治部主任邝力陪同海关总署“加强快件全链条监管、切实防范风险”专项调研组在贵阳海关所属贵阳龙洞堡机场海关开展调研检查。

9月17日~19日

海关总署第四督查组召开口岸公共卫生核心能力复核督导见面会，督导检查非洲猪瘟防控工作。

9月19日

海关总署口岸公共卫生核心能力督查反馈会召开。贵阳龙洞堡国际机场口岸核心能力复核得分91.06分。

10月10日

贵州省副省长谭炯一行考察调研贵安综合保税区。

10月11日

贵阳海关顺利完成国境口岸卫生监督员、卫生检疫医师（员）资质考评工作，考试通过率为100%。

10 月 27 日

遵义综合保税区进出口总值突破 1 亿美元。

11 月 7 日

贵阳国际邮件互换局（交换站）获批设立。

11 月 25 日

贵阳龙洞堡国际机场顺利通过世界卫生组织国际卫生机场考核验收，成为西部第 2 家、全国第 12 家、海关机构改革后第 1 家获得世界卫生组织认证的国际卫生机场。

12 月 4 日

贵阳海关在遵义新舟机场开展口岸化学突发事件的应急演练。

12 月 13 日

贵阳海关所属铜仁海关隆重举行挂牌仪式。

12 月 25 日

贵州首罐保税航油成功入库。

贵阳海关所属贵阳龙洞堡机场海关举行禁止携带进境物品集中销毁活动，共计销毁 2019 年度截获的部分禁止进境的动植物及其制品 838 批次 645.9 公斤。

12 月 27 日

贵州省副省长谭炯出席中航油贵阳龙洞堡国际机场保税航油业务启动仪式，现场见证揭牌及首批 300 吨保税航油起泵入库。

（撰稿人：王海、谭榕、邱宁、谭海军）

2019 年贵州省口岸流量统计表

口岸类型	口岸名称		货运量（万吨）				集装箱量（万标箱）				人员（万人次）				交通工具（辆、艘、架、列次）			
			出口	进口	合计	同比(%)	出口	进口	合计	同比(%)	出境	入境	合计	同比(%)	出境	入境	合计	同比(%)
空运口岸			0.069 4	0.196 6	0.266 0	229.21					44.958 2	44.937 4	89.895 6	32.46	3 089	3 091	6 180	23.50
空运口岸	分计		0.069 4	0.196 6	0.266 0	229.21					44.958 2	44.937 4	89.895 6	32.46	3 089	3 091	6 180	23.50
陆路口岸	公路口岸																	
		分计																
	铁路口岸																	
		分计																
水运口岸	海港口岸																	
		分计																
	河港口岸																	
		分计																
合计			0.069 4	0.196 6	0.266 0	229.21					44.958 2	44.937 4	89.895 6	32.46	3 089	3 091	6 180	23.50
同比（%）			182.11	249.82	229.21						32.82	32.11	32.46		23.76	23.25	23.50	

（贵州省口岸办提供）

2019 年贵州省口岸出入境主要数据表

项　目			2019 年	2018 年	同比（%）
出入境人员（人次）	出入境人员总数		898 956	678 641	32.46
	入境人员		449 374	340 152	32.11
	出境人员		449 582	338 489	32.82
	出入境旅客		849 003	638 574	32.95
	出入境员工		49 953	40 067	24.67
	中国公民	小计			
		内地居民（因公）	8 593	8 425	1.99
		内地居民（因私）	730 518	539 273	35.46
		港澳居民	18 010	19 874	-9.38
		台湾同胞	68 463	60 607	12.96
	外籍人员		76 122	50 462	50.85
	从海港出入境人数				
	从陆港出入境人数				
	从空港出入境人数		76 122	50 462	50.85
交通运输工具（辆、艘、架、列次）	总　计		6 180	5 004	23.50
	船　舶				
	飞　机		6 180	5 004	23.50
	火　车				
	机动车辆				

（贵州出入境边防检查总站提供）

2019年贵阳海关主要数据统计表

项目		2019年	2018年	同比（%）
进出口货运量（万吨）	合计	180.9	236.3	-23.43
	进口	170.5	225.6	-24.42
	出口	10.4	10.7	-2.50
进出口贸易总值（万美元）	合计	657 358	760 286	-13.54
	进口	183 329	247 947	-26.06
	其中：江、海运输	67 606	71 280	-5.15
	铁路运输	98	146	-33.16
	汽车运输	54 461	138 727	-60.74
	航空运输	61 161	37 758	61.98
	邮件运输	3	1	-92.18
	其他运输	1	34	-42.88
	出口	474 028	512 339	-7.48
	其中：江、海运输	289 831	287 097	0.95
	铁路运输	6 388	2 979	114.42
	汽车运输	107 438	189 266	-43.23
	航空运输	70 225	32 972	112.98
	邮件运输	0	0	-100.00
	其他运输	145	25	—
税收（万元）	两税合计	53 139	80 217	-33.76
	关税入库	10 049	7 846	28.08
	进口环节税入库	43 090	72 371	-40.46

（贵阳海关提供）

2019 年贵州省指定监管场地统计表

序号	直属海关	监管场地名称	进境口岸	类型	拟进口品种	批复时间	备注
1	贵阳海关	贵阳龙洞堡国际机场进境植物种苗指定监管场地	贵阳龙洞堡国际机场	进境植物种苗		2015 年 1 月 19 日	

（贵阳海关提供）

口岸数量及分布

截至2019年年底，云南省有经国务院批准的对外开放口岸19个。其中，空运口岸4个，分别是昆明空运口岸（昆明长水国际机场）、西双版纳空运口岸（西双版纳嘎洒国际机场）、丽江空运口岸（丽江三义国际机场）、芒市空运口岸（德宏芒市国际机场）；陆路（铁路）口岸1个，即河口铁路口岸；陆路（公路）口岸12个，分别是瑞丽、畹町、孟定清水河、腾冲猴桥、打洛、磨憨、勐康、河口、天保、金水河、都龙、田蓬公路口岸；水运（河港）口岸2个，分别是景洪、思茅河港口岸。

口岸运行数据

2019年，云南省口岸进出口额达到283亿美元，同比增长15.9%；口岸货运量突破5 000万吨大关，达到5 110万吨，同比增长31.6%；口岸出入境人员首次突破5 000万人次大关，达到5 021万人次，同比增长9.5%；出入境交通工具突破1 000万辆（艘、架、列）次，达到1 039万辆（艘、架、列）次，同比增长5.2%。

2019年，云南省对越南口岸进出口额完成40亿美元，同比增长17.9%，占云南省口岸的14.2%；口岸货运量完成503万吨，同比增长16.5%，占云南省口岸的9.8%；出入境人员达到804万人次，同比增长12.6%，占云南省口岸的16.0%；出入境交通工具达到60万辆（列）次，同比增长35.5%，占云南省口岸的5.8%。

2019年，云南省对老挝口岸进出口额完成31亿美元，同比增长44.5%，占云南省口岸的11.0%；口岸货运量完成357万吨，同比增长39.4%，占云南省口岸的7.0%；出入境人员达到186万人次，同比增长13.7%，占云南省口岸的3.7%；出入境交通工具达到51万辆次，同比增长13.1%，占云南省口岸的4.9%。

2019年，云南省对缅甸口岸进出口大幅增长，进出口额完成161亿美元，同比增长18.6%，占云南省口岸的57.0%；口岸货运量共计完成2 478万吨，同比增长30.2%，占云南省口岸的30.2%；出入境人员共计达到2 857万人次，同比增长5.8%，占云南省口岸的56.9%；出入境交通工具共计达到682万辆次，同比增长0.7%，占云南省口岸的65.6%。

（备注：口岸运行数据中云南省口岸指标与流量统计表中的差额，是其他非口岸通道的数量。）

口岸综合管理

【强规划，构建对外口岸开放新平台】 截至2019年年底，云南省陆续获批开放了面向越、老、缅三国共19个边境陆路口岸和航空、水运口岸6个。其中，对缅口岸11个，对越口岸6个，对老口岸2个，边境陆路口岸整体呈现出“C”字形分布。同时，把口岸规划建设与国际大通道、跨境经济合作区、边境通道和边民互市点建设有机结合，与区域之间的仓储、物流、加工、金融等方面的规划有机结合，与促进边疆民族地区经济社会发展等有机结合起来，搭建起云南省全面对外开放口岸平台，做大做强口岸经济。按照《国家口岸发展“十三五”规划》《云南省沿边地区开发开放规划》等规划，编制了《云南陆路口岸功能提升三年行动实施方案(2019—2021年)》等，着手编制《云南口岸经济区发展规划》和《云南边境重点通道联检查验设施建设规划》，为推动口岸经济发展和实施“一口岸多通道”创新通关监管模式奠定基础。加快推动河口口岸整车进口口岸申报等重大任务、重点项目落实落地，着力打造以瑞丽、腾冲（猴桥）口岸为主的孟中印缅经济走廊建设先行区，以磨憨口岸为主的中老泰经济走廊重要节点，以河口口岸为主的昆河经济走廊中心枢纽。通过合理规划布局，有力提升了云南沿边开放水平，构建了对外开放口岸新平台。

【强发展，实现口岸开放新突破】 云南省积极落实《国家口岸发展“十三五”规划》，在规划开放中进一步优化云南省口岸布局，统筹云南省口岸发展，进一步扩大口岸开放力度，提升云南沿边开放水平。按照口岸开放的相关程序，有序推动勐康、金水河等口岸扩大开放，实现对双边和第三国持有效护照人员和货物的通行；完成打洛公路口岸省级预验收和国家验收工作，实现打洛公路口岸正式运行；持续推动实现畹町口岸芒满通道临时开放和香格里拉、大理和腾冲机场临时开放申报工作；将2019年国家批准开放的田蓬公路口岸和已列入国家口岸发展规划的勐康（公路）、勐满（公路）、关累（水运）、香格里拉（空运）等口岸开放（扩大开放）作为工作重点，开展了新开口岸规划、选址、勘验、建设等一系列开放前实质性基础工作；持续推动原二类口岸（片马、盈江、孟连、沧源、章凤、南伞公路口岸）有序升格，积极争取把已列入中缅、中越、中老双边协议的弄岛通道、曼栋通道（240）、龙富通道、坪河通道、曼庄通道列入国家口岸发展规划。通过以上扎实有效的规划开放工作，进一步扩大了云南省口岸开放力度，促进了云南口岸经济功能的有效发挥。截至2019年12月，通过口岸各相关部门的共同努力，国务院批复勐康口岸扩大开放，国家口岸办将金水河口岸列入国家口岸开放审理计划，打洛口岸已顺利通过省级预验收和国家级验收，景洪关累港开放已进入国务院审批程序。一年中，4个口岸的开放、验收和审理，是云南省口岸开放前所未有的重大进展，实现了口岸开放的新突破。

【强建设，夯实口岸通关能力】 2019年，云南省口岸办认真落实云南省委、省政府口岸发展部署，以口岸通关便利化为抓手，严格按建设相关程序和有关办法的规定开展口岸建设与口岸奖补资金分配管理工作。积极与云南省财政厅、云南省发展改革委等部门就口岸建设发展加强协作，突出重点口岸的辐射带动功能和口岸通关效益，加快口岸配套设施和通关便利化建设。指导文山州、西双版纳州加快推进新开和拟新开的田蓬、勐满等口岸查验基础设施建设，指导德宏州、西双版纳州、文山州、保山市、临沧市、普洱市加快推进畹町国门、畹町口岸芒满货运通道、磨憨口岸货运通道、天保口岸货运通道、腾冲猴桥口岸货运通道、南伞口岸货运通道、勐阿口岸货运通道建设进度，指导并加快推进弄岛、都龙、金水河口岸边民互市贸易场所规范建设等工作。积极协调云南省发展改革委向国家发展改革委汇报，争取口岸建设项目资金。开展口岸建设项目申报审核工作，严格按照有关管理办法开展项目资金分配，并对各州市年度重点工作完成情况、年度内实施或完成项目情况、口岸管理运行维护和协管（检）员资金安排等进行全面绩效评价与考核。通过以上工作，使口岸建设取得实质性进展，实现云南省口岸又好又快发展。

【强平台，全面推进中国（云南）国际贸易“单一窗口”建设】 按照“政府主导、协同治理、便利企业、规范安全、创新驱动”的原则，全力推进中国（云南）国际贸易“单一窗口”建设，陆续上线了货物申报、运输工具申报、舱单申报、税费支付、加贸保税、公共查询等11项国家标准版功能，创新建设了具有地方特色的云南省边民互市系统、跨境自驾游和口岸突发事件应急协调处置中心等，实现了对云南省所有口岸和通关业务的“全覆盖”。截至2019年6月底，云南“单一窗口”标准版的货物申报、空运运输工具、公路运输工具、空运舱单、公路舱单等主要业务应用率均已达到并稳定保持在100%，之后保持稳定，提前半年完成国务院要求年底主要业务应用率达到100%的工作目标。截至2019年11月25日，累计申报833.53万票。

【强优化，持续优化口岸营商环境】 多措并举，推进口岸营商环境进一步优化。认真落实《国务院关于印发优化口岸营商环境促进跨境贸易便利化工作方案的通知》（国发〔2018〕37号），制订并上报省政府出台《云南省人民政府关于印发优化口岸营商环境促进跨境贸易便利化的实施方案的通知》。推动各部门出台和细化优化口岸营商环境实施方案，建立通关时长监测预警机制，围绕业务融合优化作业流程，压减通关时长。落实大宗资源性商品“先放后检”等便利化措施，对进口铁矿、锰矿等五类进口矿产品实施“先放后检”监管方式，平均放行时长由原来的9天缩短为0.75天，压缩比率为91.7%，有效降低了企业经营成本。精简进出口环节监管证件，口岸验核监管证件已由86种精简为46种。发挥科技引领作用，提升口岸查验智能化水平，提升口岸查验效能和物流时效，报关单24小时放行率达到96%以上。持续推动多元化税收担保改革创新，进一步降低企业进口成本，提高企业经营活力。

【强协调，提升口岸保障能力】 着力解决联检部门人力资源不足的问题。2019年，云南省口岸流量快速增长，口岸监管和查验任务日趋繁重和复杂，为支持解决云南省边境地区口岸联检部门聘请协管（检）员经费保障困难，确保云南省口岸安全、高效运行，服务云南省对外开放大局，云南省商务厅、财政厅、昆明海关、云南出入境边防检查总站联合印发关于聘请边境地区口岸协管（检）员有关工作的通知，从组织领导、资金拨付和发放、编制人数、监督检查等方面，对口岸协管（检）员聘用、管理和资金保障进行了规范，并加大支持力度，海关边检协管（检）员工资足额保障到位。积极协调并支持联检部门开展通关便利化改革创新，出台优化口岸营商环境实施方案，结合新时代发展要求，着力破解口岸通关便利化改革和发展难题，开展《云南口岸人员通关便利化改革与发展研究课题》等课题研究。治理重点口岸拥堵难题，联合印发《云南省人民政府口岸办公室　昆明海关　云南出入境边防检查总站关于解决口岸拥堵确保正常通关的通知》，全力解决口岸拥堵问题，保障口岸正常安全运行。

【强合作，推动口岸合作发展】 2019年1月，中老边界联合委员会第十六次会议在云南景洪举行，中老就口岸有关问题达成共识：双方对两国边境口岸运行情况表示满意。双方愿进一步采取措施，加强口岸基础设施建设，规范口岸查验程序，提升通关便利化水平，促进两国人员往来及地区经济健康发展。双方同意加快推动勐康—兰堆口岸扩大开放为国际性口岸，共同推进勐满—班海口岸开放进程，争取该口岸早日建成开放。

2019年2月28日至3月1日，《中缅边境管理与合作协定》执行情况第十六轮司局会晤就口岸有关问题达成共识：中方希望缅方执行协定规定，允许中国公民持有效护照及签证经双方指定并同意的口岸进入缅甸，缅方将对此积极考虑，双方将通过外交渠道进一步讨论。

2019年3月25日至28日，中越陆地边界联合委员会第九次会议在中国杭州举行，会议就口岸有关问题达成共识：双方高度评价两国口岸开放和管理合作工作，同意研究推动金水河—马鹿塘口岸等升格为国际性口岸。在条件成熟时积极推动《中越陆地边境口岸及其管理制度协定》中所提剩余口岸的开放工作。为提高人员和货物通关效率，双方同意积极推动建设天保—清水口岸华龙—那拉货运专用通道。

2019年11月22日，第六届中国（云南）—缅甸合作论坛在缅甸内比都举行。会议就口岸有关问题达成共识：双方就提升畹町—九谷、芒满—暖应、瑞丽—木姐口岸货物通关便利化水平，增开口岸通道，中方援助缅甸改善口岸基础设施建设、升级查验设施，进一步促进货物运输合作等事宜进行了探讨，深入交流了持护照和签证从中缅两国边境口岸通行事宜。

【积极开展边境贸易，推进兴边富民工作】 2019年，云南省口岸办会同昆明海关、云南省税务局等部门继续推进边民互市贸易场所规范建设，进一步完善互市贸易方式，实施快速便捷通关，延长口岸通关时限，通过共同努力，口岸边民互市贸易快速发展。

2019年，云南省边民互市贸易完成贸易额275.52亿元，同比增长13.14%。其中，出口62.76亿元，同比增长50.14%；进口212.75亿元，同比增长5.3%。截至2019年年底，云南省瑞丽、河口、畹町、天保、盈江、孟连、南伞、坪河（绿春）、章凤、打洛、孟定清水河、勐满

（勐腊）、磨憨、都龙（马关）、芒满（畹町）、片马、关累、金水河、勐康、弄岛20个互市点先后由省政府确定为边民互市贸易规范化管理场所。

【推进边境经济合作区建设取得实效】 2019年，云南省积极推进瑞丽边境经济合作区、畹町边境经济合作区、河口边境经济合作区、临沧边境经济合作区4个国家级边境经济合作区建设。瑞丽边境经济合作区于1992年经国务院批准设立。区内有一个国家级口岸瑞丽口岸，依托口岸，立足国内外两个市场、两种资源，充分发挥口岸和政策优势，积极引进、培育以边境贸易业为主导的产业，形成农副产品加工、物流仓储业、边境旅游、珠宝玉石业等产业体系。2019年1月至10月，全区固定资产完成投资1亿元，招商引资2.31亿元，完成签订合作框架1家，重点挂钩服务项目完成8 963万元。根据《农业部、商务部、海关总署、质检总局关于支持云南省在边境地区开展跨境动物疫病区域化管理试点工作的函》指定瑞丽口岸弄岛通道为进出口屠宰肉牛通道之一，瑞丽边境经济合作区积极推进试点工作。畹町边境经济合作区于1992年经国务院批准设立。经过20多年的发展，依托区位、交通等优势，畹町边境经济合作区在核心区内完成基础设施建设，主要发展商贸物流服务、汽车及零配件制造、边境旅游等产业。先后引进了北汽瑞丽、长合贸易公司、富年达木业有限公司、广发贸易有限公司水产品交易市场等企业和项目。2019年，全区完成进出口贸易总额23亿元，完成税收收入5 113.25元。河口边境经济合作区于1992年经国务院批准设立。先后实施了界河治理、滨河路建设改造、东西干道建设、高压输变电工程等基础设施建设，实施了北山新区开发和中国河口国际口岸北山片区建设。中国免税集团、昆明钢铁控股公司、云南江东集团、浙江商会、福建商会等集团企业先后入驻边境经济合作区。河口边境经济合作区现已成为河口县金融商贸、口岸物流、行政办公中心区。2019年，全区完成地区生产总值（GDP）51.87亿元，同比增长37.23%；完成进出口总值220.87亿元，同比增长26.73%；进出口货运量568.8万吨，同比增长12.4%。临沧边境经济合作区于2013年经国务院批准设立。临沧边境经济合作区以耿马孟定清水河、镇康南伞、沧源永和3个口岸为依托，按照“一核两翼、一区多园”模式推进建设。依托进口农产品加工、出口装备制造等产业发展国际贸易和国际物流。先后引进了缅甸亚洲世界公司、缅甸国家基础设施投资公司、缅甸丝路集团、云南海诚集团、云南交投、南华糖业等企业和项目。2019年，临沧边境经济合作区招商引资市外到位资金完成51.4亿元，同比增长18.6%；外贸进出口总额完成37亿元，同比增长0.7%。

【昆明空运口岸蓬勃发展】 2019年，昆明机场口岸随着昆明机场口岸7×24小时通关保障的持续实施，航空口岸持续发力，4项指标均保持2位数以上迅猛发展，面向南亚、东南亚辐射能力显著增强。其中，口岸进出口额达到14亿美元，同比下降46.6%；口岸货运量达到4.83万吨，同比下降22.6%；出入境人员首次突破450万人次大关，达到456万人次，同比增长11.5%；出入境交通工具达到3.6万架次，同比增长5.8%。

口岸监管与服务

【云南出入境边防检查总站优化通关环境，多渠道融入地区对外开发开放，助力云南经济社会持续向好发展】 云南出入境边防检查总站主动服务国家开放发展战略，主动融入国家“一带一路”、云南辐射中心和中国（云南）自由贸易区建设，积极服务沿边对外开放，助推大理、香格里拉、田蓬、腾冲机场对外开放，成功推动打洛口岸对外开放通过省级预验收，加强对毗邻国家执法政策、服务“一带一路”国际道路运输便利化、中老铁路“一地两检”模式及自贸区、辐射中心建设等的理论研究，探索新形势下的便民惠民创新举措，积极推动河口口岸新联检楼建设。加快推进移民和出入境领域“放管服”改革，紧盯“车辆停靠、人员往返、二次核验、混合通行”等群众反映突出的问题，广泛征求口岸通关便利化需求意见，健全完善重大节假日出入境旅客流量高峰预警机制，科学制定《中国公民境外突发事件出入境应急处置实施办法》，强力推进50条自助通道查验系统建设，刚性落实中国籍旅客通关候检时间不超过30分钟工作标准，拓展“互联网+”应用领域，推广实施国际贸易“单一窗口”出入境船舶网上报检，继续为跨境学童、境外替代种植产品返销、鲜活农产品入境、紧急医疗救助旅客开通“绿色通道”和“一带一路”专用通道，边检服务整体水平得到有效提升。稳步推进口岸管理服务能力，研究制订《关于研究解决口岸（通道）拥堵的工作方案》，联合省级口岸管理部门印发《关于解决口岸拥堵确保正常通关的通知》，大力推进云南省重点口岸基础设施升级改造，在瑞丽口岸扩建旅检现场面积341平方米，增设8条查验通道，积极促推新建磨憨、腾冲口岸货运通道，着力缓解瑞丽、磨憨、腾冲口岸季节性拥堵问题。

【云南出入境边防检查总站夯实业务基础，严要求推进边检勤务规范化建设，打造新时代规范型国门口岸】 云南出入境边防检查总站面对新时期边检工作面临的新任务、新标准和新要求，健全完善规章制度，及时组建总站边检勤务规范化建设专班，坚持定期落实边检勤务视频巡查通报机制，全面梳理完善现行边检勤务规章，编印边检业务文件汇编和《旅客检查简明指导手册》，规范补充报列不准入境人员流程，编纂越、老、缅语与拉丁文字符转换规则。强化边检业务指导，建立边检业务分析视频交流机制，编制总站智能验证台建设三年规划，研究印发总站边检勤务日常监督考评积分和刚性问责办法，多方推动解决中缅瑞丽—木姐口岸持护照通行等历史遗留问题，牵头推动与云南省财政厅、商务厅、昆明海关联合印发关于聘请边境地区口岸协管（检）员有关工作的通知，为各级规范协检员队伍管理、协调增聘协检员提供有效支撑。常态严抓勤务监控，加强“总站—边检站—分站（执勤队）”三级边检勤务监督体系建设，部署开展口岸（通道）安全管控隐患排查整治和自助查验通道巡检工作，对云南省口岸（通道）安全管控、限定区域管理、勤务制度落实和自助查验通道建设应用等8个方面85项隐患进行集中排查整治，同时严格落实24小时视频巡查工作机制，对各单位边检执法执勤开展视频巡查，下发视频巡查通报11份，及时排查纠改159个勤务问题。

【云南出入境边防检查总站加强业务培训，系统化提升边检队伍整体业务能力，奠定云南边检发展基础】 云南出入境边防检查总站对标新时期边检队伍建设标准，加强全能型检查员队伍培训，有区分、有重点地开展全覆盖式移民管理业务知识学习，持续推进梅沙运维、证件研究、后台核查和数据研判跟班培训及重点人员检查核查培训。加强对新入警检查员、转改民警岗位的业务培训，尽快实现新警和转改民警取得独立验证资格和持章资质。常态化开展边检大讲堂活动，主动邀请驻地知名专家开展知识讲座，不断扩充民警知识储备。加强边检业务理论研究，紧盯制约边检业务发展的瓶颈性问题，部署开展边检业务理论研究和专题调研，坚持每月整理发布云南省边检机关执法执勤典型案例，研究撰写业务理论文章54篇，累计派出13批166人次前往全国其他总站进行调研学习，深入学习了解先进单位的经验做法，开拓工作思路。加强业务考核结果运用，每两月开展一次云南省边检岗位网上考核，考核结果通报云南省边检机关，探索实行业务考核积分量化机制，将量化成绩作为各级党委班子年终考核、领导干部评先评优的重要评定依据，提高各级狠抓业务学习的积极性和主动性。2019年，组织开展专题授课465次、集中业务培训322次、业务考核5次，平均成绩均为优秀以上，边检队伍专业素质得到显著提升。

【云南出入境边防检查总站聚焦安保主线，高标准践行重大活动安保誓言，全力确保口岸边境持续安全稳定】 云南出入境边防检查总站聚焦新中国成立70周年大庆安保维稳主线，紧紧围绕“五个严防、四个确保”目标，坚决打击跨境违法犯罪，以边境稳保全国稳。全力筑牢前台防控阵地，健全完善口岸管控层级责任机制，推动口岸管控关口前移，在云南省重要旅检口岸部署新建视询系统，强化临时入境许可签发管理，建立覆盖云南省的出入境数据分析研判体系，探索总结“三辨四查五突破”重点人员数据分析核查法，推动实施证件资料录入质量倒查及月分析、月通报工作制度，积极探索和完善前台查验“五必问”实施办法和具体措施，严守前台查验“三条底线”。大力提升应急处突能力，推动12个口岸通道纳入地方政府应急处突体系，组建应急处突队伍，制定边检机关口岸突发事件应急处置实施办法、边检机关应急处置暴恐袭击突发事件预案，建立口岸防“闯关”、口岸排查处置涉稳人员协助机制，实兵拉动10个站级单位开展群体性事件、暴恐袭击事件、跨区域机动增援等6类情况实战实兵演练，协同组织200余人参加云南省公安机关大庆安保维稳全警实战大练兵，全流程、全要素、全方位、多角度检验队伍应急处突实战能力和水平。着力筑牢国门口岸安全根基，严格执行国家移民管理局“两个规定”（《加强执法执勤监督管理的规定》和《执法执勤“六个严禁”》）；强力推进16个边检站完成口岸（通道）执勤现场高清音视频监控全覆盖，视频存储量达到1年标准；56条边民通道完成限定区域划定，9条边民通道纳入海关监管；多方协调云南省政府、发展改革委、财政厅、口岸办等职能部门支持5个重点抵边检查室建设，及时有效堵塞管控漏洞和化解勤务风险，筑牢国门口岸安全根基。

【昆明海关统筹推进改革，提升口岸通关效能】 一是昆明海关全面深化关区业务改革。制订《昆明海关2019年深化业务改革实施方案》，组织实施“提前申报+”、监管后延后移、三位一体风险防控、4类放行提离，以及“两步申报”“两段准入”“提前申报+”“四类放行”等重点业务改革分类试点，不断推动海关作业实现“统一执法、分类施策、精准监管、协同高效”的目标。二是昆明海关推动口岸查验智能化。建成“昆明海关智慧监管中心”，为业务监控、分析研判、预警处置、展示汇报提供有力支撑。加大科技装备配置，增配H986设备4台、CT机10台、辐射探测门4套，在重点旅检现场配备毫米波人体快速检查设备3台，完善智能审图图库建设，完成全部CT机的智能审图系统部署上线，不断丰富H986、X光机、CT设备、移动单兵等多种查验监管设备的运用，全面提升查验监管效能。

【昆明海关促进贸易便利化，优化口岸营商环境】 一是昆明海关大力压缩口岸通关时间。压缩内部核批事项办理时间，简化通关流程，压减通关时长取得明显成效，报关单24小时放行率达到96%以上，“单一窗口”主要申报业务应用率提前达到100%，无纸化申报率达99.8%，口岸验核监管证件由86种精简为40种。推动中越边境河口—老街口岸农产品快速通关“绿色通道”建设，压缩农产品通关时间。在风险可控的前提下，对进口铁矿、锰矿等五类进口矿产品实施“先放后检”监管方式，平均放行时长由原来的9天缩短为0.75天，压缩比率为91.7%。2019年，昆明关区进口整体通关时间为18.92小时，较2018年压缩58.2%；出口整体通关时间为0.32小时，较2018年压缩73.7%。二是昆明海关持续优化口岸营商环境。出台优化口岸营商环境实施方案，围绕7个目标抓实落细32条措施，深入开展“五个一”优化口岸营商环境“百日提升行动”，满足企业便利诉求，有效解决企业在通关过程中遇到的“堵点”“难点”问题。落实国家减税降费政策，建立收费清单目录制度和常态化收费公示机制，组织开展涉企收费专项工作督查检查；落实进口环节增值税减税和行邮税调整政策，做好“增信担保”“关税保证保险”等创新担保模式的推广，将汇总征税适用企业范围扩大到失信企业以外的所有纳税企业，扩大“自报自缴”覆盖面至非应税报关单，进一步降低企业进口成本，提升企业获得感。三是昆明海关支持口岸扩大开放建设。支持田蓬、磨憨铁路、香格里拉机场等口岸开放及打洛、勐康、金水河口岸扩大开放，积极参与大理、腾冲机场临时开放及景洪港水运口岸关累作业区联检楼扩建、河口南溪河联检楼改扩建建设规划，勐康口岸扩大开放已获国务院批复同意。助推口岸基础设施改造升级，全力推进关区268个监管场所（场地）优化整合，18个边境海关口岸拦阻设施全部建设完毕，极大提升口岸查验智能化水平。

【昆明海关深化“放管服”改革，大力提升对企服务质效】 一是充分释放改革红利。全面实行“一个窗口”行政审批制度，推进“证照分离”“多证合一”“多报合一”改革，梳理发布《昆明海关行政审批事项公开目录》，行政审批事项应减尽减。自2019年2月1日起，将海关“报关单位注册登记证书”（进出口货物收发货人）与工商营业执照整合，实现“一表申请、数据推送、自动办理”，企业“零次跑”。便利企业注销，精简企业注销材料、优化办理流程，无特殊情况的实现即申请即核批；协同搭建“网上服务专区”，云南省企业注销实现网上直办。加快出口退税进度，实现与税务部门实时共享企业报关信息，极大压缩企业办理证明材料时间。二是加强知识产权海关保护。率先建立知识产权海关保护和打击进出口假冒伪劣商品协同执法机制，深入开展“龙腾行动2019”、“清风”行动，年内共查办侵犯知识产权案件185起，同比增长189.06%，对在海关总署备案知识产权的97个权利人采取知识产权海关保护措施，查扣侵权货物314批次，查获批次排名全国海关前列。三是应对国外技术性贸易措施。开展108家出口企业技术性贸易措施影响调查，对越南、俄罗斯等9个国家的技术法规进行收集分析，服务云南高原特色产业扩大出口；组织对澳大利亚鲜切花、鲜切叶及十字花科蔬菜种子产品出口检疫法规进行了专题研究和评议，成功应对澳大利亚技术性贸易壁垒，有效保护了我国相关出口行业的利益。四是主动支持开放平台建设。全力促成云南自贸试验区获批建设，不等不靠、先行先试，主动参与承担27项改革试点任务，12项取得实质性进展。“一口岸多通道”成为第五批自贸试验区首个通过海关总署备案的监管创新制度。制定21项措施推动综合保税区高水平开放高质量发展，促成9项任务落地，全国首架采用异地监管模式的融资租赁飞机落地长水国际机场，跨境电商业务从无到有，昆明综合保税区邮件、快件、跨境电商业务实现“三场合一”。

开放口岸

【昆明空运口岸（昆明长水国际机场）】 昆明空运口岸位于昆明市官渡区大板桥街道长水村，1955年经国务院批准对外开放。昆明长水机场国际旅客吞吐量居西南地区第2位，国际航线开通数量位居全国第7位，是我国面向东南亚、南亚和连接欧亚的国家门户枢纽机场，也是全国继北京首都机场、上海浦东机场、广州白云机场之后第四家实现双跑道独立运营模式的机场。长水机场飞行区按照4F标准规划。昆明长水国际机场国际（地区）旅客吞吐量487.1万人次，国际（地区）旅客占比达到10.3%。航线布局方面，已初步形成以昆明为中心，覆盖全国大部及东南亚、南亚主要国家城市（除不丹及巴基斯坦）的航线网络结构，发挥了昆明作为面向东南亚、南亚辐射中心的国家门户枢纽作用。

【西双版纳空运口岸（西双版纳嘎洒国际机场）】 西双版纳空运口岸位于景洪市郊，1990年4月建成通航，1995年12月3日经国务院批准为对外开放口岸，1996年12月10日通过国家验收，1997年1月1日正式对外开放。设计年旅客吞吐量350万人次，货物吞吐量1.09万吨，飞行区指标为4D，可满足B767、A300系列类型飞机起降，配有I类灯仪表着陆系统及夜航灯光设备。在飞国内外航线30余条，其中国际航线3条（西双版纳—琅勃拉邦、西双版纳—清迈、西双版纳—清莱）。随着西双版纳州社会经济的不断发展，航空业务量的不断增长，机场进行了3次扩建，西双版纳国际机场已成为国内重要的干线机场和连通东南亚、南亚的中型枢纽机场。

【丽江空运口岸（丽江三义国际机场）】 丽

江空运口岸位于丽江市古城区七河乡，距离市区约 28 千米，2012 年 5 月 31 日正式通航。机场占地面积 120 万平方米，机场飞行区等级为 4D，跑道长 3 000 米、宽 45 米，成南北向，可供波音 737－700 型及以下机型起降；国际候机楼建筑面积 5 300 平方米，有 3 座登机廊桥。拥有平行滑行一条、仪表着陆系统、助航灯光等通信导航设备，可保障 A300/B767－300 同类型及以下的机型起降机场。2011 年 11 月 11 日，国务院正式批准丽江机场对外开放。2012 年 2 月 22 日，丽江海关正式挂牌成立。3 月 15 日，丽江边防检查站正式挂牌成立。4 月 26 日，丽江出入境检验检疫局正式挂牌成立。目前，开通了至中国香港地区和泰国两条航线，由中国东方航空公司和四川航空公司经营这两条航线。

【芒市空运口岸（德宏芒市国际机场）】 芒市空运口岸位于德宏州芒市坝子中部，距芒市 6.6 千米。2016 年 5 月 17 日，国务院正式批准芒市机场对外开放。芒市机场始建于 1937 年，是著名“驼峰航线”主要起降机场之一，曾起降过 C46 型战斗机、C47 型运输机，抗日战争胜利后停飞荒废。1990 年 4 月 10 日，经国家民航局批准，芒市机场正式运营通航。通航后，芒市机场于 2009 年年底完成第一次改扩建，机场等级由 3C 级升格为 4C 级，机场占地约 173.93 万平方米，机坪面积 56 400 平方米，航站楼总面积达 13 000平方米。随着西部大开发、桥头堡战略和瑞丽国家重点开发开放试验区的建设，机场航班量迅猛增加。为确保德宏芒市机场航班安全，开辟更多航线，更好地为地方经济发展提供服务，芒市机场于 2016 年 5 月启动改扩建工程，2018 年 10 月改扩建工程完成，2018 年 11 月芒市机场空运口岸通过国家验收，实现正式开放。

【瑞丽陆路（公路）口岸】 瑞丽公路口岸位于云南省西部、德宏傣族景颇族自治州的西南，与缅甸木姐口岸对接，边境线长 141.4 千米。距云南省会昆明 750 千米，距缅甸木姐市 4 千米、腊戌 160 千米、缅甸仰光 900 千米，是中缅铁路通道（昆明—大理—瑞丽—腊戌—曼德勒—印度洋）、中缅公路通道（昆明—瑞丽—仰光）和中缅陆水联运大通道（昆明—瑞丽—八莫港）上的重要口岸。瑞丽口岸还是中国唯一一个实行“境内关外”（入境：货物、车辆可入境不入关，出境：货物、车辆出关不出境）特殊管理的口岸。

瑞丽口岸是云南省较早开放的对外开放口岸，1978 年经国务院批准开放，1985 年经德宏州政府批准为边境贸易区。1991 年 2 月，云南省政府批准瑞丽姐告设立边境贸易经济区。1992 年 6 月，经国务院批准为沿边开放城市，1993 年撤县设市，经国务院特区办批准在瑞丽口岸设经济合作区。2000 年经国务院批准按照“境内关外”的方式设立“姐告边境贸易区”，2001 年 10 月 26 日经国务院批准瑞丽口岸对第三国人员开放，2010 年国务院将瑞丽批准为瑞丽开发开放试验区。

瑞丽口岸是中缅边境口岸中人员、车辆、货物流量最大的口岸，其东、南与缅甸棒赛、木姐、南坎 3 个城市相毗邻，东有畹町经济开发区对外开放口岸，西有章凤二类口岸。姐告是起于上海 320 国道的终点，是昆瑞公路与缅甸的“史迪威公路”相接点，是云南省实施国际大通道战略的试验区和示范区，是中国大西南沿边开放的主要城市，是通往南亚、东南亚的重要门户。瑞丽口岸边民互市贸易、边境小额贸易、一般贸易发展迅速，出口商品达 2 000 多种，进口商品 200 多种，中国商品通过缅甸转口到孟加拉国、泰国、新加坡、印度和中东国家，国外各种商品也源源不断通过瑞丽口岸进入中国内地。

【畹町陆路（公路）口岸】 畹町公路口岸位于云南省西部德宏傣族景颇族自治州南部。畹町于 1932 年设镇，1938 年滇缅公路通车，畹町成为驰名中外的军事重镇；1950 年 4 月 29 日和平解放，1952 年初政务院批准设立县级镇，同年 8 月 17 日经政务院批准为新中国首批对外开放口岸；1985 年 1 月，经国务院批准设立县级市；1992 年 5 月，国务院批准为沿边对外开放城市，1992 年 9 月经国务院特区办批准设立 5 平方千米的国家级边境经济合作区；1999 年 1 月区划调整，经国务院批准撤销畹町市，并入瑞丽市，设立畹町经济开发区。畹町南与缅甸相邻，西北与瑞丽隔江相望，与缅甸的九谷口岸对接，两国村寨相望，山水相连，国境线长 28.6 千米。

畹町是中国历史上较早通向东南亚、南亚的主要贸易通道，是“南方丝绸之路”的重要驿站。抗日战争时期，滇缅公路通车后，成为当时中国大后方对外联系唯一的国际陆运口岸。1993 年，畹町—九谷新桥建成，畹町口岸的优势得到进一步发挥。从畹町口岸出境，可直达缅甸中部水、陆、空设施齐全的曼德勒市。由昆明经畹町、曼德勒至仰光和印度的加尔各答运距要比从昆明经广州绕马六甲海峡到仰光和加尔各答分别缩短 4 651 千米和 4 331 千米，是中国大西南通往东南亚、南亚和西亚的捷径。

【河口陆路（公路）口岸】 河口公路口岸位于红河哈尼族彝族自治州河口瑶族自治县，与越南老街口岸对接，国境线长 193 千米。2011 年 7 月，国务院批准河口公路口岸对外开放。河口公路口岸具有“口岸就是县城，县城就是口岸”的天然优势，是滇越铁路、昆河公路、红河航道与越南乃至东南亚地区铁路、公路、航道连接的交通枢纽，距昆明市 469 千米，距越南首都河内 296 千米，距出海口——越南北方最大的海防港 416 千米，是中国西南进入东南亚、南太平洋的便捷通道。在中国—东盟自由贸易区和“昆明—河内—海防”经济走廊的规划中，处于“咽喉”的重要地位，是西南地区与东南亚国家发展对外贸易的窗口，是云南省建立国际大通道中越铁路、中越公路 4 条出境通道上的重要口岸。目前，河口口岸联检楼、公路口岸北山配套查验场已建设完成投入使用。中国河口—越南老街跨境经济合作区、国际物流园区、河口口岸免税商品城、海产品交易市场等项目已经建成。

【磨憨陆路（公路）口岸】 磨憨公路口岸属国际客货公路运输口岸，是中国与老挝双边协议口岸。位于云南省西双版纳州勐腊县南端，中国、老挝磨憨—磨丁经济合作区内，是中老两国最大的公路口岸，是我国连接中南半岛的关键节点，是中国—东盟自由贸易区的最佳结合部，也是中国通往东南亚各国重要的昆曼国际大通道出境的起点，正在建设的泛亚铁路中线将由磨憨口岸出境，贯穿老挝、泰国，直达新加坡。1992 年 3 月，经国务院批准为对外开放口岸，是首批列为国家沿边开放的地区之一。1993 年 12 月 22 日，中老两国共同宣布正式开通磨憨—磨丁国际口岸。2000 年 6 月，云南省人民政府批准磨憨口岸为边境贸易区，并赋予优惠政策。2004 年 9 月 6 日，国务院批准磨憨口岸开展口岸签证工作，并对第三国人员实行开放。2016 年 3 月 4 日，国务院批准设立中国、老挝磨憨—磨丁经济合作区。磨憨口岸是一般贸易、边境小额贸易、边民互市贸易、过境贸易、境外罂粟替代种植和对外经济技术合作等多种经济形式并存的综合型贸易口岸。进口货物主要有水果、粮食、坚果等农副商品，出口货物主要有水果、蔬菜、花卉、百货、建材、机电产品、金属及制品、化工产品等。

【金水河陆路（公路）口岸】 金水河公路口岸位于红河哈尼族彝族自治州金平苗族自治县城西南金水河镇。金水河口岸于 1954 年 12 月 17 日经中越双方会谈同意正式开放为边民互市口岸，1978 年 12 月关闭。1993 年 2 月 25 日经国务院批准设立对外开放口岸，1993 年 11 月 10 日正式对外开放，允许中越双方人员、车辆持有效证照通行。

金水河公路口岸与越南莱州省封土县马鹿塘口岸相对接，东、南、西三面临藤条河、藤条江，距金平县城 33 千米，距红河州府蒙自市 160 千米。距越南封土县城 18 千米，距越南莱州省会莱州市 51 千米，距越南奠边省奠边府市 206 千米，距老挝丰沙里省勐迈县 270 余千米（经越南奠边府市西南行 30 余千米，通过越南西庄口岸和老挝丰沙里省勐迈县班岗口岸可进入老挝），是国家西南战略安全节点的重要组成部分，云南省主要对越通道和红河州对越开放口岸“桥头堡”之一。金水河公路口岸重点开展以进口玉米、木薯、稻谷、茶叶、咖啡为主的对外贸易。从金水河口岸出境，可达越南西北部旅游重镇奠边府和沙巴，充分领略越南的异国风光、开展中越民俗旅游文化交流和品尝越南风味饮食。

【天保陆路（公路）口岸】 天保公路口岸位于云南省文山州麻栗坡县南端，距麻栗坡县城40 千米，与越南河江省清水口岸对接，口岸距越南河江省省会河江市 23 千米、首都河内 341 千米、海防港 441 千米。该口岸于 1954 年 3 月 1 日开通，1960 年 12 月关闭。1963 年 3 月，口岸恢复对外开放。1978 年，口岸关闭。1993 年 2 月 25 日，经国务院批准恢复天保口岸并正式对外开放。2011 年 6 月 12 日，国务院同意天保口岸扩大对外开放，口岸性质为国际公路客货运输口岸，2013 年 12 月天保口岸扩大对外开放通过国家级验收。天保口岸联检楼及查验货场等基础设施已建成并投入使用，边防、海关的办公、生活等基础设施和配套设施已完善。

【腾冲猴桥陆路（公路）口岸】 腾冲猴桥公路口岸位于腾冲市猴桥镇的槟榔江畔，距腾冲市城区 65 千米，距中缅边界南 4 号界桩 19 千米，与缅甸甘拜地口岸对接。口岸距缅甸北部重镇密支那 133 千米，从该口岸经密支那到西印度雷多（里多）仅 687 千米。1991 年 8 月，云南省政府批准腾冲为原二类口岸。2000 年 4 月经国务院批准为对外开放口岸，2003 年 1 月正式对外开放。该口岸是历史上“南方丝绸之路”的重要通商口岸，是抗日战争时期“史迪威公路”（中印公路）的枢纽，是云南省通向南亚的大通道之一。腾冲还有经云南省政府批复的重点通道 3 条（滇滩、自治、胆扎通道），有腾冲—密支那、腾冲—板瓦两条二级国际公路通往缅甸克钦邦。作为云南省五大重点口岸之一，腾冲猴桥公路口岸是中国连接南亚、东南亚的重要门户和节点，是中缅贸易的重要前沿，战略位置突出，区位优势独特，随着腾冲公路、航空、铁路三位一体的立体化口岸开放格局的逐步形成，猴桥公路口岸在中缅两国经贸发展和人员交往中的促进作用日益显现，在对外开放中发挥着越来越重要的窗口和支撑作用。

【孟定清水河陆路（公路）口岸】 孟定清水河公路口岸位于耿马傣族佤族自治县孟定镇人民政府所在地，与缅甸掸邦第一特区接壤，边境线长 47.35 千米，与缅甸清水河口岸对接。距耿马县城 83 千米，平均海拔 510 米。该口岸是我国西南地区通往缅甸和东南亚的重要陆路通道，面积 350 平方千米。1957 年孟定口岸正式对外开展边境贸易进出口业务，1991 年 8 月被省政府批准为原二类口岸，2004 年 10 月经国务院批复同意开放为对外开放口岸。2007 年 11 月 8 日经国家验收正式对外开放，允许中国和缅甸双方人员、车辆持有效证照、签证或边境通行证通行，并对各种贸易货物开放。目前，孟定清水河口岸联检楼和配套查验货场已建成并投入使用。口岸得天独厚的地理位置优势、热带的自然风光、古朴文雅的民俗风情、丰富的旅游资源和热带经济作物，使孟定口岸有“黄金口岸”之称。孟定口岸边境贸易辐射面广，公路通往国内外，交通十分便利。从清水河到缅甸重镇户板、滚弄分别为 15 千米和 24 千米，到缅北重要商品集散地腊戌 161 千米，到缅甸仰光 1 136.9 千米；从盘姑公路到昆明 750 千米。孟定清水河口岸自建成投入使用以来，一直是国内外经济贸易活动的窗口，对缅甸边境贸易的辐射面主要是第一特区、第二特区、清水市、滚弄镇区、户板镇区、腊戌、佤城、仰光等 5 省 1 市 10 个镇区，经营方式也由以物易物贸易发展为边境贸易、转口贸易、一般贸易。

【打洛陆路（公路）口岸】 打洛公路口岸位于云南省西双版纳州勐海县西南端打洛镇，距勐海县城 66 千米，与缅甸掸邦东部第四特区勐拉县接壤，国境线长 36.5 千米。由打洛出境经缅甸，可达泰国、越南、马来西亚、新加坡、印度等国家，距缅甸掸邦东部首府景栋 86 千米，经东枝到仰光 1 270 千米，到泰缅边界重镇大其力 240 千米，距泰国清迈 550 千米，是云南省国际大通道的重要口岸之一。1950 年 11 月，成立海关打洛支关；1956 年，打洛口岸正式对外开展边境小额贸易进出口业务；1991年8月10日，云南省政府批准打洛为原二类口岸，1992年被列为国家首批沿边开放的地区之一。1997年3月25日，中国政府和缅甸联邦政府签订《关于中缅边境管理与合作的协定》，中国打洛—缅甸勐拉口岸被列为对第三国人员开放的口岸。2007年11月13日经国务院批准为对外开放口岸。截至2018年年底，打洛口岸联检楼、查验货场、出入境车辆快速通关系统、电子监控综合应用系统、货运专用通道及边民互市场等查验设施已改扩建完成投入使用。

【勐康陆路（公路）口岸】 勐康公路口岸位于云南省普洱市江城县，与老挝丰沙里省兰堆口岸对接。口岸距老挝约乌县城52千米，距省城丰沙里186千米，距首都万象830千米，是云南省通往老挝及通向东南亚最便捷的陆路通道，是普洱市对外开放的重要"桥头堡"。2011年7月24日，国务院批准勐康口岸对外开放，口岸性质为双边公路客货运输口岸，2013年11月12日勐康口岸通过国家级验收。结合"一城连三国"的特殊区位优势，江城县提出把江城建成云南省对越南、老挝开放的黄金前沿门户，普洱市面向东盟的商贸流通基地，努力构建以江城为中心，辐射老挝、越南边境经济圈的发展战略，加快勐康口岸、龙富通道建设，实现口岸活县。目前，勐康口岸联检楼、查验货场已建设完成，口岸物流配套设施正在规划建设中，口岸正成为中老边界上一个集边境贸易、生态休闲、民俗文化为一体的边境旅游小镇。

【都龙陆路（公路）口岸】 都龙公路口岸位于马关县都龙镇茅坪村委会东南面、中越边境线二段5号界碑老国门处，距茅坪村委会近2千米，距都龙镇政府所在地23千米，距马关县城47千米，距文山州府文山97千米，距昆明市390千米。距越南箐门县城40千米、河江省省府河江市200余千米、首都河内500余千米，是马关县通往越南的重要通道。

1953年8月25日，中越两国政府在北京签订了《关于开放两国边境小额贸易的议定书》，双方同意开放中国都龙—越南箐门和漫美边境通商口岸，并于1954年3月正式开通；1974年，都龙口岸关闭。中越关系正常后，两国政府于1991年签订《临时协定》，决定在条件具备时逐步开放21对陆地出入境口岸，"中国都龙—越南箐门"口岸就是其中之一。2015年1月12日，国务院正式批准都龙口岸开放为国际性常年公路客运货运口岸。

【田蓬陆路（公路）口岸】 田蓬公路口岸于1954年3月1日对外开放，与越南苗旺、同文两县接壤，国境线长60千米。对内距富宁县城80千米、文山州府235千米、昆明680千米，距广西南宁市480千米、北海港750千米；对外距越南同文县24千米、苗旺县35千米、河江省会110千米、河内451千米。通道有公路通往国内外，交通便利。1979年，口岸关闭。1996年9月27日经云南省政府批准对外开放。2016年被纳入国家"十三五"口岸发展规划，2018年2月13日，国务院批复同意田蓬公路口岸对外开放，性质为双边常年开放公路客货运输口岸。

【河口陆路（铁路）口岸】 河口铁路口岸位于云南省东南端，与越南老街省山水相邻，国境线长193千米。河口历史上就是我国与越南、东南亚各国进行经济文化交流的门户和咽喉，是"南方丝绸之路"的第二条通道。1895年，河口被辟为商埠。1910年，随着滇越铁路的建成通车，云南省进出口物资有80%以上经河口口岸进出，河口成为中国西南对外商贸的最大集散地。1992年，河口被国务院批准为沿边开放县，同年12月国务院特区办批准在河口设立4.02平方千米的边境经济合作区。1996年，河口口岸复通，河口迎来了千载难逢的发展机遇，进出口贸易焕发出勃勃生机与活力，带动了河口经济社会事业快速发展。

【景洪水运（河港）口岸】 景洪水运口岸属国际客货水运口岸，是澜沧江·湄公河国际航道上重要的港口口岸，1993年7月24日经国务院批准为对外开放口岸，2000年4月20日中、老、缅、泰四国签署《四国商船通航协定》，2001年6月13日通过国家正式验收，2001年6

月 21 日宣布对外开放，2001 年 6 月交通部批准对外国籍船舶开放。港口与老挝、缅甸、泰国多个港口开通了散杂货、集装箱、客运航线，是一个可以辐射 3 个以上国家的国际性口岸。口岸辖景洪港区中心码头和关累、勐罕两个开放码头。景洪港区中心码头位于景洪市区澜沧江北岸，占地面积 9.8 万平方米，设计规模年货运量 40 万吨、客运量 150 万人次，共有 6 个泊位（2 个客运泊位、4 个货运泊位）；关累码头是景洪港重要的货运码头，是中、老、缅、泰四国政府签署的《四国商船通航协定》中开放港口之一，是国家“十二五”规划新开放口岸，设计规模年货运量 20 万吨、客运量 10 万人次；勐罕码头位于澜沧江与上湄公河结合部，距离景洪港中心码头约 28 千米，是中、老、缅、泰四国政府签署的《四国商船通航协定》中开放港口之一，设计规模年货运量 100 万吨、客运量 40 万人次，共有 6 个泊位（2 个客运泊位、4 个货运泊位）。

【思茅水运（河港）口岸】 思茅水运口岸位于普洱市思茅港镇，距离普洱市区 87 千米，1993 年 7 月经国务院批准为对外开放口岸，2001 年 4 月 1 日起正式对外国籍船舶开放。思茅港是澜沧江—湄公河国际航运中国境内的第一港，可达老、缅、泰、柬、越 5 个国家，是东南亚地区最便捷的一条黄金水道，是云南乃至大西南通往东南亚的重要通道。港口规模为年货运 30 万吨、客运 10 万人次。有大小船只 43 艘，国际航运船只 31 艘，载货能力 3 000 吨，客位 449 个，查验设施配套齐全。思茅港边防检查站、思茅海关承担口岸的监管任务。由于修建国家重点项目——小白塔电站，从 2005 年 1 月起暂停航运。

原二类口岸

【片马陆路（公路）口岸】 片马公路口岸位于怒江傈僳族自治州泸水市正西 66 千米的片马镇人民政府所在地，地处高黎贡山西麓，属边境陆路通道，与缅甸大田坝口岸对接。边界线长 64 千米，距泸水县城 96 千米，距缅甸北部城市密支那 224 千米，通道有 3 条公路通向国外，交通十分便利。1991 年 8 月 10 日，经云南省政府批准对外开放，是中缅边界北段 10 号至 47 号界碑 638 千米长的边界线上唯一的通道，成为中国滇藏两省、区通往南亚的一个重要通道。片马是中国古西南丝绸之路的重要组成部分，边境贸易源远流长。因为它在中缅边界北段具有独特的区位优势，所以，第二次世界大战前和第二次世界大战中曾几度被英、日两国侵占，直至 1961 年才回归祖国。

【盈江陆路（公路）口岸】 盈江公路口岸位于云南省德宏傣族景颇族自治州西部的盈江县城，与缅甸拉咱口岸对接，属边境陆路通道，与缅甸克钦邦第二特区接壤，国境线长 214.6 千米。口岸距缅北八莫 150 千米，距密支那 180 千米，距仰光 1 200 千米，距印度雷多 540 千米。口岸有公路通往国内外，交通十分便利，成为西南地区通往缅甸的一个重要通道。1991 年 8 月 10 日经云南省人民政府批准对外开放。自对外开放以来，成为国内外经济贸易活动通道，对缅甸边境贸易的辐射面逐步扩大，由原来边境一线的集镇，发展到八莫、密支那、仰光、印度雷多等重镇，形成边境贸易、一般贸易、对外经济技术合作和转口贸易等多种贸易相结合，多渠道并举的大经贸新格局。

【章凤陆路（公路）口岸】 章凤公路口岸地处德宏傣族景颇族自治州陇川县人民政府所在地章凤正西 4 千米的拉影，与缅甸雷基（洋人街）口岸对接，距缅甸重镇八莫 80 千米。章凤自古以来就是“南方丝绸之路”上的重点门户之一，1991 年 8 月 10 日经云南省政府批准对外开放。章凤通道是中缅两国重要的陆路通道之一，也是缅甸政府唯一指定进口棉纺织通道。

【南伞陆路（公路）口岸】 南伞公路口岸位于云南省临沧市镇康县南伞镇，与缅甸掸邦第一特区接壤，国境线长 47 千米。距缅甸首都内比都 750 千米、第一大城市仰光 1 142 千米、第二大商业城市曼德勒 484 千米，距缅北重镇腊戍 197 千米，距掸邦果敢自治区老街仅 9 千米。距昆明 784 千米、临沧 232 千米、保山市龙陵县城

238 千米。口岸北上保山，南往普洱，公路四通八达，是通往南亚、西亚的内陆通道之一。1991 年 8 月经云南省政府批准对外开放，1996 年列为边境经济开发实验区。2002 年开始把通道建设纳入新县城规划统筹进行建设，逐步改善了基础设施和联检部门办公条件。

【孟连陆路（公路）口岸】 孟连公路口岸位于普洱市孟连县西南部，地处南马河与南卡江的汇合处，以南卡江心为界，江东岸为中国，江西岸为缅甸。距云南省会昆明 690 千米，距普洱市 230 千米，距孟连县城 51 千米。通道与缅甸掸邦第二特区政府（佤邦）邦康市隔江相望，自然条件优越，地理位置独特，区位优势明显，从邦康市经丹阳、腊戍、曼得勒达缅甸原首都仰光约 1 300 千米，勐阿是普洱市客、货吞吐量最大的通道，对缅贸易占全市的三分之二以上，是中缅两国交往的通道之一，也是我国通往东南亚各国的陆路通道之一。1991 年经云南省政府批准对外开放。孟连通道具备较为完善的联检查验功能和设施，金融、通信、市政、交通等配套设施齐全，通道人流、物流通关顺序流畅。中缅双边友好往来频繁，边民互市、经贸交流与合作不断深入，孟连县对外贸易得到了迅猛发展。进口货物以木材、矿产品为主，出口货物以建材、百货、成品油、机电产品、生活用品等为主。

【沧源陆路（公路）口岸】 沧源公路口岸位于临沧市沧源县，1996 年 9 月 27 日经云南省政府批准对外开放，有芒卡和永和两个出境通道。与缅甸掸邦第二特区接壤，国境线长 147.08 千米。芒卡贸易区位于沧源县南腊乡人民政府所在地，中缅边界 146 号界碑处，距县城 110 千米，距缅甸佤邦南登特区 4.07 千米。永和贸易区距县城 14 千米，距缅甸佤邦绍帕区 3 千米，永和连接着班歪—龙潭—中国西盟、班歪—营盘—邦康—大其力或瓦城、班歪—勐冒—腊戍等境外公路干线，是云南省通往缅甸的通道之一。两个贸易区都有公路通往国内外，交通十分便利，是中国西南地区通往东南亚的一个重要通道。

2019 年云南省口岸大事记

1 月 7 日~9 日

中老边界联合委员会第十六次会议在云南景洪举行。

1 月 14 日

外交部副部长孔铉佑到河口口岸调研指导工作。

1 月 21 日

云南省副省长张国华到天保口岸调研指导工作。

2 月 18 日

国务委员、外交部部长王毅到瑞丽口岸视察。

云南省委常委、纪委书记冯志礼到天保口岸调研。

2 月 28 日~3 月 1 日

《中华人民共和国政府和缅甸联邦共和国政府关于中缅边境管理与合作的协定》执行情况第十六轮司局级会晤在缅甸内比都举行。

3 月 5 日

云南省副省长张国华到清水河口岸调研。

3 月 7 日

云南省副省长王显刚到打洛口岸调研。

3 月 28 日

全国人大常委会委员、农业与农村委员会副主任委员刘振伟到河口口岸调研。

4 月 8 日

云南省副省长王显刚到猴桥口岸调研。

4 月 9 日~10 日

国务院发展研究中心副主任王安顺率调研组到天保、河口口岸调研。

4 月 19 日

中央宣传部新闻局局长张小国在云南省委常委、宣传部部长赵金等的陪同下到瑞丽银井通道调研。

5 月 10 日

全国人大常委会委员、全国人大民族委员会副主任委员肖怀远率团到河口口岸开展调研工作。

5月12日

全国人大常委会委员肖怀远率考察组到磨憨口岸调研。

5月30日

云南省人民检察院检察长王光辉到瑞丽口岸调研。

6月3日

云南省副省长董华一行到清水河口岸调研。

6月28日

中越河口—老街农产品快速通关“绿色通道”启动仪式在河口举行。国家口岸管理办公室副主任党英杰，云南省商务厅、昆明海关、红河州人民政府和越南老街省经济区管委会、工贸厅等负责人，以及中越企业家代表出席仪式。

7月11日

海关总署署长、党委书记倪岳峰到畹町口岸调研。

8月10日~11日

云南省委副书记王予波到清水河、永和口岸调研。

8月31日

云南省委副书记王予波到畹町口岸调研。

9月6日~8日

云南省副省长、公安厅厅长任军号到金水河、勐康口岸调研。

9月17日

云南省委常委、政法委书记张太原到畹町口岸视察。

9月17日~18日

云南省副省长、公安厅厅长任军号到都龙口岸调研。

10月7日

国务院批复云南勐康公路口岸扩大开放。

10月17日

外交部党委书记齐玉率外交部调研组到金水河口岸调研。

10月19日

云南省委副书记王予波到打洛口岸调研。

10月24日

云南省商务厅会同省外办、昆明海关、云南出入境边防检查总站等对打洛口岸开放进行省级预验收。

11月13日~16日

国家禁毒委副主任，公安部党委委员、反恐专员刘跃进率领公安部调研组到打洛、清水河、南伞口岸调研。

11月18日~21日

中越陆地边境口岸管理合作委员会第七次会议在昆明召开。委员会成员先后赴北山—金城口岸、坝洒横一路公路大桥项目建设点、中国（云南）自由贸易试验区红河片区综合服务中心及河口—老街国际口岸等地进行实地调研。

11月22日

第六届中国（云南）—缅甸合作论坛在缅甸内比都举行。

12月3日

外交部党委委员、中纪委驻外交部纪检监察组组长张骥到金水河口岸调研。

12月11日

云南省副省长和良辉到永和口岸调研。

（撰稿人：杨镇宇、宋玉泉、张卯翔）

2019 年云南省口岸流量统计表

口岸类型		口岸名称	货运量（万吨）				人员（万人次）				交通工具（辆、艘、架、列次）			
			出口	进口	合计	同比（%）	出境	入境	合计	同比（%）	出境	入境	合计	同比（%）
空运口岸		昆明机场	4.17	0.65	4.83	-22.60	228.12	227.88	456.00	11.50	17 972	17 945	35 917	5.80
		西双版纳机场	0	0	0	0	5.13	4.91	10.03	109.40	548	537	1 085	42.20
		丽江机场	0.00	0	0.00	0	4.31	4.53	8.84	12.40	400	398	798	9.00
		芒市机场	0	0	0	0	2.01	1.97	3.98		183	177	360	
		分计	4.17	0.65	4.83	-22.60	239.57	239.29	478.86	13.55	19 103	19 057	38 160	7.68
陆运口岸	公路口岸	瑞丽	130.72	1 615.09	1 745.81	24.30	842.14	851.92	1 694.06	-2.40	1 884 962	1 762 953	3 647 915	-10.90
		畹町	4.85	12.95	17.79	-20.00	66.44	72.02	138.46	32.20	90 169	106 734	196 903	12.90
		磨憨	143.46	203.67	347.13	39.90	86.56	86.70	173.27	12.70	235 903	233 185	469 088	11.70
		金水河	0.34	0.61	0.94	-46.80	26.48	26.52	53.00	13.70	41 373	41 330	82 703	77.20
		河口	197.53	215.27	412.80	16.20	325.99	331.78	657.77	16.80	216 415	216 418	432 833	32.50
		天保	1.67	28.71	30.38	53.00	36.26	36.30	72.56	-26.60	41 373	41 330	82 703	22.10
		腾冲猴桥	37.10	321.85	358.95	31.90	33.51	34.43	67.94	25.70	110 822	110 531	221 353	15.40
		孟定清水河	52.38	46.95	99.32	58.90	69.96	74.44	144.39	28.20	181 968	182 188	364 156	30.60
		打洛	44.92	9.00	53.92	288.00	89.41	89.07	178.48	36.60	399 308	394 685	793 993	34.90
		勐康	6.46	2.96	9.42	25.00	6.44	6.63	13.07	28.20	21 964	21 704	43 668	30.40
		都龙	0	0	0	0	6.81	7.11	13.93	2.10	4	1	5	25.00
		田蓬	0	0	0	0	1.56	1.75	3.31	98.50	0	0	0	0.00
		章凤	17.32	18.85	36.16	200.90	75.58	80.81	156.39	8.80	156 128	186 205	342 333	-34.40
		孟连	44.19	51.29	95.48	36.90	70.45	70.82	141.27	8.50	112 830	113 441	226 271	10.60
		南伞	19.64	14.75	34.39	23.50	114.24	115.73	229.97	25.60	388 012	382 453	770 465	133.40
		沧源	5.19	14.72	19.91	91.20	14.57	14.49	29.07	14.40	63 248	62 170	125 418	25.00
		盈江	0.08	5.15	5.23	25.00	31.87	31.73	63.60	-3.10	32 701	32 494	65 195	-70.40

续表

口岸类型		口岸名称	货运量（万吨）				人员（万人次）				交通工具（辆、艘、架、列次）			
			出口	进口	合计	同比（%）	出境	入境	合计	同比（%）	出境	入境	合计	同比（%）
陆运口岸	公路口岸	片马	5.49	5.81	11.31	204.30	6.76	7.02	13.79	5.30	32 314	31 524	63 838	-0.10
		分计	711.33	2 567.62	3 278.95	29.32	1 905.05	1 939.28	3 844.33	7.14	4 009 494	3 919 346	7 928 840	3.46
	铁路口岸	河口	0.73	0.45	1.18	-18.00	1.50	1.50	3.00	6.60	935	938	1 873	6.60
		分计	0.73	0.45	1.18	-18.00	1.50	1.50	3.00	6.60	935	938	1 873	6.60
水运口岸	海港口岸													
		分计												
	河港口岸	景洪港	14.04	40.39	54.43	238.80	4.04	3.76	7.80	34.10	3 429	3 436	6 865	67.00
		思茅港	0	0	0	0	0	0	0	0	0	0	0	0
		分计	14.04	40.39	54.43	238.80	4.04	3.76	7.80	34.10	3 429	3 436	6 865	67.00
合计			730.27	2 609.11	3 339.38	27.81	2 150.16	2 183.82	4 333.98	7.95	4 032 961	3 942 777	7 975 738	3.51
同比（%）			24.79	28.68	27.81	27.81	8.11	7.60	7.85	7.95	2.33	4.74	3.51	3.51

（云南省口岸办提供）

2019 年云南省口岸出入境主要数据表

项目			2019 年	2018 年	同比（%）
出入境人员（人次）	出入境人员总数		50 214 908	45 841 648	9.54
	入境人员		25 326 880	23 187 647	9.23
	出境人员		24 888 028	22 654 001	9.86
	出入境旅客		41 014 252	37 014 016	10.81
	出入境员工		9 200 656	8 827 632	4.23
	中国公民	小计	18 483 305	15 457 908	19.57
		内地居民（因公）	249 804	229 643	8.78
		内地居民（因私）	11 577 024	9 477 896	22.15
		港澳居民	90 139	100 010	-9.87
		台湾同胞	166 176	151 433	9.74
	外籍人员		31 731 603	30 383 740	4.44
	从海港出入境人数		86 905	58 131	49.50
	从陆港出入境人数		45 339 436	41 566 249	9.08
	从空港出入境人数		4 788 567	4 217 268	13.55
交通运输工具（辆、艘、架、列次）	总计		10 388 308	9 871 860	5.23
	船舶		9 352	4 744	97.13
	飞机		38 160	35 437	7.68
	火车		1 772	1 756	0.91
	机动车辆		10 339 024	9 829 923	5.18

（云南出入境边防检查总站提供）

2019年昆明海关主要数据统计表

项目		2019年	2018年	同比（%）
进出口货运量（万吨）	合计	3 884	3 034	28.02
	进口	3 095	2 427	27.52
	出口	789	607	29.98
进出口贸易总值（亿美元）	合计	282.84	244.05	15.90
	进口	158.75	139.20	14.04
	其中：江、海运输	9.97	5.18	92.47
	铁路运输	0.45	0.39	15.38
	汽车运输	40.84	31.17	31.02
	航空运输	3.56	5.99	-40.57
	邮件运输	0.11	0.000 5	21 900.00
	其他运输	103.82	96.47	7.62
	出口	124.09	104.85	18.36
	其中：江、海运输	1.65	1.7	-2.94
	铁路运输	0.73	1.09	-33.03
	汽车运输	100.08	72.83	37.42
	航空运输	11.36	21.56	-47.31
	邮件运输	0.06	0.000 2	29 900
	其他运输	10.21	7.67	33.12
税收（万元）	两税合计	962 600	972 600	-1.03
	关税入库	29 800	24 300	22.63
	进口环节税入库	932 800	948 300	-1.63

（昆明海关提供）

2019 年云南省指定监管场地统计表

序号	直属海关	监管场地名称	进境口岸	类型	拟进口品种	批复时间	备注
1	昆明海关	昆明机场口岸水果指定监管场地	昆明长水国际机场口岸	进境水果		2015 年 11 月 9 日	
2	昆明海关	河口北山国际货场	河口公路口岸	进境水果		传统进境口岸	
3	昆明海关	天保口岸拓丰物流水果指定口岸查验场	天保公路口岸	进境水果		传统进境口岸	
4	昆明海关	打洛水果指定口岸查验场	打洛公路口岸	进境水果		传统进境口岸	
5	昆明海关	磨憨口岸进境水果指定监管场地	磨憨公路口岸	进境水果		传统进境口岸	
6	昆明海关	章凤边民互市交易市场	章凤公路口岸	进境水果		2014 年 9 月 26 日	
7	昆明海关	畹町长合商贸有限公司所属进境水果查验货场	畹町公路口岸	进境水果		传统进境口岸	
8	昆明海关	腾冲猴桥进境水果监管场地	腾冲猴桥公路口岸	进境水果		2017 年 5 月 2 日	
9	昆明海关	昆明长水国际机场查验点	昆明长水国际机场口岸	进境食用水生动物	A（空运）：鱼类、甲壳类、软体类	2017 年 1 月 17 日	
10	昆明海关	畹町口岸查验点	畹町公路口岸	进境食用水生动物	C（陆运）：鱼类、甲壳类、软体类	2017 年 1 月 17 日	
11	昆明海关	昆明机场口岸种苗指定监管场地	昆明长水国际机场口岸	进境植物种苗		2017 年 11 月 20 日	
12	昆明海关	瑞丽口岸畹町经济开发区五鑫贸易有限公司所属种苗隔离检疫圃	瑞丽公路口岸	进境植物种苗		2017 年 11 月 20 日	
13	昆明海关	河口口岸进境种苗指定口岸进境种苗隔离检疫圃及检疫处理场	河口公路口岸	进境植物种苗		2017 年 11 月 20 日	
14	昆明海关	磨憨口岸进境植物种苗指定监管场地	磨憨公路口岸	进境植物种苗	进口罗汉松特定口岸	2017 年 11 月 20 日	
15	昆明海关	瑞丽口岸联检中心查验货场查验点 瑞丽市利民边民互市交易市场查验点	瑞丽公路口岸	进境粮食	C（边境陆运）	2017 年 11 月 20 日	
16	昆明海关	畹町边民互市查验点	畹町公路口岸	进境粮食	C（边境陆运）	2017 年 11 月 20 日	
17	昆明海关	联检查验货场查验点	天保公路口岸	进境粮食	C（边境陆运），仅限木薯干	2017 年 11 月 20 日	

续表

序号	直属海关	监管场地名称	进境口岸	类型	拟进口品种	批复时间	备注
18	昆明海关	磨憨口岸进境粮食指定监管场地	磨憨公路口岸	进境粮食	C（边境陆运）	2017 年 11 月 20 日	
19	昆明海关	南大公司货场	孟定清水河公路口岸	进境粮食	C（边境陆运）	2017 年 11 月 20 日	
20	昆明海关	河口北山国际货场	河口公路口岸	进境粮食	C（边境陆运）	2017 年 11 月 20 日	
21	昆明海关	云南腾冲猴桥口岸下街查验货场	腾冲猴桥公路口岸	进境粮食	C（边境陆运）	2017 年 11 月 20 日	
22	昆明海关	瑞丽市畹町经济开发区海丰有限责任公司进口冰鲜水产品指定监管场地	畹町公路口岸	进口冰鲜水产品	进口品种限于：非生食冰鲜水产品	2012 年 12 月 22 日	
23	昆明海关	河口北山边民互市市场	河口公路口岸	进口冰鲜水产品		2016 年 11 月 10 日	
24	昆明海关	天保口岸—麻栗坡县国营天保农场进口冰鲜水产品检验检疫口岸平台	天保公路口岸	进口冰鲜水产品		2016 年 11 月 10 日	
25	昆明海关	磨憨口岸进口冰鲜水产品指定监管场地	磨憨公路口岸	进口冰鲜水产品		2017 年 12 月 15 日	
26	昆明海关	景洪港（关累码头）进口肉类指定口岸	景洪港（关累码头）	进口肉类		2017 年 12 月 27 日	

（昆明海关提供）

西 藏 自 治 区

西藏自治区口岸分布示意图

序号	类型	口岸名称	批准开放时间	开放状态
1	空运口岸	拉萨空运口岸	1993.6	国际常年
2	公路口岸（4个）	普兰公路口岸	1961	国际常年
3		吉隆公路口岸	1961	国际常年
4		樟木公路口岸	1961	国际常年
5		里孜公路口岸	2019.11	双边常年

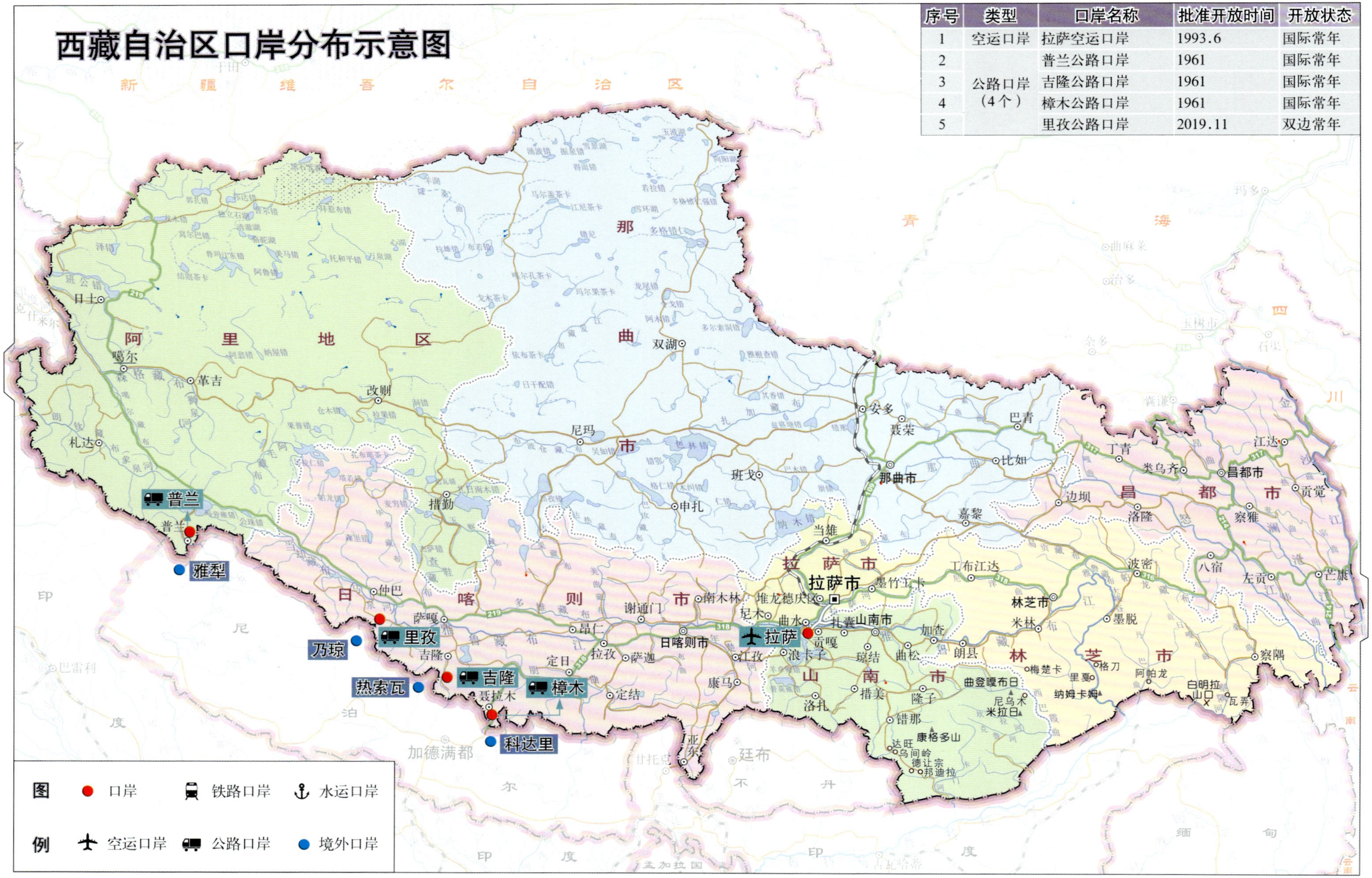

口岸数量及分布

截至2019年年底，西藏自治区有经国务院批准的对外开放口岸5个。其中，空运口岸1个，即拉萨航空口岸（拉萨贡嘎机场）；陆路（公路）口岸4个，分别是樟木、吉隆、普兰、里孜公路口岸，均为中尼边境口岸。

口岸运行数据

2019年，西藏自治区口岸出入境货运量为21.98万吨，同比增长53.49%，其中进口6.09万吨，同比增长219.87%，出口15.90万吨，同比增长1 930%；出入境货值52.02亿元，同比减少2.07%，其中进口9.7亿元，同比减少47.37%，出口41.98亿元，同比增长21.01%；出入境人员27.49万人次，同比增长11.59%，其中入境13.22万人次，同比增长13.06%，出境14.27万人次，同比增长10.26%；出入境交通工具3.64万辆（架）次，同比增长19.14%，其中入境1.81万辆（架）次，同比增长19.20%，出境1.83万辆（架）次，同比增长19.08%。

口岸综合管理

【口岸开放】 2019年5月29日，樟木口岸货运通道恢复并开展试运行；10月22日，国家口岸管理办公室批复阿里昆莎机场于2019年10月25日~11月15日期间临时开放；11月30日，国务院批复里孜为双边常年开放公路客运运输口岸。构建口岸全方位对外开放新格局工作取得新进展。

【口岸基础和配套设施建设】 2019年，各口岸查验及配套设施进一步完善，口岸通关条件不断提升。争取中央一类口岸补助资金2.42亿元用于吉隆、里孜、陈塘、日屋口岸查验基础设施建设；安排西藏口岸发展专项资金0.17亿元用于普兰、吉隆、樟木、拉萨航空口岸查验附属设施建设。

【“单一窗口”】 大力推广国际贸易“单一窗口”，不断减少企业申报时间成本，提高企业申报效率，提升便利化水平。截至2019年12月31日，货物申报16 594票，舱单申报45 793票（均为公路舱单），运输工具申报3票（空运3票），原产地证申领8票，企业资质办理450票，其他业务（含出口退税、加工贸易、快件、跨境进出口、集中申报、报关代理委托、减免税及后续、预约通关等）合计4 247票。货物申报、公路舱单业务覆盖率达100%。

【通关改革】 一是持续优化口岸营商环境。出台《自治区优化口岸营商环境促进跨境贸易便利化工作方案》，海关等部门对内印发“拉萨海关优化口岸营商环境促进跨境贸易便利化工作任务分解表”，并对照5项工作目标，提出14项落实措施，明确33项具体任务，积极认真落实相关工作，进一步优化口岸营商环境。二是继续巩固压缩货物通关时间工作。2019年，西藏自治区口岸出口整体通关时间0.15小时，位居全国第一，比2017年全年（11.41小时）压缩98.69%；进口整体通关时间为16.38小时，比2017年全年（77.43小时）压缩78.85%，位居全国第三。三是从严从细开展清理口岸收费。积极贯彻落实国务院关于口岸提效降费的要求，在口岸开展收费自查并公示，实行口岸收费目录清单制度，对不合理收费进行整改，海关还出台有关规范涉及海关口岸收费工作的制度，从严从细开展清理规范口岸收费相关工作，进一步优化口岸营商环境，切实增强企业和群众获得感，创造优质的口岸通关环境。

口岸监管与服务

【西藏出入境边防检查总站全力维护口岸安全稳定】 一是各级边检机关牢固树立总体国家安全观，始终坚持把维护口岸安全稳定作为首要任务，认真履行边检机关维护国家安全特别是政权安全、制度安全的政治责任，出入境检查的法律责任，防范和打击暴恐分裂分子的工作责任，坚决做到拒敌于国门之外。二是研究制定了《西藏总站应对边境口岸重大突发事件应急响应工作机制》，对各级应对口岸重大突发事件工作进行了细化明确，确保一旦遇有突发情况，能够拉得出、冲得上、打得赢。同时，依据有关办法和指南要求，结合西藏边检工作实际，制订总站口岸应对“重大风浪”方案及 6 类 12 项子预案。2019 年以来，总站各级共修改完善各类应急处突方案、预案 30 余个，开展训练演练 86 次，总站与地方协同配合共同处置口岸突发事件的协同协作和实战能力进一步增强。

【拉萨海关多举措支持西藏外经贸发展】 一是根据海关总署关于贯彻落实国务院稳外贸稳外资工作的实施意见要求，因地制宜出台《拉萨海关关于进一步支持西藏稳外贸稳外资若干措施》，从“优化口岸营商环境、巩固压缩整体通关时间成效、加快推动相关产品进口准入、有力推动减免税政策落地、加大企业培育扶持力度、助力更加开放的平台建设、大力支持外贸新业态新模式发展、持续深化全国通关一体化改革、优化检验检疫作业提升通关效率、有效发挥海关‘数据＋研究’辅助决策作用”10 个方面提出细化落实举措，充分发挥海关在促进西藏外贸外资稳定增长、服务西藏地方经济发展中的重要作用。二是技术性贸易措施工作稳步推进。2019 年，拉萨海关对西藏自治区涉及农食产品、机电仪器、化矿金属等 6 种所属行业的 17 家样本企业开展技术性贸易措施问卷调查，积极了解掌握国外技术性贸易措施对中国出口影响的情况，增强海关技术性贸易措施工作的针对性和科学性，保障中国产品“走出去”，有的放矢地增强海关工作强监管优服务的主动性和积极性，推动解决监管服务对象反映强烈的突出问题，为不断增强人民群众和企业的获得感、幸福感、安全感贡献海关力量。三是指导推进拉萨综合保税区申建工作。配合自治区有关部门多次多轮下沉服务、送教上门，全程指导综合保税区申报设立、基础设施建设、招商引资、运营筹备、人才培养等各项工作。加强政策宣传，从海关监管新政策、监管措施新变化和新要求等方面向相关部门宣传《国务院关于促进综合保税区高水平开放高质量发展的若干意见》。积极协助拉萨经开区做好《设立拉萨综合保税区评分评估报告》准备工作。2019 年 12 月 2 日，海关总署同意并启动国家八部委会签。

【拉萨海关推动口岸通关改革】 拉萨海关根据《海关总署关于印发〈海关全面深化业务改革 2020 框架方案〉的通知》要求，加大以“5 个两”为框架的“海关改革 2020”等重点改革项目的推进力度，提前实现“两步申报”成功运行，平稳推进“两段准入”“两轮驱动”同步实施，持续深化全国通关一体化改革，深入推进海关治理体系和治理能力现代化，为建设新时代中国特色社会主义新海关贡献力量。

【拉萨海关积极加强口岸规范化管理】 一是推进吉隆口岸公共卫生核心能力建设。2019 年，拉萨海关将吉隆口岸公共卫生核心能力建设作为关区重点工作进行全面部署，全力协调推进各项工作。对照《口岸公共卫生核心能力建设考核指引》“口岸公共卫生核心能力考核表（陆路口岸）”（2019 版），深化吉隆口岸的沟通协调核心能力、常规核心能力、应急核心能力建设，不断巩固和提高口岸预防、控制及应对公共卫生风险能力。二是推进贡嘎机场空港口岸进境水果指定监管场地和冰鲜水产品指定监管场地工作。协调召开拉萨贡嘎机场进境水果指定口岸和进境冰鲜水产品口岸申建座谈会，向拉萨市人民政府反馈申建程序、海关总署建设要求、编制撰写可研报告要求，以及尼泊尔输华农产品、食品准入品种范围等。积极与空港新区管委会沟通，推进海关监管作业场所（场地）集约化建设，明确海关监管要求。

【服务口岸通关】 西藏出入境边检总站服务开放促发展。积极服务吉隆口岸边（跨）境合作区建设，及时向移民局专题汇报，明确了为尼泊尔籍司乘人员提供便利化通关的具体措施，并为 650 名尼泊尔司乘人员签发临时入境许可，回应了尼方关切。立足西藏实际，为促进边境地区边民互市贸易，提出了边民检查“前推后移”查验法，推动边检工作在服务地方发展中实现快速融合。拉萨海关认真贯彻落实2019年全国海关工作会议有关“巩固压缩货物整体通关时间成效”部署，在2018年已取得成效的基础上，结合西藏自治区实际，研究制定《拉萨海关巩固压缩货物整体通关时间成效指导意见》，提出20条巩固压缩货物整体通关时间成效的具体措施，从税收征管、通关处置、风险处置、案件处置等8个方面梳理了各通关环节的业务流程，明确了处置途径及要求。

【创新通关监管模式】 西藏出入境边防检查总站创新勤务提升效能。按照国家移民管理局《加快推进移民和出入境领域“放管服”改革的实施意见》，严格执行中国旅客通关候检时间不超过30分钟、65岁以上老人和“两院”院士走特别通道、简化分团手续等便民利民举措。各边检站共修订、优化勤务流程42项，仅拉萨边检站就对涉及边检勤务的4类26项服务流程进行了统一规范。吉隆边检站重新调整执勤岗位和警力，组建了由法制、证件鉴别、查控、通信技术等部门组成的大后台，实现了查缉管控效能大幅提升。同时，加强印度香客、尼泊尔借道运输、中国援尼项目、援尼物资启运、境外藏胞入境等特色勤务的组织，针对不同对象，制定差异化工作措施，达到精确管控的目的。拉萨海关加快海关监管作业场所规范化建设进程。完成H986大型集装箱检查系统在吉隆口岸的安装使用，附属配套设施建设全部到位；吉隆海关出口货物查验场智能化卡口建设取得积极进展。

开放口岸

【拉萨空运口岸（拉萨贡嘎机场）】 位于西藏自治区山南市贡嘎县甲竹林镇，距西藏自治区首府拉萨市60千米，是西藏自治区唯一对外开放的机场。拉萨航空口岸以人员出入境为主。2019年，为提升拉萨航空口岸核心能力建设，投资40.64万元用于检疫隔离区建设。2019年，口岸出入境人员5.63万人次，同比增长6.42%，其中入境2.72万人次，同比增长11.74%，出境2.90万人次，同比增长1.86%；出入境飞机480架次，同比增长11.37%，其中入境228架次，同比增长8.57%，出境252架次，同比增长14.03%；进口货运量5.86万吨，同比增长3 055.6%，其中进口5.86万吨，同比增长3 055.4%，出口4吨；进出口货值9.00亿元，同比减少50.0%，其中进口8.65亿元，同比减少51.9%，出口0.34亿元，同比增长1 498.9%。

【樟木陆路（公路）口岸】 位于西藏自治区日喀则市聂拉木县的樟木口岸，与尼泊尔科达里口岸相对，距日喀则市470千米，距西藏自治区首府拉萨市780千米。樟木口岸在2015年“4・25”地震前是我国最大的中尼陆路口岸，但受尼泊尔“4・25”地震波及，樟木口岸损毁严重，被迫中断运行。2019年5月29日，樟木口岸货运通道功能正式恢复开通，开展一般贸易和边境小额贸易，开通至2019年12月31日作为试运行阶段。2019年，樟木口岸进出口货物3.10万吨，其中进口0.01万吨，出口3.09万吨；进出口货值3.50亿元人民币，其中进口0.1亿元，出口3.4亿元。进出境人员2.12万人次，其中入境1.06万人次，出境1.06万人次。出入境车辆0.61万架次，其中入境0.31万架次，出境0.30万架次。

【吉隆陆路（公路）口岸】 位于西藏自治区日喀则市吉隆县吉隆镇，距日喀则市560千米，距拉萨市830千米。吉隆口岸自古就有商道、官道、战道之称，历史上曾是西藏与尼泊尔最大的陆路通商口岸之一，是中尼双方政治、经济、文化交流的主要通道，也是中尼间的传统边贸市场。2015年，国务院正式批准吉隆口岸扩大开放，2017年通过验收并正式启用。2019年，西藏自治区继续完善吉隆口岸功能，投资中央预算内口岸专项资金5 803万元用于吉隆口岸海关监管仓库二期和检疫处理区项目；投资西藏口岸发展资金650万元用于口岸附属设施建设，口岸功能进一步完善。2019 年，吉隆口岸进出口货物 13.02 万吨，同比减少 7.7%，其中进口 0.22 万吨，同比增长 85.50%，出口 12.80 万吨，同比减少 8.5%；进出口货值 39.52 亿元，同比增长 12.6%，其中进口 0.94 亿元，同比增长 108.6%，出口 38.58 亿元，同比增长 11.30%；进出境人员 16.32 万人次，同比增长 5.48%，其中入境 7.72 万人次，同比增长 5.65%，出境 8.60 万人次，同比增长 5.33%；出入境交通工具 2.98 万辆次，同比减少 1.11%，其中入境 1.48 万辆次，同比减少 1.37%，出境 1.50 万辆次，同比减少 0.86%。

【普兰陆路（公路）口岸】 位于西藏自治区阿里地区普兰县普兰镇，县域西南与印度毗邻，南与尼泊尔接壤。普兰口岸与尼泊尔和印度两国接壤，对尼为正式开放的国际性口岸，对印为印度官方香客朝圣和边民互市贸易通道。2019 年，投资西藏口岸发展资金 514.5 万元用于口岸边坡治理二期工程。2019 年，进出境人员 3.43 万人次，同比减少 11.61%。其中，入境 1.72 万人次，同比减少 1 111.58%；出境 1.70 万人次，同比减少 11.64%。

【里孜陆路（公路）口岸】 2019 年 11 月 30 日，根据《国务院关于同意西藏里孜公路口岸对外开放的批复》，里孜口岸成为双边常年开放公路客运运输口岸。在前期国门、联检楼、备勤用房投入的基础上，2019 年投资中央预算内资金 7 364 万元用于里孜口岸边检应急及信息指挥中心、一站式服务平台、入境货物查验场、出入境检验检疫处理区项目。

2019 年西藏自治区口岸大事记

5 月 29 日

樟木—科达里口岸货运通道恢复并试运行，中尼双方在樟木口岸友谊桥举行复通仪式。西藏自治区副主席、日喀则市委书记张延清主持仪式，自治区主席齐扎拉、海关总署副署长张际文、中国驻尼泊尔大使馆大使侯艳琪、尼泊尔工业商业和供应部部长马特里加・普拉萨德・亚达夫出席复通仪式并致辞，见证首批货物出口至尼泊尔。仪式前，张际文副署长与齐扎拉主席进行座谈，并共同会见尼泊尔代表团一行。

樟木—科达里口岸货运通道复通仪式

9 月 14 日

中央第十巡回指导组组长杜宇新、副组长张百如，西藏自治区党委常委、组织部部长陈永奇等一行在阿里地委书记朱中奎和普兰县委等负责人的陪同下莅临普兰口岸国门现场检查指导工作，并亲切看望了口岸一线工作人员。

10 月 10 日

西藏自治区党委书记吴英杰一行从拉萨口岸出境，并对口岸联检部门工作进行简单调研。

10 月 13 日

中国和尼泊尔于加德满都共同发表了《中华人民共和国和尼泊尔联合声明》，提出“双方欢迎樟木口岸恢复货运功能，将完善吉隆口岸各项功能，尽快开通里孜—乃琼口岸并在尼方一侧建设必要设施”。

10 月 16 日

定结县十六届夏尔巴文化节暨中尼物资交流会在陈塘镇召开，为陈塘口岸开放添砖加瓦。

10 月 19 日

普兰县委宣传部、普兰县委统战部、普兰口岸管理委员会、共青团普兰县委员会联合举办“跑上冈底斯”普兰口岸首届马拉松挑战赛。

普兰口岸首届马拉松挑战赛

10 月 20 日～25 日

吉隆口岸成功举办日喀则市吉隆县第二届国际边贸文化旅游节。

10 月 22 日

国家口岸办批复阿里昆莎机场于 2019 年 10 月 25 日～11 月 15 日期间临时开放。

11 月 30 日

国务院批复里孜口岸为双边常年开放公路客运运输口岸。

（撰稿人：法蒂玛、格桑卓嘎、蒲永刚、李春、色珍、达瓦次仁、谢昆帆）

2019 年西藏自治区口岸流量统计表

口岸类型		口岸名称	货运量（万吨）				集装箱量（万标箱）				人员（万人次）				交通工具（辆、艘、架、列次）			
			出口	进口	合计	同比(%)	出口	进口	合计	同比(%)	出境	入境	合计	同比(%)	出境	入境	合计	同比(%)
空运口岸		拉萨航空口岸	0.000 4	5.86	5.86	3 055.6					2.90	2.72	5.63	6.42	252	228	480	11.37
陆路口岸	公路口岸	吉隆口岸	12.80	0.22	13.02	-7.7					8.60	7.72	16.32	5.48	14 998	14 803	29 801	-1.11
		樟木口岸	3.09	0.01	3.10	—					1.06	1.06	2.12	—	3 028	3 109	6 137	—
		普兰口岸	—	—	—	—					1.70	1.72	3.42	-11.61	—	—	—	—
		里孜口岸	—	—	—	—					—	—		—	—	—	—	—
合计			15.90	6.09	21.98	53.49					14.27	13.22	27.49	11.59	18 278	18 140	36 418	19.14
同比（%）			1 930.00	219.87							10.26	13.06			19.08	19.20		

（西藏自治区口岸办提供）

2019 年西藏自治区口岸出入境主要数据表

项 目			2019 年	2018 年	同比（%）
出入境人员（人次）	出入境人员总数		274 925	246 368	11. 59
	入境人员		132 247	116 968	13. 06
	出境人员		142 678	129 400	10. 26
	出入境旅客		126 462	121 434	4. 14
	出入境员工		6 543	6 499	0. 68
	中国公民	小计	53 701	51 497	4. 28
		内地居民（因公）（员工）	7 374	7 314	0. 82
		内地居民（因私）（边民）	45 912	43 738	4. 97
		港澳居民	291	361	－19. 39
		台湾同胞	124	84	47. 62
	外籍人员		221 224	194 871	13. 52
	从海港出入境人数		—	—	—
	从陆港出入境人数		218 665	193 502	13. 00
	从空港出入境人数		56 260	52 866	6. 42
交通运输工具（辆、艘、架、列次）	总 计		36 418	30 567	19. 14
	船 舶		—	—	—
	飞 机		480	431	11. 37
	火 车		—	—	—
	机动车辆		35 938	30 136	19. 25

（西藏出入境边防检查总站提供）

2019 年拉萨海关主要数据统计表

项 目		2019 年	2018 年	同比（%）
进出口货运量（吨）	合计	232 605	167 789	38.6
	进口	73 654	27 626	166.6
	出口	158 951	140 163	13.4
西藏自治区进出口贸易总值（亿元人民币）	合计	48.76	47.51	2.6
	进口	11.30	18.95	-40.4
	其中：水路运输	4.95	2.19	125.8
	铁路运输	0.04	0.01	406.8
	公路运输	0.37	0.30	22.8
	航空运输	4.56	15.74	-71.1
	邮件运输	0.00	0.00	14.8
	其他运输	1.38	0.70	96.0
	出口	37.45	28.57	31.1
	其中：水路运输	5.47	2.80	95.7
	铁路运输	0.16	0.00	- -
	公路运输	30.86	25.36	21.7
	航空运输	0.12	0.06	96.0
	邮件运输	0.02	0.00	2 967.1
	其他运输	0.82	0.35	136.4
入库税收（万元）	两税入库合计	18 349.84	21 543.26	-17.4
	关税入库	1 916.73	3 857.78	-50.3
	进口环节税入库	16 433.11	17 685.48	-7.6

表注：此表数据为拉萨海关关区数据，关区除口岸数据外还包括未设口岸的八廓海关、亚东海关等，因此与口岸数据不同。

（拉萨海关提供）

陕 西 省

陕西省口岸分布示意图

序号	类型	口岸名称	批准开放时间	开放状态
1	空运口岸	西安空运口岸	1983.1	国际常年

口岸数量及分布

截至2019年年底，陕西省有经国务院批准的对外开放口岸1个，即西安空运口岸（西安咸阳国际机场）。

口岸运行数据

2019年，陕西省全年外贸进出口总值为3 515.75亿元，同比增长0.1%。其中，出口1 873.27亿元，同比下降9.8%；进口1 642.48亿元，同比增长14.5%。一般贸易进出口额为872.65亿元，同比增长12.95%，占陕西进出口总值的24.82%。加工贸易进出口额为2 065.99亿元，同比下降7.18%，占陕西进出口总值的58.76%。

2019年，西安咸阳国际机场空运口岸共验放出入境航班及国际航班包机1.9万架次，同比增长26.7%，增速位居全国十大机场第一；共验放和运送出入境人员307.7万人次，同比增长13.4%，增速位居全国十大机场第四；共监管进出口货运量5.1万吨，同比增长17.2%。

口岸综合管理

【持续推动空运口岸发展】 2019年，西安咸阳国际机场新开通了西安至名古屋、迪拜、里斯本、塔什干、布达佩斯、伊斯坦布尔等19条国际客运航线，西安至布鲁塞尔、德里、金奈、孟买、曼谷、莫斯科、首尔—西安—河内等7条国际货运航线，率先在西北地区实现客货运第五航权航线双突破，国际（地区）航线累计达到88条，通达全球36个国家和地区、74个主要枢纽和经济旅游城市，其中“一带一路”航线覆盖20个国家和地区的43个城市。西安咸阳国际机场国际厅旅客入境区域前端新增设30台生物信息采集前置机，新配置5套生物信息采集一体机，在出境区域新增设4条出境旅客自助查验通道，提升了口岸旅检效率。在国家口岸管理办公室的指导和支持下，榆林榆阳机场口岸分别在2019年上半年和下半年两次实现临时开放，其间开通了东南亚、东北亚5条国际航线，口岸通关秩序良好，保障措施有力。12月31日，西安咸阳国际机场保税航油出口监管仓和保税仓通过验收并投入使用，西安成为西北地区首个开展保税航油业务的城市。

【加快推进陆路（铁路）口岸建设】 积极加强口岸合作，减少通关环节，简化通关流程，实行“运单一体化”“统一运单电子化”，有力推动沿线口岸管理部门信息互换、监管互认、执法互助，有效提高了口岸联检单位现场查验效率，极大促进了国际货运班列的高效运行。2019年中欧班列（长安号）共开行2 133列，是2018年同期的1.7倍，运送货物总重约180.2万吨，是2018年同期的1.5倍，开行量、重箱率、货运量等核心指标均位居全国前列。中欧班列（西安—明斯克）跨境电商出口专列正式开行，全国首列二手车出口专列正式开行；沃尔沃进出口专列已常态化开行。通过创新中欧班列区域合作发运机制，联手周边有货运需求但未常态化开行班列的城市，相继开行了“襄西欧”“徐西欧”“蚌西欧”“冀西欧”“厦西欧”等集结班列，积极构建中欧班列（西安）集结中心。“西安港班列运行指标体系”平台已经启用，班列统计和对平台公司的支持服务能力显著提高，有效推动中欧班列（长安号）实现高质量、市场化、可持续发展。

【多元化提升国际贸易“单一窗口”应用水平】 2019年，国际贸易“单一窗口”标准版各项功能应用持续推广，现有的15大类23项功能在陕西省全部实现，“单一窗口”业务量增长迅速，货物申报、空运运输工具和空运舱单等主要业务覆盖率均达到100%。积极推进“单一窗口”功能向海关特殊监管区域的覆盖，主要业务覆盖率达到90%以上。加大跨部门信息共享和数据交换，协调金融、保险、电商、物流、邮政、民航、铁路港口等相关行业对接，为跨境贸易便利化提供一站式服务。多次组成联合调研组赴渝、豫、浙、闽四省六市开展考察调研学习活动，促进了省际间电子口岸和“单一窗口”工作的合作与交流。同年12月，陕西省政府口岸办会同省级税务、海关部门，组织各市商务、口岸部门，举办了3期“单一窗口”出口退税业务培训班，共培训外贸企业人员800余名。

【统筹推进综合保税区和指定监管场地建设】 2019年8月，西安航空基地综合保税区通过国家验收，11月正式封关运行；12月国务院批复设立宝鸡综合保税区和西咸空港综合保税区；西安高新综合保税区、西安出口加工区整合升级和杨凌综合税保区申请设立工作正积极推进。2019年，陕西省已有238家企业入驻综合保税区，区内企业完成进出口总额2 415.67亿元，占全省进出口总额近70%，成为陕西省外贸发展的重要基地和对外开放的重要平台。陕西省现有指定监管场地8个。其中西安咸阳国际机场空运口岸5个，即进口药品指定口岸和进口冰鲜水产品、进境食用水生动物、进境水果和进口肉类指定监管场地。2019年，西安咸阳国际机场指定监管场地累计完成进境水果341吨、冰鲜水产品500吨、水生动物42吨及药品54吨。西安铁路口岸3个，即进境粮食、进口肉类指定监管场地和汽车整车进口口岸。2019年，西安铁路指定监管场地完成进境粮食3.54万吨、进口肉类394吨。西安汽车整车进口口岸累计进口汽车8 946辆，出口汽车13 334辆，共计22 280辆，位居全国内陆整车进口口岸前列。

【着力提高口岸服务保障水平】 积极与联检单位及省外办、省台办等外事活动接待方协调配合，圆满完成尼泊尔总统班达、新西兰国防部长马克等政要首脑来陕访问等口岸通关礼遇，以及2019丝博会、省政府代表团出访、韩国代表团来陕访问等口岸通关协调保障工作和各项空运口岸临时应急任务。2017年共向口岸联检单位和口岸相关单位发送通关礼遇函件37次。认真对国际（地区）航班飞行计划进行把关，全年共组织召开了国际航线开通保障协调会20次，做好了新开及复飞国际航线的协调保障工作。

【协调推进口岸通关合作】 为推进口岸跨区域合作，陕西省主动融入“一带一路”建设，先后与上海、连云港、宁波、天津、青岛、日照、阿拉山口、霍尔果斯等口岸签署了战略合作框架协议，跨省域建立了联络、协调、沟通机制，实现了区域大通关，口岸区域竞争力明显增强。为服务“一带一路”建设，助推贯通东西、连接南北的国际物流大通道更加通畅，西安海关制订了《促进“一带一路”沿线大通关建设实施方案》，与青岛海关建立更加紧密的合作关系，与南京海关等18个海关签署促进中欧班列便利化通关合作备忘录，与重庆海关等15个海关签署支持“西部陆海新通道”建设合作备忘录，共同促进“一带一路”沿线贸易的畅通。

【海关机构配套更加完善】 2019年，西安海关获批增设了5个隶属海关。1月，关中海关挂牌办公，并在西安高新技术开发区、西安经济技术开发区等业务现场设立便民服务点，方便企业就近办理海关业务。4月，汉中海关挂牌办公，并成立安康工作组，以保障和支持在安康开展海关业务。12月，西安车站海关、西安邮局海关挂牌办公。商洛海关正在加紧前期筹备工作。西安海关机构的增配和完善，进一步提升了海关服务和保障陕西省外向型经济发展的工作效能。

口岸监管与服务

【陕西出入境边防检查总站不断深化“放管服”改革，服务地方经济】 积极融入陕西“三个经济”发展战略，优化口岸营商环境，对接陕西省发展改革委和榆林、延安两市相关部门，为口岸开放、申报建设等工作提供支持。圆满完成尼泊尔总统访华入境检查、“一带一路”高峰论坛、第四届“丝博会”、第二届“进博会”等系列安保任务，累计为164人次提供通关便利。严格落实“中国公民出入境通关候检不超过30分钟”要求，扩建出境自助通道至4条。支持西安咸阳国际机场空运口岸144小时过境免签并获批准，先后购置20台外国人生物信息自助采集机、150台执法记录仪、20台便携式文检仪、28套多语种翻译机，自助通道使用率由2018年30%提升为38%，外籍旅客人均验放时间缩短30秒。全年累计为海南、长龙、东方等航空公司和康辉、海外旅游公司等服务对象提供业务咨询500余次，为西安咸阳国际机场、地勤公司、机场海关等单位授课培训5次。

【陕西出入境边防检查总站加大维稳力度，强化口岸管控能力】 以“防回流”“打派遣”“防渗透”“防闯关”为重点，强化预报预检系统实战应用，加强“大数据”挖掘碰撞、比对分析。完善前台询问、后台核查、口岸视询及API预查控等4项流程，充分用好反恐查缉战法，实行出入境人员数据信息100%核查，与出入境管理局等6家相关单位在“三非”外国人查处、遣送及“翻译人才库”方面实现信息共享，全面筑牢口岸查控屏障，共查获非法居留人员99人次，不准入境人员88人次。2019年5月3日，口岸一线查获一起携带有害性政治出版物案，排查出2名涉港维稳人员及1名同行人员。10月、11月，连续两月排查出近300人次签证登记信息与实际持用信息不符。

【陕西出入境边防检查总站加强队伍建设，提高执法执勤能力】 及时修订完善科领导和检查员评价体系，层层压实责任。扎实开展常态化执勤执法能力培训，积极探索站队合一模式下全能型检查员培训模式，通过30次“微课堂”精准培训，完成3个月4个模块60课时教学任务，全力做好未持章检查员和新招录民警的培训工作。组织分批赴陕西省出入境管理局制证中心及西安市公安局出入境管理局跟班学习，定期开展文检仪等证件研究技能培训，选派业务骨干参加国家移民管理局组织的轮勤轮训工作，不断提升陕西边检总站民警执法执勤能力。筹备举办第一届“强素质　锻精兵”边检业务知识竞赛，进一步夯实业务基础，突出实战实用实效。积极组织民警参加省公安厅组织的执法资格考试，除新入警检查员和战士转改民警外，陕西边检总站98%的民警取得基本级执法资格，7人取得高级执法资格。

【西安海关改革强关取得新成效】 隶属西安海关的关中、汉中、车站、邮局海关相继挂牌开关，商洛海关筹备工作加快推进，队伍融合更加深入。积极开展“两步申报”改革试点，持续压缩整体通关时间，全面提高“提前申报”比例，进一步简化纸质单证作业，深入推进“查检合一”作业模式，落实进出口许可证件联网核查；大力推进国际贸易“单一窗口”标准版建设，主要申报业务应用率达到100%。深化税收征管方式改革，“自报自缴”比率稳步提升，汇总征税享惠范围不断扩大，企业通关成本大大降低；原产地签证改革全面落地，原产地证书自助打印，对外经营贸易备案登记与原产地备案“两证合一”。积极推进“放管服”改革，深入清理行政审批事项，以信息化方式提升办事效率，12项行政审批“一网通办”，78项证明材料全面取消；积极推行“多证合一”改革，落实海关高信用企业通关便利，与三星等重点进出口企业签订“关企合作备忘录”；开展进出口环节涉企收费风险排查和专项检查14次，规范涉企收费长效机制不断完善。

【西安海关打击走私成效显著】 深入开展“国门利剑2019”等专项行动和扫黑除恶专项斗争。查获涉嫌走私枪支（仿真枪）零配件案13起；查获走私毒品案件9起，查获海洛因7.41千克、冰毒64克、大麻9.3千克；破获跨境电商走私案1起，查封走私进口货物2.7吨。严厉打击“洋垃圾”走私，开展“蓝天2019”专项行动，首次在旅检渠道查获废旧电子设备显示器等“洋垃圾”16.4千克。严厉打击象牙等濒危物种走私，全年查获走私象牙等珍贵动植物制品案22起，查获查扣象牙制品363件，金刚鹦鹉1只，砗磲、红珊瑚、鳄鱼、沉香等其他制品50件；跨七省（区）深挖扩线破获关区数量最大的一起涉嫌走私象牙制品案，查获象牙制品347件、3.99千克，濒危红珊瑚制品30件、354克，打掉一条利用网络销售贩卖走私象牙制品的利益链条。严厉打击秦岭野生动物及其制品走私，参加陕西省打击整治破坏秦岭野生动物资源违法犯罪专项行动，成立工作专班，深入秦岭沿线关键区域进出口企业、食品农产品出口企业等明察暗访，秦岭野生动物资源案件“零报告”。开展风险隐患大排查，出台突发事件应急预案，组织口岸核生化反恐应急演练，排查监管作业场所（场地）、危化品企业等12个方面安全风险127项。扎实开展“龙腾行动2019”“清风”等专项行动，查获侵犯知识产权和假冒伪劣商品534件。

【西安海关坚决筑牢国门安全防线】 坚决筑牢口岸检疫防线，严防疫情传入传出。严格口岸重点传染病防控，成功举办口岸突发公共卫生事件应急处置演练，实施出入境传染病监测体检2.3万人次、预防接种2.2万人次；首次检出诺如病毒病例。口岸卫生监督能力不断提升，监管口岸食品经营单位183家，监督抽检377样次，首次在口岸食品安全抽检中检出不合格产品。医学媒介生物防控能力持续完善，开展病媒生物监测27次，病媒生物监测捕获鼠类12只，首次在陕西口岸检出阿拉善黄鼠4只。筑牢动植物疫情疫病安全防线，扎实开展国门生物安全监测。加强非洲猪瘟全链条防控，加强供港活牛检疫监管，完成供港活牛疫病检测110头，全省供港活牛备案企业通过香港食环署探访。强化进出境动植物检疫监管，检疫进出境动植物及其产品6 085批次，截获禁止入境物品7 491批，检出检疫性有害生物7种21种次、一般有害生物73种792种次。加强进出口产品质量安全监管，严守安全底线，切实维护人民群众切身利益。全力完善进出口商品质量安全风险预警和快速反应监管体系，推动召开全国首个省级体系建设推进会，把“四个最严”作为进出口食品安全工作的第一标准，制定进一步加强进出口食品安全监管15条措施，与地方建立联合监管机制，严防、严管、严控进出口食品安全风险。举办“进口食品安全社区行”活动，在陕西人民广播电台开展进出口食品安全直播访谈，营造尚德守法的良好氛围。严格按照标准要求，对进口医疗器械、旧机电产品、整车等重点敏感商品实施逐批现场查检。严格进出口危险化学品、进口废物原料、大宗资源型产品质量安全监管，开展关区83家进出口危险货物企业风险排查。

【西安海关加强海关监管职能，不断提升口岸软实力】 2019年，陕西海关特殊监管区域进出口总值为2 414.9亿元，占全省总值近七成。国务院支持综合保税区高质量发展21项任务落地见效，制定关区推进计划，坚持问题导向和需求导向，强化协同共进，全面落实任务；“保税维修”“简化进出区管理”“先入区，后检测”“跨境电商保税备货”等创新举措效果明显，“保税维修”试点企业全年产能增长50%，“简化进出区”有效保障三星项目建设物资及时抵达；利用“先入区，后检测”政策进口绿豆200余批，企业通关效率明显提升；“跨境电商保税备货”业务正式开展，进口2 651.4万元、7.6万单。海关特殊监管区域优化升级取得新进展，实时跟进规划建设，提供海关专业指导，西安航空基地综合保税区封关运行，宝鸡、西咸空港综合保税区正式获批，西安出口加工区升级方案上报国务院，杨凌综合保税区申请积极推进。自贸试验区制度创新红利持续释放，发挥自贸试验区内综合保税区的“试验田”作用，继续培育自贸试验区创新制度，上报海关总署监管创新制度2项，“行邮税移动支付”获批在全省复制推广。

【西安海关全力助推陕西扩大对外开放，服务“一带一路”建设】 一是不断拓展口岸功能。西安咸阳国际机场进境肉类指定监管场地通过验收，陕西指定监管场地达到8个。助推杨凌发挥全国首个国家级农业高新技术产业示范区优势，支持建设进境植物种苗检疫隔离场和奶山羊指定隔离场。延安公用型保税仓库获批设立，陕西省保税仓库获批设立达11家，实现关中、陕北、陕南全覆盖，保税优惠政策惠及更多地区、更多企业。助力“陕货”走出国门，陕西苹果、梨接受印度和俄罗斯官方现场考核，宝鸡猕猴桃脯首次出口俄罗斯，猕猴桃首次进入“一带一路”国家。二是不断加强区域合作。除与兄弟海关加强协作外，西安海关“1+3”关际合作模式正式建立，海关总署副署长王令浚出访哈萨克斯坦期间，与哈方正式签署“关于建立西安海关与阿拉木图市、阿拉木图州和东哈萨克斯坦州国家收入局合作伙伴关系的备忘录”，双方在贸易数据交换、中欧班列（长安号）和直飞航班通关监管等领域推出多项合作举措。三是全力支持陕西扩大开放，服务“一带一路”建设。发挥新海关职能作用，推动发展枢纽经济、流动经济、门户经济，促进全方位对外开放，2019年陕西省进出口总值3 515.6亿元，同比增长0.1%。全力保障中欧班列（长安号）通关便利，实行“专人专岗、专门窗口、24小时预约验放”，做到班列货物随到、随报、随验、随放；积极探索业务新模式，依托中欧班列进境粮食实现保税仓储，全国首家运载出口二手车的中欧班列始发，陕西苹果首次通过中欧班列出口哈萨克斯坦，促成宝鸡始发开行中欧国际货运专列。着力扩大陕西空运口岸开放，西安咸阳国际机场全年新开国际货运航线9条，货邮吞吐量增速位列全国十大枢纽机场首位，榆林榆阳机场两次获批临时对外开放；西北首条第五航权货运航线“首尔—西安—河内”、客运航线“叶卡捷琳堡—西安—普吉”成功首航。支持西北首个保税航油政策正式落地，西安咸阳国际机场国内结转型出口监管仓库、专用型保税仓库获批揭牌。积极妥善应对中美贸易摩擦，签发原产地证书1.9万份，企业可获4 356.2万美元税收减免。举办全省进出口企业技术性贸易措施影响调查培训会，对103家企业开展技术性贸易措施影响常规调查，完成1项海关技术规范修订。

开放口岸

【西安空运口岸（西安咸阳国际机场）】 西安咸阳国际机场位于陕西省西安市西北方向的咸阳市渭城区，距西安市区25千米，是我国西北地区最大的空中交通枢纽，也是中国民用航空局规划建设的八大国际枢纽机场之一，2019年旅客吞吐量4 722万人次，排名全国第7位。机场现有2条跑道，机场飞行区等级为4F级，可起降空客380等大型客机；现有3座航站楼，总面积39.5万平方米，设有登机廊桥50个、安检通道47条；有2座货站（机场货站、东航货站），货运库房面积共6.9万平方米，设有海关监管库、危险品库、贵重物品库、冷冻冷藏库及鲜活库等，可满足多种货物的存储和运输要求。机场保障设施可保障年旅客吞吐量5 000万人次、货邮吞吐量40万吨需要，硬件设施达到国际先进水平。西安咸阳国际机场三期扩建工程可行性研究报告已获批，建成后可满足旅客吞吐量8 300万人次、货邮吞吐量100万吨保障需求。国际旅客服务区位于T3航站楼，总建筑面积约2万平方米，设登机廊桥7个、安检通道6条，国际航班专用停机位11个，可保障波音747和空客340型飞机停靠。国际货物保障区（机场货站）位于机场南飞行区航空货运区内，包括共3.1万平方米的A02国际货站区和A03国际快件监管中心，6个货机专用机位，可用于国际货物监管、快件分拨、运输等，设计年保障能力12.5万吨。其中，国际快件监管中心拥有环形查验线300米，具有专业化、一站式清关监管服务功能，每小时可处理快件1 800件，快件处理能力在全国机场处于领先水平。

2019年，西安咸阳国际机场成为西北地区首家获批144小时外国人过境免签政策的空运口岸，第五航权客货运航线取得突破，开通国际（地区）航线累计达到88条，全货运航线27条，其中国际货运航线13条。全年累计出入境航班及包机1.9万架次，同比增长26.7%；完成国际（地区）客运量达到307.7万人次，是“十二五”末的1.8倍；完成国际（地区）货运量5.1万吨，是“十二五”末的2.5倍。在原有进口药品和进口冰鲜水产品2个指定监管场地的基础上，“十三五”期间又相继获批设立了进境食用水生动物、进境水果和进口肉类3个指定监管场地。

【西安陆路（铁路）口岸（临时开放）】 2014年10月，国家口岸办批准位于西安国际港务区内的铁路车站作为临时口岸对外开放，西安成为陕西省唯一的铁路货运型国家对外开放口岸。2014 年 12 月，西安港双代码先后获批，标志着西安港正式成为国外国内认可的内陆港。西安铁路集装箱中心站位于西安铁路枢纽北环线新筑车站南侧，箱区占地面积约 70 万平方米，包括龙门吊箱区近 10 万平方米，国际监管箱区约 3 万平方米，备用及堆存箱区 15 万平方米，冷藏箱区 2 300 平方米等。目前已建成投用两个线束 4 条装卸线及 2 条存车线，其中装卸线有效长度均在 850 米以上，安装 8 台 40 吨轨道式集装箱门式起重机，具备整列集装箱装卸作业能力。

中欧班列（长安号）向西、向北常态化开行，目前已开通了 15 条国际班列线路，包括：中亚 4 条，分别至中亚五国（哈萨克斯坦、乌兹别克斯坦、吉尔吉斯斯坦、土库曼斯坦、塔吉克斯坦）和西亚的伊朗、阿富汗、阿塞拜疆（格鲁吉亚）；中欧 11 条，分别至德国（汉堡、曼海姆、杜伊斯堡）、波兰（斯瓦夫库夫、华沙、马拉舍维奇、波兹南）、捷克（布拉格）、芬兰（科沃拉）、比利时（根特）、匈牙利（布达佩斯）、意大利（维罗纳）、土耳其（伊斯坦布尔）、白俄罗斯（明斯克）、俄罗斯（叶卡捷琳堡、莫斯科），以及海铁联运至俄罗斯（罗斯托克），班列运行网络覆盖中亚及欧洲主要货源地，辐射“一带一路”沿线 44 个国家和地区。2019 年中欧班列（长安号）共开行 2 133 列，其中中亚方向开行 911 列（去程 768 列、回程 143 列），欧洲方向开行 1 222列（去程 581 列、回程 641 列），运送货物 180.2 万吨。

【榆林空运口岸（榆林榆阳机场）（临时开放）】 榆林榆阳机场位于陕西省榆林市西北方向的小纪汗乡昌汗界村西，距榆林市区中心 15.5 千米，占地总面积约 371.89 万平方米，于 2008 年 4 月投运，是陕西省第二大航空港。2017 年 4 月启动二期扩建工程，计划 2020 年内投入运营。机场飞机区等级为 4D 级，跑道长 3 200 米、宽 60（含道肩）米，可满足波音 767－200 系列和空客 310－300 及以下机型的起降，共有 19 个停机位。榆林榆阳机场口岸于 2018 年 12 月 8 日首次临时开放，其间开通了榆林—曼谷、榆林—芽庄两条国际包机航线，共完成出入境航班 204 架次，发送出入境人员 35 772 人次，客座率为 86.4%。2019 年 9 月 28 日二次临时开放，其间开通了榆林—名古屋、榆林—普吉、榆林—金边 3 条国际包机航线，共完成出入境航班 38 架次，发送出入境人员 5 117 人次，客座率高达 91.7%。两次临时开放期间，口岸通关顺畅、秩序良好、保障有力，无一起违法或危害公共安全事件发生，有力拉动了榆林外向型经济发展。

2019 年陕西省口岸大事记

1 月 25 日

西安海关隶属关中海关在西安出口加工区 A 区正式揭牌开关。

3 月 7 日

印尼狮子航空公司开通西安至美娜多国际航线。

3 月 22 日

中欧班列（西安）集结中心首趟集结专列从襄阳始发，“襄欧”班列与中欧班列“长安号”实现无缝对接。

3 月 25 日

中欧班列（西安）集结中心合作论坛隆重举行，来自“一带一路”沿海港口、沿边口岸、沿线地市、大型央企、国内外知名物流铁路公司、研究机构的 300 多名嘉宾齐聚西安，共同探讨建设中欧班列集结中心建设前景，并发布《共建“一带一路”（西安）陆海联运大通道建设倡议书》。

3 月 31 日

东方航空公司开通西安至日本名古屋国际航线。

4 月 6 日

陕西出入境边防检查总站为台湾新党主席郁慕明提供礼遇通关服务。

4 月 7 日

西安至匈牙利布达佩斯的首班中欧班列“长

安号”抵达布达佩斯 BILK 场站。该班列自 3 月 27 日从西安新筑站发出，仅用时 11 天抵达目的地，用时较此前的中欧班列缩短 3 天至 5 天，刷新了全国中欧班列平台布达佩斯线路的时效纪录。

4 月 14 日

西安至莫斯科全货运航线正式开通，该航线是陕西首条由外国航空公司执飞的全货运航线。

4 月 23 日

西安海关所属汉中海关正式揭牌开关，结束陕南无海关机构的历史。

4 月 26 日

西安获批成为全国首批二手车出口业务试点城市。

5 月 12 日

西安咸阳国际机场开通由大韩航空公司执飞的首尔—西安—河内货运航线，成为陕西开通的首条第五航权货运航线。

5 月 27 日

西安陆路（铁路）口岸集装箱中心站第二线束正式投入运营。

5 月 28 日

首趟中欧班列“长安号”（西安—明斯克）跨境电商出口专列从西安港新筑车站始发，前往白俄罗斯首都明斯克。

6 月 18 日

国家海关总署发布公告，西安咸阳国际机场进口肉类指定监管场地正式获批。

7 月 9 日

首都航空公司正式开通西安至符拉迪沃斯托克国际航线。

7 月 16 日

中欧班列“长安号”（西安—比什凯克）首列国际货运班列从西安港始发。

7 月 19 日

全国首批出口二手车搭载中欧班列“长安号”从西安港新筑车站发车，发往波兰马拉舍维奇。

8 月 1 日

陕西出入境边防检查总站积极协助晋中市公安局完成由西安口岸入境的 20 余名犯罪嫌疑人的抓捕任务。

8 月 9 日

海关总署自贸区和特殊区域发展司副司长盛甫斌到空港新城调研陕西西咸空港综合保税区申报工作。

8 月 28 日

东方航空西北分公司开通西安至迪拜国际航线，成为西安直飞中东地区的首条航线。

9 月 3 日

国家口岸管理办公室批复同意 2019 年 9 月 28 日至 12 月 27 日中外客运飞机从榆林榆阳机场临时出入境。

9 月 18 日

中欧班列首列“长安号”（西安—莫斯科）果汁专列从西安陆路（铁路）口岸发车，1 200 吨陕西浓缩苹果汁首次搭乘“长安号”出口俄罗斯。

9 月 29 日

西安港启动全国首批“央行·长安号票运通”供应链金融新模式。

10 月 25 日

陕西出入境边防检查总站为意大利参议院代表团一行提供通关礼遇。

10 月 27 日

春秋航空公司新开通西安至日本茨城、佐贺国际航线。

11 月 8 日

西安航空基地综合保税区正式封关运行。

11 月 14 日

受国家口岸管理办公室委托，陕西省政府口岸办在西安市组织承办了部分省区市中欧班列铁路场站开放工作座谈会。国家口岸办巡视员白石主持会议，海关总署口岸监管司巡视员宋京雁，陕西省政府副秘书长贾锋，国家铁路集团李鑫、唐劲松副处长出席会议并讲话，吉林、浙江、江西、湖北、湖南、广东、重庆、四川、贵州、陕西、甘肃、新疆维吾尔自治区 12 省（自治区、直辖市）口岸办的有关负责人，西安海关、长春兴隆海关负责人参会。

12月11日

西安海关所属西安车站海关、西安邮局海关分别揭牌开关。

12月23日

东方航空公司开通上海浦东—西安—布达佩斯国际航线。

12月24日

陕西省政府口岸办组织举办了国际贸易“单一窗口”出口退税等新功能培训班，共培训外贸企业人员800余名。

12月26日

西咸空港综合保税区、宝鸡综合保税区正式获批。

12月30日

土耳其航空公司开通西安至伊斯坦布尔国际直飞航线。

12月31日

西安咸阳国际机场国内结转型出口监管仓库和专用型保税仓库揭牌，标志着保税航油业务在西安咸阳国际机场正式启动，西安成为西北五省第一个开展此项业务的城市。

（撰稿人：邓一晨、张蓓、杨濬椋）

2019 年陕西省口岸流量统计表

口岸类型	口岸名称	货运量（万吨）				集装箱量（万标箱）				人员（万人次）				交通工具（辆、艘、架、列次）			
		出口	进口	合计	同比(%)	出口	进口	合计	同比(%)	出境	入境	合计	同比(%)	出境	入境	合计	同比(%)
空运口岸	西安空运口岸	2.65	2.46	5.11	17.20					154.00	153.70	307.70	13.40	9 703	9 684	19 387	26.70
铁路口岸	西安铁路口岸	114.50	65.70	180.20	49.91	11.00	6.40	17.40	1.73					1 349	784	2 133	72.71

（陕西省口岸办提供）

2019年陕西省口岸出入境主要数据表

项目			2019年	2018年	同比（%）
出入境人员（人次）	出入境人员总数		307.7	271.4	13.40
	入境人员		153.7	134.9	13.90
	出境人员		154.0	136.4	12.90
	出入境旅客		288.6	255.9	12.80
	出入境员工		19.1	15.4	24.00
	中国公民	小计	258.1	227.3	13.60
		内地居民（因公）	6.3	3.9	61.50
		内地居民（因私）	233.0	205.0	13.70
		港澳居民	8.5	7.7	10.40
		台湾同胞	10.3	10.6	-0.30
	外籍人员		49.6	43.6	13.80
	从海港出入境人数				
	从陆港出入境人数				
	从空港出入境人数		307.7	271.4	13.40
交通运输工具（万辆、艘、架、列次）	总计		1.9	1.5	26.70
	船舶				
	飞机		1.9	1.5	26.70
	火车				
	机动车辆				

（陕西出入境边防检查总站提供）

2019年西安海关主要数据统计表

项　目		2019年	2018年	同比（%）
进出口货运量（万吨）	合计	173.70	259.98	-33.20
	进口	86.78	193.84	-55.20
	出口	86.92	66.14	31.40
进出口贸易总值（万美元）	合计	4 417 322.8	4 739 195.5	-6.79
	进口	2 122 305.1	2 035 833.4	4.25
	其中：江、海运输	255 852.1	290 526.0	-11.93
	铁路运输	112 252.6	39 514.3	184.08
	汽车运输	4 651.1	880.9	427.99
	航空运输	1 749 053.4	1 703 539.2	2.67
	邮件运输	227.4	152.4	49.21
	其他运输	268.5	1 220.6	-78.00
	出口	2 295 017.7	2 703 362.1	-15.11
	其中：江、海运输	132 151.4	105 286.3	25.52
	铁路运输	299 873.1	134 721.2	122.59
	汽车运输	26 025.5	5 504.2	372.83
	航空运输	1 836 130.5	2 455 807.6	-25.23
	邮件运输	675.4	1 564.2	-56.82
	其他运输	161.8	478.6	-66.19
税收（万元）	两税合计	540 029	412 253	31.00
	关税入库	129 993	81 184	60.10
	进口环节税入库	410 036	331 069	23.90

（西安海关提供）

2019 年陕西省指定监管场地统计表

序号	直属海关	监管场地名称	进境口岸	类型	拟进口品种	批复时间	备注
1	西安海关	西安咸阳国际机场进口冰鲜水产品指定监管场地	西安咸阳国际机场空运口岸	冰鲜水产品	三文鱼、北极贝	2014 年 12 月 11 日	
2	西安海关	西安咸阳国际机场进境食用水生动物指定监管场地	西安咸阳国际机场空运口岸	食用水生动物	鱼类、甲壳类、软体类	2017 年 2 月 4 日	
3	西安海关	西安咸阳国际机场进境水果指定监管场地	西安咸阳国际机场空运口岸	水果	山竹、榴莲、芒果、菠萝	2017 年 11 月 30 日	
4	西安海关	西安咸阳国际机场进口肉类指定监管场地	西安咸阳国际机场空运口岸	肉类	牛羊肉（冷冻、冰鲜）	2019 年 6 月 18 日	
5	西安海关	西安铁路口岸进境粮食指定监管场地	西安铁路临时开放口岸	进境粮食	粮食	2015 年 12 月 25 日	
6	西安海关	西安铁路口岸进口肉类指定监管场地	西安铁路临时开放口岸	肉类	肉类产品	2017 年 1 月 9 日	

（陕西省口岸办提供）

甘 肃 省

甘肃省口岸分布示意图

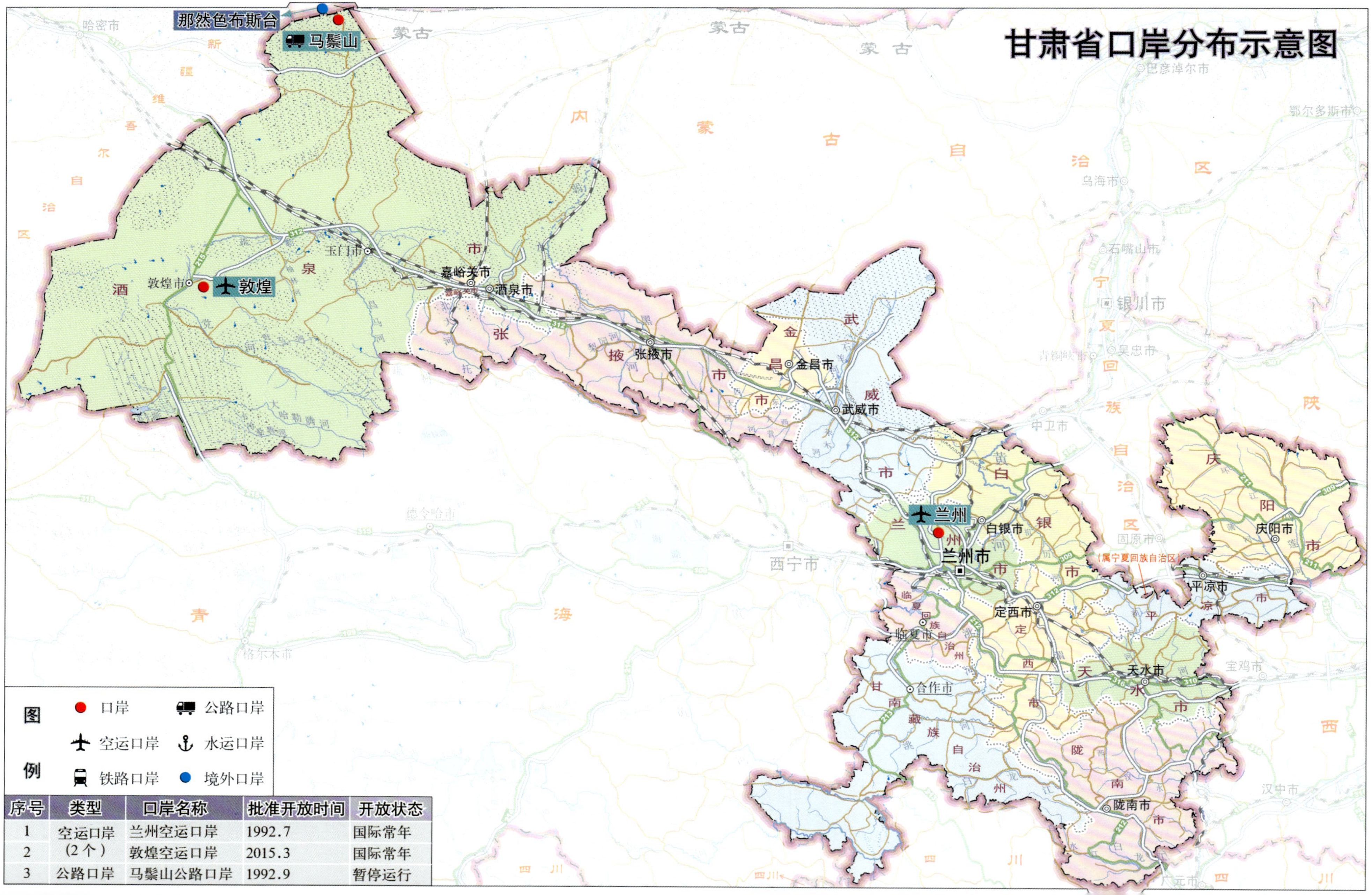

序号	类型	口岸名称	批准开放时间	开放状态
1	空运口岸（2个）	兰州空运口岸	1992.7	国际常年
2		敦煌空运口岸	2015.3	国际常年
3	公路口岸	马鬃山公路口岸	1992.9	暂停运行

口岸数量及分布

截至2019年年底，甘肃省共有经国务院批准的对外开放口岸3个。其中，空运口岸2个，分别为兰州空运口岸（兰州中川国际机场）和敦煌空运口岸（敦煌国际机场）；陆路（公路）口岸1个，即马鬃山陆路（公路）口岸。

口岸运行数据

2019年，甘肃省2个空运口岸共完成出入境人员264 345人次，同比增长51.83%；出入境飞机1 562架次，同比增长33.39%。其中，兰州空运口岸完成出入境人员259 882人次（出境129 255人次，入境130 627人次），同比增长56.05%，出入境飞机1 516架次（出入境各758架次），同比增长35.48%；敦煌空运口岸完成出入境人员4 463人次（出境2 340人次，入境2 123人次），同比下降40.97%，出入境飞机46架次（出境24架次，入境22架次），同比下降11.54%。

兰州海关共监管进出口货物127.7万吨，同比下降23%。其中进口货物127.2万吨，同比下降20.2%；出口0.5万吨，同比下降92.18%。

口岸综合管理

【兰州空运口岸开放度不断提升】 一是兰州空运口岸出入境人次大幅增长。2019年兰州空运口岸出入境人次首次突破20万，年出入境总人数和飞机总架次均比2018年呈持续增长态势。二是兰州空运口岸进出口货物查验场所及配套设施通过验收。2019年3月22日，省口岸办会同兰州海关、甘肃出入境边防检查总站、民航甘肃安全监督管理局组成验收组，对兰州空运口岸进出口货物查验场所及配套设施进行验收，并于4月2日印送了兰州空运口岸进出口货物查验场所及配套设施验收纪要。三是国际航空货运包机大幅增长。新开通兰州至新加坡、兰州至巴基斯坦拉合尔、兰州至比利时列日国际货运航线，2019年共执飞兰州至泰国曼谷、澳大利亚墨尔本、新加坡、巴基斯坦拉合尔、比利时列日国际货运包机11架次，是2018年的3倍多。四是开通国际（地区）客运航班腹舱带货业务。开通兰州至台北、吉隆坡、曼谷腹舱带货业务，分别于2019年6月8日、8月26日、11月3日实现首单业务，实现稳定运营。2019年执行腹舱带货业务77班，运送货物44.02吨、货值4 326万元人民币。

【敦煌空运口岸正式对外开放】 2019年2月18日，海关总署正式公布敦煌空运口岸对外开放。敦煌空运口岸是甘肃省第二个正式开放的空运口岸，也是全国第二个在县级市正式开放的空运口岸。6月3日敦煌至香港航线实现复航，7月成功保障丝绸之路国际汽车拉力赛运输飞机出入境，10月首次保障国际（地区）公务机起降，12月首次开通运营敦煌至柬埔寨暹粒国际客运航线。2019年累计出入境人员4 463人次、飞机46架次。

【口岸平台建设取得新进展】 一是兰州新区进境粮食指定监管场地正式运营。2019年3月27日，兰州新区进境粮食指定监管场地通过国家验收，5月8日《关于公布进境粮食指定监管场地名单的公告》（海关总署2019年第81号公告）将兰州铁路中川北站进境粮食指定监管场地列入海关总署符合设置条件的场地名单，为甘肃省打造西北粮油加工中心提供了有力支撑，2019年共进口粮食2 820吨。二是武威进境木材指定监管场地正式运营。武威进境木材指定监管场地是全国仅有的两个内陆进境木材监管区之一，是甘肃乃至西北地区独一无二的产业资源。2019年10月22日，《关于发布进境木材指定监管场地的公告》（海关总署2019年第165号公告）将武威进境木材指定监管场地列入海关总署符合设置条件的场地名单，标志着武威进境木材指定监管场地正式开放运营。2019年共进口俄罗斯板材2.1万方。三是兰州铁路集装箱场站汽车整车进口口岸建设步伐加快。2018年10月9日，国务院批复同意兰州铁路集装箱场站为汽车整车进口口岸。2019年5月6日，整车进口口岸项目可行性研究报告得到批复，7月8日，整车进口口岸初步施工设计方案通过评审，9月正式启动建设，10月完成了项目主体建设任务，12月进行省级预验收提出了整改事项，为整车进口口岸正式验收做好准备。

【大力推进国际贸易“单一窗口”建设工作】 一是推广应用国际贸易“单一窗口”标准版。自2017年8月16日货物申报在我省国际贸易“单一窗口”实现首单申报以来，不断拓展业务申报功能，提高业务覆盖率，截至2019年年底已上线货物申报、企业资质、许可证件、原产地证、舱单、运输工具、减免税等13大类申报功能，通过国际贸易“单一窗口”累计申报量超过10万票，其中2019年申报量达7.3万票，同比增长124%。二是加快推进中国（甘肃）国际贸易“单一窗口”平台建设。2018年9月至2019年2月完成了项目招标工作；2019年3月，项目正式启动建设。截至2019年年底软件部分已完成研发并进行试运行，硬件部分已通过验收。

【进一步完善口岸收费目录清单】 按照《国家口岸管理办公室关于坚决落实口岸减税降费决策部署的通知》要求，认真学习《国务院关于印发优化口岸营商环境促进跨境贸易便利化工作方案的通知》《财政部、海关总署、发展改革委、交通运输部、商务部、市场监管总局关于整治口岸乱收费问题的通知》《10部委关于加快提升通关便利化水平的通知》《关于内蒙古自治区满洲里口岸部分单位和企业乱收费乱涨价抵消减税降费效果问题的督查情况通报》精神，进一步统一思想，提高认识，全面清理规范口岸经营服务性收费，取消不合理收费项目。2019年先后两次组织相关单位共同研究推进口岸收费清理工作，对甘肃省口岸收费目录清单进行了再次修改完善，并赴口岸现场进行了全面排查。2019年共整合收费项目20项，降低、免除收费项目37项，进一步降低了口岸收费，减轻企业负担，并于2019年年底完成了口岸作业时限标准的公示工作，提升服务质量，进一步提高通关便利化水平。

口岸监管与服务

【甘肃出入境边防检查总站立足本职助推口岸发展】 一是不断深化勤务模式改革。2019年以来，总站指导各边检站适时根据重点航班、特殊勤务、敏感节点安保、穆斯林朝觐等形势任务要求，立足口岸实际不断深化勤务模式改革，科学调配警力，合理安排勤务，严格落实站领导带班和上台验证等制度，有效保障了勤务的顺利开展，有力保证了口岸的安全稳定。二是深化服务理念，有效提升服务水平。总站深入贯彻落实国家移民管理局各项“便民利民”新举措，紧密结合“放管服”要求，在各边检站深入开展转变执法执勤理念“大学习大讨论大整改”活动，采取明确岗位分工、警力提前上勤、疏导非团队旅客提前值机、取消赴台旅游整团入境制度、刚性落实“出入同检”等方式，进一步转变执法执勤理念，全面统一规范勤务组织标准，不断提高通关效率，得到广大出入境旅客的一致好评。三是紧贴需求，主动服务口岸发展。总站结合各单位实际，指导各边检站主动为各航空公司开展业务培训活动，紧紧围绕《中华人民共和国出境入境管理法》、iAPI预报等相关法规制度及办理出入境检查手续注意事项，从维护边检执勤现场秩序、旅客信息审核等方面对各航空公司应尽职责进行了明确，进一步规范了出入境检查手续办理流程。

【甘肃出入境边防检查总站严密口岸管控措施，切实筑牢口岸安全管控防线】 一是严密对重点地区、人员、航线核查。各单位紧贴当前形势任务需要，严格落实人证对照、证件识别、资料录入等环节，严守“五必问”和外国人指纹采集工作要求，加强对重点地区重点人员的落地核查力度，坚决做到存疑必查、存疑必报，切实筑牢口岸管控防线。总站结合管控形势，研究制定了重点人员查缉指引，为查控工作提供业务支撑，严防不法分子潜入潜出，年内各边检站共信息预查重点民族人员和重点国家外国旅客3万余人次。同时，深入推进各核查平台结果应用，有针对性地开展人身行李物品检查工作，并查获大量“心灵法门”邪教组织非法违禁品，进一步筑牢口岸管控防线。二是不断强化处突演练。总站结合各敏感时期、敏感节点和香港极端暴力事件对口岸造成的影响，参照口岸滋事、暴力脱逃、冲闯关卡和梅沙系统故障等想定情形不断修改完善各类口岸应急处突工作预案，及时组织开展处突演练，先后组织开展处突演练12次，有效提升了队伍快速反应、整体协调和联合作战能力，为口岸安全管控提供了有力保障。三是不断深化对外合作交流。总站进一步加强与省口岸办、海关等联检单位的沟通协调，就工作衔接、信息互通、资源共享等问题达成广泛共识，就口岸反恐“防回流”工作继续深化与国保部门的协作，并签订了《口岸管控反恐工作协议书》，有效构建了口岸管理整体防控体系。

【兰州海关融入“一带一路”倡议打造对外开放新格局】 兰州海关把融入“一带一路”倡议作为坚决落实中央决策部署的具体体现，主动扛起政治责任，积极服务国家战略。敦煌机场海关、兰州中川机场海关、平凉海关相继正式开关，口岸布局更为优化。圆满完成敦煌文博会、吐蕃艺术珍品展、2019年丝绸之路国际汽车拉力赛等大型国际会展、比赛服务保障工作。支持中欧、中亚、南亚公铁联运国际货运班列常态化运行。新开通首条兰州至拉合尔国际定期全货机航线，全省年内新增国际航线18条。与重庆、南宁、贵阳等14个直属海关签署《区域海关共同支持“西部陆海新通道”建设合作备忘录》，与平凉、张掖等地政府，国家外汇管理局甘肃省分局、甘肃省市场监督管理局、甘肃出入境边防检查总站等部门签署合作备忘录，合力推进对外贸易发展。2019年，甘肃与“一带一路”沿线国家贸易值达200.9亿元，同比增长2.8%。

【兰州海关严厉打击濒危动植物及其制品走私和“洋垃圾”进境】 召开关区打私工作会议，制定实施《兰州海关党组关于进一步提升2019年打击走私成效的意见》，配套下发《2019年海关业务现场打私指标》和《兰州海关反走私绩效评估项目分解表》，建立起“全员信息、专班负责”的缉私工作新模式。围绕中央重大决策部署，重拳打击濒危物种、“洋垃圾”、涉枪涉爆、重点涉税物品走私，查获象牙制品、羚羊角、砗磲制品70余件4 166.84克。侦办涉税走私大案，案值7 000多万元，涉嫌偷逃税款900多万元。全年立案侦办刑事案件4起，案值7 203.26万元，偷逃税款938.93万元；办理行政案件64起，同比增长83%，案值7 000多万元。

【兰州海关综合治税持续深化】 制定《兰州海关关于贯彻落实〈加强综合治税、挖掘税收潜力9项措施〉的通知》，既涵养税基，又深挖税源，圆满完成全年税收任务。务实开展税政调研及政策宣传工作，3篇税政调研报告全部获海关总署审核通过并报国务院税则委员会和财政部、国家税务总局审核。加强辖区税源商品和纳税企业情况分析，指导各隶属海关建立完善30家属地纳税人信息档案。做好限上内资鼓励项目减免税审批管理，办理限上内资鼓励项目政策审核确认4起，为企业减免关税近千万元。抓实抓细商品规范申报工作，规范申报率达到99.5%，在全国海关中位于前列。

【兰州海关有效筑牢口岸检疫防线】 发挥海关对政治保卫的作用，聚焦甘肃的特殊区域特性，推动民族大团结，圆满完成朝觐穆斯林体检、包机入境卫生检疫保障工作。严格口岸检疫查验，检出传染病12例，首次从入境劳务人员中检出1例恶性疟疾。全力支持国家最大外繁制种基地发展，制定《兰州海关关于支持我省外繁制种产业可持续发展的意见》，实施口岸查验、实验室检测、苗圃检疫和大田检疫相结合的监管模式，进境种苗检出检疫性有害生物2种2批次。以最严格措施加强非洲猪瘟全链条防控，封存来自疫区猪肉产品7.79吨，妥善处置大生冷库走私肉事件和进口冷冻肠衣非法夹带问题。突出供港活牛、进口种羊等检疫监管重点，完成进出境动植物及其产品检疫 7 722 批次。提升出口食品监管水平，完成出口食品检验检疫 2 026 批次，未发生任何食品安全事故。统筹推进 9 项有害生物监测、进出口食品风险监测、病媒生物监测，全面完成进出境食用农产品和饲料安全风险监控。

【兰州海关深化“放管服”改革优化营商环境】 兰州海关深化“放管服”改革优化营商环境推动“双随机、一公开”向全执法领域拓展，“多查合一”改革稳步推进，65 项原检验检疫业务统一纳入后续核查，核查效率和集约度进一步提升。积极申请开展“两步申报”改革试点获批。税收征管改革成效显著，自报自缴率 90%，同比提高 75%；关税保证保险改革顺利推行，企业纳税资金压力有效缓解。落实中央减税降费部署，为企业减征增值税 2.3 亿元，企业获得感显著增强。探索开展保税航油业务，支持企业发挥产能优势，拓宽营销渠道。创造性解决企业进口货物特许安全使用费重复征税问题，协调税务部门退税 453 万元，企业节约成本 140 余万元，获国务院督导组关注并开展调研。

开放口岸

【兰州空运口岸（兰州中川国际机场）】 兰州中川国际机场位于中国甘肃省兰州市兰州新区中川镇，距市区 75 余千米，飞行区等级为 4E 级，是西北地区主干机场之一、甘肃省省会兰州市的空中门户、西北地区的重要航空港、国际备降机场。兰州中川国际机场始建于 20 世纪 60 年代末，于 1970 年 7 月正式建成通航，定名兰州中川机场；2001 年完成一期扩建工程；2013 年正式提升为空运口岸，更名为兰州中川国际机场。2015 年年初完成二期扩建工程。为了更好地打造西部区域枢纽机场，促进全省对外贸易的快速发展，省委、省政府 2017 年正式启动兰州中川国际机场三期扩建工程，该项目是列入国家重点基础设施建设三年滚动计划（2018 ~ 2020 年）的重点实施项目、国家民航“十三五”发展规划的区域枢纽机场扩建项目和省列重大建设项目，也是 2019 年全国重点推进前期工作的 10 个机场项目之一，是甘肃省基础设施重点推进项目和甘肃省民航机场集团的“一号工程”，社会关注度高。甘肃省民航机场集团建设指挥部在前期各种手续报批过程中攻坚克难，积极协调省直、兰州新区等相关部门，多次赴国家发展改革委、民航局汇报衔接，组织召开专题技术论证会，积极推进兰州中川国际机场三期扩建工程前期工作。2019 年 2 月 19 日，兰州中川国际机场三期扩建工程项目建议书获国家发展改革委批复；9 月 9 日，兰州中川国际机场总体规划（2019 年版）获中国民航局批复。2019 年，兰州中川国际机场旅客吞吐量再破新高，突破 1 500 万人次。其中，共开通国际（地区）航线 30 条，运营国际（地区）客运航线 18 条，2019 年出入境人员 259 882 人次，同比增长 56.05%；出入境航班 1 516 架次，同比增长 35.48%。

【敦煌空运口岸（敦煌机场）】 敦煌国际机场，位于甘肃省酒泉市敦煌市，机场设施齐备，功能完善，是乌鲁木齐国际机场的主要备降场。敦煌机场始建于 1982 年 2 月，按能起降 An－24 及以下飞机建造，1982 年 7 月试飞成功，机场等级为 3C 级，之后机场不断扩建，2015 年 3 月 6 日，国务院下发《国务院关于同意甘肃敦煌机场对外开放的批复》（国函〔2015〕45 号），标志着敦煌空运口岸获批临时对外开放。T3 航站楼扩建工程于 2015 年 12 月 31 日开工，2016 年年末完工，其中新建航站楼 10 200 平方米，跑道由向东延长 600 米调至 3 400 米，飞行区等级由 4C 级提升为 4D 级并满足 E 类飞机备降，总投资达 10 亿元。2019 年 2 月 18 日，海关总署正式公布敦煌空运口岸对外开放。2019 年累计出入境人员 4 463 人次、飞机 46 架次。

【马鬃山陆路（公路）口岸】 马鬃山公路口岸位于甘肃省酒泉市肃北蒙古自治县马鬃山镇。西邻新疆维吾尔自治区，南接酒泉玉门市、酒泉瓜州县，东靠内蒙古自治区的额济纳旗，西北部与蒙古国戈壁阿尔泰省相连，边境线长约65千米，马鬃山口岸是甘肃省唯一对外口岸，向西约300千米与新疆维吾尔自治区哈密老爷庙口岸相邻，向东350千米与额济纳旗克口岸相邻，1992年9月，国务院批准设立马鬃山口岸正式对外开放，1993年8月，由于蒙古国单方面原因，关闭了那染色布斯台口岸，致使马鬃山口岸关闭至今。马鬃山口岸共实现季节性开放4次，出入境人员820人次，车辆162辆次，实现交易额610.5万元人民币，其中出口246.6万元人民币，主要有面粉、白糖、石蜡、白布、汽车以及部分家用电器产品；进口363.9万元人民币，主要有羊皮、牛皮、木材以及部分废钢、羊毛等。甘肃省委、省政府和外交部特别重视马鬃山口岸的复通工作，加强口岸基础设施建设，修建了边贸公路、马鬃山口岸新国门、口岸联检大楼、边贸市场等，全力推动马鬃山口岸早日复通。

2019年甘肃省口岸大事记

2月1日~3日

国家口岸管理办公室副主任白石带队对敦煌空运口岸对外开放进行国家验收。

2月18日

海关总署印送《甘肃敦煌机场对外开放验收纪要》，敦煌空运口岸正式对外开放。

2月19日

兰州中川国际机场三期扩建工程项目建议书获国家发展改革委批复。

2月22日

甘肃省商务厅组织召开促进综合保税区高水平开放高质量发展政策宣讲暨对接洽谈会。

3月7日

中国（甘肃）国际贸易“单一窗口”项目正式启动建设。

3月22日

甘肃省口岸办会同兰州海关、甘肃出入境边防检查总站、民航甘肃安全监督管理局组成验收组，对兰州空运口岸进出口货物查验场所及配套设施进行验收。

4月3日

民航西北地区管理局批复嘉峪关机场总体规划（2018年版）。

4月16日

开行澳大利亚—兰州货运包机，进口1 503只澳大利亚种羊。

4月27日

新开兰州至新加坡国际货运包机。

5月8日

海关总署将兰州铁路中川北站进境粮食指定监管场地列入海关总署符合设置条件的场地名单。

5月17日

甘肃省政府副省长张世珍赴兰州新区综合保税区调研。

6月3日

敦煌至香港航线复航。

6月6日

甘肃（嘉峪关）国际空港总体规划（2018~2030年）获省政府批复。

6月8日

首次开通兰州—台北客运航班腹舱带货业务。

7月17日

开行澳大利亚—兰州货运包机，进口种羊1 165只。

7月16日~18日

敦煌空运口岸保障丝绸之路国际汽车拉力赛外方保障飞机入出境5架次。

7月13日~8月24日

兰州空运口岸保障14架次朝觐包机出入境。

8月6日

甘肃省政府副省长张世珍赴甘肃（兰州）国际陆港调研。

8月12日

印发《甘肃省人民政府办公厅关于促进兰州新区综合保税区高水平开放高质量发展的实施意见》。

8 月 26 日

首次开通兰州—吉隆坡客运航班腹舱带货业务。

9 月 9 日

兰州中川国际机场总体规划（2019 年版）获中国民航局批复。

9 月 29 日

兰州新区综合保税区进口肉类加工中心及进口肉类水产集散中心正式开业运营。

10 月 22 日

海关总署将武威进境木材指定监管场地列入海关总署符合设置条件的场地名单。

10 月 31 日

人民日报第 7 版刊登《口岸经济　释放活力》，报道我省口岸工作成效。

11 月 3 日

首次开通兰州至曼谷客运航班腹舱带货业务。

11 月 12 日

国际贸易“单一窗口”两步申报实现首单。

12 月 3 日

新开兰州至巴基斯坦拉合尔货运包机。

12 月 3 日

国际贸易“单一窗口”出口退税（外贸版）申报实现首单。

12 月 9 日

敦煌至柬埔寨暹粒国际客运航线实现首航。

12 月 14 日

新开兰州至比利时列日洲际货运包机。

12 月 16 日

甘肃首批 300 吨保税航煤顺利出口。

12 月 27 日

甘肃（兰州）国际陆港汽车整车进口口岸进行省级预验收。

（撰稿人：杨雯菲、张鑫、甘振杰）

2019 年甘肃省口岸流量统计表

口岸类型	口岸名称	货运量（万吨）				集装箱量（万标箱）				人员（万人次）				交通工具（辆、艘、架、列次）			
		出口	进口	合计	同比(%)	出口	进口	合计	同比(%)	出境	入境	合计	同比(%)	出境	入境	合计	同比(%)
空运口岸										13.16	13.27	26.43	51.83	782	780	1 562	33.39
	分计																
陆路口岸	公路口岸																
	公路口岸 分计																
	铁路口岸																
	铁路口岸 分计																
水运口岸	海港口岸																
	海港口岸 分计																
	河港口岸																
	河港口岸 分计																
合计		0.50	127.20	127.70						13.16	13.27	26.43	51.83				
同比（%）		-92.18	-20.20	-23.00						51.47	52.19	51.83					

（甘肃省口岸办提供）

2019 年甘肃省口岸出入境主要数据表

<table>
<tr><th colspan="3">项　目</th><th>2019 年</th><th>2018 年</th><th>同比（%）</th></tr>
<tr><td rowspan="14">出入境人员（人次）</td><td colspan="2">出入境人员总数</td><td>264 345</td><td>174 104</td><td>51.83</td></tr>
<tr><td colspan="2">入境人员</td><td>132 750</td><td>87 227</td><td>52.19</td></tr>
<tr><td colspan="2">出境人员</td><td>131 595</td><td>86 877</td><td>51.47</td></tr>
<tr><td colspan="2">出入境旅客</td><td>249 736</td><td>163 769</td><td>52.49</td></tr>
<tr><td colspan="2">出入境员工</td><td>14 609</td><td>10 335</td><td>41.35</td></tr>
<tr><td rowspan="5">中国公民</td><td>小计</td><td>241 104</td><td>170 842</td><td>41.13</td></tr>
<tr><td>内地居民（因公）</td><td>2 940</td><td>3 691</td><td>-20.35</td></tr>
<tr><td>内地居民（因私）</td><td>210 007</td><td>140 532</td><td>49.44</td></tr>
<tr><td>港澳居民</td><td>3 025</td><td>6 957</td><td>-56.52</td></tr>
<tr><td>台湾同胞</td><td>25 132</td><td>19 662</td><td>27.82</td></tr>
<tr><td colspan="2">外籍人员</td><td>23 241</td><td>3 262</td><td>612.48</td></tr>
<tr><td colspan="2">从海港出入境人数</td><td></td><td></td><td></td></tr>
<tr><td colspan="2">从陆港出入境人数</td><td></td><td></td><td></td></tr>
<tr><td colspan="2">从空港出入境人数</td><td>264 345</td><td>174 104</td><td>51.83</td></tr>
<tr><td rowspan="5">交通运输工具（辆、艘、架、列次）</td><td colspan="2">总　计</td><td>1 562</td><td>1 171</td><td>33.39</td></tr>
<tr><td colspan="2">船　舶</td><td></td><td></td><td></td></tr>
<tr><td colspan="2">飞　机</td><td>1 562</td><td>1 171</td><td>33.39</td></tr>
<tr><td colspan="2">火　车</td><td></td><td></td><td></td></tr>
<tr><td colspan="2">机动车辆</td><td></td><td></td><td></td></tr>
</table>

（甘肃出入境边防检查总站提供）

2019 年兰州海关主要数据统计表

项　目		2019 年	2018 年	同比（%）
进出口货运量（万吨）	合计	127.7	165.80	-22.98
	进口	127.2	159.40	-20.20
	出口	0.5	6.40	-92.19
进出口贸易总值（万美元）	合计	551 375	601 303	-8.30
	进口	360 333	380 017	-5.18
	其中：江、海运输	188 825	181 764	3.88
	铁路运输	134 100	159 805	-16.09
	汽车运输	3 068	2 353	30.39
	航空运输	34 339	36 095	-4.86
	邮件运输	1		
	其他运输		0.00	
	出口	190 631	221 081	-13.77
	其中：江、海运输	128 450	152 995	-16.04
	铁路运输	7 302	12 131	-39.81
	汽车运输	26 460	28 497	-7.15
	航空运输	28 414	27 458	3.48
	邮件运输	5	0.00	
	其他运输			
税收（万元）	两税合计	14.7	23.41	-37.21
	关税入库	0.23	0.06	283.33
	进口环节税入库	14.5	23.35	-37.90

（兰州海关提供）

2019 年甘肃省指定监管场地统计表

序号	直属海关	监管场地名称	进境口岸	类型	拟进口品种	批复时间	备注
1	兰州海关	中川机场进境水果指定监管场地	兰州中川机场口岸	水果	水果	2016 年 1 月 4 日	
2	兰州海关	中川机场进口冰鲜水产品指定监管场地	兰州中川机场口岸	冰鲜水产品	冰鲜水产品	2016 年 1 月 4 日	
3	兰州海关	武威进境木材指定监管场地	无口岸批复	木材	仅限密闭集装箱方式运输的白桦、落叶松、樟子松、油松、冷杉、云杉、山植和花揪等 8 种树种的去皮板材	2019 年 10 月 22 日	
4	兰州海关	中川机场进境植物种苗指定监管场地	兰州中川机场口岸	植物种苗	植物种苗	2010 年 4 月 1 日	
5	兰州海关	兰州铁路中川北站进境粮食指定监管场地	兰州铁路集装箱场站临时口岸	粮食	小麦、大麦、玉米、杂粮、亚麻籽、葵花籽、大豆、杂豆	2019 年 5 月 8 日	
6	兰州海关	武威进口肉类指定监管场地	第一入境口岸为天津、阿拉山、霍尔果斯口岸、塔克什肯、老爷庙、二连浩特	肉类	肉类	2016 年 1 月 4 日	
7	兰州海关	兰州新区综合保税区进口肉类指定监管场地	第一入境口岸为天津、阿拉山口、霍尔果斯、塔克什肯、老爷庙、二连浩特	肉类	肉类	2016 年 1 月 4 日	

（兰州海关提供）

青　海　省

青海省口岸分布示意图

序号	类型	口岸名称	批准开放时间	开放状态
1	空运口岸	西宁空运口岸	2008.3	国际常年

口岸数量及分布

截至2019年年底，青海省有经国务院批准的对外开放口岸1个，即西宁空运口岸（西宁曹家堡国际机场）。

口岸运行数据

2019年，青海省口岸出入境人员29 326人次（出境14 813人次，入境14 513人次，员工2 280人次）。保障国际（地区）航班275架次（出境137架次，入境138架次）。其中，保障朝觐进出境人员4 530人次（出境2 265人次、入境2 265人次），朝觐航班32架次（出境16架次、入境16架次）。

2019年，西宁曹家堡机场海关口岸数据：共监管出入境航班1 269次；进出境及机组人员29 176人次；抽查进境人员869人，查验率为5.89%。累计征收行邮税16票，共计102 221.01元人民币。

2019年，西宁海关监管青海曹家堡保税物流中心（B型）数据：共监管进区货物8票，货值7 448万余美元，重量2 489吨，标准集装箱687箱次，主要进口货物为“锂电池涂布机”“光纤预制棒制造设备”等。

口岸综合管理

【加强开放平台和通道建设】 积极协助申建西宁综合保税区。青海省商务厅（口岸办）与西宁市政府密切协作，加强工作联系和沟通汇报，开展规划编制、调研论证、产业布局等工作，全力推动西宁综合保税区的申报工作，2019年12月20日，国务院批复设立西宁综合保税区，填补了青海省没有海关特殊监管区和高水平对外开放平台的空白。协调指导格尔木市高起点规划、高标准建设国际陆港。立足格尔木陆港型国家物流枢纽承载城市的定位，依托格库铁路格尔木南编组站、藏青工业园、铁路物流中心、中尼产业园等产业载体，努力将格尔木建设成为现代高效的国际陆港，成为国家物流枢纽干线网络体系的重要节点。积极探索口岸国际多式联运，拓展口岸服务功能，打通国际经贸交流新通道。加快向西、向南开放步伐，服务全省开放型经济发展。2019年青海省首趟回程中欧班列（俄罗斯克拉斯诺亚尔斯克—西宁）满载230立方米木材抵达西宁。积极参与开行西部陆海新通道铁海联运班列，为青海连接东南亚市场打通了一条新的物流大动脉，三年间分别向印度、泰国、马来西亚等东盟市场运送PVC1 422吨、氯化钾500吨以及纯碱等。为青海融入丝绸之路经济带建设，打造向西、向南开放的平台，服务省内外贸企业开拓国际市场，打通了一条快捷、高效、便利的国际运输新通道。

【全面推进国际贸易“单一窗口”平台运营】 积极推动与西宁海关、曹家堡保税物流中心（B型）等相关部门实现对接联网，促进国际贸易便利化。举办了2019年青海国际贸易“单一窗口”培训班，邀请海关总署数据中心和中国建设银行总行专家对青海省进出口企业、报关行、相关金融单位及市场监管、外汇、税务等部门业务人员进行“单一窗口”政策和实操授课，宣传政策，详细解读国际贸易“单一窗口”新功能，引导进出口企业和报关行积极使用国际贸易“单一窗口”开展业务，进一步提升青海省口岸通关便利化水平。“单一窗口”平台运营正常，已有200家外贸企业在此平台注册并开展各类业务，2019年青海省“单一窗口”完成各类业务11 507票。

【开展整治口岸乱收费，优化口岸营商环境】 根据财政部、海关总署的安排部署，青海省口岸办会同省发展改革委、省财政厅、省交通运输厅、省商务厅、省市场监督管理局、财政部青海监管局和西宁海关等部门组成联合调研组，询实情、抓督导、严要求，扎实开展口岸乱收费整治行动。为确保整治口岸乱收费工作取得实效，调研组前期向省内37家企业发放了调查问卷，重点了解企业进出口环节缴费情况。在掌握企业实际缴费情况的基础上，调研组先后深入重点外贸企业，详细掌握企业经营状况和缴纳进出口环节费用等情况，对西宁航空口岸公示收费目录清单情况进行了全面指导检查，督促其严格按照海关总署规定的格式完善目录清单。通过仔细的核查，调研组未发现青海省口岸存在不合规、超标收费及不合理收费的现象。调研组要求相关部门坚持“简政放权、改革创新、对标国际、高效便利、目标导向、协同治理”的原则，不断优化口岸营商环境，降低进出口环节费用成本，引导口岸经营服务企业诚信经营、合理定价，规范服务标准、内容、流程和环节，提升跨境贸易便利化水平。

口岸监管与服务

【青海出入境边防检查总站抓好“防回流”管控，确保口岸安全稳定】 青海出入境边防检查总站紧紧围绕中华人民共和国成立 70 周年大庆安保维稳工作主线，结合总站“不忘初心，牢记使命”主题教育和各项安保活动，圆满完成了西宁口岸航班边检工作和各项大型安保活动。严密工作措施。出台《青海边检总站全面排查防范化解移民管理领域和口岸执法执勤风险隐患排查工作方案》，开展口岸专项风险隐患排查 4 次，确保了问题隐患及时发现，及时解决。持续统筹推进“两会”“3 月敏感期”“7·5 敏感期”“涉港政治风波”“穆斯林朝觐航班边检工作”“中华人民共和国成立 70 周年大庆安保”等各类专项边防安保行动，确保了关键时期队伍稳定和口岸安全。严格按照相关规定落实接布控制度，始终坚持第一时间报告审批、第一时间录入系统、“一录一核”和月审查制度，坚决确保布控及时和边控信息准确无误。强化安全防范。严格落实 24 小时值班备勤、重大事项报告和国庆安保决战决胜阶段请休假制度，始终保持战时全员在岗在位，备勤警力充足。强化口岸处突力量，设置 3 人快反小组和显隐结合的执勤力量，严格规范执勤装备佩戴使用，组织专项处突演练 7 次，进一步提高了一线民警应对口岸突发情况的反应能力和处置能力。加强信息搜集研判，充分利用 API 预报和大数据平台开展分析研判，对重点敏感人群提前进行审核把关，主动走访省国保总队、机场公安局、西宁海关等多家单位，深化执法合作，加强信息共享，多渠道多手段联合打击口岸各类违法犯罪活动。

【青海出入境边防检查总站坚持科技兴警，不断深化科技成果应用】 一是积极开展设施设备改造。根据总站至机场梅沙网络节点多，链路单一的现状，结合通信网络技术保障双链路要求，总站租赁了点对点数据传输专线，为口岸边检工作正常开展提供有力通信保障。基于总站现有机房使用年限较长、设备陈旧、设置不合理等因素，总站进行了新数据机房建设，新数据机房的模块化数据中心采用模块化、标准化和高可靠性设计，使得整个系统稳定度高，安全可靠，同时新机房能实现数据中心按需部署，保证了数据中心的任意空间的基础设施配置达到最佳状态。二是加大技术成果应用。及时走访四川、东方航空公司，接洽出境入境航空器载运人员信息预检预报工作事宜，明确双方业务和技术联络人，确保了在规定的期限内将出境入境航空器载运人员信息预检预报工作贯彻落实到位。严格按照国家移民管理局要求，及时购置相关设备，完成视询系统搭建，组织民警学习开展视询工作技巧，为进一步审查新疆维吾尔自治区籍涉恐危安人员提供了有力保障。三是配齐配强执法设备。根据国家移民管理局三年内配齐配强执法执勤设备的要求，总站切实根据口岸工作的需求和实际，制定了执法执勤设备购置需求，并按计划逐步予以实施，确保在未来三年内全部配置完成相应设备，逐步实现西宁口岸边检执法执勤工作的智能化、高效化、精确化。

【青海出入境边防检查总站高质量圆满完成各项边防检查任务】 一是圆满完成 2019 年度青海穆斯林赴沙特朝觐出入境边防检查专项勤务工作。2019 年朝觐航班勤务期间，总站先后出动警力 736 人次，共验放出入境航班 32 架次，出入境群众 4 398 人次，其中出境验放 2 199 人（原预计验放 2 200 人，其中 1 人因被青海省公安厅经侦总队列控，已按布控要求阻止出境），入境验放 2 199 人次，开通绿色通道为高龄朝觐人员提供通关便利 217 人次。2019 年朝觐航班边检工作取得了圆满成功，得到了青海民族宗教委员会和广大穆斯林同胞的一致认可和表扬，总站全体民警将继续“不忘初心，牢记使命”，以新一代移民警察的作风和坚守服务于青海地区民族团结和社会繁荣稳定大局。二是圆满完成新中国成立 70 周年大庆安保维稳工作任务。2019 年 7 月 16 日，自全国移民管理系统中华人民共和国成立 70 周年大庆安保维稳工作动员部署会以来，边检总站严格贯彻上级各项决策部署，牢牢把握国庆 70 周年大庆安保这个首要政治任务。成立领导专班，第一时间组织召开动员部署会，把全体民警的思想和行动统一到上级党委的决策部署上来；研究制定总站工作方案，明确目标任务、细化工作分工、压实领导责任；严明纪律要求，严格落实 24 小时值班备勤，严格执行八项战时纪律，严格民警“八小时外”的监督管理，始终紧盯队伍管理的薄弱环节不放松。整个安保期间，青海出入境边防检查总站实现了西宁口岸安全稳定，边检勤务工作零事故，队伍管理有序的目标，圆满完成了庆祝中华人民共和国成立 70 周年大庆安保任务。三是查获情况。2019 年，青海出入境边防检查总站共查获了 3 起案件，其中 1 起为布控案件，按布控要求做出了阻止出境的决定，布控案件中的当事人为欲出境参加朝觐的穆斯林旅客，因穆斯林取得朝觐名额非常不易，且朝觐对他们意义重大，慎重起见，一线民警逐级上报后进行了谨慎灵活的执法，设法做通了当事人和家属的思想工作后，作出了阻止其出境的处理决定，避免了简单执法带来的不利舆论和后果。还查获了 1 起冒用他人证件出境案和 1 起导游协助他人非法出境案，上述两起案件均为首次查获。

【西宁海关严实并举维护国门安全】 一是高标准筑牢检疫安全防线。针对年内敏感时间节点较多的形势，完善工作预案，加强实际监管，强化通关监管环节反恐工作和“扫黄打非”工作，坚决把好国门安全。全面加强口岸卫生检疫，发挥宣传教育、专项督查、应急演练、联防联控等机制作用，强化口岸卫生监督和监管要求，有效防范口岸疫情。2019 年，监管进出境航班 1 269 架次（含中转国际航班），旅客 29 176 人次；检测发现健康异常旅客 36 名，首次检出 H1N1 型和 H3 型甲型流感病例。主动深入穆斯林朝觐群众聚居的区县开展体检，做好健康保障，体检群众 2 385 人；优化监管服务，监管进出境朝觐旅客 4 398 人次。切实做好非洲猪瘟防控工作，对内组织多轮专项督查、开展系列应急演练、防控知识讲座，对外加强联防联控、明确条块职责、形成互动共防，有效防止疫情传入传出。实施国门生物安全监测，积极开展检疫性实蝇、外来杂草、苹果枝枯病等监测工作，严控草地贪夜蛾入境。青海地区尚未监测到草地贪夜蛾。对进境粮食储备、加工企业进行严格监管，对 2.5 万吨进口小麦实施后续检疫，有效保障了进境粮食安全。建成了西北地区首个国门生物安全展示馆。二是高水平筑牢打私防线。强化落实反走私主体责任，召开青海省打击走私综合治理联席会议，新增、调整 25 家打击走私联席会议成员及联络员，下发打击走私综合治理工作要点，积极构建反走私综合治理工作格局，夯实群防群治基础。深入开展“国门利剑 2019”“蓝天 2019”等专项行动，扫黑除恶专项斗争扎实推进，侦办“3·06”案件，查获象牙制品 29.585 千克、穿山甲鳞片 26.26 千克、狮子骨 10.51 千克、狮子牙 4 颗、虎皮 2 张，受到公安部、海关总署领导批示肯定；联合青海省公安厅侦办一起涉嫌走私毒品案件，查获麻古 1.903 千克；办结行政案件 7 起，没收珊瑚制品 2 件、沉香制品 3 件、蟒蛇皮制品 4 件；移交案件线索 5 起。大力开展打私新闻宣传，央视等主流媒体广泛报道查获的重大案件，社会反响良好。三是高要求筑牢查控防线。科学调控查验率，将风险布控、现场查验、后续稽查有机结合，提高查获率；查验率 8.8%，查获率 18.2%；全面完成稽核查任务，稽查作业有效率50%，核查作业及时率100%；稽查追补税同比增长498.4%，移交缉私部门案件线索1条，案值893.3万元。强化进出口商品质量安全风险管理，全面构建商品检验监管新体系。2019年，共检验进出口商品180批次，货值3 721万美元，检出不合格商品2批，不合格商品金额3.09万美元。加强食品安全监管，全面开展食品农产品风险监测和抽样检验，全年抽检出口食品农产品样品195个，检测项目19类621项次，合格率100%，实现关区抽检种类全覆盖，未发生系统性、区域性进出口食品安全事件。大力开展进出口危险化学品综合治理。全年开展危化品包装性能鉴定5批次、10万条；危化品包装使用鉴定61批次，检出9批次不合格，不合格率14.8%。

【西宁海关持续释放业务改革红利】 一是扎实推进通关改革。稳步推进《海关全面深化业务改革2020框架方案》，建立更加高效便捷的申报制度，其中“两步申报”改革已于11月1日在关区正式落地。深入推广“自报自缴”“电子支付”“归类尊重先例”等税收征管改革，推进财关库银横向联网和许可证件电子数据联网核查，税收电子支付率100%，税收征管更加便利高效。2019年，税收入库1.36亿元，同比增长40%。深入推进关税保证保险等多元化税收担保制度改革，仅为青海中利光纤技术有限公司、青海铜业有限公司等企业节省担保资金达4 700余万元。据初步统计，自关税保证保险担保改革以来，担保金额1.3亿元，业务量居西北五省区第一。全面推进原产地证书自助打印等原产地业务改革，全年签发原产地证书494份，签证金额5 865.2万美元。持续推进“查检合一”，将运输工具监管中卫生检疫、动植物检疫等业务融入现场海关作业，实现货物、物品全链条监管“选、查、处”分离。二是深化放管服改革。大力推进行政审批便民化服务，取消3项行政审批事项，法定权限范围内13项审批事项全部实现了网上全程办理。推行“二三四”减免税审批工作法，建立重点项目跟踪服务协调机制，引导和支持企业用足用好税收优惠政策。全年减免税款及企业享受税收优惠合计8 810.9万元。对进出口企业实施进口增值税减税政策。深化“多证合一”改革，实现“对外贸易经营者备案”与“原产地企业备案”两证合一；“出口食品生产企业备案”由“审批核准”改为“备案核准”，推动部门间信息共享和数据交换机制，企业注销作业实现“无纸化”和“一网”办理。积极推进AEO制度，自主开发“海关企业认证自测”微信小程序，企业可自主获取测试结果及改进建议，信用培育有了新突破；与文化、医疗等6个部门实施联合激励与联合惩戒相关措施，实现以“企业信用”为核心的精准监管。积极开展知识产权保护“龙腾”专项行动。发挥技贸措施优势，指导企业建立健全HACCP体系，保证出口产品质量安全，黑蒜产品首次出口。构建“出口食品农产品安全监管体系”，提升沙棘出口系列产品质量，出口货值达1 960.89万元，同比增长3倍。持续助力有机枸杞品牌创建，最终促成青海枸杞重新列入中国有机产品认证目录。全年出口枸杞货值2 393.6万元。三是持续优化营商环境。牵头起草《青海省优化口岸营商环境促进跨境贸易便利化实施方案》，明确19项具体措施，已经省政府常务会议审议通过正式印发。助推国际贸易“单一窗口”建设，目前青海省国际贸易“单一窗口”主要申报业务应用率、出口检验检疫申请应用覆盖率均达到100%。适用“提前申报”模式、落实“先放行后改单”、减少作业用时等措施，大力压缩进出口货物整体通关时间。据统计，2019年12月，青海省进口整体通关时间43.4小时，出口整体通关时间0.1小时。2019年进口整体通关时间、出口整体通关时间较2017年实现双压缩超70%，较2018年12月双压缩超50%。

【西宁海关助力口岸发展取得新突破】 一是一次性设立西宁曹家堡机场海关、西海海关、格尔木海关，并正式挂牌对外开办业务，结束了关区内无隶属海关机构的历史，优化了海关机构布局，为促进青海外贸全面发展奠定了坚实的基础。二是协调海关总署领导来青海调研综合保税区建设，加强政策指导，解决相关问题。完成西宁综合保税区相关建设方案的制定、评审、申报工作，力促西宁综合保税区获得国务院批复设立，结束了青海省无海关特殊监管区域的历史。三是中国（海东）跨境电子商务综合试验区获得批复设立，青海省首个航空运输类海关监管场所批复设立，复制推广“先出区、后报关”等制度，大力促进青海曹家堡保税物流中心（B 型）发展，全年监管进口货物 1 970 吨，货值 4.6 亿元。四是西宁海关参与签署《支持西部陆海新通道建设合作备忘录》，从海关层面打通青海向南开放新通道。采取“铁路舱单归并、一体化通关”模式顺利办理铁路联运进出口业务，首次实现铁路承运进口货物属地申报。五是海关总署批复同意西宁海关开展进口活体动物临时检疫监管业务，有效保障了青藏高原地区首次以航空货运包机进口大型活体动物安全进境。

开放口岸

【西宁空运口岸（西宁曹家堡国际机场）】 西宁曹家堡国际机场属高原机场，海拔 2 184 米，距市中心 28 千米，坐落在湟水河畔，小峡之中。西宁曹家堡国际机场是国内 4E 级干线机场，是青藏高原重要交通枢纽和青海省主要对外口岸。2019 年 5 月 17 日，三期扩建工程预可研报告获国家发展改革委批复，7 月 18 日土方及地基处理试验段项目正式开工。2019 年，西宁曹家堡机场正式更名为西宁曹家堡国际机场，航班时刻容量由 18 架次/小时提升至 26 架次/小时，蝉联中国民用机场服务质量优秀奖，获得国际航空运输协会“白金机场”认证，保障水平和服务质量持续提升。全年累计完成运输起降 60 680 架次、旅客吞吐量 722.7 万人次、货邮吞吐量 4.1 万吨，同比分别增长 11%、14%、21.1%。曹家堡国际机场通航城市达到 78 个，累计开通航线 124 条，运营航空公司 24 家，先后开通中国台北、中国香港、首尔、曼谷、吉隆坡、东京、麦地那、芽庄、暹粒、普吉等国际（地区）航线。

2019 年青海省口岸大事记

1 月 1 日

青海出入境边防检查总站举行民警授衔和换装仪式。

1 月 23 日

西宁海关所属西宁曹家堡机场海关挂牌开关。

1 月 28 日

开通西宁—芽庄国际航线。

2 月 21 日 ~22 日

海关总署副署长李国前往西宁航空口岸调研，并与青海省委省政府相关领导进行座谈。

6 月 19 日

青海省副省长刘涛前往西宁航空口岸、曹家堡保税物流中心（B 型）调研指导工作。

7 月 14 日 ~8 月 29 日

保障西宁—麦地那国际航线。

9 月 28 日

西宁曹家堡机场正式更名为西宁曹家堡国际机场。

12 月 20 日

国务院批复设立西宁综合保税区。

（撰稿人：陈彬）

2019年青海省口岸出入境主要数据表

项　目			2019年	2018年	同比（%）
出入境人员（人次）	出入境人员总数		29 326	23 611	24.20
	入境人员		14 813	11 825	25.27
	出境人员		14 513	11 786	23.14
	出入境旅客		26 684	21 332	25.09
	出入境员工		2 642	1 783	48.18
	中国公民	小计	29 194	23 442	24.54
		内地居民（因公）	0	1	
		内地居民（因私）	29 167	20 821	40.08
		港澳居民	3	18	-83.33
		台湾同胞	24	2 602	-99.08
	外籍人员		132	169	-21.89
	从海港出入境人数				
	从陆港出入境人数				
	从空港出入境人数		29 326	23 611	24.20
交通运输工具（辆、艘、架、列次）	总　计		275	218	26.15
	船　舶				
	飞　机		275	218	26.15
	火　车				
	机动车辆				

（青海出入境边防检查总站提供）

2019 年西宁海关主要数据统计表

项　目		2019 年	2018 年	同比（%）
进出口货运量（万吨）	合计	42 060	6 724	525.5
	进口	41 791	3 272	1 177.2
	出口	269	3 452	-92.2
进出口贸易总值（万美元）	合计			
	进口			
	其中：江、海运输			
	铁路运输			
	汽车运输			
	航空运输			
	邮件运输			
	其他运输			
	出口			
	其中：江、海运输			
	铁路运输			
	汽车运输			
	航空运输			
	邮件运输			
	其他运输			
税收（万元）	两税合计	13 580	9 658	40.6
	关税入库	2 868	775	270
	进口环节税入库	10 712	8 883	20.6

（西宁海关提供）

宁夏回族自治区

宁夏回族自治区口岸分布示意图

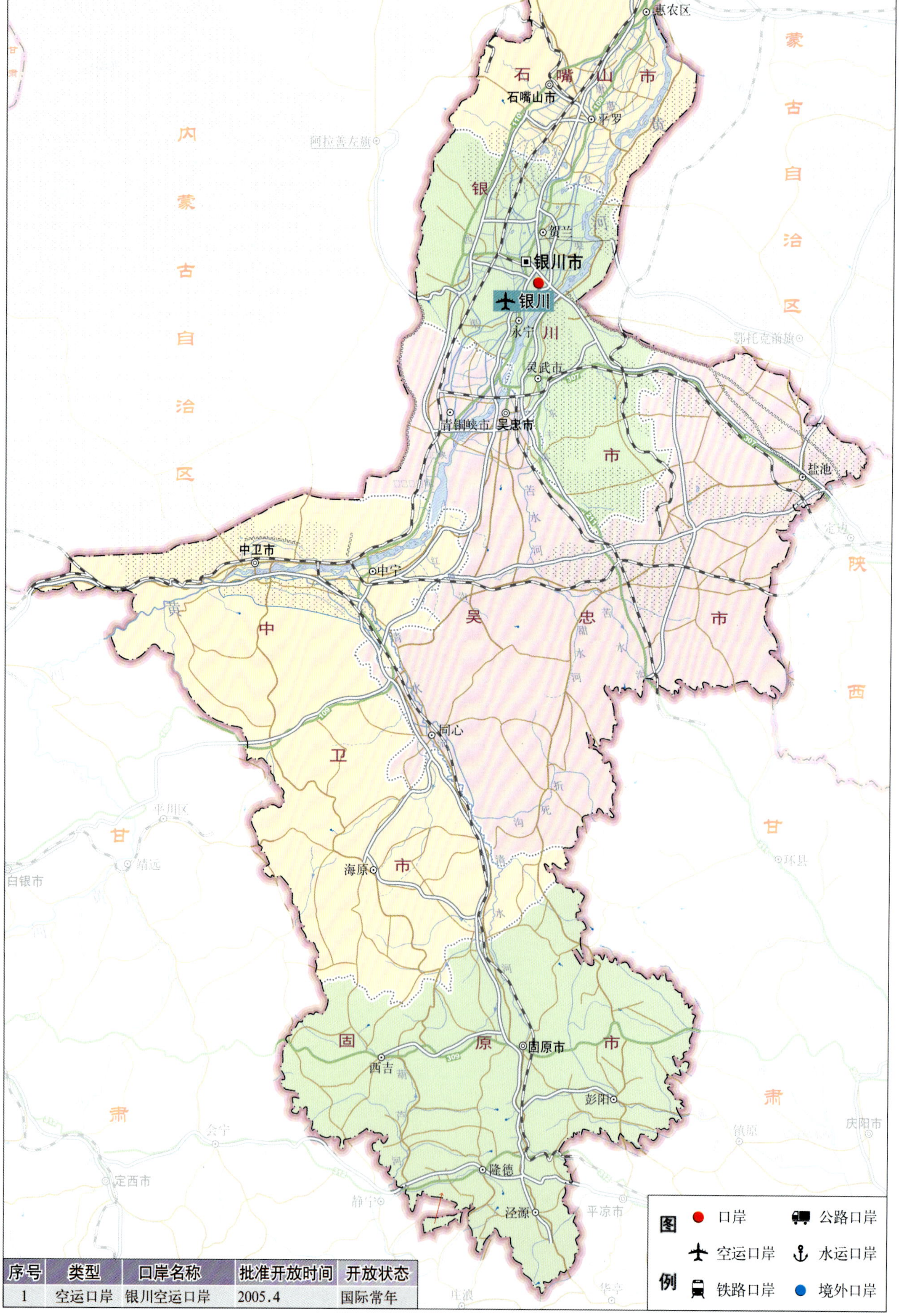

序号	类型	口岸名称	批准开放时间	开放状态
1	空运口岸	银川空运口岸	2005.4	国际常年

口岸数量及分布

截至2019年年底，宁夏回族自治区有经国务院批准的对外开放口岸1个，即银川空运口岸（银川河东国际机场）。

口岸运行数据

2019年，宁夏进出口货运量257万吨，同比增长12.9%，其中，进口251万吨，同比增长13.3%，出口6万吨，同比下降1.2%。进出口贸易总值147 855万美元，同比增长46.1%，其中，进口88 002万美元，同比增长32.5%，出口59 853万美元，同比增长72.2%。

2019年，银川空运口岸进出口货运量353吨，同比增长7.6%，其中，进口329吨，同比增长46.9%，出口24吨，同比下降76.9%。进出口贸易总值101 408万美元，同比增长131.9%；其中，进口总值51 650万美元，同比增长129%，出口总值49 758万美元，同比增长135%。出入境交通工具（飞机）844架次，同比下降6.01%。出入境人员139 515人次，同比下降26.25%；其中，入境人员68 750人次，同比下降27.61%；出境人员70 765人次，同比下降24.87%。

口岸综合管理

【航空口岸平稳运行】 会同银川海关、宁夏出入境边防检查总站以及自治区公安厅出入境管理局、西部机场集团宁夏机场公司等相关单位，做好日常进出港航班及临时公务包机保障工作。2019年，完成出入境航班保障任务2 298架次（包括银川—成都—新加坡航班），其中，朝觐包机14架次，运送朝觐旅客5 404人次，行李13 315余件。

【口岸保障能力不断增强】 一是完成了银川航空口岸联检楼建设。投入资金5 000多万元，建筑面积7 853.24平方米，主要建有报关报检大厅、业务档案库、空白证单库、检验技术用房（理化试验室、医学媒介试验室、动植物检疫试验室、微生物实验室、样品处理室）、储备库、突发事件应急中心、网络机房和库房、检验检疫货物堆场、熏蒸处理库以及办公用房、会议室等，为口岸查验单位提供了良好的办公条件和生活服务设施。二是推动石嘴山保税物流中心（B型）正式封关运营，具备了保税仓储、国际物流配送、简单加工和增值服务、进出口贸易和转口贸易、口岸功能和出口退税、物流信息处理等服务功能，进一步拓展了口岸服务功能。三是有序推进银川国际公铁物流港海关监管场所建设。截至2019年12月31日，联检办公楼、监管区卡口、熏蒸房、药品库主体已建设完成，信息工程已安装完毕。

【国际（地区）航线网络不断完善】 推动中国国际航空公司开通了银川—香港航线，越南越捷航空公司开通银川—泰国曼谷、银川—越南芽庄航线。截至2019年12月31日，银川航空口岸国际（地区）通航城市6个，航线6条，分别为银川至阿联酋迪拜、中国香港以及泰国曼谷、越南芽庄、中国台北、新加坡，初步搭建起经迪拜国际机场通达欧洲、非洲，经香港国际机场通达东南亚、东北亚以及大洋洲的国际航线网络。

【国际货运班列目的地不断拓展】 2019年6月12日，首次开行了石嘴山—蒙古—俄罗斯木材进口班列，标志着宁夏北向开放通道正式打通。2019年，宁夏国际货运班列共发运63列2 951车，货重16.58万吨，货值1.34亿美元，其中，出口58列2 639车，主要货物有钢材、轮胎、锰硅合金、蛋氨酸、腐植酸钠等；进口5列312车，主要货物有木材和亚麻籽油。宁夏国际货运班列目的地已覆盖哈萨克斯坦、乌兹别克斯坦等中亚五国以及伊朗、俄罗斯、蒙古等国家的40多个城市，初步实现了每周1列、每月4列的稳定运行态势。

【口岸营商环境不断优化】 出台了《宁夏回族自治区人民政府办公厅关于优化口岸营商环

境促进跨境贸易便利化工作实施方案》（宁政办发〔2019〕11号），从“简化进出口环节审批监管事项、优化通关流程和作业方式、提升口岸通关物流服务效能、提升口岸管理信息化智能化水平、促进口岸营商环境公开透明”等五个方面制定了22条具体措施。海关与检验检疫业务实现在全国通关一体化框架下的全面融合；进出口环节验核的监管证件从86种减至46种；除安全保密需要等特殊情况外，所有监管证件全部实现联网核查；口岸联检单位一次性联合查验、“先期机检”、“智能审图”、“两步申报”、“提前申报”“关税保证保险”、通关作业无纸化、“双随机一公开”、“先验放后检测”以及“第三方采信制度”、“口岸收费目录清单公示制度”等全面实施。通过各项便利化政策的实施，进出口整体通关时间大幅压缩。2019年全年进口整体通关时间30.59小时，比全国平均水平快10.82小时，位居全国第16名；出口整体通关时间2.13小时，比全国平均水平快1.87小时，位居全国第22名。

【国际贸易“单一窗口”建设不断推进】 一是按照国家口岸办有关中国国际贸易“单一窗口”标准版（以下简称“单一窗口”）出口退税功能启用工作要求，完成了宁夏区税务局与银川海关信息网络专线架设，开通了“单一窗口”出口退税功能，并指导宁夏正九品贸易有限公司、宁夏泰鸿化工有限公司、宁夏远大兴博化工有限公司顺利完成了出口退税业务申报，成为西北地区第一个全面启用“单一窗口”外贸企业出口退税申报的省区。二是会同银川海关，指导宁夏旭贝科贸有限公司通过国际贸易“单一窗口”两步申报功能完成进口货物申报，标志着国际贸易“单一窗口”两步申报功能在宁夏试点取得成功。三是举办“单一窗口”系列培训会，全面推广了货物申报、许可证件、原产地证、空运舱单、加工贸易以及税费支付、出口退税、金融服务、两步申报等新增功能，提前完成了货物申报、运输工具申报、舱单申报覆盖率达100%任务目标，提高了宁夏进出口企业“单一窗口”应用水平，有效提升了通关效率。2019年，“单一窗口”宁夏业务总量共计31 666票，同比增长118%，其中，货物申报8 406票，舱单申报3 487票，运输工具申报16 353票，企业资质498票，农药进出口许可证7票，原产地证申领1 204票，税费支付1 184票，出口退税4笔。

口岸监管与服务

【宁夏出入境边防检查总站持续提升服务管控能力水平，确保口岸安全有序】 2019年，宁夏出入境边防检查总站面对改制转隶时代大考、重大安保任务大考、转型升级能力大考，在国家移民管理局党组的坚强领导下，团结带领广大民警干事创业，持续提升服务管控能力水平，先后圆满完成各敏感节点和中阿博览会、国庆70周年大庆、澳门回归20周年庆祝活动等一系列重大安保任务，全年高质量服务出入境人员139 515人次，航班844架次。勤务工作连续13年实现零案件、零事故、零投诉的目标。

一是严密口岸管控。狠抓前台查验、后台核查、应急处突“三道关口”建设。前台检查方面，贯彻全程查缉理念，坚守“三条底线”，扎实开展前台询问针对性培训，不断提升检查员发现问题的能力；后台核查方面，制定口岸研判工作清单，出台《口岸重点关注人员核查处置办法》，不断健全完善核查制度，形成了具有宁夏特点的查缉方法；应急处突方面，结合重大安保任务，修订完善《处突应急预案》，重新调配执勤现场处突力量，定期开展实战演练，持续提升一线执勤民警处突能力。二是加强警务协作。主动将口岸防控体系建设融入宁夏回族自治区反恐维稳总体框架，与公安厅反恐、国保等部门建立了口岸反恐“防回流”协作机制；与银川市公安局拓展深化协作配合内容，打通了临时羁押移交通道；建立区内重点关注人员数据库，进一步将口岸管控与社会面管控无缝对接，构建起了专项工作闭环。三是优化通关环境。探索实施“小单元执勤”“小班多倒”勤务模式，重大勤务期间，推行“全时战备、机关补位”的警力支援模式，一线执勤警力已达总站人数的70%；积极对接机场公司，持续推动“旅客便捷出行”项目在口岸国际航段落地实行；为入境、中转执勤现场增配生物信息采集一体机，目前，执勤现场具备生物信息采集功能的通道占比达到57%，极大提升了外国人通关速率；投入260余万元，为执勤现场购置“取证航母”“查缉阵地”等先进查验设备，对全部自助通道进行防尾随系统升级，为全部查验通道加装拾音器及硬隔离，为全体一线执勤民警配齐执法记录仪和数字集群对讲机，执法执勤硬件环境明显改善。四是提升执法效能。制作并启用《银川出入境边防检查站电子及存储设备送检表》和中英双语《人身及行李物品检查告知书》，进一步规范执法标准和执法流程；扎实开展执法培训，不断提升执法主体能力素质，目前总站61名一线执勤民警中，已有48名通过基本级以上执法资格考试，占比79%。

【履行海关新职能，强化监管，严守国门安全关】 一是深入开展“国门利剑2019”专项行动，打击毒品、枪爆走私成效显著。查办走私毒品案2起，缴获走私吗啡10.63千克、大麻53.18克，抓获犯罪嫌疑人4名。办理涉枪刑事案件4起，查获疑似仿真枪184支、枪支零部件若干，共抓获犯罪嫌疑人40名。其中“5·08走私武器、弹药进境案”，获得海关总署副署长胡伟和公安部常务副部长王小洪等领导批示，为中华人民共和国成立70周年大庆安保维稳工作作出了积极努力。二是加强安全准入监管，禁限物品查获实现突破。在快件渠道查获涉及濒危动植物、检疫禁止进境、非法印刷品等20批，其中濒危动植物制品14批，古巴彩条蜗牛壳22个。在旅检渠道查获旅客携带零散“洋垃圾”2批次，查获濒危野生动植物16批次；在机场口岸截获含14种检疫性有害生物及外来植物的种子1批，其中山羊豆、黑种草、多毛石头花杂草种子为全国口岸首次查获，中央电视台进行了专题报道。三是强化风险整体管控，税收征管“量质效”并举。推动先期机检试点，在机场旅检通道、快件查验现场安装部署CT机、智能查验机等设备，发挥智慧化监管效能。优化航空口岸海关监管功能区布局，探索建立隐蔽、非侵入、顺势监管的查验机制。开展精准稽查调研，分析市场监管、税务、外汇等数据1.5万余条，选取3家企业开展专项稽查并全部查发命中。严格落实快件全链条监管要求，加强对B类快件收件人身份信息审核；利用地方警犬资源进行联合查缉33次，累计对20余万件快件进行搜毒搜爆检查。加强税收监控分析，实现风险联防，全年税收3.14亿元。四是严密检验监管，加强国门生物安全防控。持续实施“点线结合”工作法，制定并实施进出口危险货物及其包装检验工作监管方案，上报出口危化品及其包装、进口医疗器械、进口棉花等质量分析报告39份。开展进出口食品抽样和风险监测，加强对本辖区进出口食品安全风险信息的收集、分析、研判，织牢食品安全防护网。持续做好国门生物安全监测、进出境食品农产品和饲料安全风险监控，以严密的措施全链条做好非洲猪瘟防控措施工作。五是加强口岸核心能力建设，筑牢口岸检疫防线。积极参与国家突发公共卫生事件应急演练，强化口岸卫生检疫查验。制修订突发公共卫生等各项应急预案，组织开展应急演练，不断提升应急处置能力。首次处置疟疾病例，全年共处置4例，联合宁夏卫健委处置登革热1例。2019年，共监管进出境航班2 810架次，进出境人员16.47万人次，发现有传染病症状者32人，确诊9人，截获检疫性禁止进境物764批次。

【实现海关新作为，优化服务，助力开放发展】 一是全力推动重大政策落地，促进开放水平提升。认真落实国家相关要求，制定了20条进一步促进银川综合保税区高水平开放高质量发展的措施，推进“四自一简”“先入区，后检测”等8项政策落地。探索在石嘴山保税物流中心（B型）开展仓储货物按状态分类的监管模式。二是大力优化营商环境，切实减轻企业负担。不折不扣落实国家降低进口增值税税率和行邮物品税率等政策。成功指导输美种子生产企业应对美国植检新规例。2019年，共签发各类原产地证书

5 544份，签证金额6.82亿美元、同比增长8.87%。办理关税保证保险备案121票，累计关税担保9 002.18万元。引导企业用好国家减免税政策，减免税款3 392万元。积极推进“两步申报”改革试点，为全面推广打下基础。三是持续深化“放管服”改革，服务外贸稳定增长。取消行政审批事项3项，14项行政审批许可事项全部实现网上受理。优化归类一致性协调解决机制，推广使用归类先例辅助申报系统。积极参与“一带一路”国家AEO国际互认合作，比对阿联酋的AEO制度提出互认建议6条，被海关总署采纳2条。四是充分用好各类政策和技术标准，促进宁夏优势特色产业发展。力促宁夏供港活牛扩大出口，全年同比增长24.4%，为贫困地区群众增加收入近140万元。新西兰、澳大利亚种羊在宁夏顺利进境通关和检疫隔离，实现了宁夏首次从国外直接引进大中型活动物，以及宁夏首家进口大中型活动物检疫隔离场正式投入使用。五是进一步提升技术执法能力，扎实做好技术服务。依托技术中心技术领先优势，积极开展技术服务工作，实验室已经认可的检测参数为3 590项，涉及食品、化妆品、动植物、工业品等39个检测领域，技术保障能力不断提升。

开放口岸

【银川空运口岸（银川河东国际机场）】 2005年4月1日，国务院正式批准设立银川航空口岸。2008年4月1日，银川河东机场经民航总局正式批准对外籍飞机开放，并于2013年获准对阿联酋开放第三、四、五航权，成为全国第9个开放第五航权的省区。银川航空口岸设在银川河东国际机场，地处银川市灵武市临河镇黄河东岸，距银川市区19千米。旅检区面积1.54万平方米，设计年旅客吞吐能力为50万人次。设有国际进港、国际出港以及国际出港中转流程，增加了检疫、海关、边防等联检单位相关配套办公和业务用房，配置了电子门控、身份识别、人脸识别、证件阅读器以及智能检疫查验台、智能检疫自助查验通道、热成像式红外测温仪、固定式微小气候监测仪等智能化监管设备。2019年，银川航空口岸国际（地区）通航城市6个，航线6条，其中，直航航线5条。分别为银川—迪拜、曼谷、芽庄、台北、香港；经停航线1条，为银川—成都—新加坡。保障出入境人次13.95万人次。国际货站于2018年6月4日正式通过海关总署验收，同年7月13日正式投运，面积4 000平方米，其中，海关监管库1 000平方米。经营企业为西部机场集团航空物流有限公司宁夏分公司，库内硬件设施齐全，配有大型安检仪，出入通道卡口，与海关实现数据传输的银川机场货运海关信息管理系统，与海关总署对接的视频存储等设备，具有功能完善、流程合理、信息化程度高等特点。2019年，进出口货运总量353吨，主要进口国别有墨尔本、迪拜、悉尼、洛杉矶、奥克兰；主要进口商品有奶粉、羊、普货、国际快货、化妆品；主要出口国别和地区有中国香港、金边、迪拜、米兰、曼谷；主要出口商品有快件、纺织制品、黄金、毛皮制品、蔬菜。

2019年宁夏回族自治区口岸大事记

1月1日

中华人民共和国宁夏出入境边防检查总站隆重举行挂牌仪式、集体换装仪式，标志着原宁夏边防总队现役官兵集体转改为人民警察、中华人民共和国宁夏出入境边防检查总站正式组建运行。

1月7日

兴庆海关首票报关单顺利通关，此报关单为出口空运至香港的貂编帽子，兴庆海关接单审核人员验核处置报关报检信息后，报关单经新一代海关信息系统（H2018）顺利通关。

1月31日

银川航空口岸首次开通银川至香港直飞航线，由中国国际航空公司执飞，机型波音737－800，班次：每周三班。

1 月 25 日

宁夏回族自治区人民政府印发《自治区人民政府关于表彰西部机场集团宁夏机场有限公司等驻宁单位的决定》，对机场公司 2019 年服务地方经济社会发展所做的工作进行了肯定。

1 月 29 日

宁夏中粮长城葡萄酒（宁夏）有限公司一批 2 337 箱，1. 187 万升的葡萄酒顺利在法国清关，这是宁夏葡萄酒首次以批量的形式出口法国。

2 月 19 日

银川河东国际机场被评为民航“无纸化”便捷出行示范单位，也是千万级以下唯一获此示范单位称号的机场。

2 月 26 日

宁夏首次出口果酱和咖啡。经石嘴山海关检验检疫合格，德希恩实业（宁夏）有限公司生产的 3 216 盒、10 281. 6 美元的苹果发酵果酱和猴头菇咖啡，经二连浩特口岸顺利发往蒙古国，这是宁夏首次出口该两种食品。

3 月 4 日

银川关区首票应用于汇总征税的关税保证保险报关单顺利通关。

3 月 7 日

舍弗勒（宁夏）有限公司向兴庆海关申请 2017 年免税进境设备出境，涉及货值 155. 59 万元 3 台外圈在线自动检测设备。这是银川关区建关以来首份免税设备出境业务。

3 月 12 日

石嘴山海关首次签发中国—瑞士自贸协定原产地证书。该证书为宁夏万香源生物科技有限公司出口的乙基麦芽酚签发中国—瑞士自贸协定原产地证书，货值金额为 57 000 美元。通过签发此证书，该企业将享受 1 482 美元的关税优惠。

3 月 13 日

银川河东机场口岸首次进行入境携带宠物检疫监管。一名中国台湾地区旅客向机场海关申报本人携带宠物猫一只。现场旅检关员立即进行查验，要求旅客对宠物猫实施居家隔离 30 天后，予以放行。机场海关将对该宠物猫居家隔离实施追踪。

3 月 14 日

银川海关办理首份“承运境内海关监管货物的运输企业、车辆注册”备案。此次备案是国务院将“承运境内海关监管货物的运输企业、车辆注册”海关行政审批事项改为备案后关区首次办理该业务。

3 月 19 日

宁夏首次出口呋喃树脂。由宁夏共享化工有限公司生产的 126 件、货值 16. 5 万元的铸造 3D 喷墨打印用呋喃树脂经银川海关检验合格，将由天津口岸运往日本。这是宁夏地区首次出口此类危险化学品货物，该批呋喃树脂为拥有自主知识产权的企业专利产品。

3 月 29 日

石嘴山保税物流中心（B 型）首票大宗散装货物申报入区。该票货物为锰矿，共计 1 万吨，货值 217. 49 万美元，采用汽运方式由天津港运输至石嘴山保税物流中心，为申报入区的首票大宗散装货物。

4 月 1 日

银川海关首次检验出口 2 - 氯 - 5 - 氯甲基吡啶。由宁夏瑞泰科技股份有限公司生产的 20 吨，货值 19 555 美元的 2 - 氯 - 5 - 氯甲基吡啶经中卫海关检验合格后，经上海港启运发往日本。这是宁夏地区首次出口该类产品。

宁夏机场公司举行银川河东国际机场机坪管制移交暨机坪塔台揭牌仪式，银川机场成为西北地区第一个实现机坪运行管理全面移交机场管理的机场。

4 月 23 日

银川河东机场海关为出境参展企业签注了 10 份 ATA 单证册，这是银川河东机场海关首次签注 ATA 单证册。

4 月 30 日

银川海关综合技术中心签发首张进出口商品鉴定报告书。申报商品名称为甑炭，技术中心组成鉴定小组，完成了该样品的鉴定工作，并签发了首份鉴定报告。这是技术中心自机构改革后首次承接商品鉴定业务。

5 月 15 日

1 400 余只新西兰进口种羊，搭乘一架来自新加坡航空的波音 747－400F 全货机从银川航空口岸入境。开启了银川航空口岸首次入境大中型活动物的历史，促进了宁夏活畜进口等外向型产业发展。

6 月 12 日

满载俄罗斯木材的专列顺利抵达石嘴山保税物流中心（B 型），标志着宁夏—蒙古—俄罗斯国际货运班列正式开通。

6 月 28 日

银川综合保税区首批进口沥青顺利通关。该批货物共计 491.71 吨，货值 15.24 万美元，在银川综合保税区内开展保税仓储业务，并将根据区外市场需求分批次出区，本次出区货物 32 吨。

7 月 4 日

由新西兰进口的种羊经银川海关 45 天的隔离检疫，共 2 887 只检测合格，予以放行。石嘴山海关据检疫结果出具“检验检疫处理通知书”“入境货物检验检疫证明”和“动物检疫证书”，这是银川海关首次签发入境动物的“动物检疫证书”。

7 月 10 日

圆满完成 2019 年度首航朝觐包机航班保障任务。

7 月 15 日

新增银川—曼谷直飞航线，由泰国越捷航空公司执飞，每周一 22：50 入境，23：55 出境。

7 月 30 日

银川海关首枚电子行政许可印章“中华人民共和国兴庆海关行政许可专用章 9601”正式上线，该印章将用于报关企业注册登记、变更、延续、注销等相关行政许可业务。

8 月 2 日

银川河东机场新增越南芽庄—银川直飞航线，由越南越捷航空公司执飞，每周五 22：30 入境，23：30 出境。

8 月 18 日

银川国际航空港综合交通枢纽正式投运。该工程占地面积 25 万平方米，总建筑面积 77 006 平方米。集航空、高铁、城铁、轨道、城际巴士、城市公共交通、私人交通于一体，实现西北首家“不停车”智能收费功能和反向寻车功能。

8 月 19 日

银川综合保税区金坤黄金珠宝有限公司完成海关、税务登记，顺利开展首单境内区外企业委托加工业务，标志着银川综合保税区增值税一般纳税人政策试点改革实质性落地。

9 月 19 日

中卫海关对中卫市人民医院进口的三批医疗器械进行了货证相符性及安全、卫生等项目的现场查验，这是中卫海关首次开展进口医疗器械现场查验工作。

10 月 18 日

兴庆海关办理首票中阿博览会进口留购展品减免税。此次申请减免税的商品为大米皂、牙膏、大米洗发水、天然乳胶枕、纤维包、头巾、围巾和晾衣架等，货值 2 549 美元，减免税款共计 774 元。

10 月 24 日

兴庆海关举行揭牌仪式。银川海关政治部主任杨向宇、银川市人民政府副秘书长陈东分别致辞，银川海关党组书记、关长刘世远向兴庆海关关长刘建宇授印并为兴庆海关揭牌。

11 月 1 日

银川机场实现航班信息与行李传送场景同步显示功能。

11 月 4 日

首批 900 余只澳大利亚种羊从墨尔本起飞，经停新加坡，于当日 18 点抵达银川河东国际机场，这是宁夏首次引进澳大利亚种羊。

11 月 28 日

宁夏正九品贸易有限公司、宁夏泰鸿化工有限公司、宁夏远大兴博化工有限公司顺利完成了出口退税业务申报，并收到税务局审批通过回执，标志着宁夏国际贸易“单一窗口”（外贸版）出口退税功能正式上线。

12 月 3 日

宁夏旭贝科贸有限公司一票进口货物通过

“单一窗口”两步申报功能，仅用41秒完成概要申报，顺利进入提货放行状态。这是宁夏首票以“两步申报”模式申报的报关单，标志着国际贸易“单一窗口”两步申报功能在宁夏试点取得成功。

12月7日

银川河东国际机场年旅客吞吐量首次突破1 000万人次大关，正式成为全国第38个千万级机场。

12月10日

银川河东国际机场三期扩建工程新建T3航站楼斩获2018～2019年度中国建设工程鲁班奖（国家优质工程），是宁夏唯一获奖工程，也是宁夏机场公司历史上第一个获此奖项的建设项目。

12月12日

宁夏机场公司举行银川河东国际机场年旅客吞吐量突破1 000万人次庆祝仪式。宁夏回族自治区副主席王和山出席首航仪式并按动水晶球为航线启航。自治区商务厅（口岸办）、财政厅、文化和旅游厅、银川海关、宁夏出入境边防检查总站、民航宁夏监管局、民航宁夏空管分局、宁夏机场公司等单位及相关旅行社负责人出席仪式。

12月26日

银川河东国际机场货邮吞吐量突破6万吨。

12月29日

宁夏回族自治区党委书记陈润儿调研到银川机场“空铁联运”工作。

（撰稿人：王华、吴文涛、关天龙、马建文）

2019年宁夏回族自治区口岸出入境主要数据表

项目			2019年	2018年	同比（%）
出入境人员（人次）	出入境人员总数		139 515	189 168	-26.25
	入境人员		68 750	94 975	-27.61
	出境人员		70 765	94 193	-24.87
	出入境旅客		130 389	177 102	-26.38
	出入境员工		9 126	12 066	-24.37
	中国公民	小计	136 844	179 161	-23.61
		内地居民（因公）	6 668	4 822	38.28
		内地居民（因私）	83 921	150 754	-44.33
		港澳居民	22 973	108	21 171.30
		台湾同胞	23 282	23 477	-0.83
	外籍人员		2 671	10 007	-73.31
	从海港出入境人数				
	从陆港出入境人数				
	从空港出入境人数		139 515	189 168	-26.25
交通运输工具（辆、艘、架、列次）	总计				
	船舶				
	飞机		844	898	-6.01
	火车				
	机动车辆				

（宁夏出入境边防检查总站提供）

2019 年银川海关主要数据统计表

项　目		2019 年	2018 年	同比（%）
进出口货运量（万吨）	合计	257.11	227.80	12.87
	进口	251.08	221.70	13.25
	出口	6.03	6.10	-1.18
进出口贸易总值（万美元）	合计	147 854.86	101 206.92	46.09
	进口	88 002.34	66 439.41	32.46
	其中：江、海运输	36 177.08	42 556.44	-14.99
	铁路运输	163.48	1 088.03	-84.97
	汽车运输	12.00	45.57	-73.67
	航空运输	51 649.69	22 514.32	129.41
	邮件运输	0.00	0.00	—
	其他运输	0.00	0.00	—
	出口	59 852.52	34 767.51	72.15
	其中：江、海运输	10 088.86	13 551.08	-25.55
	铁路运输	0.00	0.00	—
	汽车运输	6.00	1.11	442.25
	航空运输	49 757.66	21 215.32	134.54
	邮件运输	0.00	0.00	—
	其他运输	0.00	0.00	—
税收（万元）	两税合计	31 436.42	63 369.68	-50.39
	关税入库	6 368.59	8 741.09	-27.14
	进口环节税入库	25 067.83	54 628.59	-54.11

（银川海关提供）

新疆维吾尔自治区口岸分布示意图

序号	类型	口岸名称	批准开放时间	开放状态
1	空运口岸（3个）	乌鲁木齐空运口岸	1973.9	国际常年
2		喀什空运口岸	1982.8	国际常年
3		伊宁空运口岸	2016.8	国际常年
4	公路口岸（14个）	老爷庙公路口岸	1992.2	双边季节
5		乌拉斯台公路口岸	1992.2	双边季节
6		塔克什肯公路口岸	1989.7	国际常年
7		红山嘴公路口岸	1992.2	双边季节
8		阿黑土别克公路口岸	1994.3	未开通
9		吉木乃公路口岸	1994.3	国际常年
10		巴克图公路口岸	1994.3	国际常年
11		霍尔果斯公路口岸	1983.11	国际常年
12		都拉塔公路口岸	1994.3	国际常年
13		木扎尔特公路口岸	1994.3	未开通
14		吐尔尕特公路口岸	1983.12	国际常年
15		伊尔克什坦公路口岸	1998.1	国际常年
16		卡拉苏公路口岸	2004.5	国际常年
17		红其拉甫公路口岸	1982.8	国际季节
18	铁路口岸（2个）	阿拉山口铁路口岸	1990.6	国际常年
19		霍尔果斯铁路口岸	2014.2	国际常年

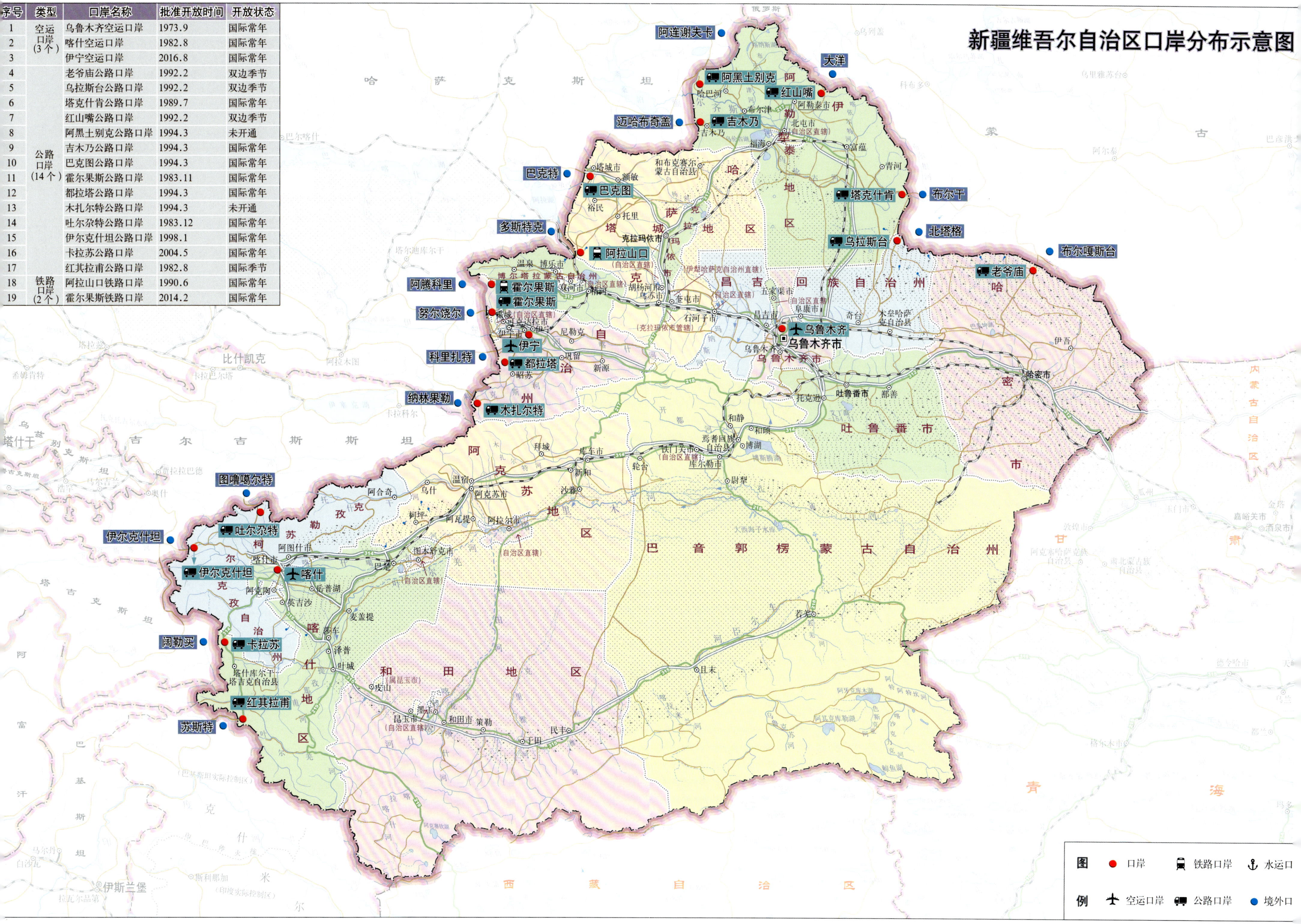

新疆维吾尔自治区

口岸数量及分布

截至2019年年底，新疆维吾尔自治区现有经国务院批准的对外开放口岸19个，其中，空运口岸3个，分别是乌鲁木齐空运口岸（乌鲁木齐地窝堡国际机场）、喀什空运口岸（喀什国际机场）和伊宁空运口岸（伊宁国际机场）；陆路（公路、铁路）口岸16个，其中，中蒙（蒙古）边境口岸4个，分别是老爷庙、乌拉斯台、塔克什肯和红山嘴公路口岸；中哈（哈萨克斯坦）边境口岸8个，分别是霍尔果斯、吉木乃、巴克图、都拉塔、阿黑土别克和木扎尔特公路口岸，霍尔果斯和阿拉山口铁路口岸；中吉（吉尔吉斯斯坦）边境口岸2个，分别是吐尔尕特和伊尔克什坦公路口岸；中巴（巴基斯坦）边境口岸1个，即红其拉甫公路口岸；中塔（塔吉克斯坦）边境口岸1个，即卡拉苏公路口岸。其中，阿黑土别克和木扎尔特口岸未开通使用；伊宁空运口岸于2016年8月3日经国务院批准对外开放，正在建设中未正式封关运营。

口岸运行数据

2019年，新疆维吾尔自治区口岸进出口货运量6 036.5万吨，同比增长1.6%，其中，进口5 517.4万吨，同比增长1%；出口519.1万吨，同比增长8.7%。进出口贸易额482.84亿美元，同比增长4%，其中，进口218.74亿美元，同比增长2.3%；出口264.1亿美元，同比增长5.5%。出入境人员1 408 696人次，同比增长8.56%，其中，入境689 497人次，同比增长6.43%；出境719 199人次，同比增长10.67%。出入境旅客963 700人次，同比增长7.99%；出入境员工444 996人次，同比增长9.79%。出入境交通工具345 619辆（列、架）次，同比增长12.91%。其中，机动车辆315 411辆次，同比增长12.66%；火车23 337列次，同比增长23.63%；飞机6 871架次，同比减少10.31%。

口岸综合管理

【持续做好口岸对外开放工作】 一是都拉塔口岸于2019年5月正式向第三国开放。二是及时公告调整中蒙（蒙古）两国口岸开关时间：老爷庙口岸（3月1日~11月30日开放，工作时间10：00~19：00）、乌拉斯台口岸（5月、7月、9月的16日~30日开放，工作时间10：00~19：00）、红山嘴口岸（6月21日~9月21日开放，工作时间11：00~18：00）。

【增加临时开关，做好协调保障工作】 一是克拉玛依机场于2019年11月1日至2020年1月31日临时开放。二是红其拉甫口岸6月23日（星期日）预约通关，保障了巴基斯坦吉尔吉特—巴尔蒂斯坦地区政府新任首席秘书穆罕默德·库拉姆·阿伽一行10人代表团入境访问喀什。三是红其拉甫口岸9月7日（星期六）预约通关，保障了巴基斯坦籍的48名旅客和3辆客运车辆出境回国过阿舒拉节（9月9日至10日为巴基斯坦阿舒拉节）。四是红其拉甫口岸10月2日预约通关，运送巴基斯坦籍公民遗体出境。五是红其拉甫口岸12月8日至9日增加临时开关，保障了75人（其中，中方7人、巴方68人）和30辆车（其中，巴方25辆货车、2辆空车、中方3辆客车）出境，127辆车（其中，124辆货车、3辆客车）入境。六是红其拉甫口岸12月23日至27日增加临时开关，保障了中方89人和109辆货车入境。七是老爷庙口岸12月2日至27日增加临时开关。

【口岸基础设施建设】 一是阿拉山口和塔克什肯口岸完成联检大厅及口岸限定区域监管设施维修改造。二是巴克图口岸完成边检车体综合检查厅和货检查验业务用房建设，整体提升了口岸通关能力。三是乌鲁木齐国际机场为便捷通关，对海关监管区重新规划改造，优化国际旅客中转流程。四是都拉塔口岸提升口岸公路等级。五是卡拉苏和老爷庙口岸完成国门前沿查验业务用房建设。六是乌拉斯台口岸完成口岸备勤楼建设。

【多举措优化口岸营商环境】 一是全面推广国际贸易“单一窗口”应用。二是巩固压缩整体通关时间成效。三是开展涉企收费清理整治。自治区组成工作组对新疆维吾尔自治区口岸收费清单公示情况进行摸底排查，口岸经营服务收费项目实行“一站式阳光价格”，并通过国际贸易“单一窗口”公示新疆维吾尔自治区各口岸收费项目。四是为加强口岸国际合作，积极推进口岸农副产品快速通关“绿色通道”建设，缩短了农副产品通关时间，降低了企业通关成本。

【加强口岸协调管理】 一是新疆维吾尔自治区各口岸建立联防联控机制，完善口岸应急突发事件处置预案，严把国门安全。二是中蒙双方组成工作组，对中蒙新疆维吾尔自治区段4对口岸进行联合检查，推动了双方口岸查验机构之间的务实合作与交流，协商解决了口岸基础设施建设、管理和运行中出现的问题。三是保障了塔吉克斯坦节庆用烟花爆竹经卡拉苏公路口岸出境。四是保障了乌兹别克斯坦独立日节庆在中国采购的无人机灯光秀设备经乌鲁木齐空运口岸出境。

口岸监管与服务

【新疆维吾尔自治区出入境边防检查总站发挥涉外优势，助力快捷便利通关】 一是推动与毗邻国家边检部门建立出入境信息共享、涉外企业信息通报等机制，提前掌握出入境人员、车辆信息，准确预测通关流量变化趋势，及时向社会发布口岸通关高峰时段、口岸闭关等提示信息，并提供24小时通关咨询服务，为出入境旅客提供优质通关体验。二是为农副产品快速通关实施“延时通关”、为“涉外企业跨国救助”提供服务保障等措施，2019年为44名旅客、122辆车提供了紧急救助、快速通关累计达2 550小时，最大限度降低了涉外运输企业运营成本，避免直接经济损失达680余万元。

【新疆维吾尔自治区出入境边防检查总站全力保障专项勤务】 保障“一带一路高峰论坛”“第十届蒙古—中国出口商品展销会”“中塔乌国际道路运输车试运行”等专项勤务51次，验放人员11 982人次，飞机260架次，车辆434辆次，火车16列次。

【乌鲁木齐海关严把国门安全】 一是口岸海关成立国门安全防控委员会，不断完善口岸应急预案，拓宽风险防控覆盖面，2019年查获管制刀具等3 498件、反动宣传品等2 914件、各类新型毒品等413瓶（片）。二是防止非洲猪瘟、枝枯病等疫情传入，2019年截获进境有害生物2.1万种次、植物种苗等繁殖材料264批次、来自非洲猪瘟疫区国家旅客携带肉类及制品509批次、不合格进口食品20批次、不合格入境货物436批次。三是开展“国门利剑2019”联合打私专项行动，侦办濒危动植物及其制品走私案件9起，走私象牙制品25.08千克、红珊瑚10.2千克，打掉走私团伙7个。

【乌鲁木齐海关优化服务，支持地方经济发展】 一是推进新疆维吾尔自治区向西国际物流大通道建设。依托陆港区创新实施多点装货业务，扩大集拼集运业务，助推南疆班列开行，2019年开行中欧（中亚）班列1 102列，同比增长10%，截至2019年年底开发线路23条，覆盖欧亚19个国家、26个城市。国际道路运输TIR公约在新疆维吾尔自治区全面推广，完成我国首单内陆进口TIR运输货物测试，“中欧卡车特快专线”双向TIR运输，从霍尔果斯至欧洲（波兰）首票TIR甩挂运输。二是丰富新疆维吾尔自治区对外开放平台。2019年新增进境水果、肉类、冰鲜水产品指定监管场地8个，全疆现有各类指定监管场地26个。2019年海关特殊监管区域贸易同比增长71.6%。三是优化跨境电商监管流程，监管跨境电商货物件数和货值分别增长34.9%和18.4%。四是2019年塔城巴克图（6月18日）、克州伊尔克什坦口岸（10月18日）和喀什塔什库尔干县（10月）边民互市贸易区相继投入运营，互市贸易区在助力边民脱贫攻坚，带动边民增收致富，促进边境口岸旅游业发展等方面的重要作用已初见成效。巴克图边民互市贸易区投入运营以来，实现互市贸易交易总额约1.3亿元。

【乌鲁木齐海关持续优化外贸营商环境】

一是积极落实海关业务改革2020框架方案，“两步申报”“两段准入”“两轮驱动”“两区优化”改革先后在全疆启动实施。国际贸易“单一窗口”主要业务应用率达到100%。2019年10月31日在阿拉山口铁路口岸启动“两步申报”试点，推广新一代电子支付、关税保证保险等改革。二是大力推进高级企业培育，加强关地合作，与6个地州市签订推进开放型经济发展合作备忘录，在7个地州市对500余家企业开展政策宣讲活动。

【乌鲁木齐海关拓展与“一带一路”沿线国家海关合作】 一是深化与周边国家海关合作，组织17次外事会谈和边境口岸海关会晤，签署会谈纪要3份。成功举办面向中亚国家的动植物检疫国际交流培训。二是中哈霍尔果斯—努尔饶尔口岸农副产品快速通关“绿色通道”于2019年9月28日正式开通。三是中吉口岸“绿色通道”适用商品种类扩大至42类。促成周边国家牛肉、绿豆、红辣椒等产品输华，2019年6月14日，吉尔吉斯斯坦樱桃通过陆路伊尔克什坦口岸首次入境。

开放口岸

【乌鲁木齐空运口岸（乌鲁木齐地窝堡国际机场）】 位于新疆维吾尔自治区首府乌鲁木齐市郊地窝堡，机场距市区16.8千米，飞行区等级为4E级。乌鲁木齐国际机场始建于1939年，从1950年至今经历数次扩建和续建。1970年7月，经国务院批准机场扩建，1973年建成并对外开放。乌鲁木齐地窝堡国际机场已开通国际（地区）客运航线33条，货运航线7条。2019年，乌鲁木齐地窝堡国际机场新增国际客运航线7条、国际货运航线5条。

2019年，乌鲁木齐空运口岸进出口货运量0.7万吨，同比增长4.47%，其中，进口0.1万吨、出口0.6万吨。进出口贸易额36.16亿元，同比减少48.69%，其中，进口7.63亿元、出口28.53亿元。出入境人员757 442人次，同比增长0.87%，其中，入境372 010人次，出境385 432人次。出入境旅客687 856人次，出入境员工69 586人次。出入境交通工具6 576架次，同比减少12.54%。

【喀什空运口岸（喀什国际机场）】 位于新疆维吾尔自治区喀什地区喀什市北郊，机场距市中心10千米，飞行区等级为4E级。1993年4月23日，经国务院批准喀什机场口岸对外开放；2004年4月，喀什机场临时对外开放；2005年12月16日，喀什航空口岸正式对外开放。2013年，国务院批准同意在喀什机场开办口岸签证业务，2016年9月19日，正式开办签证业务。2019年11月13日，开通喀什至卡拉奇货运包机。

2019年，喀什空运口岸出入境人员9 481人次，同比增长471.83%，其中，入境5 776人次，出境3 705人次。出入境旅客7 526人次，出入境员工1 955人次。出入境交通工具199架次，同比增长206.15%。

【伊宁空运口岸（伊宁机场）】 位于新疆维吾尔自治区伊宁市，机场距伊宁市5千米。伊宁机场始建于1936年，机场站坪总面积89 824平方米，跑道长2 400米，消防等级为6级，可停放4架D类和10架C类飞机。2016年8月3日，伊宁机场经国务院批准对外开放，目前正在筹建中。

【老爷庙陆路（公路）口岸】 位于新疆维吾尔自治区哈密市巴里坤哈萨克自治县境内，地处中蒙边界354号界标附近，与蒙古国戈壁阿尔泰省毗邻。口岸距巴里坤县城172千米，距哈密市308千米，距乌鲁木齐市773千米；距蒙古国布尔嘎斯台口岸57千米，距布格特县280千米，距戈壁阿尔泰省阿尔泰市484千米。1991年6月24日，中蒙两国政府达成协议同意开放老爷庙公路口岸；1991年12月，老爷庙公路口岸经国务院批准对外开放，为双边季节开放口岸；1992年3月，该口岸正式对外开放。2012年2月2日，新疆维吾尔自治区人民政府批复老爷庙公路口岸向北迁移14千米，新查验区于2015年8月建成启用。2014年8月10日，经国务院批准老爷庙公路口岸扩大为国际性常年开放口岸；2017年9月口岸扩大开放通过国家验收，待蒙古国通过外交换文后正式扩大开放。口岸进口货物主要为铁矿砂。2019年仍为双边性季节开放口岸，开放时间为3月1日~11月30日，工作时间为10：00~19：00。

2019年，老爷庙公路口岸进出口货运量117.72万吨，同比减少30.32%，其中，进口117.52万吨（铁矿砂）、出口0.2万吨。进出口贸易额6.3亿元，同比减少12.86%。出入境人员27 574人次，同比减少21.48%，其中，入境13 781人次，出境13 793人次。出入境旅客754人次，出入境员工26 820人次。出入境交通工具27 084辆次，同比减少21.4%。

【乌拉斯台陆路（公路）口岸】 位于新疆维吾尔自治区昌吉回族自治州奇台县北塔山地区，地处中蒙边界163号界标附近，与蒙古国科布多省布尔干县毗邻。口岸距奇台县城248千米，距乌鲁木齐市446千米，距昌吉市485千米；距蒙古国北塔格口岸6.5千米，距布尔根县140千米，距科布多省550千米。1991年6月24日，中蒙两国政府达成协议同意开放乌拉斯台口岸；1991年12月，乌拉斯台口岸经国务院批准对外开放，为双边季节开放口岸。1995年确定乌拉斯台口岸开放时间为每年3月、6月、9月、12月1日至20日。2004年9月起，开关次数由4次调整为3次，开关45天。2019年口岸开放时间为5月、7月、9月16日至30日，工作时间为10：00~19：00。

2019年，乌拉斯台口岸出入境人员37人次，同比减少96.93%。其中，入境19人次，出境18人次。出入境交通工具93辆次，同比减少81.58%；79架执行专项勤务飞机。

【塔克什肯陆路（公路）口岸】 位于新疆维吾尔自治区阿勒泰地区青河县境内，地处中蒙边界124号界标附近，与蒙古国科布多省布尔干县毗邻。口岸距中蒙边界线15.5千米，距青河县90千米，距阿勒泰市380千米，距乌鲁木齐市510千米；距蒙古布尔干口岸25千米，距布尔干县65千米，距科布多省265千米。1989年7月20日，塔克什肯口岸经国务院批准对外开放，属双边季节开放口岸。2011年1月，扩大为国际性常年开放口岸。2019年，塔克什肯口岸通过采取入境车辆归并申报、出境车辆提前审批、人车同步查验、国际联运班车人证同步检查等措施，入境车辆由过去日均80辆左右提高到170辆左右。口岸进口货物主要为焦煤和铁矿石，出口货物主要为建材、机电、日用百货等。口岸开放时间每周5天，工作时间为10：00~19：00。

2019年，塔克什肯口岸进出口货运量131.79万吨，同比增长69.9%，其中，进口130.18万吨、出口1.61万吨。进出口贸易额8.68亿元，同比增长55.28%，其中，进口7.91亿元、出口0.77亿元。出入境人员70 507人次，同比减少1.87%，其中，入境35 240人次，出境35 267人次。出入境旅客29 240人次，出入境员工41 267人次。出入境交通工具42 756辆次，同比增长60.27%。

【红山嘴陆路（公路）口岸】 位于新疆维吾尔自治区阿勒泰地区福海县境内，地处中蒙边界17号界标附近，与蒙古国巴彦乌列盖省萨格赛县毗邻。口岸距中蒙边界线2千米，距福海县240千米，距阿勒泰市192千米，距乌鲁木齐市896千米；距蒙方大洋口岸12千米，距萨格赛县160千米，距巴彦乌列盖省乌列盖市180千米。1991年6月24日，中蒙两国政府达成协议同意开放红山嘴公路口岸；1992年2月，红山嘴公路口岸经国务院批准对外开放，为双边性季节开放口岸；1992年7月口岸正式开放，每年开关50天。2014年红山嘴公路口岸延长开关时间为90天。2019年口岸开放时间为6月21日~9月21日，工作时间为11：00~18：00。

2019年，红山嘴公路口岸出入境人员231人次，同比增长5%，其中，入境115人次，出境116人次。出入境旅客229人次，出入境员工2人次。出入境交通工具58辆次，同比减少3.33%。

【吉木乃陆路（公路）口岸】 位于新疆维吾尔自治区阿勒泰地区吉木乃县境内，与哈萨克斯坦东哈州毗邻。口岸距吉木乃县24千米，距阿勒泰市198千米，距乌鲁木齐市650千米；距哈方迈哈布奇盖口岸0.5千米，距斋桑县60千米，距东哈州首府乌斯季缅约500千米。1991年，中哈两国政府达成协议同意吉木乃公路口岸临时过货；1992年8月，中哈两国政府签署协定同意吉木乃公路口岸对外开放；1994年3月，吉木乃公路口岸经国务院批准对外开放，为双边常年开放口岸；1997年11月，口岸正式对外开放；2002年3月1日，吉木乃口岸扩大为国际性开放口岸。2013年6月，外交部批准吉木乃口岸对哈萨克斯坦公民进入边民互市贸易区实行“三日免签”政策，2014年8月12日，“三日免签”正式实施。2019年4月29日，进口肉类指定监管场地通过国家验收。口岸进口货物主要为天然气、冻鱼、葵花籽等；出口货物主要为机械设备、汽车配件、鞋靴、日用百货等。口岸每周一至周六通关6天，工作时间为10：00～14：00，15：00～19：00。

2019年，吉木乃公路口岸进出口货运量35.47万吨，同比减少13.64%，其中，进口32.65万吨、出口2.82万吨。进出口贸易额14.09亿元，同比减少24.77%，其中，进口4.01亿元、出口10.08亿元。出入境人员23 364人次，同比增长0.46%，其中，入境11 206人次，出境12 158人次。出入境旅客18 302人次，出入境员工5 062人次。出入境交通工具5 110辆次，同比增长9.52%。

【巴克图陆路（公路）口岸】 位于新疆维吾尔自治区伊犁哈萨克自治州塔城地区境内，与哈萨克斯坦共和国东哈州毗邻。口岸距塔城市17千米，距乌鲁木齐市621千米；距哈方巴克特口岸800米，距马坎赤市60千米，距东哈州首府乌斯季缅市800千米。巴克图口岸已有200年通商历史，1962年以后口岸关闭。1990年10月，巴克图口岸恢复开放为临时过货口岸。1992年8月，中哈两国政府达成协议同意巴克图口岸对外开放；1994年3月，巴克图口岸经国务院批准对外开放，为国际性常年开放口岸；1995年7月1日，口岸正式对外开放。2010年12月28日，外交部同意巴克图边民互市贸易区对哈公民由“一日免签”延长至“三日免签”。2013年12月23日，中哈巴克图—巴克特口岸农产品快速通关“绿色通道”开通。2019年4月29日，进口肉类指定监管场地通过国家验收。2019年6月18日，巴克图边民互市贸易区投入运营。口岸出口货物主要为服装、果蔬、工程机械等，进口货物主要为葵花籽、红花籽等。口岸每周一至周六通关6天，工作时间为10：00～14：00，15：00～19：00。

2019年，巴克图口岸进出口货运量19.87万吨，同比增长15.06%，其中，进口8.69万吨、出口11.18万吨。进出口贸易额41.07亿元，同比增长51.33%，其中，进口3.19亿元、出口37.88亿元。出入境人员48 072人次，同比增长32.98%，其中，入境23 487人次，出境24 585人次。出入境旅客30 130人次，出入境员工17 942人次。出入境交通工具17 926辆次，同比增长24.99%；16架执行专项勤务飞机。

【阿拉山口陆路（公路、铁路）口岸】 位于新疆维吾尔自治区博尔塔拉蒙古自治州阿拉山口市境内，与哈萨克斯坦共和国阿拉木图州毗邻。口岸距中哈两国边防会晤点（即铁路接轨点）4.4千米，距博乐市79千米，铁路、公路分别距乌鲁木齐市477千米和500千米；距哈萨克斯坦共和国多斯特克口岸12千米，距阿拉木图580千米。1990年6月27日，阿拉山口口岸经国务院批准对外开放；1992年12月1日，铁路口岸正式开放；1995年12月，公路口岸正式对外开放。2006年7月，中哈原油管道一期工程建成运营，口岸集铁路、公路、管道三种运输方式于一体。铁路口岸年换装能力20万标箱，设有准轨场2个41条站线，宽轨场1个25条站线，20组换装线。2011年5月，国务院批准设立阿拉山口综合保税区，2014年6月，综合保税区正式封关运营。2012年12月，国务院批准设立阿拉山口市。2019年3月，在综合保税区启动通关及铁路口岸24小时查验、检疫、抽样模式，平均每车货物压缩通关时间近8小时。2019年4月29日，进口肉类指定监管场地通过国家验收，12月

19日进口冰鲜水果指定监管场地通过国家验收。2019年，进出境的中欧、中亚班列3 564列，同比增长19.5%，经阿拉山口开行的中欧班列运行线由2018年的10条增加到了14条，开行频次由日均6列增加到了9列。出口货物主要为集装箱、钢材、化工产品、工程机械、建材等；进口货物主要为管输原油、金属矿石、钢材、粮食、木材等。公路口岸每周一至周六通关6天，工作时间为10：00～14：00，15：00～19：00。铁路口岸常年24小时通关。

2019年，阿拉山口（铁路、公路）口岸进出口货运量2 436.32万吨，同比增长35.1%，其中，进口2 108.24万吨、出口328.08万吨。进出口贸易额779亿元，同比增长7.3%，其中，进口4.43亿元、出口14.4亿元。出入境人员62 752人次，同比减少9.65%，其中，入境31 323人次，出境31 429人次。出入境旅客10 534人次，出入境员工52 218人次。出入境交通工具29 108辆（列）次，同比减少18.72%，其中，火车14 265列次，机动车辆14 843辆次。

【霍尔果斯陆路（公路）口岸】 位于新疆维吾尔自治区伊犁哈萨克自治州霍尔果斯市境内，与哈萨克斯坦共和国阿拉木图州毗邻。口岸距伊宁市90千米，距乌鲁木齐市670千米；距哈方阿拉木图378千米。自1881年起，霍尔果斯口岸是中俄两国间通商口岸；1962年，由于中苏关系紧张，口岸除保持通邮外，停止进出口贸易。1983年11月16日，霍尔果斯口岸经国务院批准恢复开放；1986年，开通地方和边境贸易；1992年8月，中哈两国政府同意霍尔果斯口岸扩大为国际性开放口岸。2014年6月26日，国务院同意设立霍尔果斯市。2006年11月，中哈两国共同提出建设“双西公路”，2012年5月15日，在中哈两国“双西公路”对接点开工建设霍尔果斯南部联检区（第六代公路口岸），2018年9月27日，南部联检区与哈方努尔饶尔口岸同步开通启用。2006年3月，经国务院批准建立首个跨境中哈霍尔果斯国际边境合作中心，2012年4月18日，面积5.28平方千米的中哈霍尔果斯国际边境合作中心正式运营。2019年4月29日，进口肉类指定监管场地通过国家验收。2019年9月28日，中哈霍尔果斯—努尔饶尔口岸农副产品快速通关“绿色通道”开通。口岸出口货物主要为机电产品、纺织服装、箱包、果蔬等，进口货物主要为天然气、羊毛、甘草、蓝湿牛皮等。口岸每周试行7天12小时工作制。

2019年，霍尔果斯公路口岸进出口货物量129.53万吨，同比减少96.08%，其中，进口5.39万吨、出口124.14万吨。进出口贸易额293.26亿元，同比增长4.94%，其中，进口6.24亿元、出口287.02亿元。出入境人员224 420人（次），同比增长38.75%。出入境交通工具86 538辆次，同比增长20.92%，

【霍尔果斯陆路（铁路）口岸】 位于新疆维吾尔自治区伊犁哈萨克自治州霍尔果斯市境内，与哈萨克斯坦共和国阿拉木图州毗邻。2011年12月2日，中哈霍尔果斯—阿腾科里口岸站接轨；2012年12月22日，口岸临时开放；2014年2月21日，霍尔果斯铁路口岸经国务院批准对外开放，为国际性常年开放口岸；2016年6月7日，口岸正式对外开放。2017年6月8日，乌鲁木齐—霍尔果斯—阿斯塔纳国际旅客换乘列车首趟开行。2017年10月1日，乌鲁木齐—霍尔果斯—阿拉木图换轮班列首趟开行。口岸出口货物主要为工程机械、食品、百货、建材等；进口货物主要为返程空集装箱、尿素、红花籽、铁矿石、棉花、红酒、小麦等。口岸全年24小时通关。

2019年，霍尔果斯铁路口岸进出口货物量420.56万吨，同比增长55.34%，其中，进口60.65万吨、出口359.91万吨。进出口贸易额135.31亿元，同比增长100.04%，其中，进口4.47亿元、出口130.84亿元。出入境人员23 261人（次），同比增长32%。出入境交通工具9 072列次，同比增长47.49%。

【都拉塔陆路（公路）口岸】 位于新疆维吾尔自治区伊犁哈萨克自治州察布查尔县境内，与哈萨克斯坦共和国阿拉木图州春贾区毗邻。口

岸距伊宁市70千米；距哈方科里扎特口岸3.8千米，距阿拉木图247千米。1992年8月，中哈两国政府签署协议同意都拉塔口岸为双边常年开放口岸；1994年3月，吉木乃口岸经国务院批准对外开放；2006年2月15日，口岸正式对外开放；2016年5月，经国务院批准扩大为国际性开放口岸；2019年5月15日，正式扩大为国际性开放口岸。口岸以出口货物为主，主要为百货、电器设备、汽配、鞋子等。口岸每周一至周六通关6天，工作时间为10：00～14：00，15：00～19：00。

2019年，都拉塔口岸出口货运量36.8万吨（全为出口），同比增长34.8%。出口贸易额252.7亿元，同比增长58.43%。出入境人员34 133人次，同比增长46.7%，其中，入境16 510人次，出境17 623人次。出入境旅客6 027人次，出入境员工28 106人次。出入境交通工具28 106辆次，同比增长41.09%。

【木扎尔特陆路（公路）口岸】 位于新疆维吾尔自治区伊犁哈萨克自治州昭苏县西南109千米处，与哈萨克斯坦共和国阿拉木图州纳林果勒区毗邻。口岸距伊宁市296千米；距哈方纳林果勒口岸4千米，距阿拉木图320千米。1953年，曾作为中苏两国临时过货点，一度是边民易货贸易进出口货物集散地。1962年，口岸关闭。1992年8月，中哈两国政府签订协议同意开放木扎尔特口岸为双边常年开放口岸；1994年3月，木扎尔特口岸经国务院批准对外开放。截至2019年年底，该口岸尚未开通。

【阿黑土别克陆路（公路）口岸】 位于新疆维吾尔自治区阿勒泰地区哈巴河县西部，与哈萨克斯坦共和国东哈州毗邻。口岸距哈巴河县117千米，距阿勒泰市284千米，距乌鲁木齐市829千米。1992年8月，中哈两国政府签订协议同意开放阿黑土别克口岸为双边常年开放口岸；1994年3月，阿黑土别克口岸经国务院批准对外开放。截至2019年年底，该口岸尚未开通。

【吐尔尕特陆路（公路）口岸】 位于新疆维吾尔自治区克孜勒苏柯尔克孜自治州乌恰县境内，海拔3 795米，与吉尔吉斯斯坦共和国纳伦州毗邻。早在汉代，吐尔尕特即是“丝绸之路”上的一个重要驿站，1881年起正式与沙俄通商。中华人民共和国成立后，根据中苏两国签订的贸易协定和换货合同，1950年4月正式对苏联开放，开展边境贸易，1969年通商贸易停止，1983年12月23日口岸重新恢复通关。1995年11月，吐尔尕特口岸联检厅经国务院批准下迁至现址托帕，海拔2 010米，口岸距吐尔尕特前沿国境线109千米，距克州乌恰县及伊尔克什坦口岸42千米，距喀什市57千米；距吉尔吉斯共和国首都比什凯克620余千米。口岸出口货物主要为服装百货、机械设备、建材、果蔬等；进口货物主要为皮毛、蚕茧、甘草等。口岸为国际性常年开放口岸，口岸每周一至周五通关5天。

2019年，吐尔尕特口岸进出口货运量46.22万吨，同比增长40.49%，其中，进口1.92万吨、出口44.3万吨。进出口贸易额312.19亿元，同比增长64.22%，其中，进口1.33亿元、出口310.86亿元。出入境人员43 723人次，同比减少4.79%，其中，入境21 842人次，出境21 881人次。出入境旅客3 798人次，出入境员工39 925人次。出入境交通工具40 190辆次，同比减少6.72%。

【伊尔克什坦陆路（公路）口岸】 位于新疆维吾尔自治区克孜勒苏柯尔克孜自治州乌恰县境内，与吉尔吉斯共和国奥什州毗邻。口岸距阿图什市250千米，距吉方奥什州210千米。1996年，中吉两国政府达成协议同意开放伊尔克什坦口岸；1997年7月21日，口岸临时开放；1998年1月26日，伊尔克什坦口岸经国务院批准对外开放，为国际性常年开放口岸；2002年5月20日，口岸正式对外开放。2011年12月9日，口岸联检厅下迁146千米至乌恰县。2011年9月，国务院出台《关于支持喀什、霍尔果斯经济开发区建设的若干意见》（国发〔2011〕33号），2013年5月，国家发展改革委印发《喀什经济开发区总体发展规划》（发改地区〔2013〕914号），批准喀什特殊经济开发区规划面积50平方千米，其中伊尔克什坦口岸园区10平方千米。2019年7月1日，进境水果指定监管场地通过国家验收，主要进口吉尔吉斯共和国樱桃、甜瓜等。2019年10月18日，边民互市贸易区正式运营。口岸出口货物主要为服装鞋帽、日用百货、机械设备、家用电器等；进口货物主要为煤炭、羊牛皮、矿石等。口岸每周一至周五通关5天。

2019年，伊尔克什坦口岸进出口货运量54.42万吨，同比增长79.01%，其中，进口20.27万吨、出口34.15万吨。进出口贸易额251.88亿元，同比增长215.8%，其中，进口3亿元、出口248.88亿元。出入境人员37 626人次，同比增长28.13%，其中，入境18 652人次，出境18 974人次。出入境旅客5 152人次，出入境员工32 474人次。出入境交通工具32 543辆次，同比增长28.45%。

【红其拉甫陆路（公路）口岸】 位于新疆维吾尔自治区喀什地区塔什库尔干塔吉克自治县境内，口岸海拔4 500米，与巴基斯坦北部地区吉尔吉特毗邻。口岸距塔什库尔干县城130千米，距喀什市420千米，距乌鲁木齐市1 890千米；距巴基斯坦苏斯特125千米，距吉尔吉特市270千米，距首都伊斯兰堡870千米。1981年9月，中巴两国政府达成协议同意红其拉甫口岸为双边季节开放口岸；1982年8月27日，口岸正式开放；1986年5月1日，口岸正式扩大为国际性开放口岸。由于红其拉甫口岸海拔较高，严重缺氧，气候恶劣，1993年口岸查验机构下迁至塔什库尔干县，新联检区于2011年10月建成启用。口岸开放时间为每年4月1日至11月30日，工作时间为11：00～19：00。

2019年，红其拉甫口岸进出口货运量5.65万吨，同比增长42.32%，其中，进口0.03万吨、出口5.62万吨。进出口贸易额39.63亿元，同比增长86.49%，其中，进口0.06亿元、出口39.57亿元。出入境人员30 332人次，同比增长93.22%，其中，入境14 826人次，出境15 506人次。出入境旅客22 809人次，出入境员工7 523人次。出入境交通工具7 668辆次，同比增长56.2%。

【卡拉苏陆路（公路）口岸】 位于新疆维吾尔自治区喀什地区塔什库尔干塔吉克自治县境内，海拔4 050米，与塔吉克斯坦戈尔诺—巴达赫尚自治州毗邻。口岸距塔什库尔干县城62千米，距喀什市225千米；距塔方穆尔加布市89千米，距首都杜尚别850千米。2004年5月25日，口岸临时对外开放；2007年9月12日，国务院批准卡拉苏口岸为国际性对外开放口岸；2011年12月29日，中塔两国政府签署《关于边境口岸及其管理制度的协定》，确定卡拉苏口岸为国际性常年开放口岸；2014年5月30日，口岸正式对外开放。由于受当地自然环境和天气影响，每年冬季开放的具体时间实行预约通关。2016年12月1日，口岸实行常年开放。口岸开放时间为每周一至周五通关5天，工作时间为12：00～18：30。

2019年，卡拉苏公路口岸进出口货运量19.43万吨，同比增长0.73%，其中，进口0.26万吨，出口19.17万吨。进出口贸易额74.9亿元，同比增长579.67%，其中，进口0.28亿元、出口74.62亿元。出入境人员15 741人次，同比增长11.16%，其中，入境7 834人次，出境7 907人次。出入境旅客3 215人次，出入境员工12 526人次。出入境交通工具12 591辆次，同比增长9.69%。

2019年新疆维吾尔自治区口岸大事记

1月4日

阿拉山口综合保税区获批自治区级跨境电商试点产业园。

3月6日

塔什库尔干县新型边民互市贸易区通过自治区验收，10月正式运营。

3月8日

乌鲁木齐海关关税处荣获自治区“三八红旗集体”。

3月15日

乌鲁木齐海关与哈萨克斯坦阿拉木图海关在

中哈霍尔果斯国际边境合作中心举行2019年度中哈边境海关会谈。

3月18日

霍尔果斯公路口岸（中国）—努尔饶尔公路口岸（哈萨克斯坦共和国）农产品快速通关“绿色通道”试运行。

3月23日

中共中央政治局常委、全国政协主席汪洋在中共中央政治局委员、新疆维吾尔自治区党委书记陈全国在霍尔果斯公路口岸南部联检区调研。

3月25日

海关总署批准阿拉山口口岸为TIR运输试点口岸，于4月1日办理首票TIR运输业务。

4月29日

海关总署批准阿拉山口口岸、霍尔果斯口岸、吉木乃口岸和巴克图口岸进口肉类指定监管场地。

5月15日

都拉塔公路口岸（中国）—科里扎特公路口岸（哈萨克斯坦共和国）正式扩大为国际性开放口岸。

5月23日~24日

新疆维吾尔自治区口岸办派员参加在北京召开的中蒙边境口岸及其管理制度协定执行情况第七轮司局级会晤。

5月31日

国家反恐局局长刘云峰赴红其拉甫口岸和卡拉苏口岸调研。

6月10日

卡拉苏海关荣获“2017~2018年度全国青年文明号”（中青联发〔2019〕5号）荣誉称号。

6月14日

伊尔克什坦口岸进境水果指定监管场地通过海关总署验收。

6月18日

巴克图口岸新型边民互市贸易区（丝绸文化商品城）正式运营。

7月1日

伊尔克什坦口岸进境水果指定监管场地通过国家验收。

7月3日

阿拉山口口岸获批进口水果指定监管场地。

7月21日

霍尔果斯出入境边防检查站完成“2019丝绸之路国际汽车拉力赛”专项勤务。

7月23日~25日

新疆维吾尔自治区口岸办在乌鲁木齐举办2019年新疆维吾尔自治区口岸干部培训班。

8月23日~29日

根据《中蒙边境口岸管理合作委员会第二次会议纪要》的要求，经国家口岸管理办公室授权，自治区人民政府批准，由自治区口岸管理办公室牵头，会同新疆维吾尔自治区出入境边防检查总站、乌鲁木齐海关组成的中国工作组与蒙古国财政部海关总局、技术监督总局、边防总局组成的蒙方工作组，就执行《中华人民共和国政府和蒙古国政府关于中蒙边境口岸及其管理制度的协定》情况，对中蒙新疆维吾尔自治区段4对口岸进行联合检查。

9月2日

由中国国家铁路集团有限公司副总经理和哈萨克斯坦铁路国有股份公司管委会第一副主席组成的中哈代表团，对阿拉山口和多斯特克铁路口岸进行联合调研。

9月8日~12日

新疆维吾尔自治区口岸办派员赴蒙古国参加中蒙边境口岸管理合作委员会第三次会议。

9月28日

在哈萨克斯坦共和国一侧举行中哈霍尔果斯—努尔饶尔口岸农副产品快速通关“绿色通道”启动仪式，“绿色通道”正式开通。

10月10日

全国人大常务委员会委员、外事委员会主任委员张业遂一行赴红其拉甫口岸调研。

10月13日

全国人大常务委员会委员、外事委员会主任委员张业遂一行赴阿拉山口口岸调研。

10月18日

伊尔克什坦口岸新型边民互市贸易区正式运营。

10 月 26 日

新疆维吾尔自治区出入境边防检查总站被公安部荣记集体一等功。

10 月 18 日

伊尔克什坦口岸新型边民互市贸易区正式运营。

11 月 13 日

喀什空运口岸开通喀什至卡拉奇货运包机。

12 月 19 日

阿拉山口进境冰鲜水产品指定监管场地通过海关总署验收。

（撰稿人：吴玲军）

2019 年新疆维吾尔自治区口岸流量统计表

口岸类型		口岸名称	货运量（万吨）				集装箱量（万标箱）				人员（万人次）				交通工具（辆、艘、架、列次）				备注
			出口	进口	合计	同比（%）	出口	进口	合计	同比（%）	出境	入境	合计	同比（%）	出境	入境	合计	同比（%）	
空运口岸		乌鲁木齐	0.60	0.10	0.70	4.47					38.543 2	37.201 0	75.744 2	0.87	3 302	3 274	6 576	-12.54	
		喀什									0.370 5	0.577 6	0.948 1	471.83	91	108	199	206.15	
		分计	0.60	0.10	0.70						38.913 7	37.778 6	76.692 3	1.91	3 393	3 382	6 775	-9.40	
陆路口岸	公路口岸	老爷庙	0.20	117.52	117.72	-30.32					1.379 3	1.378 1	2.757 4	-21.48	13 542	13 542	27 084	-21.40	
		乌拉斯台		0.025	0.025	100.00					0.001 8	0.001 9	0.003 7	-96.93	7	7	93	-81.58	79 架执行专项勤务
		塔克什肯	1.61	130.18	131.79	69.90					3.526 7	3.524 0	7.050 7	-1.87	21 381	21 375	42 756	60.27	
		红山嘴	0.00	0.00	0.00						0.011 6	0.011 5	0.023 1	5.00	29	29	58	-3.33	
		吉木乃	2.82	32.65	35.47	-13.64					1.215 8	1.120 6	2.336 4	0.46	2 943	2 167	5 110	9.52	
		巴克图	11.18	8.69	19.87	15.06					2.458 5	2.348 7	4.807 2	32.98	9 016	8 894	17 926	24.99	16 架执行专项勤务
		阿拉山口	9.14	1 092.48	1 101.62	62.89					1.173 6	1.155 6	2.329 2	-27.94	7 432	7 411	14 843	35.75	
		霍尔果斯	124.14	5.39	129.53	-96.08					11.928 6	10.513 4	22.442 0	38.75	50 390	36 148	86 538	20.92	
		都拉塔	36.80		36.80	34.80					1.762 3	1.651 0	3.413 3	46.70	14 164	13 942	28 106	41.09	
		吐尔尕特	44.30	1.92	46.22	40.49					2.188 1	2.184 2	4.372 3	-4.79	20 053	20 137	40 190	-6.72	
		伊尔克什坦	34.15	20.27	54.42	79.01					1.897 4	1.865 2	3.762 6	28.13	16 535	16 008	32 543	28.45	
		红其拉甫	5.62	0.03	5.65	42.32					1.550 6	1.482 6	3.033 2	93.22	3 852	3 816	7 668	56.20	
		卡拉苏	19.17	0.26	19.43	0.73					0.790 7	0.783 4	1.574 1	11.16	6 304	6 287	12 591	9.69	
		分计	289.13	1 409.42	1 698.55						29.885 0	28.020 2	57.905 2	18.10	165 648	149 763	315 506	-22.98	

续表

口岸类型		口岸名称	货运量（万吨）				集装箱量（万标箱）				人员（万人次）				交通工具（辆、艘、架、列次）				备注
			出口	进口	合计	同比（%）	出口	进口	合计	同比（%）	出境	入境	合计	同比（%）	出境	入境	合计	同比（%）	
陆路口岸	铁路口岸	阿拉山口	318.94	1 015.76	1 334.70	18.42					1.976 7	1.969 3	3.946 0	6.27	7 111	7 154	14 265	12.24	
		霍尔果斯	359.91	60.65	420.56	55.34					1.162 6	1.163 5	2.326 1	32.00	4 502	4 570	9 072	47.49	
		分计	678.85	1 076.41	1 755.26						3.139 3	3.132 8	6.272 1	14.55	11 613	11 724	23 337	23.74	
合计			968.58	2 485.93	3 454.51						71.938 0	68.931 6	140.869 6	8.56	180 654	164 869	345 618	12.91	
同比（%）													8.56				12.91		

（新疆维吾尔自治区外事办公室提供）

2019 年新疆维吾尔自治区口岸出入境主要数据表

<table>
<tr><th colspan="3">项　目</th><th>2019 年</th><th>2018 年</th><th>同比（%）</th></tr>
<tr><td rowspan="14">出入境人员（人次）</td><td colspan="2">出入境人员总数</td><td>1 408 696</td><td>1 297 663</td><td>8.56</td></tr>
<tr><td colspan="2">入境人员</td><td>689 497</td><td>647 812</td><td>6.43</td></tr>
<tr><td colspan="2">出境人员</td><td>719 199</td><td>649 851</td><td>10.67</td></tr>
<tr><td colspan="2">出入境旅客</td><td>963 700</td><td>892 362</td><td>7.99</td></tr>
<tr><td colspan="2">出入境员工</td><td>444 996</td><td>405 301</td><td>9.79</td></tr>
<tr><td rowspan="5">中国公民</td><td>小计</td><td>731 460</td><td>661 943</td><td>10.50</td></tr>
<tr><td>内地居民（因公）</td><td>161 225</td><td>166 935</td><td>-3.42</td></tr>
<tr><td>内地居民（因私）</td><td>546 699</td><td>461 181</td><td>18.54</td></tr>
<tr><td>港澳居民</td><td>1 839</td><td>1 579</td><td>16.47</td></tr>
<tr><td>台湾同胞</td><td>21 697</td><td>31 145</td><td>-30.34</td></tr>
<tr><td colspan="2">外籍人员</td><td>642 093</td><td>603 369</td><td>6.42</td></tr>
<tr><td colspan="2">从海港出入境人数</td><td></td><td></td><td></td></tr>
<tr><td colspan="2">从陆港出入境人数</td><td>641 773</td><td>543 819</td><td>18.01</td></tr>
<tr><td colspan="2">从空港出入境人数</td><td>766 923</td><td>753 844</td><td>1.73</td></tr>
<tr><td rowspan="5">交通运输工具（辆、艘、架、列次）</td><td colspan="2">总　计</td><td>345 619</td><td>306 109</td><td>12.91</td></tr>
<tr><td colspan="2">船　舶</td><td></td><td></td><td></td></tr>
<tr><td colspan="2">飞　机</td><td>6 871</td><td>7 584</td><td>-10.31</td></tr>
<tr><td colspan="2">火　车</td><td>23 337</td><td>18 860</td><td>23.63</td></tr>
<tr><td colspan="2">机动车辆</td><td>315 411</td><td>279 665</td><td>12.66</td></tr>
</table>

（新疆出入境边防检查总站提供）

2019 年乌鲁木齐海关主要数据统计表

项　目		2019 年	2018 年	同比（%）
进出口货运量（万吨）	合计	6 036.50	5 941.44	1.60
	进口	5 517.40	5 462.77	1.00
	出口	519.10	477.55	8.70
进出口贸易总值（万美元）	合计	4 828 433.90	4 642 724.90	4.00
	进口	2 187 411.50	2 138 232.16	2.30
	其中：江、海运输	3 008.70	5 819.54	-48.30
	铁路运输	522 283.50	477 407.22	9.40
	汽车运输	47 835.90	50 300.63	-4.90
	航空运输	11 579.10	10 711.47	8.10
	邮件运输	4.00	8.21	-51.30
	其他运输	1 602 700.30	1 593 141.45	0.60
	出口	2 641 022.40	2 503 338.77	5.50
	其中：江、海运输	28 728.80	61 517.77	-53.30
	铁路运输	471 548.90	408 975.63	15.30
	汽车运输	2 088 254.20	1 928 212.56	8.30
	航空运输	41 578.90	91 785.65	-54.70
	邮件运输	10 854.10	12 784.57	-15.10
	其他运输	57.50	82.03	-29.90
税收（万元）	两税合计	1 426 300.00	1 638 671.88	-12.96
	关税入库	55 228.65	58 728.89	-5.96
	进口环节税入库	1 371 150.16	1 579 848.09	-13.21

（乌鲁木齐海关提供）

2019年新疆维吾尔自治区指定监管场地统计表

序号	直属海关	监管场地名称	进境口岸	类别	拟进口品种	批复时间	备注
1	乌鲁木齐海关	进境水果指定监管场地	乌鲁木齐空运口岸	水果		2017年1月17日	
2	乌鲁木齐海关	进口冰鲜水产品指定监管场地	乌鲁木齐空运口岸	冰鲜水产品		2017年12月17日	
3	乌鲁木齐海关	进口水果指定监管场地	喀什空运口岸	水果类	柑橘、芒果	2014年2月	
4	乌鲁木齐海关	进口冰鲜水产品指定监管场地	喀什空运口岸	冰鲜水产品	带鱼、鲳鱼、墨鱼仔、虾等	2015年1月	
5	乌鲁木齐海关	进口肉类指定监管场地	老爷庙口岸	肉类		2018年1月	
6	乌鲁木齐海关	进口肉类指定监管场地	塔克什肯口岸	肉类	马肉及熟制牛羊肉	2018年11月	
7	乌鲁木齐海关	进口肉类指定监管场地	吉木乃口岸	肉类		2019年4月29日	
8	乌鲁木齐海关	进口粮食指定监管场地	巴克图口岸	粮食	粮食	2014年10月	
9	乌鲁木齐海关	进口肉类指定监管场地	巴克图口岸	肉类	肉类	2019年4月29日	
10	乌鲁木齐海关	进口粮食指定监管场地	阿拉山口（公路、铁路）口岸	粮食		2014年10月	
11	乌鲁木齐海关	进口肉类指定监管场地	阿拉山口（公路、铁路）口岸	肉类	肉类	2019年4月29日	
12	乌鲁木齐海关	进口活畜指定监管场地	阿拉山口（公路、铁路）口岸	活畜		2016年1月	
13	乌鲁木齐海关	进口植物种苗指定监管场地	阿拉山口（公路、铁路）口岸	植物种苗		2016年8月2日	
14	乌鲁木齐海关	进境水果指定监管场地	阿拉山口（公路、铁路）口岸	水果		2019年7月	
15	乌鲁木齐海关	进境水果指定监管场地	霍尔果斯（公路、铁路）口岸	水果	车厘子、甜瓜	2019年7月	
16	乌鲁木齐海关	进口肉类指定监管场地	霍尔果斯（公路、铁路）口岸	肉类	冷冻牛、羊、鸡、鱼肉	2019年4月29日	
17	乌鲁木齐海关	进口粮食指定监管场地	霍尔果斯（公路、铁路）口岸	粮食	小麦、大豆、绿豆	2015年8月20日	
18	乌鲁木齐海关	进口活蓄隔离指定监管场地	霍尔果斯（公路、铁路）口岸	活蓄	活牛、羊、马	2017年	
19	乌鲁木齐海关	进境水果指定监管场地	伊尔克什坦口岸	水果		2019年7月1日	

（新疆维吾尔自治区外事办公室提供）

第五篇

口岸相关法规

中华人民共和国国务院

中华人民共和国国务院令
第 709 号

现公布《国务院关于修改部分行政法规的决定》，自公布之日起施行。

总理　李克强

2019 年 3 月 2 日

国务院关于修改部分行政法规的决定

为了全面落实党的十九届三中全会审议通过的《中共中央关于深化党和国家机构改革的决定》《深化党和国家机构改革方案》和十三届全国人大一次会议批准的《国务院机构改革方案》，确保行政机关依法履行职责；进一步推进简政放权、放管结合、优化服务改革，更大程度激发市场、社会的创新创造活力，国务院对机构改革、政府职能转变和“放管服”改革涉及的有关行政法规进行了清理。经过清理，国务院决定：对 49 部行政法规的部分条款予以修改。

一、删去《中华人民共和国国境卫生检疫法实施细则》第十条第三款、第十二条第二款。

第十一条修改为：“入境、出境的微生物、人体组织、生物制品、血液及其制品等特殊物品的携带人、托运人或者邮递人，必须向卫生检疫机关申报并接受卫生检疫，凭卫生检疫机关签发的特殊物品审批单办理通关手续。未经卫生检疫机关许可，不准入境、出境。”

第十四条、第二十一条第二款、第一百零二条第三款、第一百一十二条中的“国务院卫生行政部门”修改为“海关总署”。

第十八条中的“由国务院卫生行政部门决定”修改为“按照有关规定执行”。

第十九条第八项修改为：“（八）执行海关总署、国务院卫生行政部门指定的其他工作”。

第二十二条第二款修改为：“检疫锚地由港务监督机关和卫生检疫机关会商确定，报国务院交通运输主管部门和海关总署备案。”

删去第一百一十三条。

二、删去《外国民用航空器飞行管理规则》第三十八条中的“检疫”。

三、将《中华人民共和国国境口岸卫生监督办法》第十七条修改为：“供应国境口岸和交通工具上的食品必须符合《中华人民共和国食品安全法》的规定和食品安全标准。”

第二十一条中的“国境口岸卫生检疫机关在当地人民政府的领导下，对国境口岸和交通工具进行卫生监督”修改为“国境口岸卫生检疫机关对国境口岸和交通工具进行卫生监督”。

第二十二条修改为：“国境口岸卫生检疫机关设国境口岸卫生监督员 1 至 5 名，执行卫生监督任务，发给统一式样的执法证件。”

四、将《中华人民共和国外国籍船舶航行长江水域管理规定》第五条第二款中的“应当接受卫生检疫和港务监督、边防检查、海关、动植物检疫等部门的检查”修改为“应当接受港务监督、边防检查、海关等部门的检查”。

五、将《中华人民共和国城镇土地使用税暂行条例》第七条中的“地方税务机关”修改为“税务机关”。

六、将《军用饮食供应站供水站管理办法》

第二条、第九条中的“民政部门”修改为“退役军人事务部门”。

第十七条中的“民政部”修改为“退役军人事务部”。

七、将《法规汇编编辑出版管理规定》第四条、第七条第二项、第八条第二款中的“国务院法制局”修改为“司法部”。

删去第十七条。

八、将《中华人民共和国船舶和海上设施检验条例》第三十条修改为：“除从事国际航行的渔业辅助船舶依照本条例进行检验外，其他渔业船舶的检验，由国务院交通运输主管部门按照相关渔业船舶检验的行政法规执行。”

删去第三十三条。

九、将《中华人民共和国发票管理办法》第四条修改为：“国务院税务主管部门统一负责全国的发票管理工作。省、自治区、直辖市税务机关依据职责做好本行政区域内的发票管理工作。

财政、审计、市场监督管理、公安等有关部门在各自的职责范围内，配合税务机关做好发票管理工作。”

十、将《国际航行船舶进出中华人民共和国口岸检查办法》第三条修改为：“中华人民共和国港务监督机构（以下简称港务监督机构）、中华人民共和国海关（以下简称海关）、中华人民共和国出入境边防检查机关是负责对船舶进出中华人民共和国口岸实施检查的机关（以下统称检查机关）。”

第十条中的“卫生检疫机关”修改为“海关”。

第十一条中的“动植物检疫机关”修改为“海关”。

十一、将《中华人民共和国契税暂行条例》第十二条第一款修改为：“契税征收机关为土地、房屋所在地的税务机关。”

十二、将《中华人民共和国内河交通安全管理条例》第九十三条中的“渔船的检验、登记以及进出渔港签证”修改为“渔船的登记以及进出渔港报告”。增加一款，作为第二款：“渔业船舶的检验及相关监督管理，由国务院交通运输主管部门按照相关渔业船舶检验的行政法规执行。”

十三、将《中华人民共和国中外合作办学条例》第五十五条中的“价格主管部门”修改为“市场监督管理部门”。

第六十条中的“工商行政管理部门”修改为“市场监督管理部门”。

十四、将《企业国有资产监督管理暂行条例》第十三条第一款第三项修改为：“（三）依照规定向所出资企业委派监事”。

删去第三十四条：“国务院国有资产监督管理机构代表国务院向其所出资企业中的国有独资企业、国有独资公司派出监事会。监事会的组成、职权、行为规范等，依照《国有企业监事会暂行条例》的规定执行。

地方人民政府国有资产监督管理机构代表本级人民政府向其所出资企业中的国有独资企业、国有独资公司派出监事会，参照《国有企业监事会暂行条例》的规定执行。”

十五、将《民用运力国防动员条例》第四十一条中的“民政部门”修改为“退役军人事务部门”。

十六、将《军人抚恤优待条例》第五条第一款、第十一条、第十三条、第十六条第二款、第十七条、第二十二条第二款、第二十四条第一款、第二十六条第一款、第二十七条第一款、第二十八条第一款、第二十九条、第三十条第二款、第三十一条、第三十四条第一款、第三十九条第二款、第四十四条、第四十六条、第四十八条、第四十九条中的“民政部门”修改为“退役军人事务部门”。

十七、删去《中华人民共和国进出口货物原产地条例》第六条第一款、第五款中的“国家质量监督检验检疫总局”。

第十七条修改为：“出口货物发货人可以向海关、中国国际贸易促进委员会及其地方分会（以下简称签证机构），申请领取出口货物原产地证书。”

第十九条第二款中的“国家质量监督检验检疫总局”修改为“海关总署”。

删去第二十三条中的“出入境检验检疫机构”。

第二十四条第一款修改为：“进出口货物的原产地标记与依照本条例所确定的原产地不一致的，由海关责令改正。”删去第二款。

十八、将《中华人民共和国进出口商品检验法实施条例》第二条第一款中的“中华人民共和国国家质量监督检验检疫总局（以下简称国家质检总局）”修改为“海关总署”，第二款中的“国家质检总局”修改为“海关总署”、“出入境检验检疫局”修改为“出入境检验检疫机构”。

第三条第一款、第六条、第十条第二款、第十四条、第十八条第三款、第二十二条第一款、第二十四条、第三十二条、第三十三条、第三十五条、第三十六条、第三十七条、第三十八条、第四十条第一款、第四十九条第二款、第五十四条、第五十五条中的“国家质检总局”修改为“海关总署”。

第三条第三款修改为：“海关总署制定、调整目录时，应当征求国务院对外贸易主管部门等有关方面的意见。”

第七条第二款修改为：“海关总署根据进出口商品检验工作的实际需要和国际标准，可以制定进出口商品检验方法的技术规范和行业标准。”

第十六条修改为：“法定检验的进口商品的收货人应当持合同、发票、装箱单、提单等必要的凭证和相关批准文件，向报关地的出入境检验检疫机构报检；通关放行后20日内，收货人应当依照本条例第十八条的规定，向出入境检验检疫机构申请检验。法定检验的进口商品未经检验的，不准销售，不准使用。

进口实行验证管理的商品，收货人应当向报关地的出入境检验检疫机构申请验证。出入境检验检疫机构按照海关总署的规定实施验证。”

第十七条修改为：“法定检验的进口商品、实行验证管理的进口商品，海关按照规定办理海关通关手续。”

第十九条第一款中的“或者出具退货处理通知单并书面告知海关，海关凭退货处理通知单办理退运手续”修改为“或者出具退货处理通知单，办理退运手续”。

第二十六条修改为：“法定检验的出口商品、实行验证管理的出口商品，海关按照规定办理海关通关手续。”

第三十九条修改为：“海关总署、出入境检验检疫机构实施监督管理或者对涉嫌违反进出口商品检验法律、行政法规的行为进行调查，有权查阅、复制当事人的有关合同、发票、账簿以及其他有关资料。出入境检验检疫机构对有根据认为涉及人身财产安全、健康、环境保护项目不合格的进出口商品，经本机构负责人批准，可以查封或者扣押。”

第四十二条中的“由国家质检总局商海关总署另行制定办法”修改为“由海关总署另行制定办法”。

第五十八条第一款修改为：“当事人对出入境检验检疫机构、海关总署作出的复验结论、处罚决定不服的，可以依法申请行政复议，也可以依法向人民法院提起诉讼。”

十九、将《放射性同位素与射线装置安全和防护条例》第三条、第四条、第六条、第八条第一款、第九条、第十六条、第十八条、第二十条、第二十一条、第二十二条、第二十三条、第二十四条、第二十五条、第二十六条第一款、第二十八条第二款、第三十一条第二款、第三十二条第二款、第三十六条第二款、第三十九条、第四十一条第一款、第四十二条、第四十三条、第四十四条、第四十六条第一款、第四十七条、第四十八条第一款、第四十九条、第五十条、第五十一条、第五十二条、第五十三条、第五十四条、第五十五条、第五十六条、第五十七条、第五十八条、第五十九条、第六十条、第六十四条中的“环境保护主管部门”修改为“生态环境主管部门”。

删去第十六条第一款中的“国务院质量监督检验检疫部门”。

二十、删去《机动车交通事故责任强制保险条例》第四条第一款中的“（以下称保监会）”。

第五条第二款、第六条、第七条、第八条、

第九条、第十条第二款、第十一条第二款、第十二条第三款、第二十条、第二十三条第二款、第二十六条、第三十六条、第三十七条中的“保监会”修改为“国务院保险监督管理机构”。

二十一、将《血吸虫病防治条例》第三十四条中的“民政部门”修改为“民政、医疗保障部门”。

二十二、删去《中华人民共和国濒危野生动植物进出口管理条例》第十九条中的“国家质量监督检验检疫总局”。

第二十一条第四款中的“出入境检验检疫机构”修改为“海关”。

第二十七条中的“工商行政管理部门”修改为“市场监督管理部门”。

二十三、将《民用核安全设备监督管理条例》第三十三条第二款中的“出入境检验机构”修改为“海关”。

二十四、将《全国污染源普查条例》第十四条第二款、第十五条第二款、第十六条中的“环境保护主管部门”修改为“生态环境主管部门”。

第十九条第二款中的“工商、质检”修改为“市场监督管理”。

二十五、将《废弃电器电子产品回收处理管理条例》第三条第二款、第四条、第六条、第七条第二款、第十七条、第二十条、第二十一条第一款、第二十四条、第二十五条、第二十九条、第三十条、第三十一条、第三十二条中的“环境保护”修改为“生态环境”。

第四条中的“工商、质量监督”修改为“市场监督管理”。

第二十条中的“质量监督”、第二十七条中的“产品质量监督”修改为“市场监督管理”。

第二十八条修改为：“违反本条例规定，未取得废弃电器电子产品处理资格擅自从事废弃电器电子产品处理活动的，由县级以上人民政府生态环境主管部门责令停业、关闭，没收违法所得，并处5万元以上50万元以下的罚款。”

二十六、将《自然灾害救助条例》第三条、第十六条、第十七条第一款、第二十一条第二款、第二十二条、第二十四条第二款、第三十条、第三十一条、第三十三条中的“民政部门”修改为“应急管理部门”。

第十条第一款修改为：“国家建立自然灾害救助物资储备制度，由国务院应急管理部门分别会同国务院财政部门、发展改革部门、工业和信息化部门、粮食和物资储备部门制定全国自然灾害救助物资储备规划和储备库规划，并组织实施。其中，由国务院粮食和物资储备部门会同相关部门制定中央救灾物资储备库规划，并组织实施。”

第十三条、第十九条第三款、第二十条中的“民政等部门”修改为“应急管理等部门”。

第二十六条第一款、第二十八条中的“民政、财政等部门”修改为“应急管理、财政等部门”。

二十七、将《烈士褒扬条例》第六条、第九条、第十条、第十一条第二款、第十二条第二款、第十三条第二款、第十四条、第十五条第一款、第十六条、第二十四条、第三十一条、第三十三条、第三十五条、第三十六条、第三十八条、第三十九条、第四十条中的“民政部门”修改为“退役军人事务部门”。

第十九条第三款中的“工商”修改为“市场监督管理”。

二十八、将《中华人民共和国车船税法实施条例》第十一条、第十八条中的“地方税务机关”修改为“税务机关”。

二十九、删去《中华人民共和国招标投标法实施条例》第四条第三款中的“预算执行情况和”。

三十、删去《缺陷汽车产品召回管理条例》第五条第一款中的“进出口商品检验机构”。

删去第六条第三款中的“工商行政管理部门”。

三十一、将《社会救助暂行办法》第三条第一款、第二款中的“民政、卫生计生、教育、住房城乡建设、人力资源社会保障”修改为“民政、应急管理、卫生健康、教育、住房城乡建设、人力资源社会保障、医疗保障”。

第二十五条中的“民政等部门”修改为“应急管理等部门”。

第三十条中的“民政部门”修改为“医疗保障部门”。

三十二、删去《快递暂行条例》第五条第一款、第六条、第十六条第二款中的“出入境检验检疫”。

删去第二十六条第二款第三项中的“其中有依法应当实施检疫的物品的，由出入境检验检疫部门依法处理”。

三十三、删去《中华人民共和国中外合资经营企业法实施条例》第四十三条第二款第三项、第四项。

三十四、将《电力供应与使用条例》第九条第一款修改为：“供电营业区的设立、变更，由供电企业提出申请，电力管理部门依据职责和管理权限，会同同级有关部门审查批准后，发给《电力业务许可证》。”

删去第三十七条第一款。

第三十八条第一项中的“供电营业许可证”修改为“电力业务许可证”。

三十五、将《中华人民共和国合伙企业登记管理办法》第三十四条第二款中的“在企业登记机关指定的报刊上”修改为“在国家企业信用信息公示系统”。

三十六、将《中国公民收养子女登记办法》第五条第一款第二项修改为：“（二）由收养人所在单位或者村民委员会、居民委员会出具的本人婚姻状况和抚养教育被收养人的能力等情况的证明，以及收养人出具的子女情况声明”。增加一款，作为第四款：“对收养人出具的子女情况声明，登记机关可以进行调查核实。”

第六条第四款中的“有特殊困难无力抚养子女的，还应当提交其所在单位或者村民委员会、居民委员会出具的送养人有特殊困难的证明。其中，因丧偶或者一方下落不明由单方送养的，还应当提交配偶死亡或者下落不明的证明”修改为“有特殊困难无力抚养子女的，还应当提交送养人有特殊困难的声明。其中，因丧偶或者一方下落不明由单方送养的，还应当提交配偶死亡或者下落不明的证明。对送养人有特殊困难的声明，登记机关可以进行调查核实”。

三十七、将《地震安全性评价管理条例》第二章名称修改为“地震安全性评价单位”。

删去第六条、第八条、第十条、第二十条。

第七条改为第六条，修改为：“从事地震安全性评价的单位应当具备下列条件：

（一）有与从事地震安全性评价相适应的地震学、地震地质学、工程地震学方面的专业技术人员；

（二）有从事地震安全性评价的技术条件。”

第九条改为第七条，修改为：“禁止地震安全性评价单位以其他地震安全性评价单位的名义承揽地震安全性评价业务。禁止地震安全性评价单位允许其他单位以本单位的名义承揽地震安全性评价业务。”

第二十一条改为第十七条，修改为：“违反本条例的规定，地震安全性评价单位有下列行为之一的，由国务院地震工作主管部门或者县级以上地方人民政府负责管理地震工作的部门或者机构依据职权，责令改正，没收违法所得，并处1万元以上5万元以下的罚款：

（一）以其他地震安全性评价单位的名义承揽地震安全性评价业务的；

（二）允许其他单位以本单位名义承揽地震安全性评价业务的。”

第二十二条改为第十八条，修改为：“违反本条例的规定，国务院地震工作主管部门或者省、自治区、直辖市人民政府负责管理地震工作的部门或者机构不履行审定地震安全性评价报告职责，国务院地震工作主管部门或者县级以上地方人民政府负责管理地震工作的部门或者机构不履行监督管理职责，或者发现违法行为不予查处，致使公共财产、国家和人民利益遭受重大损失的，依法追究有关责任人的刑事责任；没有造成严重后果，尚不构成犯罪的，对部门或者机构负有责任的主管人员和其他直接责任人员给予降级或者撤职的处分。”

三十八、删去《中华人民共和国技术进出口管理条例》第二十四条第三款、第二十七条、第二十九条。

第四十一条改为第三十九条，修改为：“国务院外经贸主管部门应当自收到本条例第三十八条规定的文件之日起 3 个工作日内，对技术出口合同进行登记，颁发技术出口合同登记证。”

三十九、删去《中华人民共和国药品管理法实施条例》第四十三条第一款中的“并经国务院药品监督管理部门批准注册”。

四十、将《中华人民共和国道路运输条例》第二十二条第三项修改为：“（三）经设区的市级道路运输管理机构对有关货运法律法规、机动车维修和货物装载保管基本知识考试合格（使用总质量 4 500 千克及以下普通货运车辆的驾驶人员除外）”。

第二十四条增加一款，作为第三款：“使用总质量 4 500 千克及以下普通货运车辆从事普通货运经营的，无须按照本条规定申请取得道路运输经营许可证及车辆营运证。”

删去第三十七条中的“申请”。增加一款，作为第二款：“国务院交通主管部门根据前款规定的条件，制定机动车维修经营业务标准。”

删去第三十九条中的“机动车维修经营”和“第三十七条”。增加一款，作为第二款：“从事机动车维修经营业务的，应当在依法向工商行政管理机关办理有关登记手续后，向所在地县级道路运输管理机构进行备案，并附送符合本条例第三十七条规定条件的相关材料。”

第四十三条第二款修改为：“机动车维修经营者应当公布机动车维修工时定额和收费标准，合理收取费用，维修服务完成后应当提供维修费用明细单。”

删去第六十五条中的“机动车维修经营”。增加两款，作为第二款、第三款：“从事机动车维修经营业务不符合国务院交通主管部门制定的机动车维修经营业务标准的，由县级以上道路运输管理机构责令改正；情节严重的，由县级以上道路运输管理机构责令停业整顿。

从事机动车维修经营业务，未按规定进行备案的，由县级以上道路运输管理机构责令改正；拒不改正的，处 5 000 元以上 2 万元以下的罚款。”

第七十二条、第七十三条中的“情节严重的，由原许可机关吊销其经营许可”修改为“情节严重的，由县级以上道路运输管理机构责令停业整顿”。

增加一条，作为第七十六条：“县级以上道路运输管理机构应当将道路运输及其相关业务经营者和从业人员的违法行为记入信用记录，并依照有关法律、行政法规的规定予以公示。”

四十一、删去《中华人民共和国船员条例》第三十九条、第四十条、第六十三条。

增加一条，作为第三十九条：“从事向中国籍船舶派遣船员业务的机构，应当按照《中华人民共和国劳动合同法》的规定取得劳务派遣许可。”

第四十一条改为第四十条，第一款修改为：“从事代理船员办理申请培训、考试、申领证书（包括外国海洋船舶船员证书）等有关手续，代理船员用人单位管理船员事务，提供船舶配员等船员服务业务的机构（以下简称船员服务机构）应当建立船员档案，加强船舶配员管理，掌握船员的培训、任职资历、安全记录、健康状况等情况并将上述情况定期报监管机构备案。关于船员劳务派遣业务的信息报劳动保障行政部门备案，关于其他业务的信息报海事管理机构备案。”

第四十四条改为第四十三条，第一款修改为：“船员服务机构为船员用人单位提供船舶配员服务，应当按照相关法律、行政法规的规定订立合同。”第二款中的“船员失踪或者死亡”修改为“船员受伤、失踪或者死亡”。

第四十七条改为第四十六条，删去其中的“海洋船舶船员服务业务许可”。

第五十二条改为第五十一条，增加一款，作为第二款：“海事管理机构在日常监管中发现船员用人单位或者船员服务机构存在违反劳动和社会保障法律、行政法规规定的行为的，应当及时通报劳动保障行政部门。”

第六十四条改为第六十二条，将其中的“海事管理机构”修改为“海事管理机构或者劳动保障行政部门”。

第六十五条改为第六十三条，将其中的“海事管理机构”修改为“海事管理机构或者劳动保障行政部门依据职责”，“船员服务许可”修改为“相关业务经营许可”。

第六十六条改为第六十四条，修改为：“违反本条例规定，船员服务机构从事船员劳务派遣业务时未依法与相关劳动者或者船员用人单位订立合同的，由劳动保障行政部门按照相关劳动法律、行政法规的规定处罚。”

第六十七条改为第六十五条，删去其中的“海洋船舶船员服务机构”。

四十二、删去《民用机场管理条例》第十六条第三项中的“飞行程序和运行标准”。增加一项，作为第四项：“（四）飞行程序和运行标准符合国务院民用航空主管部门的规定”。

四十三、将《中华人民共和国企业法人登记管理条例》第四条中的“国家工商行政管理局和地方各级工商行政管理局”修改为“国家市场监督管理总局和地方各级市场监督管理部门”。

第五条修改为：“经国务院或者国务院授权部门批准的全国性公司、经营进出口业务的公司，由国家市场监督管理总局核准登记注册。中外合资经营企业、中外合作经营企业、外资企业由国家市场监督管理总局或者国家市场监督管理总局授权的地方市场监督管理部门核准登记注册。

全国性公司的子（分）公司，经省、自治区、直辖市人民政府或其授权部门批准设立的企业、经营进出口业务的公司，由省、自治区、直辖市市场监督管理部门核准登记注册。

其他企业，由所在市、县（区）市场监督管理部门核准登记注册。”

第二十五条第二款中的“必须登报声明后，方可申请补领”修改为“应当在国家企业信用信息公示系统声明作废，申请补领”。

第三十七条修改为：“本条例施行细则由国家市场监督管理总局制定。”

第三十八条中的“国家工商行政管理局”修改为“原国家工商行政管理局”。

四十四、将《中华人民共和国渔港水域交通安全管理条例》第六条第一款中的“办理签证”修改为“向渔政渔港监督管理机关报告”。

删去第十一条中的“签证”。

删去第十三条中的“并领取渔政渔港监督管理机关签发的渔业船舶航行签证簿后”。

第二十条中的“依照规定应当到渔政渔港监督管理机关办理签证而未办理签证的”修改为“依照规定应当向渔政渔港监督管理机关报告而未报告的”。

第二十八条修改为：“本条例实施细则由农业农村部制定。”

四十五、将《化妆品卫生监督条例》第三条、第九条第一款、第十条第一款、第十九条、第二十三条、第二十九条、第三十条、第三十二条中的“卫生行政部门”修改为“化妆品监督管理部门”。

第五条修改为：“对化妆品生产企业实行化妆品生产许可证制度。

化妆品生产许可证由省、自治区、直辖市化妆品监督管理部门批准并颁发。化妆品生产许可证有效期五年。

未取得化妆品生产许可证的单位，不得从事化妆品生产。”

第十二条中的“卫生许可证”修改为“化妆品生产许可证”，第十三条、第二十四条、第二十五条、第二十八条、第二十九条第二款中的“《化妆品生产企业卫生许可证》”修改为“化妆品生产许可证”。

第十五条修改为：“首次进口的特殊用途化妆品，进口单位必须提供该化妆品的说明书、质量标准、检验方法等有关资料和样品以及出口国（地区）批准生产的证明文件，经国务院化妆品监督管理部门批准，方可签订进口合同。首次进口的其他化妆品，应当按照规定备案。”

第十七条修改为："各级化妆品监督管理部门行使化妆品卫生监督职责。"

第十八条修改为："国务院化妆品监督管理部门聘请科研、医疗、生产、卫生管理等有关专家组成化妆品安全性评审组，对特殊用途的化妆品和化妆品新原料进行安全性评审，对化妆品引起的重大事故进行技术鉴定。"

第二十二条修改为："各级化妆品监督管理部门和化妆品卫生监督员不得以技术咨询、技术服务等方式参与生产、销售化妆品，不得监制化妆品。"

第二十六条第一款修改为："违反本条例规定，进口或者销售未经批准或者检验的进口化妆品的，没收产品及违法所得，并且可以处违法所得三到五倍的罚款。"

第二十九条中的"工商行政管理部门"修改为"市场监督管理部门"。

第三十四条修改为："本条例的实施细则由国务院化妆品监督管理部门制定。"

四十六、删去《中华人民共和国国际海运条例》第九条、第十条、第二十九条、第四十条。

第十一条改为第九条、第四十三条改为第三十九条、第五十一条改为第四十七条，并删去前述条款中的"和国际船舶管理经营者"。

第十二条改为第十条，删去其中的"和国际船舶管理经营者"和"或者省、自治区、直辖市人民政府交通主管部门"。

第二十八条改为第二十六条，修改为："外商可以依照有关法律、行政法规以及国家其他有关规定，投资经营国际船舶运输、国际船舶代理、国际船舶管理、国际海运货物装卸、国际海运货物仓储、国际海运集装箱站和堆场业务。"

第三十二条改为第二十九条，将其中的"国务院工商行政管理部门和价格部门"修改为"国务院市场监督管理部门"。

第四十六条改为第四十二条，将其中的"价格主管部门或者工商行政管理部门"修改为"市场监督管理部门"。

第四十八条改为第四十四条，将其中的"工商行政管理部门"修改为"市场监督管理部门"。

四十七、将《艾滋病防治条例》第十四条第一款中的"人口和计划生育主管部门"修改为"卫生主管部门"。

第二十八条修改为："县级以上人民政府卫生、市场监督管理、药品监督管理、广播电视等部门应当组织推广使用安全套，建立和完善安全套供应网络。"

第三十七条修改为："进口人体血液制品，应当依照药品管理法的规定，经国务院药品监督管理部门批准，取得进口药品注册证书。

禁止进出口用于临床医疗的人体血液、血浆、组织、器官、细胞、骨髓等。但是，出于人道主义、救死扶伤目的，可以进出口临床急需、捐献配型的特殊血型血液、骨髓造血干细胞、外周血造血干细胞、脐带血造血干细胞，由中国红十字会总会办理出入境手续；具体办法由国务院卫生主管部门会同国家出入境检验检疫机构制定。

依照前款规定进出口的特殊血型血液、骨髓造血干细胞、外周血造血干细胞、脐带血造血干细胞，应当依照国境卫生检疫法律、行政法规的有关规定，接受出入境检验检疫机构的检疫。未经检疫或者检疫不合格的，不得进出口。"

第五十九条第一款修改为："对不符合本条例第三十七条第二款规定进出口的人体血液、血浆、组织、器官、细胞、骨髓等，进出口口岸出入境检验检疫机构应当禁止出入境或者监督销毁。提供、使用未经出入境检验检疫机构检疫的进口人体血液、血浆、组织、器官、细胞、骨髓等的，由县级以上人民政府卫生主管部门没收违法物品以及违法所得，并处违法物品货值金额 3 倍以上 5 倍以下的罚款；对负有责任的主管人员和其他直接责任人员由其所在单位或者上级主管部门依法给予处分。"

四十八、将《农业机械安全监督管理条例》第九条第一款中的"质量监督部门和工商行政管理部门"修改为"市场监督管理部门"，第二款中的"县级以上地方质量监督部门、工商行政管理部门”修改为“市场监督管理部门”。

第十六条中的“质量监督部门、工商行政管理部门”修改为“市场监督管理部门”。

删去第十八条第一款中的“取得相应的维修技术合格证书”，删去第二款、第三款、第四款。

第三十四条、第三十五条第一款中的“质量监督部门”修改为“市场监督管理部门”。

第三十八条中的“县级以上地方质量监督部门、工商行政管理部门”修改为“市场监督管理部门”。

第四十五条中的“质量监督部门和工商行政管理部门”修改为“市场监督管理部门”。删去第四十五条第三项。

第四十六条第一款中的“县级以上质量监督部门、工商行政管理部门按照职责权限”修改为“县级以上人民政府市场监督管理部门”。

第四十七条中的“县级以上工商行政管理部门”修改为“县级以上人民政府市场监督管理部门”。

第四十八条修改为：“从事农业机械维修经营不符合本条例第十八条规定的，由县级以上地方人民政府农业机械化主管部门责令改正；拒不改正的，处5 000元以上1万元以下罚款。”

删去第四十九条中的“情节严重的，吊销维修技术合格证”。

删去第五十八条中的“和维修技术合格证”。

四十九、将《古生物化石保护条例》第五条第一款、第六条、第七条、第十一条第一款、第十二条、第十三条、第十四条、第十五条、第十六条第一款、第十七条、第十八条、第十九条、第二十条第二款、第二十一条第一款、第二十五条、第二十六条、第二十七条第一款、第二十八条、第二十九条、第三十条第二款、第三十一条、第三十二条、第三十三条、第三十四条第二款、第三十五条、第三十六条、第三十七条、第三十八条、第三十九条、第四十二条、第四十四条中的“国土资源主管部门”修改为“自然资源主管部门”。

第五条第二款、第二十五条第一款、第四十条中的“工商行政管理”修改为“市场监督管理”。

第二十二条第二款中的“任何单位和个人不得擅自买卖重点保护古生物化石”修改为“除收藏单位之间转让、交换、赠与其收藏的重点保护古生物化石外，其他任何单位和个人不得买卖重点保护古生物化石”。

第二十四条修改为：“收藏单位之间转让、交换、赠与其收藏的重点保护古生物化石的，应当在事后向国务院自然资源主管部门备案。具体办法由国务院自然资源主管部门制定。”

第四十一条修改为：“国有收藏单位将其收藏的重点保护古生物化石违法转让、交换、赠与给非国有收藏单位或者个人的，由县级以上人民政府自然资源主管部门对国有收藏单位处20万元以上50万元以下的罚款，对直接负责的主管人员和其他直接责任人员依法给予处分；构成犯罪的，依法追究刑事责任。”

此外，对相关行政法规中的条文序号作相应调整。

本决定自公布之日起施行。

中华人民共和国国务院令
第721号

《中华人民共和国食品安全法实施条例》已经2019年3月26日国务院第42次常务会议修订通过，现将修订后的《中华人民共和国食品安全法实施条例》公布，自2019年12月1日起施行。

总理　李克强

2019年10月11日

中华人民共和国
食品安全法实施条例

（2009年7月20日中华人民共和国国务院令

第557号公布，根据2016年2月6日《国务院关于修改部分行政法规的决定》修订，2019年3月26日国务院第42次常务会议修订通过）

第一章　总　则

第一条　根据《中华人民共和国食品安全法》（以下简称食品安全法），制定本条例。

第二条　食品生产经营者应当依照法律、法规和食品安全标准从事生产经营活动，建立健全食品安全管理制度，采取有效措施预防和控制食品安全风险，保证食品安全。

第三条　国务院食品安全委员会负责分析食品安全形势，研究部署、统筹指导食品安全工作，提出食品安全监督管理的重大政策措施，督促落实食品安全监督管理责任。县级以上地方人民政府食品安全委员会按照本级人民政府规定的职责开展工作。

第四条　县级以上人民政府建立统一权威的食品安全监督管理体制，加强食品安全监督管理能力建设。

县级以上人民政府食品安全监督管理部门和其他有关部门应当依法履行职责，加强协调配合，做好食品安全监督管理工作。

乡镇人民政府和街道办事处应当支持、协助县级人民政府食品安全监督管理部门及其派出机构依法开展食品安全监督管理工作。

第五条　国家将食品安全知识纳入国民素质教育内容，普及食品安全科学常识和法律知识，提高全社会的食品安全意识。

第二章　食品安全风险监测和评估

第六条　县级以上人民政府卫生行政部门会同同级食品安全监督管理等部门建立食品安全风险监测会商机制，汇总、分析风险监测数据，研判食品安全风险，形成食品安全风险监测分析报告，报本级人民政府；县级以上地方人民政府卫生行政部门还应当将食品安全风险监测分析报告同时报上一级人民政府卫生行政部门。食品安全风险监测会商的具体办法由国务院卫生行政部门会同国务院食品安全监督管理等部门制定。

第七条　食品安全风险监测结果表明存在食品安全隐患，食品安全监督管理等部门经进一步调查确认有必要通知相关食品生产经营者的，应当及时通知。

接到通知的食品生产经营者应当立即进行自查，发现食品不符合食品安全标准或者有证据证明可能危害人体健康的，应当依照食品安全法第六十三条的规定停止生产、经营，实施食品召回，并报告相关情况。

第八条　国务院卫生行政、食品安全监督管理等部门发现需要对农药、肥料、兽药、饲料和饲料添加剂等进行安全性评估的，应当向国务院农业行政部门提出安全性评估建议。国务院农业行政部门应当及时组织评估，并向国务院有关部门通报评估结果。

第九条　国务院食品安全监督管理部门和其他有关部门建立食品安全风险信息交流机制，明确食品安全风险信息交流的内容、程序和要求。

第三章　食品安全标准

第十条　国务院卫生行政部门会同国务院食品安全监督管理、农业行政等部门制定食品安全国家标准规划及其年度实施计划。国务院卫生行政部门应当在其网站上公布食品安全国家标准规划及其年度实施计划的草案，公开征求意见。

第十一条　省、自治区、直辖市人民政府卫生行政部门依照食品安全法第二十九条的规定制定食品安全地方标准，应当公开征求意见。省、自治区、直辖市人民政府卫生行政部门应当自食品安全地方标准公布之日起30个工作日内，将地方标准报国务院卫生行政部门备案。国务院卫生行政部门发现备案的食品安全地方标准违反法律、法规或者食品安全国家标准的，应当及时予以纠正。

食品安全地方标准依法废止的，省、自治

区、直辖市人民政府卫生行政部门应当及时在其网站上公布废止情况。

第十二条 保健食品、特殊医学用途配方食品、婴幼儿配方食品等特殊食品不属于地方特色食品，不得对其制定食品安全地方标准。

第十三条 食品安全标准公布后，食品生产经营者可以在食品安全标准规定的实施日期之前实施并公开提前实施情况。

第十四条 食品生产企业不得制定低于食品安全国家标准或者地方标准要求的企业标准。食品生产企业制定食品安全指标严于食品安全国家标准或者地方标准的企业标准的，应当报省、自治区、直辖市人民政府卫生行政部门备案。

食品生产企业制定企业标准的，应当公开，供公众免费查阅。

第四章　食品生产经营

第十五条 食品生产经营许可的有效期为5年。

食品生产经营者的生产经营条件发生变化，不再符合食品生产经营要求的，食品生产经营者应当立即采取整改措施；需要重新办理许可手续的，应当依法办理。

第十六条 国务院卫生行政部门应当及时公布新的食品原料、食品添加剂新品种和食品相关产品新品种目录以及所适用的食品安全国家标准。

对按照传统既是食品又是中药材的物质目录，国务院卫生行政部门会同国务院食品安全监督管理部门应当及时更新。

第十七条 国务院食品安全监督管理部门会同国务院农业行政等有关部门明确食品安全全程追溯基本要求，指导食品生产经营者通过信息化手段建立、完善食品安全追溯体系。

食品安全监督管理等部门应当将婴幼儿配方食品等针对特定人群的食品以及其他食品安全风险较高或者销售量大的食品的追溯体系建设作为监督检查的重点。

第十八条 食品生产经营者应当建立食品安全追溯体系，依照食品安全法的规定如实记录并保存进货查验、出厂检验、食品销售等信息，保证食品可追溯。

第十九条 食品生产经营企业的主要负责人对本企业的食品安全工作全面负责，建立并落实本企业的食品安全责任制，加强供货者管理、进货查验和出厂检验、生产经营过程控制、食品安全自查等工作。食品生产经营企业的食品安全管理人员应当协助企业主要负责人做好食品安全管理工作。

第二十条 食品生产经营企业应当加强对食品安全管理人员的培训和考核。食品安全管理人员应当掌握与其岗位相适应的食品安全法律、法规、标准和专业知识，具备食品安全管理能力。食品安全监督管理部门应当对企业食品安全管理人员进行随机监督抽查考核。考核指南由国务院食品安全监督管理部门制定、公布。

第二十一条 食品、食品添加剂生产经营者委托生产食品、食品添加剂的，应当委托取得食品生产许可、食品添加剂生产许可的生产者生产，并对其生产行为进行监督，对委托生产的食品、食品添加剂的安全负责。受托方应当依照法律、法规、食品安全标准以及合同约定进行生产，对生产行为负责，并接受委托方的监督。

第二十二条 食品生产经营者不得在食品生产、加工场所贮存依照本条例第六十三条规定制定的名录中的物质。

第二十三条 对食品进行辐照加工，应当遵守食品安全国家标准，并按照食品安全国家标准的要求对辐照加工食品进行检验和标注。

第二十四条 贮存、运输对温度、湿度等有特殊要求的食品，应当具备保温、冷藏或者冷冻等设备设施，并保持有效运行。

第二十五条 食品生产经营者委托贮存、运输食品的，应当对受托方的食品安全保障能力进行审核，并监督受托方按照保证食品安全的要求贮存、运输食品。受托方应当保证食品贮存、运输条件符合食品安全的要求，加强食品贮存、运输过程管理。

接受食品生产经营者委托贮存、运输食品的，应当如实记录委托方和收货方的名称、地址、联系方式等内容。记录保存期限不得少于贮存、运输结束后 2 年。

非食品生产经营者从事对温度、湿度等有特殊要求的食品贮存业务的，应当自取得营业执照之日起 30 个工作日内向所在地县级人民政府食品安全监督管理部门备案。

第二十六条 餐饮服务提供者委托餐具饮具集中消毒服务单位提供清洗消毒服务的，应当查验、留存餐具饮具集中消毒服务单位的营业执照复印件和消毒合格证明。保存期限不得少于消毒餐具饮具使用期限到期后 6 个月。

第二十七条 餐具饮具集中消毒服务单位应当建立餐具饮具出厂检验记录制度，如实记录出厂餐具饮具的数量、消毒日期和批号、使用期限、出厂日期以及委托方名称、地址、联系方式等内容。出厂检验记录保存期限不得少于消毒餐具饮具使用期限到期后 6 个月。消毒后的餐具饮具应当在独立包装上标注单位名称、地址、联系方式、消毒日期和批号以及使用期限等内容。

第二十八条 学校、托幼机构、养老机构、建筑工地等集中用餐单位的食堂应当执行原料控制、餐具饮具清洗消毒、食品留样等制度，并依照食品安全法第四十七条的规定定期开展食堂食品安全自查。

承包经营集中用餐单位食堂的，应当依法取得食品经营许可，并对食堂的食品安全负责。集中用餐单位应当督促承包方落实食品安全管理制度，承担管理责任。

第二十九条 食品生产经营者应当对变质、超过保质期或者回收的食品进行显著标示或者单独存放在有明确标志的场所，及时采取无害化处理、销毁等措施并如实记录。

食品安全法所称回收食品，是指已经售出，因违反法律、法规、食品安全标准或者超过保质期等原因，被召回或者退回的食品，不包括依照食品安全法第六十三条第三款的规定可以继续销售的食品。

第三十条 县级以上地方人民政府根据需要建设必要的食品无害化处理和销毁设施。食品生产经营者可以按照规定使用政府建设的设施对食品进行无害化处理或者予以销毁。

第三十一条 食品集中交易市场的开办者、食品展销会的举办者应当在市场开业或者展销会举办前向所在地县级人民政府食品安全监督管理部门报告。

第三十二条 网络食品交易第三方平台提供者应当妥善保存入网食品经营者的登记信息和交易信息。县级以上人民政府食品安全监督管理部门开展食品安全监督检查、食品安全案件调查处理、食品安全事故处置确需了解有关信息的，经其负责人批准，可以要求网络食品交易第三方平台提供者提供，网络食品交易第三方平台提供者应当按照要求提供。县级以上人民政府食品安全监督管理部门及其工作人员对网络食品交易第三方平台提供者提供的信息依法负有保密义务。

第三十三条 生产经营转基因食品应当显著标示，标示办法由国务院食品安全监督管理部门会同国务院农业行政部门制定。

第三十四条 禁止利用包括会议、讲座、健康咨询在内的任何方式对食品进行虚假宣传。食品安全监督管理部门发现虚假宣传行为的，应当依法及时处理。

第三十五条 保健食品生产工艺有原料提取、纯化等前处理工序的，生产企业应当具备相应的原料前处理能力。

第三十六条 特殊医学用途配方食品生产企业应当按照食品安全国家标准规定的检验项目对出厂产品实施逐批检验。

特殊医学用途配方食品中的特定全营养配方食品应当通过医疗机构或者药品零售企业向消费者销售。医疗机构、药品零售企业销售特定全营养配方食品的，不需要取得食品经营许可，但是应当遵守食品安全法和本条例关于食品销售的规定。

第三十七条 特殊医学用途配方食品中的特

定全营养配方食品广告按照处方药广告管理，其他类别的特殊医学用途配方食品广告按照非处方药广告管理。

第三十八条 对保健食品之外的其他食品，不得声称具有保健功能。

对添加食品安全国家标准规定的选择性添加物质的婴幼儿配方食品，不得以选择性添加物质命名。

第三十九条 特殊食品的标签、说明书内容应当与注册或者备案的标签、说明书一致。销售特殊食品，应当核对食品标签、说明书内容是否与注册或者备案的标签、说明书一致，不一致的不得销售。省级以上人民政府食品安全监督管理部门应当在其网站上公布注册或者备案的特殊食品的标签、说明书。

特殊食品不得与普通食品或者药品混放销售。

第五章 食品检验

第四十条 对食品进行抽样检验，应当按照食品安全标准、注册或者备案的特殊食品的产品技术要求以及国家有关规定确定的检验项目和检验方法进行。

第四十一条 对可能掺杂掺假的食品，按照现有食品安全标准规定的检验项目和检验方法以及依照食品安全法第一百一十一条和本条例第六十三条规定制定的检验项目和检验方法无法检验的，国务院食品安全监督管理部门可以制定补充检验项目和检验方法，用于对食品的抽样检验、食品安全案件调查处理和食品安全事故处置。

第四十二条 依照食品安全法第八十八条的规定申请复检的，申请人应当向复检机构先行支付复检费用。复检结论表明食品不合格的，复检费用由复检申请人承担；复检结论表明食品合格的，复检费用由实施抽样检验的食品安全监督管理部门承担。

复检机构无正当理由不得拒绝承担复检任务。

第四十三条 任何单位和个人不得发布未依法取得资质认定的食品检验机构出具的食品检验信息，不得利用上述检验信息对食品、食品生产经营者进行等级评定，欺骗、误导消费者。

第六章 食品进出口

第四十四条 进口商进口食品、食品添加剂，应当按照规定向出入境检验检疫机构报检，如实申报产品相关信息，并随附法律、行政法规规定的合格证明材料。

第四十五条 进口食品运达口岸后，应当存放在出入境检验检疫机构指定或者认可的场所；需要移动的，应当按照出入境检验检疫机构的要求采取必要的安全防护措施。大宗散装进口食品应当在卸货口岸进行检验。

第四十六条 国家出入境检验检疫部门根据风险管理需要，可以对部分食品实行指定口岸进口。

第四十七条 国务院卫生行政部门依照食品安全法第九十三条的规定对境外出口商、境外生产企业或者其委托的进口商提交的相关国家（地区）标准或者国际标准进行审查，认为符合食品安全要求的，决定暂予适用并予以公布；暂予适用的标准公布前，不得进口尚无食品安全国家标准的食品。

食品安全国家标准中通用标准已经涵盖的食品不属于食品安全法第九十三条规定的尚无食品安全国家标准的食品。

第四十八条 进口商应当建立境外出口商、境外生产企业审核制度，重点审核境外出口商、境外生产企业制定和执行食品安全风险控制措施的情况以及向我国出口的食品是否符合食品安全法、本条例和其他有关法律、行政法规的规定以及食品安全国家标准的要求。

第四十九条 进口商依照食品安全法第九十四条第三款的规定召回进口食品的，应当将食品召回和处理情况向所在地县级人民政府食品安全监督管理部门和所在地出入境检验检疫机构报告。

第五十条 国家出入境检验检疫部门发现已经注册的境外食品生产企业不再符合注册要求的，应当责令其在规定期限内整改，整改期间暂停进口其生产的食品；经整改仍不符合注册要求的，国家出入境检验检疫部门应当撤销境外食品生产企业注册并公告。

第五十一条 对通过我国良好生产规范、危害分析与关键控制点体系认证的境外生产企业，认证机构应当依法实施跟踪调查。对不再符合认证要求的企业，认证机构应当依法撤销认证并向社会公布。

第五十二条 境外发生的食品安全事件可能对我国境内造成影响，或者在进口食品、食品添加剂、食品相关产品中发现严重食品安全问题的，国家出入境检验检疫部门应当及时进行风险预警，并可以对相关的食品、食品添加剂、食品相关产品采取下列控制措施：

（一）退货或者销毁处理；

（二）有条件地限制进口；

（三）暂停或者禁止进口。

第五十三条 出口食品、食品添加剂的生产企业应当保证其出口食品、食品添加剂符合进口国家（地区）的标准或者合同要求；我国缔结或者参加的国际条约、协定有要求的，还应当符合国际条约、协定的要求。

第七章 食品安全事故处置

第五十四条 食品安全事故按照国家食品安全事故应急预案实行分级管理。县级以上人民政府食品安全监督管理部门会同同级有关部门负责食品安全事故调查处理。

县级以上人民政府应当根据实际情况及时修改、完善食品安全事故应急预案。

第五十五条 县级以上人民政府应当完善食品安全事故应急管理机制，改善应急装备，做好应急物资储备和应急队伍建设，加强应急培训、演练。

第五十六条 发生食品安全事故的单位应当对导致或者可能导致食品安全事故的食品及原料、工具、设备、设施等，立即采取封存等控制措施。

第五十七条 县级以上人民政府食品安全监督管理部门接到食品安全事故报告后，应当立即会同同级卫生行政、农业行政等部门依照食品安全法第一百零五条的规定进行调查处理。食品安全监督管理部门应当对事故单位封存的食品及原料、工具、设备、设施等予以保护，需要封存而事故单位尚未封存的应当直接封存或者责令事故单位立即封存，并通知疾病预防控制机构对与事故有关的因素开展流行病学调查。

疾病预防控制机构应当在调查结束后向同级食品安全监督管理、卫生行政部门同时提交流行病学调查报告。

任何单位和个人不得拒绝、阻挠疾病预防控制机构开展流行病学调查。有关部门应当对疾病预防控制机构开展流行病学调查予以协助。

第五十八条 国务院食品安全监督管理部门会同国务院卫生行政、农业行政等部门定期对全国食品安全事故情况进行分析，完善食品安全监督管理措施，预防和减少事故的发生。

第八章 监督管理

第五十九条 设区的市级以上人民政府食品安全监督管理部门根据监督管理工作需要，可以对由下级人民政府食品安全监督管理部门负责日常监督管理的食品生产经营者实施随机监督检查，也可以组织下级人民政府食品安全监督管理部门对食品生产经营者实施异地监督检查。

设区的市级以上人民政府食品安全监督管理部门认为必要的，可以直接调查处理下级人民政府食品安全监督管理部门管辖的食品安全违法案件，也可以指定其他下级人民政府食品安全监督管理部门调查处理。

第六十条 国家建立食品安全检查员制度，依托现有资源加强职业化检查员队伍建设，强化考核培训，提高检查员专业化水平。

第六十一条 县级以上人民政府食品安全监督管理部门依照食品安全法第一百一十条的规定实施查封、扣押措施，查封、扣押的期限不得超过30日；情况复杂的，经实施查封、扣押措施的食品安全监督管理部门负责人批准，可以延长，延长期限不得超过45日。

第六十二条 网络食品交易第三方平台多次出现入网食品经营者违法经营或者入网食品经营者的违法经营行为造成严重后果的，县级以上人民政府食品安全监督管理部门可以对网络食品交易第三方平台提供者的法定代表人或者主要负责人进行责任约谈。

第六十三条 国务院食品安全监督管理部门会同国务院卫生行政等部门根据食源性疾病信息、食品安全风险监测信息和监督管理信息等，对发现的添加或者可能添加到食品中的非食品用化学物质和其他可能危害人体健康的物质，制定名录及检测方法并予以公布。

第六十四条 县级以上地方人民政府卫生行政部门应当对餐具饮具集中消毒服务单位进行监督检查，发现不符合法律、法规、国家相关标准以及相关卫生规范等要求的，应当及时调查处理。监督检查的结果应当向社会公布。

第六十五条 国家实行食品安全违法行为举报奖励制度，对查证属实的举报，给予举报人奖励。举报人举报所在企业食品安全重大违法犯罪行为的，应当加大奖励力度。有关部门应当对举报人的信息予以保密，保护举报人的合法权益。食品安全违法行为举报奖励办法由国务院食品安全监督管理部门会同国务院财政等有关部门制定。

食品安全违法行为举报奖励资金纳入各级人民政府预算。

第六十六条 国务院食品安全监督管理部门应当会同国务院有关部门建立守信联合激励和失信联合惩戒机制，结合食品生产经营者信用档案，建立严重违法生产经营者黑名单制度，将食品安全信用状况与准入、融资、信贷、征信等相衔接，及时向社会公布。

第九章 法律责任

第六十七条 有下列情形之一的，属于食品安全法第一百二十三条至第一百二十六条、第一百三十二条以及本条例第七十二条、第七十三条规定的情节严重情形：

（一）违法行为涉及的产品货值金额2万元以上或者违法行为持续时间3个月以上；

（二）造成食源性疾病并出现死亡病例，或者造成30人以上食源性疾病但未出现死亡病例；

（三）故意提供虚假信息或者隐瞒真实情况；

（四）拒绝、逃避监督检查；

（五）因违反食品安全法律、法规受到行政处罚后1年内又实施同一性质的食品安全违法行为，或者因违反食品安全法律、法规受到刑事处罚后又实施食品安全违法行为；

（六）其他情节严重的情形。

对情节严重的违法行为处以罚款时，应当依法从重从严。

第六十八条 有下列情形之一的，依照食品安全法第一百二十五条第一款、本条例第七十五条的规定给予处罚：

（一）在食品生产、加工场所贮存依照本条例第六十三条规定制定的名录中的物质；

（二）生产经营的保健食品之外的食品的标签、说明书声称具有保健功能；

（三）以食品安全国家标准规定的选择性添加物质命名婴幼儿配方食品；

（四）生产经营的特殊食品的标签、说明书内容与注册或者备案的标签、说明书不一致。

第六十九条 有下列情形之一的，依照食品安全法第一百二十六条第一款、本条例第七十五条的规定给予处罚：

（一）接受食品生产经营者委托贮存、运输食品，未按照规定记录保存信息；

（二）餐饮服务提供者未查验、留存餐具饮具集中消毒服务单位的营业执照复印件和消毒合格证明；

（三）食品生产经营者未按照规定对变质、超过保质期或者回收的食品进行标示或者存放，或者未及时对上述食品采取无害化处理、销毁等措施并如实记录；

（四）医疗机构和药品零售企业之外的单位或者个人向消费者销售特殊医学用途配方食品中的特定全营养配方食品；

（五）将特殊食品与普通食品或者药品混放销售。

第七十条 除食品安全法第一百二十五条第一款、第一百二十六条规定的情形外，食品生产经营者的生产经营行为不符合食品安全法第三十三条第一款第五项、第七项至第十项的规定，或者不符合有关食品生产经营过程要求的食品安全国家标准的，依照食品安全法第一百二十六条第一款、本条例第七十五条的规定给予处罚。

第七十一条 餐具饮具集中消毒服务单位未按照规定建立并遵守出厂检验记录制度的，由县级以上人民政府卫生行政部门依照食品安全法第一百二十六条第一款、本条例第七十五条的规定给予处罚。

第七十二条 从事对温度、湿度等有特殊要求的食品贮存业务的非食品生产经营者，食品集中交易市场的开办者、食品展销会的举办者，未按照规定备案或者报告的，由县级以上人民政府食品安全监督管理部门责令改正，给予警告；拒不改正的，处 1 万元以上 5 万元以下罚款；情节严重的，责令停产停业，并处 5 万元以上 20 万元以下罚款。

第七十三条 利用会议、讲座、健康咨询等方式对食品进行虚假宣传的，由县级以上人民政府食品安全监督管理部门责令消除影响，有违法所得的，没收违法所得；情节严重的，依照食品安全法第一百四十条第五款的规定进行处罚；属于单位违法的，还应当依照本条例第七十五条的规定对单位的法定代表人、主要负责人、直接负责的主管人员和其他直接责任人员给予处罚。

第七十四条 食品生产经营者生产经营的食品符合食品安全标准但不符合食品所标注的企业标准规定的食品安全指标的，由县级以上人民政府食品安全监督管理部门给予警告，并责令食品经营者停止经营该食品，责令食品生产企业改正；拒不停止经营或者改正的，没收不符合企业标准规定的食品安全指标的食品，货值金额不足 1 万元的，并处 1 万元以上 5 万元以下罚款，货值金额 1 万元以上的，并处货值金额 5 倍以上 10 倍以下罚款。

第七十五条 食品生产经营企业等单位有食品安全法规定的违法情形，除依照食品安全法的规定给予处罚外，有下列情形之一的，对单位的法定代表人、主要负责人、直接负责的主管人员和其他直接责任人员处以其上一年度从本单位取得收入的 1 倍以上 10 倍以下罚款：

（一）故意实施违法行为；

（二）违法行为性质恶劣；

（三）违法行为造成严重后果。

属于食品安全法第一百二十五条第二款规定情形的，不适用前款规定。

第七十六条 食品生产经营者依照食品安全法第六十三条第一款、第二款的规定停止生产、经营，实施食品召回，或者采取其他有效措施减轻或者消除食品安全风险，未造成危害后果的，可以从轻或者减轻处罚。

第七十七条 县级以上地方人民政府食品安全监督管理等部门对有食品安全法第一百二十三条规定的违法情形且情节严重，可能需要行政拘留的，应当及时将案件及有关材料移送同级公安机关。公安机关认为需要补充材料的，食品安全监督管理等部门应当及时提供。公安机关经审查认为不符合行政拘留条件的，应当及时将案件及有关材料退回移送的食品安全监督管理等部门。

第七十八条 公安机关对发现的食品安全违法行为，经审查没有犯罪事实或者立案侦查后认为不需要追究刑事责任，但依法应当予以行政拘留的，应当及时作出行政拘留的处罚决定；不需要予以行政拘留但依法应当追究其他行政责任的，应当及时将案件及有关材料移送同级食品安全监督管理等部门。

第七十九条 复检机构无正当理由拒绝承担复检任务的，由县级以上人民政府食品安全监督管理部门给予警告，无正当理由1年内2次拒绝承担复检任务的，由国务院有关部门撤销其复检机构资质并向社会公布。

第八十条 发布未依法取得资质认定的食品检验机构出具的食品检验信息，或者利用上述检验信息对食品、食品生产经营者进行等级评定，欺骗、误导消费者的，由县级以上人民政府食品安全监督管理部门责令改正，有违法所得的，没收违法所得，并处10万元以上50万元以下罚款；拒不改正的，处50万元以上100万元以下罚款；构成违反治安管理行为的，由公安机关依法给予治安管理处罚。

第八十一条 食品安全监督管理部门依照食品安全法、本条例对违法单位或者个人处以30万元以上罚款的，由设区的市级以上人民政府食品安全监督管理部门决定。罚款具体处罚权限由国务院食品安全监督管理部门规定。

第八十二条 阻碍食品安全监督管理等部门工作人员依法执行职务，构成违反治安管理行为的，由公安机关依法给予治安管理处罚。

第八十三条 县级以上人民政府食品安全监督管理等部门发现单位或者个人违反食品安全法第一百二十条第一款规定，编造、散布虚假食品安全信息，涉嫌构成违反治安管理行为的，应当将相关情况通报同级公安机关。

第八十四条 县级以上人民政府食品安全监督管理部门及其工作人员违法向他人提供网络食品交易第三方平台提供者提供的信息的，依照食品安全法第一百四十五条的规定给予处分。

第八十五条 违反本条例规定，构成犯罪的，依法追究刑事责任。

第十章 附 则

第八十六条 本条例自2019年12月1日起施行。

中华人民共和国交通运输部

海运固体散装货物安全监督管理规定

第一章　总　则

第一条　为了加强海运固体散装货物监督管理，保障海上人命、财产安全，依据《中华人民共和国海上交通安全法》《中华人民共和国港口法》等法律，制定本规定。

第二条　船舶在中华人民共和国管辖海域内从事载运固体散装货物，适用本规定。

第三条　交通运输部主管全国海运固体散装货物的安全管理工作。

国家海事管理机构按照职责负责全国海运固体散装货物的安全监督管理工作。

其他各级海事管理机构按照各自职责权限具体负责海运固体散装货物的安全监督管理工作。

第四条　船舶载运 B 组固体散装货物的，还应当遵守《船舶载运危险货物安全监督管理规定》。

第二章　一般规定

第五条　从事固体散装货物运输的船舶所有人、经营人或者管理人，按照交通运输部有关规定建立和实施的船舶安全营运和防污染管理体系或者制度，应当包括载运固体散装货物的程序、须知或者管理制度。

第六条　载运固体散装货物的船舶，其船舶装载手册或者稳性计算书中应当列出所载货物安全适运的典型工况。

第七条　船舶载运固体散装货物，应当符合有关积载、隔离和运输的安全技术规范，并符合相应适装证书或者证明文书的要求。

第八条　船舶所有人、经营人或者管理人应当对船员进行固体散装货物专业知识培训和考核，保证船员熟悉固体散装货物的特性、操作规程及应急预案。

第九条　按照本规定办理报告手续的人员，应当熟悉相关法规、标准规范和报告程序。

第十条　拟交付船舶运输的固体散装货物如果未在《国际海运固体散装货物规则》中列出，其托运人应当提交具有相应资质的检测机构（以下简称检测机构）出具的鉴定材料，明确货物的分组、分类、危险性、污染危害性和船舶载运技术条件后，方可交付船舶运输。

第十一条　对环境有害的固体散装货物，船舶卸货完毕后，货物残余物及其洗舱水应当由港口接收设施或者船舶污染物接收单位接收，禁止排放入水，并按照规定在垃圾记录簿中如实记载。

第三章　报告管理

第十二条　载运 B 组以外固体散装货物船舶进出港口，应当在进出港口 24 小时前向海事管理机构报告。航程不足 24 小时的，应当在驶离上一港口前报告。报告应当包括以下信息内容：

（一）船名、航次、国籍、始发港、卸货港、作业地点、预计进出港口和作业时间等船舶信息；

（二）货物名称、组别、类别、联合国编号、总重量和装载位置等货物信息。

第十三条　拟交付船舶运输固体散装货物的

托运人，应当在交付运输前向承运人提交以下货物信息，并报告海事管理机构：

（一）固体散装货物安全适运声明书；

（二）属于易流态化固体散装货物的，应当提交检测机构出具的货物适运水分极限和货物水分含量证明；

（三）载运未在《国际海运固体散装货物规则》中列出的货物，应当提交检测机构出具的货物运输条件鉴定材料；

（四）国际航行船舶按照规定需要进出口国家的有关部门批准后方可载运的，应当提交有效的批准文件；

（五）海事管理机构根据《国际海运固体散装货物规则》规定，要求提供的其他证书或者文书。

港口作业委托人应当在固体散装货物装载前，将前款第（一）项至第（三）项的货物信息提供给港口经营人。

第十四条 需要通过检测获得货物信息的，应当由托运人与检测机构共同对货物进行采样。

第十五条 承运人应当对货物信息进行审核，对不符合船舶适装要求的，不得承运。承运期间相关材料、证书或者文书应当保存在船上。

第四章 作业管理

第十六条 载运固体散装货物船舶在装货前，应当按照船舶装载手册或者船舶稳性资料，检查货物的运输资料和适运状况，发现不符合本规定情形的不得装运。

第十七条 从事固体散装货物装卸作业的船舶和港口经营人，应当遵守安全和防污染操作规程，建立并落实船岸安全检查表制度，严格按照船岸安全检查表的要求进行检查和填写。

从事固体散装货物装卸作业的港口经营人，应当指定具有相应专业和履职能力的人员负责对船舶装卸作业进行巡查监督。

港口经营人应当加强作业人员相应专业知识和业务操作能力培训。作业人员在装卸作业期间应当遵守相关安全制度和作业规程。

第十八条 载运固体散装货物船舶和港口经营人应当在固体散装货物装卸作业前以书面形式确定装卸计划，并按照装卸计划进行作业。

发现货物装卸作业与装卸计划不符或者可能存在安全隐患的，载运固体散装货物船舶和港口经营人应当共同进行核实，并采取必要的安全措施。

第十九条 港口经营人应当根据载运固体散装货物船舶提供的配载、积载要求装载货物，进行平舱。装载完毕后，港口经营人应当进行检查并由船长书面确认。

第二十条 船舶应当根据固体散装货物性质合理装载和积载。不相容货物之间应当进行隔离。

船舶载运高密度固体散装货物时，应当在各舱及同一舱内合理分布，避免对船舶结构和强度造成不利影响。

第五章 易流态化固体散装货物的特别规定

第二十一条 易流态化固体散装货物的托运人，应当按照《国际海运固体散装货物规则》的规定，制定并实施货物取样、试验和控制水分含量的程序。

第二十二条 拟交付船舶载运的易流态化固体散装货物，水分含量不得超过其适运水分极限。但是，已经建造或者设置防止货物移动的特殊结构、设备，并持有相应检验证书的中国籍船舶，或者持有相应检验、批准证书的外国籍船舶除外。

第二十三条 拟交付船舶载运的易流态化固体散装货物，其托运人应当提交检测机构出具的含有货物适运水分极限、水分含量等技术指标的检测报告。

适运水分极限的采样和检测应当在货物计划装船前 6 个月内完成；水分含量的采样和检测应当在货物计划装船前 7 天内完成。

货物装船前或者装船期间有下列情形之一的，托运人应当重新对货物水分含量进行采样和检测：

（一）因降水等情形可能引起货物水分含量升高或者其他特性变化；

（二）船长有充分理由认为拟装载货物与其水分含量证明不相符。

第二十四条 利用船舶或者码头装卸设施直接转运易流态化固体散装货物，转运作业委托人应当提供货物原有的安全适运声明书、适运水分极限和水分含量证明等资料。

转运作业前，转运作业委托人、承运转运货物船舶应当共同对拟转运货物进行检查，确认货物形态无变化的，方可进行转运作业。

转运作业委托人应当在转运货物船舶离港前，向船舶和海事管理机构提交检测机构对转运货物水分含量的检测报告。

第二十五条 露天储存易流态化固体散装货物，所用堆场应当具备良好的排水功能，并根据天气情况和货物性质采取适当措施，防止货物水分含量增加。

港口经营人装载易流态化固体散装货物的，应当对适运水分极限、水分含量检测报告等货物信息进行核对，经核对无误后方可作业。

港口经营人在作业过程中应当做好作业情况记录，将装卸作业有关信息和单证存档，并自觉接受和配合港口行政管理部门依据职责实施监督管理。

港口经营人在装船前或者装船过程中发现货物不符合规定要求的，应当告知船舶并配合船舶不予装载或者停止装载。

第二十六条 在易流态化固体散装货物装船前，船舶应当检查货物处所舱盖风雨密状况，测试货物处所的污水系统是否工作正常，采取措施防止货物进入舱底污水阱，并做好记录。

第二十七条 易流态化固体散装货物装船期间，遇降水等可能引起货物水分含量升高或者其他特性变化的情形，船舶和港口经营人应当立即采取停止作业、关闭舱盖等安全措施。

第二十八条 载运易流态化固体散装货物船舶，应当根据所载货物的特性和航行区域特点制定货物处所定期巡查计划。

船舶在航行过程中应当按照巡查计划进行定期巡查，并记录巡查情况。发现货物具有流态化趋势或者已经流态化的，应当立即采取应急措施，并向就近的海事管理机构报告。

第六章　人员防护与事故预防

第二十九条 船舶载运可能释放有毒气体、易燃气体或者造成货物处所缺氧的固体散装货物时，应当配备相应的气体测量仪器及其使用说明书，按照规定定期测量货物处所气体浓度，并记录测量结果。

第三十条 船舶载运可能释放有毒气体的固体散装货物时，应当对货物处所提供机械通风或者自然通风。

船舶载运可能释放易燃气体的固体散装货物时，应当对货物处所提供机械通风。

第三十一条 船舶应当制定针对人员进出封闭处所和货物熏蒸处所的安全程序及应急救援措施，在处所入口处设立警示标志。

第三十二条 装载具有毒害性、腐蚀性或者造成货物处所缺氧的固体散装货物时，相关作业人员应当事先经过训练，配备防护设备。紧急情况下需进入货物处所的，应当按照安全程序在船长或者其指定的具有管理职责的船员监督下进行。

第七章　监督管理

第三十三条 海事管理机构发现载运固体散装货物的船舶存在安全隐患的，应当责令立即或者限期消除隐患，不立即消除或者逾期不消除的，采取禁止其进港、离港或者责令其停航、改航、停止作业等措施。

第三十四条 港口行政管理部门应当依据职责对辖区内固体散装货物港口储存、装卸作业实施监督管理。发现港口经营人储存、装卸固体散装货物存在安全隐患的，应当责令立即或者限期消除隐患，不立即消除或者逾期不消除的，采取责令其停止作业等措施。

第八章　法律责任

第三十五条　违反本规定，有下列情形之一的，由海事管理机构责令改正，处1万元以上3万元以下的罚款：

（一）船舶未对不相容货物进行隔离，或者未合理分布高密度固体散装货物的；

（二）船舶未按照规定采取停止作业、关闭舱盖等安全措施的；

（三）船舶未配备气体测量仪器或者未对货物处所气体浓度进行测量的；

（四）船舶未建立并落实船岸安全检查表制度，或者未按照船岸安全检查表的要求进行检查和填写的。

第三十六条　违反本规定，有下列情形之一的，由海事管理机构责令改正，处5 000元以上2万元以下的罚款：

（一）船舶在进出港口前未向海事管理机构报告的；

（二）固体散装货物的托运人、转运作业委托人未向承运人、海事管理机构提交货物相关信息的。

第三十七条　违反本规定，有下列情形之一的，由港口行政管理部门责令港口经营人立即纠正或者限期改正：

（一）未根据天气情况和货物性质对易流态化固体散装货物采取适当措施防止货物水分含量增加的；

（二）未根据船舶提供的配载、积载要求装载货物或者进行平舱的。

第三十八条　违反本规定，有下列情形之一的，由港口行政管理部门责令改正，处1万元以上3万元以下的罚款：

（一）港口经营人在装船前或者装船过程中发现货物不符合规定要求，未告知船舶或者停止装载的；

（二）港口经营人在装船过程中遇降水等情形无法保证作业和运输安全时，未停止作业的。

第三十九条　违反本规定，有下列情形之一的，由港口行政管理部门责令改正，处1万元以上3万元以下的罚款：

（一）港口经营人未建立并落实船岸安全检查表制度，或者未按照船岸安全检查表的要求进行检查和填写的；

（二）港口经营人未指定人员在装卸作业期间进行巡查监督的；

（三）港口经营人未对货物信息进行核对的。

第四十条　船舶载运的固体散装货物属于危险化学品并违反本规定的，按照《危险化学品安全管理条例》进行处罚。

第四十一条　海事管理机构、港口行政管理部门的工作人员有滥用职权、徇私舞弊、玩忽职守等严重失职行为的，由其所在单位或者上级机关依法处理；情节严重构成犯罪的，由司法机关依法追究刑事责任。

第九章　附　则

第四十二条　本规定下列用语的含义是：

固体散装货物，是指除谷物以外的，不需包装可直接装入船舶的货物处所，由基本均匀的微粒、颗粒或者较大的块状固体物质组成的货物。

B组固体散装货物，是指在《国际海运固体散装货物规则》附录1“组别”栏中列为B组货物或者同时列入A和B组货物。

典型工况，是指船舶满载出港、满载到港、压载出港、压载到港的基本装载情况。

对环境有害的固体散装货物，是指符合《国际防止船舶造成污染公约》附则V有关对海洋环境有害物质判定标准的固体散装货物。

高密度固体散装货物，是指每吨货物在货舱中正常堆积时所占空间小于或者等于0.56m^3的固体散装货物。

易流态化固体散装货物，是指含有部分细颗

粒和一定量水分的，当水分含量超过适运水分极限时会流态化的固体散装货物。

适运水分极限，是指确保易流态化固体散装货物安全运输的最大水分含量。

第四十三条 本规定自 2019 年 3 月 1 日起施行。

中华人民共和国海员证管理办法

第一章 总 则

第一条 为规范中华人民共和国海员证的申请、签发和使用管理，根据《中华人民共和国护照法》《中华人民共和国出境入境管理法》《中华人民共和国船员条例》等法律法规，制定本办法。

第二条 中华人民共和国海员证（以下简称海员证）是中国籍船员在境外执行任务时表明其中华人民共和国公民身份的证件。

第三条 以海员身份出境入境和在国外船舶上从事工作的中国公民，应当按照本办法规定申请办理和使用海员证。

第四条 交通运输部主管全国海员证申请、签发和使用管理工作。

中华人民共和国海事局负责统一管理海员证申请、签发和使用管理工作。

中华人民共和国海事局指定并公布的海事管理机构（以下简称签发机关）具体负责海员证申请、签发和使用管理工作。

第二章 申请与签发

第五条 办理海员证可以直接向签发机关申请，也可以委托海员外派机构，经营国际航线或者特殊航线船舶的航运公司代为申请。

办理渔业船员海员证应当通过具有相应资质的远洋渔业公司或者具有对外劳务合作经营资质的公司提出申请。

第六条 取得海员证应当符合《中华人民共和国海事行政许可条件规定》的有关要求。

第七条 申请办理海员证应当具备下列材料：

（一）海员证申请表；

（二）船员服务簿；

（三）国际航线或者特殊航线船舶船员适任证书，或者确定的船员出境任务证明材料；

（四）申请人近期电子证件照片。

委托相关单位代为申请办理海员证的，除上述材料外，被委托单位还应当提供委托书。

其中第（二）项规定的船员服务簿、第（三）项规定的船员适任证书无须申请人提供。

第八条 签发机关受理申请后应当核查申请材料，并通过出入境管理机构共享信息核查申请人是否具有法律、行政法规规定的禁止出境情形，在 7 个工作日内做出是否予以批准的决定；予以批准的，签发海员证；不予批准的，应当书面通知申请人并说明理由。

海员证登记项目包括：海员证持有人的姓名、性别、出生日期、出生地，海员证的签发日期、有效期和签发机关。

第九条 海员证的有效期不超过 5 年，有效期截止日期不超过持证人 65 周岁生日。

第十条 海员证签证页已签满的，可以向签发机关申请换发，并提交以下材料：

（一）海员证申请表；

（二）需换发的海员证。

第十一条 海员证发生遗失、被盗、损毁等情形的，可以向签发机关申请补发，并提交以下材料：

（一）海员证申请表；

（二）申请人身份证明材料；

（三）遗失、被盗、损毁的情况说明。

第十二条 补发或者换发海员证的有效期不得超过原海员证的有效期；已过有效期的海员证自动失效。

海员证有效期不足 12 个月的，可以重新申请签发。

重新申请签发海员证的，按照本办法第七条执行。

第三章 使用与管理

第十三条 中国船员持海员证出境入境，应当向出入境边防检查机关交验海员证，履行规定的手续，经查验准许，方可出境入境。

第十四条 中国船员持海员证出境，应当符合目的地国家或者地区关于入境过境证件等方面的要求。

第十五条 持有海员证的中国船员，在其他国家、地区享有按照当地法律、有关国际条约以及中华人民共和国与有关国家签订的海运或者航运协定规定的权利和通行便利。

第十六条 签发机关在海员证签注限定特殊航线的，海员证仅可以用于特殊航线。

第十七条 海员证由船员本人持有并负责保管，仅限持证人本人使用。

第十八条 船员所持海员证在境外过期、遗失、被盗、损毁，或者船员因紧急情况需下船转乘其他交通工具回国，且本人未持有其他有效旅行证件的，可以向中国驻外使馆、领馆或者外交部委托的其他驻外机构申请旅行证。

第十九条 有下列情形之一，签发机关应当按照规定注销海员证：

（一）船员死亡或者被宣告失踪的；

（二）船员丧失民事行为能力的；

（三）船员本人申请注销的；

（四）船员服务簿、船员适任证书被依法注销的；

（五）海员证被依法撤销或者吊销的；

（六）签发新海员证后，原海员证应当注销的；

（七）人民法院、人民检察院、公安机关、国家安全机关、国家监察机关因办理案件需要，提请海员证签发机关宣布案件当事人海员证作废的。

第二十条 签发机关应当通过相关信息系统与出入境管理机构共享海员证信息。

第二十一条 船员持海员证出境后，不得危害国家安全，不得损害国家荣誉和利益，不得从事海员身份以外的活动。

第二十二条 任何组织和个人不得伪造、变造、转让、故意损毁或者非法扣押海员证。

第四章 法律责任

第二十三条 申请人隐瞒有关情况或者提供虚假材料申请海员证的，签发机关不予受理或者不予行政许可，并给予警告；已经取得海员证的，予以撤销。

第二十四条 伪造、变造、买卖海员证的，由海事管理机构收缴有关证件，处2万元以上10万元以下罚款，有违法所得的，没收违法所得。

第二十五条 签发机关的工作人员徇私舞弊、滥用职权、玩忽职守、严重失职的，由所在单位给予行政处分；情节严重构成犯罪的，由司法机关依法追究刑事责任。

第二十六条 对于不依法履行海员证申请、签发和使用管理职责的签发机关，中华人民共和国海事局可以撤销有关指定。

第五章 附 则

第二十七条 本办法中的“特殊航线”是指中国内地至香港特别行政区、澳门特别行政区，中国大陆至台湾地区航线，以及通航的国际河流段。

第二十八条 海员证由中华人民共和国海事局统一印制。

第二十九条 本办法自2019年5月1日起施行。交通部1989年8月14日发布的《中华人民共和国海员证管理办法》（交通部令1989年第7号）同时废止。

中华人民共和国海上海事行政处罚规定

（2015年5月29日交通运输部发布，根据

2017 年 5 月 23 日交通运输部《关于修改〈中华人民共和国海上海事行政处罚规定〉的决定》第一次修正，根据 2019 年 4 月 12 日交通运输部《关于修改〈中华人民共和国海上海事行政处罚规定〉的决定》第二次修正）

第一章　总　则

第一条　为规范海上海事行政处罚行为，保护当事人的合法权益，保障和监督海上海事行政管理，维护海上交通秩序，防止船舶污染水域，根据《海上交通安全法》、《海洋环境保护法》、《行政处罚法》及其他有关法律、行政法规，制定本规定。

第二条　对在中华人民共和国（简称中国）管辖沿海水域及相关陆域发生的，或者在中国管辖沿海水域及相关陆域外但属于中国籍的海船发生的违反海事行政管理秩序的行为实施海事行政处罚，适用本规定。

中国籍船员在中国管辖沿海水域及相关陆域外违反海事行政管理秩序，并且按照中国有关法律、行政法规应当处以行政处罚的行为实施海事行政处罚，适用本规定。

第三条　实施海事行政处罚，应当遵循合法、公开、公正，处罚与教育相结合的原则。

第四条　海事行政处罚，由海事管理机构依法实施。

第二章　海事行政处罚的适用

第五条　海事管理机构实施海事行政处罚时，应当责令当事人改正或者限期改正海事行政违法行为。

第六条　对有两个或者两个以上海事行政违法行为的同一当事人，应当分别处以海事行政处罚，合并执行。

对有共同海事行政违法行为的当事人，应当分别处以海事行政处罚。

第七条　实施海事行政处罚，应当与海事行政违法行为的事实、性质、情节以及社会危害程度相适应。

第八条　海事行政违法行为的当事人有下列情形之一的，应当依照《行政处罚法》第二十七条的规定，从轻或者减轻给予海事行政处罚：

（一）主动消除或者减轻海事行政违法行为危害后果的；

（二）受他人胁迫实施海事行政违法行为的；

（三）配合海事管理机构查处海事行政违法行为有立功表现的；

（四）法律、行政法规规定应当依法从轻或者减轻行政处罚的情形。

海事行政违法行为轻微并及时得到纠正，没有造成危害后果的，不予海事行政处罚。

本条第一款所称依法从轻给予海事行政处罚，是指在法定的海事行政处罚种类、幅度范围内给予较轻的海事行政处罚。

本条第一款所称依法减轻给予海事行政处罚，是指在法定的海事行政处罚种类、幅度最低限以下给予海事行政处罚。

有海事行政违法行为的中国籍船舶和船员在境外已经受到处罚的，不得重复给予海事行政处罚。

第九条　海事行政违法行为的当事人有下列情形之一的，应当从重处以海事行政处罚：

（一）造成较为严重后果或者情节恶劣；

（二）一年内因同一海事行政违法行为受过海事行政处罚；

（三）胁迫、诱骗他人实施海事行政违法行为；

（四）伪造、隐匿、销毁海事行政违法行为证据；

（五）拒绝接受或者阻挠海事管理机构实施监督管理；

（六）法律、行政法规规定应当从重处以海事行政处罚的其他情形。

本条第一款所称从重给予海事行政处罚，是指在法定的海事行政处罚种类、幅度范围内给予较重的海事行政处罚。

本条第一款第（二）项所称的一年内是指自该违法行为发生日之前12个月内。

第十条 对当事人的同一个海事行政违法行为，不得给予两次以上海事行政处罚。

当事人未按照海事管理机构规定的期限和要求改正海事行政违法行为的，属于新的海事行政违法行为。

第三章 海事行政违法行为和行政处罚

第一节 违反安全营运管理秩序

第十一条 违反船舶安全营运管理秩序，有下列行为之一的，对船舶所有人或者船舶经营人处以5 000元以上3万元以下罚款：

（一）未按规定取得安全营运与防污染管理体系符合证明或者临时符合证明从事航行或者其他有关活动；

（二）隐瞒事实真相或者提供虚假材料或者以其他不正当手段骗取安全营运与防污染管理体系符合证明或者临时符合证明；

（三）伪造、变造安全营运与防污染管理体系审核的符合证明或者临时符合证明；

（四）转让、买卖、租借、冒用安全营运与防污染管理体系审核的符合证明或者临时符合证明。

第十二条 违反船舶安全营运管理秩序，有下列行为之一的，对船舶所有人或者船舶经营人处以5 000元以上3万元以下罚款；对船长处以2 000元以上2万元以下的罚款，情节严重的，并给予扣留船员适任证书6个月至24个月直至吊销船员适任证书的处罚：

（一）未按规定取得船舶安全管理证书或者临时船舶安全管理证书从事航行或者其他有关活动；

（二）隐瞒事实真相或者提供虚假材料或者以其他不正当手段骗取船舶安全管理证书或者临时船舶安全管理证书；

（三）伪造、变造船舶安全管理证书或者临时船舶安全管理证书；

（四）转让、买卖、租借、冒用船舶安全管理证书或者临时船舶安全管理证书。

第十三条 违反安全营运管理秩序，有下列情形之一，造成严重后果的，对船舶所有人或者船舶经营人吊销安全营运与防污染管理体系（临时）符合证明：

（一）不掌控船舶安全配员；

（二）不掌握船舶动态；

（三）不掌握船舶装载情况；

（四）船舶管理人不实际履行安全管理义务；

（五）安全管理体系运行存在重大问题。

第二节 违反船舶、海上设施检验和登记管理秩序

第十四条 违反《海上交通安全法》第四条的规定，船舶和船舶上有关航行安全、防治污染等重要设备无相应的有效的检验证书的，依照《海上交通安全法》第四十四条的规定，对船舶所有人或者船舶经营人处以2 000元以上3万元以下罚款。

本条前款所称船舶和船舶上有关重要设备无相应的有效的检验证书，包括下列情形：

（一）没有取得相应的检验证书；

（二）持有的检验证书属于伪造、变造、转让、买卖或者租借的；

（三）持有的检验证书失效；

（四）检验证书损毁、遗失但不按照规定补办。

第十五条 违反《海上交通安全法》第十六条规定，大型设施和移动式平台的海上拖带，未经船舶检验机构进行拖航检验，并报海事管理机构核准，依照《海上交通安全法》第四十四条的规定，对船舶、设施所有人或者经营人处以2 000元以上2万元以下罚款，对船长处以1 000元以上1万元以下罚款，并扣留船员适任证书6个月至12个月，对设施主要负责人处以1 000元以上1万元以下罚款。

第十六条 违反《海上交通安全法》第十七条规定，船舶的实际状况同船舶检验证书所载不相符合，船舶未按照海事管理机构的要求申请重新检验或者采取有效的安全措施，依照《海上交通安全法》第四十四条的规定，对船舶所有人或者船舶经营人处以2 000元以上3万元以下罚款；对船长处以1 000元以上1万元以下罚款，并扣留船员适任证书6个月至12个月。

第十七条 船舶检验机构的检验人员违反《船舶和海上设施检验条例》的规定，有下列行为之一的，依照《船舶和海上设施检验条例》第二十八条的规定，按其情节给予警告、吊销验船人员注册证书的处罚：

（一）超越职权范围进行船舶、设施检验；

（二）未按照规定的检验规范进行船舶、设施检验；

（三）未按照规定的检验项目进行船舶、设施检验；

（四）未按照规定的检验程序进行船舶、设施检验；

（五）所签发的船舶检验证书或者检验报告与船舶、设施的实际情况不符。

第十八条 违反《海上交通安全法》第五条的规定，船舶未持有有效的船舶国籍证书航行的，依照《海上交通安全法》第四十四条的规定，对船舶所有人或者船舶经营人处以3 000元以上2万元以下罚款；对船长处以2 000元以上2万元以下的罚款，情节严重的，并给予扣留船员适任证书6个月至24个月直至吊销船员适任证书的处罚。

第三节 违反船员管理秩序

第十九条 违反《海上交通安全法》第七条的规定，未取得合格的船员职务证书或者未通过船员培训，擅自上船服务的，依照《海上交通安全法》第四十四条和《船员条例》第五十九条的规定，责令其立即离岗，处以2 000元以上2万元以下罚款，并对聘用单位处以3万元以上15万元以下罚款。

前款所称未取得合格的船员职务证书，包括下列情形：

（一）未经水上交通安全培训并取得相应合格证明；

（二）未持有船员适任证书或者其他适任证件；

（三）持采取弄虚作假的方式取得的船员职务证书；

（四）持伪造、变造的船员职务证书；

（五）持转让、买卖或者租借的船员职务证书；

（六）所服务的船舶的航区、种类和等级或者所任职务超越所持船员职务证书限定的范围；

（七）持已经超过有效期限的船员职务证书；

（八）未按照规定持有船员服务簿。

对本条第二款第（三）项、第（五）项规定的违法行为，除处以罚款外，并处吊销船员职务证书。对本条第二款第（五）项规定的持租借船员职务证书的情形，还应对船员职务证书出借人处以2 000元以上2万元以下罚款。

对本条第二款第（四）项规定的违法行为，除处以罚款外，并收缴相关证书。

对本条第二款第（六）项规定的违法行为，除处以罚款外，并处扣留船员职务证书3个月至12个月。

第二十条 船员用人单位、船舶所有人有下列未按照规定招用外国籍船员在中国籍船舶上任职情形的，依照《船员条例》第五十九条的规定，责令改正，并处以3万元以上15万元以下罚款：

（一）未依照法律、行政法规和国家其他有关规定取得就业许可；

（二）未持有合格的且签发国与我国签订了船员证书认可协议的船员证书；

（三）雇佣外国籍船员的航运公司未承诺承担船员权益维护的责任。

第二十一条 船员服务机构和船员用人单位未将其招用或者管理的船员的有关情况定期向海事管理机构备案的，按照《船员条例》第六十二条的规定，对责任单位处以 5 000 元以上 2 万元以下罚款。

前款所称船员服务机构包括海员外派机构。

本条第一款所称船员服务机构和船员用人单位未定期向海事管理机构备案，包括下列情形：

（一）未按规定进行备案，或者备案内容不全面、不真实；

（二）未按照规定时间备案；

（三）未按照规定的形式备案。

第二十二条 违反《海上交通安全法》第八条的规定，设施未按照国家规定配备掌握避碰、信号、通信、消防、救生等专业技能的人员，依照《海上交通安全法》第四十四条的规定，对设施所有人或者设施经营人处以 1 000 元以上 1 万元以下罚款；对设施主要负责人和直接责任人员处以 1 000 元以上 8 000 元以下罚款。

第四节 违反航行、停泊和作业管理秩序

第二十三条 违反《海上交通安全法》第六条的规定，船舶未按照标准定额配备足以保证船舶安全的合格船员，依照《海上交通安全法》第四十四条的规定，对船舶所有人或者船舶经营人处以 3 000 元以上 2 万元以下罚款；对船长处以 2 000元以上 2 万元以下罚款；情节严重的，并给予扣留船员适任证书 3 个月至 12 个月的处罚。

本条第一款所称未按照标准定额配备足以保证船舶安全的合格船员，包括下列情形：

（一）船舶所配船员的数量低于船舶最低安全配员证书规定的定额要求；

（二）船舶未持有有效的船舶最低安全配员证书。

第二十四条 违反《海上交通安全法》第九条的规定，船舶、设施上的人员不遵守有关海上交通安全的规章制度和操作规程，依照《海上交通安全法》第四十四条和《船员条例》第五十六条的规定，处以 1 000 元以上 1 万元以下罚款；情节严重的，并给予扣留船员适任证书 6 个月至 24 个月直至吊销船员适任证书的处罚。发生事故的，按照第二十五条的规定给予扣留或者吊销船员适任证书的处罚。

本条前款所称不遵守有关海上交通安全的规章制度，包括下列情形：

（一）在船上履行船员职务，未按照船员值班规则实施值班；

（二）未获得必要的休息上岗操作；

（三）在船上值班期间，体内酒精含量超过规定标准；

（四）在船上履行船员职务，服食影响安全值班的违禁药物；

（五）不采用安全速度航行；

（六）不按照规定的航路航行；

（七）未按照要求保持正规了望；

（八）不遵守避碰规则；

（九）不按照规定停泊、倒车、调头、追越；

（十）不按照规定显示信号；

（十一）不按照规定守听航行通信；

（十二）不按照规定保持船舶自动识别系统处于正常工作状态，或者不按照规定在船舶自动识别设备中输入准确信息，或者船舶自动识别系统发生故障未及时向海事管理机构报告；

（十三）不按照规定进行试车、试航、测速、辨校方向；

（十四）不按照规定测试、检修船舶设备；

（十五）不按照规定保持船舱良好通风或者清洁；

（十六）不按照规定使用明火；

（十七）不按照规定填写航海日志；

（十八）不按照规定采取保障人员上、下船舶、设施安全的措施；

（十九）不按照规定载运易流态化货物，或者不按照规定向海事管理机构备案。

第二十五条 违反《海上交通安全法》第九条的规定，船舶、设施上的人员不遵守有关海上交通安全的规章制度和操作规程，造成海上交通事故的，还应当按照下列规定给予处罚：

（一）造成特别重大事故的，对负有全部责任、主要责任的船员吊销适任证书或者其他适任证件，对负有次要责任的船员扣留适任证书或者

其他适任证件 12 个月直至吊销适任证书或者其他适任证件；责任相当的，对责任船员扣留适任证书或者其他适任证件 24 个月或者吊销适任证书或者其他适任证件。

（二）造成重大事故的，对负有全部责任、主要责任的船员吊销适任证书或者其他适任证件；对负有次要责任的船员扣留适任证书或者其他适任证件 12 个月至 24 个月；责任相当的，对责任船员扣留适任证书或者其他适任证件 18 个月或者吊销适任证书或者其他适任证件。

（三）造成较大事故的，对负有全部责任、主要责任的船员扣留船员适任证书 12 个月至 24 个月或者吊销船员适任证书，对负有次要责任的船员扣留船员适任证书 6 个月；责任相当的，对责任船员扣留船员适任证书 12 个月。

（四）造成一般事故的，对负有全部责任、主要责任的船员扣留船员适任证书 9 个月至 12 个月，对负有次要责任的船员扣留船员适任证书 6 个月至 9 个月；责任相当的，对责任船员扣留船员适任证书 9 个月。

第二十六条 违反《海上交通安全法》第十条的规定，船舶、设施不遵守有关法律、行政法规和规章，依照《海上交通安全法》第四十四条的规定，对船舶、设施所有人或经营人处以 3 000 元以上 1 万元以下罚款；对船长或设施主要负责人处以 2 000 元以上 1 万元以下罚款并对其他直接责任人员处以 1 000 元以上 1 万元以下罚款；情节严重的，并给予扣留船员适任证书 6 个月至 24 个月直至吊销船员适任证书的处罚。

本条前款所称船舶、设施不遵守有关法律、行政法规和规章，包括下列情形：

（一）不按照规定检修、检测影响船舶适航性能的设备；

（二）不按照规定检修、检测通信设备和消防设备；

（三）不按照规定载运旅客、车辆；

（四）超过核定载重线载运货物；

（五）不符合安全航行条件而开航；

（六）不符合安全作业条件而作业；

（七）未按照规定进行夜航；

（八）强令船员违规操作；

（九）强令船员疲劳上岗操作；

（十）未按照船员值班规则安排船员值班；

（十一）超过核定航区航行；

（十二）未按照规定的航路行驶；

（十三）不遵守避碰规则；

（十四）不采用安全速度航行；

（十五）不按照规定停泊、倒车、调头、追越；

（十六）不按照规定进行试车、试航、测速、辨校方向；

（十七）不遵守航行、停泊和作业信号规定；

（十八）不遵守强制引航规定；

（十九）不遵守航行通信和无线电通信管理规定；

（二十）不按照规定保持船舱良好通风或者清洁；

（二十一）不按照规定采取保障人员上、下船舶、设施安全的措施；

（二十二）不遵守有关明火作业安全操作规程；

（二十三）未按照规定拖带或者非拖带船从事拖带作业；

（二十四）违反船舶并靠或者过驳有关规定；

（二十五）不按照规定填写航海日志；

（二十六）未按照规定报告船位、船舶动态；

（二十七）未按照规定标记船名、船舶识别号；

（二十八）未按照规定配备航海图书资料。

第二十七条 违反《海上交通安全法》第十一条规定，外国籍非军用船舶未经中国海事管理机构批准进入中国的内水和港口或者未按规定办理进出口岸手续，依照《海上交通安全法》第四十四条的规定，对船舶所有人或者船舶经营人处以 3 万元罚款，对船长处以 1 万元罚款。

第二十八条 违反《海上交通安全法》第十一条规定，外国籍非军用船舶进入中国的内水和港口不听从海事管理机构指挥，依照《海上交通安全法》第四十四条的规定，对船舶所有人或者船舶经营人处以警告或者 2 000 元以上 2 万元以下罚款，对船长处以警告或者 1 000 元以上 1 万元以下罚款。

第二十九条 违反《海上交通安全法》第十三条规定，外国籍船舶进出中国港口或者在港内航行、移泊以及靠离港外系泊点、装卸站等，不按照规定申请指派引航员引航，或者不使用按照规定指派的引航员引航的，依照《海上交通安全法》第四十四条的规定，对船舶所有人或者船舶经营人处以警告或者 2 000 元以上 1 万元以下罚款，对船长处以警告或者 1 000 元以上 1 万元以下罚款。

第三十条 违反《海上交通安全法》第十四条规定，船舶进出港口或者通过交通管制区、通航密集区和航行条件受到限制的区域时，不遵守中国政府或者海事管理机构公布的特别规定的，依照《海上交通安全法》第四十四条的规定，对船舶所有人或者船舶经营人处以警告或者 1 000 元以上 1 万元以下罚款，对船长处以警告或者 500 元以上 1 万元以下罚款，并可扣留船员适任证书 3 个月至 12 个月。

第三十一条 违反《海上交通安全法》第十五条规定，船舶无正当理由进入或者穿越禁航区，依照《海上交通安全法》第四十四条的规定，对船舶所有人或者船舶经营人处以警告或者 2 000 元以上 1 万元以下罚款，对船长处以警告或者 1 000 元以上 1 万元以下罚款，并扣留船员适任证书 3 个月至 12 个月。

第三十二条 违反《海上交通安全法》第十二条规定，国际航行船舶进出中国港口，拒不接受海事管理机构的检查，依照《海上交通安全法》第四十四条的规定，对船舶所有人或者船舶经营人处以 1 000 元以上 1 万元以下的罚款；情节严重的，处以 1 万元以上 3 万元以下的罚款。对船长或者其他责任人员处以 100 元以上 1 000 元以下的罚款；情节严重的，处以 1 000 元以上 3 000元以下的罚款，并可扣留船员适任证书 6 个月至 12 个月。

本条前款所称拒不接受海事管理机构的检查，包括下列情形：

（一）拒绝或者阻挠海事管理机构实施安全检查；

（二）中国籍船舶接受海事管理机构实施安全检查时不提交《船旗国安全检查记录簿》；

（三）在接受海事管理机构实施安全检查时弄虚作假；

（四）未按照海事管理机构的安全检查处理意见进行整改。

第三十三条 违反《海上交通安全法》第十二条的规定，中国籍国内航行船舶进出港口不按照规定向海事管理机构报告船舶的航次计划、适航状态、船员配备和载货载客等情况的，依照《海上交通安全法》第四十四条的规定，对船舶所有人或者船舶经营人处以 2 000 元以上 1 万元以下罚款；对船长处以 1 000 元以上 1 万元以下罚款，并可扣留船员适任证书 6 个月至 24 个月。

第三十四条 违反《港口建设费征收使用管理办法》，不按规定缴纳或少缴纳港口建设费的，依照《财政违法行为处罚处分条例》第十三条规定，责令改正，并处未缴纳或者少缴纳的港口建设费的 10% 以上 30% 以下的罚款；对直接负责的主管人员和其他责任人处以 3 000 元以上 5 万元以下罚款。

对于未缴清港口建设费的国内外进出口货物，港口经营人、船舶代理公司或者货物承运人违规办理了装船或者提离港口手续的，禁止船舶离港、责令停航、改航、责令停止作业，并可对直接负责的主管人员和其他责任人处以 3 000 元以上 3 万元以下罚款。

第三十五条 违反《海上航行警告和航行通告管理规定》第八条规定，海上航行警告、航行通告发布后，申请人未在国家主管机关或者区域主管机关核准的时间和区域内进行活动，或者需要变更活动时间或者改换活动区域的，未按规定重新申请发布海上航行警告、航行通告，依照《海上航行警告和航行通告管理规定》第十七条的规定，责令其停止活动，并可以处 2 000 元以下罚款。

第三十六条 违反《海上航行警告和航行通告管理规定》，造成海上交通事故的，依照《海上航行警告和航行通告管理规定》第二十条，对船舶、设施所有人或者经营人处以3 000元以上1万元以下罚款；对船长或者设施主要负责人处以2 000元以上1万元以下罚款并对其他直接责任人员处以1 000元以上1万元以下罚款；情节严重的，并给予扣留船员适任证书6个月至24个月直至吊销船员适任证书的处罚。

第五节 违反危险货物载运安全监督管理秩序

第三十七条 违反《危险化学品安全管理条例》第四十四条的规定，有下列情形之一的，依照《危险化学品安全管理条例》第八十六条的规定，由海事管理机构责令改正，处5万元以上10万元以下的罚款；拒不改正的，责令停航、停业整顿。

（一）从事危险化学品运输的船员未取得相应的船员适任证书和培训合格证明；

（二）危险化学品运输申报人员、集装箱装箱现场检查员未取得从业资格。

第三十八条 违反《危险化学品安全管理条例》第十八条的规定，运输危险化学品的船舶及其配载的容器未经检验合格而投入使用的，依照《危险化学品安全管理条例》第七十九条的规定，由海事管理机构责令改正，对船舶所有人或者经营人处以10万元以上20万元以下的罚款；有违法所得的，没收违法所得；拒不改正的，责令停航整顿。

第三十九条 违反《危险化学品安全管理条例》第四十五条的规定，船舶运输危险化学品，未根据危险化学品的危险特性采取相应的安全防护措施，或者未配备必要的防护用品和应急救援器材的，依照《危险化学品安全管理条例》第八十六条的规定，由海事管理机构责令改正，对船舶所有人或者经营人处以5万元以上10万元以下的罚款；拒不改正的，责令停航整顿。

本条前款所称未根据危险化学品的危险特性采取相应的安全防护措施，或者未配备必要的防护用品和应急救援器材，包括下列情形：

（一）拟交付船舶运输的化学品的相关安全运输条件不明确，货物所有人或者代理人不委托相关技术机构进行评估，或者未经海事管理机构确认，交付船舶运输的；

（二）装运危险化学品的船舶未按照有关规定编制应急预案和配备相应防护用品、应急救援器材；

（三）船舶装运危险化学品，不按照规定进行积载或者隔离；

（四）装运危险化学品的船舶擅自在非停泊危险化学品船舶的锚地、码头或者其他水域停泊；

（五）船舶所装运的危险化学品的包装标志不符合有关规定；

（六）船舶装运危险化学品发生泄漏或者意外事故，不及时采取措施或者不向海事管理机构报告。

第四十条 装运危险化学品的船舶进出港口，不依法向海事管理机构办理申报手续的，对船舶所有人或者经营人处1万元以上3万元以下的罚款。

第四十一条 违反《危险化学品安全管理条例》第五十三条、第六十三条的规定，通过船舶载运危险化学品，托运人不向承运人说明所托运的危险化学品的种类、数量、危险特性以及发生危险情况的应急处置措施，或者未按照国家有关规定对所托运的危险化学品妥善包装并在外包装上设置相应标志的，依照《危险化学品安全管理条例》第八十六条的规定，由海事管理机构责令改正，对托运人处5万元以上10万元以下的罚款；拒不改正的，责令停航整顿。

第四十二条 违反《危险化学品安全管理条例》第六十四条的规定，通过船舶载运危险化学品，在托运的普通货物中夹带危险化学品，或者将危险化学品谎报或者匿报为普通货物托运的，依照《危险化学品安全管理条例》第八十七条的规定，由海事管理机构责令改正，对托运人处以10万元以上20万元以下的罚款，有违法所得的，没收违法所得；拒不改正的，责令停航整顿。

第四十三条 违反《海上交通安全法》第三十二条规定，船舶、浮动设施储存、装卸、运输危险化学品以外的危险货物，不具备安全可靠的设备和条件，或者不遵守国家关于危险化学品以外的危险货物管理和运输的规定的，依照《海上交通安全法》第四十四条的规定，对船舶、设施所有人或者经营人处以1万元以上2万元以下罚款；对船长或者设施主要负责人和其他直接责任人员处以2 000元以上1万元以下罚款，并扣留船员适任证书6个月至24个月。

本条款所称不具备安全可靠的设备和条件，包括下列情形：

（一）装运危险化学品以外的危险货物的船舶未按有关规定编制应急预案和配备相应防护用品、应急救援器材的；

（二）装运危险化学品以外的危险货物的船舶及其配载的容器，未按照国家有关规范进行检验合格；

（三）船舶装运危险化学品以外的危险货物，所使用包装的材质、型式、规格、方法和单件质量（重量）与所包装的危险货物的性质和用途不相适应；

（四）船舶装运危险化学品以外的危险货物的包装标志不符合有关规定；

（五）装运危险化学品以外的危险货物的船舶，未按规定配备足够的取得相应的特殊培训合格证书的船员。

本条款所称不遵守国家关于危险化学品以外的危险货物管理和运输的规定，包括下列行为：

（一）使用未经检验合格的包装物、容器包装、盛装、运输；

（二）重复使用的包装物、容器在使用前，不进行检查；

（三）未按照规定显示装载危险货物的信号；

（四）未按照危险货物的特性采取必要安全防护措施；

（五）未按照有关规定对载运中的危险货物进行检查；

（六）装运危险货物的船舶擅自在非停泊危险货物船舶的锚地、码头或者其他水域停泊；

（七）船舶装运危险货物发生泄漏或者意外事故，不及时采取措施或者不向海事管理机构报告。

第四十四条 违反《海上交通安全法》第三十三条规定，船舶装运危险化学品以外的危险货物进出港口，不向海事管理机构办理申报手续，依照《海上交通安全法》第四十四条的规定，对船舶、设施所有人或者经营人处以300元以上1万元以下罚款；对船长或者设施主要负责人和其他直接责任人员处以200元以上1万元以下罚款，并扣留船员适任证书6个月至24个月。

第六节 违反海难救助管理秩序

第四十五条 违反《海上交通安全法》第三十四条规定，船舶、设施或者飞机遇难时，不及时向海事管理机构报告出事时间、地点、受损情况、救助要求以及发生事故的原因的，依照《海上交通安全法》第四十四条规定，对船舶、设施所有人或者经营人处以2 000元以上1万元以下罚款；对船长、设施主要负责人处以1 000元以上8 000元以下罚款，并可扣留船员适任证书6个月至12个月。

第四十六条 违反《海上交通安全法》第三十六条规定，事故现场附近的船舶、设施，收到求救信号或者发现有人遭遇生命危险时，在不严重危及自身安全的情况下，不救助遇难人员，或者不迅速向海事管理机构报告现场情况和本船舶、设施的名称、呼号和位置，依照《海上交通安全法》第四十四条规定，对船舶、设施所有人或者经营人处以200元以上1万元以下罚款；对船长、设施主要负责人处以1 000元以上1万元以下罚款，情节严重的，并扣留船员适任证书6个月至24个月直至吊销船员适任证书。

第四十七条 违反《海上交通安全法》第三十七条规定，发生海上交通事故的船舶、设施有下列行为之一，依照《海上交通安全法》第四十四条规定，对船舶、设施所有人或者经营人处以200元以上1万元以下罚款；对船长、设施主要负责人处以1 000元以上1万元以下罚款，情节严重的，并扣留船员适任证书6个月至24个月直至吊销船员适任证书：

（一）不互通名称、国籍和登记港；

（二）不救助遇难人员；

（三）在不严重危及自身安全的情况下，擅自离开事故现场或者逃逸。

第四十八条 违反《海上交通安全法》第三十八条规定，有关单位和在事故现场附近的船舶、设施，不听从海事管理机构统一指挥实施救助，依照《海上交通安全法》第四十四条规定，对船舶、设施所有人或者经营人处以200元以上1万元以下罚款；对船长、设施主要负责人处以100元以上8 000元以下罚款，并可扣留船员适任证书6个月至12个月。

第七节 违反海上打捞管理秩序

第四十九条 违反《海上交通安全法》第四十条规定，对影响安全航行、航道整治以及有潜在爆炸危险的沉没物、漂浮物，其所有人、经营人不按照海事管理机构限定期限打捞清除，依照《海上交通安全法》第四十四条规定，对法人或者其他组织处以1万元罚款；对自然人处以5 000元罚款。

第五十条 违反《海上交通安全法》第四十一条规定，未经海事管理机构批准，擅自打捞或者拆除沿海水域内的沉船沉物，依照《海上交通安全法》第四十四条规定，处以5 000元以上3万元以下罚款。

第八节 违反海上船舶污染沿海水域环境管理秩序

第五十一条 本节所称水上拆船、海港、船舶，其含义分别与《防止拆船污染环境管理条例》使用的同一用语的含义相同。

本节所称内水、海洋环境污染损害、排放、倾倒，其含义分别与《海洋环境保护法》使用的同一用语的含义相同。

第五十二条 违反《防止拆船污染环境管理条例》规定，有下列情形之一的，依照《防止拆船污染环境管理条例》第十七条的规定，除责令其限期纠正外，还可以根据不同情节，处以1万元以上10万元以下的罚款：

（一）未持有经批准的环境影响报告书（表），擅自设置拆船厂进行拆船的；

（二）发生污染损害事故，不向监督拆船污染的海事管理机构报告也不采取消除或控制污染措施的；

（三）废油船未经洗舱、排污、清舱和测爆即行拆解的；

（四）任意排放或者丢弃污染物造成严重污染的。

第五十三条 违反《防止拆船污染环境管理条例》规定，有下列情形之一的，依照《防止拆船污染环境管理条例》第十八条的规定，除责令其限期纠正外，还可以根据不同情节，处以警告或者处以1万元以下的罚款：

（一）拒绝或阻挠海事管理机构进行现场检查或在被检查时弄虚作假的；

（二）未按规定要求配备和使用防污设施、设备和器材，造成环境污染的；

（三）发生污染损害事故，虽采取消除或控制污染措施，但不向监督拆船污染的海事管理机构报告的；

（四）拆船单位关闭、搬迁后，原厂址的现场清理不合格的。

第五十四条 违反《海洋环境保护法》有关规定，船舶有下列行为之一的，依照《海洋环境保护法》第七十三条的规定，责令限期改正，并对船舶所有人或者经营人处以罚款：

（一）向沿海水域排放《海洋环境保护法》禁止排放的污染物或其他物质的；

（二）不按照《海洋环境保护法》规定向海洋排放污染物，或超过标准排放污染物的；

（三）未取得海洋倾倒许可证，向海洋倾倒

废弃物的；

（四）因发生事故或其他突发性事件，造成海洋环境污染事故，不立即采取处理措施的。

有前款第（一）项、第（三）项行为之一的，处以3万元以上20万元以下的罚款；有前款第（二）项、第（四）项行为之一的，处以2万元以上10万元以下的罚款。

第五十五条 违反《海洋环境保护法》规定，船舶在港口区域内造成珊瑚礁、红树林等海洋生态系统及海洋水产资源、海洋保护区破坏的，依照《海洋环境保护法》第七十六条的规定，责令限期改正和采取补救措施，并对船舶所有人或者经营人处以1万元以上10万元以下的罚款；有违法所得的，没收其违法所得。

第五十六条 违反《海洋环境保护法》规定，有下列行为之一的，依照《海洋环境保护法》第八十七条的规定，予以警告，或者处以罚款：

（一）船舶、港口、码头、装卸站未按规定配备防污设施、器材的；

（二）船舶未取得并随船携带防污证书、防污文书的；

（三）船舶未如实记录污染物处置情况；

（四）从事水上和港区水域拆船、旧船改装、打捞和其他水上、水下施工作业，造成海洋环境污染损害的；

（五）船舶载运的货物不具备防污适运条件的。

有前款第（一）项、第（五）项行为之一的，处以2万元以上10万元以下的罚款；有前款第（二）项、第（三）项行为的，处以2万元以下的罚款；有前款第（四）项行为的，处以5万元以上20万元以下的罚款。

第五十七条 违反《海洋环境保护法》规定，船舶不编制溢油应急计划的，依照《海洋环境保护法》第八十八条的规定，对船舶所有人或者经营人予以警告，并责令限期改正。

第九节 违反交通事故调查处理秩序

第五十八条 本规定所称海上交通事故，其含义与《海上交通事故调查处理条例》使用的同一用语的含义相同。

第五十九条 违反《海上交通事故调查处理条例》规定，有下列行为之一的，依照《海上交通事故调查处理条例》第二十九条和《船员条例》第五十六条的规定予以处罚：

（一）发生海上交通事故，未按规定的时间向海事管理机构报告或提交《海上交通事故报告书》；

（二）中国籍船舶在中华人民共和国管辖水域以外发生海上交通事故，船舶所有人或经营人未按《海上交通事故调查处理条例》第三十二条规定向船籍港海事管理机构报告，或者将判决书、裁决书或调解书的副本或影印件报船籍港的海事管理机构备案；

（三）发生海上交通事故，未按海事管理机构的要求驶往指定地点，或者在未发现危及船舶安全的情况下未经海事管理机构同意擅自驶离指定地点；

（四）发生海上交通事故，报告的内容或《海上交通事故报告书》的内容不符合《海上交通事故调查处理条例》第五条、第七条规定的要求，或者不真实，影响事故调查或者给有关部门造成损失；

（五）发生海上交通事故，不按《海上交通事故调查处理条例》第九条的规定，向当地或者船舶第一到达港的船舶检验机构、公安消防监督机关申请检验、鉴定，并将检验报告副本送交海事管理机构备案，影响事故调查；

（六）拒绝接受事故调查或无理阻挠、干扰海事管理机构进行事故调查的；

（七）在接受事故调查时故意隐瞒事实或者提供虚假证明。

存在前款第（一）项行为的，对船员处以警告或者1 000元以上1万元以下罚款，情节严重的，并给予扣留船员服务簿、船员适任证书6个月至24个月直至吊销船员服务簿、船员适任证书的处罚；对船舶所有人或者经营人处以警告或者5 000元以下罚款。存在前款第（二）项至第（七）项情形的，对船员处以警告或者200元以下罚款；对船舶所有人或者经营人处以警告或者5 000元以下罚款。

第六十条 违反《海上交通事故调查处理条例》第三十三条，派往外国籍船舶任职的持有中华人民共和国船员适任证书的中国籍船员对海上交通事故的发生负有责任，其外派服务机构未按照规定报告事故的，依照《海上交通安全法》第四十四条规定，对船员外派服务机构处以1 000元以上1万元以下罚款。

第四章 附 则

第六十一条 本规定所称沿海水域、船舶、设施、作业，其含义与《海上交通安全法》使用的同一用语的含义相同，但有关法律、行政法规和本规定另有规定的除外。

本规定所称船舶经营人，包括船舶管理人。

本规定所称设施经营人，包括设施管理人。

本规定所称当事人，包括自然人和法人以及其他组织，可以与有海事行政违法行为的船舶所有人、经营人互相替换。

本规定所称船员职务证书，包括船员培训合格证、船员服务簿、船员适任证书及其他适任证件。

本规定所称的船舶登记证书，包括船舶国籍证书、船舶所有权登记证书、船舶抵押权登记证书、光船租赁登记证书。

本规定所称船员，包括船长、轮机长、驾驶员、轮机员、无线电人员、引航员和水上飞机、潜水器的相应人员以及其他船员。

本规定所称“危险货物”，系指具有爆炸、易燃、毒害、腐蚀、放射性、污染危害性等特性，在船舶载运过程中，容易造成人身伤害、财产损失或者环境污染而需要特别防护的物品，包括危险化学品。

第六十二条 本规定所称的以上、以内包括本数，所称的以下不包括本数，本规定另有规定的除外。

第六十三条 本规定所称日，是指工作日。

本规定所称月，按自然月计算。

本规定所称其他送达方式，是指委托送达、邮寄送达、留置送达、公告送达等《民事诉讼法》规定的方式。

第六十四条 海上海事行政处罚程序适用《交通运输行政执法程序规定》。

第六十五条 海事管理机构办理海事行政处罚案件，应当使用交通运输部制订的统一格式的海事行政处罚文书。

第六十六条 本规定自2015年7月1日起施行。2003年7月10日以交通部令2003年第8号公布的《中华人民共和国海上海事行政处罚规定》同时废止。

中华人民共和国国际船舶保安规则

（2007年3月26日交通部发布，根据2019年6月3日《交通运输部关于修改〈中华人民共和国国际船舶保安规则〉的决定》修订）

第一章 总 则

第一条 为加强国际航行船舶保安管理，根据经过修订的《1974年国际海上人命安全公约》（以下简称SOLAS公约）和《国际船舶和港口设施保安规则》（以下简称ISPS规则）的规定，制定本规则。

第二条 本规则适用于下列从事国际航行的中国籍船舶和从事国际航运业务的中国公司以及进入中国管辖海域的外国籍船舶：

（一）客船；

（二）500总吨及以上的货船；

（三）500总吨及以上的特种用途船；

（四）移动式海上钻井装置。

适用本规则的船舶以下简称船舶。

本规则不适用于军用船舶和仅用于政府公务用途的船舶。

第三条 交通运输部主管全国船舶保安工作。中华人民共和国海事局负责具体执行 SOLAS 公约和 ISPS 规则规定的缔约国政府船舶保安主管机关的职责。

交通运输部在沿海设立的海事管理机构按照本规则具体履行下列职责：

（一）负责管理船舶保安员和公司保安员的培训，对通过规定的船舶保安培训并经考试合格者，签发相应的培训合格证；

（二）接收船舶海上保安信息，并在法定的职责内按照规定的程序采取相应的行动；

（三）向已经进入中国领海或者已经报告拟进入中国领海的船舶提供相应的保安信息，向相关部门通报保安信息，并按照法定职责采取相应的行动；

（四）实施船舶保安监督管理，检查《船舶连续概要记录》、《国际船舶保安证书》、《临时国际船舶保安证书》、保安报警装置、保安演习以及本规则规定的其他船舶保安事项，检查已经审核合格的船舶保安计划以及修订内容的有效性；

（五）对船舶保安员、公司保安员实施监督管理；

（六）中华人民共和国海事局规定的其他船舶保安职责。

船舶检验机构依据中华人民共和国海事局的授权和本规则有关规定具体履行下列职责：

（一）对《船舶保安计划》进行技术审核；

（二）签发《国际船舶保安证书》和《临时国际船舶保安证书》。

第四条 本规则下列用语的含义是：

（一）特种用途船，是指根据船舶功能的需要而载有 12 名以上特殊人员（包括乘客）的机械自航船舶，包括以下类型：

1. 从事科研、考察及测量的船舶；

2. 用于海上人员训练的船舶；

3. 不从事捕捞的鲸船及鱼类加工船；

4. 不从事捕捞的其他海洋生物资源加工船；

5. 设计特点与作业方式与第 1 目至第 4 目相类似的其他船舶。

（二）船港界面活动，是指船舶与港口之间的人员来往、货物装卸或者接受港口服务时发生的交互活动。

（三）船到船活动，是指从一船向另一船转移物品或者人员且与港口设施不相关的行为。

（四）保安事件，是指威胁船舶、港口设施或者船港界面活动、船到船活动安全的任何可疑行为或者情况。

（五）保安联络点，是指由交通运输部公布并设立在各直属海事管理机构的联络点。船舶、公司可通过该联络点向海事管理机构就船舶保安事项请求建议或者援助，报告关于其他船舶、动向或者通信的任何保安问题。

（六）保安等级，是指可能导致保安事件或者发生保安事件的风险级别划分。

（七）保安声明，是指船舶与其所从事活动的港口设施或者其他船舶之间达成谅解的书面协议，规定各自的保安措施。

（八）《船舶保安计划》，是指为确保在船上采取旨在保护船上人员、货物、货物运输单元、船舶物料或者船舶免受保安事件威胁的措施而制订的计划。

（九）船舶保安员，是指由公司指定的承担船舶保安责任的船上人员。该保安员对船长负责，其职责包括实施和维护《船舶保安计划》以及与公司保安员和港口设施保安员进行联络。

（十）公司保安员，是指由公司所指定的，负责开展船舶保安评估、制订和报审《船舶保安计划》、实施和维持审核合格后的《船舶保安计划》，并与港口设施保安员和船舶保安员进行联络的人员。

（十一）港口设施保安员，是指被指定负责落实《港口设施保安计划》的制订、实施、修订和维护工作，并与船舶保安员和公司保安员进行联络的人员。

（十二）公司，是指承担安全与防污染管理责任和义务的航运企业，包括船舶所有人、经营人、管理人和光船承租人。

第二章　船舶保安等级

第五条　船舶保安等级从低到高分为三级，分别是保安等级 1、保安等级 2 和保安等级 3。

保安等级 1 是指应当始终保持的最低防范性保安措施的等级。

保安等级 2 是指由于保安事件危险性升高而应在一段时间内保持适当的附加保护性保安措施的等级。

保安等级 3 是指当保安事件可能或者即将发生（尽管可能尚无法确定具体目标）时应在一段有限时间内保持进一步的特殊保护性保安措施的等级。

第六条　中华人民共和国海事局应当根据威胁信息的可信程度、得到佐证的程度、具体或者紧迫程度以及保安事件潜在的后果确定和调整船舶的保安等级。

前款所称威胁信息包括但不限于以船舶为载体或者工具对下列对象产生威胁的信息：国家安全、公共安全、公共卫生、公共环境、公共资源、海上通信安全、重要设施安全、社会治安等。

第七条　船舶保安等级由交通运输部发布。

交通运输部发布船舶保安等级时，可以视情发出适当的指令，并向可能受到影响的船舶提供保安信息。

第三章　船舶和公司的保安要求

第一节　一般规定

第八条　船舶应当按照 SOLAS 公约的要求和中华人民共和国海事局的规定，配备船舶自动识别系统（AIS）、《船舶连续概要记录》，安装船舶保安警报系统，标记船舶永久识别号。

第九条　公司应当履行以下职责：

（一）负责对所属船舶进行船舶保安评估；

（二）负责编制《船舶保安计划》和已审核合格计划的后续修订；

（三）实施经过审核合格的《船舶保安计划》；

（四）采取适当的措施，避免泄漏船舶保安评估或者《船舶保安计划》及其相关的保安敏感性、保密性资料；

（五）应当安排一名或者数名人员作为公司保安员，确定每人所负责的船舶，并确保其能够 24 小时与船舶、港口设施保安员和海事管理机构保持联系；

（六）向船籍港海事管理机构及时提供最新的公司保安员名单以及 24 小时联络方式等资料；

（七）在每艘船舶上指定一名适合履行船舶保安职责的人员作为船舶保安员；

（八）为船舶保安员、公司保安员、船长履行职责提供必要的条件；

（九）赋予船长在船舶保安以及在必要时请求公司或者海事管理机构提供帮助方面的决定权；

（十）根据确定的保安等级，采取相应的保安措施；

（十一）组织、参加船舶保安培训、训练和演习；

（十二）收集船舶保安信息，并向相关部门报告或者通报。

第十条　在各等级保安状态下，船舶应当按照经审核合格的船舶保安计划开展工作。

发现保安威胁，在船舶保安等级未确认改变之前，船舶可以按照经过审核合格的保安计划，采取高于其所处保安等级的保安措施，包括附加保护性措施和特殊保护性措施。

船舶的保安等级高于其拟进入或者所在港口的保安等级，船舶应当立即将此情况通知拟进入或者所在国家的保安联络点。

船舶的保安等级低于其拟进入或者所在港口的保安等级，船舶应当立即按照本船的《船舶保安计划》升高船舶的保安等级至不低于港口的保安等级，并向拟进入或者所在国家的保安联络点报告。

第十一条　船长在职责范围内做出的维护船舶安全或者保安的决定，不受公司或者任何其他人员的限制。其中包括拒绝人员（经确定为SOLAS公约、ISPS规则缔约国政府正式授权的人员除外）及其物品上船或者拒绝装货（包括集装箱或者其他封闭的货运单元）。

不论处于何种保安等级，船长在任何时候对船舶的安全负有最终责任。如果有理由相信执行任何有关指令会危及船舶的安全，船长可以要求澄清或者修改指令。

第十二条 船舶在进入中华人民共和国港口之前、在港口期间，船长和船舶保安员应当履行下列义务：

（一）了解拟挂靠的港口设施履行SOLAS公约和ISPS规则的情况；

（二）与我国海事管理机构公布的保安联络点联系，以确定适合的船舶保安等级，并掌握有关船舶保安等级的任何变化；

（三）与拟挂靠的港口设施的保安员联系，了解该港口设施的保安等级，并掌握有关港口设施保安等级的任何变化；

（四）如果保安联络点确定了该船需要提升保安等级并就此发出指令，船长和船舶保安员应当向保安联络点确认已收到关于保安等级改变的指令，并确认已开始实施《船舶保安计划》所列明的措施和程序；如果在实施中遇到任何困难，应当与港口设施保安员联系，并协调适当的行动；

（五）如果船舶按照本条第（四）项规定需要提高的保安等级或已处于的保安等级高于其拟挂靠或所在港口的保安等级，船长和船舶保安员应当立即将此情况通知港口所在地海事管理机构和港口设施保安员，并在必要时与港口设施保安员协调适当的行动。

第十三条 在中华人民共和国领海或者拟进入中华人民共和国领海的船舶，发现可能影响所在区域海上保安的任何信息，应当立即向沿岸保安联络点报告。

第二节 船舶保安评估

第十四条 公司保安员应当确保船舶保安评估由具备评价船舶保安技能的人员按照本规则、SOLAS公约和ISPS规则的要求开展，并对船舶保安评估的妥善实施负有最终责任。

公司可以由公司保安员实施保安评估，也可就某一具体船舶的保安评估委托具备船舶保安评估资质的机构实施，实施船舶保安评估的机构应当对评估的结论负责。

第十五条 船舶保安评估应当符合下列要求以及中华人民共和国海事局规定或者认可的船舶保安评估规范：

（一）确定现有保安措施、程序和操作；

（二）确定并评价应予重点保护的船上关键操作；

（三）确定船上关键操作可能受到的威胁及其发生的可能性，以确定并按优先顺序排定保安措施；

（四）找出船舶设施、设备和重要部位以及方针和程序中的弱点，包括人为因素。

船舶保安评估应当包括现场保安检验。现场保安检验应当检查和评估船上的现有保护措施、指南、程序和操作。

船舶发生重大变化时，应当及时重新进行保安评估。前述重大变化包括：船舶的通信、报警、消防、救生等重要设备结构、功能发生变化，船舶的保安组织机构、职责和协调程序发生重大变化，船舶发生了保安事件等。

第十六条 如果同一公司所有、租赁或者管理的船舶的种类，通信、报警、消防、救生等主要设备、结构相同或者相近，经向海事管理机构说明，可以共同评估并制作一份《船舶保安评估报告》。

第十七条 完成船舶保安评估后，评估人应当制作书面的《船舶保安评估报告》。

《船舶保安评估报告》应当由公司加以审查、接受并保存。

《船舶保安评估报告》应当保密，公司和承担船舶保安评估的机构应当制定并落实防止擅自接触、泄露的措施。

第三节 船舶保安计划

第十八条 《船舶保安评估报告》被公司接受后，公司应当根据船舶保安评估已经确定的船舶特点、潜在威胁和薄弱环节等情况，编制《船舶保安计划》。

《船舶保安计划》应当就本规则定义的三个保安等级作出规定，并至少包括以下内容：

（一）船舶的保安组织机构以及各自职责；

（二）标明船舶保安员和公司保安员，包括公司保安员的24小时联系方式；

（三）船舶与公司、港口设施、其他船舶和具有保安职责的有关主管机关的关系；

（四）保安等级1状态下应当落实的保安措施，以及保安等级提高时应当落实的全部附加和特别保安措施；

（五）《船舶保安计划》的保密措施；

（六）《船舶保安计划》的定期审查和更新程序；

（七）与海事管理机构、港口设施保安员及其他部门联系、报告的程序，船舶内部联系和报告保安事件的程序；

（八）防止将企图用于攻击人员、船舶或者港口的武器、危险物质和装置擅自携带上船的措施；

（九）对限制区域的确定以及防止擅自进入限制区域的措施；

（十）防止擅自上船的措施；

（十一）对保安威胁或者保安状况的破坏作出反应的程序，包括维持船舶或者船港界面的关键操作的规定；

（十二）对缔约国政府在保安等级3时可能发出的指令作出反应的程序；

（十三）在保安威胁或者保安状况受到破坏时的撤离程序；

（十四）保安活动审核程序；

（十五）与计划有关的培训、训练和演习程序；

（十六）确保检查、测试、校准和保养船上装备的任何保安设备的程序；

（十七）测试或者校准船上装备的任何保安设备的频度；

（十八）指明船舶保安警报系统启动点的安装位置；

（十九）船舶保安警报系统的使用，包括试验、启动、关闭、复位和减少误报警的程序、说明和指导；

（二十）保安和监控设备或者系统的类型和维护要求；

（二十一）建立、保持和更新危险货物或者财产及其地点清单的程序；

（二十二）向有关缔约国政府联络点报告的程序；

（二十三）自身要求签署《保安声明》的条件以及如何处理港口设施提出《保安声明》要求的做法；

（二十四）位于非缔约国的港口、与不符合SOLAS公约第XI－2章和ISPS规则A部分的港口设施或者未取得《国际船舶保安证书》的船舶发生界面活动以及与固定、浮动平台或者就位的移动式海上钻井装置进行界面活动时将采取的程序和保安措施。

第十九条 公司应当向船舶检验机构提出《船舶保安计划》技术审核申请。

船舶检验机构应当审核《船舶保安计划》是否符合第十八条的有关规定。审核合格的，应当出具证明文书，审核不合格的，应当书面告知理由。

第二十条 《船舶保安计划》审核合格后，船舶不得擅自更换该计划中所述的任何保安设备。

船舶更换已经审核合格的《船舶保安计划》涉及的任何保安设备，应当与本规则和ISPS规则规定的内容等效。更换保安设备后的《船舶保安计划》应当经船舶检验机构重新认证后方可实施。

第二十一条 船舶重新进行保安评估，公司或者公司保安员应当对《船舶保安计划》作出相应的修订后，按本节规定的程序提出申请。

第二十二条 《船舶保安计划》应当保密。

在符合下列条件时，执法人员可以查看《船舶保安计划》中与不符合情况有关的具体部分：

（一）有明确理由相信船舶不符合SOLAS公约第XI-2章或者ISPS规则A部分的要求，且只能通过审查船舶保安计划的相关要求验证或者纠正不符合情况；

（二）中国籍船舶征得船籍港海事管理机构或者船长的同意，但对计划中的保密信息未经中华人民共和国海事局另行同意，不能受到检查；外国籍船舶征得其所属缔约国政府或者船长的同意，但对计划中的保密信息未经其所属缔约国政府同意，不能受到检查。

本条前款所述的保密信息包括：

（一）对限制区域的确定以及防止擅自进入限制区域的措施；

（二）对保安状况受到的威胁或者破坏作出响应的程序，包括维持船舶或者船港界面的关键操作的规定；

（三）对缔约国政府在处于保安等级3时可能发出的任何指令作出响应的程序；

（四）船舶上负有保安责任人员的职责和船舶上其他人员在保安方面的职责；

（五）确保检查、测试、校准和保养船上任何保安设备的程序；

（六）指明船舶保安警报系统启动点所在位置；

（七）船舶保安警报系统的使用，包括试验、启动、关闭和复位以及限制误发警报的程序、说明和指导。

第二十三条 如果同一公司所有、租赁或者管理的船舶的种类，通信、报警、消防、救生等主要设备、结构相同或者相近，事先取得船籍港海事管理机构同意，可以共同制作一份《船舶保安计划》。

第四节 国际船舶保安证书

第二十四条 从事国际航行的船舶必须持有《国际船舶保安证书》或者《临时国际船舶保安证书》。

《国际船舶保安证书》或者《临时国际船舶保安证书》应当作为船舶法定检验证书的组成部分，随船携带。

第二十五条 符合以下条件，船舶检验机构应当向中国籍船舶签发《国际船舶保安证书》：

（一）船舶具备有效的船舶国籍证书和《船舶连续概要记录》；

（二）船舶按照规定标注了永久识别号，并按规定配备了满足SOLAS公约要求的船舶保安报警系统；

（三）船舶按照规定配备了合格的船舶保安员；

（四）船舶具有经审核合格的《船舶保安计划》；

（五）船舶已通过保安核验。

有下列情况之一的，船舶检验机构应当签发《临时国际船舶保安证书》：

（一）在交船时或者在投入营运或者重新投入营运之前，船舶没有《国际船舶保安证书》；

（二）船舶从SOLAS公约和ISPS规则的一缔约国政府换旗到另一缔约国政府；

（三）船舶从一非SOLAS公约和ISPS规则缔约国政府换旗到一缔约国政府；

（四）公司承担了其以前未经营过的某一船舶的经营责任。

第二十六条 《国际船舶保安证书》的有效期最长不超过5年，《临时国际船舶保安证书》的有效期最长不超过6个月。

第二十七条 船舶应当按照中华人民共和国海事局的规定，在《国际船舶保安证书》有效期内的第2周年和第3周年之间，至少向船舶检验机构申请一次船舶保安期间审核。

第二十八条 中国籍船舶有以下情况之一的，应当申请附加审核：

（一）在接受海事管理机构检查时，检查人员有充分理由确认船舶不符合ISPS规则A部分及本规则的要求；

（二）船舶保安计划作出修正并经审核合格后，公司应当在 3 个月内申请对船舶进行附加审核，以检查修正后计划的执行情况；

（三）船舶因不满足 ISPS 规则的要求被滞留、被禁止进港或者驱逐出港。

第五节　船舶保安声明

第二十九条　海事管理机构可以根据船港界面活动或者船到船活动对人员、财产和环境可能造成危险程度的判断，要求船舶与港口设施或者其他船舶签署《保安声明》。

签署《保安声明》的双方，应当确保在船舶与港口设施或者其他船舶之间就各方所分别采取的保安措施达成协议，说明各自的责任，并按照协议开展行动。

第三十条　在下列情况下，船舶可以要求与港口设施或者其他船舶签署《保安声明》：

（一）该船舶所处的保安等级高于其所从事界面活动的港口设施或者另一船舶的保安等级；

（二）在中华人民共和国政府与其他缔约国政府之间有涉及某些国际航线或者这些航线上的特定船舶的关于《保安声明》的协议；

（三）曾经有涉及该船舶或者涉及该港口设施的保安威胁或者重大保安事件；

（四）该船舶位于一个不要求具有和实施经过批准的《港口设施保安计划》的港口设施；

（五）该船舶与另一艘不要求具有和实施经审核合格的《船舶保安计划》的船舶进行船到船活动；

（六）符合该船舶《船舶保安计划》要求签署《保安声明》的其他条件。

对于上述第（一）项至第（五）项签署《保安声明》的请求，有关港口设施或者船舶应当回应。

船舶接到港口设施或者其他船舶签署《保安声明》的请求，应当予以回应。

第三十一条　《保安声明》应当由船长或者船舶保安员、港口设施保安员代表相关各方签署。

《保安声明》应当根据保安等级变化做相应的改变或者重新签署。

《保安声明》应当留船保存 3 年。

第六节　船舶保安的训练、演习

第三十二条　为了保证《船舶保安计划》的有效实施，公司应当每隔 3 个月进行一次船舶保安训练，测试下列威胁保安的因素：

（一）对船舶、货物、船舶基础设备或者系统以及船舶物料的损坏或者破坏；

（二）劫持或者扣留船舶或者船上人员；

（三）未经允许进入船舶的人员（包括藏于船上的偷渡人员）；

（四）走私武器或者设备（包括大规模杀伤性武器）；

（五）使用船舶载运企图制造保安事件的人员、设备；

（六）使用船舶本身作为损坏或者破坏的武器；

（七）在港或者锚泊时从海上发动的攻击；

（八）在海上时的攻击。

如果一次有 25% 以上船员发生变更，而这些人员在最近的适当间隔期中没有参加过该船的保安训练，则必须在发生变更后的一个星期内进行训练。

第三十三条　为了保证《船舶保安计划》的有效实施，测试通信、协调、资源共享和应答能力，公司保安员、船舶保安员应当每日历年至少参加一次由公司或者海事管理机构组织的保安演习，最长间隔不超过 18 个月。

保安演习可以采用实地或者模拟的形式，也可以与相关演习结合进行。

中国籍船舶如果参加国外有关主管当局组织的保安演习，应当事先通报船籍港海事管理机构。未事先通报的，海事管理机构不予承认。

第七节　船舶保安记录

第三十四条　船舶应当保存涉及以下活动的记录：

（一）培训、训练、演习；

（二）保安状况受到的威胁和保安事件；

（三）保安状况受到的破坏；

（四）保安等级的改变；

（五）与船舶保安状况直接有关的通信；

（六）保安活动的内部审核和评审；

（七）对船舶保安评估的定期评审；

（八）对船舶保安计划的定期评审；

（九）对船舶保安计划任何修正的实施；

（十）船舶保安设备的保养、校准和测试，包括对船舶保安警报系统的测试；

（十一）在任何港口进行船港界面活动时其所处的保安等级；

（十二）在任何港口进行船港界面活动时所采取的特别和附加的保安措施；

（十三）任何船到船活动时维持的适当的保安程序；

（十四）其他与船舶保安有关的实用信息（但不包括船舶保安计划的细节）。

第三十五条 船舶应当对船舶保安记录加以保护，防止擅自接触、删除、破坏、修改或者泄露。

船舶应当建立专门的船舶保安记录簿。

船舶保安记录应当存船保留 3 年。

第八节 对保安员和有关人员的要求

第三十六条 公司保安员和船舶保安员，应当按照 ISPS 规则的有关要求，完成海事管理机构规定的船舶保安培训，具备履行其职责的知识和能力。

公司和船舶的其他相关人员，应当按照 ISPS 规则的有关要求，经过相应的培训，具备履行其担任职责方面的知识和能力。

第三十七条 公司保安员履行下列职责：

（一）利用适当的保安评估和其他相关信息，就船舶可能遇到威胁的情况提出建议；

（二）确保船舶保安评估得以开展；

（三）确保《船舶保安计划》得以制定、提交审核合格以及随后得以实施和维护；

（四）确保对《船舶保安计划》进行适当修改，以纠正缺陷并符合各船舶的保安要求；

（五）安排对保安活动进行内部审核和审查；

（六）安排船舶进行初次和后续的审核；

（七）确保迅速解决和处理在内部审核、定期审查、保安检查和其它审核期间确定的缺陷和不符合项；

（八）加强保安意识和警惕性；

（九）确保负责船舶保安的人员受到适当的培训；

（十）确保船舶保安员和有关港口设施保安员之间的有效沟通与合作；

（十一）及时接收海事管理机构发布的船舶保安信息，并确保将信息及时传递到公司所属船舶；

（十二）确保保安要求和安全要求的一致性；

（十三）若采用了姊妹船或者船队的保安计划，确保每条船舶的计划均准确反映该船具体信息；

（十四）确保海事管理机构为某一特定船舶或者某一组船舶批准的任何替代或者等效措施得以实施和保持。

第三十八条 船舶保安员履行下列职责：

（一）承担船舶的定期保安检查，确保船舶保持适当的保安措施；

（二）保持和监督《船舶保安计划》的实施；

（三）与船上其他人员和有关港口设施保安员协调货物和船舶备品装卸中的保安事项；

（四）对《船舶保安计划》提出修改建议；

（五）向公司保安员报告内部审核、定期审查、保安检查和其他审核期间所确定的缺陷和不符合项，并采取纠正措施；

（六）加强船上保安意识和警惕性；

（七）确保为船上人员提供充分的培训；

（八）报告所有保安事件；

（九）与公司保安员和有关港口设施保安员协调实施《船舶保安计划》；

（十）确保正确操作、测试、校准和保养保安设备。

中国籍船舶的船舶保安员无法履行职责的，海事管理机构出具书面的证明文件，指定其他船员短时间替代船舶保安员的职责，并由船公司通知船舶停靠的下一港口的海事主管当局。

第四章　海上保安报警和处置

第三十九条　中国海上搜救中心总值班室是全国船舶和港口设施保安的总联络点，负责全国船舶和港口设施的保安报警接收和保安信息联络工作。

第四十条　交通运输部在沿海设立的各海事管理机构的值班室，负责下列事项的对外联系工作：

（一）接收港口保安信息和船舶保安信息，针对接到的保安报警及时按照船舶保安应急反应程序采取通告有关部门等保安行动；

（二）对船舶提供保安建议或者援助；

（三）为拟进入我国领海和港口的船舶提供保安信息和保安通信联系；

（四）按规定程序向中国海上搜救中心总值班室报告保安信息。

第四十一条　当出现威胁船舶、船港界面活动或者船到船活动安全的任何可疑行为或者情况，船长或者船舶保安员应当向船舶所在公司进行船舶保安报警。

公司保安员收到船舶保安报警后，应当立即与保安事件发生地的海事管理机构联系，报告船舶的船名、船籍、位置、船舶种类、船上人员和货物情况、受到的保安威胁等情况，同时通报船籍港海事管理机构；如涉及港口设施，还应通报港口设施所在地港口行政管理部门。

第四十二条　船舶应当制定并落实有关措施妥善使用船舶保安警报设备，以防止船舶发生误报警。保安报警的测试应当避免采取直接与海上保安联络点之间测试的方式，以保证海上保安报警线路的畅通。

第四十三条　船舶发生误报警，应当采取措施立即消除，并向有关海事管理机构报告；海事管理机构以及其他单位和个人因对误报警采取行动支付的额外费用，由误报警的船舶承担。

第四十四条　中华人民共和国海事局负责统一对外发布除保安等级以外的船舶保安信息，并发布全国性或者局部重要性的船舶保安指令。

各海事管理机构根据中华人民共和国海事局的授权，向相关单位发布船舶保安信息和指令。

第四十五条　海事管理机构收到港口保安事件和其他港口保安信息，应当按照应急反应程序，通知相关的公司和船舶，协调港口设施和船舶的保安行动，同时及时通报港口行政管理部门。

第四十六条　海事管理机构收到中华人民共和国管辖水域内船舶的保安报警后，应当按照规定的程序及时采取应急反应措施。

海事管理机构收到中华人民共和国管辖水域外船舶的保安报警后，应当立即向中华人民共和国海事局报告，由中华人民共和国海事局按照规定的程序采取通知该船舶航行位置附近国家等行动。

第五章　监督检查与法律责任

第四十七条　海事管理机构依法对船舶保安活动实施的监督检查，任何单位或者个人不得拒绝、妨碍或者阻挠。

有关单位或者个人应当接受海事管理机构依法实施的监督检查，并为其提供方便。

海事管理机构的工作人员实施监督检查时，应当出示执法证件，表明身份。

第四十八条　海事管理机构应当对船舶的下列保安事项进行监督检查：

（一）《国际船舶保安证书》或者《临时国际船舶保安证书》及证书签发机构的有效性；

（二）《船舶保安计划》在船上实施的有效性；

（三）《船舶连续概要记录》记载和保存的情况；

（四）船舶永久识别号的标识情况，以及保

安报警装置、船舶自动识别系统（AIS）的配备情况；

（五）中华人民共和国海事局规定的其他检查事项。

经检查，海事管理机构有明显理由认为船舶不符合 SOLAS 公约第 V、XI 章，ISPS 规则 A 部分和本规则要求的，海事管理机构可以对船舶采取进一步强制检查、责令船舶立即或者限期纠正、限制操作（包括限制在港内活动）、责令驶向指定地点、禁止进港、滞留船舶、驱逐出港等行政强制措施。

第四十九条 对拟进入中华人民共和国港口的国际航行船舶，海事管理机构可以在其提交国际航行船舶进口岸申请的同时要求提供以下信息，以确保船舶符合 SOLAS 公约第Ⅺ章、ISPS 规则和本规则的要求：

（一）船舶当前运营所处的保安等级；

（二）船舶挂靠前 10 个港口进行船港界面活动时其所处的保安等级；

（三）船舶挂靠前 10 个港口进行船港界面活动时所采取的特别和附加的保安措施；

（四）船舶挂靠前 10 个港口进行船港界面活动时维持的适当的保安程序；

（五）船舶挂靠前 10 个港口与未取得《国际船舶保安证书》的船舶发生界面活动或者与固定、浮动平台或者就位的移动式海上钻井装置进行界面活动时采取的保安程序和保安措施；

（六）其他海事管理机构要求提供的实用保安信息。

对于船舶未按要求提供前款所述的信息，或者海事管理机构认为提供的信息不符合 SOLAS 公约第Ⅺ章、ISPS 规则和本规则的要求，海事管理机构可以采取强制检查、责令船舶立即或者限期纠正、责令驶向指定地点、禁止进港等行政强制措施。

第五十条 对外国籍船舶按照第四十八、四十九条规定采取强制检查、责令船舶立即或者限期纠正、限制操作（包括限制在港内活动）、责令驶向指定地点、禁止进港、滞留船舶、驱逐出港的行政强制措施，中华人民共和国海事局应当将此情况通报船旗国海事当局和国际海事组织。

采取禁止进港或者驱逐出港的措施，还应当通知可知的船舶随后拟挂靠港口的国家当局以及其他有关沿岸国。

第五十一条 对于挂靠未按规定取得有效《港口设施保安符合证书》的我国港口设施的船舶，港口所在地海事管理机构应当采取禁止进港或者驱逐出港的行政强制措施。

第五十二条 对于违反本规则规定的中国公司，海事管理机构可以责令改正；情节严重的，可以责令对有关船舶重新进行保安评估或者修订《船舶保安计划》。

第五十三条 违反本规则规定，公司保安员和船舶保安员未经必要的培训，海事管理机构可以责令公司更换；公司保安员和船舶保安员未能履行本规则规定的职责，海事管理机构可以责令其参加保安培训，情节严重的，可以责令公司暂停或者撤销其保安员资格。

第五十四条 对于违反本规则的行为，依法应当给予海事行政处罚的，海事管理机构按照交通运输部颁布的海事行政处罚有关规定实施行政处罚。

第五十五条 海事管理机构工作人员违反本规则规定，滥用职权，玩忽职守，给人民生命财产造成损失的，由所在单位或者其上级主管机关给予行政处分；涉嫌犯罪的，依法移送司法机关。

第六章　附　则

第五十六条 中华人民共和国海事局可以许可中国籍船舶实施等效于 SOLAS 公约第Ⅺ章、ISPS 规则 A 部分所述措施的其他保安措施。

交通运输部应当将许可该种保安措施的要求、程序等细节通知国际海事组织秘书长。

第五十七条 船舶检验机构审核《船舶保安计划》以及签发《国际船舶保安证书》和《临时国际船舶保安证书》的具体标准、规范应当向中华人民共和国海事局备案。

第五十八条 《国际船舶保安证书》、《临时国际船舶保安证书》的内容和格式，由船舶检验机构按照 SOLAS 公约和 ISPS 规则的要求统一制定。

第五十九条 本规则自 2007 年 7 月 1 日起施行。但是，500 总吨及以上的特种用途船自 2008 年 7 月 1 日起适用本规则。交通部于 2004 年 6 月 16 日发布的《船舶保安规则》（交海发〔2004〕315 号）同时废止。

海上滚装船舶安全监督管理规定

第一章 总 则

第一条 为了加强海上滚装船舶安全监督管理，保障海上人命和财产安全，依据《中华人民共和国海上交通安全法》《中华人民共和国船舶和海上设施检验条例》等法律、行政法规，制定本规定。

第二条 在中华人民共和国管辖海域内对滚装船舶的安全监督管理活动，适用本规定。

第三条 交通运输部主管海上滚装船舶安全管理工作。

国家海事管理机构负责海上滚装船舶安全监督管理工作。

其他各级海事管理机构按照职责权限具体负责海上滚装船舶安全监督管理工作。

第二章 滚装船舶、船员

第四条 滚装船舶应当依法由船舶检验机构检验，取得相应检验证书、文书。

船舶检验机构实施滚装船舶检验，应当注重对以下内容进行测定或者核定：

（一）滚装船舶船艏、船艉和舷侧水密门的性能；

（二）滚装船舶装车处所的承载能力，包括装车处所甲板的装载能力及每平方米的承载能力；

（三）滚装船舶装车处所、客舱等重要部位的消防系统和电路系统；

（四）滚装船舶系索、地铃、天铃及其他系固附属设备的最大系固负荷；

（五）滚装船舶车辆和货物系固手册；

（六）滚装船舶救生系统和应急系统。

第五条 滚装船舶开航前，应当按照滚装船舶艏部、艉部及舷侧水密门安全操作程序和有关要求，对乘客、货物、车辆情况及滚装船舶的安全设备、水密门等情况进行全面检查，并如实记录。

中国籍滚装船舶按照前款规定完成检查并确认符合有关安全要求的，由船长签署船舶开航前安全自查清单。

第六条 滚装船舶在航行中应当加强巡检。发现安全隐患的，应当及时采取有效措施予以消除；不能及时消除的，应当向滚装船舶经营人、管理人报告。必要时，还应当向海事管理机构报告。

第七条 滚装船舶在航行中遭遇恶劣天气和海况时，应当谨慎操纵和作业，加强巡查，加固货物、车辆，防止货物、车辆位移或者碰撞，并及时向滚装船舶经营人、管理人报告。必要时，还应当向海事管理机构报告。

第八条 滚装船舶应当对装车处所、装货处所进行有效通风，并根据相关技术规范确定闭式滚装处所和特种处所每小时换气次数。

第九条 装车处所应当使用明显标志标明车辆装载位置，并合理积载，保持装载平衡。

第十条 滚装客船应当在明显位置标明乘客定额和客舱处所。

严禁滚装客船超出核定乘客定额出售客票。

禁止在滚装船舶的船员起居处、装车处所、安全通道及其他非客舱处所载运乘客。

第十一条 滚装客船开航后，应当立即向司机、乘客说明安全须知所处位置和应急通道及有关应急措施。

第十二条 滚装船舶载运危险货物或者装载危险货物的车辆，还应当遵守《船舶载运危险货物安全监督管理规定》。

第十三条 滚装船舶的船员，应当熟悉所在船舶的下列内容：

（一）安全管理体系或者安全管理制度；

（二）职责范围内安全操作程序；

（三）应急反应程序和应急措施。

第三章 滚装船舶经营人、管理人

第十四条 滚装船舶经营人、管理人应当制定滚装船舶艏部、艉部及舷侧水密门安全操作程序，并指定专人负责滚装船舶水密门的开启和关闭。

第十五条 滚装船舶经营人、管理人应当在船舶的公共场所，使用明显标志标明消防和救生设备设施、应急通道以及有关应急措施，并配备适量的安全须知，供船员、乘客阅览。

第十六条 滚装船舶经营人、管理人应当制定航行、停泊和作业巡检制度，明确巡检范围、巡检程序、安全隐患报告程序和应急情况处理措施以及巡检人员的岗位责任。

第十七条 滚装船舶经营人、管理人应当综合考虑滚装船舶装车处所的承载能力、系固能力，明确滚装船舶系固的具体方案和要求，制定系固手册。

滚装船舶应当按照系固手册系固车辆，并符合船舶检验机构核定的装车处所的承载能力、装载尺度。

第十八条 滚装客船经营人、管理人应当根据航区自然环境、航行时间、气象条件和航行特点，合理调度和使用滚装客船。

中国籍滚装客船应当由船舶检验机构核定船舶抗风等级并在船舶检验证书中明确。船舶开航前或者拟航经水域风力超过抗风等级的，不得开航或者航经该水域。

第十九条 中国籍滚装客船经营人、管理人应当对船舶进行动态监控，及时掌握滚装客船的航行、停泊、作业等动态，并配备航行数据记录仪。

第二十条 滚装船舶经营人、管理人应当定期组织滚装船舶的船员及相关工作人员，按照国际条约或者船舶检验相关规则的规定进行应急演练与培训。

第四章 车辆、货物和乘客

第二十一条 搭乘滚装船舶的车辆，应当向滚装船舶和港口经营人如实提供车辆号牌及驾驶员联系方式等信息。货运车辆还应当如实提供其装载货物的名称、性质、重量和体积等信息。

搭乘滚装船舶的车辆应当按照规定在港口接受安全检查。对检查发现有谎报、瞒报危险货物行为的车辆，不得允许其上船。

中国籍滚装船舶应当指定专人对车辆装载的安全状况进行检查，并填写车辆安全装载记录。车辆安全装载记录应当随船留存至少 1 个月。

第二十二条 搭乘滚装船舶的车辆，应当将所载货物绑扎牢固，在船舶航行期间处于制动状态，以适合水路滚装运输的需要。

第二十三条 搭乘滚装船舶的车辆，应当处于良好技术状态，并按照指定的区域、类型和抵达港口先后次序排队停放，等候装船。

第二十四条 车辆拟驶上或者驶离船舶时，滚装船舶和港口经营人应当检查码头与滚装船舶的连接情况，保证上下船舶的车辆安全。车辆应当听从港口经营人、滚装船舶的指挥，遵守港口经营人规定的安全速度并按照顺序行驶。

第二十五条 车辆及司机、乘客应当遵守下列规定：

（一）车辆应当进入船舱指定位置，在船舶航行期间关闭发动机；

（二）司机在船舶航行期间不得留在车内，也不得在装货处所和装车处所随意走动、停留；

（三）乘客在上下船及船舶航行过程中不得留在车内，也不得在装货处所和装车处所随意走动、停留。

旅客列车、救护车、押运车、冷藏车、活鲜运输车辆等特殊车辆除外。

第二十六条 搭载旅客列车的滚装船舶应当加强旅客列车在船期间的安全管理，制定旅客应急撤离程序，并及时告知旅客列车经营人。

发生紧急情况的，滚装船舶应当按照应急撤离程序组织旅客安全撤离。旅客列车经营人应当予以配合。

第五章 监督检查

第二十七条 海事管理机构应当按照《中华人民共和国船舶安全监督规则》的规定，对滚装船舶实施船舶现场监督和船舶安全检查。

海事管理机构应当根据选船标准选择实施现场监督和安全检查的滚装船舶。其中，短途固定航线的滚装客船现场监督每周不得少于一次。

第二十八条 滚装船舶有下列情形之一的，海事管理机构应当责令立即纠正或者开航前纠正：

（一）不符合安全适航条件的；

（二）不符合本规定有关载客或者载货要求的。

第二十九条 县级以上人民政府交通运输主管部门对滚装船舶乘客和车辆的售票等情况进行检查，不符合国家有关规定的，应当责令其改正。

第三十条 海事管理机构和县级以上人民政府交通运输主管部门依法对滚装船舶监督检查和安全管理，任何单位和个人不得拒绝、阻挠或者隐瞒有关情况。

第六章 法律责任

第三十一条 违反本规定有关海上交通安全管理的规定，由海事管理机构按照有关法律、行政法规和交通运输部规章给予行政处罚。

第三十二条 违反本规定，滚装客船超额出售客票的，由交通运输主管部门责令改正，处以 2 000 元以上 2 万元以下的罚款。

第三十三条 违反本规定，车辆搭乘滚装船舶不如实提供车辆、货物信息或者不听从港口经营人、滚装船舶指挥的，由交通运输主管部门责令改正，属于非经营性的，处以 1 000 元以下的罚款；属于经营性的，处以 1 000 元以上 3 万元以下的罚款。

第三十四条 违反本规定，滚装客船在风力超过船舶抗风等级情况下，仍然开航或者航经该水域的，由海事管理机构责令改正，处以 1 万元以上 3 万元以下的罚款。

第三十五条 海事管理机构、交通运输主管部门的工作人员滥用职权、徇私舞弊、玩忽职守等严重失职的，由所在单位或者上级机关给予行政处分；构成犯罪的，依法追究刑事责任。

第七章 附 则

第三十六条 本规定下列用语的含义是：

（一）滚装船舶，是指具有滚装装货处所或者装车处所的船舶。

（二）滚装客船，是指具有乘客定额证书且核定乘客定额（包括车辆驾驶员）12 人以上的滚装船舶。

（三）装货处所，是指滚装船舶内可供滚装方式装载货物的处所，以及通往该处所的围壁通道。

（四）装车处所，是指滚装船舶的有隔离舱壁的甲板以上或者甲板以下用作装载机动车、非机动车并可以让车辆进出的围蔽处所。

第三十七条 本规定自 2019 年 9 月 1 日起施行。2002 年 5 月 30 日以交通部令 2002 年第 1 号公布的《海上滚装船舶安全监督管理规定》、2017 年 5 月 23 日以交通运输部令 2017 年第 18 号公布的《交通运输部关于修改〈海上滚装船舶安全监督管理规定〉的决定》同时废止。

中华人民共和国交通运输部令
2019 年第 32 号

《交通运输部关于修改〈港口工程建设管理

规定〉的决定》已于2019年11月20日经第26次部务会议通过，现予公布，自公布之日起施行。

交通运输部部长　李小鹏

2019年11月28日

交通运输部关于修改《港口工程建设管理规定》的决定

交通运输部决定对《港口工程建设管理规定》（交通运输部令2018年第42号）作如下修改：

一、将第四十二条修改为："港口工程建设项目建成后，符合竣工验收条件的，项目单位应当及时办理港口工程竣工验收手续。"

二、删去第四十三条。

三、删去第四十七条第三项。

四、删去第四十九条第四项。

五、删去附件1"XX工程竣工验收报告"中的"六、试运行报告"部分。

条文序号作相应调整。

本决定自公布之日起施行。

《港口工程建设管理规定》根据本决定作相应修改，重新发布。

港口工程建设管理规定

（2018年1月15日交通运输部发布，根据2018年11月28日《交通运输部关于修改〈港口工程建设管理规定〉的决定》第一次修正，根据2019年11月28日《交通运输部关于修改〈港口工程建设管理规定〉的决定》第二次修正）

第一章　总　则

第一条　为了加强港口工程建设管理，规范港口工程建设活动，保证港口工程质量，根据《中华人民共和国港口法》《建设工程质量管理条例》《建设工程勘察设计管理条例》《企业投资项目核准和备案管理条例》等法律、行政法规，制定本规定。

第二条　在中华人民共和国境内从事港口工程建设活动，适用本规定。

本规定所称港口工程建设，是指在港口规划范围内，为实现港口功能进行新建、改建和扩建的码头工程（含舾装码头工程）及其同时立项的配套设施、防波堤、锚地、护岸等工程建设。

第三条　交通运输部主管全国港口工程建设的行业管理工作。

省级交通运输主管部门负责本行政区域内港口工程建设的监督管理工作。

所在地港口行政管理部门按照地方人民政府的规定具体实施本行政区域内港口工程建设的监督管理工作。

第四条　港口工程建设应当符合法规、技术标准和港口规划。

第五条　港口工程安全设施应当与主体工程同时设计、同时施工、同时投入使用。

新建、改建、扩建的码头工程应当规划、设计和建设岸基供电设施。已建成的码头应当逐步实施岸基供电设施改造。

港口工程应当按照法规和技术标准要求同时建设船舶污染物接收设施，并做好与城市公共转运、处置设施的衔接。

客运码头工程应当按照法规和技术标准要求建设客运设施，满足旅客安全、便捷出行需要。

第六条　鼓励港口工程建设采用新技术、新设备、新工艺、新材料，推行施工质量和安全标准化管理，加强施工安全风险管控，科学组织建设。

第七条　港口工程建设的项目单位（以下简称项目单位）应当通过登录国家建立的项目在线监管平台（以下简称在线平台）进行项目申报，并按照要求填写开工建设、建设进度、竣工等信息。

省级交通运输主管部门、所在地港口行政管理部门应当利用在线平台进行在线审批、在线监测、协同监管等，提高信息化管理水平。

第二章　建设程序管理

第八条　港口工程建设项目应当按照国家规定的建设程序进行。除国家另有规定外，不得擅自简化基本建设程序。

第九条　政府投资的港口工程建设项目应当执行以下建设程序：

（一）开展工程预可行性研究，编制项目建议书；

（二）根据批准的项目建议书，进行工程可行性研究，编制可行性研究报告；

（三）根据批准的可行性研究报告，编制初步设计文件；

（四）根据批准的初步设计文件，编制施工图设计文件；

（五）办理施工图设计审批手续；

（六）根据国家有关规定，依法办理开工前相关手续，具备条件后开工建设；

（七）组织工程实施；

（八）工程完工后，编制竣工材料，进行工程竣工验收的各项准备工作；

（九）组织竣工验收。

第十条　企业投资的港口工程建设项目应当执行以下建设程序：

（一）编制项目申请书或者填写备案信息，履行核准或者备案手续；

（二）根据核准的项目申请书或者备案信息，编制初步设计文件；

（三）根据批准的初步设计文件，编制施工图设计文件；

（四）办理施工图设计审批手续；

（五）根据国家有关规定，依法办理开工前相关手续，具备条件后开工建设；

（六）组织工程实施；

（七）工程完工后，编制竣工材料，进行工程竣工验收的各项准备工作；

（八）组织竣工验收。

第十一条　储存、装卸危险货物的港口工程建设项目，项目单位除执行本规定第九条、第十条的规定外，还应当按照《中华人民共和国安全生产法》《危险化学品安全管理条例》《港口危险货物安全管理规定》等要求，办理安全条件审查、安全设施设计审查手续，组织安全设施验收。

第十二条　港口工程建设项目需要使用港口岸线的，项目单位应当按照港口岸线使用的管理规定办理港口岸线使用手续。未取得岸线使用批准文件或者交通运输部关于岸线使用的意见，不得开工建设。

第十三条　交通运输部负责国家重点水运工程建设项目初步设计审批。

省级交通运输主管部门负责经省级人民政府及其投资主管部门审批、核准或者备案的港口工程建设项目初步设计审批。

所在地港口行政管理部门负责其余港口工程建设项目初步设计审批。

第十四条　项目单位应当向有审批权限的交通运输主管部门或者所在地港口行政管理部门申请初步设计审批，并提供以下材料：

（一）申请文件；

（二）初步设计文件；

（三）经批准的可行性研究报告，或者经核准的项目申请书，或者备案证明。

第十五条　编制港口工程建设项目初步设计文件，应当符合以下要求：

（一）建设方案符合港口总体规划；

（二）建设规模、标准及主要建设内容等符合项目审批、核准文件或者备案信息；

（三）设计符合有关技术标准，编制格式和内容符合水运工程设计文件编制要求。

第十六条　所在地港口行政管理部门负责港口工程建设项目施工图设计审批，对施工图设计文件中涉及公共利益、公众安全、工程建设强制性标准的内容进行审查。

第十七条　项目单位应当向所在地港口行政

管理部门申请施工图设计审批，并提供以下材料：

（一）申请文件；

（二）施工图设计文件；

（三）经批准的初步设计文件。

施工图设计文件应当集中报批。对于工期长、涉及专业多的项目，可以分批报批。项目单位在首次申请施工图设计文件审批时，应当将分批安排报所在地港口行政管理部门。

第十八条 编制港口工程建设项目施工图设计文件，应当符合以下要求：

（一）建设规模、标准及主要建设内容符合经批准的初步设计文件；

（二）设计符合有关技术标准，编制格式和内容符合水运工程设计文件编制要求。

第十九条 对于技术复杂、难度较大、风险较大的港口工程建设项目，交通运输主管部门或者所在地港口行政管理部门在审批初步设计前应当委托另一设计单位进行技术审查咨询。受委托的设计单位资质等级应当不低于原初步设计文件编制单位资质等级。

所在地港口行政管理部门在审批施工图设计前可以委托另一设计单位进行技术审查咨询。受委托的设计单位资质等级应当不低于原施工图设计文件编制单位资质等级。

第二十条 技术审查咨询主要核查以下内容，并对工程设计方案和概（预）算编制提出合理化建议：

（一）工程建设规模和主要建设内容与项目审批、核准文件或者备案信息的符合性；

（二）工程设计与强制性标准的符合性；

（三）总平面布置、主要工艺流程、主要设备配置的合理性；

（四）地基基础、主体结构的合理性、安全性、稳定性、耐久性；

（五）环境保护、安全、职业病防护、消防、节能等涉及公共安全、公众利益的工程措施与强制性标准的符合性；

（六）工程概（预）算的编制依据和方法的合理性。

第二十一条 交通运输主管部门、所在地港口行政管理部门应当在法定期限内对受理的设计审批申请作出书面决定，并告知项目单位；需要延长审批时限的，应当依法按照程序办理。

第二十二条 港口工程建设项目设计文件经批准后方可使用。

第二十三条 对于建设内容简单、投资规模较小的按照备案管理的港口工程建设项目，初步设计和施工图设计可以合并设计，深度应当达到施工图设计要求。

第三章 建设实施管理

第二十四条 项目单位应当在立项审批、核准文件及其他文件规定的有效期内开工建设。在有效期内不能开工建设的，应当按照规定在有效期届满前申请延期。

第二十五条 港口工程建设项目在条件具备后方可开工建设。项目单位在开工建设前，应当完成法规规定的各项手续，登录在线平台填写项目开工基本信息，并接受省级交通运输主管部门、所在地港口行政管理部门等对项目依法负有监督管理职责的相关部门的监管。

所在地港口行政管理部门应当通过在线监测、现场核查等方式加强对项目开工建设的监管。

第二十六条 项目单位依据国家有关规定对港口工程建设项目实行全过程管理，对工程质量和安全管理负总责。

项目单位应当符合《水运建设市场监督管理办法》规定的管理能力；不具备管理能力的，应当按照规定委托符合条件的代建单位进行项目建设管理。

第二十七条 经核准的企业投资港口工程建设项目建设地点发生变更，或者建设规模、内容发生较大变更的，项目单位应当向项目核准机关提出变更申请。已备案的企业投资港口工程建设项目信息发生较大变更的，企业应当及时告知备案机关。

政府投资的港口工程建设项目投资概算超过项目批准的投资估算 10% 的，或者项目建设地点、建设内容及规模发生重大变化的，项目单位应当按照项目审批机关的要求重新报送可行性研究报告。

第二十八条 港口工程建设项目出现批准机关调整审批、核准文件或者重新办理备案的，项目单位应当向初步设计审批部门申请调整初步设计审批内容。

第二十九条 港口工程建设项目设计文件一经批准，应当严格遵照执行，不得擅自变更。确需对设计文件内容进行变更的，应当履行相关手续后方可实施。

第三十条 港口工程建设项目设计变更应当符合强制性标准和技术规范，满足工程安全、质量、使用功能和环境保护等要求。

第三十一条 设计变更发生下列情形之一的，由原初步设计审批部门审批：

（一）对工程总平面布置进行重大调整，主要包括水域设计水深、码头或者防波堤顶高程、陆域生产区主要布置形式、防波堤轴向或者口门尺度等；

（二）改变主要水工建筑物结构型式；

（三）改变主要装卸工艺方案；

（四）政府投资港口工程建设项目超出初步设计批准总概算但在项目批准的投资估算 10% 以内。

前款规定的设计变更涉及施工图设计重大修改的，还应当由原施工图设计审批部门审批。

第三十二条 设计变更发生下列情形之一的，由原施工图设计审批部门审批：

（一）对工程总平面布置进行较大调整，主要包括水域主要布置形式、陆域辅助生产区主要布置形式等；

（二）调整主要生产建筑物结构型式；

（三）调整主要装卸工艺设备配置规模。

第三十三条 审批部门在批准设计变更时，可以委托另一设计单位进行技术审查咨询。受委托的设计单位资质等级应当不低于原设计文件编制单位资质等级。

第三十四条 本规定第三十一条、第三十二条以外的设计变更，项目单位应当加强管理，制定设计变更内部管理程序，不得随意变更设计内容，或者采取肢解设计变更内容等方式规避设计变更审批手续。

第三十五条 港口工程建设项目设计变更文件应当由原设计单位编制，或者经原设计单位书面同意，也可以由其他具有相应资质的设计单位编制。编制单位对设计变更文件承担相应责任。

第三十六条 申请港口工程建设项目设计变更，应当提交以下材料：

（一）申请文件；

（二）设计变更文件，内容包括港口工程建设项目的基本情况、拟变更的主要内容以及设计变更的合理性论证；设计变更前后相应的勘察、设计图纸；工程量、概算变化对照清单和分项投资等。

第三十七条 因应急抢险等紧急情况引起本规定第三十一条、第三十二条规定的设计变更情形的，项目单位可以先行组织实施，但应当在 10 个工作日内书面报告设计变更审批部门，并按照要求及时履行相应的设计变更手续。

第四章 验收管理

第三十八条 港口工程建设项目应当按照法规和国家有关规定及时组织竣工验收，经竣工验收合格后方可正式投入使用。

本规定所称竣工验收，是指港口工程建设项目完工后、正式投入使用前，对工程交工验收、执行强制性标准、投资使用等情况进行全面检查验收，以及对工程建设、设计、施工、监理等工作进行综合评价。

第三十九条 港口工程建设项目合同段完工后，由项目单位组织设计、施工、监理、试验检测等单位进行交工验收，并邀请所在地港口行政管理部门参加。

第四十条 交工验收应当具备以下条件：

（一）合同约定的各项内容已建设完成，未遗留有碍船舶航行和港口作业安全的隐患；

（二）项目单位组织对工程质量的检测结果合格；

（三）监理单位对工程质量的评定（评估）合格；

（四）质量监督机构对工程交工质量核验合格；

（五）设计单位、施工单位、监理单位已完成工作总结报告。

第四十一条 交工验收的主要工作内容：

（一）检查合同执行情况，核验工程建设内容与批复的设计内容是否一致；

（二）检查施工自检报告、施工总结报告及施工资料；

（三）检查监理单位独立抽检资料、监理总结报告及质量评定资料；

（四）检查设计单位对工程设计符合性评价意见和设计总结报告；

（五）检查工程实体质量；

（六）对合同是否全面执行、工程质量是否合格作出结论，出具交工验收意见。

第四十二条 港口工程建设项目建成后，符合竣工验收条件的，项目单位应当及时办理港口工程竣工验收手续。

第四十三条 国家重点水运工程建设项目由项目单位向省级交通运输主管部门申请竣工验收。

前款规定以外的港口工程建设项目，属于政府投资的，由项目单位向所在地港口行政管理部门申请竣工验收；属于企业投资的，由项目单位组织竣工验收。

所在地港口行政管理部门应当加强对项目单位验收活动和验收结果的监督核查。

第四十四条 省级交通运输主管部门或者所在地港口行政管理部门应当按照国家规定的程序和时限完成港口工程竣工验收。竣工验收合格的，应当签发《港口工程竣工验收证书》。

第四十五条 港口工程建设项目竣工验收的主要依据是：

（一）法规及相关技术标准、规范；

（二）项目审批、核准文件或者备案证明；

（三）项目初步设计、施工图设计、设计变更等批准文件；

（四）主要设备技术规格或者说明书；

（五）合同文件。

第四十六条 港口工程建设项目竣工验收应当具备以下条件：

（一）已按照批准的工程设计和有关合同约定的各项内容建设完成，各合同段交工验收合格；建设项目有尾留工程的，尾留工程不得影响建设项目的投产使用，尾留工程投资额可以根据实际测算投资额或者按照工程概算所列的投资额列入竣工决算报告，但不超过工程总投资的5%；

（二）主要工艺设备或者设施通过调试具备生产条件；

（三）环境保护设施、安全设施、职业病防护设施、消防设施已按照有关规定通过验收或者备案；航标设施以及其他辅助性设施已按照《中华人民共和国港口法》的规定，与港口工程同时建设，并保证按期投入使用；

（四）竣工档案资料齐全，并通过专项验收；

（五）竣工决算报告编制完成，按照国家有关规定需要审计的，已完成审计；

（六）廉政建设合同已履行。

第四十七条 项目单位向所在地港口行政管理部门申请竣工验收，应当提交以下材料：

（一）申请文件；

（二）竣工验收报告。

第四十八条 申请或者组织竣工验收前，项目单位应当组织编制竣工验收报告，竣工验收报告应当包括以下内容：

（一）项目单位工作报告；

（二）设计、施工、监理等单位的工作报告；

（三）质量监督机构出具的交工质量核验意见；

（四）竣工决算报告（按照国家有关规定需要审计的，应当包括竣工决算审计报告）；

（五）环境保护设施、安全设施、职业病防护设施、消防设施已按照有关部门规定通过验收或者备案的相关文件；

（六）有关批准文件。

第四十九条 港口工程建设项目竣工验收的主要内容：

（一）检查工程执行有关部门批准文件情况；

（二）检查工程实体建设情况，核查质量监督机构出具的交工质量核验意见；

（三）检查工程合同履约情况；

（四）检查工程执行强制性标准情况；

（五）检查环境保护设施、安全设施、职业病防护设施、消防设施、档案等验收或者备案情况；

（六）检查竣工验收报告编制情况；

（七）检查廉政建设合同执行情况；

（八）对存在问题和尾留工程提出处理意见；

（九）对港口工程建设、设计、施工、监理等单位的工作作出综合评价；

（十）对工程竣工验收是否合格作出结论，出具竣工验收现场核查报告。

第五十条 港口工程建设项目竣工验收应当成立竣工验收现场核查组对工程进行现场核查。

竣工验收现场核查组应当由验收组织部门或者单位、所在地港口行政管理部门、质量监督机构、项目单位人员和专家等组成，并应当邀请海事管理机构等其他依法对项目负有监督管理职责的相关部门参加。

工程设计、施工、监理、试验检测等单位人员应当参加现场核查。

第五十一条 竣工验收现场核查组成员应当为 9 人以上单数，其中专家不少于 5 人；竣工验收现场核查组组长由负责组织竣工验收的部门或者单位人员担任。

对于建设内容简单、投资规模较小的备案项目，竣工验收现场核查组可以由 7 人以上单数组成，其中专家不少于 4 人。

第五十二条 竣工验收专家应当具有一定的水运工程建设和管理经验，具备良好的职业道德，具有高级专业技术职称，且不得与项目单位以及勘察、设计、施工、监理、试验检测等单位有直接利害关系。

第五十三条 竣工验收现场核查组应当对照港口工程竣工验收主要内容，客观公正、实事求是地对工程进行现场核查，形成竣工验收现场核查报告。

第五十四条 竣工验收现场核查报告应当全面反映竣工验收现场核查工作开展情况和工程建设实际情况，并明确作出竣工验收合格或者不合格的核查结论。

第五十五条 竣工验收现场核查报告由竣工验收现场核查组全体成员签字。

竣工验收现场核查组成员对核查结论有不同意见的，应当以书面形式说明其不同意见和理由，竣工验收现场核查报告应当注明不同意见。竣工验收现场核查组组长应当组织全体成员对不同意见进行研究，提出竣工验收是否合格的核查结论。

竣工验收现场核查组成员拒绝在核查报告上签字，又不书面说明其不同意见和理由的，视为同意核查结论。

第五十六条 竣工验收现场核查报告明确竣工验收合格但提出整改要求的，项目单位应当进行整改，将整改情况形成书面材料存档；竣工验收现场核查报告明确竣工验收不合格的，项目单位整改后应当重新申请或者组织竣工验收。

第五十七条 港口工程建设项目竣工验收合格后 15 日内，由项目单位负责组织竣工验收的，项目单位应当将修改完善的竣工验收报告和竣工验收现场核查报告报所在地港口行政管理部门。由省级交通运输主管部门或者所在地港口行政管理部门负责组织竣工验收的，省级交通运输主管部门或者所在地港口行政管理部门应当按照要求将竣工验收报告和竣工验收现场核查报告报上一级交通运输主管部门。

省级交通运输主管部门、所在地港口行政管理部门应当在港口工程建设项目竣工验收后 30 日内向海事管理机构通报通航技术尺度等信息。

第五十八条 港口工程建设项目竣工验收合格后，项目单位应当按照要求及时登录在线平台填报竣工基本信息。

第五十九条 交通运输主管部门、所在地港口行政管理部门应当通过市场检查、专项督查等方式对项目单位组织的竣工验收工作进行监督检查。上级交通运输主管部门应当对省级交通运输主管部门或者所在地港口行政管理部门组织的竣工验收工作进行监督检查。

第六十条 对于一次设计、分期建成的港口工程建设项目，可以对已建成具有独立使用功能并符合竣工验收条件的部分港口工程建设项目进行分期竣工验收。企业投资的港口工程建设项目的分期竣工验收方案应当报所在地港口行政管理部门。

第六十一条 港口工程建设项目有尾留工程的，项目单位应当落实竣工验收现场核查报告对尾留工程的处理意见。尾留工程完工并符合交工验收条件后，项目单位应当组织尾留工程验收，验收通过后将相关资料报所在地港口行政管理部门。

第六十二条 港口工程建设项目竣工验收合格后，项目单位应当按照国家有关规定办理档案、固定资产交付使用等相关手续；需要进行港口经营的，应当按照《港口经营管理规定》的要求办理相关手续。

第五章 工程信息及档案管理

第六十三条 港口工程建设项目实行信息报送制度。

第六十四条 省级交通运输主管部门、所在地港口行政管理部门应当按照政府信息公开和报送的要求，做好工程建设项目信息的公开和报送工作。

第六十五条 项目单位应当自工程开工建设之日起按照统计制度规定每月报送工程建设信息，并登录在线平台填报项目建设动态进度基本信息。

项目单位应当指定信息员及时进行信息的收集、整理、统计和报送工作，确保信息真实、准确和完整，不得谎报、瞒报、漏报。

第六十六条 项目单位应当建立健全工程档案管理制度，保证档案资料真实、准确和完整，督促勘察、设计、施工、监理、试验检测等单位加强建设项目档案管理，按照有关规定办理工程竣工档案专项验收。

第六十七条 项目单位应当按照国家有关规定负责港口工程建设项目档案的收集、整理和归档，包括纸质技术档案资料、电子技术档案资料、影像及图片资料等。

第六十八条 港口工程建设项目勘察、设计、施工、监理、试验检测等单位应当加强资料档案的管理，按照国家有关规定建立健全工程项目档案，对各环节的文件、图片、影像等资料进行立卷归档。

第六章 法律责任

第六十九条 项目单位有下列行为之一的，由所在地港口行政管理部门责令改正，处 20 万元以上 50 万元以下的罚款：

（一）施工图设计未经批准，擅自开工建设的；

（二）施工图设计经批准后，对本规定第三十一条、第三十二条规定的情形擅自作出变更或者采取肢解变更内容等方式规避审批并开工建设的。

第七十条 项目单位有下列行为之一的，由所在地港口行政管理部门责令停止使用，处工程合同价款 2% 以上 4% 以下的罚款：

（一）未组织竣工验收或者验收不合格，擅自交付使用的；

（二）对不符合竣工验收条件和要求的项目按照合格项目验收的。

第七十一条 项目单位违反本规定未按时报送项目建设信息的，由所在地港口行政管理部门责令限期整改；省级交通运输主管部门或者所在地港口行政管理部门违反本规定未按时报送相关信息的，由其上级交通运输主管部门责令限期整改。

第七十二条 交通运输主管部门、所在地港口行政管理部门在办理设计审批、设计变更、竣工验收等手续中存在滥用职权、玩忽职守、徇私舞弊等行为的，由有关行政主管部门对直接责任人给予行政处分；构成犯罪的，由司法机关依法追究刑事责任。

第七章 附 则

第七十三条 本规定所称国家重点水运工程建设项目，是指国务院投资主管部门审批、核准或者交通运输部审批的港口工程建设项目。

第七十四条 本规定第十四条、第十七条、第三十六条、第四十七条要求提供的材料，可以是纸质文本或者电子文本。

第七十五条 港口公用航道工程按照交通运输部关于航道工程建设管理的有关规定执行。

第七十六条 本规定自 2018 年 3 月 1 日起施行。2007 年 4 月 24 日以交通部令 2007 年第 5 号发布的《港口建设管理规定》、2005 年 4 月 12 日以交通部令 2005 年第 2 号发布的《港口工程竣工验收办法》、2014 年 9 月 5 日以交通运输部令 2014 年第 12 号发布的《关于修改〈港口工程竣工验收办法〉的决定》、2016 年 4 月 19 日以交通运输部令 2016 年第 44 号发布的《关于修改〈港口工程竣工验收办法〉的决定》同时废止。

中华人民共和国交通运输部令 2019 年第 33 号

《交通运输部关于修改〈中华人民共和国港口设施保安规则〉的决定》已于 2019 年 11 月 20 日经第 26 次部务会议通过，现予公布，自公布之日起施行。

交通运输部部长 李小鹏

2019 年 11 月 28 日

交通运输部关于修改《中华人民共和国港口设施保安规则》的决定

交通运输部决定对《中华人民共和国港口设施保安规则》（交通运输部令 2019 年第 14 号）作出如下修改：

删去第三十七条第二项。

条文序号作相应调整。

本决定自公布之日起施行。

《中华人民共和国港口设施保安规则》根据本决定作相应修正，重新发布。

中华人民共和国港口设施保安规则

（2007 年 12 月 17 日交通部发布，根据 2016 年 9 月 2 日《交通运输部关于修改〈中华人民共和国港口设施保安规则〉的决定》第一次修正，根据 2019 年 6 月 3 日《交通运输部关于修改〈中华人民共和国港口设施保安规则〉的决定》第二次修正，根据 2019 年 11 月 28 日《交通运输部关于修改〈中华人民共和国港口设施保安规则〉的决定》第三次修正）

第一章 总 则

第一条 为加强港口设施保安工作，根据经修订的《1974 年国际海上人命安全公约》（以下简称 SOLAS 公约）、《国际船舶和港口设施保安规则》（以下简称 ISPS 规则）和《国际海运危险货物规则》，制定本规则。

第二条 为航行国际航线的客船、500 总吨及以上的货船、500 总吨及以上的特种用途船和移动式海上钻井平台服务的港口设施保安工作，适用本规则。

第三条 本规则下列用语的含义是：

（一）船港界面活动，是指船舶与港口之间人员往来、货物装卸或者接受其他港口服务时发生的交互活动；

（二）港口设施，是指在港口发生船港界面活动的场所，包括码头及其相应设施和航道、锚地等港口公用基础设施；

（三）船到船活动，是指从一船向另一船转移物品或者人员的行为；

（四）保安事件，是指威胁船舶、港口设施、船港界面活动和船到船活动安全的任何可疑行为或者情况；

（五）保安等级，是指可能发生保安事件的风险级别划分；

（六）港口设施保安评估，是指港口所在地港口行政管理部门通过对港口设施保安状况进行分析并提出相关保安措施建议的活动；

（七）港口设施保安计划，是指港口设施经营人或者管理人根据保安评估报告为确保采取旨在保护港口设施和港口设施内的船舶、人员、货物、货物运输单元和船上物料免受保安事件威胁的措施而制订的计划；

（八）港口设施保安主管，又称港口设施保安员，是指被港口设施经营人或者管理人指定负责制定、实施、调整《港口设施保安计划》，并与船舶保安员和船公司保安员进行保安联络的人员；

（九）保安声明，是指发生船港界面活动时，港口设施与船舶为协调各自采取的保安措施签署的书面协议（式样见附件1）；

（十）替代保安协议，是指我国政府与其他SOLAS公约缔约国政府就相互间固定短程航线上的港口设施签署的双边或者多边保安协议；

（十一）港口设施保安训练，是指对《港口设施保安计划》规定内容的部分或者全部保安措施和应急反应程序进行的练习；

（十二）港口设施保安演习，是指为了验证、评价和提高各级保安组织、相关部门、港口设施及人员的综合反应和协调配合能力，通过模拟保安事件，根据《港口设施保安计划》进行的多单位参与、协同进行的练习；

（十三）港口设施管理人，是指航道、锚地等港口公用基础设施的管理主体。

第四条 交通运输部主管全国港口设施保安工作，履行下列职责：

（一）制定并发布全国港口设施保安工作制度和技术标准；

（二）确定并发布港口设施保安等级和各保安等级的基本保安措施（内容见附件2）及3级保安状态下的保安指令；

（三）建立全国港口设施保安管理信息系统，收集、整理、分析港口设施保安信息并按规定向相关单位提供，视情向国际海事组织、相关缔约国政府以及国内其他相关部门通报；

（四）组织对《港口设施保安符合证书》（式样见附件3）年度核验工作进行抽查；

（五）签署替代保安协议；

（六）组织全国性的港口设施保安演习。

第五条 省级交通运输（港口）管理部门负责本行政区域内的港口设施保安工作，具体履行下列职责：

（一）核发《港口设施保安符合证书》；

（二）负责《港口设施保安符合证书》年度核验工作；

（三）收集、整理、分析并向相关单位提供港口设施保安信息；

（四）组织区域性港口设施保安演习。

第六条 港口所在地港口行政管理部门履行下列职责：

（一）负责组织港口设施保安评估和评估报告的后续修订；

（二）监督检查《港口设施保安计划》的实施；

（三）收集、整理、分析并向有关单位提供港口设施保安信息；

（四）组织本港港口设施保安演习；

（五）对其管理的港口公用基础设施进行保安评估，编写《港口设施保安评估报告》；

（六）对《港口设施保安计划》进行审核，并向港口设施经营人或者管理人出具审核修改意见；

（七）受省级交通运输（港口）管理部门委托，对申请《港口设施保安符合证书》年度核验的港口设施上一年度的保安工作进行核查并提交核查报告；

（八）监督检查港口设施保安费的征收和使用。

第七条 港口设施经营人或者管理人履行下列职责：

（一）负责制订《港口设施保安计划》和后续修订；

（二）实施《港口设施保安计划》；

（三）为港口设施保安主管履行职责提供必要的条件；

（四）在3级保安状态下，实施交通运输部发出的保安指令；

（五）收集、整理、分析并向有关部门提供港口设施保安信息；

（六）进行港口设施保安训练，参加港口设施保安演习。

港口设施经营人按照规定收取港口设施保安费。

第八条 港口设施保安是港口安全管理的重要内容，应当与港口生产经营统筹考虑，遵循节约、环保、资源共享的原则。

港口设施经营人或者管理人的主要负责人负责领导本单位的港口设施保安工作。

第九条 港口设施的保安评估和保安计划的制定及实施的有关费用由港口设施保安费支出。

第二章 保安等级

第十条 交通运输部应当根据相关情报信息，国内外形势以及影响社会政治稳定的因素，威胁信息的可信程度、威胁信息得到印证的程度、威胁信息的具体或者紧迫程度和保安事件的潜在后果，确定港口设施的保安等级。

地方各级交通运输（港口）管理部门可以向交通运输部提出变更港口设施保安等级的建议。

第十一条 港口设施的保安等级从低到高分为三级，分别是保安等级1、保安等级2和保安等级3。

保安等级1是指应当始终保持的最低防范性保安措施的等级。

保安等级2是指由于保安事件危险性升高而应在一段时间内保持适当的附加保护性保安措施的等级。

保安等级3是指当保安事件可能或者即将发生（尽管可能尚无法确定具体目标）时应当在一段有限时间内保持进一步的特殊保护性保安措施的等级。

第十二条 交通运输部确定港口设施保安等级为2级或者3级的依据消失时，应当及时调整港口设施的保安等级。

交通运输部确定实施3级保安时，在必要的情况下应当发出适当的保安指令，并向可能受到影响的港口设施提供与保安有关的信息。

第十三条 港口设施经营人或者管理人应当根据保安等级的变化，按照《港口设施保安计划》及时调整保安措施。

在3级保安状态下，港口设施的经营人或者管理人应当执行交通运输部发出的保安指令，省、自治区交通运输（港口）管理部门和港口所在地港口行政管理部门应当监督保安指令的执行。

第十四条 交通运输部变更港口设施保安等级，应当根据具体情况及时以适当的方式通知有关的交通运输（港口）管理部门、海事管理机构、港口设施经营人或者管理人。

第十五条 各级交通运输（港口）管理部门、海事管理机构、港口设施经营人或者管理人收到港口设施保安等级变更的决定后，应当予以确认，并报告所采取的相应措施。

第十六条 计划入港或者在港的船舶保安等级高于港口设施的保安等级时，港口设施保安主管应当与船舶保安员或者船公司保安员协商，对有关情况做出评估，确定适当的保安措施，签署

《保安声明》；计划入港或者在港的船舶保安等级不得低于该港口设施保安等级。

第十七条 港口设施经营人或者管理人应当将港口设施保安等级变更过程中的有关情况予以记录，作为进行港口设施保安评估、编写《港口设施保安评估报告》、制（修）订《港口设施保安计划》、实施《港口设施保安计划》的参考依据。

第三章 保安评估

第十八条 港口所在地港口行政管理部门负责港口设施保安评估。

第十九条 港口设施保安评估应当符合交通运输部制定的港口设施保安评估规范。

港口设施保安评估应当进行现场保安检验。现场保安检验包括检查和评估港口的现有保安措施、程序和操作。

第二十条 对港口设施进行保安评估应当评估下列事项：

（一）设施的保安状况；

（二）设施的结构、布局情况；

（三）对人员进行保护的安全体系；

（四）保安工作程序；

（五）无线电和电信系统，包括计算机系统和网络；

（六）如被损害或者被用于非法窥测，会对人员、财产或者港口作业构成危险的其他区域。

第二十一条 港口设施保安评估应当进行以下工作：

（一）确定和评估重点保护的财产和基础设施；

（二）对可能威胁财产和基础设施的因素及其发生的可能性进行识别，并确定相应的保安要求；

（三）根据可能威胁财产和基础设施的因素及其发生可能性的识别结果，以及相应的保安要求，对采取的保安措施进行鉴别、选择和优化；

（四）分析港口设施和人员的安全保护体系、运营流程等，确定其中可能导致保安事件的薄弱环节，提出消除薄弱环节或者降低薄弱环节影响的措施。

第二十二条 港口设施保安评估完成后应当编写评估报告。

《港口设施保安评估报告》应当结合港口设施实际情况，全面反映评估的开展情况，内容主要包括：

（一）港口设施的基本情况，包括设施种类、位置、经营人、所有人、可以提供服务的船舶类型等情况；

（二）港口设施的保安现状调查及分析；

（三）保安事件预测及风险控制评估；

（四）风险评估方法及应用；

（五）可能导致保安事件的薄弱环节及说明；

（六）消除薄弱环节或者降低薄弱环节影响的措施建议；

（七）评估结论。

第二十三条 港口设施的保安评估每五年进行一次。

港口设施发生重大变化时，应当重新进行保安评估。重新进行保安评估及相关程序按照本章规定办理。

前款所称重大变化包括港口主要设施或者其功能发生重大变化，港口设施保安组织、通信系统、保安工作的协调与配合程序发生重大改变，港口设施发生了重大保安事件等。

第二十四条 如果同一经营人所经营的多个港口设施位置、运营方式、设备和设计相类似，可以共同评估并制作一份《港口设施保安评估报告》。

第二十五条 《港口设施保安评估报告》应当保密，港口设施和承担港口设施保安评估的机构应当制定并落实防止擅自接触、泄露的措施。

第四章 保安计划

第二十六条 港口设施经营人或者管理人负责制订《港口设施保安计划》。

港口设施经营人或者管理人应当根据所在地港口行政管理部门出具的《港口设施保安评估报告》和交通运输部发布的《港口设施保安计划制订导则》起草制订《港口设施保安计划》，并组织专家进行现场检验和审查，根据现场检验结果和审查意见对《港口设施保安计划》进行修改。现场检验情况应当记录。

第二十七条 《港口设施保安计划》应当包含下列内容：

（一）港口设施经营人或者管理人所确定的负责实施《港口设施保安计划》的机构或者部门；

（二）负责实施《港口设施保安计划》的组织与其他有关单位的联系和必要的通信系统；

（三）港口设施保安主管及二十四小时联系方式；

（四）1 级保安状态下的保安措施和保安等级提高时的全部附加措施和特殊的保安措施；

（五）根据经验和实际情况对《港口设施保安计划》进行经常性评价，并不断完善的安排；

（六）《港口设施保安计划》保密措施；

（七）向交通运输（港口）管理部门报告的程序；

（八）港口设施内部报告保安事件的程序；

（九）便利船上人员登岸或者人员变动以及来访者上船的程序和措施；

（十）对保安状况受到的威胁或者破坏做出反应的程序，包括维护港口设施或者船港界面的关键操作的规定；

（十一）对交通运输部在 3 级保安状态下发出的保安指令的反应程序；

（十二）在保安状况受到威胁或者破坏的情况下撤离人员的程序；

（十三）负有保安责任的港口设施人员和设施内参与保安事务的其他人员的职责；

（十四）与船舶保安活动进行配合的程序，特别是港口设施的保安等级低于船舶的保安等级时港口设施应当采取的程序和保安措施；

（十五）港口设施内船舶的保安报警系统被启动后做出反应的程序；

（十六）针对与曾靠泊过非缔约国港口的船舶、不适用 ISPS 规则的船舶以及固定（浮动）平台或者移动式海上钻井平台进行船港界面活动的程序和保安措施。

第二十八条 对港口设施重新进行保安评估时，港口设施经营人或者管理人应当按照本规则规定重新制订《港口设施保安计划》。

当港口设施发生本规则第二十三条以外的情况变化时，港口设施经营人或者管理人可以对《港口设施保安计划》进行必要的调整。调整的内容应当符合《港口设施保安评估报告》和《港口设施保安计划制订导则》的相关要求。

第二十九条 港口设施经营人或者管理人完成《港口设施保安计划》制订后，应当报所在地港口行政管理部门审核，并根据审核意见对《港口设施保安计划》进行修改。

港口设施经营人或者管理人报送《港口设施保安计划》时，应当一并报送专家现场检验结果和审查意见、现场检验情况记录。

所在地港口行政管理部门审核《港口设施保安计划》后，应当出具审核意见。

第三十条 《港口设施保安计划》应当保密。港口设施经营人或者管理人、各级港口行政管理部门应当制定并落实防止《港口设施保安计划》内容泄露的措施。

在下列条件下，执法人员可以查看《港口设施保安计划》：

（一）各级港口行政管理部门进行港口设施保安现场检查时；

（二）《港口设施保安符合证书》年度核验过程中需要对《港口设施保安计划》内容实施情况进行核实时。

第三十一条 港口设施经营人或者管理人应当全面落实《港口设施保安计划》，包括配备必要的保安人员，安装使用保安设备设施，制定并执行各项保安制度、措施和程序。

第三十二条 港口设施经营人或者管理人应当按照交通运输部规定的保安标准配备保安、交通、通信装备，按照规定设置港口设施内的标志。

第三十三条 新建或者改扩建的港口设施的保安设备设施应当与港口设施主体工程同时设计、同时建设、同时验收、同时投入使用。

第三十四条 港口设施经营人或者管理人在执行保安措施时，应当最大限度地减少对乘客、船舶、船上人员和来访者、货物以及相关服务的干扰或者延误。

第三十五条 各级交通运输（港口）管理部门应当对港口设施经营人或者管理人在执行《港口设施保安计划》过程中涉及海事、海关、公安（边防）、检验检疫等部门的相关事宜给予必要的协调。

第三十六条 非经常性地为国际航行船舶提供服务的港口设施和处于试生产阶段的港口设施，经港口所在地港口行政管理部门同意，可以不制订《港口设施保安计划》，但应当采取适当的保安措施来达到保安要求。

港口所在地港口行政管理部门应当对港口设施采取的保安措施是否适当进行现场监管。

第五章　港口设施保安符合证书

第三十七条 《港口设施保安计划》经所在地港口行政管理部门审核并按要求修改后，港口设施经营人或者管理人应当向省级交通运输（港口）管理部门申请《港口设施保安符合证书》，并提交以下材料：

（一）申请书；

（二）《港口设施保安评估报告》；

（三）《港口设施保安计划》，以及所在地港口行政管理部门出具的审核意见。

第三十八条 省级交通运输（港口）管理部门参考所在地港口行政管理部门出具的审核意见和相关港口设施的实际情况对申请材料进行审查。符合保安要求的，颁发《港口设施保安符合证书》；不符合保安要求的，不予颁发并书面说明理由。

《港口设施保安符合证书》应当自受理之日起二十个工作日内完成颁发工作。二十个工作日内不能作出决定的，经本机关负责人批准，可以延长十个工作日，并应将延长期限的理由告知申请人。

《港口设施保安符合证书》由省级交通运输（港口）管理部门指定的负责人签发，签发后应当及时通知相关交通运输（港口）管理部门。

第三十九条 《港口设施保安符合证书》的有效期为五年。在有效期内每年由省级交通运输（港口）管理部门核验一次。

《港口设施保安符合证书》年度核验期限为签发之日起每周年的前三个月和后三个月。

第四十条 港口设施经营人或者管理人应当于《港口设施保安符合证书》签发之日起每周年的前三个月内，向省级交通运输（港口）管理部门提出年度核验申请，并提交如下材料：

（一）《港口设施保安符合证书》年度核验申请表；

（二）《港口设施保安符合证书》正、副本；

（三）港口设施保安年度工作报告；

（四）港口设施保安自评表；

（五）其他需要提交的文件。

前款所称港口设施保安年度工作报告由港口设施保安主管负责编写，港口设施经营人或者管理人应当盖章确认。港口设施保安年度工作报告应当全面反映《港口设施保安计划》的落实情况、接受相关培训情况、保安训练、演习情况及记录、保安事件发生的情况及记录、《港口设施保安计划》修改记录等内容。

第四十一条 省级交通运输（港口）管理部门应当自受理之日起二十个工作日内完成《港口设施保安符合证书》年度核验。二十个工作日内不能完成的，经本机关负责人批准，可以延长十个工作日，并应将延长期限的理由告知申请人。年度核验内容包括：

（一）港口设施保安组织结构；

（二）港口设施保安主管及相关人员是否具备履行其职责的知识和能力；

（三）港口设施保安设备状况及运行情况；

（四）港口设施保安通信状况；

（五）港口设施保安规章制度及实施情况；

（六）港口设施保安训练、演习情况；

（七）《港口设施保安计划》所确定保安措施及程序的落实情况；

（八）港口设施保安事件发生及应对情况；

（九）《港口设施保安计划》的年度调整情况；

（十）其他与港口设施保安工作有关的事项。

除前款规定外，港口设施于上一次核验后发生过本规则第二十三条第三款规定的重大变化的，年度核验主管部门应当审查港口设施是否已重新进行保安评估并重新制订《港口设施保安计划》。

年度核验时，省级交通运输（港口）管理部门可以对港口设施上一年度的保安工作进行核查，也可以委托港口所在地港口行政管理部门核查并接受其提交的核查报告。

第四十二条 下列情况年度核验不得通过：

（一）保安设备设施状况不符合《港口设施保安计划》规定；

（二）港口设施保安主管、港口设施其他保安人员不具备履行其职责的知识和能力；

（三）未按照规定进行或者参加保安训练、演习；

（四）未按照规定收取和使用港口设施保安费。

第四十三条 通过年度核验的港口设施，由省级交通运输（港口）管理部门主管领导或者其授权的人员（仅限授权 1 名）在《港口设施保安符合证书》正、副本上签字并加盖专用章。

第四十四条 未通过年度核验的港口设施，由省级交通运输（港口）管理部门主管领导或者其授权的人员在年度核验申请书上签署意见并退还申请人，责令其限期改正。港口设施经营人或者管理人在期限内改正完毕，可以重新申请《港口设施保安符合证书》年度核验。

第四十五条 省级交通运输（港口）管理部门应及时将下列情况录入信息系统：

（一）通过年度核验的港口设施；

（二）未通过年度核验的港口设施；

（三）未按本规则第三十九条规定时间申请年度核验的港口设施；

（四）在年度核验过程中隐瞒有关情况或者提供虚假材料的港口设施；

（五）连续两个年度未申请年度核验的港口设施；

（六）发生过本规则第二十三条第三款规定的重大变化但未重新进行保安评估并重新制订《港口设施保安计划》的港口设施。

第四十六条 省级交通运输（港口）管理部门应当将本辖区《港口设施保安符合证书》年度核验情况予以公布。

第四十七条 《港口设施保安符合证书》记载的内容发生变化或者证书丢失、毁损时，应当向省级交通运输（港口）管理部门书面申请换发或者补办，并附相关证明材料。

省级交通运输（港口）管理部门核发新证书时，应当公告原证书作废。

第六章 港口设施保安主管

第四十八条 港口设施经营人或者管理人应当指定本单位负责人或者部门负责人担任港口设施保安主管。港口设施保安主管应当具备履行其职责的知识和能力。

第四十九条 一人只能担任一个港口设施的港口设施保安主管。

第五十条 港口设施保安主管履行下列职责：

（一）配合港口设施保安评估对港口设施进行初次全面保安检查；

（二）确保港口设施按本规则的规定制订《港口设施保安计划》；

（三）对港口设施进行定期保安检查，保证《港口设施保安计划》有效实施；

（四）对《港口设施保安计划》所载内容进

行经常性评价和必要的调整；

（五）进行港口设施相关人员保安意识和警惕性的教育；

（六）确保港口设施保安工作人员获得充分的培训；

（七）与相关机构和人员保持信息沟通，向有关部门报告危及港口设施保安的事件并保存事件记录；

（八）与船公司和船舶保安员协调实施《港口设施保安计划》；

（九）签署《保安声明》；

（十）与提供保安服务的机构协调保安工作；

（十一）确保港口设施保安人员符合相关要求；

（十二）确保正确操作、测试、校准和保养保安设施设备；

（十三）在接到船舶保安员请求时，协助其确认登船人员的身份。

第五十一条 当港口设施保安主管被告知船舶在履行SOLAS公约第Ⅺ－2章和ISPS规则的要求或者在实施《船舶保安计划》所列的措施和程序遇到困难时，以及在港口设施处于3级保安的情况下，港口设施的经营人或者管理人执行交通运输部发出的保安指令遇到困难时，港口设施保安主管和船舶保安员应进行联络并协调适当的行动。

第五十二条 港口设施保安主管在船舶入港之前和船舶在港口期间，应当履行下列义务：

（一）了解船舶履行SOLAS公约和ISPS规则的情况；

（二）与船舶保安员或者船公司保安员联系，了解该船舶的保安等级，并掌握有关船舶保安等级的任何变化；

（三）在与船舶建立联系后，港口设施保安主管应当将港口设施保安等级及其任何后续变化通知港内靠泊船舶和将要靠泊的船舶，并向船舶提供必要的保安信息。

第五十三条 当港口设施的保安等级确定为2级或者3级后，港口设施保安主管应及时确认《港口设施保安计划》所列的对应保安措施和程序得到执行，并应当立即与相关船公司和船舶保安员取得联系并协调适当的行动。

第五十四条 当港口设施保安主管得知船舶所处的保安等级高于港口设施的保安等级时，应当及时报告港口所在地港口行政管理部门，并与船舶保安员取得联系并协调适当的行动，包括按照各自的《保安计划》操作，并可视情填写或者签署《保安声明》。

第七章　保安声明

第五十五条 在下列情况下，应船舶的要求，港口设施经营人或者管理人应当与船舶签署《保安声明》：

（一）该船所处的保安等级高于与之发生界面活动的港口设施的保安等级；

（二）中国政府与其他缔约国政府之间有涉及某些国际航线或者这些航线上的特定船舶关于《保安声明》的协议；

（三）曾经有过涉及该船或者涉及该港口设施的保安威胁或者保安事件。

第五十六条 在港口设施保安评估所确定的需要引起特别注意的船港界面活动开始前，应港口设施经营人或者管理人的要求，船舶应当与港口设施经营人或者管理人签署《保安声明》。

前款所称需要引起特别注意的船港界面活动，包括在人口密集或者经济上重要的作业场所或者在其附近的设施进行的作业，以及旅客上下船舶、危险货物或者有害物质的过驳或者装卸作业、船舶曾经靠泊过本规则第二条规定以外的港口设施等。

第五十七条 港口设施所在地港口行政管理部门可以根据船港界面活动对人员、财产、环境可能造成危险程度的判断，要求船、港双方签署《保安声明》。

第五十八条 《保安声明》由港口设施保安主管与船长或者船舶保安员签署。

第五十九条 《保安声明》应当根据保安等

级变化做相应的改变或者重新签署。

第六十条 《保安声明》应当由港口设施保安主管保存三年。

第八章 港口设施保安培训、训练和演习

第六十一条 港口设施保安主管及下列从事港口设施保安工作的人员，应当按照ISPS规则的有关要求，完成港口设施保安培训，具备履行其职责的港口保安管理、港口保安设备设施应用、港口保安风险分析等方面的知识和能力：

（一）从事港口设施保安行政管理工作人员；

（二）从事港口设施保安评估的人员；

（三）制定《港口设施保安计划》的人员；

（四）港口设施经营人中主管安全、生产的负责人。

其他从事与港口设施保安有关工作的人员，应当按照ISPS规则的有关要求，经过相应的培训，具备履行其担任职责方面的知识和能力。

第六十二条 万吨级以上的港口设施应有六人以上具备履行保安职责方面的知识和能力，万吨级以下的港口设施应有三人以上具备履行保安职责方面的知识和能力。

第六十三条 港口设施经营人或者管理人应当对其员工进行相关保安基础知识和岗位保安要求的教育或者培训，使其有针对性地了解并掌握《港口设施保安计划》中与其职责相关的内容，并保证其具备如下知识：

（一）各保安等级的含义和本岗位保安要求；

（二）辨认和探察武器、危险物质和装置；

（三）辨认可能威胁保安者的特点和行为模式；

（四）紧急撤离、简单救护等自我保护技术。

第六十四条 港口设施应当进行保安训练和演习，确保港口设施人员熟练履行其在各保安等级所承担的保安职责，发现并及时改进任何保安缺陷。

第六十五条 港口设施的经营人或者管理人应当保证至少每三个月进行一次港口设施保安训练。

训练应当根据《港口设施保安计划》进行，目的是对《港口设施保安计划》全部或部分内容进行测试。

第六十六条 各级交通运输（港口）管理部门应当组织保安演习。保安演习至少每年进行一次，两次演习间隔不得超过十八个月。

演习应当结合《港口设施保安计划》，通过模拟一定保安事件情景，根据船港界面活动所涉及的各项保安要求，由多单位参与、协同进行，验证、评价和提高港口设施保安人员的综合反应能力，加强各级保安组织、各相关部门的整体反应和协调配合能力。

演习应当编制演习方案，并报送上级交通运输（港口）管理部门备案。

第六十七条 港口设施的经营人或者管理人应当参加包括有关部门、船舶保安员共同进行的保安演习。

第六十八条 港口设施保安训练、演习可以采用实地或者模拟的形式，也可以与相关训练、演习结合进行。

第六十九条 训练、演习完成后，应当进行评估并记录存档。

第九章 保安信息联络与共享

第七十条 中国海上搜救中心是全国港口设施保安总联络点，负责全国港口设施的保安报警接收和保安信息联络工作。

各地方港口行政管理部门值班室是所在地港口设施保安联络点，负责下列事项的全天候联系工作：

（一）接收港口设施保安信息，向相关海事管理机构了解船舶保安信息，针对接收到的保安报警及时按照应急反应程序采取保安行动，并视情通报有关部门；

（二）将港口设施保安信息及时通报海事管理机构，并为相关船舶提供保安建议或者援助；

（三）向中国海上搜救中心报告保安信息。

第七十一条 港口设施保安主管收到保安报警后，应立即与港口所在地港口行政管理部门联系，报告港口设施名称、位置，经营人或者管理人名称，设施内相关船舶、人员和货物，受到的保安威胁等情况。

港口设施保安主管应当随时保持通信联络畅通。

第七十二条 港口所在地港口行政管理部门收到相关船舶保安事件和其他船舶保安信息，应当按照应急反应程序，通知相关的港口设施，协调港口设施和船舶的保安行动。

第七十三条 交通运输部根据国际公约规定和工作需要，向国际海事组织报送港口设施保安信息，并负责接收和向国内相关部门、机构传送相关信息。

第七十四条 港口设施保安相关信息发生变化后港口设施经营人或者管理人应当向原报送单位及时发出更正信息。

第七十五条 各级交通运输（港口）管理部门应当建立信息系统，通过信息系统核发《港口设施保安符合证书》，保证港口设施保安信息的及时报送、接收、分析、转发和共享。

第十章　监督检查与法律责任

第七十六条 各级交通运输（港口）管理部门依法对港口设施保安活动实施的监督检查，任何单位或者个人不得拒绝、妨碍或者阻挠。

有关单位或者个人应当接受港口行政管理部门依法实施的监督检查，并为其提供必要的方便。

港口行政管理部门的工作人员实施监督检查时，应当出示执法证件，表明身份。

第七十七条 港口所在地港口行政管理部门应当对港口设施的下列保安事项进行监督检查：

（一）《港口设施保安符合证书》的有效性；

（二）《港口设施保安计划》的实施效果，包括保安措施实施过程中的协调性；

（三）港口设施保安主管和相关人员对保安知识的掌握情况。

第七十八条 交通运输部应当制定年度监督检查计划，对省级交通运输（港口）管理部门的《港口设施保安符合证书》核发及年度核验等工作进行监督检查，发现不符合规定的，应当要求省级交通运输（港口）管理部门予以纠正。

第七十九条 未按规定取得有效《港口设施保安符合证书》且不符合本规则第三十六条规定的港口设施，不得为航行国际航线船舶提供服务。

对于违反前款规定，擅自为航行国际航线船舶提供服务的港口设施，由港口所在地港口行政管理部门予以警告并责令停止违法行为，并可处以3万元以下罚款。

第八十条 对于违反本规则规定，港口设施保安主管和相关人员未经必要的培训，港口行政管理部门可以责令更换；港口设施保安主管和相关人员未能履行本规则规定的职责，港口行政管理部门可以责令其参加保安培训；情节严重的，可以责令暂停或者撤销其港口设施保安主管资格。

第十一章　附　则

第八十一条 交通运输部通过部网站公布与港口设施保安相关的公开信息。

第八十二条 本规则自2008年3月1日起施行。但为500总吨及以上特种用途船服务的港口设施自2008年7月1日起适用本规则。交通部于2003年11月14日发布的《港口设施保安规则》（交水发〔2003〕500号）同时废止。

中华人民共和国交通运输部令
2019年第34号

《交通运输部关于修改〈港口危险货物安全管理规定〉的决定》已于2019年11月20日经第26

次部务会议通过，现予公布，自公布之日起施行。

交通运输部部长　李小鹏

2019年11月28日

交通运输部关于修改《港口危险货物安全管理规定》的决定

交通运输部决定对《港口危险货物安全管理规定》（交通运输部令2017年第27号）作如下修改：

删去第二十四条第二款。

本决定自公布之日起施行。

《港口危险货物安全管理规定》根据本决定作相应修正，重新发布。

港口危险货物安全管理规定

（2017年9月4日交通运输部发布，根据2019年11月28日《交通运输部关于修改〈港口危险货物安全管理规定〉的决定》修正）

第一章　总　则

第一条　为了加强港口危险货物安全管理，预防和减少危险货物事故，保障人民生命、财产安全，保护环境，根据《港口法》《安全生产法》《危险化学品安全管理条例》等有关法律、行政法规，制定本规定。

第二条　在中华人民共和国境内，新建、改建、扩建储存、装卸危险货物的港口建设项目和进行危险货物港口作业，适用本规定。

前款所称危险货物港口作业包括在港区内装卸、过驳、仓储危险货物等行为。

第三条　港口危险货物安全管理坚持安全第一、预防为主、综合治理的方针，强化和落实危险货物港口建设项目的建设单位和港口经营人安全生产主体责任。

第四条　交通运输部主管全国港口危险货物安全行业管理工作。

省、自治区、直辖市交通运输主管部门主管本辖区的港口危险货物安全监督管理工作。

省、市、县级港口行政管理部门在职责范围内负责具体实施港口危险货物安全监督管理工作。

第二章　建设项目安全审查

第五条　新建、改建、扩建储存、装卸危险货物的港口建设项目（以下简称危险货物港口建设项目），应当由港口行政管理部门进行安全条件审查。

未通过安全条件审查，危险货物港口建设项目不得开工建设。

第六条　省级港口行政管理部门负责下列港口建设项目的安全条件审查：

（一）涉及储存或者装卸剧毒化学品的港口建设项目；

（二）沿海50 000吨级以上、长江干线3 000吨级以上、其他内河1 000吨级以上的危险货物码头；

（三）沿海罐区总容量100 000立方米以上、内河罐区总容量5 000立方米以上的危险货物仓储设施。

其他危险货物港口建设项目由项目所在地设区的市级港口行政管理部门负责安全条件审查。

第七条　危险货物港口建设项目的建设单位，应当在可行性研究阶段按照国家有关规定委托有资质的安全评价机构对该建设项目进行安全评价，并编制安全预评价报告。安全预评价报告应当符合有关安全生产法律、法规、规章、国家标准、行业标准和港口建设的有关规定。

第八条　涉及危险化学品的港口建设项目，建设单位还应当进行安全条件论证，并编制安全条件论证报告。安全条件论证的内容应当包括：

（一）建设项目内在的危险和有害因素对安

全生产的影响；

（二）建设项目与周边设施或者单位、人员密集区、敏感性设施和敏感环境区域在安全方面的相互影响；

（三）自然条件对建设项目的影响。

第九条 建设单位应当向危险货物建设项目所在地港口行政管理部门申请安全条件审查，并提交以下材料：

（一）建设项目安全条件审查申请书；

（二）建设项目安全预评价报告；

（三）建设项目安全条件论证报告（涉及危险化学品的提供）；

（四）依法需取得的建设项目规划选址文件。

所在地港口行政管理部门应当核查文件是否齐全，不齐全的告知申请人予以补正。对材料齐全的申请应当予以受理；对不属于本级审查权限的，应当在受理后5日内将申请材料转报有审查权限的港口行政管理部门。转报时间应当计入审查期限。

第十条 负责安全条件审查的港口行政管理部门应当自受理申请之日起45日内作出审查决定。

有下列情形之一的，安全条件审查不予通过：

（一）安全预评价报告存在重大缺陷、漏项的，包括对建设项目主要危险、有害因素的辨识和评价不全面或者不准确的；

（二）对安全预评价报告中安全设施设计提出的对策与建议不符合有关安全生产法律、法规、规章和国家标准、行业标准的；

（三）建设项目与周边场所、设施的距离或者拟建场址自然条件不符合有关安全生产法律、法规、规章和国家标准、行业标准的；

（四）主要技术、工艺未确定，或者不符合有关安全生产法律、法规、规章和国家标准、行业标准的；

（五）未依法进行安全条件论证和安全评价的；

（六）隐瞒有关情况或者提供虚假文件、资料的。

港口行政管理部门在安全条件审查过程中，应当对申请材料进行审查，并对现场进行核查。必要时可以组织相关专家进行咨询论证。

第十一条 港口行政管理部门对符合安全条件的，应当予以通过，并将审查决定送达申请人。对未通过安全条件审查的，应当说明理由并告知申请人。建设单位经过整改后可以重新申请安全条件审查。

第十二条 已经通过安全条件审查的危险货物港口建设项目有下列情形之一的，建设单位应当按照本规定的有关要求重新进行安全条件论证和安全评价，并重新申请安全条件审查：

（一）变更建设地址的；

（二）建设项目周边环境因素发生重大变化导致安全风险增加的；

（三）建设项目规模进行调整导致安全风险增加或者安全性能降低的；

（四）建设项目平面布置、作业货种、工艺、设备设施等发生重大变化导致安全风险增加或者安全性能降低的。

第十三条 建设单位应当在危险货物港口建设项目初步设计阶段按照国家有关规定委托设计单位对安全设施进行设计。

安全设施设计应当符合有关安全生产和港口建设的法律、法规、规章以及国家标准、行业标准，并包括以下主要内容：

（一）该建设项目涉及的危险、有害因素和程度及周边环境安全分析；

（二）采用的安全设施和措施，预期效果以及存在的问题与建议；

（三）对安全预评价报告中有关安全设施设计的对策与建议的采纳情况说明；

（四）可能出现的事故预防及应急救援措施。

第十四条 由港口行政管理部门负责初步设计审批的危险货物港口建设项目，在初步设计审批中对安全设施设计进行审查。

前款规定之外的其他危险货物港口建设项目，由负责安全条件审查的港口行政管理部门进行安全设施设计审查。

建设单位在申请安全设施设计审查时应当提交以下材料：

（一）安全设施设计审查申请书；

（二）设计单位的基本情况及资信情况；

（三）安全设施设计。

港口行政管理部门应当自受理申请之日起20日内对申请材料进行审查，作出审查决定，并告知申请人；20 日内不能作出决定的，经本部门负责人批准，可以延长 10 日，并应当将延长期限的理由告知申请人。

第十五条 有下列情形之一的，安全设施设计审查不予通过：

（一）设计单位资质不符合相关规定的；

（二）未按照有关法律、法规、规章和国家标准、行业标准的规定进行设计的；

（三）对未采纳安全预评价报告中的安全对策和建议，未作充分论证说明的；

（四）隐瞒有关情况或者提供虚假文件、资料的。

安全设施设计审查未通过的，建设单位经过整改后可以重新申请安全设施设计审查。

第十六条 已经通过审查的危险货物港口建设项目安全设施设计有下列情形之一的，建设单位应当报原审查部门重新申请安全设施设计审查：

（一）改变安全设施设计且可能导致安全性能降低的；

（二）在施工期间重新设计的。

第十七条 危险货物港口建设项目的建设单位应当在施工期间组织落实经批准的安全设施设计的有关内容，并加强对施工质量的监测和管理，建立相应的台账。施工单位应当按照批准的设计施工。

第十八条 危险货物港口建设项目的安全设施应当与主体工程同时建成，并由建设单位组织验收。验收前建设单位应当按照国家有关规定委托有资质的安全评价机构对建设项目及其安全设施进行安全验收评价，并编制安全验收评价报告。安全验收评价报告应当符合国家标准、行业标准和港口建设的有关规定。

建设单位进行安全设施验收时，应当组织专业人员对该建设项目进行现场检查，并对安全设施施工报告及监理报告、安全验收评价报告等进行审查，作出是否通过验收的结论。参加验收人员的专业能力应当涵盖该建设项目涉及的所有专业内容。

安全设施验收未通过的，建设单位经过整改后可以再次组织安全设施验收。

第十九条 安全设施验收合格后，建设单位应当将验收过程中涉及的文件、资料存档，并自觉接受和配合安全生产监督管理部门依据《安全生产法》的规定对安全设施验收活动和验收结果进行的监督核查。

第二十条 安全评价机构的安全评价活动应当遵守有关法律、法规、规章和国家标准和行业标准的规定。

港口行政管理部门应当对违法违规开展港口安全评价的机构予以曝光，并通报同级安全生产监督管理部门。

第三章　经营人资质

第二十一条 从事危险货物港口作业的经营人（以下简称危险货物港口经营人）除满足《港口经营管理规定》规定的经营许可条件外，还应当具备以下条件：

（一）设有安全生产管理机构或者配备专职安全生产管理人员；

（二）具有健全的安全管理制度、岗位安全责任制度和操作规程；

（三）有符合国家规定的危险货物港口作业设施设备；

（四）有符合国家规定且经专家审查通过的事故应急预案和应急设施设备；

（五）从事危险化学品作业的，还应当具有取得从业资格证书的装卸管理人员。

第二十二条 申请危险货物港口经营人资质，除按《港口经营管理规定》的要求提交相关文件和材料外，还应当向所在地港口行政管理部门提交以下文件和材料：

（一）危险货物港口经营申请表，包括拟申请危险货物作业的具体场所、作业方式、危险货物品名（集装箱和包装货物载明到“项别”）；

（二）符合国家规定的应急设施、设备清单；

（三）装卸管理人员的从业资格证书（涉及危险化学品的提供）；

（四）新建、改建、扩建储存、装卸危险货物港口设施的，提交安全设施验收合格证明材料（包括安全设施施工报告及监理报告、安全验收评价报告、验收结论和隐患整改报告）；使用现有港口设施的，提交对现状的安全评价报告。

第二十三条 所在地港口行政管理部门应当自受理申请之日起30日内作出许可或者不予许可的决定。符合许可条件的，应当颁发《港口经营许可证》，并对每个具体的危险货物作业场所配发《港口危险货物作业附证》（见附件）。

《港口经营许可证》应当载明危险货物港口经营人的名称与办公地址、法定代表人或者负责人、经营地域、准予从事的业务范围、附证事项、发证日期、许可证有效期和证书编号。

《港口危险货物作业附证》应当载明危险货物港口经营人、作业场所、作业方式、作业危险货物品名（集装箱和包装货物载明到“项别”）、发证机关、发证日期、有效期和证书编号。

所在地港口行政管理部门应当依法向社会公开有关信息，并及时向所在地海事管理机构和同级安全生产监督管理部门、环境保护主管部门、公安机关通报。

第二十四条 《港口经营许可证》有效期为3年，《港口危险货物作业附证》有效期不得超过《港口经营许可证》的有效期。

第二十五条 危险货物港口经营人应当在《港口经营许可证》或者《港口危险货物作业附证》有效期届满之日30日以前，向发证机关申请办理延续手续。

申请办理《港口经营许可证》及《港口危险货物作业附证》延续手续，除按《港口经营管理规定》的要求提交相关文件和材料外，还应当提交下列材料：

（一）除本规定第二十二条第（一）项之外的其他证明材料；

（二）本规定第二十八条规定的安全评价报告及落实情况。

第二十六条 危险货物港口经营人发生变更或者其经营范围发生变更的，应当按照本规定第二十二条的规定重新申请《港口经营许可证》及《港口危险货物作业附证》。

第二十七条 危险货物港口经营人应当在依法取得许可的范围内从事危险货物港口作业，依法提取和使用安全生产经费，聘用注册安全工程师从事安全生产管理工作，对从业人员进行安全生产教育、培训并如实记录相关情况，推进安全生产标准化建设。相关从业人员应当按照《危险货物水路运输从业人员考核和从业资格管理规定》的要求，经考核合格或者取得相应从业资格。

第二十八条 危险货物港口经营人应当在取得经营资质后，按照国家有关规定委托有资质的安全评价机构，对本单位的安全生产条件每3年进行一次安全评价，提出安全评价报告。安全评价报告的内容应当包括对事故隐患的整改情况、遗留隐患和安全条件改进建议。

危险货物港口经营人应当将安全评价报告以及落实情况报所在地港口行政管理部门备案。

第二十九条 出现下列情形之一的，危险货物港口经营人应当重新进行安全评价，并按照本规定第二十八条的规定进行备案：

（一）增加作业的危险货物品种；

（二）作业的危险货物数量增加，构成重大危险源或者重大危险源等级提高的；

（三）发生火灾、爆炸或者危险货物泄漏，导致人员死亡、重伤或者事故等级达到较大事故以上的；

（四）周边环境因素发生重大变化，可能对港口安全生产带来重大影响的。

增加作业的危险货物品种或者数量，涉及变

更经营范围的，除应当符合环保、消防、职业卫生等方面相关主管部门的要求外，还应当按照本规定第二十六条的规定重新申请《港口经营许可证》及《港口危险货物作业附证》。

现有设施需要进行改扩建的，除应当履行改扩建手续外，还应当履行本规定第二章安全审查的有关规定。

第四章 作业管理

第三十条 危险货物港口经营人应当根据《港口危险货物作业附证》上载明的危险货物品名，依据其危险特性，在作业场所设置相应的监测、监控、通风、防晒、调温、防火、灭火、防爆、泄压、防毒、中和、防潮、防雷、防静电、防腐、防泄漏以及防护围堤或者隔离操作等安全设施、设备，并保持正常、正确使用。

第三十一条 危险货物港口经营人应当按照国家标准、行业标准对其危险货物作业场所的安全设施、设备进行经常性维护、保养，并定期进行检测、检验，及时更新不合格的设施、设备，保证正常运转。维护、保养、检测、检验应当做好记录，并由有关人员签字。

第三十二条 危险货物港口经营人应当在其作业场所和安全设施、设备上设置明显的安全警示标志；同时还应当在其作业场所设置通信、报警装置，并保证其处于适用状态。

第三十三条 危险货物专用库场、储罐应当符合国家标准和行业标准，设置明显标志，并依据相关标准定期安全检测维护。

第三十四条 危险货物港口作业使用特种设备的，应当符合国家特种设备管理的有关规定，并按要求进行检验。

第三十五条 危险货物港口经营人使用管道输送危险货物的，应当建立输送管道安全技术档案，具备管道分布图，并对输送管道定期进行检查、检测，设置明显标志。

在港区内进行可能危及危险货物输送管道安全的施工作业，施工单位应当在开工的 7 日前书面通知管道所属单位，并与管道所属单位共同制定应急预案，采取相应的安全防护措施。管道所属单位应当指派专门人员到现场进行管道安全保护指导。

第三十六条 危险货物港口作业委托人应当向危险货物港口经营人提供委托人身份信息和完整准确的危险货物品名、联合国编号、危险性分类、包装、数量、应急措施及安全技术说明书等资料；危险性质不明的危险货物，应当提供具有相应资质的专业机构出具的危险货物危险特性鉴定技术报告。法律、行政法规规定必须办理有关手续后方可进行水路运输的危险货物，还应当办理相关手续，并向港口经营人提供相关证明材料。

危险货物港口作业委托人不得在委托作业的普通货物中夹带危险货物，不得匿报、谎报危险货物。

第三十七条 危险货物港口经营人不得装卸、储存未按本规定第三十六条规定提交相关资料的危险货物。对涉嫌在普通货物中夹带危险货物，或者将危险货物匿报或者谎报为普通货物的，所在地港口行政管理部门或者海事管理机构可以依法开拆查验，危险货物港口经营人应当予以配合。港口行政管理部门和海事管理机构应当将查验情况相互通报，避免重复开拆。

第三十八条 发生下列情形之一的，危险货物港口经营人应当及时处理并报告所在地港口行政管理部门：

（一）发现未申报或者申报不实、申报有误的危险货物；

（二）在普通货物或者集装箱中发现夹带危险货物；

（三）在危险货物中发现性质相抵触的危险货物，且不满足国家标准及行业标准中有关积载、隔离、堆码要求。

对涉及船舶航行、作业安全的相关信息，港口行政管理部门应当及时通报所在地海事管理机构。

第三十九条 在港口作业的包装危险货物应

当妥善包装，并在外包装上设置相应的标志。包装物、容器的材质以及包装的型式、规格、方法应当与所包装的货物性质、运输装卸要求相适应。材质、型式、规格、方法以及包装标志应当符合我国加入并已生效的有关国际条约、国家标准和相关规定的要求。

第四十条 危险货物港口经营人应当对危险货物包装和标志进行检查，发现包装和标志不符合国家有关规定的，不得予以作业，并应当及时通知或者退回作业委托人处理。

第四十一条 船舶载运危险货物进出港口，应当按照有关规定向海事管理机构办理申报手续。海事管理机构应当及时将有关申报信息通报所在地港口行政管理部门。

第四十二条 船舶危险货物装卸作业前，危险货物港口经营人应当与作业船舶按照有关规定进行安全检查，确认作业的安全状况和应急措施。

第四十三条 不得在港口装卸国家禁止通过水路运输的危险货物。

第四十四条 在港口内从事危险货物添加抑制剂或者稳定剂作业的单位，作业前应当将有关情况告知相关危险货物港口经营人和作业船舶。

第四十五条 危险货物港口经营人在危险货物港口装卸、过驳作业开始 24 小时前，应当将作业委托人以及危险货物品名、数量、理化性质、作业地点和时间、安全防范措施等事项向所在地港口行政管理部门报告。所在地港口行政管理部门应当在接到报告后 24 小时内作出是否同意作业的决定，通知报告人，并及时将有关信息通报海事管理机构。报告人在取得作业批准后 72 小时内未开始作业的，应当重新报告。未经所在地港口行政管理部门批准的，不得进行危险货物港口作业。

时间、内容和方式固定的危险货物港口装卸、过驳作业，经所在地港口行政管理部门同意，可以实行定期申报。

第四十六条 危险货物港口作业应当符合有关安全作业标准、规程和制度，并在具有从业资格的装卸管理人员现场指挥或者监控下进行。

第四十七条 两个以上危险货物港口经营人在同一港口作业区内进行危险货物港口作业，可能危及对方生产安全的，应当签订安全生产管理协议，明确各自的安全生产管理职责和应当采取的安全措施，并指定专职安全生产管理人员进行安全检查与协调。

第四十八条 危险货物港口经营人进行爆炸品、气体、易燃液体、易燃固体、易于自燃的物质、遇水放出易燃气体的物质、氧化性物质、有机过氧化物、毒性物质、感染性物质、放射性物质、腐蚀性物质的港口作业，应当划定作业区域，明确责任人并实行封闭式管理。作业区域应当设置明显标志，禁止无关人员进入和无关船舶停靠。

第四十九条 危险货物应当储存在港区专用的库场、储罐，并由专人负责管理；剧毒化学品以及储存数量构成重大危险源的其他危险货物，应当单独存放，并实行双人收发、双人保管制度。

危险货物的储存方式、方法以及储存数量，包括危险货物集装箱直装直取和限时限量存放，应当符合国家标准、行业标准或者国家有关规定。

第五十条 危险货物港口经营人经营仓储业务的，应当建立危险货物出入库核查、登记制度。

对储存剧毒化学品以及储存数量构成重大危险源的其他危险货物的，危险货物港口经营人应当将其储存数量、储存地点以及管理措施、管理人员等情况，依法报所在地港口行政管理部门和相关部门备案。

第五十一条 危险货物港口经营人应当建立危险货物作业信息系统，实时记录危险货物作业基础数据，包括作业的危险货物种类及数量、储存地点、理化特性、货主信息、安全和应急措施等，并在作业场所外异地备份。有关危险货物作业信息应当按要求及时准确提供相关管理部门。

第五十二条 危险货物港口经营人应当建立安全生产风险预防控制体系，开展安全生产风险辨识、评估，针对不同风险，制定具体的管控措施，落实管控责任。

第五十三条 危险货物港口经营人应当根据有关规定，进行重大危险源辨识，确定重大危险源级别，实施分级管理，并登记建档。危险货物港口经营人应当建立健全重大危险源安全管理规章制度，制定实施危险货物重大危险源安全管理与监控方案，制定应急预案，告知相关人员在紧急情况下应当采取的应急措施，定期对重大危险源进行安全评估。

第五十四条 危险货物港口经营人应当将本单位的重大危险源及有关安全措施、应急措施依法报送所在地港口行政管理部门和相关部门备案。

第五十五条 危险货物港口经营人在重大危险源出现本规定第二十九条规定的情形之一，可能影响重大危险源级别和风险程度的，应当对重大危险源重新进行辨识、分级、安全评估、修改档案，并及时报送所在地港口行政管理部门和相关部门重新备案。

第五十六条 危险货物港口经营人应当制定事故隐患排查制度，定期开展事故隐患排查，及时消除隐患，事故隐患排查治理情况应当如实记录，并向从业人员通报。

危险货物港口经营人应当将重大事故隐患的排查和处理情况及时向所在地港口行政管理部门备案。

第五章　应急管理

第五十七条 所在地港口行政管理部门应当建立危险货物事故应急体系，制定港口危险货物事故应急预案。应急预案应当依法经当地人民政府批准后向社会公布。

所在地港口行政管理部门应当在当地人民政府的领导下推进专业化应急队伍建设和应急资源储备，定期组织开展应急培训和应急救援演练，提高应急能力。

第五十八条 危险货物港口经营人应当制定本单位危险货物事故专项应急预案和现场处置方案，依法配备应急救援人员和必要的应急救援器材、设备，每半年至少组织一次应急救援培训和演练并如实记录，根据演练结果对应急预案进行修订。应急预案应当具有针对性和可操作性，并与所在地港口行政管理部门公布的港口危险货物事故应急预案相衔接。

危险货物港口经营人应当将其应急预案及其修订情况报所在地港口行政管理部门备案，并向本单位从业人员公布。

第五十九条 危险货物港口作业发生险情或者事故时，港口经营人应当立即启动应急预案，采取应急行动，排除事故危害，控制事故进一步扩散，并按照有关规定向港口行政管理部门和有关部门报告。

危险货物港口作业发生事故时，所在地港口行政管理部门应当按规定向上级行政管理部门、当地人民政府及有关部门报告，并及时组织救助。

第六章　安全监督与管理

第六十条 所在地港口行政管理部门应当采取随机抽查、年度核查等方式对危险货物港口经营人的经营资质进行监督检查，发现其不再具备安全生产条件的，应当依法撤销其经营许可。

第六十一条 所在地港口行政管理部门应当依法对危险货物港口作业和装卸、储存区域实施监督检查，并明确检查内容、方式、频次以及有关要求等。实施监督检查时，可以行使下列职权：

（一）进入并检查危险货物港口作业场所，查阅、抄录、复印相关的文件或者资料，提出整改意见；

（二）发现危险货物港口作业和设施、设备、装置、器材、运输工具不符合法律、法规、规章规定和国家标准、行业标准要求的，责令立即停止使用；

（三）对危险货物包装和标志进行抽查，对

不符合有关规定的，责令港口经营人停止作业，及时通知或者退回作业委托人处理；

（四）检查中发现事故隐患的，应当责令危险货物港口经营人立即消除或者限期消除；重大事故隐患排除前或者排除过程中无法保证安全的，应当责令从危险区域内撤出作业人员并暂时停产停业；重大事故隐患排除后，经其审查同意，方可恢复作业；

（五）发现违法违章作业行为，应当当场予以纠正或者责令限期改正；

（六）对应急演练进行抽查，发现不符合要求的，当场予以纠正或者要求限期改正；

（七）经本部门主要负责人批准，依法查封违法储存危险货物的场所，扣押违法储存的危险货物。

港口行政管理部门依法进行监督检查，监督检查人员不得少于 2 人，并应当出示执法证件，将执法情况书面记录。监督检查不得影响被检查单位的正常生产经营活动。

第六十二条 有关单位和个人对依法进行的监督检查应当予以配合，不得拒绝、阻碍。港口行政管理部门依法对存在重大事故隐患作出停产停业的决定，危险货物港口经营人应当依法执行，及时消除隐患。危险货物港口经营人拒不执行，有发生生产安全事故的现实危险的，在保证安全的前提下，经本部门主要负责人批准，港口行政管理部门可以依法采取通知有关单位停止供电等措施，强制危险货物港口经营人履行决定。

港口行政管理部门依照前款规定采取停止供电措施，除有危及生产安全的紧急情形外，应当提前 24 小时通知危险货物港口经营人。危险货物港口经营人履行决定、采取相应措施消除隐患的，港口行政管理部门应当及时解除停止供电措施。

第六十三条 所在地港口行政管理部门应当加强对重大危险源的监管和应急准备，建立健全本辖区内重大危险源的档案，组织开展重大危险源风险分析，建立重大危险源安全检查制度，定期对存在重大危险源的港口经营人进行安全检查，对检查中发现的事故隐患，督促港口经营人进行整改。

第六十四条 港口行政管理部门应当建立举报制度，认真落实各类违法违规从事危险货物港口作业的投诉和举报，接受社会监督，及时曝光违法违规行为。

第六十五条 港口行政管理部门应当加强监管队伍建设，建立健全安全教育培训制度，依法规范行政执法行为。

第六十六条 所在地港口行政管理部门应当配备必要的危险货物港口安全检查装备，建立危险货物港口安全监管信息系统，具备危险货物港口安全监督管理能力。

第六十七条 港口行政管理部门应当建立港口危险货物管理专家库。专家库应由熟悉港口安全相关法律法规和技术标准、危险货物港口作业、港口安全技术、港口工程、港口安全管理和港口应急救援等相关专业人员组成。

港口行政管理部门在组织安全条件审查、安全设施设计审查或者其他港口危险货物管理工作时，需要吸收专家参加或者听取专家意见的，应当从专家库中抽取。

第六十八条 所在地港口行政管理部门应当建立健全安全生产诚信管理制度，对危险货物港口经营人存在安全生产违法行为或者造成恶劣社会影响的，应当列入安全生产不良信用记录，并纳入交通运输和相关统一信用信息共享平台。

第七章 法律责任

第六十九条 未经安全条件审查，新建、改建、扩建危险货物港口建设项目的，由所在地港口行政管理部门责令停止建设，限期改正；逾期未改正的，处五十万元以上一百万元以下的罚款。

第七十条 危险货物港口建设项目有下列行为之一的，由所在地港口行政管理部门责令停止建设或者停产停业整顿，限期改正；逾期未改正的，处五十万元以上一百万元以下的罚款，对其直接负责的主管人员和其他直接责任人员处二万元以上五万元以下的罚款：

（一）未按照规定对危险货物港口建设项目进行安全评价的；

（二）没有安全设施设计或者安全设施设计未按照规定报经港口行政管理部门审查同意的；

（三）施工单位未按照批准的安全设施设计施工的；

（四）安全设施未经验收合格，擅自从事危险货物港口作业的。

第七十一条　未依法取得相应的港口经营许可证，或者超越许可范围从事危险货物港口经营的，由所在地港口行政管理部门责令停止违法经营，没收违法所得；违法所得十万元以上的，并处违法所得二倍以上五倍以下罚款；违法所得不足十万元的，处五万元以上二十万元以下的罚款。

第七十二条　危险货物港口经营人未依法提取和使用安全生产经费导致不具备安全生产条件的，由所在地港口行政管理部门责令限期改正；逾期未改正的，责令停产停业整顿。

第七十三条　危险货物港口经营人有下列行为之一的，由所在地港口行政管理部门责令限期改正，可以处五万元以下的罚款；逾期未改正的，责令停产停业整顿，并处五万元以上十万元以下的罚款，对其直接负责的主管人员和其他直接责任人员处一万元以上二万元以下的罚款：

（一）未按照规定设置安全生产管理机构或者配备安全生产管理人员的；

（二）未依法对从业人员进行安全生产教育、培训，或者未如实记录安全生产教育、培训情况的；

（三）未将事故隐患排查治理情况如实记录或者未向从业人员通报的；

（四）未按照规定制定危险货物事故应急救援预案或者未定期组织演练的。

第七十四条　危险货物港口经营人有下列行为之一的，由所在地港口行政管理部门责令限期改正，可以处十万元以下的罚款；逾期未改正的，责令停产停业整顿，并处十万元以上二十万元以下的罚款，对其直接负责的主管人员和其他直接责任人员处二万元以上五万元以下的罚款：

（一）危险货物港口作业未建立专门安全管理制度、未采取可靠的安全措施的；

（二）对重大危险源未登记建档，或者未进行评估、监控，或者未制定应急预案的；

（三）未建立事故隐患排查治理制度的。

第七十五条　危险货物港口经营人有下列情形之一的，由所在地港口行政管理部门责令改正，可以处五万元以下的罚款；逾期未改正的，处五万元以上二十万元以下的罚款，对其直接负责的主管人员和其他直接责任人员处一万元以上二万元以下的罚款；情节严重的，责令停产停业整顿：

（一）未在生产作业场所和安全设施、设备上设置明显的安全警示标志的；

（二）未按照国家标准、行业标准或者国家有关规定安装、使用安全设施、设备并进行经常性维护、保养和定期检测的。

第七十六条　危险货物港口经营人有下列情形之一的，由所在地港口行政管理部门责令改正，可以处五万元以下的罚款；逾期未改正的，处五万元以上十万元以下的罚款；情节严重的，责令停产停业整顿：

（一）未对其铺设的危险货物管道设置明显的标志，或者未对危险货物管道定期检查、检测的；

（二）危险货物专用库场、储罐未设专人负责管理，或者对储存的剧毒化学品以及储存数量构成重大危险源的其他危险货物未实行双人收发、双人保管制度的；

（三）未建立危险货物出入库核查、登记制度的；

（四）装卸、储存没有安全技术说明书的危险货物或者外包装没有相应标志的包装危险货物的；

（五）未在作业场所设置通信、报警装置的。

在港口进行可能危及危险货物管道安全的施

工作业，施工单位未按照规定书面通知管道所属单位，或者未与管道所属单位共同制定应急预案、采取相应的安全防护措施，或者管道所属单位未指派专门人员到现场进行管道安全保护指导的，由所在地港口行政管理部门按照前款规定的处罚金额进行处罚。

第七十七条 危险货物港口经营人有下列情形之一的，由所在地港口行政管理部门责令改正，处五万元以上十万元以下的罚款；逾期未改正的，责令停产停业整顿；除第（一）项情形外，情节严重的，还可以吊销其港口经营许可证件：

（一）未在取得从业资格的装卸管理人员现场指挥或者监控下进行作业的；

（二）未依照本规定对其安全生产条件定期进行安全评价的；

（三）未将危险货物储存在专用库场、储罐内，或者未将剧毒化学品以及储存数量构成重大危险源的其他危险货物在专用库场、储罐内单独存放的；

（四）危险货物的储存方式、方法或者储存数量不符合国家标准或者国家有关规定的；

（五）危险货物专用库场、储罐不符合国家标准、行业标准的要求的。

第七十八条 危险货物港口经营人有下列情形之一的，由所在地港口行政管理部门责令改正，可以处一万元以下的罚款；逾期未改正的，处一万元以上五万元以下的罚款：

（一）未将安全评价报告以及落实情况报港口行政管理部门备案的；

（二）未将剧毒化学品以及储存数量构成重大危险源的其他危险货物的储存数量、储存地点以及管理人员等情况报港口行政管理部门备案的。

第七十九条 两个以上危险货物港口经营人在同一港口作业区内从事可能危及对方生产安全的危险货物港口作业，未签订安全生产管理协议或者未指定专职安全管理人员进行安全检查和协调的，由所在地港口行政管理部门责令限期改正，可以处一万元以下的罚款，对其直接负责的主管人员和其他直接责任人员可以处三千元以下的罚款；情节严重的，可以处一万元以上五万元以下的罚款，对其直接负责的主管人员和其他直接责任人员可以处三千元以上一万元以下的罚款；逾期未改正的，责令停产停业整顿。

第八十条 危险货物港口经营人未采取措施消除事故隐患的，由所在地港口行政管理部门责令立即消除或者限期消除；逾期未改正的，责令停产停业整顿，并处十万元以上五十万元以下的罚款，对其直接负责的主管人员和其他直接责任人员处二万元以上五万元以下的罚款。

第八十一条 未按照本规定报告并经同意进行危险货物装卸、过驳作业的，由所在地港口行政管理部门责令改正，并处五千元以上五万元以下的罚款。

第八十二条 危险货物港口经营人有下列行为之一的，由所在地港口行政管理部门责令改正，并处三万元以下的罚款：

（一）装卸国家禁止通过该港口水域水路运输的危险货物的；

（二）未如实记录危险货物作业基础数据的；

（三）发现危险货物的包装和安全标志不符合相关规定仍进行作业的；

（四）未具备其作业使用的危险货物输送管道分布图、安全技术档案的；

（五）未将重大事故隐患的排查和处理情况、应急预案及时向所在地港口行政管理部门备案的；

（六）未按照规定实施安全生产风险预防控制的。

在港口从事危险货物添加抑制剂或者稳定剂作业前，未将有关情况告知相关危险货物港口经营人和作业船舶的，由所在地港口行政管理部门责令改正，并对相关单位处三万元以下的罚款。

第八十三条 港口作业委托人未按规定向港口经营人提供所托运的危险货物有关资料的，由所在地港口行政管理部门责令改正，处五万元以上十万元以下的罚款。港口作业委托人在托运的普通货物中夹带危险货物，或者将危险货物谎报或者匿报为普通货物托运的，由所在地港口行政管理部门责令改正，处十万元以上二十万元以下的罚款，有违法所得的，没收违法所得。

第八十四条 危险货物港口经营人拒绝、阻碍港口行政管理部门依法实施安全监督检查的，由港口行政管理部门责令改正；逾期未改正的，处二万元以上二十万元以下的罚款；对其直接负责的主管人员和其他直接责任人员处一万元以上二万元以下的罚款。

第八十五条 港口行政管理部门的工作人员有下列行为之一的，对直接负责的主管人员和其他直接责任人员给予行政处分；构成犯罪的，依法追究刑事责任：

（一）未按照规定的条件、程序和期限实施行政许可的；

（二）发现违法行为未依法予以制止、查处，情节严重的；

（三）未履行本规定设定的监督管理职责，造成严重后果的；

（四）有其他滥用职权、玩忽职守、徇私舞弊行为的。

第八十六条 违反本规定的其他规定应当进行处罚的，按照《港口法》《安全生产法》《危险化学品安全管理条例》等法律法规执行。

第八章 附 则

第八十七条 本规定所称危险货物，是指具有爆炸、易燃、毒害、腐蚀、放射性等危险特性，在港口作业过程中容易造成人身伤亡、财产毁损或者环境污染而需要特别防护的物质、材料或者物品，包括：

（一）《国际海运危险货物规则》（IMDG code）第3部分危险货物一览表中列明的包装危险货物，以及未列明但经评估具有安全危险的其他包装货物；

（二）《国际海运固体散装货物规则》（IMSBC code）附录一B组中含有联合国危险货物编号的固体散装货物，以及经评估具有安全危险的其他固体散装货物；

（三）《经1978年议定书修订的1973年国际防止船舶造成污染公约》（MARPOL73/78公约）附则I附录1中列明的散装油类；

（四）《国际散装危险化学品船舶构造和设备规则》（IBC code）第17章中列明的散装液体化学品，以及未列明但经评估具有安全危险的其他散装液体化学品，港口储存环节仅包含上述中具有安全危害性的散装液体化学品；

（五）《国际散装液化气体船舶构造和设备规则》（IGC code）第19章列明的散装液化气体，以及未列明但经评估具有安全危险的其他散装液化气体；

（六）我国加入或者缔结的国际条约、国家标准规定的其他危险货物；

（七）《危险化学品目录》中列明的危险化学品。

第八十八条 本规定自2017年10月15日起施行。2012年12月11日交通运输部发布的《港口危险货物安全管理规定》（交通运输部令2012年第9号）同时废止。

中华人民共和国交通运输部令 2019年第36号

《交通运输部关于修改〈港口经营管理规定〉的决定》已于2019年11月20日经第26次部务会议通过，现予公布，自公布之日起施行。

交通运输部部长 李小鹏

2019年11月28日

交通运输部关于修改《港口经营管理规定》的决定

交通运输部决定对《港口经营管理规定》

（交通运输部令2019年第8号）作出如下修改：

一、删去第九条。

二、删去第十条第一款第二项和第三款。

三、删去第十一条第二款中的“港口设施需要试运行经营的，所持有的《港口经营许可证》的有效期为试运行经营期，并在证书上注明。试运行经营期原则上不超过6个月；确需延期的，试运行经营期累计不得超过1年。”

条文序号作相应调整。

本决定自公布之日起施行。

《港口经营管理规定》根据本决定作相应修正，重新发布。

港口经营管理规定

（2009年11月6日交通运输部发布，根据2014年12月23日《交通运输部关于修改〈港口经营管理规定〉的决定》第一次修正，根据2016年4月19日《交通运输部关于修改〈港口经营管理规定〉的决定》第二次修正，根据2018年7月31日《交通运输部关于修改〈港口经营管理规定〉的决定》第三次修正，根据2019年4月9日《交通运输部关于修改〈港口经营管理规定〉的决定》第四次修正，根据2019年11月28日《交通运输部关于修改〈港口经营管理规定〉的决定》第五次修正）

第一章　总　则

第一条　为规范港口经营行为，维护港口经营秩序，依据《中华人民共和国港口法》和其他有关法律、法规，制定本规定。

第二条　本规定适用于港口经营及相关活动。

第三条　本规定下列用语的含义是：

（一）港口经营，是指港口经营人在港口区域内为船舶、旅客和货物提供港口设施或者服务的活动，主要包括下列各项：

1. 为船舶提供码头、过驳锚地、浮筒等设施；

2. 为旅客提供候船和上下船舶设施和服务；

3. 从事货物装卸（含过驳）、仓储、港区内驳运；

4. 为船舶进出港、靠离码头、移泊提供顶推、拖带等服务。

（二）港口经营人，是指依法取得经营资格从事港口经营活动的组织和个人。

（三）港口理货业务经营人，是指为委托人提供货物交接过程中的点数和检查货物表面状况的理货服务的组织和个人。

（四）港口设施，是指为从事港口经营而建造和设置的建（构）筑物。

第四条　交通运输部主管全国港口经营行政管理工作。

省、自治区、直辖市人民政府交通运输（港口）主管部门负责本行政区域内的港口经营行政管理工作。

省、自治区、直辖市人民政府、港口所在地设区的市（地）、县人民政府确定的具体实施港口行政管理的部门负责该港口的港口经营行政管理工作。本款上述部门统称港口行政管理部门。

第五条　国家鼓励港口经营性业务实行多家经营、公平竞争。港口经营人、港口理货业务经营人不得实施垄断行为。任何组织和部门不得以任何形式实施地区保护和部门保护。

第二章　资质管理

第六条　从事港口经营，应当申请取得港口经营许可。

实施港口经营许可，应当遵循公平、公正和公开透明的原则，不得收取费用，并应当接受社会监督。

第七条　从事港口经营（港口拖轮经营除外），应当具备下列条件：

（一）有固定的经营场所。

（二）有与经营范围、规模相适应的港口设施、设备，其中：

1. 码头、客运站、库场、储罐、污水处理设施等固定设施应当符合港口总体规划和法律、法规及有关技术标准的要求；

2. 为旅客提供上、下船服务的，应当具备至少能遮蔽风、雨、雪的候船和上、下船设施，并按相关规定配备无障碍设施；

3. 为船舶提供码头、过驳锚地、浮筒等设施的，应当有相应的船舶污染物、废弃物接收能力和相应污染应急处理能力，包括必要的设施、设备和器材。

（三）有与经营规模、范围相适应的专业技术人员、管理人员。

（四）有健全的经营管理制度和安全管理制度以及生产安全事故应急预案，应急预案经专家审查通过；依法设置安全生产管理机构或者配备专职安全管理人员。

第八条 从事港口拖轮经营，应当具备下列条件：

（一）在申请经营的港口所在地注册并具备企业法人资格；

（二）有满足拖轮停靠的自有泊位或者租用泊位；

（三）在沿海港口从事拖轮经营的，应当至少自有并经营 2 艘沿海拖轮；在内河港口从事拖轮经营的，应当至少自有并经营 1 艘内河拖轮；

（四）海务、机务管理人员数量满足附件的要求，海务、机务管理人员具有不低于大副、大管轮的从业资历且在申请经营的港口从事拖轮服务满 1 年以上；

（五）有健全的经营管理制度和符合有关规定的安全与防污染管理制度。

第九条 申请从事港口经营，应当提交下列相应文件和资料：

（一）港口经营业务申请书；

（二）港口码头、库场、储罐、污水处理等固定设施符合国家有关规定的竣工验收合格证明；

（三）使用港口岸线的，港口岸线的使用批准文件；

（四）提供拖轮服务的，拖轮的有效船舶证书及停靠泊位的相关证明材料；

（五）依法设置安全生产管理机构或者配备安全生产管理人员的相关证明材料，其中从事拖轮经营的，提供海务、机务管理人员的相关证明材料；

（六）证明符合第七条规定条件的其他文件和资料。

从事港口拖轮经营的，应当提供上述（一）（四）（五）项规定的材料和证明符合第八条规定条件的其他文件和材料。

第十条 申请从事港口经营，申请人应当向港口行政管理部门提出书面申请和第九条规定的相关文件资料。港口行政管理部门应当自受理申请之日起 30 个工作日内作出许可或者不许可的决定。符合资质条件的，由港口行政管理部门发给《港口经营许可证》，并通过信息网络或者报刊公布；不符合条件的，不予行政许可，并应当将不予许可的决定及理由书面通知申请人。《港口经营许可证》应当明确港口经营人的名称与办公地址、法定代表人、经营项目、经营地域、主要设施设备、发证日期、许可证有效期和证书编号。

《港口经营许可证》的有效期为 3 年。

第十一条 省级交通运输主管部门和港口行政管理部门对申请人提出的港口经营许可申请，应当根据下列情况分别做出处理：

（一）申请事项依法不需要取得行政许可的，应当即时告知申请人不受理；

（二）申请事项依法不属于省级交通运输主管部门或者港口行政管理部门职权范围的，应当即时告知申请人向有关行政机关申请；

（三）申请材料存在可以当场更正的错误的，应当允许申请人当场更正；

（四）申请材料不齐全或者不符合法定形式的，应当当场或者在 5 日内一次告知申请人需要补正的全部内容，逾期不告知的，自收到申请材料之日起即为受理；

（五）申请事项属于省级交通运输主管部门

或者港口行政管理部门职权范围，申请材料齐全、符合法定形式，或者申请人按照要求提交全部补正申请材料的，应当受理经营业务许可申请。

受理或者不受理经营业务许可申请，应当出具加盖许可机关专用印章和注明日期的书面凭证。

第十二条 港口经营人应当按照港口行政管理部门许可的经营范围从事港口经营活动。

第十三条 港口经营人变更经营范围的，应当就变更事项按照本规定第十条规定办理许可手续，并到市场监督管理部门办理相应的变更登记手续。

港口经营人变更企业法定代表人或者办公地址的，应当向港口行政管理部门备案并换发《港口经营许可证》。

第十四条 港口经营人应当在《港口经营许可证》有效期届满之日30日以前，向《港口经营许可证》发证机关申请办理延续手续。

申请办理《港口经营许可证》延续手续，应当提交下列材料：

（一）《港口经营许可证》延续申请；

（二）除本规定第九条第一款第（一）项之外的其他证明材料。

第十五条 港口经营人停业或者歇业，应当提前30个工作日告知原许可机关。原许可机关应当收回并注销其《港口经营许可证》，并以适当方式向社会公布。

第三章 经营管理

第十六条 为船舶提供岸电、燃物料、生活品供应、水上船员接送及船舶污染物（含油污水、残油、洗舱水、生活污水及垃圾）接收、围油栏供应服务等船舶港口服务的单位，港口设施设备和机械租赁维修业务的单位以及港口理货业务经营人，应当向港口行政管理部门办理备案手续。港口行政管理部门应当建立备案情况档案。

从事船舶港口服务、港口设施设备和机械租赁维修的经营人以及港口理货业务经营人名称、固定经营场所、法定代表人、经营范围等事项发生变更或者终止经营的，应当在变更或者终止经营之日起15个工作日内办理变更备案。

第十七条 港口理货业务经营人不得兼营港口货物装卸经营业务和仓储经营业务。

第十八条 港口行政管理部门及相关部门应当保证港口公用基础设施的完好、畅通。

港口经营人、港口理货业务经营人以及从事船舶港口服务、港口设施设备和机械租赁维修的经营人应当按照核定的功能使用和维护港口经营设施、设备，并使其保持正常状态。

为国际航线船舶服务的码头（包括过驳锚地、浮筒），应当具备对外开放资格。

第十九条 港口经营人变更或者改造码头、堆场、仓库、储罐和污水垃圾处理设施等固定经营设施，应当依照有关法律、法规和规章的规定履行相应手续。依照有关规定无须经港口行政管理部门审批的，港口经营人应当向港口行政管理部门备案。

第二十条 从事港口旅客运输服务的经营人，应当采取必要措施保证旅客运输的安全、快捷、便利，保证旅客基本生活用品的供应，保持良好的候船条件和环境。

在港区内从事水上船员接送服务的，应当使用符合相关要求的船舶。

第二十一条 港口经营人应当优先安排抢险、救灾和国防建设急需物资的港口作业。

政府在紧急情况下征用港口设施，港口经营人应当服从指挥。港口经营人因此而产生费用或者遭受损失的，下达征用任务的机关应当依法给予相应的经济补偿。

第二十二条 在旅客严重滞留或者货物严重积压阻塞港口的紧急情况下，港口行政管理部门应当采取措施进行疏港。港口所在地的市、县人民政府认为必要时，可以直接采取措施，进行疏港。港口内的单位、个人及船舶、车辆应当服从疏港指挥。

第二十三条 港口行政管理部门应当依法制

定可能危及社会公共利益的港口危险货物事故应急预案、重大生产安全事故的旅客紧急疏散和救援预案以及预防自然灾害预案，建立健全港口重大生产安全事故的应急救援体系。

港口行政管理部门按照前款规定制定的各项预案应当予以公布，并报送省级交通运输（港口）主管部门备案。

第二十四条 港口经营人、港口理货业务经营人应当依照有关法律、法规和交通运输部有关港口安全作业的规定，加强安全生产管理，完善安全生产条件，建立健全安全生产责任制等规章制度，加强落实，确保安全生产。

港口经营人、港口理货业务经营人应当依法制定本单位的危险货物事故应急预案、重大生产安全事故的旅客紧急疏散和救援预案以及预防自然灾害预案，并保障组织实施。

港口经营人、港口理货业务经营人按照前款规定制定的各项预案应当报送港口行政管理部门和港口所在地海事管理机构备案。

第二十五条 港口经营人、港口理货业务经营人以及从事船舶港口服务、港口设施设备和机械租赁维修的经营人从事港口经营和理货等业务，应当遵守有关法律、法规、规章以及相关服务标准和规范的规定，依法履行合同约定的义务，公正、准确地办理港口经营和理货等业务，为客户提供公平、良好的服务。

第二十六条 港口经营人、港口理货业务经营人以及从事船舶港口服务的经营人应当遵守国家有关港口经营价格和收费的规定，应当在其经营场所公布经营服务收费项目和收费标准，使用国家规定的港口经营票据。

第二十七条 港口经营人、港口理货业务经营人以及从事船舶港口服务、港口设施设备和机械租赁维修的经营人不得采取不正当手段，排挤竞争对手，限制或者妨碍公平竞争；不得对具有同等条件的服务对象实行歧视；不得以任何手段强迫他人接受其提供的港口服务。

第二十八条 从事港口拖轮业务的经营人，应当公布所经营拖轮的实时状态，供船舶运输经营人自主选择。

第二十九条 港口经营人应当按照有关规定及时足额交纳港口行政性收费。

港口经营人、港口理货业务经营人以及从事船舶港口服务、港口设施设备和机械租赁维修的经营人的合法权益受法律保护。任何单位和个人不得向港口经营人、港口理货业务经营人以及从事船舶港口服务、港口设施设备和机械租赁维修的经营人摊派或者违法收取费用。

港口经营人、港口理货业务经营人以及从事船舶港口服务、港口设施设备和机械租赁维修的经营人有权拒绝违反规定收取或者摊派的各种费用。

第三十条 港口行政管理部门应当依法做好港口行政性收费的征管工作，保证港口行政性收费征收到位，并及时足额解缴。

港口行政性收费实行专户管理，专款专用。

第三十一条 港口经营人、港口理货业务经营人以及从事船舶港口服务、港口设施设备和机械租赁维修的经营人应当按照国家有关规定，及时向港口行政管理部门如实提供港口统计资料及有关信息。

各级交通运输（港口）主管部门和港口行政管理部门应当按照有关规定向交通运输部和上级交通运输（港口）主管部门报送港口统计资料和相关信息，并结合本地区的实际建设港口管理信息系统。

上述部门的工作人员应当为港口经营人、港口理货业务经营人以及从事船舶港口服务、港口设施设备和机械租赁维修的经营人保守商业秘密。

第四章 监督检查

第三十二条 港口行政管理部门应当依法对港口安全生产情况和本规定执行情况实施监督检查，并将检查的结果向社会公布。港口行政管理部门应当对旅客集中、货物装卸量较大或者特殊用途的码头进行重点巡查。检查中发现安全隐患的，应当责令被检查人立即排除或者限期排除。

各级交通运输（港口）主管部门应当加强对港口行政管理部门实施《中华人民共和国港口法》和本规定的监督管理，切实落实法律规定的各项制度，及时纠正行政执法中的违法行为。

第三十三条 港口行政管理部门的监督检查人员依法实施监督检查时，有权向被检查单位和有关人员了解情况，并可查阅、复制有关资料。

监督检查人员应当对检查中知悉的商业秘密保密。

监督检查人员实施监督检查，应当两个人以上，并出示执法证件。

第三十四条 监督检查人员应当将监督检查的时间、地点、内容、发现的问题及处理情况作出书面记录，并由监督检查人员和被检查单位的负责人签字；被检查单位的负责人拒绝签字的，监督检查人员应当将情况记录在案，并向港口行政管理部门报告。

第三十五条 被检查单位和有关人员应当接受港口行政管理部门依法实施的监督检查，如实提供有关情况和资料，不得拒绝检查或者隐匿、谎报有关情况和资料。

第三十六条 港口经营人、港口理货业务经营人以及从事船舶港口服务、港口设施设备和机械租赁维修的经营人有违反本规定行为的，依照有关法律、行政法规的规定纳入信用记录，并予以公示。

第五章　法律责任

第三十七条 有下列行为之一的，由港口行政管理部门责令停止违法经营，没收违法所得；违法所得10万元以上的，并处违法所得2倍以上5倍以下罚款；违法所得不足10万元的，处5万元以上20万元以下罚款：

（一）未依法取得港口经营许可证，从事港口经营的；

（二）港口理货业务经营人兼营货物装卸经营业务、仓储经营业务的。

第三十八条 经检查或者调查证实，港口经营人在取得经营许可后又不符合本规定第七、八条规定一项或者几项条件的，由港口行政管理部门责令其停止经营，限期改正；逾期不改正的，由作出行政许可决定的行政机关吊销《港口经营许可证》，并以适当方式向社会公布。

港口理货业务经营人以及从事船舶港口服务、港口设施设备和机械租赁维修的经营人未按规定进行备案的，由港口行政管理部门责令改正，并处1万元以上3万元以下罚款。

第三十九条 港口经营人不优先安排抢险物资、救灾物资、国防建设急需物资的作业的，由港口行政管理部门责令改正；造成严重后果的，吊销《港口经营许可证》，并以适当方式向社会公布。

第四十条 港口经营人、港口理货业务经营人违反本规定第二十四条关于安全生产规定的，由港口行政管理部门或者其他依法负有安全生产监督管理职责的部门依法给予处罚；情节严重的，由港口行政管理部门吊销《港口经营许可证》（港口理货业务经营人除外）；构成犯罪的，依法追究刑事责任。

第四十一条 港口经营人、港口理货业务经营人以及从事船舶港口服务、港口设施设备和机械租赁维修的经营人违反本规定第二十六条、第二十七条规定，港口行政管理部门应当进行调查，并协助相关部门进行处理。

第四十二条 港口经营人、港口理货业务经营人以及从事船舶港口服务、港口设施设备和机械租赁维修的经营人违反本规定第三十一条规定不及时和不如实向港口行政管理部门提供港口统计资料及有关信息的，由港口行政管理部门按照有关法律、法规的规定予以处罚。

第四十三条 港口行政管理部门不依法履行职责，有下列行为之一的，对直接负责的主管人员和其他直接责任人员依法给予行政处分；构成犯罪的，依法追究刑事责任：

（一）对不符合法定条件的申请人给予港口经营许可的；

（二）发现取得经营许可的港口经营人不再

具备法定许可条件而不及时吊销许可证的；

（三）不依法履行监督检查职责，对未经依法许可从事港口经营的行为，不遵守安全生产管理规定的行为，危及港口作业安全的行为，以及其他违反本法规定的行为，不依法予以查处的。

第四十四条 港口行政管理部门违法干预港口经营人、港口理货业务经营人以及从事船舶港口服务、港口设施设备和机械租赁维修的经营人的经营自主权的，由其上级行政机关或者监察机关责令改正。向港口经营人、港口理货业务经营人以及从事船舶港口服务、港口设施设备和机械租赁维修的经营人摊派财物或者违法收取费用的，责令退回；情节严重的，对直接负责的主管人员和其他直接责任人员依法给予行政处分。

第六章 附 则

第四十五条 《港口经营许可证》的式样由交通运输部统一规定，由省级交通运输（港口）主管部门负责印制。

第四十六条 港口行政管理部门按照《中华人民共和国港口法》制定的港口章程应当在公布的同时送上级交通运输（港口）主管部门和交通运输部备案。

第四十七条 港口引航适用《船舶引航管理规定》（交通部令 2001 年第 10 号）。从事危险货物港口作业的，应当同时遵守《港口危险货物安全管理规定》（交通运输部令 2019 年第 34 号）。

第四十八条 本规定自 2010 年 3 月 1 日起施行。2003 年 12 月 26 日交通部发布的《港口经营管理规定》（交通部令 2004 年第 4 号）同时废止。

中华人民共和国交通运输部令 2019 年第 39 号

《交通运输部关于修改〈中华人民共和国海员外派管理规定〉的决定》已于 2019 年 11 月 20 日经第 26 次部务会议通过，现予公布，自公布之日起施行。

交通运输部部长 李小鹏

2019 年 11 月 28 日

交通运输部关于修改《中华人民共和国海员外派管理规定》的决定

交通运输部决定对《中华人民共和国海员外派管理规定》（交通运输部令 2016 年第 33 号）作如下修改：

一、删去第六条第二款。

二、删去第十二条。

条文序号作相应调整。

本决定自公布之日起施行。

《中华人民共和国海员外派管理规定》根据本决定作相应修正，重新发布。

中华人民共和国海员外派管理规定

（2011 年 3 月 7 日交通运输部发布，根据 2016 年 4 月 11 日《交通运输部关于修改〈中华人民共和国海员外派管理规定〉的决定》第一次修正，根据 2019 年 11 月 28 日《交通运输部关于修改〈中华人民共和国海员外派管理规定〉的决定》第二次修正）

第一章 总 则

第一条 为规范海员外派管理，提高我国外派海员的整体素质和国际形象，维护外派海员的合法权益，促进海员外派事业的健康发展，根据《中华人民共和国船员条例》和对外劳务合作等法律法规，制定本规定。

第二条 在中华人民共和国境内依法设立的机构从事海员外派活动，适用本规定。

第三条 交通运输部主管全国海员外派工作。

国家海事管理机构负责统一实施全国海员外派的监督管理工作。

交通运输部直属海事管理机构依照各自职责负责具体实施海员外派的监督管理工作。

第四条 海员外派遵循“谁派出，谁负责”的原则。从事海员外派的机构应当对其派出的外派海员负责，做好外派海员在船工作期间及登、离船过程中的各项保障工作。

第二章 海员外派机构资质

第五条 从事海员外派的机构，应当符合下列条件：

（一）在中华人民共和国境内依法设立的法人。

（二）有与外派规模相适应的固定办公场所。

（三）有至少2名具有国际航行海船管理级船员任职资历的专职管理人员和至少3名具有两年以上海员外派相关从业经历的管理人员。

（四）具有进行外派海员任职前培训和岗位技能训练及处理海员外派相关法律事务的能力。

（五）按照国家海事管理机构的规定，建立船员服务质量管理制度、人员和资源保障制度、教育培训制度、应急处理制度和服务业务报告制度等海员外派管理制度。

（六）具有自有外派海员100人以上。

（七）注册资本不低于500万元人民币，且为实缴货币资本。本规定实施后，对外劳务合作法规另有规定的，从其规定。

（八）具有足额交纳100万元人民币海员外派备用金的能力。

（九）机构及其法定代表人具有良好的商业信誉，最近3年内没有重大违约行为和重大违法记录。

第六条 申请从事海员外派的机构，应当提交下列材料：

（一）从事海员外派活动的申请文书；

（二）企业法人营业执照或者事业单位法人证书；

（三）经营场所产权证明或者固定场所租赁证明；

（四）具有处理海员外派相关法律事务能力、进行外派海员任职前培训和岗位技能训练能力的证明材料；

（五）专职管理人员任职资格证书复印件及专职业务人员相关从业经历的证明材料；

（六）机构的组织结构、人员组成、职责等情况的说明文件；

（七）海员外派相关管理制度文件；

（八）自有外派海员的名册及劳动合同、缴纳社会保险等证明材料；

（九）已按照海事管理机构要求足额缴纳海员外派备用金的有效证明；

（十）其他相关证明材料。

第七条 机构申请从事海员外派，应当向其工商注册地的交通运输部直属海事管理机构提出，工商注册地没有交通运输部直属海事管理机构的，应当向国家海事管理机构指定的交通运输部直属海事管理机构提出。

第八条 直属海事管理机构自受理申请之日起15个工作日内完成申请材料的书面审核和现场核验，并将审核意见和核验情况连同申请材料一并报国家海事管理机构审批。

第九条 国家海事管理机构收到报送材料后，根据直属海事管理机构的审核意见、核验情况以及机构申请材料，于15个工作日内作出批准或者不予批准的决定。

第十条 国家海事管理机构作出准予从事海员外派决定的，向申请机构颁发海员外派机构资质证书；海员外派机构资质证书的有效期最长不超过5年。

第十一条 海员外派机构资质证书上记载的机构名称、地址、法定代表人等发生变更的，海员外派机构应当自变更发生之日起30个工作日内到海事管理机构办理变更手续。

第十二条 境外企业、机构在中国境内招收外派海员，应当委托海员外派机构进行。

外国驻华代表机构不得在境内开展海员外派业务。

第十三条 海员外派机构资质实施年审制度。

年审主要审查海员外派机构的资质条件符合情况及合法经营、规范运作情况。

交通运输部直属海事管理机构应当于每年度的 2 月份至 4 月份负责组织实施所属辖区的海员外派机构资质年审工作。

第十四条 海员外派机构应当于每年的 2 月 1 日前向所在辖区的海事管理机构申请进行年审，并提交下列材料：

（一）年审申请文书；

（二）年审报告书，包含海员外派机构资质条件符合情况、各项制度有效运行以及本规定执行情况。

第十五条 海员外派机构通过年审的，海事管理机构应当在其海员外派机构资质证书的年审情况栏中予以签注。

第十六条 海员外派机构年审不合格的，海事管理机构责令限期改正；如期改正的，海事管理机构应当在海员外派机构资质证书的年审情况栏中注明情况，予以通过年审；逾期未改正的，应当及时报请国家海事管理机构撤销其海员外派机构资质并依法办理注销手续。

第十七条 年审中被海事管理机构责令限期改正的，海员外派机构在改正期内不得继续选派船员及对外签订新的船舶配员协议，但仍应当承担对已派出外派海员的管理责任。

第十八条 海员外派机构应当在海员外派机构资质证书有效期届满之日 60 日以前向所在辖区的海事管理机构申请办理海员外派机构资质证书延续手续。申请办理海员外派机构资质证书延续手续，应当提交下列材料：

（一）海员外派机构资质证书延续申请；

（二）本规定第六条（二）至（九）项规定的材料。

第十九条 有下列情形之一的，海员外派机构应当到核发证书的海事管理机构办理资质证书注销手续：

（一）海员外派机构自行申请注销的；

（二）法人依法终止的；

（三）海员外派机构资质证书被依法撤销或者吊销的。

第二十条 海员外派备用金实行专户存储，专款专用。

备用金的使用管理应当遵守国家关于对外劳务合作备用金管理制度。

第三章 海员外派机构的责任与义务

第二十一条 海员外派机构应当遵守国家船员管理、船员服务管理、船员证件管理、劳动和社会保障及对外劳务合作等有关规定，遵守中华人民共和国缔结或加入的国际公约，履行诚实守信义务。

第二十二条 海员外派机构应当保证本规定第五条（五）项所规定的各项海员外派管理制度的有效运行。

第二十三条 海员外派机构为海员提供海员外派服务，应当保证外派海员与下列单位之一签订有劳动合同：

（一）本机构；

（二）境外船东；

（三）我国的航运公司或者其他相关行业单位。

外派海员与我国的航运公司或者其他相关行业单位签订劳动合同的，海员外派机构在外派该海员时，应当事先经过外派海员用人单位同意。

外派海员与境外船东签订劳动合同的，海员外派机构应当负责审查劳动合同的内容，发现劳动合同内容不符合法律法规、相关国际公约规定或者存在侵害外派海员利益条款的，应当要求境外船东及时予以纠正。

第二十四条 海员外派机构应当为外派海员

购买境外人身意外伤害保险。

第二十五条 海员外派机构应当在充分了解并确保境外船东资信和运营情况良好的前提下，方可与境外船东签订船舶配员服务协议。

第二十六条 海员外派机构与境外船东签订的船舶配员服务协议，应当符合国内法律、法规和相关国际公约要求，并至少包括以下内容：

（一）海员外派机构及境外船东的责任、权利和义务，包括外派船员的数量、素质要求，派出频率，培训责任，外派机构对船员违规行为的责任分担等；

（二）外派海员的工作、生活条件；

（三）协议期限和外派海员上下船安排；

（四）工资福利待遇及其支付方式；

（五）正常工作时间、加班、额外劳动和休息休假；

（六）船舶适航状况及船舶航行区域；

（七）境外船东为外派海员购买的人身意外、疾病保险和处理标准；

（八）社会保险的缴纳；

（九）外派海员跟踪管理；

（十）突发事件处理；

（十一）外派海员遣返；

（十二）外派海员伤病亡处理；

（十三）外派海员免责条款；

（十四）特殊情况及争议的处理；

（十五）违约责任。

海员外派机构应当将船舶配员服务协议中与外派海员利益有关的内容如实告知外派海员。

第二十七条 海员外派机构应当根据派往船舶的船旗国和公司情况对外派海员进行相关法律法规、管理制度、风俗习惯和注意事项等任职前培训，并根据海员外派实际需要对外派海员进行必要的岗位技能训练。

第二十八条 海员外派机构应当在外派海员上船工作前，与其签订上船协议，协议内容应当至少包括下列内容：

（一）船舶配员服务协议中涉及外派海员利益的所有条款；

（二）海员外派机构对外派海员工作期间的管理和服务责任；

（三）外派海员在境外发生紧急情况时海员外派机构对其的安置责任；

（四）违约责任。

第二十九条 海员外派机构应当建立与境外船东、外派海员的沟通机制，及时核查并妥善处理各种投诉。

海员外派机构应当对外派海员工作期间有关人身安全、身体健康、工作技能及职业发展等方面进行跟踪管理，为外派海员履行船舶配员服务合同提供必要支持。

第三十条 海员外派机构不得因提供就业机会而向外派海员收取费用。

海员外派机构不得克扣外派海员的劳动报酬。

海员外派机构不得要求外派海员提供抵押金或担保金等。

第三十一条 海员外派机构应当为所服务的每名外派海员建立信息档案，主要包括：

（一）外派海员船上任职资历（包括所服务的船公司和船舶的名称、船籍港、所属国家、上船工作起始时间等情况）；

（二）外派海员基本安全培训、适任培训和特殊培训情况；

（三）外派海员适任状况、安全记录和健康情况；

（四）外派海员劳动合同、船舶配员服务协议、上船协议等。

海员外派机构应当按有关规定报送统计数据，并将自有外派海员名册、非自有外派海员名册及上述档案信息按要求定期报海事管理机构备案。

第三十二条 海员外派机构不得把海员外派到下列公司或者船舶：

（一）被港口国监督检查中列入黑名单的船舶；

（二）非经中国境内保险机构或者国际保赔协会成员保险的船舶；

（三）未建立安全营运和防治船舶污染管理体系的公司或者船舶。

第三十三条 海员外派机构资质被暂停、吊销、撤销的，应当继续履行已签订的合同及协议。

第四章 突发事件处理

第三十四条 突发事件发生时，海员外派机构应当按照应急处理制度的规定，立即启动应急预案，并及时向海事管理机构报告。

第三十五条 海员外派机构应当与境外船东共同做好突发事件的处置工作。当境外船东未能及时全面履行突发事件责任时，海员外派机构应妥善处理突发事件，避免外派海员利益受损。

第三十六条 当海员外派机构拒绝承担或者无力承担发生突发事件责任时，可以动用海员外派备用金，用于支付外派海员回国或者接受其他紧急救助所需费用。

第三十七条 海员外派备用金动用后，海员外派机构应当于30日内补齐备用金。

第三十八条 境外突发事件的处理按对外劳务合作有关规定执行。

第五章 监督检查

第三十九条 海事管理机构应当建立健全辖区内海员外派机构的管理档案，加强对海员外派机构的监督检查。

第四十条 海事管理机构实施监督检查，可以询问当事人，向有关海员外派机构或者个人了解情况，查阅、复制有关资料，并保守被调查海员外派机构的商业秘密或者个人隐私。

接受海事管理机构监督检查的海员外派机构或者个人，应当如实反映情况和提供资料，不得以任何理由拒绝或阻扰检查。

第四十一条 海事管理机构实施监督检查时发现海员外派机构不再具备规定条件的，由海事管理机构责令限期改正。

海员外派机构在规定期限内未能改正的，应当依法撤销海员外派机构资质，并依法办理海员外派机构资质证书的注销手续。

第四十二条 海事管理机构应当定期向社会公布海员外派机构名单及机构概况，以及依法履行相应职责和承担法律义务、维护外派海员合法权益、诚实守信等情况。

第六章 法律责任

第四十三条 违反本规定，未经批准擅自从事海员外派活动，有下列情形之一的，由海事管理机构责令改正，处5万元以上25万元以下罚款；有违法所得的，应当没收违法所得；使用非法证件的，收缴非法证件：

（一）未取得海员外派机构资质擅自开展海员外派的；

（二）以欺骗、贿赂、提供虚假材料等非法手段取得海员外派机构资质的；

（三）超出海员外派机构资质证书有效期擅自开展海员外派的；

（四）海员外派机构资质被依法暂停期间擅自开展海员外派的；

（五）伪造或者变造海员外派机构资质证书擅自开展海员外派的。

第四十四条 海员外派机构在提供外派服务时，提供虚假信息，欺诈外派海员，有下列情形之一的，由海事管理机构给予相应处罚：

（一）重复或者超过标准收取费用，或者在公布的收费项目之外收取费用的；

（二）未将船舶配员服务协议的相关内容如实告知外派海员的；

（三）伪造或者提供虚假船舶配员服务协议信息的；

（四）与外派海员签订的上船协议内容与船舶配员服务协议的内容不符并损害外派海员利益的；

（五）倒卖、出租、出借海员外派机构资质

证书，或者以其他形式非法转让海员外派机构资质证书的；

（六）有其他提供虚假信息，欺诈外派海员行为的。

有前款第（一）、（二）项情形之一的，处3万元以上10万元以下罚款，情节严重的，给予暂停海员外派机构资质证书6个月以上2年以下处罚；有前款第（三）、（四）、（五）、（六）项情形之一的，处10万元以上15万元以下罚款，情节严重的，吊销海员外派机构资质证书。

第四十五条 违反本规定，在外派海员未与海员外派机构、境外船东、我国的航运公司或其他相关行业单位签订劳动合同的情况下，提供海员外派服务的，由海事管理机构责令改正，处5万元以上25万元以下罚款；情节严重的，给予暂停海员外派机构资质证书6个月以上2年以下直至吊销的处罚。

第四十六条 海事管理机构工作人员有下列情形之一的，依法给予行政处分：

（一）违反规定批准海员外派机构资质；

（二）不依法履行监督检查职责；

（三）不依法实施行政强制或者行政处罚；

（四）滥用职权、玩忽职守的其他行为。

第七章 附 则

第四十七条 本规定中下列用语的含义是：

（一）海员外派，指为外国籍或者港澳台地区籍船舶提供配员的船员服务活动。

（二）境外船东，指外国籍或港澳台地区籍船舶的所有人、经营人或管理人。

（三）自有外派海员，指仅与本海员外派机构签订劳动合同的船员。

（四）突发事件，指外派海员所在船舶或其本人突然发生意外情况，造成或者可能对外派海员造成危害，需要采取应急处置措施予以应对的事件。

第四十八条 我国与有关国家或地区签订有对外劳务合作相关协议的，按照协议规定执行。

第四十九条 本规定自2011年7月1日起施行。

中华人民共和国交通运输部令 2019年第40号

《交通运输部关于修改〈中华人民共和国船舶污染海洋环境应急防备和应急处置管理规定〉的决定》已于2019年11月20日经第26次部务会议通过，现予公布，自公布之日起施行。

交通运输部部长 李小鹏

2019年11月28日

交通运输部关于修改《中华人民共和国船舶污染海洋环境应急防备和应急处置管理规定》的决定

交通运输部决定对《中华人民共和国船舶污染海洋环境应急防备和应急处置管理规定》（交通运输部令2018年第21号）作如下修改：

将第三十二条修改为“违反本规定，船舶未制定防治船舶及其有关作业活动污染海洋环境应急预案并报海事管理机构备案的，由海事管理机构责令限期改正；港口、码头、装卸站的经营人未制定防治船舶及其有关作业活动污染海洋环境应急预案的，由海事管理机构责令限期改正。”

本决定自公布之日起施行。

《中华人民共和国船舶污染海洋环境应急防备和应急处置管理规定》根据本决定作相应修正，重新发布。

中华人民共和国船舶污染海洋环境应急防备和应急处置管理规定

（2011年1月27日交通运输部公布，根据2013年12月24日《交通运输部关于修改〈中华人民共和国船舶污染海洋环境应急防备和应急处置管理规定〉的决定》第一次修正，根据2014年9月5日《交通运输部关于修改〈中华人民共和国船舶污染海洋环境应急防备和应急处置管理规定〉的决定》第二次修正，根据2015年5月12日《交通运输部关于修改〈中华人民共和国船舶污染海洋环境应急防备和应急处置管理规定〉的决定》第三次修正，根据2016年12月13日《交通运输部关于修改〈中华人民共和国船舶污染海洋环境应急防备和应急处置管理规定〉的决定》第四次修正，根据2018年9月27日《交通运输部关于修改〈中华人民共和国船舶污染海洋环境应急防备和应急处置管理规定〉的决定》第五次修正，根据2019年11月28日《交通运输部关于修改〈中华人民共和国船舶污染海洋环境应急防备和应急处置管理规定〉的决定》第六次修正）

第一章　总　则

第一条　为提高船舶污染事故应急处置能力，控制、减轻、消除船舶污染事故造成的海洋环境污染损害，依据《中华人民共和国防治船舶污染海洋环境管理条例》等有关法律、行政法规和中华人民共和国缔结或者加入的有关国际条约，制定本规定。

第二条　在中华人民共和国管辖海域内，防治船舶及其有关作业活动污染海洋环境的应急防备和应急处置，适用本规定。

船舶在中华人民共和国管辖海域外发生污染事故，造成或者可能造成中华人民共和国管辖海域污染的，其应急防备和应急处置，也适用本规定。

本规定所称“应急处置”是指在发生或者可能发生船舶污染事故时，为控制、减轻、消除船舶造成海洋环境污染损害而采取的响应行动；“应急防备”是指为应急处置的有效开展而预先采取的相关准备工作。

第三条　交通运输部主管全国防治船舶及其有关作业活动污染海洋环境的应急防备和应急处置工作。

国家海事管理机构负责统一实施船舶及其有关作业活动污染海洋环境应急防备和应急处置工作。

沿海各级海事管理机构依照各自职责负责具体实施防治船舶及其有关作业活动污染海洋环境的应急防备和应急处置工作。

第四条　船舶及其有关作业活动污染海洋环境应急防备和应急处置工作应当遵循统一领导、综合协调、分级负责、属地管理、责任共担的原则。

第二章　应急能力建设和应急预案

第五条　国家防治船舶及其有关作业活动污染海洋环境应急能力建设规划，应当根据全国防治船舶及其有关作业活动污染海洋环境的需要，由国务院交通运输主管部门组织编制，报国务院批准后公布实施。

沿海省级防治船舶及其有关作业活动污染海洋环境应急能力建设规划，应当根据国家防治船舶及其有关作业活动污染海洋环境应急能力建设规划和本地实际情况，由沿海省、自治区、直辖市人民政府组织编制并公布实施。

沿海市级防治船舶及其有关作业活动污染海洋环境应急能力建设规划，应当根据所在地省级人民政府防治船舶及其有关作业活动污染海洋环境应急能力建设规划和本地实际情况，由沿海设区的市级人民政府组织编制并公布实施。

编制防治船舶及其有关作业活动污染海洋环

境应急能力建设规划，应当对污染风险和应急防备需求进行评估，合理规划应急力量建设布局。

沿海各级海事管理机构应当积极协助、配合相关地方人民政府完成应急能力建设规划的编制工作。

第六条 交通运输部、沿海设区的市级以上地方人民政府应当根据相应的防治船舶及其有关作业活动污染海洋环境应急能力建设规划，建立健全船舶污染事故应急防备和应急反应机制，建立专业应急队伍，建设船舶污染应急专用设施、设备和器材储备库。

第七条 沿海各级海事管理机构应当根据防治船舶及其有关作业活动污染海洋环境的需要，会同海洋主管部门建立健全船舶及其有关作业活动污染海洋环境的监测、监视机制，加强对船舶及其有关作业活动污染海洋环境的监测、监视。

港口、码头、装卸站以及从事船舶修造的单位应当配备与其装卸货物种类和吞吐能力或者修造船舶能力相适应的污染监视设施和污染物接收设施，并使其处于良好状态。

第八条 港口、码头、装卸站以及从事船舶修造、打捞、拆解等作业活动的单位应当按照交通运输部的要求制定有关安全营运和防治污染的管理制度，按照国家有关防治船舶及其有关作业活动污染海洋环境的规范和标准，配备必须的防治污染设备和器材，确保防治污染设备和器材符合防治船舶及其有关作业活动污染海洋环境的要求。

第九条 港口、码头、装卸站以及从事船舶修造、打捞、拆解等作业活动的单位应当编写报告，评价其具备的船舶污染防治能力是否与其装卸货物种类、吞吐能力或者船舶修造、打捞、拆解活动所必需的污染监视监测能力、船舶污染物接收处理能力以及船舶污染事故应急处置能力相适应。

交通运输主管部门依法开展港口、码头、装卸站的验收工作时应当对评价报告进行审查，确认其具备与其所从事的作业相应的船舶污染防治能力。

第十条 交通运输部应当根据国家突发公共事件总体应急预案，制订国家防治船舶及其有关作业活动污染海洋环境的专项应急预案。

沿海省、自治区、直辖市人民政府应当根据国家防治船舶及其有关作业活动污染海洋环境的专项应急预案，制订省级防治船舶及其有关作业活动污染海洋环境应急预案。

沿海设区的市级人民政府应当根据所在地省级防治船舶及其有关作业活动污染海洋环境的应急预案，制订市级防治船舶及其有关作业活动污染海洋环境应急预案。

交通运输部、沿海设区的市级以上地方人民政府应当定期组织防治船舶及其有关作业活动污染海洋环境应急预案的演练。

第十一条 中国籍船舶所有人、经营人、管理人应当按照国家海事管理机构制订的应急预案编制指南，制订或者修订防治船舶及其有关作业活动污染海洋环境的应急预案，并报海事管理机构备案。

港口、码头、装卸站的经营人以及有关作业单位应当制订防治船舶及其有关作业活动污染海洋环境的应急预案，并报海事管理机构和环境保护主管部门备案。

船舶以及有关作业单位应当按照制订的应急预案定期组织应急演练，根据演练情况对应急预案进行评估，按照实际需要和情势变化，适时修订应急预案，并对应急预案的演练情况、评估结果和修订情况如实记录。

第十二条 中国籍船舶防治污染设施、设备和器材应当符合国家有关标准，并按照国家有关要求通过型式和使用性能检验。

第三章　船舶污染清除单位

第十三条 船舶污染清除单位是指具备相应污染清除能力，为船舶提供污染事故应急防备和应急处置服务的单位。

根据服务区域和污染清除能力的不同，船舶污染清除单位的能力等级由高到低分为四级，其中：

（一）一级单位能够在我国管辖海域为船舶提供溢油和其他散装液体污染危害性货物泄漏污染事故应急服务；

（二）二级单位能够在距岸20海里以内的我国管辖海域为船舶提供溢油和其他散装液体污染危害性货物泄漏污染事故应急服务；

（三）三级单位能够在港区水域为船舶提供溢油应急服务；

（四）四级单位能够在港区水域内的一个作业区、独立码头附近水域为船舶提供溢油应急服务。

第十四条 从事船舶污染清除的单位应当具备以下条件，并接受海事管理机构的监督检查：

（一）应急清污能力符合《船舶污染清除单位应急清污能力要求》（见附件）的规定；

（二）制定的污染清除作业方案符合防治船舶及其有关作业活动污染海洋环境的要求；

（三）污染物处理方案符合国家有关防治污染规定。

第十五条 船舶污染清除单位应当将下列情况向社会公布，并报送服务区域所在地的海事管理机构：

（一）本单位的污染清除能力符合《船舶污染清除单位应急清污能力要求》相应能力等级和服务区域的报告；

（二）污染清除作业方案；

（三）污染物处理方案；

（四）船舶污染清除设施、设备、器材和应急人员情况；

（五）船舶污染清除协议的签订和履行情况以及参与船舶污染事故应急处置工作情况。

船舶污染清除单位的污染清除能力和服务区域发生变更的，应当及时将变更情况向社会公布，并报送服务区域所在地的海事管理机构。

第四章 船舶污染清除协议的签订

第十六条 载运散装油类货物的船舶，其经营人应当在船舶进港前或者港外装卸、过驳作业前，按照以下要求与相应的船舶污染清除单位签订船舶污染清除协议：

（一）600总吨以下仅在港区水域航行或作业的船舶，应当与四级以上等级的船舶污染清除单位签订船舶污染清除协议；

（二）600总吨以上2 000总吨以下仅在港区水域航行或作业的船舶，应当与三级以上等级的船舶污染清除单位签订船舶污染清除协议；

（三）2 000总吨以上仅在港区水域航行或作业的船舶以及所有进出港口和从事过驳作业的船舶应当与二级以上等级的船舶污染清除单位签订船舶污染清除协议。

第十七条 载运油类之外的其他散装液体污染危害性货物的船舶，其经营人应当在船舶进港前或者港外装卸、过驳作业前，按照以下要求与相应的船舶污染清除单位签订船舶污染清除协议：

（一）进出港口的船舶以及在距岸20海里之内的我国管辖水域从事过驳作业的船舶应当与二级以上等级的船舶污染清除单位签订船舶污染清除协议；

（二）在距岸20海里以外的我国管辖水域从事过驳作业的载运其他散装液体污染危害性货物的船舶应当与一级船舶污染清除单位签订船舶污染清除协议。

第十八条 1万总吨以上的载运非散装液体污染危害性货物的船舶，其经营人应当在船舶进港前或者港外装卸、过驳作业前，按照以下要求与相应的船舶污染清除单位签订船舶污染清除协议：

（一）进出港口的2万总吨以下的船舶应当与四级以上等级的船舶污染清除单位签订船舶污染清除协议；

（二）进出港口的2万总吨以上3万总吨以下的船舶应当与三级以上等级的船舶污染清除单位签订船舶污染清除协议；

（三）进出港口的3万总吨以上的船舶以及在我国管辖水域从事过驳作业的船舶应当与二级

以上等级的船舶污染清除单位签订船舶污染清除协议。

第十九条 与一级、二级船舶污染清除单位签订污染清除协议的船舶划分标准由国家海事管理机构确定。

第二十条 国家海事管理机构应当制定并公布船舶污染清除协议样本，明确协议双方的权利和义务。

船舶和污染清除单位应当按照国家海事管理机构公布的协议样本签订船舶污染清除协议。

第二十一条 船舶应当将所签订的船舶污染清除协议留船备查，并在办理船舶进出港口手续或者作业申请时向海事管理机构出示。

船舶发现船舶污染清除单位存在违反本规定的行为，或者未履行船舶污染清除协议的，应当向船舶污染清除单位所在地的直属海事管理机构报告。

第五章　应急处置

第二十二条 船舶发生污染事故或者可能造成海洋环境污染的，船舶及有关作业单位应当立即启动相应的应急预案，按照有关规定的要求就近向海事管理机构报告，通知签订船舶污染清除协议的船舶污染清除单位，并根据应急预案采取污染控制和清除措施。

船舶在终止清污行动前应当向海事管理机构报告，经海事管理机构同意后方可停止应急处置措施。

第二十三条 船舶污染清除单位接到船舶污染事故通知后，应当根据船舶污染清除协议及时开展污染控制和清除作业，并及时向海事管理机构报告污染控制和清除工作的进展情况。

第二十四条 接到船舶造成或者可能造成海洋环境污染的报告后，海事管理机构应当立即核实有关情况，并加强监测、监视。

发生船舶污染事故的，海事管理机构应当立即组织对船舶污染事故的等级进行评估，并按照应急预案的要求进行报告和通报。

第二十五条 发生船舶污染事故后，应当根据《中华人民共和国防治船舶污染海洋环境管理条例》的规定，成立事故应急指挥机构。事故应急指挥机构应当根据船舶污染事故的等级和特点，启动相应的应急预案，有关部门、单位应当在事故应急指挥机构的统一组织和指挥下，按照应急预案的分工，开展相应的应急处置工作。

第二十六条 发生船舶污染事故或者船舶沉没，可能造成中华人民共和国管辖海域污染的，有关沿海设区的市级以上地方人民政府、海事管理机构根据应急处置的需要，可以征用有关单位和个人的船舶、防治污染设施、设备、器材以及其他物资。有关单位和个人应当予以配合。

有关单位和个人所提供的船舶和防治污染设施、设备、器材应当处于良好可用状态，有关物资质量符合国家有关技术标准、规范的要求。

被征用的船舶和防治污染设施、设备、器材以及其他物资使用完毕或者应急处置工作结束，应当及时返还。船舶和防治污染设施、设备、器材以及其他物资被征用或者征用后毁损、灭失的，应当给予补偿。

第二十七条 发生船舶污染事故，海事管理机构可以组织并采取海上交通管制、清除、打捞、拖航、引航、护航、过驳、水下抽油、爆破等必要措施。采取上述措施的相关费用由造成海洋环境污染的船舶、有关作业单位承担。

需要承担前款规定费用的船舶，应当在开航前缴清有关费用或者提供相应的财务担保。

本条规定的财务担保应当由境内银行或者境内保险机构出具。

第二十八条 船舶发生事故有沉没危险时，船员离船前，应当按照规定采取防止溢油措施，尽可能关闭所有货舱（柜）、油舱（柜）管系的阀门，堵塞货舱（柜）、油舱（柜）通气孔。

船舶沉没的，其所有人、经营人或者管理人应当及时向海事管理机构报告船舶燃油、污染危害性货物以及其他污染物的性质、数量、种类及装载位置等情况，采取或者委托有能力的单位采取污染监视和控制措施，并在必要的时候采取抽出、打捞等措施。

第二十九条 船舶应当在污染事故清除作业结束后，对污染清除行动进行评估，并将评估报告报送当地直属海事管理机构，评估报告至少应当包括下列内容：

（一）事故概况和应急处置情况；

（二）设施、设备、器材以及人员的使用情况；

（三）回收污染物的种类、数量以及处置情况；

（四）污染损害情况；

（五）船舶污染应急预案存在的问题和修改情况。

事故应急指挥机构应当在污染事故清除作业结束后，组织对污染清除作业的总体效果和污染损害情况进行评估，并根据评估结果和实际需要修订相应的应急预案。

第六章 法律责任

第三十条 海事管理机构应当建立、健全防治船舶污染应急防备和处置的监督检查制度，对船舶以及有关作业单位的防治船舶污染能力以及污染清除作业实施监督检查，并对监督检查情况予以记录。

海事管理机构实施监督检查时，有关单位和个人应当予以协助和配合，不得拒绝、妨碍或者阻挠。

第三十一条 海事管理机构发现船舶及其有关作业单位和个人存在违反本规定行为的，应当责令改正；拒不改正的，海事管理机构可以责令停止作业、强制卸载，禁止船舶进出港口、靠泊、过境停留，或者责令停航、改航、离境、驶向指定地点。

第三十二条 违反本规定，船舶未制订防治船舶及其有关作业活动污染海洋环境应急预案并报海事管理机构备案的，由海事管理机构责令限期改正；港口、码头、装卸站的经营人未制订防治船舶及其有关作业活动污染海洋环境应急预案的，由海事管理机构责令限期改正。

第三十三条 违反本规定，船舶和有关作业单位未配备防污设施、设备、器材的，或者配备的防污设施、设备、器材不符合国家有关规定和标准的，由海事管理机构予以警告，或者处 2 万元以上 10 万元以下的罚款。

第三十四条 违反本规定，有下列情形之一的，由海事管理机构处 1 万元以上 5 万元以下的罚款：

（一）载运散装液体污染危害性货物的船舶和 1 万总吨以上的其他船舶，其经营人未按照规定签订污染清除作业协议的；

（二）污染清除作业单位不符合国家有关技术规范从事污染清除作业的。

第三十五条 违反本规定，有下列情形之一的，由海事管理机构处 2 万元以上 10 万元以下的罚款：

（一）船舶沉没后，其所有人、经营人未及时向海事管理机构报告船舶燃油、污染危害性货物以及其他污染物的性质、数量、种类及装载位置等情况的；

（二）船舶沉没后，其所有人、经营人未及时采取措施清除船舶燃油、污染危害性货物以及其他污染物的。

第三十六条 违反本规定，发生船舶污染事故，船舶、有关作业单位迟报、漏报事故的，对船舶、有关作业单位，由海事管理机构处 5 万元以上 25 万元以下的罚款；对直接负责的主管人员和其他直接责任人员，由海事管理机构处 1 万元以上 5 万元以下的罚款；直接负责的主管人员和其他直接责任人员属于船员的，给予暂扣适任证书或者其他有关证件 3 个月至 6 个月的处罚。瞒报、谎报事故的，对船舶、有关作业单位，由海事管理机构处 25 万元以上 50 万元以下的罚款；对直接负责的主管人员和其他直接责任人员，由海事管理机构处 5 万元以上 10 万元以下的罚款；直接负责的主管人员和其他直接责任人员属于船员的，并处给予吊销适任证书或者其他有关证件的处罚。

第三十七条 违反本规定，发生船舶污染事故，船舶、有关作业单位未立即启动应急预案的，对船舶、有关作业单位，由海事管理机构处2万元以上10万元以下的罚款；对直接负责的主管人员和其他直接责任人员，由海事管理机构处1万元以上2万元以下的罚款；直接负责的主管人员和其他直接责任人员属于船员的，并处给予暂扣适任证书或者其他适任证件1个月至3个月的处罚。

第七章　附　则

第三十八条　本规定所称“以上”“以内”包括本数，“以下”“以外”不包括本数。

第三十九条　本规定自2011年6月1日起施行。

中华人民共和国交通运输部令 2019年第41号

《交通运输部关于修改〈中华人民共和国国际海运条例实施细则〉的决定》已于2019年11月20日经第26次部务会议通过，现予公布，自公布之日起施行。

交通运输部部长　李小鹏

2019年11月28日

交通运输部关于修改《中华人民共和国国际海运条例实施细则》的决定

交通运输部决定对《中华人民共和国国际海运条例实施细则》（交通运输部令2019年第21号）作如下修改：

一、将第三条第十五项中的“个人履历表须经公证机关公证”修改为“申请人须承诺对所提供从业资历的真实有效性负责”。

二、将第五条第一款第二项中的“商业登记文件”修改为“统一社会信用代码”，第三项、第四项修改为“公司与船舶名称及船舶识别号”。

三、将第六条第一款第二项中的“商业登记文件”修改为“企业统一社会信用代码”。

四、将第七条第一款修改为：“经营国际船舶代理业务的企业，应当在开业后30日内向交通运输部报备企业名称、注册地、联系方式、企业统一社会信用代码等信息。交通运输部定期在其政府网站或者授权发布的网站发布国际船舶代理业务经营者名称。”

五、将第二十二条第一款第四项中的“工商登记文件复印件”修改为“企业统一社会信用代码”。

条文序号和个别文字作相应调整。

本决定自公布之日起施行。

《中华人民共和国国际海运条例实施细则》根据本决定作相应修正，重新发布。

中华人民共和国国际海运条例实施细则

（2003年1月20日交通部发布，根据2013年8月29日《交通运输部关于修改〈中华人民共和国国际海运条例实施细则〉的决定》第一次修正，根据2017年3月7日《交通运输部关于修改〈中华人民共和国国际海运条例实施细则〉的决定》第二次修正，根据2019年6月21日《交通运输部关于修改〈中华人民共和国国际海运条例实施细则〉的决定》第三次修正，根据2019年11月28日《交通运输部关于修改〈中华人民共和国国际海运条例实施细则〉的决定》第四次修正）

第一章　总　则

第一条　根据《中华人民共和国国际海运条例》（以下简称《海运条例》）的规定，制定本实施细则。

第二条　交通运输部和有关地方人民政府交

通运输主管部门应当依照《海运条例》和本实施细则的规定，按照公平、高效、便利的原则，管理国际海上运输经营活动和与国际海上运输相关的辅助性经营活动，鼓励公平竞争，禁止不正当竞争。

第三条 《海运条例》和本实施细则中下列用语的含义是：

（一）国际船舶运输业务，是指国际船舶运输经营者使用自有或者经营的船舶、舱位，提供国际海上货物运输和旅客运输服务以及为完成这些服务而围绕其船舶、所载旅客或者货物开展的相关活动，包括签订有关协议、接受订舱、商定和收取客票票款和运费、签发客票和提单及其他相关运输单证、安排旅客上下船舶、安排货物装卸、安排保管、进行货物交接、安排中转运输和船舶进出港等活动。

（二）国际船舶运输经营者，包括中国国际船舶运输经营者和外国国际船舶运输经营者。其中，中国国际船舶运输经营者是指依据《海运条例》和本实施细则规定取得《国际船舶运输经营许可证》经营国际船舶运输业务的中国企业法人；外国国际船舶运输经营者是指依据外国法律设立经营进出中国港口国际船舶运输业务的外国企业。

（三）国际班轮运输业务，是指以自有或者经营的船舶，或者以《海运条例》第十一条第三款规定的方式，在固定的港口之间提供的定期国际海上货物或旅客运输。

（四）无船承运业务，是指《海运条例》第七条第二款规定的业务，包括为完成该项业务围绕其所承运的货物开展的下列活动：

（1）以承运人身份与托运人订立国际货物运输合同；

（2）以承运人身份接收货物、交付货物；

（3）签发提单或者其他运输单证；

（4）收取运费及其他服务报酬；

（5）向国际船舶运输经营者或者其他运输方式经营者为所承运的货物订舱和办理托运；

（6）支付运费或者其他运输费用；

（7）集装箱拆箱、集拼箱业务；

（8）其他相关的业务。

（五）无船承运业务经营者，包括中国无船承运业务经营者和外国无船承运业务经营者。其中中国无船承运业务经营者是指依照《海运条例》和本实施细则规定取得无船承运业务经营资格的中国企业法人；外国无船承运业务经营者是指依照外国法律设立并依照《海运条例》和本实施细则的相关规定取得经营进出中国港口货物无船承运业务资格的外国企业。

（六）国际船舶代理经营者，是指依照中国法律设立从事《海运条例》第二十三条规定业务的中国企业法人。

（七）国际船舶管理经营者，是指依照中国法律设立从事《海运条例》第二十四条规定业务的中国企业法人。

（八）外商常驻代表机构，是指外国企业或者其他经济组织在中国境内依法设立的，为其派出机构开展宣传、推介、咨询和联络活动的非营业性机构。

（九）企业商业登记文件，是指企业登记机关或者企业所在国有关当局签发的企业营业执照或者企业设立的证明文件。境外企业商业登记文件为复印件的，须有企业登记机关在复印件上的确认或者证明复印件与原件一致的公证文书。

（十）班轮公会协议，是指符合联合国《1974年班轮公会行动守则公约》定义的，由班轮公会成员之间以及班轮公会之间订立的各类协议。

（十一）运营协议，是指两个或者两个以上国际班轮运输经营者为稳定或者控制运价订立的关于在一条或者数条航线上增加或者减少船舶运力协议，以及其他协调国际班轮运输经营者共同行动的协议，包括具有上述性质内容的会议纪要；两个或者两个以上国际班轮运输经营者为提高运营效率订立的关于共同使用船舶、共同使用港口设施及其他合作经营协议和各类联盟协议、联营体协议。

（十二）运价协议，是指两个或者两个以上

国际班轮运输经营者之间订立的关于收费项目及其费率、运价或者附加费等内容的协议，包括具有上述内容的会议纪要。

（十三）公布运价，是指国际班轮运输经营者和无船承运业务经营者运价本上载明的运价。运价本由运价、运价规则、承运人和托运人应当遵守的规定等内容组成。

（十四）协议运价，指国际班轮运输经营者与货主、无船承运业务经营者约定的运价，包括运价及其相关要素。协议运价以合同或者协议形式书面订立。

（十五）从业资历证明文件，是指被证明人具有 3 年以上从事国际海上运输或者国际海上运输辅助性经营活动经历的个人履历表。申请人须承诺对所提供从业资历的真实有效性负责。

第二章 国际海上运输及其辅助性业务的经营者

第四条 中国企业法人申请经营国际船舶运输业务，应当符合《海运条例》第五条规定的条件，考虑交通运输部公布的国际海运市场竞争状况和国家关于国际海上运输业发展的政策。

交通运输部应当在其政府网站和其他适当媒体上及时公布国际海运市场竞争状况和国家关于国际海上运输业发展的政策。上述状况和政策未经公布，不得作为拒绝申请的理由。

第五条 中国企业法人申请经营国际船舶运输业务，申请人应当向交通运输部提出申请，报送相关材料或信息，并应同时将申请材料或信息抄报企业所在地的省、自治区、直辖市人民政府交通运输主管部门。申请材料或信息应当包括：

（一）申请书；

（二）申请人的企业统一社会信用代码、公司章程的复印件；

（三）公司与船舶名称及船舶识别号；

（四）提单、客票或者多式联运单证样本；

（五）符合交通运输部规定的高级业务管理人员的从业资格证明。

有关省、自治区、直辖市人民政府交通运输主管部门自收到上述抄报材料或信息后，应当就有关材料或信息进行审核，提出意见，并应当自收到有关材料或信息之日起 10 个工作日内将有关意见报送交通运输部。

交通运输部收到申请人的申请材料或信息后，应当在申请材料或信息完整齐备之日起 30 个工作日内按照《海运条例》第五条和第六条的规定进行审核，作出许可或者不许可的决定。决定许可的，向申请人颁发《国际船舶运输经营许可证》；决定不许可的，应当书面通知申请人并告知理由。

取得《国际船舶运输经营许可证》的企业在经营国际船舶运输业务期间，应当确保本条所列有关材料持续合法有效。

第六条 中国国际船舶运输经营者在中国境内设立分支机构的，适用本实施细则第五条规定的程序。申请材料或信息应当包括：

（一）申请书；

（二）母公司的企业统一社会信用代码、公司章程的复印件；

（三）母公司的《国际船舶运输经营许可证》复印件；

（四）母公司对该分支机构经营范围的确认文件；

（五）符合交通运输部要求的高级业务管理人员的从业资格证明。

中国国际船舶运输经营者的分支机构可为其母公司所有或者经营的船舶提供办理船舶进出港口手续、安排港口作业、接受订舱、签发客票或者提单、收取运费等服务。

第七条 经营国际船舶代理业务的企业，应当在开业后 30 日内向交通运输部报备企业名称、注册地、联系方式、企业统一社会信用代码等信息。交通运输部定期在其政府网站或者授权发布的网站发布国际船舶代理业务经营者名称。

从事国际船舶代理业务的企业变更企业信息或者不再从事国际船舶代理经营活动的，应当在信息变更或者停止经营活动的 15 日内，向交通运输部备案。

第八条 国际船舶运输经营者申请经营进出中国港口国际班轮运输业务，应当向交通运输部提出申请，并报送《海运条例》第十二条规定的材料。交通运输部应当按照《海运条例》第十二条的规定进行审核。予以登记的，颁发《国际班轮运输经营资格登记证》。申请材料不真实、不齐备的，不予登记，应当书面通知申请人并告知理由。

国际船舶运输经营者依法取得经营进出中国港口国际班轮运输业务资格后，交通运输部在其政府网站或者授权发布的网站公布国际班轮运输经营者名称及其提单格式样本。

取得《国际班轮运输经营资格登记证》的企业在经营国际班轮运输业务期间，应当确保有关证书、证明持续合法有效。

第九条 申请办理无船承运业务经营者提单登记的，应当向交通运输部提出提单登记申请，报送相关材料，并应当同时将申请材料抄报企业所在地或者外国无船承运业务经营者指定的联络机构所在地的省、自治区、直辖市人民政府交通运输主管部门。申请材料应当包括：

（一）申请书；

（二）企业商业登记文件复印件；

（三）提单格式样本；

（四）保证金已交存的银行凭证复印件、保证金保函或者保证金责任保险原件。

申请人为外国无船承运业务经营者的，还应当提交本实施细则第二十二条规定的其指定的联络机构的有关材料。

有关省、自治区、直辖市人民政府交通运输主管部门自收到上述抄报材料后，应当就有关材料进行审核，提出意见，并应当自收到抄报的申请材料之日起 7 个工作日内将有关意见报送交通运输部。

交通运输部收到申请人的材料后，应当在申请材料完整齐备之日起 15 个工作日内按照《海运条例》第七条和第八条的规定进行审核。审核合格的，予以提单登记，并颁发《无船承运业务经营资格登记证》；不合格的，应当书面通知当事人并告知理由。

以保证金保函、保证金责任保险取得《无船承运业务经营资格登记证》的企业，资格登记证的有效期限与保函或者责任保险有效期一致。

第十条 外国无船承运业务经营者按照外国法律已取得经营资格且有合法财务责任保证的，在按照《海运条例》和本实施细则申请从事进出中国港口无船承运业务时，可以不向中国境内的银行交存保证金。但为了保证外国无船承运业务经营者清偿因其不履行承运人义务或者履行义务不当所产生的债务以及支付罚款，满足《海运条例》第八条第三款的规定，该外国无船承运业务经营者的政府主管部门与中国政府交通运输主管部门应就财务责任保证实现方式签订协议。

第十一条 没有在中国港口开展国际班轮运输业务，但在中国境内承揽货物、签发提单或者其他运输单证、收取运费，通过租赁国际班轮运输经营者船舶舱位提供进出中国港口国际货物运输服务；或者利用国际班轮运输经营者提供的支线服务，在中国港口承揽货物后运抵外国港口中转的，应当按照本实施细则的有关规定，取得无船承运业务经营资格。但有《海运条例》第十一条第三款规定情形的除外。

第十二条 中国的无船承运业务经营者在中国境内的分支机构，应当按照《海运条例》第八条第二款的规定交纳保证金，或者取得保证金保函、保证金责任保险，并按照本实施细则第九条的规定进行登记，取得《无船承运业务经营资格登记证》。申请登记应当提交下列材料：

（一）申请书；

（二）母公司及分支机构的企业商业登记文件复印件；

（三）母公司的《无船承运业务经营资格登记证》复印件；

（四）母公司确认该分支机构经营范围的确认文件；

（五）保证金已交存的银行凭证复印件、保证金保函或者保证金责任保险原件。

第十三条 无船承运业务经营者申请提单登记时，提单抬头名称应当与申请人名称相一致。

提单抬头名称与申请人名称不一致的，申请人应当提供说明该提单确实为申请人制作、使用的相关材料，并附送申请人对申请登记提单承担承运人责任的书面声明。

第十四条 无船承运业务经营者使用两种或者两种以上提单的，各种提单均应登记。

国际班轮运输经营者和无船承运业务经营者的登记提单发生变更的，应当于新的提单使用之日起 15 日前将新的提单样本格式向交通运输部备案。

第十五条 无船承运业务经营申请者交纳保证金、取得保证金保函或者保证金责任保险并办理提单登记，依法取得无船承运业务经营资格后，交通运输部在其政府网站或者授权发布的网站公布无船承运业务经营者名称及其提单格式样本。

第十六条 无船承运业务经营者应当依法在交通运输部指定的商业银行开设的无船承运业务经营者专门账户上交存保证金，保证金利息按照中国人民银行公布的相应存款利率计息。

第十七条 无船承运业务经营者交存的保证金，受国家法律保护。除下列情形外，保证金不得动用：

（一）因无船承运业务经营者不履行承运人义务或者履行义务不当，根据司法机关已生效的判决或者司法机关裁定执行的仲裁机构裁决应当承担赔偿责任的，而无船承运业务经营者拒不执行的；

（二）被交通运输主管部门依法处以罚款的，而无船承运业务经营者拒不执行的。

有前款（一）、（二）项情形需要从保证金中划拨的，应当依法进行。

无船承运业务经营者的保证金不符合《海运条例》规定数额的，交通运输部应当书面通知其补足。无船承运业务经营者自收到交通运输部书面通知之日起 30 日内未补足的，交通运输部应当按照《海运条例》第十条的规定取消其经营资格。

第十八条 无船承运业务经营者被交通运输部依法取消经营资格、申请终止经营或者因其他原因终止经营的，可向交通运输部申请退还保证金。交通运输部应将该申请事项在其政府网站上公示 30 日。

在公示期内，有关当事人认为无船承运业务经营者有本实施细则第十七条第一款第（一）项情形需要对其保证金采取保全措施的，应当在上述期限内取得司法机关的财产保全裁定。自保证金被保全之日起，交通运输部依照《海运条例》对保证金账户的监督程序结束。有关纠纷由当事双方通过司法程序解决。

公示期届满未有前款规定情形的，交通运输部应当通知保证金开户银行退还无船承运业务经营者保证金及其利息，并收缴该无船承运业务经营者的《无船承运业务经营资格登记证》。

第十九条 中国国际船舶运输经营者、中国无船承运业务经营者有下列变更情形之一的，应当向原资格许可、登记机关备案：

（一）变更企业名称；

（二）企业迁移；

（三）变更出资人；

（四）歇业、终止经营；

（五）中国籍船舶终止国际船舶运输业务。

变更企业名称的，由原资格许可、登记机关换发相关经营许可证或者经营资格登记证；企业终止经营的，应当将有关许可、登记证书交回原许可、登记机关。

第三章 国际海上运输及其辅助性业务经营活动

第二十条 国际班轮运输经营者新开或者停开国际班轮运输航线，或者变更国际班轮运输船舶、班期的，应当按照《海运条例》第十四条的规定在交通运输部指定媒体上公告，并按规定报备。

第二十一条 中国国际船舶运输经营者增加

运营船舶，包括以光船租赁方式租用船舶增加运营船舶的，应当于投入运营前15日向交通运输部备案，取得备案证明文件。备案材料应当载明公司名称、注册地、船名、船舶国籍、船舶类型、船舶吨位、拟运营航线。

交通运输部收到备案材料后，应当在3个工作日内出具备案证明文件。

第二十二条 在中国港口开展国际班轮运输业务的外国国际船舶运输经营者，以及在中国委托代理人提供进出中国港口国际货物运输服务的外国无船承运业务经营者，应当在中国境内委托一个联络机构，负责代表该外国企业与中国政府有关部门就《海运条例》和本实施细则规定的有关管理及法律事宜进行联络。联络机构可以是该外国企业在中国境内设立的外商投资企业或者常驻代表机构，也可以是其他中国企业法人或者在中国境内有固定住所的其他经济组织。委托的联络机构应当向交通运输部备案，并提交下列文件或信息：

（一）联络机构说明书，载明联络机构名称、住所、联系方式及联系人；

（二）委托书副本或者复印件；

（三）委托人与联络机构的协议副本；

（四）联络机构的企业统一社会信用代码。

联络机构为该外国企业在中国境内的外商投资企业或者常驻代表机构的，不须提供本条第一款第（二）项、第（三）项文件。

联络机构或者联络机构说明书所载明的事项发生改变的，应当自发生改变之日起15日内向交通运输部备案。

第二十三条 任何单位和个人不得擅自使用国际班轮运输经营者和无船承运业务经营者已经登记的提单。

第二十四条 无船承运业务经营者需要委托代理人签发提单或者相关单证的，应当委托依法取得经营资格或者办理备案的国际船舶运输经营者、无船承运业务经营者和国际海运辅助业务经营者代理上述事项。

前款规定的经营者不得接受未办理提单登记并交存保证金或者取得保证金保函、保证金责任保险的无船承运业务经营者的委托，为其代理签发提单。

第二十五条 国际班轮运输经营者与货主和无船承运业务经营者协议运价的，应当采用书面形式。协议运价号应当在提单或者相关单证上显示。

第二十六条 国际船舶运输经营者不得接受未办理提单登记并交纳保证金或者取得保证金保函、保证金责任保险的无船承运业务经营者提供的货物或者集装箱。

第二十七条 国际班轮运输经营者和无船承运业务经营者应当将其在中国境内的船舶代理人、签发提单代理人在交通运输部指定的媒体上公布。公布事项包括代理人名称、注册地、住所、联系方式。代理人发生变动的，应当于有关代理协议生效前7日内公布上述事项。

国际班轮运输经营者、无船承运业务经营者应当及时将公布代理事项的媒体名称向交通运输部备案。

第二十八条 国际船舶运输经营者之间订立的涉及中国港口的班轮公会协议、运营协议、运价协议等，应当自协议订立之日起15日内，按下列规定向交通运输部备案：

（一）班轮公会协议，由班轮公会代表其所有经营进出中国港口海上运输的成员备案。班轮公会备案时，应当同时提供该公会的成员名单。

（二）国际船舶运输经营者之间订立的运营协议、运价协议，由参加订立协议的国际船舶运输经营者分别备案。

第二十九条 国际船舶管理经营者应当根据合同的约定和国家有关规定，履行有关船舶安全和防止污染的义务。

第三十条 国际海运业及辅助业经营者，应当按照有关统计报表制度的要求，真实、准确、完整、及时地报送相关统计信息。

第三十一条 国际船舶代理经营者、国际船舶管理经营者，不得有下列行为：

（一）以非正常、合理的收费水平提供服务，妨碍公平竞争；

（二）在会计账簿之外暗中给予客户回扣，以承揽业务；

（三）滥用优势地位，限制交易当事人自主选择国际海运辅助业务经营者，或者以其相关产业的垄断地位诱导交易当事人，排斥同业竞争；

（四）其他不正当竞争行为。

第三十二条 外国国际船舶运输经营者以及外国国际海运辅助企业的常驻代表机构不得从事经营活动，包括不得：

（一）代表其境外母公司接受订舱，签发母公司提单或者相关单证；

（二）为母公司办理结算或者收取运费及其他费用；

（三）开具境外母公司的票据；

（四）以托运人身份向国际班轮运输经营者托运货物；

（五）以外商常驻代表机构名义与客户签订业务合同。

第三十三条 国际集装箱班轮运输经营者在报备运价时，应当报备中国港口至外国基本港的出口集装箱的海运运价和附加费。

第三十四条 班轮公会、运价协议组织在中国开展业务应当遵守我国缔结或者参加的国际公约和我国的法律法规、规章及相关规定，不得损害国际海运市场公平竞争秩序。

班轮公会和运价协议组织应当与中国境内的托运人组织建立有效的协商机制。

第四章　监督检查

第三十五条 交通运输部和有关地方人民政府交通运输主管部门依照有关法律、法规和本规定，对国际海运市场实施监督检查和调查。国际海上运输业务经营者、国际海运辅助业务经营者应当配合监督检查和调查，如实提供有关凭证、文件及其他相关资料。

第三十六条 国际船舶运输经营者和无船承运业务经营者应当执行生效的备案运价。国务院交通运输主管部门根据利害关系人的请求或自行决定，组织或授权地方交通运输主管部门开展运价备案执行情况检查。

第三十七条 利害关系人认为国际海上运输业务经营者、国际海运辅助业务经营者有《海运条例》第二十八条和本实施细则第三十一条规定情形的，可依照《海运条例》第二十八条的规定请求交通运输部实施调查。请求调查时，应当提出书面调查申请，并阐述理由，提供必要的证据。

交通运输部对调查申请应当进行评估，在自收到调查申请之日起60个工作日内作出实施调查或者不予调查的决定：

（一）交通运输部认为调查申请理由不充分或者证据不足的，决定不予调查并通知调查申请人。申请人可补充理由或者证据后再次提出调查申请。

（二）交通运输部根据评估结论认为应当实施调查或者按照《海运条例》第二十八条规定自行决定调查的，应当将有关材料和评估结论通报国务院市场监督管理部门。

第三十八条 调查的实施由交通运输部会同国务院市场监督管理部门（以下简称调查机关）共同成立的调查组进行。

调查机关应当将调查组组成人员、调查事由、调查期限等情况通知被调查人。被调查人应当在调查通知送达后30日内就调查事项作出答辩。

被调查人认为调查组成员同调查申请人、被调查人或者调查事项有利害关系的，有权提出回避请求。调查机关认为回避请求成立的，应当对调查组成员进行调整。

第三十九条 被调查人接受调查时，应当根据调查组的要求提供相关数据、资料及文件等。属于商业秘密的，应当向调查组提出。调查组应当以书面形式记录备查。

调查机关和调查人员对被调查人的商业秘密应当予以保密。

被调查人发现调查人员泄露其商业秘密并有

充分证据的，有权向调查机关投诉。

第四十条 调查机关对被调查人“低于正常、合理水平运价”的认定，应当考虑下列因素：

（一）同一行业内多数经营者的运价水平以及与被调查人具有同等规模经营者的运价水平；

（二）被调查人实施该运价水平的理由，包括成本构成、管理水平和盈亏状况等；

（三）是否针对特定的竞争对手并以排挤竞争对手为目的。

第四十一条 调查机关对“损害公平竞争”或者“损害交易对方”的认定，应当考虑下列因素：

（一）对旅客或者托运人自由选择承运人造成妨碍；

（二）影响旅客或者货物的正常出行或者出运；

（三）以账外暗中回扣承揽货物，扭曲市场竞争规则。

第四十二条 调查机关作出调查结论前，可举行专家咨询会议，对“损害公平竞争”或者“损害交易对方”的程度进行评估。

聘请的咨询专家不得与调查申请人、被调查人具有利害关系。

第四十三条 调查结束时，调查机关应当作出调查结论，并书面通知调查申请人和被调查人：

（一）基本事实不成立的，调查机关应当决定终止调查；

（二）基本事实存在但对市场公平竞争不造成实质损害的，调查机关可决定不对被调查人采取禁止性、限制性措施；

（三）基本事实清楚且对市场公平竞争造成实质损害的，调查机关应当根据《海运条例》的规定，对被调查人采取限制性、禁止性措施。

第四十四条 调查机关在作出采取禁止性、限制性措施的决定前，应当告知当事人有举行听证的权利；当事人要求举行听证的，应当在自调查机关通知送达之日起10日内，向调查机关书面提出；逾期未提出听证请求的，视为自动放弃请求听证的权利。

第四十五条 就本实施细则第三十一条所列情形实施调查的，调查组成员中应当包括对被调查人的业务实施管理的有关交通运输主管部门的人员。

对有本实施细则第三十一条第（三）项所列违法行为并给交易当事人或者同业竞争者造成实质损害的，调查机关可采取限制其在一定时期内扩大业务量的限制性措施。

第五章 法律责任

第四十六条 违反《海运条例》和本实施细则的规定应当予以处罚的，交通运输部或授权的省、自治区、直辖市人民政府交通运输主管部门应当按照《海运条例》第六章和本章的规定予以处罚。

交通运输部或者有关省、自治区、直辖市人民政府交通运输主管部门应当将国际海上运输及其辅助性业务经营者违反《海运条例》和本实施细则有关规定的违法行为记入信用记录，并依照有关法律、行政法规的规定予以公示。

第四十七条 外商常驻代表机构有本实施细则第三十二条规定情形的，交通运输部或者有关省、自治区、直辖市人民政府交通运输主管部门可将有关情况通报有关市场监督管理部门，由市场监督管理部门按照《海运条例》第四十四条的规定处罚。

第四十八条 班轮公会协议、运营协议和运价协议未按规定向交通运输部备案的，由交通运输部依照《海运条例》第四十条的规定，对本实施细则第二十八条规定的备案人实施处罚。班轮公会不按规定报备的，可对其公会成员予以处罚。

第四十九条 调查人员违反规定，泄露被调查人保密信息的，依法给予行政处分；造成严重后果，触犯刑律的，依法追究刑事责任。

第六章　附　则

第五十条 《海运条例》和本实施细则规定的许可、登记事项，申请人可委托代理人办理。代理人办理委托事项的，应当提供授权委托书。外国申请人或者投资者提交的公证文书，应当由申请人或者投资者所在国公证机关或者执业律师开出。

本实施细则所要求的各类文字资料应当用中文书写，如使用其他文字的，应随附中文译文。

第五十一条 对《海运条例》和本实施细则规定的备案事项的具体要求、报备方式和方法应当按照交通运输部的规定办理。

第五十二条 香港特别行政区、澳门特别行政区和台湾地区的投资者在内地投资从事国际海上运输和与国际海上运输相关的辅助性业务，比照适用《海运条例》的有关规定。

第五十三条 《海运条例》第十五条规定的公布运价和协议运价备案的具体办法，由交通运输部另行规定。

第五十四条 本实施细则自2003年3月1日起施行。交通部1985年4月11日发布的《交通部对从事国际海运船舶公司的暂行管理办法》、1990年3月2日发布的《国际船舶代理管理规定》、1990年6月20日发布的《国际班轮运输管理规定》、1992年6月9日发布的《中华人民共和国海上国际集装箱运输管理规定实施细则》、1997年10月17日发布的《外国水路运输企业常驻代表机构管理办法》同时废止。

第六篇

全国口岸运行主要数据

2019 年全国海关监管运输工具统计表

指　标	单位	数量	同比（%）
监管运输工具总数	万辆（节、艘、架）	4 175. 22	6. 8
监管进出境总数	万辆（节、艘、架）	3 964. 05	6. 4
其中：进出境汽车	万辆	3 492. 56	4. 2
进出境火车	万节	317. 73	38. 1
进出境船舶	万艘	45. 40	-0. 5
进出境飞机	万架	108. 36	7. 8

2019 年全国海关进出口货运量统计表

指　标	单位	进出口		进口		出口	
		累计	同比（%）	累计	同比（%）	累计	同比（%）
合计（货运量）	吨	4 578 213 948	2.8	3 010 823 929	4.7	1 567 390 019	-0.6
海运	吨	3 499 289 116	3.8	2 808 017 824	4.6	691 271 292	0.6
铁路运输	吨	59 037 248	8.5	50 413 168	6.7	8 624 080	19.9
公路运输	吨	94 278 010	5.9	61 991 789	6.7	32 286 221	4.6
空运	吨	11 356 217	-0.5	2 316 150	-7.1	9 040 067	1.4
邮运	吨	65 109	4.5	972	1.1	64 137	4.6
其他	吨	914 188 248	-1.5	88 084 026	3.1	826 104 222	-1.9

进出口商品总值表

单位：百万美元

年 份	进出口总值	出口总值	进口总值	差额（+出超、-入超）	比上年增减（%）	
					出口	进口
1981 年	44 022	22 007	22 015	-8	—	—
1982 年	41 606	22 321	19 285	3 036	1.4	-12.4
1983 年	43 616	22 226	21 390	836	-0.4	10.9
1984 年	53 549	26 139	27 410	-1 271	17.6	28.1
1985 年	69 602	27 350	42 252	-14 902	4.6	54.1
1986 年	73 846	30 942	42 904	-11 962	13.1	1.5
1987 年	82 653	39 437	43 216	-3 779	27.5	0.7
1988 年	102 784	47 516	55 268	-7 752	20.5	27.9
1989 年	111 678	52 538	59 140	-6 602	10.6	7.0
1990 年	115 436	62 091	53 345	8 746	18.2	-9.8
1991 年	135 634	71 843	63 791	8 052	15.7	19.6
1992 年	165 525	84 940	80 585	4 355	18.2	26.3
1993 年	195 703	91 744	103 959	-12 215	8.0	29.0
1994 年	236 621	121 006	115 615	5 391	31.9	11.2
1995 年	280 864	148 780	132 084	16 696	23.0	14.2
1996 年	289 881	151 048	138 833	12 215	1.5	5.1
1997 年	325 162	182 792	142 370	40 422	21.0	2.5
1998 年	323 949	183 712	140 237	43 475	0.5	-1.5
1999 年	360 630	194 931	165 699	29 232	6.1	18.2
2000 年	474 297	249 203	225 094	24 109	27.8	35.8
2001 年	509 651	266 098	243 553	22 545	6.8	8.2
2002 年	620 766	325 596	295 170	30 426	22.4	21.2
2003 年	850 988	438 228	412 760	25 468	34.6	39.8
2004 年	1 154 554	593 326	561 229	32 097	35.4	36.0
2005 年	1 421 906	761 953	659 953	102 001	28.4	17.6
2006 年	1 760 438	968 978	791 461	177 517	27.2	19.9
2007 年	2 176 175	1 220 060	956 115	263 944	25.9	20.8
2008 年	2 563 255	1 430 693	1 132 562	298 131	17.3	18.5

续表

年份	进出口总值	出口总值	进口总值	差额（+出超、-入超）	比上年增减（%）	
					出口	进口
2009年	2 207 535	1 201 612	1 005 923	195 689	-16.0	-11.2
2010年	2 974 001	1 577 754	1 396 247	181 507	31.3	38.8
2011年	3 641 864	1 898 381	1 743 484	154 897	20.3	24.9
2012年	3 867 119	2 048 714	1 818 405	230 309	7.9	4.3
2013年	4 158 993	2 209 004	1 949 989	259 015	7.8	7.2
2014年	4 301 527	2 342 293	1 959 235	383 058	6.0	0.4
2015年	3 953 033	2 273 468	1 679 564	593 904	-2.9	-14.1
2016年	3 685 557	2 097 631	1 587 926	509 705	-7.7	-5.5
2017年	4 107 138	2 263 345	1 843 793	419 552	—	—
2018年	4 622 415	2 486 682	2 135 734	350 948	9.9	15.8
2019年	4 577 891	2 499 482	2 078 409	421 073	—	—

2019 年进出口商品国别（地区）总值表

单位：千美元

进口原产国（地） 出口最终目的国（地）	2019 年			2018 年		
	出口	进口	出/入超	出口	进口	出/入超
总　值	2 499 482 089	2 078 408 983	421 073 106	2 486 695 709	2 135 746 704	350 949 006
亚　洲	1 220 675 376	1 146 582 296	74 093 080	1 187 612 624	1 192 998 911	-5 386 287
阿富汗	599 799	29 279	570 520	667 590	24 079	643 511
巴林	1 484 147	195 330	1 288 816	1 135 522	150 125	985 397
孟加拉国	17 323 286	1 036 534	16 286 753	17 753 059	984 423	16 768 636
不丹	10 910	47	10 863	12 833	8	12 825
文莱	649 865	452 877	196 988	1 591 948	247 510	1 344 437
缅甸	12 310 992	6 388 059	5 922 933	10 547 771	4 684 338	5 863 433
柬埔寨	7 981 531	1 444 323	6 537 208	6 007 523	1 376 655	4 630 868
塞浦路斯	580 810	55 281	525 529	738 124	53 988	684 136
朝鲜	2 573 790	215 240	2 358 550	2 217 062	213 152	2 003 910
中国香港	279 152 489	9 067 161	270 085 329	302 035 457	8 502 367	293 533 090
印度	74 825 299	17 985 879	56 839 420	76 675 656	18 833 347	57 842 308
印度尼西亚	45 648 737	34 113 874	11 534 863	43 191 405	34 149 776	9 041 630
伊朗	9 589 986	13 445 630	-3 855 643	13 939 733	21 102 280	-7 162 547
伊拉克	9 461 323	23 927 336	-14 466 014	7 903 324	22 495 274	-14 591 950
以色列	9 614 964	5 154 185	4 460 778	9 274 416	4 641 157	4 633 259
日本	143 244 517	171 768 696	-28 524 178	147 048 753	180 660 537	-33 611 784
约旦	3 677 916	434 060	3 243 856	2 969 485	214 182	2 755 304
科威特	3 836 320	13 447 475	-9 611 155	3 312 648	15 343 866	-12 031 218
老挝	1 762 454	2 157 000	-394 547	1 453 995	2 018 153	-564 158
黎巴嫩	1 679 599	26 007	1 653 592	1 969 284	48 984	1 920 300
中国澳门	3 044 873	67 077	2 977 796	3 089 185	64 087	3 025 097
马来西亚	52 141 782	71 909 975	-19 768 193	45 375 987	63 205 046	-17 829 059
马尔代夫	347 986	33 719	314 267	396 173	1 033	395 140
蒙古	1 826 590	6 334 357	-4 507 767	1 644 889	6 344 112	-4 699 223
尼泊尔联邦民主共和国	1 482 478	33 538	1 448 940	1 077 368	22 000	1 055 368

续表 1

进口原产国（地）出口最终目的国（地）	2019 年			2018 年		
	出口	进口	出/入超	出口	进口	出/入超
阿曼	3 020 944	19 650 155	-16 629 211	2 864 611	18 898 511	-16 033 901
巴基斯坦	16 166 921	1 806 126	14 360 795	16 933 317	2 172 086	14 761 231
巴勒斯坦	82 144	140	82 004	73 361	444	72 917
菲律宾	40 763 852	20 199 393	20 564 459	35 036 642	20 611 600	14 425 042
卡塔尔	2 409 678	8 713 108	-6 303 429	2 482 414	9 146 390	-6 663 976
沙特阿拉伯	23 876 506	54 195 937	-30 319 431	17 428 036	45 854 380	-28 426 344
新加坡	54 798 488	35 237 818	19 560 670	49 036 625	33 727 772	15 308 854
韩国	110 974 410	173 559 026	-62 584 615	108 756 144	204 643 401	-95 887 257
斯里兰卡	4 090 606	397 008	3 693 598	4 255 049	321 745	3 933 304
叙利亚	1 313 807	1 409	1 312 398	1 272 772	869	1 271 902
泰国	45 584 839	46 161 650	-576 811	42 878 717	44 629 637	-1 750 919
土耳其	17 323 705	3 496 820	13 826 885	17 788 595	3 756 860	14 031 735
阿拉伯联合酋长国	33 412 895	15 336 739	18 076 156	29 651 248	16 237 767	13 413 482
也门共和国	2 819 029	866 625	1 952 404	1 874 608	719 933	1 154 675
越南	97 868 882	64 116 675	33 752 207	83 876 688	63 956 349	19 920 339
中华人民共和国	0	129 792 198	-129 792 198	—	146 221 570	-146 221 570
中国台湾	55 109 309	173 012 762	-117 903 453	48 643 055	177 614 489	-128 971 434
东帝汶	142 949	24 564	118 384	132 390	3 014	129 375
哈萨克斯坦	12 729 101	9 273 670	3 455 431	11 351 528	8 526 609	2 824 919
吉尔吉斯斯坦	6 280 520	66 041	6 214 479	5 556 793	54 327	5 502 465
塔吉克斯坦	1 590 068	84 620	1 505 448	1 429 082	76 844	1 352 237
土库曼斯坦	430 853	8 686 023	-8 255 170	316 925	8 119 370	-7 802 445
乌兹别克斯坦	5 032 088	2 180 781	2 851 307	3 944 731	2 324 460	1 620 271
亚洲其他国家（地区）	1 337	67	1 269	105	3	102
非　洲	113 214 432	95 801 587	17 412 846	104 893 864	99 264 846	5 629 018
阿尔及利亚	6 941 783	1 141 251	5 800 532	7 926 454	1 177 701	6 748 753
安哥拉	2 055 727	23 837 402	-21 781 675	2 253 137	25 826 510	-23 573 373
贝宁	2 152 519	154 357	1 998 162	2 149 948	48 325	2 101 623
博茨瓦纳	301 459	17 134	284 324	281 603	14 230	267 373
布隆迪	66 388	12 946	53 442	37 324	11 928	25 396
喀麦隆	1 670 170	1 009 681	660 489	1 694 220	1 095 350	598 870
加那利群岛	1 761	32	1 728	2 916	14	2 902

续表 2

进口原产国（地） 出口最终目的国（地）	2019 年			2018 年		
	出口	进口	出/入超	出口	进口	出/入超
佛得角	64 167	29	64 138	78 266	290	77 975
中非	25 660	36 202	－10 541	18 937	54 250	－35 313
塞卜泰（休达）	260	51	209	299	456	－157
乍得	279 107	452 751	－173 644	184 585	95 945	88 640
科摩罗	73 685	32	73 653	79 196	28	79 168
刚果（布）	435 095	6 102 224	－5 667 129	445 961	6 813 001	－6 367 040
吉布提	2 206 386	20 045	2 186 341	1 863 779	204	1 863 575
埃及	12 200 705	1 000 719	11 199 986	11 987 208	1 842 524	10 144 683
赤道几内亚	113 204	1 723 064	－1 609 860	145 146	2 139 372	－1 994 226
埃塞俄比亚	2 323 499	343 953	1 979 546	2 530 872	345 302	2 185 570
加蓬	377 262	4 646 659	－4 269 397	385 858	2 976 659	－2 590 801
冈比亚	512 481	71 444	441 037	426 191	20 062	406 128
加纳	4 903 256	2 576 406	2 326 851	4 813 948	2 442 012	2 371 937
几内亚	1 717 429	2 456 090	－738 661	1 353 497	2 187 616	－834 119
几内亚比绍	31 939	8 402	23 536	29 832	7 639	22 193
科特迪瓦共和国	2 041 569	455 673	1 585 897	1 891 789	252 306	1 639 483
肯尼亚	5 009 266	178 907	4 830 359	5 197 201	173 758	5 023 443
利比里亚	3 902 255	123 854	3 778 400	1 954 482	89 270	1 865 212
利比亚	2 451 593	4 816 497	－2 364 904	1 428 233	4 779 181	－3 350 949
马达加斯加	1 072 546	204 362	868 185	1 010 077	200 056	810 020
马拉维	260 048	15 709	244 339	221 602	27 356	194 246
马里	435 101	160 301	274 800	345 506	88 509	256 997
毛里塔尼亚	1 025 918	927 810	98 108	1 036 858	861 505	175 352
毛里求斯	806 389	38 881	767 509	804 176	37 444	766 732
摩洛哥	4 034 545	633 347	3 401 198	3 680 913	706 900	2 974 012
莫桑比克	1 957 695	713 242	1 244 453	1 861 781	633 534	1 228 247
纳米比亚	198 174	511 281	－313 107	323 711	502 923	－179 212
尼日尔	287 335	223 868	63 467	116 257	171 113	－54 856
尼日利亚	16 622 615	2 656 375	13 966 240	13 404 782	1 853 092	11 551 690
留尼汪	174 634	19	174 615	163 657	105	163 552
卢旺达	265 075	35 007	230 068	165 590	39 327	126 262
圣多美和普林西比	8 921	14	8 907	7 255	49	7 206
塞内加尔	2 211 022	300 786	1 910 236	2 142 851	128 598	2 014 252

续表 3

进口原产国（地）出口最终目的国（地）	2019 年			2018 年		
	出口	进口	出/入超	出口	进口	出/入超
塞舌尔	65 647	69	65 578	61 327	25	61 302
塞拉利昂	313 541	193 895	119 646	253 022	177 144	75 878
索马里	731 382	18 698	712 684	635 452	16 552	618 900
南非	16 542 942	25 948 856	-9 405 914	16 248 381	27 287 471	-11 039 090
西撒哈拉	72	0	72	44	4	39
苏丹	2 289 681	743 553	1 546 128	1 880 402	665 166	1 215 236
坦桑尼亚	3 811 416	359 733	3 451 683	3 583 140	391 255	3 191 885
多哥	2 130 751	180 437	1 950 314	1 989 245	145 762	1 843 483
突尼斯	1 364 202	209 105	1 155 097	1 414 600	195 077	1 219 524
乌干达	740 649	41 593	699 056	706 396	46 224	660 172
布基纳法索	261 613	59 858	201 755	222 996	95 118	127 877
刚果（金）	2 076 796	4 429 185	-2 352 390	1 773 248	5 655 537	-3 882 289
赞比亚	970 349	3 264 542	-2 294 193	969 491	4 082 850	-3 113 359
津巴布韦	368 805	973 925	-605 121	445 676	889 626	-443 951
莱索托	72 034	31 274	40 760	64 139	30 089	34 050
梅利利亚	2 148	9	2 138	5 595	7	5 588
斯威士兰	42 484	766	41 718	36 402	27 460	8 942
厄立特里亚	48 543	206 064	-157 522	42 845	310 858	-268 013
马约特	39 172	9	39 163	36 560	14	36 546
南苏丹共和国	122 242	1 533 203	-1 410 961	77 165	1 604 136	-1 526 970
非洲其他国家（地区）	1 322	9	1 312	1 841	24	1 816
欧　洲	499 748 649	377 083 160	122 665 489	474 597 720	379 431 607	95 166 113
比利时	18 234 319	6 865 913	11 368 406	17 055 065	6 967 715	10 087 350
丹麦	6 749 861	4 957 640	1 792 221	7 291 749	4 389 666	2 902 083
英国	62 425 024	23 931 238	38 493 787	56 542 977	23 870 590	32 672 388
德国	79 789 085	105 087 088	-25 298 003	77 489 342	106 323 741	-28 834 399
法国	32 991 026	32 581 779	409 247	30 672 911	32 202 218	-1 529 307
爱尔兰	3 294 171	13 453 435	-10 159 264	3 649 885	10 859 501	-7 209 616
意大利	33 519 784	21 424 349	12 095 435	33 171 610	21 062 194	12 109 417
卢森堡	1 550 201	282 202	1 267 998	805 572	312 043	493 529
荷兰	73 978 796	11 202 229	62 776 566	72 834 694	12 332 690	60 502 005
希腊	7 740 115	725 255	7 014 861	6 498 320	562 508	5 935 812

续表 4

进口原产国（地） 出口最终目的国（地）	2019 年			2018 年		
	出口	进口	出/入超	出口	进口	出/入超
葡萄牙	4 366 438	2 322 315	2 044 124	3 750 198	2 249 056	1 501 142
西班牙	26 897 612	8 603 789	18 293 823	24 952 249	8 751 000	16 201 249
阿尔巴尼亚	601 093	102 721	498 373	539 905	108 036	431 870
安道尔	2 554	210	2 344	1 867	145	1 722
奥地利	3 047 771	7 623 297	-4 575 526	2 827 537	6 923 284	-4 095 747
保加利亚	1 554 788	1 164 137	390 651	1 440 253	1 146 431	293 822
芬兰	3 044 486	4 655 190	-1 610 703	3 085 764	4 781 025	-1 695 260
直布罗陀	4 451	2	4 449	2 757	2	2 755
匈牙利	6 472 855	3 745 020	2 727 835	6 540 214	4 342 074	2 198 140
冰岛	114 872	142 692	-27 820	255 577	165 756	89 821
列支敦士登	53 076	130 473	-77 396	51 825	124 000	-72 175
马耳他	1 159 832	358 623	801 208	1 431 998	349 203	1 082 794
摩纳哥	30 276	9 571	20 705	120 176	10 700	109 475
挪威	3 448 822	3 909 964	-461 142	2 650 995	3 421 521	-770 526
波兰	23 880 107	3 941 495	19 938 613	20 876 212	3 645 368	17 230 845
罗马尼亚	4 573 438	2 325 652	2 247 787	4 507 106	2 167 852	2 339 254
圣马力诺	3 861	3 292	569	3 704	4 563	-858
瑞典	8 537 756	9 144 313	-606 557	8 190 859	8 954 753	-763 894
瑞士	4 544 655	27 271 795	-22 727 141	4 015 774	38 515 840	-34 500 066
爱沙尼亚	922 325	298 722	623 602	1 031 507	245 191	786 317
拉脱维亚	1 093 586	195 691	897 895	1 166 088	213 051	953 037
立陶宛	1 697 645	436 503	1 261 142	1 762 955	330 039	1 432 915
格鲁吉亚	1 401 748	81 045	1 320 703	1 095 540	53 887	1 041 652
亚美尼亚	223 093	531 304	-308 211	213 184	302 143	-88 960
阿塞拜疆	616 392	869 232	-252 841	515 928	382 018	133 910
白俄罗斯	1 799 069	914 860	884 209	1 141 589	571 054	570 535
摩尔多瓦	129 312	46 808	82 505	108 695	38 388	70 306
俄罗斯联邦	49 748 487	61 191 706	-11 443 220	47 965 273	59 142 176	-11 176 903
乌克兰	7 399 575	4 509 009	2 890 565	7 018 502	2 645 030	4 373 471
斯洛文尼亚	3 411 523	516 467	2 895 056	4 424 234	591 022	3 833 212
克罗地亚	1 396 821	144 981	1 251 840	1 327 162	211 997	1 115 165
捷克	12 973 043	4 628 211	8 344 831	11 909 583	4 399 047	7 510 535
斯洛伐克	2 923 824	5 968 775	-3 044 951	2 535 850	5 245 625	-2 709 775

续表5

进口原产国（地） 出口最终目的国（地）	2019年			2018年		
	出口	进口	出/入超	出口	进口	出/入超
北马其顿共和国	134 827	147 059	-12 232	105 744	48 343	57 401
波黑	115 165	76 879	38 286	109 718	77 402	32 316
梵蒂冈城国	146	32	114	7	1	6
法罗群岛	4 151	155 942	-151 791	2 667	125 938	-123 271
塞尔维亚	1 032 967	360 613	672 354	728 301	223 872	504 428
黑山	113 817	43 312	70 504	178 097	41 736	136 361
欧洲其他国家（地区）	7	329	-322	3	171	-168
拉丁美洲	151 982 828	165 640 231	-13 657 403	148 777 846	158 394 123	-9 616 277
安提瓜和巴布达	71 936	70	71 867	55 360	45	55 316
阿根廷	6 884 154	7 390 979	-506 825	8 418 071	3 517 154	4 900 916
阿鲁巴	38 994	48	38 946	32 370	34	32 335
巴哈马	355 470	78 589	276 881	480 030	12 877	467 154
巴巴多斯	156 135	20 263	135 872	136 731	21 275	115 456
伯利兹	116 829	151	116 678	92 666	256	92 410
多民族玻利维亚国	854 148	322 151	531 997	836 169	329 704	506 465
博内尔	10	0	10	636	0	635
巴西	35 539 064	79 962 547	-44 423 483	33 665 139	77 569 518	-43 904 379
开曼群岛	38 306	82	38 223	101 161	121	101 039
智利	14 711 839	26 229 201	-11 517 362	15 873 631	26 730 709	-10 857 078
哥伦比亚	9 234 150	6 408 278	2 825 872	8 717 650	5 887 948	2 829 702
多米尼克	33 749	477	33 272	34 497	119	34 378
哥斯达黎加	1 521 332	722 559	798 773	1 662 734	777 220	885 514
古巴	790 926	492 711	298 215	1 075 538	480 383	595 155
库腊索岛	41 797	5	41 792	41 049	19	41 030
多米尼加共和国	2 390 428	454 333	1 936 095	2 108 383	180 125	1 928 258
厄瓜多尔	3 628 574	3 642 230	-13 656	3 717 831	1 988 696	1 729 135
法属圭亚那	17 460	48	17 412	13 859	142	13 717
格林纳达	14 590	2	14 587	13 146	3	13 143
瓜德罗普	46 115	10	46 105	42 609	12	42 596
危地马拉	2 399 670	198 056	2 201 614	2 332 892	86 572	2 246 319
圭亚那	272 914	45 987	226 928	222 034	43 083	178 951
海地	560 835	4 493	556 342	615 901	7 501	608 400

续表 6

进口原产国（地） 出口最终目的国（地）	2019 年			2018 年		
	出口	进口	出/入超	出口	进口	出/入超
洪都拉斯	940 460	31 787	908 673	987 731	48 268	939 462
牙买加	670 704	29 584	641 120	583 319	76 321	506 999
马提尼克	26 598	246	26 352	22 289	24	22 266
墨西哥	46 382 165	14 334 538	32 047 627	44 009 918	14 008 910	30 001 008
蒙特塞拉特	419	3	416	335	3	333
尼加拉瓜	502 072	45 554	456 518	473 995	105 719	368 276
巴拿马	7 944 501	452 028	7 492 472	6 940 132	81 763	6 858 369
巴拉圭	1 432 117	16 347	1 415 770	1 671 047	40 167	1 630 880
秘鲁	8 513 082	15 195 599	-6 682 517	8 064 692	14 914 302	-6 849 610
波多黎各	658 757	895 972	-237 215	882 931	893 167	-10 236
萨巴	9	0	9	7	—	7
圣卢西亚	21 560	188	21 372	18 859	59	18 800
圣马丁岛	6 584	6	6 578	13 207	1	13 206
圣文森特和格林纳丁斯	21 292	1	21 290	36 963	233	36 730
萨尔瓦多	1 001 251	113 313	887 939	927 224	164 389	762 835
苏里南	234 528	53 513	181 015	214 860	53 032	161 828
特立尼达和多巴哥	363 502	669 167	-305 666	347 128	385 431	-38 303
特克斯和凯科斯群岛	3 025	6	3 019	3 007	0	3 006
乌拉圭	1 948 991	2 967 714	-1 018 723	2 064 425	2 556 226	-491 801
委内瑞拉	1 540 075	4 860 335	-3 320 259	1 145 790	7 431 396	-6 285 606
英属维尔京群岛	10 362	348	10 013	36 816	26	36 790
圣基茨和尼维斯	9 712	363	9 349	11 539	1 017	10 521
圣皮埃尔和密克隆	66	2	63	16	0	16
荷属安的列斯	17 161	9	17 152	28 642	122	28 521
拉丁美洲其他国家（地区）	14 411	338	14 074	2 889	31	2 858
北美洲	455 636 276	151 322 039	304 314 237	513 722 921	183 714 020	330 008 901
加拿大	36 931 958	28 152 090	8 779 868	35 153 243	28 359 401	6 793 842
美国	418 664 079	122 896 196	295 767 883	478 395 813	155 122 623	323 273 190
格陵兰	1 008	273 715	-272 707	3 974	231 912	-227 938
百慕大	36 894	11	36 884	169 298	84	169 214
北美洲其他国家（地区）	2 337	27	2 310	593	0	593
大洋洲	58 215 351	138 517 817	-80 302 466	57 090 734	121 549 525	-64 458 791

续表 7

进口原产国（地） 出口最终目的国（地）	2019 年			2018 年		
	出口	进口	出/入超	出口	进口	出/入超
澳大利亚	48 229 554	121 289 666	-73 060 112	47 330 059	105 810 673	-58 480 614
库克群岛	42 653	1 756	40 897	5 187	2 502	2 684
斐济	350 294	14 418	335 876	456 670	25 310	431 360
盖比群岛	18	12	6	54	41	13
马克萨斯群岛	13	4	9	—	0	0
瑙鲁	1 227	26	1 201	1 911	121	1 790
新喀里多尼亚	156 064	1 087 810	-931 747	134 094	1 093 709	-959 616
瓦努阿图	77 252	14 574	62 678	63 418	15 683	47 735
新西兰	5 736 305	12 557 981	-6 821 676	5 774 696	11 083 332	-5 308 636
诺福克岛	485	0	485	1 974	11	1 963
巴布亚新几内亚	800 430	3 023 933	-2 223 502	785 575	2 825 846	-2 040 270
社会群岛	857	0	857	2 222	1	2 221
所罗门群岛	98 257	461 119	-362 862	118 241	629 316	-511 074
汤加	29 443	130	29 313	24 947	119	24 828
土阿莫土群岛	3	0	3	4	9	-5
土布艾群岛	145	0	145	—	2	-2
萨摩亚	87 847	443	87 404	70 609	510	70 099
基里巴斯	20 160	941	19 219	17 836	103	17 733
图瓦卢	21 738	26	21 711	12 425	9	12 415
密克罗尼西亚联邦	18 646	12 575	6 071	18 541	21 775	-3 233
马绍尔群岛	2 383 336	44 686	2 338 650	2 165 449	33 160	2 132 289
帕劳	18 626	59	18 567	13 726	40	13 686
法属波利尼西亚	98 638	6 801	91 836	75 319	6 982	68 337
瓦利斯和浮图纳	715	0	715	294	4	290
大洋洲其他国家（地区）	42 647	855	41 792	17 483	268	17 215
国别（地区）不详	9 154	3 461 854	-3 452 700	1	393 672	-393 670
东南亚国家联盟	359 511 422	282 181 646	77 329 777	318 997 301	268 606 835	50 390 466
欧洲联盟	428 807 042	276 639 592	152 167 450	408 510 019	273 482 871	135 027 147
亚太经济合作组织	1 555 655 070	1 334 263 014	221 392 056	1 590 824 322	1 396 168 026	194 656 296

表注：1. 东南亚国家联盟包括：文莱、缅甸、柬埔寨、印度尼西亚、老挝、马来西亚、菲律宾、新加坡、泰国、越南。

2. 欧洲联盟包括：比利时、丹麦、英国、德国、法国、爱尔兰、意大利、卢森堡、荷兰、希腊、葡萄牙、西班牙、奥地利、芬兰、瑞典、塞浦路斯、匈牙利、马耳他、波兰、爱沙尼亚、拉脱维亚、立陶宛、斯洛文尼亚、捷克、斯洛伐克、保加利亚、罗马尼亚、克罗地亚。

3. 亚太经济合作组织包括：文莱、中国香港、印度尼西亚、日本、马来西亚、菲律宾、新加坡、韩国、泰国、越南、中华人民共和国、中国台湾、俄罗斯、智利、墨西哥、秘鲁、加拿大、美国、澳大利亚、新西兰、巴布亚新几内亚。

2019 年进出口商品构成表

单位：千美元

商品	出口		进口	
	金额	比重（%）	金额	比重（%）
总值	2 499 482 089	100.0	2 078 408 983	100.0
一、初级产品	133 969 570	5.4	729 952 342	35.1
0 类　食品及活动物	65 000 161	2.6	80 735 302	3.9
00 章　活动物	510 018	0.0	497 697	0.0
01 章　肉及肉制品	2 612 703	0.1	18 740 459	0.9
02 章　乳品及蛋品	273 984	0.0	6 037 353	0.3
03 章　鱼、甲壳及软体类动物及其制品	19 936 688	0.8	15 748 711	0.8
04 章　谷物及其制品	2 323 748	0.1	6 419 805	0.3
05 章　蔬菜及水果	24 629 991	1.0	14 859 933	0.7
06 章　糖、糖制品及蜂蜜	2 387 799	0.1	1 735 790	0.1
07 章　咖啡、茶、可可、调味料及其制品	4 250 199	0.2	1 962 768	0.1
08 章　饲料（不包括未碾磨谷物）	2 812 875	0.1	4 535 161	0.2
09 章　杂项食品	5 262 156	0.2	10 197 625	0.5
1 类　饮料及烟类	3 467 858	0.1	7 660 562	0.4
11 章　饮料	2 048 130	0.1	5 755 817	0.3
12 章　烟草及其制品	1 419 728	0.1	1 904 745	0.1
2 类　非食用原料（燃料除外）	17 224 104	0.7	284 940 700	13.7
21 章　生皮及生毛皮	30 841	0.0	1 511 539	0.1
22 章　油籽及含油果实	1 288 257	0.1	38 432 658	1.8
23 章　生橡胶（包括合成橡胶及再生橡胶）	828 161	0.0	10 133 496	0.5
24 章　软木及木材	599 939	0.0	20 621 594	1.0
25 章　纸浆及废纸	133 815	0.0	19 055 988	0.9
26 章　纺织纤维及其废料	3 550 453	0.1	8 738 376	0.4
27 章　天然肥料及矿物（煤、石油及宝石除外）	3 255 658	0.1	7 029 654	0.3
28 章　金属矿砂及金属废料	1 934 812	0.1	176 848 006	8.5
29 章　其他动、植物原料	5 602 168	0.2	2 569 388	0.1
3 类　矿物燃料、润滑油及有关原料	47 123 140	1.9	347 233 264	16.7
32 章　煤、焦炭及煤砖	2 732 840	0.1	23 571 373	1.1

续表 1

商　品	出　口		进　口	
	金额	比重（%）	金额	比重（%）
33 章　石油、石油产品及有关原料	40 829 423	1.6	271 342 739	13.1
34 章　天然气及人造气	1 973 698	0.1	52 133 053	2.5
35 章　电流	1 587 179	0.1	186 100	0.0
4 类　动植物油、脂及蜡	1 154 307	0.0	9 382 514	0.5
41 章　动物油、脂	195 071	0.0	469 436	0.0
42 章　植物油、脂	369 707	0.0	8 706 842	0.4
43 章　已加工的动植物油、脂及动植物蜡	589 529	0.0	206 236	0.0
二、工业制品	2 360 697 879	94.4	1 343 799 880	64.7
5 类　化学成品及有关产品	161 765 390	6.5	218 732 976	10.5
51 章　有机化学品	49 093 629	2.0	57 057 784	2.7
52 章　无机化学品	16 671 663	0.7	9 693 508	0.5
53 章　染料、鞣料及着色料	7 550 298	0.3	4 915 192	0.2
54 章　医药品	17 266 839	0.7	35 709 320	1.7
55 章　精油、香料及盥洗、光洁制品	9 000 745	0.4	18 451 267	0.9
56 章　制成肥料	7 134 169	0.3	3 538 031	0.2
57 章　初级形状的塑料	17 139 211	0.7	53 296 279	2.6
58 章　非初级形状的塑料	16 473 505	0.7	12 755 244	0.6
59 章　其他化学原料及产品	21 435 331	0.9	23 316 351	1.1
6 类　按原料分类的制成品	406 732 633	16.3	140 042 229	6.7
61 章　皮革、皮革制品及已鞣毛皮	1 978 664	0.1	3 229 100	0.2
62 章　橡胶制品	20 586 877	0.8	4 963 621	0.2
63 章　软木及木制品（家具除外）	12 812 251	0.5	1 400 946	0.1
64 章　纸及纸板；纸浆、纸及纸板制品	21 105 713	0.8	5 109 389	0.2
65 章　纺纱、织物、制成品及有关产品	119 575 065	4.8	15 712 230	0.8
66 章　非金属矿物制品	48 306 134	1.9	19 856 323	1.0
67 章　钢铁	55 080 668	2.2	25 416 520	1.2
68 章　有色金属	26 315 222	1.1	48 589 541	2.3
69 章　金属制品	100 972 038	4.0	15 764 560	0.8
7 类　机械及运输设备	1 195 443 574	47.8	786 638 192	37.8
71 章　动力机械及设备	40 262 590	1.6	25 117 632	1.2
72 章　特种工业专用机械	50 523 293	2.0	53 024 011	2.6
73 章　金工机械	9 228 880	0.4	10 539 290	0.5
74 章　通用工业机械设备及零件	123 174 789	4.9	51 596 761	2.5

续表 2

商　品	出　口		进　口	
	金额	比重（%）	金额	比重（%）
75 章　办公用机械及自动数据处理设备	199 731 070	8.0	56 736 878	2.7
76 章　电信及声音的录制及重放装置设备	305 904 905	12.2	65 067 391	3.1
77 章　电力机械、器具及其电气零件	356 740 433	14.3	427 324 114	20.6
78 章　陆路车辆（包括气垫式）	79 032 817	3.2	75 012 290	3.6
79 章　其他运输设备	30 844 797	1.2	22 219 825	1.1
8 类　杂项制品	583 502 153	23.3	144 212 382	6.9
81 章　活动房屋；卫生、水道、供热及照明装置	43 748 352	1.8	1 153 927	0.1
82 章　家具及其零件；褥垫及类似填充制品	63 629 258	2.5	2 745 276	0.1
83 章　旅行用品、手提包及类似品	27 411 112	1.1	3 554 803	0.2
84 章　服装及衣着附件	151 536 546	6.1	8 942 196	0.4
85 章　鞋靴	47 699 564	1.9	5 635 888	0.3
87 章　专业、科学及控制用仪器和装置	55 316 844	2.2	74 764 610	3.6
88 章　摄影器材、光学物品及钟表	18 735 530	0.7	20 270 126	1.0
89 章　杂项制品	175 424 947	7.0	27 145 556	1.3
9 类　未分类的商品	13 254 129	0.5	54 174 101	2.6

2019年进出口商品类章总值表

单位：千美元

类章	出口		进口	
	金额	比重（%）	金额	比重（%）
总　值	2 499 482 089	100.0	2 078 408 983	100.0
第一类　活动物；动物产品	16 772 287	0.7	41 949 932	2.0
01章　活动物	510 018	0.0	497 697	0.0
02章　肉及食用杂碎	841 004	0.0	18 832 475	0.9
03章　鱼、甲壳动物、软体动物及其他水生无脊椎动物	12 467 028	0.5	15 414 355	0.7
04章　乳品；蛋品；天然蜂蜜；其他食用动物产品	560 622	0.0	6 349 591	0.3
05章　其他动物产品	2 393 615	0.1	855 814	0.0
第二类　植物产品	27 139 638	1.1	61 468 752	3.0
06章　活树及其他活植物；鳞茎、根及类似品；插花及装饰用簇叶	432 163	0.0	269 970	0.0
07章　食用蔬菜、根及块茎	10 326 798	0.4	1 566 462	0.1
08章　食用水果及坚果；甜瓜或柑桔属水果的果皮	6 227 061	0.2	11 665 067	0.6
09章　咖啡、茶、马黛茶及调味香料	3 633 403	0.1	952 081	0.0
10章　谷物	1 120 944	0.0	5 054 887	0.2
11章　制粉工业产品；麦芽；淀粉；菊粉；面筋	838 598	0.0	1 321 751	0.1
12章　含油子仁及果实；杂项子仁及果实；工业用或药用植物；稻草、秸秆及饲料	2 874 926	0.1	40 082 336	1.9
13章　虫胶；树胶、树脂及其他植物液、汁	1 555 982	0.1	412 483	0.0
14章　编结用植物材料；其他植物产品	129 763	0.0	143 715	0.0
第三类　动、植物油、脂及其分解产品；精制的食用油脂；动、植物蜡	1 188 457	0.0	9 933 202	0.5
15章　动、植物油、脂及其分解产品；精制的食用油脂；动、植物蜡	1 188 457	0.0	9 933 202	0.5
第四类　食品；饮料、酒及醋；烟草、烟草及烟草代用品的制品	31 850 662	1.3	26 898 083	1.3
16章　肉、鱼、甲壳动物、软体动物及其他水生无脊椎动物的制品	9 241 434	0.4	394 313	0.0

续表 1

类 章	出 口		进 口	
	金额	比重（%）	金额	比重（%）
17 章　糖及糖食	1 861 349	0. 1	1 603 258	0. 1
18 章　可可及可可制	399 295	0. 0	811 262	0. 0
19 章　谷物、粮食粉、淀粉或乳的制品；糕饼点	2 216 131	0. 1	7 209 856	0. 3
20 章　蔬菜、水果、坚果或植物其他部分的制品	7 837 280	0. 3	1 495 814	0. 1
21 章　杂项食品	3 985 225	0. 2	3 689 475	0. 2
22 章　饮料、酒及醋	2 081 176	0. 1	5 817 387	0. 3
23 章　食品工业的残渣及废料；配制的动物饲料	2 809 043	0. 1	3 971 972	0. 2
24 章　烟草、烟草及烟草代用品的制品	1 419 728	0. 1	1 904 745	0. 1
第五类　矿产品	52 173 075	2. 1	520 352 351	25. 0
25 章　盐；硫磺；泥土及石料；石膏料、石灰及水泥	3 301 684	0. 1	8 145 575	0. 4
26 章　矿砂、矿渣及矿灰	1 746 659	0. 1	164 958 223	7. 9
27 章　矿物燃料、矿物油及其蒸馏产品；沥青物质；矿物蜡	47 124 733	1. 9	347 248 553	16. 7
第六类　化学工业及其相关工业的产品	130 291 859	5. 2	154 919 730	7. 5
28 章　无机化学品；贵金属、稀土金属、放射性元素及其同位素的有机及无机化合物	16 839 453	0. 7	10 366 323	0. 5
29 章　有机化学品	56 779 678	2. 3	57 506 949	2. 8
30 章　药品	9 168 364	0. 4	33 605 326	1. 6
31 章　肥料	7 163 728	0. 3	3 543 694	0. 2
32 章　鞣料浸膏及染料浸膏；鞣酸及其衍生物；染料、颜料及其他着色料；油漆及清漆；油灰及其他类似胶粘剂；墨水、油墨	7 719 844	0. 3	5 028 980	0. 2
33 章　精油及香膏；芳香料制品及化妆盥洗品	5 894 165	0. 2	16 111 758	0. 8
34 章　肥皂、有机表面活性剂、洗涤剂、润滑剂、人造蜡、调制蜡、光洁剂、蜡烛及类似品、塑型用膏、“牙科用蜡”及牙科用熟石膏制剂	4 424 264	0. 2	4 751 285	0. 2
35 章　蛋白类物质；改性淀粉；胶；酶	3 227 690	0. 1	3 681 731	0. 2
36 章　炸药；烟火制品；火柴；引火合金；易燃材料制品	896 115	0. 0	113 297	0. 0
37 章　照相及电影用品	1 105 536	0. 0	2 710 478	0. 1

续表2

类　章	出　口		进　口	
	金额	比重（%）	金额	比重（%）
38章　杂项化学产品	17 073 022	0.7	17 499 910	0.8
第七类　塑料及其制品；橡胶及其制品	106 296 934	4.3	86 960 143	4.2
39章　塑料及其制品	84 156 994	3.4	71 593 756	3.4
40章　橡胶及其制品	22 139 941	0.9	15 366 387	0.7
第八类　生皮、皮革、毛皮及其制品；鞍具及挽具；旅行用品、手提包及类似品；动物肠线（蚕胶丝除外）制品	35 232 989	1.4	8 666 626	0.4
41章　生皮（毛皮除外）及皮革	704 107	0.0	3 660 016	0.2
42章　皮革制品；鞍具及挽具；旅行用品、手提包及类似容器；动物肠线（蚕胶丝除外）制	29 441 775	1.2	3 986 223	0.2
43章　毛皮、人造毛皮及其制品	5 087 107	0.2	1 020 387	0.0
第九类　木及木制品；木炭；软木及软木制品；稻草、秸秆、针茅或其他编结材料制品；篮筐及柳条编结品	15 070 534	0.6	22 041 163	1.1
44章　木及木制品；木炭	13 386 563	0.5	21 982 013	1.1
45章　软木及软木制品	25 627	0.0	40 527	0.0
46章　稻草、秸秆、针茅或其他编结材料制品；篮筐及柳条编结品	1 658 343	0.1	18 623	0.0
第十类　木浆及其他纤维状纤维素浆；纸及纸板的废碎品；纸、纸板及其制品	25 976 972	1.0	26 690 980	1.3
47章　木浆及其他纤维状纤维素浆；纸及纸板的废碎品	133 815	0.0	19 055 988	0.9
48章　纸及纸板；纸浆、纸或纸板制品	21 868 030	0.9	5 272 058	0.3
49章　书籍、报纸、印刷图画及其他印刷品；手稿、打字稿及设计图纸	3 975 127	0.2	2 362 934	0.1
第十一类　纺织原料及纺织制品	260 240 576	10.4	32 176 371	1.5
50章　蚕丝	995 610	0.0	56 581	0.0
51章　羊毛、动物细毛或粗毛；马毛纱线及其机织物	2 359 750	0.1	3 223 473	0.2
52章　棉花	14 136 337	0.6	9 227 514	0.4
53章　其他植物纺织纤维；纸纱线及其机织物	1 368 443	0.1	1 057 997	0.1
54章　化学纤维长丝	22 192 465	0.9	2 868 858	0.1
55章　化学纤维短纤	12 380 488	0.5	2 255 966	0.1
56章　絮胎、毡呢及无纺织物；特种纱线；线、绳、索、缆及其制品	6 053 126	0.2	1 241 669	0.1

续表 3

类　章	出　口		进　口	
	金额	比重（%）	金额	比重（%）
57 章　地毯及纺织材料的其他铺地制品	2 919 314	0. 1	119 776	0. 0
58 章　特种机织物；簇绒织物；花边；装饰毯；装饰带；刺绣品	5 312 091	0. 2	454 257	0. 0
59 章　浸渍、涂布、包覆或层压的纺织物；工业用纺织制品	7 958 989	0. 3	1 689 663	0. 1
60 章　针织物及钩编织物	18 657 912	0. 7	1 370 965	0. 1
61 章　针织或钩编的服装及衣着附	71 352 803	2. 9	3 654 344	0. 2
62 章　非针织或非钩编的服装及衣着附件	66 663 157	2. 7	4 478 233	0. 2
63 章　其他纺织制成品；成套物品；旧衣着及旧纺织品；碎织物	27 890 090	1. 1	477 074	0. 0
第十二类　鞋、帽、伞、杖、鞭及其零件；已加工的羽毛及其制品；人造花；人发制品	63 627 671	2. 5	6 101 867	0. 3
64 章　鞋靴、护腿和类似品及其零件	47 699 564	1. 9	5 635 888	0. 3
65 章　帽类及其零	4 640 378	0. 2	130 192	0. 0
66 章　雨伞、阳伞、手杖、鞭子、马鞭及其零件	2 858 393	0. 1	15 670	0. 0
67 章　已加工羽毛、羽绒及其制品；人造花；人发制品	8 429 335	0. 3	320 117	0. 0
第十三类　石料、石膏、水泥、石棉、云母及类似材料的制品；陶瓷产品；玻璃及其制品	54 448 894	2. 2	10 637 922	0. 5
68 章　石料、石膏、水泥、石棉、云母及类似材料的制品	11 476 853	0. 5	1 771 854	0. 1
69 章　陶瓷产品	25 119 505	1. 0	1 279 141	0. 1
70 章　玻璃及其制品	17 852 537	0. 7	7 586 927	0. 4
第十四类　天然或养殖珍珠、宝石或半宝石、贵金属、包贵金属及其制品；仿首饰；硬币	20 600 645	0. 8	60 463 729	2. 9
71 章　天然或养殖珍珠、宝石或半宝石、贵金属、包贵金属及其制品；仿首饰；硬币	20 600 645	0. 8	60 463 729	2. 9
第十五类　贱金属及其制品	182 625 810	7. 3	96 411 415	4. 6
72 章　钢铁	39 414 231	1. 6	23 409 735	1. 1
73 章　钢铁制品	69 262 007	2. 8	9 859 673	0. 5
74 章　铜及其制品	6 780 859	0. 3	40 626 446	2. 0
75 章　镍及其制品	914 848	0. 0	5 571 682	0. 3
76 章　铝及其制品	26 077 734	1. 0	5 796 670	0. 3
78 章　铅及其制品	63 921	0. 0	369 686	0. 0
79 章　锌及其制品	331 268	0. 0	2 092 023	0. 1

续表4

类章	出口		进口	
	金额	比重（%）	金额	比重（%）
80章　锡及其制品	111 792	0.0	159 023	0.0
81章　其他贱金属、金属陶瓷及其制品	3 526 180	0.1	3 112 542	0.1
82章　贱金属工具、器具、利口器、餐匙、餐叉及其零	16 621 727	0.7	3 508 786	0.2
83章　贱金属杂项制品	19 521 242	0.8	1 905 150	0.1
第十六类　机器、机械器具、电气设备及其零件；录音机及放声机、电视图像、声音的录制和重放设备及其零件、附件	1 087 084 065	43.5	687 820 389	33.1
84章　核反应堆、锅炉、机械器具及零件	416 635 682	16.7	190 400 422	9.2
85章　电机、电气设备及其零件；录音机及放声机、电视图像、声音的录制和重放设备及其零件、附件	670 448 383	26.8	497 419 967	23.9
第十七类　车辆、航空器、船舶及有关运输设备	111 838 664	4.5	97 391 367	4.7
86章　铁道及电车道机车、车辆及其零件；铁道及电车道轨道固定装置及其零件、附件；各种机械（包括电动机械）交通信号设备	9 131 684	0.4	715 240	0.0
87章　车辆及其零件、附件，但铁道及电车道车辆除外	74 305 754	3.0	75 137 222	3.6
88章　航空器、航天器及其零件	3 901 147	0.2	19 332 821	0.9
89章　船舶及浮动结构体	24 500 079	1.0	2 206 084	0.1
第十八类　光学、照相、电影、计量、检验、医疗或外科用仪器及设备、精密仪器及设备；钟表；乐器；上述物品的零件、附件	79 606 652	3.2	103 351 756	5.0
90章　光学、照相、电影、计量、检验、医疗或外科用仪器及设备、精密仪器及设备；上述物品的零件、附件	72 938 835	2.9	98 708 866	4.7
91章　钟表及其零件	4 928 682	0.2	4 114 413	0.2
92章　乐器及其零件、附件	1 739 136	0.1	528 476	0.0
第十九类　武器、弹药及其零件、附件	142 342	0.0	10 250	0.0
93章　武器、弹药及其零件、附件	142 342	0.0	10 250	0.0
第二十类　杂项制品	179 463 880	7.2	8 410 685	0.4
94章　家具；寝具、褥垫、弹簧床垫、软坐垫及类似的填充制品；未列名灯具及照明装置；发光标志、发光名牌及类似品；活动房屋	99 063 070	4.0	3 522 347	0.2
95章　玩具、游戏品、运动用品及其零件、附件	62 444 707	2.5	2 527 927	0.1
96章　杂项制品	17 956 104	0.7	2 360 411	0.1

续表 5

类 章	出 口		进 口	
	金额	比重（%）	金额	比重（%）
第二十一类　艺术品、收藏品及古物	743 086	0. 0	840 517	0. 0
97 章　艺术品、收藏品及古物	743 086	0. 0	840 517	0. 0
第二十二类　特殊交易品及未分类商品	17 066 394	0. 7	14 911 753	0. 7
98 章　特殊交易品及未分类商品	17 066 394	0. 7	14 911 753	0. 7

2019 年进出口商品贸易方式总值表

单位：千美元

贸易方式	进出口		出口		进口	
	金额	比重（%）	金额	比重（%）	金额	比重（%）
总　值	4 577 891 072	100. 0	2 499 482 089	100. 0	2 078 408 983	100. 0
一般贸易	2 702 180 150	59. 0	1 444 406 677	57. 8	1 257 773 473	60. 5
国家间、国际组织无偿援助和赠送的物资	705 342	0. 0	704 158	0. 0	1 184	0. 0
其他捐赠物资	24 112	0. 0	8 652	0. 0	15 460	0. 0
补偿贸易	89	0. 0	89	0. 0	—	—
来料加工贸易	167 797 331	3. 7	78 033 843	3. 1	89 763 487	4. 3
进料加工贸易	984 930 814	21. 5	657 402 200	26. 3	327 528 614	15. 8
寄售、代销贸易	819	0. 0	819	0. 0	—	—
边境小额贸易	41 030 195	0. 9	31 848 503	1. 3	9 181 692	0. 4
加工贸易进口设备	394 088	0. 0	—	—	394 088	0. 0
对外承包工程出口货物	14 164 071	0. 3	14 164 071	0. 6	—	—
租赁贸易	4 714 640	0. 1	574 661	0. 0	4 139 979	0. 2
外商投资企业作为投资进口的设备、物品	5 303 626	0. 1	—	—	5 303 626	0. 3
出料加工贸易	522 029	0. 0	236 854	0. 0	285 175	0. 0
易货贸易	714	0. 0	673	0. 0	41	0. 0
免税外汇商品	40 301	0. 0	—	—	40 301	0. 0
保税监管场所进出境货物	194 562 367	4. 3	50 568 338	2. 0	143 994 028	6. 9
海关特殊监管区域物流货物	337 501 996	7. 4	127 540 542	5. 1	209 961 454	10. 1
海关特殊监管区域进口设备	9 131 159	0. 2	—	—	9 131 159	0. 4
其他	111 625 351	2. 4	93 992 009	3. 8	17 633 342	0. 8
免税品	3 261 880	0. 1	—	—	3 261 880	0. 2

2019 年出口商品贸易方式企业性质总值表

单位：千美元

企业性质 贸易方式	合　计	国有企业	中外合作	中外合资	外商独资	集体企业	私营企业	其　他
	金额/(%)	金额/(%)	金额/(%)	金额/(%)	金额/(%)	金额/(%)	金额/(%)	金额/(%)
总　值	2 499 482 089	235 662 691	7 161 891	250 838 307	708 009 369	45 762 293	1 242 108 860	9 938 678
	—	—	—	—	—	—	—	—
一般贸易	1 444 406 677	146 818 659	4 306 739	103 883 044	195 193 712	40 398 613	951 211 734	2 594 176
	—	—	—	—	—	—	—	—
国家间、国际组织无偿援助和赠送的物资	704 158	594 689	—	240	—	22 098	57 573	29 559
	—	—	—	—	—	—	—	—
其他捐赠物资	8 652	51	—	—	35	2 528	940	5 099
	—	—	—	—	—	—	—	—
补偿贸易	89	6	—	—	—	—	83	—
	—	—	—	—	—	—	—	—
来料加工贸易	78 033 843	3 372 856	1 011 893	10 632 781	49 520 576	461 186	13 021 551	13 000
	—	—	—	—	—	—	—	—
进料加工贸易	657 402 200	27 002 743	1 665 472	117 430 184	413 370 982	3 378 552	94 172 731	381 536
	—	—	—	—	—	—	—	—
寄售、代销贸易	819	—	—	—	—	—	819	—
	—	—	—	—	—	—	—	—
边境小额贸易	31 848 503	1 194 740	—	—	—	44 192	30 609 419	152
	—	—	—	—	—	—	—	—

续表

企业性质 贸易方式	合　计	国有企业	中外合作	中外合资	外商独资	集体企业	私营企业	其　他
	金额/(%)	金额/(%)	金额/(%)	金额/(%)	金额/(%)	金额/(%)	金额/(%)	金额/(%)
对外承包工程出口货物	14 164 071	11 521 919	284	54 655	135 806	158 973	2 221 277	71 158
	—	—	—	—	—	—	—	—
租赁贸易	574 661	34 468	—	328 002	14 023	—	185 983	12 184
	—	—	—	—	—	—	—	—
出料加工贸易	236 854	46 069	—	31 043	26 923	54	132 765	—
	—	—	—	—	—	—	—	—
易货贸易	673	236	—	—	—	—	437	—
	—	—	—	—	—	—	—	—
保税监管场所进出境货物	50 568 338	23 502 475	167 157	8 003 499	4 846 092	1 261 750	12 709 967	77 398
	—	—	—	—	—	—	—	—
海关特殊监管区域物流货物	127 540 542	20 387 404	9 374	10 313 501	44 597 912	576	52 231 775	—
	—	—	—	—	—	—	—	—
其他	93 992 009	1 186 376	972	161 358	303 310	33 770	85 551 807	6 754 415
	—	—	—	—	—	—	—	—

2019年进口商品贸易方式企业性质总值表

单位：千美元

企业性质 贸易方式	合　计	国有企业	中外合作	中外合资	外商独资	集体企业	私营企业	其　他
	金额/(%)	金额/(%)	金额/(%)	金额/(%)	金额/(%)	金额/(%)	金额/(%)	金额/(%)
总　值	2 078 408 983	537 136 609	4 051 783	237 053 333	616 722 007	26 880 562	638 297 743	18 266 946
	—	—	—	—	—	—	—	—
一般贸易	1 257 773 473	437 779 465	2 687 507	121 008 038	272 037 624	24 447 637	396 003 311	3 809 892
	—	—	—	—	—	—	—	—
国家间、国际组织无偿援助和赠送的物资	1 184	27	—	—	—	—	348	809
	—	—	—	—	—	—	—	—
其他捐赠物资	15 460	483	—	—	1 172	—	2 463	11 342
	—	—	—	—	—	—	—	—
补偿贸易	—	—	—	—	—	—	—	—
	—	—	—	—	—	—	—	—
来料加工贸易	89 763 487	19 082 849	739 288	11 273 278	47 219 292	230 830	11 210 788	7 162
	—	—	—	—	—	—	—	—
进料加工贸易	327 528 614	9 810 162	601 814	62 129 534	200 523 512	1 103 645	53 267 662	92 286
	—	—	—	—	—	—	—	—
寄售、代销贸易	—	—	—	—	—	—	—	—
	—	—	—	—	—	—	—	—
边境小额贸易	9 181 692	1 524 543	—	—	—	16 452	7 639 274	1 422
	—	—	—	—	—	—	—	—

续表

企业性质 贸易方式	合　计	国有企业	中外合作	中外合资	外商独资	集体企业	私营企业	其　他
	金额/(%)	金额/(%)	金额/(%)	金额/(%)	金额/(%)	金额/(%)	金额/(%)	金额/(%)
加工贸易进口设备	394 088	1 747	61	97 746	243 540	—	50 994	—
	—	—	—	—	—	—	—	—
租赁贸易	4 139 979	1 229 137	177	1 702 297	613 780	438	594 151	—
	—	—	—	—	—	—	—	—
外商投资企业作为投资进口的设备、物品	5 303 626	—	3 661	3 175 786	2 124 179	—	—	—
	—	—	—	—	—	—	—	—
出料加工贸易	285 175	61 081	—	42 143	39 607	100	142 244	—
	—	—	—	—	—	—	—	—
易货贸易	41	—	—	—	—	—	41	—
	—	—	—	—	—	—	—	—
免税外汇商品	40 301	40 301	—	—	—	—	—	—
	—	—	—	—	—	—	—	—
保税监管场所进出境货物	143 994 028	45 882 425	3 015	20 300 014	6 398 550	989 113	69 717 121	703 791
	—	—	—	—	—	—	—	—
海关特殊监管区域物流货物	209 961 454	18 663 315	10 947	13 140 832	80 962 516	58 106	97 122 873	2 864
	—	—	—	—	—	—	—	—
海关特殊监管区域进口设备	9 131 159	70 180	439	3 185 884	5 246 948	505	627 202	—
	—	—	—	—	—	—	—	—
其他	17 633 342	375 151	4 874	352 812	1 311 287	33 735	1 918 103	13 637 378
	—	—	—	—	—	—	—	—
免税品	3 261 880	2 615 742	—	644 969	—	—	1 169	—
	—	—	—	—	—	—	—	—

2019 年进出口商品收发货人所在地总值表

单位：千美元

收发货人所在地	进出口		出　口		进　口	
	金额	比重（%）	金额	比重（%）	金额	比重（%）
总　值	4 577 891 072	100.0	2 499 482 089	100.0	2 078 408 983	100.0
北京市	416 456 752	9.1	75 050 912	3.0	341 405 840	16.4
中关村国家自主创新示范区	6 203 076	0.1	2 074 275	0.1	4 128 801	0.2
北京经济技术开发区	19 767 516	0.4	5 734 428	0.2	14 033 087	0.7
天津市	106 645 671	2.3	43 791 830	1.8	62 853 841	3.0
天津滨海新区	73 636 314	1.6	23 197 190	0.9	50 439 124	2.4
天津经济技术开发区	34 878 545	0.8	15 157 354	0.6	19 721 191	0.9
河北省	58 043 282	1.3	34 380 937	1.4	23 662 345	1.1
石家庄市	16 893 877	0.4	9 380 430	0.4	7 513 447	0.4
石家庄高新技术产业开发区	14 975	0.0	9 539	0.0	5 436	0.0
唐山市	10 653 336	0.2	4 263 540	0.2	6 389 796	0.3
秦皇岛市	5 205 347	0.1	3 305 289	0.1	1 900 058	0.1
秦皇岛经济技术开发区	3 228 185	0.1	1 736 596	0.1	1 491 589	0.1
保定市	5 456 308	0.1	4 773 021	0.2	683 287	0.0
保定高新技术产业开发区	141 129	0.0	136 344	0.0	4 786	0.0
山西省	20 981 625	0.5	11 690 224	0.5	9 291 402	0.4
太原市	16 239 439	0.4	9 439 732	0.4	6 799 706	0.3
太原经济技术开发区	11 360 969	0.2	7 069 277	0.3	4 291 692	0.2

续表 1

收发货人所在地	进出口		出口		进口	
	金额	比重（%）	金额	比重（%）	金额	比重（%）
太原高新技术产业开发区	138 853	0.0	61 163	0.0	77 690	0.0
大同市	746 729	0.0	502 238	0.0	244 491	0.0
大同经济技术开发区	567 612	0.0	424 704	0.0	142 909	0.0
晋中市	301 429	0.0	248 884	0.0	52 545	0.0
晋中经济技术开发区	168	0.0	57	0.0	111	0.0
内蒙古自治区	15 939 467	0.3	5 468 324	0.2	10 471 144	0.5
呼和浩特市	1 804 223	0.0	922 665	0.0	881 558	0.0
包头市	2 757 356	0.1	1 423 400	0.1	1 333 956	0.1
包头高新技术产业开发区	9 820	0.0	8 551	0.0	1 269	0.0
二连浩特市	1 489 382	0.0	248 853	0.0	1 240 529	0.1
满洲里市	2 074 550	0.0	268 225	0.0	1 806 325	0.1
辽宁省	105 320 038	2.3	45 437 708	1.8	59 882 330	2.9
沈阳市	15 569 319	0.3	4 596 389	0.2	10 972 931	0.5
沈阳经济技术开发区	2 779 338	0.1	1 441 948	0.1	1 337 390	0.1
沈阳高新技术产业开发区	1 269 721	0.0	880 370	0.0	389 350	0.0
大连市	63 319 502	1.4	28 176 381	1.1	35 143 121	1.7
大连经济技术开发区	14 447 416	0.3	5 057 569	0.2	9 389 847	0.5
大连市高新技术产业园区	936 900	0.0	726 454	0.0	210 446	0.0
鞍山市	4 262 728	0.1	2 209 375	0.1	2 053 353	0.1
鞍山高新技术产业开发区	84 754	0.0	67 818	0.0	16 936	0.0
丹东市	2 222 161	0.0	1 904 660	0.1	317 501	0.0
吉林省	18 904 123	0.4	4 703 819	0.2	14 200 304	0.7
长春市	14 436 131	0.3	2 144 775	0.1	12 291 356	0.6

续表 2

收发货人所在地	进出口		出口		进口	
	金额	比重（%）	金额	比重（%）	金额	比重（%）
长春经济技术开发区	1 312 621	0.0	327 865	0.0	984 756	0.0
长春高新技术产业开发区	650 349	0.0	271 129	0.0	379 221	0.0
吉林市	904 185	0.0	574 055	0.0	330 130	0.0
吉林高新技术产业开发区	73 484	0.0	55 719	0.0	17 765	0.0
珲春市	1 464 879	0.0	497 668	0.0	967 212	0.0
黑龙江省	27 108 645	0.6	5 068 510	0.2	22 040 135	1.1
哈尔滨市	3 598 750	0.1	1 735 451	0.1	1 863 298	0.1
哈尔滨经济技术开发区	1 202 774	0.0	434 985	0.0	767 789	0.0
哈尔滨高技术开发区	323 491	0.0	152 111	0.0	171 380	0.0
大庆市	15 066 016	0.3	603 540	0.0	14 462 477	0.7
大庆高新技术产业开发区	899 154	0.0	405 943	0.0	493 211	0.0
黑河市	560 761	0.0	198 152	0.0	362 609	0.0
绥芬河市	2 342 001	0.1	490 933	0.0	1 851 067	0.1
上海市	493 905 026	10.8	198 993 764	8.0	294 911 262	14.2
上海漕河泾浦江高科技园	6 630 085	0.1	3 662 192	0.1	2 967 893	0.1
上海漕河泾浦江高科技园区	6 630 085	0.1	3 662 192	0.1	2 967 893	0.1
上海经济技术开发区	7 520	0.0	2 313	0.0	5 208	0.0
上海闵行经济技术开发区	2 279 566	0.0	1 068 938	0.0	1 210 628	0.1
上海浦东新区	255 506 582	5.6	79 781 739	3.2	175 724 842	8.5
江苏省	629 515 934	13.8	394 828 281	15.8	234 687 653	11.3
南京市	70 039 334	1.5	43 598 867	1.7	26 440 467	1.3
南京高新技术外向型开发区	1 280 246	0.0	1 092 038	0.0	188 208	0.0
无锡市	64 613 779	1.4	37 298 089	1.5	27 315 690	1.3

续表 3

收发货人所在地	进出口		出　口		进　口	
	金额	比重（%）	金额	比重（%）	金额	比重（%）
无锡高新技术产业开发区	50 616 197	1. 1	25 951 249	1. 0	24 664 948	1. 2
常州市	32 327 004	0. 7	24 217 087	1. 0	8 109 917	0. 4
常州高新技术产业开发区	890 173	0. 0	612 501	0. 0	277 673	0. 0
苏州市	319 059 702	7. 0	192 037 166	7. 7	127 022 535	6. 1
苏州工业园	64 586 930	1. 4	27 015 289	1. 1	37 571 640	1. 8
苏州高新技术产业开发区	21 728 330	0. 5	14 275 561	0. 6	7 452 770	0. 4
南通市	36 349 885	0. 8	24 825 202	1. 0	11 524 682	0. 6
南通经济技术开发区	6 787 479	0. 1	4 107 648	0. 2	2 679 831	0. 1
连云港市	9 362 287	0. 2	3 888 213	0. 2	5 474 073	0. 3
连云港经济技术开发区	3 303 848	0. 1	1 241 786	0. 0	2 062 062	0. 1
浙江省	447 224 509	9. 8	334 604 757	13. 4	112 619 752	5. 4
杭州市	81 253 642	1. 8	52 470 457	2. 1	28 783 185	1. 4
杭州经济技术开发区	8 292 674	0. 2	4 361 896	0. 2	3 930 778	0. 2
杭州高新技术产业开发区	1 122 530	0. 0	619 990	0. 0	502 540	0. 0
宁波市	133 060 148	2. 9	86 606 701	3. 5	46 453 446	2. 2
宁波经济技术开发区	19 597 691	0. 4	8 772 853	0. 4	10 824 838	0. 5
宁波高新技术产业开发区	2 509 250	0. 1	1 647 440	0. 1	861 810	0. 0
温州市	27 516 531	0. 6	24 396 100	1. 0	3 120 431	0. 2
温州经济技术开发区	1 451 176	0. 0	1 425 238	0. 1	25 939	0. 0
金华市	61 172 003	1. 3	58 496 413	2. 3	2 675 590	0. 1
金华经济技术开发区	513 023	0. 0	486 457	0. 0	26 567	0. 0
安徽省	68 730 324	1. 5	40 411 116	1. 6	28 319 208	1. 4
合肥市	32 138 629	0. 7	20 213 286	0. 8	11 925 343	0. 6

续表 4

收发货人所在地	进出口		出　口		进　口	
	金额	比重（%）	金额	比重（%）	金额	比重（%）
合肥经济技术开发区	12 929 294	0.3	8 031 327	0.3	4 897 968	0.2
合肥高新技术产业开发区	4 307 063	0.1	3 281 613	0.1	1 025 450	0.0
芜湖市	7 200 253	0.2	4 519 035	0.2	2 681 218	0.1
芜湖经济技术开发区	3 063 560	0.1	2 067 863	0.1	995 698	0.0
芜湖高新技术产业开发区	151 907	0.0	101 806	0.0	50 101	0.0
蚌埠市	1 581 986	0.0	713 813	0.0	868 173	0.0
蚌埠高新技术产业开发区	203 629	0.0	109 840	0.0	93 789	0.0
淮南市	598 444	0.0	567 318	0.0	31 126	0.0
淮南经济技术开发区	113 002	0.0	112 587	0.0	415	0.0
马鞍山市	5 185 875	0.1	2 536 189	0.1	2 649 686	0.1
马鞍山经济技术开发区	288 100	0.0	243 773	0.0	44 327	0.0
马鞍山慈湖高新技术产业开发区	115 766	0.0	109 774	0.0	5 992	0.0
铜陵市	7 182 206	0.2	860 184	0.0	6 322 022	0.3
铜陵经济技术开发区	194 581	0.0	100 451	0.0	94 130	0.0
安庆市	1 642 669	0.0	1 240 340	0.0	402 329	0.0
安庆经济技术开发区	46 839	0.0	38 250	0.0	8 589	0.0
滁州市	4 026 611	0.1	2 249 102	0.1	1 777 510	0.1
滁州经济技术开发区	2 267 261	0.0	774 474	0.0	1 492 787	0.1
六安市	878 686	0.0	789 839	0.0	88 848	0.0
六安经济技术开发区	213 010	0.0	195 127	0.0	17 883	0.0
宣城市	1 866 069	0.0	1 740 478	0.1	125 591	0.0
宁国经济技术开发区	326 189	0.0	297 055	0.0	29 135	0.0
池州市	838 825	0.0	206 018	0.0	632 806	0.0

续表 5

收发货人所在地	进出口		出　口		进　口	
	金额	比重（%）	金额	比重（%）	金额	比重（%）
池州经济技术开发区	190 677	0.0	31 126	0.0	159 550	0.0
福建省	193 111 151	4.2	120 202 566	4.8	72 908 585	3.5
福州市	36 781 348	0.8	26 275 748	1.1	10 505 600	0.5
福州经济技术开发区	3 209 226	0.1	1 967 218	0.1	1 242 008	0.1
福州高新技术产业开发区	32 554	0.0	32 213	0.0	341	0.0
厦门市	93 015 359	2.0	51 204 175	2.0	41 811 185	2.0
厦门火炬高技术产业开发区	3 613 336	0.1	1 548 545	0.1	2 064 791	0.1
平潭	1 449 368	0.0	561 918	0.0	887 450	0.0
平潭综合实验区	1 449 368	0.0	561 918	0.0	887 450	0.0
江西省	50 889 783	1.1	36 192 955	1.4	14 696 829	0.7
南昌市	15 381 723	0.3	9 356 867	0.4	6 024 856	0.3
南昌经济技术开发区	2 230 104	0.0	517 121	0.0	1 712 983	0.1
南昌高新技术产业开发区	6 452 592	0.1	3 544 290	0.1	2 908 301	0.1
景德镇市	929 550	0.0	913 879	0.0	15 671	0.0
景德镇高新技术产业开发区	10 329	0.0	9 425	0.0	904	0.0
萍乡市	1 716 335	0.0	1 697 020	0.1	19 315	0.0
萍乡经济技术开发区	35 575	0.0	35 575	0.0	—	—
九江市	4 906 581	0.1	4 075 457	0.2	831 124	0.0
九江经济技术开发区	319 175	0.0	272 730	0.0	46 444	0.0
新余市	2 166 168	0.0	1 095 945	0.0	1 070 224	0.1
新余高新技术产业开发区	241 119	0.0	215 036	0.0	26 083	0.0
鹰潭市	4 318 930	0.1	1 181 545	0.0	3 137 385	0.2
鹰潭高新技术产业开发区	25 185	0.0	17 185	0.0	8 000	0.0

续表 6

收发货人所在地	进出口		出　口		进　口	
	金额	比重（%）	金额	比重（%）	金额	比重（%）
赣州市	5 753 413	0.1	4 899 276	0.2	854 137	0.0
赣州经济技术开发区	868 187	0.0	753 125	0.0	115 062	0.0
宜春市	3 014 903	0.1	2 763 616	0.1	251 287	0.0
宜春经济技术开发区	480 676	0.0	468 994	0.0	11 682	0.0
上饶市	3 202 903	0.1	2 893 295	0.1	309 608	0.0
上饶经济技术开发区	12	0.0	12	0.0	—	—
吉安市	7 069 646	0.2	5 090 147	0.2	1 979 499	0.1
井冈山经济技术开发区	850 394	0.0	825 370	0.0	25 024	0.0
山东省	296 995 532	6.5	161 439 709	6.5	135 555 824	6.5
济南市	14 182 097	0.3	8 081 274	0.3	6 100 823	0.3
济南市高技术产业开发区	7 305 743	0.2	3 105 638	0.1	4 200 105	0.2
青岛市	85 918 420	1.9	49 434 887	2.0	36 483 533	1.8
青岛经济技术开发区	10 562 498	0.2	5 013 989	0.2	5 548 509	0.3
青岛高新技术产业开发区	487 531	0.0	329 407	0.0	158 124	0.0
烟台市	42 125 500	0.9	25 101 686	1.0	17 023 814	0.8
烟台经济技术开发区	11 347 495	0.2	5 833 547	0.2	5 513 947	0.3
潍坊市	25 982 538	0.6	16 369 094	0.7	9 613 444	0.5
潍坊高技术产业开发区	1 429 777	0.0	1 025 503	0.0	404 274	0.0
威海市	20 379 397	0.4	13 364 492	0.5	7 014 905	0.3
威海火炬高技术产业开发区	2 066 771	0.0	1 549 051	0.1	517 720	0.0
河南省	82 498 953	1.8	54 213 275	2.2	28 285 678	1.4
郑州市	59 538 639	1.3	38 606 522	1.5	20 932 117	1.0
郑州航空港经济综合实验区	52 757 162	1.2	32 998 759	1.3	19 758 403	1.0

续表 7

收发货人所在地	进出口		出　口		进　口	
	金额	比重（%）	金额	比重（%）	金额	比重（%）
郑州高新技术产业开发区	793 586	0.0	726 817	0.0	66 768	0.0
洛阳市	2 244 923	0.0	1 934 277	0.1	310 646	0.0
洛阳高新技术产业开发区	110 372	0.0	65 844	0.0	44 527	0.0
湖北省	57 160 602	1.2	35 995 349	1.4	21 165 253	1.0
武汉市	34 351 006	0.8	19 586 490	0.8	14 764 516	0.7
武汉经济技术开发区	2 918 369	0.1	1 496 507	0.1	1 421 862	0.1
武汉吴家山经济技术开发区	0	0.0	0	0.0	0	0.0
武汉东湖新技术开发区	19 344 910	0.4	10 190 103	0.4	9 154 807	0.4
黄石市	4 053 846	0.1	2 043 754	0.1	2 010 092	0.1
黄石经济技术开发区	156 182	0.0	86 045	0.0	70 137	0.0
襄阳市	3 104 888	0.1	2 668 014	0.1	436 874	0.0
襄阳经济技术开发区	51 046	0.0	23 711	0.0	27 335	0.0
襄阳高新技术产业开发区	582 666	0.0	354 881	0.0	227 785	0.0
荆州市	3 475 826	0.1	2 247 881	0.1	1 227 944	0.1
荆州经济技术开发区	451 168	0.0	384 471	0.0	66 697	0.0
湖南省	62 849 835	1.4	44 540 738	1.8	18 309 097	0.9
长沙市	28 106 459	0.6	19 380 764	0.8	8 725 696	0.4
长沙经济技术开发区	3 465 959	0.1	2 465 017	0.1	1 000 942	0.0
长沙高新技术产业开发区	5 495 762	0.1	3 783 325	0.2	1 712 437	0.1
株洲市	2 242 205	0.0	1 623 632	0.1	618 573	0.0
株洲高新技术产业开发区	657 928	0.0	619 562	0.0	38 366	0.0
湘潭市	3 323 962	0.1	2 269 743	0.1	1 054 219	0.1
湘潭经济技术开发区	832 339	0.0	819 728	0.0	12 611	0.0

续表 8

收发货人所在地	进出口		出　口		进　口	
	金额	比重（%）	金额	比重（%）	金额	比重（%）
湘潭高新技术产业开发区	213 965	0.0	210 269	0.0	3 696	0.0
衡阳市	5 328 600	0.1	2 973 413	0.1	2 355 187	0.1
衡阳高新技术产业开发区	10 072	0.0	9 191	0.0	881	0.0
岳阳市	4 769 489	0.1	2 763 414	0.1	2 006 075	0.1
常德市	1 903 684	0.0	1 703 893	0.1	199 791	0.0
常德经济技术开发区	593 334	0.0	564 063	0.0	29 271	0.0
益阳市	2 142 208	0.0	1 917 287	0.1	224 920	0.0
益阳高新技术产业开发区	405 361	0.0	376 681	0.0	28 679	0.0
浏阳市	885 783	0.0	846 882	0.0	38 901	0.0
浏阳经济技术开发区	172 622	0.0	145 131	0.0	27 492	0.0
广东省	1 036 626 724	22.6	629 454 196	25.2	407 172 528	19.6
广州市	145 105 344	3.2	76 223 608	3.0	68 881 736	3.3
广州经济技术开发区	18 325 359	0.4	7 931 703	0.3	10 393 656	0.5
广州高新技术产业开发区	16 444 479	0.4	6 942 548	0.3	9 501 931	0.5
广州南沙新区	30 590 856	0.7	14 251 738	0.6	16 339 119	0.8
深圳市	431 569 263	9.4	242 213 826	9.7	189 355 436	9.1
深圳科技工业园	11 295	0.0	5 090	0.0	6 205	0.0
珠海市	42 207 386	0.9	23 989 420	1.0	18 217 966	0.9
珠海横琴新区	3 470 359	0.1	1 633 620	0.1	1 836 740	0.1
汕头市	8 679 446	0.2	6 729 791	0.3	1 949 655	0.1
佛山市	70 012 747	1.5	54 076 894	2.2	15 935 853	0.8
江门市	20 689 407	0.5	16 488 960	0.7	4 200 447	0.2
湛江市	5 929 451	0.1	3 000 716	0.1	2 928 735	0.1

续表9

收发货人所在地	进出口		出口		进口	
	金额	比重（%）	金额	比重（%）	金额	比重（%）
湛江经济技术开发区	2 078 982	0.0	976 375	0.0	1 102 606	0.1
惠州市	39 359 917	0.9	26 460 852	1.1	12 899 064	0.6
惠州高新技术产业开发区	19 244 926	0.4	12 842 694	0.5	6 402 231	0.3
阳江市	2 201 116	0.0	1 698 158	0.1	502 958	0.0
东莞市	199 594 040	4.4	125 132 230	5.0	74 461 811	3.6
东莞松山湖高新技术产业开发区	1 575 474	0.0	1 300 823	0.1	274 651	0.0
中山市	34 671 851	0.8	28 021 749	1.1	6 650 102	0.3
中山火炬高技术产业开发区	8 157	0.0	3 271	0.0	4 886	0.0
广西壮族自治区	68 221 637	1.5	37 746 501	1.5	30 475 136	1.5
南宁市	10 832 384	0.2	5 271 162	0.2	5 561 222	0.3
南宁高新技术产业开发区	644 622	0.0	313 367	0.0	331 255	0.0
桂林市	1 023 221	0.0	903 591	0.0	119 630	0.0
桂林新技术产业开发区	415 841	0.0	372 913	0.0	42 927	0.0
北海市	4 275 913	0.1	1 872 907	0.1	2 403 006	0.1
崇左市	27 537 805	0.6	18 918 025	0.8	8 619 780	0.4
防城港市	11 689 918	0.3	3 499 625	0.1	8 190 292	0.4
海南省	13 152 748	0.3	4 987 032	0.2	8 165 716	0.4
海口市	4 810 726	0.1	1 246 582	0.0	3 564 144	0.2
海南国际科技工业园	35 244	0.0	15 587	0.0	19 657	0.0
海南洋浦经济开发区	5 490 756	0.1	3 209 957	0.1	2 280 799	0.1
重庆市	83 949 585	1.8	53 803 289	2.2	30 146 296	1.5
重庆高新技术产业开发区	223 423	0.0	135 708	0.0	87 715	0.0
重庆两江新区	27 740 761	0.6	17 199 357	0.7	10 541 404	0.5

续表 10

收发货人所在地	进出口		出口		进口	
	金额	比重（%）	金额	比重（%）	金额	比重（%）
万州经济技术开发区	34 614	0.0	24 136	0.0	10 477	0.0
长寿经济技术开发区	5 751	0.0	5 659	0.0	92	0.0
四川省	98 400 662	2.1	56 545 246	2.3	41 855 416	2.0
成都市	83 094 361	1.8	46 885 139	1.9	36 209 222	1.7
成都经济技术开发区	2 743 195	0.1	1 281 982	0.1	1 461 213	0.1
成都高新技术产业开发区	67 968 856	1.5	37 027 105	1.5	30 941 751	1.5
泸州市	1 220 095	0.0	593 879	0.0	626 216	0.0
泸州高新技术产业开发区	98 907	0.0	96 610	0.0	2 297	0.0
绵阳市	2 997 810	0.1	1 006 214	0.0	1 991 596	0.1
绵阳经济技术开发区	252 798	0.0	233 867	0.0	18 930	0.0
绵阳高新技术产业开发区	1 457 702	0.0	310 758	0.0	1 146 944	0.1
广元市	91 945	0.0	43 902	0.0	48 043	0.0
广元经济技术开发区	5 382	0.0	5 053	0.0	329	0.0
乐山市	777 469	0.0	588 848	0.0	188 621	0.0
乐山高新技术产业开发区	1 005	0.0	482	0.0	524	0.0
宜宾市	1 921 886	0.0	1 279 582	0.1	642 304	0.0
宜宾临港经济技术开发区	819 048	0.0	607 439	0.0	211 609	0.0
贵州省	6 568 169	0.1	4 740 283	0.2	1 827 886	0.1
贵阳市	4 145 535	0.1	3 044 805	0.1	1 100 730	0.1
贵阳高新技术产业开发区	515 265	0.0	383 135	0.0	132 130	0.0
云南省	33 692 437	0.7	15 024 153	0.6	18 668 283	0.9
昆明市	13 180 012	0.3	3 598 894	0.1	9 581 118	0.5
昆明经济技术开发区	247 517	0.0	186 010	0.0	61 507	0.0

续表 11

收发货人所在地	进出口		出口		进口	
	金额	比重（%）	金额	比重（%）	金额	比重（%）
昆明嵩明杨林经济技术开发区	247 517	0.0	186 010	0.0	61 507	0.0
昆明高新技术产业开发区	3 181 085	0.1	407 181	0.0	2 773 904	0.1
红河州	2 674 420	0.1	1 294 361	0.1	1 380 060	0.1
蒙自经济技术开发区	5 576	0.0	3 100	0.0	2 476	0.0
畹町市	277 679	0.0	36 470	0.0	241 208	0.0
瑞丽县	4 620 227	0.1	2 329 254	0.1	2 290 973	0.1
河口县	2 089 167	0.0	974 808	0.0	1 114 359	0.1
曲靖市	1 200 624	0.0	1 184 344	0.0	16 280	0.0
曲靖经济技术开发区	377 956	0.0	377 227	0.0	729	0.0
西藏自治区	702 863	0.0	540 829	0.0	162 034	0.0
拉萨市	592 640	0.0	497 541	0.0	95 099	0.0
拉萨经济技术开发区	95 995	0.0	66 574	0.0	29 421	0.0
陕西省	51 033 133	1.1	27 221 645	1.1	23 811 488	1.1
西安市	47 077 257	1.0	25 148 589	1.0	21 928 668	1.1
陕西航天经济技术开发区	1 060 513	0.0	719 965	0.0	340 548	0.0
西安新技术产业开发区	4 751 667	0.1	2 646 862	0.1	2 104 805	0.1
宝鸡市	1 217 317	0.0	636 279	0.0	581 038	0.0
宝鸡高新技术产业开发区	5 110	0.0	4 934	0.0	176	0.0
汉中市	146 658	0.0	132 719	0.0	13 939	0.0
汉中经济技术开发区	4 941	0.0	4 941	0.0	—	—
甘肃省	5 520 088	0.1	1 906 996	0.1	3 613 092	0.2
兰州市	1 732 614	0.0	1 044 895	0.0	687 719	0.0
兰州新技术产业开发区	21 258	0.0	18 438	0.0	2 821	0.0

续表 12

收发货人所在地	进出口		出口		进口	
	金额	比重（%）	金额	比重（%）	金额	比重（%）
青海省	544 815	0.0	293 533	0.0	251 283	0.0
西宁市	386 411	0.0	212 119	0.0	174 292	0.0
西宁经济技术开发区	24 501	0.0	19 528	0.0	4 973	0.0
宁夏回族自治区	3 489 611	0.1	2 159 301	0.1	1 330 310	0.1
银川市	2 282 183	0.0	1 512 616	0.1	769 566	0.0
银川经济技术开发区	65 333	0.0	27 671	0.0	37 663	0.0
新疆维吾尔自治区	23 707 348	0.5	18 044 314	0.7	5 663 034	0.3
乌鲁木齐市	7 435 590	0.2	4 854 191	0.2	2 581 400	0.1
乌鲁木齐经济技术开发区	2 754 403	0.1	2 109 911	0.1	644 492	0.0
乌鲁木齐高新技术产业开发区	1 151 028	0.0	1 038 496	0.0	112 532	0.0
博乐市	3 100 362	0.1	735 875	0.0	2 364 487	0.1
伊宁市	6 509 717	0.1	6 389 014	0.3	120 703	0.0
石河子市	487 979	0.0	431 042	0.0	56 936	0.0
石河子经济技术开发区	405 968	0.0	350 413	0.0	55 556	0.0

2019 年进出口商品境内目的地/货源地总值表

单位：千美元

境内目的地/货源地	进出口		出口		进口	
	金额	比重（%）	金额	比重（%）	金额	比重（%）
总　值	4 577 891 072	100.0	2 499 482 089	100.0	2 078 408 983	100.0
北京市	112 276 273	2.5	26 507 008	1.1	85 769 265	4.1
中关村国家自主创新示范区	1 633 479	0.0	733 920	0.0	899 559	0.0
北京经济技术开发区	17 879 644	0.4	5 122 823	0.2	12 756 821	0.6
天津市	136 369 011	3.0	41 251 818	1.7	95 117 194	4.6
天津滨海新区	82 126 423	1.8	19 349 489	0.8	62 776 933	3.0
天津经济技术开发区	31 164 994	0.7	13 158 960	0.5	18 006 034	0.9
河北省	94 725 112	2.1	48 058 168	1.9	46 666 944	2.2
石家庄市	8 969 620	0.2	7 318 874	0.3	1 650 746	0.1
石家庄高新技术产业开发区	24 624	0.0	15 069	0.0	9 555	0.0
唐山市	38 361 369	0.8	5 600 203	0.2	32 761 166	1.6
曹妃甸经济技术开发区	7 695 736	0.2	92 382	0.0	7 603 354	0.4
秦皇岛市	5 791 965	0.1	3 826 117	0.2	1 965 847	0.1
秦皇岛经济技术开发区	2 786 411	0.1	1 265 531	0.1	1 520 880	0.1
保定市	6 456 180	0.1	5 545 092	0.2	911 088	0.0
保定高新技术产业开发区	128 443	0.0	122 564	0.0	5 880	0.0
山西省	22 857 960	0.5	14 732 883	0.6	8 125 077	0.4
太原市	14 848 756	0.3	8 828 713	0.4	6 020 043	0.3

续表 1

境内目的地/货源地	进出口		出　口		进　口	
	金额	比重（%）	金额	比重（%）	金额	比重（%）
太原经济技术开发区	11 201 304	0.2	6 930 350	0.3	4 270 954	0.2
太原高新技术产业开发区	16 387	0.0	7 441	0.0	8 946	0.0
大同市	513 311	0.0	409 705	0.0	103 606	0.0
晋中市	476 123	0.0	357 058	0.0	119 065	0.0
内蒙古自治区	20 121 192	0.4	7 377 208	0.3	12 743 985	0.6
呼和浩特市	1 426 285	0.0	586 340	0.0	839 945	0.0
包头市	3 347 405	0.1	1 839 409	0.1	1 507 996	0.1
包头高新技术产业开发区	123 128	0.0	116 937	0.0	6 191	0.0
二连浩特市	1 469 433	0.0	338 287	0.0	1 131 145	0.1
满洲里市	1 964 749	0.0	39 888	0.0	1 924 861	0.1
辽宁省	133 837 007	2.9	55 803 738	2.2	78 033 269	3.8
沈阳市	16 022 659	0.4	5 192 185	0.2	10 830 474	0.5
沈阳经济技术开发区	2 711 593	0.1	1 240 657	0.0	1 470 936	0.1
沈阳高新技术产业开发区	855 312	0.0	563 146	0.0	292 167	0.0
大连市	73 419 415	1.6	32 952 068	1.3	40 467 346	1.9
大连经济技术开发区	20 198 389	0.4	6 685 331	0.3	13 513 057	0.7
大连市高新技术产业园区	999 077	0.0	720 558	0.0	278 519	0.0
鞍山市	3 155 069	0.1	2 536 568	0.1	618 501	0.0
鞍山高新技术产业开发区	103 928	0.0	89 610	0.0	14 318	0.0
丹东市	3 049 259	0.1	2 463 717	0.1	585 542	0.0
吉林省	19 244 943	0.4	5 279 727	0.2	13 965 216	0.7
长春市	13 023 805	0.3	1 891 540	0.1	11 132 265	0.5
长春经济技术开发区	1 067 680	0.0	240 723	0.0	826 957	0.0

续表 2

境内目的地/货源地	进出口		出口		进口	
	金额	比重（%）	金额	比重（%）	金额	比重（%）
长春高新技术产业开发区	496 053	0.0	190 672	0.0	305 381	0.0
吉林市	1 779 306	0.0	845 893	0.0	933 413	0.0
吉林高新技术产业开发区	32 814	0.0	22 088	0.0	10 727	0.0
珲春市	1 839 224	0.0	722 999	0.0	1 116 225	0.1
黑龙江省	24 875 503	0.5	5 627 288	0.2	19 248 216	0.9
哈尔滨市	2 979 310	0.1	1 997 720	0.1	981 590	0.0
哈尔滨经济技术开发区	294 802	0.0	201 542	0.0	93 260	0.0
哈尔滨高技术开发区	149 315	0.0	86 857	0.0	62 457	0.0
大庆市	15 336 044	0.3	632 134	0.0	14 703 910	0.7
大庆高新技术产业开发区	728 937	0.0	339 835	0.0	389 102	0.0
黑河市	455 945	0.0	148 105	0.0	307 840	0.0
绥芬河市	1 457 525	0.0	277 066	0.0	1 180 460	0.1
上海市	473 699 895	10.3	170 097 115	6.8	303 602 781	14.6
上海漕河泾浦江高科技园区	5 276 331	0.1	2 969 354	0.1	2 306 977	0.1
上海经济技术开发区	28 860	0.0	8 166	0.0	20 694	0.0
上海闵行经济技术开发区	1 994 509	0.0	885 692	0.0	1 108 817	0.1
上海浦东新区	217 777 528	4.8	56 959 640	2.3	160 817 888	7.7
江苏省	678 525 773	14.8	402 978 306	16.1	275 547 466	13.3
南京市	55 556 693	1.2	27 555 169	1.1	28 001 524	1.3
南京高新技术外向型开发区	2 744 976	0.1	1 537 099	0.1	1 207 877	0.1
无锡市	65 848 844	1.4	37 916 525	1.5	27 932 319	1.3
无锡高新技术产业开发区	48 169 369	1.1	23 669 935	0.9	24 499 434	1.2
常州市	35 872 495	0.8	26 984 664	1.1	8 887 830	0.4

续表 3

境内目的地/货源地	进出口		出口		进口	
	金额	比重（%）	金额	比重（%）	金额	比重（%）
常州高新技术产业开发区	858 229	0.0	495 640	0.0	362 589	0.0
苏州市	332 312 293	7.3	194 702 669	7.8	137 609 624	6.6
南通市	44 931 695	1.0	29 722 959	1.2	15 208 736	0.7
南通经济技术开发区	5 634 007	0.1	2 719 528	0.1	2 914 479	0.1
连云港市	15 726 291	0.3	3 953 803	0.2	11 772 488	0.6
连云港经济技术开发区	1 117 593	0.0	678 121	0.0	439 472	0.0
浙江省	451 712 936	9.9	339 583 067	13.6	112 129 869	5.4
杭州市	59 005 961	1.3	41 055 849	1.6	17 950 112	0.9
杭州经济技术开发区	7 228 025	0.2	3 648 478	0.1	3 579 548	0.2
杭州高新技术产业开发区	1 464 393	0.0	769 651	0.0	694 742	0.0
宁波市	127 983 421	2.8	73 595 677	2.9	54 387 744	2.6
宁波经济技术开发区	10 941 747	0.2	3 055 438	0.1	7 886 309	0.4
宁波高新技术产业开发区	445	0.0	365	0.0	80	0.0
温州市	24 956 256	0.5	23 341 931	0.9	1 614 324	0.1
温州经济技术开发区	618 053	0.0	592 358	0.0	25 695	0.0
金华市	69 971 625	1.5	67 412 279	2.7	2 559 346	0.1
金华经济技术开发区	57 686	0.0	49 524	0.0	8 162	0.0
安徽省	63 777 582	1.4	39 854 203	1.6	23 923 379	1.2
合肥市	25 114 308	0.5	16 097 074	0.6	9 017 234	0.4
合肥经济技术开发区	12 395 278	0.3	7 639 656	0.3	4 755 622	0.2
合肥高新技术产业开发区	1 951 468	0.0	1 354 758	0.1	596 710	0.0
芜湖市	6 848 135	0.1	4 742 464	0.2	2 105 672	0.1
芜湖经济技术开发区	2 745 594	0.1	1 859 200	0.1	886 394	0.0

续表4

境内目的地/货源地	进出口		出口		进口	
	金额	比重（%）	金额	比重（%）	金额	比重（%）
芜湖高新技术产业开发区	144 078	0.0	96 203	0.0	47 875	0.0
蚌埠市	1 098 828	0.0	893 227	0.0	205 600	0.0
蚌埠高新技术产业开发区	82 672	0.0	41 040	0.0	41 631	0.0
淮南市	289 579	0.0	266 459	0.0	23 121	0.0
马鞍山市	4 260 387	0.1	2 167 165	0.1	2 093 223	0.1
马鞍山经济技术开发区	66 775	0.0	20 577	0.0	46 199	0.0
马鞍山慈湖高新技术产业开发区	0	0.0	–	–	0	0.0
铜陵市	7 017 706	0.2	957 935	0.0	6 059 772	0.3
铜陵经济技术开发区	148 745	0.0	86 502	0.0	62 244	0.0
安庆市	1 638 816	0.0	1 317 809	0.1	321 007	0.0
安庆经济技术开发区	34 012	0.0	32 860	0.0	1 151	0.0
滁州市	4 612 410	0.1	2 774 130	0.1	1 838 280	0.1
滁州经济技术开发区	1 828 577	0.0	351 324	0.0	1 477 252	0.1
六安市	1 275 491	0.0	1 047 912	0.0	227 580	0.0
六安经济技术开发区	1	0.0	0	0.0	1	0.0
宣城市	2 439 736	0.1	2 292 139	0.1	147 597	0.0
宁国经济技术开发区	83	0.0	76	0.0	6	0.0
池州市	1 323 943	0.0	492 648	0.0	831 295	0.0
池州经济技术开发区	36 813	0.0	18 098	0.0	18 715	0.0
福建省	174 770 860	3.8	108 816 302	4.4	65 954 558	3.2
福州市	25 352 887	0.6	16 460 109	0.7	8 892 778	0.4
福州经济技术开发区	1 017 135	0.0	651 674	0.0	365 461	0.0
福州高新技术产业开发区	32 396	0.0	32 268	0.0	128	0.0

续表 5

境内目的地/货源地	进出口		出口		进口	
	金额	比重（%）	金额	比重（%）	金额	比重（%）
厦门市	57 058 520	1. 2	34 452 085	1. 4	22 606 435	1. 1
厦门火炬高技术产业开发区	3 102 137	0. 1	1 293 621	0. 1	1 808 516	0. 1
平潭	556 044	0. 0	197 846	0. 0	358 199	0. 0
平潭综合实验区	541 732	0. 0	184 086	0. 0	357 646	0. 0
江西省	44 353 196	1. 0	29 175 835	1. 2	15 177 361	0. 7
南昌市	10 043 224	0. 2	4 969 159	0. 2	5 074 065	0. 2
南昌经济技术开发区	2 382 916	0. 1	545 086	0. 0	1 837 829	0. 1
南昌高新技术产业开发区	2 436 390	0. 1	727 673	0. 0	1 708 716	0. 1
景德镇市	873 219	0. 0	834 988	0. 0	38 231	0. 0
景德镇高新技术产业开发区	8 069	0. 0	7 993	0. 0	76	0. 0
萍乡市	690 915	0. 0	555 714	0. 0	135 200	0. 0
萍乡经济技术开发区	62 687	0. 0	35 599	0. 0	27 088	0. 0
九江市	3 211 605	0. 1	1 922 386	0. 1	1 289 219	0. 1
九江经济技术开发区	271 468	0. 0	228 718	0. 0	42 750	0. 0
新余市	2 004 589	0. 0	1 006 351	0. 0	998 238	0. 0
新余高新技术产业开发区	208 336	0. 0	162 354	0. 0	45 982	0. 0
鹰潭市	4 569 852	0. 1	1 339 655	0. 1	3 230 197	0. 2
鹰潭高新技术产业开发区	73 383	0. 0	401	0. 0	72 982	0. 0
赣州市	4 778 045	0. 1	3 699 398	0. 1	1 078 647	0. 1
赣州经济技术开发区	232 439	0. 0	141 680	0. 0	90 759	0. 0
宜春市	2 532 056	0. 1	2 132 031	0. 1	400 025	0. 0
宜春经济技术开发区	54 207	0. 0	47 259	0. 0	6 948	0. 0
上饶市	3 959 620	0. 1	3 539 305	0. 1	420 315	0. 0

续表 6

境内目的地/货源地	进出口		出　口		进　口	
	金额	比重（%）	金额	比重（%）	金额	比重（%）
上饶经济技术开发区	13 169	0. 0	10 685	0. 0	2 484	0. 0
吉安市	6 208 732	0. 1	4 161 414	0. 2	2 047 318	0. 1
井冈山经济技术开发区	300 700	0. 0	252 800	0. 0	47 900	0. 0
山东省	358 756 243	7. 8	171 044 269	6. 8	187 711 974	9. 0
济南市	11 959 353	0. 3	7 182 584	0. 3	4 776 769	0. 2
济南市高技术产业开发区	5 463 271	0. 1	2 222 304	0. 1	3 240 966	0. 2
青岛市	99 046 029	2. 2	42 448 769	1. 7	56 597 260	2. 7
青岛经济技术开发区	18 894 111	0. 4	5 840 641	0. 2	13 053 470	0. 6
青岛高新技术产业开发区	273 952	0. 0	132 708	0. 0	141 244	0. 0
烟台市	41 082 201	0. 9	22 358 178	0. 9	18 724 022	0. 9
烟台经济技术开发区	11 608 451	0. 3	5 426 286	0. 2	6 182 165	0. 3
潍坊市	29 117 209	0. 6	16 416 937	0. 7	12 700 271	0. 6
潍坊高技术产业开发区	1 274 504	0. 0	934 542	0. 0	339 961	0. 0
威海市	12 092 602	0. 3	8 700 753	0. 3	3 391 849	0. 2
威海火炬高技术产业开发区	1 839 291	0. 0	1 362 452	0. 1	476 839	0. 0
河南省	87 995 896	1. 9	59 294 095	2. 4	28 701 801	1. 4
郑州市	58 442 659	1. 3	37 679 378	1. 5	20 763 281	1. 0
郑州航空港经济综合实验区	51 374 918	1. 1	32 416 032	1. 3	18 958 886	0. 9
郑州高新技术产业开发区	590 562	0. 0	526 195	0. 0	64 367	0. 0
洛阳市	2 712 862	0. 1	2 230 889	0. 1	481 972	0. 0
洛阳高新技术产业开发区	137 459	0. 0	126 645	0. 0	10 815	0. 0
湖北省	53 768 498	1. 2	31 874 664	1. 3	21 893 833	1. 1
武汉市	30 804 873	0. 7	16 338 137	0. 7	14 466 736	0. 7

续表 7

境内目的地/货源地	进出口		出口		进口	
	金额	比重（%）	金额	比重（%）	金额	比重（%）
武汉经济技术开发区	2 706 317	0.1	1 226 892	0.0	1 479 425	0.1
武汉东湖新技术开发区	18 081 643	0.4	9 585 872	0.4	8 495 771	0.4
黄石市	3 755 751	0.1	1 664 392	0.1	2 091 359	0.1
黄石经济技术开发区	192 254	0.0	95 905	0.0	96 349	0.0
襄阳市	2 268 137	0.0	1 643 049	0.1	625 088	0.0
襄阳经济技术开发区	28 981	0.0	14 834	0.0	14 147	0.0
襄阳高新技术产业开发区	668 400	0.0	281 171	0.0	387 229	0.0
荆州市	2 558 168	0.1	2 034 882	0.1	523 286	0.0
荆州经济技术开发区	256 161	0.0	190 430	0.0	65 730	0.0
湖南省	42 098 738	0.9	26 328 413	1.1	15 770 325	0.8
长沙市	15 943 536	0.3	9 190 425	0.4	6 753 111	0.3
长沙经济技术开发区	1 321 384	0.0	401 696	0.0	919 688	0.0
长沙高新技术产业开发区	498 583	0.0	342 531	0.0	156 052	0.0
株洲市	1 848 022	0.0	1 271 959	0.1	576 063	0.0
株洲高新技术产业开发区	364 977	0.0	331 455	0.0	33 522	0.0
湘潭市	1 683 215	0.0	650 519	0.0	1 032 695	0.0
湘潭经济技术开发区	46 220	0.0	31 355	0.0	14 865	0.0
湘潭高新技术产业开发区	4 777	0.0	2 479	0.0	2 298	0.0
衡阳市	4 953 184	0.1	2 934 335	0.1	2 018 849	0.1
衡阳高新技术产业开发区	203	0.0	202	0.0	1	0.0
岳阳市	2 958 242	0.1	1 164 279	0.0	1 793 962	0.1
常德市	896 906	0.0	714 362	0.0	182 543	0.0
常德经济技术开发区	149 496	0.0	34 612	0.0	114 884	0.0

续表 8

境内目的地/货源地	进出口		出　口		进　口	
	金额	比重（%）	金额	比重（%）	金额	比重（%）
益阳市	875 178	0.0	809 442	0.0	65 736	0.0
益阳高新技术产业开发区	41 027	0.0	40 347	0.0	680	0.0
浏阳市	503 994	0.0	459 185	0.0	44 809	0.0
浏阳经济技术开发区	45 625	0.0	18 695	0.0	26 931	0.0
广东省	1 184 265 367	25.9	719 914 859	28.8	464 350 508	22.3
广州市	172 281 146	3.8	93 516 122	3.7	78 765 024	3.8
广州经济技术开发区	18 681 314	0.4	7 772 536	0.3	10 908 778	0.5
广州高新技术产业开发区	12 529 197	0.3	5 121 019	0.2	7 408 178	0.4
广州南沙新区	20 222 287	0.4	7 221 478	0.3	13 000 809	0.6
深圳市	498 876 724	10.9	292 044 165	11.7	206 832 559	10.0
深圳科技工业园	18 049	0.0	10 691	0.0	7 358	0.0
珠海市	38 572 202	0.8	22 231 732	0.9	16 340 470	0.8
珠海横琴新区	293 199	0.0	11 371	0.0	281 828	0.0
汕头市	12 411 639	0.3	10 181 162	0.4	2 230 477	0.1
佛山市	71 945 937	1.6	53 964 306	2.2	17 981 631	0.9
湛江市	12 231 475	0.3	2 781 203	0.1	9 450 272	0.5
湛江经济技术开发区	1 139 139	0.0	638 270	0.0	500 870	0.0
惠州市	55 582 649	1.2	33 364 610	1.3	22 218 039	1.1
惠州高新技术产业开发区	19 999 155	0.4	13 372 949	0.5	6 626 207	0.3
东莞市	204 469 943	4.5	129 818 122	5.2	74 651 820	3.6
东莞松山湖高新技术产业开发区	375 619	0.0	145 033	0.0	230 586	0.0
中山市	37 032 966	0.8	30 151 233	1.2	6 881 734	0.3
中山火炬高技术产业开发区	941 195	0.0	604 220	0.0	336 975	0.0

续表 9

境内目的地/货源地	进出口		出　口		进　口	
	金额	比重（%）	金额	比重（%）	金额	比重（%）
广西壮族自治区	65 330 813	1. 4	19 323 095	0. 8	46 007 718	2. 2
南宁市	9 542 595	0. 2	5 262 101	0. 2	4 280 494	0. 2
南宁高新技术产业开发区	560 325	0. 0	276 906	0. 0	283 418	0. 0
桂林市	1 449 967	0. 0	1 277 782	0. 1	172 185	0. 0
桂林新技术产业开发区	251 509	0. 0	221 092	0. 0	30 417	0. 0
北海市	9 036 486	0. 2	1 883 662	0. 1	7 152 824	0. 3
崇左市	11 387 669	0. 2	3 664 725	0. 1	7 722 944	0. 4
防城港市	13 008 024	0. 3	503 249	0. 0	12 504 776	0. 6
海南省	17 174 674	0. 4	4 849 069	0. 2	12 325 605	0. 6
海口市	2 841 064	0. 1	621 239	0. 0	2 219 825	0. 1
海南国际科技工业园	23 666	0. 0	4 803	0. 0	18 863	0. 0
海南洋浦经济开发区	10 781 687	0. 2	3 406 058	0. 1	7 375 629	0. 4
重庆市	75 555 894	1. 7	49 718 423	2. 0	25 837 471	1. 2
重庆高新技术产业开发区	143 999	0. 0	95 900	0. 0	48 099	0. 0
重庆两江新区	23 182 321	0. 5	15 157 255	0. 6	8 025 066	0. 4
万州经济技术开发区	31 869	0. 0	13 966	0. 0	17 903	0. 0
长寿经济技术开发区	0	0. 0	0	0. 0	0	0. 0
四川省	104 397 765	2. 3	52 780 593	2. 1	51 617 172	2. 5
成都市	87 962 943	1. 9	42 549 250	1. 7	45 413 693	2. 2
成都经济技术开发区	2 906 363	0. 1	1 387 679	0. 1	1 518 684	0. 1
成都高新技术产业开发区	65 957 904	1. 4	36 037 765	1. 4	29 920 138	1. 4
绵阳市	2 834 334	0. 1	944 169	0. 0	1 890 165	0. 1
绵阳高新技术产业开发区	1 366 216	0. 0	238 325	0. 0	1 127 891	0. 1

续表 10

境内目的地/货源地	进出口		出口		进口	
	金额	比重（%）	金额	比重（%）	金额	比重（%）
广元市	180 079	0.0	50 672	0.0	129 407	0.0
宜宾市	2 251 881	0.0	1 547 369	0.1	704 513	0.0
贵州省	6 929 308	0.2	5 209 546	0.2	1 719 762	0.1
贵阳市	3 331 542	0.1	2 581 847	0.1	749 696	0.0
贵阳高新技术产业开发区	205 893	0.0	198 908	0.0	6 985	0.0
云南省	33 438 871	0.7	14 475 359	0.6	18 963 512	0.9
昆明市	17 634 053	0.4	6 173 381	0.2	11 460 672	0.6
红河州	3 946 770	0.1	2 017 452	0.1	1 929 318	0.1
蒙自经济技术开发区	43 938	0.0	7 382	0.0	36 556	0.0
畹町市	244 627	0.0	16 033	0.0	228 594	0.0
瑞丽县	892 847	0.0	463 934	0.0	428 913	0.0
河口县	1 045 986	0.0	3 676	0.0	1 042 310	0.1
曲靖市	1 037 611	0.0	855 989	0.0	181 623	0.0
曲靖经济技术开发区	11 111	0.0	10 841	0.0	270	0.0
西藏自治区	616 757	0.0	555 062	0.0	61 695	0.0
拉萨市	548 617	0.0	522 779	0.0	25 838	0.0
拉萨经济技术开发区	3 105	0.0	1 578	0.0	1 527	0.0
陕西省	49 073 657	1.1	26 575 534	1.1	22 498 123	1.1
西安市	44 327 997	1.0	23 581 861	0.9	20 746 136	1.0
陕西航天经济技术开发区	123 047	0.0	107 345	0.0	15 702	0.0
西安新技术产业开发区	2 894 222	0.1	1 559 892	0.1	1 334 329	0.1
宝鸡市	1 278 675	0.0	848 630	0.0	430 045	0.0
宝鸡高新技术产业开发区	123 392	0.0	76 937	0.0	46 455	0.0

续表 11

境内目的地/货源地	进出口		出口		进口	
	金额	比重（%）	金额	比重（%）	金额	比重（%）
汉中市	194 280	0.0	169 457	0.0	24 823	0.0
甘肃省	5 379 798	0.1	2 214 230	0.1	3 165 568	0.2
兰州市	1 363 316	0.0	948 075	0.0	415 242	0.0
兰州新技术产业开发区	8 489	0.0	7 643	0.0	846	0.0
青海省	488 729	0.0	230 488	0.0	258 241	0.0
西宁市	291 182	0.0	133 504	0.0	157 679	0.0
西宁经济技术开发区	19 564	0.0	17 160	0.0	2 404	0.0
青海高新技术产业开发区	340	0.0	133	0.0	206	0.0
宁夏回族自治区	4 193 822	0.1	2 783 584	0.1	1 410 238	0.1
银川市	1 870 424	0.0	1 074 162	0.0	796 261	0.0
银川经济技术开发区	74 666	0.0	23 052	0.0	51 614	0.0
新疆维吾尔族自治区	37 278 999	0.8	17 168 142	0.7	20 110 856	1.0
乌鲁木齐市	12 410 101	0.3	7 516 352	0.3	4 893 749	0.2
乌鲁木齐经济技术开发区	544 730	0.0	245 975	0.0	298 755	0.0
乌鲁木齐高新技术产业开发区	4 576 171	0.1	585 231	0.0	3 990 940	0.2
博乐市	4 834 028	0.1	127 524	0.0	4 706 504	0.2
伊宁市	11 838 259	0.3	4 300 294	0.2	7 537 965	0.4
石河子市	602 863	0.0	426 670	0.0	176 193	0.0
石河子经济技术开发区	213 600	0.0	194 916	0.0	18 684	0.0

2019 年进出口商品关别总值表

单位：千美元

关别	进出口		出口		进口	
	金额	比重（%）	金额	比重（%）	金额	比重（%）
总值	4 577 891 072	100.0	2 499 482 089	100.0	2 078 408 983	100.0
北京海关	82 844 249	1.8	22 128 357	0.9	60 715 892	2.9
天津海关	201 011 017	4.4	91 869 071	3.7	109 141 946	5.3
石家庄海关	49 035 721	1.1	7 452 388	0.3	41 583 333	2.0
太原海关	3 543 857	0.1	343 234	0.0	3 200 623	0.2
满洲里海关	5 781 544	0.1	2 321 575	0.1	3 459 970	0.2
呼和浩特海关	10 226 414	0.2	2 225 086	0.1	8 001 328	0.4
沈阳海关	17 191 183	0.4	3 121 360	0.1	14 069 823	0.7
大连海关	123 851 897	2.7	55 423 500	2.2	68 428 397	3.3
长春海关	9 625 414	0.2	1 946 092	0.1	7 679 322	0.4
哈尔滨海关	19 775 385	0.4	2 394 542	0.1	17 380 843	0.8
上海海关	920 633 603	20.1	540 224 962	21.6	380 408 641	18.3
南京海关	378 539 535	8.3	188 849 158	7.6	189 690 377	9.1
杭州海关	126 115 039	2.8	70 315 066	2.8	55 799 973	2.7
宁波海关	247 937 944	5.4	175 510 995	7.0	72 426 948	3.5
合肥海关	33 508 077	0.7	13 080 047	0.5	20 428 029	1.0
福州海关	36 467 022	0.8	17 234 614	0.7	19 232 408	0.9
厦门海关	134 390 627	2.9	90 434 348	3.6	43 956 280	2.1
南昌海关	19 558 371	0.4	8 759 476	0.4	10 798 895	0.5
青岛海关	321 952 942	7.0	157 189 115	6.3	164 763 828	7.9
济南海关	55 948 118	1.2	23 585 535	0.9	32 362 583	1.6
郑州海关	70 161 766	1.5	43 276 568	1.7	26 885 197	1.3
武汉海关	32 738 440	0.7	14 803 625	0.6	17 934 814	0.9
长沙海关	26 516 631	0.6	13 411 090	0.5	13 105 541	0.6
广州海关	183 119 807	4.0	112 015 372	4.5	71 104 434	3.4
黄埔海关	230 840 983	5.0	110 291 994	4.4	120 548 988	5.8
深圳海关	723 975 399	15.8	465 900 463	18.6	258 074 935	12.4
拱北海关	60 491 640	1.3	39 325 740	1.6	21 165 899	1.0

续表

关别	进出口		出口		进口	
	金额	比重（%）	金额	比重（%）	金额	比重（%）
汕头海关	17 305 114	0.4	11 935 941	0.5	5 369 173	0.3
海口海关	16 770 104	0.4	4 553 210	0.2	12 216 894	0.6
湛江海关	27 791 651	0.6	4 269 873	0.2	23 521 778	1.1
江门海关	18 206 662	0.4	13 245 783	0.5	4 960 879	0.2
南宁海关	83 918 723	1.8	39 826 546	1.6	44 092 177	2.1
成都海关	89 922 782	2.0	41 959 500	1.7	47 963 282	2.3
重庆海关	71 543 337	1.6	46 515 434	1.9	25 027 902	1.2
贵阳海关	2 750 804	0.1	1 663 363	0.1	1 087 440	0.1
昆明海关	28 286 944	0.6	12 410 939	0.5	15 876 005	0.8
拉萨海关	712 801	0.0	593 122	0.0	119 679	0.0
西安海关	43 202 843	0.9	22 199 046	0.9	21 003 796	1.0
乌鲁木齐海关	47 961 689	1.0	26 101 066	1.0	21 860 623	1.1
兰州海关	2 075 135	0.0	171 036	0.0	1 904 099	0.1
银川海关	1 499 207	0.0	598 601	0.0	900 605	0.0
西宁海关	160 653	0.0	5 255	0.0	155 398	0.0

2019 年进出口商品运输方式总值表

单位：千美元

运输方式	进出口		出口		进口	
	金额	比重（%）	金额	比重（%）	金额	比重（%）
总值	4 577 891 072	100.0	2 499 482 089	100.0	2 078 408 983	100.0
水路运输	2 832 463 505	61.9	1 660 002 468	66.4	1 172 461 037	56.4
铁路运输	55 172 244	1.2	34 887 506	1.4	20 284 738	1.0
公路运输	704 981 940	15.4	366 397 566	14.7	338 584 375	16.3
航空运输	894 215 564	19.5	405 995 552	16.2	488 220 012	23.5
邮件运输	11 013 023	0.2	7 859 507	0.3	3 153 517	0.2
其他运输	79 997 094	1.7	24 314 407	1.0	55 682 686	2.7
旅客携带	47 702	0.0	25 082	0.0	22 619	0.0

2019 年进出口商品前 40 位国别（地区）总值表

单位：千美元

最终目的国（地区）	出　口	名　次	原产国（地区）	进　口	名　次
总　值	2 499 482 089	—	总　值	2 078 408 983	—
美国	418 664 079	1	韩国	173 559 026	1
中国香港	279 152 489	2	中国台湾	173 012 762	2
日本	143 244 517	3	日本	171 768 696	3
韩国	110 974 410	4	中华人民共和国	129 792 198	4
越南	97 868 882	5	美国	122 896 196	5
德国	79 789 085	6	澳大利亚	121 289 666	6
印度	74 825 299	7	德国	105 087 088	7
荷兰	73 978 796	8	巴西	79 962 547	8
英国	62 425 024	9	马来西亚	71 909 975	9
中国台湾	55 109 309	10	越南	64 116 675	10
新加坡	54 798 488	11	俄罗斯联邦	61 191 706	11
马来西亚	52 141 782	12	沙特阿拉伯	54 195 937	12
俄罗斯联邦	49 748 487	13	泰国	46 161 650	13
澳大利亚	48 229 554	14	新加坡	35 237 818	14
墨西哥	46 382 165	15	印度尼西亚	34 113 874	15
印度尼西亚	45 648 737	16	法国	32 581 779	16
泰国	45 584 839	17	加拿大	28 152 090	17
菲律宾	40 763 852	18	瑞士	27 271 795	18
加拿大	36 931 958	19	智利	26 229 201	19
巴西	35 539 064	20	南非	25 948 856	20
意大利	33 519 784	21	英国	23 931 238	21
阿拉伯联合酋长国	33 412 895	22	伊拉克	23 927 336	22
法国	32 991 026	23	安哥拉	23 837 402	23
西班牙	26 897 612	24	意大利	21 424 349	24
波兰	23 880 107	25	菲律宾	20 199 393	25
沙特阿拉伯	23 876 506	26	阿曼	19 650 155	26
比利时	18 234 319	27	印度	17 985 879	27
土耳其	17 323 705	28	阿拉伯联合酋长国	15 336 739	28

续表

最终目的国（地区）	出　口	名　次	原产国（地区）	进　口	名　次
孟加拉国	17 323 286	29	秘鲁	15 195 599	29
尼日利亚	16 622 615	30	墨西哥	14 334 538	30
南非	16 542 942	31	爱尔兰	13 453 435	31
巴基斯坦	16 166 921	32	科威特	13 447 475	32
智利	14 711 839	33	伊朗	13 445 630	33
捷克	12 973 043	34	新西兰	12 557 981	34
哈萨克斯坦	12 729 101	35	荷兰	11 202 229	35
缅甸	12 310 992	36	哈萨克斯坦	9 273 670	36
埃及	12 200 705	37	瑞典	9 144 313	37
以色列	9 614 964	38	中国香港	9 067 161	38
伊朗	9 589 986	39	卡塔尔	8 713 108	39
伊拉克	9 461 323	40	土库曼斯坦	8 686 023	40

2019 年出口商品排序表（前 100 位）

单位：千美元

商品编号	商品名称	计量单位	数　量	金　额
	总　值	—	2 499 482 089	
85171210	手持（包括车载）式无线电话机	台	994 087 874	124 371 429
84713090	其他重量不超过 10 千克的便携式自动数据处理设备	台	144 335 800	73 783 743
85423290	其他用作存储器的集成电路	个	21 702 234 132	50 670 498
		千克	4 072 276	—
85423190	其他用作处理器及控制器的集成电路	个	77 350 002 380	33 190 440
		千克	15 389 968	—
85177030	手持式无线电话机的零件（天线除外）	千克	114 485 361	30 974 826
84733090	品目 8471 所列其他机器的零件、附件	千克	512 831 317	29 604 968
84713010	平板电脑	台	109 771 054	21 884 097
90138030	液晶显示板	个	1 507 796 779	21 417 129
		千克	481 778 194	—
85414020	太阳能电池	个	2 452 822 213	19 168 228
		千克	4 448 216 875	—
85176299	其他接收、转换并且发送或再生声音、图像或其他数据用的设备	台	621 201 289	18 747 784
95030089	未列名玩具及模型	个	33 653 982 770	17 173 185
		千克	1 969 670 178	—
84717010	硬盘驱动器	台	234 372 799	16 162 212
94054090	未列名电灯及照明装置	千克	1 531 746 440	14 624 270
84715040	微型机的处理部件	台	33 821 456	14 329 529
64029929	未列名塑料制鞋面的鞋靴	千克	1 519 379 244	13 651 045
		双	3 429 036 659	—
39269090	未列名塑料制品	千克	2 489 401 476	13 290 149
85076000	锂离子蓄电池	个	2 086 829 957	13 031 149
27101923	柴油 不含生物柴油	千克	21 382 573 861	12 283 038
		升	25 146 734 023	—
98040000	低值简易通关商品	千克	209 266 078 878	12 176 792
85177090	品目 8517 所列设备用其他零件	千克	233 896 206	12 027 273

续表 1

商品编号	商品名称	计量单位	数　量	金　额
64041990	橡胶或塑料制外底，纺织材料制鞋面的其他鞋靴	千克	977 977 931	11 533 221
		双	1 998 312 264	—
27101911	航空煤油，不含有生物柴油	千克	17 612 021 912	11 256 223
		升	21 945 361 926	—
85437099	未列名具有独立功能的电气设备及装置	台	2 178 196 930	10 814 990
73089000	其他钢铁结构体；钢结构体用部件及加工钢材	千克	6 517 344 560	10 778 482
85176294	无线耳机、无线耳塞	个	361 355 611	10 592 742
61103000	化纤制针织钩编套头衫、开襟衫、外穿背心等	件	1 798 654 020	10 449 242
		千克	614 071 750	—
85423990	其他集成电路	个	105 605 559 390	10 021 926
		千克	11 907 622	—
27101210	车用汽油和航空汽油，不含有生物柴油	千克	16 370 621 811	9 431 704
		升	22 722 423 519	—
42021290	以塑料或纺织材料作面的提箱、小手袋、公文箱、公文包、书包及类似容器	千克	1 295 962 531	9 369 930
		个	1 999 961 660	—
94051000	枝形吊灯及天花板或墙壁上的电气照明装置	个	1 021 669 934	8 739 757
		千克	771 645 603	—
85287222	液晶显示器彩色数字电视接收机	台	65 168 783	8 545 741
94032000	其他金属家具	件	333 424 436	8 450 469
		千克	2 950 087 146	—
85340090	四层及以下的印刷电路	块	29 642 118 384	8 119 981
		千克	209 781 105	—
69101000	瓷制固定卫生设备	千克	1 719 561 535	7 742 728
		件	94 170 389	—
85285212	其他可直接连接品目 8471 的自动数据处理设备的彩色液晶监视器	台	74 116 503	7 682 057
		千克	393 404 634	—
40112000	客车或货运机动车辆用新的充气橡胶轮胎	千克	3 438 149 768	7 350 036
		条	92 356 537	—
85371090	其他电气控制或电力分配盘板台等，电压≤1 000 伏	个	409 051 824	7 168 625
		千克	188 479 525	—
54075200	聚酯变形长丝≥85% 染色布	米	6 977 474 403	6 805 696
		千克	1 307 961 288	—
61102000	棉制针织钩编的套头衫、开襟衫、外穿背心等	件	1 103 222 391	6 629 129
		千克	390 061 184	—

续表 2

商品编号	商品名称	计量单位	数 量	金 额
94036099	未列名木家具	件	165 421 454	6 592 083
		千克	2 352 417 103	—
85340010	四层以上的印刷电路	块	3 085 488 663	6 529 198
		千克	73 753 792	—
42029200	以塑料片或纺织材料作面的其他类似容器	千克	713 389 537	6 518 052
		个	4 539 323 987	—
71131919	其他黄金制首饰及其零件	克	146 239 780	6 430 792
39241000	塑料制餐具及厨房用具	千克	1 480 994 873	6 230 212
84439990	品目 8443 所列设备用其他零件及附件	千克	401 009 878	6 149 193
62046200	棉制女裤	条	1 031 802 027	6 131 622
		千克	405 235 564	—
64039900	其他橡、塑或再生皮革外底，皮革鞋面的鞋靴	千克	332 153 143	6 112 902
		双	475 836 264	—
84818040	其他阀门	套	1 607 683 510	6 044 405
		千克	805 298 943	—
85044099	未列名静止式变流器	个	1 763 449 425	5 928 032
69111019	其他瓷制餐具	千克	1 882 573 529	5 763 612
73269090	未列名非工业用钢铁制品	千克	1 755 596 030	5 709 764
42022200	以塑料片或纺织材料作面的手提包	千克	586 786 782	5 650 907
		个	2 184 095 771	—
40111000	机动小客车用新的充气橡胶轮胎	千克	2 113 018 685	5 569 824
		条	223 226 127	—
94016190	其他带软垫的木框架坐具	个	68 915 454	5 472 087
		千克	1 369 737 502	—
84718000	自动数据处理设备的其他部件	台	117 124 533	5 459 166
63079000	品目 6301 至 6307 的未列名制成品，包括服装裁剪样	千克	898 892 198	5 435 512
85395000	发光二极管（LED）灯泡（管）	只	5 932 017 259	5 403 366
		千克	361 142 861	—
94017190	其他带软垫的金属框架坐具	个	161 186 708	5 379 821
		千克	1 116 970 872	—
95045019	与电视接收机配套使用的视频游戏控制器及设备	台	30 359 049	5 326 509
		千克	69 290 361	—
71131911	镶嵌钻石的黄金制首饰及其零件	克	31 912 056	5 252 215

续表3

商品编号	商品名称	计量单位	数 量	金 额
84433110	有打复印及传真两种及以上功能静电感光机器	台	9 020 203	5 233 335
		千克	307 430 105	—
85285910	其他彩色监视器	台	22 397 635	5 161 345
95051000	圣诞节用品	千克	530 667 614	5 129 745
87082990	车身（包括驾驶室）的未列名零件、附件	千克	548 854 308	4 937 056
72104900	其他镀或涂锌普通钢铁板材	千克	7 798 152 496	4 896 630
85258013	非特种用途的其他类型电视摄像机	台	390 608 489	4 893 687
39181090	氯乙烯聚合物制铺地制品	千克	4 033 248 966	4 841 599
98050000			194 362 520	4 814 640
27101922	5～7号燃料油，不含有生物柴油	千克	10 737 267 908	4 778 569
		升	10 898 331 192	—
85369011	工作电压不超过36伏的接插件	千克	65 069 355	4 775 822
94049040	化纤棉填充的其他寝具及类似用品	千克	862 429 695	4 762 876
73239300	不锈钢制餐桌、厨房或其他家用器具及其零件	千克	655 918 233	4 599 358
84314999	品目8426、8429及8430所列机械的未列名零件	千克	1 959 290 544	4 574 302
62034290	棉制其他男裤	条	791 506 264	4 486 338
		千克	353 555 842	—
85081100	电动真空吸尘器功率≤1 500瓦集尘器容积≤20升	台	117 504 942	4 401 159
		千克	447 577 158	—
84818090	龙头、旋塞及类似装置	套	799 442 194	4 382 032
		千克	408 019 547	—
60063200	合成纤维制染色其他针织或钩编织物	米	3 507 220 302	4 344 083
		千克	904 440 086	—
94039000	家具的零件	千克	1 341 618 462	4 248 705
84151021	制冷量≤4 000大卡/时的分体窗式、壁式、置于天花板或地板上的空气调节器	台	25 526 515	4 206 443
		千克	850 871 130	—
43031010	毛皮衣服	千克	8 085 523	4 114 158
		件	6 553 044	—
87087091	铝合金制的未列名机动车辆用车轮及其零件、附件	千克	904 236 464	4 035 185
72253000	其他合金钢热轧卷材，宽≥600毫米	千克	7 788 415 837	4 002 688
39249000	塑料制其他家庭用具及卫生或盥洗用具	千克	839 027 944	3 975 819
87089999	品目8701至8704所列其他车辆用未列名零、附件	千克	657 134 719	3 965 638
85044014	其他功率<1千瓦直流稳压电源，精度<1/10 000	个	800 148 038	3 895 115

续表 4

商品编号	商品名称	计量单位	数　量	金　额
85412900	耗散功率≥1 瓦的晶体管	个	32 181 012 390	3 815 185
		千克	20 082 075	—
84714940	系统形式的微型机	台	4 804 654	3 808 370
85389000	品目 8535、8536 或 8537 所列装置的其他零件	千克	258 412 994	3 759 799
85414010	发光二极管	个	195 075 794 105	3 756 633
		千克	10 364 337	—
61091000	棉制针织或钩编的 T 恤衫、汗衫、背心	件	1 308 510 571	3 729 250
		千克	213 058 011	—
72107010	厚度小于 1.5 毫米的涂漆或涂塑的铁或非合金钢平板轧材，宽≥600 毫米	千克	4 937 647 044	3 720 878
95030083	带动力装置的其他玩具及模型	个	557 997 896	3 711 625
		千克	267 023 898	—
94052000	电气的台灯、床头灯或落地灯	台	225 509 381	3 706 993
		千克	312 383 047	—
85439090	品目 8543 所列其他设备及装置的零件	千克	56 704 038	3 672 800
85182200	多喇叭音箱	个	100 492 351	3 669 310
85176232	以太网络交换机	台	40 702 583	3 662 988
61099090	未列名纺材制针织或钩编 T 恤衫、汗衫、背心	件	1 443 801 177	3 660 271
89052000	浮动或潜水式钻探或生产平台	座	175	3 620 159
84798999	未列名具有独立功能的机器及机械器具	台	300 784 436	3 601 063
84159090	84151022、84152000、84158120、84158220 及 84158300 设备的零件	千克	474 259 982	3 554 302

2019年进口商品排序表（前100位）

单位：千美元

商品编号	商品名称	计量单位	数 量	金 额
	总 值	—	2 078 408 983	
27090000	石油原油及从沥青矿物提取的原油	千克	505 676 037 748	242 384 863
85423190	其他用作处理器及控制器的集成电路	个	118 472 505 989	129 059 962
		千克	21 813 188	—
85423290	其他用作存储器的集成电路	个	41 162 411 588	92 620 506
		千克	8 335 479	—
26011120	0.8毫米≤平均粒度，<6.3毫米未烧结铁矿砂及精矿	千克	740 263 061 256	66 829 673
85423990	其他集成电路	个	243 784 223 804	54 404 977
		千克	24 028 226	—
71081200	其他未锻造金，非货币用	克	928 477 467	41 085 121
12019010	黄大豆，种用除外	千克	88 511 545 738	35 341 557
26030000	铜矿砂及其精矿	千克	21 981 863 530	33 908 944
27111100	液化天然气	千克	60 191 156 119	28 632 979
85177030	手持式无线电话机的零件（天线除外）	千克	33 879 066	27 884 963
84717010	硬盘驱动器	台	342 502 944	22 015 677
90138030	液晶显示板	个	1 930 528 678	20 788 541
		千克	305 741 764	—
26011190	平均粒度≥6.3毫米未烧结铁矿砂及其精矿	千克	184 963 678 880	19 244 555
74031111	未锻轧铜含量>99.9935%的精炼铜阴极	千克	3 022 415 550	18 482 577
84733090	品目8471所列其他机器的零件、附件	千克	58 924 221	16 372 377
29024300	对二甲苯	千克	14 937 943 528	13 815 538
30049090	未列名混合或非混合产品构成的药品，已配定剂量或制成零售包装	千克	45 899 439	13 685 294
85423119	其他用作处理器及控制器的多元件集成电路	个	2 231 803 481	13 387 658
		千克	560 503	—
27112100	天然气	千克	36 314 152 106	13 056 716
33049900	其他美容品或化妆品及护肤品	千克	223 227 200	11 707 707
		件	4 277 678 614	—
26011110	平均粒度<0.8毫米未烧结铁矿砂及其精矿	千克	110 840 209 838	11 278 466

续表 1

商品编号	商品名称	计量单位	数　量	金　额
88024020	空载重量 >45 000 千克的飞机等航空器	架	91	10 309 144
27011210	炼焦煤	千克	74 490 175 693	10 295 906
98040000	低值简易通关商品	千克	156 830 640 891	9 689 671
87032362	仅装有点燃往复式活塞内燃发动机的越野车（4 轮驱动），2 500 毫升 < 排量≤3 000 毫升	辆	139 920	9 293 142
39012000	初级形状的聚乙烯，比重≥0.94	千克	7 997 487 921	8 275 632
74040000	铜废碎料	千克	1 486 201 611	7 366 793
27111200	液化丙烷	千克	14 905 908 027	7 357 164
71023900	其他非工业用钻石	克拉	7 573 806	7 290 954
02023000	冻去骨牛肉	千克	1 361 966 922	7 192 463
85369011	工作电压不超过 36 伏的接插件	千克	67 726 929	7 134 266
85423390	其他用作放大器的集成电路	个	29 711 714 742	7 084 222
		千克	2 710 909	—
47032900	半漂白或漂白非针叶木烧碱木浆或硫酸盐木浆	千克	11 781 079 464	6 889 385
87032341	仅装有点燃往复式活塞内燃发动机的小轿车，1 500 毫升 < 排量≤2 000 毫升	辆	206 412	6 799 694
85299042	非特种用途的取像模块	千克	815 518	6 765 772
85322410	片式多层瓷介电容器	千克	15 784 165	6 760 834
		千个	2 177 286 663	—
27101922	5 ~ 7 号燃料油，不含有生物柴油	千克	14 794 396 798	6 721 423
		升	15 016 312 761	—
30021500	免疫制品，已配定剂量或制成零售包装	千克	3 623 961	6 458 037
26020000	锰矿砂及其精矿	千克	34 159 191 597	6 356 344
84798999	未列名具有独立功能的机器及机械器具	台	82 447 305	6 325 196
85177090	品目 8517 所列设备用其他零件	千克	24 786 660	6 064 964
85340010	四层以上的印刷电路	块	4 427 014 763	5 994 457
		千克	27 732 926	—
87032361	仅装有点燃往复式活塞内燃发动机的小轿车，2 500 毫升 < 排量≤3 000 毫升	辆	76 907	5 862 539
47032100	半漂白或漂白的针叶木烧碱木浆或硫酸盐木浆	千克	8 909 720 790	5 860 928
85412900	耗散功率≥1 瓦的晶体管	个	42 076 523 156	5 855 699
		千克	18 344 421	—
27011290	其他烟煤	千克	79 752 271 727	5 816 754
29053100	1，2 - 乙二醇	千克	9 947 023 038	5 813 607
38249999	未列名化学工业及其相关工业的化学产品及配制品	千克	1 316 655 495	5 648 145

续表2

商品编号	商品名称	计量单位	数　量	金　额
87084091	小轿车用自动换挡变速箱及其零件	个	379 628 758	5 564 185
		千克	286 046 856	—
85414010	发光二极管	个	141 641 934 204	5 375 858
		千克	5 038 594	—
39014020	初级形状的线型低密度聚乙烯，比重<0.94	千克	5 237 041 511	5 358 847
90318090	未列名测量或检验仪器、器具及机器	台	958 990 494	5 341 427
85340090	四层及以下的印刷电路	块	40 118 668 597	5 264 462
		千克	44 509 215	—
19011010	供婴幼儿食用的零售包装配方奶粉 全脱脂可可含量低于5%的乳品制	千克	345 462 827	5 191 522
27079990	其他蒸馏高温煤焦油所得油类等产品及类似品	千克	8 632 977 909	5 159 722
88024010	15 000千克<空载重量≤45 000千克的飞机等航空器	架	105	5 115 026
26060000	铝矿砂及其精矿	千克	100 607 336 483	5 103 712
87032343	仅装有点燃往复式活塞内燃发动机的小客车（9座及以下），1 500毫升<排量≤2 000毫升	辆	134 625	4 694 856
98050000			146 078 262	4 656 761
74020000	未精炼铜；电解精炼用的铜阳极	千克	755 273 027	4 509 084
87084099	未列名机动车辆用变速箱及其零件	个	262 408 155	4 508 098
		千克	223 966 069	—
72026000	镍铁	千克	1 949 725 468	4 470 424
27021000	褐煤，不论是否粉化，但未制成型	千克	102 470 525 818	4 448 416
90012000	偏振材料制的片及板	千克	75 973 906	4 367 432
87032342	仅装有点燃往复式活塞内燃发动机的越野车（4轮驱动），1 500毫升<排量≤2 000毫升	辆	102 701	4 124 212
87082990	车身（包括驾驶室）的未列名零件、附件	千克	337 491 549	4 068 160
90328990	其他自动调节或控制仪器及装置	台	41 988 906	4 049 185
39021000	初级形状的聚丙烯	千克	3 491 011 525	4 045 931
26040000	镍矿砂及其精矿	千克	56 134 526 859	4 029 682
84869099	品目8486所列设备用未列名零件及附件	千克	27 068 759	4 005 239
26011200	已烧结的铁矿砂及其精矿	千克	32 587 645 211	3 978 699
85389000	品目8535、8536或8537所列装置的其他零件	千克	76 685 640	3 966 953
39074000	初级形状的聚碳酸酯	千克	1 599 688 266	3 881 231
27101220	石脑油，不含有生物柴油	千克	7 022 218 545	3 829 853
		升	9 725 772 696	—

续表 3

商品编号	商品名称	计量单位	数　量	金　额
85371090	其他电气控制或电力分配盘板台等，电压≤1 000 伏	个	106 400 882	3 818 574
		千克	31 381 706	—
84439990	品目 8443 所列设备用其他零件及附件	千克	119 017 560	3 754 842
85076000	锂离子蓄电池	个	1 443 253 444	3 726 966
40028000	4001 所列产品与本编号所列产品的混合物	千克	2 653 771 922	3 697 002
84119100	涡轮喷气发动机或涡轮螺桨发动机的零件	千克	3 376 409	3 643 889
02032900	其他冻猪肉	千克	1 515 486 734	3 621 144
84111210	涡轮风扇喷气发动机，推力 >25 千牛	台	409	3 614 398
87032412	仅装有点燃往复式活塞内燃发动机的越野车（4 轮驱动），3 000 毫升 < 排量≤4 000 毫升	辆	70 522	3 579 875
52010000	未梳的棉花	千克	1 846 900 060	3 563 300
39011000	初级形状的聚乙烯，比重 <0. 94	千克	3 430 040 613	3 491 189
03061729	其他冻对虾	千克	573 668 806	3 490 117
85419000	品目 8541 所列货品的零件	千克	6 137 216	3 431 015
85437099	未列名具有独立功能的电气设备及装置	台	483 348 773	3 359 781
85411000	二极管，但光敏二极管或发光二极管除外	个	178 186 057 437	3 311 263
		千克	13 078 203	—
29025000	苯乙烯	千克	3 243 055 328	3 305 999
90139020	编号 9013. 8030（液晶显示板）所列货品的零件、附件	千克	13 709 354	3 258 787
90132000	激光器，激光二极管除外	个	139 300 727	3 238 791
85416000	已装配的压电晶体	个	36 518 885 147	3 216 177
		千克	1 526 349	—
84718000	自动数据处理设备的其他部件	台	14 465 448	3 142 361
21069090	未列名食品	千克	259 524 522	3 065 684
90314990	其他测量或检验用光学仪器及器具	台	134 385 915	3 050 046
15119010	棕榈液油（熔点 19 ℃ ~24 ℃）	千克	5 531 925 349	3 028 159
85423910	其他多元件集成电路	个	7 070 363 835	2 995 974
		千克	1 720 433	—
72024100	铬铁，按重量计含碳量 >4%	千克	3 058 818 400	2 951 570
29012200	丙烯	千克	3 127 294 593	2 912 551
29051100	甲醇	千克	10 895 018 950	2 909 453

第七篇

附　录

全国对外开放口岸分地区一览表

截至2019年12月31日

序号	省别	数量	水运口岸	航空口岸		铁路口岸	公路口岸	
				对中外飞机全开放	限制性		（国际）	（双边）
1	北京	2		北京		北京		
2	天津	3	天津、渤中	天津				
3	河北	4	秦皇岛、唐山、黄骅	石家庄				
4	山西	2		太原、大同				
5	内蒙古	19		呼和浩特、海拉尔、满洲里、鄂尔多斯、包头		二连浩特、满洲里	珠恩嘎达布其、满洲里、二连浩特、阿尔山	阿日哈沙特、额布都格、甘其毛都、满都拉、策克、黑山头、室韦、乌力吉
6	辽宁	13	大连、营口、丹东、庄河、葫芦岛、旅顺新港、锦州、长兴岛、盘锦	沈阳、大连		丹东	丹东	
7	吉林	16		长春、延吉		集安、图们、珲春	珲春、集安、圈河	临江、开山屯、三合、南坪、长白、古城里、沙坨子、双目峰
8	黑龙江	25	（哈尔滨、富锦、佳木斯、同江、黑河、漠河、呼玛、逊克、抚远、孙吴、萝北、嘉荫、饶河）	哈尔滨、佳木斯、齐齐哈尔、牡丹江		绥芬河、哈尔滨、同江	绥芬河、黑瞎子岛	东宁、密山、虎林
9	上海	3	上海	上海		上海		
10	江苏	26	连云港（张家港、南通、南京、镇江、江阴、扬州、泰州、常熟、太仓、常州、如皋、靖江）大丰、如东、启东、盐城	南京、盐城、徐州、常州、淮安、无锡、扬泰、南通	连云港#			
11	浙江	10	温州、宁波、舟山、台州、嘉兴	杭州、宁波、温州、义乌、舟山				
12	安徽	7	（芜湖、铜陵、安庆、池州、马鞍山）	合肥、黄山				

续表 1

序号	省别	数量	水运口岸	航空口岸		铁路口岸	公路口岸	
				对中外飞机全开放	限制性		（国际）	（双边）
13	福建	11	福州、厦门、泉州、漳州、宁德、莆田、平潭	厦门、福州、泉州	武夷山#			
14	江西	2	（九江）	南昌				
15	山东	18	青岛、烟台、威海、龙口、石岛、日照、东营、蓬莱、莱州、龙眼、潍坊、董家口、滨州	青岛、济南、烟台、威海、临沂				
16	河南	3		郑州	洛阳#	郑州		
17	湖北	4	（武汉、黄石）	武汉、宜昌				
18	湖南	3	（城陵矶）	长沙、张家界				
19	广东	58	广州、湛江、汕头、汕尾、九洲、广海、蛇口、莲花山、赤湾、惠州、妈湾、盐田、茂名、阳江、大亚湾、珠海、潮州、万山、南沙、潮阳（虎门、新会）、深圳大铲、揭阳、湾仔#、（三埠#、江门#、肇庆#、南海#、斗门#、鹤山#、中山、容奇#、高明#、新塘#）	广州、深圳、揭阳、湛江	梅州#	深圳、广州、佛山、肇庆、东莞、广深港	文锦渡、拱北、沙头角、皇岗、罗湖、横琴、深圳湾、珠澳工业园、福田、港珠澳、莲塘	青茂
20	海南	7	海口、三亚、八所、洋浦、清澜	三亚、海口				
21	广西	18	防城港、北海、钦州、（梧州#、柳州#、贵港#）	南宁桂林	北海#	凭祥	友谊关、东兴、水口	龙邦、平孟、爱店、峒中、硕龙
22	四川	1		成都				
23	重庆	2	（重庆#）	重庆				
24	贵州	2		贵阳	遵义			
25	云南	19	（思茅、景洪）	昆明、西双版纳、丽江、芒市		河口	瑞丽、磨憨、打洛、河口、天保、都龙、勐康	金水河、畹町、腾冲、孟定、田蓬
26	西藏	5		拉萨			吉隆	普兰、樟木、里孜
27	陕西	1		西安				
28	甘肃	3		兰州、敦煌				马鬃山

续表2

序号	省别	数量	水运口岸	航空口岸		铁路口岸	公路口岸	
				对中外飞机全开放	限制性		（国际）	（双边）
29	新疆	19		乌鲁木齐、喀什、伊宁		阿拉山口、霍尔果斯	红其拉甫、霍尔果斯、巴克图、伊尔克什坦、吉木乃、卡拉苏、都拉塔、吐尔尕特、塔克什肯、老爷庙	红山嘴、乌拉斯台、木扎尔特、阿黑土别克
30	宁夏	1		银川				
31	青海	1		西宁				
合计		308	128（其中内河52）	72	6	22	42	38

注：1. 口岸名称后带“#”的为限中国籍（飞机、船舶）出入境口岸；

2. 水运口岸中带（）的为内河口岸；

3. 2018年以来退出7个口岸（大安、南澳、东角头、桦川、绥滨、梅沙、西冲）；

4. 2019年11月整合石臼和岚山为日照港，江山、企沙并入防城港口岸。